增订唐两京城坊考

〔清〕徐松 撰　李健超 增订

三秦出版社
陕西新华出版传媒集团

图书在版编目（CIP）数据

最新增订唐两京城坊考/(清)徐松撰;李健超增订. —西安:三秦出版社, 2019.9 (2021.5 重印)
ISBN 978-7-5518-1773-8

Ⅰ. ①最… Ⅱ. ①徐… ②李… Ⅲ. ①长安(历史地名)-考证-唐代②洛阳(历史地名)-考证-唐代 Ⅳ. ①K928.642

中国版本图书馆CIP数据核字(2018)第048039号

最新增订唐两京城坊考

[清]徐松 撰 李健超 增订

出版发行	陕西新华出版传媒集团 三秦出版社
社 址	西安市雁塔区曲江新区登高路1388号
电 话	(029)81205236
邮政编码	710061
印 刷	陕西博文印务有限责任公司
开 本	787mm×1092mm 1/16
印 张	42.25
插 页	4
字 数	950千字
版 次	2019年9月第1版 2021年5月第3次印刷
标准书号	ISBN 978-7-5518-1773-8
定 价	180.00元

网 址 http://www.sqcbs.cn

作者简介

李健超　教授

1933年10月1日生，河南洛阳人。1957年西北大学地理系毕业后，留校任教。先后为地理系、历史系、中文系的本科生、硕士研究生、博士研究生讲授中国历史自然地理、中国历史人文地理、中国历史地理文献学等课程。在学术研究方面，致力于汉唐两京（长安、洛阳）与丝绸之路历史地理研究。在学术方法上，注重文献考订和田野考察相配合。主要著作有《南水北调川滇线考察日记（1959-1960）》《陕西地理》,《汉唐两京与丝绸之路历史地理论集》。

西安碑林博物馆　　罗小幸　摄影

唐长安大明宫丹凤门　　李恭　摄影

唐长安荐福寺塔　　孔正一　摄影

唐长安荐福寺塔　　李文博　摄影

唐洛阳明堂　　毛阳光　摄影

唐洛阳天堂

毛阳光 摄影

唐洛阳定鼎门遗址博物馆　　毛阳光　摄影

目　　录

唐两京城坊考序

古之为学者，左图右史，图必与史相因也。余嗜读《旧唐书》及唐人小说，每于言宫苑曲折、里巷歧错，取《长安志》证之，往往得其舛误，而东都盖阙如也。己巳之岁，奉诏纂辑唐文，于《永乐大典》中得《河南志图》，证以《玉海》所引、《禁扁》所载，灼是次道旧帙，其源亦出于韦述《两京记》而加详焉。亟为摹钞，爱同球璧。校书之暇，采集金石传记，合以程大昌、李好文之《长安图》，作《唐两京城坊考》，以为吟咏唐贤篇什之助。昔宋皇祐中欲行入阁仪，而莫知故实，后仁宗得《唐长安图》，其仪始定。元丰时，都官员外郎蒙安国得《唐都省图》，献于朝，遂迁旧七寺监如唐制。政和四年，宋昇奏端门桥制，考《唐洛阳图》之四桥。而胡身之注《通鉴》，亦引《阁本太极宫图》《阁本大明宫图》。是唐宫省之图在宋时已珍重如斯，况于今又数百年后哉。嘉庆苍龙上章敦牂孟夏之月，北平徐松书于文颖馆直庐。

唐两京城坊考校补记

黟程鸿诏伯敷

宋皇祐时，欲行入阁仪，莫知故实，仁宗得《唐长安图》，仪始定。元丰时，都官员外郎蒙安国得《唐都省图》，献于朝，遂迁旧七寺监如唐制。政和时，宋昇奏端门桥制，考《唐洛阳图》之四桥。而胡身之注《通鉴》亦引《阁本太极宫图》《阁本大明宫图》。唐宫省图之珍重，在宋时已如此。大兴徐星伯太守松，读《旧唐书》及唐小说，于宫苑曲折，里巷歧错，以《长安志》证之，得其舛误。而东都则于《永乐大典》中得《河南志图》，证以《玉海》所引，《禁扁》所载，知是次道旧本，其源亦出于韦述《两京记》而加详。亟为摹钞，采金石传记，合以程大昌、李好文之《长安图》，作《两京城坊考》，时嘉庆庚午岁也。道光戊申，平定张石洲大令穆刊之灵石杨氏《连筠簃丛书》中。予得而读之，爱同球璧。庚戌自鸡泽南归，舟中暇，有校补次而记之，以贻好古者。

序

徐松是清代的著名学者。他倾注四十年精力撰著的《唐两京城坊考》一书，是继唐代韦述《两京新记》，宋代宋敏求《长安志》《河南志》之后，对隋唐长安、洛阳的城市规制、宫殿官署、街市坊里、苑囿渠道、水陆交通、风土人物等记述最为详备的划时代巨著，一向受到中外学者的称赞，被誉为“集大成”之作。

《唐两京城坊考》一书撰成于1810年。书成后，张穆有校补。1848年刊于灵石杨氏《连筠簃丛书》中。1850年又有程鸿诏的《唐两京城坊考校补记》。无论是张穆或程鸿诏，对唐两京城坊内容的补充都是极其有限的。近200年来，中国历史发生了翻天覆地的大变化。随着近代考古学的发展，新资料不断涌现，这些都是前人不曾看到的。因此对唐两京城坊的研究和复原，自然有许多需要订正和补充之处。《最新增订唐两京城坊考》，就是作者基于这样的目的，依照原著的体例和顺序，给予订正和补充。

一、《最新增订唐两京城坊考》的资料来源

隋唐时代是中国历史上的鼎盛时期，西京长安和东都洛阳又是这个鼎盛时期历史大舞台的中心。许多重大的政治、军事事件和文化等活动最主要的场面，就是在这里一幕一幕地上演的。如果把这两个城市每个坊里中名人宅第、店铺行业、寺庙道观等都绘制在地图上，那么人们对隋唐时代两京城的历史认识就会有身临其境之感。徐松通过《唐两京城坊考》一书，力图重现唐两京城市风貌，借“以为吟咏唐贤篇什之助”。徐松所依据的资料是《旧唐书》及唐人小说、《长安志》、《河南志》，还有金石传记等。实际上他征引的出土金石资料并不多，多数是利用编纂《全唐文》的机会，节录其中的碑文、墓志。显然，依靠当时传世的文献资料来勾画两京风貌是很不够的。比如在《唐两京城坊考》中，有些繁荣喧闹的坊里几乎是空白，为了填充这些空白，使两京的坊里内容更加充实，有必要打开近在咫尺的一个尚未被人发现的宝库，这个宝库就在西安和洛阳的郊区，那里有湮埋千年的石刻史书——隋唐墓志。

清末以还，洛阳邙山一带出土历代墓志达六七千件之多。仅张钫先生从1931年夏开始收集的《千唐志斋藏志》就收有唐志1200多件。其他唐志分藏于洛阳古代艺术馆、开

封市博物馆、西安碑林及各收藏家之手[①]，另有少数流散海外。与此同时，西安附近也有许多隋唐墓志相继出土。《续修陕西通志稿》金石部分叙述这些出土的墓志时指出："三辅为金石渊薮，远征各家之著录，近取士林之藏庋，旁求贩夫贾客，而穷搜于古刹荒坟，煌煌乎巨观也。"其中唐代墓志就收录200多件，至于沦弃于荒山、沉埋于地下者，更不计其数。

西安和洛阳都是我国重点建设城市，1952年开始，城市建设的迅猛扩展，不可避免地要在近郊区发掘清理墓葬。粗略统计，西安发掘的隋唐墓有2000多座，数量居全国第一，其中有墓志的达200多座。洛阳发掘的300多座隋唐墓主要集中在唐城南郊（今关林一带）[②]。西安和洛阳在20世纪前后出土的这数千件隋唐墓志，墓主身份包括了社会的各个阶层。有皇子王孙、公主驸马、宫女宦官、宰相将军、达官小吏、文人学士、和尚道士、御医画家、俳优歌伎、城市平民、少数民族人士、外国侨民、西域商贾等。墓志上记载着他们的生平事迹，这对研究当时的社会政治、经济、军事和文化提供了极为珍贵的资料，也从不同角度为重现唐两京的城市风貌提供了翔实的根据。这就是《最新增订唐两京城坊考》主要的资料来源。

徐松在《唐两京城坊考》的序中说："余嗜读《旧唐书》及唐人小说，每于言宫苑曲折、里巷歧错，取《长安志》证之，往往得其舛误。"存世唐籍浩如烟海，以徐松一人之力，难免有所遗漏。就在他常读的《旧唐书》中也有不少珍贵的史料被遗漏了。如《旧唐书》卷三七《五行志》载："（开元八年）六月二十一日夜暴雨，东都谷、洛溢，入西上阳宫，宫人死者十七八。……京城兴道坊一夜陷为池，一坊五百家俱失。"徐松在《唐两京城坊考》卷二、西京兴道坊下虽征引《朝野佥载》略同于《五行志》的记述，但他却说："按事不见他书，未可信。"如果他留意到《旧唐书》的这条记述，大概是不会出现上述按语的。又如："贞元二年夏，京师通衢水深数尺，吏部侍郎崔纵，自崇义里西门为水漂浮行数十步，街铺卒救之获免。其日，溺死者甚众。"这些均出自《旧唐书》，并非僻书琐记，而徐松也未述及。漕渠是东都经济繁荣的生命线，东南财富多靠它输送洛阳，维护它的畅通关系到国计民生，甚至关系到王朝的安危，理应有较为详备的记述。但徐松《唐两京城坊考》却只有寥寥数句。《旧唐书·五行志》载：开元十四年"七月十四日，瀍水暴涨，流入洛漕，漂没诸州租船数百艘，溺死者甚众。漂失扬、寿、光、和、庐、杭、瀛、棣租米一十七万二千八百九十六石，并钱绢杂物等。因开斗门决堰，引水南入洛，漕水燥竭，以搜漉官物，十收四五焉"。"十八年六月乙丑，东都瀍水暴涨，漂损扬、楚、淄、德等州租船。壬午，东都洛水泛涨，坏天津、永济二桥及漕渠斗门，漂损提象门外助铺及杖舍，又损居人庐舍千余家。"这些记述生动地反映出东都的自然环境和城市风貌。此外，如洛阳城内的都亭驿，在全国交通系统中地位非常重要，屡见于载籍。《旧唐书》卷一五四《吕元膺传》记载：李师道以东都留邸伏甲谋乱，"留守防御将二人，都亭驿卒五人，甘水驿卒三人，皆潜受其职署，而为之耳目”（又见《李师道传》《裴炎传》以及《新唐书·王同皎传》等）。关于柳宗元在长安的宅第，据《柳宗元文集》卷一三《下殇女子墓砖记》载：“下殇女子，生长安善和里，其始名和娘。”又《寄许京兆孟容书》云：“家有赐书三千卷，尚在善和里旧宅。”柳宗元是唐代著名文人，其文集也非僻书琐记，惜徐松也未能搜集。这些散见于唐人文集和唐史中的点滴记载，也是《最新增订唐两京城坊考》的另一资料来源。此外，隋唐长安与洛阳考古出土的文物，野外考察收集的隋唐墓志、经幢、碑石等资料也一并收入增订之中。

二、校正徐松《唐两京城坊考》之误

《最新增订唐两京城坊考》不仅补充的内容在数量上几与《唐两京城坊考》相埒，而且订正了后者的一些谬误。

关于西京一百零八坊的名称，《长安志》的宋刻本早已部分佚失，现存明成化、嘉靖两刻本中，朱雀门街西从北第一、第二坊缺名。徐松在《唐两京城坊考》卷四中定第一坊为光禄坊，第二坊拟定为殖业坊。他写道：“《长安志》于此处缺二坊，别无善本可证。李济翁《资暇集》永乐坊古冢下注：‘光禄坊内亦有古冢。《新记》不载，时之以与永乐者对，遂目为王母台。张郎中谯云：常于杂钞中见光禄者，是汉朝王陵母墓，以贤呼为王母，所以东呼为王公’。按光禄坊之名，不见《长安志》。既云与永乐相对，又云东呼为王公，是在永乐之西，恐两坊内有一名光禄者，今注于第一坊下，以俟考。”关于第二坊，他说：“或此缺坊为殖业欤?”徐松对这两坊名称，采取了审慎的态度。但此后，所有唐长安图上，《长安志》所空的这两坊，分别填上了“光禄坊”和“殖业坊”（或殖业坊仍空）。实际上唐长安城是不存在光禄坊和殖业坊的。这两坊的名称，从北第一是善和坊，第二是通化坊[③]。不是徐松所说的“别无善本可证”，而是他当时没有看到善本。这个善本就是元骆天骧的《类编长安志》。骆天骧是长安人，该书历明清两代至今六百多年，迄未重刻重印，元刊久绝，传钞也极为稀见。在《类编长安志》中，这两坊就明确记载为善和和通化。这里需要补充说明一点，自徐松逝世一百多年来，西安附近或其他地方出土的隋唐墓志没有一件光禄坊的，但确有不少善和坊的；同样，也没有出土一件殖业坊的，而确有一些通化坊的。

关于东都，隋初营建时规划为一百零三坊和三个市。《唐六典》卷七载：都城“郛郭南广北狭，凡一百三坊，三市居其中焉”。《旧唐书·地理志》载：“都内纵横各十街，分一百三坊。”这些文献记载也为考古探定的街道和沿用下来的旧路所证实[④]。东都洛阳城被纵横各十条街道切割成一百零七个方块，每个方块为一坊，南市占四块，北市和西市各占两块和一块，其余一百块为一百坊，这与《唐六典》和《旧唐书·地理志》所记并不相符。

东都“一百零三坊”是隋初规划的情况，但起初就未必完全恪守此规。例如在这“一百零三坊”之外，西南隅外有富义等坊，富义坊曾有南朝陈后主叔宝的住宅，唐朝改名为广利坊，开元时并入苑内。随着洛阳政治地位与经济形势的变化，坊里的数量时有增减，或废或徙，有的一分为二，也有的坊名常有变更。所以，在不同的时期，坊名有更改，坊数的增损，这是正常的。但徐松所统计的一百一十三坊就有明显的错误和遗漏。主要有四：（一）误添时泰坊；（二）遗漏乐城坊；（三）错改行修坊和兴敬坊；（四）南市和通利坊的面积和地点有误。

《唐两京城坊考》卷五说，安喜门东街，从南第一坊曰时泰坊，向北依次为时邕坊、立行坊、殖业坊、丰财坊共五坊。而同书《东都外郭城图》中却无时泰坊。原来时泰是宋代洛阳的坊名，徐松是依照《元河南志》误加的。《元河南志》“东城之东第四街南北街北当安喜门东街凡五坊”其下注文“按五坊之内，比唐多时泰一坊”。这已明明说出唐代无此坊。另外尚有两点证据：第一，按徐松所记时泰坊的地理位置，漕渠是必经之地，但以徐松所记载唐时漕渠的流路并无时泰坊。第二，洛阳附近和其他地方出土的数千件墓志，也没有一件是唐代时泰坊的。

徐松《唐两京城坊考》及其《东都外郭城图》中均无乐城坊之名。实际上东京乐城坊不仅有历史文献可征，而且还有许多实物证明。《元河南志》卷一，唐之南市下注文：“隋曰丰都市，东西南北居二坊之地。……唐贞观九年，促半坊，其下通利坊，居半坊。今不分市，通利直接嘉善，疑以次皆促徙近南，所以容增安远一坊。”又在安远条下注“续添此坊，即唐乐城坊之地”。由此可知安远坊所在之地，就是唐代的乐城坊。《元河南志》中之“今”指宋或元而言，宋代通利坊之北就是唐代的乐城坊[⑤]。近十几年来，洛阳出土的唐人墓志，有近20件墓志的主人生前皆居住在乐城坊（见《增订唐两京城坊考》正文）。从时间上看，自显庆四年（659）至大中四年（850），也即从唐高宗到唐宣宗这近200年间，都有人居住在乐城坊。当然这并不是说显庆以前和大中以后就没有人在此坊居住了，只不过至今尚未发现这类墓志而已。

乐城坊的地理位置既然在通利坊之北，而唐代的通利坊又占南市之北半坊，即上述引文所说，南市东西南北居二坊之地，“唐贞观九年，促半坊，其下通利坊，居半坊”。换言之，唐贞观九年之后，南市和通利坊共占两坊之地。然而，迄今为止，所有东都洛阳坊里复原图上的南市均占两坊之地，而南市之下的通利坊也占一坊之地，共占三坊之地。显然这是不符合历史记载的。如果图上将南市的范围划分为二坊，则成为贞观九年以前之制（实际南市占四坊）。其时无通利坊之设置，如果图上有通利坊之制，则南市只应有一坊半之地，其北半坊即为通利坊[⑥]，至今为止，所有洛阳坊里复原图上通利坊所占的位置实际上就是乐城坊的地域。

徐松《唐两京城坊考》卷五定鼎门街东第二街从南第三曰“修行坊”下刘轲宅云：“刘轲陈玄奘塔铭，岁丁巳，开成纪年之明年，有具寿沙门曰令检，自上京抵洛，师以缥囊盛三藏遗文传记，访余柴门于行修里。”徐松注“行修即修行之讹”。因此，《唐两京城坊考》把定鼎门街东第二街从南第三坊定为“修行坊”。但是刘轲所撰《大唐三藏大遍觉法师塔铭并序》，无论是《全唐文》或《刘希仁文集》（《岭南丛书》本）均为行修里。徐松改“行修”为“修行”对不对呢?

《千唐志斋藏志》中有五件关于行修与修行坊的墓志。其中三件墓主人均卒于东都行修坊：一为大节之女龙朔三年六月一日终于东都行修里；二为京兆韦项夫人张氏大中二年十月十四日终于东都行修里之私第；三为唐剑南东川节度副使支诉妻郑氏辛卯年二月六日捐生世于行修之里第（此志未言明东都）。两件墓志的墓主人卒于长安修行里：一是唐试大理评事郑易夫人范阳卢氏于壬申岁十一月四日终于长安之修行里；二是唐故郑氏嫡长于元和十一年三月十四日殇于修行里，其年四月权葬于万年县宁安乡义善寺西，又以其年八月二十七日归祔河南县梓泽乡续村先茔。不言而喻，万年县宁安乡在今西安市郊区，河南县梓泽乡即今洛阳市北郊，嫡长殇卒于长安修行里，先权葬万年县，后归葬河南县，所以这个修行里绝不是东都的。以上五件墓志说明，东都有行修里而没有修行里，而西京长安有修行里而无行修里，泾渭分明，不容混淆。所以徐松改东都行修里为修行里是错误的。西安出土的修行坊墓志也为数不少。而洛阳古代艺术馆所藏的樊赤松上元元年十二月终于行修里，和支纳乾符五年七月终于行修里，近年在伊川县彭婆乡出土的卢正容墓志更是洛阳有行修里的有力证据。

徐松《唐两京城坊考》卷五，长夏门之东第二街从南第一曰“兴教坊”。该坊之下徐松仅引两项内容：一为秘书少监赵云卿宅，依据《河南志》引《萧颖士集》“兴敬里有赵云卿宅”。徐松按云“敬即教之误”。第二为李师道留后院，依据的资料是《资治通鉴》元和十年八月条，记载的是兴道院，徐松按云“兴道即兴教，或原作兴道”。这两条没有一条说明这个坊是兴教坊。那么这个坊究竟是兴教坊还是兴敬坊，抑或是兴道坊呢?《河南志》卷一：“按《萧颖士集》，兴敬里有秘书少监赵骅宅。骅字云卿，子宗儒相德宗。而韦述记无兴敬坊，疑后改之。”《河南志》说韦述没记载兴敬里，我们无从得知，但又说“疑后改之”确不是事实。韦述在世之时洛阳已存在兴敬坊。证据其一为今藏洛阳古代艺术馆的正议大夫龙州刺史许观，开元七年七月二十二日终于河南县兴敬里私第；其二是《千唐志斋藏志》中夫人清河张氏，开元十二年终于东都兴敬里私第。而韦述卒于至德年间，这大概不是偶然巧合吧！这两条实例再加上《萧颖士集》中所说兴敬里已有三条根据。另外开封市博物馆藏洛阳出土之孙仲墓志云：“（开）成元年十月甲辰终于中都兴敬里。”唐代中都指的是河中府，不知中都是否为“东都”之误？查洛阳出土墓志大都是

“兴教里”，只有一件赵纂墓志，因残标“兴道里”，但不知卒于西京还是洛阳。徐松改兴道为兴教理由也是没有说服力的，他说：“《通鉴》言贼出长夏门望山而遁，兴教正在长夏门内也。”难道说长夏门内就是兴教坊吗？其实，隋唐时代两京确有一兴道坊，但是这个兴道坊是在西京而不在东都。由于兴敬坊僻居在东都城南部，居人寥落，出土的墓志也很少，在尚未取得更多例证的情况下，东都兴教坊改为兴敬坊为宜。

三、《最新增订唐两京城坊考》验证《长安志》《河南志》的真实性

徐松《唐两京城坊考》一书的内容，除利用金石传记及《旧唐书》之外，主要采自《长安志》和《河南志》⑦，我们指出《唐两京城坊考》上述错误，难免使人怀疑《长安志》和《河南志》所记载的史实是否真实？今举例说明《长安志》和《河南志》的内容是可信的，而且有实物为证。

《长安志》卷七唐皇城南面三门，正南曰朱雀门，东曰安上门，西曰含光门。西面二门，南曰顺义门，北曰安福门。1983年西安市修建环城公园时，除安上门和顺义门分别压在今西安城南门和西门之下外，朱雀门、含光门和安福门的遗址均被发现，并对含光门进行了发掘清理工作。这些唐皇城南面和西面城门门洞数和使用情况与《长安志》记载完全相符。

《长安志》卷九：“兴宁坊东南隅左卫大将军泉男生宅。”泉男生，高丽人，《新唐书》有传云“赐第京师”。其墓志1921年在洛阳城北东岭头村出土，今藏开封市博物馆。志云：仪凤四年（679）薨于安东府（今朝鲜平壤）之官舍。《旧唐书·高丽传》云：“仪凤初卒于长安，后葬于洛阳北邙山。”泉男生既然死在平壤，葬于洛阳，那么，《长安志》所载的长安兴宁坊宅第又如何解释？洛阳古代艺术馆藏泉男生之曾孙宣德郎骁骑尉泉毖墓志云：“泉毖，京兆万年人，曾祖特进卞国襄公男生。开元十七年九月四日，终于京兆府兴宁里之私第，春秋二十二，开元二十一年十月十六日，迁厝于河南府洛阳县之邙山旧茔。”泉毖墓志证明《长安志》所载兴宁坊之泉男生宅是可信的。

《长安志》卷九靖恭坊工部尚书杨汝士宅条注文云：“与其弟虞卿、汉公、鲁士同居，号‘靖恭杨家，为冠盖盛族’。”杨汝士是牛党党魁杨虞卿之从兄。杨氏是弘农名门大族，从杨虞卿之父杨宁开始，茔域在洛阳北邙山。1948年前在洛阳城北先后出土了杨宁和杨虞卿之子、子妇、孙子等五件墓志，均标明某年某月卒于长安静恭坊（见《千唐志斋藏志》），这些墓志的出土，证明“靖恭杨家”确为“冠盖盛族”。

《长安志》卷九太平坊西南隅温国寺，注文云：“本隋实际寺，隋太保薛国公长孙览

妻郑氏舍宅所立，景龙元年殇帝为温王，改温国寺，大中六年改崇圣寺。”实际寺曾经是高僧鉴真和尚受具足戒的一座名寺。据《长安志》所载之方位恰在今西北大学校园西南。1982年西北大学南门内西侧兴建宾馆饭厅时，在地下发现大量寺庙遗物，有贴金石经幢碎片、贴金浮雕佛像、善业泥等。虽然没有文字说明这些文物是实际寺（温国寺）的遗物，但在这里发现寺庙遗物绝不是无缘无故的。

《长安志》卷十修德坊西北隅兴福寺，注文云：“本右领军大将军彭国公王君廓宅，贞观八年太宗为太穆皇后追福，立为弘福寺，神龙中改为兴福寺。……太宗时广召天下名僧居之。沙门玄奘于西域回，居此寺西北禅院翻译。寺内有碑，面文贺兰敏之写《金刚经》，阴文寺僧怀仁集王羲之写太宗《圣教序》及高宗《述圣记》，为时所重。”玄奘在弘福寺翻译佛经，《大唐大慈恩寺三藏法师传》记述详细。怀仁集王羲之太宗《圣教序》碑，今藏西安碑林，但已无贺兰敏之写《金刚经》。弘福寺遗址在哪里？1982年3月中旬，西安电瓶车制造厂修建地下排水管道时，于大门外1.5米地下约1米处发现《大唐弘福寺故上座首律师高德颂碑》。首律师俗姓皇甫，朝那人，舍化于贞观九年朱明月（古代称夏季为朱明），显庆元年十二月十八日立碑，许敬宗撰文，郭广立书。碑已伏，面上，头南，似未移动位置。碑石出土地点在今西安火车西站正北，南距铁路线约30米，按《长安志》所记方位和里程，此地正是长安城修德坊西北隅。

至于《长安志》上所记的某某人某某坊里的宅第，有些不仅有唐代文献资料可资佐证，中华人民共和国成立前后，出土的墓志更证明了这一点。

东都洛阳城，据《河南志》载嘉善坊内有荷泽寺经坊，但未知经坊的具体位置。1968年10月，茹家凹大队第二生产队在村东南取土时，距地表面深1米左右挖出石经幢一段，八面形，用梵汉两种文字刻“尊圣佛顶陀罗尼”经文，上款署“三朝国师大兴善寺三藏沙门大广智不空奉诏译”，下款为“会昌元年二月十五日弟子张弘谦建立”。经幢出土位置在建春门街南面，长夏门街以东第二列坊由南向北第四坊内东北角，北距建春门街路约70米，西距西街路约100米，按《河南志》记载当在嘉善坊内，石经幢无疑是荷泽寺经坊的遗物。

《河南志》宣风坊有检校文昌左丞、东都留守李峤宅。洛阳古代艺术馆藏有《唐正议大夫使持节相州诸军事相州刺史上柱国赞皇县开国子李公墓志铭并序》，志云：“公讳畅，字完美，开元十八年六月八日薨于东都宣风里第，以其年十月朔九日葬于邙山之阳。”李畅，两《唐书》无传，仅在《李峤传》中提及。《新唐书・宰相世系表》载：“赵郡李氏，畅相州刺史，父峤，字巨山，相武后。”李畅墓志的出土，为《河南志》所载宣风坊李峤宅的存在提供了证据。

《河南志》载道光坊“唐有昭成寺”，仅此五字。昭成寺有无？没有佐证。《千唐志斋藏志》945《梁州城固县令渤海封君墓志铭并叙》云：“君讳揆，渤海□人，以贞元二年七月六日终于道光里昭成精舍。”这又为道光坊昭成寺的存在提供了证据。

东都洛阳毓德坊，按《河南志》的记载，地点在京城之东第五南北街从南第三。1980年7月在洛阳市老城东花坛之南地下1米发现福州刺史管元惠神道碑，碑文载开元二十六年，管元惠来朝京师，夏六月丁未至洛阳，遇疾薨于毓德里第，春秋七十四。管元惠碑文内容近乎墓志，由于某种原因，没有运往墓地，而留在宅内。此碑出土地点，东距唐上东门、北距唐安喜门均约1千米，按其地望正是毓德里。与长安城一样，某某人在东都某某坊里的宅第，亦有许多被20世纪前后出土的墓志所证实。

四、几个坊里名称的推测与待考的坊里

《最新增订唐两京城坊考》的史料，不仅充实了唐两京坊里的内容，证明了《长安志》和《河南志》的记载是可信的，而且校正了徐松《唐两京城坊考》一书的错误，也提出了一些过去不曾看到的坊里名称等新问题，有待于考证。

《千唐志斋藏志》之中有贞元十八年一月与九月的两件墓志，主人分别卒于“三市之里”和“三市之第”。这两件墓志均为乡贡进士赵南华撰。那么“三市之里”是泛称？抑或有指？按唐之三市指南市、北市和西市。诗人韦庄寓居洛阳时诗有“宫官试马游三市，舞女乘舟上九天”之句，所指应是三个市的意思。这两件墓志所称的三市之里，究竟在什么位置，存以待考。

徐松《唐两京城坊考》、唐韦述《两京新记》及《河南志》等书中东都均不载弘敬里，但安延夫人刘氏永徽四年终于弘敬里（《芒洛冢墓遗文》），王夫人总章三年卒于弘敬里，孙阿贵夫人须摩提大足元年卒于神都弘敬里（以上二志见《千唐志斋藏志》）。如果东都确无弘敬里，那么这些墓志为什么如此记载呢？如果有，位置应在哪里？《旧唐书·五行志》载永淳元年六月十二日，“连日大雨，至二十三日，洛水大涨，漂损河南立德、弘敬，洛阳景行等坊二百余家，坏天津桥及中桥”。《五行志》中不仅确证东都有弘敬里，而且将它与立德和景行并列。但文献资料与立德、景行并列的是归义坊，因此可推论归义坊原名弘敬坊，为避讳高宗“天皇大圣大弘孝皇帝”之号而改名，如西京的弘化坊改为崇化坊，东都的弘教坊改为宣教坊就是其例。

洛阳古代艺术馆藏处士金魏墓志云：“永徽五年十一月九日终于景仁里。”东都无景仁里。《河南志》卷四《唐城阙古迹》漕渠条：漕渠流经路线是立德坊之南，归义坊、景行坊之东南，又东经时邕、毓财与积德之南。对照《东都外郭城图》和有关记载，则景仁坊即景行坊。

史籍记载东都有徽安门，而无徽安里。徽安门是东都北面西门，西临含嘉仓城。洛阳

出土的唐墓志有三件分别载有“死于徽安里私第”“终于东京徽里之私第”“死于河南徽安里之私第”之语，时间是唐玄宗天宝七载至十一载间，徽安里很可能在徽安门附近。

史籍记载东都建春门在外郭城东面中间，而无建春里。洛阳出土唐人墓志中有三件分别载有“东京建春里”“建春里之别墅”“洛阳建春里私第”等语，时间从唐文宗开成五年（840）至唐宣宗大中十四年（860），前后只二十年。这个建春里不应为城外郊区之乡里，也可能是建春门附近的归仁里或怀仁里之别称。

关于临德坊，《河南志》卷一载：“次北北市坊，本临德坊，唐显庆中立为北市，后市废，因以名坊。”又云：“次北邻德坊，亦北市之地。”这就是说唐代的临德坊地，宋代成为北市、邻德二坊。那么邻德坊是宋代才有的吗？其实邻德坊早在隋初兴建东都时就有。历阳太守元玮大业三年正月十二日薨于洛阳县邻德里。唐初永徽三年的王赞（《芒洛遗文》）、龙朔元年的王孙均薨于邻德里。邻德里的位置推测可能就是后来的临德里，唐高宗显庆中改为北市。

东都洛阳还有许多文献没有记载的坊里如遵教、遵化、通善、京兆、感德、寿善、扬善、显教、循义等存以待考。

西京长安也有许多待考的坊里，如宗仁、皇城、金光、华原、义城、真安。

《唐两京城坊考》一书在体例上存在着一定的限制，凡标明某人卒（薨、终等）于某某坊里都按坊里归类。那么没有标明坊里名称的，仅仅载卒于长安或洛阳（或者京兆、东都）的，都成“长安”与“洛阳”有家不能归的历史人物。这类人的数量是很大的。例如《千唐志斋藏志》之中，唐志1200多件，其中标明坊里名称的还不到一半（仅有400多件）。1949年后西安发掘的2000多座隋唐墓，仅有墓志200多件，这200多件之中没有注明坊里的也很多。这盈千累百人物之中，有叱咤风云的名将李勣、上官仪、程伯献、郑仁泰、黑齿常之（百济人），有边疆少数民族的首领执失奉节，百济人扶余隆，高丽人泉男生、泉毖，有诗人王之涣，有波斯国王外甥李文贞，还有皇室贵胄会王李纁等[⑧]。

唐两京是中国各族人民共同缔造的大都会，是国内外各色人聚居的城市，除汉族外，还有当时自立邦国的吐蕃、南诏、回纥、龟兹、于阗、疏勒等少数民族及突厥人也在此定居，也有一些西域及其他外国王子、质子、才士艺人、商人适兹乐士，世代安居，为两京增添了异域风采。以两京为中心，中国各民族之间、中国与当时世界各国之间文化交流场面盛大。有关流寓两京的外国王公、在唐任职的外国官员、外国学问僧和求法僧、留学生、乐工舞士、商贾等情况，均见增订正文。

唐代末年，长安化为废墟。而洛阳历五代及宋迭为都城和西京，破坏较长安为轻。宋代洛阳实际上是文化都城，甚至元初也里里白南征至洛阳，还以白乐天故址为家（《元史·塔里赤传》）。所以东都收入了宋代的个别墓志，说明唐代洛阳城中之坊里到宋代仍有不少人居住。

本书增订的资料虽然多方搜求，期臻完善，然自惭谫陋，遗珠之憾，仍未能免。王昶在《金石萃编》序中说："然天下之宝日出无穷，其藏于嗜古博物之家，余固无由尽睹。而丛祠破冢继自今为田父野老所获者又何限，是在同志之士为我续之已矣。"增订者在治学功力上远不能望先贤之项背，新出土的唐墓志也无由尽睹，参阅著录不足，引据古籍挂一漏万，讹误必多，热望读者批评教正。

在编撰《最新增订唐两京城坊考》一书的过程中，得到史念海老师、李之勤教授、彭树智教授、周伟洲教授的指教和帮助，承蒙陕西历史博物馆、洛阳古代艺术馆、开封市博物馆有关同志们的热情帮助。三秦出版社总编赵建黎同志又给予多方帮助，在此一并表示诚挚的感谢。

在《最新增订唐两京城坊考》即将与读者见面时，我更加怀念已故夫人梁素清。她承担了几乎所有家务，使我集中力量去增订两京的城坊资料，她病中还亲自誊清了部分书稿。

李健超 1994 年序于西北大学

注：

①西安、洛阳出土的历代墓志，不少已载入金石专著，如端方的《陶斋藏石记》、罗振玉的《芒洛冢墓遗文》、李根源的《曲石精庐藏唐墓志》等。

②黄展岳《中国西安、洛阳汉唐陵墓的调查与发掘》，《考古》1981 年第 6 期。

③黄永年《述〈类编长安志〉》，《中国古都研究》第 1 辑，浙江人民出版社，1985 年。

④《隋唐东都城址的勘查和发掘续记》，《考古》1978 年第 6 期。宿白《隋唐长安城和洛阳城》，《考古》1978 年第 6 期。

⑤高敏《〈唐两京城坊考〉东都部分质疑》，《中华文史论丛》1980 年第 3 辑。

⑥详见辛德勇博士《南市的范围变化》，《隋唐两京丛考》，三秦出版社，1991 年。

⑦用徐松自己的话来说，"奉诏纂辑唐文，于《永乐大典》中得《河南志图》，证以《玉海》所引、《禁扁》所载，灼是次道旧帙，其源亦出于韦述《两京记》而加详焉。亟为摹钞，爱同球壁。校书之暇，采集金石传记，合以程大昌、李好文之《长安图》，作《唐两京城坊考》"。徐松在这里没有说他利用《长安志》的内容，但两书互相对照，《唐两京城坊考》中西京各坊里的内容基本沿抄《长安志》，甚至连《长安志》正文之下的注文也照搬过来，不过和原注文留空一格，以示区别。

⑧《全唐文》卷六七九，白居易撰《唐故会王墓志》。1950 年西安东郊席王村农民挖地得会王墓志一件，志载撰者为"翰林学士将仕郎守京兆府户曹参军臣白居易奉敕撰"。

例 言

一、《最新增订唐两京城坊考》以中华书局1985年方严先生的点校本为底本。依照原书的体例和章节顺序，将程鸿诏的《唐两京城坊考校补记》也分章节补入，然后进行增订。对原书内容的一些错误和个别标点符号以及文字上的错乱也进行了增删和订正。

二、唐代两京坊里皆创自隋。隋代墓志中有涉及两京坊里者，悉数收录。宋代洛阳城坊尚未完全毁坏，所以也收录少数涉及宋代洛阳坊里的宋人墓志。

三、为了方便读者，对收录在本书中的唐人墓志或其他文献中所提到的人和事，略加考释，有修改之处用（ ）内文字表示。

四、唐两京城坊和近郊区，是构成唐代长安与洛阳城市风貌的有机整体。近郊作为城市生活展开和依托的重要区域，膏腴别墅、名园甲第、山庄连疆接畛，是城市人居中最富有生机和活力的重要组成部分，也是两京最重要的墓葬区。《唐两京城坊考》只收录城坊资料，《增订》将两京坊里中的住人殁后埋葬于近郊的乡、里、村及其他地名，也一并收录。

五、据清道光二十八年灵石杨氏《连筠簃丛书》本原图缩印，改为横排简化字。另附《唐西京长安城图》《唐东都洛阳城图》。

六、本书引用的有关书名及论文名称，第一次出现时用全称，注明作者、出版时间和刊物名称，以后予以简化。现附简化表如下：

《纪略》中国科学院考古研究所西安唐城发掘队《唐代长安城考古纪略》，《考古》1963年第11期。

《探测》陕西省文物管理委员会《唐长安城地基初步探测》，《考古学报》1958年3期。

《考释》贺梓城《唐墓志铭考释》（稿）。

《陶斋》〔清〕端方《陶斋藏石记》。

《千唐志》河南省文物研究所、河南省洛阳地区文物处编《千唐志斋藏志》，文物出版社，1984年。

《北图石汇》北京图书馆金石组编《北京图书馆藏中国历代石刻拓片汇编》，中州古籍出版社，1984—1991年。

《曲石志》李希泌编《曲石精庐藏唐墓志》，齐鲁书社，1986年。

《芒洛遗文》罗振玉《芒洛冢墓遗文》附补遗、《芒洛冢墓遗文续编》附续补。《芒洛冢墓遗文三编》。《芒洛冢墓遗文四编》附四补。

《八琼室》陆增祥《八琼室金石补证》一百三十卷。

（洛古馆）洛阳市关林（洛阳古代艺术馆）。

（汴博）开封市博物馆。

《发掘》中国科学院考古研究所洛阳发掘队《隋唐东都城址的勘查和发掘》，《考古》1961 年第 3 期。

《续记》中国社会科学院考古研究所洛阳工作队《隋唐东都城址的勘查和发掘续记》，《考古》1978 年第 6 期。

《集释》赵万里《汉魏南北朝墓志集释》。

《宅第补》陈久恒《唐东都洛阳坊里宅第补》，载《中国考古学研究》（二），科学出版社，1986 年。

《辑绳》洛阳市文物工作队《洛阳出土历代墓志辑绳》，中国社会科学出版社，1991 年。

《考补》阎文儒、阎万钧编著《两京城坊考补》，河南人民出版社，1992 年。

《丛考》辛德勇著《隋唐两京丛考》，三秦出版社，1991 年。

《汇编》周绍良主编《唐代墓志汇编》，上海古籍出版社，1992 年。

《洛阳新获墓志》洛阳市第二文物工作队李献奇、郭引强编著《洛阳新获墓志》，文物出版社，1996 年。

《补遗》陕西省古籍整理办公室编《全唐文补遗》第一、二、三、四、五、六、七、八辑，三秦出版社，1994—2005 年。

《补遗千唐志斋新藏专辑》《全唐文补遗·千唐志斋新藏专辑》，三秦出版社，2006 年。

《唐研究》荣新江主编，第一至第二十二卷，北京大学出版社，1995—2016 年。

《释录》杨作龙、赵水森编著《洛阳新出土墓志释录》，北京图书馆出版社，2004 年。

《西安碑林新藏墓志汇编》赵力光主编、西安碑林博物馆编，线装书局，2007 年。

《拾零》赵君平、赵文成编《河洛墓刻拾零》，北京图书馆出版社，2007 年。

《西市藏志》胡戟、荣新江主编《大唐西市博物馆藏墓志》，北京大学出版社，2012 年。

《长安新出墓志》西安市长安博物馆编，文物出版社，2011 年。

《集萃》西安市文物稽查队编《西安新获墓志集萃》，文物出版社，2016 年。

《长安高阳原新出土墓志》陕西省考古研究院编《长安高阳原新出土隋唐墓志》，文物出版社，2016 年。

《洛阳新获墓志》（二〇一五）洛阳九朝刻石文字博物馆齐运通、杨建峰编，中华书局，2017 年。

《陕历博藏志萃编》陕西历史博物馆编《风引薤歌——陕西历史博物馆藏志萃编》，陕西师范大学出版总社，2017 年。

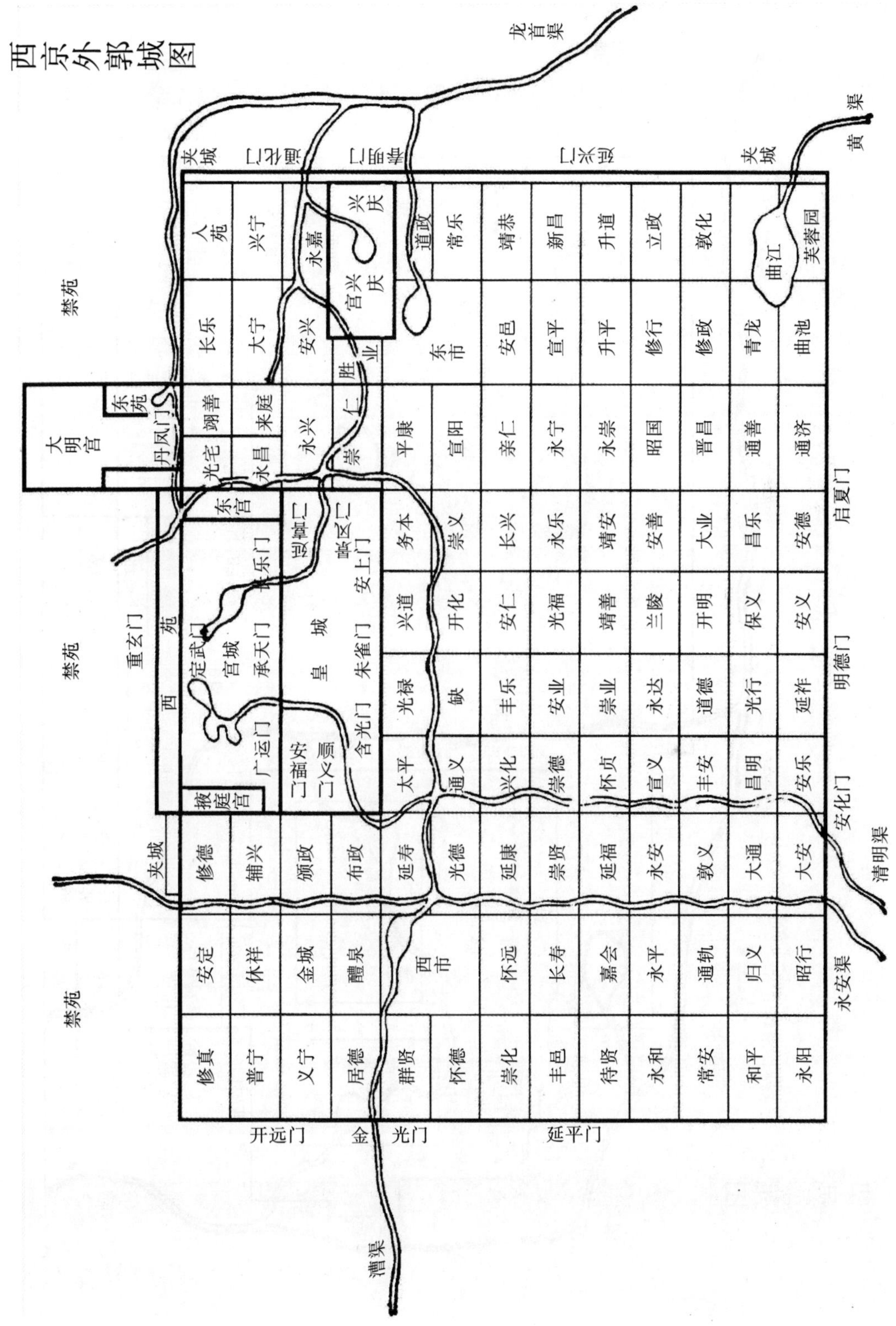
西京外郭城图
禁苑
重玄门
西苑
大明宫
东苑
丹凤门
夹城
宫城
定武门
承天门
广运门
长乐门
皇城
朱雀门
含光门
安上门
东宫
掖庭宫
兴庆宫
东市
西市
曲江
芙蓉园
龙首渠
黄渠
清明渠
永安渠
漕渠
开远门
金光门
延平门
启夏门
明德门
安化门
通化门
春明门
延兴门
入苑
兴宁
永嘉
长乐
大宁
安兴
胜业
翊善
来庭
光宅
永昌
永兴
崇仁
道政
常乐
靖恭
新昌
升道
立政
敦化
安邑
宣平
升平
修行
修政
青龙
曲池
平康
宣阳
亲仁
永宁
永崇
昭国
晋昌
通善
通济
务本
崇义
长兴
永乐
靖安
安善
大业
昌乐
安德
兴道
开化
安仁
光福
靖善
兰陵
开明
保义
安义
光禄
丰乐
安业
崇业
永达
道德
光行
延祚
太平
通义
兴化
崇德
怀贞
宣义
丰安
昌明
安乐
修德
辅兴
颁政
布政
延寿
光德
延康
崇贤
延福
永安
敦义
大通
大安
安定
休祥
金城
醴泉
怀远
长寿
嘉会
永平
通轨
归义
昭行
修真
普宁
义宁
居德
群贤
怀德
崇化
丰邑
待贤
永和
常安
和平
永阳

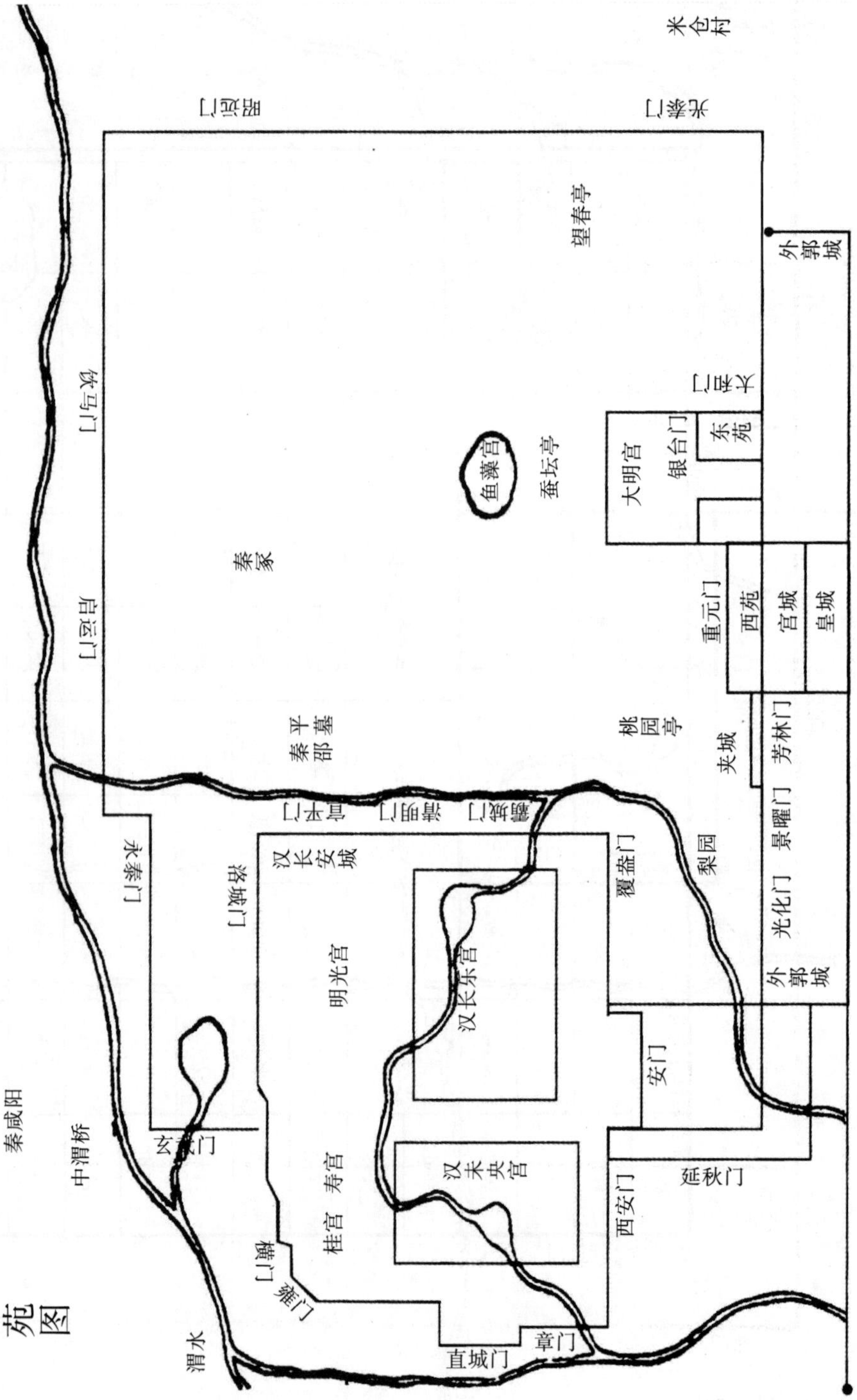
米仓村
望春亭
外郭城
东苑
银台门
大明宫
鱼藻宫
蚕坛亭
秦冢
重元门
西苑
宫城
皇城
秦平部墓
桃园亭
夹城
芳林门
景曜门
光化门
梨园
汉长安城
覆盎门
明光宫
汉长乐宫
安门
外郭城
秦咸阳
中渭桥
汉未央宫
延秋门
寿宫
桂宫
西安门
章门
直城门
渭水

西京三苑图

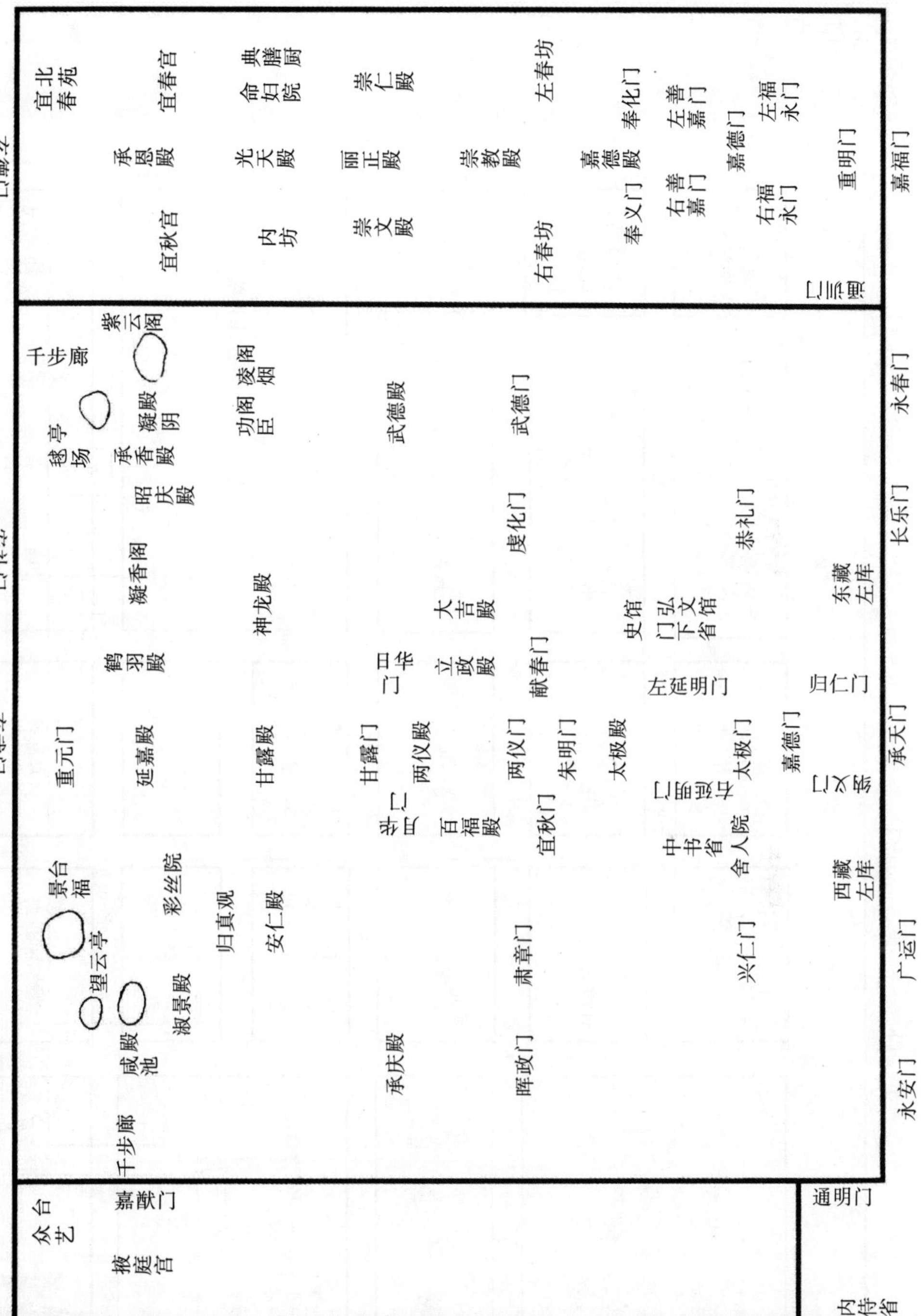
宜北春苑
宜春宫
典膳厨
命妇院
崇仁殿
左春坊
奉化门
左善嘉门
左福永门
嘉德门
承恩殿
光天殿
丽正殿
崇教殿
嘉德殿
右善嘉门
右福永门
重明门
嘉福门
宜秋宫
内坊
崇文殿
右春坊
奉义门
千步廊
紫云阁
毬场亭
凝阴殿
承香殿
功臣阁
凌烟阁
武德殿
武德门
永春门
昭庆殿
虔化门
恭礼门
长乐门
凝香阁
神龙殿
大吉殿
东左藏库
史馆
门下省
弘文馆
鹤羽殿
日华门
立政殿
献春门
左延明门
归仁门
重元门
延嘉殿
甘露殿
甘露门
两仪殿
两仪门
朱明门
太极殿
太极门
嘉德门
承天门
百福殿
宜秋门
中书省
舍人院
景福台
彩丝院
归真观
安仁殿
西左藏库
望云亭
淑景殿
肃章门
兴仁门
广运门
咸池殿
承庆殿
晖政门
永安门
千步廊
嘉猷门
众艺台
掖庭宫
通明门
内侍省
西门

西京宫城图

西京皇城图

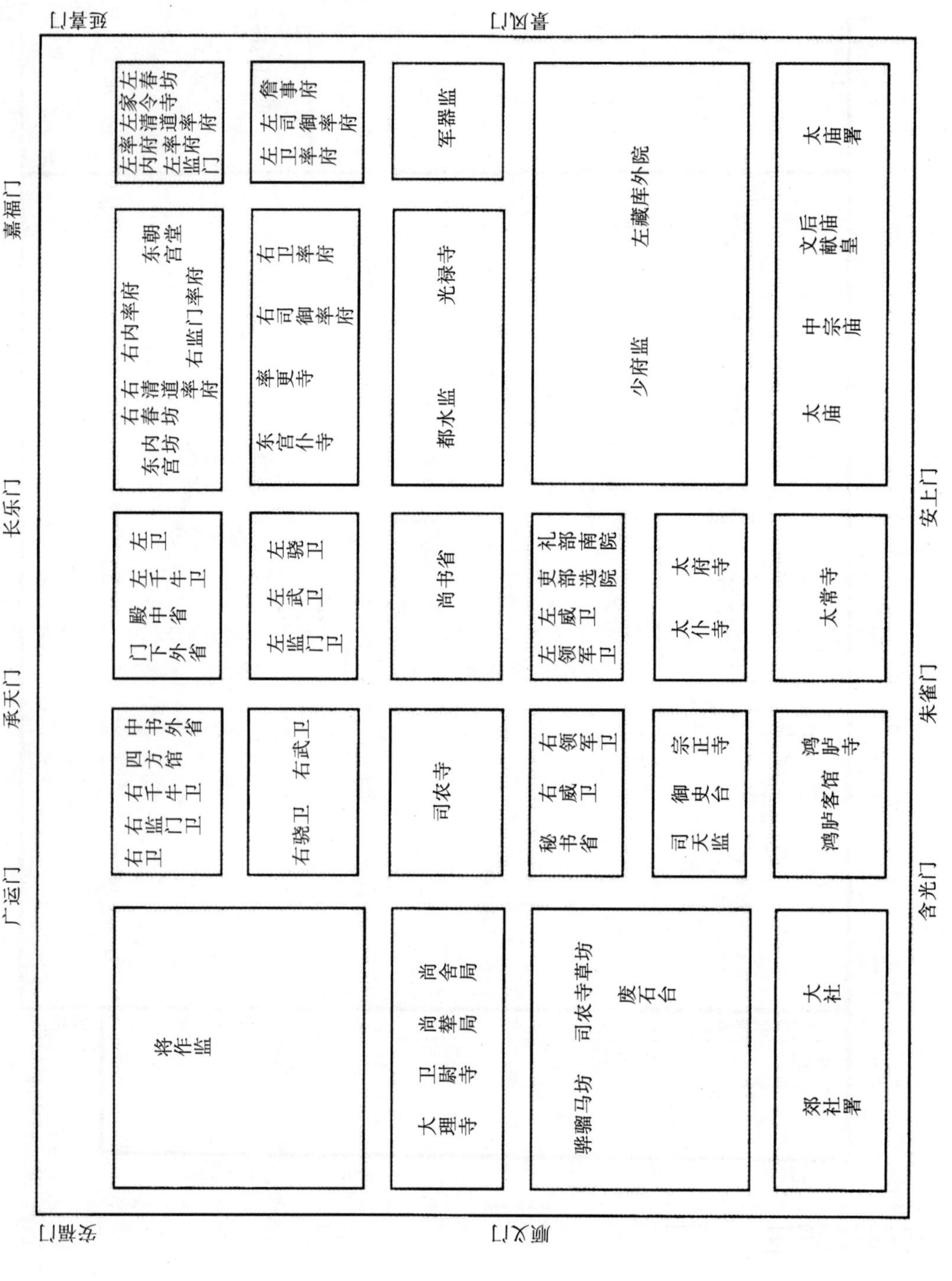
延喜门
景风门
嘉福门
长乐门
承天门
广运门
安福门
顺义门
安上门
朱雀门
含光门
左春坊
左家令寺
左清道率府
左内率府
左监门率府
詹事府
左司御率府
左卫率府
军器监
左藏库外院
少府监
太庙署
文献皇后庙
中宗庙
太庙
东朝堂
右内率府
右监门率府
右春坊
右清道率府
东宫内坊
右卫率府
右司御率府
率更寺
东宫仆寺
光禄寺
都水监
左卫
左千牛卫
殿中省
门下外省
左骁卫
左武卫
左监门卫
尚书省
礼部南院
吏部选院
左威卫
左领军卫
太府寺
太仆寺
太常寺
中书外省
四方馆
右千牛卫
右监门卫
右卫
右武卫
右骁卫
司农寺
右领军卫
右威卫
秘书省
宗正寺
御史台
司天监
鸿胪寺
鸿胪客馆
将作监
尚舍局
尚辇局
卫尉寺
大理寺
司农寺草坊
废石台
骅骝马坊
大社
郊社署

西京大明宫图

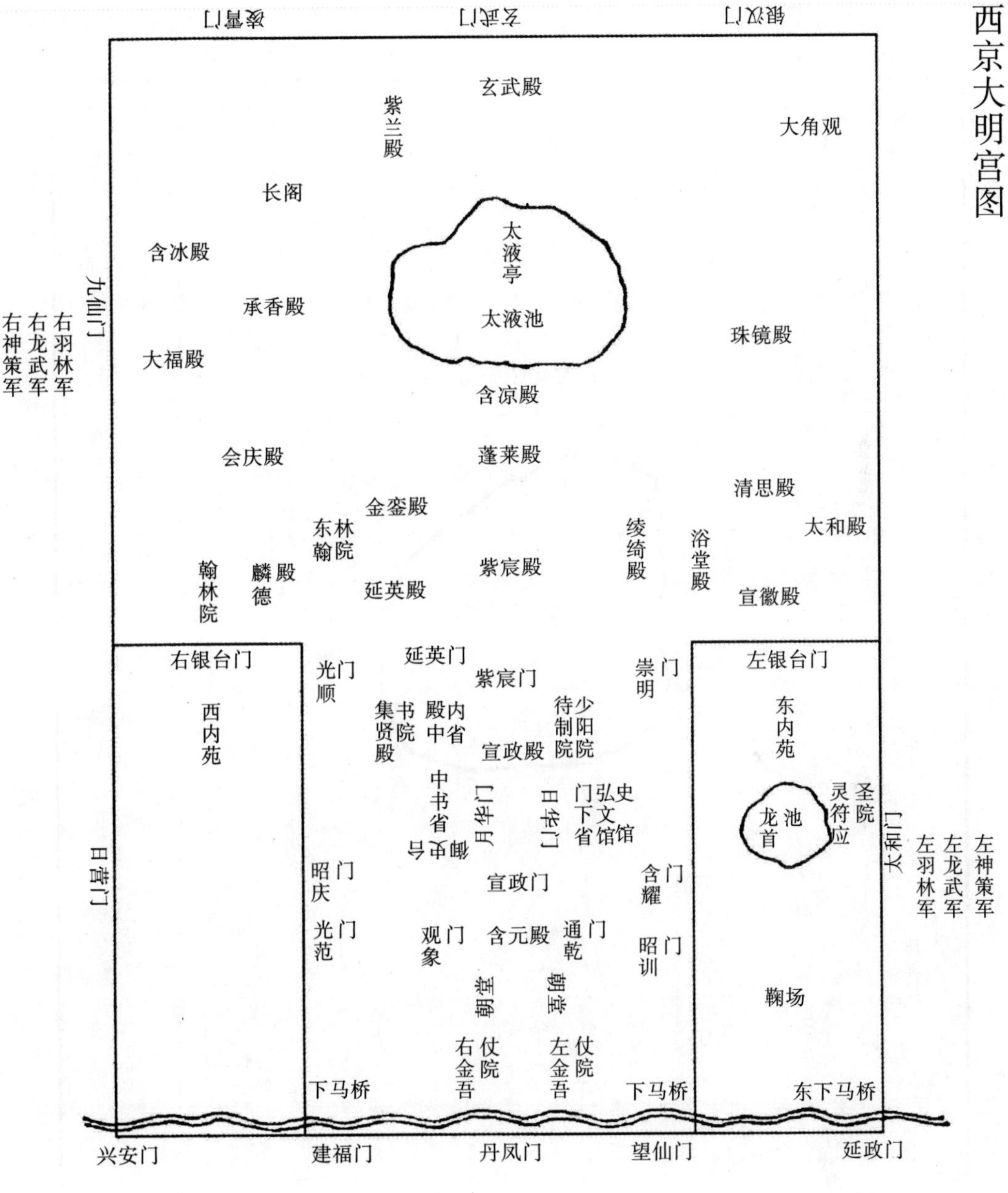
凌霄门
玄武门
银汉门
玄武殿
紫兰殿
大角观
长阁
太液亭
太液池
含冰殿
九仙门
承香殿
右羽林军
右龙武军
右神策军
大福殿
珠镜殿
含凉殿
会庆殿
蓬莱殿
清思殿
金銮殿
东林翰院
太和殿
绫绮殿
浴堂殿
翰林院
麟德殿
延英殿
紫宸殿
宣徽殿
右银台门
延英门
光顺门
紫宸门
崇明门
左银台门
西内苑
集贤殿书院
内殿中省
待制院
少阳院
宣政殿
东内苑
中书省
月华门
日华门
门下省
弘文馆
史馆
龙首池
灵符应圣院
太和门
左羽林军
左龙武军
左神策军
御史台
日营门
昭庆门
宣政门
含耀门
光范门
观象门
含元殿
通乾门
昭训门
朝堂
朝堂
鞠场
右金吾仗院
左金吾仗院
下马桥
下马桥
东下马桥
兴安门
建福门
丹凤门
望仙门
延政门

西京兴庆宫图

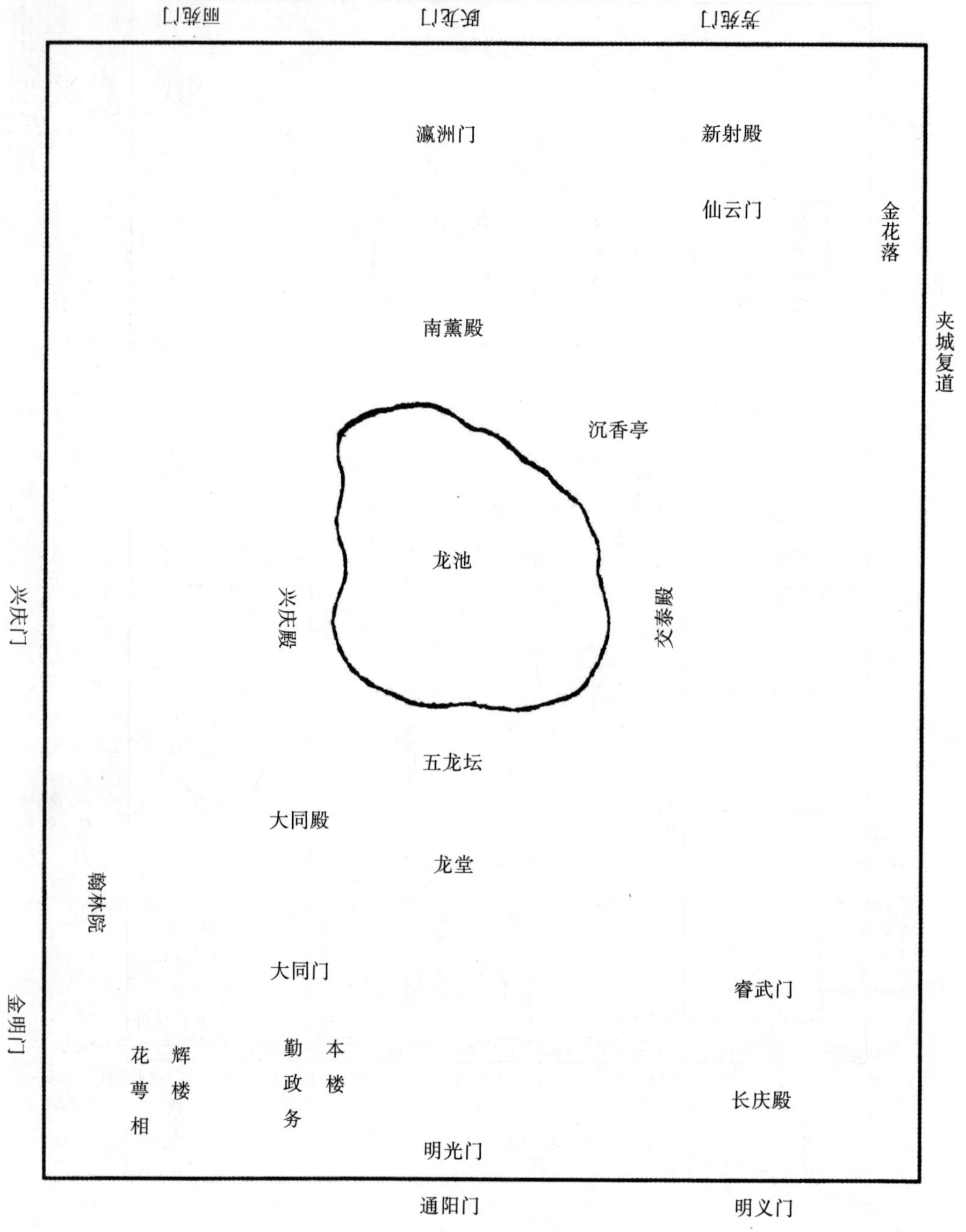
丽苑门
跃龙门
芳苑门
瀛洲门
新射殿
仙云门
金花落
夹城复道
南薰殿
沉香亭
龙池
兴庆殿
交泰殿
兴庆门
五龙坛
大同殿
龙堂
翰林院
大同门
睿武门
金明门
花萼相辉楼
勤政务本楼
长庆殿
明光门
通阳门
明义门

东都外郭城图

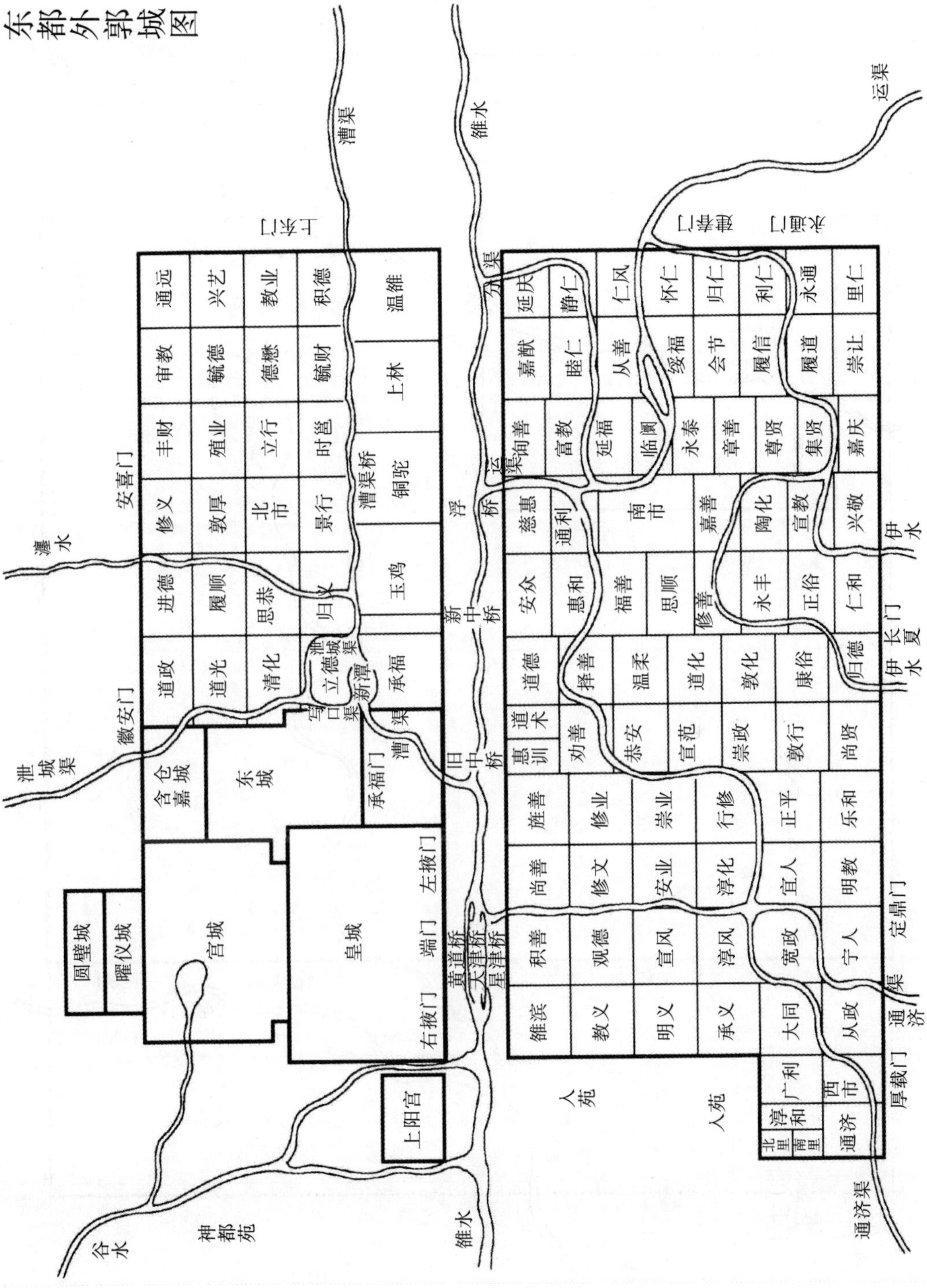

上东门
安喜门
徽安门
瀍水
泄城渠
漕渠
漕渠桥
新潭
写口渠
通远
兴艺
教业
积德
温雒
审教
毓德
德懋
毓财
上林
丰财
殖业
立行
时邕
铜驼
修义
敦厚
北市
景行
进德
履顺
思恭
归义
玉鸡
道政
道光
清化
立德
承福
含嘉仓城
东城
承福门
宫城
皇城
圆壁城
曜仪城
左掖门
端门
右掖门
上阳宫
黄道桥
天津桥
星津桥
谷水
神都苑
雒水
浮桥
新中桥
旧中桥
分渠
运渠
建春门
永通门
延庆
静仁
仁风
怀仁
归仁
利仁
永通
里仁
嘉猷
睦仁
从善
绥福
会节
履信
履道
崇让
询善
富教
延福
临阛
永泰
章善
尊贤
集贤
嘉庆
慈惠
通利
南市
嘉善
陶化
宣教
兴敬
伊水
安众
惠和
福善
思顺
修善
永丰
正俗
仁和
长夏门
道德
择善
温柔
道化
敦化
康俗
归德
道术
惠训
劝善
恭安
宣范
崇政
敦行
尚贤
旌善
修业
崇业
行修
正平
乐和
尚善
修文
安业
淳化
宜人
明教
定鼎门
积善
观德
宣风
淳风
宽政
宁人
雒滨
教义
明义
承义
大同
从政
通济渠
广利
西市
淳和
北里
南里
通济
厚载门
人苑

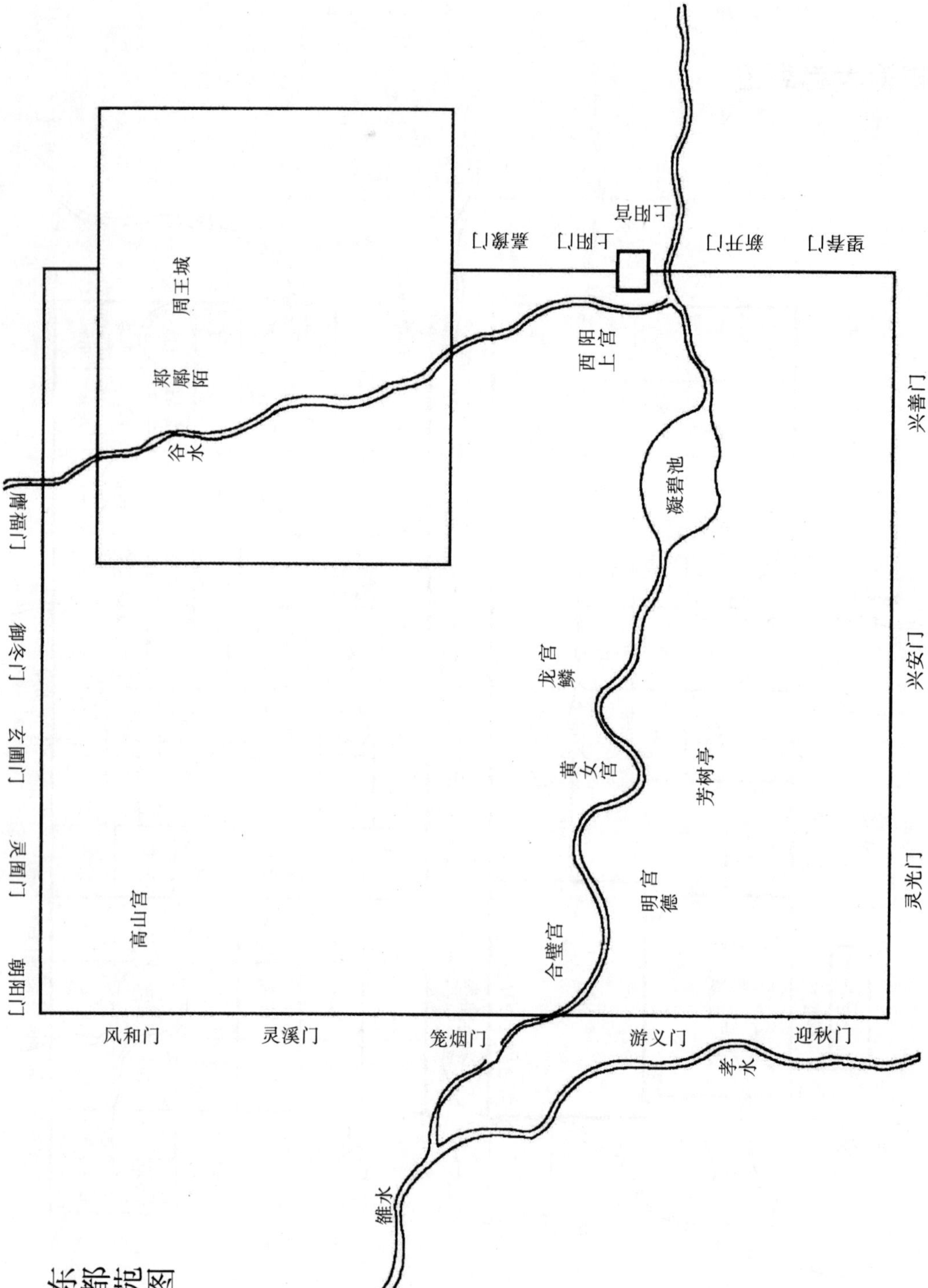
上阳宫
嘉豫门
上阳门
新开门
望春门
周王城
郏鄏陌
谷水
西阳上宫
凝碧池
兴善门
膺福门
御冬门
玄圃门
灵圃门
朝阳门
龙鳞宫
黄女宫
芳树亭
兴安门
明德宫
灵光门
高山宫
合璧宫
风和门
灵溪门
笼烟门
游义门
迎秋门
孝水
雒水

东都苑图

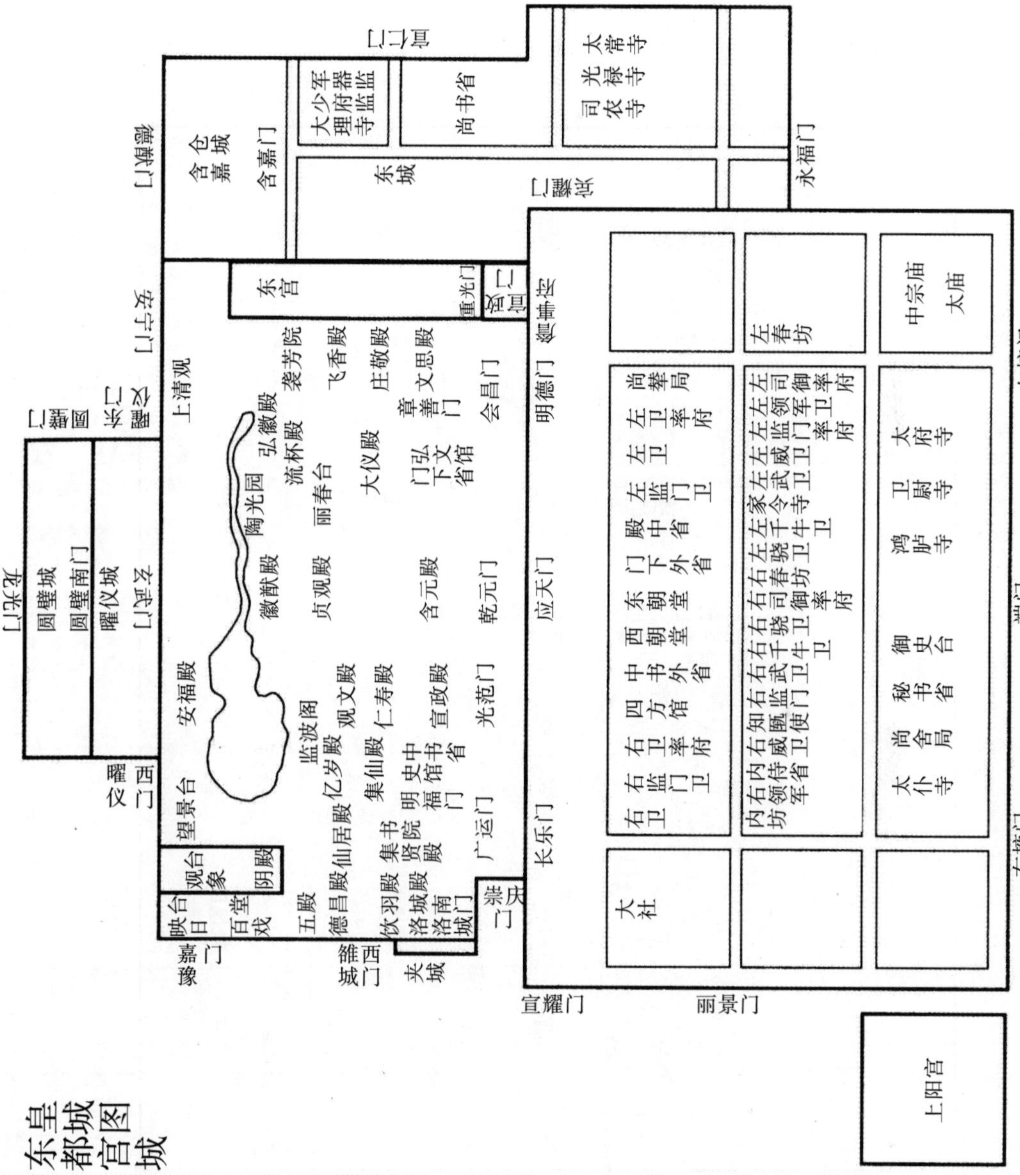
圆璧城
圆璧南门
曜仪城
上清观
安福殿
望景台
陶光园
徽猷殿
弘徽殿
流杯殿
丽春台
贞观殿
大仪殿
含元殿
乾元门
应天门
明德门
长乐门
东宫
重光门
含嘉仓城
含嘉门
东城
尚书省
司农寺
光禄寺
太常寺
永福门
左春坊
中宗庙
太庙
左掖门
端门
右掖门
宣耀门
丽景门
上阳宫
大社
太府寺
卫尉寺
鸿胪寺
御史台
秘书省
尚舍局
太仆寺
集仙殿
仁寿殿
宣政殿
观文殿
亿岁殿
仙居殿
德昌殿
会昌门
文思殿
庄敬殿
飞香殿
袭芳院
光范门
广运门
洛城殿
洛城南门
夹城
嘉豫门
映日台
百戏堂
观象台
崇庆门

东都宫城皇城图

东都上阳宫图

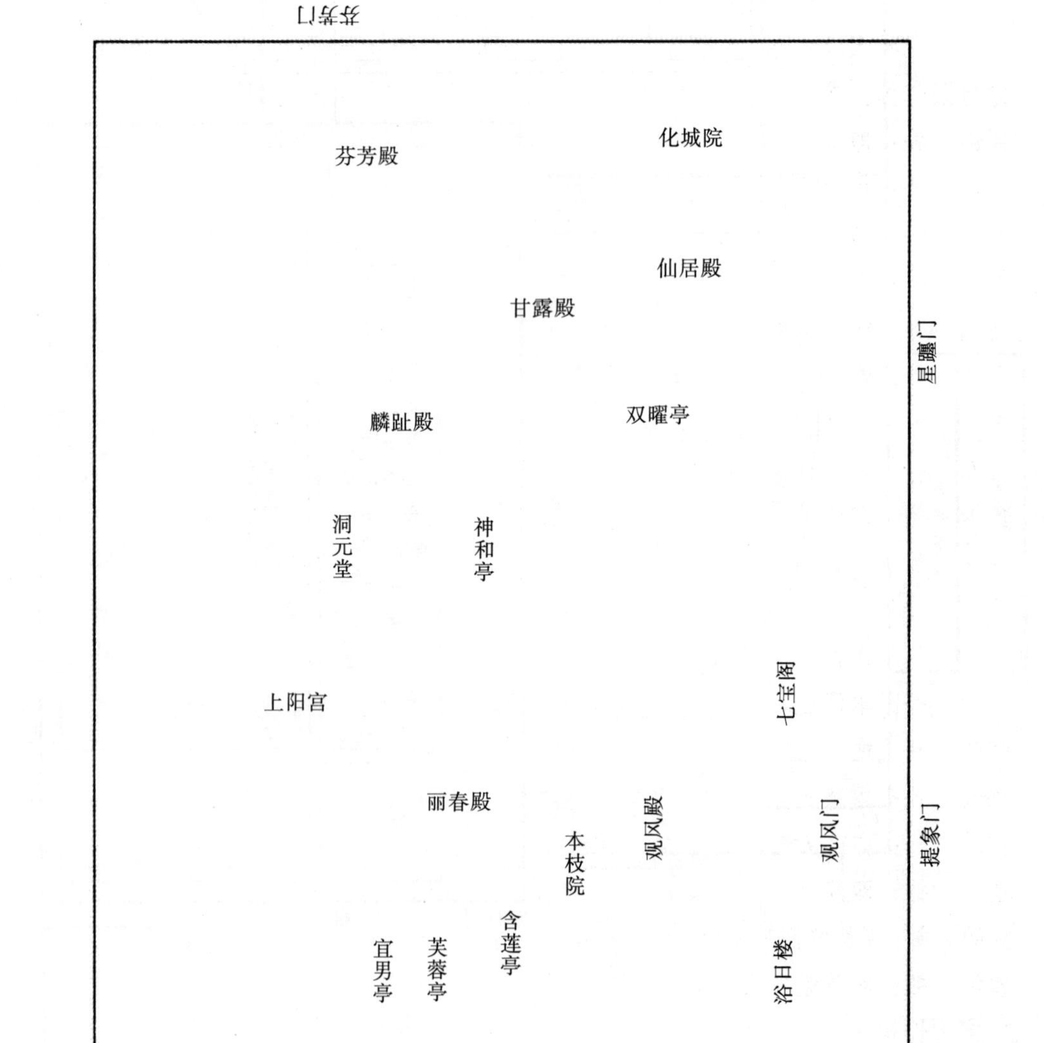
芬芳门
化城院
芬芳殿
仙居殿
甘露殿
星躔门
麟趾殿
双曜亭
洞元堂
神和亭
七宝阁
上阳宫
丽春殿
观风殿
观风门
提象门
本枝院
含莲亭
宜男亭
芙蓉亭
浴日楼
通仙门
仙雒门
雒水

西京外郭城图校补记

龙首渠　补：浐水。
兴道　补：即瑶林。
安仁　补：本安民。
务本　补：即玉楼。
永乐　补：即平乐。
靖安　补：或作静安。
大业　补：本弘业。
崇仁　补：昌化附。
晋昌　补：或作进昌。
长乐　补：即延政。
安兴　补：即广化。
胜业　补：本宜仁。
宣平　补：或作宣政。
修行　补：本修业。
修政　补：或作循政。
兴庆　补：本隆庆。
常乐　补：亦名大同。
靖恭　补：即静恭。
立政　补：《长安图》分为谈宁。
敦化　补：即敦教。或作通化，或分长和。
缺　补：殖业附。
崇业　补：即安善。
光行　补：即光仁。
兴化　补：客户、冶成附。
崇德　补：本弘德。
怀贞　补：即怀贤。
丰安　补：俗作安丰。
修德　补：本贞安。
辅兴　补：正平附。
布政　补：本隆庆。
光德　补：善和附。
醴泉　补：本承明。
嘉会　补：和会附。
永平　补：本永隆。
昭行　补：本显行。
义宁　补：本熙光。
崇化　补：本弘化。
永和　补：本淳和。

增订：昌化、广化均为兴安坊异名。

补殖业是错误的，朱雀街西第一街从北第一善和、次南通化。善和坊附光德坊亦误。布政本隆政。

西京三苑图校补记

汉未央宫、汉长乐宫　　中间补：秦樗里子墓。

西京宫城图校补记

凝香阁　校：《考》从《大典阁本图》作凝阴阁，此依《长安志》作凝香，当依《考》改。

凝阴殿　校：《考》从《通鉴》注引《阁本太极宫图》作凝云阁，此仍《长安志》作凝阴殿，当依《考》改。

东都外郭城图校补记

宜人　补：本宜民。
安业　补：安宜附。
正平　补：即政平。
康俗　补：即康裕。
敦化　补：本基化。
道化　补：一作遵化。
道德　补：本道训。
仁和　补：本民和。
正俗　补：利俗附。
兴教　补：即兴道，一作“敬”。
宣教　补：本弘教。
履信　补：恭俭。
会节　补：即惠节。
睦仁　补：本睦民。
永通　补：本依仁。
仁风　补：一作仁丰。
宁人　补：本宁民，亦作宁仁。
大同　补：本植业。
承义　补：一作永义。
明义　补：本显义。
西市　补：本固本坊。
道政　补：本元吉。
北市　补：本临德坊，又附振德。
毓财　补：《考》作“材”。
通远　补：或作通达。
增订　补：兴教应为兴敬。

唐东都洛阳城图

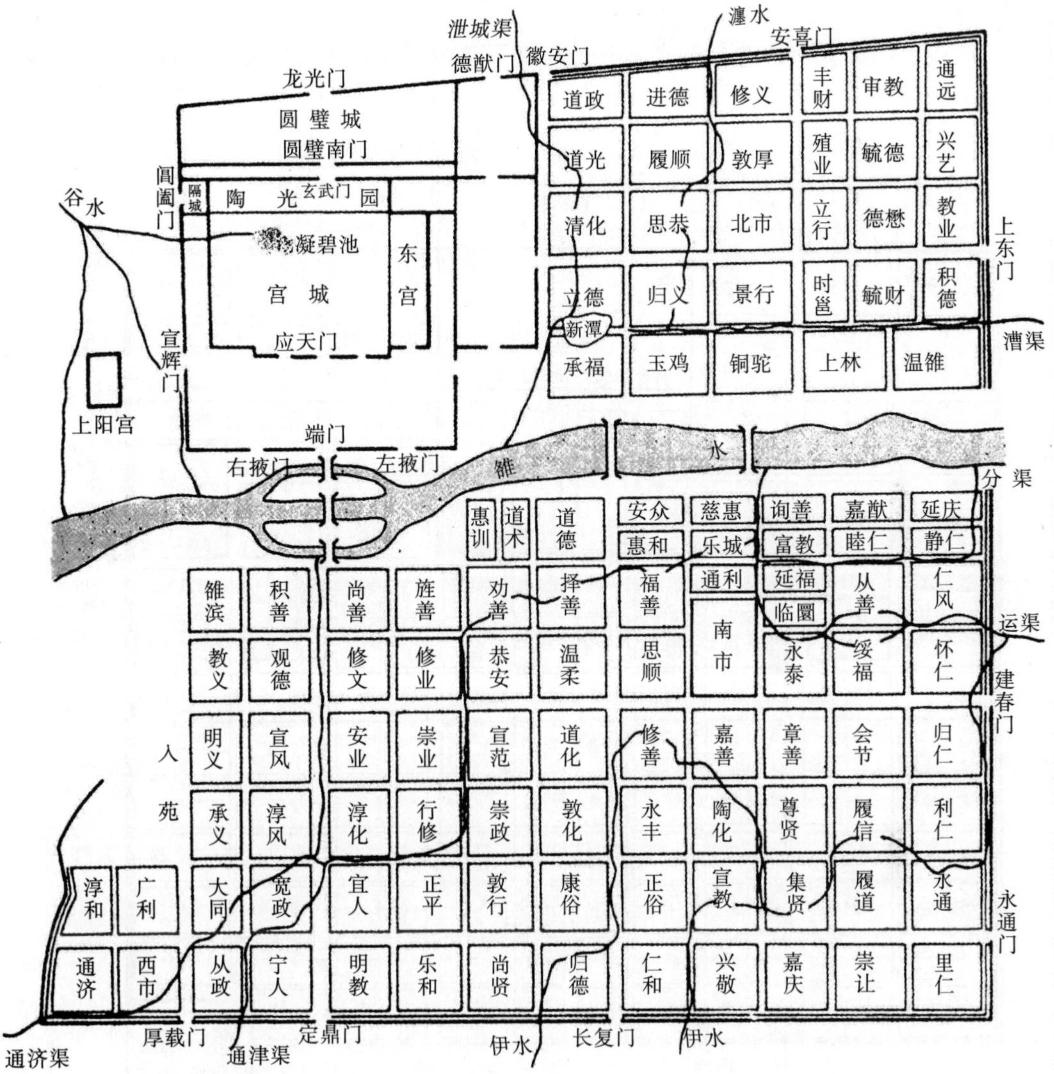

据《中国大百科全书·中国历史》（中国大百科全书出版社1992年版）第1047页《唐东都洛阳图》改绘：

1. 改修行为行修，改兴教为兴敬；
2. 南市范围北部四分之一为通利坊，通利坊北为乐城坊。

唐西京长安城图

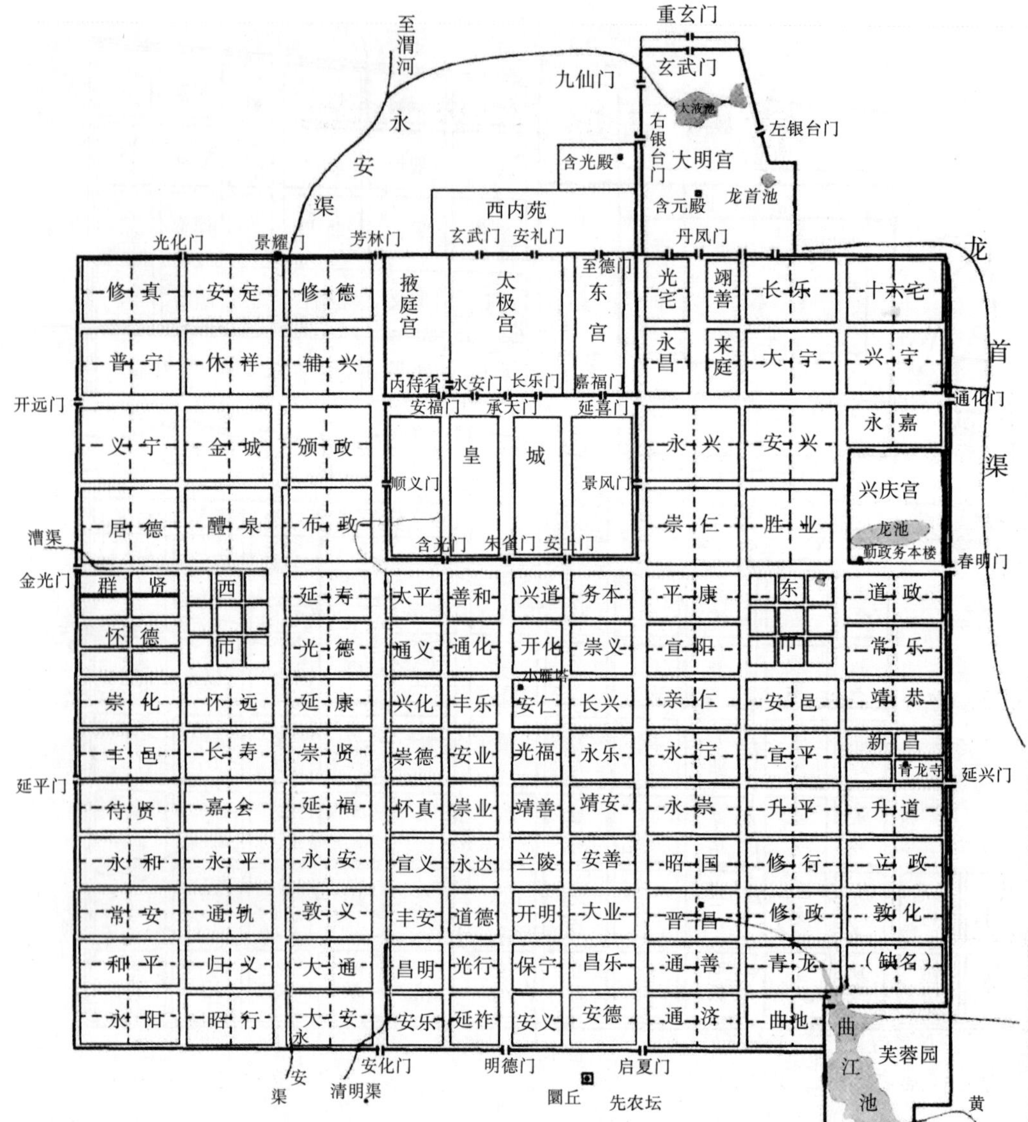

据《中国大百科全书·中国历史》（中国大百科全书出版社1992年版）第1045页《唐长安图》改绘：

1. 改太极宫广运门为永安门；
2. 改光禄为善和；
3. 改缺名为通化；
4. 改怀贞为怀真。

唐两京城坊考卷之一

西　京

唐西京初曰京城，隋之新都也，开皇二年所筑。按周、汉皆都长安，而皆非隋、唐之都城。文王作丰，在今西安府鄠县。武王宅镐，在今咸阳县西南。汉都城在唐城西北十三里，自刘聪、刘曜、石勒、苻健、苻坚、姚苌所据皆汉城也。隋开皇二年始移于龙首原。唐天宝元年曰西京，至德二载曰中京，上元二年复曰西京，次年曰上都。

增订：

唐西京即今陕西西安市区，隋文帝开皇二年创立。唐西京有悠久的历史。周文王作丰，在唐西京西南，今长安区马王村附近，不在清西安府鄠县境。周武王宅镐，也不在清咸阳县西南，而在清代咸阳县东南方向长安县境，即今长安区斗门镇花园村附近。汉长安城在唐西京西北，今西安市市区内（明清西安城西北十余里），西汉、王莽、东汉（献帝）、晋（晋惠帝、愍帝）、前赵、前秦、后秦、西魏、北周等王朝均都于此。隋文帝代北周建立隋王朝，由于汉长安筑城以来历八百载，水皆卤苦（生活水污染），加以城市狭小等原因，于汉长安城东南龙首山南川原秀丽之地建立大兴城。《隋书·高祖纪》载："开皇二年……六月丙申诏曰：朕祗奉上玄，君临万国，属生人之敝，处前代之宫。常以为作之者劳，居之者逸，改创之事，心未遑也。……今之宫室，事近权宜。……然则京师百官之府，四海归向，非朕一人之所独有。苟利于物，其可违乎！……龙首山川原秀丽，卉物滋阜，卜食相土，宜建都邑。定鼎之基永固，无穷之业在斯。公私府宅，规模远近，营构资费，随事条奏。仍诏左仆射高颎、将作大匠刘龙、钜鹿郡公贺娄子幹、太府少卿高龙叉等创造新都。"《唐六典》卷七《工部尚书》："今京城，隋文帝开皇二年六月诏左仆射高颎所置。南直终南山子午谷，北据渭水，东临浐川，西次沣水。太子左庶子宇文恺创制规谋，将作大匠刘龙、工部尚书贺娄子幹、太府少卿高龙义并充检校。至三年，三月移入新都焉，名曰大兴城。"大兴城之创建，高颎虽总大纲，然凡所规划皆出自宇文恺。《隋书·宇文恺传》："宇文恺，字安乐，杞国公忻之弟也。……及迁都，上以恺有巧思，诏领营新都副监。高颎虽总大纲，凡所规画，皆出于恺。”隋大兴城于开皇二年十一月丙子，命名曰“大兴城”（《隋书·高祖纪》），于开皇三年三月丙辰，迁入新都。《隋书·高祖纪》：“（开皇）三年……，三月丙辰，雨，常服入新都。”大兴城于唐初改长安城。天宝元年曰西京。《旧唐书》：天宝元年“以京师为西京”。《新唐书》：“上都初曰京城，天宝元年曰西京。”据此，徐松也说“唐天宝元年曰西京”。然而《新唐书·玄宗纪》天宝元年皆作以“东都为东京，北都为北京”，而不言以京师为西京。《旧纪》开元二十四年冬十月，“车驾发东都，还西京”。《通鉴》于开元二十四年、二十六年、二十八年皆见西京。则西京之称，初不始于天宝元年。然两《唐志》之言亦不得谓无依据。疑开元后期已习称京师为西京，而未尝明见诏敕，至天宝元年，始正式颁行耳。（禾子《唐称长安为西京不始于天宝元年》，载《历史地理》第五辑，1987 年）

宫　城

宫城，东西四里，南北二里二百七十步，按“七十”，吕大防《长安图》作“四十”。周十三里一百八十步，其崇三丈五尺。南即皇城，北抵苑，东为东宫，西为掖庭宫。隋时规建，先筑宫城，次筑皇城，次筑外郭城。故唐西京宫城最在北，皇城在宫城南，外郭城又在皇城南也。

增订：

中国科学院考古研究所西安唐城发掘队《唐代长安城考古纪略》（载《考古》1963 年第 11 期，以下简称《纪略》）云：所谓宫城，是包括太极宫、东宫、掖庭宫三部分的总称。它的位置在长安城的中央最北部。从勘探的情况所知，宫城的城基大部分保存完好，都是板筑的夯土墙，土质非常坚实。实测宫城东西广 2820.3 米（此数为太极宫、东宫与掖庭宫三部分之总合），南北长 1492.1 米。徐松所说的宫城东西四里，是指太极宫与东宫，并不包括掖庭宫，实测太极宫与东宫东西长 2117.8 米，合唐制四里（1440 步，合 2116.8 米），历史文献记载相当准确。

宫城，亦曰西内，其正牙曰太极殿。唐龙朔后，天子常居大明宫。大明宫在宫城东北，故谓大内为西内。景云元年，改曰太极宫。城之南面五门，《长安志》作“六门”，盖通东宫门计之。正南承天门，隋开皇二年作，初名曰广阳门，仁寿元年改曰昭阳门。唐武德元年改曰顺天门，神龙元年改曰承天门。门外有朝堂，东有肺石，西有登闻鼓，其门上有楼。《旧书·王琚传》：以铁骑至承天门，时睿宗闻鼓噪声，召郭元振升承天楼宣诏下关，琚等从玄宗至楼上。《旧书》：高祖斩皇甫希仁于顺天门。即承天门也。《朝野佥载》：西京朝堂北头，隋曰唐兴村，门前有大槐树，文皇帝移长安城，将作大匠高颎常坐此树下检校。后栽树行不正，欲去之，帝曰："高颎坐此树下，不须杀之。"至先天一百三十年，其树尚在。承天门正当唐兴村门首。按唐兴村，隋曰杨兴村，唐时改之。若元正、冬至，陈乐设宴会，赦宥罪，除旧布新，当万国朝贡使者、四夷宾客，则御承天门以听政。《六典》：承天门，古之外朝。按《旧书·李泌传》：代宗山陵灵驾发引，上号送于承天门。是奉送山陵亦御此门。承天门东长乐门，《旧书·王志愔传》：开元十年，有京兆人权梁山伪称襄王男，自号光帝，与其党及左右屯营押官谋反。夜半时，拥左屯营兵百余人，自景风、长乐等门斩关入宫城。盖由景风门入皇城，西行折而北，由长乐门入宫城也。长乐门内东左藏库。承天门西广运门，《长安志》以广运在长乐之东。非是，今从《六典》。广运门内有西左藏库。按隋初有右藏、黄藏，开皇十三年始辟左藏院，故有左藏库之称。或以在西者为右藏，误也。《雍录》：太极宫中东左藏库在恭礼门东，西左藏库在安仁门西。按《通鉴》注引《阁本太极宫图》，言西左藏之西则通训门，通训门盖通明门之误。长乐门东永春门。广运门西永安门。东面一门凤皇门。隋曰建春门，后改通训门。明皇时，凤皇飞集通训门，诏改凤皇门。西面二门，南通明门，北嘉猷门。北面二门，《长安志》作"三门"，亦通东宫门计之。中为定武门，南直承天门，李氏图作"玄武门"。按《旧书·尉迟敬德传》：元吉步走，欲归武德殿，敬德奔逐，射杀之。其宫府诸将率兵大至，屯于玄武门。则作"玄武"为是。《通鉴》：隋文帝忌太子勇，于玄武门达至德门量置候人。胡注：玄武门，隋大兴宫城北门。亦作"玄武"。定武门东安礼门。

《唐两京城坊考校补记》（以下简称《校补记》）：太极殿补注：《困学纪闻》《唐会要》：武德元年五月，改隋大兴殿为太极殿。承天门注：正当唐兴村门首。补：《朝野佥载》：开元二年六月，大风，长安街中树连根出者十七八。长安城初建，隋将作大匠高颎所植槐树殆三百余年，至是拔出。又注：唐兴村，隋曰杨兴村，唐时改之。补：《广记》百三十五《西京记》云：长安朝堂即旧杨兴村村门，大树今见在。初，周代僧枨言多验，时村人于此树下集，枨来逐之曰："此天子坐处，汝等何故居此？"及隋文帝即位，便有迁都意。左藏库补注：《酉阳杂俎》：天宝初，于左藏中得五色玉。

增订：

太极宫　亦曰西内，隋之"大兴宫"，位于宫城的中部，其东西两侧各有一南北墙与东宫和掖庭宫相隔。实测太极宫广 1285 米，南北长 1492.1 米（《纪略》）。太极宫及东宫南面门的名称和数目，自北宋以来，久有异辞。辛德勇博士《宫城南门名称考实》（《隋唐两京丛考》）：太极宫南面三门，正南承天门，承天门东长乐门，承天门西永安门。（《唐六典》卷七《工部尚书》）东宫亦为三门，正南重明门，重明门东永春门，重明门西广运门。（见《太平御览》卷一八三，引韦述《两京新记》及吕大防《长安图》中之太极宫图）承天门遗址位于太极宫南墙的中部，今莲湖公园莲湖池南岸（偏西）的南侧，门基址大部因修建公园时挖土去掉，现仅残存一部分基址。门基座仅西端尚保存七米余，东端的门基座已全部无存。由西端的门基座向东尚存门道三个，门道地面上铺石条和石板。在各门道有夯筑的隔墙。门址东西残长共41.7米，因东侧被破坏，向东是否还有门道，已不得知，但从残存情况来看，承天门至少有三个门道。(《纪略》) 长乐门内之“东左藏库”与广运门内之“西左藏库”均误。唐本无东、西二左藏库，而是左、右藏库并立。左藏库在东宫广运门内，右藏库在太极宫安仁门（即崇义门）内。(《丛考》) 玄武门　是宫城北面的正门，位于宫城北墙的中部略偏西，不与承天门相对。此门址由于近代建筑所压，故只探得部分门道的残迹，因此玄武门的形制及门道数量，已不得而知。(《纪略》)

太极殿者，朔望视朝之所也。《六典》：太极盖古之中朝。隋曰大兴殿，武德元年改。高宗以后居东内，则大丧多殡此殿。正门曰嘉德门。南直承天门。诸城刘氏喜海藏唐鱼符，有文曰“嘉德门内巡”，疑入宫城所佩符，非东宫之嘉德门也。殿门曰太极门。隋曰大兴门，后改乾福门，贞观八年改太极门。《长安志》云：殿东隅有鼓楼，西隅有钟楼，贞观四年置。《永乐大典》载《阁本太极宫图》，钟楼在东，鼓楼在西。〔据稿本，《永乐大典》以下为张穆补〕门之两庑为东西阁门，《通鉴》注引《阁本太极宫图》，太极殿有东上阁门、西上阁门。按阁门可转北入两仪殿，太宗时以此为入阁。若东内，则以入紫宸为入阁。两廊为左右延明门。在东者左延明门，在西者右延明门。《旧书》：节愍太子诛武三思，成王千里率左右数十人斫右延明门，《开元礼》朔日受朝仪，言设御幄于太仪殿，典仪设官位于横街之南。盖延明相向，中为东西横街也。左延明门外为门下省，杨炯《庭菊赋序》：天子幸于东都，皇储监守于武德之殿，以门下内省为左春坊。为史馆，在门下省北。贞观三年，置秘书内省以修五代史，又置史馆以编国史。寻废秘书内省。为弘文馆。在门下省东。弘文馆始置于武德四年，以聚书名为修文馆，九年改弘文馆，又曰文学馆。馆侧有殿。《通鉴》注引《阁本太极宫图》不载此馆。弘文殿，贞观三年移于纳义门西。九年改昭文馆，开元七年复旧。右延明门外为中书省，省内有内客省。《通鉴》：上自武德殿入虔化门，擒贾膺福、李猷于内客省。胡注：四方馆隶中书省，故客省在焉。为舍人院。旧本《长安志图》，舍人院在中书省东南，今从之。嘉德门之两廊，东为归仁门，又东恭礼门。南直长乐门，西为纳义门，又西安仁门。“安”一作“兴”。南直广运门。太极殿北曰朱明门，门亦有东西上阁门。见《大典阁本太极宫图》。其左为虔化门，“虔”一作“乾”。按《通鉴》：高祖封唐王时，日于虔化门视事。是虔化隋旧门名也。右为肃章门。虔化南直恭礼门，肃章南直安仁门。朱明门以内为内朝，故虔化、肃章以内为宫内。节愍太子之索上官婉儿，卫王直之作乱，皆欲入肃章以入宫也。窦怀贞之乱，睿宗出肃章门。文德皇后之葬，段志玄等亦由肃章以出宫也。**肃章西为晖政门，虔化东为武德门。阎门之东曰万春殿，又东曰立政殿，**见《通鉴》注引《阁本太极宫图》，与《大典阁本图》合。立政殿前有立政门，太宗文德皇后崩于此殿。**又东曰大吉殿，**见《长安志》。前有大吉门。庄恪太子薨于少阳院，迁居此殿。**又东曰武德殿。**殿有东西门，门西与虔化门齐。贞元四年筑垣，自武德东门属于宫城，此东门也。《旧书·高宗纪》：许敬宗待诏武德西门，此西门也。《旧书》：高祖令太宗居西宫之承乾殿，元吉居武德殿后院，与上台、东宫昼夜并通，更无限隔。《六典》注：武德殿后有延恩殿。**阎门之西曰千秋殿，**《长安志》：两仪殿前有献春门、宜秋门，当即万春、千秋两殿之门。《通鉴》注引《阁本太极宫图》云：宜秋门在千秋殿西，百福门东。然则献春门东向，宜秋门西向矣。《旧书》：隐太子葬日，太宗于宜秋门哭之。"献春"或作"宜春"。《通鉴》注引《阁本太极宫图》：射殿在宜春门北。**又西曰百福殿，**前有百福门，睿宗崩于此殿，宣宗改为雍和殿。内有亲亲楼，为诸王宴会之所。**又西曰承庆殿，**前有承庆门，即太宗所居，《旧书》作"承乾"者误。**则有晖政门焉。**门东与肃章门齐。高安长公主薨，发哀于晖政门。**朱明门北为两仪殿，常日听政则御之。**《六典》：两仪，古之内朝，隋曰中华殿，贞观五年改。中叶以后，帝后丧亦多殡此殿。按《旧书·令狐德棻传》：高宗召宰臣及弘文馆学士于中华殿。是其时兼用旧名。**殿北曰甘露殿，**明皇自蜀还，常居此殿。**其门曰甘露门，门外为永巷。**东西横街。**巷东东横门，再东日华门。巷西西横门，再西月华门。甘露殿之北曰延嘉殿，**《大典阁本太极宫图》：两仪殿后即延嘉殿，无甘露殿。《长安志》云：延嘉殿在甘露殿近北，殿南有金水河，往北流入苑。故补于此。**延嘉之北曰承香殿，**《长安志图》作"承春殿"，误。**则达玄武门焉。**《长安志》：承香殿东即玄武门。盖殿在玄武门少西。《大典阁本太极宫图》：玄武门在承香殿正北。**甘露之左曰神龙殿，**中宗、玄宗皆崩于此殿，前有神龙门。**右曰安仁殿。**前有安仁门。**安仁之北曰归真观，观北曰彩丝院。**《大典阁本图》作"丝彩"。**院西曰淑景殿，又西则三落、四落、五落，为东西千步廊。**千步廊在月华门北，廊之北三落、四落、五落。自淑景殿以次而西，为卫士之居。**城之西北隅有山池院，其南有薰风殿、就日殿。**见《大典阁本图》。**其东海池三，**西内凡海池四：一在咸池殿东，一在望云亭西，一在凝阴阁北，一在凝云阁北。故《雍大记》谓之四海池。《通鉴》注引《阁本太极宫图》云：太极宫中凡有三海池，东海池在玄武门内之东，近凝云阁；北海池在玄武门内之西；又南有南海池，近咸池殿。盖以近望云亭与凝阴阁者为一也。《旧书》：尉迟敬德杀元吉，是时高祖泛舟于海池。**凝阴阁、**《长安志》作"凝香阁"，误，今从《大典阁本图》。**望云亭、**景福台西，见《长安志》。**鹤羽殿、**

凝阴阁西。咸池殿延嘉殿西。环之。又东曰景福台。承香殿西北。神龙之北曰功臣阁、凌烟阁。《通鉴》注引《阁本太极宫图》：延嘉殿之东为功臣阁，功臣阁之东为凌烟阁。与《大典》所载《阁本图》合。贞观十八年，画功臣像于此阁。《段志玄碑》：贞观十六年，图形于戢武阁。未知即凌烟阁否。又《唐俭碑》有凌烟阁字，叙于陷贼庭前，其事在高祖时，则阁之建也旧矣。后唐应顺元年《修凌烟阁奏》云：阁在西内三清殿侧，画像皆北面。阁有中隔，隔内北面写"功高宰辅"，南面写"功高诸侯王"。隔外面次第画功臣题赞。其北有海池、凝云阁、《通鉴》注引《阁本太极宫图》及《大典阁本图》皆作"凝云阁"。《长安志》作"凝阴殿"，误。毬场亭子凝云阁北。环之。城之东北隅有紫云阁，其南有山水池阁，西为南北千步廊。南至尚食内院，西北尽宫城。殿阁之外庙一，曰孔子庙；《大典阁本图》：月华门西有孔子庙。他书不载。寺一，曰佛光寺；《长安志》：寺在神龙殿西。《大典阁本图》有佛堂，无佛光寺。柳宗元《为王京兆贺嘉莲表》云：圣旨出西内神龙寺前水渠内《合欢莲花图》一轴。疑神龙寺即佛光寺，以近神龙殿得名也。院二，彩丝院，已见。曰尚食内院、《长安志》作"尚食院"，《大典阁本图》有"内"字。《旧书·韩偓传》言帝行武德殿前，因至尚食局。当即此院。公主院；《长安志》：院在千秋殿西。库三，左藏库，已见。曰司宝库、凌烟阁东。曰武库、在武德东门东，见《大典阁本图》。曰甲库；在西左藏库西，见《大典阁本图》。或作"武库"，误。仓一，曰内仓廪。在虔化门内，见《大典阁本图》。《通鉴》注引《阁本太极宫图》：武德门在虔化门东，入门过内仓廪、立政殿、万春殿，即东上阁门。按所谓入门者，入虔化门也。

《校补记》：凝云阁　校在图下。补注：按《异闻录》：天宝七载，秦中大旱，帝亲幸龙堂祈之，不应。幸凝阴殿，召叶法善祈镜龙，雨大澍。亦作凝阴殿也。

增订：

左延明门。程知节墓志："（贞观）廿年，自翠微宫奉敕统飞骑从今上先还，即于左延明门外卫宿。"唐太宗于贞观二十三年逝世于终南山翠微宫，程知节与太子李治先还宫。舍人院。据《四库全书》文渊阁本《长安志》卷六《舍人院》条："（舍人院）在中书省东。"可正《长安志图》之讹误。（《丛考》）安仁门。实为崇义门。见《大唐开元礼》卷九十《嘉礼皇后元正冬至受皇太子朝贺》条。（《丛考》）东西上阁门位置。但实际上《永乐大典》之《阁本太极宫图》和《雍录》之《阁本太极宫图》一样，都只绘有一组东、西上阁门，而这两座阁门所以会绘在朱明门左右，则应该是由于《阁本太极宫图》夹太极宫殿绘制左右延明门后，无处填绘两处阁门，只好把东、西上阁门挤到了北边

的朱明门旁，实际上与《六典》诸书所记应为一门。东西上阁门在太极殿两侧。（《丛考》）

三清殿、近凌烟阁。昭庆殿、承香殿西。《大典阁本图》不载，不知在景福台左右。观云殿、《长安志》作凝阴殿北，疑即凝阴阁之望云亭，或在凝云阁之侧也。弘文殿、近观云殿。观德殿、《通鉴》：侯君集献俘于观德殿。胡注：观德殿，射殿也。《阁本太极图》，射殿在宜春门北。新殿、《长安志》：近万春殿有新殿。相思殿、《通鉴》：贞观间，薛延陀突利设来纳币，上御相思殿。胡身之云：据褚遂良疏，殿在玄武门内。飞霜殿、贞观二十五年，宴五品以上于飞霜殿，殿在玄武门北。昭德殿、《太平广记》引《大唐杂语》：昭宗文德二年正朔，御武德殿，有紫气出于昭德殿东隅，得金龙子一枚，改元为龙纪元年。临湖殿、《旧书》：高祖召裴寂等，欲令穷覈其事，建成、元吉行至临湖殿觉变。〔按稿本，临湖殿下有紫微殿，并注云："《旧书·襄邑王神符传》：以疾辞职，令乘小舆，引入紫微殿。"〕长乐殿、嘉寿殿、〔按稿本，嘉寿殿下有就日殿〕临照殿、〔按稿本，临照殿下有薰风殿〕望仙殿、翔凤殿、乘龙殿、文思殿，见《六典》《禁扁》。翔凤门、宣猷门、崇道门、昭德门、正礼门、惠训门、宣光门、通福门、光昭门、华光门、晖仪门、寿安门、绥福门、见《六典》《长安志》。肃政门、见《六典》《禁扁》。显福门、《通鉴》注：西内翰林院在显福门内。兴安门、《通鉴》：太宗闻高士廉卒，帅左右自兴安门出。胡身之注：贞观以前，人主常居太极宫，则此兴安门非大明宫之兴安门，盖太极宫中别自有兴安门也。显道门、金液门、《通鉴》：太宗力疾至显道门外赦天下，敕太子于金液门听政。胡身之注：显道、金液为通内诸门，图志不能尽载。玄德门、白兽门，《通鉴》：隆基与刘幽求等出苑南门，使葛福顺将左万骑攻玄德门，李仙凫将右万骑攻白兽门，约会于凌烟阁前。胡身之注曰：禁苑南门直宫城之玄武门，玄德、白兽皆通内之门。按白兽门即杜诗所谓"寂寞白兽闼"也。颜鲁公《康希铣碑》：父国安，迁博士，白兽门内供奉。不知其处。

增订：

三清殿《五代会要》卷十八《集贤院》："后唐应顺元年（934）闰正月，集贤院奏：'准敕书创修凌烟阁，……谨按凌烟阁都长安时，元在西内三清殿侧。'"《旧五代史》卷四五《后唐闵帝纪》、《册府元龟》卷十四《帝王部·都邑二》、《南部新书》、《雍录》均记述凌烟阁在西内三清殿侧。程大昌在《雍录》中认为凌烟阁中画功臣像貌皆面北者，则三清殿应位于凌烟阁之北面。（杜文玉《唐长安大明宫、太极宫三清殿小考》，载《长安历史文化研究》第五辑，陕西人民出版社，2013 年）

庆福殿《大慈恩寺三藏法师传》卷第六："帝居庆福殿，百官侍卫，命法师坐，使弘文馆学士上官仪，以所制序对群僚宣读。”庆福殿《续高僧传·玄奘传》与《玄奘法师行状》均作“明月”。

弘法院　《大慈恩寺三藏法师传》卷第七：贞观二十二年“冬十月车驾还京，法师亦从还。先是敕所司于北阙紫微殿西别营一所，号弘法院。既到，居之。昼则帝留谈说，夜乃还院译经”。弘福院应在长安宫城玄武门内，在紫微殿西。紫微殿在临湖殿下。紫微殿、弘法院具体地点待考。（《碑林集刊》［十九］2013 年）

东宫，傅宫城之东，南北与宫城齐。《长安志》不载东宫东西里数，以宫城四里除皇城东西五里一百五十步，则东宫与掖庭宫皆当不足一里，惟东宫较广耳。南面门为嘉福门，《长安志》作“重福”，次北曰重明，又北曰宣明。按宫门无叠至三门者。重福，《禁扁》作“嘉福”，《长安志》言宣明是嘉福所改名，则二门为一门明矣。今删正。北面门为玄德门。《永乐大典》载《太极宫东宫图》，北门为至德门。按至德门当是隋时旧名，见前定武门下注。《长安志图》又作“安礼门”，误，今从《长安志》文。宫之正殿曰嘉德殿，一曰显德。武德九年，太宗即位于显德殿。后避中宗讳，改明德。正门曰重明门，殿门曰嘉德门。嘉德门外之两廊为左右永福门，其门内之两廊为左右嘉善门。《永乐大典》图作“左右嘉德”，今从《长安志》。嘉德殿之左右，东为奉化门，西为奉义门。《长安志》作“东西奉化门”，今从《大典》图。其内为左右春坊。嘉德殿之北为崇教殿、或作“崇政”，误。《唐会要》：贞观十七年十一月二十八日，诞皇太孙，太子宴宫寮于弘教殿。太宗幸东宫，自殿北门入。《禁扁》：崇教，一曰弘教，又有弘教门。丽正殿。“正”一作“政”。丽正殿之左为崇仁殿，丽正殿之右为崇文殿，按东宫右春坊内有崇文馆，当在此殿之侧。丽正殿之北为光天殿，《长安志》作“光大”，今从《大典》图。又北为承恩殿，其北为玄德门。诸殿方位皆依《大典》图。承恩殿之左右为宜春、宜秋宫，前有宜春宫门、宜秋宫门。宜秋，《禁扁》作“融秋”。宜春之北为北苑。《通鉴》注：天宝中，即东宫置宜春北苑。按既曰北苑，当在宜春宫之北。《长安志》言在宜春宫门外，非也，今正。其南，道东为典膳厨，道西为命妇院。宜秋之南为内坊。又有八风殿、射殿、《大典》图在宜春门内之东。左右长林门、皆见《长安志》。《志》又云左右长林门本名弘礼、嘉福，武德元年改重光、宣明。按《通鉴》：建成分屯左右长林，号“长林兵”。胡注：东宫有左右长林门。自是未改名时也。亭子院、山池院、佛堂院、皆见《长安志》。鹰鹞院、见《大典》图。按皆在北苑中。长生院，《旧书·陈夷行传》：充皇太子侍读，诏五日一度入长生院，侍太子讲经。按胡身之《通鉴》注曰：唐寝殿皆谓之长生殿。武后寝疾之长生殿，洛阳宫寝殿也。肃宗大渐，越王系授甲长生殿，长安大明宫之寝殿也。《长恨歌》

“七月七日长生殿”，华清宫之寝殿也。然则大内之寝殿通曰长生殿，则太子所居通曰长生院矣。不知其处。

《校补记》：东宫丽正殿补注：丽正殿有藏书，陆龟蒙《和皮日休诗》云：贞观购亡逸，蓬瀛渐周旋。炅然东壁光，与月争流天。伟矣开元中，王道真平平。八万五千卷，一一皆涂铅。人间盛传写，海内奔穷研。自注云：开元《丽正殿书录》。

增订：

东宫东西广832.8米，南北长1492.1米（《纪略》）。东宫南门是重明门，不是嘉福门，《唐两京城坊考》误。《长安志》：“东宫正殿曰嘉德殿……南有嘉德门。门外……正南有宣明门，当宫坐者，南面有重明门。”骆天骧《类编长安志》卷二广运和永春二门之间为重明门。吕大防《长安图》及元李好文《唐宫城图》（《长安志图》卷上)》：东宫南门东为永春，中为重明，西为广运。不过这两幅图，均将广运门置于东宫之西，太极宫长乐门之东。《太平御览》卷一八三引《两京新记》叙宫城南面六门，其中重明门在广运、永春二门之间。(辛德勇《唐长安宫城南门名称考实》，载《陕西师范大学学报》1985年第4期)

掖庭宫，傅宫城之西，在千步廊之西。掖庭宫东西不及一里，《长安志》以为东西四里，误。北与宫城齐，南至通明门。有西门、贞观三年，敕左丞戴胄于掖庭西门简宫人出之。按掖庭宫有东西门，无南北门。东门通大内，盖即嘉猷门，西门外即修德坊。其时未筑夹城，故宫人于此出也。众艺台。《长安图志》《杂说》云：掖庭东北垣上有一方台，考之于志，恐所谓宫人教艺之所名众艺台者也。内侍省在宫西南。内侍省，隋之长秋监，唐贞观三年改内侍省。光宅元年为司宫台，神龙元年复旧。省内有紫兰亭。毕氏曰：《新唐书志》，长秋监武德四年曰内侍监，龙朔二年为省，垂拱元年曰司宫台。与《长安志》异。《长安志》：内侍省在通明门西南。

增订：

掖庭宫　傅宫城之西（太极宫西)，为宫女所居。实测掖庭宫东西702.5米，南北与太极宫长度同。骆天骧《类编长安志》卷二，掖庭宫东西广一里一百一十五步（合四七五步)，与实测数恰恰相符。(《纪略》) 太仓，徐松将太仓置于皇城承天门街之东，宫城之南，第二横街之北是不当的。吕大防《长安图》上画太仓于掖庭宫之北。陆耀遹《金石续编》曾载有西安城西北隅出土的贞观十四年（640）和贞观二十二年（648）“和籴粟砖”西安城西北隅正在掖庭宫之北。另有一说太仓在禁苑西，《长安志》卷六载：“禁苑在宫城之北，东西二十七里，南北三十里（《玉海》作二十里)，东接灞水，西接长安故城，南连京城，北枕渭水。苑西即太仓，北距中渭桥，与长安故城相接，东西十二里，南北十三里，亦隶苑中……”唐太仓的确切位置在现今大白杨村附近。1978年在西安第二机床厂出土的《大唐重修内侍省之碑》中记载，光化二年（899）宦官宋道弼等修建内侍省的同时，还对其他宫殿、苑囿进行过重修。所谓“内则内园、客省、尚食、飞龙、弓箭、染房、武德留后、大盈琼林，如京营幕等司，并命妇院，高品、内养两院；外则太仓庄宅，左右三军、威远教坊、鸿胪、牛羊等司，并国计库、司天台……”很显然太仓并不像内园，而是与牛羊等司并列属于内园之外。这当在禁苑中。（保全《大唐重修内侍省碑出土记》，载《考古与文物》1983年第4期）**内侍省**在掖庭宫南部，《长安志》卷七，皇城后（应当在卷六宫城部分叙述）云：“宫城之西有掖庭宫，掖庭西南、安福门内大横街北有内侍省。”安福门内大横街之北就是掖庭宫。吕大防《长安图》亦将内侍省置于掖庭宫之南，安福门内大横街之北。掖庭宫的西墙与今西安市西城墙玉祥门南、西门以北部分重叠，安福门遗址已在1984年修缮西安城墙时发现，所以掖庭宫之南墙应在今西安市玉祥门内莲湖路南80余米处，即今“西五台”南。1978年5月，西安第二机床厂在基建施工中发现《大唐重修内侍省之碑》，碑末题“光化二年（899）岁次己未六月癸亥朔二十七日己丑建”。内侍省碑出土地点西距唐皇城西墙（即掖庭宫西墙）240米，北距西五台仅6米，恰在唐掖庭宫范围之内的西南部，这与《长安志》所载掖庭宫的位置相符。这座《重修内侍省之碑》当树立在内侍省的南门之内（保全《大唐重修内侍省碑出土》），按吕大防《长安图》掖庭宫有太仓，《金石续编》亦有记述，应补入。**妃嫔院**张美人，字七娘，贝州清河人。司农少卿昕之孙，冀州南宫县令元福之女。开元元年（713）敕追入内，开元十二年六月壬辰终于大明宫妃嫔院，时年二十有四，秋七月庚申（七月三日）迁窆于京兆府万年县龟川乡见子岭原。（樊波、举纲《西安新见盛唐〈张美人墓志〉》，载《中国书法》2005年第6期）

皇　城

傅宫城之南面曰皇城，亦曰子城，东西五里一百一十五步，南北三里一百四十步，周十七里一百五十步。《新书志》：皇城长一千九百一十五步，广一千二百步。按唐法，以三百六十步为里，则南北之广当作一千二百二十步。**南面三门：正南曰朱雀门，**北当宫城之承天门，南当外郭之明德门。门外横街正东直春明门，正西直金光门。**东曰安上门，**至德三载改为光天门，寻复旧。**西曰含光门。**《唐书·刘崇望传》：杨复恭称兵阙下，陈于通化门。上陈兵于延喜门，是夜命崇望守度支库。明日晓，入含光门，门内禁军列于左右，俟门开，即劫掠两市。崇望谕之曰：“圣上在街东，公等禁军何不楼前杀贼！”将士唯唯，从崇望至长乐门。按是时崇望在含光门，故谓延喜为街东。崇望之入含光，盖欲入广运以守西左藏，其趋长乐，则以近延喜，又卫东左藏耳。

东面二门：南曰景风门，北曰延喜门。直东当外郭之通化门。贞元四年，修延喜门复道，属于承天门。回鹘使及回鹘公主至，德宗御延喜门观之。宣宗御延喜门见河陇老幼数千人，赐以冠带。西面二门：南曰顺义门，北曰安福门。西当外郭之开远门。《朝野佥载》曰：睿宗先天二年正月十五、十六、十七夜，于京安福门外作镫轮，高二十丈，衣以锦绮，饰以金银，燃五万盏镫，〔“燃”原作“镫”，据《朝野佥载》卷三改〕望之如花树。宫女千数，衣罗绮，曳锦绣，耀珠翠，施香粉。一花冠、一巾帔，皆至万钱，装束一妓女，皆至三百贯。妙简长安、万年少女妇千余人，衣服花钗媚子亦称是，于镫轮下踏歌三日夜，欢乐之极，未始有之。武元衡赴西川节度，宪宗御安福门慰遣之。《长安志》言贞元四年筑武德东门垣，属于安福门，于是武库从西废焉。按武德殿在西内之东，必不能及武库，“武德”字盖误。城中南北七街，东西五街。左宗庙，在安上门内之东。右社稷。在含光门内之西。百僚廨署列于其间，凡省六，寺九，台一，监四，按国子监在皇城之南。“四”当作“三”。卫十有八。按左右金吾卫在皇城之东西，左右羽林军在大明宫之东西，此无十八卫也。东宫官属，凡府一，坊三，寺三，率府十。自两汉以后至于晋、齐、梁、陈，并有人家在宫阙之间。隋文帝以为不便于事，于是皇城之内惟列府寺，不使杂居，公私有辨，风俗齐整，实隋文之新意也。

增订：

皇城　紧附在宫城的南侧，东西两城墙与宫城的东西城墙相接，乃宫城城墙向南之延长。北面无墙，与宫城之间以“横街”隔之。南墙为今西安市之南城墙所包含在内。皇城亦为长方形，实测东西广2820.3米，与宫城同，南北长1843.6米。据《唐六典》、《长安志》、吕大防《长安图》及李好文《长安志图》等记载，皇城东西宽五里一百一十五步，南北长三里一百四十一步。今实测东西宽度比上述记载仅多5米余（3步强），与记载基本相符，唯实测南北长度，比上述记载多50米（34步）。（《纪略》）朱雀门　遗址已于1983年重修西安城墙时发现，位于大保吉巷南口偏东的城墙下，在今城墙南侧已出土带文字长砖、石条等遗物。门洞及门洞之间的隔墙都很清晰。安上门　遗址恰被现在西安城的南门所压。该门址西距朱雀门650余米，在门址北侧，探出一条南北向的大街，即安上门大街，两侧有水沟，街宽94米，残存仅百米。（《纪略》）含光门　1986年3月下旬至6月下旬，中国社会科学院考古研究所西安唐城工作队对含光门遗址进行了发掘。遗址位于今西安城南墙的西部，平面形状为长方形。东西长37.4米，南北宽19.6米，中开三个门道，两端为墩台。门道为木构城门，门道两侧各有柱础石15个，础石上原立有排叉柱，可能上施承重枋，架过梁，其上再施小梁架即达门道顶部。从门道两壁火烧的遗迹来看，门道高约7米以上。排叉柱之间砌砖壁，外抹白灰面，底部绘有赭色线脚。门道路面北高南低，约呈千分之十三的坡度，两侧的柱础也随着这一坡度平置。各门道中间有石门限一道，木板门安置在门限的里面（城内一侧），板门被烧的灰烬尚在，其中有大型铁泡钉数十枚，说明门板上安有铁门钉。唐末含光门曾被火烧而废毁，当时中、西二门洞上加上夯土，东门道到宋代曾用过，宋以后，东门道也被封闭填土夯实。元代已无含光门。（马得志《唐长安城考古新收获》，载《考古》1987 年第 4 期）含光门过水涵洞 2004 年年初，在含光门遗址西侧 73.7 米处，隋代所筑夯土城垣之下，发现过水涵洞，地理坐标为东经 108°15′，北纬 34°55′。涵洞底部海拔约为 403 米，涵洞东壁残存长 9.6 米，直壁高 1.5 米。拱跨度约 0.6 米，涵洞全高接近 3 米。拱洞南部外侧上下石条上相对应凿有三个方孔，内插铁栅，作为涵洞外侧的栅门。另外，在遗址区发现另外两块相同的石条，也有类似的方形石孔，推测为涵洞北侧的铁栅门。经测量，涵洞南高北低，两端底部高差在 20 厘米左右，比降大约是 1∶50，涵洞水流自南向北。（西安市文物局，陕西省古建筑设计研究所联合考古调查组《隋唐皇城含光门西过水涵洞遗址考古调查报告》，载《文博》2006 年第 4 期）按涵洞的水源从哪里来？此涵洞南正对含光门街西侧的排水沟，当时不可能把外郭城的积水排入皇城内，疑水源为清明渠水。含光门外西侧从北向南第一坊是太平坊，太平坊内西坊墙内（东）即为隋唐长安清明渠。隋唐长安城太平坊的大部分为今西北大学校本部。近年来在西北大学校园内发现的隋唐清明渠遗址，渠底高程的海拔为 407 米左右（西北大学校园地面高程为 408 米）。由于隋唐清明渠与含光门涵洞高差为 4 米余，落差太大，渠水自然流路不能有跌水，所以《长安志》记载："清明渠由太平坊之西，又北流经布政坊之东，右金吾卫之东南，屈而东南流入皇城。经大社北，又东至含光门后，又屈而北流……流入宫城。"为什么隋唐清明渠不由太平坊之西北直接北流入皇城，而又向西北绕了个弯子再流入皇城？据民国时期西京筹委会测绘的万分之一地形图分析，是清明渠沿等高线递减的规律，形成较为平缓的流路。含光门西侧的涵洞推测其水源便是清明渠，开支渠加以控制水量是可行的。《朝野佥载》卷四记载：唐玄宗先天年间（712）姜师度"于长安城中穿渠、绕朝堂坊市，无所不至"。所以含光门过水涵洞之水源也可能是这时所开凿。水源进入含光门后流向何处？含光门内之东为鸿胪寺客馆，又东为鸿胪寺，鸿胪寺有大水池，唐玄宗曾在此水池乘大船游弋，疑含光门过水涵洞可能为鸿胪寺大水池提供水源。但后来温庭筠在他的一首《鸿胪寺有开元中锡宴堂楼台池沼雅为胜绝荒凉遗址仅有存者偶成四十韵》（《全唐诗》卷五八三）诗中说到鸿胪寺水池已经"败荷塌作泥，死竹森如枪"可见至迟在晚唐时已干涸。顺义门　是皇城西面南边的一座城门，位于今西安城西门稍北处，北距安福门 860 余米。门址被今西城门及马路所压，仅探得部分烧土及砖瓦的堆积。（《纪略》）安福门　位置在皇城西墙的北部，遗址北端距宫城南墙 96 米。1983 年重修西安城墙时，在西安西门北、玉祥门南的西墙中发现安福门遗址，有城砖、门洞及石灰墙皮等。安福门位于宫城与皇城之间，西对外郭城的开远门为皇城西面主要城门。

宫城南门外即承天门。**有东西大街，谓之横街**。东出皇城之延喜门，西出皇城之安福门，皇城各街皆广百步，惟此街南北广三百步，所以限隔二城也。**横街之南有南北大街，曰承天门街**。东西广百步，南出皇城之朱雀门。《中朝故事》：天街两畔槐树，俗号为槐衙。

增订：

横街的宽度，在距西城墙（今西安西城墙）200余米处，探得该街南北宽达220余米，街两侧多参差不齐，未发现水沟。在承天门东侧100余米处，该街已多被破坏，街宽只残存100余米。据历史记载横街宽三百步，合441米。它是宫城与皇城之间的一条分界线，东出皇城之延喜门，西出皇城之安福门，它不仅是一条宽广的大街，而且是皇城与宫城之间的一个广场。皇城内的每条街道也很宽阔，100余米。据《云麓漫钞》卷八引吕图题记：皇城纵五街，横七街，各广百步。《唐两京城坊考》“皇城各街皆广百步”。今实测皇城内的安上门街不足百步。（宿白《隋唐长安城和洛阳城》，载《考古》1978年第6期）皇城其间立中央衙署及其附属机构。皇城内的街道大部为后来所沿用，并一直沿用到现代。有的衙署也一直到今天还可考察到大致痕迹。

承天门街之东，宫城之南第二横街之北。近有得唐纳粟砖者，其文曰：贞观十四年十二月廿四日，街东第一院，〔陆耀遹《金石续编》卷四录文作“第二院”〕从北向南第六行，从西向东第九窖，纳和籴粟六千五百石。第四头，纪王府典签陈元瑜，右监门直长郑端、高买，太仓府史〔《金石续编》作“副史”〕韩达、竖云官，副监常明，副使晋王府□〔《金石续编》作“府掾”〕陆元、土使人，〔《金石续编》作“士”，疑“土”误。又《续编》以为“士使人”是人名，标点姑从之〕水部郎中柳仵臣。〔“柳”原误“抑”，据《金石续编》改〕又一砖文曰：贞观廿三年十二月九日，〔《金石续编》作“廿九日”〕大街西〔原脱“西”字，据《金石续编》补〕从北向南第一院，从北向南第六行，从西向东第十三窖，纳和籴米四千四百石，第一头一千五百石，和籴官人，右领□骑□贾仁，〔《金石续编》作“右领军骑曹贾仁素”〕左卫兵曹任玄逸〔《金石续编》作“杜玄逸”〕。第二头二千九百石，和籴官人，平准丞蔡弥，雍州参军□师利，左监门校尉冯武达，右监门校尉素和陁，〔原“素”字未释，据《金石续编》补〕窖匠张阿罰，太仓府步勲监事〔《金石续编》作“监车”〕赵□，〔《金石续编》作“赵贤”〕丞□吴□、田□，〔《金石续编》作“丞宋夐□田强”〕和籴副使左监门长史王玄、荣大任〔原脱“任”字，据《金石续编》补〕，殿中丞长孙文则，司农卿清河公杨弘礼。按窖粟之地不可考，而所谓大街与街东者，当是承天门街之第二横街，故和籴官人多是左右监门、左右卫、王府之人。以皇城地皆廨舍，故可置窖。若朱雀门外之大街，则诸坊所在，民居相杂，非可储粟矣。附此俟考。〔按稿本，自“近有得唐纳粟砖者”至“附此俟考”之长注，为张穆所补。张穆不知砖出土于西安城西北隅，相当于吕大防《唐宫城图》中所记太仓之地，而以砖文之街东为承天门街东，误系于此〕

从西第一，门下外省。次东，殿中省。次东，左千牛卫。次东，左卫。隋左监门卫、左翊卫二府之地，武德初并为此卫。门额本睿宗所题，开元初进入内。街东，安上门街，街东第一，东宫内坊。《长安志》作“内作坊”，误。次东，右春坊。次东，右清道率府。次东，右监门率府。府北，右内率府。府东，东宫朝堂，有北街，〔按所附《皇城图》，东宫朝堂之东有南北街。依下文文例，“有北街”句当有脱文〕街东第一，左监门率府。府北，左内率府。次东，左清道率府。次东，家令寺。次东，左春坊。坊东有南北街，街东即皇城东面延喜门之内。

承天门街之东，第三横街之北。

从西第一，左监门卫。武德中分取左武卫地，自北街移于此。次东，左武卫。次东，贞观中有左金吾内府，后废。次东，左骁卫。卫东，安上门街，街东第一，东宫仆寺。次东，率更寺。次东，右司御率府。《长安志》作“司御卫”，误。次东，右卫率府。府东有南北街，北当东宫朝堂。街东第一，左卫率府。次东，左司御率府。《长安志》作“司御卫”，误。次东，詹事府。府东有南北街，街东即皇城之东面。

承天门街之东，第四横街之北。

从西第一，尚书省。省门额本睿宗书，开元初进入内。后右庶子魏华所题。省内当中有都堂，本尚书令厅事。都堂之东吏部、户部、礼部三行，每行四司，左司统之。都堂之西兵部、刑部、工部三行，每行四司，右司统之。旧户部在礼部后，武太后改从天地六官之名，以户部为地官，因移在前。凡二十四司，左右丞相总领其事。《大唐新语》：王上客自负其才，意在前行员外，俄除膳部员外，颇怀怅惋。吏部郎中张敬忠戏咏之曰：“有意嫌兵使，专心去考功。谁知脚蹭蹬，几落省墙东。”以膳部在省东北隅也。考功员外郎厅事有薛稷画鹤，宋之问为赞。工部尚书厅事有薛稷画松石，并为时所重。右丞厅事有古冢，俗误为樗里子墓。《国史补》曰：郎官故事，〔“故事”原误“正事”，据《国史补》卷下改〕吏部郎中二厅，先小铨，次格式。员外郎二厅，先南曹，次废置。刑部分四覆，户部分两赋，其制尚矣。旧说吏部为省眼，礼部为南省舍人，考功、度支为振行，比部得廊下食，以饭从者。二十四曹呼左右司为都公。省中语曰：“后行祠屯，不博中行都门。中行刑户，不博前行驾库。”《因话录》曰：尚书省东南隅通衢有桥，相传目为拗项桥，言侍御史及殿中久次者，至此必拗项而望南宫也。都堂南门道东有古槐，垂阴至广，相传夜深闻丝竹之音，省中有入相者，俗谓之音声树。祠部呼为冰厅，言其清且冷也。李涪《刊误》云：尚书郎上事官面北再拜，盖京城官署皆在大内之南，故先面北再拜，然后践履官堂。省东，安上门街，街东第一，都水监。次东，光禄寺。寺东有南北街，北当东宫朝堂，开元初开。街东，军器监。本少府监甲弩坊，后为军器使，开元四年置监。监东即皇城东面景风门之北。毕氏曰：《新书志》云：武德初有武器监，七年废，八年复置，九年又废。开元以前，军器皆出在尚方署，三年置军器监，十一年废为甲弩坊，隶少府，十六年复为监。按《唐会要》作武德元年置军器监，贞观元年废。十六年复为监，《会要》作天宝六载。

《校补记》：承天门街东，第四横街北，从西第一尚书省。注：《大唐新语》。下补：《两京新纪》并云。又注：俗误为樗里子墓。下补：《朝野佥载》：尚书考功厅前一双桐树，开元四年东树忽枯，月余，西边树又枯。

增订：

唐昭宗天祐元年（904），朱温强迫昭宗迁都洛阳，对长安城进行拆迁和破坏，尚书省建筑亦大致毁于此时。当时佑国军节度使韩建为了防守，仅保留皇城，使原立于外郭城务本坊国子监的“开成石经”等石刻迁移至尚书省西隅保存。今存西安碑林中的《京兆府府学新移石经记》碑即记载迁移石经于“尚书省之西隅”。开成石经及其他石碑于北宋元祐二年（1087）由唐尚书省之西隅移至今西安碑林。但在中华人民共和国成立前，颜真卿为其祖父撰写的《颜勤礼碑》和唐大明、兴庆两宫图残石均出土于民政厅二门内院中（后者出土时间为民国二十三年二月，见何士骥《唐大明兴庆及太极宫图残石发掘报告》，载《国立北平研究院院务汇报》第五卷第四期）。当时的民政厅为清代藩司署院，即二十世纪九十年代前西安钟楼西北社会路。这里正当唐承天门街之东、第四横街之北的唐代尚书省内，尚书省东是安上门街，即今西安市北大街、南大街。

承天门街之东，第五横街之北。

从西第一，左领军卫。卫北有兵部选院。次东，左威卫。卫北有刑部格式院。次东，吏部选院。以在尚书省之南，亦曰吏部南院，选人看榜名之所也。次东，礼部南院。四方贡举人都会所也。《摭言》：进士旧例于都省考试，南院放榜，张榜墙乃南院东墙也。别筑起一堵高丈余，外有壖垣，未辨色即自北院将榜就南院张挂之。元和六年，为监生郭东里决破棘篱，坼裂文榜，因之后来多以虚榜自省门而出，正榜张亦稍晚。院东，安上门街，横街抵此而绝。

《校补记》：第五横街北，次东礼部南院。补注：《逸史》：齐映应进士举，至省，歇礼部南院，遇雨，徐步墙下。

承天门街之东，第六横街之北。

从西第一，太仆寺。寺西北隅，乘黄署，别开北门。署内贮掌指南车、记里鼓及辇辂之属。次东，大府寺。旧都水监之地。寺东，安上门街，街东第一，少府监。僖宗再幸山南，太庙焚毁，权以少府监大厅为太庙。次东，左藏外库院。隋大府寺置于此，又分置坊院。东有南北街，街东即皇城东面景风门南也。

承天门街之东，第七横街之北。

从西第一，太常寺。《广记》引《国史异纂》：崔日知历职中外，恨不居八座。及为太常卿，于都寺厅事后起一楼，正与尚书省相望，时人谓之“崔公望省楼”。寺东，安上门街，街东第一，太庙，其地本隋大府寺玉作坊，坊中有御井。贞观中，废玉作坊，于此置大府寺赐坊，以曝四方贡赋之物湿者。先天中，置庙废坊焉。中宗庙、元献皇后庙。韦公肃《礼阁新仪》曰：乾元元年，立庙于太庙之西。宝应二年，迁神主于太庙。贞元三年修葺，奉安昭德皇后神主。永贞元年，祔于太庙。次东，太庙署。署东、署南并有街，即皇城东南隅也。

增订：

唐太庙即隋太庙。隋文帝创立，非唐先天中置。《唐会要》卷一七《庙灾变》：“开元五年正月二日，太庙四室崩，上召宰臣宋璟、苏颋问其故，又召姚崇。”姚崇《对太庙屋坏奏》曰：“太庙殿本是苻坚所造，隋文帝创立新都，移宇文周故殿造此庙，国家又因隋氏旧制，岁月滋深，朽蠹而毁。”（《全唐文》卷二〇六，又见卷二八一陈贞节《驳孙平子请祔孝和皇帝议》、卷二九四褚无量《太庙屋坏请修德诏》）唐中宗庙和元献皇后庙都在太庙西。见韦公肃《礼阁新仪》与《唐会要》卷十二《庙制度》。中宗庙和元献皇后庙其地本唐少府监赐坊。中宗庙和元献皇后庙北隔横街，为唐少府监，其地在隋为太府寺，唐太府寺则在少府监西隔安上门街。所以《长安志》“太府寺赐坊”应为“少府监赐坊”之误，亦即隋太府寺玉作坊（北隔横街为隋太府寺），贞观中废为少府监赐坊，后又在其处立中宗庙及元献皇后庙。（据《丛考》105 页改）

承天门街之西，宫城之南，第二横街之北。

从东第一，中书外省。次西，四方馆。隋曰谒者台，即诸方通表，通事舍人受事之司。《通鉴》：姚崇寓居罔极寺，以病痁谒告。源乾曜请迁崇于四方馆，崇以四方馆有簿书，非病者所宜处，固辞。次西，右千牛卫。次西，右监门卫。次西，右卫。卫西，含光门街，横街抵此而绝。

承天门街之西，第三横街之北。

从东第一，右武卫。卫西，贞观中有右金吾内府，后废。次西，右骁卫。次西，含光门街，街西，将作监。即皇城西南面安福门之南。

承天门街之西，第四横街之北。

从东第一，司农寺。寺西，含光门街，街西第一，尚舍局。本帐幕坊，局内有山池。次西，尚辇局。次西，卫尉寺。次西，大理寺。寺西有南北街。街西即皇城西面顺义门之北。

承天门街之西，第五横街之北。

从东第一，右领军卫。次西，右威卫。卫门本南向，开元七年御史中丞李尚隐以此卫南门与御史台门相对不便，遂白政事，移门北向。次西，秘书省。监院厅事前有陨星石，隋自咸阳移置于此，少监王劭作《瑞石颂》以赞美之。监院东有书阁重复，以贮古今图籍。《大唐新语》：虞世南为秘书监，于省后堂集群书中奥义，号《北堂书钞》，今此堂犹存。《因话录》：秘书省落星石与薛少保画鹤、贺监草书、郎余令画凤，相传为四绝。元和中，韩公武为秘书郎，挟弹中鹤一眼，时谓之五绝。又曰：秘书省之东即右威卫，荒秽摧毁，其大厅逼校书院，南对御史台。有人嘲之曰："门缘御史塞，厅被校书侵。"省西含光门街，横街抵此而绝。

承天门街之西，第六横街之北。

从东第一，宗正寺。次西，御史台。《御史台记》曰：御史台门北开，盖取肃杀就阴之义，故京台门北开矣。按《邺都故事》曰：御史台在宫城西南，其门北开。又故城御史台亦北开。龙朔中，置桂坊为东朝宪府，门亦北开。然都御史台门南开，当时创造者不经，反于故事，同诸司，盖以权宜邪？《谭宾录》曰：北开者，或云自隋初移都之时，兵部尚书李圆通兼御史大夫，欲向省便近，故开北门。元和四年，御史台佛舍火，罚直御史李膺一季俸料。《唐语林》：御史台三院，一曰台院，其僚曰侍御史；二曰殿院，其僚曰殿中侍御史；三曰察院，其僚曰监察御史。察院南院，会昌初监察御史郑路所葺。礼祭厅谓之松厅，南有古松也。刑察厅谓之魇厅，寝于此多魇。兵察常主院中茶，茶必市蜀之佳者，贮于陶器，以防暑湿，御史躬亲缄启，故谓之茶瓶厅。吏察主院中入朝人次第名籍，谓之朝簿厅。吏察之上则馆驿使，馆驿使之上则监察使，同僚之冠也。殿院厅有壁画，小山水甚工，云是吴道子真迹。次西，司天监。本隶秘书省，为太史局。后别为浑仪监，寻复旧名，而不属秘书。监内有灵台，以候云物，崇七丈，周八十步。毕氏曰：太史局，武德四年置。改浑仪监，光宅元年也。复旧名，长安二年也。景龙二年，又曰太史监，不隶秘书省。景云元年，又为局，隶省。开元二年，复为太史监。十四年，复为局，天宝元年，复为监，不隶省。乾元元年，曰司天台。监西含光门街，街西第一，废石台。本司农寺草坊之地。景龙中，韦庶人置石台，雕刻彩楼，上建颂台，蛟龙蟠绕，下有石马、石狮子、侍卫之像。初韦氏矫称衣箱有五色云气，使画工图像，以示于朝。及节愍太子遇害，韦氏又上《中宗圣威神武颂》，刊石以纪其事，谓之颂台，上官昭容之文也，并勒公卿姓名于上。谄词伪事，有乖典实，景云元年毁之。后为御史台推事院。按《长安志》既载石台于此，又载于朱雀门街下，言在开化坊，而开化坊下无一言及之。志文踳驳，今删彼而存此。台北，司农寺草坊。坊门北开。次西，骅骝马坊。坊门北开。坊西有南北街。街西即皇城西面顺义门之南。

《校补记》：街西，第六横街北，次西御史台。补注：《御史台记》：京台监察院西行中间，号横擘房，先无窗，后人置之。

增订：

司天台 原名太史监，原来位置在皇城承天门街西，第六横街之北的御史台西，乾元元年《改太史监为司天台敕》云："建邦设都，必稽玄象，分列曹署，皆应物宜。灵台三星，主观察云物，天文正位，在太微西南。今兴庆宫，上帝廷也，考符之所，合置灵台，宜取永宁坊张守珪宅，以置司天台。"即将太史监改为司天台并移至永宁坊。唐昭宗光化年间又迁回皇城之原址。《重修内侍省之碑》载："昔乾元元年，移永宁坊司天台于秘书省南置，甚谐法度，应彼太微，今之再修，兼归故地。"此说有误，乾元元年时是把司天台由秘书省南移于永宁坊。按天上太微视为"上帝天庭"，而司天台在太微西南，乾元元年唐肃宗居大明宫，唐玄宗居兴庆宫，永宁坊正在太微之南，故而"甚谐法度"，唐昭宗时居西内太极宫，而秘书省南之司天台才符合在太微西南的法度。《大唐故北海郡晏府君之墓志铭并序》载，晏曜，字德明。考光宪，任司天台司辰。晏曜长子元礼，亦为司天监司辰。宴曜于大中二年终于私第，在唐宣宗前后。其父、其长子均供职司天监为司辰。（西安碑林博物馆编《西安碑林博物馆新藏墓志类编》，线装书局，2007 年，以下简称《碑林新藏墓志》）

承天门街之西，第七横街之北。横街南即皇城南面朱雀门之西。

从东第一，鸿胪寺。德宗建中元年，以鸿胪寺左右威远营隶金吾。《通鉴》：回纥犯含光门，突入鸿胪寺。盖入门而东即寺也。次西，鸿胪客馆。如汉之稾街，四夷慕化及朝献者居焉。馆西，含光门街，街西第一，大社。南门额，隋平陈所得，即东晋王右军所题，隋代重以粉墨模之。次西，郊社署。署西、署南并有街，即皇城之西南隅。

增订：

回纥会宁郡王移建勿住所 "移建勿之祖，阙裴罗可汗，父阿萨啜特勤王，即今英义建功毗伽可汗之季弟。大历八年岁次癸丑二月景午朔四日己酉，终于上都鸿胪之邸舍。春秋三十。皇上以今可汗有战伐之勋，结婚姻之好，其子弟将帅来朝会者，皆厚礼之。王充质朝天，遇疾而殁，主上旌其向方，命有司具礼迁窆于万年县之凤栖原。"移建勿墓志是冯翊（今陕西省大荔县）人柳伉撰。（李浩《西安新见两方回纥贵族墓志的初步考察》，载《唐研究》第二十二卷2017年）该墓志拓片是李浩在坊间所见。移建勿衷地是上都鸿胪之邸舍。上都长安鸿胪寺与鸿胪客馆位于唐长安城皇城内，朱雀门与含光门内（北），遗址位于今西安市朱雀门内与含光门内之间，大保吉巷之西，甜水井街东；五星街、五味什字街之南；报恩寺街太阳庙门街之东。

大　明　宫

大明宫在禁苑东偏，旧太极宫后苑之射殿，据龙首山。龙首山长六十里，来自樊川，由南而北行，至渭滨乃折向东。头高二十丈，尾渐下，可六七丈。汉之未央据其折东高处，故宫高出长安城上。大明宫又在未央之东。其基愈高，故含元殿基高于平地四丈。南接都城之北。西接宫城之东北隅，亦曰东内。其城南北五里，东西三里。吕大防图云：大明宫城广二里一百四十八步，纵四里九十五步。《云麓漫钞》云：《唐志》，大明宫纵一千八百步，广一千八十步。今实计，纵一千一百一十八步，广一千五百三十五步。按《云麓漫钞》所言《唐志》之数，即《长安志》南北五里、东西三里之数，其实数即吕大防图之数。惟据纵一千一百一十八步，则吕图当云广三里三十八步也。盖有脱误。贞观八年置为永安宫，次年改大明宫，备太上皇清暑。龙朔二年，高宗病风痹，以宫内湫湿，命司农少卿梁孝仁修之，改名蓬莱宫。初梁孝仁悉于庭院列白杨树，指示左骁卫大将军契苾何力。何力不答，但诵古诗曰“白杨多悲风，萧萧愁杀人”，意谓此冢墓木也。孝仁遽伐去，更植松柏。南面五门：正南丹凤门，至德三载改明凤门，寻复旧名。本当京城翊善坊北门。置宫后，分翊善、永昌各为二坊，当北门，街广一百三十步，南北尽二坊之地，南抵永兴坊北门之东。其东望仙门，南当皇城东第二街，贞元中修，有楼十间。望仙门内之东壁有雅乐乐具库，见《乐府杂录》。次东延政门，抵长乐坊之北。丹凤门西建福门，南抵光宅门外坊之北。望仙、建福二门各有下马桥，跨东西龙首渠。按宰相入朝，翼卫及建福门而止。见《令狐楚传》。门外有百官待漏院，《雍录》：故事，建福门、望仙门昏而闭，五更五点而启。至德中，有吐蕃自金吾仗亡命，因敕晚开。宰相待漏太仆寺车坊。元和元年，初置百官待漏院，各据班品为次，在建福门外，候禁门启入朝。次西兴安门。南当皇城之启夏门，旧京城入苑之北门，开皇三年开。余四门并与宫同置。按刘辟、吴元济献俘皆于此门。东面二门：南为太和门，门外则左三军列焉，门之北从西第一左羽林军，第二左龙武军，第三左神策军。太和门北为左银台门。西面二门：〔依下文，西面为三门，疑“二”为“三”误〕南曰营门，北右银台门，门皆有仗舍。《通鉴》：昭宗恐李顺节作乱，诏刘景宣、西门君遂召顺节。顺节入，至银台门，二人邀顺节于仗舍坐语。按北军仗院在银台门之南，不应已入银台而反南至仗舍。疑各门自有兵卫，皆有仗舍。右银台门之北九仙门，《通鉴》注引《阁本大明宫图》：右银台门之北有九仙门，又北转东则凌霄门。《金銮密记》：九仙殿银井有梨二株，枝叶交接，宫中呼为“雌雄树”。盖九仙门内有殿也。太宗草书有《九仙门敕》。门外则右三军列焉。门之北从东第一右羽林军，第二右龙武军，第三右神策军。按左右三军即所谓北军也，以中官领之。以在苑北，又谓之北司。北面三门：中玄武门，德宗造门楼，外设两廊持兵宿卫，谓之北衙。按《本纪》，大中二年修左银台门及南面城墙，至睿武楼。则玄武改睿武矣。门外有飞龙厩，《雍录》：后苑有骥院，禁马所在。玄武之左银汉门，右凌霄门。“凌霄”一作“凌云”。又作“青云”。李辅国仗兵凌霄门以俟太子，即此。

《校补记》：百官待漏院　补注：《国史补》：凡拜相，府县载沙填路，自私第至于子城东街，名曰沙堤。百官早朝，必立马建福、望仙门外，宰相则列于光宅车坊避风雨。元和初，始置待漏院。

增订：

大明宫　在太极宫东北禁苑内的龙首原上。始建于贞观八年（634），龙朔二年（662）扩建。《长安志》《云麓漫钞》《唐两京城坊考》等记载大明宫平面为长方形，是错误的。考古发掘证明，大明宫的平面形状，南部呈长方形，北部呈梯形（西墙长2256米，方向北偏西0.5度。东墙由东北角向南1260米是北偏西12.5度，然后向东304米，再南折1050米），周长共7.6千米，面积约3.2平方千米。在东、西、北三面都有与宫墙平行的夹城，共有11个宫城门。墙垣是夯土筑成，仅城门两侧及城角处在夯土层的内外表面包砌砖壁。现存城址除个别地方还高出现在地面的夯土墙外，绝大部分埋在现在地面以下，甚至深至1米，有的因被破坏而断缺。在宫城内，宣政殿、含元殿以南140余米处，还各有一道东西向的宫墙。（《唐长安大明宫》，科学出版社，1959年）丹凤门　是大明宫南面的正门，也是大明宫最大的一个门。共有三个门道，北对大明宫正殿含元殿，相距610米，西距宫城的西南角650米，距东内苑东墙1100米，门址保存尚好。2005年9月至12月，中国社会科学院考古研究所西安唐城工作队对丹凤门遗址进行钻探考古发掘表明：丹凤门为五个门道，非三个门道。（《西安晚报》2005年12月29日）日僧圆仁《入唐求法巡礼行记》载：“从寺（资圣寺）北行过，四坊，入望仙门，次入玄化门，更过内舍使门及总监院，更入一重门，到使衙（左街功德使）南门。门内有左神策步马门。总过六重门，到使衙案头通状请处分。缘开府不出，……不得进状。案头何判官送到内护国天王寺安置。寺在左神策军球场北。寺与大内隔墙，即皇城内城东北隅也。”“（会昌元年四月）九日开府迎碑，赞扬开府功名德政之事也。从大安国寺入望仙门，左神策军里建之。题云：《仇公纪功德政之碑》。迎碑军马及诸严备之事，不可计数。今上在望仙楼上观者。"《旧书·德宗纪》："贞元十二年八月庚午，增修望仙门，广夹城、十王宅、六王宅。"《唐两京城坊考》记述大明宫南面五门，而石刻大明宫残图，则仅有三门，即正南为丹凤门，丹凤门之东望仙门，丹凤门之西为建福门，与《雍录》阁本图相同，可能延政、安兴二门，一为东苑之门，一为西苑之门。今考古所探测：建福门在丹凤门西侧，相距415米，只有一个门道（大明宫中宫门名称。殿堂等增补内容除注明出处外，均引自《唐长安大明宫》一书）。兴安门　位于大明宫西城之外，向东距宫城西南角60米，东距建福门260米。2009年4月24日至7月2日，中国社会科学院考古研究所西安唐城工作队对兴安门遗址进行考古发掘。兴安门系黄土夯筑而成，门址分早、晚两期，早期门址为三个门道，晚期门址为两个门道。早期门址埋藏在地表下1.5米左右，有东、中、西三个门道，门址坐南朝北，门基址东西宽5.4—5.9米，早期门址的东、中两个门道及东隔墙被晚期门址沿用。西门址和西格墙被夯土填埋形成晚期门址西墩台。出土遗物有建筑材料方砖、长砖、板瓦、筒瓦、瓦当、鸱尾；日用器物有瓷碗、瓷盒等，还有铜钱、陶佛塔等。大多出土于门道内及两侧的唐代废堆中。兴安门的最后废弃年代为唐天祐元年（904）。《唐六典》卷七："大明宫在禁苑之东南，西接宫城之东北隅。南面五门，正南曰丹凤门，东曰望仙门，次曰延政门。西面建福门，次曰兴安门（南当皇城，应为郭城。旧京城入苑之北门，开皇三年建，余四门并于宫同置）"。结合考古发掘成果分析，早期兴安门"一门三道"其建制和规模与郭城城门基本一致，早期门址应属于隋唐长安城外郭城门址之一，是为北城垣上出京城入禁苑的一座城门。唐大明宫建成后，兴安门由出郭城进入禁苑的城门演变为一座主要用于由郭城进入大明宫后宫及翰林院的"宫门"。（中国社会科学院考古研究所西安唐城工作队《西安市唐长安城大明宫兴安门遗址》，载《考古》2014年第11期）左银台门　位于宫城东墙中部，南距南城墙1300余米，与右银台门大致相对，有一个门道，宽6米，进深约13米，有门楼。右银台门　在西宫墙的中部，距南宫城墙1300米，一个门道宽5.9米。九仙门　位于右银台门以北750米处，距宫城的西北角245米，有一个门道。（《一九五九—一九六〇年唐大明宫发掘简报》，载《考古》1961年第7期）玄武门　是大明宫北面的正门，位于北宫墙中部略偏西，向西距西北宫城角538米，向东距东北角597米。有一个门道，门道两侧为高起的夯土门楼基座，平面呈长方形。东西长34.2米，南北宽（门道进深）16.4米，门道中间还有石门槛，从门槛上得知车辙宽1.36米。玄武门有垂直立柱，上架过梁，上有门楼。银汉门　位于玄武门东385米处。门很小，无门基座及柱石等，仅是将城墙开2.2米宽的缺口后，在门道两侧各砌0.35米厚的砖壁，门上部无门楼。青霄门　位于玄武门西355米处，距宫城西北角195米。青霄门大小、形制与银汉门没有区别。

丹凤门内正牙曰含元殿，武后改大明殿，南去丹凤门四百余步，东西广五百步。按殿有东序门，见《旧书·代宗皇后沈氏传》。**大朝会御之。殿之前廊有翔鸾阁、栖凤阁**，《旧书·郝处俊传》：上元元年，高宗御含元殿东翔鸾阁观大酺。《肃宗纪》：至德三载，大阅诸军于含元殿庭，上御栖凤阁观之。李华《含元殿赋》：左翔鸾而右栖凤。**阁下即东西朝堂，有肺石、登闻鼓、金吾左右仗院**。按《李训传》言石榴树甘露，则左仗院也。《通鉴》：李晟破朱泚，屯含元殿前，舍金吾仗院，则右仗院也。其侧有门，曰侧门，景龙中于侧门降斜封墨敕授人官。时诸王退朝，于侧门候止。后又于侧门受词讼，引对都督、刺史之官及御史出使者。**阁前有钟楼、鼓楼**。舒元舆《御史台记》曰：每朝会，监察御史二人立于东西朝堂砖道，鸡人报点，监者押百官由通乾、观象入宣政门。及班于殿廷前，则左右巡使二人分押于钟鼓楼下。**左右砌道盘上谓之龙尾道**，龙尾道自平地七转上至朝堂，分为三层：上层高二丈，中、下层各高五尺，边有青石扶栏。上层之栏柱头刻螭文，谓之螭头，左右二史所立也。谏议大夫立于此，则谓之谏议坡。两省供奉官立于此，亦谓之蛾眉班。其中、下二层石栏刻莲花顶。**夹道东则通乾门，西则观象门。含元殿后曰宣政殿，天子常朝所也。殿门曰宣政门，门外两廊为齐德门**、在东。**兴礼门**。在西。一作“齐礼”“兴德”。旧本《长安志图》作“齐礼门”“崇德门”，当从之。按门外有药树，元微之诗：“松间待制应全远，药树监搜可得知。”**其内两廊为日华门**、在东。《温造传》：宫中昭德寺火，火在宣政殿东隔垣，宰臣、两省、京兆尹、中尉、枢密环列于日华门外。**月华门**。在西。《唐诗纪事》言张九龄、裴耀卿罢免之日，自中书至月华门。按宣政门内皆植松，入阁赐对官班退，立东阶松下。**日华门外为门下省**，太和六年，毁如京仓，以其地归门下省。又云：宝历末，好广苑囿门省马厩，因通入禁中，至是还之。**其东，弘文馆**。太宗始于弘文殿侧置弘文馆，后徙于门下省。**又东，待诏院**。唐初，仿汉立待诏。后以武后讳，改诏为制。每御正衙日，令诸司长官二人奏本司事，谓之待制。贞元间，又令未为长官而预常参者亦每日引见，谓之巡对，亦谓之次对。盖此待制院候宣政殿引对者也。思政殿侧之待制院，候延英殿引对者也。待诏院在史馆西，据《大典》载《阁本大明宫图》订。**又东，史馆**。刘宽夫《剿竹记》：左史院迩宸居之正地，直日华之东偏，有竹一丛，翠接阶陛。**史馆北为少阳院**。《雍录》：长庆元年，于门下省东少阳院筑墙及楼观，刘季述锁昭宗于少阳院，更名问安宫。《通鉴》注：少阳院在浴堂殿之东。盖近东南也。《长安志》言右银台门北翰林院北有少阳院，误。**少阳院东有南北街，街北出崇明门**，崇明门东即左银台门。玄宗于崇明门选后宫无用者，还其家，盖由此以出左银台门。**街南出含耀门，又南出昭训门**。昭训门东与太和门直，西即通乾门。**月华门外为中书省**。省有政事堂。旧制，宰臣常于门下省议事，政事堂在门下省。故长孙无忌为司空，房玄龄为仆射，魏徵为太子太师，皆云知门下省事。高宗永淳二年七月，裴炎自中书令执朝政，始移政事堂于中书省。开元十一年，中书令张说改政事堂为中书门下，其政事印改为中书门下印。钱氏大昕云：后唐升元观牒有数印，其文曰“中书门下之印”，盖宰相印也。省有四门，宪宗命宰相阖中书四门，搜捕滑涣是也。《宋申锡传》亦言中书东门，又有西轩，见《通鉴》杜悰事。政事堂旧有后门，宰相时过舍人院咨访政事，常衮塞之，以示尊大。唐人以左右分两省官，左散骑、左谏议、给事中皆属左省；右散骑、右谏议、中书舍人皆属右省。白居易有《西省北院新构小亭，种竹开窗，东通骑省，与李常侍隔窗小饮》诗，盖中书省中之舍人院东接右骑省直舍，南面有户，而北无之，乐天故于省北创亭以通骑省牖也。《雍录》曰：杜甫为左拾遗，作《紫宸殿退朝诗》云：“宫中每出归东省，会送夔龙集凤池。”凤池者，中书也。言左省官方自宫中退朝而归东省，又复集于西省者，就政事堂见宰相也。岑参为右补阙，与杜同时，杜答参诗曰：“窈窕清禁闼，罢朝归不同。”谓分东西班，各退归本省也。又曰：“君随丞相后，我往日华东。”谓宰相罢朝，由月华门出而入中书，凡西省官亦随丞相出而西。若杜为左省官，仍自东出日华门也。**省南为御史台**，于中书省南廊架南北为轩，由东入院，门首为中丞院，次西杂事院，又西左右巡使院。门皆北向，故曰御史北台，亦曰御史台中书南院，见舒元舆记。**省北为殿中外院、殿中内院**。《长安志》不载外院，“内院”作“内省”，据《大典阁本》改。《通鉴》注引《阁本大明宫图》：中书省与延英殿，其间仅隔殿中外院、殿中内院，与《大典》本合。《长安志》内省之北有亲王待制院，《阁本图》不载，故不取。**院西为命妇院**，命妇朝于光顺门，故置院于此。**后改为集贤殿书院**。《旧书·职官志》云：大明宫所置书院，本命妇院，屋宇宏敞。按西京之有书院，仿东都之制也。开元二十四年，驾在东都，张九龄遣直官魏光禄先入京造之。**院西有南北街，街北出光顺门**，外命妇朝皇后及百官上书，皆于此门。门西即右银台门。**街南出昭庆门，又南出光范门**。光范门西与日营门直，东即观象门，昌黎《上宰相书》“伏光范门下”者，盖由此门入中书省。**殿东西皆有上阁门**。御紫宸时，唤仗由此阁门入，故曰入阁。常朝开东阁门，忌辰则开西阁门。**宣政殿后为紫宸殿**，宣政之后为第一横街，紫宸、延英之后为第二横街，见《书墁录》。**殿门曰紫宸门，天子便殿也，不御宣政而御便殿曰“入阁”。紫宸之后曰蓬莱殿。西清晖阁，其北太液池，池有亭**。《通鉴》注：池中有蓬莱山，亦谓之蓬莱池。李泌奏德宗云：陛下尝令太子见臣于蓬莱池。其时帝为泌作书院于蓬莱殿侧，故太子见之于蓬莱池。又宪宗欲近猎苑中，至蓬莱西，盖由池之西出玄武门，入重玄门即禁苑。太液亭有尚书君臣事迹，文宗命工匠所刊。**龙首之势，至此夷为平地，而蓬莱之西偏南余有支陇，因坡为殿，曰金銮**。殿西曰金銮坡。《长安志》云：金銮西南有金銮御院。**环金銮者曰长安，**

《大典阁本图》，长安殿在金銮殿南偏西。《长安志》云：“长安”一名“长乐”。**曰仙居，**《大典阁本图》，仙居殿在金銮西。《长安志》：仙居在长安北。**曰拾翠，**《大典阁本图》，拾翠殿在仙居殿西北。**曰含冰，**《大典阁本图》，含冰殿在拾翠殿东，当金銮西北。**曰承香，**《大典阁本图》，承香殿在含冰殿东。《长安志》云：承香殿在含冰殿东南。**曰长阁，**《长安志》：承香殿北有长阁。**曰紫兰。**《长安志》：紫兰殿在承香殿东北。《通鉴》：贞观二十年，宴回纥俟利发吐迷度等于芳兰殿。注云：《阁本大明宫图》，玄武门右玄武殿后有紫兰殿，此“芳兰”疑即“紫兰”。按今《阁本图》，紫兰殿在玄武殿之前，胡注“后”或“前”字之讹。**自紫兰而东，则太液池北岸之含凉殿，**《长安志》：含凉殿在太液池南。今据《大典阁本图》改。**玄武门内之玄武殿也。**《长安志》：玄武殿在紫兰殿东北。**由紫宸而东，经绫绮殿、**《雍录》载《馆本图》在浴堂北，今从《通鉴》注引《阁本图》及《大典阁本图》。**浴堂殿、**殿前有浴堂门，见《顺宗实录》。又有北廊，见《李绛传》。**宣徽殿、**在浴堂殿东，见《大典阁本图》。**温室殿、**在宣徽殿南，见《通鉴》注及《大典》引《阁本图》。**明德寺，**在左银台门之西，见《大典阁本图》。《长安志》作“昭德寺”。**以达左银台门。银台门之北为太和殿、清思殿、**《通鉴》注引《阁本图》：入左银台门稍北即太和殿，又西即清思殿。又《通鉴》：苏元明入银台门作乱，上时在清思殿击毬。注云：自左银台西入经太和殿、清思殿，清思殿之南则宣徽殿，北则珠镜殿。《旧书·薛存诚传》：敬宗于宫中造清思院新殿，盖即此也。武元衡《贺甘露表》：“圣恩以元和殿前所降甘露宣示百寮。”疑“元和”或“太和”之讹。**望仙台、**在清思殿西，见《大典阁本图》。《唐语林》：武宗于大明宫中筑望仙台，改为文思院。《云麓漫钞》云：望仙台在宣政殿东北。**珠镜殿、**在望仙台北，见《大典阁本图》。**大角观，**《长安志》：大角观在珠镜殿东北。《大典阁本图》不载，而珠镜殿西北有玄元皇帝庙，疑即此观也。**则极于银汉门。**《大典阁本图》作“镇济门”，盖传写之讹。**由紫宸而西，历延英殿、**前有延英门。《通鉴》注：《阁本大明宫图》，中书省与延英殿，其间仅隔殿中外院、殿中内院。《六典》《会要》以延英在紫宸之西。《长安志》、吕大防图、《云麓漫钞》皆据李庾赋，谓在紫宸东。王伯厚证以元和十五年于西上阁门西廊西畔开便门，以通宰臣自阁中赴延英路，则不在紫宸东明矣。僖宗乾符中以殿梁上生玉芝，改为灵芝殿，寻复旧名。唐制，内中有公事商量，降宣头开延英。中书有覅奏入榜子，请开延英。延英门内之左有含象殿。**思政殿、**在延英南，与延英相对，天子于此见群臣。《旧书·崔郾》《薛戎》《高钱》皆召对思政殿，穆宗亦对段文昌于此。**待制院、**在思政殿侧，旧药院地。大历十四年立为廨，备清望官待制。**内侍别省，**见《大典阁本图》。**以达右银台门。银台门之北为明义殿、承欢殿、**《通鉴》注引《阁本图》：光顺门在紫宸门之西，光顺门内。则明义殿、承欢殿与《大典阁本图》合，明义在东，承欢在西。以地准之，二殿当在右银台门北。《大典图》载在延英殿东，似误。**还周殿**、在承欢殿北，见《大典阁本图》。**左藏库**、见《大典阁本图》。“左”《长安志》作“右”，误。**麟德殿**、殿有三面，南有阁，东西有楼，故曰三殿。宪宗谓李绛“明日三殿对来”是也。《雍录》又谓之三院，东楼曰郁仪，即《裴度传》之东廊。西楼曰结璘，亦曰西廊，《顺宗实录》有西亭，或即西廊也。殿东即寝殿之北相连，各有障日阁，凡内宴多于此。贞元十二年，宴宰相于麟德殿之东亭，文宗幸三殿东亭观《开元东封图》。《长安志》。麟德殿有会庆亭。《禁扁》。麟德殿侧有景云阁，殿之左即左藏库。明皇将幸蜀，移仗北内，出延秋门，过左藏。《通鉴》注谓北内为大明宫。**翰林院**、在麟德殿西重廊之后，以其在银台门之北，故草制其间者，因名“北门学士”。开元二十六年，于院南别置学士院，户皆东向。学士院南厅五间，翰林院北厅五间，中隔花砖道。承旨居北厅东第一间。**九仙门**、翰林院之门曰翰林门。《长安志》：翰林门北即九仙门。**三清殿**、**大福殿**、二殿在凌霄门内，三清在左，大福在右，见《大典阁本图》。**则达于凌霄门。宫垣之外，两边有掖门，门内有凝霜殿、碧羽殿、紫箫殿、郁仪阁、承云阁、修文阁**。此条见《长安志》。按诸书不言掖门，未知所在。《大典阁本图》于左银台门外有夹道，岂掖门所在欤？**九仙门之外有斗鸡楼、走马楼**。见《大典阁本图》。斗鸡楼在北，走马楼在南。

《校补记》：**含元殿**　补注：《芝田录》：会昌、开成中，含元殿换一柱。敕右军采造。盩厔工人遇一巨材，锯解至二尺血流，中是巨蟒，急推曳渭流下。**含元殿后曰宣政殿**　补注：《杜阳杂编》：德宗试制科于宣政殿，独孤绶始成，术者刘门奴见鬼，称汉楚王戊太子葬于此，是其故宅。**日华门外为门下省**　补注：《旧书·地理志》：京师东内正门曰丹凤，正殿曰含元，含元之后曰宣政，宣政左右有中书、门下二省。高宗以后，天子常居东内。**月华门外为中书省**　补注：《感定录》：韦执谊为职方员外，所司呈诸州图，每至岭南州图，必令将去。及为相，北壁有图，经阅之乃崖州图，果贬崖州司马。又注：乐天故于省北创亭，以通骑省牖也。下补：苏轼有《乐天西掖通东省诗跋》云：唐时得西掖作窗，以通东省，而今日本省不得往来，可叹也。**光范门**　补注：《集异记》：宰相狄仁杰入奏事，出至光范门，以昌宗裘付家奴衣之，促马而去。是宰相奴得至此门，门外方可驰马。又《摭言》：新进士过堂日，先于光范门里束具供张，同年于此候宰相上堂。是新及第得于此门饮酒。**紫宸之后曰**　下补：**玉晨观**。并注：元稹《寄浙西李大夫诗》注：玉晨观在紫宸殿后。**太液池有亭**　注：太液亭有尚书君臣事迹，余下补：又有网索，元稹诗云：“网索西临太液池。”注：网索在太液池上，学士候对，歇于此。又李绅有《太液池东亭候对诗》。**麟德殿**　补注：《洞天集》：严遵仙槎，唐置之麟德殿，长五十余尺，声如铜铁，久而不蠹。**翰林院**　注：在麟德殿西。校：当云翰林院在银台门北，麟德殿西。

增订：

含元殿　是大明宫的正殿，位于丹凤门北610米，与丹凤门南北相对。殿址在龙首原南沿之上，高出下面平地10余米。该殿建在高出周围地面3米多（高出南面平地13米）的一个长方形的夯土台基之上。台基东西长75.9米，南北宽42.3米。殿东西广11间，进深4间，每间广5米，墙厚1.3米。在台基的两端稍偏北的地方，有一向东向西延伸的廊道，与左右角的翔鸾、栖凤二阁之廊相接，殿的北面亦有向北去的平行廊道两条，是通往宣政殿的廊道。《唐六典》："丹凤门内正殿曰含元殿（注：殿即龙首山之东趾也。阶上高于平地四十余尺，南去丹凤门四百余步，东西广五百步，今正元、冬至于此听朝也），夹殿两阁，左曰翔鸾阁，右曰栖凤阁（注：与殿飞廊相接夹殿，东有通乾门，西有观象门，阁下即朝堂、肺石、登闻鼓，如承天之制）。"（马得志《1959—1960年唐大明宫发掘简报》，载《考古》1961年第7期）1995—1996年中国社会科学院考古研究所西安唐城工作队，对大明宫含元殿采用大面积探方法发掘面积27000平方米，对含元殿的柱网布置、大台形制、龙尾道位置、建殿时的砖瓦窑地、殿前广场、含元殿与朝堂的相对位置等问题建立了新的认识。（中国社会科学院考古研究所西安唐城工作队《唐大明宫含元殿遗址1995—1996年发掘报告》，载《考古学报》1997年第3期）翔鸾阁　在含元殿之东南，栖凤阁在含元殿的西南，二阁相对，距含元殿的两端均30余米。现在二阁仅存长方形的夯土台基，台基上出南面平地15米多。翔鸾阁的台基东西长24.5米，南北宽13米，入阁的台阶道在阁的北面。由台阶道向北建有廊，其北端与含元殿两端外出之廊相接。栖凤阁台基保存较差。（《1959—1960年唐大明宫发掘简报》）东西朝堂　位于翔鸾阁、栖凤阁下南面平地上，东西对称，北距两阁均30余米。东朝堂发掘现象表明遗址有早晚两期重叠在一起。早期朝堂建筑简单，是一座大型庑殿和一道东西向的墙垣。朝堂坐北向南，基址的平面形状呈长方形，东西长73米，南北宽12.45米，推测朝堂面阔约15间，进深两间。晚期朝堂是在早期堂基址上重建的，比早期朝堂缩短5米左右，南北却扩宽为16米，面阔可能为13间，进深为3间。（《唐长安城发掘新收获》）《梦溪笔谈》卷十九："长安故宫阙前，有唐肺石尚在。其制如佛寺所击响石而甚大，可长八九尺，形如垂肺，亦有款志，但漫剥不可读。"按《秋官·大司寇》："以肺石达穷民，原其义，乃申冤者击之……所以肺形者，便于垂，又肺主声，声所以达其冤也。"龙尾道　是指坡度陡而长的一种坡道，由于含元殿屹立于龙首原的南沿之上，殿堂高出南面地面10余米，登殿的坡道称龙尾道。含元殿第一层大台南壁的包砖及散水基本连成一线，未发现从南面正中通往大台的痕迹，龙尾道设在殿南正中已不可能。殿堂与殿前广场之间发现坡道遗存两处，其中之一位于第一层大台西部的南伸部分，西临栖凤阁阁下墩台的东侧，坡道走向为南北向，路向东倾斜，坡道的南北两端均被断崖的战壕截断，残长28米，宽2—3米，北高南低，漫坡状，高差2.37米。路土呈灰褐色，层理清晰，质地坚硬，厚18—20厘米，路土以下为生土，坡道的路土相当干净，有可能是砖道下的路土，因此这条坡道有可能是含元殿的龙尾道废弃后，铺砖被移走，宋人在原路上踩踏而成，因为该坡道上的路土含杂质较少，路面上出土有两枚北宋“治平元宝”铜钱。1995—1996年考古发掘揭露出的龙尾道并不像明清太和殿的御路踏跺设在殿南正中，而是设在殿堂的两侧。龙尾道起自殿前广场的平地，沿两阁内侧的坡道，经三层大台，迂曲登到殿上。考古发现的龙尾道位置与历史文献记载相符。《雍录》卷三引贾黄中《谈录》：“‘含元殿前龙尾道，自平地凡诘曲七转，由丹凤北望，宛如龙尾下垂于地。两垠栏悉以青石为之。至今石桩犹有存者。’《两京新记》曰：‘含元殿左右有砌道盘上，谓之龙尾道。’按此即龙尾之形像，名实皆昭然矣！”康骈《剧谈录》：“含元殿左右立栖凤，翔鸾二阁。龙尾道出于阁前殿门，去南门二里。元会来朝者，仰望玉座，如在霄汉。”《太平御览》卷一百八十四引唐《西京记》曰：“西京大明正中含元殿，殿东西翔鸾、栖凤，阁下肺石、闻登鼓，左右龙尾道。”《唐语林》（四库本）卷八：“含元殿，凿龙首冈以为址，彤墀扣砌，高五十余尺，左右立栖凤、翔鸾二阙。龙尾道出于阙前，倚栏下视，南山如在掌中。殿去五门二里。每元朔朝会，禁军御仗，宿于殿庭。金甲葆戈，杂以绮绣。文武缨佩，蕃夷酋长皆序立。仰观玉座，若在霄汉。”龙尾道遗址直到五代、宋，其形制宛在。五代时王仁裕自蜀入洛，路过长安，曾记述：“含元殿前玉阶三级。第一级，可高二丈许，每间引出一石螭头。东西鳞次，一一皆存，犹不倾垫。第二、第三级，各高五尺，莲花石顶亦存，阶两面龙尾道各六七十步，方达第一级，皆花砖，微有亏损。”（《雍录》）《长安志》卷六：“（含元殿）左右有砌道，盘上谓之龙尾道。”《雍录》：“盖含元殿南疏阶升殿，凡为三大层，自下而上，其下两层，皆培土铺砖为坡陁斜道，不疏小级。其铺砖处，逶迤屈曲，凡七其砖。故自丹凤门北望，则如龙行而垂其尾，是以命为龙尾道也。”又《南部新书》（四库本）所载龙尾道：“含元殿侧龙尾道，自平阶至上，凡诘屈七转。由丹凤门北望，宛如龙尾下垂于地。两垠栏槛，悉以青石为之，至今石柱犹有存者。”南宋以后，因程大昌《雍录》中说：“龙尾道者，含元殿正南升殿之道也。”很容易让人误会以为龙尾道设在殿南正中，清雍正《陕西通志》，近现代足立喜六的《长安史迹考》、平冈武夫的《长安与洛阳》（地图篇）则将龙尾道画在含元殿的南面正中。（《唐大明宫含元殿遗址1995—1996年发掘报告》）**宣政殿**位于含元殿正北，相距300米，殿址东西长近70米，南北宽40余米，殿址东西两侧亦有东西行的宫墙，与含元殿形式相同。按宣政殿之东有昭德宫。《唐会要》卷四十四《火》条：“太和二年十一月，禁中昭德宫火，延烧宣政殿之东垣及门下省，至晡北风起，火势益甚，迨暮方息。”**史馆** 初在门下省之南。《唐会要》卷六十三：“贞观三年闰十二月，移史馆于门下省北，宰相监修……大明宫初成，置史馆于门下省之南。”开元时又移史馆于中书省北。《唐会要》卷六十三：“开元十五年三月一日宰相李林甫监史馆，以中书地切枢密，记事者宜其附近，史官谏议大夫尹愔遂奏移于中书省北。”《全唐诗》卷十一王建《宫词》：“集贤殿里图书满，点勘头边御印同。真迹进来依数字，别收锁在玉函中。”其中“真迹进来依数字”当系按号编排。按《唐六典》等书的记载：“宣政之北有紫宸门，门北为紫宸殿。”现紫宸殿仅东部残存一部分。紫宸门南距宣政殿35米，紫宸门北60米为紫宸殿，殿基南北宽近50米。蓬莱殿　在紫宸殿以北（偏东）60米，龙首原北沿有面积较大呈正方形的殿址一处，其南侧中间有突出的台基可能是蓬莱殿遗址。玉宸观即玉晨观，元稹《寄浙西李大夫》诗：“禁林同直话交情，无夜无曾不到明。最忆西楼人静夜，玉晨钟磬两三声。”大明宫中有无玉晨观史籍缺载。玉晨观　近年于西安地区出土碑石和墓志证明大明宫中确有玉晨观。《全唐文补遗》第二辑载《唐大明宫玉晨观故上清大洞三景弟子东岳青帝真人田法师玄室铭并叙》称：“仙师姓田氏，讳元素，字知白……元和己亥岁，有诏召入宫，口宗一见，甚器异之，于玉晨观特为修院，居止焉……以大和三年五月廿九日，终于玉晨观私院……粤以其年七月七日，葬于万年县洪固乡毕原。”1986年在西安城墙东南角南约450米的西安化工设计公司内出土一方《大唐回元观钟楼铭》碑，碑文记载唐文宗大和“四年夏，有诏女道士侯琼珍等同于大明宫之玉晨观，设坛进箓……”（马骥《西安新出柳书唐回元观钟楼铭碑》，载《文博》1987年第5期）1984年在长安县韦曲西街北原坡上出土《唐故内玉晨观上清大洞三景法师赐紫大德仙宫铭并序》墓志。墓主韩自明，是唐玄宗天宝年间京兆尹韩朝宗之裔孙女，唐文宗“大和初，召入宫玉晨观，师每进见，上未尝不居正端拱，整容寂听，备命服之锡，崇筑室之赐。至五年三月，以疾得请复居京城亲仁里咸宜观旧院”。韩自明于大和五年四月十二日，终于亲仁里咸宜观旧院，二十二日，葬于京兆府洪固乡胄贵里之凤栖原。（马咏钟《西安碑林新藏唐志考》，载《碑林集刊》［一］，1993年）以上三方碑志不仅明确无误地记载了大明宫中的玉晨观，而且还形象地提供了唐宪宗、唐文宗时一些女道士在玉晨观中所进行的道教活动。太液池分东西两部分，中间以渠道相连，西面的池子面积较大，“东西长500米，南北宽320余米。池岸高出池底3—4米不等……保存较好的西岸，有一段在里面还砌石一层”。“东池南北长220米，东西宽150余米。……在池的东北，也有一3米多宽的渠道，向东穿出城外，然后偏向北行，这一渠道当是太液池入水或排水的渠道”。（《唐长安大明宫》）1998年中国社会科学院西安唐城队再次对太液池遗址进行全面钻探，在西池近北岸处新发现一个岛屿。2000年该队首次在西池南岸等几个地点进行试掘。2001年9月至2002年12月，中国社会科学院考古研究所和日本独立行政法人文化财研究所奈良财文化研究所联合考古队选择太液池西岸遗址的中部和西北部进行三次发掘。结论认为唐代太液池的始建年代应与大明宫的修建年代一致或稍晚，应不晚于公元662年。废弃年代当在唐代晚期，同有关文献记载和太液池周围的地层堆积和出土遗迹所反映的情况是一致的。三次发掘“基本上达到了预期的学术目的，有关太液池西岸结构、道路、建筑、排水设施以及太液池的进出水道等疑难问题得到较满意的解决。发掘情况表明，太液池西岸主要由夯土筑成，岸面上不但有宽阔的池边大道，而且还有房屋建筑以及系统完备的排水设施。其中F4、F5这两处廊房建筑可能与《旧唐书·宪宗本纪》所记载的宪宗元和十二年（817）建造的太液池‘周庑廊四百间’有关。关于太液池的进出水道长期以来一直难以解决。……鉴于此，在2002年秋季发掘中，我们对太液池地区北面水渠内的淤泥层进行解剖，在四个不同地点对渠底进行水平高程测量，另外还根据钻探结果在发掘区西北130米和500米处用同样方法对该水渠的延伸部分进行了解剖性发掘和水平高程测量。解剖结果和测量数据表明，该水渠底部由西北向东南入池口方向逐渐降低，在长550米的范围内高差达1.06米，故可以认定太液池西北角的水道为进水渠无疑。由此，20世纪50年代末钻探发现的太液池东边的渠道（已被现代建筑所压）可推定为出水渠道”。（龚国强、何岁利执笔《唐长安城大明宫太液池遗址发掘简报》，载《考古》2003年第11期）2003年2月20日至5月20日，中日联合考古队对太液池北岸、蓬莱岛南岸遗址进行了考古发掘，取得了重要的收获，为中国古代宫廷池苑和古代建筑史的研究提供了新的珍贵资料。在太液池北岸清理出一条东南西北走向的道路，长10米，宽2.5米左右，上面尚存多道清晰的车辙痕迹。位于北岸南侧的岛屿原应是与北岸相连接的半岛，在北岸与半岛之间的宽沟沟底揭露出较完整的一组干栏式建筑遗迹。在蓬莱岛正南的岛岸上，有一条南北向的夯土路，可从岛中的蓬莱山（岛中央的夯土台）直至岛南岸，东西宽2—3.6米，高1.2米，其他遗迹大致以这条夯土路为轴线，在东西两边展开。蓬莱岛南岸的发掘情况初步表明，蓬莱岛是太液池中一座园林式岛屿。（《唐长安城大明宫太液池遗址考古新收获》，《考古》2003年第11期）**长安殿**　有宗庙神主。《新唐书》卷一百六十四《殷盈孙传》：“按至德时作神主长安殿，飨告如宗庙。”**昭德寺**　《通鉴》：唐文宗大和元年十二月甲辰，“禁中昭德寺火，延及宫人所居，烧死者数百人”。**清思殿**　在左银台门内西北280余米处，仅存基址部分，基址平面呈方形，东西33米，面北宽28.8米，殿堂广约7间，进深约5间。《旧唐书》卷一五三《薛存诚传》：“敬宗荒恣，宫中造清思院新殿，用铜镜三千片、黄白金薄十万番。”可见所造新殿极为华丽。出土遗物中有铜镜残片17片，还有铜鱼符一件，上刻“同均府左领军卫”七字，为出入宫门的鱼符。在殿址下压有早期建筑遗址，说明是拆除旧殿后又重建新殿。（《唐长安城发掘新收获》）**道士向武宗奏请造仙台**　日人圆仁《入唐求法巡礼行记》卷四载：“敕令两军于内里筑仙台，高百五十尺。十月起首，每日使左、右神策军健三千人，搬土筑造。”**延英殿**　遗址至今尚未发掘。它的位置，一说在紫宸殿东，一说在紫宸殿西，正确的位置应当在紫宸殿西。徐松在《唐两京城坊考》中已指出在紫宸殿西，另据《新唐书·苗晋卿传》《旧唐书·宪宗本纪》及李德裕《次柳氏旧闻》等均说明延英殿位于紫宸殿西。（杨希义《唐延英殿补考》，载《文博》

1987 年第 3 期）**麟德殿** 在大明宫的西部，为举行宴会和接见外国使节之处。在南北长 130 米、东西宽 77 米的基址上，建立前、中、后三殿，中殿的左右又各建一亭，后殿的左右又各建一楼，规模十分宏伟。（马得志《唐长安与洛阳》，载《考古》1982 年第 6 期）**浴堂殿** 大明宫浴堂殿，在唐德宗至文宗朝为皇帝的主要寝殿之一，常于此召见翰林学士或重臣，成为这一段时期朝政活动的重要场所。然其所在，诸说多有抵牾。自宋代程大昌《雍录》确定其在紫宸殿东，后世学者大多引用。李向菲对文献进行考辨，认定浴堂殿位于金銮殿西，东翰林院北。（李向菲《唐大明宫浴堂殿方位考》，载《中国历史地理论丛》2008 年第 4 辑）**翰林院** 位于大明宫右银台门以北的西夹城内。夹城东西宽 55 米，南北全长 900 余米。翰林院占据夹城南部长 400 余米的一段。已发掘南端约 100 米，发现五座建筑遗址及砖道等。翰林院大门，开在南端东侧的宫墙上，门道宽 5 米多，进深 8 米多，两道石门限，安装两层门。此门称为“翰林门”或“复门”，因其在右银台门之北，故称翰林学士为“北门学士”。（《唐长安城发掘新收获》）**三清殿** 在大明宫北城青霄门内的东侧，是一座高台基建筑物，基坛规模宏大，平面形状呈长方形，高出当时地面 14 米。基坛南北长 73 米，东西宽 47 米多，基坛上有庑殿阁等建筑。由平地筑起的这样大型高台建筑，在大明宫内是唯一的一处。出土遗物有三彩瓦、琉璃瓦、鎏金铜泡钉及残佛等。三清殿当是宫庭内奉祀道教的建筑之一。（《唐长安城发掘新收获》）**斗鸡楼与走马楼** 据《陕西通志》所载《大明宫图》在九仙门内。九仙门外已为禁苑。

思贤殿、《通鉴》：文宗疾甚，迎颍王至少阳院，百官谒见于思贤殿。当亦在大明宫。**会宁殿**、《通鉴》：文宗幸会宁殿作乐。**咸泰殿**、《通鉴》：懿宗于咸泰殿筑坛，为内寺尼受戒。**天福殿**、**文明殿**、天福二年，御史台奏云：文武百寮每五日一度内殿起居。在京城时，百官于朝堂幕次，自文明殿门入，穿文明殿庭，入东上阁门，至天福殿序班。疑文明殿即宣政殿之更名，天福殿即紫宸殿之更名。**长生殿**、肃宗大渐，越王系授甲长生殿。阎氏若璩云：大明宫寝殿也。**寿春殿**、《通鉴》：上仗剑登乞巧楼，韩全诲等逼上下楼。上行才及寿春殿，李彦弼已于御院焚火。是日冬至，上独坐思政殿，翘一足，一足蹋栏干。**中和殿**、《通鉴考异》引《实录》：宪宗崩于大明宫之中和殿。**乞巧楼**、《通鉴》：昭宗在乞巧楼，刘季述、王仲先伏甲士于门外。胡注云：按《刘季述传》，乞巧楼在思玄门内，近思政殿，门即宣化门。**仰观台**、见《禁扁》。**含春亭**、《东观奏记》：上将命令狐绹为相，夜半幸含春亭召对，尽蜡烛一炬，方许归学士院。**南亭院**、《东观奏记》：宣宗驿召罗浮山人轩辕集赴京师，馆于南亭院。**仙韶院**、《旧书・陈夷行传》有仙韶院乐官尉迟璋。**柿林院**、《通鉴》：王叔文入至翰林，而王伾入至柿林院，见李忠言、牛昭容计事。**宣化门**、《东观奏记》：王宗实为淮南监军，宣化门受命，将由右银台出。

玄英门、德宗贞元三年作玄英门及观于大明宫北垣。**玄化门**、《大典阁本图》，在宫城东北隅，俟考。**毬场门**、《大典阁本图》，毬场门在玄武门外。按玄武门外即禁苑，不得有门，疑误。**乾符门**，《东观奏记》：大中十二年，用郑漳、李邺为郓王已下侍读。时郓王居十六宅，夔、昭以下五王居大明宫内院。数日追制，改充夔王以下侍读，五日一入乾符门讲读。**不知其处**。

《校补记》：**长生殿** 注：阎氏若璩云：大明宫寝殿也。补：阎又云：唐寝殿皆曰长生。按郑嵎《津阳门诗》自注：长生殿乃斋殿也，有事于朝元观，即御长生殿以沐浴。飞霜殿即寝殿，而白傅《长恨歌》以长生为寝殿，误矣。嵎就华清宫言，然自注如此，可证阎说是非。**寿春殿** 补注：《北梦琐言》：天复元年，李茂贞入朝，昭宗御安福楼。翌日，宴于寿春殿。

增订：

少阳院 在门下省之东，《唐会要》卷三十：“（元和十五年）十月，发右神策兵各千人，于门下省东少阳院前筑墙，及造楼观。”又《资治通鉴》昭宗纪亦记少阳院。《长安志》所记少阳院误。**长生殿** 大明宫与华清宫和洛阳宫城内均有长生殿，见《唐会要》卷三十《华清宫》条及《资治通鉴》第二百七中宗神龙元年条、《新唐书·桓彦范传》等。

兴 庆 宫

兴庆宫在皇城之东外郭城之兴庆坊，是曰南内，距外郭东垣。武后大足元年，睿宗在藩，赐为五王子宅，明皇始居之。宅临大池，中宗时望气者云，此池有天子气，故尝宴游此池。上巳泛舟以厌之。南街东出春明门。开元二年置宫，因本坊为名。十四年，又取永嘉、胜业两坊之半增广之，置朝堂。十六年正月，以宫成御朝，德音释徒以下罪。二十年，筑夹城入芙蓉园。自大明宫夹东罗城复道，经通化门观以达此宫。次经春明、延兴门至曲江芙蓉园，而外人不之知也。**宫之正门西向，曰兴庆门。其内兴庆殿，殿后为龙池**。本是平地，垂拱、载初后，雨水流潦成小池。后又引龙首渠支分溉之，日以滋广。至神龙、景龙中，弥亘数顷，深至数丈，常有云气，或见黄龙出其中。本以坊名池，俗亦呼五王子池。置宫后，谓之龙池。拾遗蔡孚作《龙池篇》以赞其事，公卿多和之。按以坊名池，盖曰兴庆池也。《新书·田令孜传》有兴庆池。元宋褧诗注云：兴庆池广袤五七余里，荷菱藻芡弥望，岸傍古垂杨甚多。是元时尚有旧址。兴庆池南岸有草数丛，叶紫而心殷，醉者摘草嗅之立醒，名醒醉草。见《开元天宝遗事》。**池之西为文**

泰殿，天宝十载作，“文”，一作“交”。**殿西北为沈香亭**。在池东北。开元中，禁中初种木芍药，得四本，上因移于兴庆池东沈香殿前。**兴庆门之南曰金明门，门内有翰林院**。《学士院记》曰：驾在兴庆宫，则于金明门内置院。张说上《斗羊表》，于金明门奉进。按《于休烈传》云：《国史》《开元实录》《起居注》等余书三千六百八十二卷，并在兴庆宫史馆。盖亦在翰林院也。**南面二门：西曰通阳门，东曰明义门**。《永乐大典》载《阁本兴庆宫图》作“初阳门”。**通阳之内曰明光门**，在勤政楼东，大和二年修明光楼。**其内曰龙堂**，《阁本图》，龙堂在龙池内。**金花落**，据《阁本图》方位载，盖卫士之居。**曰五龙坛**，在池南。**明义之内为长庆殿**，《唐杂说》曰：明皇为太上皇，居兴庆宫，每置酒长庆楼，南俯大道，徘徊观览。**殿北曰睿武门**。《通鉴》：李辅国迎上皇游西内，至睿武门，辅国将射生五百骑露刃遮道。**北面二门**：〔按当作“三门”，见下文及《兴庆宫图》〕**中曰跃龙门**，天宝十三载，御跃龙殿门，张乐宴群臣。“跃”一作“濯”。**其内瀛洲门、南薰殿**；殿南即池。**左曰丽苑门**；**右曰芳苑门**。**芳苑之内新射殿、仙云门**。在瀛洲门东。**宫之西南隅曰花萼相辉楼**，开元二十四年十二月，毁东市东北角、道政坊西北角以广花萼楼前地。置宫后，宁王宪、申王㧑、岐王范、薛王业邸第相望，环于宫侧，明皇因题“花萼相辉”之名，取诗人“棠棣”之义。帝时登楼，闻诸王音乐，咸召升楼，同榻宴谑。乔潭《裴将军舞剑赋》序云：裴公献捷，上御花萼楼置酒。**其东曰勤政务本楼**，楼南向，开元八年造。每岁千秋节，酺饮楼前。元和十四年，以左右军官健三千人修勤政楼。按明皇劳遣哥舒翰及试制举人，尝御此楼。楼前有柳，白居易《勤政楼西老柳》诗曰：“开元一株柳，长庆二年春。”**楼北大同殿**。殿壁有李将军与吴道玄画嘉陵江山水，又画五龙，鳞甲飞动，每欲大雨即罩烟雾。开元十七年，蜀州新津县兴尼寺殿柱木文隐起太上老君像及天宝元年所得玉像老君，皆于大同殿供养。天宝七载，大同殿柱产玉芝。殿前左右有钟鼓楼。天宝十载六月，钟楼钟

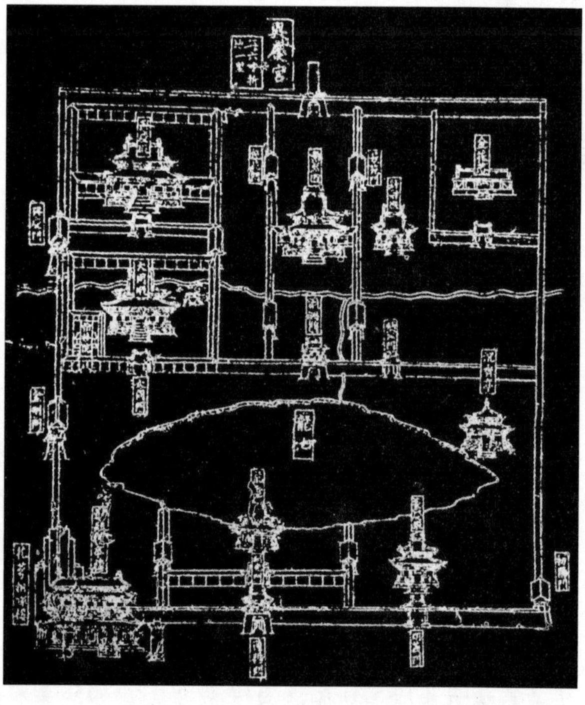

宋刻兴庆宫图

自鸣，三度响六十下，中书门下有贺表。殿前为大同门，西与翰林院直。《中朝故事》：每岁上巳日，许宫女子于大同殿前骨肉相见。又有咸宁殿、《旧书》：宗顺庄宪皇后王氏崩于南内之咸宁殿。义安殿、敬宗母王太后居此殿，号义安殿太后。积庆殿、文宗母萧太后居此殿，号积庆殿太后。冷井殿、懿安郭太后崩于此殿。《禁扁》作“冷泉殿”。会宁殿、见《旧书·庄恪太子传》。飞仙殿、同光殿、荣光殿、宜天门、承云门、飞轩门、玉华门、见《六典》。和风门。《唐会要》：兴庆宫之集贤院在和风门外，横街之南。

《校补记》：兴庆殿 补注：殿有复壁。《杜阳编》：德宗幸兴庆宫，于复壁宝匣中获软玉鞭。殿后为龙池 补注：《明皇杂录》《神异录》并云开元中三辅大旱，玄宗密以玉龙子投南内之龙池，风雨随作。池之下，补：上为龙池新殿。并注：开元时，关辅大旱，上于龙池新创一殿，令少府监冯绍正于四壁各画一龙，设色未终，阴云四布。见《明皇杂录》。宫之西南隅曰花萼相辉楼 补注：《庐氏杂记》：玄宗集登科人于花萼楼前重试，张奭曳白。其东曰勤政务本楼 补注：《旧书·让皇帝传》：玄宗于兴庆宫西南置楼，西面题曰“花萼相辉”，南面题曰“勤政务本”。按西面、南面极确。

增订：

兴庆宫 东西宽1075米，南北长1250米，面积13平方千米。南东两壁宽6米，北西两壁宽5米，夯土厚度一般为0.6—1.2米，每层厚度0.07—0.08米。（见陕西省文管会《唐长安城地基初步探测》，《考古学报》1958年第3期，简称《探测》。兴庆宫内殿门等，增订内容除注明出处外，均据《探测》）龙池 亦曰兴庆池。东距宫东壁80米，西距宫西壁80米，南距宫南壁216米，北距瀛洲门124米，距今凹地表面1.2米处，中部较深，四边逐渐隆起，成釜底形，其边缘距地表面0.2米。初阳门 据今西安碑林藏宋刻兴庆宫平面图补，初阳门位于宫东壁之南端，东西16.5米，南北23.5米。门址于地面之上堆积砖头瓦片较多，有琉璃质龙纹滴水，龙身及边缘为金黄色，凹底部分为绿色。金明门 位于宫之西部，南距南壁373米，为边长20米的正方形，面积400平方米。大同门 据宋刻兴庆宫平面图补。大同门位于兴庆池北岸120米处，西距宫西壁94米。东西为74米，南北60米，面积4440平方米。翰林院 位于大同门西46米处，南距金明门56米。翰林院北半部分为今居民住宅所压，仅留南部残迹，东西为54米，南北52米。明义门 位于宫之南壁，东距宫东壁125米，仅留残迹一部分。通阳门 位于宫之南壁，东距明义门520米，西距宫西南角345米，东西41米，南北32米。长庆殿 南距明义门100米，殿址东西52米，南北29米。瀛洲门 在大同门东122米，今为新郭门所压，仅留南边一部分。新射殿　宋氏吕大防《长安图》与考古发掘均说明仙灵门内有新射殿，而与《两京城坊考》所述芳苑门内之新射殿不同，与《唐六典》所记之仙灵门也不相同。历史文献记载勤政务本楼在兴庆宫的南墙处，花萼相辉楼在兴庆宫西墙处。二楼相近。根据发掘证明勤政务本楼的所在与历史文献相符，但西墙一带却未发现花萼相辉楼的遗址。在勤政务本楼以北稍偏西处，有七号遗址，疑为花萼相辉楼遗址。因这两楼分别建于开元八年、开元十四年，又取永嘉、胜业坊之半增广之，即兴庆宫在开元十四年向西向南又有扩充，所以勤政务本楼与花萼相辉楼的位置当在扩建前的西、南两宫墙处，而不在扩建后的宫墙处。中国科学院考古研究所唐城发掘队1958年对兴庆宫勤政务本楼以及其他房屋、回廊等建筑遗址17处进行了发掘。该楼位于宫城南墙处，西距西墙125米。楼在两堵宫墙之间，其当中是一间通行的门道，从楼基的形制看，像一座城门楼的基址，呈长方形，现存柱础东西为6排，南北为4排，除个别外余均保存完好。从柱础看楼址东西五间，26.5米，进深三间，19米，面积为500余平方米。（马得志《唐长安兴庆宫发掘记》，载《考古》1959年10期）会宁殿　《两京城坊考》置会宁殿于兴庆宫，恐误。按《旧唐书》卷十三《德宗纪》下："二十一年春正月辛未朔，御含元殿受朝贺。是日，上不康。丙子，以浙东观察判官凌准为翰林学士。癸巳，会群臣于宣政殿，宣遗诏：皇太子宜于柩前即位。是日，上崩于会宁殿，享寿六十四。甲午，迁神柩于太极殿。"据此可知，德宗病逝当天活动的场所在大明宫，癸巳会群臣于宣政殿，宣遗诏，当天就崩于会宁殿，因此会宁殿应在大明宫中。《两京城访考》引用《旧书·庄恪太子传》，所载是庄恪既薨，文宗追悔。开成四年，在会宁宴。虽未言明会宁殿在什么地方，但庄恪薨于少阳院，少阳院在大明宫，所以文宗活动场所也应在大明宫。因此，会宁殿不可能在兴庆宫。

三　苑

西京大内凡苑三，皆在都城北。

西内苑在西内之北，亦曰北苑，《通鉴》：贞观十七年，引魏王泰入肃章门，幽于北苑。程大昌曰：以在太极宫之北，亦曰北苑。南北一里，东西与宫城齐。按大明宫左银台门内为东内苑，右银台门内其地即入西内苑。然则西苑之地东出于宫城之东而近东偏者，南北亦不止一里也。外垣门东为日营门，迤西为月营门，按《长安志》曰：内苑东曰东云龙门，西曰西云龙门。岂东西云龙门即日营、月营二门耶？北为重玄门，一曰鱼粮门。其南门即宫城之定武门也。定武门北迤东为观德殿、□光殿，旧本《长安志》"光"上一字似"合"字、"金"字。若作"含"，则与禁苑复，俟考。迤西为广达楼。或作"广远"，《禁扁》作"广运"，今从旧本《长安志图》。《旧书·王君㚟传》有广达楼，在东都。又西为永庆殿，其北东为冰井台，西为通过楼。又西出西云龙门而北，则为大安宫。太宗初居承乾殿。武德五年，高祖以秦王有克定天下功，特降殊礼，别建此宫以居之，号弘义宫。八年，帝临幸，谓群臣曰："朕以秦王有大功，故于宫中立山村景胜，雅好之。"至贞观三年徙居之，改名曰大安宫。宫有垂拱前殿，高祖崩于此。又有戢武殿、□文殿、翠华殿、祭酒台。穆案：《永乐大典》载《大安宫图》，与《唐书》《长安志》皆不合。其图南面三门：中曰应天门，左曰左掖门，右曰右掖门。北面一门，无名。西面无门。东面一门，曰集禧门，盖通西内苑之门也。应天门之内，左右各有井一。大安殿前曰仁寿门，左曰日华门，右曰月华门。大安殿之后曰宣明门，又北曰政和门。门内为仁政殿，殿东西各有门一，无名。宣明门东首曰左嘉会门，西首曰右嘉会门。右嘉会门外为瑶池，池之南隔一垣有一门，无名，更南即右掖门也。池之东北为蓬莱阁，阁北一门，无名。左嘉会门东为承明门，与集禧门相直。承明门北曰昭庆门，与政和门相直。承明门之南曰会通门，与大安殿相直。又南曰敷德门，与仁寿门相直。又南即左掖门矣。殿左右、门内外各写大木一章，岂即所谓山村景胜耶？穆于道光二十三年八月从大典摹出，附识于此。又西出苑，入夹城。旧本《长安志图》，西苑之西当芳林门，有二门，东曰星缠门，西曰万石门，疑入夹城北墉之门也。按"缠"当作"躔"。冰井台之北曰樱桃园，《旧纪》：景龙四年四月，游樱桃园。内有拾翠殿、看花殿。园之西为祥云楼，北至重玄门，在东者歌武殿，在西者翠华殿。以上皆据旧本《长安志图》。又有永安殿、见《长安志》。宝庆殿。《禁扁》引西苑。

增订：

□光殿的方框内应为"含"字。考古工作者已发现西内苑之含光殿遗址，并出土碑志一方。张穆关于《永乐大典》所载的《大安宫图》的按语是错误的。他从《永乐大典》中摹出的大安宫图实为南宋人《事林广记》乙集中的金中都宫阙图。（徐苹芳《南宋人所传金中都图》，载《文物》1989 年第 9 期）又据《宋高僧传》卷三《唐洛京长寿寺菩提流志》，则西苑之中还有白莲池、甘露亭。

东内苑在东内之东南隅，南北二里，东西尽一坊之地。南即延政门，北即左银台门，东即太和门。苑之近北有左右云龙门，陈鸿祖《东城老父传》：贾昌，景龙四年持幕竿随玄宗入大明宫诛韦后，以长刀备亲卫，诏徙家东云龙门。玄宗即位，治鸡坊于两宫间。帝出游，见昌弄木鸡于云龙门道旁，召入为鸡坊小儿。按《长安志》与图，左右云龙门皆在西苑。中有龙首殿、龙首池。《通鉴》注：龙首渠水自城南而注入于此池。大和九年，毁银台门，又填龙首池以为鞠场。池东有灵符应圣院、会昌元年造。僖宗崩于灵符殿，疑即此院之殿。承晖殿、元和十三年造，《裴度传》作"凝晖"。看乐殿、小儿坊、内教坊、御马坊、在东下马桥头，文宗置。毬场亭子殿。

增订：

大明宫南部向东突出的部分，可能是东内苑。东内苑西墙也即大明宫东墙，恰位于今一条南北向马路，已无法探测。龙首殿、龙首池　在东内苑东墙内50多米处，探到龙首渠约50米长的一段，由龙首渠北端再向北30余米，有大片淤土，底部并有淤沙一层。从淤土和沙层来看是水池的遗址，这可能是龙首池的遗址。该池在文宗时曾被填平为球场，从附近探有夯土的情况看，正相符合。在龙首池遗址北100余米，即紧接东内苑北墙中部偏西处，出现柱础多块，是一处规模很大的殿址，可能是龙首殿遗址。《城坊考》之承晖殿当为凝晖殿。东内苑东墙向北延出40余米而又东折，即东内苑东侧还有其他宫苑一类的建筑遗址。1957年出土的杨国忠进奉的银铤，即出于这一遗址的范围内。（1956年12月30日上午，工人寇新奎取土时在地下1米深处发现。地点在西安市东北郊八府庄东北附近，见《文物参考资料》1957年第4期）据吕大防《长安图》所绘，这一带可能是凝晖殿、灵符观、内教坊等遗址所在。

禁苑者，隋之大兴苑也，东距浐，《通鉴》：广平王俶与仆固怀恩引回纥西域之兵自城南过，营于浐水之东。胡身之注：过京城南，历安化、明德、启夏门外，绕京城东南角，转北历延兴、春明、通化三门之外，至浐水。北枕渭，西包汉长安城，南接都城。东西二十七里，南北二十三里，《旧书·地理志》作“三十里”，《玉海》引作“二十里”。按《长安志》言永泰门去宫城二十三里，今从之。周一百二十里。正南阻于宫城，故南面三门偏于西苑之西。旁西苑者芳林门，唐末有“芳林十哲”，谓自此门入交中官也。亦谓之芳林园。元和十二年，置新市于芳林门南。次西景曜门，又西光化门。西面二门：近南者延秋门，明皇幸蜀，自此门出。次北玄武门。北面《通鉴》：李晟收京城，使王佖将骑兵，史万顷将步兵，直抵苑墙神麚村。《新书·李晟传》：神麚村在苑北。三门：近西者永泰门，次启运门，次饮马门。按汉宣平门外有饮马桥，此门盖以桥为名也。东面二门：近北者昭远门，次光泰门。门临浐水。《通鉴》：上出苑门，度浐水。胡身之注：禁苑东面出浐水，无其门，盖出光泰门耳。按朱泚之乱，李晟收京城，陈兵于光泰门外。又移军光泰门外米仓村。程大昌云：光泰门在通化门北小城之东门，门东七里有长乐坡。苑中四面有监：在东西者曰东监、西监，南面长乐监，北面旧宅监，又置苑总监领之。监有廨，在苑中。《通鉴》言明皇率兵诛韦后，会于钟绍京廨是也，皆隶司农寺。苑中宫亭二十四所，可考者曰南望春亭，曰北望春亭，即望春宫。天宝二年，韦坚引浐水抵苑东望春楼下为潭，名广运潭，在长安城东九里。杨复光《收复京城奏捷露布》云：雁门节度使李克用今月八日遣牙队将前锋杨守宗等三十二都，随李克用自光泰门先入京师，从卯至申，群凶大溃。自望春宫前蹴杀至升阳殿下。按望春宫内有升阳殿、放鸭亭，见《禁扁》。《本纪》：大和元年，毁升阳殿东放鸭亭，**曰坡头亭，曰柳园亭，曰月坡，曰毬场亭子，曰青城桥，曰龙鳞桥，曰栖云桥，曰凝碧桥，**疑即凝碧池之桥。敬宗幸凝碧池，令军士取鱼长大者送新浚池。**曰上阳桥，**德宗迎沈太后入上阳宫，在大明宫之西。疑桥即上阳宫之桥。**曰广运潭，**宋崔敦礼《广运潭铭序》云：唐天宝纪元之九年，陕郡太守韦坚有请治汉、隋运渠，起关门抵长安，以运山东之赋，有诏从之。乃绝灞、浐，并渭而东，至永丰仓复与渭合，又凿潭于望春楼下以聚舟。越二年潭成，天子临幸嘉焉，赐名"广运"。**曰九曲宫，**去宫城十二里，在左右神策军后。李氏图，九曲宫在鱼藻宫之东偏北。《长安志》言宫中有殿舍山池。按《旧书·庄恪太子传》，昭宗遇弑之日，蒋元晖于西内置社筵，酒酣，德王已下六王皆为元晖所杀，投尸九曲池。疑即此宫之池。**曰鱼藻宫，**贞元十二年，浚鱼藻池，深一丈。穆宗又发神策六军二千人浚之。《唐会要》：宫去宫城十三里，在禁苑神策军后。宫中有九曲山池，贞元十三年诏：鱼藻池先深一丈，更淘四尺。《通鉴》注言自东内苑光化门入禁苑，鱼藻宫在其西。按《玉海》云：禁苑池中有山，山上建鱼藻宫，在大明宫北。则胡氏说非也。**曰蚕坛亭，**在苑东，皇后祀先蚕之所。**曰祯兴亭，**李氏图，在飞龙院东。**曰元沼宫，**李氏图，重玄门北为凝碧池，池西为元沼宫。**曰神皋亭，曰七架亭，曰青门亭，**即邵平种瓜之所，在长安城东，去宫城十三里。**曰桃园亭，**去宫城四里。按《旧纪》：景龙四年宴桃花园，疑即此园。**曰临渭亭。**按临渭水，当在苑之北。**其隶旧宅监者七所，曰咸宜宫，**汉之旧宫，去宫城二十一里。《苏颋传》：玄宗游咸宜宫羽猎。**曰未央宫，**《长安志》：武宗会昌元年，因游畋至未央宫，见其遗址，诏葺之。总二百四十九间，作正殿曰通光，东曰诏芳亭，西曰凝思亭，立端门其内。揭未央宫名，命学士裴素撰记。《通鉴》：贞观七年，从上皇置酒故汉未央宫。胡注：未央宫在长安宫城北，禁苑西偏。〔按稿本，未央宫并注皆张穆补。〕**曰西北角亭，曰南昌国亭，曰北昌国亭，曰流杯亭，**《禁扁》作"游杯"，皆在未央宫北。**曰明水园，**李氏图皆在汉长安城内。**皆汉故迹也。**《通鉴》注：汉长安城东西十三里，皆隶入苑中。余同年友王氏森文所作《汉唐长安城图》皆亲自履勘，较《长安志图》为精审，故作禁苑图用其说。凡图中所载者，皆实有旧址可考也。**所谓梨园者，在光化门北。**《长安志》：梨园在通化门外正北。按通化，外郭东面之门，盖即光化之误。《高宗纪》：仪凤元年八月，停南北中尚梨园作坊。《中宗纪》：景龙四年二月，令五品以上并学士，自芳林门入集梨园，即此园也。至明皇置梨园弟子，乃在蓬莱宫侧，非此梨园。**近梨园者有葡萄园。**《长安志》：禁苑有东西葡萄园。《旧书·李适传》：中宗时，春幸梨园，夏宴葡萄园。**又有昭德宫**、李氏图，在九曲宫南。**光启宫**、见《长安志》。**含光殿**、李氏图，在鱼藻宫西。**飞龙院、骥德殿**、李氏图：飞龙院近饮马门内，骥德殿在院东南。**虎圈**、李氏图，在禁苑东北隅。又有云韶院，当在梨园，故不数。**白华殿**、朱泚自含元殿徙居白华殿，《通鉴》注云：白华殿盖近光泰门内，大明宫东北隅。又云：当在大明东苑之东。是亦在禁苑。**会昌殿**、《长安志》：禁苑南有文宗会昌殿。**西楼**，《通鉴》：魏徵将葬，上登苑西楼望哭尽哀。胡身之注：长安禁苑之西楼。**不知其处**。

《校补记》：**禁苑未央宫** 补注：**有秦樗里子墓**。《论衡》云：樗里子葬渭南章台之东，曰：后百年有天子宫夹我墓。至汉，长乐宫在其东，未央宫在其西，武库正值其墓。**西楼** 补注：《朝野佥载》：姜师度于长安城中穿渠，绕朝堂坊市，上登西楼望之，师度堰水泷柴筏而下。**不知其处**，上补：**北楼**，并注：《因话录》：玄宗尝登苑北楼，望渭水，见一醉人临水卧。按知为禁苑楼者，苑北枕渭也。又补：**落雁殿**，并注：《朝野佥载》：太宗养一白鹘，号曰将军，取鸟尝驱至殿前，然后击之，故名殿云落雁也。上令鹘从京送书至东都与魏王。补：**中渭桥**，《三苑图》有，在玄武门外。**进士杨桢宅**。《纂异记》：桢家于中渭桥。

增订：

《唐六典》卷十九《司农寺》：京都苑总监：监各一人，从五品下；副监一人，从六品下；丞二人，从七品下；主簿一人，从九品上。"苑总监，掌宫苑内馆园池之事；副监为之贰。凡禽鱼果木皆总而司之。凡给总监及苑内官属，人畜出入，皆为差降之数。"1995年周至县城西部自来水公司南农民建房出土《司农寺京苑总监副监梁琮墓志》，志载梁琮于太极元年（712）正月五日卒于京善和里之私第，先天元年（712）冬十月己酉葬于龙原之阳。此证明京都苑有副监。**广运潭** 广运潭遗址千余年来仍有迹可寻。据有关历史记载，结合1933年西京筹备委员会测绘的万分之一地形图和有关航测图片，实地考察遗址在今西安市东北、光大门（唐禁苑光泰门）西北，雽霓村一带。**九曲宫** 蒋元晖杀德王以下六王投尸九曲池，是洛阳九曲池。其时昭宗在洛阳。**梨园** 应在光化门之北，非通化门之北。参见《资治通鉴》卷二百九景云元年条。**含光殿** 位于大明宫西，距宫城西墙210余米。1956年冬因建造宿舍挖土时，在含光殿址南部殿基之下，发现一块营建含光殿及球场的石志。志呈正方形，长宽各53.5厘米，石上刻文为："含光殿及球场等，大唐大和辛亥岁乙未月建。"大和，唐文宗年号，辛亥岁为大和五年，乙未则为十一月，即唐文宗大和五年十一月，在这里建造含光殿及球场等。含光殿不是建在台上，乃是与当时周围地面平。现残存南北长33米，东西宽13.5米。含光殿遗址出土了大量砖瓦。**鱼藻池** 据历史记载，经实地考察，鱼藻池遗址位于西安市东北郊，唐大明宫遗址北约6千米，井上村北，瑁珥冢南，杨家庄西北，白花村（唐禁苑白华殿遗址）东南。为一西南、东北长条状凹地。池东南岸与池底高差约5米。**樱桃园** 在含光殿北0.5千米多的一处遗址，出土了保存较好的奇兽葡萄纹砖多块，可能是“樱桃园”遗址。（《唐长安大明宫》）**德业寺、鹤林寺** 《旧唐书》卷第四：“麟德元年三月辛亥，展大射礼。（射字，文本原作“赦”。据《唐会要》卷二六《御览》表一一〇改。）丁卯，长女追封安定公主，谥曰思，其卤簿鼓吹及供葬所须，并如亲王之制，于德业寺迁于崇敬寺。”道宣《续高僧传》卷二十三《唐京师普光寺玄琬》：“寻有别敕，于苑内德业寺为皇后写见在经。”《大慈恩寺三藏法师传》卷第八：“显庆元年二月，有尼宝乘者，高祖神尧皇帝之婕妤、隋襄州总管临河公薛道衡之女也。……封河东郡夫人，礼敬甚重。夫人情慕出家，帝从其志，为禁中别造鹤林寺而处之，并建碑述德。……其鹤林侧先有德业寺，尼众数百人。又奏请法师受菩萨戒，于是复往德业寺。鹤林后改为隆国寺焉。”《全唐文》卷第十五《隆国寺碑铭》记述隆国寺的地理位置与地理环境：“却背邠郊，点千庄之树锦；前临终岳，吐百仞之峰莲。左面八川，水皎地而分镜；右邻九达，羽飞盖而连云。抑天府之奥区，信上京之胜地。”郭海文教授搜集德业寺尼与唐亡宫尼墓志24方。认为德业寺与鹤林寺为尼寺，在内苑。德业寺尼葬地大多在咸阳市渭城区底张镇陶家村南。（郭海文《德业寺与唐代宫尼》，载西安文理学院长安历史文化研究中心汇编《2012年西安历史文化研讨会论文集》）

唐两京城坊考卷之二

西京

外郭城

外郭城，隋曰大兴城，唐曰长安城，亦曰京师城。前直子午谷，后枕龙首山，左临灞岸，右抵沣水。东西一十八里一百一十五步，《旧书·地理志》云：长六千六百六十五步。按当作“六千五百九十五步”。南北一十五里一百七十五步。《地理志》：广五千五百七十五步。周六十七里，《地理志》：周二万四千一百二十步。其崇一丈八尺。隋开皇二年筑。永徽四年，率天下口税一钱，更筑之。开元十八年四月，筑西京外郭。南面三门：正中明德门，北当皇城朱雀门，南出抵终南山八十里。东启夏门，门外西南二里有圜丘及先农、籍田二坛。按《长安图》：东南角有进芳门。西安化门。东面三门：北通化门，门东七里长乐坡上有长乐驿，下临浐水。至德二载，改为达礼门。《两京道里记》曰：通化门改达礼门，识者曰：“三年之丧，天下达礼，非嘉名。”三年而玄、肃晏驾，还复旧名也。裴度、李吉甫、李光颜之出镇，天子皆御此门送之。李义琰致仕归东都，公卿饯于此门外。中春明门，当门外有汉太子太傅萧望之墓。南延兴门。同昌公主葬，懿宗与郭淑妃御延兴门哭送。按《通鉴·隋纪》：李渊迁馆于安兴坊。胡身之注：安兴坊盖在安兴门外。又引《雍录》：长安城东面三门，有安兴。是延兴先为安兴，不知何时改。西面三门：北开远门，德宗避朱泚，僖宗避黄巢，皆由此门出。《南部新书》：开远门外立堠，云西去安西九千九百里，示戎人不为万里之行。中金光门，西出趣昆明池。南延平门。李光弼薨，诏宰臣送于此门外。北面即禁苑之南面也，三门皆当宫城西。中景曜门，东芳林门，隋曰华林门，北入苑。《旧书·高士廉传》：诛隐太子，士廉率吏卒驰至芳林门。元和十三年，西市百姓于芳林门置无遮僧斋。西光化门。西北出趣汉故城。郭中南北十四街，东西十一街，其间

列置诸坊，隋炀帝改坊为里，每里置里司一人，官从九品下。至义宁初废。《雍录》：每坊皆有门，自东西以出横街，而坊北无门。其说曰，北出即损断地脉，此厌胜术也。隋文帝多忌讳，故有司希意如此。按此说非也。吕大防《长安图》云：皇城之南三十六坊，各东西二门，纵各三百五十步。中十八坊，各广三百五十步。外十八坊，各广四百五十步。皇城左右共七十四坊，各四门，广各六百五十步。南六坊，纵各五百五十步。北六坊，纵各四百步。市居二坊之地，方六百步，面各二门。四面街各广百步。**有京兆府万年、长安二县，所治寺观、邸第、编户错居焉。**城中一百八坊。韦述《记》曰：其中有折冲府四，僧寺六十四，尼寺二十七，道士观十，女观六，波斯寺二，胡祆祠四。隋大业初有寺一百二十，谓之道场；有道观十，谓之玄坛。天宝后所增不在其数。**当皇城南面朱雀门，有南北大街曰朱雀门街，东西广百步。**南出郭外之明德门，自朱雀门至明德门，九里一百七十五步。**万年、长安二县以此街为界，万年领街东五十四坊及东市，长安领街西五十四坊及西市。**皇城之东尽东郭，东西三坊。皇城之西尽西郭，东西三坊。南北皆一十三坊，象一年有闰。每坊皆开四门，有十字街四出趣门。皇城之南，东西四坊，以象四时。南北九坊，取则《周礼》九逵之制。隋《三礼图》见有其像。朱雀街东第一坊，东西三百五十步。第二坊，东西四百五十步。次东三坊，东西各六百五十步。朱雀街西准此。皇城之南九坊，南北各三百五十步。皇城左右四坊，从南第一、第二坊，南北各五百五十步。第三坊、第四坊，南北各四百步。两市各方六百步，四面街各广百步。

《校补记》：**东启夏门** 补注：启夏门在南之东，延兴门在东之南，皆巽维也。王洙《东阳录》：长安之巽维，御宿川之东峙，地名苟家觜。当在两门之间。《霍小玉传》：葬御宿原，亦此间也。《酉阳杂俎》：工部员外张周封旧庄在城东苟架觜。《前定录》：贞元初，太学杜思温夜宿苟家觜。架、家音同。又终南山亦在此门外。《原化记》：开元中，陆生出启夏门，直至终南山下。《续仙传》：终南山子午谷。**通化门** 补注：《集异记》：上都通化门长店多是车工所居，轮辕辐毂，皆有定价。**春明门** 补注：春明门，时即称东门，门外有镇国寺，寺东偏有僧运平舍利塔，塔旁有贾昌舍，竹柏森然。见陈鸿祖《贾昌传》。又《唐阙史》：春明门外有逆旅及灞水桥石岸。《闻奇录》：郑昌图居长安，梦出春明门，至合大路石桥上遗履一只。及寤，床前果失一履，于石桥上寻得之。《朝野佥载》：王无寻于春明门待诸州庸车，属灞桥破，惟得麻三车。**延兴门** 补注：《河东记》：卢佩妻乘马出延兴门，至城东墓田中。**西面三门** 补注：长安城西有漕店，见《异闻录》，盖城西漕渠旁地。**金光门** 补注：《御史台记》：太常寺卿裴明礼于金光门市不毛之地。

增订：

外郭城的形制，东西较长，南北略窄，平面呈长方形。初步实测外郭城东西广（由春明门至金光门的距离）9721 米（包括东西二城墙厚度在内，以下同），南北长（由明德门至宫城北面之玄武门偏东处）8651.7 米。由明德门（外侧）至皇城的朱雀门（南侧）为 5316 米。长安城的方向以磁针测得是北偏东 2°。外郭城的尺度，《隋书·地理志》《唐六典》《长安志》《吕大防图题记》《类编长安志》《长安志图》与《唐两京城坊考》等书，都说东西广十八里一百一十五步（按一尺等于 0.294 米、一步为 1.47 米之数计算，合 9694.65 米），南北长十五里一百七十五步（合 8195.25 米）。《旧唐书·地理志》的记载是：东西一十八里一百五十步（合 9746.1 米）。《新唐书》则是：东西六千六百六十五步（18 里 185 步，合 9797.55 米），南北长度与前引七书相同。今实测外郭城东西广 9721 米，比前引七书所记载的长出 26.35 米（18 步弱）；比《旧唐书》少 25.1 米，比《新唐书》少 76.55 米（52 步强）。从实测长安城各部的尺度都大于文献记载之数来看，前引《唐六典》等书所记载的东西长度则与实测之数相近。其所以少 26 米多，很可能是未把城墙的厚度计算在内。唯外郭城的南北长度，各文献的记载是一致的，都说南北长十五里一百七十五步，这比实测之数少 456.45 米（310 步强）。如各书所记：宫城南北长二里二百七十步，皇城南北长三里一百四十步，皇城以南之十横街宽 47 步，九个坊南北各长 350 步。宫城、皇城和皇城以南各坊与街道宽度数字相加是 5830 步，合 8570.1 米，比“十五里一百七十五步”之数多出 255 步，即 374.85 米，但比实测数只少 81.6 米（55 步）。因此各文献所载的“十五里一百七十五步”是错误的，应当是“十六里一百二十五步”。（中国科学院考古研究所西安唐城发掘队《唐代长安城考古纪略》，《考古》1963 年第 11 期。以下简称《纪略》）陕西省文物管理委员会探测唐长安城西城基 8470 米，南城基全长 9550 米，东城基全长 7970 米，北城基全长 9570 米。与文献记录对比，各城壁长度平均东西相差 285 步，南北相差 44 步。唐长安城周长 35560 米，合 24190 步，六十七里零七十步，比《新唐书·地理志》所载“周二万四千一百二十步”多出七十步。（陕西省文物管理委员会《唐长安城地基初步探测》，《考古学报》1958 年第 3 期，以下简称《探测》）

明德门 北对皇城之朱雀门和宫城的承天门，是长安城外郭城的正南门。遗址在今西安市南郊杨家村西南。1972 年 10 月至 1973 年 1 月，中国科学院考古研究所西安工作队对明德门遗址进行了发掘。据发掘简报称：明德门是被火烧后废弃的，明德门共有五个门道，平面呈长方形，城门墩东西长 55.5 米，南北宽 17.5 米，五个门道建筑形式相同，每个门道宽 5 米，进深 18.5 米（加包砖壁），各门道之间隔墙厚 2.9 米。每个门道的两侧都有排柱的柱础坑，础基石被破坏无存，排柱坑每排 15 个。各门道中的门槛以青石制作，门槛上有车辙的沟槽，有四个车辙，一个门道可以两车并行。但五个门道中只有东西两端的两个门道有车辙，有的车辙是从中间三个门道的前面绕至两端的门道通行的。结合文献记载可知明德门五个门道，其两端二门为车马出入通行的。其次二门为出入行人通行，中间门道很可能是专供皇帝每年南郊郊祀和其他出行时通行的。除明德门外，唐长安城的东南西三面还有八个城门，这八个城门均为三个门道，唯明德门是五个，因为它是长安城的正门。发掘出土的大量砖瓦和粉面彩绘砖证明，历史文献上记载明德门是有城门楼的。（中国科学院考古研究所《唐长安城明德门遗址发掘简报》，载《考古》1974 年第 1 期）**启夏门圜丘**　在明德门东。《探测》载：其位在今西安师范学院（陕西师范大学）以东约 30 米处，西距明德门 1550 米。东西 35 米，南北 15 米，面积 525 平方米。门部两边夯土保存完整，中间瓦片、砖块堆积颇厚，亦当有三个门洞。启夏门外西南二里有圜丘、太一、灵星三坛。先农与籍田本是一回事，在长安东郊浐水东，不在南郊。（丘晨音《〈唐两京城坊考〉正误一则》，载《中国历史地理论丛》1991 年第 2 辑）据宋人张礼《游城南记》载：北宋元祐元年（1086）张礼“出启夏门、览南郊、百神、灵星三坛”。

明德门全景复原示意图

（傅熹年《唐长安明德门原状的探讨》图三，《考古》1977 年第 6 期）

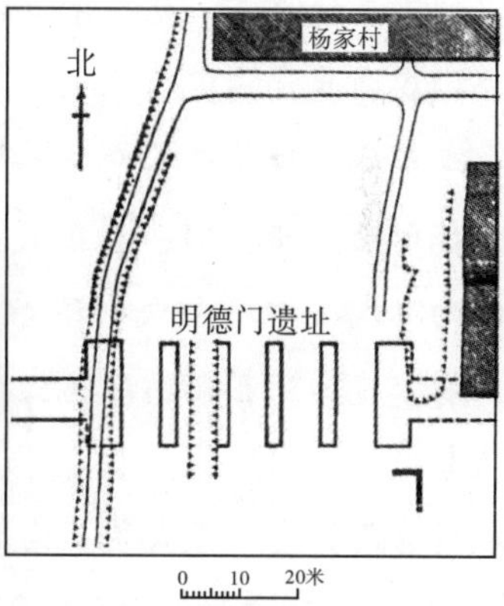

明德门遗址位置实测图

（《唐代长安城明德门遗址发掘简报》图一）

他在注中说：“三坛在门（启夏门）外西南二里。百神、灵星二坛颇毁，而圜丘特完。”说明到宋哲宗时，百神、灵星二坛已毁。20 世纪 30 年代，万分之一西京地区地图上圜丘仍隆起于地面之上。1957 年陕西省人民政府公布圜丘为省级文物保护单位。但这一汉唐长安遗留下来唯一的皇室建筑没有得到应有的保护，违章建筑直接向坛体本身逼进。为搞清唐代圜丘的形制及破损状况，以便文物保护部门制订出有效可行的保护方案，使这一人类珍贵历史遗产能留给子孙后代，中国社会科学院考古研究所西安唐城队从 1999 年 3 月 1 日开始对圜丘进行科学考古发掘。圜丘位于陕西师范大学南操场西侧，西南距陕西广播电视发射塔 650 米，在唐明德门遗址以东 950 米，约合唐代的二里，与文献记载相符。圜丘高出现代地面 8 米，经考古发掘，唐圜丘的基本形制是四层圆坛，第一层（最下层）圆坛面径约 54 米，第二层面径约 40 米，第三层面径约 29 米，第四层（顶层）面径约 20 米。各层高 1. 5—2. 3 米不等，每层圆坛都设有十二陛（即上台的阶道），均匀地分布在圆坛四周呈十二层分布，午陛（即南阶）比其余十一陛宽，是皇帝登坛的阶道。全坛由素土夯筑而成，无砖石包砌痕迹，台壁和台面均用黄泥抹平，其上再抹一层掺和了谷壳和秸秆的白灰面，外观为洁白的坛体。发掘揭露出来的圜丘与文献记载大体吻合，但在具体尺寸上有出入。《旧唐书·礼仪志》："坛制四成，各高八尺一寸，下成广二十丈，再成广十五丈，三成广十丈，四成广五丈。"《新唐书·礼仪志》："依古四成，而成高八尺一寸，下成广二十丈，而五减之，至于五丈，而十有二陛者圜丘也。"唐圜丘始建于隋文帝时，《隋书》卷六《礼仪志》一："高祖受命，欲新制度。乃命国子祭酒辛彦之议定祀典。为圜丘于国之南太阳门外道东二里。"《旧唐书·礼仪志》："武德初定令，每岁冬至，祭昊天上帝于圜丘，以景帝配，其坛在京城明德门外道东二里。"由此可知太阳门即唐之明德门。自唐高祖到唐昭宗近三百年间，有十七位皇帝在这个圜丘上进行过祭天活动。唐圜丘是全国保留下来的唯一一处早于清代的圜丘基址，比北京圜丘（天坛）早一千多年（北京天坛公园内圜丘是清乾隆年间［1736—1795］在明、清初圜丘基址上改建）。（执笔者安家瑶、李春林《陕西西安唐长安城圜丘遗址的发掘》，载《考古》2000年第7期）。安化门

明德门西为安化门，其位置在今之北山门口村以东约200米，东距明德门1360米处。该处尚有残存于地面大小不等之夯土两堆，其东西42.5米，南北10米，面积425平方米，有宽度为7.2米之门洞三个。(《探测》) 今地面遗址全部破坏。通化门　外郭城东面从北数第一门。《探测》认定在今长乐西路北之火电公司东南角。误。通化门正西通向皇城延喜门，是一条大街，街北从东往西有兴宁等坊。《长安志》："兴宁坊南门之东清禅寺"，寺遗址在今长乐西路南侧40号院发现并经考古发掘证实。据历史文献记载，通化门遗址在今长乐西路南100米、金花北路西约180米处。春明门　居东城墙自南向北4600米处，今纬十街偏北地方，西距纬十街起点处约1320米，东距经五路十字口约340米。考古清理了一个门洞，是该门的登城处之建筑的一边。(《探测》) 春明门外镇国寺究竟在门外之南还是北，《贾昌传》没有明指。20世纪中叶，西安出土《大唐上都镇国寺故大德纯□》志石，记载镇国寺故大德纯□，于大历二年岁在丁未二月二十四日，迁化于长乐乡春明里本寺，奉敕赐紫袈裟。又奉中书门下敕宜赐谥号大圆禅师，以其年三月五日建塔于所居伽蓝，大历十三岁在戊午孟春戊申朔旬有四辛酉，窆于兹塔之玄堂。弟子比丘惠照等，比丘尼妙藏等四众数十万人，永怀罔极，常思法响。该志石出土地点应为镇国寺遗址，惜未查到志石出土详确地点。延兴门与延平门　隋开皇四年命名。《续高僧传》卷八《昙延传》："移都龙首，有敕于广恩坊给地，立延法师众。开皇四年下敕，改延众可为延兴寺。面对通衢，京城之东西二门，亦可取延名以为延兴、延平也。"胡身之注《通鉴》及引《雍录》误延兴门原为安兴门，徐松据此亦误。(《丛考》) 春明门向南2260米处为延兴门，在今铁炉庙村南。东西21米，南北42米，面积882平方米，为宽度6米的三个门洞的建筑物。(《探测》) 金光门南2320米为延平门，其东西为15米，南北为39.2米，面

积568平方米。有宽度6.7米之门洞三个，其形状及遗物堆积情况除与金光门相同外，并探有石柱础。(《探测》)延平门有高斋亭子。《全唐诗》卷一一〇张谔《延平门高斋亭子应岐王教》："花源药屿凤城西，翠幕纱窗莺乱啼。昨夜葡萄初上架，今朝杨柳半垂堤。片片仙云来渡水，双双燕子共衔泥。请语东风催后骑，并将歌舞向前溪。"延平门遗址2005年正式考古发掘。开远门　遗址被今西安市大土门村所占压，因该村房屋毗连，无法钻探。(《探测》)徐松《唐两京城坊考》卷之二西京外郭城西面三门，北开远门下注："德宗避朱泚，僖宗避黄巢，皆由此门出。"均误。德宗避朱泚，是从禁苑的北门出；僖宗避黄巢出的是金光门。《旧唐书》卷十二《德宗纪》上，建中四年冬十月"丁未，泾原军出京城，至浐水，倒戈谋叛，姚令言不能禁。……乱兵已阵于丹凤阙下，促神策军拒之，无一人至者。与太子诸王妃主百余人，出苑北门，右龙武军使令狐建方教射于军中，闻难，聚射士得四百人扈从，其夕至咸阳"。《资治通鉴》卷二百二十八《唐纪》，德宗建中四年"初，鱼朝恩既诛，宦官不复典兵，有窦文场、霍仙鸣者，尝事上于东宫，至是，帅宦官左右仅百人以从。使普王谊前驱，太子执兵以殿。司农卿郭曙以部曲数十人猎苑中，闻跸，谒道左，遂以其众从"。如果德宗避朱泚之难出开远门，则郭曙猎于苑中是无从"闻跸"追随而去的。苑北门，即禁苑北门。禁苑北门有三：近西者永泰门，次启运门，次饮马门。禁苑西面二门：近南者延秋门，唐玄宗李隆基安史之乱即由此门出长安城，次北玄武门。唐德宗可能是出禁苑玄武门。唐僖宗避黄巢出的是长安金光门。《旧唐书》卷十九《僖宗纪》：广明元年十二月甲申，"上与诸王妃后数百骑，自子城由含光殿金光门出，幸山南"。"子城"即唐长安皇城，皇城内无含光殿，唐长安含光殿在西内苑，皇城南面三门由西向东第一座门是含光门，疑《旧唐书》误"含光门"为"含光殿"。僖宗由宫城出皇城(子城)含光门，又西去，顺金光门至春明门大街出金光门，于盩厔县之傥骆道越秦岭至汉中。《资治通鉴》卷二百五十四《唐纪》，僖宗广明元年十二月甲申，"百官退朝，闻乱兵入城，布路窜匿。令孜帅神策兵五百，奉帝自金光门出，惟福、穆、泽、寿四王及妃嫔数人从行，百官皆莫知之"。金光门　遗址在西城墙自北向南3300米李家村西北300米处，有残留地面高约3米、直径约10米之夯土墩遗迹一堆。东西11米，南北37.5米，面积412.5平方米。有宽度5.2米的门洞三个，门洞上部及周围，堆积有大量瓦片、砖块、白灰渣、红烧土及木灰等遗物。(《探测》)长安城的街道，所有历史文献记载均一致：南北向街道11条，宽100步；东西向街道14条，宽度分别为60步、100步和47步三种。据《纪略》所载，唐城发掘队经过1959—1960年的普遍勘察和1961年的复查结果，东西向的街道探得皇城以南的十条，南北向的街道在皇城以南的部分基本上都勘察出来。(一)东西向的街道。由外郭城北顺城街起至第三街被现在建筑所压。第四街(即皇城西门顺义门与皇城东门景风门之间的街道)，仅西端由西外郭城向东探得1000余米，街宽75米，第五街即皇城南之第一横街，东通春明门，西通金光门，保存比较完整，街宽

120米（从街两侧水沟内距实测）。第六、七、八三条街保存得比较完善，都保存部分水沟，其宽度分别为44米、40米和45米。第九至第十三五条街道，仅中部一段保存比较完好，第九、第十街宽55米，第十一街宽45米，第十二街宽59米，第十三街宽39米。第十四街探得一些零星路土遗迹。根据东西外郭城内的顺城街宽度来看，南顺城街的宽度不会超过25米。（二）南北向的街道有11条，在皇城以南的部分保存较好，尤以朱雀街及其左右的四街为最好。朱雀街又称天街，是长安城内一条南北向中心大街，北连皇城朱雀门，南通外郭城明德门，街东为万年县，街西为长安县。朱雀街路面中部略高，两侧略低，断面略呈弧形，两侧有水沟。南部街宽155米，北部在朱雀门以南约200米处宽为150米（宽度均是以水沟的内壁计算的），两侧水沟宽约3米。朱雀街东第一街宽67米，第二街宽134米，第三街宽68米，第四街最宽处亦为68米，第五街即东顺城街宽25米。朱雀街西第一街宽63米，第二街残存宽108米（当不止108米），第三街宽63米，第四街宽42米，第五街即西顺城街宽20米。长安城的各条街道方向基本上是正东西和正南北的，宽度除朱雀街与记载之数相符，启夏门街与安化门街的宽度接近百步之外，其余各街出入较大。从实测宽度来看，通各城门的街道都较其他街宽。历史文献上常提到的六街当是指通东西三城门及南面三城门的六条大街而言。

长安城坊里数目，《唐六典》卷七，工部尚书郎中员外条载："皇城之南，东西十坊，南北九坊；皇城之东西，各十二坊，两市居四坊之地，凡一百一十坊。"《长安志》卷七："皇城之东，尽东郭东西三坊，皇城之西，尽西郭东西三坊，南北皆一十三坊。……皇城之南，东西四坊……南北九坊……"《唐六典》和《长安志》虽然叙述方法不同，但坊数相同，即长安城共一百一十坊，另外还有两个市占四坊，总共划分为一百一十四个坊。这些坊市是由长安城纵横的南北十一街和东西十四街切割而形成的。以朱雀门大街为界，万年县和长安县均辖五十五坊和一个市（占两坊），故《云麓漫钞》引吕大防《长安图》云："朱雀街之东市一，坊五十五，万年治之；街之西市一，坊五十五，长安治之。"但是《旧唐书·地理志》及《长安志》卷七，所论街东西各五十四坊总共一百零八坊之说，误（由于城东南隅曲江池曾占有一坊之地，说街东五十四坊，尚可）。隋初规划时应为一百一十四坊。随着历史的发展，坊数不断发生变化。高宗建大明宫分丹凤门南之翊善、永昌二坊各为二。唐玄宗时将东北隅之永福坊筑入苑为"十六王宅"，后来又将兴庆坊筑兴庆宫；至唐玄宗时朱雀街东仍为五十四坊。唐宣宗时"于夹城中开便门，自芙蓉园北入至青龙寺，俗号新开门，自门至寺，开敦化以北四坊各为二"。（《云麓漫钞》卷八）新开门至今仍是村名，而四坊各分为二后的坊名现不能一一查出。因此隋唐长安城以一百一十坊或一百零九坊（曲江池占一坊）说为宜。唐城发掘队1959年开始对坊、市的布局和保存情况做了普遍探查，其中以皇城南面四列（三十六坊）及东西两市左右的四坊保存较好，有些坊的墙基尚保存很多。根据对坊内街道的勘察，与《长安志》所载皇城东西两侧的七十八坊“每坊皆开四门，有十字街，四出趣门”，皇城之南的三十六坊“每坊但开东西二门，中有横街而已”完全相符。唐城发掘队对每个坊里的尺度也做了实测。长安东西二市即隋之“都会市”和“利人市”。西市遗址在西安城西南1000米多的糜家桥与东桃园村之间，平面呈长方形，南北长1031米，东西广927米。市内南北向和东西向的街道各两条，宽各16米，四街平行交叉成“井”字形，将市内划为九个长方形区域。考古发掘出一批遗物，并发现了一些遗迹。东市的形制与西市相同，实测南北长1000余米，东西宽924米。在东市的东北隅探得“放生池”，并发现了唐代砖瓦及陶瓷残片、开元通宝等。(《纪略》)

万年县所领朱雀门街之东，从北第一兴道坊。景龙三年，以驸马都尉武攸暨父名改曰瑶林坊，景云元年复旧。《朝野佥载》：开元八年，京兴道坊一夜陷为池，没五百家。按事不见他书，未可信。

西南隅，至德女冠观。隋开皇六年立。《唐语林》：宣宗微行至德观，有女道士盛服浓妆者，赫怒，归官立召左街功德使宋叔康，令尽逐去，别选男子二人住持其观。**太平公主宅**。没官后，赐散骑常侍李令问居之。**吏人宅**。《尚书故实》：郭侍郎承嘏初应举，误纳试卷，一老吏为换出。承嘏归亲仁坊，自以钱三万送诣兴道里酬之。**旅馆**《广异记》：岐州佐史尝因事至京，停兴道里。《乾𦠆子》：陇西李僖伯，元和初调时，选上都兴道里假居，早往崇仁里访同选人，忽于兴道东门北下曲，马前见一短女人，服孝衣，约长三尺已来，咄咄似有所尤。如此两日，稍稍人多，只在崇仁北街。居无何，僖伯自省门东出，及景风门，见广衢中人闹已万万，如东西隅之戏场大围之，有一小儿突前牵其幂首布，遂落，见三尺小青竹挂一髑髅。金吾以其事上闻。

增订：

《旧唐书》卷三七《五行志》：“（开元八年）六月二十一日夜暴雨，东都谷、洛溢，入西上阳宫，宫人死者十七八。京师兴道坊一夜陷为池，坊五百余家俱失。”**至德观**《□故上都至德观主女道士元尊师墓志文》：“尊师法名淳一，河南人。父茂□，怀州河内县丞。元尊师天宝初，度为女道士，补至德观主。大历中竭来河洛，以十□年七月三日，返真于东都开元观，是月十八日，迁窆于龙门之北原。”（《补遗六辑》）**隋炀帝萧皇后宅**　《通志》卷二十《后妃传》：“炀帝愍皇后萧氏，后梁明帝岿之女也。”“唐贞观四年破突厥，皆以礼致之归于京师，赐宅于兴道里，二十一年殂，诏以皇后礼于扬州合葬于炀帝陵。”**监察御史裴炎宅**　裴炎妻刘氏，显庆五年正月二十六日卒于兴道里之第，以其年十一月五日，改瘗于义善乡之原。裴炎妻刘氏墓志于1989年8月征集于西安市雁塔区裴家孔村。(《文博》1992年第5期）按《长安志》永宁坊西北隅有裴炎宅，炎死后没官。**周王府队正李元昭**　咸亨三年正月二十一日身亡，二十八日寄于兴道坊□□□内权殡。

（《补遗七辑》）**朝议大夫试沔州司马郑溥宅** 郑溥字元溥。大和元年二月二十六日，终于兴道里私第，以其年十二月九日，归葬于长安县永寿乡姜尹村神禾原。（《补遗二辑》）**朝散大夫庆陵台令孙师从宅** 孙师从字大顺，安乐郡人，先人居于京兆。祖工，汉州金堂县尉。父华，遂州青石县主簿。师从历端、丰、庆三陵台令，充奉园寝，克著令能。自庆台罢秩，安闲退迹。咸通十一年六月十二日，终于兴道里之私第，享年七十八，以此年十一月二十四日，葬于长安县永寿乡里毕原。（《西市藏志》）按端、丰、庆三陵台令：唐武宗李炎的端陵、唐顺宗李诵的丰陵、唐懿宗之母元昭太后晁氏庆陵。**吉州长史郭克全宅** 郭克全咸通十三年十月十四日薨于兴道之私第，咸通十四年二月七日，窆于万年县崇道乡蛇村里。1955 年墓志出土于西安市东郊郭家滩。（贺梓城《唐墓志铭考释》，以下简称《考释》）**振武节度押衙李审规宅** 其子损于咸通十三年九月中抱疾卒于兴道里；咸通十五年于河阴县王宋村迁审规灵殡于上都万年县王寨村。迁祔墓记 1955 年出土于西安市东郊十里铺西南。（《考释》）《太平广记》卷三四三《李僖伯》（出《乾𦠆子》）：“陇西李僖伯，元和九年任温县，常为予说，元和初调选时，上都兴道里假居。早往崇仁里访同选人。忽于兴道东门北下曲，马前见一短女人，服孝衣，约长三尺已来，言语声音若大妇人，咄咄似有所尤。即云：‘千忍万忍，终须决一场，我终不放伊。’弹指数下云：‘大奇大奇。’僖伯鼓动后出，心思异之，亦不敢问，日旰，及广衢，车马已闹，此妇女为行路所怪，不知其由。如此两日，稍稍人多，只在崇仁北街。居无何，僖佰自省门东出，及景风门，见广衢中，人闹已万万，如东西隅之戏场……”僖伯所出之“省门”为尚书省，即今西安市钟楼至北广济街间，景风门在今西安市东大街端履门东。僖伯见短女人之处，在崇仁里北街。

次南开化坊。

半以南，大荐福寺。寺院半以东，隋炀帝在藩旧宅，武德中赐尚书左仆射萧瑀为西园。后瑀子锐尚襄城公主，诏别营主第。主辞以姑妇异居有关礼则，因固陈请，乃取园地充主第。又辞公主棨戟，不欲异门，乃并施瑀之院门。襄城薨后，官市为英王宅。文明元年，高宗崩后百日，立为大献福寺，度僧二百人以实之。天授元年，改为荐福寺。中宗即位，大加营饰。自神龙以后，翻译佛经，并于此寺。寺东院有放生池，周二百余步，传云即汉代洪池陂也。《名画记》：荐福寺额，天后飞白书。寺内有吴道玄、张璪、毕宏画。常东名《思恒律师志铭》：律师终于京大荐福寺。王维有《大荐福寺道光禅师塔铭》，又有《荐福寺光师房花药诗序》。张又新《煎茶水记》云：与同年期于荐福寺，余与李德垂先至，憩西厢元鉴宅。又任华有《荐福寺后院送辛屿尉洛郊序》，曹松有《荐福赠白上人诗》。按唐时官赐额者为寺，私造者为招提、兰若，又谓之山台、野邑。《南部新书》：长安戏场多集于慈恩，小者在青龙，其次荐福、永寿。**西门之北，法寿尼寺**。隋开皇六年立。太傅盖文达宅。于志宁《盖文达墓碑》：薨雍州开化坊里第。右武卫将军柳嘉泰宅。郑纳《柳嘉泰碑》：终于长安开化里之私第。国子祭酒韩洄宅。尚书左仆射令狐楚宅。按《酉阳杂俎》：楚宅在开化坊，牡丹最盛。而李商隐诗多言晋阳里第，未详。户部尚书马总宅。河东节度使、兼侍中李光颜宅，《旧书·李光颜传》：赐开化里第。尚书吏部侍郎沈传师宅。杜牧《沈传师行状》：于京师开化里致第，价钱三百万，讫二镇牵率满之，及在床之日，周身之饰易以任器。前司徒、兼侍中崔垂林宅。旧本作“崔垂休”。开府仪同三司守司空魏国公崔允宅。《通鉴》：崔允居第在开化坊。

增订：

大荐福寺东院放生池　《长安志》卷七开化坊荐福寺注：“寺东院有放生池，周二百余步，传云即汉代洪池陂也。”《城坊考》亦迻录。洪池陂亦名鸿池陂，在洛阳不在长安。《水经注》：“谷水东注鸿池陂，池东西千步，南北千一百步。”《水经注疏》：“《百官志》《续汉书》曰：鸿池，池名也，在洛阳东二十里。”《中国历史大辞典》：“洪池陂，在今河南洛阳市汉晋故城东二十里（汉里），今偃师市西，久堙。”（毕波《洪池陂在洛阳》，载《唐研究》第九卷254页》）柳嘉泰宅　据《文苑英华》卷九〇八，郑纳应为郭纳。令狐楚宅　“李商隐诗多言晋阳里第，未详。”程鸿诏曾于李商隐诗集中检出三首与晋昌里有关的诗，令狐楚子令狐绹宅在晋昌里。故晋阳里乃晋昌里之误。（毕波《令狐宅牡丹》，载《唐研究》第九卷254—256页）马总宅　《太平广记》卷第七十八符契元条引《集异》：“唐上都昊天观道士符契元……长庆初……及官至，谛视之，乃仆射马总。时方为刑部尚书，素善契元。马亦无恙，与契元晤，心独异之，日已夕矣。迟明，即诣开化坊访马，而与兵部韩侍郎对弈。”西门北壁上第二板门王家　《续玄怪录·辛公平条》。员外散骑侍郎司农寺丞郭敬（敬善）宅　武德七年七月四日终于京师开化里，七月十四日权厝于万年县长乐乡之茔。郭敬墓记1954年出土于西安市东郊灞桥东惠王村东南（另有墓志），载：司农寺丞京城已西营林敕使。显庆六年葬万年县铜人之原。（《考释》）左羽林卫将军上柱国定阳郡开国公阳玄基宅　阳玄基字昭业，右北平无终人。曾祖冲，齐司徒郎中武邑郡守瀛州刺史渔阳县开国公。祖才，隋许州襄城县令。考君育，左屯卫郎将范阳县开国公。显庆三年，玄基从薛仁贵平契丹，龙朔元年随契苾何力破鸭绿；总章元年，授鹿陵府长上折冲，仍检校东栅州都督府长史，诛反首领高定问等，封定阳郡公。“君如瓠之胆，探虎穴而无惊；似铁之心，入骊渊鬲罕惧。……前副李大志，遭御史李孝廉之冤；后为田扬名，被御史冯思勖之谤。才高致嫉，迥树来风。”曾受到“降三阶”之处分。其后因平定獠地之功，授庄州都督。寻又因何阿小陷没冀州，“君兵有二千，骑盈数百，权谋间发，秘略潜施，杀张角于山东，斩陈余于水上。圣历元年授三品左鹰扬卫将军。属贼入飞狐，兵连涿鹿。君先锋直进，如倾海以注萤，卧鼓长驱，似崩山而压卵。斩啜狼狈，匹马逃归，部落蜂擘，轻身遁走，遂以君检校左羽林军”。长安三年二月十一日，薨于西京开化里第。夫人安定梁氏，右典戎中郎、检校单于都督府长史怀道之女。其年岁次癸卯十月二十六日，合葬于洛州合宫县之伊汭乡万安山南。嫡子待封，前朝义郎、行博州司功参军事、上柱国。（《补遗八辑》）按《银青光禄大夫尚方监阳俭墓志》载，“曾祖冲之，齐司徒郎中、北平武邑郡守”，则知阳冲即阳冲之。阳俭久视元年薨于东都择善里，元年十月十七日合葬于洛州合宫县龙门东伊汭乡万安山之原。与玄基同一葬地。则阳玄基与阳俭为从兄弟。朝议郎行尚书屯田员外郎于申宅　于申字伯厚，洛阳人。贞元九年八月十三日，殁于开化里私第，以其年十月十五日，归祔于城南长安县居安乡高阳原祖母之故茔。（《续修陕西通志稿》卷一五〇）2004年6月，唐贝国太夫人墓志于西北大学长安校区出土。《安乐郡太君赠贝国太夫人墓志》：“安乐郡太君任姓，乐安人。曾祖沁州刺史才，生安西都护师利，师利生咸阳县丞义方，义方生乐安郡太君。既笄，嫔于绛州于君，生京兆尹兼御史中丞颀，时在襁褓，自伤兄弟幼弱，家业将坠，卒归父母之室。由是与于氏绝。当时亲戚，莫不义之。既而于君改娶裴氏，生颎（魏成令）、颋（太原法曹）、颐（洛阳主簿）并张氏、窦氏二女。经十余年，于君与夫人裴氏相次薨逝。子颀与颋犹在童孺，太君然后复归于家，均养诸子。颀娶汝阳郡王女，生子于申，于申母终于产蓐，太君又自煦鞠，比及成立，秀才上第。乐安郡太君，大历九年四月九日薨于开化里之私第，享年六十有九，有诏追赠贝国太夫人，可贻训于人伦。以其年六月十八日葬于城南长安县界居安乡之高阳原。”（《长安高阳原新出土隋唐墓志》）大中大夫行中书舍人裴璟宅　裴璟夫人彭氏，咸通二年正月二十七日，终于上都开化里私第。（《千唐志斋藏志》，以下简称《千唐志》）按裴蟾《唐故大中大夫行中书舍人裴公夫人彭氏墓志》未说明裴公名讳，查《新唐书》卷七十一《宰相世系表》洗马裴氏条：“复字茂绍，河南少尹，子璟生蟾。”则知蟾为该墓志中裴公夫人彭氏之子。右拾遗崔般宅　崔般夫人郑氏，度支巡官监察御史荥阳郑景琳之女，以大顺元年二十四日，终于长安开化里。（《陶斋藏石记》，以下称《陶斋》）大荐福寺大德恒思律师　开元十四年十一月二十六日，终于京大荐福寺，十二月十五日，葬神禾原涂山寺东。（《金石萃编》卷七十七）《上都荐福寺临坛大戒德律师之碑》，现存泾阳太壶寺。僧智舟，泾阳人。大历四年十二月示寂于长安，谥大戒德律师，构塔立像于泾阳。天子锡名“泾州佛寺”。史载该碑立于长安，但却于泾阳发现，其原由，尚待考证。但该碑多唐隶，为大书法家韩择木书。此碑面世，为唐代隶书新增一奇葩。（曹旅宁《唐〈上都荐福寺临坛大戒德律师之碑〉读记》，《碑林集刊》[十三]，2007年）寿春公故宅　韦应物《至开化里寿春公故宅》（《全唐诗》卷一九一）诗：“宁知府中吏，故宅一徘徊。历阶存往敬，瞻位泣余哀。废井没荒草，阴牖生绿苔。门前车马散，非复昔时来。”又同上书韦应物还有《秋集罢还途中作谨献寿春公黎公》诗。据《韦应物集校注》的校注者陶敏、王友胜据两唐书和《唐代墓志汇编》所收《唐故银青光禄大夫尚书兵部侍郎寿春郡开国公黎公墓志铭》指出，诗中所言黎公为黎干。寿春公故宅即为黎干在京时宅第。（毕波《寿春公故宅即黎干宅》，载《唐研究》第九卷253—254页）华州潼关镇国军陇右节度支度营田观察处置临洮军等使开府仪同三司检校尚书左仆射兼华州刺史御史大夫武康郡王赠司空李元谅宅　李元谅讳元光，其先安息王之胄也，家于凉州，代为著姓。后赐姓李氏，改名元谅，为唐代后期著名蕃将。贞元癸酉年（贞元九年）十有一月十五日，薨于良原镇之公馆，归于上都开化里之正寝，其明年十一月二十八日，祔葬于华阴县潼乡原新茔。夫人河南阿史那氏，北海郡夫人，代北著姓也。按李元谅原为安国人，其夫人阿史那氏为突厥人。李元谅墓志的书者是其长子、朝散大夫前太子右赞善大夫李平。（《补遗三辑》）韦循（审己）宅　《唐故范阳卢夫人墓志铭并序》："夫人范阳卢氏，讳虔懿，字子逢，京兆韦审己之妻。"虔懿年二十，适于审己，审己名循，以文字为己任。虔懿曾大父（卢）子翰，魏郡临黄县尉。王父纶，河东朔方副元帅判官。烈考弘止（弘正）检校刑部尚书、义宁军节度使。虔懿以壬辰岁暮遘疾，至癸巳（咸通十四年）春季之十一日，卒于开化里第，以其年十一月十一日，葬于万年县义善乡曹村，祔先舅茔之北二百步。（《西市藏志》）凤翔节度使银青光禄大夫检校兵部尚书右卫上将军兼御史大夫赠太子少保上柱国陈君奕宅　少保陈君奕字弘美，上谷五回人。夫人姑臧郡太君段氏。室女三人，大中四年五月二十三日、六月二日、三日，相次终于京兆府万年县开化里之私第。三小娘子少失荣荫，父母先谢世，茫茫无恃，戚戚靡依，恸哭于天，相次而没，以其七月十日吉辰，归葬于长安县高阳原邓村。三女不分伯仲，几乎同时因母段氏先谢于世，悲伤过度，相次而没，其一女与二女，卒葬时间不同，卒于大中四年九月二十一日，其年十月十七日归祔于大茔。陈君奕室女三人墓志2006年1月出土于长安挚信樱花园小区。（《长安高阳原新出土隋唐墓志》）洋州录士参军段淙宅　段淙字子泉。元和十年乙未，生于上都开化里，咸通六年乙酉三月二十日，殁于洋州官舍。其侄段璲任魏王府长史，护归万年县长乐祔先茔。另据《唐守魏王府长史段璲亡室严氏玄堂铭并序》载：咸通年启手足于万年县招国坊之私第。（《补遗三辑》）大中大夫王汶宅　王汶祖鸿，父志悌。长庆四年十二月十三日，王汶弃养于上都开化里之宅，（长庆五年）春二月十日，护灵座归于周京，夏四月十一日，葬于河南县平乐乡杜翟村之九原。子王衮。（《补遗四辑》）酒肆　《太平广记》卷八十六《异人类·任三郎条》记述：凤州宾祐鄠员外，其年至长安开化坊西北角酒肆中见任（三郎）。客舍　《唐故监察御史李府君墓志铭并序》："公讳梃，其先陇西成纪人。西凉武昭王暠十一代孙。"曾祖正基，朝散大夫太子舍人。祖亨，正议大夫淄州刺史。皇考成性，太子右赞善大夫赠曹州刺史。"李梃即成性第二子。弱冠举进士，再赋登科，释巾授同州河西县主簿。属逆将干纪，中原兵革。”“未几，胡虏益炽，河洛再陷。公锋刃之间，用晦目全，危行伪对，竟免劫胁。”“公玉立无玷，首膺嘉荐。恩敕，超拜大理司直。山南西道节度使张尚书献诚又奏，充节度判官，制受监察御史里行，以雄辕门也。”李梃年四十九，终于长安开化里之客舍。大历六年五月十一日，归葬偃师县西原祔先茔。嗣子端士。李梃祖、父《新唐书·表》均有记载。2002年李梃墓志出土于河南偃师。（《释录》）**通议大夫尚书左丞赠兵部尚书张读宅** 张读字圣朋，常山人。曾祖不忒，扬州天长令。祖荐，尚书工部侍郎，史馆修撰，赠太子太保。起深州陆泽为颜真卿所识。父希复，累赠礼部尚书。张读久负文华誉，每词诏一出，人皆改观。龙纪元年（889）六月二十日，薨于万年县开化里私第，享年五十七。著《西狩录》十卷，《神州总载》十五卷，《宣室志》十卷，杂著凡五十卷，行于世。张读两娶韦氏，皆韦端符女。以其年秋七月二十五日，归葬于万年县洪原乡曹村祔于先茔。（《洛阳新获墓志》二〇一五）

次南安仁坊。本名安民，永徽元年改。

西北隅，荐福寺浮图院。院门北开，正与寺门隔街相对。景龙中，宫人率钱所立。柳宗元《鹘说》：有鸷曰鹘者，巢于长安荐福浮图有年矣。**东南隅，赠尚书左仆射刘延景宅。坊西南，汝州刺史王昕宅**。延景即宁王宪之外祖，昕即薛王业之舅，皆是亲王外家。甲第并列，京城美之。**万春公主宅**。玄宗第二十五女，初降杨朏，又嫁杨锜。**户部尚书、兼殿中监章仇兼琼宅。前中书侍郎、同中书门下平章事元载宅**。《谈宾录》曰：元载城中开南北二甲第，又于近郊起亭榭，帷帐什器皆如宿设。城南别墅凡数十所，婢仆曳罗绮二百余人。《杜阳编》曰：载宅有芸辉堂。芸辉，香草名也，出于阗国。《唐实录》曰：毁元载祖及父母坟墓，斫棺弃柩，及焚毁载私庙木主，并毁大宁、安仁里二宅，充修葺百司廨宇，污宫之义也。又贬同州刺史永晦为澧州员外司马。晦尝任虢州刺史，率百姓采卢氏山木为载造东都私第故也。**义成军节度使同中书门下平章事上谷郡王张孝忠宅**。权德舆《孝忠夫人谷氏神道碑》：夫人终安仁里私第。**太子右庶子崔造宅**。权德舆《崔公夫人柳氏祔葬墓志》：故相国安平公夫人河东县君，考终命于京师安仁里。**太子宾客燕国公于頔宅**。权德舆《卫国夫人李氏墓志》：薨于安仁里第。夫人即于公之妻。**武昌军节度使元稹宅**。按《唐诗纪事》，元稹《赠毛仙翁诗序》：仙翁谓余曰：“入相之年，相候于安仁里。”余拜而言曰：“果如仙约，然香拂榻以俟云驾焉。”《云溪友议》亦言安仁元相国，是元稹入相时居此里。**太保致仕岐国公杜佑宅**。《旧书·杜佑传》：甲第在安仁里。权德舆《杜佑墓志》：启手足于京师安仁里。按杜牧《上宰相求湖州》第二启：某幼孤贫，安仁旧第置于开元末，有屋三十间而已。元和末，酬偿息钱，为他人有，因此移去。八年中凡十徙其居，奔走困苦，无所容归，于延福私庙支拄攲坏而处之。然牧自撰墓铭云：某月某日终于安仁里。是其后仍得旧居也。

增订：

元载宅 《白孔六帖》："城中开南北二第，室宇奢广。"可能指大宁、安仁里二宅。左武侯将军庞氏宅 《唐文拾遗》卷十三虞世南《左武侯将军庞某碑序》："今贞观二年六月厶日遘疾，薨于雍州长安县之安仁里宅。赵玉内人张氏宅 张氏，其先武城人。贞观二十一年正月十八日，卒于雍州万年县安仁里之第，即以其年正月二十日，厝于雍州万年县之小陵原。(《长安新出墓志》) 开府仪同三司特进户部尚书上柱国莒国公唐俭宅 唐俭字茂约，太原晋阳人。曾从太宗平定关中、河东，又追逐突厥颉利等。显庆元年十月三日，薨于安仁里第，其年十一月二十四日，陪葬昭陵。(《昭陵碑石》) 尚衣奉御唐君妻元万子宅 元万子，河南洛阳人。祖行如，父务整，洋州刺史。元万子显庆二年十二月三日，终于万年之安仁里第，以三年正月十四日，殡于万年之南原。(《昭陵碑石》) 按据《新中国出土墓志》陕西（壹）记载，元万子墓志，1978 年于礼泉县北屯乡西页沟村南唐嘉会墓出土。太子太傅致仕郑絪宅 《酉阳杂俎》卷四《喜兆》条："郑絪相公宅，在招国坊南门，忽有物投瓦砾，五六夜不绝，乃移于安仁西门宅避之。"殿中侍御史内供奉赐绯鱼袋陆邑宅 陆邑，其先吴郡人。曾祖敦信，兼右相。大父邠卿，洺州长史。考大钧，太子少詹事。大历十四年四月八日，陆邑卒于京师安仁里之私第，春秋五十八，建中元年二月一日，葬于长安城南神禾原先茔之侧。(《长安新出墓志》) 鸿胪少卿阳济宅 阳济夫人彭城县君刘氏，建中二年十月二十一日，终于安仁里私第，其年十一月三十日，归葬河洛旧茔。(北京图书馆金石组编《北京图书馆藏中国历代石刻拓片汇编》，中州古籍出版社，1984—1991 年，以下简称《北图石汇》) 奉先县尉陆儒宅 《唐故处士陆公墓志铭并序》：陆翘字子楚，其先吴郡人。曾祖邠卿，洺州长史。祖大训，宣州司户参军。父泌，汝州临汝县令。贞元十六年四月二十一日，陆翘终于京兆府万年县安仁里再从弟陆儒之私第。以明年二月四日，窆于河南府洛阳县清风乡马鷁店北原洺州长史先茔。(《西市藏志》) 朝散大夫京兆少尹御史中丞苗绅宅 苗绅字纪之，上党壶关人。祖晋卿，侍中太保韩国公赠太师谥文贞。在玄宗、肃宗朝左右王室。列考怀，少府少监。苗绅咸通十五年七月十三日，薨于上都安仁里第，其年十月十八日与先殁庾夫人合祔于河南府洛阳县北陶村。苗绅墓志 1985 年 4 月征集于孟津县送庄乡营庄村。(洛阳市第二文物工作队李献奇、郭引强编著《洛阳新获墓志》，文物出版社，1996 年，以下简称《洛阳新获墓志》)

次南光福坊。隋有圣经寺，大业七年废。

坊东南隅，旧有永寿公主庙。公主，中宗第五女，降韦鐬，早薨。景云中废庙，赐姜皎为鞠场。皎宅在庙北隔街，旧窦怀贞宅，怀贞诛后，赐皇后妹夫窦庭芳。驩州流人窦参宅。《唐语林》：相国窦参居光福里第。检校司空尚书左仆射同中书门下平章事魏国公贾耽宅。郑余庆《贾耽碑》：终于光福里第。翰林学士李泌宅。《通鉴》：征李泌于衡山，赐第于光福坊。右卫上将军南充郡王伊慎宅。权德舆《伊慎碑》：薨于光福里。太子宾客刘禹锡宅。刘禹锡有《酬郑州权舍人见寄》诗注：舍人旧宅光福里，时忝东邻。礼部尚书同平章事权德舆宅。权德舆《殇孙进马墓志》：夭于光福里。又《独孤氏亡女墓志》：故秘书少监赠绛州刺史独孤郁妻天水权氏寝疾，终于京师光福里。盖终于母家也。周皓宅。白居易有《宴周皓大夫光福宅》诗，又《题周皓大夫新亭子二十二韵》。兴元尹兼同平章事充山南西道节度使王起宅。《旧书·王播传》：京城光福里第，王起兄弟同居，斯为宏敞。

增订：

按《唐周晓墓志》载：公讳晓，字善本。祖行謇，坊成二州刺史，卫尉卿。大父以悌，宕岷州刺史、四镇经略使、右屯卫将军西平县开国男。考佖，河西节度使开府仪同三司，鸿胪卿。长兄特进光禄卿汝南郡开国公。次兄朝议郎守太子仆昉。（《长安碑刻》）据此，可知周皓之名从“日”从“告”。秘书少监张荐宅　《权载之文集》有《奉酬礼部阁老转韵离合见赠秘书监张荐》诗：“移居既同里，多幸陪君子。”既与权德舆同里，应在光福坊。该文集卷六另有《拜昭陵出城与张秘监阁老同里，临行别承在史馆未归，寻辱清辞辄酬之》诗等。大兴寺《太平御览》卷六五七《释部》五《西京记》：“光福坊大兴寺，有阿育金像。历宋、齐、梁、陈，数有奇异……隋文帝载入长安城内中供养，后移置此寺。”大兴寺，应为靖善坊大兴善寺，见《法苑珠林》。李泌宅　《白孔六帖》卷十七《婚姻》：“婚日敕北军供帐（注曰：李泌无妻，不食肉，帝乃赐光福里第，强诏食肉，为娶朔方故留后李玮甥。婚日敕北军供帐）。”王起宅　《白孔六帖》卷五一《发军》：“发自光福里第（注曰：王式，宁国剧贼，仇甫乱，明越观察使郑祗德不能讨。宰相选式往代，诏可……式发自光福里第）。”王式为王起之次子。新平郡三水县主簿韦巽宅　韦巽，字纷若，京兆杜陵人。曾祖叔谦。祖知人。父纲，陈王傅。韦巽是韦纲的第三子。年十八，始以惠文太子挽郎出身，授邠州三水县主簿。天宝二载二月九日，终于京光福里之私第。春秋三十有五，天宝九载五月十五日，迁窆于洪固乡毕原。夫人赵郡李氏，嗣子沇。（《长安新出墓志》）按墓志为韦巽外兄右补阙于休烈撰，与《长安新出墓志》韦巽外孙房实书《唐故邠州三水县主簿京兆韦府君墓志铭并序》有异。韦巽曾祖瓒，仕隋尚书右丞，封南皮伯。祖叔谦，贞观中考功郎中。父纲，秘书少监。开府仪同三司检校户部尚书知省事赠太子太师御史大夫邓国公张献诚宅 张献诚大历三年九月十五日薨于上都光福里，大历四年二月三日与夫人清河崔氏合祔于河南县谷阳乡谷阳里邙山原，从南阳公之茔。（洛阳市文物工作队《洛阳出土历代墓志辑绳》，中国社会科学出版社，1991年，以下简称《辑绳》）太常卿汉中郡王李瑀宅 李瑀撰《唐前陕府参军陇西李桔亡妻河东裴氏墓志铭并序》：新妇河东裴氏，曾祖楚璧，眉州刺史。祖履顺，右卫大将军。考仲连，虢州司仓参军。仲连第三女，为李瑀第十男、前陕府参军李桔妻，年将二十一，因蓐病夭丧，贞元二年正月二十五日，终光福私第，其年是月二十九日，权殡长安县高阳原。（《西市藏志》）金紫光禄大夫工部尚书赠太子少保鲍宣宅 鲍宣妻兰陵郡夫人萧氏，贞元十三年龙集于丑十月三日，薨于上都光福里之私第，以十一月二十日，窆于北邙山之南原，穴宣公之东北隅。（《全唐文补遗·千唐志斋新藏专辑》，三秦出版社，2006年，以下简称《补遗千唐志斋新藏专辑》）按鲍宣公即鲍防，新旧《唐书》均有传。鲍防字子慎，襄州襄阳人，幼孤贫，笃志好学，善属文，尤工于诗。卒后赠太子少保，谥曰宣。新旧《唐书》《鲍防传》简略，其墓志可补史之不足。"（宣）公自弱冠，登进士甲科。文章籍甚，震曜中夏。斥华尚质，秉笔者咸知向方。惟人禀五行而生，罔不异其好尚。道无全用，材罕兼能。公则道备文武，材并轮桷。故入登琐闼，出总戎轩。外有军司马当百城十连之奇，南统闽越，北临太原……。内历尚书郎，升散骑省，典小宗伯，为大京兆，领御史府，守上将军龟虎联华，缛映中外。……"按萧氏之祖希言，朝散大夫、太子洗马。父中和，庐州慎县令。其子，京兆府蓝田县尉鲍宗由。右金吾卫录事参军郑鉷宅 郑鉷字公度。曾祖琰，齐州历城县令。祖岩，银青光禄大夫少府监。父润，太府寺主簿。郑鉷解褐寿春府参军，次授陈州太康县丞、河阳节度尚书。优诏除右卫骑曹推官如故。授右金吾录事参军。贞元十三年（797）十月二十一日，终于长安光福里之私第，贞元十四年二月十九日，归葬于洛阳万安山之南原。2004年冬，河南省洛阳市伊川县万安山南原出土。（赵君平、赵文成《河洛墓刻拾零》，北京图书馆出版社，2007年，以下简称《拾零》）西南隅李氏之庙 检校太子右庶子致仕卢琬之第四子卢景修，来京师举进士第，一发失鹄，人咸冤之。遂僦居长安中，以大和五年十月二日，终于光福坊西南隅李氏之庙。（《曲石精庐藏唐墓志》，以下简称《曲石志》）按《长安志》卷七长兴坊下载唐武宗会昌五年诏书："初武宗行礼南郊，见天街左右诸坊有人家私庙，遂令禁断。"卢景修终于光德坊西南隅李氏之庙在公元831年，唐武宗禁断时在公元845年（会昌五年），这时皇城之南及天街左右各坊当有不少人家私庙，光福坊西毗邻朱雀大街（天街）。

次南靖善坊。

大兴善寺，尽一坊之地。初曰遵善寺。隋文承周武之后，大崇释氏，以收人望。

移都先置此寺，以其本封名焉。神龙中，韦庶人追赠父贞为酆王，改此寺为酆国寺，景云元年复旧。《寺塔记》云：不空三藏塔前多老松，岁旱时，官伐其枝为龙骨以祈雨。盖以三藏役龙，意其枝必有灵也。东廊之南素和尚院庭有青桐四株，元和中，卿相多游此院，桐至夏有汗污人衣，如䊐脂不可浣。昭国郑相恶其汗，谓素曰："弟子为伐此树，各植一松也。"及暮，素戏祝曰："我种汝二十余年，汝以汗为人所恶。来岁若复有汗，我必薪之。"自是无汗。天王阁，长庆中造。本在春明门内，与南内连墙。其形高大，为天下之最。大和二年，敕移就此寺，拆时腹中得布五百端，漆数十筒。寺有左顾蛤像、于阗玉佛菩萨像。《名画记》：寺有刘焉、尹琳、吴道玄画。行香院堂后壁有梁洽画双松，发塔内有隋朝舍利旃檀像，堂中有隋时写《时非时经》。

增订：

大兴善寺在今大兴善寺公园内，是隋代的国寺，中国佛教密宗的发源地，又是主要的国家译经馆。大兴善寺旧址原为西晋遵善寺，隋文帝开皇二年敕令改建为隋代开国营建新都之首批重点工程。"城曰大兴城，殿曰大兴殿，门曰大兴门，县曰大兴县，园曰大兴园，寺曰大兴善寺。"（《历代三宝记》卷十二）《唐会要》卷五十云："初，宇文恺置都，以朱雀门街南北尽郭，有六条高坡，象乾卦。故于九二置宫阙，以当帝之居，九三立百司，以应君子之数；九五贵位，不欲常人居之，故置玄都观、兴善寺以镇之。"《续高僧传》卷二十一《灵藏传》："……藏与高祖，布衣知友，情款绸狎……移都南阜，任选形胜而置国寺，藏以朝宰惟重佛法攸关，乃择京都中会路均远近，于遵善坊天街之左而置寺焉，今之大兴善寺是也。"《长安志》卷七：寺内寺殿"崇广为京城之最"，"号曰大兴佛殿，制度与太庙同"。大兴善寺内有后池，卢纶《题兴善寺后池》诗说"似与镜湖邻"。司空曙《秋夜忆兴善寺后院寄苗发》诗说"此夜后池秋"。张乔《和薛监察题兴善寺古松》诗有"鹤动池台影"之句。后池于唐末湮弃，《酉阳杂俎续集》卷五《寺塔记》上说：曲池于"不空临终时忽然涸竭，至惟宽禅师止住，因潦通泉，白莲藻自生，今复成陆矣"。郑谷《题兴善寺》诗云："寺在帝城阴，清虚胜二林。……"自注："《十才子诗集》多有兴善寺后池之作。今寺在池无，每用追叹。"（《全唐诗》卷六七六）二林即庐山东林寺、西林寺。寺内有翻经院、大圣文殊阁。日人圆仁《入唐求法巡礼行记》卷三："（会昌元年四月一日），大兴善寺翻经院，为开国灌顶道场……七日，往大兴善寺，入灌顶道场随喜，及登大圣文殊阁。"兴善寺有贝多树，见《全唐诗》卷六三九张乔《兴善寺贝多树诗》。《酉阳杂俎》："长安兴善寺素师院，牡丹色绝嘉，元和末，一枝花合欢。"

次南兰陵坊。

东南隅，天官尚书韦待价宅。宅西，工部尚书李珍宅。汝州鲁山县令皇甫枚宅。《三水小牍》：咸通辛卯岁，皇甫元真来京师，寓于玉芝观之上清院。皇甫枚时居兰陵里第，日与相从。忠武军节度使曲环家庙。太子宾客、燕国公于頔家庙。权德舆《于公先庙碑》：元和五年，相国司空燕国公立新庙于京师兰陵里。李舍人宅。杨巨源有《送李舍人归兰陵里》诗。萧氏池台。详下永宁坊殷保晦宅下。

《校补记》：兰陵坊 补注：《河东记》：有使者出兰陵坊西门，见一道士，身长二丈余。补四条并注：校书郎殷保晦妻封氏殉节处。注：封名绚，字景文，能文章草隶。黄巢入长安，封与保晦匿兰陵里，拒贼遇害。见《广记》二百二十。坊南小门，注：《酉阳杂俎》：京兆尹黎干怒杖老人，疑其非常，命坊卒寻之，至兰陵里之南入小门。大菜园，注：《逸史》：〔按：原“逸”字墨钉，今补〕大历中，王员外好道术，裴老约于兰陵坊西大菜园后相觅。果见小门，引入，有小堂，甚清净，旬日复来，其宅已为他人所赁。赁宅。注：见上。

增订：

洺州司马辛公夫人韦宪英宅 开元十六年十二月九日，韦宪英卒于兰陵里之私第，其年十二月二十三日，殡于万年县浐川乡之原。韦宪英墓志1956年出土于西安市东郊郭家滩。（《考释》）嗣曹王李戢宅 《大唐故宁远将军守左卫率府中郎嗣曹王墓志铭》云：天宝四载遘疾薨于京兰陵之里，六载十二月二十日葬于河南县平乐乡北邙山。（《芒洛冢墓遗文续补》）按《新唐书》卷八十曹王明传：李戢，字和，为李元吉子曹王明之曾孙，黎国公杰之孙，嗣曹王胤之子。洛交郡大同府果毅丘夫人刘至柔宅 刘至柔字归正，彭城人。朝议郎将作监主簿刘玹之长女。天宝十四载九月辛未，终于兰陵里之私第，是月二十八日，葬于京兆府咸宁县铜人原。（《补遗三辑》）陕州平鲁县尉卢殷宅 卢殷字鼎臣，曾祖卢正言，右监门卫将军，赠兖州刺史。祖先之，河南府汜水县丞。考魏州元城县主簿。元和八年八月一日，殁于安邑县寓居之官所。夫人荥阳郑氏，辰州录事郑脩之女，大中四年六月二十六日，终于兰陵里之第。长子方回，殿中侍御史知陕州院。次子敬回，监察御史，邠宁从事。幼子望回，京兆府兵曹。其年十一月十日迁卢殷与郑夫人同归于东都河南县伊汭乡尹樊村，祔于先茔。卢殷与郑夫人合祔墓志出土于洛阳市伊川县彭婆乡许营村（《洛阳新获墓志续编》）大菜园 《太平广记》卷四二《裴老》：“唐大历中，有王员外好道术，虽居朝列，布衣山客，日与周旋。……会除溷裴老，携秽具至王君给使……乃曰更三日，于兰陵坊西大菜园后相觅。”小巷 《太平广记》卷四九引《三水小牍》《温京兆》条：“温璋，唐咸通壬辰尹正天府。……旧制：京兆尹之出，静通衢，闭里门，有笑其前道者，立杖杀之。是秋，温公出自天街，将南抵五门，呵喝风生。有黄冠老而且伛，弊衣曳杖，将横绝其间，驺人呵不能止。温公命捽来，笞背二十，振袖而去。……既而迹之，迨暮过兰陵里，南入小巷，中有衡门，止处也。”

次南开明坊。自兴善寺以南四坊，东西尽郭，率无第宅。虽时有居者，烟火不接，耕垦种植，阡陌相连。

光明寺。

增订：

许棠友人宅　许棠《题开明里友人居》诗云："城中尘外住，入望是田家。井出深山水，阑藏异国花。风巢和鸟动，雪竹向人斜。来往唯君熟，乡园共海涯。"（耿占军、马珺《〈唐两京城坊考〉增补五则》，载《中国历史地理论丛》1998 年第 2 期）

次南保宁坊。

昊天观，尽一坊之地。贞观初为晋王宅。显庆元年，为太宗追福，立为观。高宗御书额，并制《叹道文》。《唐语林》：京中昊天观厨后井，俗传与惠山泉脉通。李卫公取诸流水称量，惟惠山与昊天等。独孤及《新平长公主故季女姜氏墓志》：姜氏卒于京师昊天观。

《校补记》：保宁坊昊天观　补注：《芝田录》：有僧谒李德裕，言京都一井与常州惠山寺泉脉相通，在昊天观常住库后是也。又李德裕《寄茅山孙炼师诗》云：欲驰千里思，惟恋凤门泉。注云：茅山句曲，金陵地肺，土良水清，作井正是长安凤门外井水味，当是洞泉远通耳。按凤门或即丹凤门。李德裕宅在安邑坊，父吉甫旧居也，近丹凤门外，亦可证泉脉可通之说。

增订：

昊天观　《道藏·洞神部·记传类》朱象先《古楼观紫衍云庆集》卷上第九《大唐宗圣主银青光禄大夫天水尹尊师碑》："尊师讳文操，字景先，陇西天水人也。……高宗在九成宫，有孛彗经天，长数丈，以问尊师。尊师对：'此天诫子也。子能敬父，君能顺天，纳谏征贤，斥邪远佞，罢役休征，责躬励行，以合天心，当不日而灭。'上依而行之，应时消矣。是故，高宗以晋府旧宅为太宗造昊天观，以尊师为观主兼知本观事。"《太平广记》卷四十九《神仙类》："许栖岩，岐阳人也，举进士，习业于昊天观……。岩将为入蜀之计，欲市一马，而力不甚丰，自入西市访之，有蕃人牵一马，瘦削而价不高，因市之而归。"《太平广记》卷第七八符契元条："唐上都昊天观道士符契元。"（引《集异》）《唐摭言》卷九《四凶》："陈磻叟者……弱冠度为道士，隶名于昊天观。咸通中，降圣之辰，二教论义……许以自荐。磻叟摄衣奉诏，时释门为主，论自误引《涅槃经疏》，磻叟应声叱之曰：'皇帝山呼大庆，阿师口称献寿，而径引《涅槃》，犯大不敬。'初，僧谓磻叟不通佛书，既而错谔殆至款坠，自是连挫数辈，圣颜大悦，左右呼万岁。"又见《唐会要》。《昊天观周尊师墓塔铭》　师法名道仙，京兆人。"俗年十二，被褐受箓，自得正真。贞元十八年，配住昊天观。观在天街之左，去明德门一二里，风景清闲，不似在尘寰内，其流率多种竹栽花。朝之卿士，日相往来；师之门徒，追游莫非闻人高士。凡昊天之堂殿、塑像、藻绘、结构之工，皆师总领之，由是土木常新，他观无以为比。……生八十七年，以乾符四年七月二十二日而终，用其年十月二十九日，窆于万年县洪固乡北韦村。"《周尊师墓志铭》出土地及现藏处未详。昊天观尽长安城保宁坊一坊之地，距明德门正一二里，观内风景清闲，花竹葱茏，殿堂构筑富丽堂皇，为道士和士大夫的畅游之地。(李举纲、贾梅《唐"昊天观周尊师墓志铭"考释》，载《考古与文物》2007 年第 5 期)

次南安义坊。坊南抵京城之南面，西南通明德门。

贞顺武皇后庙。《礼阁新仪》曰：开元二十五年立庙，乾元之后祠享遂绝。

增订：

《唐会要》卷三《皇后》："皇妃武氏……赐号惠妃，宫中礼秩，一同皇后。开元二十五年十二月七日薨，赠皇后，谥曰贞顺，乃立庙于京师昊天观之角。乾元之后，享祀乃停。"则贞顺武皇后庙即玄宗武惠妃庙。

右朱雀门街东第一街，九坊。

朱雀门街东第二街，北当皇城南面之安上门。街东从北第一务本坊。景龙三年，以驸马都尉杨慎交父名嘉本，改为玉楼坊。景云元年复旧。

半以西，国子监，监东开街若两坊，街北抵皇城南，尽一坊之地。监中有孔子庙，贞观四年立。按《开成石经》旧在务本坊，盖立于国子监也。领国子学、太学、四门、律、书、算六学。《唐语林》：天宝中，国学增置广文馆，在国学西北隅，与安上门相对。按国学之北即安上门。坊内南街之北，光天观。景龙三年，韦庶人立为翊圣女冠观，景云元年改景云观，天宝八载改为龙兴道士观，至德三载改光天观。本司空梁国公房玄龄宅。杜光庭《历代崇道记》：乾元二年，于务本坊光天观圣祖院获黑髭老君之像。左龙武军统军归诚郡王程怀直宅。德宗赐怀直务本里宅，详安业里下。河中节度使兼中书令延德郡王张茂昭宅。权德舆《张茂昭墓志》：太尉、兼中书令、延德郡王自河中来朝，发疡，薨于京师务本里第。左散骑常侍于德晦宅。岭南节度判官宗羲仲宅。豆卢诜《宗羲仲碑》：捐馆于上京务本里第。检校司徒、同中书门下平章事卢钧宅。《太平广记》引《神仙感遇传》：卢公还京，署盐铁判官。夏四月，于务本东门道左见王山人至卢宅。西川、齐州进奏院。《通鉴》：朝集使京师无邸，率僦屋与商贾杂居。贞观十七年，始命有司为之作邸。《旧记》：大历十二年五月甲寅，诸道邸务在上都名曰留后，改为进奏院。按进奏院有官居之。郭子仪《祭贞懿皇后文》"遣上都进奏院官傅涛"

是也。《演繁露》引《宋会要》云：唐藩镇皆置邸京师，谓之上都留候院。则“留后”当作“留候”。旅舍。《羯鼓录》：广德中，蜀客前双流县丞李琬调集至长安，僦居务本里。鬼市。《辇下岁时记》曰：俗说务本坊西门是鬼市，或风雨曛晦，皆闻其喧聚之声。秋冬夜多闻卖干柴，云是枯柴精也。又或月夜闻鬼吟：“六街鼓绝行人歇，九衢茫茫空有月。”有和者云：“九衢生人何劳劳，长安土尽槐根高。”

《校补记》：务本坊　补：民家，并注：《酉阳杂俎》：上都务本坊，贞元中有一人家打墙，掘地遇一石函，见物如丝，满函飞出，忽有一人起于函中，被发，长丈余。盖太阴练形，日满必露。

增订：

国子监　《旧唐书·玄宗纪下》：（天宝九载）秋七月己亥，国子监置广文馆，领生徒为进士业者。《唐两京城坊考》国子监条：“监中有孔子庙，贞观四年立。”误。据《丛考》正确的说法应该是：“有周公庙，武德二年六月诏立，以孔子配享。贞观二年十二月，停祭周公，始立为孔子庙，以颜回配享。”光天观　《长安志》：务本坊先天观，《城坊考》亦名先天观。按《唐会要》卷五十《观》：“光天观，务本坊……。景龙二年闰九月十三日，韦庶人立为观，名翊圣观，景云二年改为女道士观，天宝八载改为龙兴道士观，至德三载改为光天观。《道藏·洞玄部·记传类》《杜光庭道教灵验记》卷六《京光天观黑髭老君验》：“黑髭老人在京左街务本坊，光天观东圣祖院，夹纻所作，功在精能，相好周圆，常作所不可及。日月角隆，起身长丈五六余。左右侍立有玉童玉女十二人。真人八身，金刚力士、神王各四身。两壁画金甲神王各八人，天乐各一部，老子黑髭，山水帔，黄金九凤冠，凭几而坐，帐帷严备，不知所置年月日，亦不知所置之由也。”先天观应为光天观，至于翊圣观改名景云观应是景云元年。（《丛考》）鬼市　《南部新书》：“长安秋望夜人吟曰：‘六街鼓歇行人绝，九衢茫茫空有月。’又闻有和者曰：‘九衢生人何劳劳，长安土尽槐根高。’俗云务本西门是鬼市，或风雨晦冥，皆闻有喧聚之声，怪哉。”度支郎中彭思德宅　贞观九年十一月二十七日，彭思德终于万年县务本坊之里舍，十年四月十三日，还瘗于洛州洛阳县北邙之原。（《辑绳》）益州都督府法曹大理丞毕正义宅　永徽六年十一月三日，毕正义卒于务本里第。墓志1955年出土于西安市西郊土门村。按毕正义新旧《唐书》均无传。《旧唐书》卷八二《李义府传》、《新唐书》卷一一二《王义方传》，载毕正义因奸庇护，畏罪自杀。（《考释》）韦鼎宅　《朝野佥载》卷六，记述景龙末，安州都督太师杜鹏举一夕暴卒，翌日徐苏，数日方语云：“韦名鼎，亦是生人，在上都务本坊。”虢国公男故右卫长上校尉上柱国张君母樊氏宅　樊惠姬，相州邺县人。祖才，隋幽州范阳县丞。父劣，淮南郡守。龙朔元年十二月四日，樊氏终于务本里，春秋六十有五。二年四月二十六日，窆于雍州万年县义善乡洪原里之凤栖原。“既绝胤嗣，女为迁卜。”（《长安新出墓志》）朝散大夫卢倕宅　贞元八年闰十二月二十五日，朝散大夫前行大理司直卢倕第三女十七娘，终于上都务本坊私第，年十有七，至九年正月六日，葬于万年县神禾乡毕原，附依堂伯祖之旧茔。（《长安新出墓志》）杜佑宅　杜佑撰《密国夫人李氏墓志铭》：“维元和二祀，岁在丁亥四月戊午朔十七日甲辰，司徒同中书门下平章事岐国公杜佑妻密国夫人李氏，终于上都务本里第，享年五十有二。以其年五月戊子朔二十七日甲寅，安厝于少陵原先茔之次。”杜佑之孙杜牧《樊川文集》卷一《冬至日寄小侄阿宜诗》：“我家公相家，剑佩尝丁当。旧第开朱门，长安城中央。”务本坊在唐长安城中部，应是杜佑宅第。（陈尚君《杜佑以妾为妻之真相》，载中华书局《文史》2012 年第三期）杨准宅　杨准，字齐古，今为京兆人。以大和六年六月十二日，不禄于万年县务本里之私第，七月十九日卜厝于长安县界尖冢之西南一里张杜村东北一里余龙首之原。（《补遗七辑》）监察御史李俊素宅　李俊素字明中，其先陇西人。祖知古，鄂州武昌令、太子文学。父脩，太子右庶子赠礼部尚书。大和□年俊素擢进士第，以词赋知名。“会昌中，獯鬻犯骞，出师北边。佐元戎于沙幕，草辕门之书檄。将迎贵主，宣布朝旨。大中二年正月二十二日，殁于务本里第，其年三月二十二日，归窆河南县伊汭乡，祔先公之茔。二男长曰荆玉，次曰何。”（《补遗千唐志斋新藏专辑》）左补阙内供奉崔岩宅　《中殇女广娘子墓志铭》：“博陵崔氏女，字广儿，户部尚书赠太子太傅肃公之孙，左补阙内供奉岩之长女”，以大中四年十二月十五日，夭于上都务本里第，凡更寒暑十三周，明年二月六日祔瘗李夫人圹后稍右。（《西市藏志》）按崔岩父户部尚书赠太子太傅肃公崔倰，《旧唐书》卷一一九有传。元稹《元氏长庆集》卷五十四《有唐赠太子少保崔公墓志铭》：倰“以长庆三年二月四日，薨于洛阳时邕里，寿至七十二年”。见本书洛阳时邕坊崔倰宅。朝散大夫滑州长史段彝宅　段彝字子脩。大理评事颙之长子。酷爱诗书，慕古人白首穷经之道，调授左司御率府胄曹参军。不趋权门，不交势友，洗心于典坟之间。大中九年三月二日，捐馆于务本里之私第，享年六十九。夫人范阳卢氏先殁。有息三，邻、郇、鄂。其年八月十四日，葬于万年县义善乡东仵村卢氏夫人旧茔。（《洛阳新获墓志》二〇一五）吉州司法参军黄弘远宅　黄弘远讳季长，大中元年二月二十九日，终京务本里寝舍。三月十三日会葬卜于春明门之南。（《补遗三辑》）大中大夫行虢州长史李元玢宅　李元玢字受之，其先陇西人。祖昌，行金州司马。烈考光朝，赠使持节复州诸军事，复州刺史。大中元年十二月二十日，李元玢卒于长安务本里之私第。大中二年四月八日，卜葬于万年县浐川乡上傅村。（《补遗三辑》）按李元玢墓志为从侄朝议郎试大理评事李眈撰。范阳卢韶宅　夫人荥阳人。曾祖郑羡，祖郑絪，赠太师。父郑祗德兵部尚书太子宾客。夫人之兄五人，次兄郑颢，以疾没于（长安）昭国里私第。郑夫人外曾祖父李揆（门第、人物、文章为三绝）。大中十二年闰二月十五日，郑夫人终于长安务本里第，其年五月十二日，葬于河南府河南县伊汭乡尹樊村万安山南卢氏之先茔。1985 年 3 月郑夫人墓志出土于伊川县彭婆乡许营村北宋范仲淹墓南。（李献奇、乔栋《唐郑夫人墓志考释——兼释卢韬墓志》，载《中原文物》1985 年第 4 期。《补遗六辑》）**韩炼师孝恭宅**

炼师讳孝恭，字行先。莫详其祖考。……元和中，中书令韩许公节制大梁，选求近侍，闻其干用，俾居左右……许公念其劳绩，令归韩姓，视之犹子……。后诣龙兴观邓尊师延康传授法箓。……慢藏为诲盗之资，怀璧乃□害之本。“以大中十三年二月二十日，于务本里私第为暴贼所害，享年七十有一。以其年五月□日，卜窆于京兆府万年县长乐乡陈张村。”按韩许公即韩弘。据《旧唐书》卷一五六《韩弘传》所载：“弘镇大梁二十余载，四州征赋皆为己有，未尝上供，有私钱百万贯，粟三百万斛，马七千匹，兵械称是，专务取聚财积粟……”仅元和十四年入觐时，就“进绢三十五万匹，絁三万匹，银器二百七十件”。而后其孙韩绍宗又“进亡祖白身口五人，马十匹，驼十头，绢五千匹，银二千锭及器物、刀剑、弓箭等”。（《册府元龟》卷一九六）其藩镇拥有财富之巨可知也。韩弘居永崇里第，其子韩公武居宣阳里之北门，而韩孝恭居长安务本里。据韩孝恭墓志所称“畴日所掌器用之物，常缄縢保护”。“慢藏为诲盗之资，怀璧乃□害之本。”正因为保护和拥有韩弘所遗留的这份财富，才遭到杀身之祸。韩孝恭为韩弘“近侍”，似乎应属“私白”一类。韩孝恭墓志出土时代不详。（李举纲、张安兴《西安碑林所入藏“唐韩炼师玄堂铭”考释》，载《唐研究》第十二卷 2006 年）**朝散大夫□成都府司录参军徐公宅**

徐公曾任朔方、弋阳、双流县令。会昌二年十有二月五日，□疾归全于京师万年县务本里，明年二月十二日，兆域于河南县平乐乡之原。（《补遗四辑》）

次南崇义坊。 按《通鉴》：甘露之变，右神策军获左金吾卫大将军韩约于崇义坊，斩之。

盐铁常平院。 按，司空图避贼常平仓下，盖即此常平院也。详下司空图宅。**坊内横街之北，招福寺。** 乾封二年，睿宗在藩所建，本隋正觉寺。寺南北门额并睿宗所题。《寺塔记》：正觉寺，国初毁之，以其地立第赐诸王，睿宗在藩居之。乾封二年，移长宁公主佛堂于此，重建此寺。长安二年，内出等身金铜像一铺并九部乐，南北两门额，上与岐、薛二王亲送至寺。彩乘象舆，羽卫四合，街中余香数日不散。景龙二年，诏寺中别建圣容院，是睿宗在青宫真容也。先天二年，敕出内库钱二千万，巧匠一千人，重修之。圣容院门外鬼神数壁，自内移来，画迹甚异，鬼所执野鸡似觉毛起。库院鬼子母，贞元中李真画。**蜀王西阁祭酒萧胜宅。** 见胜墓志。**西南隅，太子左庶子驸马都尉苏勖宅。** 后为英王园，其地湫下，无人居。勖尚高祖女南昌公主。**南街之北，博陵郡王崔元昞宅。宅西，秘书监马怀素宅。刑部尚书韦坚宅。赠太尉段秀实宅。** 德宗所赐。

宣宗大中十年，诏秀实崇义坊宅诸院典在人，上计钱三千四百七十五贯，宜赐庄宅钱收赎，仍令鸿胪少卿段文楚追贴舍人计会。尚书左仆射窦易直宅。《明皇杂录》曰：本中书令崔圆宅，禄山盗国，王维、郑虔、张通皆处于贼庭。洎克复，俱囚于宣阳里杨国忠之旧宅，崔圆因召于私第令画，各有数壁。当时皆以圆勋贵无二，望其救解，故运思精巧，颇极能事。其后皆得宽典，至于贬谪，悉获善地。其第鬻于易直，大和中画尚存。剑南东川节度使王承业宅。武俊之孙，士贞子也。王楚材按：《旧书》王武俊四子：士真，士清，士平，士则。然则士贞盖即士真。士真五子：承宗，承元，承通，承迪，承荣。承宗惟为成德军节度使，未尝节度剑南，"承业"盖"承荣"传写之讹。太常寺协律郎李贺宅。见贺集《申胡子觱栗歌序》：申胡子，朔客李氏之苍头也。李氏亦世家子，吾与对舍于长安崇义里。前进士司空图宅。司空图《段章传》：广明庚子岁冬十二月，寇犯京，图寓居崇义里，九日自里豪杨琼所转匿常平仓下。兴元、鄜坊、易定进奏院。

《校补记》：崇义坊　补：执金吾王因宅，并注：《乾䐶子》：王因亡，移其宅崇义里。又补：万年县尉薛少殷宅，并注：《前定录》：少殷举进士日，暴卒于长安崇义，既醒，具述其事。

增订：

招福寺　招福寺本隋正觉寺。1985 年 5 月西安南门外冉家村南出土石佛像、佛座等共 11 件。其中一件石佛像有"大业五年七月十五日"字样。冉家村南正当唐招福寺。（韩保全《隋正觉寺遗址出土的石造像》，载《考古与文物》1987 年第 6 期）中书令崔圆宅　《集异记》王维条下引《广记》："令崇义里窦丞相易直私弟，即圆旧宅也。"杜子休宅　《太平御览》卷六五八《寺》："又曰崇义里有京兆人杜子休宅。"杨琼宅　司空图寓居崇义里，不一定有司空图宅。但有杨琼宅。（耿占军、马珺《唐两京城坊考增补五则》，载《中国历史地理论丛》1998 年第 2 期）秘书省司辰师赵意宅　赵意墓志载：赵意字如意，襄州襄阳人。隋大业十一年诏授秘书省守司辰师。武德二年五月诏授秘书省太史兼司辰师。武德九年四月一日，崩于雍州万年县崇义坊，以其年斯月九日，葬于京城东南侯宋村东北。（《隋唐五代墓志汇编》陕西卷）蜀王故西阁祭酒萧胜宅　永徽二年八月十五日薨于万年县之崇义里。（《续修陕西通志稿》）博州刺史王约宅　王约字处俭，琅琊临沂人。曾祖王冲，梁侍中，安东亭侯。祖王琰，陈中书侍郎，都官尚书。父烋宗，唐东宫学士。王约，释褐通事舍人，贞观四年拜户部员外郎，历任太子舍人、太子洗马、吏部郎中、博州刺史。龙朔三年岁次癸亥五月癸丑，朔二十二日甲戌，终于崇义里第，春秋七十三。夫人临沂县君韦氏，京兆杜陵人。以其年十月辛巳朔五日乙酉，同窆万年县高平乡之旧茔。（《西市藏志》）右武卫大将军上柱国长山县开国公赠使持节都督凉甘肃伊瓜沙六州诸军事凉州刺史辛陟宅　辛陟字文陵，渭州陇西人，汉破羌将军武贤之二十二代孙。父昭武艺超绝等伦，出参连率，入典兵栏。奄以总章三年九月二十三日，薨于崇义里第。春秋六十有八。粤以三年岁次庚午正月乙亥朔八日壬午，葬于咸阳县之北原。(《集萃》) 开府仪同三司右羽林军将军知左羽林军事上柱国彭州郡开国公刘感义宅　刘感义，彭城人。祖琦，隋清道率。父若水，唐鸿胪卿。刘感义在天宝年，云南不庭，出纳王纶。安史之乱后至德中俾辅肃宗，总兵士，卷甲灵武，荡涤两京。上元二年九月六日，归全于崇义里之私第，春秋四十九，是月二十一日，葬于长安城右丰浩中原先君旧茔，夫人渤海郡君高氏。(《西市藏志》) 朝散大夫守姚州都督府长史轻车都尉寿陵县开国侯柳子阳宅　柳子阳妻皇甫氏墓志铭载：仪凤二年六月遘疾，八月八日卒于万年县崇义里之私第，粤三年五月十七日，葬于雍州明堂县洪原乡少陵原。其夫柳子阳墓志载：永隆二年八月十五日，薨于幽州蓟县之行舍，其时官职为安东都护府长史。开耀二年正月十二日，与夫人皇甫氏合葬于雍州明堂县少陵原。(《西市藏志》) 襄城县主李令晖宅　县主"字令晖，陇西成纪人。唐太宗文皇帝之曾孙，高宗天皇大帝之孙，许国大王之长女"，"神龙元年十月二日，制封襄城县主，食邑一千户，出降通议大夫，行殿中尚舍直长河东柳彦"。春秋三十八，景云元年十一月十日，终于万年县崇义坊私第，景云二年五月二十七日，迁厝于长安县高阳原。李令晖墓志1996年秋出土于长安县细柳乡羊元村。(赵力光《唐襄城县主李令晖墓志》，载《碑林集刊》九2003年) 据两《唐书》李令晖之父许王李素节，是唐高宗李治的萧淑妃所生，为李治第四子。武则天天授年间，被诬缢死于龙门驿，唐中宗复位后以礼改葬素节陪乾陵，封令晖为襄城县主。将作主簿韦虚舟宅　韦虚心撰《大唐将作主簿韦虚舟亡妻李氏墓志铭并序》：夫人李氏，陇西人。祖玄英，父思整。开元十七年九月十七日，李氏终于京兆崇义里之私第，春秋二十有七，以其年十一年十六日葬于京兆长安县高阳原祔先茔。(《长安高阳原新出土隋唐墓志》) 齐州司户参军陈子宜宅　陈子宜夫人卢氏，范阳人。开元二十三年适齐州司户参军颍川陈子宜，才逾一祀，陈子宜先逝。卢氏天宝二载三月二十五日遘疾终于西京崇义里，春秋二十有六。以其年四月三日，迁窆于少陵原。卢氏曾祖卢承业，左肃机雍、洛二州长史。其夫人李灌顶薨于神都德懋里之第。祖卢玢，绛、虢二州刺史，并州大都督府长史。父左金吾将军。(《西市藏志》)《魏氏女墓志铭并序》为其父咸宁县尉（魏）少游撰。魏十二娘，字惠奴，钜鹿曲阳人，魏少游第二女。天宝八载八月二日，终于咸宁县崇义坊，春秋一十有九，以其年其月十日，葬于咸宁县洪固乡毕原。(《长安新出墓志》) 朝议郎行太常寺……□宅　夫人曾祖瀛州乐寿县令。祖勤……林县令。父守悌，汾州隰城县尉。夫人"则体柔和，性婉顺，睦娣姒，接亲朋。……因诞免而殁"。天宝十二载岁次癸巳一月卯朔二十一日，终于西京崇义里第，以其载二月二十二日，殡于京兆府长安县永寿乡毕原。(《集萃》)该墓志残。尚书司勋员外郎陆据宅　陆据字据，洛阳人。祖泰，司农丞。父景祥，汉州雒县尉。陆据二十七，进士擢第，解褐陈留尉。凡六徙官而十交辟。河西陇右节度使王忠嗣奏充判官。使停，山南采访使薛江童奏充判官使，改河南判官，仍旧东京和市使。范阳节度使尚书左仆射兼御史大夫东平郡王安禄山奏充节度判官。天宝十有三载十二月戊戌，陆据捐馆于长安崇义里之私第。由于陆据“深崇释典，尝受法于大照禅师，迹虽混于缙绅，心每存乎妙域。属圹之际，命葬龙门，迩禅林也”。明年三月，嗣子士伦等，奉公之丧，至自京师。五月，卜葬于河南县伊汭乡之梁原。(《补遗千唐志斋新藏专辑》)朝议郎行尚书都事上柱国夏侯思泰宅　夏侯思泰以开元二十六年七月二十九日，卒于京兆府万年县崇义坊私第，开元二十六年十一月八日，归殡于河南府河南县平乐乡之北原。(《芒洛三编》)征士胡氏宅　1956年出土于西安市东郊韩森寨北之胡君夫人成氏砖质朱书墓志，称成氏望出上谷，今为京兆昭应(今临潼)人。乾元三年三月二日卒于崇义里第。(《考释》)河中府士曹参军窦詵宅　窦詵为女儿撰窦氏墓志谓：“吾观汝小闲礼典，长富令仪，作嫔于高，以配君子，何期不终偕老，遽以夭亡。”大历七年岁次壬子九月己卯朔九日丁亥，卒于京兆崇义里。以十九日丁酉，祔于万年县洪固乡凤栖原大茔。(《西市藏志》)池州长史朱泳宅　朱泳字广川。曾祖朱希，祖朱敬，父朱兴。咸以独善，晦迹不耀。朱泳于建中初，授试左武卫兵曹参军，后授德州平原尉，镇国军司马，转鄱阳、丹徒两县丞，和州司马，池州长史。元和七年七月二十八日，终于京师崇义里之私第，享年五十七，以其年八月二十八日，葬于京兆府万年县凤栖原。(《西市藏志》)给事中裴潾宅　京兆府奉天县尉韦庠夫人裴娟，字玉式，维宝历二年六月二十七日，殁于父家京师崇义之里第，享年二十。秘书监赠太子太傅河东忠公清之孙，其父即潾，为给事中。其年十月九日，祔葬于长安县居安乡韦氏之先茔。裴娟墓志为父裴潾所撰。(《洛阳新获墓志》二〇一五)莒王府参军段公庆宅　莒王府段参军公庆夫人王僎墓志载，王氏大和七年五月二十五日，殁于长安崇义里之私第。六月十日，葬于京兆府万年县长乐乡古城村祔先茔。(《补遗二辑》)夹江县主簿成铎宅　成铎字明之，上谷郡人。曾大父琬。大父及贤。父晋，兵曹参军。大中十年，成铎释褐拜夹江县主簿。咸通七年十二月二十八日，奄于长安崇义里，寿六十。有子二，长曰彦思，次曰彦之。以咸通八年八月十八日，窆葬于长安万年县洪固乡东韦曲北原上。(《长安新出墓志》)朝散郎行内侍省内府局令员外置同正员上柱国赐鱼袋郭佐思宅　郭佐思字冲用。唐宣宗大中元年之前供职大盈库，即内库，皇帝私库。大中十年任勾当官。咸通年间录授“内养”之职。咸通十二年，授蓝田镇监军使；十五年正月二十七日，终于光宅里私第，同年七月二十八日，葬于万年县东界王好店上好村。有四人郎君，全式、全穆、全锡、全周。郭佐思历唐德宗、顺宗、宪宗、穆宗、敬宗、文宗、武宗、宣宗、懿宗九位皇帝。郭佐思墓志于2005年10月入藏西安碑林博物馆。(柳秀芳《唐〈郭佐思墓志〉考释》，载《碑林集刊》[十三] 2007年) **集州衙推狄玄愬宅** 玄愬夫人骆氏，咸通十二年五月十五日，逝于京兆府万年县崇义里之私第，其年六月七日葬于本县长乐乡故城村。1956年骆氏墓志出土于西安市东郊韩森寨东北。(《考释》) 按骆氏墓志与其夫狄玄愬墓志同时出土。狄玄愬咸通三年七月二十三日，终于皇城里，以其年八月十日，葬于古城村白鹿原。二志记载同为故（古）城村。皇城里疑为崇义里之别称。**王承业宅** 剑南东川节度使当别是一人，非王武俊之孙，士贞之子。(《丛考》) 王循撰之栎阳县尉袭倪国公李景裕墓志出土，证明王承业之家世。王循是王武俊之曾孙，王士真之孙，王承宗之女，李景裕之妻。

次南长兴坊。 隋有灵感观，武德初废。唐会昌五年，诏皇城南六坊内不得置私庙，其朱雀街缘是南郊御迹，至明德门夹街两面坊及曲江侧近亦不得置，余围外深僻坊并无所禁。初，武宗行礼南郊，见天街左右诸坊有人家私庙，遂令禁断。中书门下奏：朱雀门至明德门凡有九坊，其长兴坊是皇城南第三坊，便有朝官私庙，实则逼近宫阙。自威远军向南三坊，俗称围外地。至闲僻，于此置庙，无所妨碍。从之。《南部新书》：贞元元年十一月，京兆奏：有人于长兴坊得玉玺，文曰“天子信玺”。

礼宾院。 院在坊之北街，元和九年六月置。按院即礼会院，自崇仁坊移此。敬宗初又废，以赐教场。**乾元观。**《代宗实录》曰：大历十三年七月，以泾原节度使马璘宅作乾元观，道士四十九人。其地在皇城南长兴里。璘初创是宅，重价募天下巧工营缮，屋宇宏丽，冠绝当时，璘临终献之。代宗以其当王城，形胜之地，墙宇新洁，遂命为观，以追远之福，上资肃宗，加乾元观之名。乾元，肃宗尊号也。按《代宗实录》以为璘献为观，《德宗实录》与《德宗纪》皆云帝命毁之，未详孰是。**左领军府大将军房仁裕宅。**房仁裕母《李夫人碑》：薨于长兴坊之第。**东北隅，侍中驸马都尉杨师道宅。**师道尚高祖第五女长广公主。宅地后分裂为左监门大将军韩琦、尚书刑部侍郎崔玄童、荆府司马崔光意等居。**坊内横街之南，中书令张嘉贞宅。**本太常少卿崔日知宅，《唐书》曰：贞元中，裴延龄为德阳郡主治第，时将降郭鏦，延龄令嘉贞之子徙所置庙，德宗不许。《长安志》引韦述记云：延龄所徙乃嘉贞家庙，嘉贞宅在思顺里。今无思顺坊，未详。**宅西，太子宾客元行冲宅。次北隔街，礼部尚书致仕王邱宅。纪国大长公主宅。**肃宗第五女，始封宜宁，降郑沛。吕温公主墓志：肃宗第二女，薨于长兴里之私第。**汉阳大长公主宅。**顺宗长女，即德阳郡主也，降郭鏦。**河南尹驸马都尉郑颢宅。**《旧书·郑絪传》：郑颢尝为诗序曰：去年寿昌节赴麟德殿上寿回，憩于长兴里第。按颢尚宣宗长女万寿公主。**同平章事驸马都尉于琮宅。**琮尚宣宗第四女广德公主。**工部尚**

书致仕晋昌郡王辛京杲宅。黄门侍郎同中书门下平章事杜鸿渐宅。鸿渐于长兴第崇饰门馆，赋诗曰："常愿追禅侣，安能挹化源。"朝士多和之。太子右庶子韦聿宅。权德舆《韦聿墓志》：以官寿殁于长兴里。国子祭酒郑伸宅。贞元时人。礼部侍郎裴士淹宅。《酉阳杂俎》：开元末，裴士淹为郎官，奉使幽冀，回至汾州众香寺，得白牡丹一窠，植于长兴私第。当时明公有《裴给事宅看牡丹》诗。镇海军节度使同中书门下平章事路随宅。河南节度使王播宅。《旧书·王播传》：李训败之日，播归长兴里第，为禁军所捕。左神武统军史宪忠宅。赠太原郡夫人王氏宅。王维《工部杨尚书夫人王氏墓志》：奄归大寂于长兴里之私第。户部尚书李峘宅。《旧书·李峘传》：峘为户部尚书；岘为吏部尚书，知政事；峄为户部侍郎、银青光禄大夫。兄弟同居长兴里第。两国公，门十六戟；一三品，门十二戟。荣耀冠时。镇州进奏院。毕罗店。《酉阳杂俎》：柳璟知举年，有国子监明经昼梦倚徙于监门，有一人负衣囊访问明经姓氏，明经语之，其人遂邀入长兴里毕罗店常所过处。梦忽觉，见长兴店子入门曰："郎君与客食毕罗，计二斤，何不计直而去也?"明经大骇，解衣质之。旅馆。《酉阳杂俎》：段成式元和中假居在长兴里。

《校补记》：长兴坊旅馆：注：《酉阳杂俎》：段成式，元和中假居在长兴里。补：自后徙居数处。按段亦居修行里。又《南楚新闻》：段于私第凿池，获铁片，悬室中北壁，时有金书两字报十二时，此池不知在修行宅否?

增订：

纪国大长公主宅　纪国大长公主墓志及夫郑沛墓志，1984年由陕西省文物商店从西安市长安县祝村一农民处购得，出土情况不明。其志文已见于《全唐文》卷六三一吕温所撰文中，但《全唐文》中说是肃宗第二女，而《新唐书·诸帝公主传》定为肃宗七女中的第五女。今据墓志名淑字上玄，"肃宗皇帝之第六女，始册宜宁公主"，"以元和二年九月十二日，薨于长兴里之私第，享年七十有五"，而《全唐文》吕温撰文缺公主名字和享年等。公主生一男名何，选尚顺宗次女普安长公主，拜驸马都尉、秘书少监。生一女，字容，适将作少监苏晟，两《唐书》缺载郑容与苏晟。纪国大长公主元和三年七月二十九日合祔于□□府长安县细柳原先常侍之旧茔。（崔庚浩、王京阳《唐纪国大长公主及夫郑沛墓志合考》，载《碑林集刊》［六］2000年）。按祝村即长安之细柳原，唐时长安城东咸宁县亦有一细柳原，亦出土唐墓志。纪国大长公主所生一子郑何与普安公主墓志于1999年4月在长安县细柳乡高庙村出土。郑何于长庆四年十月二十五日薨于永兴里私第。（李文英、师小群《唐普安公主及其夫郑何墓志合考》，载《陕西博物馆馆刊》2001年）奉义郎行太常博士骑都尉阴弘道宅　阴弘道字彦卿，武威姑臧人。曾祖子春。祖荣。父颢，梁尚书金部郎，以儒学知名。阴弘道，年十七举秀才，及大唐龙兴，亲率义兵归诚，授正义大夫临溪县令。贞观元年诏赐束徵，令定历，除国子助教，又征授太常博士，制《大唐新礼》，又加奉义郎，奉敕为大学士于弘文馆修书。十四年二月三日遘疾，卒于京师长兴里之私第，春秋六十有七。著《书论》《算术》《诗赋》凡百余卷，行于世。以其月二十九日，族葬于长安之高阳原。阴弘道墓志2004年5月出土于西北大学长安校区。（《长安高阳原新出土隋唐墓志》）李峘宅　李峘曾祖吴王恪，祖琨，父信安王祎，新旧《唐书》均有传。据《新唐书·宗室世系表》知祎有七子：峘、峄、岘、峡、岊、峦、岗。然而两《唐书》李祎传却载李祎三子，即峘、峄、岘。其中以峘、岘最为出众。2000年李岘墓志出土于长安县郭杜镇。志称：光禄大夫检校兵部尚书兼衢州刺史、充本州团练使、赠太师少师上柱国梁国公，永泰二年七月八日，薨于官舍，来岁二月十日，归葬于京兆长安县高阳原。（穆小军《唐宗室宰相〈李岘墓志铭〉考》，载《碑林集刊》［十］2004年）太子詹事渔阳郡开国公侯知一宅　侯知一字惟一，上谷人。曾祖寿，祖仁，父善业，赠安州都督。贞观之末，以经艺登科，解褐蒲州参军，参佐数州。太极元年三月二日，遘疾卒于长兴之里第。春秋八十有三。前夫人京兆韦氏，卒于洛阳之里第，后夫人清河郡夫人扶风窦氏，于景龙二年六月二十四日，卒于长兴之里第。以先天元年十月二日，合葬于渭南广乡原。（《西市藏志》）雍州明堂县尉司马邵宅　马邵宅字希奭，河内温人。祖运。父玄祚，中书舍人。司马邵解褐授梓州永泰县主簿，后官亦屡徙。调露元年六月三日，终于万年县长兴里之私第。夫人陇西李氏，玄茂之女，开元三年十月二十六日，同雍州乾封县丞崔汲宅　崔汲，博陵安平人。永淳二年正月一日，终于长兴里第，其月十八日迁窆于明堂县少陵原。夫人李氏，大周久视二年，卒于洛州淳风里第，其年八月六日迁厝于合宫县金□乡邙山原，长安三年二月四日，奉府君同葬于夫人旧茔。（墓志藏洛阳古代艺术馆，以下简称《洛古馆》）夏官郎中慕容氏宅　夫人费婉，以上元三年八月二十九日，卒于雍州长兴里第，圣历二年八月九日，迁窆于北邙山旧茔。（墓志今存开封市博物馆，以下简称《汴博》）长安长兴坊左领军府太将军房仁裕宅　房仁裕之长子房先忠墓志出土于礼泉县烟霞镇严峪村东南一里多的房仁裕墓旁。房先忠是左千牛将军赠左金吾大将军清河郡开国公，载初元年六月二十日奄逝，景龙二年二月二十七日，与夫人王氏合葬于京兆，仍陪先尚书之旧茔。（王彬、张沛《新发现的两盒唐昭陵陪葬墓志》，载《碑林集刊》总第二十辑2014）房仁裕在东都洛阳道化坊有宅第。长兴坊“坊内横街之南，中书令张嘉贞宅”误。《长安志》于长兴坊下张嘉贞宅的注中，已察其牴牾，但仍注为张嘉贞宅。朝议郎行大理封丞李震宅　李震，赵郡人。祖敬忠，许王府参军。父暕，同州司马都水使者。李震凡五历官。天宝十四载四月二日，终于京师长兴里之私第，同年七月三日，窆于河南龙门之西原，祔先茔之侧。（《补遗八辑》）吏部郎中赠同

州刺史郭雄宅　郭雄《守尚书比部郎中夫人志铭并序》："夫人顿丘李氏，太子舍人李瀚之女，颍阳县尉卢子哲之孙。大历三年归于我，建中三年八月十一日，终于上都长兴里，春秋三十三，其年十一月六日窆于伊阙县归善乡西原。"郭雄，大原人，祖郭袭庆，父郭味贤。建中之末乱贼暴兴，郭雄奉职奉天，兴元元年遇害。（《西市藏志》）河东县开国公裴婴宅　裴婴之妇，清河崔氏，虢州司马崔信之女。建中四年四月十六日，终于长兴里第，春秋三十有八。八月既望陪葬于万年县神禾原先茔之侧。长子埙，次子镇。（《集萃》）崔氏墓志为京兆府士曹参军吴通玄撰，尚书金部员外郎翰林学士吴通微书。左赞善大夫王绾宅　王绾字雅卿。凡十徙官，贞元九年九月五日，启手足归全于京兆长兴里之私第，明年四月七日，祔葬于洛阳县邙山先茔之侧。（《补遗千唐志斋新藏专辑》）旅馆　《唐故和州含山县主簿卢府君墓志铭并序》载：卢弼，字佐元，范阳涿人。大父绚，以藻翰驰誉。烈考镇，以文行光充，官至华州功曹掾。"大历际，国家以边鄙尚耸，征赋且殷。关河所入，不充餽饵。乃以淮湖隙地，辟为公田。分命士有干局者，俾司播艺，由是公膺是选。"卢弼殂谢于京兆长兴旅次，贞元十二年十一月二十八日，窆于河南县伊汭乡万安之原。（《补遗八辑》）吏部郎中杨仲昌孙、袭高都公赠大理杨轮子宅　《中散大夫守太子宾客上柱国弘农县开国男食邑三百户赐紫金鱼袋杨府君墓志铭并序》：曾祖刑部尚书元琰。祖吏部郎中仲昌。父袭高都公赠大理轮。杨□即轮之第三子。先后任协律郎、太子宾客，历官十有九。"其参画也，以神锋智刃析留事，以直言忠告匡所从。所从者何？曹王皋、司徒杜公佑，相国李公吉甫，相国李公鄘。皆建幕之始，必以嗣宗为首。"他还在河阴掌漕为殿中（主漕运）。长庆元年八月二十五日，薨于京兆府万年县长兴里第，明年二月反窆于虢州阌乡县方全乡牧马原之先茔。（《补遗千唐志斋新藏专辑》）右庶子韦聿宅　韦聿夫人荥阳县君郑氏，元和三年三月二十九日，殁于长安长兴里第。其年七月二十二日，窆于万年县洪固乡胄贵北韦□毕原，迩先姑舅之茔。夫人有子三人：行俭、行素、行修。（《补遗七辑》）1989年西安市南郊南里王村出土韦行全墓志。韦行全字灵宝，京兆万年人。蓝田县尉赠太子太保（韦恒）之孙。太尉中书令成都尹南康郡王赠太师府君（韦皋）之第二子。元和十二年闰五月二十九日，终于长兴里之私第，其年七月七日，窆于万年县洪固乡毕原。韦行全为韦聿之侄，唐殿中监司农卿韦机之五代孙。（张蕴《西安南郊毕原出土的韦氏墓志考［二］：阌公成员》，载《考古与文物》2005年第3期）金吾将军知街事郭仲文宅　郭仲文字翊周，尚父郭子仪之曾孙，赠太师郭暧之孙。赠太尉钊之长子。郭仲文传附于《旧唐书·郭子仪传》，因庶出未能袭爵。初以门荫，授京兆府参军，历太子舍人，迁太子右赞善大夫。文宗皇帝擢拜□金吾将军，昼巡夜警，出入交戟之间。会昌二年（842）九月一日，终于长兴里之私第，享年四十七。其年十一月十二日，葬于万年县义善乡。据宋·张礼《游城南记》记载，此地原有二大碑，其一寿州刺史郭敬之神道碑，其二郭氏所尚升平公主墓碑。从郭仲文墓志文得知，仲文为郭敬之玄孙，郭暧与升平公主之孙。郭仲文墓东约 100 米，发现金堂长公主与郭仲恭合葬墓。郭仲恭墓志：“仲恭……葬于万年县之南封义善乡凤栖原。”郭仲文与郭仲恭为同父异母兄弟，可知凤栖原应为郭氏家族墓地。2010 年 9 月—2011 年 2 月，为配合基本建设工程，西安市文物保护考古研究院在西安市长安区韦曲东兆余村北，高望堆村东，发掘汉唐墓葬 30 座，其中郭仲文墓南距东兆余村约 300 米，西距高望堆村约 1000 米。（陕西省考古研究院、西安市文物保护考古研究院《西安凤栖原唐郭仲文墓发掘简报》，载《文物》2012 年第 10 期）银青光禄大夫检校太子宾客兼殿中侍御史邢昌宅　邢昌，京兆府万年县人。大父彬，朝议郎行楚州司马。父郊，朝散郎，试左威卫长史。大和八年二月十八日，邢昌殁于长兴之私第，享龄六十三。大和九年四月二十五日，祔于少陵原之大茔。有子二人，长绰，次绍。（《洛阳新获墓志》二〇一五）给事郎守国子监国子助教卢知宗宅　《唐故荥阳郑夫人墓志铭并序》称：郑夫人字子章。刑部尚书荥阳公（朗）之次女也。为卢知宗妻。大中七年十二月二十四日，终于上都长兴里第。明年正月二十四日，知宗载夫人丧东归，二月五日至于洛师，二十九日克葬于河南县金谷乡焦古村祔大茔。（汴博）光禄卿赠左散骑常侍范传正宅　《范传正女阿九墓志》称：阿九，长庆二年十二月十九日卒于京兆长兴里。长庆三年四月十三日，窆于国之东隅白鹿原之别业。（《八琼室金石补正》，以下简称《八琼室》）按范传正《新唐书》有传，曾为李白迁葬当涂青山，又为立碑志。检校尚书右仆射兼吏部尚书崔群宅　《崔夫人墓志》：大和甲寅岁之除日，获亲迎长安长兴里夫人之私第。（《千唐志》）卢缄夫人即崔群女。崔群在长安另一宅在新昌坊，东都履道坊亦有宅。河阳三城节度观察处置等使怀州刺史检校尚书左仆射兼御史大夫沣州长史开国男上柱国李泳宅　夫人太原郡君王氏开成三年七月十日终于上都长兴里之私第，其年十月二十五日，葬于长安县龙首乡。（墓志陈列于西安碑林碑廊）叠州密恭县丞杨师善宅　《芒洛冢墓遗文四编补遗》之《杨师善及夫人丁氏墓志》载：丁氏于载初元年五月十日，终于西京长兴里第，天授二年二月七日，迁祔于北邙之旧茔。按杨师善字琳，父杨德伦，隋鸿胪丞，唐相州成安、洪州豫章二县令。《长安志》卷七长兴坊东北隅侍中驸马都尉杨师道宅。杨师道，隋观王雄之子，杨恭仁之弟，武德以后恭仁兄弟名位益盛，尚公主者三人，女为王妃五人。据《旧唐书》卷六二《杨仁恭传》附传：“杨师道，字景猷，隋宗室，尚桂阳公主（即长广公主，始封桂阳），封安德郡公。每退朝后，必引当时英俊，宴集园池，而文会之盛，当时莫比。”《全唐诗》卷三三杨续《安德山池宴集》：“狭斜通凤阙，上路抵青楼。簪绂启宾馆，轩盖临御沟。”中书舍人杜牧宅　杜牧《长兴里夏日寄南邻避暑》（《全唐诗》卷十九）诗：“侯家大道旁，蝉噪树苍苍。开锁洞门远，卷帘官舍凉。”中散大夫守给事中柱国赐紫金鱼袋赠刑部侍郎

皇甫鉟宅　皇甫鉟字昭文，安定朝那著姓。皇甫鉟沉静敏默，好学不倦。初迩笔砚，便能调理词句，作为文章。“好古嗜字，手不释卷。经史九流，文集传记，暨外方著述、山川草木之书，莫不毕览。常以编策繁广，学者难周，乃分诸事，条纪于简牍，各以类聚，凡千余卷。又集《春秋》三传异同，凡一十二卷，历代君臣名位乡里，凡一十卷。其余随意纂录，三卷二卷，未立名号者又数十卷。”皇甫鉟于咸通三祀四月二十一日薨于位。秋七月九日，启殡于长安长兴里私第，越翌日，引发出春明门，指东都，归葬于河南府河南县伊汭乡尹樊村，祔于先茔。六子，长子滋，精经学，以明经入仕，前任国子直讲。次曰深，曰涣，皆明经及第。（《补遗千唐志斋新藏专辑》）绛州刺史荥阳北祖第五房郑枢宅　郑枢夫人李氏，李端之孙，吏部侍郎赠吏部尚书虞仲之女。咸通三年七月十日，奄终于长安长兴里，其年十月护归于东都，卜宅于河南府河南县伊汭乡万安里。李氏墓志记载其父吏部季公薨谢于长安永崇里。则永崇里有李虞仲之宅第。（《补遗千唐志斋新藏专辑》）韦定郎宅　韦定郎，京兆杜陵人。后周逍遥公夐十代孙。祖博，昭义军节度使检校礼部尚书。父鲁，邠宁观察判官殿中侍御史内供奉。定郎享年二十，咸通十五年二月二十三日，终于长兴旧宅，以其月三十日，葬于城南之焦村。兄弟四人，长兄承阅，前江州文学；次兄承休，前左骁卫骑曹参军。（《长安新出墓志》）将士郎前守秘书省正字夏侯淑宅　夏侯淑撰《夫人裴瑾墓志》：裴瑾字敬佩，或字圣川，检校左常侍裴思谦之第四女。曾祖昱。祖垌，司农少卿，赠吏部尚书。伯祖垍，任宰衡。亲仲父思猷，工部尚书，赠户部尚书。堂仲父衡，淮海副节度使。亲季父含章，东宫率更令。亲季父玹，弋阳太守。裴瑾外祖元方，即逍遥公八代孙。夫人大凡文史诗书一历睹，无不探颐幽隐。“虽伯姬道韫之孝，少君宪英之贤，未足加焉。”广明元年三月二十三日，大病于长兴里之私第，以其年七月二十一日，葬于河南府偃师县石桥村先茔。（《西市藏志》）

次南永乐坊。按“永乐”，《旧书·裴度传》作“平乐”。〔按稿本，此坊原有兰陵长公主宅，张穆删去，盖与卷三平康坊重〕

西南隅，废明堂县廨。总章元年，分万年县置。其廨地本越王贞宅，长安三年废，还万年。后以其廨地赐驸马都尉裴巽。县东，清都观。隋开皇七年，道士孙昂为文帝所重，常自开道，特为立观。本在永兴坊，武德初徙于此地，本隋宝胜寺。观东，永寿寺。景龙三年，中宗为永寿公主立。按光福坊有永寿公主庙。元稹《答姨兄胡灵之》诗注：灵之寓居永乐南街庙中。疑即此寺也。《名画记》：永寿寺有吴道玄画。坊内横街之北，资敬尼寺。隋开皇三年，大保、薛国公长孙览为其父立。按《旧书·元载传》：载得罪，其女资敬寺尼真一收入掖庭。又《韩游瑰传》：李广弘者，落发为僧，舍于资敬寺尼智因之室，以酒食结殿前射生将韩钦绪等，同谋为逆。东南隅，左丞相燕国公张说宅。本侍中王德贞宅，说大加修葺焉。《常侍言旨》曰：洪师与说置永乐东南第一宅有永巷者，戒曰："此宅西北隅最是王地，慎勿于此取土。"越月洪又至，谓燕公曰："此宅气候忽然索漠，恐必甚有取土于西北隅者。"公与洪偕行至宅西北隅，果有取土坑三数坑，皆深丈余。洪大惊曰："祸事！令公富贵一身而已，更二十年外，诸郎君皆不得天年。"燕公大骇曰："填之可乎？"洪曰："客土无气，与地脉不相连，今欲填之，亦犹人有疮痏，纵以他肉补之，终无益也。"燕国公子均、垍皆为禄山委任，克复后，均赐死，垍长流之。**东门之南，夏官尚书王璿宅。兵部尚书判户部事王绍宅。**李绛王绍碑：终永乐里私第。**司徒中书令晋国公裴度宅。**《唐实录》曰：度自兴元请朝觐，宰相李逢吉之徒百计隳沮。有张权舆者，既为嗾犬，尤出死力，乃上疏云："度名应图谶，宅据冈原，不召而来，其意可见。"盖常有人与度作谶词云："非衣小儿坦其腹，天上有口被驱逐。"言度曾征讨淮西，平吴元济也。又帝城东西横亘六冈，符《易》象《乾》卦之数，度永乐里第偶得第五冈，故权舆以为词，尽欲成事，然竟不能动摇。**大理卿崔升宅**《崔升妻郑氏墓志》：终于京兆府永乐里之私第。**左监门卫上将军李思忠宅。**武宗会昌三年，嗢没斯内属，赐李姓，名思忠，命为左监门卫上将军，兼抚王傅，赐第永乐坊。**尚书兵部侍郎同中书门下平章事萧寘宅。冀州刺史苏遏宅。**《博异志》：天宝中，长安永乐里〔原误为第，今改正〕有一凶宅，居者皆破，后复无人住，其舍宇惟堂厅存。有扶风苏遏，苦贫穷，乃以贱价与本主质之。至夕，自携一榻，当堂铺设而寝。忽见东墙下有赤物如人形而叫曰"咄"，西墙下有物应曰"诺"。遏乃于西墙下掘，入地三尺，见一朽柱，当心木如血色，其坚如石。又于东墙下掘，近一丈，见一方石，阔一丈四寸，长一丈八寸，上以篆书曰"夏天子紫金三十斤，赐有德者"。又掘丈余，得一铁瓮，开之得紫金三十斤。送烂木于昆明池，遂闭户读书。三年，为范阳请入幕。七年，内获冀州刺史。其宅更无事。**前京兆尹杨凭别宅。**详下永宁里。**侍中王珪家庙。**《南部新书》：贞观六年，文皇为王珪置庙于永乐坊东北角。**赵嘏宅。**按赵嘏有《下第后归永乐里自题》二首。**崔生宅。**《博物志》：博陵崔书生，住长安永乐里。**古冢。**在坊内横街之中。李济翁《资暇集》云：永乐坊内古冢，今人皆呼为东王公墓。有祠堂加其上，俗以祈祀，称造化东王公，大谬也。案韦氏《两京新记》云：未知姓名，时人误为东方朔墓也。当时人已误，今又转东方朔为东王公，后代必更转为东里子产矣。

《校补记》：永乐坊张说宅，注引《常侍言旨》有永巷者。永巷，当依《大唐新语》《戎幕闲谈》作求土。萧寘宅　补注：韩愈有《奉和李逢吉题萧家林亭》诗，樊氏注：萧瑀、嵩、华、复、俛、寘、仿、遇，凡七叶宰相。嵩第在城南永乐坊，见《长安志》。《剧谈录》：龙复本善揣骨相笏。永乐萧相寘居谏署日，诣之，授以所持竹笏，复本曰：宰相笏。后如复本言也。苏遏宅，注：永乐第。校：第，当依《博异记》作里。补：旅舍，并注：《玉堂闲话》：元和中，湖州录事参军旅舍俯逼裴晋公第。校：裴宅在此永乐坊。又补：相国李石宅。并注：据《广记》四百七，《旧书》在亲仁坊。

增订：

资敬尼寺　《金石萃编》卷一百载《尼如愿墓志》，志文载："资敬寺上座洪演，寺主孝因，律师真一远尘。"《楚金禅师碑》碑文载："资敬寺建法华塔比丘尼奔吒利等真白凡数万人，悲化城之不住，痛宝所而长往。"1995 年西安市东郊灞桥区洪庆镇田王村出土资圣尼常清墓志。志载常清祖父马晟，左司御率府参军赠太子太保。父马璘，扶风郡王赠司徒。大历十四年九月四日，迁化于当寺，越十月二十日葬于铜仁原。（王育龙、程蕊萍《陕西西安新出唐代墓志铭五则》，载《唐研究》第七卷 2001 年）《大唐资敬寺尼法云墓志铭并序》：法云，俗姓王氏，太原人也。祖武安，皇朝定州别驾。父德真，太常卿纳言赠尚书左仆射。（法云）年十七，入道为资敬寺尼。精勤住持，戒珠恒满，操行坚固，天花不落。开元三年正月十八日，终于寺内之禅房，春秋六十有九，其月二十六日，迁厝于万年县樊川之原。（《长安新出墓志》）兰陵长公主宅　《兰陵公主碑》（碑文载《全唐文》卷一五三）："兰陵公主李淑字丽贞，下嫁太穆皇后之族子窦怀悊（《新唐书·诸公主列传》）。以显庆三年八月□日，□疾薨于雍州万年县之永乐里第。"（原文为平乐里第）王绍宅林园　《全唐诗》卷三二六权德舆《春日同诸公过兵部王尚书林园》，吴汝煜、胡可先《全唐诗名人考》：兵部王尚书为王绍。宣德郎行左鹰扬卫兵曹归仁县开国男王中孚宅　王中孚字履信，其先琅琊临沂人。曾祖续，长安、万年二县令、吏部侍郎归仁县开国男。祖德俭，考瑜，均为归仁县开国男。王中孚补国学生，躬奉銮舆步辇入选，左授石州方山县丞。圣历元年擢授左鹰扬卫兵曹。圣历二年一月八日，遘疾卒于永乐里之私第。夫人独孤氏，魏州刺史思庄之女。（《西市藏志》）按独孤思庄，兄弟思行，宅在长安群贤里；思敬宅在醴泉里，丰安里；从兄弟思泰宅在永宁里。（见本书有关各坊里）大理卿崔升夫人郑氏宅　《唐文拾遗》卷十八引《常山贞石志》马怀素《大唐大理卿崔公故夫人荥阳县君郑氏墓志铭并序》：长安三年八月二十四日，终于京兆府永乐里之私第。泗州刺史王同人宅　《续修陕西通志稿》卷一四六王涣《河东郡裴君夫民墓志》：夫民故尚书工部员外屯田郎中泗州刺史琅琊王公讳同人之妻。以开元二十九年五月六日，奄弃背于永乐私第。王涣为同人子，称其母裴夫人为夫民，为避其父同人之讳。志石光绪初出土，被载伦贝子携归北京。右补阙翰林学士梁肃宅　贞元九年冬十有一月旬有六日，梁肃寝疾于万年县永乐里，葬于京师之南小赵村。（《文苑英华》卷第九四四崔元翰《右补阙翰林学士梁君［肃］墓志》）秘书省秘书郎崔遂宅　崔遂字通玄。曾祖绍，冀州武邑令。祖顶，同州白水令。父播，苏州司法参军。崔遂于元和庚寅年（元和五年，公元810年）病甚，明年一月四日终于万年县永乐坊之舍。二子令懿、令嗣扩丧舆往河南县伊汭乡中梁村告都里上，四月九日葬于旧茔左地。崔遂有一定才学，但官运不佳。崔遂墓志2002年秋出土于伊川县北黑羊村。（何汉儒《唐崔遂墓志略考》，载《河洛春秋》2003年第3期）又《释录》载崔遂墓志2002年冬出土于伊川县马营村。朗州司马窦靖宅 窦靖字子恭，扶风人。曾祖窦瑾，赠扬州大都督。祖窦眘言，蔡州偃城令。父窦载，泉州长史。窦靖以明经上第，释褐补溧水尉、亳州真源尉、陕州夷陵令。黔府经略使裴佶，表授朗州司马。元和七年十月二十三日，卒于长安永乐之里地，享年六十，权殡长安西门外。窦氏大茔在京兆咸阳南北原，年代悠久，自偃城（窦眘）以降，葬于河南府伊阙县归善乡上官村刘葆西原。（《西市藏志》）给事郎行右神武军兵曹参军许慕贤宅 许慕贤夫人崔琬，博陵郡人。会昌四年甲子岁十月二十二日，捐馆于万年县永乐里之私第，享年四十一。以其年十二月十二日，葬于京兆府长安县积德乡胡赵原。崔琬墓志为其夫许慕贤撰并书。（《长安高阳原新出土隋唐墓志》）开元观旅舍 《唐故乡贡进士范阳卢府君墓志铭》：卢辐字子固。自幼至壮，则名軿，字子飞，两存其名。庐州舒城县丞卢处约之第四子。大中三年二月六日，奄终于上都永乐坊开元观之旅舍，四月二十五日，归葬于河南府万安山之南原，以陪先茔。（《补遗千唐志斋新藏专辑》）据卢辐墓志则永乐坊亦有开元观。朝议郎守殿中省尚药奉御翰林供奉上柱国赐绯鱼袋段文珣宅 大中三年二月二十二日，终于永乐里之私第。其年八月十五日，祔于万年县浐川乡西先大茔。1956年段文珣墓志出土于西安市东郊韩森寨东。（《考释》）唐故朝议郎行尚书司封员外郎柱国清河崔用恕宅 崔用恕于大中十二年四月十日，终于长安永乐里第，以今年十一月三日，归窆河南府寿安县甘泉乡连理村。崔用恕墓志1935年在河南省伊川县出土。（《河南博物馆馆刊》第五集许同莘《跋崔用恕墓志》）精舍 1995年西安市东郊灞桥区洪庆镇田王村出土马璘及其三子马晤、三儿媳崔玄华、女儿（尼）常清墓志。三儿媳，十九岁，以贞元二年五月二十六日终于永乐里之精舍，其年六月十六日与马晤合葬于万年县铜人原。马晤于贞元二年二月二十四日葬于万年县同人原。（王育龙、程蕊萍《陕西西安新出唐代墓志铭五则》，载《唐研究》第七卷2001年）乡贡进士孙备宅 乡贡进士孙备夫人于氏，咸通六年二月八日，终于上都永乐私第，五月十六日，孙备铭其妻，葬河南府河南县邙山杜翟村祔大茔。（《千唐志》）官舍 幽州卢龙节度衙前兵马使朝散大夫检校光禄卿兼监察御史康志达，康国人后裔。兵部尚书左威卫上将军康日知之第四子，两《唐书》均无记载。康志达以长庆元年五月十日终于长安永乐里官舍，其年其月二十五日，葬于长安县龙首乡兴台里先代茔之东北。（《补遗五辑》）侍御使王永夫人，南阳张氏，元和十二年六月七日，终于永乐坊官舍，权厝万年县蔺村之原。开成五年二月二十三日，归洛阳平阴乡成村北邙山。(《北图石汇》)朝议郎使持节都督银州诸军事守银州刺史兼度支营田使蔡勋宅　蔡勋王父直清。父符，字昌运。咸通十一年七月十二日，蔡勋终于长安永乐里，甲子六十七。婚李拱女，再娶太原郭冯女，以咸通十一年八月□日，葬京兆府万年县龙首乡东南原。(《洛阳新获墓志》)银青光禄大夫检校国子祭酒蔡州司马柱国郭宣宅　郭宣字播玉。乾符二年九月二十八日，终于永乐里之私第，其年十一月五日，窆于京兆府长安县龙首乡祁村。(《北图石汇》)泾原节度押衙知进奏银青光禄大夫检校太子宾客右金吾卫长史兼殿中侍御史上柱国王幼虞宅　乾符三年十一月四日，王幼虞薨于京兆府万年县永乐里私第，以其月二十九日，葬于万年县洪固乡李永村先茔。(《补遗六辑》)萧嵩宅　《校补记》于萧寘宅后，据《长安志》补萧嵩宅于永乐坊，误。萧嵩宅在布政坊。

次南靖安坊。按“靖”或作“静”。罗隐《陆生东游序》：余穷弃长安中二三年，时时于游骋闲面人，一年遇生于靖安里中。

乐府。隋置，在崇敬尼寺东。西南隅，崇敬尼寺。本僧寺，隋文帝所立，大业中废。龙朔二年，高宗为高安长公主立为尼寺。高宗崩后改为宫，以为别庙，后又为寺。咸宜公主宅。玄宗第二十二女，初嫁杨洄，又嫁崔嵩。太子宾客崔伦宅。殿中少监唐昭宅。女端墓志：女子字端，盖殿中少监唐昭之第三女也，终于京兆静安里之第。门下侍郎同中书门下平章事武元衡宅。《旧书·武元衡传》：元衡宅在静安里。元和十年六月三日，将朝，出里东门，贼射之，中肩。又有匿树阴突出者，以棓击元衡左股，乃持元衡马东南行十余步，害之。及众呼偕至，持火照之，见元衡已踣于血中。即元衡宅东北隅墙之外。尚书吏部侍郎韩愈宅。皇甫湜作神道碑，李翱作行状，皆言愈薨靖安里第。《昌黎集·息国夫人墓志》云：乞铭于其邻韩愈。按夫人为灵州节度使李栾妻，则栾宅亦当在此里。刑部侍郎刘伯刍宅。按刘伯刍又有安邑坊宅，见安邑坊下。郴州司马李宗闵宅。《宣室志》：唐丞相李宗闵尝退朝于靖安里第，其榻前有熨斗忽跳掷久之。《唐语林》：元和已来宰相，有两少师，故以所居别之。永宁少师固言、靖安少师宗闵也。水部郎中张籍宅。张籍《移居靖安坊答元八郎中》诗云：“长安寺里多时住。”按籍先居延康里，见白居易诗。后寓居寺中，又移居靖安也。武昌军节度使元稹宅。白居易《寄微之》诗：“树依兴善老，草傍靖安衰。”注云：微之宅在靖安坊，西近兴善寺。按兴善寺在靖善坊，靖善东与靖安邻，故元宅西与之接也。元集亦有《靖安穷居》诗，又《答姨兄胡灵之》诗注云：予宅在靖安北街。微之宅中有辛夷两树，乐天与微之常游息其下，亦见《长庆集》诗注。按微之有宅已见安仁坊，盖又移居安仁也。检校司空邠州刺史邠宁节度使程执恭宅。《旧书·程怀直传》：子执恭，至京师，表辞戎帅。以靖安里私第侧狭，赐地二十亩，令广其居。给事中萧直宅。独孤及《萧直墓志》：终于靖安里正寝。韩国贞穆公主庙。《礼阁新仪》曰：德宗女，自唐安公主追册，贞元十七年祔庙。旅舍。穆员《河南少尹裴济墓志》：卒于京师靖安里之旅舍。

《校补记》：靖安坊韩愈宅　补注：《宣室志》：愈于靖安里昼卧，见神人曰：威粹骨蓏国，世与韩氏为仇，今欲讨之。十二月，愈卒。又韩愈《示儿》诗言屋内外景物甚详。又有《庭楸诗》，此宅庭内有楸树五株，他树四株，东堂可以见山南亭，有松果瓜芋之区，西偏有槐榆，北屋乃内室。元稹宅　补注：元作《莺莺传》云：贞元岁，李公垂宿于予靖安里第。

增订：

崇敬寺　《太平御览》卷六百五十七："崇敬寺有石像一躯，高五尺，制作粗恶，甚有灵验。传云是阿育王第四女所造……"《旧唐书·高宗本纪》：麟德元年（664）三月丁卯，长女追封安定公主，谥曰思。其卤簿鼓吹及供葬所须，并如亲王之制，于德业寺迁于崇敬寺。《崇敬寺故临内外坛大德寂照和尚墓志》：寂照和尚，姓崔，女，名讳不详。据考寂照墓志提供了崔昇、崔婴、崔戍等中唐时期崔门精英的史实。（张岩《新见〈唐寂照和尚墓志〉考释》，载《文博》2016年第1期）李夷简家庙　1974年在西安南郊西安公路学院内出土李夷简家庙碑，碑刻于唐宪宗元和十五年（820）九月二十三日，"举国典而建庙于长安之靖安里"。按该碑出土地点正当唐长安城靖安坊内。（坊西北偶，或十字街之西）家庙碑的主要内容是记述李氏家族的家谱、官爵、祀秩。其中对李夷简的家谱叙述详细：高祖元懿，司徒郑惠王。曾祖敬，嗣郑王。祖察言，赠兵部尚书。父自仙，赠尚书右仆射。长兄翊，仲兄翩，翩子李宗闵，李宗闵为李夷简之侄。此碑文可补新旧《唐书》之缺。（董玉芬《唐李夷简家庙碑考析》，载《碑林集刊》［一］1993年）通议大夫尚书刑部侍郎赐紫金鱼带赠工部尚书刘伯刍宅　刘伯刍，广平人。州举进士，一上登丙科，十年至御史，后拜右补阙内供奉，俄迁主客员外郎，为丑正者所构，贬虔州司户参军。顺宗御宇，移信州司马。宪宗嗣位，转金州长史，征为国子博士，除考功员外郎，拜给事中。当权者恶不附己，除虢州刺史，三年讴歌之声洋溢于道路。明年春，权领吏部选事。元和十二年四月十七日，薨于靖安里之私第，春秋六十一。夫人广平县君陇西李氏，太宗文皇帝之裔孙，汝州别驾之萼之季女，后公五十六日而殁，其年七月十五日奉宁神座于长安县小姜村高阳原先茔之东北隅。（《西市藏志》）按刘伯刍在靖安里与安邑里均有宅第。李宗闵宅　京兆尹杜悰，李宗闵党。杜悰见李德裕曰："靖安相公，令悰达意。"《资治通鉴》卷二百四十四文宗大和六年末注："李宗闵盖居靖安坊，因以称之，如后刘崇望居光德坊，呼为光德刘公之类。”隋故车骑归化郡开国公尔朱端宅　尔朱端开皇十一年正月，薨于京师静安里。其年十一月二十四日，迁窆于河阴旧茔。1930年墓志出土于洛阳城北张凹村。（《千唐志》）右威卫大将军上柱国汉东郡开国公李孟常宅　1964年冬在昭陵南10千米西屯村东北的孟常墓前出土李孟常碑。乾封元年五月三十日，暴疾薨于静安坊里第，以其岁十一月二十八日，葬于昭陵东南一十三里。（孙迟《唐李孟常碑——昭陵新发现碑刻介绍之四》，载《考古与文物》1985年第5期）曹州刺史韦元整宅　据《大唐故曹州刺史韦府君夫人晋原郡君王氏墓志铭并序》所载：王婉字令则。曾祖肱。大父庆。考韶，娶唐赠太师上柱国齐国公长孙晟女，即文德圣皇太后之亲姊。王婉即文德皇太后之亲外甥女。开曜元年十二月六日，王婉终于明堂之静安里第，永淳元年七月十八日，归祔府君之旧茔。王婉有六子，即缄、缵、琳、综、绎、绩。（《补遗三辑》）又据韦琳墓志称考元整。又据韦绩子晃墓志称：祖元整，父绩，雍州奉天县令，晃即纪王长女，江陵县主之子。开元十年闰五月十□日，韦晃终于京师靖安之里第，其年七月四日，窆于京兆毕原。（《补遗五辑》）司勋郎中杨府君夫人韦净光严宅　韦净光严之侄韦损所撰墓主志称：韦净光严，京兆杜陵人。曾祖瑗，大父德伦，父仁慎。景云二年五月七日，净光严终于静安里第，其年七月二十九日，窆于万年县义丰乡铜原。（《补遗二辑》）太子宫门郎王晤微宅　王晤微字晓之，京兆杜陵人。曾祖遐，隋给事中黄门侍郎。祖玄德，龙州刺史密王府司马。父九思，河南府仓曹三原县令。晤微弱冠明经擢第，调补均州录事参军，后授绛州大平、同州冯翊二县丞。历经汾州录事参军、并州录事参军、蒲州河东县令、朝散大夫、太子宫门郎。享年六十有六，开元九年五月十五日，终于京静安里。其月二十六日，权窆于宁安乡凤栖原，嗣子抱等。（《陕博墓志萃编》）银青光禄大夫使持节相州诸军事相州刺史上柱国扶风郡开国公窦思仁宅　窦思仁，扶风平陵人。祖窦德玄，工部尚书，行左相。父怀让，密、泗、德三州刺史。思仁年十九以门子选为孝敬皇帝挽郎，解褐泝州参军事。历任县令、入为左卫郎将，长安县令，河南令，申州刺史，（邠州）刺史等职。开元十一年正月二十日薨于静安里第，其年冬十月己酉葬于三原县之北原。夫人李挐，祖李义方，工部员外郎，少府少监。父李元享，尚方监，陕州刺史。开元十有四年春正月相州刺史元妃李氏薨于京兆靖安里之私第。（《西市藏志》）朝散大夫著作郎张漪宅　张漪字若水，范阳方城人。开元二十年十一月二十五日寝疾，怛化于靖安里之私馆。（《八琼室》张愿《张漪墓志》）元稹宅　《太平广记》卷四八八《莺莺传》：“贞元岁九月（二十年）执事李公垂（李绅）宿于予靖安里第，语及于是，公垂卓然称异，遂为《莺莺歌》以传之。”白居易《醉送李二十常侍赴镇浙东》诗（卷三一）云：“靖安客舍花枝下，共脱青衫典浊醪。”李二十即李绅。另还有《靖安北街赠李二十》等。尚书比部郎中舒王府长史元宽夫人郑氏宅　白居易《唐河南元府君（宽）夫人郑氏墓志铭》："有唐元和元年九月十六日，故中散大夫、尚书比部郎中舒王府长史河南元府君讳宽夫人荥阳县太君郑氏，年六十，寝疾，殁于万年县靖安里私第。"越明年二月十五日，权祔于咸阳县奉贤里洪渎之原，从先姑之茔。（《文苑英华》卷九六九，《全唐文》卷六八〇）**华州下邽县尉韦直宅**　韦直夫人陇西李氏，高祖从父亮封于郑。二代曾祖璲。祖广业。父金吾大将军、通事舍人若冰。李氏即金吾大将军第二女，出于萧氏，萧氏之父萧衡，梁宣帝子琮之后。李氏既笄，归于下邽县尉韦府君直。故居于静安里，因以徙宅，与韦氏为前后邻。元和之癸巳（元和八年）七月八日终，以其年十一月二十三日，□于万年县洪固乡胄贵里。李氏墓志为第五侄朝议郎、守国子司业骑都尉纁述，弟大中大夫守京兆尹赐紫金鱼袋銛书。（《长安新出墓志》）**特进检校左散骑常侍驸马都尉赠工部尚书荥阳县开国公郑沛宅**　唐纪国大长公主墓志及驸马郑沛墓志，1984年由陕西省文物商店从长安县祝村一农民处购得。出土情况不明。郑沛五世祖遵道，后魏驸马都尉、北齐兖州长史。高祖世敏，曾祖敬玄，为唐高祖安定公主的后夫。《新唐书·诸帝公主传》有记载。据《旧唐书·薛怀义传》，安定公主先号千金公主时，对薛怀义（冯小宝）有好感，遂入宫称道，使薛恩遇日深。当武则天诛杀李唐宗室诸王时，"唯千金公主以巧媚善进奉独存"，还"请以则天为母"，"改邑号为延安大长公主"，"赐姓武氏"。郑沛祖父克俊，为潞州大都督。父子羔为仪王府谘议参军，仪王李璲为唐玄宗第十二子。乾元二年，纪国公主年二十四，降于驸马都尉郑沛。在安史之乱时"峨高冠竦雄剑之士，逼于奸威而受伪署者十或一二"的情况下，郑沛则"毅然投袂，奔命行阙，率励义众，乘墉登陴"。因其中兴之功，被授予特进检校左散骑常侍的禄位，品阶已在正二品。郑沛先于纪国大长公主于唐贞元景子岁终于静安里私第，其年建子月，卜兆于细柳原。（崔庚浩、王景阳《唐纪国大长公主及夫郑沛墓志合考》，载《碑林集刊》［六］2000年）纪国大长公主于元和二年薨于长兴里私第。《银青光禄大夫检校左散骑常侍兼少府监……墓志铭并序》：郑何，字弘度，其先荥阳人。父沛，驸马都尉。肃宗宣皇帝以先府君选尚纪国公主，郑何即纪国公主之嗣子。德宗皇帝，选郑何尚咸宁郡主，贞元二十一年顺宗进封咸宁郡主为普安公主。宪宗皇帝又封普安为长公主。穆宗即位元年，"会北虏内附，上请和亲，先皇帝欲清封疆，……于□临轩，命册太和公主，将修二国之好，言趋万里之程，撰日遵途，命公（郑何）为使，加检校左散骑常侍，普安公主奉诏同行。道途而整肃有伦，异域之威仪无阙。非忠勤检恪，岂至是乎？使还朝奉，方仪加奖，而仓卒遘疾，以长庆四年十月二十五日，薨于永兴里之私第，春秋四十四"。明年四月十二日，归葬于长安县同乐乡之先茔。普安公主，名自虚，宣宗大中四年十一月十日，卒于万年县，追赠梁国大长公主。郑何之父郑沛尚纪国公主（肃宗女），郑何尚普安公主（顺宗女），沛与何是父子，纪国和普安则为三代人，即郑何娶的是他的外甥女。1999年4月，长安县细柳高庙村出土郑何与普安公主墓志各一方，同年12月入藏陕西历史博物馆。太和公主和亲，载引《旧唐书·穆宗本纪》和《新唐书·回鹘传》。(《陕博藏墓志萃编》)检校少府少监驸马都尉赠卫尉卿张怙宅　元和十三年四月十九日，张怙殁于上都靖安里第。元和十三年十月二十三日，归葬咸阳县洪渎原之先茔。1953 年咸阳底张湾出土张怙墓志。(《考释》)按张怙曾祖守让，皇朝赠兵部尚书。祖去逸，历太仆卿，赠左仆射，父清尚肃宗皇帝第五女郏国公主，累迁太常卿驸马都尉，赠光禄卿。张怙尚代宗皇帝之息女乐安公主。郏国公主始封大宁，下嫁张清。张去逸墓志、张去奢墓志均出土于咸阳底张湾。崇敬尼寺　《崇敬寺故临内外坛大德寂照和尚墓志文并序》：和尚博陵崔氏，曾祖昇，刑部侍郎尚书右丞。祖璘，同州刺史。考婴，刑部郎中。和尚即崔婴之季女，早悟真如，坚求出家，遂崇敬寺受具，宝应寺听律，慈恩寺，兴善寺，四寺之四上人，法门之龙象。诸长老莫不欢尚许其大成。宝历元年四月十日，寂照和尚终于本寺，享年七十三。其月三十日，迁座于万年县高平乡凤栖原，建以灵塔尊像教也。(《洛阳新获墓志》)按《文博》2016 年第 1 期，张岩《新见〈唐寂照和尚墓志〉考释》。查《旧唐书·高宗本纪》"麟德元年三月丁卯。长女封安定公主，谥曰思，其卤簿鼓吹，供葬所需，并如亲王之制，于德业寺迁于崇敬寺"。《唐故舟济律师墓志铭并序》　师号舟济，魏氏姓，钜鹿人。"大父炤，天宝中词赋之首，今赋集中有蜩甲是也。""皇考讳懿文，兴元元年为咸阳尉。时朱泚叛，德宗西幸。自令丞诸曹，咸走避贼。銮舆卒至。公挺然供备。已而弃血属面，乞随驾。诏公姑主县务，不得已而留之。明年，上还京师。公于疮痏荆棘之后，办六师百辟之饩，肴酒饫羡，民一无扰。今所著《奉天记略》，无其实。孟轲所谓'尽信书，不如无书'，其格言哉！累迁御史、尚书郎，赐绯鱼袋，赠大理卿。师，大理卿第五女。自岐嶷多疾，生不荤食。奉理命，依桑门教。元和中，授具戒于长安崇敬寺律大德常寂。其持奉精恳，流辈多之。武宗时去浮图氏法，莲宫金地，四海一空。于是始有瑶池金篆之愿。大中初，龙象复兴，师以平生之志，又复剃落。"明年仲春月旬有二日，示寂于汝阴郡之官舍。其年四月十二日，归祔于盟津沇河先茔之侧。舟济律师墓志为元兄中庸撰。(《补遗九辑》转载《山东淄博拿云博物馆》)按舟济律师墓志提供安史之乱时其父懿文忠于职守以及会昌灭佛时之实况，可补史之缺失。京兆府泾阳县尉卢践言宅　卢践言字子中，范阳人。会昌六年正月二十九日，殁于上都靖安里私第。其年三月一日，权窆于河南府洛阳县平阴乡陶村。(《千唐志》)朝议大夫守桂州都督府录事参军摄贺州刺史赐绯鱼袋胡芮宅　胡芮夫人彭城郡刘氏墓志载：刘氏祖琼，同安郡王。父守礼，左龙武军大将军兼御史大夫赠开府仪同三司。大中三年二月二十七日，刘氏终于京兆府靖安里私家。五月十九日，葬于万年县长乐乡王柴村南原。(《补遗二辑》)苗景符宅　苗景符字桢运，上党人。咸通辛卯岁九月四日，不起于靖安里第，其年十二月十三日，葬于洛阳县平阴乡陶村北原。(《千唐志》)嗣泽王李彦回宅　《扬州海陵县丞张观墓志》：张观字利宾，常山人。咸通癸未岁，启手足于京兆靖安里陇西妻族之第。张观前妻吕夫人早卒。会昌二年再娶陇西李氏，即高宗皇帝六代孙，元舅彦回袭封嗣泽王。（《千唐志》）卢州刺史冯韬宅　义成军节度副使检校尚书屯田郎中兼侍御史陈鲂撰夫人冯履均墓志，谓履均与陈鲂于咸通二岁夏四月，成婚于靖安里卢州刺史冯履均之父冯韬宅第。（《西市藏志》）左散骑常侍赠工部尚书裴夷直宅　裴公夫人陇西李弘字思仁。刑部尚书、累赠太尉、谥贞公李逊之女。长庆四年，归于华州刺史左散骑常侍累赠右仆谢裴公。“裴公当文宗朝，宠遇特异，旦夕将大用。时相每欲敷奏政事，必倚以为援。持权者由是多忌之。及武宗即位，李德裕任用，斥逐忠贤，故谠正之徒，罕在朝列。裴公自中书舍人牧余杭，未几，中以非罪流播九真。夫人不以万里为远，区区劝导保护……”长子虔余能以文学立身，转殿中，修撰史馆，迁户部员外。咸通八年丁亥，夫人以子贵恩例进封陇西郡太君，其年十二月，启手足于靖安里第。又《唐故朝散大夫守左散骑常侍赠工部尚书裴公墓志铭并序》载：“大中之十有三岁，岁在己卯秋七月二十日癸酉，唐社稷端臣，骑省裴公薨于安邑里故友之室。”夫人李氏与其孤虔余等五子，护丧归于洛邑。九月初殡于康俗里第。其年十月十二日甲午，归葬于偃师县亳邑乡先茔。裴夷直年二十九，“使相李公愬以平淮右，辟公为山东从事。”“丞相凉国李公逢吉镇汉南奏为掌书记，改殿中侍御史”。（《补遗千唐志斋新藏专辑》）水陆转运判官孟郊靖安里寄居　孟郊《靖安寄居》诗云：“寄静不寄华，爱兹嵽嵲居。渴饮浊清泉，饥食无名蔬……”（《孟东野诗集》卷四）弩营　元微之《答姨兄胡灵之见寄五十韵》：“醉眠街北庙，闲绕宅南营。”自注：“予宅，又南邻弩营。”按靖安坊之南安善坊全坊之地为弩场。靖安则可能有弩营。进士崔晔宅　崔晔撰并书写的《亡室姑臧李氏墓志铭并序》云：亡室李道因，陇西成纪人。乾符三年七月九日，终于上都靖安里第。（《曲石精庐藏唐墓志》，以下简称《曲石志》）蕲州刺史韦府君妻河东县君薛氏宅　薛氏，其先河东人。大父敝，河南府河南县主簿。考眪，资州刺史，累赠工部尚书。大中十二年薛氏归韦府君。府君不幸先夫人一岁薨于静恭里。乾符三年十二月八日，薛氏殁于静安里寓居在室，以四年正月十二日，祔葬于蕲春太守府君之茔。嗣子僧者。（《长安新出墓志》）左散骑常侍、赠右仆射裴公夫人翟氏宅　裴公夫人翟氏，汝南人。“乐妓之能，女工之妙，佥至人所不至”。乾符四年疾于西京靖安里舍，八月十八日捐馆舍。五年二月十八日，陪葬于偃师县亳乡仆射茔东北八十步。（《补遗八辑》）

次南安善坊。

尽一坊之地为教弩场。隋明堂在此坊。高宗时，并此坊及大业坊之半立中市署，领口马牛驴之肆。然已偏处京城之南，交易者不便，后但出文符于署司而已，货鬻者并移于市。至武太后末年，废为教弩场，其场隶威远军。按威远军当即在此坊。元稹诗注：予宅又南邻弩营。

增订:

隋怀州王屋县令杨康宅　杨康字孝安，弘农华阴人。曾祖忠，祖毅，父临。开皇五年十月一日，杨康卒于安善之里第，其年十月迁窆于芒山。(《补遗三辑》)

次南大业坊。本名弘业，神龙中避孝敬皇帝讳改。

东南隅，太平女冠观，本徐王元礼宅。仪凤二年，吐蕃入寇，求太平公主和亲，不许，乃立此观，公主出家为女冠。初以颁政坊宅为太平观，寻徙于此，公主居之，其颁政坊观改为太清观。公主后降薛绍，不复入观。西有驸马都尉杨慎交山池，本徐王元礼之池。新昌观。

增订:

昭成观　《唐会要》卷五十：昭成观，颁政坊，本杨士建宅。寻移于大业坊。

次南昌乐坊。

行台右仆射屈突通宅。旧本作“左仆射”。太子太师郑国公魏徵家庙。大中中，来孙谟为相，再新旧庙，以玄成为封祖。毕氏曰：玄成，徵之字。崔玙《魏公先庙碑》：立家庙于长安昌乐里。山南东道节度使蒋系家庙。官园。坊西官园，供进梨花蜜。

次南安德坊。坊南抵京城之南面，东即启夏门。

右武卫将军苏方宅。术士桑道茂宅。

增订:

桑道茂宅　《剧谈录》(载《太平广记》卷七十六《方士》条)：“……及(朱)泚叛，道茂陷贼庭。既克京师，从乱者皆就戮。……道茂将就刑……李公奏以非罪，特原之。”

右朱雀门街东第二街，九坊。

唐两京城坊考 卷之三

西　京

朱雀门街东第三街，即皇城东之第一街，北当大明宫之兴安门，南当启夏门。街东从北第一翊善坊。

保寿寺。《酉阳杂俎》曰：翊善坊保寿寺，本高力士宅，天宝九载舍为寺。初铸钟成，力士设斋庆之，举朝毕至，一击百千。有窥其意，连击二十杵。经藏阁规构危巧，二塔火珠受十余斛。河阳从事李琢性好奇古，与僧善，尝俱至此寺观库中旧物，于破瓮中得物如被，幅裂污坌，触而尘起。琢徐视之，乃画也，因以州县图三及缣三十换之，令家人装治，大十余幅。访于常侍柳公权，方知张萱所画《石桥图》也。玄宗赐力士，因留寺中。后为鬻画人宗牧言于左军，寻有小使领军卒数十人至宅，宣敕取之。即日进入，张于云韶院。按《唐书》，高力士于来庭坊造宝寿寺，段成式谓在翊善坊者，盖二坊南北毗连也，高力士舍宅详来庭坊下。《寺塔记》：寺有先天菩萨帧本，起成都妙积寺。开元初，有尼魏八师者，常念《大悲咒》。双流县民刘乙名意儿，年十一，自欲事魏尼，遣之不去。常于奥室立禅，尝白魏云，先天菩萨见身此地。筛灰于庭，一夕有巨迹数尺，轮理成就，因谒画工，随意设色，悉不如意。有僧杨法成，自言能画，意儿常合掌瞻仰，然后指授之，以近十稔工方就。后塑先天菩萨，凡二百四十二首，首如塔势，分臂如意蔓。(《太平广记》卷二一三引《酉阳杂俎》无“意”字，疑衍）其榜子有“一百四十日鸟树，一凤四翅水肚树”，所题深怪，不可详悉。画样凡十五卷，柳七师者，崔宁之甥，分三卷往上都流行。时魏奉古为长史，进之，后因四月八日赐高力士。今成都者是其次本。益州温仁县令任晃宅。杨炯《任晃碑》：夫人姚氏，终于西京翊善坊之私第。骠骑大将军虢国公杨思勖宅。张说《颍川郡太夫人陈氏碑》：太夫人，罗州大首领杨历之妻，骠骑大将军兼左骁骑大将军虢国公思勖之母也。薨于长安之翊善里。内侍护军中尉彭献忠宅。张仲素《彭献忠碑》：薨于翊善里之私第。

《校补记》：翊善坊　补：韦蒙宅，并注：《仙传拾遗》：东京翊善里韦蒙妻许氏。按东京无翊善，当是西京此坊。

增订：

保寿寺　长庆中诏两街佛寺各置僧尼受戒坛场。（《宋高僧传·法真传》）淄州诸军事淄州刺史上护军王德表宅　王德表，太原祁人。曾祖回，祖庆，父崇。显庆五年十一月二日，王德表薨于翊善里之宅第，春秋七十有二。显庆六年二月十九日，葬于雍州万年县少陵原旧茔。嗣子元誉。夫人辛媛，陇西成纪人。总章元年七月十八日，薨于永宁里第，春秋六十有七，以其岁十月十九日，厝于雍州明堂县义善乡高望里。（《洛阳新获墓志》二〇一五）骠骑大将军兼左骁卫大将军知内侍事上柱国虢国公杨思勖宅　1958 年 7 月，在西安市东南约 4 千米处，南距等驾坡村北约 800 米，东临浐河，地势高敞，出土杨思勖墓志。志称开元二十八年三月壬寅，薨于京师翊善里之私第。越八月壬申，葬于万年县龙首乡之神鹿里。（《考释》）云麾将军左龙武军将军李忠义宅　1987 年 12 月 29 日，西安东郊韩森寨二十八街坊出土李忠义墓志。忠义，陇西成纪人。曾祖景，祖爱，父光。李忠义先后任阳城郡延俊府别将，扶风郡玉泉府左果毅，水衡府左果毅，扶风郡邵告府折冲，河东郡秦城府折冲等职。天宝七载十二月二十四日，薨于翊善里之私第，天宝八载二月二十五日，葬于京兆府咸宁县长乐乡龙首之原。（《西安出土回纥琼、李忠义墓志》，载《文博》1990 年第 1 期）云麾将军右龙武军将军同正员上柱国南浦县开国男屈元寿宅　天宝九载正月二十九日，薨于翊善里之私第。以其载三月十五日，葬于京兆府咸宁县崇道乡齐礼里神鹿原。1956 年墓志出土于西安市东郊郭家滩。（《考释》）云麾将军行右龙武军将军李玄德宅　1954 年西安市东郊郭家滩出土之李玄德墓志称：天宝十四载三月二十九日，薨于翊善里之私第，其载五月七日葬于白鹿原。（《考释》）云麾将军行左龙武将军员外置同正员上柱国田福先宅　田福先字先，贯京兆高陵人。天宝八载十二月九日，薨于咸宁翊善里之私第，天宝九载五月九日，葬于咸宁浐川乡。（《补遗五辑》）义昌军监军使正议大夫行内侍省掖庭局令上柱国高克从宅　1954 年西安市东郊高楼村出土高克从墓志载，大中元年闰三月九日，卒于万年县翊善里之第，大中元年十月五日，葬于万年县浐川乡郑村。（《考释》）按高克从之五代祖即唐开元中开府仪同三司内侍监齐国公知监事高力士。高克从之子高可方，大中四年正月八日终于长安翊善里之私第，以其年□月十八日，葬于灞川之西原。1956 年《唐故右羽林军长上高公（可方）墓志铭并序》出土于西安市东郊高楼村西。（《考释》）教坊乐人李臻绯宅　《册府元龟》卷一八〇：“（长庆四年）十一月丁未，赐教坊乐人李臻绯，并赐翊善坊宅一区。”仗内教坊第一部供奉张渐宅　会昌五年五月五日，张渐终于翊善里之私第，其年八月九日厝于长安城东南十五里上傅村。1954 年张渐墓志出土于西安市东郊郭家滩。（《人文杂志》1982 年第 5 期）

其西光宅坊。本翊善一坊之地，置大明宫后，开丹凤门街，遂分为二坊。大和元年，凤翔献郑注首，诏悬于光宅坊西北角，三日而去之。

待漏院。元和初置。右教坊。崔令钦《教坊记》：西京右教坊在光宅坊，左教坊在延政坊。右多善歌，左多工舞。按自大明宫观之，则光宅在右，延政在左也。横街之北，光宅寺。仪凤二年，望气者言此坊有异气，敕令掘，得石函，函内有佛舍利骨万余粒，遂立光宅寺。武太后始置七宝台，因改寺额焉。《酉阳杂俎》曰：七宝台甚显，登之四极眼界，其下层窗下有吴道玄画。丞相韦处厚自居内庭至相位，每归辄至此塔焚香瞻礼。普贤堂本天后梳洗堂。《寺塔记》：光宅寺本官蒲萄园，中禅师影堂，师号惠中。肃宗上元二年，征至京师，初居此寺。《羯鼓录》：宋沇为太常丞，一日早于光宅佛寺待漏，闻塔上风铎声，倾听久之。朝回复至寺舍，谓寺主僧曰："塔铃有一是古制，此姑洗之编钟耳。"中书侍郎同平章事左仆射李揆宅。李揆《谢赐光宅坊宅表》云：中使至，奉宣圣旨，知臣无宅，以光宅坊去内最近，赐臣宅一道。民家。《酉阳杂俎》：元和中，光宅坊民其家有病者将困，迎僧持念，妻儿环守之。一夕见一人入户，众惊逐，乃投于瓮间。其家以汤沃之，得一袋，盖鬼间取气袋也。

《校补记》：光宅坊 并补：车坊，并注：《国史补》：初百官早朝，立马建福、望仙门外，宰相则于光宅车坊避风雨。按车坊属太仆寺。光宅寺 补注：《唐画断》：光宅寺七宝台后面，尉迟乙僧画降魔像，千怪万状。

增订：

光宅寺 七宝台是佛经中常出现的名词，是比喻世间供养佛或佛法最精致珍贵的精舍至宝。光宅寺之七宝台是清禅寺主、昌平县开国公翻译僧德感检校造于长安三年。光宅寺七宝台造像，后移入西安南门内之宝庆寺中。十九世纪末被日本和美国掠去（日本藏二十一件，美国藏四件），至今存于西安的还有十件，共计三十五件。但这一批三十五件石刻不能代表武则天长安三年在七宝台所造的全部石刻。（颜娟英《唐长安七宝台石刻的再省思》，载陕西省考古研究所华诞四十周年纪念文集《远望集》下，1998年）姚元景《光宅寺法堂石柱造像铭》，载《咸宁县志》卷十六《金石志》。李揆宅 据卢轺撰《唐故范阳卢氏荥阳郑夫人墓志铭》所载："肃宗朝，中书侍郎集贤崇文大学士揆，即夫人外祖父也。肃宗常谓揆曰：卿门第人物文章，皆为当代之冠。朕宗族中乃遂为卿，足为朝廷羽仪也。当时称揆为三绝。"（《补遗六辑》）张巽宅 张巽字元晖，京兆人。开元二十一年二月八日，终于光宅里之私第。开元二十七年八月二十日，祔于父茔长乐原。（《补遗五辑》）翰林学士王涯赐第 《白孔六帖》卷十《宅》："诏假光宅里官第。"注云："王涯再为翰林学士，帝以其孤进自树主数坊，逮以私居远，或诏不时至，诏假光宅里官第。"右龙武军同正将奉天定难功臣宁远将军守左金吾卫大将军徐思倩宅 贞元十九年四月十二日，徐思倩终于长安光宅私第，以其年五月二十二日，安厝于白鹿原。1954 年徐思倩墓志出土于西安市东郊郭家滩。（《考释》）苏州长史董楹宅 元和元年十二月十六日终于光宅里私第。元和二年四月十六日，葬于万年县长乐乡之平原。1956—1957 年董楹墓志出土于西安市东郊韩森寨。（《西安郊区隋唐墓》，文物出版社，1966 年）将士郎守洪州都督府仓曹参军翰林待诏毛伯良宅 毛伯良夫人杨氏，弘农氏族，后为京兆长安人。元和四年秋七月壬子，殁于光宅里之旧第，其年八月十一日，殡于万年县浐川乡长乐原。（《补遗六辑》）润州司马董岌宅 董岌妻杨氏墓志 1956—1957 年于西安市东郊韩森寨出土。杨氏于元和六年闰十二月十四日终于光宅里私第。元和二年二月七日，窆于万年县长乐乡之平原。（《西安郊区隋唐墓》）按，董岌为董楹之子。董楹墓志中没有记载其子董齐、董交。董交墓志为仲兄董齐撰。董交于大和元年，终于新昌里私第。天水赵爱宅 赵爱字茂之，其先长安京兆人。大和二年二月二十四日，终于光宅里之私第。三年十月二十六日，祔葬于长安城东浐川乡上傅村。赵爱有三子，长子辅政，任朝散大夫行内侍省奚官局令上柱国赐绯鱼袋，穆宗诏授荆南监军。（《补遗二辑》）清河张荣恩宅 张荣恩本贯京兆阙里人。大和七年七月十七日，薨于光宅之私第。大和九年二月九日，葬于长安东浐川乡崇义里郑村北二里。（《补遗三辑》）营幕使判官登仕郎内侍省掖庭局宫教博士上柱国刘仕环宅 刘仕环会昌元年八月八日，殁于上都光宅里，其年十二月十日，葬于京兆府万年县浐川乡郑村里之原。1956 年刘仕环墓志于西安市东郊韩森寨东南出土。（《考释》）宣义郎行内侍省内仆局丞置同正员上柱国牛维直宅 牛维直，渭州陇西郡人。祖义，行内侍省内仆局令兼口味库使。父宝铨，内侍省宫闱局令。大中三年牛维直授进宫判官，（宣宗）七年授染坊判官。咸通四年庚申月甲寅日，终于光宅坊私第。癸亥月申日葬于傅村白鹿原。（《补遗二辑》）朝散郎行内侍省内府局令员外置同正员上柱国赐鱼袋郭佐思宅 郭佐思字冲用。唐宣宗大中元年之前供职大盈库，即内库，皇帝私库。大中十年任勾当官。咸通年间录授“内养”之职。咸通十二年，授蓝田镇监军使；十五年正月二十七日，终于光宅里私第，同年七月二十八日，葬于万年县东界王好店上好村。有四人郎君：全式、全穆、全锡、全周。郭佐思历唐德宗、顺宗、宪宗、穆宗、敬宗、文宗、武宗、宣宗、懿宗九位皇帝。郭佐思墓志于 2005 年 10 月入藏西安碑林博物馆。（柳秀芳《唐〈郭佐思墓志〉考释》，载《碑林集刊》［十三］2007 年）

次南永昌坊。旧本有坊东丹凤门街。

给事郎李伏奴宅。《李府君夫人王氏墓志》：夫人讳琬，字令玑，卒于万年县永昌里第。伏奴即王氏之子。茶肆。《旧书·王涯传》：李训事败，涯与同列归中书会食，未下箸，吏报有兵自阁门出，逢人即杀。涯等仓皇步出，至永昌里茶肆，为禁兵所擒。

增订：

护国寺　左神策军押衙李元佐宅在永昌坊“入北门西回第一曲，停墙南壁上，当护国寺后墙西北角”。(〔日〕圆仁撰《入唐求法巡礼行记》)雍州万年县大明府校尉刘宅　1956年西安市东郊韩森寨东北出土雍州万年县大明府校尉刘夫人郝氏墓砖记称：郝氏于永徽三年七月十五日，终于永昌坊之本宅，以九月次旬，殡于东郊之长乐原。(《考释》)李伏奴宅　李府君夫人王婉，字令玑，其先太原望族。咸亨元年十二月一日，卒于万年县永昌里第，其月十五日，窆于雍州白鹿山之北原。(《补遗七辑》)王婉子给事郎伏奴。幽州卢龙节度监军宣义郎内侍省掖庭局令董文萼宅　元和十年四月十四日，董文萼薨于永昌里之私第，即以明年三月十八日，迁窆于万年县浐川乡。1954年董文萼墓志于西安市东郊郭家滩出土。(《考释》)沛国武季元宅　武季元为妻张十八娘子撰墓志：元和十三年三月二十日，卒于永昌里之宅，元和十三年三月二十六日，葬于王柴村原。1956—1957年张十八娘子墓志于西安市东郊韩森寨出土。(《西安郊区隋唐墓》)右神策军护军中尉行右卫上将军知内侍省上柱国邠国公梁守谦宅　梁守谦字虚己。大和元年冬十月二十日，薨于永昌里之私第。大和二年二月二十三日，葬于京兆府万年县李姚村白鹿原。(《续修陕西通志稿》卷一五一)按梁守谦为宪宗时宦官，常在帝侧，尝有废立之举。《朝请大夫行内侍省宫闱局令员外置同正员上柱国赐紫金鱼袋梁公墓志》：“公讳承政，字拱之。先人守谦，右神向护军尉、开府仪同三司兼知省事，有子七人，公即季也。”咸通十年除兖州监军使。十一年七月二十四日在秩薨于公馆，以其年扶护榇归于京师，权殡永昌里之私第，十二年四月九日，窆于京兆万年县崇道乡李姚村，祔于先茔。(《补遗八辑》)朝请大夫行内侍省内府局丞员外置同正员上柱国李德义宅　开成四年闰正月十九日，李德义终于永昌里之私第，其年十一月六日，葬于京兆府万年县浐川乡郑村之原。1958年李德义墓志出土于西安市东郊韩森寨东南。(《考释》)左神策军中尉亲事押衙新罗人李元佐宅　会昌三年八月十三日，日本僧圆仁等一行“为求归国，投左神策军押衙李元佐，是左军中尉亲事押衙也。……本是新罗人。宅在永昌坊，入北门西回第一曲，傍墙南壁上，当护国寺后墙西北角”。(《入唐求法巡礼行记》)正议大夫行内侍省宫闱局令员外置同正员上柱国王怡政宅　王怡政及夫人刘氏墓志1954年出土于西安市东郊郭家滩。志称夫人刘氏，大中六年十二月二日，终于长安永昌里私第，七年正月十八日，葬于京兆府万年县白鹿原浐川乡上傅村。王怡政大中八年三月十六日，薨于永昌坊私第，其年十月十八日，窆于京兆府万年县浐川乡上傅村。(《考释》)按王怡政及夫人刘氏墓志均载其子景宣承奉郎。而王怡政墓志则称夫人江夏孟氏，未载刘氏。军器使银青光禄大夫行内侍省内给事赠内侍上柱国陇西县开国男食邑三百户赐紫金鱼袋李敬实宅　1982 年 12 月在西安市东郊郭家滩西北第四棉纺厂工地出土李敬实墓志称：大中十三年十月二十八日，薨于永昌里之私第，十四年二月二十八日，葬于京兆府万年县浐川乡上傅村西原。（《西安东郊出土唐李敬实墓志》，载《考古与文物》1985 年第 6 期）左三军押衙兼监察御史何楚章宅　咸通六年十月七日，何楚章殁于京永昌里之私第，八年八月十八日，与夫人侯氏合葬于万年县崇义乡南姚村。何楚章墓志 1955 年出土于西安市东郊韩森寨之东。（《考释》）王君（宦）妻清河张氏宅　1956 年出土于西安市东郊灞桥东惠王村之王君妻清河张氏墓志称：乾符四年三月六日奄谢于永昌里之私第，其年三月二十九日窆于万年县铜人乡灞川之左。（《考释》）

次南来庭坊。本永昌一坊之地，与翊善坊同分。隋末有仁法寺，大业七年废。按翊善、来庭皆逼近东内，故多阉人居之。

庄宅司。坊西北。按《大达法师塔碑》阴有大中五年敕内庄宅使牒一通，载安国寺僧价买庄地之事。惟庄宅使之名不见《唐志》。《宋史·职官志》云：唐设内诸司使，悉拟尚书省。如京，仓部也。庄宅，屯田也。皇城，司门也。礼宾，主客也。此坊所载，盖其廨舍。特进王仁祐宅。永徽时人。洛阳县令郑敞宅。薛稷《郑敞碑》：终于万年县之来庭里第。内侍高延福宅。力士父。孙翌作墓志铭，张说作神道碑，并云延福终来庭里第。按高力士本冯君衡之子，延福以为假子。衡妻麦氏亦来依之，皆居来庭里。开元十四年，延福卒。十七年，麦氏卒。至天宝九载，乃舍宅为保寿寺。右卫上将军致仕梁守谦宅。内常侍孙志廉宅。申堂构《孙志廉墓志》：终于咸宁县来庭里之私第。左神策军护军中尉兼左街功德使知内侍省刘弘规宅。李德裕《刘弘规碑》：薨于长安来庭里第。又按周遇《刘氏太原县君霍夫人墓志》、刘瞻《刘遵礼墓志》，皆言卒于来庭里私第。盖霍夫人当是弘规长子行立之妻，遵礼则行深之子也。李氏宅。《广异记》：上都来庭里妇人李氏者，昼坐家堂，忽见其夫亡姊身衣白服，戴布幞巾，径来逐己。李氏绕床避去，乃出门绝骋。有北门万骑卒以马鞭击之，随手而消，止有幞头巾奄然至地。其下得一髑髅骨焉。丹凤门街至此而绝。

增订：

按《长安志》及《唐两京城坊考》均记载梁守谦宅在来庭坊，而梁守谦墓志云在永昌坊。净住寺智悟律上人宅　智悟俗姓刘，名仲立，彭城郡人。行年六十有五，殒于来庭坊之私第。（《陕西金石志》）右骁卫永宁府果毅都尉泉府君宅　泉府君夫人高提昔，高句丽国内城人。曾祖伏仁，大相，水镜城道使，辽东城大首领。祖支于，唐易州刺史长岑县开国伯。父文协，宣威将军，右卫高陵府长上折冲都尉，上柱国。唐贞观年间，祖乃归诚款塞，后裔族茂京都。高提昔是高文协之元女。结聘泉门，和泉氏婚后月余“才盈晦朔俄事沦亡”。以咸亨五年六月四日，卒于来庭里之私第，春秋二十有六，上元元年八月二十五日，窆于万年县浐川之原。高提昔墓志2012年初出土于西安东郊龙首原上。（拜根兴、宋丽《新见高句丽百济移民墓志的新探索》，载《陕西历史博物馆馆刊》2015年。另见王其祎、周晓薇关于高提昔墓志一文，载《陕西师范大学学报》2013年第3期。）周使持节文州诸军事文州刺史陈察宅　陈察夫人柳氏，仪凤三年十月四日，终于雍州来庭里第，大周长寿二年八月三日，与陈察合葬于神都洛阳县平阴乡□新里邙山之北原。（《千唐志》）内侍高延福宅　张说撰文之冯君衡墓志1954年于西安市东郊高楼村出土。志云：夫人麦氏，开元十七年五月十二日，薨于西京来庭里，粤八月二十六日，安厝长乐原之新域。按冯君衡为高力士之生父，圣历间（698—699）已卒于岭南。高力士幼年即入宫为监，被高延福收为养子。居来庭里。其生母麦氏于开元年间来依附，同居于来庭里。此宅应为高延福旧宅。高力士之兄高元珪墓志1955年在西安东郊高楼村出土。高力士之五世孙高克从墓志1954年在西安市东郊出土。（《唐墓壁画》，载《文物》1959年第8期）又《白孔六帖》卷八十九《寺》条："珍楼宝屋，国赀不逮。"注云："高力士于来庭坊建佛祠，珍楼宝屋，国赀所不逮。"此佛祠可能在高延福宅内。元从朝散大夫行内侍省内常侍孙希岩宅　1956年西安市东郊韩森寨东南出土之元从朝散大夫行内侍省内常侍孙公故妻彭城郡夫人刘氏墓志，称刘氏享年三十有八，终于京兆府万年县来庭里之私第，大历七年七月二十三日，葬于青门之东浐川之西长乐原。刘氏之"七姊鱼军容（鱼朝恩）之妻，国夫人也。八妹即行内常侍孙希岩之妻也"。刘氏姊妹多嫁宦官。孙希岩与孙志廉关系待查，孙志廉天宝十二载十一月十一日，终于咸宁县来庭里之私第，天宝十三载六月八日，合葬于长乐原。据《雍州金石记》："此石在西安府城南（疑为东）十五里田家湾，乾隆丁丑土人取土得之。"《履园丛话·碑帖四·唐碑》称此石为毕秋帆所得，后经转折，道光六年嘉兴张叔未解元所得，藏之新篁里。孙志廉墓志称夫人赵氏，而不云其有嗣子。朝议郎前行司农寺大仓署令萧公宅　1955年西安市东郊郭家滩出土的《朝议郎前行司农寺大仓署令萧公夫人田氏墓志》称：田氏为宦官之孙女，大父元超。元和十二年七月二日，田氏殁于西京来庭里第，以其年八月十五日，葬于浐川乡原。（《考释》）左神策军护军中尉兼左街功德使特进行右武卫上将军知内侍省事上柱国沛国公食邑三千户赠开府仪同三司刘弘规宅　刘弘规原名湛然，宪宗嘉其勤绩，赐名弘规。宝历二年冬十一月二十八日，薨于万年来庭里之私宫，大和元年冬十一月十四日，葬于浐川西原。（《补遗二辑》）朝议郎行内侍省宫闱局丞员外置同正员上柱国同国政宅　同国政，同州冯翊人。于大中五年十一月一日，殁于来庭里私第。大中六年正月十二日，葬于万年县浐川乡陈村之北。（《考释》）墓志西安东郊高楼村出土。内侍省内寺伯刘氏宅　周遇撰《唐故刘氏太原县君霍夫人墓志铭并序》云："唐故银青光禄大夫行内侍省内侍伯致仕彭城郡开国刘氏夫人霍氏，京兆人，父霍晟，将仕郎守家令寺藏署丞。以大中九年十一月十八日，霍氏终于来庭里之私第，以明年正月二十九日，祔葬于万年县龙首乡。”（《金石萃编》）刘氏有子三人，同一内侍省，必以宦者取妇而假子并领此局任。**银青光禄大夫行内侍省内常侍兼内谒者监致仕上柱国濮阳郡开国公吴德鄘宅** 吴德鄘，其先京兆人。曾祖守恭，皇兴元元从定难功臣守内侍，赠右监门卫将军。祖希晏，内仆令，历内养分护富平镇戎马。烈考士侃，内仆令。吴德鄘从唐宪宗元和年间独制授将仕郎，行掖庭局宫教博士起，历穆宗、敬宗、文宗、武宗、宣宗、懿宗，到咸通年间，奉特制封濮阳郡开国公，食邑两千户。“五等贵爵，累命封崇；三品峻阶，八承恩叙。”咸通八年二月三日，奄然薨于来庭里之私第。历七代皇帝，为官长达五十多年。先娶夫人天水赵氏，后娶雁门郡文氏。嗣子全缋、全略、全绍、全正、全细等，以其年八月十八日葬于万年县浐川乡先茔之内。吴德鄘墓志于20世纪80年代出土，1990年入藏西安碑林博物馆。吴德鄘妻赵氏墓志于1990年西安市东郊田家湾出土。志载：夫人天水郡赵氏，游击将军守右率府中郎将上柱国赐绯鱼袋庆之长女。夫人生于礼义之家，“爰及初笄，遂纳贽问名，归于濮阳公吴氏。一奉苹藻，四十春秋”。咸通癸未岁（四年）夏六月十七日，终于京兆府万年县来庭里私第。以其年十一月十四日葬于万年县浐川乡南姚村。有子六人，其中有五与吴德鄘志同，多一子全泰。吴德鄘长子全缋墓志《唐故盐州监军使正议大夫行内侍省内府局令员外置同正员上柱国赐紫金鱼袋吴公墓志铭并序》：大中元年十一月二十六日，特恩赐缋拜将仕郎行内侍省内府局丞上柱国，充内养。大中四年五月五日“属羌戎拒捍，纷扰边陲。纵兴偏师，犹轸宸虑。公奉命太原，宣节度使及监军，取沙陀军一千骑，救援淮安镇。……不逾半岁，大破羌徒。……洎五年，又以威州逼革命道途。二月二十三日奉恩旨，往回中运粮，接应军士”。又届七年，充判官，往南山盐、夏十一余镇及七关等道，巡边制置。乾符三年岁涒滩季夏月二十五日，薨于上都来庭坊，即今之私第。先娶夫人李氏，次娶夫人刘氏。公有嗣子四人，长曰彦方，文林郎行内侍省掖庭局宫教博士。次曰彦球，登仕郎行内侍省掖庭局宫教博士。次曰彦钊、彦及。乾符三年十一月二十九日，窆于京兆府万年县浐川乡南姚村，祔皇父母之宅。《补遗二辑》据吴全缋墓志所载墓地，亦应出土于西安市东郊田家湾。《濮阳郡吴夫人墓志铭并序》：夫人姓吴氏，父德鄘，适东平吕氏。咸通二年八月十八日，终于大宁里之私第。吴氏夫人之夫吕氏“常侍，仕教坊使紫服，兼供奉官”。也是一名宦官。吴全绍之子，吴承泌，字希白，为内枢密使特进左领军卫上将军内侍省事上柱国濮阳郡开国侯。乾符二年春正月二十日薨，年四十五，十一月二十日，葬于京兆府万年县浐川乡北姚村。长男修辞，次男修睦，南迁未复。小男修礼。（《金石萃编》卷一一八）。吴德鄘，宦官大家族，从其曾祖吴守恭到曾孙吴承泌之子共七代、九名宦官，在朝中居有相当重要的地位，是被史籍遗载的宦官家族。（景亚鹂《唐代后期宦官家世考略》，载《纪念西安碑林九百二十周年华诞国际学术研讨会论文》2007年10月）内庄宅使刘遵礼宅　《金石萃编》卷一一七《唐故内庄宅使银青光禄大夫行内侍省内侍员外置同正员上柱国彭城县开国子食邑五百户赐紫金鱼袋赠右监门卫大将军刘公墓志铭并序》云：刘遵礼咸通九年六月一十四日，薨于来庭里私第。有四子，重易、重允、重益、重则。给事郎行内侍省掖庭局宫教博士员外置同正员上柱国周孟瑶宅　周孟瑶，字蕴玉，其先汝南人。曾祖兰，内府局丞。祖斌，大中大夫，奚官局令。父元穆，汝州监军使，乾符四年五月十六日，周孟瑶终于来庭里之私第，其年十月六日，葬于京兆府万年县崇道乡乐安里。有令子二人，长曰恭晦，延英（殿）知奏，登仕郎、行内侍省掖庭局宫教博士。次曰鲁晦，凤翔监军使小判官，将士郎行内侍省掖庭局宫教博士。周孟瑶墓志于1998年9月出土于西安东郊灞桥热电厂西侧围墙外。（王其祎《西安灞桥出土唐周孟瑶墓志》，载《碑林集刊》第五辑1998年）朝议大夫行内侍省内府局令员外置同正员上柱国王公操宅　乾符五年壬戌月辛亥日，薨于来庭里私第，癸亥月庚寅日葬于郑村。1961年王公操墓志出土于西安市东郊韩森寨东南。（《考释》）

次南永兴坊。隋有善果寺，大业中废。隋右骁卫将军长孙晟居于此。太宗文德顺圣皇后长孙氏，晟之女，大业中后常归宁。

西南隅，左金吾卫。神龙中自崇仁坊徙。十字街西之北，按十字街，《长安志》皆删“十字”二字，今从《两京记》增，后仿此。荷恩寺。景云元年睿宗立。西门之北，太子太师、郑国公魏徵宅。本隋安平公宇文恺宅。封演《见闻录》曰：徵所居室屋卑陋，太宗欲为营构，徵谦让不受。洎徵寝疾，太宗将营小殿，遂撤其材为造正堂，五日而就。开元中，此堂犹在，家人不谨，遗火烧之，子孙哭临三日，朝士皆赴吊。后裔孙谟相宣宗，居旧第焉。按《通鉴》《会要》并云魏徵玄孙稠贫甚，以故第质钱于人，平卢节度使李师道请以私财赎出之，宪宗命出内库钱二千缗赎赐魏稠，仍禁质卖，故谟之作相仍居旧第。崔玙《魏公先庙碑》：旧宅永兴里，肇卜贞观是也。左龙武军统军咸宁郡王戴休颜宅，赐第。毕氏曰：《唐书》传但言为左龙武将军，不及咸宁郡王。右豹韬卫长史赠丹州刺史任丹宅。王维《任丹碑》：寝疾，卒于永兴里第。云麾将军左龙武将军刘感宅。李震《刘感墓志》：薨于永兴里之私第。凤翔、陈许、湖南进奏院。太常乐工宅。《新书》：让皇帝之子璹知音，尝早朝过永兴里，闻笛音，顾左右曰：“是太常工乎？”曰：“然。”他日识之，曰：“何故卧吹笛？”工惊谢。民家。《酉阳杂俎》：唐开成末，永兴坊百姓王乙掘井，过常井一丈余无水，忽听向下有人语及鸡声甚喧闹。街司申金吾，韦处仁将军令塞之。

《校补记》：永兴坊　魏徵宅后补：殿中侍医孙回璞宅，并注：《冥祥记》：孙回璞与魏徵邻家。民家　后补：渔人许俨宅，并注：《法苑珠林》：京师永兴坊许俨，取渔为业。

增订：

广福寺　《长安县志》卷二十四《金石志》《尊胜陀罗尼经幢》："元和四年八月僧维新等造。"后记"元和十二年二月，常政大师于永兴里广福寺迁化"。荷恩寺　〔宋〕吕大防《唐京城图》永兴坊西门之北荷恩寺，西门之南金吾卫，东门之北魏徵宅。1982年在西安市灞桥区下家村出土《大唐荷恩寺故大德法津禅师塔铭并序》云：律师俗姓姚，名常一。大历五年八月十七日，隐化于京师荷恩寺，"谥曰法津禅师。仍配荷恩寺。未逾岁时，代宗皇帝以万方为心，忧劳兴疾，梦寐之际，遂见吾师津献神膏，未逾翌日，厥疾乃瘳。遂赐院额号医王寺，令将军段公（物华）等就寺为师设千僧会……"九月二十六日葬于滋川乡横灞原，"赐塔院于万年县洛女原"。(《碑林新藏墓志》) 清都观　《长安志》：永乐坊清都观，"本在永兴坊，武德初徙于此地"。太原寺　《长安志》：安定坊福林寺注："武德元年，置太原寺于永兴坊，以义师初起太原，因以名寺。后移于此，咸亨三年，以为福林寺。"魏徵宅　《长安志》与《唐两京城坊考》均载魏徵宅在永兴里西门之北。而〔宋〕吕大防《长安图》则绘刻魏徵宅于永兴坊东北隅。有关魏徵宅之史料及位置颇多歧异，见《通鉴》《太平御览》《册府元龟》《雍录》《十七史商榷》等。魏徵留给后裔的遗产有两份，一是忠直极谏的良吏本色，二是唐太宗特赐建宅堂的故居。但魏徵的嫡裔生活贫困，到了玄孙魏稠时，不得不把永兴坊故宅质卖给他人，子孙流散。故宅后又经几次转卖，析为九家。后唐宪宗出内库钱二百万将魏徵故宅赎回，赐还魏稠等。主客郎中李立言宅　李立言字义方，渤海蓨人。燕司空洪八代孙。贞观五年正月四日卒于永兴里第，其年辛卯二月朔六日，葬于洪固里之地。李立言父李纲，新旧《唐书》有传。(陈利安《西安新出两方唐志考释》，《碑林集刊》第一辑1993年) 太子中舍人蓨县公夫人魏郡君长孙弄珪宅　长孙弄珪字和儿，河南洛阳人。贞观十年五月八日，终于雍州万年县永兴里之私第，显庆三年十一月十一日，迁祔于先君之旧茔。(《补遗三辑》) 按志文"鄠部"应为"鄠县"。太学博士弘文馆学士陆士季宅　陆士季字南谷，吴人。祖僧景。父庆，娄令。陆士季隋署东宫学士，迁越王记室。入朝迁新井令，迁太学博士弘文馆学士。贞观十三年，终于永兴里，春秋六十九，十四年闰十月二十七日，葬于京兆杜陵之东原。(《西市藏志》) 骑都尉公士赵行安宅　赵行安字弘瓒，其先南阳人，后为鄠（户）部人。先天二年十月二十八日，卒于永兴坊第，以十一月十二日，窆于万年县长乐乡。(《补遗五辑》) 银青光禄大夫行左监门卫将军王睿宅　王睿，字文，太原郡人。妻彭城郡夫人刘氏，渭南人。开元十一年八月十六日，刘氏遘疾于永兴里第，其年十月二十八日合葬。(《补遗五辑》) 大夫国子司业上柱国开休元宅　开休元字长倩，广陵江都人。开元二十一年五月七日，卒于西京永兴里之私第，其年十一月九日，归葬于河南北邙朱阳里之南原。(《千唐志》) 按开休元之父开承简墓志载《北图石汇》。李府君夫人段慈顺宅　开元二十九年九月十四日，段氏亡于永兴里之第，其年十一月十三日，窆于京兆府万年县浐川乡原。(《补遗六辑》) 行内侍省内侍伯李元则宅　李元则，陇西狄道人。其先因讨叛羌有仇，遂避地太原榆次县。唐初，因大父李爽有功，赐栎阳县良田三顷，置别业，子孙因家焉。父李才，雅尚隐迹，诗书自娱。李元则历事五主，守官四正，春秋八十二，以天宝三载二月二十四日，终于万年县永兴里之私第，其载四月二十□日与夫人刘氏合祔于长乐原。墓志在西安市金花北路十六号出土，2004 年入藏西安碑林博物馆。(黄小芸《新出土的唐"李元则墓志"考析》，载《碑林集刊》第十二辑 2006 年) 壮武将军左龙武军将军万行宅　万行字哲，京兆泾阳人。天宝二载夏，终于永兴里第。天宝五载十一月十六日，与夫人秘氏合葬于咸宁之古阡。(《集释》) 将作录事兼内作判官郭玉宅　《广平程府君故夫人郭氏墓志铭》：郭氏，天宝五载建子三月二十一日，终于永兴里。郭氏之父郭玉。(墓志铭藏台湾研究院历史语言研究所) 左金吾卫昌化郡善训府左果毅蔺元亮宅　蔺元亮，天宝五载卒于永兴里之第，天宝六载正月朔迁厝于浐川之原。蔺元亮墓志 1956 年出土于西安市东郊韩森寨北。(《考释》) 云麾将军右龙武军大将军上柱国封介休县开国男王思庄宅　王思庄，太原祁人。父怀，通州司马。王思庄解褐授龙武卫郎将，直至右龙武军大将军。天宝八载九月□日，薨于咸宁县永兴里之私第。嗣子右卫罗含府别将王光乘，次子右龙武军引驾光满，次子左领军卫怀仁府别将光庭，次子左骁卫大乡府别将光诠，次子京兆府神通府别将光辉。天宝九载二月十三日，葬于咸宁县龙首乡龙首之原。(《碑林新藏墓志》) 秀才赵何一宅　赵何一，名涣，望本天水，今则河东猗氏人。祖待宾，汾州司马。父承先，正议大夫闲厩副使内园使内飞龙厩沙苑使南阳县开国男。赵合一天宝十载十二月十六日卒于永兴里之私第，春秋二十有八，以其月二十四日，葬于延兴门东南三赵村之北凤栖原。(《西市藏志》) 梓州司马马朝阳宅　马朝阳，其先扶风人。祖惠，婺州东阳县主簿。朝阳解褐授太仓监事，又转石门监丞，又改庆善监监，又改恒王府属，又改恒王友，又改郑王友，又改朝散大夫，梓州司马。建中元年十月十八日，终于万年县永兴里之私第，年七十七，十一月庚寅日，权葬于长安县义阳乡南姜村南原。(《西市藏志》) 淮阳郡开国公陈守礼宅　陈守礼生父李琳，金紫光禄大夫，同安郡王，晚年生守礼，虑不宜尔，爰寄于颍川陈氏以长之，为陈氏矣。起家兵部常选，授左领军卫中部郡（今黄陵）仁里府左果毅都尉，入代宗衙幕，加左卫凤翔郡岐山府折冲都尉，转游击将军，迁左骁卫将军。代宗即位，授左金吾卫大将军，兼光禄卿。西戎之盗宫庙，銮驾巡陕，行在拜右龙武军将军知军事。乃诏有司赐永昌近北官（疑为宫字）第一区，以令居处。大历八年，承制追捕妖贼，进位兼太常卿。驱除朱泚，改太子宾客，进封淮阳郡开国公，奉天定难功臣。贞元二年七月三日，薨于上都永兴里私第，享年五十有七。夫人李氏，御史中丞乾昱之女弟，建中元年十一月二十九日薨。贞元二年十二月五日，合葬于万年县龙首原。（《西市藏志》）王府参军武从晟宅　武从晟曾祖廉，司仆侍丞。祖元福，天后再从侄，历宗寺，历曹、兖二州刺史。叔父浚之，蔡州朗山县令。从晟拜左武卫将军，又迁左金吾卫大将军奉天定难功臣，又加骠骑轻车都尉，封南安县开国公，食邑一千户。元和七年二月九日，终于永兴里私第。四月三日，安厝浐川原。妻高氏，育四子。（《碑林新藏墓志》）宜都公主宅　宜都公主是唐德宗之第五女，下嫁与和政公主之少子柳昱。贞元十九年三月二十九日，薨于永兴里之第，以其年八月二十四日，迁窆于万年县义丰乡铜人原。宜都公主墓志和驸马都尉、和政公主少子柳昱墓志1956年同时于长安县东乡洪庆村出土。昱生长在常乐里。祖岑，通事舍人，赠秘书监。父潭，太仆卿驸马都尉赠尚书左仆射。外祖肃宗皇帝，祖妣章敬皇后，妣和政公主。柳昱之兄晟，将作少监。仲兄晕，邕王傅。弟杲，秘书少监，驸马都尉，尚义清公主。柳昱贞元十四年夏尚德宗皇帝四女宜都公主。贞元二十年八月二旬有一日，终于永兴里第，以其年冬十月旬有九日，合葬宜都公主茔。（《考释》《隋唐五代墓志汇编》陕西卷）按宜都公主墓志谓德宗第五女；柳昱墓志称宜都公主为德宗第四女。《新唐书》卷八十三《诸帝公主》宜都公主为德宗第十女。扈从监右银台门进奏使朝议郎守内侍省掖庭局丞张明进宅　宦官张明进墓志1956年于西安市东郊韩森寨东南出土。志载张明进贞元十九年四月二十一日，终于京兆永兴里之私第，以其年七月二十五日，迁窆于万年县长乐乡龙首原。（《考释》）杨丞宅　唐卫尉杨丞夫人敦煌梁氏，元和十年三月三十日，终永兴里第，十一年二月十三日，厝于万年县浐川西南遥村平原。（《补遗二辑》）贾氏宅　1954年西安市东郊郭家滩出土贾府君砖墓志，称元和（今月十日）终于永兴之里第，元和十二年（丁酉岁）八月二十七日殡于万年县界浐川之乡原。（《考释》）吕氏夫人宅　1956年西安市西郊飞机场出土吕氏夫人砖墓志称：七月九日以终永兴里之第，元和十二年九月十七日，祔先茔。（《考释》）旅舍　《玄怪录》："吴全素，苏州人，举孝廉，五上不第。元和十二年，寓居长安永兴里。……不觉过子城，出开远门二百步……复至开远门……从母之夫居宣阳，为户部吏者甚富……乃相引入西市绢行南南人家……相顾曰：何处有屠案最大？其一曰：布政坊十字街南王家案最大……于是依依提行，逾子城大胜业坊西南下东回第二曲北壁，入第一家……又偕入永兴里旅舍。"《玄怪录》吴全素亦见《古今说海》说渊五九，题作《知命录》不著撰人。阎志和、朱惟亮、周文晟、杨文晟宅　《册府元龟》卷六六五："赐品官阎志和永兴坊宅一区……三月辛亥中官朱惟亮、周文晟、杨文晟各赐永兴坊宅一区。”游击将军守右金吾卫翊府左郎将第五修宅　第五修，考诠友，祖崇礼，曾祖晖。“奕叶连荣，一家五世，忠勤孝行，乡党有名。”第五修历事数帝，登朝累年。“玉阶金殿，谒帝朝天。凡十余秋，荣耀宗族。”宝历二年正月初六，终于永兴里之私第。夫人卫氏，以其年六月十七日，终府君之灵右。嗣子铦，次子锐，于其年八月二十五日，同葬于万年县崇道乡夏侯村。(《碑林新藏墓志》)朝议郎卫尉寺丞杨峄宅　杨峄，神州万年人。昔关西孔夫子太尉公之苗裔。祖思礼，任潭州浏阳县主簿。父勖，循王府胄曹参军。元和十四年十月十五日，杨峄殁于万年县永兴里之私第。长庆二年二月十一日，与夫人梁氏合祔葬于万年县崇义乡之原。(《补遗二辑》)普安公主及夫郑何宅　1999 年 4 月长安县细柳乡高庙村出土普安公主与驸马郑何墓志，普安公主墓志残缺。郑何于长庆四年十月二十五日薨于永兴里之私第，明年四月十二日归葬长安县同乐乡之先茔。普安公主大中四年十一月十日，薨于京兆府万（年县）（下缺）。郑何是纪国公主的儿子，纪国公主李淑是唐肃宗第六女，普安公主是唐顺宗第二女。两公主辈分相差三代，即纪国公主是普安公主的曾姑奶奶。然而在郑家则为婆媳。普安公主驸马郑何的高祖郑敬玄是唐高祖第十八女安定公主的后夫。据郑何墓志所载，郑何与普安公主曾于长庆元年为和亲使，册封太和公主出降回鹘崇德可汗。（李文英、师小群《唐普安公主及夫郑何墓志合考》，载《陕西历史博物馆馆刊》第八辑 2001 年）朝请大夫翼王府长史充左街副使田铗宅　田铗字公异。父广，朝散大夫守殿中省尚衣奉御。大和元年七月三日，田铗终于长安永兴里之私第，二年二月十日，葬于京兆府万年县洪固乡之毕原。(《补遗三辑》)湖南监军使正议大夫行内侍省内府局丞上柱国王府君宅　王府君曾祖玄爽，祖游仙。父内谒者监明哲。大和三年七月乙未，府君瞑目于潭府廨署，以其年十一月归奠于上都永兴里之私第，以其月二十六日，葬于万年县浐川之西岗。王府君墓志 1955 年于西安市东郊郭家滩出土。(《考释》)十六宅使彭君宅　彭君父嘉祥，赠左金吾卫上将军。彭君即嘉祥之第四子，曾除十六宅使。大和五年“南蛮俶扰，奉诏走荆门出师，合诸军以讨之”。以疾上请归朝，才及京师，以十月七日，终于永兴里之私第。长兄演，次兄恭。(《补遗八辑》)银青光禄大夫检校太子宾客上柱国阳武县开国子充右神策军衙前正将专知两市回易贾温宅　大和八年二月十日，贾温终于万年县永兴里之私第，九年二月十五日，归葬于本县龙首原之茔。(《补遗六辑》)宣威将军右骁卫翊府左郎将李叔夏宅　李叔夏字周士，陇西狄道人。大和九年九月十四日，终于万年县永兴里之私第，其年十一月十九日，葬于万年县浐川乡郑村。(《补遗三辑》)汝州襄郑等城郡牧使朝议郎行内侍省内侍局令上柱国王志用宅　开成二年十一月三日，王志用薨于本郡使之官舍，诏令赴上京永兴里之私第大殓，开成三年正月二十六日，葬于万年县青龙原。1960年王志用墓志于西安市东郊韩森寨西南出土。(《考释》) 朝散大夫行鸿胪寺丞雷讽宅　冯翊雷讽字匡时。开成三年进阶朝散大夫，任鸿胪寺丞，“时属虏骑猖狂，番客混杂。公宣皇威以钤辖，施法令以部录。人各禀惧，事无阙遗。又于当司添修廨署，仅两千余间”。会昌四年七月二十八日，终于永兴里之私第，其年十月二十三日，窆于万年县上傅村浐川东原。(《补遗二辑》) 试右内率府长史军器使推官赵文信宅　赵文信字和约，天水郡人。会昌五年三月十四日，敛手足于永兴里之私第，六年二月十三日，葬于万年县浐川乡古成村。仲子义方，任朝议大夫行宣州刺史上柱国赐绯鱼袋。(《唐代墓志汇编续集》) 银青光禄大夫行内侍省掖庭局令弘农县开国侯赠内侍省内侍杨玄略宅　杨玄略字子远，弘农人。曾祖延祚，祖开府仪同三司行左监门卫大将军知内侍省事杨志廉，父左神策军护军中尉兼左街功德使钦义。咸通四年二月十六日，杨玄略薨于长安永兴里之私第，咸通五年二月十五日，归窆于长安县龙门乡石井村。(《补遗三辑》) 按杨志廉及夫人刘氏墓志均载薨于长安修德里，修德里有杨志廉宅第。又据贺华《读杨玄略墓志》：杨玄略墓志1954年出土于西安市西郊枣园。据《关中金石文字存逸考》卷四《刘智及妻合葬墓志》载：“以天宝十五载岁在涒滩五月甲寅朔十九日壬寅合葬于京兆府长安县国城门西七里龙首原龙门乡怀道里。”可知龙门乡之龙首原应为其祖茔所在地。(贺华《读杨玄略墓志》，载《碑林集刊》第四辑1996年) 翰林待诏朝散大夫守洪州都督府长史陈克敬宅　陈克敬故夫人弘农杨氏，祖华，父杞。咸通八年五月十七日，杨夫人终于永兴里私第。咸通十一年五月十五日，葬于万年县浐川乡上傅村。(《补遗二辑》) 裴氏故夫人时氏宅　1980年唐故河东郡裴氏故夫人钜鹿郡时氏墓志，于西安市南郊三爻村新安建材厂出土。志载时氏大中八年正月十九日，终于永兴里私第，即以其年二月十一日，葬于万年县洪固乡李永村□界。(桑绍华《西安南郊三爻村发现四座唐墓》，载《考古与文物》1983年第3期) 兴元少尹翟勋宅　翟勋夫人东苑郡斛律氏墓志：大父证，赠右散骑常侍。考权，检校户部尚书右龙武军大将军。景福元年三月二十三日，斛律氏夫人捐馆于上都永兴坊之第，享年二十一，其年四月二十六日，葬于万年县三赵村夫族之先茔。(《西市藏志》) 南内留后使承奉郎行内侍省内仆局令上柱国李令崇宅　1955年西安市西郊小土门村出土李令崇墓志载：光化元年（898）十二月二十七日，薨于永兴里私第，来年正月二十日，葬于长安县龙首原。(陈全方《两块唐墓志与唐末农民起义》，载《考古与文物》1983年第2期) 按宋代永兴里地处城外，仍有人居住。吕公墓志称：乾德五年九月十三日，终于永兴里私第。许俨宅　《太平广记》卷一百十一《报应类·许俨》：“唐龙朔麟德中，京师永兴坊许俨，取鱼为业，后患疾冥然若死，身赤如火，痛似火炙……”贾湘宅　《云笈七签》卷一一八《道教灵验记》云贾湘住永兴里。

次南崇仁坊。北街当皇城之景风门，与尚书省选院最相近，又与东市相连，选入京城无第宅者多停憩此。因是一街辐辏，遂倾两市，昼夜喧呼，灯火不绝，京中诸坊莫之与比。大历中，鱼朝恩于坊之南街设斋会，奏内坊音乐。《长安志》载昌化坊而不知所在。按坊内有礼宾院及岐阳公主宅，礼宾院旧在崇仁坊，岐阳宅内云疏龙首池为沼，崇仁坊正龙首渠所经，盖昌化即崇仁之异名。故以昌化各宅附此坊下。

坊南门之西，礼会院。本长宁公主宅。公主及驸马杨慎交奏割宅向西一半，官市为礼会院，每公主、郡县主出降，皆就此院成礼，开元十九年四月置。兵兴以来，废而不修，后移于长兴坊。《旧纪》：至德元载，逆胡害霍国长公主、永王妃侯莫陈氏、义王妃阎氏、陈王妃韦氏、信王妃任氏、驸马杨朏等八十余人于崇仁之街。疑因在院而被害也。**北门之东，宝刹寺**。本邑里佛堂院，隋开皇中立为寺。佛殿后魏时造，四面立柱，当中构虚起两层阁，榱栋屈曲，为京城之奇妙，故天子以“宝刹”为名。按《名画记》，宝刹寺有杨契丹、陈静眼、杨廷光画。**东南隅，资圣寺**。本太尉、赵国公长孙无忌宅，龙朔三年为文德皇后追福，立为尼寺，咸亨四年改为僧寺。长安三年七月，火焚之，灰中得经数部，不损一字，百姓施舍，数日之间所获巨万，遂营造如故。寺额申州刺史殷仲容所题，楷法端妙，京邑所称。《寺塔记》：净土院门外，相传吴生一夕秉烛醉画，就中戟手，视之恶骇。院门里卢棱伽画。卢常学吴势，吴亦传以手诀，乃画总持三门寺，方半，吴大赏之，谓人曰：“棱伽不得心诀，用思大苦，其能久乎！”果画毕而卒。中门窗间，吴画高僧，韦述赞，李严书。中三门外两面上层，不知何人画人物，颇类阎令。寺西廊北隅，杨坦画，近塔天女，明睇将瞬。团塔院北堂有铁观音，高三丈余。观音院两廊四十二贤圣，韩干画，元载赞。东廊北头散马，不意见者如将嘶蹀。圣僧中龙树、商那和修绝妙。团塔上菩萨，李真画。四面花鸟，边鸾画，当药师菩萨顶上戎葵尤佳。塔中藏千部《妙法莲花经》。《名画记》：资圣寺有吴道玄、檀章、姚景仙、杨廷光、李琳画。**西南隅，玄真观**。半以东，本尚书左仆射、申国公高士廉宅。西北隅，本左金吾卫。神龙元年，并为长宁公主第。东有山池别院，即旧东阳公主亭子，韦庶人败，公主随夫为外官，遂奏请为景龙观，仍以中宗年号为名。初欲出卖，官估木石当二千万，山池仍不为数。天宝十三载，改为玄真观。肃宗时，设百高座讲。《名画记》：玄真观有陈静心、程雅画。**东门之北，尚书左仆射许国公苏瑰宅**。本中书令薛元超宅。卢藏用《苏瑰碑》：终崇仁里第。**右散骑常侍舒国公褚无量宅**。赐第。苏颋《褚无量碑》：终崇仁里第。**余干县尉王立佣居**。《集异记》云：唐余干县尉王立调选，佣居大宁里，穷悴颇甚，每丐食于佛祠。徒行晚归，偶与妇人同路，立因邀至其居，情款甚洽。翌日谓立曰：“妾居崇仁里，资用稍备，倘能从居乎？”立遂就焉。妇与立居二载，忽一日夜归，意态遑遑，谓立曰：“妾有冤仇，为日深矣。伺便复仇，今乃得志，便须离京。此居处五百缗自置，契书在屏风中。室内资储，一以相奉。”言讫收泪而别。吐蕃内大相论莽热宅。《韦皋传》：生擒论莽热，遣使献于朝。德宗数而释之，赐第于崇仁里。太华公主宅。明皇第二十五女，降杨锜。义阳公主宅。德宗第二女，降王士平，宅在昌化坊。岐阳公主宅。宪宗第六女。《旧书》：公主下嫁杜悰，帝为御正殿临遣。由西朝堂出，复御延喜门止主车，大赐宾从金钱，开第疏龙首池为沼。杜牧有《岐阳公主墓志》。右散骑常侍、轻车都尉柳浑宅。柳宗元《柳浑行状》：薨于昌化里。检校尚书左仆射、同中书门下平章事韩滉宅。顾况《韩滉行状》：薨于昌化里私第。又权德舆《韩洄行状》：终昌化里私第。按洄即滉之弟。东都、河南、商、汝、汴、淄青、淮南、兖州、太原、幽州、盐州、丰州、沧州、天德、荆南、宣歙、江西、福建、广、桂、安南、邕州、黔南进奏院。造乐器赵家。《乐府杂录》：文宗朝，有内人郑中丞善胡琴。内库二琵琶号大、小忽雷，郑尝弹小忽雷，偶以匙头脱，送崇仁坊南赵家修理。大约造乐器悉在此坊，其中二赵家最妙。裴六娘宅。《通幽记》：哥舒翰少时有志气，长安交游豪侠，宅新昌坊。有爱妾曰裴六娘者，容范旷代，宅于崇仁。师婆阿来宅。《朝野佥载》：唐韦庶人之全盛日好厌祷，并将昏镜以照人，令其迷乱，与崇仁坊邪俗师婆阿来专行厌魅，平王诛之。又云：崇仁坊阿来婆弹琵琶卜，朱紫填门。

《校补记》：崇仁坊　资圣寺　补注：《西京记》：秀禅师，长安中入京，在资圣寺，忽戒弟子灭灯烛，因说火灾不可不备，佛殿、钟鼓楼、经藏可惜。至夜，果焚佛殿、钟楼、经藏三所。王立佣居。校：佣居二字，改宅字。立所佣居在大宁坊。补：旅馆，并注：《乾𦠆子》：李僖伯早往崇仁里访同选人。

增订：

徐松在崇仁坊下云：“《长安志》载昌化坊而不知所在。按坊内有礼宾院及岐阳公主宅，礼宾院旧在崇仁坊，岐阳公主宅内云疏龙首池为沼，崇仁坊正龙首渠所经，盖昌化即崇仁之异名，故以昌化各宅附此坊下。”误。今据辛德勇博士《隋唐两京丛考》将昌化坊各宅移入安兴坊。资圣寺　《资治通鉴》卷二二三《代宗纪》：“（永泰元年）九月庚寅朔，置百尺高座于资圣、西明两寺，讲《仁王经》。内出经二宝舆，以人为菩萨鬼神之状，导以音乐卤簿。百官迎于光顺门外，从至寺。”《唐两京城坊考》关于资圣寺条俱引用《长安志》。然而于“总持三门寺”则误。应为“总持寺三门”。(《丛考》）参见《历代名画记》卷三《记两京外州寺观画壁》两京寺观等画壁，总持寺条及庄严寺条。玄真观《唐故太清宫内供奉三教讲论大德左街道门威仪葆光大师赐紫谥玄济先生曹公玄堂铭并序》：先生用之，字道冲。曾祖义感。父公汶。长庆二年，曹用之恩赐官度。“敬宗皇帝于兴唐观置道学会，宣扬圣教，启辟真宗，先生以学洞幽微，首膺选擢。文皇恩诏，升为大德。于是复诣通玄先生，受洞玄等法。宣宗皇帝临御之元年，赐紫服象简，以旌其道。仍奉诏与谏议大夫李贻孙及右街僧辨证章为三教讲论。……至十二年，命为左街道门威仪，总此玄坛，率诸仙子。”十三年四月十一日，委形于京玄真观之本院，其年八月十六日，迁殡于万年县义阳乡南姚村。(《补遗八辑》)《大唐故道门大德玄真观主皇甫尊师墓志铭并序》：尊师皇甫奉謜字抱一，安定朝那人。祖廉，父珙。天宝初，有诏以童诵随三洞法主秘希一传经新罗，复于王庭。大历八年，迁上座，十一年道门使奏充本观主。春秋五十七，大历十二年六月六日怛化，偃然归真，以十一月十二日葬于少陵原，从宿志。(《西市藏志》) 高士廉是唐太宗长孙皇后的舅父。其子高昱，贞观年间任扬州都督府兵曹参军，唐高宗永徽元年九月十七日，卒于扬州任所，永徽二年二月二十六日，窆于雍州醴泉县安乐乡昭陵之侧。高昱墓志出土于礼泉县烟霞镇山底村西约一公里的高士廉茔兆内。(王彬、张沛《新发现的两盒唐昭陵陪葬墓志》，载《碑林集刊》总第二十辑 2014 年) 高续字奉先，渤海蓨人。曾祖士廉，皇朝开府仪同三司尚书右仆射赠司徒申文献公。祖履行，户部尚书上柱国申国公。父璇，尚衣奉御申国公。妣申国夫人，京兆韦氏，高续年甫十九，以文明元年五月三日，终于崇仁里之私第，其年权殡于白鹿原，以载初元年一月二十八日，迁窆于先茔少陵原。(《西市藏志》) 按高士廉之曾孙高续仍居于崇仁坊，这与高颎之后人仍居义宁坊一样。长宁公主宅　《太平御览》卷一百八十：“崇仁坊西南隅，长宁公主宅。既承恩，盛加雕饰，朱楼绮阁，一时胜绝。又有山池别院，山谷亏蔽，势若自然。中宗及韦庶人数游此第，留连弥日，赋诗饮宴。上官昭容操翰于亭子柱上写之。韦氏败，公主随夫为外官。初欲出卖木石，当二千万。山池别院，仍不为数，遂奏为观，请以中宗号为名。词人名士竞入游赏。”(韦述《两京新记》) 徐松《唐两京城坊考》卷三崇仁坊南门之西礼会院下注：“本长宁公主宅。主及驸马杨慎交奏割宅向西（应为东）一半，官市为礼会院，每公主、郡县主出降，皆就此院成礼。”又在崇仁坊西南隅元真观下注：“半以东本尚书左仆射申国公高士廉宅。西北隅，本左金吾卫，神龙元年并为长宁公主第，东有山池别院，即旧东阳公主亭子，韦庶人败，公主随夫为外官，遂奏请为景龙观……天宝十三载，改为元真观。”以上所记崇仁坊南门之西的礼会院和西南隅的元真观，在唐中宗神龙年间都是唐中宗第四女长宁公主的宅第。但徐松又在靖恭坊西北隅驸马都尉杨慎交宅下注：“中宗第四女长宁公主下嫁杨慎交。《新唐书·长宁公主传》取西京高士廉第、左金吾卫故营合为宅。右属都城，左頫大道，作三重楼以凭观，筑山浚池，帝及后数临幸，置酒赋诗。又并坊西隙广鞠场。”那么，长宁公主宅第究竟在崇仁坊还是在靖恭坊？还是这两个坊中都有长宁公主宅第？唐代公主在长安或东都洛阳有两处宅第者是屡见不鲜的，如太平公主在长安兴道坊、兴宁坊、醴泉坊就有几处宅第。可是徐松在崇仁坊元真观下说明长宁公主第原为高士廉宅和左金吾卫地，而在靖恭坊驸马都尉杨慎交宅下又引《新唐书·

长宁公主传》说长宁公主下嫁杨慎交，公主取西京高士廉第及左金吾卫故营为宅。哪里有那么凑巧，偏偏在崇仁坊和靖恭坊都有高士廉的宅第和左金吾卫的故营而并为长宁公主宅第呢？就是这两个坊中都有高士廉的宅第，而左金吾卫故营绝不可能地处离皇城很远的靖恭坊。因此，长宁公主宅第决不可能在这两个坊中都有。宋敏求《长安志》卷八崇仁坊元真观下注："半以东，本尚书左仆射申国公高士廉宅。西北隅，本左金吾卫。神龙元年并为长宁公主第。东有山池别院。"《长安志》记述元真观半以东之地与《新唐书·长宁公主传》同。很显然《唐两京城坊考》一书是将《新唐书·长宁公主传》的内容又误置于靖恭坊杨慎交宅下。（参见拙文《长宁公主宅在唐长安崇仁坊》，载《中国历史地理论丛》1963 年第 3 辑）**内给事李愍宅** 贞观二十三年三月二十三日，李愍薨于崇仁坊之第，贞观二十三年四月十二日，葬于浐川东之平原。1954 年 10 月李愍碑于西安市东郊郭家滩出土。（李子春《唐李愍碑考证》，载《文物》1963 年第 3 期）**赠使持节润州诸军事润州刺史王府君夫人李正因宅** 李正因，陇西狄道人。曾祖充节，隋朔州刺史。祖大通，隋千牛备身。父道裕，唐蒲州刺史狄道公。李正因年十七，适琅琊润州府君，显庆四年三月十八日，终于崇仁里之私第，春秋三十二。天授三年岁次壬辰二月丁酉朔二十四日庚申，窆于雍州明堂县神禾乡兴盛里。子守恭、守慎。（《集萃》）**赵五娘懿懿宅** 1956 年西安市东郊韩森寨东北出土赵五娘砖志，志载懿懿司刑太常伯武安公世子，奉冕直长源侧室，雍州渭南人。乾封元年七月十三日，卒于崇仁第，乾封二年三月十三日，葬于万年县长乐原。（《考释》）**秘阁历生刘守忠宅** 刘守忠字高节，楚国彭城人。以咸亨五年七月二十一日，终于崇仁里第。八月十三日，迁厝于高阳原之旧茔。（《续修陕西通志稿》卷一四三，另见《陶斋》《唐文拾遗》等）**朝议郎行吏部主事黄靓宅** 黄靓字思忠，江夏人。父黄义，"中书主书。分荣凤阁，翊务鵷池，外敷论诰，内掌机密"。黄靓于神龙三年四月六日，终于长安崇仁坊之第，景龙二年三月九日，卜葬于北邙之阜。（《补遗八辑》）**庆州马岭县令严令元宅** 1955 年严令元墓志于西安市东郊郭家滩出土。志云：开元九年三月二十一日，终于西京崇仁里。夫人成氏，天宝五载十月三十日，弃养于于康坊宅。天宝七载五月三日，合祔于万年县崇道乡白鹿原蛇村。（《考释》）**乌那升家** 《册府元龟》卷一五二："（开元）十一年，帝谓宰臣曰：'昨闻万年县界崇仁坊有黄衣长上斫杀人，不见州县奏来，是何道理？'时左金吾卫黄衣长上杨骆持刀入乌那升家，伤升妻女，仅而免死。有司惧罪，将掩之。及是，张说等且以实奏曰：'陛下至明，无幽不烛，臣等暗劣，诚负圣朝。'帝曰：'事在有司，非卿之过，宜令京兆尹孟温即收骆，集众杖杀。'"**宋州虞城县令樊晋客宅** 开元十一年三月二十四日，樊晋客终于京兆府崇仁里，以其年四月二十一日，葬于河南府河南县北邙原。（汴博）**凤翔观察使神策行营兵马上都留后段晏宅** 1956 年西安市东郊韩森寨东南出土段晏墓志云：晏以大历七年四月十三日夜终于京兆崇仁里私第，以其年十月二十六日，迁殡于京兆万年县崇义乡南姚村。(《考释》) **中散大夫检校卫尉少卿兼检查御史张良辅宅** 张良辅，元和九年四月十一日，终于崇仁里之私第，即用五月十四日，祔京兆府万年县崇道乡蛇村西北上一里。墓志1956年出土于西安市东郊郭家滩。(《考释》) **石忠正宅** 石忠正字不邪，京兆万年人。长庆二年七月十日，卒于京兆万年县崇仁里，八月二十二日，葬城西小严村。(《续修陕西通志稿》卷一五一) **王家店** 〔日〕圆珍《行历抄》："大中九年五月十九日到城（长安)，权下崇仁坊王家店。" **朝请大夫尚辇奉御上柱国罗士则宅** 罗士则字宗法。其墓志1956年于西安市东郊韩森寨东南墓志出土。志称罗士则于戊辰岁二月二十六日终于崇仁里，以其年四月二十日葬于京兆万年县郑村。按会昌四年，罗士则为继室平阳敬氏撰写墓志。其卒年应为会昌四年后之戊辰，即大中二年。(《考释》《补遗三辑》) **检校太府卿兼左武卫上将军上柱国赐紫金鱼袋马及宅** 马及字至之，扶风人，唐代名将马燧之五代孙。曾祖纵，宝应功臣。大父良瑜。皇考钟申。乾符三年九月二十四日，马及薨于上都崇仁里第，享年七十有六。卜其年十一月二十八日，归葬于万年县李永村。马及历唐十代皇帝，并于穆、敬、文、武、宣、懿、僖七朝任官，但正史无传。仅在《旧唐书·懿宗本纪》遗诏中记载马及等医官并释放。马及一生精于医术，长于书画，还精通音乐。"公能愈疮痱，但神膏异口，海内无伦比耳。宫中每有婴是疾者，公一施其艺，无不明效，虽扁鹊仓公，孰与之对。……公精事笔砚，酷好王书，深得八体之妙，尽为可齐换鹅之法矣！至于丹青小笔，图写鹰鹘之俦，为天下第一手，虽前代籍籍者，未足过也。……至于五音六吕，洞然生知，呜乎！每敷奏赤墀，天子必膝之前席，往往爱其能，奖其效。"马及之次女婿符虔休、虔休子简球均为御医，弟子三人中有两人"师范公之本艺"。马及墓志2000年出土于西安市长安区韦曲北原。（贺华《唐"马及墓志"略考》，载《陕西历史博物馆馆刊》2004年) **文林郎守将作监左校署丞员同正云骑尉闾守元宅** 闾守元，河内人。六十八岁终于崇仁里之私第，大历三年十二月十四日，葬于龙首原。(《补遗五辑》) **银青光禄大夫检校国子祭酒前兼彭州别驾御史大夫孙公宅** 孙公夫人梁氏，安定人。严考叔明，摄濮州刺史，御史中丞。咸通十一年正月二十九，梁氏终于上都崇仁坊之里第，其年二月二十七日，安厝于京兆府万年县浐川乡郑村之原。(《补遗二辑》) **尚书吏部主事韩履霜宅** 韩履霜字钦泰，河南颍川人。祖亨，游击将军陈王府右帐内副典军。父元悊，河间郡文安县丞。韩履霜解褐河南府录事，兼充水陆运判官。升选授尚书司门主事直吏部充河南道赈给判官，授吏部主事。天宝元年十一月二十四日，终于京兆府崇仁里之私第，春秋五十九。天宝四载十月十八日，葬于河南府河南县河阴乡之原。2003年春韩履霜墓志出土于孟津县。(《拾零》) **朝议郎行司农寺导官署令任楚璇宅** 任楚璇字待壁，西河人。解褐补将作监右校署丞，仍直吏部主事，秩满，擢授司农寺导官令，册勋上柱国。“时属陕运使窦公，以府君有奉公之节……遂补充本运使孔目判官，仍差充运使入京。”天宝十三载五月十三日，终于西京崇仁里之私第，其载八月十日，归窆与故夫人始平冯氏，去开元二十［年］七月二十五日，终立行里，合祔于洛阳平阴之原。(《补遗千唐志斋新藏专辑》）任楚璇墓志述其在东都立行里亦有宅第。嗣子文部常选昱等。行利州绵谷县主簿李瓒宅　李瓒夫人傅氏，清河郡人。祖琎，邵州司马。父元直，寿州都督府士曹参军。有子三人，长曰钬，任游击将军、守左龙武军司阶。咸通十年十二月十五日，夫人奄逝于崇仁里之私第，以十一年十一月已酉朔十二日庚申，卜葬于京兆府万年县洪固乡北韦村。(《长安新出墓志》）朝议郎行宣州南陵县尉张师儒宅　张师儒，清河人，乾符五年八月一日，终于宣州权居之所……诸子从职多在南北驱驰，离终日久，遂使移家于上都崇仁之里。(《北图藏拓片》）假居　《太平广记》卷三三四《广异记·岐州佐史》：岐州佐史尝因事至京，停兴道里。忽见二人及一无头人来，云王令追己。佐史知其鬼……谓曰：能相救否？事了，当奉万张纸钱。王人许诺。期后五日，若不复来者，即是事了。其钱可至天门街烧之，至五日不来，吏乃烧钱毕，因移居崇仁里。”1998年河南偃师首阳山镇某砖厂（首阳原石门沟西侧），继颜真卿书郭虚己墓志出土不久，又在其东北方相距离约30米处出土了《唐故朝议郎行宣州宣城县令上柱国郭府君（俢）墓志铭》，颜真卿书。志载：“曾祖虚己，皇检校工部尚书蜀郡大都督府长史剑南节度使并山南西道采访处置等使赠太子太师，谥曰献。”父亚，辉州撝县令。郭俢以大中四年十月二十六日，终于□□崇仁里之旅舍，以其年十二月十七日葬于河南府偃师县亳邑□□南营，祔于先茔。（鲍虎欣《河南偃师市出土郭虚己曾孙郭俢墓志》，载《华夏考古》2008年第2期）按与郭虚己墓志有关的郭氏另见《河南府参军赠秘书丞郭君（揆）神道碑》，碑文载《全唐文》卷三百四十一。

次南平康坊。

南门之东，菩提寺。隋开皇二年，陇西公李敬道及僧惠英所奏立寺。《酉阳杂俎》曰：寺之制度，钟楼在东，惟此寺缘李林甫宅在东，故建钟楼于西。寺内有郭令玳瑁鞭及郭令王夫人七宝帐。大中六年，改为保唐寺。《寺塔记》：佛殿东西障日及诸柱上图画，是东廊旧郑法士画，开元中因屋坏，移入大佛殿内槽北壁。食堂前东壁上，吴道玄画《智度论色偈变》，偈是吴自题，笔迹遒劲，如磔鬼神毛发。次堵画礼骨仙人，天衣飞扬，满壁风动。佛殿内槽后壁，吴道玄画《消灾经》事，树石古险。元和中，上欲令移之，虑其摧坏，乃下诏择画手写进。佛殿内槽壁《维摩变》，舍利弗角膝而转，元和末俗讲僧文溆装之，笔迹尽矣。故兴元郑公尚书题此壁僧院诗曰：“但虑彩色污，无虞臂胛肥。”置寺碑阴，雕饰奇巧，相传郑法士所起样也。初，会觉上人以利施起宅十余亩，工毕酿酒百石，列瓶瓮于两廊下，引吴道玄观之，因谓曰："檀越为我画，以是赏之。"吴生嗜酒且利赏，欣然而许。中三门内东门，张希复云（《酉阳杂俎》续集卷五作"善继云"。）是吴生弟子王耐儿之手也。《名画记》：菩提寺有吴道玄、杨廷光、董谔、耿昌言画。按禄山之乱，王维禁在菩提寺。颜鲁公《坐位贴》言菩提寺行香，当即此寺。**十字街之北，阳化寺。**隋内史舍人于宣道为父建平公义、母独孤夫人所立。**万安观。**天宝七载，永穆公主出家，舍宅置观。其地西南隅本梁国公姚元崇宅，次东即太平公主宅，其后敕赐安西都护郭虔瓘，后悉并为观。《名画记》：观内公主影堂，李昭道画山水。**嘉猷观。**详李林甫宅下。明皇御书金字额以赐之，林甫奏女为观主。观中有精思院，王维、郑虔、吴道子皆有画壁。林甫死，后改为道士观，择道术者居之。**西北隅，隋太师申国公李穆宅。**其地景龙中为长宁公主府及鞠场，景云中废，并毬场散卖与居人。**西南隅，国子祭酒韦澄宅。兰陵长公主宅。**李义府《兰陵长公主碑》：遘疾，薨于雍州万年县之平康里第。按碑，长公主为太宗第十九女，降窦怀悊。**太子右庶子银青光禄大夫国子祭酒上护军孔颖达宅。**于志宁《孔颖达碑》：薨于万年县平康里第。**西门之南，尚书左仆射河南郡公褚遂良宅。**自遂良父太常卿亮居焉。**南门之西，刑部尚书王志愔宅。次北，户部尚书崔泰之宅。侍中裴光庭宅。**张九龄《裴光庭碑》：薨于京师平康里之私第。**左羽林大将军臧怀亮宅。**李邕《臧怀亮碑》：薨于京师平康里之私第。**东南隅，右相李林甫宅。**本尚书左仆射、卫国公李靖宅，景龙中韦庶人妹夫陆颂所居。韦氏败，靖侄孙散骑常侍令问居之，后为林甫宅。有堂如偃月，号月堂，每欲排挤大臣即处之，思所以中伤者，若喜而出即其家碎矣。又说，其宅妖怪，东北隅沟中至夜每火光大起，有小儿持火出入。林甫恶之，奏分其宅东南隅立为嘉猷观。《宣室志》：泓师者，以道术闻，常过李靖宅，谓人曰："后之人有居此者，贵不可言。"其后久无居人，开元初李林甫为奉御居焉。泓师曰："果如是，十有九年居相位。虽然，吾惧其易制中门，则祸及矣。"林甫果相玄宗，及末年有人献良马甚高，而其门稍庳，不可乘以过，遂易旧制。既毁其檐，忽有蛇十数万在屋瓦中，林甫恶之，即罢而不复毁焉。未几，林甫竟籍没。《开天传信记》：平康坊南街废蛮院，即李林甫旧第。**太子宾客分司东都张弘靖宅。**本国子司业崔融旧第，有融题壁处。**虔州刺史王哲宅。**《酉阳杂俎》：唐虔州刺史王哲在平康里治第，西偏家人掘地，拾得一石子。**汧阳郡太守王俌宅。**王维《汧阳郡太守王公夫人安喜县君成氏墓志》：薨于长安平康里之私第。安喜县君乃王濡之母，濡之父名俌，官至定州刺史，俌之祖即石泉公方庆。**霍国夫人王氏宅。**杨绾《汾阳王妻霍国夫人王氏碑》：终于平康里之私第。**校书郎陈苌宅。**柳宗元《伯祖妣李夫人墓志》：终于平康里。按：馆于第三婿校书郎、渭南尉颍川陈苌家。又宗元《亡姑陈夫人权厝志》：前渭南县尉颍川陈君之夫人河东柳氏，终于平康里。河南府录事赵虔章宅。孙溶赵虔章墓志：告终于平康里私第。“溶”一作“容”。马震宅。（原误“冯震”，今改正。）《续玄怪录》：扶风马震居长安平康里坊，正昼闻叩门，往看，见一赁驴小儿，云适有一夫人自东市赁某驴，至此入宅，未还赁价。其家实无人来，且付钱遣之。经数日，又闻扣门，亦又如此，乃置人于门左右候之。是日果有一妇人从东乘驴来，渐近识之，乃是震母，亡十一年矣。葬于南山，其衣服尚是葬时者。邢凤宅。沈亚之《异梦录》：邢凤帅家子寓居长安平康里南，以钱百万质得故豪洞门曲房之第。即其寝而昼偃，梦一美人自西楹来。同华、河中、河阳、襄、徐、魏、泾原、灵武、夏州、昭义、浙西东、容州进奏院。三曲。《北里志》云：平康里入北门东回三曲，即诸妓所居之聚也。妓中有铮铮者，多在南曲、中曲。其循墙一曲，卑屑妓所居。

《校补记》：平康坊菩提寺　补注：《纪闻》：开元十八年，西京菩提寺长生猪死，焚之，得舍利百余粒。《酉阳杂俎》：束草师坐卧寺西廊下，不肯住院。（《杂俎》续集卷五“草”作“藁”，“西”作“两”）张弘靖宅　注：本国子司业崔融旧第。校：本字上脱“尚书故实”四字。王哲宅　注：拾得一石子。校：石子下脱朱书曰“修此不吉”。冯震宅校：冯当改马。

增订：

菩提寺　《太平广记》卷九十八《异僧类·束草师》：“长安平康坊菩提寺，先有僧，不言姓名，常负束藁，坐卧于寺西廊下，不肯住院。经数年，寺纲维或劝其住房。曰：尔厌我也。其夕，遂束藁焚身，至明，唯灰烬耳，无血骨之臭，众方疑为异人，遂塑灰为僧于佛殿上，世号为束草师。”《旧唐书·宣宗纪》：“会昌六年五月，左右街功德使奏准。今月五日赦书节文，上都两街旧留四寺外，更添置八所，两所依旧名兴唐寺、保寿寺，六所请改旧名……菩提寺为保唐寺……”《长安志》菩提寺下注“大中六年改为保唐寺”，应为“会昌六年”。《新罗国故两朝国师教谥朗空大师白月栖云之塔碑铭》（崔仁滚撰）：“遂于咸通十一年，投入备朝使金公紧荣，西笑之心，备陈所志，金公情深盖，许以同舟。无何，利涉大川达于西岸。此际，不远千里至于上都。寻蒙有司特具事由，奏闻天听。降敕，宜令左街宝堂寺孔雀王院安置大师。所喜神居驻足，胜境栖心。未几，降诞之辰敕征入内。懿宗皇帝遽宏至化，虔仰玄风。问大师曰：‘远涉沧溟，有何求事？’大师对敕曰：‘贫道幸获观风上国，问道中华。今日叨沐鸿恩，得窥盛事，所求遍游灵迹，追寻赤水之珠，远耀吾乡，更作青丘之印。’天子厚加宠赉，甚善其言。”拜根兴《朝鲜半岛现存金石碑志与古代中韩交往，载《陕西师范大学学报》（哲学社会科学版）2007 年第 4 期，按唐长安城左街无宝堂寺。据《旧唐书·宣宗纪》：会昌六年五月左右街功德使奏，上都两街旧留四寺外，更添置八所，其中六所改旧名，菩提寺改为保唐寺。则知平康坊南门之东的菩提寺会昌六年之后改为保唐寺。（另见《唐会要》卷四十八会昌六年正月（正月为五月）左右街功德使奏）宝堂寺应为保唐寺之误。《北里志·海论三曲中事》平康里“诸妓以出里艰难，每南街保唐寺有讲席，多以月三八日相牵率听焉”。新罗朗空大师于咸通十一年随备朝使入上都，受到有司安置于保唐寺之孔雀王院，并在大明宫受到唐懿宗接见问答。中文史料中从未有记载，是珍贵的中外宗教文化交流史料，同时也增补保唐寺中有孔雀王院。华封观　是否为万安观之异名？《唐会要》卷五十《尊崇道教》条：“平康坊。天宝七载，永穆公主出家，舍宅置观，其地西北隅本梁国公姚元崇宅，以东即太平公主宅。其后敕赐安西都护郭虔瓘，今悉为观，号华封。”三曲　《海论三曲》：“平康里入北门，东回三曲，即诸妓所居之处也。妓中有铮铮者多在南曲、中曲，其循墙一曲，卑屑妓所居，颇为二曲轻斥之。”《太平广记》卷四八四《李娃传》：“（天宝中，郑）生亦自负，视上第如指掌，自毘陵发，月余抵长安，居于布政里。尝游东市还，自平康东门入，将访友于西南。至鸣珂曲，见一宅，门庭不甚广，而室宇严邃。”此即李娃居处。陈小风宅　《北里志·张住住传》：“里之南有陈小凤者，为平康富家，车服甚盛。”潞府留后院　〔日〕圆仁《入唐求法巡礼行记》卷四：（会昌三年）九月十三日，河北道潞府节度使刘从简叛，敕下诸州府抽兵马都五万军打潞府……留后院在京左街平康坊……”上骑都尉李政宅　显庆四年七月四日，李政终于万年县平康里第，其月七日，葬于浐川乡之界。1955年墓志于西安市东郊郭家滩出土，砖质志铭称其“性好钟律，尽丝竹之玄妙，善属文艺，京兆优游”。（《考释》）彭城公夫人尔朱氏宅　以某年月日终于平康里之私第，越上元三年十月二十日，合葬于城南之毕原。（《文苑英华》卷九六四）朝散大夫上柱国行司府寺东市署令张堪宅　《陶斋》卷十九《张堪妻田雁门县君墓志》称：大周朝散大夫上柱国行司府寺东市署令张府君妻田雁门县君，天授二年五月十六日，薨于万年县平康坊之私第，天授二年六月三日，迁窆于城东龙首原长乐乡王柴村南一里，向南与寿春坊路通也。大中大夫司农少卿上柱国温思暕宅　温思暕字药王，太原祁人。武周证圣元年腊月二十一日，薨于西京之万年县平康里第，万岁登封元年葬于长安之东白鹿原。温思暕墓志2000年12月出土于西安市东郊纺正街向阳院住宅小区。距温思暕墓25米为其父“左领军宣化府统军”温绰墓。贞观七年七月十七日，绰终于万年县之私第，夫人赵氏终于咸亨元年，其年合葬于万年县浐川乡白鹿原之西。（孙福喜、王自力《西安东郊唐温绰、温思暕墓发掘简报》，载《文物》2002年第12期）朝散大夫尚书司勋郎中吉浑宅　吉浑字玄成，开元十五年岁次丁卯五月三日，终于京兆万年平康里。台湾研究院历史语言研究所藏拓片金紫光禄大夫行鄜州刺史杨执一宅　杨执一墓志1951年于咸阳底张湾出土，张说撰文。志载夫人独孤氏于开元四年三月三十日终于平康里第，开元十五年九月三日，杨执一与夫人同祔于京兆府咸阳县洪渎原。（武伯纶《西安碑林简史》，载《文物》1961 年第 8 期）按《全唐文补遗》第一辑称杨执一墓志为贺知章撰文。《冠军大将军行右卫将军上柱国河东郡开国公杨君亡妻新城郡夫人独孤氏墓志铭并序》称：夫人李氏，陇西成纪人。祖楷，隋开皇中有功，赐姓独孤氏。父云卿，赠益州大都督。开元四年三月三十日，夫人终于平康里之私第，其年八月二十九日，卜厝于洪渎原。（《补遗一辑》）银青光禄大夫守工部尚书赠荆州大都督清河郡开国公上柱国崔泰之宅　《长安志》载平康坊南门之西，刑部尚书王志愔宅，次北户部尚书崔泰之宅。崔泰之墓志出土于洛阳，志云：开元十一年六月七日，清河东武城人崔泰之薨于京平康里第，其年十月五日葬于河南府河南县平乐乡。（《千唐志》）崔泰之墓志证明《长安志》记载平康坊崔泰之宅无误。崔泰之母杜德，开元六年薨于河南府永丰里第，则东都永丰里有崔泰之之父崔知温宅。臧怀亮宅　臧怀亮墓位于三原县陵前乡三合村西侧三百米。1985 年 4 月出土《大唐故冠军大将军左羽林军大将军上柱国东莞郡开国公臧府君墓志并序》一方。志载：臧怀亮字时明，东莞莒人，历任边将，恩加银青光禄大夫，单于副大都护，兼朔方军副大总管……兼东受降城大使、朔方军节度副大总管。会六州胡叛，将兵讨除。诸军未至，而特立殊效……开元十七年八月二十二日，薨于京师平康里私第，明年冬十月二十一日，卜厝于三原。”（曹发展《唐羽林大将军臧怀亮两方墓志合考》，载《陕西历史博物馆馆刊》第三辑 1996 年）朔州马邑县丞苏涉宅　苏涉字遂珪，京兆武功汉平陵侯（苏）建之后。十六代祖则，仕魏为侍中，因为洛阳人。祖善柱。父孝义，延州都督府户曹。苏涉解褐就朔州马邑县丞，自他州罢秩，优游耕凿。开元十八年九月三日，终于万年县平康里私第，春秋六十有三，即以其月，权窆于长乐原。嗣子静初。夫人吴氏，开元二十七年四月二十三日，终于苏涉初第，以其年八月二十四日，会葬于高平原。（《西市藏志》）李著宅　李著，陇西成纪人。尚书工部侍郎之中子，河南故尹王氏之外孙。开元二十六载八月五日，终于万年平康里，春秋十七，其月十三日，迁殡于长安城南安固原。（《补遗八辑》）原朝议部行蜀州晋原县尉薛锐宅　薛锐显祖薛怀庆，雍州司仓参军，驾幸九成宫，除岐州麟游县令。祖薛玄嘉。父薛俨，明经擢第，授稷州参军。薛锐年二十，以门籍简授则天皇后辇脚出身，调补简州参军，秩满，授蜀州晋原县尉。春秋五十六，终于平康里私第。夫人本郡柳氏，开元二十六年十二月二十八日，合窆于少陵原。（《西市藏志》）宣义郎裴公夫人卢婉宅　裴公夫人卢婉，其先范阳人。祖卢琼，绛州闻喜县令。父卢铉，贝州经城县尉。卢婉年十五归采苹，宜家未几，瞰室延灾，以开元二十七年十月二十五日，终于西京平康里第，春秋二十有五，其年十二月十五日殡于京兆府万年县洪原乡张村之南。（《西市藏志》）银青光禄大夫延王傅李齐之宅　李齐之，陇西人。烈考神通，淮安郡王。大父孝锐。李齐之天宝八载闰六月十四日，奄息于京兆府咸宁县平康里之私第，九载正月十九日，窆于京城东南凤栖原祔大茔之侧。夫人范阳卢氏，夫人河南元氏，皆先亡。有子惟岳等。（《洛阳新获墓志》二〇一五）诺思计宅　诺思计，敕姓卢，名庭宾，望范阳郡。扶余府大首领游击将军守右领军卫京兆府文学府果毅守左武卫潞州临漳府左果毅同正。天宝七载五月□日，终于京兆府万年县□康坊之里第。（《补遗五辑》）按此墓志字迹模糊，查万年县以康字为第二个字的坊名只有平康坊，故知扶余府大首领诺思计即卢庭宾应在平康坊有宅第。这是迄今在唐两京发现的唯一扶余人的宅第。承议郎行临海郡宁海县令陈祎宅　陈祎字争□，南朝颍川人。夫人武威段氏，开元二十四年十二月四日，终于平康坊私舍。夫人赞皇李氏，天宝八载八月四日，终于西京咸宁县宣平坊之私舍。天宝九载正月六日，陈祎与二夫人合祔于少陵之原。（《补遗三辑》）太子典设郎郑公宅　郑公夫人崔氏，朝散大夫信都司马端，夫人之王父也。天宝十有四祀七月二十五日，崔氏终于西京平康里之私第，其年十一月五日，归葬于洛阳北邙之原依于先茔。嗣子恒王府参军郑鍠。（《补遗六辑》）游击将军行蜀州金堤府左果毅都尉张晕宅　《续修陕西通志稿》卷一四八：张晕夫人姚氏，贞元四年五月八日，终于上京平康里之私第，大历十三年八月九日，与张晕合祔葬于万年县龙首乡原。左神策军先锋突将兵马使开府仪同三司试太子宾客兼御史中丞洋川郡王权秀宅　权秀，祖本天水，代居真宁，为真宁人。贞元七年六月五日，卒于平康里之私第，其年八月十四日，葬于万年县崇义乡之原。（《补遗二辑》）将作监丞班翼宅　班翼字促翔。其先令尹子文，分姓于楚，迁家于晋，复自楼烦避地，代居扶风安陵，今为扶风安陵人。曾祖思简，尚书礼部员外郎赠许州刺史。祖景倩，秘书监赠尚书右仆射。父宏，户部尚书赠太子太保。班翼为宏的第三子，母武威郡太夫人。以门荫补右千牛，除舍千牛。应进士举不第，从常调补右神武军仓曹参军事。自后，历京兆府美原、醴泉二县丞，将作监丞。长庆三年夏五月首旬之五日，终于京兆府万年平康里之私第，其年八月二日，安厝于长安县居安乡高阳原。班翼之曾祖思简曾见于史书记载。祖父景倩见于《江南通志》卷一一六。父班宏，两《唐书》有传。班翼之弟班肃，曾任坊州刺史。（胡明曌《〈唐故将作监丞班府君墓志铭并序〉考释》，载《唐研究》第十二卷 2006 年）。按班翼墓志记载葬于长安县居安乡高阳原，应在今长安区郭杜镇附近陕西师范大学新校区一带，与墓志出土于西安庙坡头村东地望不合。国子监太学博士班繇宅　班繇字禹士，扶风安陵人。东汉班固二十三代孙。曾祖思简，大父景倩。烈考宏，户部尚书萧国公累赠太保。班繇是宏第五子，恩授太常寺奉礼郎，转华州郑县主簿，京兆府盩厔县主簿，迁国子监太学博士。宝历元年三月二十三日，遘暴疾捐馆于平康里之私第，享龄四十七。其年五月十七日，迁窆于长安县居安乡高阳原祔先茔。夫人陇西李氏，河中府虞乡县令宁之第二女，大和五年三月十一日，终于京兆府渭南县神祐乡张武里之别业。以其年十一月十二日，归葬于长安县居安乡高阳原与府君同域。嗣子弘文馆明经及甫，次子于门。（《长安高阳原新出土隋唐墓志》）奉义郎行

洪州南昌县丞杨士真宅 杨士真字弘谅，望郡弘农。大和二年后三月十八日，终于万年县平康里私第，其年八月十九日，祔葬公于崇义乡南姚村先茔。（《补遗二辑》）**画家张彦远宅** 《历代名画记》卷十："张璪字文通，吴郡人，尤工树石、山水。以宗党常在予家，故予家多璪画。曾令画八幅山水障，在长安平康里。破墨未了，值朱泚乱，京城骚扰，璪亦登时逃去。"**楚州司马杨纭夫人李雅宅** 1956年西安市东南三兆镇缪家村出土李雅墓志，志云：乾符三年六月二十七日，雅终于京兆平康里从夫之第，以明年十月十七日，葬于京兆府万年县宁安乡通安里。（《考释》）**下邽县令赠卫州司马杜珽终于平康里之客舍** 杜珽字国仪，京兆杜陵人。隋工部侍郎运之曾孙，唐均州司马敬道之孙，益州遂城县尉知隐之元子。杜珽弱冠秀才擢第，调内率府胄曹参军，转右武卫录事参军，转太原府晋阳尉、河南府洛阳尉。开元二十五年十二月四日。终于万年县平康里之客舍，春秋四十有三。嗣子棘心。以明年二月二十二日，迁于少陵原从先茔。（《集萃》）**客舍** 国学生高逸宅，字衡，渤海人。王父侃，左监门卫大将军。大父崇德，洮、胜二府都督，沁、会、延三州刺史。父彩，睢阳郡司功。高逸以门荫补国子生。天宝元年十一月八日，暴于西京平康里之客舍。春秋二十有四，以其年岁次壬午十二月壬申朔二十五日□申，葬于龙门西原（《拾零》）**逆旅** 《大唐故东阳郡司马俞公墓志铭并序》俞仁玩字崇简，圣历之初，乡试上省，贵为造士，登为甲科。解巾拜国子直讲，改□四门助教，历迁国子太学，授东阳郡司马，稽考则合升，赴天庭而议计。以天宝三载十二月一日，终于京兆府万年县平康里之逆旅。次子季梁，引灵輀于函谷，归旅榇于洛师。天宝四载十月十三日，与夫人吴郡朱氏合祔于河南府洛阳县清风乡樊村之原（《西市藏志》）。

次南宣阳坊。

东南隅，万年县廨。去府七里，县门屋宇文恺所造。太平公主降薛绍，于县廨设婚席。初以县门隘窄，欲毁之，高宗敕，宇文恺所造，制作多奇，不须毁拆也。**榷盐院**。**坊西南隅，净域寺**。隋文帝开皇五年立。恭帝禅位，止于此寺，薨焉。《酉阳杂俎》曰：本太穆皇后宅。寺僧云，三阶院门外是神尧皇帝射孔雀处。佛殿内西座蕃神甚古质。贞元已前，西蕃两度盟，皆载此神，立于坛而誓。相传当时颇有灵。《寺塔记》：王昭隐画门西里和修吉龙王有灵。门外之西（《酉阳杂俎》续集卷六"门外"作"门内"），火目药叉及北方天王甚奇猛。门东里面贤门，野叉部落鬼首上蟠蛇汗烟可惧。东廊树石险怪，高僧亦怪。西廊万菩萨院，门里南壁皇甫轸画鬼神及雕，形势若脱轸，与吴道玄同时。吴以其艺逼己，募人杀之。万菩萨堂内有宝塔，以小金铜塔数百饰之。大历中，将作刘监有子合手出胎，七岁念《法华经》。及卒焚之，得舍利数十粒，分藏于金铜塔中。佛殿东廊有古佛堂，其地本雍村。堂中像设悉是石作，相传云隋恭帝终此堂。《名画记》：净域寺三阶院东壁，张孝师画地狱变，杜怀亮书牓子。院门内外神鬼，王韶应画，王什书榜子。**奉慈寺**。本开元中虢国夫人杨氏宅。虢国即贵妃之姊。其地本中书令马周宅。《津阳门诗》曰：八姨新起合欢堂。注曰：虢国构一堂，价费万金。堂成，工人偿价之外，更邀赏技之直，复与绛罗五千段。工者投而不顾，虢国问其由，工曰："某平生之能殚于此矣。苟不以信，愿得蝼蚁、蜥蜴、蜂虿之类，数其目而投于堂中。使有间隙，得亡一物，即不论功直也。"于是又以绘彩珍具与之。又《明皇杂录》曰：贵妃姊虢国夫人恩倾一时，大治第宅。栋宇之盛，世无与其比。所居本韦嗣立旧宅，韦氏诸子，亭午方偃息于堂庑，忽见一妇人衣黄帔衫，降自步辇，有侍婢数十，笑语自若。谓韦氏诸子曰："闻此宅欲货，其价几何?"韦氏降阶言曰："先人旧庐，所未忍舍。"语未毕，有工人数百，登西厢掘其瓦木。韦氏诸子既不能制，乃率家童挈其琴书，委于衢路，而自叹曰："不才无能，为势家所夺，古人之戒，将见于今日乎?"而与韦氏隙地十亩余，其他一无所酬。虢国中堂既成，召匠圬墁，以二百万偿其直，而复以金盆二、瑟瑟三斗为赏。后曾有暴风拔树，委于堂上。已而视之，略无所伤。既彻瓦以观，皆承以木瓦，其制精妙，皆此类也。《寺塔记》曰：安禄山伪命百官，以田乾真为京兆尹，取虢国宅为府。后为驸马都尉郭暧宅。今上即位之初，太皇太后为升平公主追福，奏立奉慈寺，赐钱二千万，绣帧三车。抽左街十寺僧四十人居之。**驸马独孤明宅**。《寺塔记》：净域寺画金刚有灵。天宝初，驸马独孤明宅与寺相近，独孤有婢名怀香，悦西邻一士人，宵期于寺门。有巨蛇束之，俱卒。**南门之西，杞国公窦毅宅**。毅即太穆皇后之父。宅西有皇后归宁院，后施净域寺。宅南有杞公庙。**十字街之西北，秋官尚书谯国公李诲宅**。后为韦温宅，韦氏诛后，赐恩国公主。毕氏曰：《唐书》有两韦温，此乃韦庶人从父兄。**西门之北，尚书左仆射舒国公韦巨源宅。宅东有陕州刺史刘希进、少府监杨务廉宅**。按《新书·长宁公主传》云：擢务廉将作大匠。又云：务廉卒坐赃数十万废终身。是务廉终于将作大匠也。**次西北隔巷，有国子祭酒韦叔夏宅，光禄卿单思远宅。十字街东之北，刑部尚书李乂宅**。毕氏曰：苏颋《李乂碑》：乂终宣阳里第。**次西有益州长史李衮、太子宾客郑惟忠宅。东北隅，兵部尚书郭元振宅**。张说《郭元振行状》：旧于宣阳里居二十余年，不至诸院马厩。每朝回，对二亲言笑，归室俨如也。杜甫《过郭代公故宅诗》注：云郭元振宅在京师宣阳里。**前司空兼右相杨国忠宅**。虢国夫人居坊之左，国忠第在其南。毕氏曰：《唐书》云，国忠第在宫东门之南，与虢国相对。韩国、秦国甍栋相接。《集异记》：天宝末，禄山初陷西京，王维、郑虔、张通等皆处贼庭。洎克复，俱囚于宣阳里杨国忠旧第。**西门之南，右羽林军大将军高仙芝宅。东门之北，京兆尹李齐物宅。司徒致仕薛平宅。右骁卫大将军韩公武宅**。毕氏曰：《唐书》传，公武居宣阳里之北门。**麟台正字陈子昂宅**。《独异记》：京师东市有卖胡琴者，陈子昂千缗市之，语众曰："余居宣阳里，明日专候。"来晨集者凡百余人。礼部员外常无名宅。常衮叔父无名墓志：薨于西京宣阳里之私第。将作监韦文恪宅。文宗时人。右神武统军张义潮宅。咸通六年，归义军节度使张义潮自沙州入觐，诏除统军，赐第一区。邠宁、东川、振武、鄂州进奏院。柳宗元有《邠宁进奏院记》。贾昌宅。陈鸿祖《东城老父传》：老父姓贾名昌，长安宣阳里人，以斗鸡得幸玄宗。禄山朝京师，识昌于横门外。及乱二京，以千金购昌长安、洛阳市。昌变姓名，依于佛舍。洎太上皇归兴庆宫，昌还旧里，居室为兵掠。明日复出长安南门道，见妻儿于招国里，菜色黯焉。

《校补记》：宣仁坊　补：崔尚书宅，并注：《李娃传》，详布政坊。又补：萧馀宅，并注：《云仙杂记》：萧馀于上元夜，宣阳里第酒盘下得一物，类美石，光彩射人。

增订：

净域寺　《大唐净域寺故大德法藏禅师塔铭并序》："开元二年十二月十九日□舍生于寺，开元二年十二月二十日，施身于终南山楩梓谷尸陁林，由是积以香薪，然诸花叠，收其舍利，建窣堵波于禅师塔右。"（《金石萃编》卷七一）按：终南山楩梓谷口，即今长安区天子峪口百塔寺，是佛教三阶教信徒聚葬舍利的圣地。收其法藏舍利建窣堵波于禅师塔右，指的是三阶教信行禅师塔右。金隄府统军太仆寺监柱国西郡开国公张直宅　张直字子俟，安定人。十三代祖前凉太祖张轨。祖张洛，隋泾、延二州刺史。父张达，兴州刺史，袭西郡公。张直隋仁寿三年起家为献后挽郎，历任岚城县令，李渊授张直大丞相府典签。唐兴隋班升擢，迁通事舍人，讨刘黑闼为行军总管，贞观二年诏授益州金隄府统军、太仆寺监。贞观五年十一月一日，薨于京师平康里第，春秋五十有三。夫人周氏，奄以显庆五年正月三十日，终于安兴里舍，春秋七十有一。显庆六年二月十九日，改厝于万年县少陵之原（《西市藏志》）。上开府大将军历旭、宕、岷、武、渭、和六州刺史、判岷州总管检校兰州都督贺拔亮宅　贺拔亮字景玄，河南洛阳人。曾祖台，魏司空公。祖颎，魏侍中。父威，周大兵部。贺拔亮起家隋左勋卫，逮隋室土崩，薛举重聘连横，贺拔亮斩其将命。义宁二年（618）授叠州通守，武德元年（618）迁旭州刺史。"凡七迁方牧，九奔王命。……策命（名）两代，委任四君。"贞观二十二年五月二十三日，薨于京城宣阳里第，春秋七十有五，以二十三年十月二日，葬于万年县之少陵原。贺拔氏源出高车，贺拔亮及其家族拓跋化、汉化取径因素，根结权力和政治。《唐贺拔亮墓志》由西安大唐西市博物馆征集。（李鸿宾《唐贺拔亮家族汉化取径之研究》，载《唐研究》第十七卷2011年）杞国公窦毅宅　《大唐故太子右司卫御率杞国公窦府君墓志铭》："公讳德藏，扶风平陵人。西秦州刺史韬之后，太保威之四代孙。曾祖毅，周大司马襄州刺史、隋定州总管上柱国神武肃公，皇朝赠司空使持节总管荆、郢、硖、鄀、基、复、沔、岳、沅、澧十州诸军事，荆州刺史，封杞国公。祖拓贤，隋迁州刺史仪同三司神武公，皇朝赠使持节，总管金、迁、房、直、洵五州诸军事、金州刺史。父绍宣，皇朝赠使持节秦州诸军事、秦州刺史，袭封杞国公。……德藏年十九，袭封杞国公，起家东宫千牛……春秋六十五。”以乾封元年六月七日，薨于雍州万年县宣阳里之第，二年二月十一日，迁窆于始平县北原。窦毅是唐高祖太穆皇后之父。1989年咸阳市顺陵内阙门外西南出土窦威五代孙窦诞墓志。德藏墓志出土于咸阳市秦都区双照乡新城村西南600米。（李慧、曹发展注考《咸阳碑刻》，三秦出版社，2003年）李晦宅　1995年8月至12月，陕西省考古研究所阳陵考古队对位于高陵县马家湾乡马家湾村西南约1千米的渭北台地上之唐李晦墓进行了抢救性发掘，出土《大唐故秋官尚书上柱国河间县开国子李君墓志铭并序》。据李晦墓志及李晦墓前原李晦碑及洛阳出土的李晦女儿墓志考证，李晦：A. 出身贵胄，仕途通达。李晦系唐室成员，太宗李世民之堂侄，高宗李治堂弟，开国元勋李孝恭之子。初仕即封从六品上阶，近身皇侧；既而侍卫太子东宫，而后或出镇边塞（高宗永徽年间，“百万之师长驱驰辽碣”，李晦任幽、营二州都督），或留守京畿（历任检校雍州长史、洛州长史和东都留守），或统帅貔貅，或总领“中外百司之事”。B. 文韬武略兼备。C. 体恤民情，从谏如流。“晦私第有楼，下临酒肆，其人尝候晦言曰：‘微贱之人，虽则礼所不及，然家有长幼，不欲外人窥之。家逼明公之楼，出入非便，请从此辞。’晦即日毁其楼。”（新旧《唐书·宗室》）D. 深得高宗李治信任。李晦为唐代早期国家统一、疆域拓展、社会稳定、经济繁荣做出过贡献。（焦南峰、王保平、马永赢《唐〈秋官尚书李晦墓志〉考略》，载《碑林集刊》第十辑2004年）按，唐朝规定，京城民居商用都不得起楼，充分体现出坊市制度的严密性。但随着城市商品经济的发展，流动人口增加，封闭式的坊市制度和原有的空间结构逐渐被突破。这种突破的一个重要表现就是立体空间的扩展。李晦拆楼，既体现他的体恤民情，也是由于唐廷有明文规定。然而从武则天以后，京都权贵宅第违制建造就越来越严重。如长宁公主宅在长安城，“又取西京高士廉第、左金吾卫故营合为宅。右属都城，左俯大道，作三重楼以凭观”。（《新唐书》卷三八）。大臣许敬宗“营第舍华僭，至造连楼，使诸妓走马其上，纵酒奏乐自娱”。（《新唐书·奸臣列传上》）此外从后唐庄宗与宦官在洛阳的一段对话也能反映出长安城在初唐之后高楼林立的状况：“庄宗常择高楼避暑，皆不称旨。宦官曰：‘今大内楼观，不及旧时长安卿相之家。旧日大明、兴庆两宫，楼观百数，皆雕楹画栱，干云蔽日，今官家纳凉无可御者。”（《旧五代史》卷五七《郭崇韬传》）。杨务廉宅　《朝野佥载》卷六：“将作大将杨务廉甚有巧思，尝于沁州市内刻木作僧，手执一碗，自能行乞。碗中钱满，关键忽发，自然作声云‘布施’。市人竞观，欲其作声，施者日盈数千矣！”杨国忠宅　《长安志》宣阳坊下：“虢国夫人居坊之左，国忠第在其南。（毕）沅按《唐书》云：国忠山第在宫东门之南，与虢国相对，韩国、秦国甍栋相接。”徐松照录毕沅按语而删其“山第”之“山”字。另外在长安宣义坊杨国忠宅下，按稿本有以下按语：“国忠山第在宫东门之南，与虢国相对，盖国忠宅第有二，其山第盖即宣阳里之宅也。”（这段按语在刊入《连筠簃丛书》时被删去）宣阳里无杨国忠山第，山第在华清宫内，毕沅按语是依据《旧唐书·杨国忠传》所载：“贵妃姊虢国夫人，国忠与之私。于宣义里构连甲第，土木被绨绣，栋宇之盛，两都莫比。……玄宗每年冬十月幸华清宫，常经冬还宫。国忠山第在宫东门之南，与虢国相对，韩国、秦国甍栋相接，天子幸其地，必过五家，赏赐燕乐，每扈从骊山，五家合队。”于此可知杨国忠山第在骊山华清宫东门之南。（《丛考》）张义潮宅　根据敦煌写本《敕河西节度兵部尚书张公德政之碑》中“宣阳赐宅，廪实九年之储；锡壤千畦，地守义川之分”之语，可丰富两京城坊考中对宣阳坊中张义潮宅的记载，并可知其有庄等等居住环境和方式。（王静书评《隋唐两京坊里谱》，载《唐研究》第六卷2000年）《敕河西节度兵部尚书张公德政之碑》载，张公之叔“须拜龙颜，束身归阙。朝庭偏宠，官授司徒，职列金吾，位兼神武。宣阳赐第”。春秋七十有四，寿终于长安万年县宣阳坊之私第。诏赠太保，敕葬于秦浐南原。张公皇考议潭，前沙州刺史，春秋七十有四，寿终于京永嘉坊之私第，诏赠工部尚书。夫人，钜鹿郡君索氏。敕祔葬于月登阁北茔。张公则故太保之贵侄。（《补遗九辑》）从张公碑文中，可知长安宣阳坊、永嘉坊有张议潮、张议潭兄弟的宅第。（《敕河西节度兵部尚书张公德政之碑》，藏英国国家图书馆所藏斯坦因收集敦煌文献六一六一号等）右屯卫将军阿史那摸末宅　摸末，漠北人（突厥）。贞观二十三年二月十六日，薨于宣阳里。夫人李氏，平夷县主，先以贞观九年正月八日薨于宣阳里。二十三年三月十六日，同葬于万年县龙首乡。摸末曾祖阿波设，祖启民可汗，父处罗可汗。1954年西安东郊沙坡村出土阿史那勿施墓志，称其父为摸末。又阿史那哲墓志称：自奴，字哲，祖摸末，即处罗可汗嫡子也，父勿施。勿施葬京兆府龙首原，哲葬于京延兴门外五里龙首原。（陈忠凯《读三方唐突厥族人墓志》载《碑林集刊》第二辑1995年，《补遗三辑》）按阿史那摸末祖孙几代墓志均出土于今西安沙坡村，即唐代万年县之龙首原。左骁卫大将军幽州都督琅琊公牛秀宅　牛秀字进达，其先陇西人，后为濮阳之雷泽人。永徽二年正月十六日，薨于雍州万年县宣阳里之私第。二年四月十日与夫人河东裴氏合葬昭陵之赐茔。（《昭陵碑石》）据牛秀墓志载：“（贞观）八年，迁守左卫将军。于时吐谷浑内扰湟中，王赫斯奋，乃为鄯善道行军副总管。魂驰寇壤，志烈风驱，遥刷河源，遐清导弱，功兼群帅，用畴殊赏。……后西讨高昌，为交河道行军总管……。十八年内从讨辽东。”牛秀在唐初参与对吐谷浑、高昌和高丽的战争。绛州司户参军慕容知敬宅　总章□年八月十□日，慕容知敬终于宣阳里，咸亨四年二月二十八日，葬于邙山之原。（《北图石汇》）按慕容知敬墓志载“勉力扶曳，归赴京都”。朝散大夫行少府监中尚署令王定宅　1956年6月，初唐画家王定墓志于西安市西郊枣园村出土，志云：王定总章二年四月十四日，卒于雍州万年县宣阳里之私第，万岁登封元年二月十二日，与夫人徐氏合葬于长安县小严村北平原。按唐代另有一王定是太子右庶子，兴元间人，宅在新昌坊。（鲁深《初唐画家王定墓志铭》，载《文物》1965年第8期）宣议郎行邛州火井县丞骁骑尉韦瑱宅　韦瑱字元琎，京兆杜陵人。曾祖世康，祖福奖，父寡悔。垂拱四年四月三十日，韦瑱终于宣阳坊之别业。其年十一月十七日，迁窆于雍州城南毕原之旧茔。子无逸。（《补遗七辑》）朝散大夫遂州司马董务忠宅　董务忠垂拱四年五月一日，卒于洛阳县睦仁里。夫人天水县君赵明，真定人。圣历元年七月二十二日，卒于雍州万年县宣阳坊之私第。二年二月十一日合葬于鸿州庆山县凤凰原（今西安市临潼区）。（程学华、程蕊萍《唐遂州司马董务忠墓清理简报》，载《文博》1996年2期）吏部侍郎许杲宅　许杲字景先，高阳人。祖行师。父义均，秋浦令。许杲弱冠应贤良方正举擢第，授陕州夏县尉。"中宗立圣善寺报慈阁，公遂制《报慈阁赋》，当时以为绝唱。兵部尚书李迥秀，当代文宗，表荐公赋，以为相如《上林》不为过也。"后因奏论事忤执政，贬试滑州司士参军。寻以文史兼优举对策甲科，授扬府兵曹参军。"有诏令中书门下词臣撰睿宗皇帝集序，时中书令燕国公张说，当代词宗，遂命公为之。序成奏闻，大承优赏，专掌文诰，尤推敏速……公时与朝贤等二人俱典郡，命公为虢州刺史。有制令宰臣已下祖饯于洛桥，御亲赋诗，以宠其事。"开元十八年八月九日，许杲终于京兆宣阳私第，以其年十一月二十日，迁窆于偃师首阳原。许杲墓志韩休撰文，韩休新旧《唐书》均有传，弟河南县尉景休书。（《补遗千唐志斋新藏专辑》）朝散郎行潞州长子县尉王怡宅　开封市博物馆藏《唐故朝散郎行潞州长子县尉太原王公墓志铭并序》云：开元二十年七月七日，王怡终于（洛阳）集贤里私第。夫人以女氏之爱，少留咸京，公之友亦同于彼，是岁夫人薨于宣阳里。即以开元二十年九月二日，迁殡于河南府河南县平乐乡张阳里之北原。肃明观　《唐故肃明观主范先生墓志铭并序》：先生，范氏，讳元，字全超，高都人。大父真，隋泾州安定县丞。父操，乡闾谥为遐龄丈人。登封年敕度先生住东明观。开元二年，举充监斋，"十八年敕内修功德，斋醮未毕，云鹤呈□。帝感其诚，施绢伍拾疋，属玉真观主"。二十一年，奉敕改宗圣观上座，二十五年，敕授肃明观主，"捧天书于北阙，拜真职于南宫"。二十八载托疾复于东明。二十九年正月十六日仙化于法院，二十四日葬衣冠于马祖原。（《碑林新藏墓志》）尚书礼部员外郎赠中书舍人工部侍郎太子宾客常无名宅　常无名，温人。祖常毅。父常楚珪，庆王文学。常无名进士擢第，补益州新都尉，开元十年擢鄠县尉，授万年县尉，除潞州上党令，拜起居舍人。撰《开元注记》三十卷藏于太史。除屯田员外郎，未几转礼部。天宝三年十二月二十日，薨于西京宣阳里之私第。夫人博陵郡夫人崔氏，开元十七年终于京师，窆于见子陵。继夫人弘农太君杨氏，大历九年三月乙卯弃背，其年七月己酉，安厝于细柳原。（《西市藏志》）按常无名墓志为犹子尚书礼部侍郎集贤殿学士衮撰。临汝太守贵阳郡司马萧谅宅　萧谅字子信，其先兰陵人，梁长沙王懿之六代孙。曾祖岱。高祖盾。祖憬。父元祚。萧谅历开封、蓝田、长安三簿尉，擢拜监察御史，迁殿中侍御史、比部、司封二员外郎、礼部郎中、长安令、将作少匠、鸿胪少卿、御史中丞、京畿采访处置使，出为陕郡、临汝二太守，累加中大夫。从政之暇，注《老子》二卷。天宝六载二月三日，终于长沙之传舍，春秋五十有八。夫人咸宁县君京兆韦氏，天宝二载九月，终于京城之宣阳里，春秋四十有七。七载三月二十六日，合祔于河南毕圭原之旧茔。嗣子直、立。萧谅墓志为盛唐著名史学家韦述撰写。萧谅妻韦氏是坊州刺史余庆之孙，房州刺史奉先令景骏之女。韦景骏是韦述之父，则韦述即萧谅的妻兄或妻弟。萧谅子萧直曾于唐代宗时，诣阙为舅父韦述鸣冤，代宗诏赠韦述"右散骑常侍"。（毛阳光《洛阳出土唐书家萧谅墓志及相关问题研究》，载《中原文物》2016 年第 3 期）通议大夫守太子詹事上柱国源光乘宅　源光乘，河南洛阳人。天宝五载二月庚戌薨于宣阳里第，六载二月癸酉（二十七日）厝于邙山之宣武原。（《千唐志》）太常侍奉礼郎源君宅　源君妻卢氏，天宝八载岁在己丑闰六月二十九日，卒于宣阳里养疾之代室，春秋十九，七月十四日权厝咸宁县凤栖原。（《集萃》）朝议郎行殿中侍御史赐绯鱼袋张翔宅　张翔字子翼，安定人。大历十四年十一月三日，终于长安宣阳里之私第，明年大中元年二月十四日，与亡兄故郴州刺史翊归葬于洛阳北邙焦固原祔于旧茔。（《千唐志》）另见《张君及妻源氏合葬墓志》。（《隋唐五代墓志汇编》洛阳卷第十二册）郑国大长公主宅　公主为肃宗之女，德宗之姑。贞元二年十月七日，薨于宣阳里之私第，贞元三年八月四日，合祔于咸阳旧茔。郑国公主，始封大宁，下嫁张清（玄宗表侄、肃宗张后弟），1954 年郑国公主墓志出土于咸阳底张湾北原。（《考释》）金紫光禄大夫左散骑常侍驸马都尉上柱国袭代国公郭暧宅　郭暧，郭子仪第六子，贞元庚辰（十六）岁九月七日，薨于宣阳里之里第，春秋四十有九。夫人，代宗之女升平公主，元和五年龙集庚寅薨于宣阳里之里第，享年五十有七。诏赠虢国大长公主，谥曰昭懿。据《寺塔记》：郭暧宅，今上（穆宗）即位之初，太皇太后为升平公主追福，奏立奉慈寺，在宣阳坊西南隅。嗣曹王李皋宅　嗣曹王妃清河崔无生忍，贞元十三年夏六月二十二日，遘祸于长安宣阳里私第，享年五十六。八月十七日，祔于旧茔，实河南邙山乐乡原。（《千唐志》）按李皋墓志亦载《千唐志》九七一。怀州司马刘夫人裴氏宅　夫人裴氏，父蒨，河东人。逮笄，适于彭城刘氏，生三男二女。长曰伯英，亳庐二州刺史。次四偃，京兆府华原令。季曰傒，汉州什邡令。裴氏享年五十五，殁于长安宣阳里，权殡于城南义善寺道南。元和九年正月二十五日，卜于万年县平泉乡焦村高原。义善寺位于今西安市城南约 6 千米处南窑头村北。（张婷《新见唐墓志两种研读》，载《碑林集刊》［十八］2012 年）开府仪同三司行左卫领军卫上将军致仕阳城郡王秦朝俭宅　秦朝俭墓志 1956 年于西安市东郊韩森寨东南出土。志云：秦朝俭字觐，冯翊郃阳人。年十三，则为玄宗殿前射生，后破郭千仞及收复两都，皆领偏师。大历末建中初，从司徒公马燧讨李灵曜，伐田悦，摧敌陷坚，收城撕邑，以少击众，皆立殊功。当朱泚之乱，德宗奔奉天（今乾县），秦朝俭领并州甲士三千，即日遵路，“既达长安城北，以群凶方侈，势不可逼，遂顿兵于东渭桥。其日贼有万众列营于渭水之南。公以将士甚寡，声援未接，乃羸其形以张之，日令五百人饮马于渭，斗志不见，遂无我虞，如是不逾月乃尽济师徒，与诸军合击，大挫凶丑，直抵苑门”。后因河中节度使李怀光与朱泚窃相影响，又参与征讨，及整旅归藩，又征奚室围及拒吐蕃之犯河曲者。以元和十二年四月十日，终于上都宣阳里之私第，其年七月十日，安神于万年县浐川乡龙首原陪督都府君之茔。（《考释》）1956年西安市东郊韩森寨东南出土之《左神武军将军秦公故弘农夫人杨氏墓志》云：元和二年十一月三日，启手足于宣阳里第，元和三年十一月十二日，殡于万年县郑村之原袝先茔。（《考释》）按秦朝俭墓志与杨氏墓志所载长子应、次子岌，名字相同，故知为夫妇。剑南西川南道运粮使检校尚书户部员外郎韦羽夫人崔成简宅　夫人成简，博陵人。高祖崔万善，曾祖崔操。祖崔履素，金吾卫郎将大明宫留守。父崔淑，太原府寿阳县尉。成简既笄归韦羽，元和十四年正月四日，殁于上都宣阳里之私第，享年六十七，其年五月七日，袝迁于万年县少陵原高平乡夏侯村先府君之茔。一子谏。汉丞相韦玄成始迁京兆杜陵，十七代至韦瓒，即韦羽之五代祖。韦羽殁于西蜀。夫人“携幼护丧，浮方舟，下巴渝，抵荆门，舆榇而至”，葬于先茔。（《西市藏志》）陈嗣通宅　夫人王氏，宝历二年五月二十八日，终于京兆府万年县宣阳里之私第，其年七月一日，卜兆于万年县洪古乡王岳村东北一里之原。（《补遗》七辑）处州刺史赵璜宅　《唐故处州刺史赵府君妻上邽县君苏氏夫人墓志铭》：苏氏武功人，咸通十五年十月九日，终于上都宣阳里第，以其年十一月二十七日，归葬于河南府河南县伯乐村袝处州府君（赵璜）之茔。（《汴博》）赵璜墓志是璜兄中大夫守衢州刺史赵璘撰。志云：“君之著述，余当力自编次。”“先君讳伉，自建中至元和，伯仲五人登进士第。”奉圣保忠功臣左神策军散兵马使押衙充昭弋都督知兵马使金紫光禄大夫检校刑部尚书兼御史大夫上柱国弘农杨公宅　杨公夫人陇西县君李氏，大顺二年正月七日遘疾，二十三日捐馆于宣阳里。□月十七日，葬万年县同仁乡仇白村。（《陶斋》）大顺为唐昭宗年号，杨公名谁，待考。郭元振宅　《白孔六帖》卷十《宅》：（郭元振）建宅宣阳里。（注：郭元振建宅宣阳里，未尝一至。）柳晦故友宅　柳晦，河东人，少有文学。始以荫补。咸通末，官至拾遗。因上疏不纳，乃去官，庐于终南山。一日入城，访故友于宣阳里。（《太平广记》卷第三一二，柳晦条引《补录记传》）崔尚书某宅　《太平广记》卷四八四《李娃传》：“（郑）生将驰赴宣阳，以诘其姨……质明，乃策蹇而去，既至，连扣其扉，食顷无人应……访其谁氏之第，曰，此崔尚书宅。”

次南亲仁坊。〔按稿本，亲仁坊有夹签云："附载亲仁坊下：尚父郭子仪嬖人张氏宅。"《旧书·卢群传》："有人诬告故尚父子仪嬖人张氏中有宝玉者。"〕

西南隅，咸宜女冠观。睿宗在藩之第，明皇升极于此。开元初，置昭成、肃明二皇后庙，谓之仪坤庙。睿宗升遐，昭成迁入太庙，而肃明留于此。开元二十一年，肃明皇后亦祔入太庙，遂为肃明道士观。宝应元年，咸宜公主入道，与太真观换名焉。《名画记》：咸宜观有吴道玄、解倩、杨廷光、陈闳画。《南部新书》：长安士大夫之家，入道尽在咸宜。按女道士鱼玄机住咸宜观。**回元观**。即安禄山旧宅。《禄山故事》曰：旧宅在道政坊，玄宗以其隘陋，更于亲仁坊选宽爽之地，出内库钱更造。堂皇院宇，窗寮周匝，帐帷幔幕，充牣其中。天宝九载，禄山献俘至京，命入新宅。《谭宾录》曰：禄山入朝，敕于亲仁坊南街造宅，堂皇三重，皆象宫中小殿，房廓窗寮，绮疏诘屈，无不穷极精妙。什物充牣，以金银织筹筐笊篱等。每欲赏赐之，明皇尝谓左右曰："禄山眼孔大，勿令笑人。"**西北隅，尚书右仆射燕国公于志宁宅**。后并入汾阳王宅，闲地置庙。后敕赐贵妃豆卢氏。后左金吾大将军程伯献、黄门侍郎李暠等数家居焉。**十字街东之北，太子詹事韦琨宅。次东，又有中书侍郎杨弘武、太仆卿王希隽二宅**。隽所居即隋兵部尚书樊子盖宅。**北门之东，驸马都尉郑万钧宅。东门之北，滕王元婴宅。尚父汾阳郡王郭子仪宅**。《谭宾录》曰：宅居其地四分之一，通永巷。家人三千，相入出者不知其居。又曰：亲仁里大启其地，里巷负贩之人，上至公子簪缨之士，出入不间。或云，王夫人赵氏爱女方妆梳对镜，往往公麾下将吏出镇去及郎吏皆被召，令汲水持帨，视之不异仆隶。他日子弟集列启谏，公三不应。于是继之以泣曰："大人功业已成，而不自崇重，以贵以贱，皆游卧内，某等以为虽伊霍不当如此也。"公笑谓曰："尔曹固非所料。且吾官马食粟者五百匹，官饩者一千人，进无所往，退无所据。向使崇垣扃户，不通内外，一怨将起，构以不臣，其有贪功害事之徒，成就其事，则九族齑粉，噬脐莫追。今荡荡无间，四门洞开，虽谗毁是兴，无所加也。吾是以否。"诸子皆伏。其西本于志宁宅。刘禹锡有《酬令狐相公亲仁郭家花下即事见寄》诗。姚合有《题郭侍郎亲仁里幽居》诗。**驸马都尉太常卿兼户部侍郎杨暄宅**。《旧书·杨国忠传》：国忠子暄，兄弟各立第于亲仁里，穷极奢侈。**昌乐公主宅**。明皇第十八女，降嗣毕国公窦锷。**西华公主宅**。宣宗第三女，降工部尚书严祁。**太子太师汧国公李勉宅。检校司空平章事太原尹北都留守李石宅**。《旧书》本传：开成二年正月五日，石自亲仁里将曙入朝，盗发于故郭尚父宅，引弓追及，矢才破肤，马逸而回。盗已伏坊门，挥刀砍石，断马尾，竟以马逸得还私第。**兵部尚书致仕归崇敬宅。剑南东川节度使冯宿宅**。《卢氏杂说》曰：宿从子衮为给事中，宅有山亭院，多养鹅鸭及杂禽之类，常遣一家人主之，谓之鸟省。按"冯衮”《玉泉子》作“冯莬”。朝散大夫秘书省著作郎致仕韦端宅。华州下邽县丞韦公夫人墓志：遘疾，终于长安亲仁里之私第。按夫人王氏，韦端之妻。端时为下邽令，宅在此里。端卒于元和十四年，其时宅在新昌里，见新昌里下。柳州刺史柳宗元宅。柳宗元《先侍御史府君神道表》：终于亲仁里第。给事中陆质宅。柳子厚居与陆质同巷，见子厚《答元饶州论春秋书》。前进士许棠宅。许棠《亲仁里双鹭诗》云：双去双来日已频，只应知我是江人。是棠寓此里。唐彦谦宅。唐彦谦《亲仁里闻猿诗》云：朱雀街东半夜惊，楚魂湘梦两徒清。大同军节度使李国昌宅。咸通中，朱耶赤心平徐州庞勋，（“朱耶赤心”下脱“平”字，今补）以功懿宗赐姓名，编入属籍，系郑王平房，及赐第一区。旅馆。柳宗元《虞鸣鹤诔》：终于长安亲仁里。按诔曰身终逆旅，盖旅馆也。姚合《亲仁里居诗》云：三年赁舍亲仁里，寂寞何曾似在城。又有《街西居》二首，盖旅馆在街之西也。

《校补记》：亲仁坊　回元观　补注：郑嵎《津阳门诗》　注云：时于亲仁里南陌为禄山造甲第，今回元观是也。补：侍郎郭承嘏宅　并注：《尚书故实》：郭侍郎承嘏初应举，误纳试卷，一吏为换出，承嘏归亲仁坊，自以钱三万送兴道里酬之。校：承嘏宅即子仪宅。冯宿宅注：宿从子衮　条下补：《杂说》又记：冯给事入中书祗候宰相，尚食令云：给事宅在何处？曰：在亲仁坊。按：“衮”一作“兖”字。又补：大理韩皋宅　并注：《续定命录》：德皇末，冯芫任太常奉礼，与皋同官。其年，前进士时元佐任协律郎，三人同约上丁日释奠武成王庙。芫住长乐，皋住亲仁，元佐住安邑，芫拉二官同之太平、兴道西南角。

增订：

咸宜观　韩自明墓志载：“（大和）五年三月以疾得请复居京城亲仁里咸宜观旧院。”（马咏钟《西安碑林新藏唐志考》，载《碑林集刊》第一辑 1993 年）亲仁坊咸宜女冠现，本肃明观，“宝应元年，咸宜公主入道（肃明观），与太真女冠观敕换所居，（太真女冠观）并更名曰咸宜女冠观”。（《丛考》）回元观　1986 年今西安南郊西北冶金地质公司出土大唐回元观钟楼铭碑。上大将军崔善福宅　洛阳古代艺术馆藏崔善福墓志。志云：崔善福十六岁从秦王李世民讨伐王世充，以功拜大将军，十九岁时，即唐武德五年七月二十四日，终于京亲仁里之私第。李世民曾为之“撤馔痛悼”。大周圣历二年一月二十八日，改葬于洛州合宫县金谷乡之昭觉原。兵部尚书中书令右丞相太子太师修国史徐国公萧嵩宅　张鼎撰《大唐故梁国夫人贺氏墓志铭并序》：夫人贺睿，会稽山阴人。曾祖贺绲，隋齐王文学秘书学士。祖贺敳，太子中舍人率更令崇文馆学士。父贺晦，万年县尉罗川宰。贺睿年十九，归于兰陵萧嵩。开元二十五年七月十七日，薨于亲仁里之私第，春秋五十有六，其年冬十一月十四日，葬于先茔之南神和原。长子华，次子衡，驸马都尉。(《西市藏志》）按明赵崡《游城南记》载："赵村西为高望（高望堆)，有萧嵩父（萧）灌墓碑，张说撰，梁升卿书。高望之西北有仇士良、郭敬之、升平公主三碑。"高望即高望堆，在今西安市长安区韦曲东东兆余村、高望堆村一带。萧嵩次子衡，行光禄大夫光禄卿上柱国沛县开国子，尚唐玄宗新昌公主。唐睿宗贵妃豆卢氏宅　豆卢氏史书无传。由于伯父豆卢钦望恳乞特诏"出内"，于神龙初"出内"后即失去贵妃地位，他对唐玄宗李隆基有抚育之恩，所以玄宗对其特优。(见宋敏求《唐大诏令集》）开元二十八年夏四月甲申，薨于亲仁里第，岁七十有九。上闻哀辍朝三日，吊赐加等，诏官给丧事。灵舆还都（洛阳)，敕京兆少尹田宾庭监护。以其年七月乙酉，葬于河南龙门之原，即今洛阳龙门镇花园村（花子岩）南，东南2千米即龙门石窟。原地有五大土堆，四已毁，该墓仅存，但历经盗掘。1992年洛阳文物队清理。(洛阳市文物工作队《唐睿宗贵妃豆卢氏墓发掘简报》，载《文物》1995年第8期）河东县令韦咸宅　韦咸夫人刘氏，刑部尚书彭城公德威之曾孙，赠太子太傅沛国公延景之孙，太子詹事丰县侯瑗之第四女。享年二十有九，天宝三载六月十二日遘疾，终于京城之亲仁里第，其月二十九日，归厝于万年县之毕原从先茔。刘夫人墓志是韦咸堂兄太仆少卿韦述撰，夫人刘氏堂兄协律郎刘幹书。(《集萃》）韦述还撰写有萧谅等人墓志。曹州参军辛君宅　夫人杨氏，曾祖暕，隋齐王。祖正道。父户部尚书崇礼。天宝六载七月十八日，终于长安亲仁里之私第，七载七月十四日，迁厝于洛城南龙门北原祔先茔。(《补遗八辑》）按夫人之父崇礼，原名隆礼，景云中，以名犯玄宗上字，改为崇礼。杨氏祖正道，大业末，随宇文化及至河北，为窦建德所破，因与其祖母萧皇后入于建德军，建德送至突厥处罗可汗牙。贞观初，李靖击破颉利可汗，胡酋康苏密以萧后及正道归。崇礼太府卿，进封弘农郡公，在职二十年，公清如一。新旧《唐书》有传。则杨氏即隋炀帝之曾孙女。右威卫兵曹参军吴巽宅　天宝六载三月二十八日，吴巽卒于亲仁里第，天宝七载十月二十四日，葬于京兆府会昌县铜人原。吴巽墓志1956年于西安市东郊洪庆村出土。(《考释》）华州下邽县丞韦公宅　韦公夫人大历十三年三月二十五日，终于长安亲仁里私第，夏四月迁殡万年县加州乡西原。贞元庚午年二月二十三日，返葬洪固乡韦之旧茔祔皇姑也。(《北图藏拓片》）京兆府高陵县尉吴士平宅　吴士平夫人李氏，陇西人。高祖蒋王恽司空太宗文皇帝第七子。大父中山郡王椐。礼部尚书殿中监闲厩宫苑使齐运之第四女。贞元九年八月十七日，终于京兆亲仁里之私第。十月既望，窆长安县高阳原陪先茔。(《补遗七辑》）吴士平与夫人李氏墓志1993年5月在长安县郭杜镇第五桥村出土。吴士平的姑姑即唐代宗之母，被尊为章敬皇后。(崔庚浩、王景阳《唐高陵县尉吴士平夫妻墓志考释》，载《陕西历史博物馆馆刊》第七辑2000年）邵抟宅　邵抟，睦州青溪县太平乡安昌里人，渠州渠江县主簿。会昌五年乙丑岁七月十九日，卒于上都亲仁坊，春秋三十八，七月二十七日，葬于万年县洪固乡曹贵里李永村。（《洛阳新获墓志》）**驾部郎中兼侍御史卢缄宅** 卢缄夫人崔近，大中十一年，捐馆于亲仁里第，其年四月二十七日，权窆于河南府河南县平乐乡杜翟原。（《千唐志》）**致果毅尉试左清道率府兵曹参军上轻车都尉秦君宅** 1955年西安市东郊韩森寨东南出土秦君夫人李氏墓志云：元和四年闰三月四日，卒于亲仁里之第，以其年五月既望，殡于万年县浐川乡西原。志内无秦君名。（《考释》）**郭幼儒、郭暄宅** 《唐故太子右谕德致仕郭公墓志》：郭暄字方宥，太原人。祖敬之。父幼儒，成都少尹。郭暄自八岁释褐，垂五十年，中年任廷评，后作掾东洛，又拜太子洗马，又拜赞善大夫，又除太子右谕德。致仕。十二月二十八日，薨于亲仁里第，享年六十三，明年二月二十日，归葬于万年县凤栖原，有子铉、钎。（《西市藏志》）**郭幼明宅** 郭幼明字仲远。祖郭通，赠兵部尚书。父郭敬之，太保。兄尚书令郭子仪。郭幼明累拜五官，出为总戎参谋，改都水使者。安史乱后，拜鸿胪少卿，迁光禄卿，加银青光禄大夫，封太原郡开国公，历太仆太府卿转少府监。大历八年五月十四日，终于亲仁里第，享年五十五岁，以其年七月二十九日，陪先茔之旧原。夫人武功苏氏，邠州别驾履璋之幼女。既笄归于郭幼明，贞元七年三月二十一日，终于河中永定里，春秋六十。嗣子昫、晅等五人。（《西市藏志》）**银青光禄大夫守太子少保兼判詹事府事郭曜宅** 建中四年三月一日，郭曜薨于亲仁坊里第，春秋六十有一。夫人王氏，贞元己巳（五年）夏六月辛未七日，殁于亲仁里第。据《卢士绚墓志》，京兆府仓曹郭锜夫人卢士绚，元和七年十月二十九日遘疾终于亲仁里第。按郭锜为郭子仪孙，郭曜次子。（《唐太府少卿郭锜夫妇墓发掘简报》，载《文博》2014年第2期）**正议大夫殿中省尚衣奉御郭从谅宅** 郭从谅字复言。曾祖敬之。祖幼明。父晅。大中戊（二）年辰三月二十四日，郭从谅奄终于亲仁里旧第，春秋六十有一。夫人陶媛，润州丹阳县人。曾祖贞禹，陈州刺史。祖锐，睦州刺史。父冀，京兆府昭应县主簿，赠著作佐郎。夫人皇妣，太原郭氏，尚父汾阳王子仪之侄女，少府监赠太师暧女。会昌四年十二月十一日，夫人终于亲仁里之里第，享年五十五。有子二人，亚初、景初。会昌六年二月十三日，葬于京兆府万年县义善乡凤栖原祔郭氏之先茔。（《洛阳新获墓志》）**刑部侍郎郭承嘏宅** 《尚书故实》："郭侍郎宝惜书法一卷，每随携往。初应举……以纸缄裹，置于箧中，及纳试而误纳所宝书帖……遽惊嗟，计无所出，来往于棘闱门外，见一老吏，询其事，具以实告，吏曰：'某能换之。'……逡巡，赍程式入而易书帖出，授公，公愧谢而退，明日归亲仁里。"又姚合有《题郭侍郎亲仁里幽居》诗。按郭承嘏为郭子仪之曾孙，郭晞之孙。两《唐书》均有传。**女道士张熙真** 炼师熙真，赵人。曾祖文成。祖石忒，扬州天长令。烈考宪公荐，工部侍郎。外族陈氏，高祖崇业。祖宁，庐州别驾。炼师贞元丁卯（贞元三年，公元787年）岁八月二十四日诞，生于虢州开元寺，大和庚戌

（大和四年，公元830年）岁七月五日，委化于上都亲仁里，凡四十四年。幼因戏弄，误伤支体，遂栖身道门，兼贯佛理。其年（大和四年）八月十一日，奉迁于万年县之少陵原，先大夫茔左。熙真墓志为弟张又新撰。（《洛阳新获墓志》）按：不知熙真卒于亲仁里哪位亲人的宅第。**太子宾客赵国公赠兵部尚书郭晞宅** 郭晞宅应是郭子仪宅。据《唐故崔氏夫人太原郭氏墓志铭并序》为兄前侍御史内供奉（郭）钧述并书，“女弟郭佩字冷然，京兆人也。曾祖敬之，历渭、吉、绥、寿四州刺史，赠太保。祖子仪，太尉中书令、汾阳郡王，赠太师，易名忠武。皇考晞，太子宾客赵国公赠兵部尚书。外五代祖，皇朝佐命太尉长孙公曰无忌。先妣鲁郡夫人”。郭佩及笄归于博陵崔君。崔君官至膳部员外郎兼侍御史。贞元初以所从陷辱，仁贤饮痛。女弟华年未亡，归宗誓志，垂二十春。以《金刚经》为本师，以宝应禅德顺公为导师。以贞元十七年十月十六日，终于亲仁里第，享年四十一，以明年四月二十九日，克葬于城南凤栖原尊阙之左次。嗣子师颖，思晧。据郭晞与夫人长孙璀墓志，郭晞于贞元十祀薨于位，春秋六十二，明年夏五月葬于万年县之凤栖原。夫人长孙璀以贞元九年夏四月，终于上都亲仁里之私第，春秋五十有九，以其年七月卜兆于万年县之凤栖原。（赵力光、王庆卫《新见唐代郭晞夫妇墓志及其相关问题》，载《唐研究》第十六卷2010年）郭钧即晞之长子。**少府少监李公夫人韦氏宅** 元和四年七月六日，少府少监李公故夫人京兆韦氏，卒于京师亲仁里之私第。享年三十有二，以其年十一月二十八日，权窆于京兆府万年县洪固乡平原岗李村西北界。（《补遗八辑》）**左监门卫胄曹李宗本宅** 李宗本夫人范阳卢氏，曾祖□（扬）司农丞。祖简金，驾部郎中。父台，卢氏县令，卢氏即台之长女。长庆三年岁在癸卯九月二十□日，终于上都亲仁里，其年十二月二十二日，归葬河南府洛阳县平阴乡积闰里李氏之先茔。卢氏墓志撰者为三从侄秘书□□书郎卢言。（《拾零》）**太仆少卿郭皓夫人宇文倚宅** 夫人宇文倚，河南人。父倚，潞州上党县令。宇文倚既笄，归于太仆少卿郭皓。大和八年七月二十二日，弃养于亲仁里第，享寿六十六，以其年十一月十四日，迁神于京兆府万年县义善乡少陵原祔府君之茔。（《洛阳新获墓志》）**左神策军衙前虞候副参请银青光禄大夫检校太子宾客兼监察御史上柱国□瓛宅** □瓛，字坚美，吴兴郡人。祖仙，左街玄□□主内供奉。父复，金吾卫押衙。瓛即复之嫡嗣。在军十八年，历职三十载，大中壬申岁（六年）建亥月七日，终于亲仁坊之私第，大中七年正月五日，祔于万年县崇义乡下乾村。（《碑林新藏墓志》）**朝议郎河南府司录参军张谦宅** 张谦字子光。父奉天县尉敦靖。张谦起家得参陇州军事，历江夏主簿，表授泾阳主簿，补栎阳主簿，转昭应主簿。尝缮修东渭桥，知本县（指昭应）邮传。迁澄城令。征拜殿中侍御史，充邠宁和籴使，兼馈西北边戍卒。咸通元年十一月丁丑，殁于亲仁里，明年二月甲寅，祔于家茔。（《长安新出墓志》）卢缄与夫人崔氏合祔墓志铭载：“有唐咸通二年夏六月甲子，京兆少尹卢公捐馆于亲仁里之私第，十一月辛未，归葬河清县河阴乡。夫人相国吏部尚书崔群之女，距卢缄五年而即世。咸通二年十一月辛未三日，合祔于河清县河阴乡长刀村，祔于阳翟府君之兆次。（《补遗千唐志斋新藏专辑》）**阳平路諲宅** 进士郑岳撰《路氏中殇女墓碣》：“阳平路公諲，自金吾胄曹领职国库，（郑）岳始得契交道……”路諲曰：“余娶韦氏，生一女名心儿……年十有五，暴疾终于亲仁里。慈旨在远，身系微官，归瘗莫克，用其年（咸通八年）是月十八日，权窆于万年县龙首乡东陈村。”（《西市藏志》）按是月谓七月十八日。**左春坊太子典膳郎河东卫君宅** 卫君夫人，扶风辅氏，字德一。开成四年八月十五日，终于亲仁里，开成四年八月二十七日，窆于万年县宁安乡毕原权葬先茔之左。（《陶斋》）**滑州白马县令赠尚书刑部郎中孙起宅** 孙起继夫人河东县太君裴氏（孙起第九侄孙彀撰写墓志故称太君）会昌元年十一月丁酉，背代于上都亲仁里，其年十二月二十五日，祔葬于河南府河南县陶村。（《千唐志》）另《唐故滑州白马县令赠尚书刑部郎中乐安孙君夫人赠陇西县大君陇西李氏迁祔墓志》云：“太君李氏……二子，长曰霸，不育。次曰景商，今任殿中侍御史。”李氏墓志即景商撰书。《新唐书·宰相世系》三下：“（孙）起，白马令”，起有子“非熊，黄梅尉”，“景商，天平节度使检校礼部尚书，谥康”。**尚书主客员外郎韦洙宅** 韦氏女，小字豸娘，京兆杜陵人。咸通十二年六月四日终于亲仁里第，其月六日，窆于城南李永村。（《北图石汇》）**李克让宅** “初，懿祖归朝，宪宗赐宅于亲仁坊。自长庆以来，相次一人典卫兵。武皇之起云中，杀段文楚，朝议罪之，命加兵于我，惧，将逃归。天子诏巡使王处存夜围亲仁坊捕克让。”（《旧五代史》卷五十《唐书》二十六）按：武皇即李克用，克让为武皇之仲弟。

次南永宁坊。隋有明觉寺，大业七年废。坊南门之东，隋苏威宅。西门之北，隋田弘宅。弘子仁恭、德懋及孙元基，并以孝义旌表，时论美之。

东南隅，京兆府籍坊。按此《长安志》文，籍坊未详。或徒坊、病坊之类，俟考。**司天监**。乾元元年，改太史监为司天监，于永宁坊张守珪宅置官六十人。其地即安禄山所赐永宁园也。**永宁园**。赐禄山永宁园为邸，又赐永穆公主池观为游燕地。**南门之西，礼部尚书裴行俭宅。东门之北，赠太尉祁国公王仁皎宅**。本礼部尚书郑善果宅，后临江王嚣买之。神龙初，宗正卿李晋居焉，缮造廊院，称为甲第。晋诛后，敕赐仁皎。毕氏曰：太宗第十一子江王嚣，非临江王也，此误。**吏部郎中杨仲宣宅**。席豫《杨仲宣碑》：遘疾，终于万年永宁里之私第。**右豹卫大将军赠益州大都督汝阳公独孤公宅**。张说《独孤公燕郡夫人李氏墓志》：永宁里，先人之旧庐也，有通渠转池，巨石嵚嵰，喷险淙潺，回潭沉沉，殊声异状，而为形胜游衍之处者十四五。前夫人之孙苏氏之妇，弱岁嬉而堕焉。举家环流，惮莫能救。夫人投身赴水，或沉或浮久之，提挈仅免。

西北隅，中书令裴炎宅。炎死后没官，为徒坊。开府仪同三司博陵郡王李辅国宅。按《杜阳杂编》：肃宗赐李辅国香玉辟邪，辅国碎之为粉。所居安邑里，芬馥弥月。是辅国宅又在安邑矣。俟考。赠太子少师彭王傅上柱国会稽郡公徐浩宅。张式《徐浩碑》：薨于长安永宁里。尚书右仆射致仕高郢宅。白居易《高相宅》诗云：青苔故里怀恩地，白发新生抱病身。涕泪虽多无哭处，永宁门馆属他人。谓高郢也。河东节度使同中书门下平章事王锷宅。锷子稷进永宁里第宣义亭子。时议以锷因缘，累居大镇，营第华侈，既殁而入于官，固其所也。《卢氏杂记》载泓师云，长安永宁坊东南是金盏地，安邑里西是玉盏地。后永宁为王锷宅，安邑为北平王马燧宅。后王、马皆进入官，王宅累赐韩弘正、史宪诚、李载义等，所谓金盏破而成也。马燧宅为奉诚园，所谓玉盏破而不完也。河东节度使兼侍中李载义宅。太和五年，载义自幽州入朝，文宗赐以居第及米面钱帛刍籍极厚。前京兆尹杨凭宅。凭治第，功役丛兴，又幽妙妾于永乐别舍，訾议颇欢，坐是贬临贺尉。按柳宗元《亡妻弘农杨氏志》：以谒医救药之便，来归女氏永宁里私第。盖杨氏即礼部郎中杨凝之女，凝即凭之弟。前司空兼门下侍郎同中书门下平章事王涯宅。乃杨凭故第，家书与秘府侔。名书画以金玉为衮轴，凿垣贮之，重复秘固，若不可窥者。及被诛，为人破垣，剔取衮轴金玉，而弃其书画于道，籍田宅入于官。太傅致仕白敏中宅。按李商隐《白居易墓志》：其曾祖弟，今右仆射平章事敏中，仲冬南至，备宰相仪物，攀跪斋栗，给事寡嫂永宁里中。盖白公有杨凭旧宅，敏中所居即乐天第也。太子太保凉国公李听宅。按李晟宅在永崇，而听在此坊者，盖其时各立第宅，故李愬又宅于兴宁。卫尉卿李有裕宅。太子太傅分司东都李固言宅。《唐语林》：李固言宅在永宁。按罗隐有《投永宁李相公启》，当是固言。资州刺史羊士谔宅。羊士谔有《永宁小园即事》诗、《永宁里园亭休沐怅然成咏》诗、《酬卢司门晚夏过永宁里敝居林亭见寄》诗，又《永宁里小园与沈校书接近怅然题寄》诗。御史中丞充武昌军节度副使窦巩宅。巩有《永宁小园与校书接近因寄》诗，是宅在此坊。但不知校书为谁，疑即羊士谔诗所谓沈校书也。金吾大将军张直方宅。自幽州入朝居此。《旧书·黄巢传》：宰相崔沆、豆卢瓒扈从不及，匿之别墅。所由搜索严急，乃微行入永宁里张直方之家。朝贵怙直方之豪，多依之。既而或告贼云直方谋反，纳亡命，贼攻其第，直方族诛，沆、瓒数百人皆遇害。按《北梦琐言》：张直方好接宾客，歌妓丝竹甲于他族，与裴相国休相对。是裴休宅亦在此坊也。义成军节度使兼中书令王铎宅。《三水小牍》曰：第中别立书斋，退朝独处其中，欣欣如也。校书郎殷保晦宅。《三水小牍》：广明庚子，关辅烽飞，郏人大溃。故秘省校书殷保晦自永宁里所居尽室潜于兰陵里萧氏池台。地邻五门，以为贼不复入。明日群凶雾合，秘校遂为所俘。夫人封氏，讳询字景文，天官侍郎敖孙也。贼酋将叱后乘载之，夫人奋袂骂贼遇害。贼酋既去，秘校脱身来归，大恸良久，长号而绝。三婢子相携投浚井而死。

《校补记》：永宁坊杨凭宅　补注：《唐书》：凭筑第永宁里，广蓄妓妾于永乐别宅，为御史中丞李夷简所纠，贬临贺尉。张籍《伤歌行》：长安里中荒大宅，朱门已除十二戟。高堂舞榭锁管弦，美人遥望西南天。为凭咏也。王涯宅　补注：《宣室志》：王涯字仲翔，避暑于山亭。《酉阳杂俎》：永宁王相涯宅南有一井，水腐不可饮。又内斋有禅床，柘材丝绳，工极精巧。李听宅　补注：《博异志》：元和中，听从子琯任金吾参军，自永宁里出。

增订：

“永宁坊之右豹卫大将军赠益州大都督汝阳公独孤公宅”之独孤公即独孤卿云。据张说《赠户部尚书河东公杨君神道碑》（《全唐文》卷二二九）：“夫人新城郡夫人独孤氏，左威卫大将军赠益州大都督卿云之女也。”今日出土文献如王丘《杨君夫人独孤氏墓志》、贺知章《杨府君墓志》（《唐代墓志汇编》）均有记载。（寒石《〈唐两京城坊考〉增补质疑》，载《书品》2000 年第 6 期）永宁里无窦巩宅。窦巩所居在崇德里，见《全唐文》卷七六一《窦巩传》。窦群在永宁里有宅第，见《全唐诗》卷二七一窦群《晚自台中归永宁里南望山色怅然有怀呈上右司十一兄》诗。（李浩《唐代园林别业杂考》，载《中国历史地理论丛》1997 年第 2 期）王大方宅　王大方，京兆霸城人。永徽三年四月二十七日，终于万年县永宁里，咸亨四年十月四日，迁窆于骊山铜人原。1955 年于西安市东郊惠王村出土王大方墓志。（《考释》）按王大方墓志与王大礼墓志均藏西安碑林博物馆，二志均称高祖王罴。王罴《周书》卷十八、《北史》卷六二有传。大方与大礼墓志均称葬于骊山铜人原，祔于太尉公之茔。太尉公即王罴，其地即今西安市东郊路家湾洪庆村。唐高宗时与王大礼姓名相同、均为朝廷命官的另一王大礼是河南洛阳人，尚太宗第四女遂安公主，后陪葬昭陵，其子王玄起墓志藏开封市博物馆。（周晓薇、王其祎《唐高宗朝两方王大礼墓志合考》，载《唐史论丛》第七辑）司稼正卿韦整宅　韦整字思齐，京兆杜陵人。曾祖孝宽，祖总。父匡伯。韦整起家为秘书郎，又迁魏王属，又迁将作少将，转内府少监，检校司农少卿，司稼正卿。麟德二年正月十九日，薨于永宁里之私第，春秋六十有三。夫人杜氏，贞观十一年八月二十三薨，麟德二年二月十日，合祔于神和原。子纲、纪。（《洛阳新获墓志》二〇一五）职方员外郎宇文琁宅　宇文琁，雍州武功人。宇文昌，年一十三，殁于永宁坊之第，以咸亨五年七月二十日，葬于凤栖原。（《西市藏志》）左卫勋卫郑贞宅　郑贞，字崇一，荥阳开封人。祖善果，唐礼、刑、户三尚书、荥阳郡公。父玄勖。郑贞春秋二十有七，上元三年八月六日，终于京之永宁里第，其月二十六日，权迁于雍州明堂县义善凤栖原，母范阳卢夫人。（《西市藏志》）按永宁坊东之门北王仁皎宅，本礼部尚书郑善果宅。幽州范阳县令杨政本宅　杨政本妻韦擅特，字毗耶黎，京兆杜陵人。年甫十五，归于隋尚书左丞国子祭酒弘农杨汪第五子幽州范阳县令政本。以永隆二年八月一日，终于永宁里。八月十八日，窆于雍州明堂县义□乡。（《续修陕西通志稿》）按《新唐书·宰相世系表》，杨国忠四世祖令本，杨政本应为令本之兄弟。雍州鄠县丞崔讷宅　崔讷字思默，博陵安平人。永淳三年三月四日，终于永宁里之私第，景龙三年二月十五日，反葬于东都北邙山新茔。（《北图石汇》）都水监丞独孤思泰宅　独孤思泰，河南洛阳人，协律郎都水监丞。"美声振于丝管，雅度包□舟楫。"长女婉，永昌元年七月九日，终于京永宁里，即以其月二十三日迁厝于浐东原也。1956 年墓志于长安县东乡惠家村出土。（《考释》《补遗六辑》）工部尚书韦顼宅　《续修陕西通志稿》卷一四五《魏国太夫人河东裴氏墓志》：夫人裴觉字宝真，河东闻喜人，卫尉卿京兆韦公之内子也。景龙三年二月二十六日，薨于永宁私第，七月十九日，窆于万年县御宿川大韦曲之旧茔。按：志载裴氏有子银青光禄大夫行太仆少卿彭城县开国男驸马都尉韦钞，《新唐书·宰相世系表》卷七四上有韦钞，太子少保驸马都尉，父顼工部尚书。韦顼墓志于清宣统二年出土于咸宁县（即今长安区）李王村，志藏西安碑林博物馆。《大唐故银青光禄大夫卫尉卿扶阳县开国公护军韦公墓志铭》称开元四年四月十日，薨于京师永宁坊之私第，春秋八十有一，开元六年七月二十九日，合葬魏国夫之旧茔。韦顼墓志称魏国夫人以景龙三年二月二十六日薨，葬于长安城南毕原之兆。（王子云《唐代的石刻线画》，载《文物参考资料》1956 年第 4 期，及《文物参考资料》1951 年第 10 期）按咸宁县李王村出土的墓志大多称此地为毕原。右骁卫宝安府右果毅乙速孤直宅　乙速孤直字若诎，本姓王，太原人，后魏赐姓乙速孤。曾祖乙速孤晟。祖神庆，右虞候率兼右领军将军。父行均，岐阳府长上折冲、右羽林卫郎将。乙速孤直宿卫满，授左卫廉节府别将，唐玄宗即位，迁右骁卫宝安府右果毅都尉。开元四年六月二十二日，迁化于京永宁里第，春秋四十有二，以其月二十九日，葬于凤栖原。弟左武卫长史令从，嗣子黯。（《西市藏志》）按乙速孤祖乙速孤神庆有碑传世，即弘文馆学士苗神客撰。（《金石萃编》卷六十一）神庆长子乙速孤行俨，为行均之兄，薨于雍州万年县大宁里，与夫人贺若氏合葬礼泉县白鹿原。（《昭陵碑石》）官舍　《司农柳卿女墓志铭》载：柳氏女名婉，开元二十年十一月二十二日，迁化于京师万年县永宁坊官舍，时年十三，后归东都，葬于河南府河南县龙门乡先祖之北。（《补遗千唐志斋新藏专辑》）银青光禄大夫守工部尚书上柱国翼城县开国公赠江陵郡大都督裴伷先宅　裴伷先字系宗，河东闻喜人。大父同。父升。中书令裴炎从子。"伯父炎，中书令，深器异之，遂命为后补昭文生，授协律郎通事舍人。属高宗宫车在辰，伯父仓促受祸，于是公坐流于安西。公去夏适夷，修词立诚。兰幽更芳，水寒增洁，僶俛用晦二十许年。逮中宗晏驾，睿后当宁，追念功臣，博访鄚侯之胤，言思旧德，更抚叔傲之子，公始应辟，授詹府主簿。”裴伷先虽任职于朝，历充要职，但经数度左迁。年八十，天宝二载九月二十三日，薨于永宁里第，天宝三载闰二月八日，迁厝于延兴门外万年县龙首乡成义里孟村北一里半龙首原。(《补遗八辑》) 按裴伷先新旧《唐书》有传，然墓志与史书记载有异。《新唐书·裴伷先传》记述武后斩裴炎于都亭驿后，伷先因炎之从子，长流于瀼州，再流北庭（北庭都护府)。而伷先志称“伯父辟受祸，于是公坐流于安西。伷先志称薨于永宁里，说明天宝年间永宁坊仍有裴伷先之宅第，而《长安志》记载永宁坊西北隅裴炎宅”，“炎死后没官，后为徒坊”。不知伷先之宅第是否为裴炎之宅。高宗时裴炎在兴道坊有宅第。扶风郡司功参军杨黮宅　杨黮曾祖杨崇敬，工部侍郎郑公。祖杨志诚，吏部员外太州刺史。父昌宁伯之第五子。杨黮以绮纨之胄，始登黑衣之列，以门荫补左千牛备身，终秩，受尚辇直长，改扶风郡司功参军。天宝九载二月甲戌，怛化于永宁里第，以丁巳辛未，迁窆于咸宁县少陵原从先茔。季弟陕郡司马杨黙。(《西市藏志》) 按《文苑英华》卷九二六《陇州司马杨公（志诚）神道碑》载，杨志诚是杨黮祖父，杨志诚于景龙二年五月七日终于长安之延寿里，以先天元年十月二十五日与夫人天水赵氏合葬于少陵原。杨崇敬妹是吴王李恪正妃。饶阳郡王南单德宅　南单德，高丽人，生于平壤。祖狄，唐磨米州都督。父于，归州刺史。昆弟四人，单德是南于之元子。唐开元初，因单德素有艺能，兼闲武略，任内供奉射生。参加平叛有功，授折冲果毅，次至中郎将军，封饶阳郡王，开府仪同三司，左金吾卫大将军。大历十一年三月二十七日，薨于永宁里私第，春秋七十有八。夫人兰陵萧氏，嗣子珍贡。大历十一年四月二十八日，葬南单德于万年县崇义乡胡村白鹿之西原。南单德墓志撰者为中大夫行秘书省著作佐郎薛夔。薛夔为唐初名将薛仁贵之后裔。磨米州和归州均为安东都护府所辖。与南单德有相同经历的高丽移民后裔，还有泉毖、高德、高钦德、高远望、高震、高震女儿。文献史料中记载的还有高仙芝、王思礼、李正己、王毛仲等人。（拜根兴、宋丽《新见高句丽百济移民墓志的新探索》，载《陕西博物馆馆刊》2015 年）银青光禄大夫殿中监南阳县开国公张季良宅　张季良，南阳人。父张暐，邓国公，谥曰昭公。张季良历任殿中少监专知尚食事，也曾参与唐玄宗“天子幸射熊，陈羽猎”。天宝十四载正月十六日，薨于长安永宁之私第，秋七月二十六日，归祔于万安山之先茔。有六子。长子或，下邽县令。次子珍，桥陵丞。(《补遗千唐志斋新藏专辑》) 银青光禄大夫行光禄少卿赐太子宾客张佶宅　张佶，南阳人。南阳郡开国公张守珪孙。邓国公赠太子太师张献诚之元子。大历二年六月六日，张佶终于上都永宁里，春秋二十五。大历四年二月三日，归葬于河南县谷阳乡邙山之原。(《补遗千唐志斋新藏专辑》) 按张守珪宅在东都从政坊，张献诚宅在长安永福坊。朝散大夫守定陵令孙隋宅　孙隋，本吴郡富春人。释褐拜章怀太子陵丞，次补都水主簿、乔（桥)、昭、定三陵丞。修五庙，巡五陵使。大历七年六月十九日，终于万年县之永宁里之私第，其年七月发轫于上都，十一月十四日，永厝于望洛原。（《补遗千唐志斋新藏专辑》）按唐人墓志载望洛原者殊稀。孙隋墓志铭曰：“伊洛瀍涧入大河，□□□滁条丘陵多。蛇蟠龙抱何绮错，宜其哲人之所讬。……”盖望洛原亦在洛阳。右金吾卫胄曹参军李符彩宅　李符彩开元二十有九年冬十月二日丙午，终于西京永宁里之私第。天宝元年秋七月辛酉（十九日），归葬于洛阳平阴乡邙山之北原。（《千唐志》）英武军使开府仪同三司试太常卿萧国公赠灵州大都督论惟贞宅　论惟贞字瑀，本名仙芝，至德元年载，特敕改名惟贞。其先西戎君赞普之密族。曾祖以上，皆世作蕃相国，吐蕃称宰相为“论”，因以为姓。祖父论弓仁，武后时以所部七千帐归化，开元间，官朔方副大使。安史之乱时，其父诚节，率诸子从朔方军于灵武，护卫唐肃宗。志载：“肃宗之巡右地也，劲自朔方，持先将军表于丰安，迎觐至灵武，参佐命勋，因兹赐名……浃辰之内，得一千余人，有诏同关内节度副使。扈跸至凤翔府，授光禄卿，充元帅先锋讨击使，屯于岐阳，与郭英乂、王思礼等分压东寇，破青渠阵，迁正议大夫鸿胪卿。自是渥赉日融，屡戡大敌。收西京，力战于涝水；收复夏，决命于陕郛。再清函洛……”特授开府仪同三司，封寿昌县开国伯。后屡封至萧国公。建中二年十月九日，薨于上都永宁里之私第，春秋五十一。其年十一月三十日，葬于京兆府长安县永寿乡高阳原。夫人梁国夫人李氏，嗣子倏、位、伾、侁。（《洛阳新获墓志》二〇一五）按论惟贞墓志为盛唐著名书法家徐浩撰并书，是徐浩晚年书法巅峰之作。论惟贞《新唐书》有传，史书和墓志互为印证，都表明论惟贞在平乱中立有卓越功绩。论惟贞仲弟惟贤，在平安史之乱也屡有战功，薨于上都靖恭里。季弟惟明，在朔方军乱之时，率兵三千赴难，授金吾卫大将军，并在唐德宗回归长安城时献诗陈贺。（《文苑英华》卷九〇九《骠骑大将军论公神道碑》）朝议郎守尚书工部郎中寇锡宅　崔佑甫撰文之寇锡墓志云：寇锡字子赐。大历十二年十月二十五日，终于京师永宁里之私第，大历十三年四月二十七日，归葬于河南府河南县邙山之原。（《千唐志》）李琯宅　《太平广记》卷四五八《李黄》：“元和中，凤翔节度使李听从子琯，任金吾参军，自永宁里出游，及安化门外，乃遇一车子，通以银装，颇极鲜丽，驾以白牛，从二女奴，皆乘白马，衣服皆素，而姿容婉媚。琯贵家子，不知俭束，即随之。”李琯自永宁里出游，似永宁里有李琯宅第。旅舍　《古志石华续编》之《赵郡李氏殇女墓石记》云：秘书省秘书郎李藩女，小字孙孙。年十六，于贞元十七年十一月二十二日，终于长安永宁里之旅舍。贞元十七年十二月三日，窆于万年县高平乡西焦村之南原。按据《咸宁县志》，焦村在西安府城南金霁霓社，唐时已名焦村。太傅致仕白敏中宅　白敏中墓志于抗日战争初期出土于陕西渭南县渭河北程村。《唐故开府仪同三司守太傅致仕上柱国太原郡开国公食邑二千户赠太尉白公墓志铭并序》载：“初，宰相被戊戌诏，太傅丧至凤翔，宜以朝班翼永宁里，序吊丧礼。”说明白敏中居长安永宁里。（武伯纶《白敏中墓志跋》，载《文博》1990年第2期)《白敏中碑》刻立于唐咸通三年八月，毕诚撰，王铎书。其文先后著录于《集古录跋尾》《集古目录》《宝刻丛编》《天下金石志》等。明代以后该碑湮没。后被渭南师范学院图书馆馆员孙芬惠于渭南县太上村重新发现。碑已断为两截。该碑与西安碑林之《白敏中墓志》(1959年出土)相互勘证，为唐史及白敏中家族研究提供了新资料。(孙芬惠《渭南发现唐“白敏中神道碑”》，载《碑林集刊》第十辑2004年)太子中舍人严愈宅　严愈字中胜，其先冯翊人。曾祖知顺，剑州长史赠太常卿。祖审徽，简州刺史赠工部尚书。父肃，太子左赞善大夫。伯父严震，曾为相国，伯父严砺曾为仆射。严愈在严砺、严震的庇荫下，仕宦显达。在前宰相崔群推荐下，曾任巡官等。会昌年间“充回鹘宣谕副使，寻以北虏离溃，追回京关”。以会昌二年十二月十二日，殁于永宁新宅。会昌三年二月二十五日甲申，(与前九年先逝的李夫人)合葬于京兆府万年县义善乡兴牛里。母弟曰公瑜，后君二旬有五日亦终于是宅。有子曰皓、曰鼎。2002年11月严愈及妻李夫人墓志于长安县杜陵乡三府井村出土。按李夫人于大和八年殁于长安宣平里私第。(李雪芳《唐严愈夫妇墓志合考》，载《碑林集刊》第十辑2004年)银青光禄大夫行内侍省掖庭局令员外置同正员致仕上柱国弘农县开国侯赠内侍省内侍杨玄略宅　杨玄略字予远。墓志于1954年在西安市西郊枣园村西北出土。志载杨玄略于咸通四年二月十六日，薨于长安永宁里之私第，咸通五年二月十五日，归窆于长安县龙门乡石井村。(《考释》)天水严氏宅　父弘，睢阳十将。咸通十四年五月二十三日，严氏终于上都永宁里私第，享年四十九。咸通十五年正月十二日，葬于京兆府万年县兴牛村。(《洛阳新获墓志》二〇一五)魏王府参军李缨宅　《唐文拾遗》卷三二李缨《亡妻弘农杨氏墓志》云：夫人讳蕙，字迁秀。咸通癸巳岁九月二十二日，以疾终于永宁里之私第，咸通十四年十二月二十三日，归窆于京兆府万年县小阳村。按小阳村应为“小杨村”。尚书屯田员外郎归州刺史韦端符宅　夫人荥阳郑霞士，父监察御史河南府功曹参军郑素。咸通十五年七月三十日，遘祸于长安永宁里，其年十月二十九日，归祔于京师南之毕原。(《补遗七辑》)

次南永崇坊。

东南隅，七太子庙。其地本万、夔六州之邸。总章中，以为明堂县，后徙县于永乐坊。神龙初，立懿德太子庙，即中宗之长子。《礼阁新仪》曰：天宝六载诏，章怀、节愍、惠庄、惠宣、惠文太子虽官为立庙，比来子孙自祭，或时物有阙，礼仪不备。宜与隐太子及懿德太子列次诸室，同为一庙。遂于永崇坊东街就懿德太子同立庙，呼为七太子庙。宝应三年停享，大历三年又加靖恭太子一室。庙西，灵应观。隋道士宋道标所立。宗道观。本兴信公主宅，卖与剑南节度使郭英乂，其后入官。大历十二年，为华阳公主追福，立为观。按观为华阳公主立，故亦曰华阳观。欧阳詹《玩月诗序》“贞元十二年，瓯闽君子陈可封游在秦，寓于永崇里华阳观”是也。白居易《华阳观诗》注：观即华阳公主故宅，有旧内人存焉。**龙兴观**。坊有龙兴观，见李商隐为马懿公郡夫人王氏黄箓斋文。**孝廉陈岩宅**。《宣室志》：颍川陈岩，景龙末举孝廉至京师，居永崇里。**泸州都督王湛宅**。杨炯《王湛碑》：薨于京师永崇里。**十字街西之南，刑部尚书韦抗宅**。**谏议大夫吕崇粹宅**。《广古今五行记》：唐开元中吕崇粹宅在京永崇坊。**秘书监杨铦宅**。明皇贵妃之兄。《旧书·杨贵妃传》：贵妃以微谴送归杨铦宅，比至亭午，上思之不食，高力士奏请迎贵妃归院。是夜开安兴里门入内。按明皇时在南内，故永崇北行，入自安兴里门也。**司徒兼中书令李晟宅**。兴元元年，赐晟永崇里甲第，诏宰臣、诸节将会送。是日特赐女乐八人、锦彩银器等。令教坊、太常备乐，京兆府供具，鼓吹迎道集宴，京师以为荣观。《乾𦠆子》：李晟太尉宅前有一小宅，相传凶甚，直二百十千。窦乂买之，筑园打墙，拆其瓦木各垛一处，就耕之。太尉宅中有小楼，常下瞰焉，晟欲并之为击球之所。他日乃使人向乂欲买之，乂确然不纳，云：“某自有所要。”候晟休沐日，遂具宅契书请见晟，语晟曰：“某本置此宅欲与亲戚居之，恐俯逼太尉甲第，贫贱之人固难安矣。某见此地宽闲，其中可以为戏马，今献元契，伏惟俯赐照纳。”晟大悦。杜牧有《题永崇西平王宅太尉愬院六韵》诗。**骁卫将军薛夔宅**。《集异记》：贞元末，骁卫将军薛夔居永崇龙兴观之北，多妖狐。或谓曰：“妖狐惮猎犬，西邻李太尉第中鹰犬颇多，何不假其骏异者，向夕以待之?”夔即诣西邻述其事，李氏羁三犬以付焉。是夕月明，夔纵犬，与家人辈密觇之。见三犬皆被羁靮，三狐跨之，奔走庭中。及晓，三犬困殆，寝而不食。才暝，复为乘跨，犬稍留滞，鞭策备至。夔无奈何，竟徙焉。**东都留守杜亚宅**。**吏部尚书充诸道盐铁转运等使李巽宅**。权德舆《李巽墓志》：寝疾，薨于永崇里。**司徒兼中书令韩弘宅**。韩愈《韩弘碑》：薨于永崇里第。**兵部尚书萧昕宅**。《宣室志》：唐故兵部尚书萧昕为京兆尹，京师大旱。时天竺僧不空三藏居静住寺，善以持念召龙。昕诣寺请致雨，三藏命其徒取华木皮仅尺余，缵小龙于其上，而以炉瓯香水置于前转咒。食顷，以缵龙授昕曰：“可投此于曲江中。”昕如言投之，旋有白龙才尺余自水出，俄而数丈，倏忽亘天。昕鞭马疾驱，未及数十步，云物凝晦，暴雨骤降。比至永崇，道中之水已若决渠。**庶子致仕沈聿宅**。《集异记》：贞元中，庶子沈聿致仕永崇里。**温县主簿韩慎宅**。柳宗元《韩慎墓志》：卒于长安永崇里。**前进士崔涂宅**。崔涂有《上巳日永崇里言怀》诗。**旅馆**。颜真卿《元结表墓碑》：大历七年朝京师，薨于永崇坊之旅馆。《宣室志》：大历中有吕生者，自会稽上虞尉调集于京师，侨居永崇里。**放生池**。

《校补记》：永崇坊　孝廉陈岩宅　校：孝廉上增秦州上邽尉。补：郝居士

宅 并注：《宣室志》：郝居士在里中有符箓所禁之术。李晟宅 补注：李洞有《赠永崇李将军充襄阳制置使》诗。司徒兼中书令韩弘宅 校：依韩愈撰碑，增“赠太尉、许国公”。崔涂宅 此条后补：崔氏宅 并注：《乾膘子》：华州柳参军，长安上巳曲江，见车子入永崇里，知其大姓崔氏女，有青衣名轻红。

增订：

骁卫将军薛夔宅 按《太平广记》卷第四五四薛夔条引《集异记》：“贞元末，骁卫将军薛夔寓居永宁龙兴观之北。”永宁误，应为永崇。于贤宅 于贤字淑献，河南人。曾祖于志宁，尚书左仆射太子太师上柱国燕国公。祖慎□，符玺郎。父安贞，吴县令兰陵公。于贤为于安贞第五子。垂拱二年九月二十三日，亡于永崇第，春秋二十三。(《补遗六辑》）按于贤卒时二十三岁，其宅应为其父或其曾祖于志宁宅。李商隐居室 《宋高僧传》卷六《知玄传》：“（李商隐）久慕玄（名僧知玄）之道学，后以弟子礼事玄，时居永崇里，玄居兴善寺……”王湛宅 《大周故朝请大夫检校司礼寺丞王君墓志铭并序》盖题间阴刻楷书64字：“夫人博陵崔氏，祖升，黄台公。父处智，陵州长史。年十有五，归于我，春秋六十有九，大唐景龙三年，岁在己酉六月甲寅，终于崇贤里，以其年十月己酉迁祔焉，呜呼哀哉！”王遐济字利涉，太原晋阳人。曾祖亮，祖绰。父谌，“唐通事舍人，荆州大都督府司马冀州刺史泸州都督金水县开国男”。杨炯《泸州都督王湛神道碑》云：公讳湛字怀远，太原晋阳人也。祖亮，父绰。王湛咸亨三年七月十七日，薨于京师永崇里，以文明元年陪葬献陵。(《全唐文》卷一九三《杨炯十一》，又据陈子昂撰《申州司马王府君墓志》、《全唐文》卷二十五《陈子昂十九》）父湛泸州都督金水敏侯。王遐观即金水敏侯长子，即王遐济长兄。王遐济于证圣元年六月十七日终于洛阳里第，万岁通天二年二月六日，葬于长安宁安原之茔。（柴华《武周万岁通天二年〈王遐济墓志〉考释》，载《碑林集刊》［十八］2012年）朝请大夫扶风县令韦通理宅 韦通理字黄中，京兆杜陵人。高祖瓒，隋尚书右丞南皮县伯。大王父叔谦。王父知人。烈考纵，中散大夫卫州司马。韦通理弱冠，明经擢第，景龙中，授翼城尉，凡宰五邑。以天宝三载六月十七日，终于西京永崇里之私第，享年五十八，以其载十一月十三日，祔于高阳原先茔。嗣子催。韦通理墓志2004年4月出土于西北大学长安校区。(《长安高阳原新出土隋唐墓志》）银青光禄大夫守太子宾客上柱国太原郡开国公郭幼冲宅 郭幼冲，祖父郭通。父郭敬之。仲兄郭子仪。郭幼冲以战功起家，授别将、果毅，肃宗灵武践祚，迁太子右赞大夫、试鸿胪卿历太仆少卿太子少詹事左庶子延王傅。奉天行在除太仆卿。逆（朱）泚既平，拜太子宾客。夫人琅琊君王氏。贞元戊辰（四年）岁正月壬子，郭幼冲归全于上都永崇里私第，享龄五十有五，其年二月甲申，祔先茔于万年县义善乡之南原（今西安市长安区高望堆村)。嗣子晔、晦、晊、睇、暕、晹等一十三人。(《西市藏志》）朝散大夫守

太常少卿上柱国赐紫金鱼袋裴次元宅 1985年秋偃师县杏园村（洛阳首阳山电厂）出土裴次元撰写的《唐故崇陵挽郎荥阳郑府君（绍方）墓志铭并序》，志文称：郑绍方为裴次元之妻兄，“君之女弟，早岁归我”。郑绍方于元和四年十二月二十五日，终于永崇里裴次元宅（“予所居”），元和五年正月八日，窆于万年县龙首乡之孟村从先府君之茔，元和九年迁葬偃师县万安山之南祔祖域。（中国社会科学院考古研究所河南第二工作队《河南偃师杏园村的六座纪年唐墓》，载《考古》1986年第5期）**李令淑宅** 元和四年夏五月丁卯薨于永崇里，冬十月己酉返葬于洛师缑氏县芝田乡之大墓。**国子监主簿裴处弼宅** 《征事郎守国子监主簿裴处弼撰亡妻京兆韦韫中墓志》：大和八年三月六日，终于上都永崇里之私第，春秋二十八，五月二十六日，迁窆于京兆府万年县义善乡王斜村之北原。“遥祔我王父尚书茔。”韦韫中，京兆杜陵人，七代祖韦敻，周世宗赐号“逍遥公”，五代祖韦挺，《旧唐书》有传。曾祖韦令谦，尚书屯田员外郎。祖韦传经、京兆府盩厔尉。父扬州大都督府法曹参军。母荥阳郑氏，为裴处弼姨母。裴处弼有二子，文、制，非韦夫人所出。（《西市藏志》）**河南府司录参军李缪宅** 李缪字子韫，元和时宰相李绛之长子，会昌元年闰九月十日，终于永崇里第，即以其年冬十一月十四日，归葬河南府洛阳县平阴乡之北原从祔先司徒公之兆。李缪墓志崔玙撰，裴儋书，今存开封市博物馆。按《新唐书》卷七二上《宰相世系表》二上，李绛父元善，襄州录事参军。绛字深之，相宪宗，生璆、项、璋。璆，河南府司录参军。璋字重礼，宣歙观察使。生说儿、慎微、德邻、少微、德休。李璋妻卢氏墓志与李谬墓志说明，元和时在长安永崇里有鲠宰李绛（谥贞公）之宅第。**京兆参军事韦辂宅** 韦辂夫人薛氏，河东人。曾祖薛顺先，赠工部尚书。祖薛苹，左散骑常侍。父薛膺，婺州刺史。外族裴氏。年及笄，归于京兆参军韦辂。大中九年三月，薛氏夫人没于永崇里，享年三十，其年四月二十五日，葬于城南鸿固乡毕原上。（《西市藏志》）**卢子献宅** 卢子献祖行质，父获，钟离长史。卢子献，于唐武宗三年钟庆于永崇里之私第。子献“百事之典，研极精微。□窗夜烛，志勤其学。不啻十年，业亦大就。赋讼戕檄，传在人口。尤善讽刺，偏攻五言。凡为诗数百首，皆韵契宫徵，调凄金石。或旅次寓题，游行纪事，见之者莫不缀简附策而去”。卢子献曾于其父任钟离□长史时，由于咸通年间桂林戍卒起义领袖庞勋率领戍卒义军，连克濠（州）梁，子献曾于堂之西北隅凿地深二十尺，“南北逾丈，东西广寻”，凿土约百车，成为一地下掩体，家人二十人藏匿其中，得脱。从秀士之礼葬于河南府河南县万安山之南祖茔之左。（《补遗八辑》）按卢子献外曾祖李绛，外祖父李璆，李璆及弟李璋均在永崇里有宅第。钟庆疑为诞生。唐武宗三年为公元843（会昌三年）年，庞勋义军在钟离时是咸通九至十年（868—869），其时卢子献二十五六岁。**朝议郎行起居郎李璋宅** 李璋妻范阳卢夫人，咸通二载九月二十有七日，疾殁于上都永崇里所从李氏之私第，明年正月十六日，归葬于河南府洛阳县平阴乡村祔于李氏先茔。(《千唐志》)卢夫人墓志李璋撰，李璋，赵郡赞皇人，即李绛之季子，字重礼，咸通中累官尚书右丞，湖南、宣歙观察使。《新唐书》卷一五二《李绛传》附李璋传。《唐故太子司仪耶李府君墓志铭》：李琚字子玉。“赵郡东祖有丞相崇，显于后魏，谥为文惠公。文惠公其下四世生贞简，为唐司农卿。司农生岗。”岗生元善，赠太尉，太尉生泾，为金州刺史。琚郎泾子。咸通十二年五月十三日，终于永崇里私第，其年八月十一日，归葬于河南府洛阳县平阴乡成村。(《补遗七辑》)**朝议郎行尚书司勋员外郎柱国高湜宅** 高湜夫人郑氏，荥阳开封人。咸通四年闰六月十九日，终于上都永崇里之私第，明年二月十五，迁葬河南府河南县伯乐乡上店村。(《北图石汇》)按高湜还撰有《唐故殿中侍御史河南府寿安县令赐绯鱼袋高府君瀚夫人博陵崔氏墓志铭》云：夫人崔缜，乾符二年五月十六日，没于上都永崇里第。(见善斋金石墨本)据高瀚墓志所载，高瀚为高钱长子，高湜是高瀚第七弟，高瀚夫人崔缜与高湜妻郑氏均终于上都永崇里第，死后均葬于东都平乐乡上店村之高氏祖茔。则永崇里当为高瀚和高湜的宅第。**宝应县主、太子洗马杨府君宅** 宝应县主，代宗皇帝之孙，守司空循王遹之第八女，王妃荥阳郑氏所生。享年六十四岁，咸通十二年五月十八日，薨于永崇里，其年十月十二日，葬于万年县高平乡西焦村祔洗马茔。西焦村在今西安市长安区高望堆村西南。穆宗于元正日便殿朝会诸亲时，宝应县主诉二子已逾冠而无路仕进。穆宗谓姑行之，授长子泌左清道率府录事参军。又明年，次子琉授右司御率府胄曹参军。(《西市藏志》)**旅馆** 《全唐文》卷七九八《内辩》：“皮日休自布衣授九江之荐，与计偕寓至永崇里。居浃旬，有来候者曰：子几退于有司，几熟于执事，其誉与名煜煜于京师矣!”**襄阳制置使李将军宅**《全唐诗》卷十七，唐昭宗时，宗室李洞有《赠永崇李将军充襄阳制置使》诗。**某宅**《文苑英华》卷第六三四于邵《代谢赐永崇宅并赐酒食锦彩器物等状》：“右今日中使某至，伏奉恩旨，令臣移入所赐宅。”

次南昭国坊。隋有香海寺，大业七年废。此坊本犯中宗庙讳，长安中改“昭”。或作“招”，误。按韦应物有《过昭国里故第》诗，又有《昭国里第听元老师弹琴》诗，皆未知何人之第。

西南隅，崇济寺，本隋修慈寺，开皇三年鲁郡夫人孙氏立。贞观二十三年，以尼寺与慈恩僧寺相邻，而胜业坊甘露尼寺又比于宏济僧寺，敕换所居，为本宏济寺，神龙中改。《寺塔记》：寺内有天后织成蛟龙被复子及绣衣六事，东廊从南第二院有宣律师制袈裟堂。**太府少卿裴子余宅**。即废香海寺之地。**前进士李蒙宅**。《独异志》：开元五年进士及第李蒙者，贵主家婿，主居昭国里。**南门内**，一作“东门”。**太子太傅致仕郑细宅**。《祥异集验》：唐丞相郑细宅在昭国坊南门。忽有物来投瓦砾，五六夜不绝，乃移于安仁西门宅避之。瓦砾又随而至。久之复还昭国。又《灵怪集》：郑絪罢相，自岭南节度入为吏部尚书，居昭国里第。缊为太常少卿，皆在家。厨馔将备，其釜忽如物于灶中筑之，离灶尺余，连筑不已。其旁有铛十余所，皆两耳慢摇，良久悉能行，乃止灶上。每三铛负一釜而行，出厨东，过水渠，往少卿院，堂前大小排列定。乃闻空中轰然如屋崩，其铛釜悉为黄埃黑煤。数日少卿卒，相国相次而薨。**检校司徒兼太子少师郑余庆宅**。《唐语林》：司徒郑贞公与其宗叔太子太傅絪居昭国坊，太傅第在南，司徒第在北，时人谓之南郑相、北郑相。**尚书右丞庾敬休宅**。《国史补》曰：敬休宅屋壁有画《奏乐图》，王维尝至其处，维熟视而笑。或问其故，维曰："此《霓裳羽衣曲》第三叠第一拍。"好事者集乐工验之，无一差者。**将军韦青宅**。《乐府杂录》：大历中，有才人张红红者，本与其父歌于衢路丐食。过将军韦青所居，在昭国坊南门里，青于街牖中闻其歌，即纳为姬。**刑部尚书白居易宅**。《白氏长庆集》有《昭国里闲居》诗，时为左赞善大夫。居易《与杨虞卿书》云：仆左降诏下，明日而东，足下从城西来，抵招国坊，已不及矣。按白居易始居常乐，次居宣平，又次居昭国，又次居新昌。今于各坊备载之。**夏、绥、宥等州节度使李寰宅**。寰监守博野镇，穆宗赐其子方回宅。**山南西道节度使崔琯宅**。柳玭云：崔氏居昭国宅，子孙昌盛，衣缨不绝。**集贤直院官、荣王府长史程修己宅**。温宪《程公墓志》：遘疾，殁于昭国私第。**泾原节度使段祐宅**。《酉阳杂俎》：泾帅段祐宅在昭国坊。

《校补记》：昭国坊尚书右丞庾敬休宅　补注：《唐画断》云：庾右丞宅有壁王维图山水兼题记，亦当时之妙。补：李家南园，并注：李商隐有《过昭国李家南园诗》，又《病中访昭国李十将军遇挈家游曲江诗》，又《送李千牛将军赴阙五十韵》。注者以千牛为李西平之孙。

增订：

前左翊卫柳璧宅　柳璧字楚珪，河东解人。祖谔之，隋太子舍人。父保隆，唐通事舍人工部员外驾部郎中。柳璧以垂拱四年九月二十四日，寝疾终于岐山庄敬道里第。夫人梁氏，长寿二年三月六日，终于明堂显国坊里第。以其三年五月十九日，合窆于凤栖原之大茔。（《西市藏志》）柳璧夫人梁氏卒于显国坊为唐长安城坊里名称变更提供了历史证据。宋代宋敏求《长安志》（《四库全书》本）卷八昭国坊："按此坊本犯中宗庙讳，长安中改，唐中叶后多云招国，招字殊无义理，未详。"唐中宗李显，庙讳当是显字，柳璧夫人梁氏是长寿二年终于显国坊里第，当时正值武后掌权，长安年间改明堂县的显国坊为"昭国坊"。太子太傅致仕郑絪宅　卢韬夫人郑氏为郑絪之孙女，郑氏墓志载："次兄曰颉，前进士，未及诸侯之命，以疾殁于招国私第。"郑氏之兄五人：颢、颉、项、就、晦。（《补遗六辑》所载《唐故范阳卢氏荥阳郑夫人墓志铭》）又郑颀妻范阳卢夫人墓志铭载：

卢夫人行年十六适于荥阳郑颀。颀即相国太子太傅致仕赠太师絪之孙。咸通戊子岁（九年）八月二十三日卢夫人终于上都昭国里第，其年十一月八日，归祔于河南府河清县述仙乡宝掌原。1990年墓志出土于孟津县。(《洛阳新获墓志》) **苏州刺史韦应物宅** 《韦江州集》卷八《昭国里第听元老师弹琴》诗："竹林高宇霜露清，朱丝玉徽多故情。暗识啼乌与别鹤，只缘中有断肠声。" **水部郎中李羽宅** 郑谷《题水部郎中李羽员外招国里居》诗（《全唐诗》卷六七四）："野色入前轩，脩然琴与尊。画僧依寺壁，栽苇学江村。……不辞朝谒远，唯要近慈恩。"(《全唐诗》（增订本）中华书局1999年1月第1版，7780页）昭国里南即慈恩寺。**郁久闾浩宅** 郁久闾浩字乘潮，河南洛阳人。曾祖志，左右羽林军将军、代州都督。祖□，右领军卫将军。考延，齐州长史上柱国沅陵郡开国伯。郁久闾浩春秋二十五，开元十六年四月九日，卒于万年县昭国里之私第，即以其年五月六日，迁厝于凤栖原。郁久闾浩未婚无嗣。兄滔，弟泌、洌等。郁久闾氏为柔然（茹茹、蠕蠕）王姓。据《汉魏南北朝墓志集释》收录出土于长安西郊的隋开皇六年（586）《郁久闾伏仁砖志》载："君讳伏仁，本姓茹茹。夏有淳维，君其苗裔。魏晋以来，世长漠北。阴山以北，丁零以东，地广兵疏，无非国有。……太和之时，值魏南徙，始为河南洛阳人也，改姓郁久闾氏。"郁久闾浩墓志，记载厝于凤栖原。凤栖原在长安城外东南，据传浩志出土于西安近郊，郁久闾浩墓志是西安新见柔然王族后裔的墓志。（李举纲《西安新见柔然王族郁久闾氏后裔墓志》，载《中国文物报》2007年8月24日）按长安昭国坊的郁久闾浩家族宅第是目前发现唯一的柔然王族后裔的宅第。**左散骑常侍致仕赠越州都督崔颋宅** 崔颋字元直。曾祖去惑，单于大都护府士曹参军。祖儁，亳州临涣县丞。父意，博州聊城县令。夫人郑氏，荥阳开封人。曾祖珽思，祖游。父密，大理评事。郑氏即密之长女。既笄归于崔颋。有子八人：长曰琯，秘书省校书郎；次曰珙，监察御史里行；次曰璪，太常寺奉礼郎；次曰瑝，太子校书；次曰璲，华州参军；曰璋、琚。有女四人。元和六年八月二十八日遘疾。终于招国里之私第，春秋六十一。以其年十月十二日，祔葬于少陵原之先茔。(《集萃》）郑夫人墓志为从父弟朝散大夫守京兆少尹赐紫金鱼袋郑敬撰。按山南西道节度使崔琯宅，在昭国坊，柳玭云："崔氏居昭国宅，子孙昌盛，衣缨不绝。" **大理司直史承式宅** 史承式，字遵度，其先本居杜陵，今为宣城溧阳人。越王府东阁祭酒仲谟，即承式之高祖。仲谟生务本，务本生处，处生俊，俊即承式之烈考。承式幼以门荫补弘文馆生，解褐太常寺奉礼郎，秩满授河南府参军，又转河南府洛阳县主簿，终任大理司直。贞元十二年九月二十八日终于京兆招国里之私第，贞元十四年八月十三日，葬于京兆府万年县义善乡凤栖原祔先茔。墓志出土时间不详，据说出土于长安区三爻村。（张安兴、李雪芳《唐〈史承式墓志〉考释》，载《文博》2006年第6期）**客舍** 试太常寺太祝卢直女，大和元年三月二十六日，疾热卒于长安昭国坊客舍，年十三。其年八月十三日，归葬洛之北邙先君墓侧。（《补遗千唐志斋新藏专辑》）按卢直及夫人崔氏墓志载：长庆三年卢直卒于东都康俗里；卢直夫人崔氏于大和五年捐馆于河南康俗里。卢直殇女卒时，其母尚在，“母氏哭而哀”。参照本书卷五东都康俗坊卢直宅。崔公夫人王流谦宅　夫人姓王，号流谦，以会昌四年三月十一日，遘疾终于昭国里，享年五十九，以其年四月十四日，葬于启夏门南宁安乡姜允村之高原。夫人少归博陵崔公。公入居清级，出镇雄藩。二女，次小师第八，适进士卢钰。（《补遗八辑》）秘书郎庾叔颖宅　《庾氏二十九女墓志》曾祖光烈，曾妣陈国陈氏。祖何，沣州刺史、赠司徒。祖妣广平宋氏，晋国太夫人。父叔颖，秘书郎。妣京兆韦氏。二十九女“年未及笄，重罹祸戚”，以大中九年十一月四日，遇疾终昭国里，享年三十，以十年二月二十八日，葬于京兆杜陵，祔先茔。（《西市藏志》）按据庾叔颖之曾祖、祖、父名，应与苗绅妻新野县君庾氏应为同胞，与静恭坊之庾承欢之祖光先，父偡，应为唐开元年前诏赠谏议大夫庾齐仁之后。秘书省校书郎韦洧宅　咸通三年十二月十七日，博陵崔氏室女年二十六，卒于昭国私第，来年正月二十二日，葬万年县少陵原，祔先兆。室女祖，相国赠太尉崔珙，父秘书省校书崔洧。按《千唐志斋》藏有两方与崔洧有关之墓志。一为崔洧侧室张子虚，咸通十四年终于东都殖业里。一为崔洧，开成元年终于东都教业坊之私第。崔洧是太保忠公之孙，南和府君之子。《新唐书·宰相世系表》云：崔微是刑部尚书忠公隐甫之子，崔洧与崔溉为兄弟辈。（《集萃》）易定节度押衙充知军兼监察御史上柱国张锋宅　张锋夫人史氏，会昌七年正月乙丑，殁于□国里之私第，大中元年夏四月乙酉，殡于唐城之原。（《补遗四辑》）据史氏墓志所述事迹，以及唐两京坊名第二字为“国”字者仅有“昭国”一坊，故知张锋宅在昭国里。集贤直院官荣王府长史程修已宅　程修己是晚唐著名画家，咸通四年二月一日，殁于京师昭国里第，其年四月十七日，葬京兆府万年县姜尹村。（《文物》1963年第4期《晚唐画家程修己墓志》，另《关中金石文字存逸考》等均有著录）朝散大夫行尚书司勋员外郎柱国苗绅宅　苗绅妻新野县君庾氏，于咸通癸未岁冬季月既望，殁于上都昭国里第，以明年六月癸酉，归葬于河南府洛阳县平阴乡陶村之北原。（《北图石汇》）按庾氏之曾祖光烈、祖何、父颖，与靖恭坊之庾承欢之祖光先、父偡；子游方，均应为唐开元年间诏赠谏议大夫的庾齐仁之后。守魏王府长史段璲宅　1956年西安市东郊郭家滩出土段璲妻严氏墓志。志云颜氏，冯翊郡人。“善妙声律，迥（原志缺一字）常格，琴得叔夜之旨，笙夺子晋之音，其余乐器无不通会”。段璲“官居禁苑，艺出群流”。咸通六年正月二十六日，严氏启手足于万年县招国坊之私第，咸通六年四月十七日，葬于浐川乡白鹿原郑村。（《考释》）朝议郎前行秘书省秘书郎庾慎思宅　庾慎思母张氏，咸通十年己丑五月一日戊午，寿终于上都昭国里第，享年六十三，以仲秋庚寅，宅神于京兆府万年县洪源乡少陵原张屈村。“先妣吴郡人也。在南朝时，朱、张、顾、陆、姚、吴、陈、谢，世称八族。……比今崔、卢、李、郑、裴、韦、萧、薛焉。”（《西市藏志》）**钱氏祖庙** 户部巡官试秘书省校书郎钱操女乌娘于乾符五年十一月二十九日，终于长安昭国里祖庙之东偏，十二月十一日，权窆于京兆府万年县宁安乡三赵村。（《陕西金石志》卷一九）**翰林供奉朝散大夫前守右千牛卫将军段琼宅** 1956年西安市东郊韩森寨东南出土段琼墓志。段琼于乾符六年正月十日，终于长安昭国里之私第，乾符六年二月二十四日，葬于万年县浐川乡郑村。（《考释》）按段琼与段璲妻的葬地相邻，琼与璲应为兄弟辈。

次南晋昌坊。“晋”或作“进”。

半以东，大慈恩寺。隋无漏寺之地。武德初废。贞观二十二年十二月二十四日，高宗在春宫，为文德皇后立为寺，故以慈恩为名，仍选林泉形胜之所。寺成，高宗亲幸，佛像幡华并从宫中出，太常九部乐送额至寺。寺南临黄渠，水竹森邃，为京都之最。会昌五年，诏天下废寺，上都每街各留寺两所，僧各三十人。左街留慈恩、荐福，右街留西明、庄严。六年，左街添置寺八所，兴唐寺、保寿寺两所依旧额，六所改名：僧寺四所，宝应寺改为资圣寺，青龙寺改为护国寺，菩提寺改为保唐寺，清禅寺改为安国寺。尼寺二所：法云寺改为唐安寺，崇敬寺改为唐昌寺。右街西明寺改为福寿寺，庄严寺改为圣寿寺。添置八所，二所依旧名，僧寺一所千福寺，尼寺一所兴元寺，并依旧额。六所改名：僧寺五所，化度寺改为崇福寺，永泰寺改为万寿寺，温国寺改为崇圣寺，经行寺改为龙兴寺，奉恩寺改为兴福寺；尼寺一所，万善寺改为延唐寺。《寺塔记》：慈恩寺本净觉故伽蓝，因而营建焉。凡十余院，总一千八百九十七间，敕度三百僧。初三藏自西域东归，诏太常卿江夏王道宗设九部乐，迎像入寺，彩车凡千余辆。上御安福门观之。太宗赏赐三藏衲直百余金，其工无针铤之迹。寺有南池，韦应物有《慈恩寺南池秋荷咏》，司空曙有《早春游慈恩南池》诗，赵嘏有《春尽独游慈恩寺南池》诗。寺有牡丹。《唐语林》：慈恩浴室院有牡丹两丛，每开及五六百朵。《唐诗纪事》：长安三月十五日，两街看牡丹甚盛。慈恩寺元果院花最先开，太平院开最后，裴潾作《白牡丹诗》题壁间。又有凌霄花，见李端《怀旧诗序》。**寺西院，浮图六级，崇三百尺**。永徽三年，沙门玄奘所立。初唯五层，崇一百九十尺，砖表土心，仿西域窣堵波制度，以置西域经像。后浮图心内卉木钻出，渐以颓毁。长安中更拆改造，依东夏刹表旧式，特崇于前。有辟支佛牙大如升，光彩焕烂。浮图东有翻经院，即玄奘为慈恩上座所居。按上官昭容、宋之问有《九月九日上幸慈恩寺登浮图》诗，自后唐人诗甚多。又为进士题名之所。《名画记》：慈恩寺塔院有吴道玄、尹琳、胡人尉迟乙僧、杨廷光、郑虔、毕弘、王维、李果奴、张孝师、韦銮画。塔前壁有画湿耳狮子趺心花，为时所重。见《唐语林》。**西南隅，楚国寺**。本隋兴道寺之地，大业七年废。高祖起义并州，第五子智云在京为隋留守阴世师等所害，后追封为楚哀王，因此立寺。水竹幽静，类于慈恩。《寺塔记》：寺内有楚哀王等身金刚像，哀王绣袄半袖犹在。长庆中，赐织成双凤夹黄袄子镇在寺中。门内有放生池。太和中，赐白氎黄胯衫。前进士陆宾虞宅。《前定录》：陆宾虞举进士，在京师寓晋昌里。叛臣朱泚宅。建中中，群盗夜分数百骑取泚于晋昌。先泚号其宅为潜龙宫，徙珍宝实之。人谓潜龙勿用，亡兆也。《寺塔记》：楚国寺墙西朱泚宅。若耶女子寓居。若耶溪女子《题三乡诗序》云：余家本若耶溪东，不得已从良人西入函关，寓居晋昌里第。其居迥绝尘嚣，花木丛翠，东西邻二佛宫，皆上国胜游之最。

《校补记》：晋昌坊　注：晋，一作进。补注：《长安图》：自京城启夏门北入东街第二坊曰进昌坊。进，亦作晋。大慈恩寺　补注：寺有三藏院，《酉阳杂俎》：慈恩寺唐三藏院后檐阶，开成末有苔状如古苣，布于砖上，蓝绿可爱。寺西院浮图　注：《名画记》：塔院有吴道玄、尹琳、尉迟乙僧、杨廷光、郑虔、毕宏、王维、李果奴、张孝师、韦銮画。校：按《唐画断》：吴道玄所画塔前面、西面又小殿前门也。尉迟乙僧所画，塔前面功德，又凹垤花西面中间，千手千眼菩萨也。王维、毕宏、郑虔所画，乃寺东院小壁，非西院也。若耶女子寓宅　补注：此女子自题廋词：二九子，为父后，玉无瑕，弁无首，荆山石，往往有。乃李姓名弄玉也。补：令狐绹宅　并注：《唐书》：绹字子直。李商隐诗集有《子直晋昌李花》诗、《晋昌晚归》诗、《宿晋昌亭闻惊禽》诗。

增订：

净住寺与韦安石宅移入安兴坊　《两京新记》（曹元忠辑）：“进业坊：西京外城朱雀街东第三街，皇城之东第一街进业坊。隋无漏寺之故基，太子即其地建寺，为文德皇后祈福。竹木深邃，为京城游观之最。”有关慈恩寺和慈恩寺塔见《大唐大慈恩寺三藏法师传》及《全唐诗》等。隰州刺史建平公于随古宅　于随古，字前经，其先东海郯人。“麟德元年，九姓初宾，奉敕将兵于瀚海都护府镇押。乾封元年，奉敕领兵，于丸都道征平壤已东，爰至汉城，皆籍经略。公谋猷允著，才干克宣，陟岵衍以铭功，上丸都而勒颂。”可以证史。于随古于圣历元年五月二十九日，终于明堂县（万年县）进昌里之私第。夫人窦氏是窦轨之孙，凉州都督驸马都尉奉节、房陵长公主之长女，以垂拱二年七月三日，奄捐昭代。圣历二年四月一日，合葬于鼎州三原县万寿乡之原。（《于随古墓志》，李健超 1974 年 4 月 26 日抄自三原县文化馆院内）西平郡王庙　《长安县志》卷十六《祠祀志》西平郡王庙引《通志》：“唐李晟太尉中书令赠西平郡王，制立庙宇，今在慈恩寺西南，贞元八年立庙。碑尚存。”

次南通善坊。

杏园。为新进士宴游之所。按贞元四年以《曲江亭望慈恩寺杏园花发诗》试进士。慈恩、杏园，皆在曲江之西南也。

增订：

杏园　元稹《杏园》诗（《全唐诗》卷十六）：“浩浩长安车马尘，狂风吹送每年春。门前本是虚空界，何事栽花误世人。”荆州大都督府祁□□明府宅　夫人讳尼，字三娘。景龙二年二月二十二日，卒于京通善里第。粤以其年十一月十二日，窆于洛州永昌县平阴乡从新里北邙原，旧茔之侧。（《千唐志》）

次南通济坊。坊南街抵城之南面。

侍中、扶阳郡王桓彦范宅。山南西道节度使令狐楚家庙。尚书右仆射卢钧家庙。刘得仁宅。刘得仁有《夏日通济里居酬诸先辈见访诗》，又《通济里居酬卢肇见寻不遇》诗。

增订：

令狐楚家庙　《文苑英华》卷八八二刘禹锡《东都留守令狐楚家庙碑》：“今上元年七月十三日，汴州刺史宣武军节度副大使检校礼部尚书兼御史大夫上柱国彭阳县开国伯令狐公西向拜章上言：守臣楚蒙被恩泽，列为元侯，得立家庙以奉常祀。制书下其奏于有司，于是善相考祥，得地于京师通济里，居无何，新庙成。”按明刻本《刘宾客文集》卷二与此记载有小异，“氏”为“楚”，“元”为“先”，“常”为“当”，并加“知节度事宋亳等州观察处置银青光禄大夫”。权德舆家庙　《全唐文》卷四八六《请祔庙状》：“（臣）过蒙渥恩，禄秩崇厚。按《开元礼》文，合立私庙三室，已于通济坊修建。”

右皇城东第一街，十五坊。

朱雀门街东第四街，即皇城东之第二街。街东从北第一长乐坊。后改延政坊。按坊之北即延政门，故以门名坊。

大半以东，大安国寺。睿宗在藩旧宅，景云元年立为寺，以本封安国为名。宪宗时，吐突承璀盛营安国寺，欲使李绛为碑文，绛不肯撰。后浸摧圮，宣宗欲复修，未克而崩。咸通七年，以先帝旧服御及孝明太皇太后金帛俾左神策军再建之。寺有红楼，睿宗在藩时舞榭。元和中，广宣上人住此院，有诗名，时号为“红楼集”。《寺塔记》：东禅院亦曰木塔院。院门西北廊五壁，吴道玄弟子释思画释梵八部，不施彩色，尚有典型。《名画记》：安国寺有吴道玄、杨廷光、尉迟乙僧画。《南部新书》：长安名德多聚安国寺。《唐语林》：刘相国瞻任大理评事日，馇粥不给，尝于安国寺相识僧处谒餐。段成式《寂照和尚碑》：自长庆中、宝历末、大和初，皆驾幸安国寺。西南隅，兴唐观。本司农园地，开元十八年造观。其时敕令速成之，遂拆兴庆宫通乾殿造天尊殿，取大明宫乘云阁造门屋楼，拆白莲花殿造精思堂屋，拆甘泉殿造老君殿。元和初年，命中尉彭忠献帅徒三百人修兴唐观，赐钱千万，使壮其旧制。其观北拒禁城，因是开复道为行幸之所，以内库绢千匹、茶千斤为夫役之赐。又以庄宅钱五千万、杂谷千石充修斋醮之费。按权德舆有《兴唐观新钟铭》。左教坊。元和十四年，徙置仗内教坊于此。

《校补记》：长乐坊　补注：《酉阳杂俎》：宝历中，长乐里门有百姓刺臂，出血斗余。大安国寺　注：睿宗在藩旧宅。补：即尊位，乃建道场，施一珠镇常住库，见《纪闻》。补：水馆　并注：李商隐有《长乐水馆送赵滂》诗。补：传舍　并注：《摭言》：崔郾侍郎既拜命于东都试举人，三署公卿皆祖于长乐传舍。冠盖之盛，罕有加也。

增订：

大安国寺　《唐京师安国寺如净传》（《宋高僧传》卷十五）："代宗大历中，新章旧疏互相长短（指律宗道宣旧疏与怀素新章），十三年，敕集三宗律匠重定二家隆杀时，净推为宗主……至建中二年，奏二疏并行，净之力也。盖以国相元公载笃重素公，崇其律教，乃命净为新疏主，作传焉。"《旧唐书·懿宗纪》："咸通十三年五月，上幸安国寺，赐讲经僧沉香高座。"《宋高僧传》卷十七《唐京兆大安国寺利涉传》："释利涉，本西域人也……欲游震旦，结伴东征，至金梭岭，遇玄奘三藏……开元中，（利涉）于安国寺讲华严经。"《太平广记》卷第四百九十九王氏子条引《中朝故事》："京辇自黄巢退后，修葺残毁之处。时定州王氏有一儿，俗号王酒胡，居于上都，巨富，纳钱三十万贯，助修朱雀门。僖宗诏令重修安国寺毕，亲降车辇，以设大斋，乃扣新钟十撞，舍钱一万贯，命诸大臣各取意而击。上曰：有能舍一千贯文者，即打一槌。斋罢，王酒胡半醉入来，径上钟楼，连打一百下，便于西市运钱十万入寺。"兴唐观　兴唐观上座尹尊师。大父秦客，□散大夫，昌化郡别驾。考守一。尊师年甫十二，"配居昊天观，乃习五和之音，吟洞章之曲，是难能也。□□闻而嘉之，召入明庭，俾扬真奏。乃焚香稽首，泠然有作，清浮金殿，虚激□□。听之者若松风入怀，六尘飞尽；玉磬在耳，七窍通郁。……有诏留供奉，出入庭阙，频烦锡命……又以美选移景龙观中，下明旨□任兴唐，取近宫阙也"。天宝六载□月二十九日，形解于兴唐观斋院。帝闻之恤然，令内品官陈崇明赠绢五十匹，以厚终也。即以其载六月二十二日，葬于京城南高阳原。（《补遗五辑》）水馆传舍　李商隐《雨中长乐水馆送赵十五滂不及》："碧云东去雨云西，苑路高高驿路低。秋水绿芜终尽分，夫君太骋锦障泥。"按长乐水馆与传舍在长安城东长乐驿。英王帐内李满藏宅　1958 年李满藏墓志于西安市东郊韩森寨东北出土。垂拱四年三月二十三月，李满藏终于长乐里之私第，其年五月三日，葬于雍州万年县浐川乡。(《考释》) 左神武军大将都知元从奉天定难功臣宣威将军董希逸宅　董希逸墓志1995年出土于西安市东郊韩森寨西北。贞元十四年正月二十五日，董希逸终于延政里私第。元和六年四月二十日，夫人逝于私第，同年十月十二日，与夫人合祔于龙首原。(《考释》) 内侍省内给事韩国信宅　韩国信字弘瑜，南阳人。父朝宪，银青光禄大夫，内侍省内常侍。元和十三年正月一日，韩国信薨于延政里之私第。宝历元年八月二日，葬于京兆府万年县青龙原。韩国信墓志1993年11月出土于西安市东郊陕西钢厂基建工地。(师小群《西安郊区出土唐韩国信康氏墓志考述》，载《陕西历史博物馆馆刊》第四辑1997年) 据墓志所载康氏为康日知之姑，康氏之夫为安久光，墓志虽未说明康氏和安氏的族属和国属，但揆诸其他史料可知康氏为康国人，安氏为安国人。惜康氏不知在长安何坊有宅第。殿中侍御史钱方义宅　《太平广记》卷三四六《钱方义》:“殿中侍御史钱方义，故华州刺史礼部尚书徽之子。宝历初，独居长乐第……后月余，归同州别墅。”和政公主宅　柳昱墓志1956年出土于长安县东乡洪庆村。志云和政公主少子柳昱生于长乐里第。(《考释》) 崔氏夫人宅　1986年4月，西安东南郊新安砖厂南侧西安国药厂建设工地中发现崔夫人墓志，已残。约略能辨识为唐代某崔姓大族的夫人，因染疫而信佛，四十七岁，殁于长乐里。以大中四年十一月十一日，卜宅于京兆府万年县长乐乡张寿里祔于先祖母之茔。长乐乡是唐长安城东最近的一个乡，已知长乐乡有长乐里，在今西安市东十里铺；春明里在今韩森寨东北，寿张里在韩森寨以南。(《西安新出唐志考释》，载《文博》1987年第5期) 朝请郎试太常寺协律郎萧弘愈宅　萧弘愈字中孚，其先兰陵人。咸通八年二月十四日，殁于长安延政里之私第，其月庚寅窆于万年县崇道乡大蛇村。(《补遗二辑》) 朝议郎守檀州司马何遂宅　何遂墓志1995年于西安市东郊韩森寨东出土。何遂于咸通八年三月二十二日，殁于长安延政里之第，其年夏四月四日，窆于京兆府万年县浐川乡郑村之原。(《考释》) 右金吾引驾游击将军守左卫翊府中郎将萧行群宅　1955年西安市东郊郭家滩出土萧行群墓志。萧行群于咸通九年八月二十六日，薨于长安延政里之私第，其年冬十一月八日，葬于万年县崇道乡大蛇村。(《考释》)

次南大宁坊。

东南隅，兴唐寺。神龙元年，太平公主为武太后立为罔极寺，穷极华丽，为京都之名寺。开元二十年，改为兴唐寺，明皇御容在焉。《酉阳杂俎》：长安兴唐寺有牡丹一棵，元和中著花二千一百朵。《名画记》：兴唐寺有吴道玄、杨廷光、周昉、尉迟乙僧、董谔、尹琳、杨坦、杨乔、李生画。又有韩幹画一行大师真，徐浩书赞。西南隅，太清宫。《礼阁新仪》曰：开元二十九年，始诏两京及诸州各置玄元皇帝庙一所，依道法醮。天宝元年正月，陈王府参军田同秀上言，玄元皇帝降，见于丹凤门之通衢，以天下太平、圣寿无疆之言传于玄宗，仍告赐灵符尹喜之故宅。上遣使就桃林县函谷关令尹台西得之。于是置庙于大宁坊中，东都于积善坊。九月，改庙为太上玄元皇帝宫。二年正月，加号“大圣祖”。三月，敕西京改为太清宫，东都为太微宫，诸州为紫极宫。十二载二月，加号“大圣祖高上大道金阙玄元天皇大帝”，每岁四时及腊终行庙献之礼。初建庙，取太白山白石为真像，衮冕之服，当扆南向。玄宗、肃宗、德宗侍立于左右，皆朱衣朝服，宫垣之内，连接松竹，以像仙居。殿十二间，四柱，前后各两阶，东西各侧阶一。其宫正门曰琼华，东门曰九灵，西门曰三清。御斋院在宫之东，公卿斋院在宫之西，道士杂居其间。天宝五载，诏刻石为李林甫、陈希烈像，列侍于圣容之侧。林甫犯事，又刻杨国忠之形，而磨尘林甫之石。及希烈、国忠败，又尽毁之。八载，立文宣王像，与四真人列左右。殿内有吴道子画玄元真，见《名画记》。常衮《贺连理木表》：太清宫道士陈岳等状称，圣祖殿院东廊九灵门北有柰树连理，异枝还合。按其地本临淄旧邸。西门之南，左侍极兼右相陆敦信宅。次南，大理卿孙伏伽宅。南门之东，户部尚书许圉师宅。北门之南，太子詹事陆余庆宅。前中书侍郎同中书门下平章事元载别宅。《旧书》本纪：焚元载私庙主于大宁里。又本传：载得罪，以载大宁里、安仁里二宅充修百司廨。右武卫将军上柱国乙速孤行俨宅。刘宪《乙速孤行俨碑》：薨于大宁里第。行内侍省内侍员外置同正员王庭瓌宅。《扶风郡夫人冯氏墓志》：终于京大宁里之私第。按夫人即庭瑰之妻。河中节度使兼中书令浑瑊宅。兴元元年赐，兼赐女乐五人、锦彩银器等，宰臣节将会送，有司备馔，次于李晟焉。《酉阳杂俎》：上都浑瑊宅，戟门外一小槐树，树有穴大如钱，每夏月霁后，有蚓大如巨臂，长三尺余，白颈红斑，领蚓数百条如索，缘树枝干，及晓悉入穴。白居易有《看浑家牡丹花》诗，疑浑令之宅也。路岩《义昌军节度使浑侃神道碑》：薨于大宁里私第。按侃即瑊之孙。义章公主宅。德宗第三女，降张茂宗，赐第。凤阁侍郎李元素宅。李峤《为李元素进冬椹表》：京兆万年县大宁坊宅内有桑树一株，暮秋生子，初冬椹熟。力者张幹居。《酉阳杂俎》：大宁坊力者张幹，札左膊曰“生不怕京兆尹”，右膊曰“死不畏阎罗王”。

《校补记》：大宁坊　兴唐寺　补注：寺有御注《金刚经》院，见《唐画断》。补：余干县尉王立佣居　并注：见《集异记》，详崇仁坊。

增订：

兴唐寺　禅宗北派神秀弟子普寂曾住兴唐寺。《唐京师兴唐寺普寂传》（《宋高僧传》卷九）：“初闻神秀在荆州玉泉寺，寂乃往师事，凡六年，神秀奇之，尽以其道授焉……及秀之卒，天下好释氏者咸师事之，中宗闻秀高年，特下制，令普寂代本师统其法众……开元二十七年，终于上都兴唐寺。”《旧唐书》卷一九一《普寂传》：“开元十三年，敕普济于都城居止……二十七年，终于都城兴唐寺。有制赐号为‘大照禅师’。”李邕《大照禅师塔铭》（载董诰等《全唐文》，中华书局，1983年）：“逮开元十五年，皇上将幸于京师也，优诏曰：‘慎言、义福从驾，和尚（普寂）留都兴唐寺安置。’（开元二十七年）八月二十四日有弥留，怡然坐灭于都兴唐寺，享年八十九岁。”据《旧唐书·普寂传》与《大照禅师塔铭》，东都洛阳也有兴唐寺。《宋高僧传》卷五《释一行传》：“僧一行，俗姓张，巨鹿人。本名遂，则唐初佐命郯国公公谨之支孙也。……睿宗、玄宗并请入内集贤院，寻诏住兴唐寺。”按僧一行是著名数学家、天文学家，著有《开元大衍历》等。《兴唐寺净善和尚塔铭》，颜真卿书，铭谓“和尚姓张，法号净善，京兆云阳人。乾元元年二月六日，告行于兴唐寺，以九月九日起塔于毕原高岗”。（《北图石汇》）《兴唐寺疍空和尚塔铭》：疍空姓任，内供奉明经义解讲律论法师，贞元十年正月十五日，告行于兴唐寺，其年三月四日，起塔于毕原高岗。（《北图石汇》）兴唐寺曾为唐蕃会盟之寺。《旧唐书·代宗纪》：“永泰元年三月庚戌，吐蕃请和，诏宰臣元载、杜鸿渐与蕃使同盟于兴唐寺。”**太清宫**“天宝元年九月，置谯郡紫极宫，宜准西京例为太清宫。光天太皇光天太后庙，亦改为宫。太清宫制度：南开三门，两重，东西各开三门，一重。每门安戟。正殿前后入门，置卯阶、午阶、西阶及布砖置龙墀、沙墀及置皇帝斋宫，公卿及行事官斋宇、御厨、斋厨及官吏公宇焉。”（《道藏·洞神部·谱策类·混元圣纪》卷九）“宫内有肃宗真容，为陈闳所画。”（《唐画断·陈闳》）**壮武将军徐慈政宅**　徐慈政字子宪，其先高平人。曾祖寔，后魏殿中尚书光禄勋。祖远，北齐西兖州刺史尉卫卿工部尚书特进新阳郡王。父景荣，隋□车都尉内书舍人□州刺史新阳郡公。唐初徐慈政“纠合宗门款关先谒，入秦定鼎”，“贞观中议和单于，公出使亲信探猛虎之口，扬威断匈奴臂”。拜慈政通议大夫、太子右千牛、转上辇直长，又迁右率郎将，再历东朝官。麟德二年十月二十六日，启□于万年县大宁里第，春秋七十有七，长安二年五月七日，与夫人河南郡君司马氏，合葬于河南龙门之□河原。息徐太玄撰志。（《拾零》）**韦玄晞宅**　2011年10月，西安市雁塔区东三爻村北清理唐韦玄晞夫妇墓，墓志载韦玄晞字玄奘，京兆杜陵人，顺天翊圣皇后（唐中宗韦皇后）之从父。圣历元年仲冬十一月十五日，薨于酆国里第，春秋七十有五。夫人芮国夫人河东薛氏，景龙二年十一月二十七日，薨于大宁里第，春秋六十有三。景龙三年正月三日，合葬于毕原。韦玄晞生前官职不高，卒时正值武则天当政，韦氏一族几经磨难，其时只能权窆杜陵。唐中宗复位后，韦后对其家人大加封赐。韦玄晞墓志是唐景龙年间韦后一族兴至极的实证之一。（郑旭东《唐韦玄晞墓志释读》，载《文博》2016年第2期）按唐长安城无酆国里，酆国里地望待考。今雁塔区三爻村属于唐代毕原的范围内。**临淄旧邸**

天宝中玄宗立玄元庙于长安大宁里临淄旧邸。（《太平广记》卷第三九八太白精条引

《录异记》）殿中少监唐嘉会宅　唐河上字嘉会。祖彻，齐中书舍人。父俭，内史侍郎礼部尚书莒国公。贞观中，拜嘉会交河道行军铠曹。贞观二十三年授献陵令兼雍州三原县令。仪凤三年正月六日，薨于西都大宁里之官舍，其年二月十四日，与夫人元氏合葬于昭陵莒公之旧茔。（《补遗二辑》）按唐嘉会两《唐书》均无传，其父唐俭传未提及嘉会。夫人墓志载显庆二年十二月三日，终于万年县之安仁里第。1978 年元万子（河南县君）墓志出土于礼泉县北屯乡西页沟村南唐嘉会墓。太子左千牛许崇艺宅　许崇艺夫人弓美墓志 1956 年出土于西安市东郊韩森寨东北。弓美于仪凤三年终于大宁里第。（《考释》）据宋王得臣《麈史》“碑碣”条《大唐孝昌公许君墓碑》：“嗣孙崇艺，易州司马、互回军使……”孝昌公许君，是许绍次子，许圉师之兄许智仁。则大宁坊既然有许圉师宅在，证明许绍后人许智仁，许圉师兄弟在长安是同一大宗族聚居其间（朱玉麒《许圉师家族的洛阳聚居与李白安陆见招》，载《唐研究》第十七卷 2011 年）黄门侍郎兼修国史赠礼部尚书上柱国扶阳县开国子韦承庆宅　韦承庆字延休，京兆杜陵人。曾祖瑗，北周冬官司金上士，隋阳武郡令。祖德伦，任丘县令。父仁约，尚书左丞。神龙二年十一月十九日，韦承庆薨于京师万年县大宁里第，其年十二月二十四日，迁葬于雍州万年县义丰乡铜人原。（《补遗三辑》）右武卫将军上柱国乙速孤行俨宅　乙速孤行俨，景龙元年十二月十五日，薨于雍州万年县大宁里第，景龙二年二月十日，与夫人贺若氏合葬醴泉县白鹿原。（《昭陵碑石》）刘行实宅　刘行实子原州大谷戎主刘君墓志 1955 年于西安市东郊郭家滩出土。开元二年二月十二日，终于大宁里私第。夫人常山阎氏，开元八年一月十四日，薨于大宁里私第，开元八年七月二十二日，祔于白鹿原。（《考释》）青州参军杨晖宅　杨晖，字景阳，弘农华阴人。汉太尉震十九代孙，祖怀德，父务本。杨晖开元二十年十月二十二日，终于京兆府万年县大宁里之私第，其年十一月一日，窆于龙首山浐川乡之原。（《补遗五辑》）壮武将军左武卫翊府中郎将方元瑾宅　方元瑾开元二十八年九月乙酉，薨于京师大宁里之私第，粤十一月二日乙酉，葬于万年县之长乐。1982 年 8 月方元瑾墓志于西安市东郊华山机械厂出土。据墓志称，方元瑾曾参与平韦后及太平公主之乱，他还先后任雍州廉平府、邵南府（洛阳）、郏鄏府（洛阳）折冲和果毅。（王建荣《唐方元瑾墓志铭考释》，载《陕西历史博物馆馆刊》第四辑 1997 年）太中大夫行内侍省内常侍赐紫金鱼袋上柱国刘思贤宅　刘思贤字顺，东土彭城人，后为京兆三原人。天宝四载冬十月，扈从温泉宫，至十一月五日，遘疾卒于宫之官舍。天宝五载正月二十一日，迁窆于三原县长平原。（《西市藏志》）按刘思贤墓志及碑皆藏于西市博物馆。朝请大夫内侍省内给事常无逸宅　常无逸神道碑载：无逸字怀操，本河内温人，实为京兆新丰人。天宝七载十二月十八日，终于大宁里之私第，以明载二月十四日，从先茔于京兆细柳原。（《补遗三辑》）按常无逸葬地之细柳原为唐代细柳原，其地望即今西安市东北郊，所谓“归葬何所，灞陵之东”。左武卫中郎将钟恭容宅　钟恭容，颍川人。墓志载：“开元初，圣主龙飞，六宫旷职。君之女弟，名因礼进，明德举也。师训嫔御，楷模中禁。帝用嘉之，特锡明命。解褐授左威卫中候。天祚皇业，降诞济王。门承主荣，舅因甥贵，除左威司阶，棣王府典军。执心谦冲，庇身直道，特迁右武卫郎将。无何，加左武卫中郎将……”天宝九载十月二日，终于大宁里敕赐之第。十载五月二日，葬于龙首原。（《补遗五辑》）忠武将军右武卫京兆府凤鸟府折冲都尉员外置同正员仗内带弓箭供奉借紫金鱼袋上柱国杨行敏宅　杨行敏，其先弘农华阴人。父右武卫中郎括。行敏即括之第八子。历任陇州阁川府别将内供奉仍带弓箭。又改右武卫京兆府崇节府别将；又转左领军卫岐州文成府果毅都尉；稍迁右卫邠州良社府折冲都尉。迁泾州泾阳府折冲，改转汾州嘉善府折冲都尉。累迁宣威将军守左卫率府冯翊郡洪泉府折冲都尉内带弓箭借紫金鱼袋……历官十政。以天宝十一载闰三月二十二日，终于咸宁县大宁里之私第，其载七月五日，葬于咸宁县长乐乡寿春坊之原。嗣子守贞，昭武校尉守右武卫洛交郡洛安府折冲都尉。（《补遗八辑》）游击将军守金吾卫五原郡盐川府折冲上柱国冯思顺宅　冯思顺，武功人，天宝十三年三月十三日，终于大宁里私第，葬于京城东咸宁县长乐乡支原。冯思顺墓志，1985 年 10 月 21 日于西安市东郊东方厂出土。（《考释》）云麾将军左龙武军将军上柱国南阳县开国伯张金刚宅　1993 年冬于西安市东郊枣刘村北约 1 千米处发现张金刚及夫人陇西郡夫人二墓志。张金刚其先南阳人。父泰，赠洛交郡司马。张金刚曾任夏州塞门镇官。天宝十三载夏五月十九日，薨于大宁里之私第，其载八月十日，葬于西京东浐川原。夫人李氏，其先陇西人。父徽，赠常山郡司马。天宝十载七月，李氏终于大宁里之私第，其载九月二十三日，葬于浐川原。（王育龙《唐长安城东出土的康令恽等墓志跋》，载《唐研究》第六卷）明威将军检校左威卫将军赠使持节陈留郡诸军事陈留郡太守高元珪宅　高元珪，本冯氏。广州都督高君衡之子。高元珪墓志 1955 年于西安市东郊高楼村出土。志载高元珪天宝十有四祀仲秋甲子，薨于西京大宁里，明年孟春乙丑，葬于东郊龙首原。（《考释》）朝散大夫内给事赠云麾将军左监门将军佘元仙宅　佘元仙，安南交趾人。赫赫玄宗，置之左右。肃宗临朝，委任仍旧。请为沙门，以答恩造，诏隶终南宝德寺。今上念其旧人，录其忠恳，换以朱绂，锡以银章，俾掌中秘之书，又监元帅之务。无何，坐事流锦州，寻复官秩。大历八年七月四日，暴终于大宁里，以其年十一月二日，葬于京兆之长乐原。（《补遗八辑》）内常侍赠云麾将军左武卫将军梁归朝宅　梁归朝，其先安定人。大历八年十二月十日，终于长安大宁里之私第，明年二月三日，迁于白鹿原。梁归朝墓志于西安市灞桥区红旗乡出土。（汪勃《唐代两方墓志》，载《陕西历史博物馆馆刊》第二辑 1995 年）河西陇右副元帅并、怀、泽、潞监军使元从镇军大将军行左监门卫大将军上柱国扶风县开国侯第五玄昱宅　第五玄昱受诏监司徒凉国公李抱玉，在平定安史之乱中，二人合作默契，屡有战功。“俄而克服关东，抚宁河北，皆府君与凉公左提右挈，前喝后和，举无遗策，动必中规。”“大历十有二祀，岁在大荒落，律中太簇，草木萌动之二日，有唐功臣左监门卫大将军扶风县侯第五府君卒，享年一甲子矣！”终于长安大宁里之私第，是岁十月二十八日，筮地于渭北清谷之东原。（《补遗三辑》）按第五玄昱墓志为长安章敬寺沙门有则述，该志还提供了陇右一带被吐蕃占领以及烽火燃烧到关中西部的情况：“西戎国仇，间我军后，陷我内地，俘我边人。豳岐之郊，植作榛莽；河陇之土，剪为丘墟。诏命府君与凉公备焉。避实击虚，临事致变，刁斗不警，烽燧无虞。城复隍而更筑，人丧家而皆至。蕃丑畏威，士卒佚乐……”元从朝议大夫行内侍省内常侍俱慈顺宅　俱慈顺墓志1956年出土于西安市东郊韩森寨东南。志载俱慈顺贞元六年十二月十三日，终于大宁里第，以明年正月十二日，迁窆于京兆府万年县长乐乡龙首原。（《考释》）浑瑊宅　白居易《看浑家牡丹花戏赠李二十（李绅）》：“香胜烧兰红胜霞，城中最数令公家。人人散后君须看，归到江南无此花。”刘禹锡《浑侍中宅牡丹》：“径尺千余朵，人间有此花。今朝见颜色，更不向诸家。”《送浑大夫赴丰州》：“其奈明年好春日，无人唤看牡丹花。”浑宅牡丹为京城之冠，所以成为诗人们的诗料。奉天定难功臣骠骑大将军行右领军卫大将军兼御史大夫归义郡王赠代州都督杨万荣宅　杨万荣，华阴人。庚午（贞元六年）九月丁丑，薨于大宁里之私第。以十一月甲申，迁祔于万年县崇道乡之东原。墓志于1956年在西安市东郊韩森寨东南出土。（《考释》）敬太芝宅　敬太芝字兴，恒王府士曹。委顺于大宁里之私第，葬于浐川乡上傅村，贞元（墓志缺）二月二十二日。（《补遗八辑》）淄青节度监军使、元从朝散大夫行内侍省内给事员外置同正员上柱国赐紫金鱼袋广平宋公宅　宋公夫人张氏，号威德山，蓝田县人。元和六年正月十六日，终于大宁里私第，春秋五十六。张氏临纩之时，延亲族于家，愿死后，归葬于万年县细柳乡新店原，以其年七月十七日，归葬于新店原。（《西市藏志》）按万年县细柳乡新店原位于今西安市灞桥区与临潼区交界处的临潼区西泉乡。清河张夫人宅　张氏其先清河阳武人，后为京兆泾阳人。元和庚子岁（十二年）秋七月一日，终于京兆大宁里私第，冬十月十六日，祔于长安县承平乡张杜村。夫人有子弘简，“今上肇开宝历，其命维新，迁左监门卫大将军知省事，兼掌纶旨，起复加冠军大将军”。（《补遗二辑》）教坊乐官任自达宅　《册府元龟》卷一八〇：“宝历元年闰七月壬申，赐教坊乐官任自达大宁坊宅一区。”内坊典内银青光禄大夫行内侍省内侍上柱国高阳郡开国公食邑二千户许遂忠宅　许遂忠，大和三年六月二十九日，薨于大宁里之私第。以其年十一月八日，窆于万年县浐川乡上傅村。墓志1982年10月出土于西安市东郊西北第一印染厂家属宿舍堡子村。按唐上傅村在今郭家滩至堡子村范围之内。（《西安东郊出土唐许遂忠墓志》，载《考古与文物》1985年第6期）

银青光禄大夫行内侍省内常侍兼掖庭局令似先义逸宅　似先义逸《新唐书》卷一七九《顾师邕传》有载。似先氏，高丽人。1993年似先义逸墓志出土于西安东郊灞桥区务庄乡。志载："昔周孝王□□□有酷肖其先者，命以为似先氏。其后或居辽东，或迁中部。"大中四年二月二十四日，似先义逸薨于大宁里之私第，其年十一月十六日，葬于京城之东万年县丰润乡之原。（马咏钟、张安兴《唐似先义逸墓志考释》，载《碑林集刊》第三辑1995年）按似先义逸墓志中所述高丽人或居辽东，即今辽宁和吉林一带。或迁中部，中部是唐代县名，即今陕西黄陵县。在南北朝时期黄陵县及其附近地区曾聚居许多似先氏。见黄陵县西30千米子午岭上双龙乡西峪村西魏大统十四年似先氏等造像碑。将仕郎行内侍省掖庭局宫教博士员外置同正员上柱国梁公宅　梁夫人王氏墓志1954年于西安市东郊郭家滩出土。志载王氏是充教坊使盈之女。大中八年四月七日，终于大宁里私第，以其年五月一日，葬于京兆府万年县浐川乡上傅村观台里。梁公，宦者，子仲宣。（《考释》）湖南监军使正议大夫行内侍省内侍伯太原县开国男王公素宅　《陕西金石志》卷一八《王公素墓志》载，公素字全白，京兆高陵人。大中十一年十二月二十九日，终于大宁里私第，大中十三年四月十四日，葬于京兆府万年县霸城乡招贤里西岗。濮阳郡吴夫人宅　吴夫人父德鄘，剑南西川节度使。夫人适东平吕氏。咸通二年八月十八日，终于大宁里之私第，其年十一月二日厝于万年县鸿固乡。（《补遗六辑》）朝议郎守魏王府咨议参军郭传则宅　郭传则，咸通四年八月二十二日，终于大宁里私第。以其年十月二十五，宅兆于京兆府万年县长乐乡郑村。墓志1956年于西安市东郊韩森寨东南出土。（《考释》）魏王府参军李缨宅　李缨妻杨蕙字廷秀，弘农人。咸通癸巳岁（十四年）九月二十二日，终于大宁里之私第。（《北图石汇》）

次南安兴坊。后改广化坊。隋有总化寺，大业七年废。《旧书·裴度传》：度出通化里，盗三以剑击度。按度自永乐里入朝，必经安兴之西，其曰通化者，安兴东抵通化门也。

玉山营。见杨复恭宅下。乐官院。《乐府杂录》：广化里、太平里各署乐官院一所。南门之东，申王㧑宅。宅以东，岐王范宅。《长安志》：南门之东，宁王宪宅。按《旧书·让皇帝传》：宪于胜业东南角赐宅，申王㧑、岐王范于安兴坊东南赐宅。则"宁王宪"为"申王㧑"之讹，今正。太子少保、户部尚书韩仲良宅。于志宁《颍川定公碑》：遘疾，薨于安兴里第。西门之北，户部尚书陆象先宅。次北，开府仪同三司宋璟宅。《谭宾录》曰：璟宅中造屋，悉东西正阳。河南府参军赠秘书丞郭揆宅。颜真卿《郭揆碑》：终于安兴之私第。曹州司法参军秘书省丽正殿二学士殷践猷宅。颜真卿《殷践猷墓碣》：终于京师通化坊之私第。恒安郡王宅。张说《郑国夫人神道碑》：终于通化里。按夫人杨氏，开元皇帝惠妃之母，恒安郡王之妻。尚书兵部侍郎李岩宅。天宝中人。亳州刺史致仕王同晊宅。同皎从父兄。孙逖《王同晊碑》：终于京兆安兴里之私第。左卫上将军内侍监致仕仇士良宅。郑薰《仇士良碑》：终广化里第。内侍省内常侍孙常楷宅。于邵《孙常楷碑》：卒于广化里之私第。按权德舆《孙荣义碑》云：内省少监致仕孙公寝疾，薨于京师广化里私第。荣义即常楷之犹子。内侍省内给事员外同正员王文幹宅。赵造《王文幹墓志》：终于京兆万年县广化里私第。六军十二卫观军容使杨复恭宅。《旧书·杨复恭传》：第在昭化里，近玉山营，复恭假子守信为玉山军使。或告云谋乱，诏李顺节率禁军攻之。昭宗御延喜楼，守信以兵拒之。际晚，守信、复恭挈其族出通化门，趋兴元。《长安志》云："昭化"即"广化"之误，《新书》作"昌化里"。同昌公主宅。懿宗长女，降宰相韦保衡。《杜阳编》曰：其宅房栊户牖以众宝饰之，金银为井栏。又曰：大会韦氏一族于广化里，暑气特甚，公主命取澄水帛以蘸之，挂于南轩。行内侍省内仆局丞员外置同正员上柱国李从证宅。尹震铎《李从证墓志》：终于广化里私第。

增订：

据辛德勇博士《隋唐两京丛考》，将《唐两京城坊考》崇仁坊有关昌化坊的名人宅第和晋昌坊中的净住寺、韦安石宅移入安兴坊。义阳公主宅　德宗第二女，降王士平，宅在昌化坊。岐阳公主宅　宪宗第六女，《旧唐书》：公主下嫁杜悰，帝为御正殿临遣，由西朝堂出，复御延喜门止上车，大赐宾从金钱，开第疏龙首池为沼。杜牧有《岐阳公主墓志》。韩仲良宅　据2013年《富平县志》，韩仲良碑在富平县淡村韩仲良墓前。右散骑常侍轻车都尉柳浑宅　柳宗元《柳浑行状》：薨于昌化里。检校尚书左仆射同中书门下平章事韩滉宅　顾况《韩滉行状》：薨于昌化里私第。又权德舆《韩洄行状》：终昌化里私第。按洄即滉之弟。十字街之西北净住寺　本隋吏部尚书裴弘齐宅，开皇七年立为寺，有石塔，本姚苌之浴室。十字街之东，尚书左仆射、郇国公韦安石宅　安兴坊"南门之东，申王㧑宅，宅以东岐王范宅"。误。据《长安志》《通鉴》卷二一一玄宗开元二年条及《雍录》，应为安兴坊"南门之东，宁王宪宅，宅以东岐王范宅"。(《丛考》) 宋吕大防《长安图》亦标出安兴坊南门之东宁王宪宅，宅东，安兴坊东南隅岐王范宅。(《补遗一辑》) 驸马都尉沈蚁·宣城公主宅　《册府元龟》卷三〇三："沈蚁尚宪宗女宣城公主，拜驸马都尉。敬宗宝历元年十二月，赐蚁钱一万，并城南别墅、昌化坊贯区各一所。《新唐书》卷八十三《诸帝公主》：宪宗十八女，"宣城公主，下嫁沈蚁"。同昌公主宅　《太平广记》卷二三七《同昌公主》："咸通九年，同昌公主出降，宅于广化里。赐钱五百万贯，更罄内库珍宝，以实其宅。而房栊户牖，无不以众宝饰之。

更以金银为井栏。药臼、食柜、水槽、铛釜、盆瓮之属，镂金为笊篱箕筐……此皆太宗朝条支国所献也……自汉唐公主出降之盛，未之有也……”据《同昌公主》条所载，广化里还有“旗亭”卖酒。邛州别驾陇西公李绍宅　李绍于贞观十六年八月三十日终于雍州万年县安兴里之私第，其年十二月九日，葬长乐乡长乐里。李绍墓志1954年出土于西安市东郊十里铺西南。（《考释》）太子故左内率司马睿宅　1984年3月于西安市东郊灞桥区洪庆乡路家湾，西临灞河东侧骊山西麓出土司马睿墓志。司马睿于贞观二十三年二月朔薨于安兴里第，其月九日葬于万年县铜人乡。司马睿是唐高宗李治为太子时之左内率，李治登基前四个月病逝。（《唐司马睿墓清理简报》，载《考古与文物》1985年第1期）殿中侍御医蒋少卿宅　蒋少卿，义兴阳羡人。陈灭入隋，因家于长安。曾祖天宝，齐桂州刺史。祖硕尚，梁散骑常侍。父子翼，陈鄱阳王国常侍、隋永和县令。蒋少卿是宫内的主要医官，从六品上。显庆二年（657），遘疾薨于万年县之安兴里第，享年八十岁。其年十月丙辰□十八日癸酉，祔葬于先人之旧茔。夫人宝首，应是姓李，咸亨四年（673），终于长安之怀真里第，享年八十五岁，上元二年（675），葬于明堂县少陵原。其子蒋俨、蒋静。蒋俨官历太宗、高宗两朝，曾代表大唐出使高丽，封义兴县子，历右卫大将军、太子詹事，著有文集五卷。蒋少卿与夫人宝首墓，位于西安市南郊长安区韦曲镇东兆余村北500米，东距高望村约1千米。2010年9月—2011年2月，西安市文物保护考古研究院发掘。（《西安唐殿中侍御医蒋少卿及夫人宝首墓发掘简报》，载《文物》2012年第10期）壮武将军守右骁卫将军上柱国元武寿宅　元武寿，河南人。后魏景穆皇帝之后，因官西殖，为同州蒲城县人。祖元良，隋晋阳县开国侯。父元集，隋东宫直事直长、太仆寺丞。元武寿武德元年任左卫队正，贞观十四年任右卫长上校尉，奉敕差充西蕃绝域使。贞观十九年从驾入辽。二十一年奉敕征龟兹，充虞候总管，永徽三年授左卫勋二府郎将。显庆三年正月，奉敕差册弥射、步真。奉敕便即吊祭龟兹王，仍册其子为王，仍便检校安西副都护。显庆五年九月，授兼太子左卫副率，其年奉敕持节充荣州道行军大总管，以后授宣威将军守太子右司御卫率、右卫将军、右骁卫将军。咸亨元年九月三日，遘疾薨于西京安兴里之私第，春秋七十三。咸亨元年十月四日，葬于雍州万年县义丰乡之原。（《西市藏志》）宫府大夫兼检校司驭少卿裴皓宅　裴皓字圆照，河东闻喜人。龙朔二年四月十九日，遘疾于西京安兴里第，春秋五十有五。三年十月五日，迁窆于绛州闻喜县高阳乡之东凉原。（《补遗七辑》）忠武将军右卫率邓温宅　邓温字恭，太极元年（712）五月十二日薨于万年县之安兴里第，延和元年（712）七月十五日迁窆于雍州蓝田县之白鹿原。邓温墓志1986年7月出土于蓝田县孟村乡田禾村。该村为唐清凉寺所在地，1949年曾出土褚遂良书写的碑碣（今藏西安碑林），蓝田县文管所还存有清凉寺遗址出土元和元年五月康贵妃建造的佛造像座。（《蓝田县出土唐故忠武将军右卫率邓温墓志铭》，载《文博》1993年第3期）太原王孟玉宅　（太原王）讳康，河东桑泉人也。植性聪敏，少怀仁孝，有不羁之心，兼出俗之志；逮乎伤耳之岁，夙智过人；戏竹之年，深期越众……以景龙二年十月二日，奄逝于安兴坊之私第，春秋一十有二。其月六日送窆于长乐原之南。1956年孟玉塔铭出土于西安市东郊十里铺。检新旧《唐书》，有唐一代曾受封太原王者有三：李承宗、武士彟、王处直。太原王孟玉是袭爵，疑为武士彟后裔。（李举纲《西安碑林藏唐代塔铭述略》，《碑林集刊》第十辑2004年）直秘书省□□□□□□韦氏宅　夫人姓贾氏，武威姑臧人。怀州刺史秘书监颍川公之孙，秘书少监寿安贾膺福之长女也。出适韦氏，景龙四年二月二十二日，终于万年安兴里第，以其月二十八日，迁殡于长乐坡之北原。按贾膺福，新旧《唐书》均有传，其父贾敦实，敦实与兄敦颐均有名望。雍州美原县令李允宅　李允，字谐道，赵郡高邑人。年弱冠，以资补陈王执仗亲事，又历汴、同、洛三州录事参军、加朝散大夫、雍州美原县令。垂拱四年五月十八日，卒于安兴里第。开元二年十二月十九日，合葬于河南府偃师县西原。子景祐。（《补遗千唐志斋新藏专辑》）云麾将军左监门卫将军上柱国赵国公长孙元翼宅　长孙元翼，河南洛阳人。曾祖无忌，赵国公。祖冲，驸马都尉，尚长乐公主。父延兴，岁九授朝散大夫，都水使者，封亭山县男。长孙元翼弱冠以勋臣子弟特授银青光禄大夫封赵国公。后外戚专政，除元翼为睦州司马。又历官至左监门卫将军，于开元十一年八月九日。薨于京兆府万年县安兴之里第，春秋六十有九，九月二十三日，迁窆于京东南风栖原。夫人博陵崔氏，开元二十年四月十一日，薨于安兴里，其年十月十六日，祔葬于赵公茔。（《洛阳新获墓志》二〇一五）按：长孙元翼曾祖长孙无忌宅，在长安崇仁坊东南隅。□□将军左武卫中郎将郭温宅　郭温太原人，五代祖仲骞，隋骠骑大将军恒安王。开元二十七年七月十五日，郭温卒于京兆万年县安兴里，其年十月一日，葬于河南府河南县东北原。（《补遗六辑》）朝议郎行河南府士曹参军张仲晖宅　张仲晖，敦煌人，祖思廉，父景顺。仲晖曾任武功县主簿，后转华原县丞。华原，今耀州区。“辇毂之间，人千户万，刀笔之下，盘根错节。非海量浩荡，剑锋峥嵘，孰能久于此矣。”这说明当安史之乱前，关中社会难以治理。天宝十二载二月九日，张仲晖终于安兴里私第，八月十六日葬泾阳南原。1987年张仲晖墓志发现于泾阳县太平乡石刘村东500米处。（《考古与文物》1992年第1期）太上皇三从弟朝议大夫行右卫长史上柱国李府君宅　夫人王氏，开元二年闰二月十五日，终于京兆府万年县安兴坊之私第，五月二十三日，厝于京兆府长安县居安乡高阳之原。（《续修陕西通志稿》）太子少师赠扬州大都督韩休宅　韩休字良士，京兆长安人。曾祖尚贤，祖符，父大智。韩休即大智次子，十二能属文，十八通群籍。弱冠应文笔绝伦，举擢第一。起家下博县尉。唐玄宗储宫问政，休对策高第，擢授左补阙，寻判主爵员外郎，开元十六年寻转工部侍郎知制诰。开元二十一年韩休拜相。入仕近五十年，历官二十种之多，一生名刊八座，宦成两宫。开元二十八年五月十日，薨于安兴里之私第，春秋六十有八。以其年八月十八日，迁窆于少陵原。所著文集二十卷。有子九人，浩、洽、洪等。夫人柳氏，天宝七载八月十三日，终于安兴里第，春秋六十有二。韩休为人峭直，不干荣利，议政得失，知无不言，言无不尽。玄宗评韩休“萧嵩每启事，必顺旨，我退而思天下，不安寝。韩休敷陈治道，多讦直，我退而思天下，寝必安。吾用休社稷计耳”。韩休有辞学，工文辞。开元中，张说与徐坚评后进文人：“韩休之文，如太羹旨，雅有典则，而薄于滋味……”2014 年 3—10 月陕西省考古研究院、陕西历史博物馆、长安区文物局联合，在西安市长安区大兆街道郭庄村西南，抢救性发掘韩休夫妇墓。韩休是唐开元年间著名宰相，与姚崇、宋璟、张九龄齐名。韩休与夫人柳氏之子韩滉，为唐德宗朝宰相，绘有名画《五牛图》。(《陕博墓志萃编》) 银青光禄大夫行内侍省内侍员外置同正员、上柱国苏思勖宅　1952 年 2 月西安市东郊经十路南侧坡地（兴庆宫东一里）出土苏思勖墓志。天宝四载三月十四日，苏思勖薨于安兴里私第。天宝四载十月二十五日，葬万年县长乐原。(《西安东郊唐苏思勖墓清理简报》，载《考古》1960 年 1 期) 四品子尉迟阿道宅　尉迟阿道砖墓志于 1956 年在西安市东郊王家坟出土。尉迟阿道天宝九载三月二十一日，卒于京安兴里之私第，其月二十三日，殡于王柴村北原。(《考释》) 左金吾卫胄曹参军陆振宅　1956 年西安市东郊郭家滩出土陆振墓志。志载：陆振，天宝十载八月二十六日终于咸宁县安兴里之私第，其载十月五日，还葬于京兆之浐川乡。(《考释》) 中大夫行盛王府咨议直集贤院朱元昊宅　朱元昊，河南人。祖拯，东海郡东海县令。父藏师，不仕。元昊“幼而听敏，长而愿恪，尤精翰墨……。年十九补丽正殿御书手”。御书手亦称楷书手、书手，始置于隋。《唐六典》卷十《秘书省》：“隋炀帝秘书省置楷书郎二十人，从第九品，掌抄写御书。”唐因隋制，唐太宗贞观年间，选五品以上子孙工书者为书手，缮写御书，藏于内府，以宫人掌之。(《新唐书》卷五十七《艺文志》) 至唐玄宗开元五年，于集贤殿置书直及写御书人共一百人，招募“诸色能书者充，皆亲经御简”(《唐六典》卷九《中书省》)，即当时百名能书者均为唐玄宗亲自选拔。天宝十一载三月二十日，朱元昊长逝于京安兴里之私第，其载七月二日，出葬于咸宁县白鹿原之西。朱元昊墓志 2001 年 3 月初出土于西安市东郊纺织城南面的高家沟。朱志撰者为朝散大夫起居舍人集贤院直学士于休烈（唐初十八学士之一于志宁曾孙），书者为朝议大夫守寿王府司马翰林院供奉张芬（工草书，有勇力，异技过人）。朱元昊墓志是西安地区稀见的唐代御书手墓志。(马骥《唐御书手朱元昊墓志考略》，《碑林集刊》第九辑 2003 年) 范阳郡君卢尊师起信宅　尊师范阳郡君，法讳起信。天宝十三载九月十日，终于京兆安兴里之私第，以其载十一月十八日，葬于洛阳清风乡北邙之原。(洛古馆) 左威卫武威郡洪池府左果毅都尉赵府君夫人李氏宅　陇西郡李夫人，大历三年六月二十九日，奄然归真于安兴里第，长子庭璋，游击将军左武卫翊府左郎将。次子庭珍，朝散大夫尚舍奉御。次子庭珪，光禄大夫试太常卿兼华州别驾。(《补遗三辑》) 中散大夫给事中太子中允赞皇县开国男李收宅　李收字仲举，赵郡赞皇人。其曾祖李怀远、祖李景伯、父李彭年皆为朝廷重臣，为官清廉，敢于直谏，颇有义声。李收自幼受先辈余荫，早以弘文明经出身，三迁至大理评事，其时父彭年受御史中丞宋浑陷害，长期流放岭南临贺郡。安史之乱中李收父“沦铺于寇威，忧以薨”，“剧贼炽威，劫公（李收）从政，乃折臂自免，奉身获归，朝廷褒之”。李收誓死于万戟之中免被贼用。安史乱后李收拜司勋郎中，连授右司，考工兵部，迁谏议大夫，泽州刺史，入拜给事中，改太子中允。不幸夭年，终于长安之广化里，春秋五十有六，时大历十二祀八月二十四日，以明岁正月二十六日，归窆于洛阳县平阴原，从于先茔。李收墓志2002年11月于洛阳市孟津县送庄乡十里村北出土。撰志者为中书舍人李纾，书者为秘书省校书郎郑絪。(《释录》) 王涓宅　1956年西安市东郊十里铺西南出土王涓墓志。王涓于元和十三年五月二十四日，终于广化里之私第，其年七月二十日，迁于京兆府万年县浐川乡。(《考释》) 天水县开国子赵公夫人张氏宅　夫人清河人。父岸，张氏即岸之长女。享年三十八，大和五年五月二十日，终于昌化坊私第，是月二十九日，葬于万年县长乐乡古城村。(《洛阳新获墓志》二〇一五) 岐阳公主宅　《新唐书》卷八十三《岐阳庄淑公主传》：“下嫁杜悰……大赐宾从金钱，开第昌化里，疏龙首池为沼。”杜悰后为工部尚书。1979年于长安县大兆司马村南涝池旁发现杜悰长女墓志，志文载：“京兆杜公，早尚岐阳公主，有子女多不育。……生女蚤于成人。开成二年冬十一月，居主丧夏五月七日，（女）终于昌化里，秋八月二十九日，葬于万年县少陵原下洪固乡（公）主茔之隅。”“宪宗皇帝之外孙，曾祖佑，司徒平章事，赠太师。祖式方，桂管观察使，赠司徒。公名悰，是时为工部尚书判度支。”（墓志藏陕西历史博物馆）内侍省内给事骆明珣宅　《骆明珣墓志》云：有唐故兴元元从中散大夫守内侍省内给事员外置同正员上柱国赐绯鱼袋骆公讳明珣，大和元年十二月十九日，终于广化里之私第，大和二年十一月□□葬于京兆府万年县长乐乡张寿里。(《隋唐五代墓志汇编》陕西卷) 洪州都督府司马毛钊宅　毛钊夫人吕氏，其先望于东平之金乡，后为京兆人。大中五年四月二日，终于京兆广化里之私第，其年七月十二日，迁窆万年县长乐乡之原。(《补遗二辑》) 吕氏墓志为翰林待诏毛伯贞撰。内侍局内仆丞李从证宅　尹震铎《唐故宣义郎行内侍省内仆局丞员外置同正员上柱国李府君墓志铭并序》：“大中四年十一月十六日，(李从证)，终于广化里私第……大中五年正月二十三日葬于先茔碑堂之东地，即京兆府万年县浐川乡上傅村置其坟焉。”(《唐代墓志汇编》) 右神策军护军副使朝散大夫行内侍省掖庭局令员外置同正员上柱国闾知诚宅　闾知诚墓志1955年出土于西安市东郊郭家滩。大中十一年十一月有二日，终于广化里之第，即以其十二年二月二十一日，葬于京兆府万年县浐川乡蛇村之原。(《考释》)**银青光禄大夫、左羽林军大将军知军事兼御史中丞上柱国赠右散骑常侍韩处章宅** 韩处章曾祖韩履霜。祖韩景倩。父韩文约，左神策军观军容使护军中尉梁国公。韩处章，自懿宗嗣位，始参武选，授右郎将监察御史，拜广王府谘议参军殿中试御史，转濮王府长史，迁左武卫将军御史中丞。僖宗践祚，拜左羽林大将军知军事兼御史中丞。乾符三年八月二十六日，薨于上都广化里之私第，享年四十有五，其年十月十一日，葬于京兆府万年县浐川乡上傅里袝于先茔。(《西市藏志》)**旗亭** 《杜阳杂编》同昌公主出降条："公主每一出游，则芬馥满路，晶荧照灼，观者眩惑其目，是时中贵人买酒于广化旗亭……"

次南胜业坊。本名宜仁，后改。《朝野佥载》：邹骆驼，长安人。先贫，尝以小车推蒸饼卖之。每胜业坊角有伏砖，车触之即翻，尘土涴其饼。驼苦之，乃将镢劚去十余砖，下有瓷瓮容五斛许，开看有金数斗，于是巨富。《剧谈录》：咸通中，左军张季宏勇而多力，尝雨中经胜业坊，遇泥泞深隘，有村人驱驴负薪，适当其道，季宏捉驴四足，掷过水渠数步。

西南隅，胜业寺。武德初，高祖为沙门景晖立。景晖言事多中，高祖龙潜，景晖夙启先觉。既立寺，其坊因此改名。寺东又为立祠焉。**十字街北之西，修慈尼寺**。本宏济僧寺，隋开皇七年立。贞观二十年，以与甘露尼寺相近，初自昭国坊换居之。**寺西，甘露尼寺**。隋开皇五年立。**杨去盈宅**。杨炯从弟。《去盈墓志》：殁于京师胜业里。**西北隅，薛王业宅**。本赠礼部尚书韦行佺宅。《旧书·让皇帝传》：薛王业于胜业西北角赐宅。**东北隅，宁王宪山池院**。**十字街北之东，银青光禄大夫薛绘宅**。绘兄弟子侄数十人，同居一曲。姻党清华，冠冕茂盛，坊人谓之薛曲。**左散骑常侍徐坚宅**。**太仆卿驸马都尉豆卢建宅**。尚玄宗建平公主。**礼部尚书席豫宅**。**中书舍人朱巨川宅**。李纾《朱巨川碑》：终上都胜业里私第。**特进行左金吾卫大将军清河郡开国公康阿义屈达干宅**。颜真卿《康公碑》：薨于上都胜业坊之私第。**朝散大夫守司农少卿陇西县开国男李条宅**。权德舆《李条墓志》：疾终于胜业里私第。**宣州司功参军魏邈宅**。邈居于胜业里，见子匡赞所作墓志。**奉义郎试洋王府长史吴达宅**。寇同《濮阳吴达墓志》：遘疾，终于胜业里之私第。**检校司徒同中书门下平章事王处存宅**。《旧书》本传：处存，京兆万年县胜业里人。《剧谈录》：胜业坊富人王氏隶左军，性俭约，所费未尝过分。一日与宾朋过鸣珂曲，有妇人靓妆立于门首。王生驻马迟留，喜动颜色。因召同列者置酒为欢，歌数曲，悉以金彩赠之，众皆讶其广费。自此舆辇资货，日输其门，未经数年，遂至贫乏。按处存世隶神策军，为京师富族，则富人王氏亦其族也。

霍小玉宅。蒋防《霍小玉传》：鲍十一娘谓李益曰：霍王小女字小玉，住在胜业坊古寺曲，甫上车门宅是也。明日午时，但至曲头觅桂子，即得矣。陕府、郑、滑进奏院。狗脊岭。《通鉴》：武宗斩太原将杨弁及其党五十四人于狗脊岭。《旧书·黄巢传》：高仙芝令尚君长、蔡温球、楚彦威诣朝请罪，敕于狗脊岭斩之。

《校补记》：胜业坊　胜业寺　补注：寺有僧齐之卒，二日而苏，因移居东禅定寺院中，建一堂极华饰，长座横列等身像七躯。见《纪闻》云。又补五条并注：羽林军士王忠宪宅，注：见《博异记》，忠宪弟忠弁。李司仓宅，注：《广异记》：王老于西京卖药，李司仓家在胜业里，知是术士，敬待有加。北街槐树北门短曲，注：《剧谈录》：王超过胜业坊北街，有三女子于道侧槐树下蹴踘，居坊北门短曲。司门令史辛察宅。注：见《河东记》。车佣宅，注：《河东记》：在辛察宅居之西百余步。〔原误作“宅”，据《太平广记》三八五引《河东记》改。〕

增订：

修慈尼寺　《金石萃编》卷六十六载《顶胜陀罗尼幢铭》，幢文载尼惠寂，俗姓曹，“广德十二年十一月，忽为北狄侵凌……惠寂因恐，坠井终焉”。幢后题“前潞州黎城县尉曹秀臻为亡女京修慈寺尼惠寂及法界苍生敬造”。甘露尼寺　1985 年在曲江池三兆村发现《大唐甘露寺故尼真如之柩塔铭》一方。石为方形，高 66 厘米，宽 72 厘米，上刻九行九十三字。“尼真如总章二年为亡父出家，即其年三月二十二日亡，上元三年三月十七日，起塔于明堂县樊川之原。”真如塔铭记载曾祖伯雅、祖文泰，即高昌王麴伯雅、麴文泰。父麴智湛。智湛殁后，其女在长安为父出家。（李举纲《西安碑林藏唐代塔铭述略》，载《碑林集刊》第十辑 2004 年）按《元和姓纂》卷十：麴文泰叛，贞观中侯君集平之，其主麴智茂归降，拜右金吾大将军金城公，敕改名智勇，其弟天山公智湛。《真如塔铭》说明高昌在唐初置县后，原麴氏家族部分入居长安。宁王宪山池院　据《旧唐书·让皇帝传》及吕大防《长安图》残石，在胜业坊东南隅。《长安志》谓胜业坊东北隅，误。（《丛考》）宁王李宪是唐玄宗李隆基大哥。《全唐诗》卷三有唐玄宗《同玉真公主过大哥山池》《首夏花萼楼观群臣宴宁王山亭回楼下又申之以赏乐赋诗并序》。花萼楼在兴庆宫内西南部，如若宁王山池在胜业坊东北隅，恐难以观赏到宁王山地之宴群臣。《雍大记》：九曲池“在长安城内兴庆池西，唐宁王山池院引兴庆水西流，疏凿屈曲连环为九曲池。上筑土为基，垒石为山，植松柏。有落猿岩，栖龙岫，奇石异木，珍禽怪兽，又有鹤仙渚。殿宇相连，左沧浪，右临漪。王与宫人宾客饮宴弋钓其中”。《雍大记》明确指出宁王池院之九曲池在兴庆池西，引兴庆水西流。如若宁王山池院在胜业坊东北，则兴庆水就不能西流。《全唐诗》卷八六张说《四月十三日诏宴宁王亭子赋得好字》称“亭子”，当为山池院。处士王贤宅　王贤墓志1956年于西安市东郊韩森寨东南出土。贞观八年十一月，王贤卒于西京胜业里第。夫人郗氏，开曜二年二月五日卒于政道坊宅，即于其月（开曜二年二月）二十日合葬于京东南姚村之左。（《考释》）左卫将军上开府考城县开国公独孤开远宅　独孤开远是居住在长安的突厥人。贞观十六年正月，薨于京师胜业里第，即以其年三月十七日，葬于雍州咸阳县洪渎原奉贤乡。独孤开远墓志1954年于咸阳市底张湾北原出土，现藏西安碑林。何刚宅　何刚字僧寿，京兆万年人。1955年西安市东郊郭家滩出土何刚墓志。何刚于麟德元年二月九日，终于胜业里私第。其月二十四日，葬于浐灞之间。（《考释》）通议大夫索君宅　索君京兆人，显庆二年六月二十一日，薨于胜业里第。夫人马氏，仪凤四年四月六日，薨于胜业里第。调露元年八月十二日，合葬少陵原。（《补遗三辑》）董夫人宅　董氏陇西敦煌人。显庆六年二月十八日，卒于雍州之万年胜业里，其年二月二十五日，葬于京兆长安之城南马头空。（《补遗三辑》）使持节八州诸军事洪州都督上柱国濮阳郡开国公吴广宅　吴广碑载：吴广字黑闼，东郡濮阳人。与卢公程知节、翼公秦叔宝等同时归国。从征刘武周，破宋金刚，抄窦建德、王（世）充。武德九年与段志玄等立功于玄武门（玄武门之变）。总章元年十月二十九日，薨于雍州万年县胜业里第。夫人河南陆氏，魏建安贞王之裔孙，周处士仁同之女。总章二年五月二十五日，合葬于昭陵醴泉县安乐乡青山之原。（《昭陵碑石》《补遗一辑》）李司仓宅　《太平广记》卷四十一《老王》：“有老王者，常于西京卖药，累世见之。李司仓者，家在胜业里，知是术士，心恒敬异，待之有加，故王老往来依止李氏。”尚书吏部郎中张仁祎宅　仪凤三年七月二十三日，张仁祎终于雍州之胜业里。仪凤四年正月二十一日，葬于洛州北邙之原。（《千唐志》）朝议大夫并州大都督府司马上柱国清源县开国男王九言宅　王九言字孝则，京兆霸陵人。夫人清河崔氏，兵部尚书宪之孙，叠州长史贵之女。调露三年正月二十一日，终于京胜业里，天授二年十月二十四日，合葬于神禾乡之旧茔。嗣子景倩。（《集萃》）朝议郎行蓬州宕渠县令王思齐宅　王思齐夫人张氏，垂拱元年四月一日，终于京兆胜业里之私第。开元十五年十月五日，祔于河南府河南县梓泽原。（《千唐志》）云麾将军行左领卫中郎将检校廓州诸军事廓州刺史上柱国兼积石军经略使召弘安宅　召弘安字靖，河南人。祖达，益州九陇县令。父明，明威将军左武卫郎将良乡县开国男平百济总管。召弘安即召明第三子，龙朔三年解巾授左卫勋卫，守荣州、姚州刺史，以平乱功，迁拜云麾将军、行左领军卫中郎将、检校廓州刺史兼积石军经略使。景龙三年二月三日，终于积石军所，春秋七十有一。即以其年乘驿递灵舆还京，权殡于胜业里第。景龙三年十月十四日，迁葬于万年县东四十里见子之原。嗣子吏部常选承宾，次子鄯州都督府录事参军承礼等。（《西市藏志》）尚书右仆射赠特进并州大都督郑国公杨恭公（再思）宅　杨再思，其先居于恒农之华阴，今为郑州原武人。景龙三年六月戊申薨于胜□（业）里之私第。□夫人河东裴氏。新都县主，□□彦之女也。后夫人清河张氏，合葬陪于□□。（《补遗七辑》）编者按：此碑原为乾陵陪葬墓碑，后于僖宗李儇靖陵出土。被用作棺椁石料，泐蚀严重。正议大夫守太子詹事兼修国史崇文馆学士刘宪宅　刘宪字元度，高阳人。曾祖会，隋高阳郡功曹、益州绵竹令。祖举，左宗卫率府录事参军、潞州乡县令。父思立，太子詹事府司直、雍州司功、侍御史、考功员外郎。刘宪年十五，进士擢第，少年早慧。由于他“德充乎己，誉动京师。当世有名之徒，咸乃造门请谒”。并先后任冀州阜城县尉、怀州武德尉、同州白水尉、洛州伊阙县尉、右台监察御史、殿中侍御史，累授侍御史、迁工部员外郎。酷吏来俊臣横行朝野，出为渠州潾水县令。中书侍郎王方庆、黄门侍郎齐睿交相推荐，敕授太仆寺丞，寻迁给事中、内供奉，又加朝散大夫、中书舍人、太仆少卿兼修国史，俄除兵部侍郎。刘宪任太子詹事兼崇文馆学士时，与太子（李隆基）“朝夕左右，纳规陈谟，副君虚席，珍其名器”。景云二年岁次辛亥正月丁未朔十一日丁巳寝疾，薨于京师胜业里之私第，春秋五十有七。丧事所须，并从官给。皇太子思贤流恸，亲降令旨慰问，赠物一百段。以其年十月壬寅朔八日乙酉，归葬于洛州巩县孝义乡之北原。嗣子濛。刘宪政绩显著，为一代名士，文采卓越，“纶绍清华，典章泉博，一时之冠，海内称之”。有文集四十卷，今不传。清人辑《全唐文》录其文三篇，《全唐诗》录其诗二十七首。新旧《唐书》均有传，但很简略，墓志可补传记。刘宪墓志近年出土于河南巩义市。（何汉儒《唐刘宪墓志考述》，载《河洛春秋》2009 年第 1 期）朝议郎行同州司法参军刘常名宅　开元四年六月二十六日，刘常名终于京师胜业里，十一月二十四日，归葬于洛阳县清风乡之原。（《补遗八辑》）瓜州常乐县尉登仕郎胡义宅　胡义本安定人。祖达。父才。胡义起家出身为瓜州常乐尉。垂拱三年十二月二十九日，卒于长安胜业坊之私第。夫人杨氏，久视元年五月十日，卒于洛阳时邕坊之私第。开元六年十一月十一日，葬于河南县平乐乡之原。（《补遗千唐志斋新藏专辑》）正议大夫守汉州刺史钱府君宅　钱府君妻河东郡君柳氏，河东解人。曾祖柳蔡年。祖柳挺，驾部郎中中书舍人。父柳元宏，延州弘风县令、光州司马。母萧夫人，唐太宗襄城长公主之女。柳氏夫吴兴钱府君，守汉州刺史。柳氏册封河东郡君，以子有贵增封永乐郡太君。开元九年十月三日，遘疾薨于万年县胜业里第，春秋七十有五。十二年十一月二十六日，迁祔于先君之圹。（《西市藏志》）济阴郡王李嗣庄宅　李嗣庄是唐睿宗之孙，唐玄宗侄，宁王李宪第二子。墓志 1955 年于西安市东郊韩森寨东北出土，为太子太傅上柱国岐王范撰并书。开元九年十月二十七日，李嗣庄薨于京师胜业里之私第，其年十一月六日葬于京兆东原。（《考释》）冯翊严贞宅　冯翊人严贞，圣历元年四月十二日，卒于思恭里第。夫人傅氏以开元十一年九月五日，卒于京兆府万年县胜业里之私第，开元十二年正月二十一日，合葬于洛阳之邙山。（洛古馆）**宣德郎兼直弘文馆侯莫陈宅**　侯莫陈夫人李倕，字淑娴。五代祖神尧皇帝（唐高祖李渊）。豫章郡王亶之孙，嗣舒王津之第二女。升笄之岁，出配侯莫陈。开元二十四年四月七日，李倕终于京兆胜业之里第，春秋二十有五。以其年月二十二日，迁厝于龙首原。李倕墓志，方砖磨成，朱书。2001 年 1 月至 2002 年 8 月，陕西省考古研究院配合西安理工大学曲江新校区发掘古墓葬 186 座，其中李倕墓在曲江乡孟村之北，西安曲江水厂之南。西安理工大学校内发现唐长安城外郭城夯土墙基，说明该墓地位于唐长安城东墙以外的南侧。墓中出土一组精美的铜器、银器。从头戴的华丽的冠饰，身着佩带金玉装饰的服装也可反映出李倕身份高贵。（陕西省考古研究院《唐李倕墓发掘简报》，载《考古与文物》2015 年第 6 期）**中散大夫尚书比部郎中郑绩宅**　1988 年 4 月西安市东郊灞桥区向阳公司出土贺知章撰写的郑绩墓志。志载：郑绩曾充吐蕃分界使，撰有《拓州记》一卷。后加朝散大夫，册勋上柱国，拜尚书职方员外郎。暨掌地图，撰《古今录》二百卷。他所居胜业里，曾“激流为沼，延石栽峰，植果万株，艺药千品；人野之际，形胜斯极”。郑绩于开元十五年八月辛丑，终于私第，其年十一月二十二日，祔于杜城东铜人原。（《郑公墓志铭及其史料价值》，载《文博》1989 年第 4 期）**云麾将军左骁卫将军员外置同正员上柱国瑯琊县开国公内带弓箭射生供奉王守慎宅**　王守慎墓志 1956 年于西安市东郊韩森寨北出土。天宝二载十二月十一日，王守慎薨于京兆府胜业里私第，天宝三载二月二十日，安厝于京兆龙首原。（《考释》）**史曜宅**　史曜墓志 1955 年于西安市东郊郭家滩出土。天宝二载十二月十四日，史曜卒于胜业里之私第，其年十二月二十三日，葬于京兆府万年县浐川乡之原。（《考释》）**银青光禄大夫太仆卿驸马都尉中山郡开国公豆卢建宅**　豆卢建尚玄宗建平公主，即卫国公主。天宝三载三月二十四日，薨于京胜业里之私第，越八月十二日，用国礼葬于咸阳洪渎原，去先茔东一里。1953 年豆卢建墓志于咸阳底张湾出土。按卫国公主，始封建平，下嫁豆卢建，又嫁杨说，薨于贞元时。豆卢建曾祖芮国公怀让，曾祖母为长沙公主。外祖父子绍，外祖母为镇国太平公主。**康韶宅**　康韶，陈留开封人。天宝五载闰十月二十□日，终于西京胜业里，天宝六载二月二日，葬于东京北邙。夫人天水赵氏，天宝十一载闰三月十四日，没于西京胜业里，托葬旧茔。（《拾零》）**羽林军士王忠宪宅**　《太平广记》卷一百二十二《报应类·马奉忠》条：唐元和四年，宪宗伐王承宗。中尉吐突承璀获恒阳生口马奉忠等三十人，驰诣阙，宪宗令斩之于东市西坡资圣寺侧。斩毕，胜业坊王忠宪者，属羽林军，弟忠弁，行营为恒州所杀……**魏邈宅**

魏匡赞为其父撰《大唐故宣州司功参军魏府君墓志铭》：“大人讳邈字仲方，其先钜鹿人……既而四海无业，一家若浮，遂携老幼而入关。关中无投足之地，贾居于万年县之胜业里，颙然无托，食于亲知者，首尾五祀。出无车舆，坐寡粮糗，妻孥有含菽饮水之患、无衣无褐之虞。”（《唐文拾遗》卷二五）邈居于胜业里，应更正为“邈贯居于胜业里”。**游击将军守抚王府典军裴华宅** 元和十年十月六日，抚王府典军河东裴华，终于上都万年县胜业里之私第，其年十一月十七日，卜葬于万年县长乐乡少陵原。（《补遗二辑》）**中书司郎平章事赠司空韦德载宅** 《全唐文》卷六八一白居易《祭中书韦相公文》："公佩服世教，栖心空门，外为君子儒，内修菩萨行。……去年腊月，胜业宅中，公云必结佛缘，无如愿力，因自开经箧，出《大方广佛华严经》中十愿品一通，合掌焚香，口读手授……”则韦相居胜业里宅。**王超所识侠女之宅** 《太平广记》卷一百九十六《剧谈录》所记《潘将军》：京国豪士潘将军住光德坊……已亡珠矣……京兆府停解所由王超……超他日曾过胜业坊北街，时春雨初霁，有三鬟女子，可年十七八，衣装褴褛，穿木屐，于道侧槐树下，值军中少年蹴踘，接而送之，直高数丈，于是观者渐众，超独异焉，而止于胜业坊北门短曲，有母同居，盖以纫针为业。王超时因以他事熟之，遂为舅甥……超曰：潘军失却玉念珠……终使玉念珠失而复得。冯缄给事尝闻京师多任侠之徒，及为尹，密询左右，引超具述其语。**游骑将军守左卫率府兼蜀州别驾氾慆宅** 氾慆，字彩，锡土燉煌，今为华阴人。曾祖惠明，苏州吴县尉。大父思敬，赠太府卿。考彬，金紫光禄大夫行襄王府司马燉煌郡开国公。氾慆起家试恒王府参军，历太子通事舍人，拜少府监丞，除均州别驾守左卫率府率兼蜀州别驾。贞元二年十月十五日，终于长安胜业里之私第。三年四月十八日，葬于万年县白鹿原。《唐故蜀州别驾氾君夫人清河郡君张氏志铭并序》：夫人，京兆万年人。祖明，父希。贞元十四年正月二日终于长安胜业里私第。有才子七人，昂、晕、昌、晏、昱、炅、曼。其年闰五月十一日，合祔于白鹿原旧茔。（《碑林新藏墓志》）**银青光禄大夫吏部侍郎彭王傅赠太子省师会稽郡公徐府君宅** 夫人临汝郡夫人河南侯莫陈氏。本姓刘氏，沛国绥兴人，其先楚元王交之二十代孙，琨之从弟洪。洎晋乱，洪乃领众迁居漠北，依于库斛真为侯莫陈斛真，为侯莫陈焉。侯莫陈氏年才初笄，归于吏部之门，为继室。后遘疾于胜业里，将欲脱迹尘累，栖身道门，徙寓于咸宜观。贞元七年六月十日寝疾，终于净宇，享年四十九。其年八月二十六日，权厝于万年县栖凤原。吏部族子徐申撰志。（《西市藏志》）**桂管观察判官承奉郎试大理司直赵涪宅** 夫人本姓张，清河人。大父宝臣，以功名显，因锡李氏姓，生陇右节度使检校户部尚书惟简，夫人即为简第四女。大中二年七月十二日，终于长安胜业里第，享年四十四。明年二月（大中三年）丁亥（二日），启赵涪旧封合葬于万年县洪原乡少陵原。子循柴。（《洛阳新获墓志》二〇一五）**天水郡君赵氏宅** 赵氏，大中五年四月二十八日，卒于胜业里，享年五十有三。明年二月十七日，葬于万年县龙首乡凤栖原成义里西陈村从先夫之茔。（《洛阳新获墓志》）**朝议大夫守衢王傅翰林待诏杨公宅** 杨公夫人曹氏，京兆人，谯县君。大中九年三月十日，终于胜业之私第。其年五月十三日，葬于长安县龙首乡。(《补遗八辑》)辛察宅　《太平广记》卷三百八十五《辛察》:“大和四年十二月九日,边上从事魏式暴卒于长安延福里沈氏私庙中。前二日之夕,胜业里有司门令史辛察者,忽患头痛而绝。”振武监军使赠内侍杨公宅　杨公夫人谯郡曹氏,字延美。乾符二年九月二十九日,终于胜业里第,乾符三年二月二十四日,葬于万年县崇道乡上傅村其夫旧茔。曹氏墓志1995年12月出土于西安东郊纺织城。(王自力《西安唐代曹氏墓及出土的狮形香熏》,载《文物》2002年第12期)李训宅　《新唐书·李训传》:“俄赐第胜业里。”王处存宅　1995年河北省曲阳县灵山镇西燕川村西出土王处直墓志。王处直是王处存弟,唐末五代后梁时期义武军节度使(治所定州),家居京兆胜业里,为京师富豪,家资巨万。唐昭宗光化三年,王处存死,其子王郜任义武军节度使,遣叔父王处直与朱温大战于沙河怀德驿,败,向朱温乞降,被朱温委任义武军节度使,直至五代后梁。公元920年,王处直养子王都发动兵变,软禁王处直,夺取义武军节度使一职,王处直忧愤而死。王处直墓志记叙其籍贯,而未传记其宇居地,王处直子王郁,《辽史·王郁传》记为京兆万年县胜业里人。(《五代王处直墓》,文物出版社,1998年)

次南东市。隋曰都会市。《旧书·回纥传》:大历十年,回纥白昼刺人于东市。市人执之,拘于万年县。

南北居二坊之地。东西南北各六百步,四面各开二门,定四面街各广百步,北街当皇城南之大街,东出春明门,广狭不易于旧。东西及南面三街向内开,壮广于旧。街市内货财二百二十行,四面立邸,四方珍奇,皆所积集。万年县户口减于长安,又公卿以下居止多在朱雀街东,第宅所占勋贵,由是商贾所凑,多归西市。当中东市局,次东平准局。并隶太府寺。铁行。《乾𦠆子》:唐市铁行有范生,卜举人连中成败,每卦一缣。资圣寺。《太平广记》引《博异志》:元和四年,伐王承宗,中尉吐突承璀获恒阳生口马奉忠等三十人,驰诣阙。宪宗令斩于东市西坡资圣寺侧。西北街,《唐书·蒋镇传》:斩于东市西北街。盖刑人之所。《通鉴》:隆基将捕诸韦亲党,斩韦温于东市之北。东北隅有放生池。分浐水渠自道政坊东入城,西流注此。池俗号为海池。

《校补记》:东市　下补注:《广异记》:薛矜开元中为长安尉,主知宫市,迭日于东、西二市。资圣寺　补注:《东城老父传》:贾昌大历元年,依资圣寺僧运平,居东市海池,立陀罗尼石幢,建僧房佛舍,植美草甘木。补六条并注:赵太宅,注:《法苑珠林》:长安市里风俗,每至岁元日已后,递饮食相邀,号为传坐,东市笔生赵太次当设之。王布宅,注:《酉阳杂俎》:永贞中,东市百姓王布知书,藏钱千万,乡旅多宾之。李和子宅、毕罗肆,注:《酉阳杂俎》:

东市李和子见鬼将入毕罗肆，鬼不肯前。旗亭，注：东市有杜氏旗亭，见《酉阳杂俎》。酒肆，注：卫庭训恒游东市，隐于酒肆，见《集异记》。又《仙传拾遗》云：穆将符给事中，仁裕之侄，长安东市酒肆姚生与之善。小曲内临路店，注：《原化记》开元时吴郡举人逢侠女事，东市小曲内有临路店数间。

增订：

东市无资圣寺，资圣寺在崇仁坊东南隅。《唐两京城坊考》东市之资圣寺所引《博异志》内容，见胜业坊羽林军士王忠宪宅。《唐两京城坊考校补记》东市资圣寺，亦应删除。但资圣寺下所据之《东城老父传》之内容指的是东市。东市资圣寺及西北街为唐刑人之所，应为东市西北角外十字街口的高地“狗脊岭”，此街口西北角即《寺塔记》与《长安志》所载崇仁坊资圣寺，也即《博异志》所云斩马奉忠等三十口于“东市西坡资圣寺侧”之地。（《丛考》）市署　《唐六典》卷二十《太府寺》：“两京诸寺署：各令一人，从六品上（注：炀帝三年改京市隶太府寺。京师东市曰都会，西市曰利人）。京都诸市令掌百族交易之事，丞为之贰。凡建标立候、陈肆辨物……以二物平市（注：谓秤以格，斗以概），以三贾均市（注：精为上贾，次为中贾，粗为下贾），凡与官交易及悬平赃物，并用中贾……以伪滥之物交易者，没官，短狭中量者，还主……更出开闭共限一价（注：谓卖物以贱为贵，买物以贵为贱）。若参市而规自入者，并禁之（注：谓在傍高下其价，以相惑乱也），凡市以日午，击鼓三百声而众以会；日入前七刻，击钲三百声而众以散。”按：“当中东市局”误，应为“当中东市署”，见高义忠墓志。放生池　陈鸿《东城老父传》：长安宣阳里人贾昌，于安史乱后，息于佛寺。“大历元年，依资圣寺大德僧运平住东市海池，立陁罗尼石幢。”（《太平广记》卷第四百八十五）。麸行　“开成初，东市百姓丧父，骑驴市凶具。……驴甚壮，报价只给五千。诣麸行，乃还价五千四百，因卖之。”（《酉阳杂俎》卷十五）按麸行买驴可能是为了拉磨。与两市麸行一样都是长安城内粮食加工作坊，为市民供应面粉等食粮。雕板印刷行　敦煌莫高窟藏经洞藏“上都东市大刁家印”的印本日历残片（今藏英国伦敦博物院图书馆），及“京中李家于东市印”的《新集备急灸经》的传抄本（咸通二年，今藏法国巴黎国家图书馆）。书肆　《旧唐书·徐文远传》：“江陵陷，被虏于长安。家贫无以自给，其兄休鬻书为事，文远日阅书于肆，遂通古今。”《太平广记》卷四百八十四《李娃传》：“（劝生重整旧业，让生）鬻坟典之肆，令生拣而市之。”这两则均未说明这些书籍典坟之肆，是否在东市。但据《法苑珠林》卷七十四《十恶篇偷盗部感应缘》记载，东市有笔行。常平仓　《旧唐书·高宗纪》：“永徽六年八月，先是大雨，道路不通。京师米价暴贵，出仓粟粜之。京师东西二市置常平仓。”毕罗店　“毕罗者，蕃中毕氏，罗氏好食此味。今字从食，非也。”（《唐语林》卷八）金市　“王处士第行四郎，洛阳尉王琚之孽侄也……唐宪宗元和中，琚常调。自郑入京过东都天津桥，四郎于马前拜……乃曰：'叔今赴选，侄有少物奉献。'即于怀中出金五两，色如鸡冠，曰：'此不可与常者等之，到京于金市访张蓬子，付之当领二百千……'（琚）及至上都，谓家奴吉儿曰：'尔将四郎所留金，一访于市。'果有张蓬子……蓬子遂依前（二百千）而付，曰：'若更要，则可再来。'吉儿遂以钱归。琚大异之，明日自诣蓬子，曰：'此道者王四郎所货化金也，西域商胡，专此伺买，且无定价……'"（《道藏·洞真部·记传类》，《历世真仙体道通鉴》卷三十五《王四郎》条）小曲内临路店　《太平广记》卷一百九十三《车中女子》："唐开元中，吴郡人入京应明经举，至京，因闲步坊曲。忽逢二少年着大麻布衫，揖此人而过，色甚卑敬，然非旧识，举人谓误识也。后数日，又逢之，二人曰：'公到此境，未为主，今日方欲奉迓，邂逅相遇，实慰我心。'揖举人便行，虽甚疑怪，然强随之。抵数坊，于东市一小曲内，有临路店数间，相与直入，舍宇甚整肃。二人携引升堂，列筵甚盛。二人与客据绳床坐定。"这说明东市内有街、路、巷、曲。这些临路店是经商用的，从"列筵甚盛"来看应是规模不小的饭店。吴郡举人后来在该店看到的二十余少年和又有十余名后生，则是明证。卖胡琴者　"时东市有卖胡琴者，其价百万，日有豪贵传视，无辨者。"（《太平广记》卷一百七十九《贡举》陈子昂条）卖锦绣者　"元和二年，陇西李黄，监铁使逊之犹子也。因调选次，乘暇于长安东市，瞥见一犊车，侍婢数人于车中货易，李潜目车中，因见白衣之姝，绰约有绝代之色。李子求问，侍者曰：'娘子孀居……方除服，所以市此耳。'……李子乃出与钱帛，货诸锦绣。"（《太平广记》卷四百五十八《李黄》）署门　（日僧圆仁《入唐求法巡礼行记》卷三）会昌三年六月二十七"夜三更，东市失火，烧东市署门以西十二行，四十余家，官私钱物，金银绢药等总烧尽"。赁驴为交通工具　《太平广记》卷三百四十六《马震》："扶风马震居长安平康坊，正昼闻扣门，往看，见一赁驴小儿，云适有一夫人自东市赁某驴至此入宅，未还赁价。其家实无人来，且付钱遣之。"中散大夫试少府监高义忠私第　1956年西安市东郊韩森寨东北出土高义忠墓志。高义忠于大历十二年八月十五日，终于东市署私第，以其年十月七日，葬于万年县崇义乡。（《考释》）长安东西两市商业繁荣，人口众多，据《旧唐书·王处存传》载："中和元年四月……贼（黄巢）怒，召集（长安）两市丁壮七八万，并杀之，血流成渠。"两市丁壮即达七八万，加以老弱妇幼，则有十几或几十万人。这两市的饮食业也很繁盛。《太平广记》卷四百九十六《吴凑》："德宗非时召拜吴凑为京兆尹，便令赴上。凑疾驱，诸客至府，已列筵矣。或问曰：何速？吏曰：两市日有礼席，举铛釜而取之，故三五百人馔，常可立办。"

次南安邑坊。隋有右武卫大将军、宋国公贺若弼宅。

奉诚园。本司徒兼侍中马燧宅。燧子少府监畅，以赀甲天下。贞元末，神策中尉申志廉讽使纳田产，遂献旧第。《国史补》曰：畅以第中大杏馈窦文场，以进德宗。德宗未尝见，颇怪之，令中使就封杏树。畅惧，进宅，废为奉诚园，屋木皆拆入内。韩愈《马继祖墓志》：始予初冠，应进士贡，在京师穷不自存，以故人稚弟，拜北平王于马前。王问而怜之，因得见于安邑里第。北平王即燧也。窦牟《奉诚园闻笛》诗注：园马侍中故宅。元稹诗注同。杜牧《过田家宅》诗：安邑南门外，谁家板筑高。奉诚园里地，墙缺见蓬蒿。《博异志》：元和中，凤翔节度李听从子琯任金吾参军，自永宁里出，及安化门外，遇一车子，通以银装，颇极鲜丽。从二女奴，皆乘白马。琯随之，日暮及奉诚园，二女奴曰："娘子住此之东，郎君且此回翔，某即出奉迎耳。"良久见一婢出门招手，琯乃下马，入坐于厅中，令人马入安邑里寄宿。黄昏后，方见一女子素衣，姿艳若神仙。琯自喜，心所不能谕，及别而归，才及家，便觉脑疼。斯须益甚，脑裂而卒。家人于昨夜所止之处覆验之，但见枯槐树下有大蛇蟠屈之迹，乃伐其树发掘，已失大蛇，但有小蛇数条，尽白，皆杀之而归。按自永宁至安邑甚近，无由至安化门。其时李愬宅兴宁，"永宁"或"兴宁"之讹。自兴宁至安邑，先经通化门，讹为"安化"耳。**十字街之北，元法寺**。本隋礼部尚书张颖宅，开皇六年立为寺。《寺塔记》：张颖尝供养一僧，僧念《法华经》为业，积十余年。张门人谮僧通其侍婢，因以他事杀之。僧死后，阖宅尝闻经声不绝。张寻知其冤，惭悔不及，因舍宅为寺。东廊南观音院，卢奢那堂内槽北面壁画维摩变，屏风上有虞世南书。西北角院内有怀素书，颜鲁公序，张谓侍郎、钱起郎中赞。曼殊院东廊，大历中画人陈子昂画，檐前额上有相观法。西廊壁有刘整画双松。**太真观**。天宝五载，贵妃姊裴氏请舍宅，置太真女冠观。宝应元年，与肃明观换名焉。**西南隅，左卫大将军、范阳公张延师宅**。延师兄太师银青光禄大夫华州刺史况；兄植，金紫光禄大夫营州都督。兄弟三人同时二品，甲第宏敞，高门洞开，一宅之中，棨戟齐列，时人荣之，号"三戟张宅"。其地景龙中司农卿赵履温居焉。毕氏曰：履温，安乐公主驸马。按延师兄弟皆不载于《世系表》，而《张嘉祐墓志》云：终于安邑里私第。则延师盖亦河东房也。**次东，金吾大将军杨执一宅。中书侍郎同中书门下平章事赵国公李吉甫宅**。《卢氏杂说》曰：李吉甫宅，泓师谓其地形为玉杯，牛僧孺宅为金杯。云玉杯一破无复全，金杯或伤重可完。僧孺宅在新昌里，本天宝中将作大匠康謍宅。謍自辨图阜，以其地当出宰相，每命相謍必引颈望之，宅卒为僧孺所得。吉甫宅至德裕贬，其家灭矣。《剧谈录》：李德裕宅在安邑坊东南隅。**太子宾客卢贞白宅**。《因话录》：卢贞白父曰老彭，有道术，兼号知人。元和初，宗人弘宣、简辞、弘正、简求俱候焉。留坐，目之甚久，命贞白亦序坐，又目之曰："一行五节度使，可谓盛矣。"族子锴，初举进士，亦就安邑所居谒之。**刑部侍郎刘伯刍宅**。按《嘉话录》载，从伯伯刍居安邑巷，里口与鬻饼者万钱事，是伯刍宅在此坊也。户部尚书封敖宅。《唐语林》：封侍郎知举，首访能赋人卢骈。骈告罗邵舆，罗曰："主司安邑住，邵舆居宣平，彼处爱赋，无由得知。"司农卿常偕宅。柳宗元《故秘书少监陈京行状》：终于安邑里妻党之室。韩注：京娶常衮兄女。按常衮之兄名偕，为司农卿。饶州刺史吴丹宅。《白氏长庆集·酬吴七见寄》诗云：君居安邑里，左右车徒喧。竹药闭深院，琴尊开小轩。谁知市南地，转作壶中天。按安邑坊正在东市之南，其时乐天住昭国里，故又曰"隔街如隔山"。吴七即吴丹。陆氏宅。《河东记》：上都安邑坊十字街东有陆氏宅，制度古丑，人常谓凶宅。后有进士臧夏僦居其中，与其兄咸尝昼寝，梦魇良久方寤。李娃宅。《李娃传》：郑生巡于里间，以乞食为事。一旦大雪，至安邑东门，循里垣北转第七八，有一门独启左扉，即娃之第也。

《校补记》：安邑坊　奉诚园，注：杜牧《过田家宅》诗：安邑南门外，谁家板筑高。奉诚园里地，墙缺见蓬蒿。按《雍录》：奉诚园在安邑坊西。元法寺，注：《寺塔记》张颖　校：《酉阳杂俎》载此事作"张频"。李吉甫宅　补注：《尚书故实》：李师晦得落星石一片，如断磬，端刻狻猊，首有孔，穿绦处光漏滑，此石流转到安邑李吉甫宅中。又《唐书》：德裕所居安邑里第，有院号"起草"，亭曰"精思"，每计大事，则处其中。补：协律郎时元佐宅，并注：详亲仁坊下。

增订：

元法寺应为"玄法寺"。《酉阳杂俎续集》卷五《寺塔记上》载："安邑坊元（一作立）玄法寺，初居人张频宅也。尝供养一僧，僧以念《法华经》为业，积十余年，张门人谮僧通其侍婢，因以他事杀之。僧死后，阖宅常闻经声不绝，张寻知其冤，惭愧不及，因舍宅为寺，铸金铜像十万躯，金石龛中皆满，犹有数万躯。"但无论是"里人张频"或《长安志》所述隋礼部尚书张颖，都尚未在隋唐文献中发现更多的记载。徐松避讳清圣祖康熙玄烨之讳，改玄法寺为元法寺，讹误。（席会东《圣俗公私间际——隋唐长安玄法寺复原研究》，载《大明宫研究》2012 年第 3 辑）太真观条　改为"肃明观，本太真女冠观。宝应元年，（太真观）与肃明观敕换所居焉"。（《丛考》）奉诚园　马司徒燧旧宅　元稹《奉诚园马司徒旧宅》诗："萧相深诚奉至尊，旧居求作奉诚园。秋来古巷无人扫，树满空墙闭戟门。"（《全唐诗》卷四一一）《新唐书》卷一百五十五《马燧传》附子畅传："今奉诚园亭观，即其安邑里旧宅也。"上骑都尉王君夫人康氏宅　夫人康氏，京兆万年人。祖亮，隋并州文水令。父仪。康氏笄年，聘姻王氏，王氏于贞观十七年迁化，康氏情无再醮，顿舍俗缘，唯宗净业，谒大慈恩寺灵楷法师，幸沐法流。康氏七十有六，仪凤二年六月二十八日，终于安邑里之私第。嫡子上轻车都尉智胜等，以其年十月二十日，葬于万年县龙首乡凤栖原之阴，府君旧坟茔域。(《西市藏志》) 处士康文通宅　康文通字懿，青州高密郡人。祖和，隋上柱国。父鸾，唐朝散大夫。康文通于万岁通天元年七月十日，终于安邑里之私第，以神功元年十月二十二日，葬于京兆万年县龙首乡界。第三子庆州乐蟠主簿。2002 年 3—6 月西安市文物保护研究所分别于西安市雁塔区延兴门村西、西安交通大学数码园东兴置业园区内、唐长安延兴门外清理发掘 3 座汉唐墓，其中康文通墓为大型前后砖室墓，是流行于高宗至中宗时期等级较高的墓葬。(西安市文物保护研究所《康文通墓发掘简报》，载《文物》2004 年第 1 期) 朝议郎行城门郎冯贞懿宅　冯贞懿，长乐信都人。开元十七年九月五日，终于京兆府安邑里之私第，天宝元年十一月二十五日，与故夫人裴氏合祔于芒山平阴里。(《补遗千唐志斋新藏专辑》) 张嘉贞、张嘉祐宅　张嘉贞任相多年，长安应有宅第。《长安志》误以张嘉贞宅在长安长兴坊。据宋人谢维新所撰《古今合璧事类备要续集》卷一一《类姓门》"号鸣珂里"："张喜(应为嘉)祐有干略，嘉贞为相，任金吾卫将军，昆弟每上朝，轩盖驺道(导)盈闾卷(巷)，时(号)所居坊曰'鸣珂里'。"又《玉海》卷一六一载："张嘉祐，蒲州猗氏人。兄嘉正(贞)为相时，任右金吾卫将军，昆弟每上朝，轩盖驺导盈闾巷，时号所居坊曰'鸣珂里'。"又据《张嘉祐墓志》云："二十九年十月甲辰，终于安邑里私第。"则嘉贞亦当居安邑坊，而安邑坊亦有"鸣珂里"之号。旅舍　《大唐故通议大夫沂州司马清苑县开国子刘府君神道记》载：刘敦行，字名实，南阳人。开元七年奉讣长安，□以八年春正月旬有二日，遘疫终于安邑里之旅舍，春秋六十有四，即以其年十一月二十三日，与夫人渤海高氏合葬于洛阳北邙之原。(《补遗六辑》) 银青光禄大夫兵部尚书上柱国汉阳郡公赠太子少保马炫宅　马炫为马燧之兄，贞元七年九月二日薨于京师安邑里私第，八年二月十七日祔葬于颍阳县颍阳乡御井原。(《洛阳伊川县出土的唐代墓志和神道碑》，《中原文物》1994 年第 3 期)。门下侍郎同中书门下平章事武元衡宅　武元衡《安邑里中秋怀寄高员外》诗："原宪素非贫，嵇康自寡欲。守道识通穷，达命齐荣辱。……欲识岁寒心，松筠更秋绿。"(《全唐诗》卷十一) 张延师宅　《城坊考》依据《长安志》，其误有五：一、张延师长兄为大师，非太师。二、张延师次兄为张俭，非况，况为"次"之误。三、张植为张俭之父，植为"俭"字之误。四、兄弟三人同时二品，应为兄弟三人同时三品以上。五、三戟张宅，应为"三戟张家"。(《丛考》) 再据《旧唐书》卷八十三《张俭传》记张俭兄大师，弟延师事迹后云："唐制三品以上，门列棨戟，俭兄弟三院门皆立戟，时人荣之，号为'三戟张家'。"又据 1955 年咸阳市底张湾北原出土韦述撰《大唐故少府监范阳县伯张公(去奢)墓志铭并序》记，张去奢字士则，其先范阳方城人。曾祖立德，秦城郡尉。祖崇，延州刺史。父守让，阆州司法，赠凉州都督。张去奢之母是燕国夫人窦氏，即"开元天宝圣文神武皇帝(李隆基)之从母也"。"始，公之伯曾祖华州刺史大师，营州都督俭，左卫大将军延师，各以勋庸，荷斯宠禄，朱棨齐列，时人荣之，京师所谓三戟张氏者也。”韦述开元时任史官，著有《两京新记》，其记最可凭信。“三戟张家”之为大师、俭、延师，可作定谳。而墓志文字最为原始，故今以“三戟张氏”名篇。（荣新江《三戟张氏》，载《唐研究》第九卷，259页）“公（去奢）与元昆左威卫将军去疑，次兄右卫将军去惑，弟太仆卿去逸，驸马都尉去盈，咸能克己励行，嗣徽前烈。忠孝克国，识金印之犹存；清白传家，如玉环之不坠。冠盖之里，以为美谈。”张去奢于天宝六载三月十二日，薨于京师之安业里第。饼铺　《嘉话录》：“刑部侍郎从伯伯刍尝言：‘某所居安邑里巷口，有鬻饼者，早过户未尝不闻讴歌，而当垆兴甚早，一旦，召与语，贫窘可怜，因与万钱，令多其本，日取饼以偿之，欣然持镪而去。后过其户，则寂然。’”（《四库全书》子部三四一小说家类韦绚撰《刘宾客嘉话录》）忠武将军行右领军卫泾州纯德府折冲都尉上柱国邢思贤宅　邢思贤字药王。先天元年九月七日，薨于京兆安邑里私第。开元三年二月二十日，归殡于河南郡平乐乡原先茔。（《芒洛四编》）按邢思贤“奉敕九成宫留守，又充京故城使。陪游兔苑，导飞盖于西园；厕迹羽林，总戎旗于左卫。加以名参武帐，位列司阶，屡奉职于岩廊，再升荣于幕府。离宫别馆，允副宸衷，上林禁苑，无亏警卫”。豪鄂二州别驾李诞宅　李诞为唐玄宗叔祖，垂拱四年薨于东都尊贤里之私第。夫人王氏，太原祁人，许王长史祁县开国男义立之女。开元十一年冬十月六日，薨于京师安邑里。诞卒三十五年，夫人王氏卒，时夫人春秋六十。（《芒洛遗文》）李辅国宅　《太平广记》卷第四百零一玉辟邪条引《杜阳杂编》：“肃宗赐李辅国香玉辟邪二……其辅国所居安邑里，芬馥弥月犹在。”左金吾卫将军臧希晏宅　《金石萃编》卷九五《金紫光禄大夫左金吾卫将军赠扬州大都督臧府君神道碑铭并序》载：希晏字恭靖，京兆人。广德二年八月五日朔，薨于□都安邑里之私第。大历五年十月十五日，葬于三原县长坳乡。希晏为臧怀恪之子，怀恪碑为颜鲁公（颜真卿）书。据怀恪碑得知，希晏兄子七人皆显贵。臧氏父子神道碑存三原县。（《关中胜迹图志》卷八）朝议大夫守殿中监赵计宅　赵计字九玄，河东郡人，祖倩，唐州司户参军。大父辩，徐州司马。考默，邛州临邛县令。赵计早岁郡举进士，首登甲科，授秘省校书郎。历官栎阳县尉、大理评事，万年县尉、监察御史，仍充剑南道宣慰使、殿中侍御史。后为渭南宰所累，贬澧州司户参军。朝廷伸屈，移江陵府松滋县令。卧病京师，遇贼泚（朱泚）构乱，伪诏来逼，皎然不污。大驾复宫阙，以忠节称拜尚书祠部员外郎，迁殿中监。贞元十四年九月四日，薨于京兆府万年县安邑里之私第，享年七十五，贞元十五年二月二十二日，迁祔于万年县凤栖原夫人兰陵萧氏旧茔。（《洛阳新获墓志》二〇一五）谏议大夫崔备宅　崔备是崔元温之曾孙，崔泰之第二子。元和十一年春三月崔备终于长安安邑里之私第，合葬于洛阳县邙山之原旧茔。（《补遗千唐志斋新藏专辑》）按崔泰之是工部户部二尚书赠荆州大都督。上都平康坊，东都永丰坊均有宅第。**秘书少监陈京所居妻党之室** 柳宗元《唐故秘书少监陈公行状》（见《柳宗元文集》）：贞元二十一年四月二十五日，终于安邑里妻党之室。**泾阳县丞韦庸宅** 韦庸之室王瑗，瑯琊人。曾祖瑶，太子詹事，上（尚）永穆大长公主。祖谅。父鄂，渠州刺史。元和七年三月十日，王瑗奄终安邑里之私第，其年四月二十七日窆于长安县居安乡清明里高阳原。（《补遗七辑》）**奉议郎行门下省主事上护军王项宅** 1956 年西安市韩森寨东南出土《唐太原郡王氏故笄女子十六娘墓志铭并序》，墓志撰者为十六娘之父王项。志载：十六娘于大中三年十月二十二日，终于安邑里水池曲之第，是年十一月三日，于当府界城东万年县崇义乡南姚村南一里。（《考释》）**中书侍郎同中书门下平章事赵国公李吉甫宅** 《卢氏杂说》："吉甫宅至德裕贬，其家灭矣。"此记有误。李德裕于大中三年（849）十二月十日卒于崖州，然到咸通十二年（871）七月十五日，德裕之孙女悬黎卒于安邑里第，则知德裕贬，其家仍在安邑里。（据《千唐志》一一八五《唐故赵郡李氏女悬黎墓志铭》）。**京兆府栎阳县尉袭倪国公李景裕宅** 李景裕撰王循墓志称：李景裕妻王氏（字柔之）……上都安邑里之私舍。其年六月二十九日，葬于万年县洪固乡凤栖原。墓志有损，从残存痕迹"成二"推论可能是唐文宗开成二年。据墓志记载，王循是太尉中书令忠烈公王武俊之曾孙，李景裕则是太师平章事康公李抱真之曾孙。王武俊之子景襄公王士真之女，嫁与李抱真之孙鄜州司马承鼎，李景裕即承鼎之子，其妻即景襄公之孙，仆射赠侍中承宗之女。故王循之夫即姑之子也。墓志所载唐德宗建中年间的朱泚、朱滔叛乱，另可参见《新唐书》卷一三八《李抱真传》。王氏家族"蝉联奕叶，传芳继美，持双旌者四世，乘朱轮者百人，荣曜当时，辉映前古"。**前进士协律郎时元佐宅** 《太平广记》卷第一百五十五《韩皋》："德皇之末，（冯）芜任太常寺奉礼，于时与皋同官。其年前进士时元佐，任协律郎，三人同约上丁日释奠武成王庙行事，芜住常乐，皋住亲仁，元佐住安邑。"**王校书宅** 耿沣《安邑王校书居》："秋来池馆清，夜闻宫漏声。迢递玉山回，泛滟银河倾。琴上松风至，窗里竹烟生。多君不家食，孰云事岩耕。"（耿占军、马珺《〈唐两京城坊考〉增补五则》，载《中国历史地理论丛》1998 年第 2 期）

次南宣平坊。"平"或作"政"。《酉阳杂俎》：京宣平坊有官人夜归入曲，有卖油者张帽驮桶，不避道。导者搏之，头随而落，遂遽入一大宅门，官人随入，至一大槐树下遂灭。张蠙有《和许棠题宣平里古藤》诗。《南部新书》：宝历二年六月，京兆府奏法曹参军独孤谓踪迹得去年十月于宣平坊北门外杀人、并剥人面皮，贼熊元果等三人。

东南隅，旧诸王府。《唐会要》：宝历三年六月，琼王府长史裴简求状云：伏见诸王府本在宣平坊东南角，摧毁多年，因循不修。至元和十三年七月十三日，庄宅使收管。

其年八月二十五日，卖与邠宁节度使高霞寓。宣慈寺。西南隅，法云尼寺。隋开皇三年郧国公韦孝宽所立。初名法轮寺，睿宗在储，改法云寺。景龙二年，韦庶人改翊圣寺。景云元年复旧。寺本隋太保薛国公长孙览宅。寺东，义阳府。贞观中置。毕氏曰：《唐书·志》京兆下无义阳府，此可以补史之缺。十字街南之西，鼓吹局，教坊。按左右教坊已见光宅、长乐二坊。或元和前未徙时在此也，俟考。十字街东，宗正卿李琇宅。又有琇弟左监门将军琓宅，二人齐居。尚书左仆射严绶宅。见《乾𦠆子》。太子宾客罗珦宅。权德舆《罗珦墓志》：启手足于宣平里之私第。太子少师郑朗宅。《东观奏记》：宰臣郑朗自中书归宣平私第，内园使李敬实衢路冲之。大理卿刘遵古宅。尚书右仆射卢钧宅。《尚书故实》载宣平太傅相国卢公应举事。按卢公谓钧也，其宅当在宣平。刘太白宅。白居易《过刘三十二故宅》诗：朝来惆怅宣平过，柳巷当头第一家。按刘三十二即太白。刑部尚书白居易宅。白居易《襄州别驾府君事状》：夫人颍川陈氏，殁于长安宣平里第。按夫人即居易之母。《旧书·白居易传》：居易奏曰：臣闻姜公辅为内职，求为京府判司，为奉亲也。臣有老母，家贫养薄，乞如公辅例。于是除京兆府户曹参军。元和六年，丁母陈夫人之丧。《长庆集》有《初除户曹喜而言志》诗，是陈夫人就养于居易之第。御史中丞晋州刺史高武光宅。卢虔《高武光碑》：遘痨虐疾，归休于宣平私第。赠太子太保姚南仲宅。权德舆《姚南仲碑》：感疾，薨于宣平里第。国子祭酒窦牟宅。褚藏言《窦牟传》：告终于宣平里之私第。著作郎顾况宅。刘太真有《顾著作宣平里赋诗序》云：宣平里环堵之宅。嘉木垂阴，疏篁孕清，友生顾君寓之所也。户部侍郎判度支刘瑑宅。《东观奏记》：高湜自集贤校理为蒋系凤翔从事。湜即刘瑑旧僚也，辞瑑于宣平里私第。秘书郎李郴宅。郴撰其妻宇文氏墓志：夫人得疾长安宣平里。王生宅。《前定录》：京师宣平坊王生善《易》筮。相者宅。《定命录》：开元中有相者，不知姓名，自言衡山来，人谓之衡相。在京舍宣平里。旅馆。《前定录》：京兆尹赵郡李敏求应进士，八就礼部试不利，旅居宣平里。〔按稿本，宣平坊有刘蜕宅，注云："刘蜕先妣姚夫人《权厝石表》：大中十一年二月甲午，弃其孤于长安宣平里之寓舍。"为张穆笔迹。〕

《校补记》：宣平坊　补三条并注：裴遵庆宅，注：《国史补》：裴遵庆罢相知选，朝廷优其年德，令就第注官，自宣平坊榜引士子，以及东市两街。太子宾客贺知章宅，注：《原化记》：贺知章西京宣平坊有宅，对门有小板门，是西市卖钱贯王老。罗邵舆宅，注：《唐语林》：邵舆居宣平，余详安邑坊封敖宅下。

增订：

《校补记》补裴遵庆宅于宣平坊，误。见升平坊裴遵庆碑。法云尼寺　法云尼寺，原名法轮寺，睿宗在储改为法云寺，景龙二年改为翊圣寺。景云元年复旧名。会昌六年改法云寺为唐安寺。(《旧唐书》卷十八下) 初本隋文帝为周郧国公韦孝宽所立。(《丛考》) 因韦孝宽卒于北周大象元年十一月 (《周书·韦孝宽传》)，不可能于卒后三年在大兴城立寺。至今已知的法云寺尼出土墓志如下:《唐法云寺辩惠禅师铭》1953 年出土于长安县韦曲镇东北一里青砖厂。志铭载尼辩惠俗姓房，字严净。九岁时因祖母瑯琊王氏薨，百日斋度为沙弥尼，十八受半戒，二十受具戒，后正名隶于西京法云寺。天宝十三载十二月二十二日，于延康里第趺坐正念……超然乘化，以来年二月二十五日，迁瘗于城南毕原。(志藏长安县文物局)《尼如愿墓志》中有"法云寺律师遍照等凡数千人"。(《金石萃编》卷一百) 朝散郎前行同州韩城尉韩晤为其姑所撰《唐故法云寺内外临坛律大德超寂墓志》云: 大德字超寂，俗姓韩，扬州大督都府左司马兼侍御史志清之长女。贞元十四年遘疾终于当寺院。其年三月二十二日，归葬万年县长乐乡城东原。(《补遗六辑》)《唐故法云寺大德证真禅师墓志铭并序》云: 禅师本系吴兴□氏。贞元十六年八月二十四日，京邑缁素衔涕会于斗城东南三里长乐乡证真禅师躬所。(《补遗二辑》)《唐故法云寺寺主尼大德昙简墓志铭并序》云: 大师俗姓韩，其先昌黎人。元和十一年七月四日，示化于当寺旧院。门人弟子贞信等护柩于万年县长乐乡先和尚雁塔之南五步。(《补遗二辑》)《册府元龟》卷四十二，元和十五年七月诏"许逆贼李师道妻魏氏为尼，住法云寺"。**赠礼部尚书贺知章宅** 贺知章，西京宣平坊有宅，对门有小板门，常见一老人乘驴出入其间，积五六年，视老人颜色衣服如故，亦不见家属。询问里巷，皆云是西市卖钱贯王老，更无他业，察其非凡也。常因暇日造之，老人迎接甚恭谨。(《太平广记》卷四十二《神仙类·贺知章》) **十字街南之西，鼓吹局，教坊。**据《丛考》应改为"十字街南之西，鼓吹局(署) 教坊"。**中书舍人鸿胪少卿东阳郡开国公杜敬同宅** 杜敬同夫人，襄武郡君韦茗华，字淑容，京兆杜陵人。父义节，礼部、刑部二侍郎，卢州、西韩州二刺史。茗华年十三，归于杜氏，贞观二十三年封襄武郡君，总章元年九月三日，卒于西都之宣平里第，春秋五十有三，于二年二月二十三日，祔葬于雍州明堂县洪原乡之少陵原，子从则。(《洛阳新获墓志》) **左卫郎将检校左武卫将军上骑都尉于谦宅** 于谦字敬同，河南洛阳人。咸亨二年九月十六日，终于东都河南县道化里第。妻李氏，永乐县君，李神通之孙女，李孝同之女。以 (咸亨) 四年正月十八日，殁于西京宣平里馆。(咸亨四年) 二月五日，合葬于明堂县毕原。1991 年于谦墓志出土于长安县韦曲北原陕西省地质测试中心基建工地。(戴应新《唐于谦墓志铭跋》，载《故宫学术季刊》(台北) 第十卷第一期) **朝请郎梁州都督府参军事平原县开国男杨居实宅** 杨居实字处厚，弘农华阴人。曾祖纂，户部尚书长平公。祖守愚，雍州长史文昌左丞平原县开国男。父裕本，宁州定平县令。杨居实年二十，任弘文馆学生，明经及第，解褐选授梁州都督府参军，袭爵平原男。

开元四年闰十二月二日，亡于万年县宣平坊私第，春秋三十有四，开元五年二月十三日，葬于长安县高阳原旧茔。(《长安新出墓志》) 右卫郎将王曜宅　王曜，太原晋阳人。王父洛阳县尉。考郑州司马。天宝三载，王曜奄终于宣平里之私第，春秋四十有五。天宝四载三月二十一日，殡于宁安乡北原。(《洛阳新获墓志》) 宣德郎行左内率府长史杨晓宅　杨晓字环，弘农华阴人。大父敬立，邺郡临河县令。杨晓弱冠中宗皇帝挽郎，历庆王府士曹参军，授左内率府参军。天宝五载二月十五日，终于万年县宣平里之私馆，春秋五十有六，四月二十七日，殡于万年县少陵之原。嗣子朏。(《洛阳新获墓志》二〇一五) 承议郎行临海郡宁海县令陈祎宅　陈祎字争□，南朝颍川人。陈祎在平康坊已有宅第，夫人武威段氏，开元二十四年十二月四日，终于京平康坊私舍。夫人赞皇李氏，以天宝八载八月四日终于西京咸宁县宣平坊之私第。天宝九年正月六日，合祔少陵之原。(《补遗三辑》) 右领军卫仓曹参军李宁宅　李宁夫人郑州新郑人。礼部侍郎郑温琦之长女，太常少卿李颙之长新妇，右领军仓曹参军李宁妻。乾元二年六月十四日，终于宣平之私第，以其月二十六日，权窆于万年县长乐乡古城村。按李宁《新唐书·宰相世系表》有载。其父李颙附见于《旧唐书·孝友李知本传》。知本有弟曰知隐，知隐孙颙"有文词，亦历给事中，太常少卿"。(崔庚浩、王景阳《唐李宁妻郑氏墓志简释》，载《文博》2001年第1期) 按李宁妻郑氏墓志为二十世纪八十年代，陕西省文物商店从西安市东郊一农民手中购得。英武军使开府仪同三司兼太常卿上柱国萧国公论第八女所生李夫人宅　夫人姓李，渤海蓨人。大历四年五月二十六日，终于万年县宣平里之私第，其年八月八日葬于洪固乡里之原。(《补遗二辑》) 西市卖钱贯王老宅　见上贺知章条。京兆尹御史大夫于颀宅　《唐故尚书屯田员外郎于府君夫人京兆韦氏墓志铭并序》载：夫人韦懿仁，京兆万年人。父光弼，大理少卿赠刑部侍郎。夫人年逋及笄，归于于氏，即故京兆尹御史大夫颀之元子也。(夫人) 元和二年五月十一日，终于上都宣平里第，元和二年八月二十九日，祔葬兴平县于府君之茔。(《补遗七辑》) 于府君名据。(《补遗四辑》于申墓志补) 右补阙高盖宅　高盖妻刘宝字珍英，终于□宣平里。刘宝曾祖德威，刑部尚书。祖景，太常卿。父瑗，太子詹事。刘宝"遗约棺才绕周身，敛以时服。唯随求陁罗尼咒所得水精念球，系之肘上，他无所入。兼愿于故证果□上座神道之傍，别起小塔。上上座，夫人之从姊也，尝所鞠育，傥兹凭附"。粤是月再旬之五日，即安于京兆府咸宁县洪固乡之平原西北，去上座塔壹佰二十一步。夫人之夫右补阙高盖叙并书墓志。(《长安新出墓志》) 韦师哲宅　韦师哲字景章，京兆人。曾祖岳子，陕州刺史。祖损，大理少卿。考彝，监察御史。韦师哲早岁应进士举，累荐不第，元和三年十一月二十日，终于宣平里之私第，是年十二月二日，祔葬于先茔。伯仲师玄等泣而书之。(《长安新出墓志》) 酒馆　韦应物《陪元侍御春游》诗："贳酒宣平里，寻芳下苑中。往来杨柳陌，犹避昔年骢。”(《全唐诗》卷一百九十二)。太子中舍人严愈宅　严愈为夫人李氏撰并书墓志称:“夫人六代祖承乾，时为奸臣所构，迁房陵。至玄宗皇帝封恒山王，后以犯穆宗皇帝庙讳，徙封常山王。高祖昶，皇汉州刺史。曾祖泽，皇河南府长水县令。祖惬，皇京兆府兵曹参军。父立则，检校户部员外郎兼侍御史，赐绯鱼袋……愈望风京洛，婚媾十年……大和八年八月一日，夫人以疾殁于长安宣平里私第，享年二十六。后凡九十日，封圹于都门之外凤栖之原。”2002 年 11 月严愈及李夫人墓志出土于长安县杜陵乡三府井村。(李雪芳《唐严愈夫妇墓志合考》，载《碑林集刊》第十辑 2004 年) 按严愈撰书李夫人墓志时任“前诸道盐铁巡官朝议郎试大理司直兼殿中侍御史”。严愈于会昌二年殁于永宁新宅。薛弘实宅　薛弘实字亚卿，河东人。父裳，祠部员外郎。大和六年十一月十三日，薛弘实捐馆于宣平里中，其年十二月八日，厝于万年县宁安乡度光村。(《补遗七辑》) 薛弘实墓志于 1997 年 3 月 17 日，出土于西安市南郊曲江池附近，同年 3 月入藏陕西历史博物馆。殿中侍御史内供奉姚兖宅　姚兖夫人李氏，陇西县太君。祖擢。考汯，大理司直赠秘书少监。李氏以大和六年三月九日，终于宣平里第，享年六十二。以其年十一月十四日，祔葬于万年县洪固乡之毕原。二子，长曰中立，次曰亮。(《长安新出墓志》) 进士韦定言宅　京兆韦定言，字寡尤。进士第同州刺史给事中之第三子，幼能属文，有官始命王府参军，弃官以文希太常第，失意于选中。定言所著文百余篇，旨意以扶大教佐君亲居先，意新而文古。呜呼，有其道，无其寿。大中乙亥岁(大中九年)夏四月二十有二日，终于私第宣平里。(《长安新出墓志》) 朝议郎守尚书比部郎中上柱国赐绯鱼袋李蟾宅　李蟾字冠三，景皇帝八代孙，淮安王之后。父千钧，右赞善大夫。李蟾大和七年五月四日，启手足于长安宣平里第，其年闰七月七日，归葬河南府河南县金谷乡张村祔先茔。(《千唐志》) 朝请大夫尚书刑部郎中上柱国卢就宅　卢就字子业，范阳人。于大中五年四月六日，终于上都宣平里，大中六年二月二十三日，归葬洛阳县平阴乡成村。(《千唐志》) 旅舍　《唐故文林郎国子助教杨宇墓志铭并序》：杨宇于大中五年八月丁巳，终于长安宣平里之旅舍，大中五年十一月二日，窆于河南县平乐乡之安善里。(《千唐志》) 国子助教卢当宅　卢当字让之，范阳人。大中八年十月十三日，终于京兆府万年县宣平里之私第，其明年二月十一日，归葬于河南府洛阳县平阴乡祔于先茔。(《千唐志》) 吏部尚书同中书门下平章事郑朗宅　郑朗第五女字子容，大中六年五月四日，终于上都宣平第，后归葬河阴县。(《北图石汇》) 刘蜕宅　《关中金石文字存逸考》卷三《唐姚夫人权葬石表》载：刘蜕母姚夫人，大中十一年二月甲午，弃其孤于长安宣平里之寓舍，五年庚申，权奉于城南毕原。税舍　《大唐故陇西李氏夫人墓志铭并序》：夫人讳萱字妍芳，陇西汧阳人。曾祖震。祖逊。父咏，秘书少监。李萱即李咏次女。幼适博陵崔氏，有二子，长蟾，次儋。乾符四年二月七日，李萱启手足于宣平里之税舍。其年四月十三日，

归祔于河南县伊汭乡樊村崔氏先茔。(《补遗千唐志斋新藏专辑》)

次南升平坊。

东北隅，汉乐游庙。汉宣帝所立，因乐游苑为名，在高原上，余址尚存。长安中，太平公主于原上置亭游赏，后赐宁、申、岐、薛王。其地居京城之最高，四望宽敞，京城之内，俯视指掌。每正月晦日、三月三日、九月九日，京城士女咸就此登赏祓禊。按白居易《登乐游园望》诗云：东北何霭霭，宫阙入烟云。盖言南内之宫阙也。沈既济《任氏传》：天宝九年六月，韦鉴与郑子偕行于长安陌中，将会饮于新昌里。至宣平之南，郑子辞有故，请间去。鉴乘白马而东，郑子乘驴而南，入升平之北门。偶值三妇人，行于道中，郑子随之东，至乐游园已昏黑矣。西北隅有东宫药园。尚书右仆射裴遵庆宅。《国史补》曰：遵庆罢相知选，朝廷优其年德，令就第注官。自宣平坊榜引士子，以及东市两街，时人以为盛事。杨绾《裴遵庆碑》：薨于万年县升平里之私第。洪州刺史赵国公魏少游宅。左散骑常侍潘孟阳宅。孟阳盛葺第舍，妓媵用度过侈。宪宗微行，至乐游原望见之，以问左右，孟阳惧，不敢治。兵部尚书柳公绰宅。公绰子仲郢自拜谏议大夫后，每迁官，群乌大集于第之庭，木戟架皆满，比五日而散，家人以为候。除天平军节度，乌不复集，遂卒于镇。检校司空同中书门下平章事崔宁宅。《唐语林》：茶拓子始建中蜀相崔宁之女。注云：蜀相即升平崔家。京兆府少尹元崇简宅。白居易集有《和元八侍御升平新居四绝句》，元八即宗简，元稹集所谓居敬兄也。杨巨源亦有《和元员外题升平里新斋》诗。按白居易诗每言与元八卜邻，其后《哭元尹》诗云：水竹邻居竟不成。是终未结邻也。太子太傅致仕刘沔宅。按毕氏据《唐书》传谓当作"太子太保"，非也。今从石刻。左羽林军大将军史用诚宅。奚敬元《史用诚碑》：薨于升平里之私第。万年县丞柳元方宅。柳宗元《柳元方墓志》：终于长安升平里之私第。同州司兵参军上柱国杜行方宅。《杜府君墓志》：启手足于上都升平里之私第。进士张乔宅。按许棠有《题张乔升平里居》诗。前进士李峣宅。《摭言》：李峣及第在偏侍下，俯逼起居宴，霖雨不止。遣赁油幕以张之。峣先人旧庐升平里，凡用钱七百缗，自所居连亘通衢，殆及一里余。车舆阗咽，门巷来往，无有沾濡者。而金碧照耀，颇有嘉致。

《校补记》：升平坊　汉乐游庙　补注：《两京新记》：乐游庙，一名乐游苑，亦名乐游原，基地最高。补：坊北门旁鬻饼舍，并注：见《任氏传》。

增订：

乐游园　《两京新记》(曹元忠辑本)："升平坊乐游园，汉宣帝所立。唐长安中，太平公主于原上置亭游赏。其地四望宽敞，每三月上巳、九月重阳，士女游戏，就此祓禊登高，幄幕云布，车马填塞，绮罗耀日，馨香满路。朝士词人赋诗，翌日传于京师，故杜少陵有《乐游苑歌》。”**乐游原观池** 《白孔六帖》卷七《池》：“（太平公主）作观池乐游原，以为盛集。既败，赐宁、申、岐、薛四王，都人岁祓禊其池。”**引驾韦余庆宅**

韦余庆字伯休，京兆杜陵人。曾祖艺，隋齐州刺史魏兴郡公。祖彧，隋千牛安吉公。考元方，唐礼部郎中。韦余庆弱冠任上台引驾，上元元年夏六月卒于巴陵郡，冬十一月陪殡于先茔。夫人河东郡夫人裴氏。祖思庄。考唐中书舍人万年县令晖。妣文武圣皇帝侄女新野县主。裴氏春秋七十一，以景龙四年二月十二日，奄终于升平里，即以二十一日，合祔于凤栖原。（张婷《唐〈韦余庆及妻裴氏墓志〉考释》，载《碑林集刊》［十六］2010 年）**中散大夫检校同州长使樊君妻美阳县君窦字宅** 窦字，扶风郡人。曾祖彦。祖德玄。父怀恪，秦州都督。窦字春秋三十九，圣历元年正月一日，终于京师升平里第。其年一月十一日，葬于明堂县洪原乡少陵原。（《洛阳新获墓志》二〇一五）**左威卫长史贺拔裕宅** 贺拔裕，河南洛阳人。祖怀信，隋通事舍人。父玄一。贺拔裕解褐雍州参军，历任官职有大理寺司直，转左威卫长史。永淳二年（683）五月十一日，薨于京兆升平里第。夫人崔氏，开元五年七月十四日薨，开元十五年十月五日，合葬于京兆少陵原。嗣子希忝。（《洛阳新获墓志》二〇一五）**忠武将军判左骁卫军裴公夫人韦氏宅** 韦氏，京兆城南人。太仆津之曾孙，詹事琨之孙，新平令偃松之子。年十七，归于裴君。天宝十四载十月十六日，卒于升平里。十五载四月二十六日，葬于咸宁县龙首乡之原。嗣子裴光嗣。韦氏墓志2001 年出土于西安市南郊雁塔区曲江乡三兆村附近。（王育龙、程蕊萍《西安南郊三兆村出土唐代墓志举说》，载《陕西历史博物馆馆刊》2005 年）**乐游原玫瑰树**

“乐游原自生玫瑰树，下多苜蓿，一名怀风，时人或谓之光风。风在其间常肃然。日照其花有光采，故名曰苜蓿风，茂陵人谓之连枝草。”（《太平广记》卷四百九《草木类·怀风花》）**乐游原故墓** 卢照邻《七日登乐游故墓》诗：“汉寝睠眷遗灵，秦江想余吊。……兰游澹未归，倾光下岩窈。”按乐游原为汉长安近郊之墓葬区。**裴遵庆宅** 《裴遵庆碑》在今洛阳市伊川县彭婆乡许营村北万安山南麓，南距范仲淹墓约 1 千米。遵庆为代宗时宰相，大历十年十月二十九日，薨于万年县升平里之私第，以明年二月二十日□□祔于东都万安山之旧茔。（《洛阳新获墓志》）**大中大夫太子左庶子绛郡开国公上柱国裴㝵宅** 裴㝵，河东闻喜人。澧州刺史怀感之曾孙，滑州司马陟孙，赠司空纪之仲子，相国尚书左仆射冕之介弟。开元际补河西尉，再更大理评事，又转司直。玄宗南巡，虏骑掠秦，公隐身商山，与麋鹿为群。至德中，诏骋拜尚书膳部员外郎，又转司勋员外郎，封绛县开国公。宝应岁，迁左庶子。“□（尚）书韦公（韦坚）开潭漕运，命为判官而舟楫通；节度安公镇河陇也，命□营田而仓廪□；□□杨公在□堂也，命巡海岱□（而）组练修；侍中□（苗）公步鼎铉也，命详□□而狱□（讼）孚。此四举坚□□（决成）务。”

大历六载七月二十九日，终于升平里第。嗣子太常主簿京兆参军俭等。于十月十八日葬于先茔之次。裴寻墓志近年出土于西安近郊，墓志亦未言明葬地。其兄裴冕碑载“（大历四年冬十一月）辛酉薨于长安，年六十七，……明年二月葬于京城南毕原”，故《裴寻墓志》的出土地应在今西安市长安区一带。（樊波《新见唐裴寻、裴铁、裴锽三方墓志丛考》，载《碑林集刊》［十二］2006年）按裴寻大历六载薨于升平里，尚书右仆射赠司空裴遵庆也在大历十年薨于万年县升平里，均为河东闻喜人。据《新唐书》卷七十一上《宰相世系》一上，裴寻为河东裴氏东眷道护支，而裴遵庆则为河东裴氏中眷三虎支。灵武节度推官将仕郎试秘书省校书郎韦本立宅　韦本立于永贞元年十月丁巳，暴疾终于长安升平里之私第，其年十二月庚申，归葬于万年县洪固乡毕原。1989年韦本立墓志出土于长安县南李王村。（张蕴《西安南郊毕原出土的韦氏墓志初考》，载《文博》1999年第6期）按长安县北李王村是唐代韦氏家族墓葬区，历年出土很多韦氏墓志。京兆府少尹元崇简宅　元崇简即元宗简（见《元氏长庆集》卷四十六《元宗简授京兆少尹制》）。白居易《题新居寄元八》：“青龙冈北近西边，移入新居便泰然。……莫羡升平元八宅，自思买用几多钱。”（《白氏长庆集》）按元八即元宗简，升平坊北宣平坊有白居易宅。元宗简在升平坊中不仅有新斋，还有草亭。白居易《李十一舍人松园饮小酎酒，得元八侍御诗，叙云：在台中推院有鞠狱之苦，即事书怀，因酬四韵》：“唯应清夜无公事，新草亭中好一期。”诗末注曰：“元于升平宅新立草亭。”国子祭酒致仕包陈宅　包陈，年五十七终于西京升平里第，大和二年二月十六日，葬于东都河南县平乐乡杜翟村之北原。（《千唐志》）家令寺丞李府君夫人窦氏宅　窦氏，扶风人。祖华，位至中书舍人。烈考叔展，位至左拾遗翰林学士。贞元十七年十月三日，窦氏终于升平里之私第，享年五十一，以其年十一月二十七日，归祔于先府君之茔。嗣子弘文馆明经文俭。（《洛阳新获墓志》二〇一五）尚书左仆射赠太子太保韩贞公韩皋宅　韩皋夫人李温字端，太祖景皇帝之后，淮安王神通之六代孙，婺州录事参军蒙之女。实太保贞公之从母弟。大和三年六月二十有八日，遘疾终于升平里第，享年四十六，其年十月癸酉，迁窆于万年县少陵原，东距太保茔二十步。（《西市藏志》）兵部尚书柳公绰宅　《续修陕西通志稿》卷一五二载：柳氏长殇女，名老师。会昌五年五月二十一日，夭于升平里第。六年二月一日，葬于杜城村。墓志为兄仲郢执笔志其石。仲郢新旧《唐书》皆有传，附其父公绰后。仲郢署衔权知京兆尹。《资治通鉴》唐武宗纪会昌五年载，李德裕以柳仲郢为京兆尹，女即殇于是岁。仲郢甫为京兆，准以试守之例，故曰权知京兆尹也。《柳氏淑女墓志铭》为从父尚书兵部郎中知制诰（柳）公权撰，从父兄乡贡进士（柳）知微书。柳氏淑女是“唐故检校左仆射兼兵部尚书赠太子太保柳公第四女”愔愔，大和九年冬十二月十三日，终于升平里之旧宅，“卜以期二十五日葬于杜城庄之近地，与女兄道娘连接封域。长兄前殿中侍御史仲郢在缞服之中哭女弟□之痛”。（赵力光《唐柳公权撰柳愔愔墓志考》，载《文博》2003 年第 3 期）“唐故检校左仆射兼兵部尚书赠太子太保柳公”是柳公绰，新旧《唐书》均有传，历宪宗、敬宗、文宗三朝宰相。柳公权是唐代杰出书法家，其代表碑刻有《神策军碑》《玄秘塔碑》等，但撰志确少有。**朝散大夫司农寺丞上柱国李藻文寄止宅** 李藻文五代祖郑惠王元懿。高祖嗣郑王璥。父河南府法曹参军缙。李藻文假天荫入仕，去谒忻王府参军，有疾不任。复调莒王府参军，历润州丹阳府主簿，寿州录事参军，授扬州天长县令，转苏州长洲县令。秩满调补司农寺丞，绵历八任，阶臻五品。大中首载仲冬二十五日，藻文之群从昆仲□隼始兴有第于长安升平里，藻文寄之，诸生弟侄饯韶守集其第。大中三年二月二十四日。返葬于河南府洛阳县平阴乡城村之原法曹茔之东。四男长曰嵎，前濠州文学。次曰楹，前饶州参军。次曰播，次曰珣。李藻文墓志 2004 年冬于河南省洛阳市孟津县宋庄乡出土。（《拾零》）按郑惠王元懿长子璥，《唐书》有传。次子琳，安德公。琳子择言，即藻文曾祖。元懿曾孙夷简，宗闵，勉后，在朝为宰相。**朝议郎前行京兆府富平县尉柳知微宅** 柳知微为其妾陈兰英所撰墓志载：陈兰英于大中四年十二月三日，终于升平里私第，十二月十一日，葬于长安县永寿乡高阳原。（《关中金石文字存逸考》）从柳知微为柳愔愔书写的墓志可知柳知微为柳氏望族，与伯父柳公绰、堂兄仲郢，均于升平里有宅第。**太子右庶子任城县开国男刘升宅** 刘升字陟遐，彭城人。开元十八年六月二十九日，薨于京兆修行里私第，假殡于西京。天宝四载十月十三日，改葬于河南县平乐乡北原从先茔。（汴博）**刘沔宅** 《长安志》载太子太傅致仕刘沔宅在升平坊。刘沔碑今在永寿县。刘沔之曾孙刘阿延于乾符二年四月二十日，终于升平里之私第，其时年七岁，其父刘从周。（《八琼室金石补正》卷十七，《唐文拾遗》卷三二）刘从周为亲侄女刘氏室女（二十岁）书墓志云：彭城刘氏女，乾符二年七月十日终升平里私第，祔葬长安县第五村之先茔。（《咸宁长安二县续志》）

次南修行坊。本名修华，武太后时避讳改修行坊。景云元年复旧，后又改之。隋有通法寺，大业七年废。

赠太子少保郑宜尊宅。**蒲州刺史杜从则宅**。**工部尚书李建宅**。按白行简《三梦记》云：元和四年，河南元微之为监察御史，奉使剑外。去逾旬，予与仲兄乐天、陇西李杓直同游曲江，诣慈恩佛舍，遍历僧院，淹留移时。日已晚，同诣杓直修行里第，命酒对酬，甚欢畅。**岭南节度使胡证宅**。证在镇好聚敛自奉，修行坊第连亘闾巷，车器奢侈，议者非之。李训败，卫军利其财，声言贾悚匿其家，争入剽劫，执其子溵，内左军斩之。**端州司马杨收宅**。收兄发、假，弟严，皆显贵，号修行杨家，与靖恭诸杨相比。**太常少卿段成式宅**。《酉阳杂俎》：段成式修行里私第大堂前有五鬣松两株。又云：

开成元年，段成式修行里私第书斋前有枯紫荆数株，伐之，余尺许。至三年秋，枯根上生一菌大如斗，下布五足。又云：段成式修行里私第果园数亩，壬戌年有蜂如麻子，蜂胶土为巢于庭前檐。刘得仁有《初夏题段郎中修行里南园》诗，顾非熊有《夏日会修行段将军宅》诗，未知谁宅，俟考。刑部员外马氏宅。姚合有《题刑部马员外修行里南街新居》诗。张氏宅。白居易《松声》诗注：修行里张家宅南亭作。

《校补记》：修行坊　段成式宅　补注：《酉阳杂俎》：段成式城南别墅有水耐冬。又原注：顾非熊有《夏日会修行段将军宅》诗，未知谁宅，俟考。补曰：《杂俎》记秀才顾非熊见坏裙化蝶事，知顾、段有往还也。惟段官太常少卿，不得称将军。

增订：

岭南节度使胡证宅　《旧唐书》卷一百六十三《胡证传》："广州有海舶之利，货易狎至，(胡）证善蓄积，务华侈，厚自奉养，僮奴数万，于京城修行里起第，连亘闾巷。岭表奇货，道途不绝，京邑推为富家。"于此可见长安城中的一些豪宅，是节度使在地方上敛财积聚长安，其家人在京城过着豪华生活。赠凉州都督右威卫大将军睦王傅尉迟胜宅　"（尉迟胜）本于阗王珪之长子……胜乃于京师修行里盛饰林亭，以待宾客。好事者多访之。"（《旧唐书》卷一百四十四《尉迟胜传》）吏部尚书同中书门下平章事刘晏宅　《新唐书》卷一百四十九《刘晏传》："所居修行里，粗朴卑陋，饮食俭狭，室无媵婢。"李建宅　李杓直即李建，见《新唐书》卷一百六十二《李逊传》。博州刺史郑进思宅　郑进思，字光启。夫人权氏，开元十年归全于西京修行里第。（台湾研究院历史语言所藏拓片）金吾铺　《酉阳杂俎续集》卷八《支动》："予幼时常见说郎巾，谓狼之筋也。武宗四年，官市郎巾。予夜会客，悉不知郎巾何物。……座老僧泰贤云：泾帅段祐宅在招国坊，常失银器十余事。贫道时为沙弥，每随师出段公宅，段因令贫道以钱一千诣西市贾胡求郎巾。出至修竹（行）南街金吾铺，偶问官健朱秀，秀曰：甚易得，但人不识耳。"试大理评事郑易宅　郑易夫人范阳卢氏，壬申岁（贞元八年，792）十有一月四日，终于长安之修行里。以贞元十一年二月二十二日，归祔于河南邙山郑氏之先茔。(《千唐志》）郑氏宅　《唐故郑氏嫡长殇墓记》载：唐元和十有一年三月二十四日，郑氏之嫡殇夭于修行里私第。其年四月景申朔，葬于万年县宁安乡义善寺西，又以其年八月甲午朔二十七日庚申，归祔河南县梓泽乡续村。（《千唐志》）行大理司直严修睦宅　严修睦夫人崔氏，清河人。会昌五年七月九日，终于修行里。夫人曾祖翘，拔萃登科，东西二京留守。父平仲，凤翔少尹颍王傅。会昌五年七月二十二日，葬于长安县居安乡高阳原。夫人崔氏墓志为夫严修睦书。（《洛阳新获墓志》二〇一五）杭州长史兼监察御史唐思礼宅 1956年在西安市东郊郭家滩出土唐思礼及前妻王氏、夫人俞氏三块墓志。夫人俞氏墓志载：咸通十一年六月十五日，亡于京修行里，即以八月二十二日，窆于万年县崇道乡前夫人茔之次。唐思礼于咸通十二年六月七日亡于上都修行里，七月二十九日祔于万年县龙首原之先茔。(《考释》) 河南县主簿郑直宅 郑氏女小字党五，列考直，河南县主簿，代居长安修行里。党五以大和九年二月二十□日，夭于河南府宣范里。(《千唐志》) 按郑氏在修行里居第甚多。郑直、郑易及嫡殇之父（长安令贬汀州刺史）与赠太子少保郑宜尊之关系，因墓志简略尚不明了。郑直与郑易的夫人均为范阳卢氏（郑直娶范阳卢氏，有一子一女）。

次南修政坊。按《文安县主墓志》作"循政里"，循、修双声，古通用。

尚书省亭子。宗正寺亭子。《辇下岁时记》曰：新进士牡丹宴，或在于此。文安县主宅。巢剌王女，降段俨。尚书右丞相张九龄宅。

增订：

《唐两京城坊考》误将颁政里之文安县主宅列入修政坊。现将修政坊文安县主宅移至朱雀街西颁政坊。

次南青龙坊。

东南隅，废普耀寺，隋开皇三年，独孤皇后为外祖崔彦珍所立。开元二年废。西南隅，废日严寺。隋炀帝为晋王，仁寿元年施营第材木所造，因广招名僧以居之。贞观六年废。

增订：

日严寺废于唐武德七年。《集神州三宝感应录》卷上《金陵长干化缘内记》："余本住京师曲江日严寺……至武德七年日严寺废，余师徒十人配住宗义。"

次南曲池坊。坊南街抵京城之南面，以近芙蓉园，因以名。

东北隅，废建福寺。龙朔三年为新成公主所立。其地本隋天宝寺，寺内隋弥勒阁崇一百五十尺。开元二年废。坊北有殡宫。《秦州都督府士曹参军□瑶墓志》：殡于雍州万年县曲池坊之北一百步。

右皇城东第二街十一坊及东市。

朱雀门街东第五街，即皇城东之第三街。街东从北第一坊。

尽坊之地筑入苑，十六宅。《政要》：先天之后，皇子幼则居内。东封后，以年渐成长，乃于安国寺东附苑城同为大宅，分院居之，名为十王宅，令中官押之。于夹城中起居，每日家令进膳。十王，谓庆、忠、棣、鄂、荣、光、仪、颍、永、济也。其后盛、寿、陈、丰、恒、凉六王又就封入内宅。天宝中，惟十四王居内，而府幕列于外坊，岁时通名起居而已。外诸孙成长，又于十宅外置百孙院。十王宫人，每院四百余人，百孙院三四百人。又于宫中置维城库，诸王月俸物纳之给用。诸孙嫁，亦就十宫中。太子不居东宫，但居于乘舆所幸别院。太子之子亦分院而居，婚嫁则同亲王公于崇仁坊之礼会院也。毕氏曰：《唐书》及《新唐书》但云庆、忠、棣、鄂、荣、光、仪、颍、永、延、盛、济十二王，言十王，举全数也。后寿、信、义、丰、陈、恒、凉七王亦居之。鄂、光废死，忠王为太子，庆、棣继薨，唯荣、仪十四王居院，与此不同。宅又名睦亲院，院有亲亲楼。大中元年，改亲亲楼为雍和殿。

增订：

2017年4—12月，西安市文物保护考古研究院对西安市新城区东临金花北路，北临华清西路，西、南与陕西建设机械股份有限公司相邻的隋唐长安城外郭城东北隅进行考古发掘。发现隋唐长安外郭城北城墙、东城墙、夹城城墙及夹城道路，十六王宅北坊墙、东坊墙，还有多条道路遗存等。外郭城东墙南北走向，方向北偏西1度，已发掘城墙墙基夯土宽4.88—5米。东城墙遗址经过外郭城北墙向北延伸进入禁苑。夹城墙南北走向，位于外郭城东城墙以西23米，并与之平行。夹城墙夯土墙基宽度约4.8米，北端经过外郭城北墙进入禁苑。夹城道路位于外郭城东墙与夹城城墙之间，南北走向，宽约23米，有明显的踩踏面，可见较密集的南北车辙遗迹。外郭城北墙，东西走向，东端与夹城墙相交。北墙夯土墙基宽约3米。十六王宅东北角坊墙，位于外郭城东北角的西南建筑方向，坊墙墙基宽约2.5米，东距夹城墙11.5米，北距外郭城北墙41米。出土大量隋唐遗物、筒瓦、莲花纹瓦当，还有一片完整的“天宝三载十王宅瓦”。这项考古发掘首先确定了隋唐长安城遗址东北角的具体位置，其次确认了隋唐长安城夹城的位置、形制、大致走向。

十六宅　据《唐故京西步驿使宣德郎行内侍省奚官局丞员外置同正员上柱国赐绯鱼袋魏府君（文绍）墓志铭并序》载：魏文绍，祖国珍，烈考士彦。魏文绍初授西内判官，后授南内判官，又迁内园及冰井判官，改授内园及通掖副使。咸通三年正月二十五日，蒙恩改授十六宅使。统掘帝枝，优游贵族。咸通四年十一月二十五日，蒙恩改授京西步驿使。（《补遗三辑》）十王宅　大唐西市博物馆藏《大唐赠靖德太子哀册文》云“维天宝十一载，岁次壬辰，五月丁未朔二日戊申，庆王薨于大明宫之十王院，翌日有命自天，制册赠为靖德太子，鸿名也。爰初地居守器，固辞而退就维城，至德也。粤以九月二十七日，即玄宫于京兆府咸宁县之细柳原，礼也。”志主李琮是唐玄宗长子，生母刘华妃，先天元年（712）唐玄宗即位，封李琮为郯王。靖德太子先葬于京兆府咸宁县之细柳原。唐代宗宝应元年（762），又赠他奉天皇帝，改葬齐陵。靖德太子哀册为赵楚宾奉敕撰。（胡明曌《内容有涉大明宫的三方唐代墓志》，载《考古与文物》2010年第5期）按靖德太子哀册文中有“面霸陵而南望，背横桥而东下”，说明唐代细柳原在长安城东咸宁县境，即今西安市与临潼区交界处。1958年临潼县西泉乡唐村，西韩公路东侧出土的唐玄宗第八女鹜女墓志载：天宝九载终于大明宫兴宁里之别馆，诏葬京兆府咸宁县之细柳原。1974年临潼西泉乡椿树村西南出土内侍常允逸神道碑，记载天宝二载二月十四日，茔于京兆府细柳原。赠号李琮的“奉天皇帝”的齐陵，在今临潼区东新丰镇西，高8.6米，相传为秦子婴冢。(赵康民《秦王子婴墓之讹》，载《考古与文物》1983年第5期)

附图：隋唐长安城外郭城东北角发掘遗迹航拍图

次南兴宁坊。南街东出通化门。

大中报圣寺。《东观奏记》：宣宗出内藏缗帛，建大中报圣寺，奉献皇后容，曰介福殿。又以休憩之所为虔思殿。由复道出，造于寺。按献皇后容，《唐语林》作宪宗御容，当从之。南门之东，清禅寺。隋开皇三年文帝为沙门昙崇所立。大中六年改为安国寺。《名画记》：清禅寺有郑法士画。华封观。天宝六载，骠骑将军高力士舍宅置观。西南隅，开府仪同三司姚元崇宅。屋宇并官所造。安西都护郭虔瓘宅。在姚元崇宅东。本太平公主宅，后赐虔瓘。宅北，特进王毛仲宅。东南隅，左卫大将军泉男生宅。太子少保崔琳宅。琳祖义玄，父神庆，伯父神基，皆为相。其从父昆弟之子洎其自出，参朝宴者数十人，鸣玉启道，自兴宁里谒大明宫，冠盖相望，一时瞩目。赠安州都督王仁忠宅。李邕《王仁忠碑》：捐馆宇于京兆兴宁里之私第。淄青节度使、同中书门下平章事李怾宅。赐第。

增订：

清禅寺　1987年陕西省考古研究所在清禅寺内发现隋代舍利墓葬，出土一方清禅寺主人德□□墓志，志云：德□□圆寂后，舍利骨灰埋在兴宁坊清禅寺内。墓葬中发现一批极为珍贵的文物，如玻璃、玛瑙、琥珀、金银装饰品等。（《西安晚报》1987年5月26日）《西安东郊隋舍利墓清理简报》，载《考古与文物》1988年第1期）云："1986年6月4日榆林地区驻西安办事处，即长乐路40号院内，发现隋舍利墓。墓志云：大隋开皇九年岁星在东井次皇龙入大□十月□□□十一日于兴宁坊清禅寺主人德……"《续高僧传·慧胄传》："九级浮空，重廊远摄，堂殿院宇，众事圆成。竹树森繁，仓稟碾硙，库藏盈满，京师殷有，无过此（清禅）寺。"华封观　崇玄馆学士李琦撰《唐故华封观主王君（楚玉）志铭》记载，京兆鄠县人王楚玉，天宝十四载十月十四日归真。（《补遗二辑》）太平公主宅　据《唐两京城坊考》，太平公主在长安城有四处宅第，分别在兴道坊、平康坊、兴宁坊和醴泉坊，但将这四处坊里中太平公主宅第的有关记事进行比较，其平康坊和兴宁坊应为一处，不当分为两地。平康坊万安观为"天宝七载永穆公主出家，舍宅置观。其地西南隅本梁国公姚元崇宅，次东即太平公主宅，其后敕赐安西都护郭虔瓘，后悉并为观"。将万安观下的内容与兴宁坊华封观、姚元崇宅、郭虔瓘宅的内容进行比较发现有三点完全相同。一是太平公主宅在姚元崇宅东，二是姚元崇宅在坊的西南隅，三是太平公主宅后赐郭虔瓘。《唐两京城坊考》关于太平公主在兴宁坊和平康坊宅第的内容基本上照录《长安志》，但略有不同。两书于兴宁坊西南隅载有姚元崇宅，而平康坊西南隅则是韦澄宅、兰陵公主宅、孔颖达宅。既然两书均记载平康坊万安观为天宝七载永穆公主出家舍宅置观，并且把原为太平公主宅、后赐郭虔瓘的宅悉并为观，而太平公主宅在西南隅姚元崇宅东，但两书却偏偏没有在平康坊给姚元崇宅留下位置，这并非疏忽，而是平康坊就没有姚元崇宅，因此平康坊就不可能有太平公主宅。传世唐长安城坊里图最早的是宋代吕大防于宋神宗元丰三年（1080）编刻的《长安图》（残石），石上清晰地绘着兴宁坊西南隅姚元崇宅，但在平康坊却无万安观，也没有姚元崇宅和太平公主宅。平康坊万安观下记载是永穆公主出家舍宅置观，而西安出土唐人墓志却记载永穆公主宅在兴宁坊。《古志石华续编》记载：京兆府泾阳县主簿王郅，贞元十九年八月九日，终于万年县兴宁里永穆观之北院。据王郅墓志记载，王郅曾祖王同皎，尚定安长公主，即唐中宗第二女。祖王繇，尚永穆公主，即唐玄宗长女。父王训，娶嗣纪王铁诚之季女即博平郡主，乃"玄宗明皇帝之孙，故皇太子之女也。年二十九宠膺封号，乃伉俪于瑯琊王公。公讳训，母曰永穆公主，博平之姑子也。……长子郅，幼子鄗"。（《唐故博平郡主陇西李氏墓志铭并序》，载《隋唐五代墓志汇编》陕西卷第二册）王郅夫人是嗣泽王潓之长女，嗣泽王润之姊。王郅终于兴宁坊之永穆观北院，该观无疑即永穆公主出家前的宅第，而《长安志》与《唐两京城坊考》将永穆公主舍宅所立的永穆观未加著录，却说永穆公主舍宅在平康坊立万安观。按唐代长安、洛阳的一些道观是因公主出家舍宅立观，如韦述《两京新记》卷三长安辅兴坊的金仙观，是“景云二年，睿宗第八女西城公主及第九女隆昌公主并出家为立二观。改西城为金仙，隆昌为玉真”。(《新唐书》卷八十三《诸帝公主》所记金仙公主、玉真公主的排行和名称有不同）由此可知，永穆公主出家，观应以永穆为名。而永穆公主与万安公主均为唐玄宗之女，万安公主是玄宗第七女，天宝时为道士，万安公主为道士后是否舍宅立观，史无明载，但平康坊既有万安观，可能与万安公主有关。然而《唐会要》卷五十《尊崇道教》条却载：“平康坊天宝七载永穆公主出家，舍宅置观，其地西北隅本梁国公姚元崇宅，以东即太平公主宅。其后敕赐安西都护郭虔瓘，今悉为观，号华封。”《唐会要》所述平康坊华封观的内容除将姚元崇宅记为西北隅外，与《长安志》《唐两京城坊考》所载平康坊万安观的内容完全相同。而《长安志》与《唐两京城坊考》却在兴宁坊置华封观，而该观是天宝六载骠骑将军高力士舍宅置观。高力士为什么以“华封”为观名？是不是高力士舍宅所立？在不在兴宁坊？存以待考。李愬宅　《旧唐书·李愬传》载，李愬“行己有常，俭石违礼，弟兄席（袭）父勋宠，率以仆马第宅相矜。唯愬六迁大镇，所处先人旧宅一院而已”。李愬为官鲠直，与其他地方藩镇敛财竞相在京置办豪华宅第不同，仍处先人一院旧宅。泉男生宅　《长安志》载兴宁坊东南隅为左卫大将军泉男生宅。泉男生《新唐书》卷一一〇有传。墓志于1921年在洛阳城北东岭头村出土，藏开封市博物馆。志文题《大唐故特进行右卫大将军兼检校右羽林军仗内供奉上柱国卞国公赠并州大都督泉君墓志铭并序》，撰文者为中书侍郎兼检校相王府司马王得真。泉男生，辽东郡平壤（今朝鲜平壤城）人。仪凤四年（679）薨于安东府之官舍（今朝鲜平壤）。《新唐书·高丽传》未载其死事。据墓志可知男生死于平壤，后将其灵柩运回洛阳，《旧唐书·高丽传》谓“仪凤初卒于长安”，调露元年窆于洛阳邙山之原。墓志书写者欧阳通，通为唐代大书法家欧阳询之子，世称“小欧”。泉男生之曾孙泉毖墓志藏洛阳古代艺术馆，志文题《唐故宣德郎骁骑尉淄川县开国子泉君志铭》藏志称：泉毖京兆万年人，曾祖特进卞国襄公男生。开元十七年九月四日，终于京兆府兴宁里之私第，春秋二十有二。以开元二十一年十月十六日，迁厝于河南府洛阳县之邙山旧茔。从泉毖墓志证明，《长安志》所载兴宁里之泉男生宅是确实的。修慈寺陆法师贞慧宅　贞慧小字阿难，俗姓陆，吴郡吴人。咸亨五年四月十四日，终于京师兴宁坊之里第，其年四月十八日，窆于万年县之长乐原。1956年此砖墓志于西安市东郊韩森寨东北出土。(《考释》）顺妃韦秀迁神于兴宁里官舍　妃韦秀。高祖书澄，唐彭城郡开国公。曾祖庆植，考功郎中。祖项，工部尚书。考鐬，驸马都尉，尚永寿公主，赠兖州都督，四代五公。顺妃于开元六年正月二十七日聘入，开元二十八年三月二十九日，薨于北宫，越翌日，迁神于兴宁里之官舍。喻月既望，葬于京兆府万年县细柳原之伤。永寿公主和懿德太子、长宁公主、安乐公主同是唐中宗与韦皇后所生。《新唐书·诸帝公主》载中宗八女，新都公主、宜城公主（始封义安郡主）、安定公主（始封新宁郡主）、长宁公主、永寿公主、永泰公主、安乐公主、成安公主（始封新平郡主）。裴巽尚义安郡主，王同皎尚定安郡主，杨慎交尚长宁郡主。有唐一代，京兆韦氏男性尚公主、郡主，女性适皇帝、王子人数有二十八人之多。仅彭城公房就有韦正矩尚太宗新城公主，韦鐬尚中宗永寿公主，韦宥尚德宗贞穆公主，韦处二尚穆宗义丰公主。（《陕博墓志萃编》）太平公主第二女永和县主武氏宅　《故沛郡夫人武氏墓志铭并序》载：夫人姓武，故周定王驸马都尉攸暨太平公主第二女，封永和县主，唐右金吾卫将军崔公之妻，是为沛郡夫人。开元二十五年五月二日，终于京兆万年之兴宁里第，春秋五十四，其年十一月十二日，迁殡于河南之龙门北原。子前洛阳县丞杰，前左卫兵曹仪等。（《补遗千唐志斋新藏专辑》）按太平公主第二女所终之兴宁里第，应为右金吾卫将军崔公之宅。兴宁坊太平公主宅后赐郭虔瓘。婕妤高氏移殡兴宁里　高氏，渤海人。开元受命拜为才人。其子颍王璬，拜开府仪同三司兼安东都护持节平卢军节度大使。女昌乐公主，降秘书监驸马都尉窦谔。开元二十七年六月十日，高才人终于西京别宫，移殡于兴宁里，追赠婕妤，七月三十日，诏葬于新丰步昌原。（《西市藏志》）按高婕妤，失名，生颍王，玄宗第十三子。生昌乐公主，玄宗第十八女。高婕妤在宫中“闲恬少事、沉敏希言”，玄宗特惜其义，欲致之重秩，均婉言拒之。葬地新丰步昌原据《长安志》卷十五临潼“步昌亭，《三辅黄图》曰：成帝于霸陵北步昌亭起昌陵，即成帝之废陵也”。其地即今西安市临潼区西泉乡一带，唐代亦称细柳原，是嫔妃、王子、县主、达官的葬地之一。镇军大将军行右骁卫大将军上柱国岳阳县开国公范安及宅　范安及开元二十八年二月十五日，终于京师之兴宁里第，其年十一月十九日，葬于万年县长乐之原。范安及墓志1955年于西安市东郊韩森寨东北出土。（《考释》）壮武将军右龙武军翊府中郎将史思礼宅　史思礼字伯玛，武威人，天宝三载八月二十日，终于兴宁里私第，其载十一月二十三日，迁厝于京兆府万年县浐川乡白鹿之原。史思礼墓志1955年于西安市东郊郭家滩出土。（《考释》）公馆　《大唐庆国故细人孙氏墓志铭并序》：“细人，古或谓之孺人，次妃之列也。故孙氏，光庆国之选，聿俊英闻。乃祖泉乎家君，无违命者。官讳遂达于四海，可得而举焉。细人其容华，其德茂，婉娩生乎性近，绰约禀乎天和。阛阓年，行路所知，为之撇涕。春秋三十有七，以天宝五载闰十月二十二日，夭化于万年兴宁里之公馆，命也！丧必有主，远日孰期。由此陈国公，右千牛卫大将军倩，为之馈奠，为之十选。即以其载十一月十三日，安厝于会昌县界细柳之原……”（《补遗三辑》）按唐会昌县即临潼县，今西安市临潼区。唐细柳原即今西安市东北郊区与临潼毗连的地区，非两汉时周亚夫军细柳之处。国子司业王谅宅　1956年西安市东郊韩森寨东北出土琅琊王润墓记，天宝九载四月十七日，夭于西京兴宁里之私第（九岁），越二十日，迁厝于京兆府万年县长乐乡。（《考释》）王润墓志记载：曾祖同皎，驸马都尉赠太子少保。祖繇，驸马都尉赠江陵大都督。父谅，国子司业。由墓志可知王润为王同皎之曾孙。另见王郅墓志。别馆　荣王第八女墓志云：今上（玄宗）幼孙，荣王（玄宗第六子，即靖恭太子李琬）第八女。天宝□载九月□□终于大明宫兴宁里之别馆，天宝九载十月十五日，诏葬于京兆府咸宁县之细柳原。（《北图石汇》）按唐细柳原在今西安市东北邵平店附近。十王院　1954年西北工程地区文物清理队拨交之《南川县主墓志》载：南川县主，玄宗之孙，故棣王第五女。十八岁，天宝十一载十一月三日，终于兴宁里之十王院，粤以其载其月二十三日，葬于京兆府咸宁县白鹿原。（《考释》）按十王院《长安志》引《政要》十王谓庆、忠、棣、鄂、荣、光、仪、颍、永、济也，十王院又称十六王宅，《金石录》卷二十七跋尾十七《唐棣王琰墓志》载："终于咸宁县兴宁里十六王之藩邸。"南川县主即棣王第五女。但《长安志》谓十王院在兴宁里北，据吕大防《长安图题记》，十王院本名永福坊，先天之后尽坊之地入苑。又据棣王琰和南川县主墓志可知十王院除永福坊外，还兼有兴宁坊的部分地区。朝散大夫行内侍省内给事周惠宅　1955年西安市东郊韩森寨出土周惠墓志，志载：周惠大历十二年夏五月九日，卒于兴宁里之私第，以六月十七日，葬于城东龙首原之先修方坟。（《考释》）元从朝议郎行内侍省内府局令刘奇秀宅　刘奇秀扈从唐德宗奔奉天。贞元十四年六月四日，薨于兴宁里之私第，其年十月二十六日，厝于浐川乡。刘奇秀墓志1955年于西安市东郊郭家滩出土。刘奇秀夫人骆氏墓志载：骆氏元和三年四月二十一日，终于京师兴宁里第，即以其冬十月十三日，葬于万年县云门乡祔先茔。不知今郭家滩在贞元时为浐川乡，而元和时已易乡名为云门乡邪？（《考释》）内侍省内给事假延信宅　夫人骆氏，元和二年正月二十一日，终于万年县兴宁里之私第，以其年建巳月庚午，移窆依先茔于白鹿原。骆氏墓志1955年于西安市东郊郭家滩出土。（《考释》）永穆观　京兆府泾阳县主簿王郅，字文秀，琅琊临沂人。贞元十九年八月九日，终于万年县兴宁里永穆观之北院，闰十月十七日，葬于万年县浐川乡先茔之侧。王郅曾祖王同皎，尚定安长公主。祖繇，驸马都尉琅琊懿公赠太子太傅，尚永穆长公主。父训，累授光禄卿，娶嗣纪王铁诚之季女。王训墓志出土于西安府城东十五里田家湾。（《雍州金石记》）训志是嗣泽王惠撰，郅志是嗣泽王润撰，润为惠之子，盖王氏与宗室世缔婚姻。刘夫人宋氏宅　刘夫人宋氏，元和八年七月十八日，卒于京师兴宁里之私第，九年正月二十五日，葬浐水东南万年县崇道乡界。夫人与刘氏生二男：嗣子郑王府长史，袭彭城郡王泰清；季子崇仁府折冲都尉泰谦。（《考释》）永穆道观　内学士宋若昭，广平第五房之孙，赠大理府君庭芬之第二女。春秋六十八，大和戊申（二）岁七月二十七日，属纩于大明宫，就殡于永穆道观，以其年十一月八日，祔葬于万年县凤栖原先茔。庭芬之父敏，官赠秘书少监。秘监之父仁永，官止莱州录事参军。（《雍州金石记》）《新唐书》卷七十七有尚官宋若昭传。平卢节度使检校工部尚书郑光宅　郑德柔大中二年二月二十九日，殁于上都兴宁里第。大中二年十一月十日，葬于京兆万年县崇义乡白鹿原。郑德柔乃郑光次女，墓志在西安市东郊郭家滩出土。（《西安郊区隋唐墓》）宣德郎行内侍省内府局丞杨居实宅　杨居实，咸通元年十一月十五日，薨于兴宁坊私第。二年春二月，葬万年县崇义乡南姚村，1955年在西安市东郊韩森寨东北出土杨居实墓志。（《考释》）赠朝散大夫奚官局令杨公夫人左太君宅　杨公夫人左太君，乾符三年四月一日，卒于长安兴宁里私第，五月二十六日礼葬祔先茔。墓志1956年在西安市东郊韩森寨东北出土。杨公，官者。（《考释》）银青光禄大夫检校太子宾客守泾州长史兼侍御史王季初宅　王季初乾符六年二月七日，终于兴宁里创修之第，其年八月二十七日，窆于京兆府万年县洪固乡上傅村之北原。1954年西安市东郊出土王季初墓志。（《考释》）

次南永嘉坊。此坊，隋末有方士云贵气特盛。自武德、贞观之后，公卿王主居之多于众坊。

东北隅，太子少师李纲宅。纲子孙茂盛，四代缌麻服同居，朝廷美之。东门之南，侍中张文瓘宅。后并入兴庆宫。宅东，兖州都督韦元琰宅。薛王妃父。西南隅，申王撝宅。本中书令许敬宗宅，后为无量寿寺。寺废，赐申王撝宅。按申王宅已见安兴坊，盖永嘉之西南即安兴之东南，宅毗连二坊也。又按太宗有《许敬宗家小池赋》云：引泾渭之余润，萦咫尺之方塘。盖引龙首渠水为之也。宅南，赠礼部尚书永兴公虞世南庙。庙北近于兴庆宫。及广宫地，明皇以世南盛德之祠，特敕不许毁废。十字街南之西，成王千里宅。南门之东，蔡国公主宅。睿宗女，降王守一，后降裴巽。次东，礼部尚书窦希玠宅。李乂《和幸礼部尚书窦希玠宅应制诗》曰：家住千门侧，亭临二水傍。西北隅，凉国公主宅。睿宗第六女，降薛伯阳，后降嫁温彦博孙曦。苏颋作碑云：公主终永嘉里第。开府仪同三司行右领军卫上将军马存亮宅。李德裕《马存亮碑》：薨于永嘉里第。

增订：

隋正议大夫左武侍鹰杨郎将长孙汪宅　长孙汪字子良，冯翊人。其先出自阴代，左贤王之后，洎于魏文，越迁于华夏。祖浑。父隆，平州刺史梁泉县开国侯。长孙汪，周时起家为左侍伯，开皇三年转为翊卫，二十年配事东宫，大业五年从驾（炀帝）平咄（吐）浑，授建节卫。八年从驾问罪辽碣，十二年从驾巡省雁门。前后历任，皆典禁旅。春秋五十有六，大业十二年三月十二日，遘疾薨于京师永嘉里第。夫人京兆杜氏，大业二年二月二十九日，寝疾终于永嘉里第，春秋三十有九，大业十二年十月二日，合葬于城南京兆郡大兴县洪原乡洪原里。(《西市藏志》) 襄威将军邓通宅　邓通，字志远，邓州南阳人，授襄威将军。春秋八十有二，贞观岁次甲午（贞观八年）之七月八日，殒于隆政之里。夫人任氏，春秋八十有二，已亥之岁（贞观十三年）十月二十三日，薨于私第。庚子之岁（贞观十四年）正月二十三日，合葬于长安城西南十里，土名高阳之原。(《长安新出墓志》) 官邸《大唐朝散大夫行雍州华原县令杨府君夫人太原王氏墓志铭并序》载：夫人王容，太原人。金紫光禄大夫、使持节岐州刺史，宁交巂三州都督志远之女。仪凤三年四月十一日，终于京师永嘉里之官邸。开元三年十月二十五日，迁祔于华阴县永丰乡武宁里。(《补遗千唐志斋新藏专辑》) 左卫中郎将裴怀濬宅　裴怀濬，河东闻喜人。祖鸿，民部尚书。父师乂，齐王记室。贞观二十年八月十九日，裴怀濬卒于永嘉里之私第，即以其月日迁窆于万年县疆堡。(《补遗七辑》) 申王㧑宅　徐松在申王㧑宅的按语："申王宅已见安兴坊，盖永嘉之西南即安兴之东南，宅毗连二坊也。"此系推论，无凭据。(《丛考》) 许敬宗宅　申王㧑宅本中书令许敬宗宅。《全唐文》卷一五一许敬宗《小池赋应诏》："臣忝班下列，胥于上京。欣托巢之有庇，体墐户之全生。爰凿小池，依于胜地。引入水之余滴，通三泾之洋泌。……对昆明而取况，喻春兰与秋菊。"又太宗有《许敬宗家小池赋》："引泾渭之余润，萦咫尺之方塘。"盖引龙首渠水为之也。尚书右丞倪泉宅　洛阳古代艺术馆藏《大唐故尚书右丞倪公墓志铭并序》载：倪泉字若水，中山稾城人。开元七年正月二十六日，薨于京永嘉里之私第，开元七年十二月六日，葬于邙山之原。凉国公主宅　《全唐文》卷三五八苏颋《凉国长公主神道碑》："开元十二年八月辛丑，遇疾薨于京邸永嘉里第。享年三十八……其年仲冬壬午，陪葬于桥陵。"凉国公主，字华壮，始封仙源，下嫁薛伯阳。残碑今存陕西省蒲城县。成王千里宅　吕大防《唐宫城图》载其宅在坊北门西。任令琎宅　乐安任令琎夫人京兆万年人刘氏，贞元一十年十月十八日，终于永嘉里之私第，二十年夏五月二十三日，葬于万年县浐川乡白鹿原之下。(《补遗二辑》) 银青光禄大夫左羽林军通直宣威将军守右卫勋贰府中郎扶风县开国男司马偹宅　司马偹，京兆万年人。太和九年十一月十二日，薨于永嘉里私第。开成元年二月三日，窆于万年县长乐乡龙首原张寿村。(《补遗三辑》) 张义潭宅　据荣新江教授《归义军史研究》附录《敕河西节度兵部尚书张公德政之碑》："(张义潭) 春秋七十四，寿终于京永嘉坊之私第。"

次南兴庆坊。本名隆庆，明皇即位改。

东南隅，禅林寺。隋时所立。中书令马周宅。许敬宗《马周碑》：薨于万年县之隆庆里第。尚书左仆射、温国公苏良嗣宅。五王宅，《旧书·让皇帝传》：玄宗兄弟大足元年从幸西京，赐宅于兴庆坊，亦号五王宅。及先天之后，兴庆是龙潜旧邸，因以为宫。开元间为南内。见上。

增订：

左卫高思府果毅都尉权文异宅　权文异字山客，略阳人。祖仕玢。父万春，秦王府西阁祭酒谘议参军事梁州刺史、左监门将军华州刺史千金县伯。贞观十五年内选，授权文异殿中省尚乘直长，二十三年，蒙授骑都尉。龙朔在辰，诏授守左卫高思府果毅都尉，仍令长上。龙朔三年四月十三日，卒于隆庆里之私第，春秋五十。其年十月五日，迁祔于万年县洪固乡胄贵里之旧茔。（《长安新出墓志》）马周宅　"先是，京城诸街，每至晨暮，遣人传呼以警众。周遂奏诸街置鼓，每击以警众，令罢传呼，时人便之。……周病消渴，弥年不瘳。时驾幸翠微宫，敕求胜地，为周起宅，名医中使，相望不绝，每令尚食以膳供之，太宗躬为调药，皇太子亲临问疾……二十二年卒。"（《旧唐书》卷七四《马周传》）按长安街道晨暮置鼓为马周之建议。翠微宫在今西安城南25千米秦岭北坡黄峪寺。许敬宗《大唐故中书令高唐马公（周）之碑》："贞观二十二年正月九日，薨于万年县之隆庆里第。"（《唐文续拾》卷一）越州都督于德芳宅　《八琼室》载于德芳碑，谓其于龙朔三年二月二十六日薨于隆庆里之私第，五月二十日葬三原县万寿乡。于德芳碑为其从弟于志宁撰。按于志宁葬万寿乡清池里，于大猷葬万寿乡长坳之先茔，则三原县万寿乡有于氏家族墓葬区。于氏三碑及一墓志藏陕西三原县。殷王执仗杨弘嗣宅　杨弘嗣字广宗，弘农人。曾祖宽，华山郡开国公。父孝怡，膳部郎中。圣历三年一月二日，终于隆庆里第，春秋六十有三。以其年三月二十三日，葬于京城东南少陵之原。（《洛阳新获墓志》二〇一五）秘书监安喜县子崔澄宅　《新唐书》卷九九《崔仁师传》附子崔澄传："澄本名涤，玄宗改焉。帝在藩与同里居。"

次南道政坊。隋有护持寺，大业七年废。

宝应寺。《代宗实录》与《会要》曰：本王缙宅。缙为相，溺于释教，妻李氏实妾也。大历四年以疾请舍宅为寺。代宗嘉之，赐以题号。每有节度使至，辄讽令出钱助之。《寺塔记》：韩幹，蓝田人，少时常为贳酒家送酒。王右丞兄弟未遇，每贳酒漫游，幹尝征债于王家，戏画地为人马。右丞精思丹青，奇其意趣，乃岁与钱二万，令学画十余年。今宝应寺中有韩幹画，又有释梵天女，悉齐公妓小小等写真也。弥勒殿即齐公寝堂，东廊北面有杨岫之画鬼神。《名画记》：宝应寺又有张璪、边鸾画。北门之西，吏部尚书侯君集宅。后为申王府。南门之西，尚书左仆射张行成宅。宅西，罗国公张平高宅。东门之北，工部尚书刘知柔宅。隰川县令李嘉宅。杨炯《李嘉墓志》：终于京师道政里之私第。镇国大将军王荣宅。戴少平《王荣碑》：薨于道政里之私第。东平进奏院。《乾𦠆子》（原误作《奇鬼传》，今改正）：道政里十字街东，贞元中有小宅怪异日见。后为东平节度使李师古买为进奏院。旅馆。罗隐《吊崔县令文》：丁亥年夏前，晋阳崔县令死于通政里客舍，殍也。“通政”盖“道政”之讹。

《校补记》：道政坊　东平进奏院，注：《奇鬼传》。校：“奇鬼传”改“乾𦠆子”。补：章正字宅，并注：朱庆余《题章正字道政新居诗》云：独在御楼南畔住。又云：眼前惟称与僧邻。盖此坊近花萼、勤政二楼之南，章宅又与宝应寺邻也。

增订：

处士王贤宅　王贤字拔，并州太原人。贞观八年十一月，卒于西京胜业里第，夫人郗氏，开耀二年二月五日，□于道政坊宅。见胜业坊王贤宅。亳州长史元君夫人郭淑宅　郭淑，太原人，父福善，兵部侍郎、益州长史。郭淑年十九，归于元氏。开耀元年十一月二十日，终于京师道政里之私第，春秋七十有六，圣历二年十月二十日，归祔于少陵之旧茔。（《西市藏志》）国子监大学生武骑尉崔韶宅　崔韶字子华，清河东武城人。上元元年二月二十六日，卒于京师道政里第。大周圣历二年正月二十八日，于洛州合宫县金谷乡之昭觉原合祔。（《千唐志》）上柱国宋感宅　招福寺都维那师玄撰宋感墓志载：宋感字大总，京兆人。永淳元年七月十一日，卒于道政坊之私第，其月十八日，窆于白鹿山之阴。（《补遗二辑》）文林郎杜偲宅　杜偲字思庄，京兆杜陵人。祖超，隋始州录事参军事。父贵，雍州蓝田县令。杜偲弱冠明经擢第，授文林郎。春秋六十九，寝疾卒于道政里第。夫人吕氏。仲子玄泰，儒林郎。次子玄本，庆州皤交县尉。垂拱元年八月二十九日，合葬白鹿原先茔。杜偲墓志征集于西安市灞桥区红旗街道办事处三殿村（《碑林新藏墓志》二〇一五）。博士太子中舍人刘浚宅　刘浚开元十七年六月三日，薨于道政里之私第，开元十八年五月十九日，合祔于文献公陪乾陵旧茔西次。刘浚墓志1960年于乾陵东南出土。（《考释》）左金吾卫将军襄武县开国男赵文皎宅　赵文皎，景龙二年正月五日，终于合宫县道政之里第，享年八十有五。夫人颍川陈氏，陈武皇帝□□始兴王叔陵之女，以其年二月二十日，合祔于□□先茔。有子玄贞、玄俊等。（《洛阳新获墓志》二〇一五）按：《陈书》卷二十八，高宗二十九子，“始兴王叔重，字子厚，高宗第十四子也。性质朴，无伎艺。高宗崩，始兴王叔陵为逆，诛死。其年立叔重为始兴王”。朝请大夫行尚书考功员外郎邵炅宅　邵炅，安阳邺人。祖才伟，洋州黄金县令。父处珣，扬州江阳县尉。邵炅初乡赋进士擢第，制授蒲州汾阴县尉，又改汴州浚仪尉。迁大理评事、左御史台监察御史。又征为右御史台监察御史，迁殿中侍御史、判考功员外郎事。开元四年五月二十二日，终于京兆万年县道政里之私第。夫人兰陵县君萧氏。有子四人，长曰翼，次曰轸等。开元十五年正月十二日，归厝于河南洛汭乡万安山之阳。(《补遗千唐志斋新藏专辑》）京兆府长安县尉韦最宅　韦最字豁达，韦孝宽之玄孙，韦津曾孙，韦琬孙，韦才绚子。开元二十五年九月十四日，终于道政里之私第。其年十二月三日，葬于毕原大茔之东南。子士伦、士佺。（《唐代墓志汇编续集》）按韦最夫人墓志同时出土。《元和姓纂》及新旧《唐书》对韦最、韦才绚、韦琬、韦津、韦孝宽均有记载。宁远将军守右司御率上柱国张令晖宅　张令晖室人太原王仁淑，“祖训府君，衣冠之秀也；父德府君，礼乐之英也”。仁淑“韶姿婉顺，靖态繁华。昔在童颜，天纵歌舞。巴渝郑卫之曲，□蔡秦齐之声，皆能练其节奏，赏其音律”。年符二八，召入宫闱，及失恩命许归，礼嫔张令晖。开元二十七年六月二十六日，终于京兆府万年县道政里别业，以其年七月十一日，殡于咸阳县西北平原。(《补遗一辑》）该志1971年出土于咸阳药王洞村东原沟边。左龙武将军梁约宅　梁约字德法，安定乌氏人。天宝八载，终于京兆咸宁县道政里，与夫人合葬京兆府咸宁薄陵乡白鹿之原。(《咸宁长安两县续志》）韦正己宅　《大唐故华阴郡参军韦府君墓志铭并序》载：“公讳正己字励初，京兆杜陵人也。……曾祖琬，潞王府司马赠礼部尚书。祖才绚，昭陵令赠太府少卿。父回，临汝郡别驾。”天宝三载九月十八日，卒于西京道政里私第，其载其月二十五日，祔葬于城南先茔。(《补遗八辑》）大中大夫行殿中省尚药奉御孙嘉宾宅　孙嘉宾，乐安郡新安人。天宝十二载十月二十五日，终于咸宁县青门外庄私第。夫人赵郡李氏，开元十八年终于河南洛阳私第。夫人清河崔氏，开元二十七年终于万年县道政里私第。天宝十二载十一月二十九日，葬于京兆咸宁县浐川乡上傅村东一里。1994年孙嘉宾及二夫人墓志出土于灞桥区纺织城。(汪勃《唐代两方墓志考》，载《陕西历史博物馆馆刊》第二辑1995年）安禄山宅　《太平御览》卷一八〇《宅》引韦述《两京记》《安禄山事迹》：“禄山旧宅在道政坊，玄宗以其隘陋，更于亲仁坊选宽爽之地，出内库钱，更造宅焉。”济阳郡东阿县主簿陈添宅　陈添字明德。天宝十三载正月朔二十五日，不禄于京师道政里之私第，以其载闰十一月，归葬于咸宁县浐川之原。(《补遗五辑》）朝散大夫太子左赞善大夫李聉宅　李聉陇西成纪人，天宝十三载十二月十三日，终于京兆府咸宁县道政里之私第，天宝十四载十一月十一日，归窆于东京洛阳县。《曲石志》曹元意宅　曹元意名义。祖曹锽，父曹岑。忽归道政之私第，乃使千里启举，至备哀荣，发轸西秦，然归东洛，元和二年十月十九日，窆于洛阳城东北邙之原。(《辑绳》）马倩宅　马倩其先扶风人，后为徐州人。“利有攸往，营陆贾之业，以安其子孙；弘陶朱之产，以济其穷乏。乡闾赖其博施，郡国尚其风义。”元和七年秋八月，终于长安道政里之私第，明年十月，葬于万年县之长乐乡张受村。(《补遗二辑》）礼部尚书左龙武军统军赠尚书左仆射史旻宅　史旻夫人陇西郡君董媛，字子美，滑台人，父滑州司功参军董芃。董媛年二十五，归于杜陵府君史旻。开成四年七月七日，董氏卒于京师道政里，春秋五十有七，越十一月十八日，葬于万年县义丰乡孙村，嗣子仲容。(《西市藏志》)宣武军节度押衙兼右器仗都头兵马使银青光禄大夫检校太子宾客上柱国李太均宅　李太均，陇西人。祖承仙。父友诚，任宗正寺齐陵丞。太均即友诚长子。宣武节度、尚书王彦威遂使太均署右职。会昌四年六月十二日，太均终于长安道政里之私第。弟太恭以其闰七月十日安厝太均于京兆府万年县浐水东李姚村。《唐故试太常寺奉礼郎李府君墓志铭并序》云，"唐会昌五年八月二十八日，试太常寺奉礼郎李君（太恭）终于长安道政里之私第"，李太恭为李友诚之次子。堂弟太宾主其太恭丧事，其年十月二十二日，窆于京兆府万年县浐水东上傅村长兄先茔之侧。李太恭墓志于2004年在西安市灞桥区红旗乡出土。(《碑林新藏墓志》)赵仕良宅　赵仕良，字文明。自高祖及仕良"皆高尚不仕，以典籍为务。唯道是娱，世号征君，闻于遐迩"。大中六年正月十四日，赵仕良终于京道政坊之里。有子二，长曰公素，朝散大夫前桂州都督府司马兼淮南节度押衙知进奏上柱国；次曰弘表，文林郎前守泽州陵川县主簿兼淮南□节度副使。长子公素，兼监护葬事，以其年三月六日，迁奉于京兆府万年县龙首乡东陈村之原。(《碑林新藏墓志》)幽州节度衙前兵马使王承宗妻李元素宅　李元素大和六年二月二十九日，终于道政里之私第，五月八日，归葬于京兆府万年县龙首乡成义里凤栖原。(《陶斋》)左卫翊府左郎将兼监察御史包耸孚宅　包筠字耸孚。于咸通九年闰十二月二十六日，薨于道政坊私第，以来年三月二十七日，葬于京兆府万年县浐川乡郑村。1956年包耸孚墓志于西安市东郊韩森寨东南出土。(《考释》)光州长史检校国子祭酒上柱国边诚宅　边诚夫人杨氏，世居弘农。父询直，丹州长史兼侍御史。杨氏于咸通十一年六月三日，卒于道政里第，其年八月十日，祔于京兆府万年县浐川乡韩傅村旧茔。(《补遗六辑》)道政里门，酒楼　许尧佐《柳氏传》："天宝中，昌黎韩翊有诗名……至京师，已失柳氏所止，叹想不已。偶于龙首冈见苍头，以驳牛驾辎軿，从两女奴，翊偶随之。自车中问曰：得非韩员外乎？某乃柳氏也。……请诘旦幸相待于道政里门……会淄青诸将合乐酒楼……"(《太平广记》卷第四百八十五)

次南常乐坊。曲中出美酒，京都称之。《寺塔记》言大同坊灵化寺，疑此坊亦名大同。《册府元龟》：贞元四年四月，韦士元与卢宁等四人白昼挟弓操剑，于万年县常乐坊盗，县吏捕之，士元等突杀吏，步相自延兴门逸焉。

西南隅，赵景公寺。隋开皇三年，独孤皇后为父赵景武公独孤信所立。《酉阳杂俎》曰：隋本曰弘善寺，至开皇十八年改。《名画记》：景公寺西门内西壁有吴画帝释，其南廊亦吴画，东廊南间东门南壁有画行僧，转目视人。《寺塔记》：景公寺三阶院西廊下，范长寿画西方变及十六对事，宝池尤妙绝，〔按“宝”上原衍“观”字，今删正〕谛视之，觉水入深壁。院门上白画树石，颇似阎立德。西中三门里门南，吴生画龙及刷天王须，笔迹如铁。有执炉天女，窃眸欲语。**南门之西，灵花寺。**本隋大司马窦毅宅，开皇六年舍宅为寺。《酉阳杂俎》曰：本曰太慈。大历初僧俨讲经，天雨花，至地咫尺而灭，夜有光烛室，敕改为灵花寺。俨即康藏之师也。《寺塔记》：佛殿西廊立高僧一十六身，天宝初自南内移来。圣画堂中有于阗鍮石立像甚古。《名画记》：灵花寺有赵武端王知慎画。**洞灵观。十字街之东，中书令来济宅。豆卢逊宅。**《故驸马都尉卫少卿息豆卢君墓志铭》：君讳逊，字贞顺，卫尉少卿第三子，以显庆四年卒于雍州万年县之常乐里第。**兖州都督于知微宅。**姚崇《于知微碑》：薨于长安常乐里第。按知微《雍州明堂县令于大猷碑》亦言终于万年县常乐里之私第。大猷即知微之弟也。**殿中监张九皋宅。**九龄之弟。萧昕《张九皋碑》：薨于西京常乐里之私第。**和政公主宅。**肃宗第三女，降柳潭。颜真卿《和政公主碑》：薨于常乐坊之私第。**寿州刺史郭敬之宅。**子仪父。毕氏曰：苗晋卿《郭敬之碑》：敬之终常乐里第。**赠太子太师浑释之庙。**瑊之父也。**吏部尚书致仕钱徽宅**　按《续玄怪录》：殿中侍御史钱方义，故华州刺史吏部尚书徽之子。宝历初，独居常乐第。**辅国大将军兼左骁卫将军御史中丞马实宅。**欧阳詹《马实墓志铭》：终于京师常乐里之私第。**中书侍郎、同门下平章事关播宅。**见《白氏长庆集》。**刑部尚书白居易宅。**白居易有《常乐里闲居》诗。又有《养竹记》云：贞元十九年春，居易以拔萃选及第，授校书郎，始于长安求假居处，得常乐里故关相国私第之东亭而处之。明日，履及于亭之东南隅，见丛竹于斯。按乐天始至长安，与周谅等同居永崇里之华阳观。至选授校书郎，乃居常乐里，盖此为卜宅之始也。**渭南县丞卢佩别第。**《河东记》：贞元末，渭南县丞卢佩性笃孝。其母先病腰脚，佩弃官，奉母归长安，寓于常乐里之别第。竭产以求国医王彦伯治之，候望于门，忽见一白衣妇人乘一骏马从一女僮，自曲之西疾驰东过，有顷，复自东来。至佩处驻马曰：“观颜色忧沮，又似有所候待，请问之。”具以情告，妇人曰：“妾有薄技，请一见太夫人，必取平差。”佩引妇人至母前，妇人才举手候之，其母已能自动矣。于是一家欢跃。妇人曰：“但不弃细微，许奉九郎巾栉，常得在太夫人左右，安敢论功乎?”即具六礼纳为妻。然每十日即请一归本家，佩颇以为异。潜往窥之，见乘马出延兴门，马行空中。佩惊问行者，皆不见。**虾蟆陵。**坊内街之东有大冢，俗误以为董仲舒墓。李肇《国史补》曰：汉帝幸芙蓉园，每于此墓下马，时人谓之下马陵，岁月深远，误为“虾蟆陵”。

《校补记》：**常乐坊**　补五条并注：八角井，注：此井与渭通，《酉阳杂俎》：景公寺前街中有巨井，俗呼八角井。元和初，有公主令婢以银碗盛水，碗误坠井，出于渭河。此条补赵景公寺一条后。江岭从事王直方宅 注：《续玄怪录》记钱义方事云，王直方居同里，久于江岭从事。此条补钱徽宅一条之后。太常丞岳州刺史冯芫宅，注：详亲仁坊下。秘书监姚合寓，注：姚合诗：旧客常乐坊，井水浊而咸。王居士宅，注：《阙史》：常乐王居士耄年，持诵施药，有危病不救者，能活之。附校一条：钱徽宅注：所引《续玄怪录》常乐第，《广记》三百四十六引作长短之“长”，长乐又别一坊矣。

增订：

唐代长安无大同坊 《长安志》卷九常乐坊有“灵花寺”，《唐两京城坊考》于常乐坊下引《寺塔记》：“寺塔记言大同坊灵化寺，疑此坊亦名大同。”至今从未见唐人诗文碑志有大同坊之名。《寺塔记》“大同坊灵华寺”条上文为“常乐坊赵景公寺”，故推论《寺塔记》之大同坊为“又同坊”之讹。今本《长安志》等书于常乐坊下灵华寺讹，当从宋吕大防《长安图》作云华寺。(《丛考》) 灵花寺为云华寺之讹 唐法琳《辩证论》卷第四：“隋大司马上柱国神武肃公窦毅造云华寺。”宋吕大防《长安图》残石在常乐坊南门之西为云华寺，而《长安志》与《唐两京城坊考》均云常乐坊南门之西为灵花寺。按《酉阳杂俎》云：“灵（或言云）花寺，本曰大慈，大历初，僧俨讲经，天雨花，至地咫尺而灭，夜有光烛室，敕改为灵花寺。俨即康藏之师也。”康藏即康法藏（康国人），为唐华严宗大师，俨为智俨，法藏之师。据唐阎朝隐《大唐大荐福寺故大德康藏法师之碑》及崔致远《唐大荐福寺故寺主翻经大德法藏和尚传》等所载：“时智俨法师于云华寺讲华严经藏。”故应改灵花寺为云华寺。云华寺观音堂 《全唐诗》卷七九二联句五段成式、张希复、郑符、升上人偶联句《大同坊云华寺》注云：“观音堂在（云华）寺西北隅，建中末百姓屈严患疮且死，梦一菩萨，摩其疮曰：‘我住云华寺。’严惊觉汗流，数日而愈。因诣寺寻检，至圣画堂，见菩萨一如其观，倾城百姓瞻礼，严遂立社建堂移之。”云华寺小佛殿 张彦远《历代名画记》：“云花寺小佛殿，有赵武端画净土变。西廊北院门上，北面王知慎画。”赵景公寺 《道安禅师塔记》：总章元年十月七日，迁形于赵景公寺禅院，三年二月十五日，起塔于终南山鸦鸣埏信行禅师塔后。(《陶斋》) 长沙公主宅 豆卢逊墓志载，显庆四年卒于雍州万年县之常乐里第。豆卢逊为豆卢宽之孙，逊母为长沙公主。于知微宅 《大唐秘书郎魏州贵乡县令东海县开国子于君妻卢氏墓志铭并序》：“夫人讳舍卫，字净观，范阳涿人也。”卢舍卫之祖彦恭，洛州伊阙县令。父昭度，监察御史。舍卫年十七，归于知微。调露二年五月十八日，终于京师常乐里私第。永隆二年五月五日，迁厝于雍州三原县万寿乡长坳之原。息朝散郎东海嫡子克勤等。卢舍卫墓志是于知微为妻所撰。又据《于知微碑》载，于知微是在开元二年六月二十五日，薨于长安常乐之里第。再据《于大猷碑》载，于大猷是在圣历三年七月十日，终于万年县常乐里之私第。于知微与卢舍卫有三子，《新唐书》卷七十二下《宰相世系表》有载。卢氏墓志，1999年于三原县陵前乡长坳村于氏家族墓地出土，志石藏庆雅堂。(张维慎、李铭、耿晨《唐〈于知微妻卢氏墓志〉考释》，载《碑林集刊》第十二辑2006年)。秘书郎魏州贵乡县令东海县开国子于君妻卢舍卫宅　夫人卢舍卫字净观，范阳涿州人。祖彦恭，洛州伊阙县令。父昭度，监察御史。于君大父太师燕定公（于志宁）特垂钟念托彼佳偶。调露二年五月十八日，终于京师常乐里第，春秋四十有二，永隆二年五月五日，迁窆于雍州三原县万寿乡长坳之原。息朝散郎东海嫡子克勤。(《西市藏志》) 泾州司户参军事元昭宅　元昭字仁明，河南金谷乡人。父宝琳，绥州刺史。元昭即宝琳长子，授雍州新丰县尉，转益州蜀县丞，又迁泾州司户参军。永淳二年正月一日，终于常乐里第，春秋六十一，其月十八日，于明堂县洪原乡先茔陪瘗。(《洛阳新获墓志》二〇一五) 陪戎副尉刘师宅　刘师字德璋，彭城人。圣历元年七月二十八日卒于万年县常乐里。夫人房氏，法名净乐，咸亨四年七月二日，卒于长安县安定里。圣历元年八月十五日，合葬雍州明堂县义善乡凤栖原。(《西市藏志》) 按刘师在长安安定坊和常乐坊均有宅第。通议大夫行仪王府司马上柱国武阳郡开国公韦英宅　韦英字慎习，京兆杜陵人。曾祖津，隋户部尚书武阳郡公，唐谏议大夫太仆少卿寿光县男。祖琨，银青光禄大夫尚书右丞太子詹事武阳贞侯。父翼，银青光禄大夫秘书少监太府卿申王傅武阳平公。英即翼之长子，未弱冠，以门家子补崇文馆学生，选充南郊斋郎，调补率更寺主簿，授左领卫录事参军、尚食直长，加上柱国，袭武阳郡公，转光禄寺主簿，迁门下省符宝郎等。天宝九载八月十二日，薨于西京常乐里第，其载十一月十七日，安厝于京城东白鹿原平公旧茔之西北，合祔于夫人清河郡崔氏之茔。嗣子适，次子迅。季弟新息令悟微。(《碑林新藏墓志》) 按韦慎习，《新唐书》卷七十四上《宰相世系表》有载。《慎习志》补充《世系》缺载之慎习季弟悟微，子适、迅，弟恂如。于此可知，常乐里韦慎习、恂如宅应为武阳平公韦翼（字从善）之宅第。京兆府参军李渝宅　李渝夫人王氏，先氏太原人。曾祖瓒。祖道光。父说，检校工部员外兼殿中侍御史。贞元十八祀十一月甲寅，王氏终于万年县常乐里之私第，春秋三十有七，其年建丑月景申移窆于少陵原附先茔。(《长安新出墓志》) 韦楚客宅　韦楚客，曾祖令宾，洺州长史。祖震，赠温州刺史。光禄卿屺之第四子，幼有立志，长而能文。元和九年九月一日，楚客终于长安常乐里，得年二十八，以十月十七日，葬于万年洪源乡少陵原揖阳里。(《洛阳新获墓志》二〇一五) 原王府参军刘泳之宅　刘泳之，祖招，父儋。夫人渤海吴氏，宝历元年四月十一日，奄终于长安常乐里之私第，其年八月二日，窆于京兆府万年县龙首乡孟村原。(《补遗八辑》) 郭敬之宅　《文苑英华》卷八八〇颜真卿《郭子仪家庙碑》：郭敬之“以天宝三载春正月十日遘疾终于京师常乐坊之私第”。殿中监张九皋宅　张九龄墓志铭载：其弟九皋住常乐里，天宝十四载薨，以明年葬于始兴郡洪义里武陵原（今广东韶关罗源洞）。（《张九龄墓发掘简报》，载《文物》1961 年第 6 期）**虾蟆陵** 一名蛤蟆陵，或下马陵。是唐长安城中的一个地名。白居易《琵琶行》诗中有“自言本是京城女，家在虾蟆陵下住”。李肇《唐国史补》一书中说：“旧说，董仲舒墓，门人过皆下马，后语讹为虾蟆陵。”然而唐代史籍文献没有留下确切地点。宋敏求《长安志》卷九记载，常乐坊“内街之东有大冢，俗误以为董仲舒墓，亦呼为下马陵”。常乐坊在长安城内最东一列自北向南第六个坊，北邻道政坊，再北即兴庆宫。常乐坊南北长 544 米，东西宽 1125 米，面积约 0.61 平方千米，包括今西安交通大学至沙坡村一带。“常乐坊内街之东”正是今西安交通大学校园东南区高坡上。这里有一圆形高地，海拔高度为 437.69 米，是一个大冢，具体位置在交大医院南侧网球场西南角。这里正是唐代的虾蟆陵。（蒋纪新《且说西安下马陵》，载《西安晚报》1997 年 8 月 23 日。《西安交大发现虾蟆陵遗址》，《华商报》1998 年 10 月 30 日）《辞海》等工具书均误以今西安和平门内西侧为下马陵。其原因是明代正德元年（1506）陕西巡抚王诩在该地修建祭祀董仲舒的董子祠，嘉靖二十一年咸宁县令赵廷锡又于此建董子墓，到清康熙六年（1667）咸宁县知县黄家鼎重建董子墓，并在此刻石“下马陵”。此后以讹传讹流传至今。（蒋纪新《且说西安下马陵》）**英王帐内李满藏宅** 李满藏“善积标名，芳风表誉。早陪藩帐，夙在幕庭。词阐文场，每□西江之月；言泉发留，几临南国之风”。垂拱四年三月二十三日，终于常乐坊里之私第，其年五月三日，葬于万年县浐川乡。（《补遗六辑》）**朝散郎前行太史监灵台郎郭元诚宅** 郭元诚字彦，开元十八年三月二十二日，终于常乐私第，开元二十二年七月十四日，敬窆于高阳原，树双塔于积德里。郭元诚塔铭与英国公长史李威墓志于长安县郭杜乡长里村北出土。（《考古与文物》1988 年第 4 期）**赵隆宅** 赵隆字世贵，魏郡零昌县人。终于京师常乐里之第。贞观十二年正月二十六日，窆于义善乡少陵原。（《补遗三辑》）**左威卫仓曹参军韦恂如宅** 韦恂如长女韦美美，开元二十年十二月二十七日，卒于常乐里，以二十一年正月三日，窆于先茔之北。韦美美墓志1989 年出土于西安市东郊国棉五厂。（《考古与文物》1992 年第 5 期）**朝议郎左补阙内供奉张之绪宅** 顺节夫人李氏，景皇帝七代孙，工部尚书汉阳公寂曾孙，左补阙张之绪妻，于天宝辛卯（天宝十载，751）终于常乐里私第。壬辰岁（天宝十一载，752）二月二十四日，权厝于宣武原。按宣武原因宣武陵而得名。（《千唐志》）**右神策军同正将壮武将军守左金吾卫大将军员外置同正员上柱国赐紫金鱼袋李文政宅** 李文政大和四年七月十日，终于常乐私第，大和四年十月二十六日，窆于京兆府万年县浐川乡郑村。1956—1957 年李文政墓志于西安市东郊韩森寨出土。（《西安郊区隋唐墓》）**左羽林军胄曹参军崔纮宅** 崔纮字子纲。元和六祀秋七月旬十有二日，殁于上都常乐里，以其年八月二十二日，归葬于万年县之毕原。崔纮墓志 1980 年于西安市南郊三爻村新安建材厂出土。(《西安南郊三爻村发现四座唐墓》，载《考古与文物》1983 年第 3 期) 晋绛慈隰等州观察使试秘书省校书郎崔隋宅　崔隋妻赵氏，会昌六年五月五日，终于上都常乐里之第，八月其榇归于东都，十一月十六日，葬于北邙。(《北图石汇》) 崔夫人宅　1986 年西安东南郊新安砖厂南侧西安国药厂工地出土《唐故崔夫人墓志铭》：志载崔夫人殁于常乐里，大中四年十月十一日，卜宅于京兆府万年县常乐乡张寿里祔于先祖之茔。(《补遗六辑》) 江华县主宅　唐受命二百二十三祀，开成岁庚申（五年）月建午（五月）日十九，江华县主薨于都之常乐里，春秋二十有四，以其年十一月二十日，祔于夫家之先茔，县曰万年，乡曰义善，里曰兴牛，原曰凤栖。江华县主以顺宗为曾祖，宪宗为烈祖，绛王为显考。太皇太后怜少子之早殁，钟其念于孙女，自孩提至婉娩，未尝一日出南宫。文宗曰：我女贤丽，当选才夫，擢于吾门，尤叶吾志。二年冬，乃命汾阳王犹子之子，渭南尉（郭）从真，非尔之户不能以当比。兄杞王谘议从谅，太子洗马从郁主之。(《洛阳新获墓志》二〇一五) 按：《新唐书》卷八十二《十一宗诸子》宪宗二十子"绛王悟，始王文安，进王。敬宗崩，苏佐明等矫诏以王领军国事。王守澄等立文宗，王见杀"。右神策军押衙朝散大夫襄王府咨议参军上柱国何少直宅　大中九年五月四日，何少直终于长安万年县常乐里，八月十四日葬龙首乡袁蔺村。何少直墓志 1985 年出土于浐河西岸马腾空村。(《考古与文物》1990 年第 3 期) 将军尉迟青宅　段安节《乐府杂录》载："觱篥者，本龟兹国乐也，亦曰悲栗，有类于笳。德宗朝有尉迟青，官至将军。大历中，幽州有王麻奴善此伎，河北推为第一手，恃其艺倨傲自负，戎帅外莫敢请者。时有从事姓卢，不记名，台拜入京，临歧把酒，请吹一曲。麻奴偃蹇，大以为不可。从事怒曰：'汝艺亦不足称，殊不知上国有尉迟青将军，冠绝古今！'麻奴怒曰：'某此艺海内岂有及者耶！今即往彼，定其优劣。'不数月到京，访尉迟青所居常乐坊，仍侧近僦居，日夕加意吹之。"王维东园　王维《戏赠张五弟三首》本注："时在常乐东园走笔成。"(《全唐诗》卷一二三) 既称"东园"，则非其正宅所在。

次南靖恭坊。"靖"一作"静"。宝应二年，万年县靖恭坊南街柳树上降甘露，有贺表。

十字街南之西，祆祠。《通典》：唐有符祆正。西北隅，驸马都尉杨慎交宅。中宗第四女长宁公主下嫁杨慎交。《新书·长宁公主传》：取西京高士廉第、左金吾卫故营合为宅，右属都城，左颓大道。作三重楼以凭观，筑山浚池，帝及后数临幸，置酒赋诗。又并坊西隙地广鞠场。司农卿韦玢宅。在杨慎交宅南，隔街。中书舍人王敬从宅。开元中为给事中中书舍人。毕氏曰：孙逖《神道碑》：敬从官终太子右庶子。忠武将军行薛王府典军上柱国平棘县开国男李无虑宅。贾彦璿《李无虑墓志》：终于静恭私第。**辅国大将军符璘宅**。璘为昭义军节度使薛嵩军副，嵩卒，田承嗣盗其地。承嗣子悦与邻封李纳谋不轨，遣璘将三百骑送纳。会马燧讨悦，璘以众降燧，赐静恭里第一区，蓝田田四十顷。李宗闵《符璘碑》：终于靖恭里赐第。**秘书监致仕韦建宅**。**太常卿韦渠牟宅**。权德舆《韦渠牟墓志》：启手足于靖恭里。按孟郊有《题韦少保静恭宅藏书洞》诗，未知谁宅。**吏部郎中韦元鲁宅**。独狐及《韦元鲁墓志》：终于京师静恭里之故宅。**翰林学士吴通微宅**。旧本《长安志》作吴通微集书院，未详。**刑部尚书杨汝士宅**。与其弟虞卿、汉公、鲁士同居，号靖恭杨家，为冠盖盛游。《南部新书》：大和中，人指杨虞卿宅南亭子为行中书，盖朋党聚议于此尔。**骠骑大将军论惟贤宅**。吕元膺《论惟贤碑》：寝疾，终于静恭里之私第。**魏博节度使史宪诚宅**。刘禹锡《史孝章碑》：薨于靖恭里之私第。孝章即宪诚之子。**太子太保崔彦昭宅**。《秦中记》：靖恭崔公尚书为乐卿，自靖恭宅露冕从板舆入太常，观者乐之。毕氏曰：《唐书》传无为太常卿事。**尚书司门员外郎仲子陵宅**。权德舆《仲子陵墓志》：殁于靖恭里第。**开州司马宋申锡宅**。按许浑有《静恭里感事》诗注：宋相申锡也。《旧书·宋申锡传》：王守澄将以二百骑就靖恭里屠申锡之家。**太子宾客卢携宅**。《黄滔集》有《代郑郎中上靖恭卢相书》，盖携也。**陆氏宅**。《前定录》：陆宾虞于靖恭北门候一郎官，适遇朝客，遂回，憩于从孙闻礼之舍。**夜来宅**。《酉阳杂俎》：靖恭有姬字夜来，稚齿巧笑，歌舞绝伦，贵公子破产迎之。**金州进奏院**。**毡曲**。《寺塔记》：僧康藏本住靖恭坊毡曲。忽睹光如轮，寻光至灵花寺。盖灵花寺在常乐，即此坊之北也。

《校补记》：靖恭坊　杨汝士宅　补注《新书·杨汝士传》：所居靖恭里，兄弟并列门戟。欧阳修《杨侃墓志铭》：太和、开成之间，汝士、虞卿、鲁士、汉公居靖恭坊，大以其族著。

增订：

西北隅驸马都尉杨慎交宅　依《长安志》原文，“隔街有司农卿韦玢宅”。《城坊考》据《新唐书·长宁公主传》将原位于崇仁坊的长宁公主宅的内容移此。长宁公主宅究竟是在崇仁坊还是靖恭坊，抑或这两坊均有长宁公主宅？唐代公主在长安或东都洛阳有两处宅第者屡见不鲜，如太平公主在长安兴道坊、醴泉坊和兴宁坊就有三处宅第。在崇仁坊玄真观下说明长宁公主宅第原为高士廉宅和左金吾卫地。而在靖恭坊驸马都尉杨慎交宅下又引《新唐书·长宁公主传》长宁公主下嫁杨慎交，公主取西京高士廉第及左金吾卫故营为宅。哪有那么巧合的事，偏偏在崇仁坊和靖恭坊都有高士廉的宅第和左金吾卫的故营并入长宁公主宅？就是两坊都有高士廉宅第，而左金吾卫故营不可能在离皇城很远的靖恭坊。记述唐代长安和洛阳坊里内容最早而且较详细的是唐韦述的《两京新记》。《太平御览》卷一百八十引《两京记》（即《两京新记》）云："崇仁坊西南隅，长宁公主宅，既承恩，盛加雕饰，朱楼绮阁，一时胜绝。又有山池别院，山谷亏蔽，势若自然。中宗与韦庶人数游此第，留连弥日，赋诗饮宴，上官昭容操翰于亭子柱上写之。韦氏败，公主随夫为外官，初欲出卖，木石当两千万，山池别院，仍不为数，遂奏为观，请以中宗号为名，词人名士竞入游赏。"宋代宋敏求《长安志》卷八崇仁坊玄都观下注："半以东本尚书左仆射申国公高士廉宅，西北隅本左金吾卫，神龙元年并为长宁公主第，东有山池别院。"《长安志》记述玄都观半以东之地与《新唐书·长宁公主传》同，很显然，徐松在撰写《两京城坊考》时将《新唐书·长宁公主传》在崇仁坊宅第的内容又误置于靖恭坊杨慎交宅下。据以上所述，唐长宁公主宅在崇仁坊南门之西直至西南隅，而不在靖恭坊。**淄州刺史郑博雅宅** 郑博雅，荥阳人。祖奖，邢州刺史。父德昌，淄州司马。博雅温良恭俭，礼乐中信，德是世范，行为人师。门荫出身，历任兖州参军幽府户曹、相王府仓曹、鸿胪寺丞、朝散大夫、司议郎、太子洗马、膳部郎中、金淄州刺史。开元十九年二月十四日，薨于京静恭里，以其年五月十三日，权殡于洛阳县平阴乡南原。(《补遗千唐志斋新藏专辑》) **纪王府主簿李玄济宅** 李玄济字乾拯。曾祖迁哲。祖敬猷。父袭志。玄济历任广州都督府兵曹参军事、正授功曹参军、骑都尉、上护军、桂州都督府兵曹参军事、纪王府主簿。贞观十六年，卒于静恭里第，永徽五年葬于雍州长安县宁安里之细柳原。1999年李玄济墓志出土于长安县细柳乡。纪王即唐太宗第十一子李慎，因越王贞反武则天事败后受牵连被废，谪巴州，薨于道。（岳少辉、李举纲《西安碑林近年新入藏碑刻咀华》，载《中国文物报》2001年6月24日）**太子太保崔彦昭宅 应为太常卿崔邠宅**

《新唐书·崔邠传》："崔邠字处仁，贝州武城人。……久，乃为太常卿，知吏部尚书铨。故事，太常始视事，大阅四部乐，都人纵观，邠自第去帽，亲导母舆。公卿见者皆避道，都人荣之。"《南部新书》乙："太常靖恭里崔尚书邠为乐卿……自静恭坊露冕从板舆，入太常寺棚中，百官皆取路回避，不敢直冲，时论荣之。"**右威卫将军李吉宅** 李吉字遮，海北人。父任，为右领军卫大将军。开元五年五月三日，李吉卒于静恭里之私第，其月二十三日，殡于京兆府万年县龙首原。(《唐代墓志汇编续集》) **右羽林卫胄曹参军贾澄宅** 《唐故处士贾公墓志文》：贾季卿，河南洛阳人。祖澄，皇右羽林卫胄曹参军。父玄祺，绵州昌明县令。季卿弱冠闻名于太学，开元十九年正月上日，卒于长安静恭之私第，粤二十三日，葬于咸阳之北原。尊古制，以冥婚，结嘉偶于开氏。开氏父开休元，国子博士。贾季卿墓志1999年9月于咸阳市渭城区周陵镇羊过村出土，藏咸阳宫遗址博物馆。(《咸阳碑刻》) **大慈禅师宅** 禅师本姓李，名隶于崇敬寺称净觉，号"方便慈"。天宝五载十月二十九日，化灭于静恭里第，葬于万年县洪固乡毕原之东南。(《北图石汇》) **陈王府长史崔尚宅** 崔尚字庶几，清河东武城人。出身文人世家，先辈皆以科举登第。"曾王父君实，隋射策甲科，唐朝请大夫，许州司马，文集十卷，藏于秘府。王父悬解，进士高第，坊州宜君县丞，文集五卷行于世。考谷神，制举高第，陕州河北县尉，文集三卷。中书舍人、修国史、太常少卿兼知制诰、国子司业、上柱国，清河子、赠卫州刺史文公融，君之叔父也。公子中书舍人知制诰赠定州刺史贞公禹锡，君之从父兄也。"崔尚国子进士高第，中书令燕国公张说在考工员外时，深加赏叹！调补秘书省著作局校书郎，时有知音者，京兆杜审言，中山刘宪，吴兴沈佺期。秩满授汜水县尉，稍迁大理评事，此后仕途一帆风顺，最后升任三品王府长史。天宝四载七月九日，终于京师静恭里私第，时年六十六，文集二十卷行于世。其载十月十三日，葬于东京万安山之南永吉原。子封丘县主簿重。崔尚墓志 2002 年 12 月出土于洛阳市伊川县彭婆乡万安山之南。（《释录》）寿光公主宅　公主，陇西成纪人。高宗天皇大圣帝之曾孙，睿宗玄真大圣皇帝之孙，开元天地大宝圣文神武应道皇帝之第二十二女。天宝五载八月癸巳，筑馆于外，公主归郭氏（驸马都尉郭液）。天宝九载三月丁巳，寿光公主薨于靖恭里第，春秋二十有五。其载十一月壬寅迁厝于长安之高阳原。稚子郭峋。寿光墓志撰者韦述是唐代著名学者，是唐《两京新记》的撰著者。（郭海文、赵文朵、贾强强《〈大唐故寿光公主墓志铭并序〉考释》，载《唐史论丛》第二十辑 2015 年）□□大夫洛交郡长史上柱国赵怀琎宅　赵怀琎天宝十五载三月四日，归化于西都静恭之私第，（至德二载）九月二十二日，合祔于北邙原。（《千唐志》）右威卫翊府中郎将韩敬峤宅　韩敬峤，南阳人。右骁卫翊府中郎将善之孙，魏州司法参军玄之子。十有五官于燕（安禄山建国号）。圣武二年六月十九日，寿终于静恭里之私第，春秋八十。八月二十六日，葬于京城南原。（《长安高阳原新出土隋唐墓志》）回纥赠天水郡王李秉义宅　李秉义字末阿波。回纥登里颉咄登蜜施合俱录英义建功毗伽可汗之堂弟。父移建啜，玄宗朝尝瞻风入觐，竭节为臣。封为崇义王，仍赐姓李，秉义即崇义王之第四子。因伐叛，授左武卫将军。大历七年三月五日，薨于长安静恭里之私第。春秋二十五。其年四月十日，葬于京兆凤栖原，并赠为天水郡王，丧葬所须，并皆官给。《旧唐书·代宗本纪》大历七年："夏四月甲寅，回纥王子李秉义卒，归国宿卫赐名也。"李秉义（末阿波）墓志记载与《旧唐书·代宗本纪》所记大体相合。李秉义墓志为蒲州人张涉撰。李秉义墓志拓片藏坊间。（李浩《西安新见两方回纥贵族墓志的初步考察》，载《唐研究》第二十二卷 2017 年）韦告成妻裴氏宅　侄尚书员外郎上柱国赐绯鱼袋韦宗卿撰《叔母河东裴氏墓志铭并序》：夫人裴氏，河东冠族。曾祖无悔，袁州刺史赠大理卿。祖昌，尚书虞部员外郎虢州刺史赠太子宾客。父澈，尚书刑部郎中。母曰京兆韦氏。夫人即裴澈之长女。笄字之岁，归于告成府君，府君官屈黄绶，家尚清贫，相敬如宾。既而祸及晨歌，哀深昼哭。元和三年夏六月十八日遘疾，奄弃于静恭里之私第，享年五十七。其年十月二五日，合祔于告成府君之茔。（《西市藏志》）

尚书祠部郎中张公夫人裴氏宅　裴氏曾祖巽，国子祭祖，封魏国公。祖齐丘，右千牛卫大将军，驸马都尉。父□，杭州于潜县主簿。元和五年六月十五，裴氏终于静恭里第，年十七。其年七月十一日，葬于京兆府万年县毕原。（《洛阳新获墓志》二〇一五）按《新唐书》卷七十一上，《宰相世系》一上载有裴巽、裴齐丘。裴齐丘子、孙，未载。昭武校尉守左威卫河南府郏鄏府折冲都尉上柱国赐紫金鱼袋左金吾卫宿卫张瑜宅　张瑜以上三代，以武才补官。张瑜从乡举明经，过冠不第，乃从兵部举射及第，授金吾卫长上，累勋至陪戎副尉。宪宗闻其勤，补十将。元和七年五月二日，卒于长安靖恭里之私第，春秋四十一。八月十六日，葬于长安县龙首乡渭水南小岩村卧龙之原。有子二，诩、明苕。（《西市藏志》）刘定智宅　刘定智，彭城人。元和十年季秋三日，殁于京师靖恭里之私第，其月十六日，窆于城之东南万年县宁安乡三赵村。定智有子四人：琮、珀、琨、陕。陕、琮为陕州文学，珀为家令主簿，琨前丰陵挽郎。刘定智墓志2001年6月出土于西安市南郊雁塔区曲江三兆村附近。（王育龙、程蕊萍《西安南郊三兆村出土唐代墓志举说》，载《陕西历史博物馆馆刊》2005年）中书侍郎同中书门下平章事常山县开国子赠太傅崔祐甫宅　开封市博物馆藏《有唐相国赠太傅崔公墓志铭》，墓志载：崔祐甫字贻孙。……禄山构祸，东周陷没，公提挈百口，间道南迁，讫于贼平，终能保全。建中元年六月一日，薨于京师静恭里第。以其年十一月二十四日，有司承诏备礼，葬于河南邙山之先茔。刑部尚书杨汝士宅　《长安志》载“静恭杨家，为冠盖盛族”，指汝士与其弟虞卿、汉公、鲁士同居。自十九世纪以来杨汝士家族墓志发现于洛阳的，仅《千唐志斋藏志》中就有杨虞卿之父杨宁，杨虞卿之子杨知退妻卢氏，杨虞卿子杨思立，及杨虞卿之孙、杨知言之子皓等四人墓志。杨宁于元和十二年卒于靖恭里，杨皓大中十二年三月十五日瞑目于静恭里私第。杨知退妻卢氏大中十三年捐馆于静恭里第。杨思立于乾符二年殁于静恭里，其间长达近六十年之久。诸杨卒后均葬于洛阳北邙（河南县尹村）。《玉泉子》云：“杨希古，靖恭诸杨也。朋党连结，率相期以死，权势熏灼，力不可拔。”（《玉泉子》，唐僖宗时无名氏作）直至宋代，欧阳修在《谏议大夫杨公（侃，避真宗讳改为大雅）墓志铭》中还说：“府君钱塘人。……及唐，然杨氏之后独在。大和开成之间，曰汝士者与虞卿、鲁士、汉公，又以名显于唐，居靖恭坊。”（《欧阳文忠集》卷六一，外集卷十一）朝散大夫硖州司马刘宗意宅　刘宗意曾祖璬，右羽林军长史。祖憬，总监丞。父琇，左威卫郎将。元和六年五月十三日，刘宗意终于万年县靖恭里之私第。夫人安乐孙氏，孙思忠之第六女，贞元二十年七月二十二日终于长安县颁政里之私第。（《补遗七辑》）李素宅　李素字文贞，西国波斯人也。祖父益初，天宝中衔自君命来通国好，充为质子。李素“授开府仪同三司，行司天监兼晋州长史翰林待诏上柱国……赐妻王氏，封太原郡夫人，兼赐庄宅店铺”。于元和十二年十二月十七日，终于静恭里，元和十四年五月十七日，殡万年县浐川乡尚傅村观台里。李素墓志与继室卑失氏墓志1980年1月出土于西安西北国棉四厂职工子弟学校操场。(《西安东郊三座唐墓清理记》，载《考古与文物》1981年第2期) **朝议郎行司农寺丞兼监察御史里行上柱国源序宅** 源序字有伦。宝历丙午岁（宝历二年，826）三月十有一日，终于长安城靖恭里私第，享年六十有九。源序是郑州别驾晋宾之曾孙，相州临河县令泌之孙，栎阳县主簿邈之元子。源序弱冠以门荫调补润州参军事，累授下邽（今陕西渭南市临渭区）、栎阳（今陕西西安市阎良区）二县尉。又拜监察御史；改授司农寺丞。源序"立性刚謇著诚旷迈，措履中正，不事文饰，未尝以荣宦浮名系于俯仰，未尝以曲辞耳容混于进退"。以其年七月八日葬于万年县凤栖原。夫人牛氏，父紡闻，华州郑县尉。开成元年（836）二年二十五日，彻瑟于常乐里第，享年六十一。以其年八月五日，葬于万年县三赵原，祔于源序旧茔。源氏原出鲜卑血统，是河西南凉王室后裔，作为少数民族汉化土族之一，随着中央化和官僚化的不断推进，加之科举不力，仕途艰难，政治边缘的趋势愈加深重。至源序生活的时代，已与祖辈的荣显相去甚远。(赵力光、傅清音《新见唐代源序夫妇墓志考证》，载《碑林集刊》总第二十二辑2016年) **太原府折冲向清宅** 大和元年五月十九日，向清终于京兆府靖恭坊私第，扶护葬于洛城北邙山之阳杜郭村。(《千唐志》) **湖州刺史张士阶宅** 开封市博物馆藏《有唐张氏女墓志铭并序》载：张士阶女名婵，小字印奴。开成五年二月二十一日，终于长安靖恭里，以其年五月九日，葬于洛阳金谷原先人之弊庐。**朝散大夫守将作少监兼通事舍人知馆事御史中丞苗缜宅** 苗缜是少府少监苗稷之元子，字中密，曾通使回纥册立其嗣，奉使探望太和公主。会昌四年三月十七日，弃代于静恭里之私第。(《北图石汇》) 按《旧唐书·回纥传》："会昌二年冬、三年春回纥公主密羯可敦一部，外相等七部，兵三万众，相次降于幽州……丰州刺史石雄兵遇太和公主帐，因迎归国。"苗缜于会昌初以回纥丧乱来告，曾通使回纥，直见太和公主事可补唐史之缺。**进士赵珪宅** 大中元年二月十五日，赵珪终于长安静恭里第，其年九月护丧东归，葬河南县平乐乡伯乐村。(《北图石汇》) **长安县丞庾游方宅** 庾游方为其妻兰陵萧氏所撰墓志：萧氏其先兰陵人。父佩，同州白水县令。大中六年八月一日，萧氏终于靖恭里，其年十一月十四日，窆于京兆府万年县洪固乡李永村。(《补遗七辑》) 按庾游方官职据《补遗七辑》庾崇所撰庾游方墓志补。游方母《唐故朝散大夫京兆府功曹参军庾府君夫人陇西李氏墓志铭并序》：陇西李氏，大中九年八月十三日，遘疾终于上都靖恭里。明年四月三十日，葬京兆万年县洪固乡李村。李氏曾祖，让皇帝李宪，祖琯，父扞。与夫人墓志同时出土的《唐故朝散大夫行京兆府功曹参军庾府君墓志铭并序》：庾府君名承欢，字会晋，南阳新野人，出身于隋唐时期新野的大家族。承欢祖光先，文学德行，冠于群伦，官任尚书吏部侍郎，卒赠太子太师。父侹，金紫光禄大夫，鸿胪少卿。庾承欢与夫人李氏墓志出土于长安县韦曲镇北塬。（岳连建、柯卓英《唐京兆府功曹参军庾承欢夫人李氏墓志考释》，载《考古与文物》2005 年第 4 期）早于庾承欢墓志出土的《唐故长安县丞庾府君墓志铭并序》：“府君讳游方字子晦，南阳新野人。曾祖光先，任文部侍郎。祖侹，鸿胪少卿。父承欢，京兆府功曹参军。”于此可知庾游方是庾承欢之子。朝请大夫秘书监礼部尚书姚合宅　姚合为姚元景曾孙，姚元景与姚崇为同母兄弟，应是姚崇之从曾孙。姚合墓志载：“会昌二年壬戌夏五月，辞以目视不明，颐摄私第。冬十二月寝疾，旬余，是月二十有五日乙酉，启手足于靖恭里第，享年六十有六，……以会昌三年正月二十三日护车青舆，归东周，以其年八月有八日甲申，窆于河南县伊汭乡万安山南原。”姚合墓志于近年出土于伊川县彭婆镇许营村北，志石归私人收藏。其妻卢绮墓志亦出土于许营村北，卢绮墓志为外甥李洙书丹。（吕九卿《洛阳万安山姚崇家族墓地碑志略说》，载《三门峡职业技术学院学报》2016 年 2 期）姚合在长安所居常乐坊，靖恭坊，新昌坊。朝议郎守殿中少监兼通事舍人知馆事上柱国赐紫金鱼袋苗弘本宅　苗弘本字天锡，上党人。考稷，官至少府少监，赠工部尚书。尚书既孤，为从父太师（苗）晋卿所爱。大中九年（乙亥岁）三月六日，苗弘本终于静恭里第，其年闰四月二十五日，葬于洛阳城北。（《千唐志》）据《新唐书》卷一百四十《苗晋卿传》，晋卿有十子，稷为其一，苗缜与苗弘本皆为稷子，苗晋卿之孙。征事郎左补阙内供奉云骑尉崔璞宅　崔璞撰《唐故陇西李夫人墓志铭并序》夫人七代祖玄道，武德中秦王文学馆学士，曾祖揆，历尚书左仆射。祖佐公。父元宾。会昌四年春，夫人归于崔璞。大中十年八月二十五日，终于上都靖恭里之私第，享年三十四，其年十月二十七日，窆于万年县宁安乡三赵村。（《西市藏志》）浙西观察使李脩宅　《唐故彭城郡刘氏夫人墓志》：“夫人坊州人也。自初笄之岁，适浙西观察使李修，男一人曰纻，大中十祀选授京兆府云阳县尉。”大中十一年二月二十九日，夫人薨于长安静恭里第，其年五月二十四日，权卜兆于万年县洪固乡李村。（《补遗八辑》）监察御史弘农杨筹宅　2011—2012 年，西安市文物保护研究院于西安市东南三环以南约 100 米，雁塔路以东约 200 米的缪家寨发掘唐墓，出土《唐故监察御史弘农杨君墓志铭并序》一方。墓主杨筹字本胜，弘农杨氏静恭房杨汉公之子，历任鄠县尉、长安尉。咸通乙酉（六年，865）冬十一月，故疹复发，告病于官。次年，咸通七年（866）夏四月卒于静恭里私第。享年五十二。咸通七年七月七日葬于万年县三赵村。（《西安曲江缪家寨唐代杨筹墓发掘简报》，载《文物》2016 年第 7 期）僦舍　朝散大夫使持节澧州诸军事守澧州刺史崔芸卿，清河东武城人。其曾王父崔隐甫，开元末以刑部尚书兼河南尹。咸通十五年后四月六日，崔芸卿终于上都靖恭里之僦舍，其年十月二十九日，祔葬河南府伊阙县归善乡刘勤里盂村。1990 年崔芸卿墓志于伊川县白沙乡出土。（《洛阳新获墓志》）南街　《文苑英华》卷五六二崔融《贺万年县甘露表》：“臣某言：今日中使吴永清宣示，臣万年县靖恭坊南街柳树上降甘露。”**余正字宅** 喻凫《冬夜宿余正字静恭里闲居》诗：“每来多便宿，不负白云言。”**李谘议宅** 《太平广记》卷第三百六《卢佩》：“贞元末，渭南县丞卢佩，性至孝”，寓于常乐里之别第，为母治病，遇一白衣妇人，为母治病，后纳为妻。卢佩得知其妻妖异，自是妇人绝不复归佩家。佩问女僮，曰：“娘子前日已改嫁靖恭李谘议矣。”（《河东记》）

次南新昌坊。南街东出延兴门。

南门之东，青龙寺。本隋灵感寺，开皇二年立。文帝移都，徙掘城中陵墓，葬之郊野，因置此寺，故以灵感为名。至武德四年废。龙朔二年，城阳公主复奏立为观音寺。初公主疾甚，有苏州僧法朗诵《观音经》，乞愿得愈，因名焉。景云二年改为青龙寺。北枕高原，南望爽垲，为登眺之美。《名画记》：青龙寺中有王韶应画。《东观奏记》：宣宗动遵元和故事，以宪宗曾幸青龙寺，命复道开便门至青龙佛宫。《太平广记》引《逸史》：江陵副使李君下第困迫，于青龙寺门前坐。又《唐语林》：赵璟闲居慕静，深巷杜门不出。李元素访之，璟引元素同访青龙寺日者。白居易有《青龙寺早夏》诗。**崇真观**。本李齐古宅，开元初立。**礼部尚书苏颋宅**。苏颋诗序：先是新昌小园期京兆尹一访，兼郎官数子，自顷沈痾，年复一年，兹愿不果。**鲁郡任城县尉裴回宅**。王维《裴回墓志》：卒于西京新昌坊私第。**御史中丞判刑部侍郎同平章事舒元舆宅**。舒元舆《养狸述》：予爱其能息鼠，窃归致新昌里客舍舍之。初未为某居时，曾为富家廪。又《长安雪下望月记》：予与友生自所居南行百许步，登崇冈上青龙寺门。门高出，绝寰埃。是元舆宅在青龙寺北也。**中书舍人路群宅**。《唐阙史》：中书舍人路群与给事中卢弘正相善。一日都下大雪，路在假，卢将晏入，道过新昌第，路方于南垣茅亭肆目山雪，鹿巾鹤氅，构火命觞，以赏嘉致。闻卢至大喜，亟命迎入。**检校左仆射、兼吏部尚书崔群宅**。《唐语林》：崔相群于新昌宅小厅中见门生。**礼部尚书李益宅**。蒋防《霍小玉传》：李益至长安，舍于新昌里。**考功郎中钱起宅**。钱起有《新昌里言怀》诗。**侍郎侯钊宅**。卢纶有《同柳侍郎题侯钊侍郎新昌里》诗。**京兆府咸阳县丞权达宅**。权德舆再从叔《故咸阳县丞达墓志》：终于新昌里。又有《咸阳县丞权公故夫人张氏墓志》：终于京师新昌里。**尚书左仆射致仕杨於陵宅**。於陵

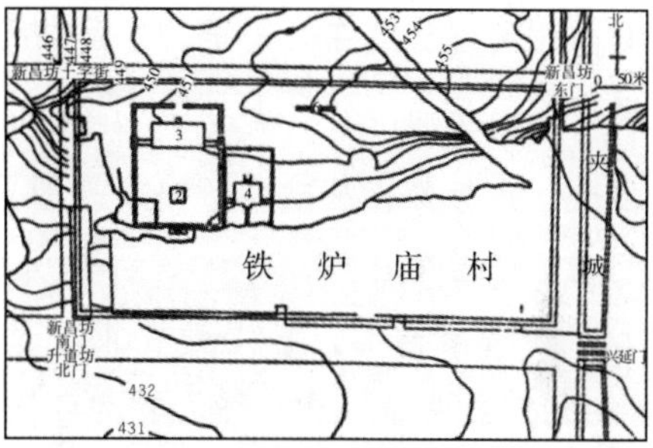

青龙寺遗址探测总图

1.1 号遗址（中山门遗址）2.2 号遗址（塔基遗址）3.3 号遗址（殿堂遗址）4.4 号遗址（东院殿址）5.5 号遗址（回廊遗址）6.6 号遗址（北门遗址）7.7 号遗址（配房遗址）8.8 号遗址（增址）

子嗣复，文宗时嗣复官平卢军节度使，其弟损与宰相路岩居相接，岩以狭，欲易损马厩广之。损兄弟在朝者且十数，曰：“时相可拒之耶?”损曰：“凡尺寸地非吾等所有，先人旧业，安可以奉权臣?”岩不悦。自殿中侍御史命鞫狱黔中。李翱《杨于陵墓志》：薨于新昌第。又《摭言》：杨嗣复具庆下。〔原作“中”，据《摭言》改〕继放两榜，大宴于新昌里第。儋州流人路岩宅。检校司空凤翔尹凤翔节度使窦易直宅。白居易《惜牡丹花》二首注云：一首新昌窦给事宅南亭花下作。按易直时官给事中。吏部尚书裴向宅。《唐书》本传：向以吏部尚书致仕于新昌里第，内外支属百余人，向所得俸禄必同其费。按裴遵庆宅在升平里，向复移于新昌也。宅有竹园，元和中宰相武元衡遇害，或告贼匿于新昌坊向之竹林者。太子少师牛僧孺宅。秘书监张仲方宅。仲方，九龄弟九皋之孙。白居易作墓志云：仲方终新昌里第。刑部尚书白居易宅。居易为主客司郎中知制诰，时居新昌里，有《题新昌所居》诗云：街东间处住。又《新昌新居书事四十韵》云：丹凤楼当后，青龙寺在前。又《自题新昌居止》诗云：最近东头是白家。其时有《和元微之诗序》云：微之转为江陵士曹掾，会予下内直归，而微之已即路，邂逅相遇于街衢中。自永寿寺南抵新昌里北，得马上话别。按微之宅在靖安里，永寿寺在永乐里，永寿之南即靖安北街。乐天下直，每自朱雀街经靖安之北，集中有《靖安北街赠李二十》诗是也。微之盖东出延兴门或春明门，故经新昌之北。又按居易宅有松数株，其《新昌间居》诗云：但有双松当砌下。又《寄崔十八》诗云：新昌七株松。守右仆射、门下侍郎李绅宅。《唐语林》：李相绅居新昌。绅有诗序云：新昌宅书堂前有药树一株，今已盈拱。前长庆中，于翰林院内西轩药树下移得，才长一寸，仆夫封一丸泥以归植。今则长成，名之天上树。太子右庶子王定宅。权德舆《王定碑》：王公艰贞，归全于京师新昌里。朝散大夫秘书省著作郎致仕韦端宅。《韦公元堂志》：公弃背于长安新昌里私第。按端先有宅在亲仁里。国子司业严公宅。穆员《严公墓志》：归全于长安新昌里之私第。礼部尚书温造宅。《宣室志》：新昌里尚书温造宅，桑道茂常居之，庭有二柏树甚高，大和九年温造居其宅。秘书少监姚合宅。姚合《新昌里诗》：旧客常乐坊，井泉浊而咸。新屋新昌里，井泉清而甘。太子少傅致仕卢弘宣宅。进士卢燕宅。《河东记》：长庆四年冬，进士卢燕新昌里居，晨出坊北街，槐影扶疏，残月犹在。见一妇人长三丈许，衣服尽黑，驱一物状若羝羊，亦高丈许，自东至西。处士丁重宅。《剧谈录》：丁重善于相人，新昌私第车马造门者甚众。

《校补记》：新昌坊　杨於陵宅，注：具庆中　校：“中”字当依本书作“下”字。路岩宅　补注：《剧谈录》：丁重善相人，至路岩新昌里第，值于悰至，路曰：“此人作宰相否?”重曰：“作相必矣。”西北此二字校增太子少师牛

僧孺宅　补注：本将作大匠康䛒宅，事详《卢氏杂说》。又《明皇杂录》云：牛相第在新昌里西北，本䛒宅。补四条并注：哥舒翰宅，注：《幽明记》：哥舒翰长安宅新昌坊。吕逸人宅，注：王维有《春日与裴迪过新昌里访吕逸人不遇诗》云：柳市南头访隐沦。又云：城上青山如屋里，东家流水入西邻。裴迪亦有《与王右丞过新昌里访吕逸人》诗。旅馆，注：《闻奇录》：程颜税居新昌里，调选不集。民家。注：《唐阙史》：青龙寺西廊绘毗沙门天王，新昌坊民时疫，肩置绘壁下，逾旬能步，逾月以力闻。

增订：

青龙寺　1973年以来，对青龙寺遗址先后做了三次调查和发掘，至1980年春发掘结束。共发掘了两个院落遗址，其中有佛殿和塔基、回廊等遗址，出土了佛像、经幢等佛教遗物。（马得志《唐长安城发掘新收获》，载《考古》1987年第4期）〔日〕圆仁《入唐求法巡礼行记》："（会昌元年四月）四日往青龙寺，入东塔院，委细访见诸曼荼罗。"〔日〕圆珍《行历抄》：（大中九年五月）廿八日，圆珍到青龙寺，礼拜和尚，并入道场。日本和尚空海入唐求法，于青龙寺求授大悲胎藏金刚界，并诸瑜伽教法。空海归国后，宏扬密宗，为日本佛教密宗之祖。崇真观　《全唐诗》卷八〇四鱼玄机《游崇真观南楼，睹新及第题名处》："云峰满目放春晴，历历银钩指下生。自恨罗衣掩诗句，举头空羡榜中名。"新昌里质库及卫通等十六家宅第　1973年新疆博物馆考古工作队与西北大学考古专业发掘出吐鲁番204号张雄夫妇墓。张雄妻麴氏的绢衣舞俑，用唐长安城的质库帐历缠绕。经陈国灿先生、妹尾达彦先生和王静博士研究推定，质库在长安新昌坊。这批俑上所缠绕的文书残卷是十分难得的长安文书，而纸本文书在今天西安的考古发掘中是很难见到的。（王静《唐代长安新昌坊的变迁》，载《唐研究》第七卷2001年）张士阶宅　张士阶为女张婉撰墓志载。张婉初生于长安新昌里，奄然终于吴兴郡，以显庆三年九月二十二日，归窆于洛阳金谷之原。（汴博）银青光禄大夫行宗正少卿上柱国赠宗正卿李粹宅　李粹是唐代宗三从伯父。曾祖恒山愍王李承乾。大父李象。考玭。开元十五年授朝议郎，历官之常，位仅至于亚卿。大历二年四月甲辰，终于新昌里之私第，享年六十有四。以其年六月景申，安厝于长安县之高阳原，祔先茔。（《西市藏志》）处士赵惠满宅　赵惠满字阿四，天水人。少遭闵凶，七岁丧父。年十一，"天灾关辅，岁号永淳。骨肉相捐，贵及于贱，死弃道路，少及于长"。天宝元年五月三日，惠满寝疾于新昌里之私第。天宝二年二月十四日，卜兆于万年县少陵原。墓志记录了永淳二年（683）在惠满十一岁时，关辅地区所遭天灾和正史记载的严重灾情一致。惠满是一个没有机会读书、没有官位的普通百姓，墓志记述惠满一生的忠、孝、贵、富、寿、正、善的"七善"。惠满墓志现存于西安西市博物馆。（龚静《反映唐代义商与唐人财富观的三方墓志》，载《考古与文物》2010年第2期）朝议郎京兆府功曹韦希损宅　韦希损，京兆杜陵人。开元七年八月九日，倾于新昌里第之中堂。开元八年正月八日，安厝于城东南曲池里。(《陶斋》）济阴郡考城县尉韦韫宅　韦韫夫人河南源端，为工部郎中源弼之女。天宝三载五月二十四日，终于□京新昌里，其载六月十日，厝于万年县白鹿原，近源氏别业。（《补遗五辑》）宇文琬宅　宇文琬天宝三载六月五日，终于新昌里私第。十月二十日窆于万年县龙首原。(《八琼室》）饮所　《太平广记》卷第四百五十二沈既济《任氏传》："天宝九载夏六月，(韦）鉴与郑子偕行于长安陌中，将会饮于新昌里。至宣平之南，郑子辞有故，请间去，继至饮所。"南街　《太平广记》卷第四百八十六薛调《无双传》："（王仙客）乃入京，访舅氏消息，至新昌南街。"王仙客所访之阿舅舅母，并在兴化宅。彭州唐昌县丞李府君夫人杜持行宅　夫人持行，京兆人。曾祖孝卿。祖望。考澄清。夫人即澄清第三女。天宝九载六月二十三日，终于新昌里之私第，春秋六十三。天宝十载四月九日，迁窆于京城南十里凤栖之原。杜持行墓志2008年西安碑林博物馆征集。墓志所载志主之父澄清为京兆修福府折冲都尉。《新唐书·地理志》记载京兆府有折冲府百三十一，只记十一，"余皆逸"，此可补其阙。李府君名失载，杜氏墓志冠以"陇西李氏兴圣皇帝后敦煌公房故彭州唐昌县丞李府君夫人"。（张岩《西安碑林新入藏〈杜持行墓志〉考证》，载《碑林集刊》十五，2009年）客舍　朝议郎行陕郡平陆县丞韩损之，天宝十四载十二月十八日，终于新昌里之客舍，春秋六十九。其月二十九日窆于原。(《洛阳新获墓志》二〇一五）朝请大夫广平郡武安县令张贻玘宅　张贻玘字叔宝，清河东武城人。祖诩，仪州榆社县令。父献可，邢州长史。"（贻玘）弱冠太学，举经明《左氏传》，射策高第，荣冠士林。兼通公谷，尤精诗礼。历代古史，百氏群言，罔不穷览，得其机要。释褐调补洺州清漳尉"。寻宰武安，天宝七载寅月，卒于新昌里私第。夫人河东县君柳氏，次公二年终于新昌旧第。大历四年九月二十日，迁柩长安，至十月十五日，合祔于河南府洛阳县清风原近先茔。嗣子监察御史滂。(《补遗千唐志斋新藏专辑》）进马张延晖宅　张延晖字延，南阳人。曾祖张善见。祖法进，鄠县令。延晖即鄠县令之元孙，年二十，起家补进马。开元元年正月七日，终于新昌里私第，春秋三十。夫人令孤氏，先终。大历十年十月二十五日，合祔于杜陵之原。有女一，比丘尼，号不动智。（《西市藏志》）京兆府万年县丞班赞宅　班赞，字允古，扶风安陵人。元和十二年五月八日，终于新昌里之私第，春秋五十四，其年十二月二十三日，卜葬高阳原，从先茔。(《洛阳新获墓志》）朝散大夫秘书省著作郎致仕韦端宅　元和十四年三月二十三日，韦端弃背于长安新昌里私第，以明年五月一日，奉迁灵座，社会祔于万年县洪固乡毕原。（未是斋藏拓片）按韦端另有宅在亲仁坊。盐山县主宅　县主奴，玄宗皇帝之孙，济王环之第二十二女，生于公宫，既笄封邑盐山，嫁于河东贾志诚。志诚既以主婿，累官至信州长史、左右赞善大夫、右卫中郎将。元和十五年十二月十四日，县主薨于新昌里之私第，享年五十有三，以长庆元年岁次辛丑二月戊辰朔十七日甲申，权窆于万年县龙首原，迩中郎之玄堂。嗣子镐。(《集萃》) 商州商洛县主簿韦方宅　韦方字无隅。曾祖器；祖公右；考蝦。韦方以先荫得出身，调补商洛县属，秩满罢归，以待后选。大和四年五月九日，终于新昌里，其月十七日，归葬于城南先茔之侧。(《长安新出墓志》) 陈氏夫人宅　侄孤子银青光禄大夫前行鄜王府谘议参军、兼殿中侍御史、上柱国陈专述并书《唐故颍川郡陈氏夫人墓志铭并序》："立性仁和，善于抚育。陈专小名寿子，才年七岁，便遭天罚。禅制之内，又艸内丧，恩育愍怜，不觉孤露，严训善教，恐无成立。专虽幼騃，感切于心。"专未报慈养深恩，姑母开成三年六月四日染疾，终于京兆府万年县新昌坊之私第，享年六十有九。以其年七月十一日，葬于河南府河阳县太平乡北虢村东之平原。(《西市藏志》) 朝议郎行门下省符宝郎萧宁宅　萧宁字畅之，其先东海兰陵人。曾大父寡尤，赠卫尉卿。大父惟孝，郢州刺史。父隐，中散大夫，秘书丞。萧宁释褐授潭州参军，再授会稽县尉，三授殿中省尚舍直长，四授门下省符宝郎。娶太原郭氏女。有子四人，项、现、瓘、璟。开成四年闰正月八日，萧宁薨于京师新昌里之私第。明年八月二十三日，葬于京兆府万年县龙首乡孟村。《旧唐书·职官志》："其受命传国等八玺（玺）文，并雕宝字。"萧氏家族是南朝齐、梁两代的皇族，是这一时期的文学世家。到唐代，萧氏家族这一优良传统依然得到很好的传承。萧宁，忠于君，孝于亲，友于兄弟，礼度之门，固有亦异于众矣！萧宁居于长安新昌里，其曾祖萧寡尤居长安光德坊，后葬于鄠县灌钟原（今鄠邑区东北12千米）(见本书光德坊)，萧宁葬地是京兆府万年县龙首乡孟村。据西安南郊岳家寨出土开成二年卢岑墓志，萧宁葬地当在唐长安延兴门外五里长乐乡的龙首原上。(潘萍《西安新出土唐〈萧宁墓志〉简考》，载《碑林集刊》总第二十一辑2015年) 鄜王府之咨议参军陈专宅　陈专，其先陈国人，历世为儒。祖祥，官至金紫光禄大夫邢、洺二州刺史。生考荣节，官累至正议大夫，试幽州大都督府司马，陈专即荣节之子。年仅三十，始受衢州给县尉，后日受国重恩，未申报效。忽遘疾，开成己未（开成四年）七月二日，寿终于新昌坊之私第，春秋四十有八，有子年幼。其年十月一日，归祔于河阳□村北原张掖乌氏夫人之域。(《洛阳新获墓志》) 泗州团练判官殿中侍御史内供奉裴诰宅　裴诰是裴遵庆之孙，陕虢观察常侍裴向之第七子。裴诰夫人是岭南节度使检校左散骑常侍御史大夫杨发之长女。大中庚午（大中四年)，裴诰殁于泗滨，归葬洛师。后五年癸酉（大中七年)，夫人以疾逝于新昌里第。咸通六年，夫人子卫尉主簿昕葬夫人于裴诰墓。1998年7月杨氏墓志出土于伊川县彭婆乡许营村北。(《洛阳新获墓志续编》) 僦第　据河南元璐述《唐故乡贡进士博陵崔君墓志铭并序》，大中十三年三月四日，崔文龟谓璐曰："予平生为文匝一罚矣，没后为我编辑之，用此为记。”后三日，启足于长安新昌里僦第，年二十七。以其年四月十一日，葬于京兆府万年县洪原乡曹村少陵原，“从先榇”。崔文龟，字昌九，生平所为古文七十首，赋十首，歌诗八百二十首，书启文志杂述共五十三首，又作《玄居志》十八篇，拟诗人之讽十篇。元璐“暇时冀为君分列编牍，庶几乎不泯”。（《西市藏志》）旅舍　京兆武功县尉王尚老撰《唐故乡贡进士路君墓志并序》云：“今相国阳平公从祖之弟说，故汶阳从事、监察御史讳廉之子也。”及冠有文，攻八韵赋，亦习为古七言诗，词旨甚丽。举进士，凡八试不第。咸通七年，年三十六，五月十七日遇疾，终于新昌里之旅舍，其月二十九日，寄殡于长安城南之宁安乡青明里三赵村。（《西市藏志》）永州刺史孙绎别第　《芒洛遗文》卷中孙徽《京兆韦夫人墓志》载：孙徽夫人韦氏，其先京兆人。遘疾，遂适京师，馆于仲兄之私室，大中十三年六月七日，终于上都新昌里之别第。孙徽《新唐书·宰相世系表》卷七三下，其仲兄为永州刺史孙绎。乡贡进士董交宅　董交字无易。父楹。大和元年四月十四日，终于新昌里私第。大和二年五月十二日，葬于万年县长乐乡长乐原祔于先茔。按董交墓志为仲兄前行宝鸡县主簿董齐撰。董交之父楹、兄岌、嫂杨氏墓志均载于《西安郊区隋唐墓》。尚书左仆射致仕杨於陵宅　徐松《两京城坊考》新昌坊杨於陵宅内容依据《长安志》。其中有误：一、杨损为嗣复子，於陵孙。见两《唐书·杨嗣复传》。二、杨嗣复没有历仕平卢节度使，拜平卢节度使者为嗣复子杨损。（《丛考》）《咸宁长安两县续志》卷十二《弘农杨氏殇女杨慧墓铭》为杨慧叔父擢撰，季父挺书。志载：杨慧，监察御史据之长女，咸通十二年六月十九日殁于新昌里第。以明年二月二十日，归葬万年县宁安乡三赵村。按杨於陵，字达夫，弘农人。有子四，景复、嗣复、绍复、师复。绍复子擢，终给事中。（见《旧唐书·杨于陵传》、杨挺《唐御史台精舍题名考》）太子少师牛僧孺宅　唐刘轲《牛羊日历》：“（牛）僧孺新昌里第与（杨）虞卿夹街对门，虞卿别起高榭于僧孺之墙东（应为墙北），谓之‘南亭’，列烛往来，里人谓之‘半夜客’，亦号此亭为‘行中书’。”

次南升道坊。

太子太保郑畋宅。见《剧谈录》。太原府司录事参军李雍宅。权德舆《李雍墓志》：殁于长安升道里。进士张庾宅。《续玄怪录》：张庾举进士，居长安升道里，南街尽是墟墓，绝无人住。进士谢翱宅。《宣室志》：陈郡谢翱举进士，寓居长安升道里。所居庭中多牡丹，一日晚霁，出其居南，行百步，眺终南峰，伫立久之。见一骑自西驰来，双鬟高髻，色甚殊丽，降拜曰：“愿郎归所居。”翱即回，望其居见青衣三四人，皆立其门外。顷之有金车至门，见一美人年十六七，风貌闲丽，入门与翱相见于西轩，谓翱曰：“闻此地有名花，故来与君一醉耳。”

增订：

据辛德勇博士《隋唐两京丛考》，将《唐两京城坊考》曲江中的龙华尼寺、李日知宅、曲江移入升道坊。

西北隅龙华尼寺。 高宗立，寻废。景龙二年复置。寺东侍中李日知宅，寺南曲江。 寺南有流水屈曲，谓之曲江，其深处下不见底。司马相如赋曰：临曲江之隑洲。盖其所也。张揖曰：隑，长也。苑中有曲江之象，中有长洲也。师古曰：曲岸头曰隑，隑即碕字耳。言临曲江之洲。今犹谓其处曰曲江。隑，钜依反。《剧谈录》曰：曲江池，本秦时隑洲，唐开元中疏凿为胜障。南即紫云楼、芙蓉苑，西即杏园、慈恩寺。花卉周环，烟水明媚，都人游赏，盛于中和、上巳节。即锡臣僚会于山亭，赐太常教坊乐，池备彩舟，惟宰相、三使、北省官、翰林学士登焉。倾动皇州，以为盛观。杜工部诗《哀江头》注引《西京杂记》："京城龙华寺南有流水屈曲，谓之曲江。在秦时为宜春苑，汉时为乐游苑。玄宗开元中，凿池引水，环植花木，为京城胜赏之地。遭安禄山焚劫之后，荒凉可知也。"唐文宗时曾敕诸司："如有力创置亭馆者，宜给予闲地任营造。"龙华尼寺 龙华尼寺尼韦契义，元和十三年迁葬于万年县洪固乡之毕原（《咸宁长安两县续志》）。《龙华寺尊胜陀罗尼经幢》，韦同元撰于元和十三年七月。（《隋唐石刻拾遗》）龙华寺尼，俗姓王，名实昭，贞元十三年秋季月旬有九日，捐生本寺。（《北图石汇》）白居易《龙花寺主家小尼》诗："头青眉眼细，十四女沙弥。夜静双林怕，春深一食饥。步慵行道困，起晚诵经迟。应似仙人子，花宫未嫁时。"（《全唐诗》第七函第四册442卷，上海古籍出版社，1986年）诗中小尼是唐左武卫将军薛承冲女，郭元振妾薛瑶。薛瑶有《返俗谣》诗："化云心兮思淑贞，洞寂灭兮不见人。瑶草芳兮思氛氲，将奈何兮青春。"（《全唐诗》第十一函第十册799卷）《龙华寺窣堵波塔铭》为咸通五年（864）高墉撰并书（《金石萃编》卷一一七）。朝议大夫尚书司封郎中严厚本宅 严厚本字茂植，冯翊华阴人。祖延之，绛州长史。考戒，信州永丰令。厚本之伯祖梃之，玄宗朝中书侍郎。厚本伯武，代宗朝为黄门侍郎。厚本年三十余，进士出身，解褐参江陵府军事。开成初置五经博士各一，厚本为《周易》博士。会昌四年七月三十日，终于升道里第，享年六十三。娶河东薛氏阆州录事参军宜之女，有子二人，长曰皉□，绛州太平主簿；次曰求己，前弘文馆明经。厚本葬于万年县神禾原。（《集萃》）进士谢翱宅，误。谢翱是寓居他人宅。

次南立政坊。隋有弘化寺，大业七年废。按《长安图》，此坊分为谈宁坊，非是。

让皇帝庙。《礼阁新仪》曰：开元二十九年，建庙于启夏门内立政坊。上元二年，礼仪使杜鸿渐请停四时享献，每至禘祫之月则一祭焉。河东节度使韦凑家庙。大中五年，凑孙武昌军节度使损请重修庙。

次南敦化坊。一作“敦教坊”，《太平御览》引作“通化坊”。按《长安图》分为长和坊，非是。《酉阳杂俎》曰：长安敦化坊百姓家，唐大和中有木兰一树，花色深红。后桂州观察使李勃看宅人以五千买之。宅在水北，经年花紫色。

东门之北，都亭驿。**十字街之北，净影寺**。隋文帝为沙门惠远立，寺额申州刺史殷仲容所题。**东南隅，行台左仆射郧国公殷开山宅**。本隋蔡王智积宅。**西门之北，秘书监颜师古宅**。**太常少卿欧阳询宅**。**著作郎沈越宾宅**。贞观、永徽间，颜师古、欧阳询、沈越宾住此坊。颜即南朝旧族，欧阳与沈又江左士人，时人呼为“吴儿坊”。**郑国夫人杨氏宅**。武惠妃之母。**京兆尹韦武宅**。元和人。

增订：

据辛德勇博士《隋唐两京丛考》，将《唐两京城坊考》卷三敦化坊都亭驿以下内容移至通化坊。

次南曲江。《长安志》以曲江在升道坊。考《太平寰宇记》，曲江与芙蓉园相连，则其中不容隔立政、敦化二坊。今移于此。

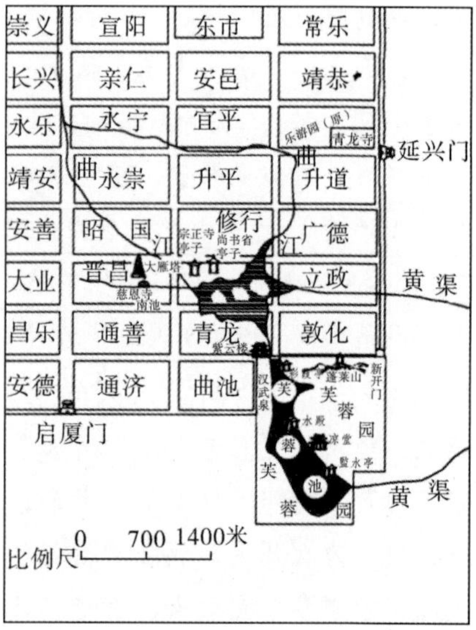

唐代曲江园林平面示意图

（原载李令福、李元、耿占军主编《曲江文史宝典》第81页）

曲江。龙华寺之南有流水屈曲，谓之曲江，其深处下不见底。司马相如赋曰：临曲江之隑洲。盖其所也。张揖曰：隑，长也。苑中有曲江之象，中有长洲也。师古曰：曲岸头曰隑，隑即碕字耳。言临曲江之洲。今犹谓其处曰曲江。隑，钜依反。《剧谈录》曰：曲江池，本秦时隑洲，唐开元中疏凿为胜障。南即紫云楼、芙蓉苑，西即杏园、慈恩寺。花卉周环，烟水明媚，都人游赏，盛于中和、上巳节。即锡臣僚会于山亭，赐太常教坊乐，池备彩舟，惟宰相、三使、北省官、翰林学士登焉。倾动皇州，以为盛观。《南部新书》：曲江池，天祐初因大风雨，波涛震荡，累日不止，一夕无故其水自竭。自后宫阙成荆棘矣。**龙华尼寺**。在曲江之北，高宗立，寻废。景龙二年复置。《白氏长庆集》有《龙华寺主家小尼》诗注云：郭代公爱姬薛氏，幼尝为尼，小名仙人子。**贞元普济寺**。在曲江之南，贞元十三年以弥勒阁赐名。**紫云楼、彩霞亭**。文宗太和九年，发左右神策军各一千五百人淘曲江池，修紫云楼、彩霞亭。内出二额，左军仇士良以百戏迎之，帝御日营门观之。仍敕诸司，如有力要创置亭馆者，宜给与闲地任营造。先是郑注言，秦中有灾，宜以土工压之，故浚昆明、曲江二池。帝又曾读杜甫诗云：江头宫殿锁千门。遂思复升平事，而加修创焉。《摭言》：乾符二年，韦昭范登宏词科，宴于曲江亭子。饮兴方酣，俄睹一少年跨驴而至，骄悖之状，旁若无人。众皆致怒，瓦砾乱下。当此之际，紫云楼门轧然而开，有紫衣从人数辈，驰马来救，左右从而俱入门，门亦随闭。侍中李日知宅。在龙华寺东。崖州司马杨炎家庙。开元中，萧嵩将于曲江池侧置庙，或言近游幸之所，嵩遂止。后杨炎置之为私庙，俄有飞语，言炎知此地有王气，故取之。太保致仕、岐国公杜佑家庙。《石林燕语》：文潞公知长安，得唐杜佑旧庙于曲江，一堂四室，旁为两翼。按杜牧《上宰相书》有"归于延福私庙"之语，是杜氏有庙在延福坊，而《长安志》亦不载。

《校补记》：曲江 补二条并注：曲江亭子，注：《摭言》：曲江亭子，安史未乱前，诸司皆列于岸浒。幸蜀后，皆烬于兵火，唯尚书有亭子存焉。进士开谯，每寄其间。校书郎李周南宅。注：《国史补》：李周南居曲江，拜校书郎。

增订：

龙华尼寺 在升道坊。

次南芙蓉园。

芙蓉园。考《太平寰宇记》，曲江与芙蓉园相连。李肇《国史补》谓芙蓉园即秦之宜春苑。《汉书·元帝纪》注，颜师古谓宜春下苑即今京城东南隅曲江池是。同为苑地，不容中隔立政、敦化二坊。今移于此。《大唐新语》：贞观末，房玄龄避位归第。时天旱，太宗将幸芙蓉园以观风俗。玄龄闻之，戒其子弟曰："銮舆必当见幸。"亟使洒扫备馔。俄顷，太宗果先幸其第，便载入宫。按房玄龄宅在务本坊，其时未筑夹城，故幸芙蓉园自西而东也。《通鉴》：贞观七年十二月，上幸芙蓉园。胡三省注引《景龙文馆记》：芙蓉园在京师罗城东南隅，本隋世之离宫也。青林重复，绿水弥漫，帝城胜景也。《旧书·穆宗纪》：长庆二年，先有诏广芙蓉苑，南面居人庐舍、坟墓并移之。群情骇扰，降敕罢之。

增订：

《探测》结果：沿南城自西向东，至 8150 米明代王尚书坟园内，以直角形北折 510 米，再以直角形东折 1360 米，再南折 1060 米（此折墙是沿东廓城一直向南的），再西折 250 米，夯土渐薄，以至消失，构成一面积约 1 441 600 平方米的矩形地带，该矩形地带的西南角无夯土，仅在南城墙北折处发现沿南城墙东伸约 110 米有夯土，也是逐渐稀薄以至于消失的。此矩形地带当为芙蓉园，无夯土处便是曲江池。曲江池为南北长东西短的不规则形状，面积约 70 万平方米。关于芙蓉园参见《太平御览》卷一九七及《云麓漫钞》卷八。芙蓉园与曲江均为唐乐游之地，唐诗吟咏甚多，如李绅《忆春日曲江宴后许至芙蓉园》诗等。按《探测》附《唐芙蓉园曲江池探测图》所标之曲江池应为“芙蓉园”。芙蓉园并未尽占长安外郭城东南隅一坊余地；曲江池也不在芙蓉园内，而应位于芙蓉园的北面；曲江池并不叫芙蓉池，但两者的水体是相通的。一个在芙蓉园外，一个在芙蓉园内。(耿占军《关于曲江池与芙蓉园、芙蓉池的关系问题》，载李令福、李元、耿占军《曲江文史宝典》，陕西人民美术出版社，2004 年)

右皇城东第三街十坊及内苑、曲江、芙蓉园。

唐两京城坊考卷之四

西　京

长安县所领，朱雀门街之西，从北第一光禄坊。《长安志》于此处缺二坊，别无善本可证。李济翁《资暇集》永乐坊古冢下注云："光禄坊内亦有古冢。"《新记》不载，时之以与永乐者对，遂目为王母台。张郎中谯云：常于杂钞中见光禄者，是汉朝王陵母墓，以贤呼为"王母"。所以东呼为"王公"。按光禄坊之名，不见《长安志》。既云与永乐相对，又云东呼为王公，是在永乐之西，恐两缺坊内有一名光禄者，今注于第一坊下，以俟考。

《校补记》：孔纬宅，注：纬又有赐宅在善和里，补按：《摭言》：善和韦中令在阁下，中和初，随驾西川命相。又《云仙杂记》引《大康龙髓记》：许芝有妙墨八厨，巢贼乱，瘗于善和里第。事平取之，唯石莲匣存。又《国史补》：善和坊旧御井，故老云非可饮之井，地卑水柔，宜用濯。开元中，以骆驼数十驮入大内，以给六宫。以上皆言善和里，检图考皆无善和，仅见此注，因附记其事。又《云溪友议》：崔涯、张祜赠李端诗：善和坊里取端端。下云扬州近日浑成错，又云涯、祜久在维扬，则又扬州之善和坊也。(此条原在光德坊条下)

增订：

据黄永年先生《述〈类编长安志〉的史料价值》一文，光禄坊应为善和坊，并将《校补记》光德坊下之善和坊内容移此。

御井　善和坊有井水甘美以供内厨，开元中，日以骆驼驮入内，以供六宫，谓之御井。(《类编长安志》) **江国公陈叔达宅**　陈叔达，字子聪，南朝陈宣帝第十七子，为袁昭容所生。陈太建十四年（582）立为仪阳王。隋开皇九年（589）入长安，为绛郡通守，后率郡投唐，武德五年（622）封江国公。贞观九年卒，赠户部尚书。夫人王女节，字脩仪，出身临沂琅琊世家，为西晋丞相后裔。十二岁伉俪于陈仪阳王陈叔达。陈祯明元年（587）拜为仪阳王妃，唐武德八年（625），从夫之秩，拜为江国夫人。贞观十年（636）七月七日，王女节薨于京师善和里宅，时年六十五。以其年八月戊午朔三日庚申，永窆于雍州万年县义善乡兴寿里山，有子政德。王女节墓志约于2011年出土于西安南郊韦曲以北的凤栖原畔，2012年入藏于西安碑林博物馆。（西安碑林博物馆研究员王其祎《率更到法知多少——长安新出土〈王女节墓志小考兼及书者辨析〉》，载《西安历史文化讨论会议文集》2015年）按新近又出土陈叔达第六子陈玄德墓志。陈玄德于永淳元年（682）八月九日，终于兴化坊之私第。（《长安新出墓志》，文化出版社，2011年，第118页）柳宗元旧宅　《下殇女子墓砖记》（《柳宗元集》卷十三）："下殇女子，生长安善和私里，其始名和娘。"《寄许京兆孟容书》（《柳宗元集》卷三十）："家有赐书三千卷，尚在善和里旧宅。宅今已三易其主，书存亡不可知。"东宫通事舍人隆州阆中县令卫规宅　卫规字观德，河南洛阳人。父孝则，隋兵部侍郎，东宫洗马。贞观十二年二月八日，卫规薨于京善和私第，延载元年十月十一日，与夫人窦氏合葬同人原。（《补遗三辑》）鄜州司仓参军事李君之妻裴氏宅　裴氏名太一，河东闻喜人。永淳元年三月二十六日，终于善和里第。即以其年四月七日，权瘗于长安西南之高阳原。（汴博）范履慎宅　范履慎，南阳人。祖叔元，中散大夫英王友。父抗，朝散大夫行雍州好畤县令。履慎春秋十七，长寿三年四月遘疾夭于长安善和里第，其月十四日窆于京城之南安化门右。（《长安高阳原新出土隋唐墓志》）司农寺京苑总监副监梁琮宅　梁琮字味腴，其先安定朝那人。太极元年正月二十五日卒于京善和里私第，先天元年冬十月乙酉葬于龙原之阳。梁琮墓志1995年出土于周至县城西自来水公司南。据墓志出土地点可知今周至县城西唐代称龙原。按唐睿宗太极元年、延和元年及唐玄宗先天元年同是公元712年。国子祭酒赵冬曦宅　1980年赵冬曦墓志在河南省荥阳任湾村出土。志载：赵冬曦天宝九载二月丁亥薨背于西京善和里第。天宝十载四月甲申，安厝于浮戏山之南麓，崔夫人祔焉。（《赵冬曦墓志铭》，载《中原文物》1986年第4期）按赵冬曦《新唐书》有传。墓志可补正赵冬曦传记。卫尉卿京留守赠工部尚书崔秀宅　崔秀夫人李氏，陇西成纪人。祖李淳，同州长史。父李光庭，太公庙令。李氏后为崔秀继室，生三子七女，不幸早逝。大历十年十一月五日，寝疾终于长安善和里之私第，春秋六十九，其年十二月二十五日，权厝于万年县凤栖之原。（《西市藏志》）湖州乌程县尉刘斌宅　刘斌，京兆长安人。祖刘畧，黄州别驾。父刘适，邠州长史。贞元十六年九月二十二日，刘斌寝疾终于善和里之私第，春秋六十有五。十一月二十七日，归窆于积德乡先茔。有子七人，曰拱、抡等。（《西市藏志》）滑州酸枣县令李宙寓亲懿第　李宙字季长，陇西成纪人。祖昌庭，棣王友。父惟友，鄠县令。元和十年二月二十七日，李宙弃背于长安善和里寓亲懿之第，夏四月二十日，安厝于龙门北原先茔之左。夫人范阳卢氏，左司员外播之孙，魏县令将明之女，大和八年终于汝州，其年十一月十四日，号奉惟裳，归葬于阙塞北原。（《补遗八辑》）按李宙卒于亲懿之第。懿亲，谓至亲，古时特指皇室的宗亲外戚。此善和里之亲懿，不知为谁。善和坊福寿寺夫人侯莫陈约，家世河南。朝议大夫恒王府之咨议赠荥阳太守超，夫人大王父，恒王府司马。陇州别驾遥，即夫人显考。大和二年四月二十三日，夫人终于长安县善和里福寿之佛寺，以其年八月十九日，葬于偃师县亳邑乡桓村，合祔于先府君之茔。（《洛阳新获墓志》二〇一五）按：长安福寿寺，在延康坊，本杨素宅，后没官。贞观中赐魏王泰，泰薨后，官市之。显庆元年，高宗为孝敬太子病愈立寺，大中六年改福寿寺。善和坊福寿寺何时立寺，何时废待考。雅王府参军李公宅　李公夫人之先本姓廉，赵将（廉）颇之枝叶。武宗即位，册夫人之姑为皇太后，夫人之父即国之舅。会昌初，武宗下诏赐姓韦，今为京兆韦氏。夫人祖栖华，赠司徒。父恭甫，检校刑部尚书左羽林军统军知军事。韦氏年十五，归于参卿。大中十二年闰二月十日，寝疾终于长安善和里之私第，享年十六，其月二十八日，葬于万年县朱赵村。（《西市藏志》）京兆少尹孟璲宅　孟璲字虞颁，平昌安丘人。曾祖景仁，龙丘县令。祖洋“以至孝闻，明经制举，授浔阳尉，居官有能名。由监察殿中皆带剧职，历吉、虔二州刺史，赠光禄卿。与颜鲁公善。葬常州武进原，真卿为之碑”。父存性，累赠礼部尚书。孟璲善属文，大和初，进士擢第，累辟藩府，掌奏记，入为尚书司门员外郎，迁京兆少尹。大中十四年二月九日，终于长安善和里，其年四月十四日，归葬于河南府洛阳县平阴乡成村，祔龙丘府君之茔。（《补遗八辑》）饶州余干县尉郭克勤宅　郭克勤，咸通十三年十一月十六日殒于善和之私第，咸通十四年二月七日，窆于京兆府万年县崇道乡蛇村里。1955年西安市东郊郭家滩郭克勤墓志出土。（《考释》）按郭克勤与居于兴道坊之郭克全是从兄弟。朱玫宅　《旧唐书》卷一七五《朱玫传》：“时玫有第在善和里，（王）行瑜率兵仗入见，玫责以擅还。行瑜曰：‘我要代尔行邠州节制，何复多言？’遂斩之。”郑注宅　《册府元龟》卷九八三：郑注“居京师善和里，宅通永巷，重檐复壁，阴召京师不肖及四方节将豪猾，通间往来”。司空兼门下侍郎同平章事赠太尉孔纬宅　《旧唐书》卷一七九《孔纬传》：王行瑜斩朱玫，平定京城。孔纬从僖宗还京，“赐天兴县庄，善和里宅各一区，兼领京畿营田使”。按孔纬另有宅在光德里。潞州刺史王府君宅　《王右丞集》卷二六《唐故潞州刺史王府君夫人荣国夫人（卢氏）墓志铭》云：“夫人以某月日寝疾薨于长安善和里，享年若干。”林简言赁居《全唐文》卷七九〇林简言《言赠》：“长庆壬寅岁，简言赁居善和里。”

次南□□坊。《张元忠夫人令狐氏墓志》云：夫人卒于京兆府殖业里之私第。按以南数坊多以业为名，或此缺坊为殖业欤？不言县而独言京兆府，以府廨在光德坊，与此坊相近也，存之附考。

东门之北，都亭驿。十字街之北，净影寺。隋文帝为沙门惠远立，寺额申州刺史殷仲容所题。东南隅，行台左仆射、郧国公殷开山宅。本隋蔡王智积宅。西门之北，秘书监颜师古宅。太常少卿欧阳询宅。著作郎沈越宾宅。贞观、永徽间，颜师古、欧阳询、沈越宾住此坊。颜即南朝旧族，欧阳与沈又江左士人，时人呼为“吴儿坊”。郑国夫人杨氏宅。武惠妃之母。京兆尹韦武宅。元和人。

增订：

徐松将通化坊误为殖业坊。殖业坊在东京洛阳。今据黄永年先生《述〈类编长安志〉的史料价值》、辛德勇博士《隋唐两京丛考》，移原敦化坊内容于通化坊。又《唐两京城坊考》将殷践猷宅和恒安郡王宅误入安兴坊，现一并移入通化坊。中书主书冯承素宅　冯承素，字万寿，长安信都人。祖伏。父英，左监门长史。承素解褐门下省典仪，尤工草隶，奉敕令直弘文馆，寻迁中书主书。咸亨三年十月五日，遘疾终于京城通化里第，春秋五十有六。夫人朱氏，咸亨二年四月二十一日卒，寓殡于长安原，以今年十一月十五日，合葬于雍州乾封县高阳原。(《西市藏志》) 通议大夫行麟台丞上柱国建安县开国子殷仲容宅　殷仲容字元凯，陈郡长平人。曾祖英童，周御史大夫，封建安县开国男。祖闻礼，太子中舍袭建安县开国男。父令名，光禄卿上柱国，袭建安县开国男。贞观二十三年（649），殷仲容任唐太宗挽郎，到久视元年（700）“历官一十七政律，改五十余年”。长安三年四月二十九日，易箦于长安县通化坊之私第。夫人颜颀，字女英，秘书监琅琊县开国子颜师古之女。仪凤二年正月因向泾阳看女至三月十三日，终于泾阳县城史氏女宅，旋殡于京通化里第。永隆二年七月十三日，窆于雍州乾封县高阳原先茔。长安三年七月十七日，合葬于旧茔。孤子承嗣等八人。殷仲容夫妇墓位于西北大学长安新校区内，2007 年陕西省考古研究所发掘。（陕西省考古研究所《唐殷仲容夫妇墓发掘简报》，《考古与文物》2007 年第 5 期）按殷仲容是唐高宗至武则天时期的书法家，长于篆隶，尤精于榜书题额。颜真卿说“仲容以能书为天下所宗，人造请者笺盈几”。(《全唐文》卷三百四十一《颜元孙碑》) 唐长安崇仁坊资圣寺寺额、化度寺额、褒义寺、开业寺，东京太仆寺，灵州神马观额，汴州安业寺额均为殷仲容题，皆精妙旷古。殷仲容妻颜颀是颜师古之女，即颜真卿父颜惟贞的堂姑祖母。殷、颜并南朝旧族，均住通化坊，时人呼此坊为“吴儿坊”。殷仲容子泰初墓志亦于2004 年出土于西北大学长安校区。泰初于永淳元年四月十日，卒于京通化里第，春秋二十有八。(《长安高阳原新出土隋唐墓志》) 按《新唐书》卷一百九十九《殷践猷传》载：殷践猷从父仲容，殷践猷宅也在通化坊。曹州司法参军、秘书省丽正殿二学士殷践猷宅　颜真卿《殷践猷墓碣》：终于京师通化坊之私第。恒安郡王宅　张说《郑国夫人神道碑》：终于通化里。按夫人杨氏，开元皇帝惠妃之母，恒安郡王之妻。净影寺　《隋释慧远传》(《高僧传二集》卷十)：“(文帝) 乃选天门之南，大街之右，东西冲要，游听不疲，因置寺焉。”通化坊正当朱雀门（天门）之南，朱雀大街之西。慧远，敦煌李氏，开皇十二年，殁于京净影寺。(《北图石汇》) 据

《慧远传》所载。慧远“昔在清化，先养一鹅，听讲为务，频经寒暑，远入关后，鹅在本寺，栖息廊庑，昼夜鸣呼，众僧患之，附使达京，至净影大门启之，径即鸣叫腾跃入远房内”。按《长安志》误将净影寺移往敦化坊，标明在敦化坊南街之北，而徐松在《唐两京城坊考》敦化坊下的净影寺则在“十字街之北”。通化坊在皇城之南，无十字街，只有东西大街。故《长安志》关于净影寺的记述也可以看出应在没有十字街的通化坊。郑国夫人杨氏宅　《文苑英华》卷九三四张说《郑国夫人神道碑》：“开元十年三月终于通化里，其四月卜宅于少陵原。”京兆府美原县丞元复业宅　元复业，河南人。开元二十八年三月二十八日，于长安通化里私第瞑目。夫人权氏天宝四载五月十八日，终美原（今陕西富平县）常乐里私第。广德元年八月十四日，于三原县落泉乡长平原祔先茔。（《陕西金石志》）武功苏澄宅　苏澄撰《唐故金紫光禄大夫雅王傅崔君墓志铭并序》云，崔时用，博陵人。祖崔如璧，郑州司马。父崔霈，景城郡参军。季父剑南西川节度使右仆射冀国公崔宁，奇其时用能而委以戎务，为左厢马军将，迁太常卿。四年秋，以东土未宁，统率人马，助国除夷，拜雅王傅。朱泚肆逆，皇舆西幸，遂罢东征，脱身从扈，重围之中，崔宁得罪被杀，时用退迹躬耕。中书令李晟克收京邑，特举时用为神策散大将，俄兼麟游镇遏使。贞元五年正月十六日，遘疾卒于县通化坊苏澄之第。时用夫人苏氏，即苏澄之姊。《大唐故雅王傅崔公夫人苏氏墓志铭并序》，尚书仓部郎中弁撰，志载时用夫人苏氏于贞元十一年正月二十五日，以疾夭终于长安通化里第，越三月十六日，归祔高阳原先夫之穴。（《西市藏志》）银青光禄大夫检校工部尚书韦少华宅　韦少华字维翰，京兆万年人。六代祖夐，五代祖世文，高祖彤，曾祖彦方，祖同，父衎。少华即衎之次子。天宝十三载，少华道举登科，上元中，调授太常奉礼，历京兆仓曹掾、蓝田令，自殿中侍御史转度支员外，擢长安令。建中末，拜京兆少尹。及领汉州刺史，征为太府少卿，寻守大太府，兼工部尚书。贞元十二年十月十九日，薨于通化里私第，享年六十八，以薨季月旬有五日，迁厝于万年县洪固乡之毕原，从先茔。夫人天水郡夫人陇西李氏，有子遹、逞、造，二女。（《西市藏志》）按通化坊有韦武宅，韦武为逍遥公韦夐第七子世冲后裔，而韦少华为逍遥公第六子世文后裔。衢州刺史裴郾宅　裴郾字颖叔，闻喜人。十六代祖裴徽，仕凉，子孙因之，遂为西眷。高祖裴玄本，司农少卿。祖裴知久，岚州宜芳县令。父修己，左赞善大夫。裴郾以门荫补太常礼直，解褐参蒲州军事，数转至京兆府户曹参军。属盗起毂下，銮舆巡幸，李怀光闻难赴行在，表裴郾从仕。怀光叛，副元帅马燧列上裴郾之忠勇节概，恩授太子中舍。贞元九年八月十三日，终于官舍，享年五十四，以十年十一月十一日，卜葬万年县凤栖原之茔，二十年二月二十七日，改葬高平乡凤栖原。夫人金乡县君琅琊颜氏，国子司业允南之女，贞元十九年八月一日，终于长安通化里，春秋六十，明年二月二十七日，合祔于先子之茔，嗣子廉。按颜氏之父允南，字春惑，与颜真卿是兄弟。颜真卿《颜鲁公文集》卷二十四记载，允南任殿中司膳部司封郎中司业，金乡县男，工书，善草隶。宝应元年卒，享年六十九。《颜真卿庙碑》为允南书。（《西市藏志》）华原县主簿田沼妻班氏宅　班夫人，京兆人。曾祖思简，祖景倩，父梓、阆、澧、硖、夔等州刺史悉。班夫人是班悉之第二女。及笄，适于京兆田府君沼。元和三年六月十九日，班氏终于长安通化里之私第，享年五十一。是岁十一月十八日，祔葬于田府君之玄寝。铭曰："长安南，古原道。"扶风班氏为汉代史学家班彪、班固之后，两《唐书》班氏一族唯一有传者，即户部尚书班宏，田沼妻班氏乃班宏侄女，班氏墓志内容充实了对这一家族的研究史料。（李举纲《新见〈田沼妻班氏墓志〉略考》，载《文博》2014 年第 4 期）班氏墓志出土地点不详。太原郡夫人郭氏宅　夫人郭氏，即检校左仆射兼右羽林军统军赵国公平昌孟公之继室，颍川郡阳翟县人。烈考昇，官至中牟令。元和十一年七月十四日，夫人薨于通化里之私第，春秋五十四，明年春正月二十五日，窆于旧茔东北隅。嗣子起复。（《洛阳新获墓志》二〇一五）乡贡进士韦暎宅　夫人河东薛琰字令仪，元和十二年六月二十二日，终于长安通化里之私第，仲秋壬午迁窆于万年县洪固乡。（《补遗七辑》）国子监礼记博士赵君旨宅　赵君旨字正卿，天水人。朝廷复古建官，立五经博士，咸以为非公无应其选者，拜国子监礼记博士，寻兼领立石经事。大和八年十二月十九日，终于京师通化里，大和九年四月十日，葬于河南府河南县平乐乡杜翟村之原。（《千唐志》）进士孟启宅　孟启之妻陇西李琡，字德昭，咸通十二年辛卯五月戊申，殁于长安通化里之私第，七月壬申，葬于河南洛阳县平阴乡祔于先舅姑之兆次。夫人皇族，太祖景皇帝之十一代孙，宗正卿从义之女。（《补遗八辑》）游击将军守左领军卫翊府郎将曹惠琳宅　1956 年西安市东郊韩森寨东南出土曹惠琳墓版，文载：曹惠琳五十四逾知命之秋，遘疾不救，薨于通化里之私第，大历十一年夏四月二十七日，葬于京兆府万年县龙首原。（《考释》）曹惠琳墓志为章敬寺大德令名叙，沙门道秀书。唐故杜氏陇西李夫人宅　唐僖宗文德元年（888）十一月十二日，前义成军节度推官，试协律郎杜光义妻陇西李夫人遘疾，终于长安通化里丞相之第，享年十九。李夫人绰字友之。曾祖芮，祖景章，父李凝庶，李凝庶娶京兆（今）丞相杜公之女弟，李绰即杜夫人生。其年其月二十七日，葬于长安之东南弘原乡庞流村，祔杜氏之先茔。李绰墓志为他的父亲中大夫行中书舍人上柱国赐紫金鱼袋李凝庶撰。（《集萃》）按李绰葬地长安东南弘原乡庞流村，应即唐玄宗贞顺武皇后敬陵所在地，后称庞留村。光禄卿韦师真宅　1959 年长安县韦曲东北青砖厂出土韦师真墓志载：韦师真戊午年十一月十四日，终于长安县通化里。光化元年葬。（墓志存长安区博物馆）韦武宅　《唐故银青光禄大夫京兆尹兼御史大夫上柱国赠吏部尚书京兆韦公（武）神道碑铭并序》：韦武遇暴疾薨于长安通化里之私第。（《吕衡州文集》卷六）

次南丰乐坊。

西南隅，法界尼寺。隋文献皇后为尼华晖、令容所立。有双浮图，各崇一百三十丈。**横街之北，大开业寺**。本隋胜光寺，文帝第四子蜀王秀所立。大业元年，徙光德于此坊，置仙都宫，即文帝别庙。武德元年，高祖为尼明照废宫立为证果尼寺。贞观九年，徙崇德于此坊，置静安宫，即高祖别庙。仪凤二年废宫，复立为开业寺。《宣室志》：至德二年十月二十三日，丰乐里开业寺有神人，足迹甚长，自寺外门至佛殿。《名画记》：开业寺有曹仲达、李雅、杨契丹、郑法士画。魏博节度使田季安进绢五千匹，助修开业寺，见《崔群传》。**李昌符宅**。许棠《题李昌符丰乐幽居》诗云：诗家依阙下，野景似山中。又云：破门韦曲对，浅岸御沟通。

增订：

法界尼寺　《唐故法界寺比丘尼正性墓志铭并序》云："阇梨裴族，释号正性，河东闻喜人。"考裴倚，驾部郎中御史中丞。贞元六年八月十日，现灭于栎阳县修善乡之别业，其年十月八日，迁神于城南神禾原□郎中之茔，从俗礼。志载正性初隶上都法界寺。（《补遗六辑》）**废开业寺**　咸通十四年五月六日，朝议郎河南府户曹参军柱国贾洮，终于上都长安县丰乐里废开业寺，其年八月二十八日，窆于万年县宁安乡姜尹村。（《千唐志》）按开业寺，几经兴废，仪凤二年复立，不知又废于何时。

次南安业坊。

西南隅，资善尼寺。隋兰陵公主舍宅立。**东南隅，济度尼寺**。隋太师申国公李穆之别宅。穆妻元氏立为修善僧寺。其济度尼寺本在崇德坊，贞观二十三年徙于此。武后为尼，即此寺也。其额殷令名所题，《通鉴》作感业寺。**横街之北，郿国公主宅**。睿宗第八女，降郑孝义。毕氏曰：公主初嫁薛儆，又嫁孝义。**次南，唐昌观**。《剧谈录》曰：观有玉蕊花，花每发，若琼林玉树。元和中，春物方盛，车马寻玩若相继。忽一日，有女子年可十七八，衣绿绣衣，垂髻双环，无簪珥之饰，容色婉娩，迥出于众。从以二女冠、三小仆，仆皆丱髻黄衫，端丽无比。既下马，以白角扇障面，直造花所，异香芬馥，闻于数十步之外，观者疑出自宫掖，莫敢逼而视之。伫立良久，令小仆取花数枝而出，将乘马，顾谓黄冠者曰：曩有玉峰之期，自此可以行矣。时观者如堵，或觉烟飞鹤唳，景物辉焕，举辔百余步，有轻风拥尘，随之而去。须臾尘灭，望之已在半天，方悟神仙之游。余香不散者经月余。时严休复、元稹、刘禹锡、白居易俱有诗。休复曰：终日斋心祷玉宸，魂销眼冷未逢真。不如满树琼瑶蕊，笑对藏花洞里人。又曰：羽车潜下玉龟山，尘世何由睹蕣颜。唯有无情枝上雪，好风吹缀绿云鬟。元稹曰：弄玉潜过玉树时，不教青鸟出花枝。的应未有诗人觉，只是严郎卜得知。刘禹锡曰：玉女来看玉树花，异香先引七香车。攀枝弄雪时回首，惊怪人间日易斜。又曰：雪蕊琼枝满院春，羽衣轻步不生尘。君平帘下徒相问，长伴吹箫别有人。白居易曰：嬴女偷乘凤下时，洞中潜歇弄琼枝。不缘啼鸟春饶舌，青琐仙郎可得知。京兆尹张去奢宅。弟去逸、去盈同时三品，亦号三戟张家。左龙武军统军、归诚郡王程怀直宅。贞元十年，赐怀直甲第一区，妓女一人，令归沧州。初怀直自沧州归朝，德宗赐务本里宅。又赐安业里别宅，有池榭林木之胜。

《校补记》：安业坊 唐昌观 补注：程瑶田《释草小记》引《长安志》：安业坊唐昌观旧有玉蕊花，乃唐昌公主手植也。

增订：

《旧唐书·礼仪志》(二)：隋文帝开皇中，将作大匠宇文恺，依《月令》造明堂木样以献。帝令有司于京城安业里内规兆其地，方欲崇建，而诸儒争论不定，竟议罢之。《资治通鉴》卷第一百七十八："开皇十三年秋七月，是岁上命礼部尚书牛弘等谋明堂制度，宇文恺献明堂木样，上命有司规度安业坊地将立之，而诸儒异议，久之不决，乃罢之。"济度尼寺 《城坊考》崇德坊济度尼寺条是照录《长安志》："至贞观二十三年徙济度寺于安业坊之修善寺，以其所为灵宝寺，尽度太宗嫔御为尼以处之。"则武氏为尼应于灵宝寺，非济度尼寺。《城坊考》于安业坊又将《长安志》中"永徽中"改为"贞观二十三年，徙于此，武后为尼，即此寺也"。实误。济度尼法愿，龙朔三年八月二十六日，舍寿于济度寺。(《金石萃编》卷五四) 济度寺比丘尼法灯法师，为萧瑀女，与姊法乐法师，俱终于蒲州相好寺，归葬雍州明堂县义川乡南原。(《续修陕西通志稿》卷一四三)《咸宁县志》载《济度尼寺尼惠源和上神空志铭》：惠源，开元二十五年九月二日卒。1956 年西安市东郊韩森寨东南出土宇文氏墓志，志载：司农丞独孤桢夫人宇文氏，建中三年八月二十八日，薨于长安里济度之佛刹，以九月一日，窆于万年县龙首原。(《考释》) 按长安无长安里，应为安业里之济度尼寺。银青光禄大夫驸马都尉上柱国汾阴郡开国公赠兖州都督薛儆宅。薛儆祖怀安，父瑊。薛儆为唐睿宗第八女鄎国公主驸马，开元八年十二月七日，薨于安业里，嗣子鏽、镠、镕等。(《补遗七辑》) 按《新唐书》卷八十三《诸帝公主》载，睿宗第八女鄎国公主，崔贵妃生，始封荆山，下嫁薛儆，又嫁郑孝义。鄎国公主陪葬桥陵。(山西省考古研究所《唐代薛儆墓发掘报告》，科学出版社，2000 年)。《长安志》安业坊横街之地鄎国公主宅，毕沅按公主初嫁薛儆，又嫁孝义。《唐两京城坊考》安业坊：横街之北鄎国公主宅。改《长安志》横街之地为横街之北。金乡县主宅 1991 年于西安市灞桥区新筑乡于家砖厂出土一方《大唐故蜀州司法参军于府君夫人金乡县主墓志铭》。金乡县主是李渊孙女，滕王李元婴之第三女。开元十年八月二十六日，薨于京安业里第。蜀州司法参军于隐，永昌元年闰九月二十九日，卒于神都（洛阳）德懋里之私第，天授元年二十九日，安厝雍州万年县见子原。开元十二年正月十一日，合葬于见子陵。(西安市文物管理委员会《西安唐金乡县主墓清理简报》，载《文物》1997 年第 1 期）按金乡县主墓的具体位置是新筑镇东南，西安至高陵公路东于家砖厂，此地唐称见子原或见子陵。常芬公主府少府监范阳县伯张去奢宅　1953 年咸阳底张湾出土张去奢及其弟张去逸墓志。张去奢，天宝六载三月十二日，薨于京师之安业里第，朱棨齐列，时人荣之。京师所谓三戟张氏者也。天宝六载十月七日，窆于咸阳洪渎原祔先茔之侧。(《唐墓壁画》，载《文物》1959 年第 8 期）按张去奢之母，燕国夫人窦氏，即开元天宝圣文武皇帝之从母也。《新唐书》卷八十三《诸帝公主》玄宗第二女“常芬公主下嫁张去奢”，则张去奢宅亦是常芬公主府第。唐昌公主宅　唐昌公主，唐玄宗第四女，开元中出降驸马都尉河东薛锈，后薛锈含冤殒命，唐昌公主时年二十四岁，遂舍宅入观。其宅在长安安业坊横街之北，郧国公主宅之南。唐昌观之玉蕊花曾为唐长安珍罕之花。玉蕊，玉蕊科小乔目，分枝下垂。叶倒卵状长圆形，先端锐尖或渐尖。总状花序常顶生或腋生于落叶，下垂，多花，花梗长达 2.5 厘米，花瓣 4 片，绿色或带红色，或黄色。犹如琼林玉树世界下凡的天仙，引发长安文人雅士的啧啧赞叹。今产海南岛和台湾。至德元年十二月二十一日，唐昌公主终于崇化里，春秋四十四，乾元二年十月十六日，归葬于长安高阳原。(张全民《〈唐昌公主墓志铭〉考释》，《唐研究》第二十卷 2014 年）按唐昌公主墓志是于 2008 年 2 月在西安市长安区金堆城钼业公司郭杜住宅小区基建中发现的。唐昌公主墓被盗掘，所幸墓志尚存。唐长安安业坊在西安市区含光路之东，今西安市小寨西路是安业坊的坊中路东西街的一段，唐昌观应在今西安市陕西省社会科学院近旁。京兆府长安县尉独孤士衡宅　独孤士衡为其第二女所撰墓志载，其第二女幼字客师，改名保生，河南人。独孤氏三朝后族。贞元十七年六月一日，保生终于长安县安业里之私第，春秋一十有五，其年七月三十日，陪葬于万年县山北乡神禾原之先茔。(《西市藏志》）高氏宅　振武节度使检校刑部尚书兼御史大夫高公第五女。祖崇文，任邠宁庆等州节度使同中书门下平章事，赠太尉。大中十二年八月十七日，女染微疾，九月三日，殁于安业里，年二十。其年十月十二日，窆于京兆府万年县神禾原王村。高氏墓志为侄庄陵丞高勋书。(《洛阳新获墓志》二〇一五）乡贡进士杨瑰宅　杨瑰夫人孟氏，大中四年十二月二十七日之秋，终于安业里之□舍。(《补遗七辑》）韦府君夫人李挂宅　李挂字潜光，唐睿宗五代孙，让皇帝李宪四代孙，右谏议大夫李景俭之第三女。乾符五年十月二日，终于长安安业里私第，其年十一月六日，葬于京兆府万年县洪固乡韦村之原。长子彭户，次子鲁真。李挂墓志为其亲弟朝议郎前行京兆府功曹参军柱国李堪撰并书。(张蕴《关于西安南郊毕原出土的韦氏墓志初考［三］——逍遥公房和李夫人墓志》，载《考古与文物》2000 年第 1 期）李挂墓志 1989 年出土于长安县南李王村。

次南崇业坊。街前为选场。按《会要》言移玄都观至安善坊，疑安善为此坊之旧名。

玄都观。隋开皇二年自长安故城徙通道观于此，改名玄都观，东与大兴善寺相比。初宇文恺置都，以朱雀街南北尽郭，有六条高坡，象乾卦，故于九二置宫殿，以当帝王之居，九三立百司，以应君子之数，九五贵位，不欲常人居之，故置此观及兴善寺以镇之。刘禹锡《元和十年自朗州承召至京，戏赠看花诸君子》诗曰：紫陌红尘拂面来，无人不道看花回。玄都观里桃千树，尽是刘郎去后栽。又《再游玄都观绝句》曰：余贞元二十一年为屯田员外郎，时此观未有花。是岁出牧连州，贬朗州司马。居十年，召至京师，人人皆言，有道士手植仙桃，满观如红霞，有前篇以志一时之事。旋又出牧，今十有四年，复为主客郎中，重游玄都，荡然无复一树，惟兔葵燕麦，动摇于春风耳。因再题二十八字，以俟后游。时大和二年三月日。百亩庭中半是苔，桃花净尽菜花开。种桃道士归何处，前度刘郎今独来。《名画记》：玄都观殿内有范长寿画。福唐观。本新都公主宅。公主中宗长女，嫁武延晖。景云〔原误为“景元”，今改正〕元年，公主生子武仙官，出家为道士，立为观。新昌观。天宝六载，新昌公主因驸马都尉萧衡卒，奏请度为女冠，遂立此观。公主为玄宗第十一女。前司空同中书门下平章事王涯家庙。按庙碑刘禹锡撰。检校左仆射兼吏部尚书崔群家庙。牛僧孺《崔群家庙碑》：元和十四年，诏右相中书侍郎平章事清河郡公立家庙于长安崇业里。

增订：

玄都观　《唐会要》玄都观下：“玄都观隋开皇二年移至安善坊”误。《唐会要》卷五十玄都观条：“初，宇文恺置都……以九五贵位，不欲常人居之，故置玄都观、兴善寺以镇之。”《长安志》玄都观：“东与大兴善寺（靖善坊）相比。”这些记载说明玄都观从隋开皇二年宇文恺置玄都观就在靖善坊，否则不能东西相直。因隋唐长安城内有六条高坡，九五置寺、观以镇之，这条高坡就是东西向的高地。如果玄都观迁至朱雀街东第二街靖安坊之南的安善坊，则玄都观与大兴善寺就不在一个九五高位之上了。故《唐两京城坊考》崇业坊下“按会要移玄都观至安善坊，疑安善为此坊（崇业）之旧名”亦误。《道藏·洞真部·记传类》《历世真仙体道通鉴》卷四十二《李遐周》条：“李遐周者，不知何许人也。有道术，隐显不能测。唐明皇开元中尝召入禁掖，久之，求出，住玄都观。”

右御史中丞潞州刺史李嗣真宅　《新唐书》卷九十一《李嗣真传》：“嗣真居崇业里。”《白孔六帖》卷六十一《知音》：“太常缺黄钟，铸不能成。嗣真（李姓）居崇业里，疑土中有之，弗得其所……”

次南永达坊。

华阳池。度支亭子。《辇下岁时记》：新进士牡丹宴，或在永达亭子。《玉泉子》：崔郢为京兆尹日，三司使在永达亭子宴丞郎。盖为度支游憩之所，故三司使于此宴客也。左拾遗王龟宅。《旧书·王播传》：起子龟，少以诗酒琴书自适。起兄弟同居光福里。龟意在人外，倦接朋游，乃于永达里园林深僻处创书斋，吟啸其中，自为半隐亭。

增订：

王龟宅半隐亭另见北宋钱易《南部新书》丙。

次南道德坊。隋有澄虚观，武德中废。

开元观。本隋秦王浩宅。武后朝置永昌县。神龙元年县废，遂为长宁公主宅。景云元年置道士观。开元五年，金仙公主居之，改为女冠观。十年，改为开元观。《名画记》：开元观有杨廷光、杨仙乔画。按《白氏长庆集》诗注云：开元观西北院即隋时龙村佛堂，有古柏一株，至今存焉。东南隅，废崇恩庙。神龙初立，以祀武氏祖祢。景云元年废。成德军节度使兼中书令王武俊家庙。

增订：

澄虚观　《长安志》为澄灵观。开元观　《唐两京城坊考》据《长安志》将东京道德坊开元观内容，误入西京开元观。武后时置永昌县于隋秦王浩宅，在洛阳，与西京无关。又据1974年出土于陕西蒲城县三合乡武家村的《大唐故金仙长公主志石铭并序》云："……暨主上（指唐睿宗）嗣升大宝，仁先友爱，进封长公主，加实赋一千四百户焉。仍于京都双建道馆，馆台北阙，接笙歌于洛滨；珠阁西临，聆箫曲于秦野。……以壬申之年建午之月十日辛巳薨于洛阳之开元观，春秋四十有四，越以景子之年七月己卯朔四日壬午，启旧茔而自洛阳陪葬于桥陵。"壬申之年建午之月为开元二十年五月，丙子之年（开元二十四年）七月四日，陪葬于唐睿宗桥陵。金仙公主葬今蒲城县。金仙公主所居之开元观在洛阳，不在长安。"馆台北阙，接笙歌于洛滨"明确指出开元观在河南洛阳。长安亦有"开元观"。《道藏·洞真部·记传类》《历世真仙体道通鉴》卷三十六申元之条："申元之者，不知何许人。游名山博采方术，得内修度世之道。唐明皇开元中，召入上都开元观。"元稹《蛒蜂》（《元稹集》卷四）："梨笑清都月（京开元观多梨花蜂），蜂游紫殿春。构脾分部伍，嚼蕊奉君亲。翅羽颇同类，心神固异伦。安知人世里，不有噬人人。"唐杨凭《长安春夜宿开元观》："霓裳下晚烟，留客杏花前。遍问人寰事，新从洞府天。长松皆扫月，老鹤不知年。为说蓬瀛路，云涛几处连。"（《全唐诗》卷二八九）朝散大夫中卫尉卿兼御史中丞上柱国赐紫金鱼袋王知信宅　咸通十一年龙集□□□月四日，王知信寝疾薨于京师道德里私第，春秋六十，以明岁二月八日，葬于京兆府万年县洪固乡李永村。王知信大王父王武俊，成德军节度使检校太尉兼中书令赠太师。王父士真，成德军节度使检校司徒同中书门下平章事赠太保。烈考承宗，成德军节度使检校尚书左仆射兼御史大夫赠司空。王知信是王承宗之次子，元和十三年皇上嘉之，拜为左龙武军兵曹参军，仍赐长兴坊宅一所，并什器坐料等，有司供给。后累迁至右武卫上将军、兼御史中丞。王武俊、王士真、王承宗，新旧《唐书》有传，本出契丹怒皆部，唐玄宗开元年间与饶乐府都督李诗等五千帐求袭冠带入居蓟，改姓王。从王武俊到王承宗统辖河朔三镇之一的成德军近达四十年，与李抱真家族联姻，李景裕之妻王循即王承宗之女。王武俊由带兵之武将逐渐发展为割据一方的藩镇节度，并以“家镇”模式统治成德军近四十年。王知信墓志为契丹族王武俊家世汉化及其在中唐时期的兴衰变迁提供重要信息。（杨玮燕《唐〈王知信墓志〉考略》，载《文博》2014 年第 6 期）另参见本书安邑坊李景裕条。

次南光行坊。“行”字本犯中宗讳，长安中改。一作“光仁”。

东南隅，华州刺史文经野宅。观军容使鱼朝恩宅。

增订：

光行坊，原名“显行坊”，因“显”字犯唐中宗显讳，故改为“光行”坊。

朝议大夫使持节都督嘉州诸军事嘉州刺史嗣卫国公李浚宅　李浚字明源，陇西成纪人。高祖靖，开府仪同三司，尚书右仆射，中书令，卫国公。曾祖德奖。祖友谦。李浚贞元九年十一月七日，终于长安光行里之私第，年六十五。有子士方、直方、知方、式方。夫人裴氏，河东人。祖纪，赠司空。父缨，密州诸城县尉。贞元六年十月八日，终于长安县光行里私第，享年四十有四。其年十二月四日，窆于咸阳县秦川乡之北原，以贞元九年十二月二十一日窆焉。（《洛阳新获墓志》二〇一五）按：《新唐书》卷七十二上《宰相世系》二上，曾祖德奖，下缺祖（友谦）、父名，及李浚子名。

次南延祚坊。坊南街抵京城之南面。

增订：

李氏之庙舍　1956 年西安市东郊韩森寨东南出土崔慎思墓志载：崔慎思，元和五年二月十七日，殁于长安延祚里李氏之庙舍，以其年八月十六日，葬于万年县长乐乡。（《考释》）按《新唐书·宰相世系表》载有崔慎思。

右朱雀门街西第一街，九坊。宋张礼《游城南记》云：入明德门，历延祚、光行、道德、永达四坊，至崇业坊，览玄都观之遗基，过冈，论唐昌观故事。既而北行数里，入含光门。即此九坊地也。

朱雀门街西第二街，北当皇城南面之含光门。**街西从北第一太平坊**。坊内有隋尚书左仆射赵士茂宅。

乐官院。见安兴坊下。**武成王庙**。《续定命录》：冯芫、韩皋同任太常寺奉礼时，元佐任协律郎，三人同约上丁日，释奠武成王庙行事。芫住常乐，皋住亲仁，元佐住安邑。芫鼓动，拉二官同之太平、兴道西南角。按常乐坊最在东，安邑坊次之，亲仁坊又次之。芫盖先约元佐，次约皋，同西行历兴道坊，至太平坊也。**西南隅，温国寺**。本实际寺。隋太保、薛国公长孙览妻郑氏舍宅所立。景龙元年，殇帝为温王，改温国寺。大中六年，改崇圣寺，寺内净土院为京城之最妙，院有尹琳、吴道玄画。**西门之北，定水寺**。隋开皇十年，荆州总管上明公杨纪为慧能禅师以宅立寺。《名画记》：定水寺有王羲之题额，又有张僧繇、解倩、孙尚之画。**东南隅，舒王元名宅**。后为京兆府学，又为户部尚书尹思贞宅。**袁夫人宅**。按墓志，夫人袁氏，洛州永昌县人，卒于乾封县太平里第。**节愍太子妃杨氏宅**。张说作墓志云：开元十七年，中宗节愍太子妃杨氏薨于京师太平里第之内寝。**御史大夫王鉷宅**。天宝中，鉷有罪赐死。县官簿录鉷太平坊宅，数日不能遍。宅内有自雨亭子，檐上飞流四注，当夏处之，凛若高秋。又有宝钿井阑，不知其价。**给事中郑云逵宅**。**宅东，国医王彦伯宅**。《乾𦠆子》：贞元中，萧俛新及第。时国医王彦伯住太平里，与给事郑云逵比舍住。俛忽患寒热，早诣彦伯求诊候，误入云逵第。会门人他适，云逵立于中庭，（原脱“庭”字，今补。）俛前趋曰：“某前及第，有期集之役，忽患。”具说其状。逵命仆人延坐，为诊其臂曰：“据脉候是心家热风。云逵姓郑，若觅国医王彦伯，东邻是也。”俛赧然而去。**骑都尉薛良佐宅**。《骑都尉薛良佐塔铭》：龙集协洽，君奄然卒于西京太平里之第。**陆氏夫人宅**。柳宗元《叔妣陆氏夫人志文》：终于长安太平里第。**户部尚书王源中宅**。《摭言》：王源中，文宗时为翰林承旨。暇日与诸昆季蹴踘于太平里第，毬子击起，误中源中之额，薄有所损。俄有急召，比至，上讶之，源中具以上闻，上曰：卿大雍睦。命赐酒二盘，每盘贮十金碗，每碗各容一升许，宣令并碗赐之。源中饮之无余，略无醉容。**京兆少尹罗立言宅**。**中书侍郎同中书门下平章事裴坦宅**。按释子兰有《太平里寻兵部裴郎中故宅》诗。坦曾为职方郎中。**邕管巡官王定保宅**。定保《摭言》自序云：虽旧第太平里，而迹未尝达京师。

《校补记》：太平坊。定水寺　补注：《摭言》：贾岛遇武宗皇帝于定水精舍，侮慢，谪长江县尉。郑云逵、王彦伯宅，注：适云逵立于中　校：中下脱庭字，依本书增。裴坦宅，注：太平坊　校：依释子兰诗题作太平里。　又补二条并注：法寿寺，注：《广记》二百十五：西京太平坊法寿寺有满师善九宫。王崇、窦贤宅。注：《摭言》：太平王崇、窦贤二家，以科目为资，足以升沉后进，故科目举人相谓曰：未见王、窦，徒劳慢走。

增订：

唐太平坊的大部分为今西北大学校园，几十年来兴建校舍及操场发现大量隋唐文物。1953年修东操场时，于东操场跑道北端发现一大钱窖，有“开元通宝”和“乾元重宝”等。经陕西历史博物馆接收，共计8490斤，每斤以122枚计算，共总有1035780枚。钱出土时按贯数排列放置，清楚可辨。唐每贯为1000枚，此窖藏唐币应为1035贯。一次发现数量如此之大的唐货币，还是中华人民共和国成立以来第一次。此钱属于谁家，俟考。武伯纶先生在《古城集》中记载1955年8月在西北大学东校园内发现唐钱币，时间误记。1980年及1982年，兴建西北大学宾馆及宾馆餐厅时又发现唐佛寺遗物，如莲花纹瓦当，带字长砖、板瓦、石经幢残片，善业泥、束腰佛座残石，贴金菩萨像残石等，此处应为隋唐实际寺，即唐温国寺遗址。（拙著《隋唐长安城实际寺遗址出土文物》，载《考古》1988年第4期）1989年兴建留学生楼，在地下亦发现大量唐代莲花纹瓦当和莲花纹方砖等。此外在兴建新图书馆及化工楼时均发现大量唐太平坊内遗物。定水寺　张彦远《历代名画记》云：“长安太平坊定水寺，殿内东壁，孙尚之画维摩诘，其后屏风临古迹帖，亦妙。”“古迹帖”或指六朝名家巨迹。隋代定水寺具有鲜明的江南艺术性格，其一，寺额从荆州移来，为东晋王羲之书。其二，殿内东壁北二神，西壁三帝释，并南朝梁代名家张僧繇所画。此壁画皆从上元县（今江苏南京市）古寺移来。其三，殿内东西二壁其余七神像及小神像皆为南朝梁代解蒨所画。敦煌莫高窟220窟一组四幅维摩变，源自隋代著名画家孙尚子创于长安定水寺的新样。（史睿《隋唐法书屏风考》，载《唐研究》第二十三卷2017年）武成王庙　武成王庙，《两京新记》《长安志》均于太平坊无记载。唐开元十九年（731）四月十

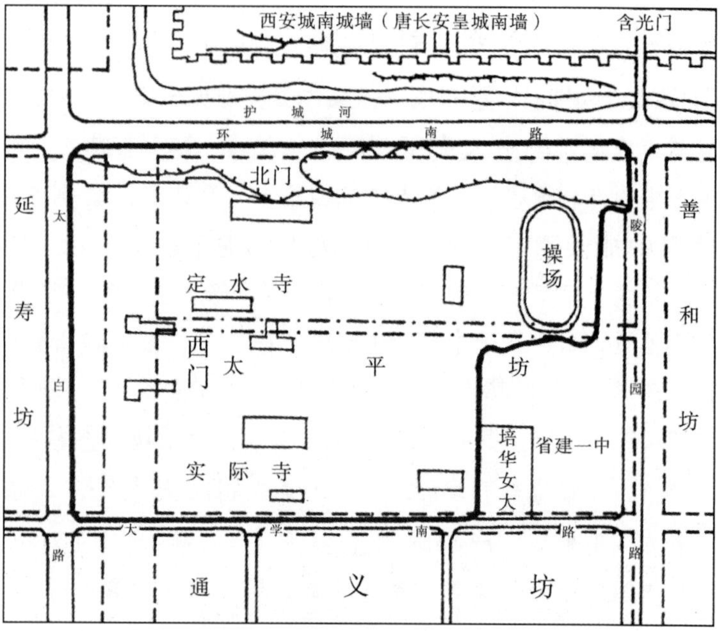

太平坊遗址示意图

（据二十世纪八十年代西北大学校园平面图绘制）

八日，令长安、洛阳两京及各州各置太公（望）庙一所。肃宗上元元年（760）闰四月，追封太公为武成王，原有太公庙更名为武成王庙。**法寿寺**　《太平广记》卷二百十五《满师》：“西京太平坊法寿寺，有满师善九宫。大理卿王璿尝问之，师云：‘公某月当改官，似是中书门下，甚近玉阶。’璿自谓黄门侍郎未可得也，给舍又已过矣。后果改为金吾将军，常侍玉阶。满公又云王鉷一家尽成白骨，有所克皆验。”**赵士茂宅即赵芬宅**　赵芬二月十二日寝疾薨于京师太平里第。（《金石萃编》）按赵芬《隋书》《北史》均有传。据《雍州金石记》载：“碑在西安府中兆村，前后两块，砌于堡门内。”碑文收入《八琼室金石补正》卷二四时，撰者陆增祥作过校订，残存字可读出：公讳芬字士□，封淮安县，前后任熊、淅二州，开皇五年除□州刺史，加金紫光禄大夫，以公时年□□，以大将军淮安王归第，薨于京师之太平里第云云。（朱丽双《赵士茂宅即赵芬宅》，载《唐研究》第九卷 2003 年）**隋屯骑尉秘书郎上明国世子杨孝偡宅**　杨孝偡字世范，弘农华阴人。父纪，上开府大宗正礼部尚书荆州总管上明恭公。开皇十八年，孝偡除上明国世子。仁寿三年五月十八日，卒于京师太平坊宅，春秋二十有六，以四年三月二十四日，窆于华州华阴县东原留名乡归政里。（《补遗千唐志斋新藏专辑》）按唐韦述《两京新记》记载隋开皇十年（590），荆州总管上明公杨纪为慧能禅师以宅立定水寺于太平坊西门之北，至仁寿三年（603）其子孝偡仍卒于太平坊宅，说明杨纪只是将宅之一部分立为定水寺，与高颎以宅立真寂寺（化度寺）相同，仍保留自己部分宅第。关于杨纪事迹，《隋书》记述简略。据杨纪墓志所载：杨纪，字文宪，华阴人。祖杨钧，魏侍中司空临真文恭公。父宽，魏尚书左仆射，周大将军大御正小冢宰华山元公。杨纪在仁寿二年（602）授使持节总管荆、复、峡、鄀、鄂、岳、澧、郎、辰九州诸军事、荆州刺史，仁寿三年五月二十二日，薨于州馆，谥曰恭。四年三月二十四日，迁窆于华州华阴县留名乡归政里之东原。（《补遗千唐志斋新藏专辑》载《大隋使持节上开府仪同三司荆州总管上明恭公杨使君之墓志》）《大隋大都督内史通事舍人普安县开国男故杨府君墓志铭》载：杨文愻，恒农华阴人。祖恭公，魏侍中司空华州刺史。父元公，魏左仆射太子大傅周大将军少冢宰大御正梁州十九州总管、赠华陕五州刺史。则知杨文愻与杨孝偡均为杨纪之子。杨文愻开皇九年夏四月二十二日，卒于京师太平坊舍。仁寿四年三月，归窆于华州华阴县东原旧茔。（《补遗千唐志斋新藏专辑》）按杨钧之子杨俭，杨俭之子杨朏墓志，为杨钧世系提供了《隋书》所缺载之史料。**节愍太子妃杨氏宅**　节愍太子李重俊神龙二年（706）秋被立为皇太子。因其为后宫所生，故为韦皇后和安乐公主所嫉妒。重俊恚忿，神龙三年（707）七月，矫发左羽林及千骑，杀韦氏党武三思、武崇训等十余人。后兵士倒戈，溃散。重俊逃至长安西南鄠县西十余里，为左右所害。睿宗即位后，为昭雪，复其太子身份，于景云元年（710）陪葬定陵。节愍太子妃杨氏于开元十七年薨于京师太平里之内寝，越五日，诏葬于新丰之细柳原。1994 年，位于陕西富平县城北 13 千米凤凰山麓唐中宗定陵东南 2 千米的节愍太子墓多次被盗扰。1995 年进行抢救性发掘。《全唐文》卷二三二张说《唐节愍太子妃杨氏墓志铭》：杨妃是唐玄宗元献皇后、唐肃宗生母之姊。杨妃父杨知庆，高祖为追封郑王杨士达（元献皇后传称曾祖，误。武则天之母为杨士达之女）。节愍太子妃女娣（元献皇后）在唐玄宗于东宫时选为良媛，生忠王，即唐肃宗。“及开元正位，良媛为嫔而卒”，节愍太子妃对忠王“隐亲之，教诲之，竭从母之仁慈，陪犹子之珍爱”。又据《旧唐书·节愍太子传》，节愍太子一子宗晖开元初封湖阳郡王。杨妃志称：“湖阳王当小宗之祭，元妃之丧，故丧挟两孤，而祭殷二周。”说明杨妃不仅抚育幼时的唐肃宗，也养育并非己出的节愍太子之子宗晖。李宗晖“天宝中为卫尉员外郎。（天宝）十一载，王鉷反，宗晖以卖宅与鉷，贬涪州郡长史，量移卢阳长史……”王鉷在长安有二宅，其一在安化门内安乐坊，其一在太平坊。宗晖卖给王鉷之宅是否即节愍太子妃所居之太平坊，不得而知。按长安太平坊在隋初应有杨氏的豪宅，如太平坊西门之北的定水寺，即开皇十年荆州总管上明公杨纪舍宅所立。又李君夫人杨十戒、郑国公杨点与节愍太子妃杨氏均为弘农华阴杨氏，属观王房。李夫人杨十戒与节愍太子妃之居所是李氏宅第抑或是杨家旧宅待考。**使持节卫州刺史李君宅**　李君夫人杨十戒，弘农华阴人。隋司徒公观德王杨雄之女。贞观十八年十二月十日，终于长安之太平里第，十九年正月十三日，厝于万年县铜人原。（《补遗三辑》）**岐州司法参军郑国公杨点宅**　杨点字仲甫，弘农华阴人。华州刺史杨志诚之孙，兵部郎中昌宁县伯杨潋之子。开元十七年六月二十六日，杨点终于西都太平里第，八月二十六日，祔于先茔。（《补遗二辑》）按志称：“初，公职于同州也，执昌宁伯之丧有闻焉……嗣子曰案。”可补正《新唐书》卷七十一下《宰相世系》观王房。**云麾将军左龙武军将军施宝宅**　施宝字思深，吴兴人。天宝五载十月一日，薨于京兆太平里之私第，卜葬于万年县浐川乡之平原。（《补遗三辑》）按施宝历任武职：“解褐，以元勋拜左领军卫，河南府王屋府果毅都尉，转左武卫京兆居义府果毅都尉。次历右卫陕郡安戎右骁卫、京兆甘谷左卫、京兆崇仁左领军卫、京兆甘泉右卫、京兆大明等五府折冲都尉。寻除右武卫郎将，迁左领军卫中郎将，移左龙武军中郎将，稍加左内府率。无何擢左龙武将军。”**假第**　中唐时期著名诗人韦应物，于唐代宗大历年间（九年至十一年）任京兆府功曹（正七品下）。大历丙辰（十一年）九月二十日，夫人元苹终于功曹东厅内院之官舍，韦应物撰并书元苹墓志。因“生处贫约，殁无第宅”，以其年十一月五日“祖载终于太平坊之假第，明日庚申时窆于万年县义善乡少陵原先茔外东之直南三百六十余步”。“祖载”即将葬之际，以柩载于车上行祖祭之礼。于此可知京兆府功曹参军、著名诗人韦应物家境贫寒，在长安无宅第。夫人疾终于功曹东厅内院之官舍，在太平坊临时租借的“假第”举行葬礼。假第应为租赁，与假居不同，“假居”据唐谷神子《博异志·敬元颖》

载："仲躬好学，修词未成，乃携数千金于洛阳清化里假居一宅。""假第"谓临时租用宅第办丧事。太平坊假第是谁家第宅不详。韦应物及妻、子、子妇四方墓志于2007年出土于西安市长安区韦曲镇东北原上。大历十一年（776）元苹葬时称"万年县义善乡少陵原"。其子韦庆复，元和四年（809）附于韦应物（苏州府君）墓之后时称"京兆府万年县凤栖乡少陵原"。时间相差三十余年，乡名从义善乡改为凤栖乡。（马骥《新发现的唐韦应物夫妇及子庆复夫妇墓志考》，《纪念西安碑林九百二十周年华诞国际学术研讨会论文集》2007年10月）宗正卿华州刺史镇国军防御等使李翺宅 《唐右补阙陇西李公之妻京兆韦氏墓志铭并序》："夫人姓韦氏，京兆人。……父汎，江州刺史。……闻李公宗闵贤即以归之。……元和十年十月戊戌，省太夫人太平里第，遇疾九日而终。……"（胡明曌《内容有涉大明宫的三方唐代墓志》，载《考古与文物》2010年第5期）志主韦氏即唐文宗时宰相李宗闵的元配夫人。墓志所载在元和十年"省太夫人太平里第"，太夫人是李宗闵之母亲，宗闵父李翺，据《新唐书》卷一七四《李宗闵传》："穆宗即位，进中书舍人。时翺为华州刺史，父子同拜，世以为宠。"穆宗即位的长庆元年是公元821年，唐宪宗元和十年是公元815年。在元和年间李翺在太平里应有宅第。江州刺史韦汎宅 李宗闵妻韦氏，京兆人。七世祖韦夐，后周赐号逍遥公。祖戚，绛州稷山尉。父汎，江州刺史。韦汎殁，太夫人以夫人幼而孤，故怜之。闻李君宗闵贤，即以归之，宗闵累迁右补阙。元和十年十月戊戌，省太夫人太平里第，遇疾，乙丑而终，是日返殡于李氏。其年十一月景申，葬于万年县少陵原，从先姑之兆，享年二十五。（《西市藏志》）按李宗闵后官至宰相，为牛党党魁之一，有宅在靖安里。李守柔宅 李守柔之高祖是唐高宗。曾祖是章怀太子。祖守礼，始封邠国王金紫光禄大夫司空赠太尉。先考承寀，朝议大夫、转通王府□史、赐紫金鱼袋。母兰陵萧氏。李守柔适大鸿胪主簿安定程氏。"遘疾两旬，倏忽永逝。"长庆元年三月六日，奄终于长安太平里，春秋四十有三。其年八月二十七日，厝于万年县鲍坡村附程氏先茔。《大唐陇西李夫人墓志铭并序》为朝请郎行陕州安邑县尉李肇撰，即李守柔之堂侄。（《长安新出墓志》）遂州刺史韦公夫人范阳县君卢氏宅 夫人卢公案，其源范阳涿郡人。曾祖朓，深州司马，开元中以文律振耀，声逸区夏。祖灏，检校祠部郎中、曾太子少保、礼部令。父士理，彭州刺史。卢氏夫人以开成二年二月五日，终于京兆府长安县太平里第，享年五十三。以其年四月二十七日，合祔于韦公之幽宅。"其他备于今归州刺史韦公端符之旧志。"（《长安新出墓志》）宣义郎试左监门卫兵曹参军张君宅 张君爱宠段氏，简号懿全，籍饶州浮梁县，幼丧二亲，长无弟妹，讬迹外族，亡传内谱，父段俊，不仕。懿全享年三十有□，洎大中辛未岁（大中五年）三月十九日，卒于京兆太平里第，以其年四月七日，卜地创茔于雍城之南、凤栖原之北。（《西市藏志》）进士何柽宅 庐江何柽故姬王氏，号桂华，京兆府万年县洪固乡人。咸通九年十

月归于进士何柽。乾符二年六月六日，卒于长安太平坊，七月十六日，殡于万年县高平乡姜村西百步之墟。(《补遗七辑》)

次南通义坊。

西南隅，兴圣尼寺。高祖龙潜旧宅。武德元年以为通义宫，贞观元年立为寺。《旧书·杨收传》：武德元年五月，备法驾于长安通义里旧庙，奉迎宣简公、懿王、景皇帝神主升祔太庙。寺有高祖寝堂，景云二年，寝堂前枯柿树复生，有敕封植焉。按彭王志暕有《兴圣寺主尼法澄塔铭》。西北隅，右羽林大将军、邢国公李思训宅。本左光禄大夫李安远宅，武太后时，高平王武重规居焉。神龙中，又为中宗女成安公主宅。又为思训所居，思训善画。开元中睿宗女蔡国公主居之。十八年，舍宅立九华观。朔方节度使李进贤宅。《剧谈录》：通义坊李进贤第有牡丹数丛，复以锦幄。厥后进贤徙居长兴，其宅互为他人所有。咸通中，刘相国罢北京亚尹，复为翰林学士，又自承旨入相，尚以十千税焉。东南隅，户部尚书、长平公杨纂宅。荆南节度使、同中书门下平章事、魏国公崔铉宅。秘书正字徐夤宅。按徐夤有《通义里寓居即事》诗云：家住寒梅翠岭东，长安时节咏途穷。

增订：

21世纪初，陕西省考古研究院对唐通义坊进行考古发掘。作者曾协助考古院查寻历史遗迹，于今碑林区边西街，发掘通义坊横街一段，长约15米，宽约7.65米，路旁有排水沟，路面上保存有车辙十余条，是唐末毁长安城时留下的遗痕。兴圣尼寺《旧唐书·高祖本纪》：“(义宁二年三月)戊辰，隋帝进高祖相国，总百揆，备九锡之礼。唐国置丞相以下，立皇高祖已下四庙于长安通义里第。”唐太宗《舍旧宅造兴圣寺诏》：“通义宫皇家旧宅，制度宏敞，以崇神祠。敬增灵祐，宜舍为尼寺，仍以兴圣为名。”(《全唐文》卷九)《佛顶尊胜陀罗尼咒幢》：“大唐京兆府长安县兴圣寺尼决定，春秋七十有七。尼普义，春秋七十有五。既已抽舍净财，敬造陀罗尼幢一所。”(《隋唐石刻拾遗》卷下)九华观 《唐故九华观静□师藏形记》：睿宗真皇帝之外孙女，蔡国长公主之季女。夫鸿胪卿张倜。(张倜即玉真长公主之次子。张倜上元中得罪，流窜遐荒，终于南土。)静□师贞元二十一年六月，终于九华观本院，春秋七十有六，雅好书史，善妙秦筝。永贞元年八月二十四日，窆于万年县之毕原。(《补遗三辑》)按九华观在通义坊西北隅，即今西北大学校医院南，大学南路以南之地。张籍有《九华观看花》诗。(《全唐文》卷三八六)李让夷司徒宅《新唐书》卷一八一李让夷在唐武宗初，三迁至尚书右丞，拜中书侍郎同中书门下平章事。唐宣宗立，“进司空门下侍郎，为大行山陵使。未复土，拜淮南节度使。以疾愿还，卒于道，赠司徒。让夷廉介不妄交，位虽显剧，以俭约自将，为世咨美”。《新唐书·艺文志》记有《敬宗实录》十卷，陈商、郑亚撰，李让夷监修。2004年11月陕西省考古研究所在西安市曲江池村南发现唐兴圣寺尼内道场临坛李大德墓志。志载：“大德法讳胜才，其先赵郡曲阳人也。曾祖讳练，皇相州邺县人。祖讳悦，皇密州录事参军，累赠尚书右仆射。皇考讳应规，卫尉少卿，累赠司徒……先太夫人京兆田氏，赠高陵县太夫人。”李胜才于京兆渭南宝觉寺削发披缁。她的长兄李让夷，唐武宗时任宰相淮南节度使赠司徒。李让夷爱念妹李胜才“反（返）自渭邑，复归京都通义里之兴圣寺院，与私第遗咫尺也，朝参暮见无异居同”。咸通九年二月五日，殁于兴圣之院，享年六十七，以其年十月十九日，窆于京兆府宁安乡凤栖原之先茔。（程义、肖健一、王维坤《新出土的唐尼姑李胜才墓志考证及相关问题探讨》，载《西北大学学报》2007年第3期）李胜才墓志不仅增补长安通义里兴圣寺内容，据墓志“与私第咫尺”的记载补唐武宗宰相李让夷的宅第。坊州参军韦倬宅　韦倬夫人弘农杨氏，左卫中郎履言之孙。新丰宰、安府户曹倨之女。自其父杨倨见谪，伤怀，沉绵成疾，开元二十九年四月七日，终于通义坊之私□，其年闰四月五日，迁葬于高阳原。（《西市藏志》）崔铉宅　崔铉元子沆，相僖宗。妻李瑗，大中七年冬十一月二十一日，既诞不育，其夕中疾，第四日，终于长安通义里。翌岁岁首十八日，祔葬于河南府河南县伊汭乡万安山南原之先茔。（《补遗千唐志斋新藏专辑》）按《新唐书·宰相世系表》：元略子“铉，字台硕，相武宗、宣宗。铉子沆，字内融，相僖宗”。明经崔钚宅　崔钚博陵安平人。王父儆，尚书左丞，累赠太子太师。皇考元略，郑滑节度使检校吏部尚书博陵郡公赠右仆射。元和十五年（820）四月十六日，崔钚终于通义里之私第，其年其月二十五日权窆于长安县高阳原。大和五年四月十七日迁神于东都万安山南。墓志出土于伊川县彭婆镇许营村北。（李献奇《唐崔氏墓志续识》，载《洛阳博物馆建馆四十周年纪念文集》，科学出版社，1999年）按：崔钚墓志与其弟崔锷墓志同出土于一地。崔钚是崔元略的第二子，崔锷是崔元略第三子，但《新唐书》卷七二下《宰相世系表》载，崔元略子崔铉，字台硕，相武宗、宣宗，无钚、锷之名。崔钚所终之通义里私第也可能同崔铉是一个宅第。崔钚墓志是堂弟崔铢撰，崔钚是崔钚叔父元受第三子。客舍　皇甫慎，安定朝那人。开元十九年三月二日，终于京兆通义坊之客舍，其年四月七日，归葬于北邙□先茔侧西北百余步梓泽乡之原。（《千唐志》）颍王府典签郑公夫人崔氏宅　夫人崔从明，博陵人。景城县主簿懔之长女，天宝六载七月十六日遘疾，终于京兆府长安县通义里之私第，春秋三十三。七载正月二十五日，葬于城南居安乡高阳原祔先茔，嗣子千金等。（《长安高阳原新出土隋唐墓志》）崔镇宅　《唐故比部郎中博陵崔府君墓志铭并序》载：崔镇字重威，博陵人。“祖儆，皇任尚书左丞赠太师。皇考元式，检校尚书右仆射兼户部尚书门下侍郎平章事册赠司空，累赠司徒。”乾符二年二月二十二日，崔镇暴遘疾，终于长安通义里私第。明年二月二十四日，与夫人郑氏合祔于万安山南先茔。子浔、澄、溆、小多。(《补遗千唐志斋新藏专辑》)《唐乡贡进士崔镇亡妻荥阳郑氏墓志铭》:(大中十二年)三月十七日,终于通义里之私第。其年归葬于河南府河南县伊汭乡尹樊村从先茔。(《补遗千唐志斋新藏专辑》)崔镇为其妻郑氏撰志时在大中十二年仲秋十四日,另按崔镇墓志所载郑氏"先府君终几二十年"。《新唐书》卷七十二下《宰相世系表》:崔镇字重威。有弟锎,字君;钜,字挺业;锴。崔镇墓志撰者为崔钜,署名河阳节度掌书记太常寺协律郎。崔镇与崔铉之祖为崔儆,崔铉父元略,崔镇父元式。崔铢之父元受。元略、元受、元式之父元儆。则通义坊崔氏宅应为元儆及子孙宅第。刘公宅 《太平广记》卷第二六五《陈磻叟》:"磻叟形质短小,长喙疏齿,尤富文学,自负王佐之才,大言骋辩,虽接对公相,旁若无人。……通义刘瞻引为羽翼。"唐时常有以坊名冠于姓名之前,则通义坊有刘公居所。汉州刺史李推贤宅 《咸宁长安两县续志》载李推贤墓志云:李推贤字匡人,赵郡人。终于上都通义里,乾符三年十一月十七日,葬万年县义善乡大仵村凤栖原先茔。按《剧谈录》,通义坊有朔方节度使李进贤宅,李推贤不知是否李进贤之兄弟?"通义坊刘相国宅,本文宗朝朔方节度使李进贤旧第。进贤起自戎旅,而倜傥瑰玮,累居藩翰,富于财宝。虽豪侈奉身,雅爱宾客。有中朝宿德,常话在名场日,失意边游,进贤接纳甚至。其后京华相遇,时亦造其门。属牡丹盛开,因以赏花,及期而往。厅事备陈钦馔,宴席之间,已非寻常。举杯数巡,复引众宾归内,室宇华丽,楹柱皆设锦绣;列筵甚广,器用悉是黄金。阶前有花数丛,覆以锦幄。妓妾俱服纨绮,执丝簧善歌舞者甚多。客之左右皆有女仆,双鬟者二人,所需无不必至,承接之意,常日指使者不如。芳酒绮肴,穷极水陆。至于仆乘供给,靡不丰盈。自午迄于明晨,不睹杯盘狼籍。朝士云:'迩后历观豪贵之属,筵度臻此者甚稀。'厥后进贤徙居长兴,其宅互为他人所有。"中唐以后,节度使在地方敛财富汇聚向京城置办豪宅,家人在京过奢华生活,故史书称:"京师区肆所积,皆方镇钱",信非虚言。侍御史崔锎宅 崔锎第二女,小字小夔,咸通十二年六月二十五日寝疾,殁于上都通义里第,享龄二十三岁,越月二十三日,权窆于长安县义阳乡宋满村。堂兄滉作铭文。(《集萃》)

次南兴化坊。隋有成道寺,大业七年废。

西南隅,空观寺。寺本周时村佛堂,多当时名手画。一曰隋开皇七年驸马都尉元孝矩〔原误为"恭",今改正。元孝矩《隋书》有传〕舍宅所立。《名画记》:寺有袁子昂画。又有三绝,是佛殿门扇孔雀及二龙。寺东,尚书右仆射密国公封德彝宅。中宗时嗣虢王邕居之。西门之北,邠王守礼宅。宅南隔街有邠王府。东门之南,京兆尹孟温礼宅。租庸使刘震宅。《刘无双传》:唐王仙客者,中朝臣刘震之甥。泾原兵士反,天子出苑北门,百官奔赴行在。震装金银罗锦二十驮,谓仙客曰:汝押领此物出开远门，觅一深隙店安下，我与汝舅母及无双出启夏门，绕城续至。仙客依所教，至日落，待久不至，南望目断，遂绕城至启夏门。徐问守者曰：今日有何人出此门？门者曰：午后有一人领妇人四五辈，欲出此门，识是租庸使刘尚书，门司不敢放出，近夜追骑至，一时驱向北去矣。仙客恸哭归店。三更向尽，传呼斩斫使出城搜城外朝官，仙客惊走，归襄阳村居。后知克复京师，乃入京访舅氏消息。至新昌南街立马，忽见苍头塞鸿，谓曰：阿舅、舅母安否？鸿云：并在兴化宅。仙客喜极，云：我便过街去。〔原注：天门街也〕鸿曰：今日已夜，郎君且就客户一宿，来早同去未晚，**晋国公裴度池亭**。《白氏长庆集》有《宿裴相兴化池亭兼借船舫游泛》诗。按《独异志》：裴晋公寝疾，暮春之月，忽游南园，令家僮舁至药栏。盖即此池亭，自永乐里视之在南，故曰南园。《太平广记》引《逸史》：太府卿崔公名洁，在长安与进士陈彤同往街西寻亲故，过天门街，偶逢卖鱼甚鲜，曰：何处去得？左右曰：裴令公亭子甚近。乃升亭下马。俄顷，紫衣三四人至亭子游看，一人见鱼曰：极是珍鲜，二君莫欲作鲙否？诘之，乃梨园第一部乐徒。此人遂解衣操刀，既毕，忽有使人呼曰：驾幸龙首池，唤第一部音声。切者携衫带，望门而走。**都官郎中窦皋宅**。卢元卿《二王书录跋尾》记：贞元十一年正月五日，于都官郎中窦皋兴化宅见王廙书、钟会书各一卷。**长安主簿李少安宅**。权德舆《李少安墓志》：感疾不起于长安兴化里第。**职方郎中萧彻宅**。《河东记》志：大和八年职方郎中萧彻卒于兴化里。按柳子厚《答贡士沈起书》：间岁兴化里萧氏之庐，睹足下《咏怀》五篇。疑即此宅。

《校补记》：兴化坊　刘震宅。注：且就客户一宿，来早同去未晚。补：按客户犹言客舍也，《摭言》云：牛僧孺谒韩愈、皇甫湜二公曰：可于客户税一庙院。据《摭言》及此《无双传》，皆不谓坊里。《会昌解颐录》：牛生至京，止客户坊，自坊至菩提寺三十余里。又《河东记》：段何赁屋客户里。此二书有坊里之名，意与《广异记》所云“杨元英开元中亡，已二十载，其子至治〔原误作‘治’，今改正，下同〕成坊削家，识其父圹中剑”文同。客户坊、客户里、冶成坊，皆假借之称，不能定其所在。附记于此。

增订：

1970年10月5日和10日，在西安南郊何家村相继出土两瓮唐代窖藏文物一千多件。其中金银器物有二百七十件。唐代金银器这样大量集中出土，是二十世纪五十年代以来空前的发现。此外还有宝玉珍饰，贵重药物，中外钱币，银铤、银饼、银板。这批文物的特点是：数量多，种类繁，制作精美，保存完好，在科学研究方面有很高的价值。陕西省博物馆和文管会对发现文物地点唐长安城兴化坊遗址进行了钻探。查明文物出土地点在兴化坊的坊南街以南，北距坊街五十五米，西距清明渠遗迹约二百四十米，在兴化坊中部偏西南部位。陕西省博物馆、文管会初步认定这批文物出于兴化坊邠王府的部位上，文物时限在盛唐时期（约八世纪末期）。（陕西省博物馆、文管会革委会写作小组《西安南郊何家村发现唐代窖藏文物》，陕西省博物馆文管会钻探组《唐长安兴化坊遗址钻探简报》，载《文物》1972 年第 1 期）齐东方教授在《何家村遗宝的埋藏地点和年代》（《考古与文物》2003 年第 2 期）一文中认为：根据唐长安城坊内格局和对各个区块的表述方法，何家村窖藏文物的地点不应在邠王府的范围内而在邠王府的东部。又据唐韦述《两京新记》和清徐松《唐两京城坊考》记载兴化坊中居住人物位置和时代，排除元孝矩、封德彝、嗣虢王邕、裴度、邠王李守礼宅、邠王府、孟温礼、李少安、萧彻宅等。

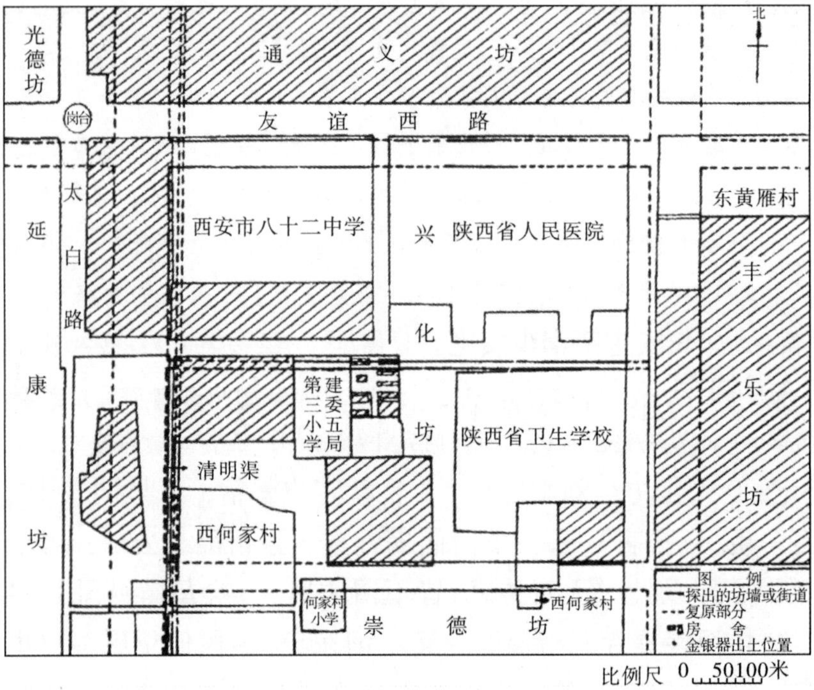

据《文物》1972 年第 1 期《西安南郊何家村发现唐代窖藏文物》一文
附图《唐长安城兴化坊钻探实测复原图》改绘

齐东方据《刘无双传》即《太平广记》卷第四八六薛调撰《无双传》推测认为何家村遗宝埋藏地点是租庸使刘震宅，埋藏时间为唐德宗建中四年（783）泾原兵变爆发之时。但亦有学者认为窖藏唐代文物不是刘震宅。**空观寺**　《高僧传二集》卷十一《释慧藏传》：“开皇七年，杖锡京辇……凡所诱陶，允副天心，即六大德之一也。以大业元年十一月廿九日，遘疾卒于空观寺。临终诚心旷济，累嘱露骸，弟子谨奉遗诀，陈尸林麓，掩骼修塔，树于终南山至相寺之前峰焉。”按至相寺之北峪口，为三阶教的圣地，教徒多露尸林麓，然后掩骨起塔，即今长安区天子峪口百塔寺附近。**处士陈玄德宅**　陈玄德字务真，颍川许昌人。曾祖陈高武皇帝。祖高宗孝宣皇帝。父叔达，陈义阳王侍中丹阳尹，唐江国公，谥曰忠。陈玄德即陈叔达第六子，永淳元年八月九日，终于兴化坊之私第，春秋七十有九。以其年十二月二十三日，迁窆于雍州长安县之高阳原，有子均等。(《长安新出墓志》) 朝请大夫行雍州蓝田县令上柱国始安郡开国公李炯宅　李炯字光远，陇西狄道人。曾祖袭志，行汾州刺史始安郡开国公。祖玄蕴，赵王府司马。父处一，太中大夫守杭州刺史。李炯解褐潞州参军，转晋州司法参军，相王府记室参军，行华州下邽县令，除雍州蓝田县令。太极元年四月二十七日，寝疾终于兴化里私第，享年四十八。其年五月二十九日，迁窆于高阳原。"左杜陵而起伏，右昆池而浩荡。"弟钦，赵州司仓参军。(《西市藏志》) 邠王守礼宅　《文物》1972 年第 1 期《大唐故雍王赠章怀太子墓志铭》载：妃清河房氏，景云二年龙集荒落六月十六日，遘疾薨于京兴化里之私第，即以其年十月壬寅朔十九日庚申，窆太子之□□礼也。按章怀太子李贤陪葬乾陵。章怀太子妃房氏应养老于邠王宅。《两京新记》卷三安定坊条云："东南隅，千福寺。本章怀太子宅，咸亨四年舍宅立为寺。"如果兴化坊有章怀太子宅，韦述以同时代人的身份，不可能记载了安定坊，而不记兴化坊。韦述于兴化坊记载了邠王守礼宅，"西门之北，今邠王守礼宅。宅南隔街有邠王府"。邠王是高宗之长孙，章怀太子之子。其实，在唐代，凡是皇帝、太子居住过的宅第，往往要舍宅为宫或者是寺观，常人是不允许居住的。章怀太子妃房氏薨于兴化里第，并非另有住地，也不是章怀太子所留下的遗产，而是章怀太子之子邠王之宅。(孙英刚《章怀太子房氏宅邠邮王守礼宅》，载《唐研究》第九卷 2003 年) 蓝田县令李府君宅　李府君夫人晋阳县君弓凤儿，太原晋阳人。曾祖哲，隋银青光禄大夫怀州刺史。祖之义，金紫光禄大夫德州刺史离石郡公。父志元，十七州刺史、金吾等十二卫将军。凤儿即志元第三女。开元十八年四月四日，遘疾终于京兆府长安县兴化里之私第，春秋六十有一，以其年六月，合祔于京兆府长安县福阳乡高阳原。有子琨、瑶、琇等。(《西市藏志》) 正议大夫行仪王傅上柱国奉明县开国子赐紫金鱼袋韦济宅　韦济京兆杜陵人。纳言博昌公之孙，中书令逍遥孝公之子。十数年间一门三相，衣冠之美，振古难俦。天宝十三载十月十一日，韦济终于京城之兴化里第，其年闰十一月十一日，安厝于铜人之原。(《补遗二辑》) 韦济墓志为族叔韦述撰，韦述新旧《唐书》均有传。《旧唐书·韦述传》："述在书府四十年，居史职二十年，嗜学著书，手不释卷……议者云，自唐以来，氏族之盛，无逾韦氏，其孝友词学，承庆、嗣立为最；明于音律，则万石为最；达于礼仪，则叔夏为最；史才博识，以述为最，所撰《唐职仪》三十卷、《高宗实录》三十卷、《御史台记》十卷、《两京新记》五卷，凡著书二百余卷，皆行于代。"韦述撰写的墓志已出土者还有 1993 年兴平县茂陵附近出土的壮武将军守左威卫大将军兼五原太守郭英奇墓志，该志与韦济墓志同撰于天宝十三载（754），韦济墓志署韦述为族叔银青光禄大夫行工部侍郎，而郭英奇墓志则署为银青光禄大夫行工部侍郎集贤院学士兼知史官事仍充礼仪使上柱国方城县开国男。邠王府参军徐君夫人王正宅　王正字思维，右威卫仓曹参军处璿第六女。大历十一年七月三日，终于长安县兴化里之私第，享年七十有九。十三年十一月三十日，归葬于积德乡原。长子朝散大夫试邓州司马徐震。次子霈，慈周吉昌府别将。次子僧、清、罍。（《长安高阳原新出土隋唐墓志》）朝散大夫守太仆少卿萧遇宅　萧遇字同人，梁宣帝七代孙。萧遇高祖均，中书舍人。曾祖灌，国子监丞。祖仲豫，绛州刺史。父晋，太仆少卿彭州刺史。萧遇弱岁以门资补左清率府录事，累迁至太原府司录、信州刺史、太仆少卿。贞元十三年三月十六日，终于兴化里之私第，享年七十一。其年八月十九日，葬于京兆少陵原之先茔。萧遇前夫人崔氏；继夫人卢氏，卢氏生子萧淳；再续夫人郑氏。萧遇墓志出土于长安区，藏西安碑林博物馆。（王梦《唐〈萧遇墓志〉考释》，载《陕西历史博物馆馆刊》2015 年）光禄卿赠右散骑常侍萧儹宅　萧儹字思本，兰陵中都人。九代祖梁武帝，后梁明帝之七代孙。曾祖嵩，中书令。（《旧唐书》卷九九有传）祖萧华，中书侍郎同中书门下平章事。父萧恒，殿中侍御史。萧儹早岁以门荫补弘文馆明经，就科选授大理评事，累擢太常博士、河南县令、驾部郎中，累迁光禄卿。大中十年七月五日，薨于长安兴化里之私第，享年七十有六，诏赠左散骑常侍。夫人荥阳郑瑶，库部郎中衢州刺史群之次女，先公二十年而殁，有子三：宽、慗、隐。以其年十月二十四日，归祔于司空茔之东。（《西市藏志》）按萧儹曾祖萧嵩，玄宗时任中书令，宅在长安亲仁坊。同州白水县令萧府君夫人韦氏宅　大中十二年正月十三日，同州白水县令萧府君夫人京兆韦氏，以疾终于上都兴化坊里第，享年六十七，明年四月十一日，嗣子兖等，祔于京兆府万年县洪原乡张屈村萧府君之茔异兆同域。韦氏京兆杜陵人，曾祖奉先，蒲州猗氏县令。祖冕，润州别驾。父章，绛州稷山县令。及归于萧氏，宝应元年八月九日。萧府君捐馆。家道素索，夫人躬俭节用，义教诸孤，长曰兖，经明上第，少曰言，试太常协律、鄜坊馆驿巡官。（《集萃》）兴化坊寄第　华霖，苑陵人。考悦。华霖风姿雅澹，韵表孤高，少传书剑之功，不废弓裘之业。弱冠而躭味诗书。咸通甲午（十五年）岁五月二十五日，□于兴化里寄第，享年五十三，其年六月四日，葬于京兆府长安县义阳乡任贾村。（《洛阳新获墓志》二〇一五）华州参军萧君妻张氏宅　张氏，敦煌人，衡王府长史张平之季女。元和六年十月十二日，终于长安兴化里。卜明年正月二十四日，祔葬于京兆府万年县少陵原。（《陕博墓志萃编》）

次南崇德坊。本名弘德，神龙初改。

西南隅，崇圣寺。寺有东门、西门，本济度尼寺，隋秦孝王俊舍宅所立。东门本道德尼寺，隋时立。至贞观二十三年，徙济度寺于安业坊之修善寺，以其所为灵宝寺，尽度太宗嫔御为尼以处之。徙道德寺额于嘉祥坊之太原寺。以其所为崇圣宫，以为太宗别庙。仪凤二年，并为崇圣僧寺。《辇下岁时记》：进士樱桃宴，在崇圣寺佛牙阁上。《唐诗纪事》：崇圣寺有徐贤妃妝殿。《名画记》：崇圣寺西殿有董伯仁画，东殿有展子虔画，又有郑德文画。**东北隅，证果尼寺**。本隋月爱僧寺。贞观九年，徙丰乐之证果寺于此，改为尼寺。**西北隅，废报恩寺**。嗣虢王邕景龙中娶韦庶人妹，舍宅立寺。韦氏败，寺废。**铸钱院**。**特进芮国公豆卢宽宅**。《芮定公碑》：薨于京城之宏德里第。按宽之孙钦望移宅于颁政坊。**朝散大夫守秘书少监周渭宅**。权德舆《周渭墓志》：君已感疾，拜章请老，先筑室于崇德里，有嘉树修竹，休沐吟咏，以文自娱。**司勋员外郎窦巩宅**。刘禹锡《秋日题窦员外崇德里新居》诗云：长爱街西风景间，到君居处暂开颜。清光门外一渠水，秋色墙头数点山。疏种碧松通月朗，多栽红药待春还。莫言堆案无余地，认得诗人在此间。褚藏言《窦巩传》：公北归道途遘疾，迫至辇下，告终于崇德里之私第。巩又有宅在永宁坊。**罗隐宅**。隐有《西京崇德里居》诗。

增订：

崇圣寺 按崇圣寺下文字引自《长安志》。其中“徙道德寺额于嘉祥坊之太原寺”误。长安无嘉祥坊，嘉祥为休祥之误。又据1950年在西安市西郊梁家庄出土之《大唐京师道德寺故大禅师大法师碑》记载：“大业元年，有诏令二阇梨为（元德）太子戒师……乃下敕于京邑弘德里为立道德道场。……初以太宗升遐，天经京立，乃于弘德坊寺置崇圣宫，尼众北移在休祥里，即今之道德寺是也。”（道德寺碑今藏西安碑林博物馆）两阇梨是善惠和玄懿尼姑，太子为隋炀帝长子元德太子杨昭。梁家庄出土的道德寺碑正在唐长安休祥坊内。《长安志》所述“徙道德寺额于嘉祥坊之太原寺”误。《宋高僧传》卷十四唐崇圣寺《文纲传》：“寻诣京兆沙门道成律师，禀毗尼藏，二十五讲律，三十登坛，……景龙二载……为二圣内尼讲四分律一遍，中宗嘉尚，为度弟子。”又同书同卷唐京师崇圣寺《灵萼传》：“乾封中，于西明寺躬予南山宣师法席。然其不拘常所，或近文纲，或亲大慈，皆求益也。末涂惧失宣意，随讲收采所闻，号之曰记，以解删补缺也……”《大唐故□□容韦氏（尼子）墓志铭并序》载：昭容韦尼子，京兆杜陵人。曾祖孝宽，祖总，父匡伯。武德四年□□□以良家受选。……显庆元年九月八日，韦尼子薨于崇圣宫，春秋五十。十月十八日，陪葬昭陵。（《昭陵碑石》《补遗二辑》）**太子洗马郑齐望宅** 开元八载六月二十三日，郑齐望终于长安崇德里之私第。夫人博陵崔氏，先公而终。天宝九载十一月二十四日，嗣子监察御史日进，将合祔于河南府偃师县首阳乡之原从其大茔。瀛州任丘县令孝通，公之曾祖。尚书右丞、礼部侍郎、昭文崇文馆学士祖玄，公之大父。尚书库部员外郎、赠考功郎中，公元烈考。（《补遗千唐志斋新藏专辑》）按郑齐望之烈考，据郑齐丘墓志称其烈考为郑翊，见本书怀真里郑齐丘宅条。**张氏宅** 范阳张氏夫人，无子，唯女二人。小女适绛郡万泉县丞慕容璋，长女适荣王府功曹房润。天宝八载五月二十五日，卒于长安县崇德里之私第，其载五月甲申朔，祔葬咸宁县毕原。按此志所载葬期有误。据《二十史朔闰表》，天宝八载五月为甲子朔，既然墓主于八载五月二十五日卒，其葬期当在其后，不应在其载五月甲申朔祔葬。（《补遗五辑》）右卫率府胄曹参军裴氏宅　裴氏夫人河南元氏。贞元己卯岁（十五年）正月十有二日，夭弃于京兆之崇德里，明月四日，祔于胄曹之茔。（《补遗六辑》）

次南怀贞坊。武太后以母号太贞夫人讳贞字，改为怀贤坊。神龙元年复旧。按许棠有《冬夜怀贞里友人会宿》诗。

东北隅，废乾封县廨。本施、巫等八州邸。按乾封县，唐总章元年置，长安三年省。户部尚书毕构宅。即乾封县廨。西南隅，介公庙。本御史大夫乐思晦宅，后为庙。懿宗咸通诏增修。横街之北，尚书右仆射唐休璟宅。苏颋《唐璿碑》：延和元年，薨于长安怀真里第。璿字休璟。惠昭太子庙。《礼阁新仪》曰：元和八年置。义成军节度使驸马都尉韦让宅。大中三年侵街造舍，为有司举劾。〔此下原有“王郎中宅”，引刘诗为证，与下宣义坊文同，显系重出，今删〕

《校补记》：怀贞坊　王郎中宅。注：刘禹锡有《题王郎中宣义里》诗云：爱君新买街西宅。校：此当在宣义坊，误刻重出。

增订：

按唐韦述《两京新记》卷三：“次南怀真坊，西南隅御史大夫乐思晦宅。”《四库全书》本《长安志》：“次南怀真坊，武太后以母号太真夫人讳真字，改为怀贤坊，神龙元年复旧。”但清代和民国时期流行本《长安志》已改为“次南怀贞坊”。笔者收集到唐代怀真坊的墓志已超过八方，但无一方为“怀贞坊”。疑清乾隆年间毕沅校刊宋敏求《长安志》时，误真为“贞”。清徐松《唐两京城坊考》一书中又误改《唐璿碑》文和唐许棠诗中的“怀真”为“怀贞”。今据已出土的唐人墓志和史书记载，改为“怀真坊”。板授郑州荥阳县令陈子绰宅　陈子绰字玄成，颍川长社人。麟德元年十月二十五日，卒于怀真里之私第，其年十一月十六日与妻王氏任氏合葬于高阳之原。（《补遗七辑》）雍北府果毅都尉萧怀举宅　萧怀举其先兰陵人。曾祖亮，陈侍中司徒公。大父珂，陈十二卫大将军、侍中、六州诸军事、安州刺史、司空公。父坦，唐任右卫郎将迁郴州刺史。怀举任岐州雍北府左果毅都尉。调露元年十二月十九日卒于怀真里之私第，二年二月十五日安厝于乾封县高阳原。2001 年 3 月萧怀举墓志于长安县出土。（李阳《唐〈萧怀举墓志〉简考》，载《碑林集刊》［九］2003 年）乾封主簿樊浮丘宅　李夫人，渤海蓨人，垂拱元（年）三月二十五日，逝于西京怀真里第，垂拱三年十月二十九日，奉大茔窀穸于河南县芒山之阳金谷乡石城里。(《补遗三辑》) 朝请大夫守都水使者郑齐丘宅 郑齐丘字千里，荥阳开封人。曾祖孝通，瀛州任丘县令。祖祖玄，国子司业、太子右谕德，昭崇两馆学士。父翊，尚书库部员外郎。郑齐丘“幼以文艺游太学。弱冠制举贤良方正，对策高第，授秘书省校书郎……秩满，迁协律郎。游践图书，用成其器，节宣礼乐，稍展其能。有制举词弹文律，时应辟者凡数百人，唯公独升上第，拜詹事府直书”。开元十二年四月二十五日，终于京兆怀真里第。假葬于京兆长安县之高阳原。天宝七载，远启长安之殡，正月二十五日合祔于偃师县首阳乡之北原从列祖之封。犹子朝请郎行河南县主簿日进再□。郑齐丘墓志撰者为中书侍郎崔沔。(《补遗八辑》) 银青光禄大夫彭州刺史韦慎名宅 韦慎名字藏器。开元十五年正月十三日，终于京怀真里第，其年十一月四日，卜宅于高阳原。夫人刘约于开元二十四年正月五日祔于韦慎名墓。韦氏家族“世为三辅著姓”，自汉大丞相居于平陵，小丞相迁于杜陵近千载。衣冠人物，钟鼎光华。慎名属韦氏家族郧公房。高祖韦孝宽屡建战功，为西魏北周名宦，余威延及唐代。祖韦义节为唐初功臣。韦慎名两《唐书》无传，《新唐书》表十四有记载。韦慎名二子，韦涟、韦浑。夫人刘约亦为唐代望族“彭城刘氏”，其父刘延祐，《新唐书》有传，才识渊博。刘约堂兄刘知几是唐代史学家。刘约家学渊源，受父兄影响，聪明多才，被封为五品诰命夫人。韦孝宽墓在慎名墓东北约 4 千米之凤栖原上。韦慎名夫妇墓 2002 年 8 月于西安市长安区郭杜镇茅坡村陕西师范大学长安新校区西部发现。(陕西省考古研究所、西安市文物考古研究所《唐长安南郊韦慎名墓清理简报》，载《考古与文物》2003 年第 6 期) 渤海郡君高氏宅 2008 年 11 月至 2010 年 5 月，陕西省考古研究院在西安市长安区韦曲韩家湾村西的黄河上游水电开发公司工地出土《渤海郡君高氏墓志》。渤海郡君，高氏之女。曾祖嵩，左金吾将军。祖超，张掖太守。考广济，右威卫将军。夫人即孟女也，先嫁和氏，后改醮李氏。养育七子。天宝九载九月十六日，卒于怀真里第，享年五十六，明年二月葬于少陵原。高氏封渤海郡多因其夫李氏为都尉之故。高氏卒后无法和君、李氏合葬，故葬于父族祖茔。高氏名讳不详，墓志只提及与和君所生之子同颍、与李君所生之女十三娘，与高氏墓志撰者季弟高利用。(郑旭东《唐〈渤海郡君高氏墓志〉考略》，载《碑林集刊》总第十九辑 2013 年) 朝议大夫行尚书膳部员外郎上柱国崔藏之宅 崔藏之字含光。“著书数万言，坐望四五载。知身是幻，见法皆空。因诣大照禅师，抠衣请益，顿悟先觉，无生后心。开元初，上方辟图书之府，征内外之学。丽正学士、左常侍元公行冲与沙门一行特表闻荐，召入丽正殿，详注庄老。公以进而无位，退不得隐，遂应进士，一举登科。其年，上所注老经，制补集贤院直学士。”后因采访使蒲州刺史韩朝宗以清白升闻，补长安尉。朝廷曰能，擢拜膳部员外郎。天宝九载十一月二十日，终于京兆怀真私第，春秋五十七。以来载十一月五日，归葬于河南万安山，祔先茔。嗣子坚，季弟太府卿温之。(《补遗千唐志斋新藏专辑》）按崔藏之曾因僧一行特表而召入丽正殿详注庄老。凤翔道巡覆军粮史判官殿中侍御史内供奉魏式宅　魏式字大中。曾祖少宾，弘文馆校书。祖深，太常寺协律郎。烈考象，襄州司户参军。叔祖魏少游历位工、刑、户三尚书，赠太子太师。魏式初进士调授溧阳尉，又授右领军卫兵曹，表授殿中侍御史。止以大和四年，享年五十五，闰十二月二十日，不疾而终于怀真里，以明年四月二十八日，窆于京兆府长安县福阳乡邓村南原。夫人京兆杜氏。魏式墓志于2002年8月出土于长安区陕西省安装机械厂。（《长安高阳原新出土隋唐墓志》）薛涣宅　河东薛涣撰《亡妻唐故郑氏夫人墓志铭并序》云：夫人郑琮，其先荥阳人。祖郑峻，殿中侍御史、采访判官。父郑集，监察御史。母卢氏。长庆初郑琮归薛涣。大和七年二月八日，逝于长安县怀真里之私第，享年三十六，生子六，长曰彬彬，次曰洞儿。以其年四月二十八日，归葬于京兆府万年县少陵原先茔之东北。（《西市藏志》）守监察御史薛临宅　大中十年二月二十七日，薛临长男刍殁于长安县怀真里，其年四月十三日，归葬于万年县中赵村。（《洛阳新获墓志》）

次南宣义坊。隋有应法、宝积二寺，并废。

东门之北，燕国公张说宅。按说宅在永乐坊，此乃别宅。叛臣安禄山池亭。司徒致仕李逢吉宅。园林甚盛。前司空兼右相杨国忠宅。《旧书·杨国忠传》：贵妃姊虢国夫人，国忠与之私，于宣义里构连甲第，土木被绨绣，栋宇之盛，两都莫比。〔按稿本，以下有按语云："案是传下文云：国忠山第在宫东门之南，与虢国相对。盖国忠宅第有二，其山第盖即宣阳里之宅也。"〕王郎中宅。刘禹锡有《题王郎中宣义里新居》诗云：爱君新买街西宅。

《校补记》：宣义坊　安禄山池亭　补注：刘得仁有《宣义亭子》诗，备言池岛菰蒲竹鹤之胜。又姚合有《题宣义池亭》诗。

增订：

右卫勋卫陈冲宅　陈冲字冲，颍川许昌人。祖万福，长宁郡开国公，谥敬公。父道方，右卫亲卫校尉，长宁郡公。陈冲二十一起家授右卫勋卫，咸亨元年十月八日，卒于宣义里第，春秋二十九。其年十一月二十一日，祔葬于敬公之茔。（《洛阳新获墓志》二〇一五）杨国忠宅　杨国忠山第不是宣阳里之宅，是华清宫之山第。郑谷宅　郑谷《宣义里舍冬暮自贻》："幽居不称在长安，沟浅浮春岸雪残。板屋渐移方带野，水车新入夜添寒。名如有分终须立，道若离心岂易宽。满眼尘埃驰骛去，独寻烟竹翦渔竿。"（《全唐诗》卷六七六）按宣义坊内西侧有清明渠、沟泄，水车可能与此有关。契吴县令朱祥宅　朱祥之嫡妻河西蔺氏，梁王典军怀览之少女。天宝七载七月十四日，终于长安之宣义里，乃卜其载九月十有七日，秘于樊川之阜，龛之在矣。（《补遗三辑》82页《有唐故蔺夫人龛铭并序》）按：《元和郡县图志》卷四，夏州朔方县（今陕西省靖边县白城子）有契吴山，契吴山有契吴城，一名故白城。十六国时期，赫连勃勃北游契吴欢曰："美哉，临广泽而带清流，吾行地多矣，自马岭以北，大河以南，未之有也！"宣义里亭子：《册府元龟》卷一六九："（元和）十三年四月，荆南节度使王谔之子稷进永宁里宅及宣义里亭子。"

次南丰安坊。隋有宣化尼寺。武德中徙永平坊。按俗本作"安丰"。

户部尚书裴宽宅。苏郎中宅。刘禹锡有《和苏郎中寻丰安里旧居寄主客张郎中》诗。王相宅。温庭筠有《题丰安里王相林亭》诗。

增订：

朝散大夫行定王府掾独孤思敬宅　独孤思敬继室杨氏，垂拱三年四月十四日，终于丰安里之私第，于长安三年二月十七日，与独孤思敬夫人元氏同时迁葬于铜人原。独孤思敬于景龙三年八月十五日，终于京师之醴泉里第。（《唐长安郊区隋唐墓》）王相林亭　据李浩《唐代园林别业考录》：揣诗中景物，多扣金陵秦淮，故拟（王相）林亭在金陵。据《全唐诗人名考》，王相是王涯。

次南昌明坊。全一坊隋汉王谅宅。谅败后赐伶官，属家令寺。

家令寺园。贞观中日南王入朝，诏于此营第，寻还国，宅遂废，复为园。

次南安乐坊。坊南街抵京城之南面，西即安化门。

叛臣李希烈宅。户部侍郎兼殿中监王铁旧宅。王铁《请舍宅为观表》：臣旧宅在城南安化门内道东第一家，祖父相传，竹树犹茂，已更数代，垂向百年。同萧何之买田，诚为偏僻，异晏婴之近市，稍远嚣尘。臣于此中选其胜处，减兼官之禄俸，回累赐之金帛，尽除遗堵，创建遵堂。

《校补记》：安乐坊　王铁旧宅，注：创建遵堂，校：遵改道字。

增订：

杜博义宅　处士杜博义字候仁，京兆杜陵人。贞观八年七月十七日，终于长安县安乐里，龙朔三年十月二十九日，与夫人安定皇甫氏合葬于万年县洪固乡顿丘里高毕之原。（《补遗三辑》）

右朱雀门街西第二街，九坊。按此数坊每有池亭，盖清明渠水所经也。

朱雀门街西第三街，即皇城西之第一街。南出安化门，北出芳林门入苑。街

西从北第一修德坊。本贞安坊，武太后改。坊内有韦庶人父酆王元真庙，韦氏败后毁。

右神策军营。昭宗自华还京，以辅兴、修德二坊别设右神策军营。**夹城**。宪宗元和十二年，中尉第五守进以众二千筑夹城，自云韶门过芳林门，西至修德里，以达兴福寺。又诏所筑夹城，别开门曰光化，造楼曰晨晖。**德明兴圣庙**。《礼阁新仪》曰：天宝二载建，在安化门内道西。贞元十九年祔献祖、懿祖神主于庙。**西北隅，兴福寺**。本右领军大将军、〔《两京新记》"右"作"左"〕彭国公王君廓宅。贞观八年，太宗为穆皇后〔原作"太穆皇后"，《两京新记》作"穆皇后"。按："太穆皇后"为贞观九年五月九日后称号，故依《两京新记》改〕追福，立为弘福寺。神龙元年，改为兴福寺。寺北有果园，复有藕花池二所。太宗时广召天下名僧居之。沙门玄奘于西域回，居此寺西北禅院翻译。寺内有碑，面文贺兰敏之写《金刚经》，阴文寺僧怀仁集王羲之写太宗《圣教序》及高宗《述圣记》，为时所重。《宣室志》：长安兴福寺有十光佛院，其院宇极壮丽，云是隋所制。裴休《圭峰禅师碑》：会昌元年坐灭于兴福塔院。**河西陇右副元帅同中书门下平章事李抱玉宅**。**朝议郎行宫闱令充威远军监军上柱国西门珍宅**。《西门大夫墓志》：遘疾，终于修德里之私第。**军器使内寺伯袁公宅**。王孟诸《故军器使内寺伯袁公夫人太原郡夫人王氏墓志》：终于长安县修德里。

增订：

夹城一条记载有误。据《唐会要》卷三十："元和二年六月，诏左神策军新筑夹城，置玄化门晨晖（辉）楼。"又载："十二年四月诏右神策军以众两千筑夹城，自云韶门过芳林门，西至修德里，以通于兴福佛寺。"《长安志》卷九将二事并系于修德坊下，在元和十二年筑夹城事下注云："又诏所筑夹城别开门曰玄化，造楼曰晨晖。"《唐两京城坊考》因之。左神策所修的夹城，应当包括大明宫东侧东内苑在内，玄化门和晨晖楼都与东内苑相关。《唐两京城坊考》移录《长安志》又将玄化门改作光化，究其原因，当是因为长安外郭城在宫城区侧的北墙上开有光化一门，徐松既将玄化门事系于修德坊北夹城下，便自然而然地将玄化门与光化门混为一事了。(《丛考》）按毕沅新校正《长安志》于筑夹城下为："自云韶门过芳林门，西至修德坊，通兴福佛寺。"**兴福寺**　1982年3月西安火车西站北，西安电瓶车厂门外出土《大唐弘福寺上座首律师高德颂碑》载，上座首律师朝那人皇甫氏，舍化于贞观九年朱明月，显庆元年十二月八日立碑，许敬宗撰文，郭广立书。按兴福寺原名弘福寺，太宗为穆皇后追福立，神龙元年改为兴福寺。《法苑珠林》卷一一五《舍身篇》篇末云：弘福寺僧释玄览，贞观十八年"密去至京东渭阴洪波坊侧旦临渭水"。寺内僧怀仁集王羲之《太宗圣教序》及《高宗述圣记》碑，今存西安碑林。但碑的背面已无贺兰敏之写的《金刚经》。按：贺兰敏之即武敏之。《旧唐书》卷一八三《武承嗣传》："士彟……生三女，长适越王府功曹贺兰越石。……贺兰越石早卒，封其妻为韩国夫人。……女贺兰氏在宫中颇承恩宠。则天意欲除之……密令人以毒药贮贺兰氏食中，贺兰氏食之暴卒。……乃以韩国夫人之子敏之，为士彟嗣，改姓武氏……袭爵周国公。”弘福寺高僧灵润与智首。《续高僧传》卷十五《释灵润传》：“贞观八年敕造宏福寺，复被征召……”《续高僧传》卷二十八唐京师宏福寺《释智首传》：“……至于（贞观）八年……诏为弘福上座。”松树街　〔日〕圆仁《入唐求法巡礼行记》卷三：“松树街西兴福寺，亦二月八日至十五日，开佛牙供应。”尹言宅　《道藏·玄洞部·记传类》杜光庭《道教灵验记·尹言阴符经验》：“尹言者，修德坊居。与明道大师尹嗣玄为宗姓之弟……因诣嗣玄受《阴符经》。……忽了悟前生之事，姓张名处厚，在延寿坊居。家有巨业，儿女皆存记其小字年几，一一明了。与其家说之，乃往寻访，述张生死年月，形色情性，无所差异。张之儿女闻之，呜咽感认，言其今之状貌，与昔不殊，但性较舒缓耳。自是两家契为骨肉。黄寇犯关之前，其二家皆在。”银青光禄大夫凉州刺史定远县开国子郭云宅　郭云字仲翔，京兆万年县人。以贞观五年六月二十有七日终于修德里第，以其年十月六日，葬于县西龙首原。率更令欧阳询书墓志。（《关中石刻文字新编》）按郭云墓志亦载于《唐文拾遗》卷十六：郭云，祖庆，父振武。郭云“识超万众，勇冠三军”。左卫亲卫刘僧宅　刘僧字彦达。本河间郡人，今为长安人。祖刘咸，北周济北郡丞思州刺史征虏将军河间公。父刘寿，隋北龙治中建州别驾。贞观二十一年正月二十三日，刘僧终于本县真安里第。夫人晋阳赵氏，天授二年腊月十三日，终于洛阳县富教里第。长寿二年二月二十二日，合葬于长安城东霸陵原。刘僧墓志出土时地不详，1995 年西安市公安局收缴。刘僧子玄意，曾任左鹰扬卫郎将、西都督府司马、西州长史。今吐鲁番出土的武周时期的文书中，多有署名“意”者，极有可能为刘玄意。（王翰章、尹夏清《新出唐刘僧墓志考释》，载《碑林集刊》第四辑 1996 年）奉义郎行苑西面监李奴宅　李奴字孝恽，岐州郿县人。曾祖业，仕魏为右宫伯，张掖、武威二郡太守，左卫将军姑臧公。祖馗，周左亲卫大都督、隋平凉郡守。父迁，唐虢县令、骠骑大将军、忻州刺史。李奴，贞观十四年起家授右卫勋卫，预文德皇后挽郎。二十三年释褐授兰州右一监丞，迁苑西面监、奉义郎、行苑西面监。咸亨二年五月三日，终于真安里第，其年七月二十六日，窆于雍州之高阳原。（《西市藏志》）中散大夫行内常侍冯士良宅　冯士良并州太原人。乾封元年奉敕检校合长年药成，特垂优诏。总章二年优诏为中散大夫内常侍。“以丝竹之伎，克谐律吕，剑钺之寄，亲信□归。复之御仗，兼掌声乐。”永淳二年六月三日，薨于真安里第，光宅元年十月二十日，窆于龙首之原。（西安碑林藏石）元从朝议大夫行内给事大盈库副使广平郡开国男程希诠宅　程希诠，河南府长水县人。祖与父为内常侍内给事。大历九年十二月二十八日，程希诠卒于长安修德里私第。十年八月二十三日，葬于城西龙首原。（《补遗六辑》）内侍伯祁日进宅　1955 年西安市西郊枣园村出土祁日进墓志。祁日进薨于长安修德坊之私第，建中元年十一月六日，迁葬于长安之城西。（《考释》）**边氏太原郡夫人王氏宅**　天平军节度副持节工部尚书神剑，长子□□入侍三朝。元帅怀光（李怀光勾结朱泚叛乱）恩深负德，其时边公与太尉李公（李晟）东渭桥合势，决战收城，迎驾（唐德宗）归阙。贞元十七年春正月九日遇疾，薨于修德里之私第，时年六十有八。至其年二月二十八日，卜地迁葬于京城西南高阳之原。夫人王氏封太原郡夫人，其年三月二十九日得疾，终于私第。贞元十九年五月十六日，旧茔开合。嗣子纬。（《集萃》）**将作监主簿赵肃宅**　赵肃夫人韦氏，京兆人。父璆，纪王府司马。夫人及笄，归于天水赵肃。赵肃三历黄绶，再登畿甸。夫人以贞元二十年六月二十六日，终于长安辅兴里之私第。其年十一月十有三日，迁厝于长安县永寿乡之北原。（《西市藏志》）**朝散大夫内侍省内给事赠江东道监军孟公宅**　孟公祖瑰考昕。贞元二十一年七月二十七日。孟公终于修德里之私第，春秋六十。大和□年二十五日，葬于京兆长安县务道乡之马祖原。夫人孙氏，先公而薨。（《陕博墓志萃编》）**开府仪同三司行左监门卫大将军知内侍省事上柱国弘农郡开国公食邑三千户赠扬州大都督杨志廉宅**　杨志廉父延祚，赠右监门卫大将军。志廉历玄宗、肃宗、代宗、德宗、顺宗，至“圣唐丕昌万国，一百八十有九载”，薨于长安修德里之私第。明年八月十七日，葬于城之西龙首原先茔之东南二百步，鲁国夫人彭城刘氏祔焉。（《补遗二辑》）杨志廉墓志于1956年在西安南郊出土，志藏西安市小雁塔保管所。此志出土南郊，与埋葬地存在疑义，其中变迁原因有待进一步考证。（贺华《唐杨志廉墓志考证》，载《碑林集刊》第六辑2000年）又杨志廉夫人墓志称杨志廉为左神策军护军中尉特进行左监门卫大将军知内侍省，志载：杨志廉夫人，赠鲁国夫人刘氏，京兆三原人。贞元二十年九月二十八日，薨于京兆修德里之私第，其年十一月十九日，迁窆于长安县龙首乡安门原先舅姑茔之东南三百步。（《补遗三辑》）杨志廉夫人刘氏，卒于贞元二十年（804），而杨志廉薨于元和二年（807），夫人葬长安县龙首乡安门原先姑舅茔之东南三百步，而杨志廉葬国城之西龙首原先茔之东南二百步，既是合葬，焉能一东南二百步，一东南三百步，待考。**元从奉天定难功臣定远将军守左龙武军翊府中郎将兼右羽林军通直张涣宅**　1956年西安市东郊韩森寨东南出土张涣墓志。元和四年十二月二十四日，张涣终于长安修德里私第。元和五年八月四日，宅兆于万年县凤城东长乐乡青龙原之先茔。夫人宋氏，元和六年正月二十一日，终于长安修德里之私第，以其年十月二十四日，宅兆祔于万年县长乐乡青龙原。（《考释》）**通议大夫奉天元从定难功臣左监门卫率府率赐紫金鱼袋上柱国高仙宅**　高仙字胆奴，京兆云阳人。父高振，左神威监军、赠内常侍。“洎兴元泚竖乱常，德宗巡狩，公（高仙）扈我琼辇。”元和五年八月十五日寝疾终于辅兴里之私第，以其年十一月九日，归葬于长安县龙首乡。（杭志宏《唐〈高仙墓志〉考释》，载《碑林集刊》第十七辑2011年）**汝南**

郡张君洛阳宗夫人宅　宗夫人父秀，庆州别驾。元和六年正月二十一日，宗夫人终于长安修德里之私第，其年十月二十四日，祔于万年县青龙原亡夫张之坟。元子太素，太庙斋郎。(《补遗五辑》)鄜坊丹延等州节度监军太中大夫行内侍省内给事员外置同正员上柱国赠紫金鱼袋杜英琦宅　杜英琦字璋，京兆人。曾祖怀，祖亮，父俊，乐道自适。杜英琦未及弱冠，入侍丹阙，唐宪宗选入内养，奉诏参与征讨吴元济、李师道。宪宗元和十四年正月“上令中使杜英琦押宫人三十人，持香花赴临皋驿迎佛骨，自光顺门入大内（大明宫）留禁中三日，乃送诸寺”。(《旧唐书》卷一百六十《韩愈传》）杜英琦墓志与史籍相互印证。奉诏迎佛骨舍利，杜英琦在鄜延表请归阙，于旅途信宿戾于同官县(今陕西省铜川市）南驿路，皇上诏许归修德里之私第，享年五十三，夫人吐突氏。(景亚鹂《新见唐代宦官〈杜英琦墓志〉疏证》，载《文博》2014年第3期）金紫光禄大夫检校太子詹事守右神策军正将兼殿中侍御史上柱国颍川郡开国陈士拣宅《古志石华续编》陈士拣墓志载：开成四年八月二十一日，终于修德里第。夫人班氏，元和十一年四月二十六日，终于修德里第，开成五年正月十九日，合葬长安县承平乡大严村陈氏之先茔。朝议大夫内侍省内府局丞员外置同正员上柱国武自和宅　武自和字邕睦，望本新野，后为京兆人。曾奉诏充新罗宣慰告哀等使。“公奉天书，渡沧海，经艰险，阻风波，勤劳王家，衔命宣抚。故得夷狄稽颡，跪授哀诏之仪。绝域从风，感国恩而向化，此公之智识也。”会昌元年闰九月十九日，终于修德里之私第。夫人姚氏先终，以其年十月十八日，葬于京兆府龙首原石井墅。(《补遗三辑》）张士清令弟宅　张士清“性习诞疏，不拘生业，嗜于酹酌，莫继后图”。会昌五祀夏月二十有二日，卒于长安县修德里令弟之第，其年八月九日，葬于京兆府长安县承平乡张杜村。(《西安西郊热电厂基建工程工地隋唐墓葬清理简报》，《考古与文物》1991年第4期）朝请大夫行内侍省掖庭局宫教博士员外置同正员上柱国赐绯鱼袋宋伯康宅　1982年3月8日长安县郭杜镇郭北大队村西出土宋大夫伯康墓志。志载：大中四年终于修德里第，大中五年葬于长安县义阳乡，其村曰邓，其原曰高阳。按墓志出土地点即在今邓村之南，唐代至今这里均为邓村。(《西安晚报》1982年3月20日《长安新出土一唐代墓志》，《补遗六辑》）陕府监军使正议大夫行内侍省内谒者监员外置同正员上柱国武昌县开国男师全介宅

1956年西安北郊小杨村出土师全介墓志。咸通四年秋七月十八日，师全介薨于长安县修德里私第。咸通五年正月九日，窆于京兆府长安县承平乡小杨村。(《考释》）按今西安市西北郊小杨村，唐代即此名。小杨村北为唐禁苑。上党郡夫人樊氏宅　樊氏祖自和，邠宁庆等州别敕兵马判官，行内侍省宫闱局丞。父公叙，左监门卫上将军。咸通六祀四月十有五日，樊氏薨于长安修德里，其年十月二十二日，葬于长安县龙门乡石井店石井村。(《补遗二辑》）樊氏墓志称：“适太原郡武氏讳周礼，皇任朝请郎，行内侍省掖庭局宫教

博士员外置同正员上柱国、如京、琼林两司判官。”樊氏长子乂侗，次弘忠、弘愿。登仕郎行内侍省掖庭局宫教博士员外置同正员上柱国魏公宅 1956年西安市西郊枣园村西出土魏公夫人韦氏墓志。志载：韦氏咸通九年正月十九日，终于长安街西修德里之私第，以其年龙集戊子七月三十日，葬于京兆府长安县龙首乡之原。(《考释》）志载韦氏有子一人曰孝本。同年在枣园村出土魏孝本墓志，称其“父公乃前任登仕郎行内侍省掖庭局宫教博士上柱国”。魏孝本终于修德坊私第，咸通十年八月十七日，葬于京兆府长安县龙首乡。(《考释》）内养儒林郎行内侍省掖庭局宫教博士闾克稹宅 闾克稹字子胜，京兆人。曾祖光，祖忠瀚，父从敏。咸通十五年八月，闾克稹殒于修德里之私第。其年十一月五日，葬于承平乡昌合里。(《唐代墓志汇编续集》）凤翔监军使特进守左领军卫上将军知内侍省事马公度宅 马公度夫人王氏，右神策军护军中尉开府公王元宥第二女。咸通十五年九月十二日，终于修德里之第。乾符二年七月二十二日，安厝于京兆府长安县承平乡先茔之西南。(《隋唐五代墓志汇编》陕西卷第四册)

次南辅兴坊。

东南隅，金仙女冠观。景云元年，睿宗第九女西城公主、第十女昌隆公主并出家为女冠，因立二观。二年，西城改封金仙公主，昌隆改封玉真公主，所造观便以金仙、玉真为名。武宗会昌中，建御容殿于金仙观，宰相李德裕为赞。西南隅，玉真女冠观。本工部尚书莘国公窦诞宅。武太后时以其地为崇先府。景云二年为玉真公主作观。此二观南街，东当皇城之安福门，西出外郭城之开远门，车马往来，实为繁会。《长安志》：安国观在正平坊，不知其坊所在。按安国观为玉真公主所居，疑辅兴即正平改名也。弘道观道士蔡玮撰《玉真公主受道灵坛祥应记》云：公主又居王屋山灵都观。按玉真张观主下小女冠阿容，见《白氏长庆集》。朝议郎行内侍省内寺伯上柱国刘奉芝宅。赵昂《刘府君墓志》：大渐于辅兴里之寝居。宫闱局令充閤门使朱朝政宅。崔锷《朱公故夫人赵氏墓志》：终于长安辅兴里之私第。按朝政即夫人子。左神策军护军中尉副使刘渼润宅。渼润妻《杨氏墓志》：卒于辅兴里之私第。又《刘仕偳墓志》：终于辅兴里。仕偳即渼润次子，渼润，《刘仕偳墓志》作“英闰”。内侍陈忠盛宅。裴士淹《陈忠盛碑》：薨于辅兴里之私第。

增订：

玉真观 淑妃玉真观女道士尊师真一，弘农杨氏。五代祖隋观德王杨雄。曾祖开府仪同三司郑国公崇义。祖使持节太州刺史志诚。父兵部郎中昌宁伯澄。杨氏家族曾多与皇室联姻，是李唐王朝最重要的外戚之一，但也多次卷入政治斗争旋涡之中。杨真一季父附会中宗韦后，隆庆政变中被处斩。杨真一是玄宗淑妃，但长期受玄宗冷遇，被逼遁入道门成为玉真观之一名道士。天宝八载六月二十四日，杨真一归神于西京□□□观，春秋五十八，其年八月十日，封树于咸宁县洪源乡少陵原陪先茔。（《洛阳新获墓志》二〇一五）按：唐代无太州，待查。元从朝请大夫守内侍省内常侍员外置同正员上柱国赐紫金鱼袋赠右监门卫将军闾重光宅　闾重光夫人段氏，武威郡夫人，法号功德山。元和六年律中夷则（律中夷则即七月）二十六日，寿终于辅兴里甲第，寿秋六十有六。闾公与段氏有六子四女，其子多为宦官，其家族可能是以“假子”组成的非血缘家族。有一子中贵忠幹。据闾知诚墓志载，祖重光，朝请大夫行内侍内常侍赐紫金鱼袋赠右监门卫将军。考忠幹，授将仕郎行内侍省掖庭局宫教博士、员外置同正员。于此可知闾知诚之父乃武威郡夫人段氏之第五子忠幹，亦可知段氏之夫是闾重光。段氏于元和六年十月二十四日，迁神于京城长安县义阳乡。2003年段氏墓志出土于西安市长安区郭杜镇。（景亚鹂《唐〈武威郡夫人段氏墓志〉研究》，《碑林集刊》第十三辑2007年）按闾克稹墓志称曾祖光，祖忠瀚，则忠瀚为闾重光与段氏之第六子。闾克稹为闾重光之曾孙，宅在辅兴坊之北修德坊。朱朝政宅　按崔锷撰朱公夫人赵氏墓志时为朝散大夫守太子赞善兼通事舍人侍御史上柱国，因“锷尝忝国命，与大夫同赴三韩，备闻夫人善德，托以叙述”。朱公即兴元元从登仕郎守内侍省内侍伯员外置同正员上柱国。夫人赵氏大和八年四月十六日，终于长安辅兴里之私第。光禄大夫工部尚书使持节都督荆州刺史驸马都尉上柱国莘安公窦诞宅　窦诞字光大，扶风平陵人。祖荣定。父窦抗，隋上柱国、幽易等四州诸军事、幽州刺史、皇朝将作大匠……陈容公。（贞观）九年，窦诞“奉敕营太庙，上栋下宇，穷大壮之良规；审曲面势，极梓人之妙术。以公勤诚可录，特加茅土，封莘国公”。贞观二十二年二月，薨于辅兴里第，其年八月，合葬于襄阳公主之茔。（《补遗二辑》）按：窦诞墓志未述襄阳公主事迹。襄阳公主是高祖十九女中第二女。《新唐书》卷八十三《诸帝公主》襄阳公主下，仅有“下嫁窦诞”四字。窦诞乃祖乃父事迹，参见《隋书》卷三九《窦荣定传》及《唐两京城坊考》卷四延康坊静法寺条。《新中国出土墓志·陕西卷》（壹）（文物出版社，2000年）所载窦诞墓志1985年出土于咸阳市唐顺陵内阙门外西南角，墓志仅载“其年八月合葬于襄阳公主之茔。庶茂乡之中，更□长平之墓；安陵之侧，重识鲁元之坟”。承奉郎行御史台录事云骑尉解君宅　解君故妻，赵，陇西天水人。王父实，隋西安州司马。考斌，左骁卫义阳府骠骑将军。赵夫人以咸亨元年四月八日，终于辅兴里之私第，以其年岁次庚午十一月辛丑朔七日景午，迁厝于长安县马祖原神泉乡。长子宣义郎行详刑评事昭德。解君妻赵夫人墓志1999年5月于西安郊区发现。（姜宝莲、秦建明、梁小青《西安新发现唐代〈解君赵夫人墓志〉》，载《碑林集刊》第十辑2004年）居士窦天生宅　《金石萃编》卷八七《唐故逸人窦居士神道碑并序》载：居士讳天生。太夫人朱氏，以开元十四年三月七日示灭于京辅□（兴）里，以其年十月十六日，合葬于五斋原。正议大夫行内侍雷夫人宋氏宅　1955年西安市东郊王家坟出土雷夫人宋氏墓志。志载：宋氏号功德山居长，其先出于广平。天宝四载九月六日，奄然归真于京辅兴里之私第。（《考释》）奉天定难功臣游击将军守左金吾卫大将军员外置同正员试光禄卿赐紫金鱼袋李秀琮宅　李秀琮字思忠，族望陇西人，三朝侍卫。贞元十一年秋八月一日，终于辅兴里之私第，十二年孟春之月旬有六日，与郡夫人朱氏合葬于京兆长安龙首原。（《补遗五辑》）正议大夫行邵州别驾充右神策军判官李通进宅　1955年西安市西郊土门村出土李通进墓志。志载：李通进于贞元十四年四月二十三日终于禁苑。越六日，迁于辅兴里私第，以其年仲夏月旬有七日，合祔于京城西龙首原先夫人之茔。（《考释》）元从定难功臣金紫光禄大夫行左金吾卫大将军兼殿中监上柱国彭城县开国侯刘升朝宅　《咸宁长安两县续志》载刘升朝墓志云：贞元十二年八月十二日，刘升朝终于辅兴里私第，贞元十三年五月十一日，安葬于先茔西。杨良瑶宅　1984年陕西泾阳县云阳镇小户杨村附近发现《唐故杨府君神道碑》：杨良瑶，宦者，曾充聘国，使于黑衣大食。唐宪宗元和元年秋七月二十一日，病逝于长安辅兴里私第，同年十月十四日，归葬于云阳县龙云乡之原。（张世民《中国古代最早下西洋的外交使节杨良瑶》，载《唐史论丛》第七辑1998年）唐代横渡印度洋到黑衣大食者有三人，达奚弘通、杜环、杨良瑶。达奚弘通，见《玉海》卷十六引《中兴书目》《海南诸藩行记》。达奚弘通曾任唐州刺史，又曾出使海外，凡经赤土等三十六国，撰有《海南诸著行记》。敕凤翔陇右泾原四镇北庭兼管内诸军兵马副元帅给监使李日荣宅　1956年西安市西北郊小杨村出土李日荣墓志。志载：李日荣于元和四年闰三月十三日，终于辅兴里之第。十一月十八日葬长安县承平乡小杨村。（《考释》）通议大夫、奉天元从定难功臣、左监门卫率府率高仙宅　高仙，字瞻奴、京兆云阳人。元和五年八月十五日，终于辅兴里之私第，春秋五十有七，以其年十一月九日归葬于长安县龙首乡。夫人李氏，陇西县君。嗣子五人，士准等。（《陕历博藏志萃编》）兴元元从朝议郎行内侍省奚官局令员外置同正员上柱国祁宪直宅　1956年西安市东郊韩森寨东北出土祁宪直墓志。志载：大和五年五月二十三日，祁宪直终于辅兴里之私第，其年十一月二日，迁窆于万年县龙首乡祁村里。（《考释》）奉天定难功臣游击将军正将杜公夫人李氏宅　大和九年二月九日，李氏终于辅兴里之私室。大和九年四月十日，窆于长安县龙首乡。嗣子杜文章，左清道率府。（《续修陕西通志稿》）左神策军副使大中大夫行内侍省内侍员外置同正员上柱国李公夫人戴氏宅　1956年戴氏墓志征集于西安市西关。戴氏为宦者之妻，年十九，有子七人，皆系养子。戴氏于开成元年闰五月六日，终于长安辅兴坊夫人之私室，其冬十月十三日，葬于京兆府长安县承平乡大严村之原。(《考释》) 硖州司仓参军朱和夫人南宫氏宅　南宫氏，本京兆兴平人。开成初年，自楼烦从夫入京。会昌二年八月十九日，终长安县辅兴里之私第，其年十一月六日，卜于万年县义善乡王李村东。男一人，名监郎。(《碑林新藏墓志》) 按南宫氏墓志是司仓朱和托友人文林郎权知宗正寺惠昭陵令陈义都撰。左僻仗押衙□光禄大夫检校太子宾客兼侍御史李遂宴宅　李遂宴，先陇西人。曾祖庭训。祖悦，赠左散骑常侍。父国清，右神策军上将。李遂宴幼承严父之训，常奉明师之教，以正直守典，廉诚勤恪。会昌三祀仲夏望日，遘疾而没，终于辅兴里之私第，以其月二十六日，归葬于京兆泾阳仙圃原祔先茔。(杨娟《唐〈李遂宴墓志〉说议》，载《碑林集刊》第十六辑 2010 年) 按李遂宴终于唐长安辅兴坊，葬于京兆泾阳县仙圃原，李遂宴墓志何以 2008 年出土于河南洛阳？待考。通议大夫行内侍省内侍伯员外置同正员上柱国广平县开国男广陵焦仙芝宅　焦仙芝字仁美，其先广陵人。会昌三年十一月十五日，薨于辅兴里私第，会昌四年十月二十三日，卜玄宫于城西十里龙门乡峦村，京兆长安县界。(《补遗二辑》) 正议大夫行夔州长史兼侍御史夫人田氏宅　田氏，先泾阳人。父田进，不仕。田氏受聘夔州长史，丈夫先逝。会昌四年三月二十二日，田氏终于京兆府长安县辅兴里之第，春秋六十有五。有子二人。以其年四月十七日，葬于泾阳县仙圃乡张保村府君阙之右。(《西市藏志》) 澄空寺　唐韦述《两京新记》记载在颁政坊“十字街北之东”，按“十字街北之东”与“十字街东之北”指的是一个方位，既然“十字街东之北”已经有建法寺，而“十字街北之东”就不可能有澄空寺。宋吕大防《长安图》标记澄空寺的位置是在颁政坊北门之东。(《唐研究》第二十一卷；北京大学图书馆藏《长安图》图版 1［9］；图版 1［10］；图版 2［10］)

建法尼寺　唐韦述《两京新记》标记在颁政坊“十字街东之北”。而宋吕大防《长安图》标记建法尼寺在颁政坊东北隅。(《唐研究》第二十一卷；北京大学图书馆藏《长安图》图版 1［9］；图版 1［10］)

建法寺建于隋初，有史籍记载，而且也得到地下埋藏石刻墓志的证实：《陈临贺王国太妃墓志》1996 年出土于长安县韦曲镇西茅坡村。志载：太妃姓施氏，父绩，陈始兴王左常侍。陈宣帝聘施氏入后宫，宠冠嫔嫱，生临贺王叔敖、沅陵王叔兴、宁远公主。宁远公主以开皇九年，金陵平殄，大隋文皇帝纳公主拜为宣华夫人。踵此二桥，非关缜发，光始二服，无待更衣。以大业五年岁次己巳八月十一日，薨于颁政里，春秋五十有九。其月十四日，葬于高杨（阳）原洪固乡。“太妃以移居戚里，优赏既隆，汤沐之资，咸从檀舍，式营寺宇。”施氏墓志所载“咸从檀舍，式营寺宇”确证韦述《两京新记》所载田通修筑建法尼寺施氏曾舍宅以足之的二重证据。“踵以二桥，非关缜发，光斯二服，无待更衣”隐含着隋文帝纳施氏母女为妃的悲愤 。施氏墓志还为《隋书·后妃传》中宣华夫人

传提供金石文字证据。(戴应新《隋唐墓志铭小考》，载《唐代历史文化研究》，三秦出版社，2005 年)

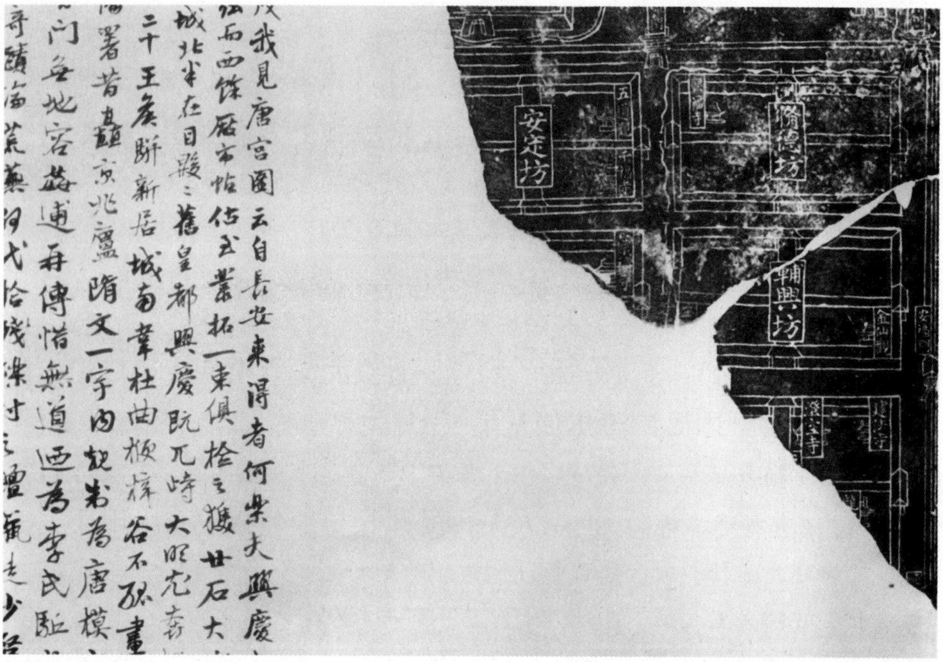

北大图书馆藏《长安图》拓本 A 本切割放大图 (9)

北大图书馆藏《长安图》拓本 A 本切割放大图 (10)

陳臨賀王國太妃墓誌銘
太妃姓施氏京兆郡長安縣人也吴將績之
後也父績陳始興王左常侍太妃婉懿在懷
淑慎后質 宣皇帝聘入後宮寵冠嬪嬙
恩隆椒掖既而芳蘭在夢熊羆之兆斯彰瑞
氣休符蘋藻之勤惟潔載誕臨賀王叔敖沅
陵王叔興寧遠公主並桂馥蘭芬金鏘玉閏
公主以開皇九年金陵平殄大隋高祖文
皇帝納公主拜為宣華夫人踵此二橋非關
縝髮光斯二服無待更衣以大業五年歲次
己巳八月十一日薨于頒政里春秋五十有
九其月十四日葬于高楊原洪固鄉太妃以
移居戚里優賞既隆湯沐之資咸從檀捨式
營寺宇事窮輪煥聊刊玄石以述清徽其詞
云尒
爰自弱齡作嬪帝閫貞孝表質温恭為本逝
川不留過隙難駐蘭蕙俱摧徽猷同樹

陈临贺王国太妃墓志铭

太妃姓施氏，京兆郡长安县人也。吴将绩之后也。父绩，陈始兴王左常侍。太妃婉懿在怀，淑慎后质，宣皇帝聘入后宫，宠冠嫔嫱，恩隆椒掖。既而芳兰在梦，熊罴之兆斯彰；瑞气休苻，苹藻之勤惟洁。载诞临贺王叔敖、沅陵王叔兴、宁远公主，并桂馥兰芬，金锵玉闰。公主以开皇九年金陵平殄，大隋高祖文皇帝纳公主，拜为宣华夫人。踵此二桥，非关缜发；光斯二服，无待更衣。以大业五年岁次己巳八月十一日，薨于颁政里，春秋五十有九。其月十四日，葬于高杨原洪固乡。太妃以移居戚里，优赏既隆，汤沐之资，咸从檀舍，式营寺宇，事穷轮焕。聊刊玄石，以述清徽。其词云尔：爰自弱龄，作嫔帝阃。贞孝表质，温恭为本。逝川不留，过隙难驻。兰蕙俱摧，徽猷同树。

《大唐建法寺大比丘尼墓志铭并序》：法师讳真意，俗姓王氏，琅琊临沂人，中书舍人弘让之女，母兰陵萧氏。自幼及长，勤修梵行。开耀元年岁次辛巳十一月景申朔十五日庚戌，舍寿于建法之伽蓝，春秋八十有三，以其月二十日乙卯，归于积德乡之高阳原。(《长安高阳原新出土隋唐墓志》) 忠武军监军使正议大夫内给事赐紫金鱼袋赠内侍仇文义宅　仇文义夫人太原王氏，大中二年十月十八日，殁于秦京辅兴里第，四年正月十七日，始获襄丧事。仇公以会昌元年正月薨，以其年八月厝于京兆长安县布政乡大郭村龙首原都门之西五里而近。(《补遗二辑》) 宣德郎行内侍省内府局丞员外置同正员上柱国张府君宅　夫人王氏瑯琊郡人，先考王忠义。王氏咸通六年十一月十七日，终于辅兴里之宅，咸通八年八月十八日，葬于京兆府长安县龙门乡欒村。嗣子将仕郎行内侍省掖庭局宫教博士员外置同正员上柱国英敏，见任翰林勾官。(《补遗七辑》)

次南颁政坊。隋有惠云、澄觉二寺，大业七年并废。

右军巡院。《旧图》。南门之东，龙兴寺。本普光寺，贞观五年太子承乾所立。神龙元年，两京及天下诸州并置中兴寺，遂改此寺为中兴寺。又改为龙兴寺。西北隅本隋之惠云寺，有旧佛殿，寺内有郑法轮画。严挺之《大智禅师碑》：开元廿一年，恩旨复令入都，至南龙兴寺曰：此人境之静也。遂留憩焉。十字街东之北，建法尼寺。隋开皇三年坊人田通舍宅所立。文帝初移都，便出寺额一百二十枚于朝堂下，制云：有能修造，便任取之。通孤贫孑然，唯有环堵之室，乃发愤诣阙，请额而还，置于所居，柴门瓮牖，上穿下漏。时陈临贺王叔敖母与之邻居，又舍宅以足之，其寺方渐修建。十字街北之东，证空尼寺。〔《两京新记》与吕大防图“证”皆作“澄”〕本工部尚书段伦之祖庙，贞观十七年立为真空寺，武太后改真空为证空。西北隅，昭成观。本杨士达宅，咸亨元年太平公主立为太平观。寻移于大业坊，改此观为太清观。高宗御书飞白额。至垂拱三年，改为魏国观。载初元年，改为大崇福观。武太后又御书飞白额。开元十七年为昭成太后追福，改立此名。西南隅，尚书左仆射芮国公豆卢钦望宅。崇明观。《旧图》。东南隅，右散骑常侍徐坚宅。张九龄《徐坚碑》：薨于长安颁政里之私第。护国天王院。天宝二年建显圣天王寺，咸通七年改。左卫翊卫武骑尉王行威宅。《王行威墓志》：行威字国宝，遘疾，终颁政里第。恒州长史张承休宅。张说《张承休墓志》：终于颁政里。朝议郎行凤州司仓参军上柱国司马宗宅。《司马君夫人孙氏墓志》：夫人字坚静，建业人，适于司马司仓宗，终于长安颁政甲第。

增订：

龙兴寺　龙兴寺，本普光寺。见《续高僧传》之普光寺昙藏传、玄琬传。据药师寺

《佛足石记》："释迦牟尼佛迹图……大唐使人王玄策，向中天竺丘兹国中转法轮处，因见迹，得转写塔，是一本。日本使人黄书本实向大唐国，于普光寺得转写塔，是第二本。"（小野胜年《中国隋唐长安寺院史料集成》史料篇）则唐初即有日本使人于普光寺得转写塔。至于王玄策使中天竺之丘兹国，丘兹是否为龟兹（龟兹在西域，即今新疆库车）待考。《大龙兴寺崇福法师塔铭》：崇福法师，俗姓王，太原祁人。先天二年五月十八日，迁化涅槃寺房，权瘗长安城西，以开元九年二月二十四日，迁窆金城北原。（《咸宁长安两县续志》）证空尼寺　《佛顶陀罗尼咒幢》《大唐真空寺奉为国及法界众生敬修大佛顶陀罗尼石幢记》唐大和六年张模撰并书（《隋唐石刻拾遗》卷下）。《大唐故真空寺尼韦提墓志铭》：尼韦提俗姓贯，大渐于真空寺，享年四十。安厝于万年县御宿乡。（《全唐文》卷九四八）昭成观　《道藏·洞玄部·记传类》杜光庭《道教灵验记》卷一《上都昭成观验》："上都昭成观，明皇为昭成太后所立，在颁政里南通坊内，北临安福门街，与金仙观相对。有百尺老君像在层阁之中……皆吴道子、王仙乔、杨退之亲迹……阁上觚棱高八尺，两廊檐溜去地三十余尺。京师法宇，最为宏丽，唯玄都观殿可以亚焉。"又同书同卷《昭成观天师验》："昭成观壁画天师，岁月既深，彩粉昏剥……颁政坊内居人姓李，患疮逾年，医不能愈……忽梦一道流……以大袖拂其面目之上，顿觉清凉……醒然疾愈……入观于天师真前瞻视良久，曰：即所梦也……"关于大崇福观改名昭成观的年代，《四库全书》文渊阁本《长安志》《类编长安志》《唐会要》俱作开元二十七年。（《丛考》）工部尚书驸马都尉纪国公段纶宅　《金石续编》卷四《大唐文安县主墓志》载：文安县主巢剌王李元吉之女，贞观十五年降姻于段纶之子段俨，贞观二十二年二月三日，卒于长安颁政里之第，于其年三月二十二日陪葬昭陵。按文安县主墓志清嘉庆时出土于礼泉县昭陵。徐松据此墓志于《唐两京城坊考》卷三修政坊中误置文安县主宅，并误认"颁政"为循政。"循修双声，古通用"。颁政在朱雀街西第三街，即皇城西之第一街，街西从北第三坊。段俨是段纶之子，段纶尚高密公主。公主乃高祖李渊之第四女。1987 年 10 月至 1988 年元月于昭陵烟霞乡张家山村北的山梁上，西北至昭陵 5 千米处发现段纶与高密公主之女邳国夫人段简璧墓志。简璧字昙娘，永徽二年四月四日卒于长安县之颁政里第，其年八月二十三日，窆于昭陵之南原。志文称段简璧为邳国夫人。"年甫十八，归于长孙氏。"长孙氏家族中，惟文德皇后之族叔长孙顺德卒后，于贞观十三年封邳国公，两《唐书》均有传。据墓志可知段简璧应为顺德之子妇，她卒后其夫仍健在，而且已袭封邳国公。然史籍所载不知其名，按颁政里尚未发现长孙氏宅，段简璧可能卒于段氏宅，而《两京新记》与吕大防《长安图》均于颁政坊内有"澄空尼寺"本为工部尚书段纶之祖庙，贞观十七年立为真空寺，武后时改真空为证空。登仕郎刘府君妻赵客女琛宅　夫人客女琛，南阳人。龙朔元年八月二十二日，终于颁政坊之里第，春秋八十，以其年岁次辛酉十月癸亥朔八日庚午，迁窆于高阳原。有子安等。赵氏墓志2004年出土于西北大学长安校区。（《长安高阳原新出土隋唐墓志》）**朝散郎上骑都尉王俨宅**　王俨字文成，太原祁县人。祖义，隋任蓬州司马。父相，唐初振武校尉、上护军。王俨春秋六十有六，长寿二年五月十七日，卒于颁政里之私第，其年六月十四日，葬于承平之原。（《西市藏志》）**豆卢钦望宅**　《唐两京城坊考》关于豆卢钦望宅是据《长安志》所载，但未记述其依据。豆卢钦望碑，在发掘唐僖宗李儇靖陵时出土，被用作棺椁石科。碑文基本完好，惟题下撰者及碑文首行下残。撰者为豆卢钦望之内弟李迥秀。碑文载，豆卢钦望字思齐，昌黎徒河人。祖宽，芮国定公。父仁业，芮国□公。景龙三年十一月二十二日，卒于长安颁政里之私第。四年二月二十八日，陪葬乾陵。（《补遗七辑》）**燕国夫人窦淑宅**　燕国夫人窦淑字顺则，扶风平陵人。"今天子（玄宗）第二姨，昭成皇太后之元姊也。"曾祖抗，将作大匠陈国公。父孝谌，赠太尉，豳国公。年十七，归张守让，车骑将军植之孙，随州刺史崇之子。先天二年九月十四日，制封燕国夫人。开元九年七月十九日，薨于颁政之里第，其年八月二十七日，合葬于咸阳洪渎原。（《补遗八辑》）按燕国夫人墓志是秘书少监王珣奉敕撰。燕国夫人窦淑与玄宗母昭成皇太后，唐肃宗张皇后祖母邓国夫人为同胞姊妹。**内给事邓公夫人王氏宅**　夫人王晤空字解脱，其先瑯琊人。开元二十九年二月六日，怛化于京兆府长安县颁政里之私第。（陕西师范大学图书馆藏拓片；张萍《由唐墓志增补两京城坊宅第》[一]，载《中国历史地理论丛》2002年第2辑）**银青光禄大夫太仆卿上柱国张去逸宅**　1953年咸阳底张湾北原出土张去逸墓志及兄张去奢墓志。志载：张去逸天宝七载八月二十一日，终于长安县颁政里之私第，天宝七载九月十七日，窆于咸阳县之北原义陵乡。（《西安地区唐墓壁画的布局和内容》，载《考古学报》1982年第2期）按《旧唐书·肃宗张皇后传》：张皇后祖母窦氏，玄宗母昭成皇太后之妹也，封邓国夫人，恩渥甚隆。其子去惑、去逸、去奢。可知张去逸为国戚，是昭成皇后亲外甥。张去逸墓志陈列于西安碑林。**正议大夫内常侍辅公夫人米氏宅**　米氏，云安郡（夔州）人。祖父名讳不详，官至左玉钤卫大将军河西节度副大使。父，官至右骁卫郎将。米氏载十九，移天以事人，归于见任正议大夫内常侍辅君。天宝十四载八月八日，米氏卒于京师颁政坊宅，春秋六十，以十一月景辰朔五日庚申，葬于京城长安县西南积德乡高阳之原。嗣子仙进，仙达、仙玉。唐《元和姓纂》卷六：米姓出西域米国。2002年10—12月西安市文物保护考古研究院，于西安市长安区郭杜镇西北约1.5千米（长里村东）的紫薇田园都市住宅小区开挖工程的基坑抢救性清理北魏至唐四十多座墓葬。米氏墓出土鸾鸟衔绶镜堪称唐镜珍品；水晶项链，雍容华贵，诸多出土器物，代表盛唐手工业制作高超技艺。（西安市文物保护考古研究院《唐代辅君夫人米氏墓清理简报》，载《文博》2015年第4期）米氏为流寓中国的西域米国人后裔。历史文献记载和西安出土文献证实的米国人居长安的有崇贤坊的米亮和醴泉坊的米继芬。朝散大夫硖州司马文刘宗义宅　刘宗义，京兆府长安县人。元和五年六月十三日终于万年县静恭里之私第。夫人安乐孙氏，司农□□□□□□□思忠之第六女。贞元二十年七月二十日，终于长安县颁政里之私第。(《补遗七辑》《户县碑刻》）朝议郎行茂王府参军李昌汶宅　李昌汶字子文，以门荫补崇文馆明经，初选抚王府参军，再选茂王府参军。春秋四十有四，大和二年闰三月七日，终于长安颁政里之私第，以其年五月六日，祔先茔于京兆府长安县福阳乡高阳原。昌汶祖岫，云麾将军，赠太子少保。父奉仙，邠国公。昌汶即奉仙长子，尤笃于儒学。有子名存质。(《洛阳新获墓志》二〇一五）右神策军正将兼护军中尉押衙银青光禄大夫检校太子宾客兼侍御史上柱国安定县开国子尹倬宅　尹倬，东莱掖人。烈考栖梧，特近奉天定难功臣左骁卫大将军检校右散骑常侍安定郡王。尹倬“职五转至牙门将，官六迁至检校太子宾客，兼侍御史”。大和五年岁次辛亥二月十七日，奄终于京兆长安县颁政里，享年六十，有子二人，长曰应明。以其月二十八日祔于先常侍之茔。2011年陕西省考古研究院于西安市未央区西凹里村立丰惠泽苑（西北距秦阿房宫遗址约1800米）发掘尹倬墓。(陕西省考古研究院《陕西西安立丰惠泽苑唐墓发掘简报》，载《考古与文物》2017年第2期）奉天定难功臣兴元元从朝议郎行内侍省奚官局令丁承义宅　丁承义，其先三原县人。大和八年八月九日，终于长安颁政里之私第，其年八月二十四日，葬于京兆府长安县龙门乡南漕村安厝。(《补遗七辑》）刘公夫人马氏宅　1955年出土刘公夫人马氏墓志载：马氏终于颁政里之第，大中元年二月二十四日，葬于长安龙首乡小严村之北三百步，胡丘南一百步。(《考释》）王颙宅　王颙字宗可，其先太原。祖锐，父昌庭。王颙“恭毅忠勇，明允笃诚，学精群书，才优众艺。冰素皎然，人所钦重。至若崇学业，恤孤弱，抚幼稚，问耆老，表哀疾，诘浮流，可以分食解衣，均配不足。仁德之行，布恩如春。则可以贻悦情性，放逸心目。不苟合于时，不争趋进之路，视荣宠如脱屣，故君子乐天知命……”大中二年八月十有七日，殒于颁政里之私第，其年冬十月十四日，归葬于京兆府万年县龙首原古成村。有子二人，长曰让，次曰公楚。该墓志于二十世纪八十年代初在西安东郊陕西钢厂附近，即韩森寨与等驾坡之间出土。墓志撰者张楧，在当时不仅是撰写碑版文章的大手笔，而且是一位出色的书法家。(王其祎《西安东郊出土唐代〈王颙墓志〉疏证》，载《考古与文物》2005年第2期）馎饦曲　内侍省令史堵颖，大中元年闰三月四日，卒于上京颁政坊馎饦曲东，权殡于长安县龙首乡小严村。小严村即开远门外临皋驿西南。(《续修陕西通志稿》卷一五二。另见《三年来西安市郊出土碑志有关校补文史之资料》，载《文物参考资料》1957年第9期）苏公宅　苏公残塔铭：颁政里之私第。贞元二年五月六日，迁窆于终南祔旧茔。(《北图石汇》）染坊使中大夫行内侍省宫闱令上柱国赐紫金鱼袋王彦真宅　王彦真字道符，太原祁人。咸通六年正月七日，薨于颁政里之私第，享年三十有一，其年七月二十三日，葬于万年县细柳乡故郡村，祔先茔。(《西市藏志》)按王彦真葬地在今西安市灞桥区与临潼区交界处的临潼区西泉乡一带。《全唐文补遗》第三辑《吴巽墓志》："天宝七载十月二十四日，葬于京兆府会昌县铜人原。"《大唐庆国故细人孙氏墓志铭并序》："卒于天宝五年……即以其载十一月十三日，安厝于会昌县细柳原。"会昌县指今何地？《旧唐书》卷三十八《地理志》"天宝三载，分新丰、万年置会昌县，七载省新丰县，改会昌为昭应，治温泉宫之东北。"昭应县在宋大中祥符八年改为临潼县。所以唐会昌县细柳乡即今临潼区西泉乡一带。1958年和1974年在临潼县西泉乡先后出土荣王第八女墓志和常允逸神道碑，均为唐天宝九载和七载，均称该地为"万年细柳原"或"京兆细柳原"。实指"铜人原"。银青光禄大夫检校国子祭酒兼广州都督府长史侍御史陈公宅　夫人费氏，咸通十二年七月二十一日遇风疠，翌日终于颁政里私第，享年四十有五。有男一人琦，其年冬十月二十四日，窆于京兆府长安县义阳乡邓村高阳原。(《长安高阳原新出土隋唐墓志》)

次南布政坊。隋有明法、道觉二寺，大业、武德中并废。本名隆政，避明皇名改。

东北隅，右金吾卫。隋曰右武候府。西南隅，胡祆祠。武德四年立。西域胡祆，神佛经所谓摩醯首罗也。祠内有萨宝府官，主祠祆神，亦以胡祝充其职。毕氏曰：胡祆神始末见《北魏书》，灵太后时立此寺。善果寺。《旧图》西南隅。东南隅，废镇国大波若寺。本蒋王恽园地，景龙三年立为寺，景云中废。西门之南，法海寺。本隋江陵总管清水公贺拔华宅，开皇九年为沙门法海舍宅立寺，因以法海为名。北门之东，济法寺。隋开皇二年沙门法藏所立。地本梁村之佛堂及隋武候将军韦和业宅。其佛殿隋光德太子之寝堂，太子薨后，舍施拆于此造。西禅院，房国公苏威所立。十字街东之北，明觉尼寺。本隋御史大夫裴蕴宅，开皇中大保河间王弘立为寺。本名显，避中宗讳改。福祥观。本毕国公窦瑰宅，天宝十三载立为观。东门之北，侍中魏知古宅。中书令萧嵩宅。张说《赠吏部尚书萧灌碑》：夫人京兆韦氏，逝于京师布政里。按即萧嵩之父母。左神武大将军河间郡王舍利澄宅。功曹参军梁君宅。《梁君故夫人成氏墓志》：夫人讳淑，雍州渭南县主簿第三女，成肃公之后也。卒于隆政里第。朝议郎行尚书仓部员外郎集贤院待制权自挹宅。权德舆《权自挹墓志》：终于布政里私第。尚书都官令史王琦宅。《冥报记》：永徽二年六月九日，尚书都官令史王琦暴死，吏驱行出金光门，令入坑，琦拜谢放归，乃苏。买白纸作钱并酒食，自于所居隆政坊西渠水上烧之。按渠谓永安渠，渠经布政坊之西。旅馆。《李娃传》：天宝中，郑生自毗陵抵长安，居于布政里。尝游东市还，自平康东门入，将访友于西南，至鸣珂曲见一宅，门庭不甚广，而室宇严邃，有娃方凭一双鬟青衣立，生停骖久之。密讯其友，友曰："此狭邪女李氏宅也。"扣其门，一姥延生迟宾之馆，命娃出，烹茶斟酒。久之，日暮鼓动，姥访其居远近，生绐曰："在延平门外数里。"冀其远而见留也。俄徙坐西堂，饮酣而散。及旦，尽徙其囊橐，家于李之第。岁余，资财仆马荡然。娃谓生曰："与郎相知一年，尚无孕嗣，闻竹林神者，报应如响，将致荐酎求之，可乎?"生与娃同谒祠宇，信宿而返，策驴而后，至里北门，娃谓生曰："此东转小曲中，某之姨宅也。"将憩而觐之。生如言前行，不逾百步，果见一车门，曰："至矣。"娃引生偕入西戟门偏院中，食顷，有一人驰至曰："姥遇暴疾颇甚，宜速归。"娃前往。其姨留生议丧事。日晚，生往之旧宅，门扃钥甚密，生诘其邻，曰："姥徙居且再宿矣。"生将驰赴宣阳以诘其姨，日已晚矣，赁榻而寝。质明乃去，既至，连扣其扉，有宦者徐出，生遽访之，曰："此崔尚书宅，昨者有一人税此院，云迟中表之远至者，未暮去矣。"生罔知所措，因返访布政旧邸，邸主哀而进膳，三日遘疾甚笃，邸主惧其不起，徙之于凶肆之中。

《校补记》：布政坊 补三条并注：波斯胡寺，注：本在醴泉坊，景龙中移此坊西南隅。司戈张无是宅，注：《纪闻》：天宝十二载，司戈张无是居布政坊，行街中，夜鼓绝，门闭，遂趋桥下。忽有骑至，言至布政坊取无是妻，其一则同曲富叟王翁。富叟王翁宅。注：见上。

增订：

胡祆祠 胡祆祠，即祆祠，亦即波斯祆教祠。唐代长安与洛阳城里均有数座祆祠。长安城布政坊西南隅，醴泉坊西北隅，普宁坊西北隅，静恭坊街西和崇化坊共五处。祆教约于北魏神龟中（518—519）传入我国，其管理祆祠之官为"萨宝"，史籍及出土的祆教徒墓志中均有记述。参阅向达《唐代长安与西域文明》。法海寺 法海寺为隋开皇二年法藏所立。西安碑林法藏塔铭载：法藏，苏州吴县人，曾先后奉武后敕为东都大福先寺检校无尽藏、化度寺无尽藏、荐福寺大德等。开元二年十二月十九日，舍生于净域寺，其年十二月二十□日，施身于终南山楩梓谷。(《北图石汇》）按隋唐时法藏有三，碑林所藏碑铭，非隋法藏也。《隋唐嘉话》："咸亨初，有布政坊法海寺，有英禅师……"《太常协律郎裴公妻贺兰氏墓志》：贺兰氏曾祖虔，祖静，父玄慈。贺兰氏曾移寝于济法寺之方丈，后迁殡于鸦鸣堆。(《北图石汇》）明觉尼寺 《明觉寺比丘尼刻经记》于清同治四年（1865）重修西安贡院掊土而得，已佚。首题"一切如来心真言并明觉寺持律比丘尼心印记""大历十三年岁次戊午正月戊申二十七日甲戌于上都西长安承平乡瞻仰至尊俯临佛位爰令下才邓石刻记"。(《陕西金石志》补遗上）内教坊 《唐会要》卷三十四《杂录》：元和十四年正月，诏徙内教坊于布政里。隋朝请郎元世斌宅 西安西郊出土元世斌墓志，全文如下："大隋上柱国宋安公世孙朝请郎元世斌，大业五年岁次己巳五月十九日薨于隆政里之第，春秋廿有四。以其月丁卯朔廿四日庚寅，权殡于大兴城西龙首乡隆安里之山，乃为铭记。”按宋安公即元景山，《隋书》卷三十九有传，元世斌不见于《隋书》。（王其祎《西安新出土〈隋元世斌墓志〉考证》，载《文物》2001 年第 8 期）韩德曜宅 1998 年 2 月于长安县终南山至相寺附近发现《唐故处士梁君妻韩（德曜）氏墓志铭并序》，墓志载：韩德曜，京兆长安人。贞观八年六月二十七日，终于隆政里第，葬于楩梓谷之旧茔。韩德曜墓志藏至相寺。朝散大夫牛相仁宅 牛相仁字体悊，陇西狄道人。贞观十八年六月十三日，终于隆政坊私第，年六十七。麟德二年岁次乙丑五月壬申朔一日壬申，迁合于雍州长安县义阳乡界高阳之原。牛相仁墓志 2003 年 12 月出土于西北大学长安校区。（《长安高阳原新出土隋唐墓志》）赠左卫大将军幽州都督上柱国邢国公王君愕宅 王君愕妻，义丰县夫人张廉穆，字高行，南阳人。隋定州北平县令张珍之女。永徽五年三月十五日，卒于京安众里隆政第，以六年二月九日，合葬于雍州醴泉县神迹乡常丰里昭陵之旧茔。（《昭陵碑石》《补遗二辑》）处士索谦宅 索谦字文纲，敦煌人。永徽六年六月三日，卒于隆政里，其年七月五日，窆于龙首之原。（《补遗三辑》）索谦墓志载：“富埒陶白，资巨程罗。乍开通德之门，交接简通之彦。时置候宾之驿，家富秦赵之声。虽卓郑之雄华，朱宁之汲引，此之数子，其何足云。”隆政坊西南即西市，多胡商聚集之地，索谦原籍敦煌，敦煌为胡商来华前站，与胡商交往悠久。而索谦在长安又居于隆政坊，近西市，又长于经营而成为长安富商。将仕郎王君宅 王君夫人姬氏，永徽六年十一月十四日，卒于隆政里之私第，其年十一月二十四日窆于万年县少陵原。（《补遗三辑》）司徒并州都督上柱国鄂国忠武公尉迟敬德宅 1972 年尉迟敬德墓志出土于醴泉县昭陵新村。志载：显庆三年十一月二十六日，终于隆政里之私第。显庆四年四月十四日，与夫人苏氏合葬昭陵东南十三里安乐乡普济里之所。（《唐尉迟敬德墓发掘简报》，载《文物》1978 年第 5 期）按《唐两京城坊考》长寿坊有尉迟敬德宅。右翊卫陶后兴宅 陶后兴，蓝田人，父模，隋任雍州大兴县令。后兴春秋七十有三，以显庆四年七月六日，卒于隆政坊之第，其月二十七日祔葬于雍州长安县西南高阳原之野。（《补遗六辑》，按陶后兴之父陶模事迹，见《隋书》卷七一《陶模传》）处士刘晏宅 刘晏夫人王氏，贞观十五年十二月十六日，卒于长安县隆政里第，先于至相寺施身为事□。刘晏，字伏安，显庆六年二月二十七日，卒于长安县隆政里。临终诫子弘满，以至相寺施身，仍于寺北营塔。麟德元年十一月二十九日，同建塔于终南山。刘晏及夫人王氏墓志今藏于至相寺。秘阁直司登仕郎王方大宅 王方大，瑯琊人。龙朔三年八月十一日，卒于隆政坊之私馆，其妻姬氏其月二十一日，祔窆于万年县东南毕原之野。（《补遗三辑》）又《大唐将仕郎王君故夫人姬氏墓志铭》（《补遗三辑》）：夫人姬氏，年甫十一，早适王门，以永徽六年十一月十四日，卒于隆政里私第，其年十一月二十四日，窆于万年县少陵原。按姬氏与王方大年岁，居住地及散官阶，应为王方大之妻。但姬氏之卒在永徽六年（655），而方大之卒于龙朔三年（663），相距八年，其葬地一为少陵原，一为毕原。由于王方大及姬氏墓志出土时间、地点不详，究竟是葬于两地还是合葬？按少陵原泛指浐河、潏河之间，南起引镇北至曲江乡陆家寨，长约8公里，宽6—10千米，海拔470—630米，汉代称鸿固原。唐代少陵原向西北延伸部分称“凤栖原”，亦称“鸿固原”。毕原，是周文王、武王和周公的葬地，据《元和郡县图志》载，在万年县（唐长安城宣阳坊）西南二十八里，今西安城南15千米，长安区韦曲镇以北出土大量唐代墓志，记述为毕原，此地亦位于浐河、潏河之间。这一地区出土唐墓志，亦有称“凤栖原”者。1980年秋在今西安城南，韦曲镇北三爻村新安建材厂施工中出土四方唐墓志，张楚贤及其夫人均葬于鸿固乡凤栖原，而崔纮墓志则称葬于毕原。（桑绍华《西安南郊三爻村发现四座唐墓》，载《考古与文物》1983年第3期）以此推论王方大及夫人姬氏应是合葬墓。司戎散官尹僧护宅　尹僧护雍州长安人。春秋五十，咸亨元年岁次庚申闰九月一日辛丑，卒于隆政坊之甲第，其月二十一日辛酉，窆于雍州城西高阳之野。（《长安高阳原新出土隋唐墓志》）徵士上柱国邹鸾昉宅　邹鸾昉字鸿渐，本南阳邓人。曾祖敬字文朝，冯翊郡守。祖宝，隋洛阳县令。父炽，唐朝散大夫。鸾昉是邹炽的元子，显庆中任许王佐亲事队正。调露中，授上柱国。长寿二年九月二十五日，终于隆政里之私第，春秋六十有二，粤以三年正月二十一日，葬于城南高望之平原，祔父之旧茔。孤子意怀。（《集萃》）按隆政坊，避唐明皇名，改为布政坊。即朱雀门街西第三街，皇城西之第一街，街西从北第四坊。李夫人宅　夫人陇西人。长安三年九月□日，薨于隆政坊私第，其年十二月十七日，葬于长安县高阳原。李夫人砖志，朱书正书，2003年12月出土于西北大学长安校区。（《长安高阳原新出土隋唐墓志》）幽州都督左威卫大将军兼左羽林军上下赠使持节都督兖州诸军事兖州刺史河东郡开国公裴怀古宅　裴怀古字德度，河东闻喜人。祖诊。父慈仁，隋衣冠子，皇朝均州武当县令。裴怀古两《唐书》有传。为良吏。曾出使突厥，不受伪职，安抚西南夷。先天元年十一月三日，薨于长安布政里之私第，先天二年三月二十二日，迁厝于洛州河阳县岭山之北原。其墓志2003年春出土于河南孟州。（戴霖《唐裴怀古墓志考释》，载《中原文物》2005第5期）朝议郎行夔州都督府兵曹参军樊大惠宅　樊大惠字卿，长安县人。曾祖方，祖兴，父修业。大惠弱冠补崇文生，解褐陈州参军事，调转夔州都督府兵曹参军事。开元十二年七月七日，终于长安县布政乡（坊）之里。春秋五十有七，以其月二十八日，迁窆于高阳原。樊大惠墓志2006年出土于昊瑞花苑住宅小区。（《长安高阳原新出土隋唐墓志》）周故秋官尚书秀容县开国男尔朱杲宅　尔朱杲字玄明，河南洛阳人。高祖彦伯，后魏侍中骠骑大将军左光禄大夫博陵郡王开府仪同三司太傅司徒公。魏史有传。曾祖敞，周通直散骑常侍熊临二州刺史，隋金徐二州总管边城郡开国公。祖休最，隋左千牛豫章王司马袭边城郡公。父义琛，唐司仆少卿司刑少常伯司刑卿银青光禄大夫定州刺史赠胜州都督上柱国。尔朱杲在贞观六年以公卿子弟为唐高祖挽郎，解褐兖州都督府参军兼鲁王府参军。后历任清池县令、阳城县令、陇州长史等职，后转秋官郎中秀容县开国男，转太子宫尹。坐来俊臣事，改授卫州刺史，不之任，致仕在家。长寿三年正月二十四日，八十一岁薨于永昌县温柔里之私第。夫人崔氏，清河县君，岐州雍县、汾州隰县二县令处静之女。垂拱四年五月二十四日，终于长安县隆政里之私第。长安三年十月三日合葬洛阳县平阴乡奇埆之北原。1997年尔朱杲墓志出土于孟津县送庄乡十里头村东南。尔朱杲的高祖彦伯是北魏末年拥兵自重、专秉朝政、握赏罚之柄、擅生杀之威、权倾朝野的尔朱荣的从弟。尔朱家族自北魏至唐在京畿地区世多显贵。直至二十世纪末，由洛阳出土的8方尔朱氏墓志（神道碑）中（尔朱敞、尔朱端、尔朱休、尔朱义琛、尔朱杲、尔朱旻、尔朱绍、尔朱袭）得知，尔朱氏在隋唐两京中的宅第有：尔朱端开皇年间京师静安里，尔朱义琛上元年间东都修业坊，尔朱杲长寿年间永昌县（东都）温柔里，尔朱杲夫人崔氏垂拱年间长安县隆政里。八方尔朱氏墓志（神道碑），除尔朱休外，其余均葬于孟津县送庄乡十里头村东南。十里头村东南是尔朱杲家族墓地。（李献奇《武周尔朱杲及夫人韦氏墓志考释》，载《中原文物》1998年第4期）**阿史那从政宅**　1955年西安市东郊韩森寨出土《唐薛突利施匐阿施夫人墓志铭》载：十二姓阿史那叶护可汗顺化王男左羽林军上左金吾卫大将军阿史那从政，蕃名药贺特勤，夫人薛突利施匐阿施，（唐中宗景龙）元年建卯月十八日染疾终于布政里之私第，以其年建辰月五日，迁厝于万年县长乐乡之原。按药贺特勤之父叶护可汗，归国后封为顺化王。（《考释》）**节度副使太常卿公曳鹘祧贤夫人金河郡夫人阿史那氏宅**　阿史那氏于广德二年八日（无月）薨于市（布）政坊之里第，年二十三岁，十一月二十七日，葬于京兆府长安县石井之原。（《补遗五辑》）

国子祭酒嗣韩王李讷宅　《皇堂叔祖故国子祭酒嗣韩王（李讷）志文》："王讳讷字希声，陇西狄道人也。王即太祖武皇帝之孙也，太宗文皇帝之犹子也……太尉兼绛州刺史韩王元嘉……王即太尉之季子也……以开元十七年十一月七日，薨于长安布政里之私宫也。□□年六月七日，祔于富平县界障阳之原。"（《补遗三辑》）按《旧唐书》卷六四《高祖二十二子传》：韩王元嘉母宇文昭仪，宇文述之女，高祖宠爱。贞观十年封元嘉为韩王，与霍王元轨于太宗、高宗朝负盛名。高宗薨后，元嘉加太尉。武后垂拱四年，元嘉因参与越王贞起兵被诛。李讷为第五子，长流，神龙初，追复元嘉爵土，讷召回嗣韩王。李讷薨于布政里之宅称"宫"，非一般宅第。又《大唐故国子祭酒鲁郡太守嗣韩王妃京兆杜氏墓志》："京兆杜氏，故国子祭酒、鲁郡太守嗣韩王讷之妃也……烈考讳思温，朝请大夫资州长史上柱国京兆公。"杜氏以天宝六载十二月十一日，薨于长安县怀德里之私第，明载十□□二十四日，迁祔于三原县孟侯原，永归同穴。"有四男一女，长子叔琚，太子谕德，嗣韩王”。(《补遗三辑》)杜氏于李讷薨后移居怀远里。**太子洗马韦璥遇害处** 韦璥，京兆咸宁人。考玄诞，皇朝散大夫洋州司马赠绛州刺史。韦璥以韦庶人微亲，□□见累，唐元载六月二十一日，遇害于布政坊西街。夫人河东柳氏，相州内黄县令柳憬第二女，年未二十，归依释氏，开元十八载十一月二十日，婴疾终于陆浑县勤戒寺之西院。(《补遗六辑》)按："唐元载六月二十一日"恐录文或志文有误。唐开元年以前有"载初"和"延载"，均为武则天年号。**内供奉游击将军守晋州平阳府别将赐绯鱼袋上柱国康孝义宅** 康孝义，其先会稽人，后官于朔方，为宥州延恩县人。开元中，授游击将军晋中平阳府别将。出入中禁，侍卫天阶。后去官还于家，放旷林园，荡然自适。天宝十一载冬十有一月八日，薨于长安布政坊私第，享年五十有五。属时岁未通，权殡于京之西十里，大历四年二月十八日建。康孝义墓志1991年于西安市三桥镇简家村出土。宥州延恩县在今内蒙古自治区鄂托克旗南50千米，陕西省定边县北140千米处。(《陕博墓志萃编》)**张无是宅、王翁宅** 《太平广记》卷第一百引《纪闻》："唐天宝十二载冬，有司戈张无是居在布政坊。因行街中，夜鼓绝门闭，遂趋桥下而跧。夜半，忽有数十骑至桥。驻马言：'使已至布政坊，将马一乘往取十余人。其二人，一则无是妻，一则同曲富叟王翁……天晓闻南邻哭声。无是问之，则王翁死矣！'"于此可知布政坊之一曲内，张无是与王翁宅南北相邻。**中书省主事孙进宅** 《咸宁长安两县续志》载：大历二年□月八日，孙进终于长安布政里私第，其年十一月三日厝于京西龙首原。**博陵郡夫人李氏宅** 1955年西安市东郊王家坟出土的李氏墓志载：大历十年二月十日，终于布政私第，其年四月八日，葬于万年县龙首原。(《考释》)按博陵郡夫人李氏，其夫姓陈，志未记其名及官职，其子宝应军衙前射生副将扈从功臣朝散大夫试太子洗马赐紫金鱼袋上柱国禄。李氏之夫和子可能是四品官，因而册命为"博陵郡君"。**江陵郡太君高氏宅** 1958年西安市东郊韩森寨东南出土高氏墓，贞元十一年正月十五日，高氏终于布政里之私第。贞元十二年二月二十二日，合祔于京兆万年县崇义乡南姚村。因其子杨光宽拜平林郡王而称其母为江陵郡太君。(《考释》)**朔州尚德府折冲同十将裴荣宅** 裴荣，先河东人。祖延福，同州长史。父弁，同州韩城县令。裴荣即弁之第二子。时三吴镇主李涵表荐，授朔州尚德府折冲，同十将。晚节知命，归旨内典，游心空门。洎贞元癸未（十九年）岁，不幸遭疾，终于长安布政里之私第。有子二人，长曰造，次曰迈。夫人陇西李氏，先荣三载物故，祔兆于城南毕原。以其年（贞元十九年）十月二十六日，窆于故茔之侧。据说唐荣墓志2008年8月发现于西安南郊清凉寺西侧堆土处。（马志祥《新发现的〈唐裴荣墓志〉考释》，载《碑林集刊》第十四辑2008年）按唐长安城南毕原在今西安市长安区南里王村一带。**朝议郎试少府监丞赐紫金鱼袋李秀炎宅** 李秀炎，卫州共城人。曾祖嘉义，祖玄龟。"祖自开元中无方远游，遇禄山阻命，漂寄长安。考居二房也，幼姑娘子卒于善和之里。次三房叔子迁，小名有信，大历中因李希烈乱常，于宋州城下阵亡”。元和七年五月二十一日，秀炎终于长安布政坊旧第。嗣子文林郎守饶州浮梁县主簿文绍。次弟（文绍次弟）文纵，次弟文绪，名系天官铨衡。（《碑林新藏墓志》）**江公俭宅** 江公俭，楚州安宜人。祖文宗，滁州永阳尉。父泳，左金吾卫兵曹。元和七年七月二十四日，江公俭卒于京兆布政里。死之十一日，窆于长安县昆明乡龙首原之严村。其里人富春孙师让书石为志云：“金光门出六里余，北折一里江君墟，西三百尺邻漕渠。男岑六龄未倚庐，女大二岁缞麻居。父祖哀哀反为孤，死生颠倒悲何如！”（南京博物院藏石，载《唐代墓志汇编续集》）按江公俭夭年二十七岁。**宁远将军守太原府志节府折冲都尉梁朝宅** 梁朝，安定人。元和八年五月一日，终于布政坊私第，其年十月六日，迁葬于长安县龙首乡祔先茔。（《补遗五辑》）**窦希球宅** 《长安志》卷十二毕沅按：“裴耀卿撰窦公希球神道碑云：薨于长安布政里赐第。”此布政里毕沅放在义阳乡之下，误。**朝议郎行宣州司法参军上柱国王叔宁宅** 王叔宁曾任金州西城县丞。元和十年（乙未岁）夏六月二十三日，终于布政里第。元和十年乙未秋八月四日，葬于长安城坤维龙首原迩觐先茔。王叔宁释弟惠清为西明寺供奉律德。（《补遗三辑》）**王姓屠户** 牛僧孺《玄怪录》卷三：“吴全素苏州人，举孝廉，五十不第。元和十二年，寓居长安永兴里……乃相引入西市绢行南人（尽）人家……相顾曰：何处有屠案最大？其一曰：布政坊十字街南王家案最大。”**文林郎守江州彭泽县尉王常散宅** 《陕西金石志》卷十八载《唐故文林郎守江州彭泽县尉王府君夫人清河郡张氏合祔墓记》：君讳常散，京兆三原人。元和四年己丑□于京师，归葬三原。夫人清河郡张氏。大中二年戊辰四月十二日，终布政里，明年己巳□□二十四日，于长安县承平乡大严村龙首原自三原起举合祔兹茔。**朝议郎起复行宣州南陵县尉赵郢宅** 赵郢撰夫人《太原王氏墓铭并序》：“夫人字仙之，年十七适门。”夫人享年三十有一，以宝历二年仲春之月二十日，奄于布政私宇，其年四月二十九日日，迁于城南洪固乡李永村毕原先茔东南一里窆之。（《长安新出墓志》）**朝议郎试衢州长史万幹宅** 万幹，南昌人，志于经学。享龄五十有三，大和二年八月二十九日，终于长安布政里之私第。妻周氏有子曰据，曰揩，有女三。以其年十一月二日，权卜宅于京兆府长安县积德乡居安里胡赵村。万据墓志载：父幹。大中九年五月十二日，万据终于光德里之私第，享年五十有一。有男二人，长宛实，次宛寘。其年七月十九日，卜葬于京兆府长安县积德乡胡赵村西南十里。（《长安高阳原新出土隋唐墓志》）**张贲宅** 张贲，其先蒲州河东人。祖格，父烈。大和七年四月三日，张贲终于东都河南县清化里之私第。大和九年四月三日，迁神座于洛阳县平阴乡成村。婚石氏夫人，咸通二年六月十三日，终于上都长安县布政里，十一月二十日归葬于府君之旧茔。（《补遗八辑》）**右金吾引驾押衙银光禄大夫检校太子宾客上柱国靳鄘宅** 靳鄘清河郡人。祖顺。父诚，右金吾街使押衙引驾同正将。靳鄘是靳诚之长子。咸通十二年六月二十六日，终于长安布政里之私第，春秋七十有三，嗣子二人，次曰愿。其年十月十三日，归葬于长安县积德乡湖兆村祔先君之茔。(《集萃》)

次南延寿坊。隋有惠觉寺，大业七年废。《杜阳杂编》：咸通十四年四月八日，佛骨入长安，自开远门安福楼夹道佛声振地，上御安福楼，亲自顶礼。坊市豪家，相与为无遮斋大会，竞聚僧徒，广设佛像，吹螺击钹，灯烛相继，而延寿里推为繁华之最。

南门之西，懿德寺。本慈门寺。隋开皇六年，刑部尚书万安公李圆通所立。神龙元年，中宗为懿德太子追福，改名加饰焉。禅院内有大石臼，重五百斤。《名画记》：懿德寺三门〔原脱“三门”二字，今补〕西廊东静眼画山水。**东南隅，驸马都尉裴巽宅**。其地本隋齐州刺史卢贲宅。高宗末，礼部尚书裴行俭居之。武太后时，河内王武懿宗居之。土地平敞，水木清茂，为京城之最。毕氏曰：巽尚中宗女宣城公主。张说《裴行俭碑》：薨于京师延寿里。**成安公主宅**。中宗第八女，降韦捷。**宝应经坊**。大历十二年，淮西节度兵马使李重倩败汴州李灵辉，请舍所居延寿里宅为佛经坊，许之。仍赐名宝应经坊。**赠太州刺史杨志诚宅**。张说《杨志诚碑》：夫人赵氏，终于长安之延寿里。**贾岛精舍**。贾岛有《延寿里精舍寓居》诗，又有《延康吟》诗云：寓居延寿里，为与延康邻。不爱延康里，爱此里中人。延康在延寿之南，中隔光德一坊，故得言邻也。**王薰宅**。《宣室志》：天宝初有王薰者，居长安延寿里。里中常一夕有三四辈，挈食会薰所居，既饮食，烛前忽有巨臂出烛影下，外有语曰：君有会，不能一见呼耶，愿得少肉置掌中。薰莫测其由，即与之，其臂遂引去。少顷又伸其臂，又置肉于掌中，已而又去。于是相与谋曰：此必怪也，俟其再来，当断其臂。顷之果来，拔剑斩之，臂既堕，乃一驴足，血流满地。**进士李员宅**。《宣室志》：李员，河东人，居长安延寿里。于堂北垣下得一金缶，上有小篆崔子玉座右铭。**赵某宅**。沈橹撰《赵夫人张氏墓志》：夫人云阳人，归于天水赵公，终于长安延寿坊之私第。**李处士宅**。《唐阙史》：延寿里有水墨李处士，以精别画品，游公卿门。**古池**。吴融有《题延寿坊东南角古池》诗。按池盖永安渠、漕渠所汇也。

《校补记》：延寿坊　补：鬻金玉者家，并注：《集异记》：延寿坊鬻金银珠玉者女，遘病物故，长乐王居士神丹活之。又补：民家。注：《宣室志》记王薰事云：里中民家驴失一足。

增订：

古池　按古池《两京新记》及《长安志》均未记载。吴融《题延寿坊东南角古池》诗：“蔓草萧森曲岸摧，水笼沙浅露莓苔。更无簇簇红妆点，犹有双双翠羽来。雨细几逢耕犊去，日斜时见钓人回。繁华自古皆相似，金谷荒园土一堆。”2000年西北大学校园西南角建筑楼房，开挖地基时，在地下一米以下均为灰褐色淤泥土，是延寿坊东南角古池遗址。古池东距唐清明渠仅百米之远，西距永安渠、南距漕渠均有较远距离。其水源是来自永安渠、漕渠，疑或来自清明渠，尚未得到考古证实。慈门寺　1997年3月22日，西北工业大学附属小学校园内新建教学楼，地基东南角于地表三米左右，出土唐代智藏禅师舍利塔铭及舍利石函、铜函、金钵等一批重要文物。据智藏禅师舍利塔铭记载，智藏于唐“武德七年四月十五日迁神化世，今于八年岁次乙酉四月甲子朔八日辛未有佛遗身舍利二粒，禅师弟子僧献、小昙等别为智藏禅师于慈门寺建斯灵塔，并造龙华浮屠一劫，故勒石铭，以为永记”。又据《唐终南山沣德寺智藏传》碑中有“京师慈门寺沙门小昙，钦藏素业，为建碑于寺门之右”的记载。此次发现的智藏石函、铜函上均有小昙之名，又在慈门寺为之建石函、铜函、宝函藏其舍利并建灵塔。西北工业大学附属小学教学楼正当唐延寿坊南门内之西。智藏是隋末唐初著名高僧，长安丰德寺之创建人。唐初被皇帝召入京城，充十大德住持佛法。后丰德寺为南山律宗之祖庭。慈门寺曾是隋唐时期长安佛教三阶教的五大寺院之一（其他四个分别是化度寺、光明寺、慧日寺、弘善寺），建有三阶道场。（呼林贵、刘合心、徐涛《唐智藏禅师舍利塔铭的发现及相关历史地理问题探索》，载《碑林集刊》第五辑1998年）金泽文库残本《两京新记》载：“次南延寿坊，南门之西懿德寺。隋开皇六年刑部尚书万安公李圆通所立。神龙元年，中宗为懿德太子追福，重加饰焉。禅院内有大石臼，重五百斤。隋末鄠县人开法通自终南社来。法通少出家，初极伷（怯）劣，同侣轻之。乃发愤，乞愿壮健，昼夜不舍。后因昼寐树下，口中涎沫流出三升。其母惊，遽呼觉。通曰：‘忽梦大人遗三驮蓟，使通啖之。适啖一驮，便惊悟尔。’自尔便壮特异。举大木石，不以为困。此寺僧行戡，本称膂力，通遂窃其袈裟，举堂柱以压之。行戡望见惊异，尽力莫能取之。通乃徐举柱以取，众大骇。通力兼百人，时人咸伏，以为神力。”按法通食筋得力一事，《续高僧传》卷二七《唐京师法海寺释法通传》亦记其事，但谓法海寺。《太平广记》卷九五，法通记云懿德寺。据《续高僧传》与《太平广记》，纠正《两京新记》中记法通事，“开”应为“关”，“蓟”应为“筋”。贾岛精舍　不确。贾岛《延寿里精舍寓居》（载《全唐诗》卷五七一）诗云：“旅托避华馆，荒楼遂愚慵。”贾岛是在延寿里的精舍寓居。（耿占军、马珺《〈唐两京城坊考〉校误五则》载《中国历史地理论丛》1998年第2期）玉工宅　《乾膗子》：“尝有胡人米亮……谓（窦乂）曰：‘崇贤里有小宅出卖，直二百千文，大郎速买之……’书契日，亮与乂曰：‘亮工于览玉，尝见宅内有异石，人罕知之。是捣衣砧，真于阗玉，大郎且立致富矣！’乂未之信，亮曰：‘延寿坊召玉工观之。’玉工大惊曰：‘此奇货也。’”阎立本宅　延寿坊北门之西有中书令阎立本宅，宅内西亭有立本山水之迹。（《太平御览》卷一八〇《宅》）虢州诸军事虢州刺史史诃耽宅　1986年5月宁夏博物馆考古队对固原县南郊乡小马庄村唐代史氏家族墓地进行发掘，出土《史诃耽墓志》，志文云：史诃耽“字说，原州平高县人。史国王之苗裔也……曾祖尼，魏摩诃大萨宝、张掖县令。祖思，周京左师萨宝、酒泉县令、隋左领军骠骑将军”。史诃耽在义宁元年（617）赐名马杂彩，武德九年，因他“明敏六闲，别授左二监……永徽四年（653）有诏：朝议郎史诃耽，久直中书，勤劳可录，可游击将军，直中书省翻译如故”。总章二年九月二十三日，终于原州平高县劝善里舍。夫人康氏，甘州张掖人。贞观四年（630）九月十日，终于雍州长安县延寿里第。史诃耽和夫人康氏均为中亚史国和康国人后裔。（罗丰《固原南郊隋唐墓地》，文物出版社，1996年）史诃耽即史可担，见《唐会要》卷六一弹劾条：永徽元年中书令褚遂良抑买中书译语人史可担宅。右勋卫王灵仙宅　王灵仙，字神象，太原晋阳人。贞观十五年三月十日，终于长安延寿里，其月二十四日，窆于长安县龙首原。（《补遗三辑》）武骑尉朱德珪妻李嫃宅　李嫃，名姝，陇西人。咸亨二年七月五日，终于延寿坊之私第，其年七月十二日，殡于京城西龙首原。（《补遗七辑》）宣德郎皇太子侍医程伦宅　程伦字达理，小名桃棒，京兆郡人。父诰，太医监，“术妙秦和，业光元化，镜孙胳之经合，照营卫之奇邪”。程伦起家太医正，又迁太医丞宣德郎，转任太子侍医。上元二年十二月终于延寿里第，三年二月五日，归葬于帝城西郊龙门之乡。（《补遗七辑》）右威卫将军上柱国祢军宅　祢军字温，熊津嵎夷人。其先与华同祖，永嘉末，避乱适东，因遂家焉。曾祖福，祖誉，父善，皆是本藩一品，官号佐平。显庆五年，官军平本藩日，祢军见机识变，杖剑知归，授右武卫浐川府折冲都尉。于时日本余噍，据扶桑以逋诛。因祢军格谟海左，往尸招慰。祢军循臣节而投命，遂能说畅天威，喻以禑福，特蒙恩诏授左戎卫郎将。少选，迁右领军卫中郎将，兼检校熊津都督府司马。咸亨三年十一月二十一日，诏授右威卫将军。仪凤三年岁在戊寅二月朔戊子十九日景午遘疾，薨于雍州长安县之延寿里第，春秋六十六。葬事所须，并令官给。以其年十月甲申朔二日乙酉，葬于雍州乾封县之高阳里。2010年春，在陕西省西安市长安区郭杜街道办事处，发掘出土了排列有序的祢寔进、祢素士、祢秀仁祖父子三代墓葬，墓主同属北朝以降由中国大陆迁居朝鲜半岛的百济祢氏家族。祢军是祢寔进的兄长，墓葬同在京城西南的高阳原。按《三国史记》文武王十年（670）七月条记载，祢军在担任百济故地设置的熊津都督府司马，被派遣至新罗，新罗王以意欲窥觇谋取为由，而将其扣押。十二年（672）九月条记载，新罗向唐朝派遣使者谢罪，归还唐朝军士，其中就有祢军。《日本书记》：天智三年（664）在百济故地镇守的唐将刘仁愿派遣郭务悰等赴日，其中有百济佐平祢军随行。天智四年唐派刘德高出使日本，右戎卫郎将上柱国、百济祢军在列。（《集萃》）上柱国方藏宅　方藏字法本，渤海人。祖方赟，隋邓州新野县令。父方通，右勋卫校尉上护军。永隆二年七月二十六日，诏授方藏上柱国。垂拱二年八月四日，终于长安延寿里第，春秋六十有六，其年十月十八日，葬于终南山之楩梓谷，尊先志也。其子骑都尉玄度等。（《西市藏志》）按唐终南山楩梓谷，今长安区秦岭天子峪。峪内有唐至相寺，是中国佛教华严宗创立寺宇，唐康法藏与新罗僧义湘均于至相寺传法。嘉州录事参军赵敬仁宅　赵敬仁，陇西天水人。祖方海，尚书职方郎中。复本道，秦王库真，垂拱元年十一月四日，终于官舍。夫人南阳张氏开元六年六月二十日，终于京延寿里第，春秋七十。以其年十月十四日，合葬于少陵原。（《洛阳新获墓志》二〇一五）洪州都督府长史王师顺宅　师顺字克从，琅琊临沂人。贞观三年，明经擢第，授幽州范阳县尉，又梓州通泉县主簿、赵州平棘县丞。后历任司农寺丞、司门郎中、洪州都督府长史、硖州刺史等职。万岁通天二年一月六日，薨于京师延寿里第。夫人陈郡袁氏，封仙源县君，万岁通天二年三月八日，终于神都仁风里第。神功元年十月二十二日，合葬于北邙山之原。子朝议大夫江州都昌县令上柱国震。（《补遗五辑》）平州司仓姚无陂宅　姚无陂，字澄之，吴兴武秦人。祖聪，银青光禄大夫使持节杭州诸军事行杭州刺史。父憺，绵州神泉县令。姚无陂于万岁通天二年八月十六日，卒于雍州乾封县延寿坊里第，即以神功元年正月五日，归窆于城南奉西（凤栖）之原。姚无陂墓志，1999 年 6 月出土于西安市南郊雁塔区曲江池乡羊头镇西砖厂。（西安市文物保护考古所《唐姚无陂墓发掘简报》，载《文物》2002 年第 12 期）怀州刺史赠特进耿国公武懿宗宅　尚书考功郎中苏颋撰之武懿宗墓志载：武懿宗太原文水人，则天皇后从父昆弟之子。三为怀州刺史，一拜营缮大匠，一为神兵军大总管。神龙二年六月十八日，薨长安之延寿里第，其年十一月二十六日，祔于京城南旧茔。（《补遗二辑》）都苑总监龙府君宅　龙府君新妇吴淑字嬴金，华阴人，父游击将军左羽林军中郎将吴不栝之季女，以笄年，作嫔君子。龙府君特授左武卫右司戈，兼检校内作使。开元二十五年五月四日，吴淑终于延寿里之私第，不易其年，月旬有一日，陪葬于高阳之原。（《西市藏志》）昭武校尉右金吾卫司戈梁令珣宅　《芒洛遗文》任预《梁令珣墓志》云：天宝七载七月十七日，奄终于西京延寿里之私第。天宝十载四月癸未，迁神于河南县平乐乡之北原。朝议郎行新安郡长史窦说宅　窦说，扶风人。昭成顺圣皇太后再从弟。天宝庚寅岁（九年）五月五日卒于长安延寿坊之私第，五月二十八日，迁于洛阳□殡北邙之原。（《北图石汇》）通议大夫使持节阆中郡诸军事守阆中郡太守独孤挺宅　独孤挺字挺。五代祖信，仕魏至大司马，辅周拜尚书令，隋封赵国，唐赠梁王。高祖藏，隋室武平公。曾祖机，唐滕国公。大父修本，徐州长史。考纳，桂府都督。独孤挺仕途经历："皇上开复洪业，建官任贤，敕户部侍郎，强修镇原州，领郡牧□表。先人（指独孤挺）摄使曹掾，仍充判官，小大之狱，必以畏敬；公家之事，必于平恕。每屈己从众，率礼闲邪，物无闲言，人服其义。寻奉特□，更加懋官，授西□左十九监判官如故。时六胡外叛，戎马未宁，騊牧之寄，尤难慎选，先人夙夜匪解，以公灭私，在官三祀，马数十倍，课最既优，殊恩荐降……”结合史籍记载，独孤挺曾任职于原州牧监，对唐朝养马业有突出贡献。其一生经历多与史料记载相符。天宝十三载七月十一日遇疾，弃背于长安延寿里私第，春秋六十七。以其载闰十月十一日，安厝于咸阳北原附近旧茔。嗣子独孤洧，字文仲，□荣王府谘议参军。季子独孤演，字敬仲，河间县主簿。独孤挺墓志出土于咸阳。（陈财经、杨芝昉《咸阳新出土独孤大惠与独孤挺墓志考略》，载《碑林集刊》第十五辑 2009 年）通议大夫使持节阆中都诸军事守阆中郡太守新□北武将军左武中郎将独孤扎宅墓志载“先人讳挺，字挺”。五世祖孤独信，父独孤讷，子独孤洧溤渲。天宝十三载七月卒于长安延寿里，葬咸阳北原附近。以《元和姓纂》推证墓主人应为独孤扎。（王书钦《从唐独孤昱墓志看北朝隋唐独孤部史事》，载《碑林集刊》第十四辑 2008 年）左神策军散将左骁卫大将军王偕宅　王偕字士平，京兆鄠县人。父王梁卿“皇宝应功臣、陇右节度副使开府兼太常卿封开国公。自天宝前河陇建功，累承荣宠”。王偕从官妙年，博学多识，文武兼著，艺术备通。贞元八年八月六日，寝疾于京兆府长安县延寿里之私第。其年十月二日，同先君窆于故里皂原旧茔。（《补遗七辑》）王偕墓志 1984 年出土于陕西户县渭丰乡真守村。（吴敏霞《唐墓志二则录释》，载《唐研究》第六卷）赵州林城县令张公夫人荆氏宅　1956 年西安市西郊枣园村南出土荆氏墓志，志载：夫人荆肆，贞元十七年六月二十五日，终于长安之延寿里第。粤以其年仲秋月旬有二日，殡于长安县龙首乡之北原。（《考释》）银青光禄大夫检校工部尚书守右领军卫上将军兼御史大夫上柱国庐江郡开国公食邑两千户赠太子少保何文哲宅　1966 年西安市西郊西安钢厂出土何文哲墓志。志载何文哲前夫人康氏，皇奉天定难功臣试光禄卿普金之女。以贞元十三年六月十九日，终于延寿里之私第。何文哲于大和四年四月一日，薨于长安县义宁里之私第。以其年十月八日，启二夫人（续夫人即前夫人康氏之第三妹）而祔于长安县布政乡大郭村龙首原。（魏光《何文哲墓志考略》，载《西北史地》1984 年第 3 期）开府仪同三司检校太子宾客行恭王府长史上柱国永阳郡王尹承恩宅　尹承恩，其先天水人。曾祖锽，临洮军司马。祖正用，左清道率府率。烈考涛，安州刺史，赠光禄卿。承恩历官一十四政，元和十一年八月十日，薨于延寿里之私第。春秋六十有九，以十二月五日，葬于长安县福阳乡高阳原，从先夫人。先娶清河崔氏，有子名察。继室夫人城南韦氏，德宗贤妃之娣女。察既冠而逝，子曰寓。（《洛阳新获墓志》二〇一五）朝散大夫守卫尉少卿张回宅　张回字士周，其先范阳方城人。曾祖守让，赠凉州大都督。祖去逸，赠尚书左仆射。父倜，赠鸿胪卿。“或位重天朝，或姻联王室。”天宝中，张回以父荫补弘文馆学士，累授太常寺协律郎、河南府伊阳县丞、京兆府泾阳县主簿。元和十五年三月二十一日遘疾，终于延寿里之私第，享年七十有六，以其年七月九日，葬于京兆府万年县洪固乡毕原祔先茔。《□公夫人河东薛氏墓志铭并序》载：夫人讳芳字芳，姓薛氏，河东临晋人。曾祖泚，仕至贝州清河丞。王父曙，曹州南华令，薛芳即南华令旨第二女，归于茂族。即赠鸿胪卿倜之次子。以大和……一日，终于长安延寿里之私第，享年六十九，其年十月九日，葬长安城南县曰万年，乡曰洪固，祔于先茔，生三子二女，嗣子龚，□司农卿。（《集萃》）天水赵公宅 赵夫人河内张氏，会昌三年岁次癸亥正月二十四日，终于长安延寿坊私第，以其年五月六日，窆于京兆府长安县小严村之原。（《八琼室》）朝请大夫守太子右赞善罗士则宅 1956年西安市东郊韩森寨东南出土敬氏墓志。志载：会昌三年九月二十一日，薨于上都延寿里，明日归□崇仁里攒殡，以四年七月二十一日，葬于万年县浐川乡郑村。（《考释》）敬氏墓志的撰者为右赞善罗士则。罗士则大中二年终于崇仁里第。罗士则与继室平阳敬氏二墓志中所载子女名字相同，故知其为夫妇。（《补遗三辑》）

次南光德坊。隋有常法寺，大业七年废。

东南隅，京兆府廨。府廨先为雍州廨舍，见《雍录》。府内廨宇并隋开皇中制度，其后随事改作。开元元年，孟温礼为京兆尹，因奏请以赃赎钱修缮。宣宗时韦澳为尹，又赐钱加葺之。《东观奏记》：故事，京兆尹在私第，但奇日入府，偶日入递院。崔郢为京兆尹，囚徒逸狱，始命造京兆尹廨宅，京兆尹不得离府。京兆府有东、西士曹，东士曹号念珠厅，言事多，判案至一百八道也，西士曹号莎厅，厅前有莎，周回可十五步。见《太平广记》引《闻奇录》。西南隅，胜光寺。本隋幽州总管燕荣宅。大业元年，自丰乐坊徙胜光寺于此。寺西院有画行僧及团花。贞观初中书令王定所写，为京城所重。《名画记》：胜光寺有王定、杨仙乔、尹琳画，塔东南院有周昉画水月观自在菩萨，又刘整画掩障菩萨圆光及竹。十字街东之北，慈悲寺。武德元年，高祖为沙门昙献立。属隋末饥馑，常赈给贫乏为事，故寺以慈悲为名。南门之东，尚书左仆射刘仁轨宅。仁轨薨后，尚宫柴氏居之，后立为光德寺，柴便度为尼。景云初，追柴氏入宫，寺遂废。鄱阳公主邑司。孙思邈常居于是，庭前有病梨木，卢照邻为赋纪之。太子宾客裴垍宅。按裴光庭亦居此坊，光庭为中眷，裴垍为东眷，裴自别宅也。朝议郎行尚书祠部员外郎裴積宅。裴朏《裴積墓志》：终于长安光德里私第。按積即光庭子，权德舆《裴倩神道碑》：考终命于长安光德里第。倩即光庭孙。柳宗元《梓人传》云：裴封叔之第在光德里。封叔名瑾，子厚姊夫，即積之从孙。宗元《亡姊裴君夫人墓志》：终于光德里。吏部尚书崔郃宅。郃与弟浙西观察使郾、金吾大将军鄯及宰相淮南节度使郸皆贵显，同居光德旧第。郸尝构便斋，宣宗闻而叹曰：崔氏一门孝友，可谓士族之法，因题曰德星堂。后京兆民即其里为德星社云。兵部尚书刘崇望宅。《唐语林》称刘崇望为光德刘相。按：李洞有《题刘相公光德里新构茅亭》诗，盖即崇望宅也。又按：仁轨为尉氏房，崇望为河南刘氏，故别为宅。**司空兼门下侍郎同平章事赠太尉孔纬宅**。《旧书》本传：纬从驾至莎城，疾渐危笃，先还京城，卒于光德里第。纬又有赐宅在善和里。《旧书·朱玫传》：玫有第在善和里。《新书》作玫居孔纬第。按纬之赐宅在平朱玫之后，言玫居孔纬宅，误也。盖善和里本朱玫宅，平玫后，即以玫宅赐孔纬耳。**潘将军宅**。《剧谈录》：京国豪士潘将军住光德坊，常宝玉念珠一串，贮之以绣囊玉合。一旦开合启囊，已亡珠矣。主藏者常识京兆府停解所由王超，年且八十，因密话其事。超他日过胜业坊北街，有三鬟女子穿木屐于道侧槐树下，值军中少年蹴踘，接而送之，直高数丈，超独异焉。而止于胜业坊北门短曲，有母同居。超因以他事熟之，从容徐谓曰："潘将军失却玉念珠，不知知否？"女子曰："偶遇朋侪为戏，终却送还，来日诘旦于慈恩寺塔院相候。"如期而往，寺门始开，塔户犹锁，忽于相轮上举手示超，歘然携念珠而下。明日访之，已空室矣。**张氏宅**　白行简《纪梦》云：长安西市百肆，有贩粥求利而为之平者，姓张，不得名，家富于财，居光德里。

《校补记》：光德坊　鄱阳公主邑司　补注：卢照邻《病梨赋序》云：余卧疾长安光德坊之官舍，父老〔原作"户老"，据《卢集》卷一改〕云是鄱阳公主邑司，公主未嫁而卒，故其邑废。裴垍宅　补注：元稹《西归诗》：肠断裴家光德宅，无人扫地戟门深。

增订：

《两京新记》卷三："次南曰光德坊。东南隅京兆府廨（注：后魏武定四年置。府内廨宇，并隋开皇中制度，其后随事改作。开元元年孟温礼为京兆尹，奏以赃赎钱修理缮葺焉）。"《资治通鉴》卷一八九，唐高祖武德四年："诏赦世充为庶人，与兄弟子侄处蜀。（王）世充以防夫未备，置雍州廨舍。独孤机之子定州刺史修德师兄子至其所，矫称敕呼郑王，世充与兄世恽趋出，修德等杀之。诏免修德官，其余兄弟子侄等，于道亦以谋反诛。"《通鉴》于雍州廨舍注："按《雍录·都城坊里图》，雍州廨舍后为京兆府，在光德坊。"于此可知王世充被俘后曾被押并杀于京兆府廨。《两京新记》："次南光德坊……西南隅，胜光寺（本隋幽州总管燕荣宅。寺西院有画行僧及团花。贞观初，中书令王定所写，为京城所重）十字街东之北，慈悲寺（武德元年，高祖为沙门昙献所立。初昙献属隋，隋末饥馑，常以赈给贫乏为事，故以慈悲为名。按：燕荣传见《隋书》卷七十四。昙献《续高僧传》有二，不知孰是。）"**胜光寺**　唐初胜光寺在中国佛教史上和中外文化交流史上均有重要地位。第一，它是唐太宗李世民继位前秦王供养的官家寺院。《唐京师胜光寺释道宗传》："召入西京住胜光寺，复延入弘义宫，通宵法集群后百辟，咸从伏听。"（《续高僧传》卷第十二）《唐京师胜光寺释辩相传》："今上（指唐太宗）昔在弘义，钦崇明德，延入宫中，通宵法论，亟动天顾，䝉锡丰美，乃令住胜光，此寺即秦国之供养也。”（《续高僧传》卷第十二）弘义宫即永安宫，在西内苑。武德五年高祖以秦王李世民有克定天下功，特降殊礼，别建此宫，将原居住于宫城承乾殿的秦王居此。“秦国供养”即秦王为檀越（施主）的寺院。贞观年间地位更加重要。第二，胜光寺首创中国历史上由皇帝钦定译场，组织全国名僧大德，有组织有分工，共同大规模翻译佛经。贞观三年“下诏所司搜扬硕德，备经三教者一十九人，于大兴善寺创开翻译。沙门慧乘等证义，沙门玄謩等译语，沙门慧赜、慧净、慧明、法琳等缀文。又敕上柱国尚书左仆射房玄龄、散骑常侍太子詹事杜正伦参助铨定，光禄大夫太府卿萧璟总知监护”。（《续高僧传》卷第三《唐京师胜光寺中天竺沙门波颇传》）波颇初译《宝星经》，后移住胜光寺，又译《般若灯火庄严论》三部三十五卷。第三，贞观十二年新罗僧慈藏，将领僧实等十二人来到长安，蒙敕慰抚胜光寺别院安置。贞观十七年慈藏回国，由长安带回藏经一部，洎诸幡幢花盖，堪为福利者皆载之，并成为新罗国佛教“大国统”。慈藏不但对新罗的佛教发展做出巨大贡献，而且他“尝以邦国服章不同诸夏，举议于朝，签允回藏。乃以真德王三年己酉始服中朝衣冠，明年庚戌，又奉正朔，始行永徽号”。慈藏对中国文化之传播以及中外宗教和文化交流，也做出重大贡献。（《三国遗事》卷四《慈藏定律》；《续高僧传》卷第二十五《唐新罗国大僧统释慈藏传》）京兆府廨　唐钱起《京兆尹厅前甘棠树降甘露》（《全唐诗》卷二三六）：“内史用尧意，理京宣惠慈。气和祥则降，孰谓天难知。济旱露为兆，有如埙应篪。岂无夭桃树，洒此甘棠枝。……何必凤池上，方看作霖时。”南街　《太平广记》卷第一百八十四韦甄条引《摭言》：“韦甄及第，势固万全矣，然未知名第高下，未免挠怀，俄聆于光德里南街，忽睹一人扣一板门甚急，良久，轧然开门，呼曰十三官尊体万福。既而甄果是第十三人矣。”右拾遗郑谷宅　郑谷《右省张补阙茂枢同在谏垣，连居光德，新春赋咏，聊以寄怀》诗：“小梅零落雪欺残，浩荡穷愁岂易宽。唯有朗吟偿晚景，且无浓醉厌春寒。高斋每喜追攀近，丽句先忧属和难。十五年前谙苦节，知心不独为同官。”庆善宫大监樊方宅　樊方字士珪，安州安陆人。曾祖弼，武陵太守。祖睿，员外散骑常侍、巴州刺史，新淦县开国侯。父文寔，南陵太守。“属隋季分崩，四海交丧，义旗肇建，蒸弱救楚。公翼戎麾，屡摧强敌。武德元年授开府仪同三司……武德二年授庆善宫大监。”武德四年正月三日，薨于雍州长安县光德里，贞观二十三年九月二十八日，窆于雍州武功县立节乡丰义里。（李慧、曹发展《陕西杨陵区文管所四方唐墓志初探》，载《考古与文物》2004 年第 1 期）庆善宫大监，正三品。庆善宫在京兆府武功县。《元和郡县图志》卷第二京兆武功县：“庆善宫，在县南十八里，皇家旧宅也，南临渭水，武德元年置宫。贞观六年銮驾亲幸，宴群臣赋诗焉。”按《唐书·本纪》：武德六年，以武功宅为庆善宫。按庆善宫为唐高祖旧宅，唐太宗出生地。此宫由于历史时期渭水侧蚀北移，已沦为河。据明康海撰修《武功县志》记载：“庆善宫在川口东南，今没于渭。”故今已无踪可寻。樊方葬地在立节乡。据杨陵区征集的《唐乡贡进士陈郡殷恪妻钟陵熊夫人（休）墓志》所载，葬于“府曰京兆县曰武功乡曰立节，原曰三畤”之地，杨陵区张家岗村东出土的李元亏墓志所载，葬于“稷州武功县三畤原”。可知樊方死后二十八年葬于庆善宫西之三畤原，三畤原即今杨陵建成区所在地。**隋通事舍人长孙仁（安世）宅**《千唐志》二二、十九有《隋通事舍人长孙府君并夫人陆氏墓志》《东宫门大夫长孙府君墓志》。隋通事舍人长孙仁字安世，为隋大理大卿民部尚书靖公长孙炽之子，与长孙无忌为从兄弟。新旧《唐书》王世充传有记载。武德四年七月十一日，长孙仁终于雍州光德里第，夫人陆氏贞观十一年三月十二日终于光德里第，贞观十一年十月二十二日与夫人同窆河南县瀍涧之玄室。东宫门大夫长孙家庆为长孙仁之元子，据《新唐书·宰相世系表》记载，长孙仁子为长孙祥，无家庆之名。长孙家庆贞观九年亡于雍州光德里第。长孙家庆之宅第，当其弟长孙祥。（《千唐志》二九一《唐故刑部尚书长孙府君（祥）墓志铭》）因通长孙无忌“谋反”，在显庆四年卒于雍州界时不提及光德里第。**文林郎刘伏宝宅** 刘伏宝夫人南阳鄂人强氏。显庆四年三月六日，卒于长安县光德坊之私第，其月十九日，窆于城西高阳原。（《补遗三辑》）**郭药树宅** 郭药树字万福，雍州三原人。祖德，隋荆州江陵县令。父安，大将军。总章元年十月二十二日，郭药树终于光德里，其年十一月四月，迁庿于长安县西细柳原。（《长安新出墓志》）**上护军振威校尉武傅宅** 武傅字直，其先太原人。起义元从，徙居长安。曾祖显，周昌黎郡守。祖忠，隋蜀王掾。父贵，朝散大夫。武傅，六经缃简，博访关西之儒，志爱于泉林。乾封元年岁次景寅五月朔二十七日壬辰，卒于光德里之私第。春秋七十有七，即以其年六月景申朔二十五日庚申窆于长安城西马□之平原。（《集萃》）**奉常寺太医署医监上骑都尉吕文强宅** 吕文强字武幹，家居京兆长安。祖略，父纲。吕文强幼号神童，精闲诊候，辟直太常供奉，屡授医署监。乾封元年三月十日寝疾，卒于西京光德坊延贤里之私第，春秋八十有八。以二年正月二十四日与夫人解氏合葬于长安城西南七里高阳之原，嗣子德师等。吕文强墓志2006年1月出土于陕西师范大学长安校区。（《长安高阳原新出土隋唐墓志》）**地官□□刘府君夫人罗四无量宅** 罗四无量，河南人。曾祖荣。祖，灵州都督。父俨，右卫中郎、东宫率、右卫大将军、金紫光禄大夫，平氏县开国公。母为金明县主。四无量即为郑王之外孙，年十八适于刘氏。夫亡，归依释道。垂拱四年八月二十日，终于西京光德里之第，万岁通天元年五月二十六日，窆于京高阳原刘府君之茔东。夫人名四无量，并非罗氏真名，应为佛名。志文曰：“夫人即郑王之外孙，县主之所诞也。”郑王即唐高祖李渊之十三子李元懿。罗氏丈夫刘府君是地官，即户部官员，原称民部，因避唐太宗李世民讳，改为户部。高阳原即今长安郭杜镇居安村一带。（马志祥《唐〈刘府君夫人罗氏墓志〉考释》，载《碑林集刊》第十一辑2005年）**朝请大夫行嘉州长史萧寡尤宅** 萧寡尤墓志2000

年12月在陕西户县东北12千米处的大王镇兆伦村出土，与夫人卢婉墓志出土于同一地点。卢婉字妹妹，范阳人。祖元懿，父谦。万岁登封元年腊月二十四日，终于长安光德里之私第，其年二月二十四日迁厝于京兆之灌钟岗原。开元十五年二月二十九日，萧寡尤与卢婉合祔于先茔京兆府鄠县灌钟原。"钟官城，又名灌钟城，在县东北二十五里，秦始皇收天下兵器销为钟鐻处。"（《长安志》卷十五《鄠县》）墓志出土于户县东北12千米处，当即秦始皇销毁兵器的地方。（吴敏霞、陈军民《唐萧寡尤卢婉夫妇墓志考释》，载《碑林集刊》第七辑2001年）司农卿刘公宅　景龙三年太岁癸酉十二月十五日，刘公薨于长安县光德里之私第。葬地当在唐长安城西。"汉宫弘敞，承明在其北，秦岭连属，太白拒其南。"（《文苑英华》卷八九九，苏颋撰《司农卿神道碑》）右卫勋卫柱国陈少游宅　陈少游字悟，其先颍川人。曾祖积，大中大夫行安西都护府长史上柱国。祖度，中大夫行安西都护。父庆，昭武校尉行右卫司阶上柱国。陈少游享年二十有六，开元二十七年九月四日，殁于光德里之私第。以其年九月七日，葬于长安县积德乡高阳原。（《长安高阳原新出土隋唐墓志》）定远将军右威卫翊府左郎将罗炅宅　罗炅，其先襄阳支江人。父守忠，见任冠军大将军、左骁卫大将军、右羽林上下、密云郡开国公、上柱国。天宝二年五月十八日，罗炅终于光德里之私第。六月四日，窆于京城西大茔。（《补遗七辑》）按罗炅卒时，其父尚在。光德里之第可能即父罗守忠之宅第。宝应功臣开府仪同三司试太常卿上柱国陇西郡开国公兼射生使李国珍（安玮）宅　李国珍武威郡人，本姓安氏，天宝中以忠勇见进，特赐嘉名，改姓皇姓，其改玮曰国珍，则以见宠渥器重之义矣。兴元元年九月四日，薨于长安县光德里，其年十一月十二日，葬于万年县长安乡。（《补遗二辑》）尚书祠部员外裴稹宅　裴稹夫人荥阳郑氏，天宝十四载三月二十九日，奄弃背于光德里之私第，今载八月十五日，安厝于旧茔（裴公葬神禾之原）之旁。次子左卫仓曹参军裴儆撰墓志，志载："孤子前秘书郎嗣正平县开国男倩，次左卫仓曹儆，次洛阳县尉倚，次千牛侑。"郑氏墓志所载四子倩、儆、倚、侑均见《新唐书·宰相世系表》一上："稹，司勋员外郎"，有子"倩，字容卿，度支郎中，正平县男，谥节。儆，字九思，左金吾卫将军，谥成。倚，殿中侍御史。侑，榆次尉"。（张忱石《〈隋唐五代墓志汇编〉举正》）赵怀正宅　《酉阳杂俎》续集卷之三："汴州百姓赵怀正，住光德坊。大和三年，妻阿贺，常以女红致利。一日，有人携石枕求售，贺一鍰获焉。赵夜枕之，觉枕中如风雨声，因令妻及子各枕一夕，无所觉。赵枕辄复旧，或喧悸不得眠。其侄请碎视之。赵言：脱碎之无所见，是弃一百之利也，待我死后，尔必破之。经岁余，赵病死。妻令侄毁视之，中有金银各一铤，如模铸者。所函铤处无丝隙，不知从何而入也。铤各长三寸余，阔如巨臂，遂货之，办其殓及偿债，不余一钱。阿贺今住洛惠节坊，成式家人雇其纫针，亲见其说。"（《太平广记》卷第四百所载稍有异）试左武卫兵曹参军谢詹宅　谢詹字弘景，其先陈郡人，今为蔡州人。父贲，试太子宫门郎。大历九年，河东节度使薛公，奏谢詹为随军，授试左武卫兵曹参军。贞元十七年三月二十三日，终于光德里之私第，享年五十一。以其年八月十二日，窆于长安毕原。（《长安新出墓志》）**阳城县主应玄宅** 《唐故阳城县主墓志》朝散大夫守国子祭司业、上柱国张籍撰。“玄宗妃武氏，生寿王瑁，王第二十二女，宫字曰应玄，母妃韦氏。贞元二年五月十二日封阳城县主，是日出降河南丘运，时年十有三。有子九人。大和元年，年五十七，六月十日，薨于光德里宅，皇帝悲悼，废视朝一日。二年五月十六日，附葬于高阳原长史之茔。”长史丘运官登翼王府，先县主七年而终。子玄素，尚宋王女华亭县主，为司农寺主簿。玄楚，左武卫仓参军。张籍与长史旧，又玄楚见请，乃为志，嗣子玄楚书。（《长安新出墓志》）**居士常臻宅** 常臻，河内温人。祖超。父仙进，守游骑将军试鸿胪卿。大中二年正月二十日，常臻厥命于长安光德里之私第，明年二月十一日安厝小严村龙首乡季弟故泸州主簿之茔。（《碑林新藏墓志》）**正议大夫行衢王府谘议参军上柱国赵群宅** 1986 年 4 月，赵群墓志出土于西安市西郊浥河东岸陕棉十厂扩建工地。志载大中三年正月六日，赵群终于京兆府光德里第，以其年十一月十六日，葬于长安县承平乡龙首原。（《西安新出唐志考释》，载《文博》1987 年第 5 期）**尚书驾部员外郎裴镡宅** 裴镡“字振德，族裴氏，号中眷，本河东□乡人。五代祖宪公行□（俭），国家来吏部侍郎第一，与马载同时称职，甚号裴马。生忠献公光庭，相玄宗”。光庭生谏议稹，稹生儆，儆生埙，埙娶京兆韦氏文贞公安石之曾孙，生镡。镡三十四登进士第，当年被诸侯府辟署，四十四除监察御史，始登天子朝，转殿中司、驾部员外郎。五十二年终于长安光德里第，时当大中十一年二月二十四日。其年八月二十六日，葬于长安县万春乡神禾原。裴镡是裴儆之第四子裴埙之子。裴镡墓志与裴儆长子裴坚之长子裴铁墓志均近年出土于西安近郊。裴铁墓志虽然未载其卒年和葬年，但葬地为“京兆府长安县万春乡贾里村神禾原”。神禾原的裴氏家族墓地始于开元二十九年（祀）葬于此之裴稹。（樊波《新见唐裴寻、裴铁、裴镡三方墓志丛考》，载《碑林集刊》第十二辑 2006 年）

次南延康坊。隋有明轮寺，大业七年废。

诸王府。宝历三年，以延康坊官宅一区为诸王府。唐朝故事，王府在京师，即合有曹局。自天宝以后，王不出阁，所置寮寀过于闲冗，其胥吏，数司方共一员，至是，琼王府长史裴简求奏论，遂创官府。按：诸王府本阎令琬之宅，见《唐会要》。又按：苏颋《章怀太子良娣张氏碑》：良娣张氏遘疾，弃养于京延康第之寝。盖即居于诸王府也。**西南隅，西明寺**。本隋尚书令越国公杨素宅。大业中，素子玄感谋反，诛后没官。武德中为万春公主宅。贞观中以赐魏王泰，泰薨后，官市之。显庆元年，高宗为孝敬太子病愈立寺。大中六年，改为福寿寺。寺内僧厨院有杨素旧井，玄感被诛，家人以金投井，后人窥见，钩汲无所获，寺众谓之灵井。《名画记》：西明寺额，唐玄宗朝南薰殿学士刘子皋书。入西门南壁杨廷光画神两铺。东廊东面第一间传法者图赞，褚遂良书。第三间利防等，第四间昙柯迦罗，并欧阳通书。《卢氏小说》：德宗微行西明寺，宋济在僧院过夏，上忽入济院，方在窗下犊鼻葛巾钞书。上曰：茶请一碗。济曰：鼎水中煎此有茶味，请自泼之。上又问曰：作何事业？兼问姓行。济云：姓宋，第五，应进士举。又曰：所业何？曰：作诗。又曰：闻今上好作诗，何如？宋济云：圣意不测。语未竟，忽从辇递到，曰：官家，官家。济惶惧待罪。上曰：宋五大坦率。后礼部放榜，上命内臣看有济名，使回奏无名，上曰：宋五又坦率也。章怀太子有《西明寺钟铭》。陈玄奘曾居此寺。寺有牡丹，见《白氏长庆集》。**东南隅，静法守**。隋开皇十年，左武候大将军陈国公窦抗所立。寺门拆抗宅棨戟门所造。西院有木浮图，抗弟琎为母成安公主建，重叠绮丽，崇一百五十尺，皆伐抗园梨木充用，其园本西魏大统寺，周武帝废佛教，以其寺赐抗为宅焉。“静”一作“净”。《名画记》：净法寺有张孝师、范长寿画。**北门之西，中书令阎立本宅** 后申王傅符太元居之，西亭有立本所画山水。**水部郎中张籍宅**。白居易《酬张十八访宿见赠》诗：远从延康里，来访曲江滨。按：籍有宅在靖安，已见。**马镇西宅**。《玄怪录》：太常协律韦生有兄，自云平生无惧惮，闻延康东北角有马镇西宅，常多怪物，具酒肉，夜独于大池之西孤亭中宿。夜半，见一小儿长尺余，自池中出，循阶而上，韦生以手摸之，则一古铁鼎子，已欠一脚。明旦，杵碎其鼎，染之有血色。**王静信宅**。《唐故义兴周夫人墓志》：夫人义兴人也，为太原王府君静信之妻，终于延康之私第。**邠宁节度使马璘池亭**。璘卒，池亭入官。贞元后，群臣多赐宴于中。

《校补记》：延康坊　西明寺　补注：《广异记》：则天时，西国献青泥珠，后以施西明寺，布金刚额中。胡人云，西国青泥泊多珍宝，泥深不可得，以此珠投泊中，泥悉成水，其宝可得。又《玉堂闲话》：长安西明寺钟，贫民窃凿鬻之，后盗钟者抱錾坐枯。

增订：

西明寺　《两京新记》（金泽文库本）：“次南曰延康坊。西南隅，西明寺。本隋尚书令越国公杨素宅。大业中，素子玄感被诛，后没官。武德初，为万春公主宅。贞观中赐濮恭王泰。泰死后，官市立寺。寺内有杨素旧井，玄感被诛，家人以金投井，后人窥见，钩汲无所获。今寺众谓之灵井，在僧厨院内。初杨素用事隋朝，奢僭过度，制造珍异，资货储积。有美姬，本陈太子舍人徐德言妻，即陈主叔宝之妹。才色冠代，在陈封乐昌公主。初，与德言夫妻情意甚厚。属陈氏将亡，德言垂泣谓妻曰：今国破家亡，必不相保。以子才色，必入帝王贵人家。我若死，幸无相忘。若生，亦不可复相见矣。虽然，共为一信。乃击破一镜，各收其半。德言曰：'子若入贵人家，幸将此镜令于正月望日市中货之。若存，当冀志之，知生死耳。'及陈灭，其妻果为隋军所没。隋文以赐素，深为素所宠嬖，为营别院，姿（恣）其所欲。陈氏后令阍奴望日赍破镜诣市，务令高价。果值德言，德言随价便酬，引奴归家，垂涕以告其故，并取己片镜合之。及寄其妻题诗云：'镜与人俱去，镜归人不归。无复姮娥影，空余明月辉。'陈氏得镜见诗，悲怆流泪，因不能饮食。素怪其惨悴而问其故，具以事告。素潸（惨）然为之改容。使召德言，还其妻，并衣装悉与之。陈氏临行，素邀令作诗叙别。固辞不免，乃为绝句曰：'今日何迁次，新官对旧官。笑啼俱不敢，方验作人难。'时人哀陈氏之流落，而以素为宽厚焉。"

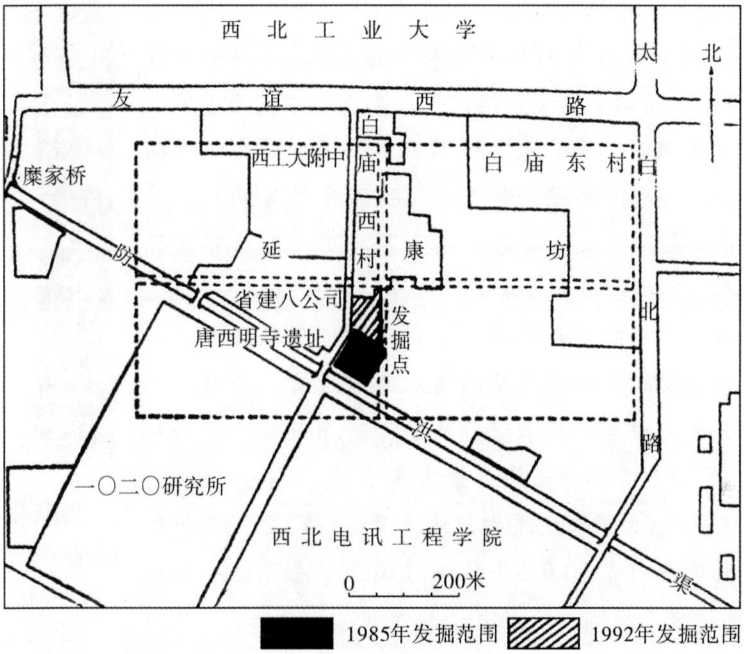

西明寺遗址发掘范围图

（安家瑶《唐长安西明寺遗址的考古发现》一文　图二）

徐德言与乐昌公主故事，另见唐孟棨《本事诗》（载《津逮秘书》），上毛何世宁纂辑《全唐诗逸》亦载此事。西明寺是唐长安城右街（朱雀大街西）最大的佛教寺庙之一，在当时国内外都有很大的影响。关于西明寺创立的时间与改名福寿寺的时间，徐松在《唐两京城坊考》中所记均误。据《两京新记》所载创立的时间是濮恭王李泰死后，官市立寺。李泰死于唐高宗永徽三年十二月癸巳，当时已立寺。另据《长安志》所载西明寺条亦称"泰薨后，官市之立寺"。《唐会要》卷四十八西明寺条亦云"泰死，乃立为寺"。徐松在《城坊考》中关于西明寺之创立时间，因引用史料漏掉"泰薨后，官市之立寺"的"立寺"二字，所以把立寺时间推迟四年，实际上是永徽三年（652）已立寺，到显庆元年

(656) 高宗为孝敬太子病愈在原寺基础上增修，名西明寺。西明寺改称福寿寺的时间是唐武宗会昌六年 (846)，并非唐宣宗大中六年 (852)。《旧唐书·宣宗本纪》：“(会昌六年) 五月，左右街功德使奏：‘准今月五日敕书节文……西明寺改为福寿寺……’敕旨依奏。”《资治通鉴》唐纪六十四载：“(会昌六年) 五月……上京两街先听留两寺外，更各增置八寺。”胡三省注：“右街先留西明寺，改为福寿寺。”《唐会要》卷四十八：“(会昌) 六年正月，左右街功德使奏：‘准今月五日敕书节文……西明寺请改为福寿寺……’敕旨，宜依。”以上所引史籍均说明西明寺改名福寿寺是在唐武宗会昌五年即公元 845 年，非唐宣宗大中六年 (852)。至于《唐会要》称“会昌六年正月”与《旧唐书》《通鉴》所说“会昌六年五月”不同，当依《旧唐书》与《通鉴》。(据史红帅《〈唐两京城坊考〉西明寺校误》增订，该文载《中国历史地理论丛》1999 年第 1 期)《册府元龟》卷五十二《帝王部·崇释氏》：“永泰元年九月，于京城资圣、西明两寺置百高座，讲《仁王经》内出二宝舆，上命有力者衣金甲舁出。又结彩为菩萨、神王及八部、鬼神、羊车、鹿车、牛车。内侍鱼朝恩护送，宰臣及百官列班于光顺门观礼。宰臣等表请依班序节级率钱以资僧供。二七日而罢。又诏宰臣及两省五品以上官，尚书省四品以上官，御史大夫中丞诸司长官，并于西明寺行香。修斋奏乐，竟日而罢。”西明寺高僧云集，著名者玄奘、道宣、圆测、圆照、慧琳、道世。《大唐大慈恩寺三藏法师传》：“显庆三年秋七月……法师徙居西明寺，以元年秋八月戊子十九日造。先有敕曰：‘以延康坊濮王故宅，为皇太子分造观、寺各一。’命法师集行其处。于是总用营寺，其观改就普宁坊。仍先造寺，其年夏六月营造功毕。”《宋高僧传》卷十四《道宣传》：“隋大业中，从智首律师受具……及西明寺初就，诏宣充上座……撰《法门文记》《广弘明集》《续高僧传》《三宝录》《羯磨戒疏》《行事钞》《义钞》等二百二十余卷。”按道宣为南山律师之开山祖。《宋高僧传·唐西明寺圆测传》：“三藏奘师 (玄奘) 为慈恩基师 (窥基) 讲新翻《唯识论》。测赂守门者隐听，归则缉缀义章，将欲罢讲，测于西明寺鸣钟召众，称讲《唯识》。基 (窥基) 嫌其有夺人之心，遂让测讲训……”按圆测为新罗王孙，15 岁入唐，后与窥基师事玄奘。《宋高僧传·唐西明寺道世传》：“释道世，字玄恽……时年十二，于青龙寺出家，……及为皇太子造西明寺，爰以英博，召入斯寺。时道宣律师，当涂行律……以类编号，《法苑珠林》总一百篇，勒成十帙……”《宋高僧传》卷五《慧琳传》：“释慧琳，姓裴氏，疏勒国人……尝谓翻梵成华，华皆典故，典故则西乾细语也。遂引用《字林》《字统》《声类》《三苍》《切韵》《玉篇》，

西明寺石茶碾拓片
(安家瑶《唐长安西明寺遗址的考古发现》一文 图三)

诸经杂史，卷合佛意，详察是非，撰成《大藏音义》一百卷，起贞元四年，迄元和五载，方得绝笔。贮其本于西明藏中。京邑之中，一皆景仰。”《宋高僧传》卷十五《圆照传》：“年方十五，笃愿依西明寺景云律师。著《贞元释教录》等二十一种。……肃、代二朝，尤为杰立，累朝应奉赐紫，充临坛两街十望大德内供奉，检校鸿胪少卿，食封一百户。”此外还有印度高僧、日本僧人以及在长安城为数不多的吐火罗人。据《不空三藏表制集》所载，大历三年（768）十月十三日诞降日度僧人中有“罗文成，年三十，贯土火罗国……法名惠弘，请住西明寺”。同书同卷还记载有童子罗诠也住西明寺。还有住长安化度寺的罗伏磨。罗诠、罗伏磨疑亦为吐火罗人。西明寺遗址已进行科学考古发掘，详见中国社会科学院考古研究所西安唐城工作队《唐长安西明寺遗址发掘简报》（《考古》1990年第1期）。西明寺牡丹　见元稹、白居易《西明寺》及《西明寺牡丹花开忆元九》诗等。《大慈恩寺三藏法师传》卷十载：“其寺面三百五十步，周围数里。左右通衢，腹背廛落。青槐列其外，渌水亘其间，亹亹耽耽，都邑仁祠以此为最也……凡有十院，屋四千余间。庄严之盛，虽梁之同泰，魏之永宁，所不能及也。”1985年对西明寺东端进行发掘，有佛殿、回廊、庭院及窖、井等遗址，出土一百多件鎏金铜造像及其他佛教遗物。一件石茶碾上刻“西明寺石茶碾”六字。（马得志《唐长安城发掘新收获》，载《考古》1987年第4期）静法寺　《续高僧传》卷十三隋《释慧海传》：“大隋御宇，方践京邑。帝姊城安长公主，有知令鉴，钦其德望，为立伽蓝，遂受以居之。今之静法寺是也。”1994年11月24日，陕西省水文水资源勘测局（原名陕西省水文总站）建楼房时，于一井中出土唐代夹纻大铁佛及其他唐代文物。后由该局蒲志强同志保护送交小雁塔市文物局。夹纻大铁佛出土地点在唐安化门大街以西，延康坊东南隅静法寺。游击将军正议大夫梁兴都宅　梁兴都，安定乌氏人。其后避地，因居天水，苻秦之代又徙长安。祖扶。父建，诏补弘文学士、安州监、英原县令。梁兴都蒙授昭武校尉、正议大夫，贞观十二年二月，又除游击将军。显庆四年十一月，遘疾终于延康里第，春秋七十有七。显庆五年二月一日，与夫人王氏合葬于雍州万年县洪固乡。（《长安新出墓志》）马璘池亭即马镇西宅　苏杭《马璘池亭与马镇西宅》载《唐研究》第九卷。“马镇西宅”即“马璘池亭”，徐松误为两处。马璘宅第豪华逾制，《旧唐书》本传：璘久将边军，属西蕃寇扰，国家倚为屏翰。前后赐予无算，积聚家财，不知纪极。在京师置第舍，尤为宏侈。天宝中，贵戚勋家，已务奢靡，而垣屋尤存制度。然卫公李靖家庙，已为嬖臣杨氏马厩。及安史大乱之后，法度隳弛，内臣戎帅，竞务奢华，亭馆第舍，力穷乃至，时谓“木妖”。“璘之第，经始中堂，费钱二十万贯，他室降等无几。及璘卒于军，子弟护丧归京师，士庶观其中堂，或假称故吏，争往赴吊者数十百人。德宗在东宫，宿闻其事，及践祚，条举格令，第舍不得逾制，乃诏毁璘中堂及内官刘仲翼之第，璘之家园，进属官司。自后公卿赐宴多于璘之山池。子弟无行，家财寻尽。”此后马璘宅第成为贞元时期赐宴名所。《册府元龟》卷一百一十《帝王都·宴享》二：“贞元十八年二月朔，赐群臣会宴于故马璘池亭；三月上巳，赐宰臣及两省官会宴于故马璘池亭；九月重阳节，赐宰臣及中书门下两省官会于延康坊马璘池亭，御制《丰年多庆九日书怀》诗以赐群臣。”“十九年二月朔，赐宰臣、两省供奉官会宴于马璘池亭。”“二十年……九月九日，赐中书门下及两省供奉官会宴于马璘池亭。”文宗、宣宗以后，马璘宅第渐渐衰败，似乎已无往日近乎皇家园林的风光了。衢王府参军李弘庆宅　李弘庆，字善余。皇考士良，华州万福府折冲，娶安氏，生长子弘庆。少婚扶风马氏，生子三，惠孝、衢郎、谦郎。大中七年五月二十四日，弘庆终于长安县延康里之私第，春秋四十二，其年秋七月二十日，葬于当县承平乡大刘村。李弘庆墓志出土于三桥镇简家村，2001年10月入藏陕西历史博物馆。(《陕博墓志萃编》)江陵府司录李宗师宅　李宗师，景皇帝之后。七代祖郑王亮。六代祖襄邑王神符。祖鷁。皇考恬，宗正少卿，洺州刺史。宗师即恬之长嗣。曾任陇州汧阳县尉、陕州硖石县主簿，河南府阳翟县尉、洛阳县尉、转江陵府司录参军。大中八年五月九日，终于京兆府长安县延康坊之私第，大中九年闰四月十八日，葬于河南府河南县万安山伊汭乡樊村祔于先茔。长子璟，陈州西华县主簿。次子珪，吏部常选。(《补遗八辑》)河中府司录参军卢弘本宅　卢弘本，字子道。祖，魏郡临黄县尉。考绶，宝鼎县尉。弘本及长，充安塞军判官，调补河南府河清尉。秩满，拜监察，充泽潞，供□巡官，“飞刍輓粟，如有神助”。盐铁使奏领台州新亭监，知河中府解县令。转河中府司录参军，大中十一年岁次丁丑三月之二十七日，终于帝京之延康里，享年六十有五，其年五月一日，葬于万年县之洪固乡。(《长安新出墓志》)朝请大夫张懿宅　《古志石华续编》张懿墓志载：张懿字万寿，薨于延康斯里。永淳二年二月十五日，迁于长安县龙首乡之原。雍州栎阳县严明府宅　1954年西安市东郊郭家滩出土严明府墓志。志载：严明府夫人任氏，神龙三年四月二十四日，卒于延康里私第。五月五日，殡于雍州万年县浐川乡白鹿原。(《西安市郭家滩唐墓清理简报》，载《考古通讯》1956年第6期)张良娣宅　《城坊考》关于诸王府之设在宝历三年，应为宝历二年。另张良娣宅，不应为诸王府，因诸王府之设是宝历二年，而张良娣卒于景龙二年，苏颋所撰《章怀太子良娣强氏碑》(载《全唐文》卷二五七)，苏颋卒于开元十五年。因此张良娣所居，非诸王府。虞部郎中右监门卫中郎将上柱国赠曹州诸军事曹州刺史杜昭烈宅　杜昭烈，京兆杜陵人，景龙四年正月五日，终于雍州长安县延康里之私第。景龙四年三月二十一日，归窆于张阳原。(洛古馆)相王府直司上护军赵诠宅　西安碑林陈列之《游击将军上柱国赵智侃墓志》：夫人宗氏，以长安二年七月二十九日，终于延康坊私第。赵智侃圣历二年卒于神都会节坊之私第。长安三年二月二十八日，合葬窆于长安县神禾原。赵诠为赵智侃长子，夫人宗氏当终于诠之宅。孝廉寇钧宅　寇钧，字子平，上谷昌平人。开元十一年五月三日，卒于京兆府延康之私第，以十五年二月二十九日，祔迁于河南府西邙金谷原之旧茔。（洛古馆）**普安郡司马韦豫宅**　韦豫，字仲宁，京兆咸宁人。司农府君韦弘机曾孙，睢阳府君岳子第二子。天宝十三载六月九日终于延康里之私第，其载闰十一月，归厝毕原。韦豫墓志1989年出土于长安县东韦村北少陵原。（陈安利《西安新出两方唐志考释》，载《碑林集刊》第一辑1993年）**法云寺尼辩惠禅师**　字严净，俗姓房氏，清河人。曾祖父赠兵部尚书清河忠公房仁裕。王父胶东咸公房先质。烈考太子文学房温。辩惠九岁时祖琅琊郡君王氏薨，百日斋，度为沙弥尼，十八受半戒，二十受具戒，才三日，于东都大安国寺通诵声闻戒经。后隶于西京法云寺。天宝十三载十二月二十二日，于延康里第超然乘化，来年二月十二日，迁座于城南毕原。1953年辩惠禅师墓志于长安县韦曲东北一里青砖厂出土。（《考释》）**大府寺主簿杨迴宅**　《续修陕西通志稿》一五一《杨迴墓志》云：杨迴字居然，其先弘农人。大父锜。父晅，任中散大夫守光禄卿，尚宜□县主。大和七年十月十七日，杨迴殁于延康里之私第，大和八年八月二十四日，与夫人秀容县主合安厝于万年县高平乡高望里。按高望堆在延兴门南八里。**贺从章宅**　1956年西安市西郊土门村西，出土贺从章墓志。志载：开成元年十月十三日，终于京第延康里，以其冬月二十四日，归葬于长安县承平乡灵安里祔先茔隅左张杜村。（《考释》）**栎阳县主簿甘义私第**　徐琢撰并书之《唐故杭州司兵参军徐府君季女墓志铭并序》记载，徐澹之季女于会昌五年正月七日，终于上都延康里甘氏之私第，其年一月归葬河南偃师县。（《河南偃师唐墓发掘报告》，载《华夏考古》1995年第1期）徐澹长女适甘义，季女终于姊宅。徐澹之父徐岱为顺宗皇帝侍读，赠礼部尚书、太子少保。**承奉郎守大理司直沈中黄宅**　沈中黄，大中十二年二月九日，终于长安延康里。其年四月十五日，归葬河南府河南县平乐乡张杨里祔先茔。（《千唐志》）按沈中黄是大理正赠左庶子沈竦的第二子。沈中黄四弟沈师黄为监察御史河南府登封县令。**德州刺史陆逵宅**　陆逵字达夫，吴郡人。曾祖琼，资州刺史。祖师贡，越州别驾。父畅，池州石埭县令。陆逵以荫第入仕，释褐为杭州富阳尉，至德州刺史，凡入仕一十六任，退居延康里。亡夫人河南元氏，封河南郡君，咸通二年七月十一日丧，葬于京兆府长安县义阳乡平原里。咸通七年五月二十日，逆修其铭，陆逵期祔，其年九月十三日，陆逵薨于延康私第，咸通八年正月二十九日，如愿与夫人合葬。（《长安高阳原新出土隋唐墓志》）**秘书省秘书郎冯鐔宅**　冯鐔字子真，长乐信都人。祖伉。父药，中书舍人。冯鐔大中六年进士登第，明年，试秘书省校书郎，历任灵威节度掌书记、度支巡官、太常寺协律郎、邠宁节度营田判官等。咸通十年五月一日，终于京师延康里舍，享年六十有三，其年七月二十八日，卜宅于京兆长安县之尹村神和原祔于先茔。（《西市藏志》）**河东节度副使朝散大夫检校尚书屯田郎中兼侍御史柱国赐紫金鱼袋陈鲂宅**　陈鲂字中远。其先颍川郡人。祖陈皆，台州刺史兼御史中丞。父陈庶，大理司直，母丘氏追封河南郡太君。陈鲂历官富平县主簿等，享年五十六，以风恙终于上都延康里之私第，其年咸通十年十一月二十五日，葬于京兆府万年县洪原乡曹赵村祔先公之兆次。陈鲂为夫人长乐冯履均撰写的墓志称：履均号通相，咸通二年与陈鲂成婚于靖安坊，先陈鲂三年而终，咸通十年二月二日，归祔于万年洪原乡曹赵村少陵原先茔。（《西市藏志》）**义兴周夫人宅** 《金石萃编》：周夫人，周明通之女，太原王府君静信之妻。终于延康里之私第，赴杜城东郊，天宝六载十月三十日葬。**张籍宅** 张籍有宅在靖安里。白居易《寄张十八诗》云："同病者张生，贫僻住延康。"张十八即张籍。

次南崇贤坊。隋有缘觉、融觉、贤觉三寺，并大业、武德中废。

南门之西，海觉寺。隋开皇四年，淮南公元伟舍宅为沙门法聪所立。《名画记》：海觉寺额，欧阳询题。寺又有王韶应、展子虔、郑法士画。**十字街北之西，大觉寺**。隋开皇二年〔《两京新记》作"三年"〕，文帝为医人周子臻〔《两京新记》作"粲"〕所立。其地本臻之佛堂也。**西门之南，法明尼寺**。隋开皇八年，长安富商王道宾〔《两京新记》《长安志》皆作"买"〕舍宅所立。又有慈仁尼寺，本在法明寺西，开皇三年，隋大兴公主有女出家为尼，号曰女郎师，隋帝为立此寺。至开元二年，敕并入法明尼寺。**十字街东之南，崇业尼寺**。本弘业寺。隋开皇十年，尼法觉立于法界之西，其地湫隘。大业三年，合州刺史崔凤舍宅移于此置。神龙元年，改为崇业。**西南隅，秘书监嗣虢王邕宅**。**西门之北，黄门监卢怀慎宅**。怀慎居官清俭，宅在陋巷，屋宇殆不蔽风雨。**光禄少卿窦瑗宅**。昭成太后之从父弟。咸通中，河中节度使窦璟与弟河东节度使澣同居崇贤第，家富于赀。考《世系表》不载，疑亦瑗之族。**太子少师崔景晊宅**。李华《崔景晊碑》：夫人郑氏，终于京兆崇贤里。按夫人即崔圆之母。**进士独孤遐叔宅**。《河东记》：贞元中，进士独孤遐叔家于长安崇贤里，新娶白氏，家贫。下第至蜀，羁栖不偶，逾二年乃归，至鄠县西，去城尚百里，归心迫速，取是夕及家，趋斜径疾行，人畜既殆。至金光门五六里，天已暝，绝无逆旅，惟路隅有佛堂，遐叔止焉。**中郎将曹遂兴宅**。《乾䑪子》：崇贤里有中郎将曹遂兴宅，堂下生一大树，遂兴每患其经年枝叶有碍庭宇，伐之又恐损堂室。窦乂请买之，仍与中郎除之，不令有损，乃出钱五千文，以纳中郎。与斧斤匠人议伐其树，自梢及根，令各长二尺余断之，因选就众材及陆博局数百，鬻于本行，计利百余倍。**集州司马裴通远宅**。《集异记》：唐宪宗葬景陵，都城人士毕至。前集州司马裴通远家在崇贤里，妻女辈亦以车舆纵观通化门。及归日晚，驰马骤至平康北街，有白头妪步走随车而来，至天门街，夜鼓时动，车马转速，妪亦忙遽。车中有老青衣从四小女，其中有哀其奔迫者，问其所居，对曰崇贤，即谓曰与妪同里，可同载至里门。妪荷媿，及至，下车遗一小锦囊，诸女共开之，中有白罗制为逝者面衣四焉，诸女惊骇，弃于路，不旬日，四女相次而卒。按自通化至崇贤里，必先经平康，后经天门街。**罗邺宅**。罗邺有《春日宿崇贤里》诗。**陈朴宅**。《酉阳杂俎》：陈朴元和中住崇贤里北街，大门外有槐树，尝黄昏徙倚，见若妇人及老狐、异鸟之类，飞入树中。遂伐视之，树凡三槎，一槎空中，一槎中有独头栗一百二十，一槎中襁一死儿，长尺余。**崔生宅**。《酉阳杂俎》：醴泉尉崔汾仲兄居长安崇贤里。**曹郎中宅**。李洞有《赠曹郎中崇贤所居》诗云：闲坊宅枕穿宫水。按穿宫水，即永安渠水也。**胡人米亮宅**。《乾𦠆子》：窦乂令小儿拾破麻鞋，每三辆以新麻鞋一辆换之，远近知之，送破麻鞋者云集，数日获千余量。佣人于崇贤西门水涧，从水洗其破麻鞋，曝干，贮庙院中，又胡人米亮谓乂曰：崇贤里有小宅出卖，直二百千文，大郎速买之。乂西市柜坊锁钱盈余，即依直出钱市之。书契日，亮与乂曰：亮工于览玉，尝见宅内有异石，人罕知之，是捣衣砧真于阗玉，大郎且立致富矣。乂未之信。亮曰：延寿坊召玉工观之。玉工大惊曰：此奇货也，攻之当得腰带銙二十副，每副卖钱三千贯。乂遂令琢成，果得数百千价。又得合子、执带、头尾诸色杂类鬻之，乂计获钱数十万贯。其宅并元契，乂遂与米亮，使居之以酬焉。**僦舍**。杜宝符《杜夫人墓志》：殁于崇贤里僦宅。按夫人杜黄裳之女，宝符之姊，裴澥之妻。

《校补记》：崇贤坊　法明尼寺　补注：《乾𦠆子》：元和中，寇鄘与崇贤里法明寺僧普照为徒。按此时又为僧寺矣。

增订：

曹邺宅　毛水清、梁超然《曹邺诗注》：曹郎中即曹邺。李洞《赠曹郎中崇贤所居》："闲坊宅枕穿宫水，听水分衾盖蜀缯。药杵声中捣残梦，茶铛影里煮孤灯。刑曹树荫千年井，华岳楼开万仞冰。诗句变风官渐紧，夜涛春断海边藤。"（《全唐诗》卷七二三）闲坊宅中所枕之宫水指的是永安渠。如果该渠不经过崇贤里，或在崇贤里之西的大街北流，哪能宅枕宫水呢？永安渠北流入苑。罗邺《春日宿崇贤里》诗中有"枕近禁街闻晓鼓"之句。**大觉寺**　1955 年西安市东郊郭家滩出土《长安县主簿李君妻司马和墓志》载：广德二年九月十有三日，终于长安大觉精舍，粤十有六日，权葬于万年县郑村。（《考释》）**光禄少卿窦瑗宅**　《北梦琐言》卷十："唐崇贤窦公家，罕有名第，璟仆射先人，不善治生，事力甚困。京城内有隙地一段，与大阉相邻，阉贵欲之。然其地只值五六百千而已，窦公欣然以此地奉之。"窦氏在唐代属名门望族，见诸两《唐书》记载的就达数百人，唐代窦氏墓志多有出土。现藏于大唐西市博物馆的窦乂墓志，对研究窦氏家族提供了新的文字实物。《大唐故银青光禄大夫卿致仕上柱国扶风郡开国公扶风窦公墓志铭并序》载，窦乂，字安亲，五代祖荣定。高祖抗。曾祖诞。祖孝礼。父瑗。窦乂弱冠，以门荫补太庙斋郎，授太常寺太祝。五迁至丰王（玄宗第二十六子澄，后改名珙）府司马。后以太府少卿、太仆卿、殿中监利兼虢、宋、绛三州别驾。贞元九年季夏七日，终于崇贤里私第。子供、位、倩等。据《长安志》记载，崇贤里私第是“光禄少卿窦瑗宅”，即窦乂宅为其父之故居。光禄卿窦乂与《太平广记》一书所记述的商人窦乂，从世系经历、子嗣均不同，非一人。

光禄卿窦乂一支世系表

				窦孝慈			
				窦孝立			
				窦孝冲			
				窦孝臻			
				窦孝诚	窦玮		
			窦衍	窦孝果	窦琏		
			窦静	窦孝湛	窦良宾		
窦善—	窦荣定—	窦抗—	窦诞—	窦孝礼—	窦瑗—	窦犹	
		窦庆	窦幹			窦乂—	窦供
		窦琏	窦师纶				窦位
			窦师武				窦倩
			窦师仁				

（陈晓捷《唐〈窦乂墓志〉读考》，载《碑林集刊》总第二十辑 2014）

滕传胤宅 《太平广记》卷第三百零五王法智条引《广异记》：“我姓滕，名传胤，本京兆万年人，宅在崇贤坊。”**长孙敬道宅** 《陕西金石志》：长孙白泽为左亲卫队正长孙敬道子。贞观九年九月五日，卒于京师崇贤里。显庆元年二月二十六日，葬于万年县凤栖之原。**苏兴宅** 1955 年西安市东郊韩森寨北出土苏兴墓志。志载：苏兴于贞观十一年三月二十一日，终于长安崇贤里第，五月一日厝于龙首之原。夫人永徽四年五月十六日，卒于崇贤里第，六月五日，祔葬龙首之茔。（《考释》）**云骑尉卫君夫人刘氏宅** 彭城刘氏，曾祖玮，周甘州刺史。祖弥，隋益州郫县令。父安，宣州录事参军。永徽二年四月八日，刘氏卒于雍州长安县崇贤里第，年十四岁，其月十三日，窆于终南山梗梓之谷。（墓志藏终南山至相寺）按：隋蜀郡唐为益州。隋郫县，唐郫县。**李元会宅** 李元会，陇西城纪人。父员外散骑侍郎、行少府监丞。龙朔二年岁次壬戌十一月景辰朔二十四日己卯，□□崇贤之里第。李元会墓志（砖志）2002 年采集于紫薇田园都市工地。（《长安高阳原新出土隋唐墓志》）**鲁慈宅** 鲁兹字弘□，曲阜人。祖达，隋通洛府折冲。父基，隋朝散大夫。麟德元年岁次甲子三月乙酉朔十二日庚申鲁慈卒于崇业里之私第，春秋五十有六。以其年其月二十四日，窆于万年县洪固乡永毕原。(《长安新出墓志》) **行右卫长史兰陵公夫人虞氏宅** 虞秀姚字思礼，会稽余姚人。祖寄。父南，弘文馆学士秘书大监永兴县开国公赠礼部尚书谥文懿。秀姚年二八，出嫔萧氏。唐麟德元年六月二十六日，卒于长安崇贤里第，春秋五十有四。以其月三十日，权殡于长安县界毕原，上元三年七月三日，合祔于明堂县少陵原兰陵公之旧茔。嗣子朝议郎行晋州冀氏县令袭兰陵公惜。虞世南新旧《唐书》有传，秀姚墓志称父南，为避唐太宗讳，去"世"字。秀姚嫔与萧鉴为妻。据萧鉴墓志所载，鉴乃南朝后梁宣帝萧詧之曾孙，明帝萧岿之孙，弘文馆学士袭封兰陵县开国公。永徽四年，卒于长安县归德乡义安里第。虞秀姚在父亡后应归宁于家，最终卒于虞氏之宅。虞秀姚与虞鉴墓志近同出陕西西安附近，初为农民取土所得。(王连龙《虞世南女虞秀姚墓志跋》，载《中国书法》2010年第5期) **金紫光禄大夫宣州刺史上柱国西平县开国公李夫人刘琰宅** 刘琰，河间鄚人。总章二年九月十八日，卒于雍州之崇贤里第，三年正月八日，葬于雍州万年县浐川乡春明里。(《补遗三辑》) **昌黎县开国子韩令名宅** 韩令名字德舆，昌黎棘城人。曾祖相贵。擢缨齐牧，联耀周隋，冠盖不绝于三朝。祖弼，隋左武卫虎牙郎将天水、汉阳二郡守。父孝威，唐芳、松、交、代、凉五州都督，南康郡开国公。令名即南康公之第四子，咸亨二年三月二十日，终于崇贤里之私第，春秋三十五，其年八月二十日，迁窆于雍州明堂县洪原乡弘济里少陵之原。(《洛阳新获墓志》二〇一五) **绵州司士参军事卢崇嗣宅** 卢崇嗣段夫人，涿郡雁门人。曾祖段思祖段师。父段君逸，左卫中郎将左千牛卫监门卫二将军嗣爵长山郡公。段氏笄岁归卢崇嗣。景龙元年九月二十日，归真于长安县崇贤里之私第，景龙三年十一月二十日，迁窆于咸阳县洪渎川。(《西市藏志》) **大都督王相善宅** 《陶斋》载：夫人禄氏，永隆元年十一月二十七日，卒于崇贤之里。二年二月九日，与夫合葬京城南洪固乡界韦曲。**云骑尉王文义宅** 《陕西金石志》：永隆二年正月十六日，王文义卒于本第崇贤之里，二月六日，葬于城西龙首原。**太中大夫使持节都督梁、凤、兴、洋等四州诸军事，守梁州刺史樊侃侃宅** 樊侃侃，字侃，南阳人。曾祖通。大父徽。考恭，阳城主簿。侃侃五岁能诵书，举神童高第，十八补馆陶尉，转郃阳尉。为官蜀川防御使时，曾抵御吐蕃。侃侃"博极坟典，尤精词律，有集二十卷，行之于代"。开元七年十一月二十七日，薨于长安崇贤里第，享年六十有二。夫人韦城县君，韦怀敬之孙，韦知诲之女，圣历二年终于东都道训里第。开元九年二月七日，合葬于河南万安山之南原。有子六人，象、缵、邈、广、恒、演。樊侃侃墓志为崔尚撰，子樊恒书。(《洛阳新获墓志》二〇一五) **嗣赵王妃窦姒宅** 窦姒字顺，扶风平陵人。曾祖诞，工部尚书驸马都尉莘国公。祖孝慈，工部郎中袭莘国公。父希瓛，平陵县开国公。妃即希瓛之季女，年三十二，适于嗣赵王。开元十一年七月遘疾终于崇贤之里，春秋三十有六。开元十一年十一月二十八日，旋葬于高阳原。2004 年 1 月，嗣赵王妃墓志出土于西北大学长安校区。(《长安高阳原新出土隋唐墓志》) 简州金水县令上柱国赵若丘宅　赵若丘，天水人。和思皇后即若丘之归妹。曾祖天成。祖世康。父珣，朝散大夫雁州司马。神龙初，赵若丘以诸亲召补岐州普润县丞，俄迁尚衣直长，寻转简州金水县令。开元十七年四月二十三日，终于京兆崇贤之私第，春秋六十有七。夫人杜陵史氏，久视元年十月九日，卒于河南尚善里之私第。若丘继室，河南元氏。开元十七年十一月二十日，合祔于长安永寿里。(《西市藏志》) 唐皇再从叔金紫光禄大夫故卫尉卿赠荆州大都督嗣虢王李邕宅　虢王妃扶余氏，皇紫金光禄大夫故卫尉卿带方郡王义慈曾孙，皇光禄大夫故太常卿袭带方郡王隆之孙，皇朝请大夫故魏州刺史德璋之女。家本东方之贵世。开元十九年有制册虢王妃为太妃，二十六年八月九日薨于崇贤之王第，春秋四十九。其年戊寅建子之月既望归附于先王之茔。有子五人：太子家令虢王巨，次曰承昭、承曦、承畯、承晊。扶余氏墓志为朝议郎守中书舍人安定梁涉撰。2004 年春，陕西省考古研究所对唐献陵陪葬冢嗣虢王李邕墓发掘出土扶余氏墓志。(张蕴、汪幼军《唐〈故虢王妃扶余氏墓志〉考》，载《碑林集刊》第十三辑 2007 年) 按虢王李邕，开元十五年七月八日薨于东都嘉善里之私第，李邕在长安崇贤里与兴化里均有宅第。徐州丰县尉刘维正宅　1955 年西安市东郊韩森寨东北出土刘维正墓志。志载：开元十二年正月十二日，刘维正终于京兆府崇贤里之私第。其年二月十二日，权厝于龙首原。(《考释》) 大内皇城判官右卫率大明长史杨忠宅　《陕西金石志》：杨忠夫人冯氏，于天宝九载五月□□□于崇贤之里，天宝十载八月二十二日，合葬于长安龙首乡龙首原。右武卫参军梁晅宅　1997 年 8 月，陕西省考古研究所在西安市灞桥区洪庆街道办发掘唐梁晅夫妇墓。梁晅墓志载：梁晅字锽，安定人。曾祖梁泰，锦州刺史。祖让，怀州河内县令。父士，河州刺史。晅少以岳牧子拜执戟，非其好，遂补太庙斋郎，解褐受博州高唐县尉，治理有方，被范阳节度使王斛斯召为幕僚，不久，御史大夫安禄山延为运坊判官，委以粮事。安禄山推荐，特表闻奏，敕授右武卫兵曹参军，天宝九载回到京城长安。天宝十载八月五日梁晅卒，以其载十月二十四日，安神于京兆府昭应县义丰乡同（铜）人原。梁晅夫人王氏，大历七年六月六日，终于长安崇贤里之私第。同年十月二十三日下葬。王氏墓志未言明葬地，实为与梁晅合葬。同人原，一名铜人原。义丰乡原属于万年县，后划归昭应县。义丰乡位于灞河东的惠家村、路家湾、洪庆村一带。《旧唐书·地理志一》："昭应，隋新丰县，治古新丰城北，垂拱二年，改为庆山县，神龙元年复为新丰。天宝二年，分新丰、万年治会昌县。七载，省新丰县，改会昌为昭应，治温泉宫之西北。"(倪润安、张占民《唐梁晅夫妇墓志释读》，载《碑林集刊》［二十一］2015 年) 弘农郡全节府别将郑公夫人韦氏宅　夫人韦婵娘字清虚。祖珙。父元方，太常寺协律国子监主簿。韦婢娘适于郑公，天宝十一载五月八日，奄终崇贤里之第，春秋二十有六。其月二十四日，葬于长安高阳原。韦婢娘墓志于2004年2月出土于西北大学长安校区。（《长安高阳原新出土隋唐墓志》）**朝议郎行大理寺丞祁府君宅** 墓志未见墓主及其嗣子名讳。曾祖祁仁祐，守施州刺史。祖祁㴜，朝议郎行邓州长史。父纵心，朝议郎守汝州龙兴县丞。祁府君年十五而诵刑书，二十四登高第，天宝十二载，调选授京兆府法直。三任府县僚，一官法寺印。春秋五十四，大历八年正月十九日遘疾，终于崇贤里之私第，其年二月四日，卜葬于福阳原。据传祁府君墓志出土于长安区郭杜镇范围内，蠡测福阳原应是高阳原范围内。（张彦《唐〈祁府君墓志〉考证》，载《碑林集刊》第十八辑2012年）**银青光禄大夫光禄卿赠兖州都督金日晟宅** 金日晟字日用，新罗王之从兄。归奉中朝，累授银青光禄大夫、光禄卿。位列天阶，名登国史。大历九年夏四月二十八日，薨于长安崇贤里之私第，春秋六十有二。"天子闻而悼焉，遣中使诏慰，礼加恒典，赠绢一百匹，衣十副，且有后命，追赠兖州都督。"以其年秋八月五日，诏葬于长安永寿之古原。夫人张氏，天宝末先君亡，今祔迁焉。"哀事官给，礼逾常等，中贵归赐，命万年令监护，宠蕃酋也。"（《西市藏志》）**绵州西昌县令常承之宅** 《故绵州西昌县令河内常府君夫人河南史氏墓志铭并序》：史夫人贞元十年七月二十一日，终于长安崇贤里之私第。十一年二月十一日，合祔于长安县龙首原之先茔。绵州西昌县约在今四川安县境。（《西安西郊唐西昌县令夫人史氏墓》，载《考古与文物》1988年第3期）该墓志1986年9月出土于西安西郊陕西省第三印染厂。**刑部郎中剑南东川租庸使何邕宅** 何邕妻陇西李夫人，本姓鲜于，渔阳人，以高叔祖匡绍，由太仆卿出牧于阆。祖鲜于令征。伯父鲜于仲通。以烈考蓟襄公德于王，故赐姓李。李叔明官京兆尹（封蓟国公，谥曰襄）。夫人即襄公之长女，既笄归于何邕。贞元十三年五月十二日，寝疾捐馆舍于京兆府长安县崇贤里之私第，春秋五十二，越八月十九日，归葬于福阳乡高阳原。（《西市藏志》）按何邕夫人李氏之父李叔明，《旧唐书》有传。李夫人伯父鲜于仲通，亦官京兆尹。何邕女婿郭曙为汾阳王郭子仪子。**银青光禄大夫守太子詹事李昇宅** 李昇夫人郑氏，元和四年□月十九日，终于上都崇贤里之私第，享年六十。嗣子宿。以五年七月十一日，厝于京兆之高阳原从李昇之茔不克合葬。（《洛阳新获墓志》二〇一五）**将仕郎守扬州参军王蒙宅** 王蒙字方策，霸陵人。曾祖长，陈州司功参军。祖儆。父令金。元和十一年七月二十二日，王蒙终于长安县崇贤之里，享龄五十有三。元和十二年二月十九日，归葬于万年县少陵原长郝村。（《洛阳新获墓志》二〇一五）**秘书省秘书郎柳溎宅** 柳溎长子柳寔。故江陵节度右仆射裴公均即柳寔外祖，嘉其惠敏，奏授柳寔杭州盐官县丞。以元和十二年十二月四日，归全于京兆府长安县崇贤里之私第，享龄二十有一，以其月十七日，蒿葬于高阳原，从瀛博之义也。（《西市藏志》）按柳寔年二十一卒，未曾赴任，当殁于长安崇贤里父柳溎宅。**长安**

县尉郑泌宅　郑泌字季洋，荥阳开封人。曾祖行谌。祖琰。父岩，银青光禄大夫少府监。宝应二年二月二十八日，郑泌终于西京崇贤里之私第，权殡于万年县高平原。于十一月十二日，迁神于高平奉归于洛，贞元元年二月五日，祔于先茔。夫人范阳张氏，剃发捐华，后郑泌八年而殁，贞元元年二月一日建塔于龙门西原，不从盖祔之仪，行本师之教。(《补遗千唐志斋新藏专辑》)

次南延福坊。隋有神通寺，大业七年废。

真化府。《长安志》引《旧图》。按《地理志》属京兆府。十字街东之北，宣平府。按《地理志》不载。西南隅，纪国寺。隋开皇六年，献皇后独孤氏为母纪国夫人崔氏所立。《名画记》：纪国寺有郑法轮画。东南隅，玉芝观。本越王贞宅。后乾封县权治于此。又为新都公主宅，施为新都寺。寺废，乃为郯王府。天宝二年，立为玉芝观。西北隅，琼山县主宅。县主开元中适慕容氏，即吐谷浑之苗裔，富于财产。宅内有山池院，溪磴自然，林木葱郁，京城称之。御史黄滔宅。《黄御史集》有《延福里居和林宽何绍余酬寄》诗，附载从弟蟾《和从兄御史延福里居》诗。进士何氏宅。赵嘏有《宿何书记先辈延福新居》诗。进士张乔宅。张乔有《延福里秋怀》诗。进士孙秦宅。郑谷有《访题进士孙秦延福南街居》诗。沈氏家庙。《河东记》：大和四年十二月九日，边上从事魏式暴卒于长安延福里沈氏私庙中。前二日之夕，胜业里有司门令史辛察者，忽患头痛而绝，初见有黄衫人，就其床以手相就而出，良久，谓察曰：但致钱二千缗，便当相舍，因令达语求钱，于是其家果取纸钱焚之，察见纸烧讫，皆化为铜钱。又谓察曰：请兼致脚直。察悟其所居之西百余步，有一力车佣载者，遂与黄衫俱诣其门。察曰：有客要相顾，载钱至延平门外。车曰：诺。即来装其钱讫，黄衫曰：请相送至城门。三人相引部领，历城西街，抵长兴西南而行，时钟鼓将动，黄衫曰：天方曙，不可往矣，当且止延福沈氏庙。逡巡至焉。按城西街，"西"字疑误。旅邸。《宣室志》：元和中，博陵崔珏自汝郑来，侨居长安延福里。

《校补记》：延福坊　玉芝观　补注：观有上清院，详兰陵坊。补一条并注：杜氏家庙，注：杜牧《求湖州第二启》：元和末，十徙其居，归于延福私庙，支拄欹坏而处之。

增订：

金泽文库本《两京新记》卷三延福坊："东南隅，郯王府旧新都寺。寺废，今为郯王府。"按郯王为玄宗长子靖德太子琮，新旧《唐书》均有传。玉芝观　《册府元龟》卷五十四《帝王部·崇黄老》二："天宝八载六月，玉芝产于大同殿……闰六月丙寅，帝亲谒太清宫，上圣祖玄元皇帝尊号为圣祖大道玄元皇帝，丙辰诏两京并十道……亦宜置一观，并以真符玉芝为名。每观置道士七人，修持香火。”宗正卿右翊卫大将军淮安靖王李寿宅　1973年陕西省三原县焦村出土李寿墓志。志载：李寿字神通，太祖景皇帝之孙，郑孝王之嫡子。贞观四年十二月，薨于京城延福里第。贞观五年十二月十四日，葬于雍州三原县之万寿原。（《唐李寿墓发掘简报》，载《文物》1974年第9期）广州都督府录事参军王承业宅　1955年长安县郭杜镇之南，出土王承业墓志。志载：圣历二年腊月二十三日，王承业终于延福之里，其年二月二十四日，葬于雍州明堂县凤栖原。（《考释》）太子太保上柱国魏王武承嗣宅　武承嗣夫人弓昭字淑婉，太原阳曲人。曾祖弓逸，隋南阳太守。祖弓之义，唐德州总管、离石郡开国公。父弓志弘，商、陈、金三州刺史，袭离石郡开国公。弓昭年十七，归于武承嗣，即武则天皇后之元侄。景龙二年闰九月十三日，薨于京延福里之私第，春秋五十三，景龙三年正月十五日，归葬于咸阳洪渎原。（《西市藏志》）按武承嗣墓志已出土，志载：圣历元年七月内迁太子太保，其年八月十日，薨于神都行修里之私第，圣历三年一月十一日，陪葬顺陵。（曹建强《唐魏王武承嗣墓志考略》，载《中国国家博物馆馆刊》2012年第6期）嗣赵王妃窦舜舜宅　窦舜舜，字惠自在，京兆扶风人。曾祖莘国公诞。大父孝慈。考益州什邡令平陵公希瑊。开元九年十月，有诏拜为嗣赵王妃。开元十年十月十二日，薨于长安延福里之私第，春秋四十三，其年十一月二十九日，窆于长安城南高阳原。（《洛阳新获墓志》二〇一五）按：窦诞墓志，1985年出土于咸阳唐顺陵内阙门外西南角襄阳公主茔。潞州黎城县令孔硅宅　孔硅于开元十一年六月十二日，终于延福坊之私第，即以其年七月十九日，归葬于都城北邙山之右本茔。（洛古馆）按长安与洛阳均有延福坊，据归葬都城北，应终于长安延福坊。朔方军节度副使金紫光禄大夫行光禄卿上柱国五原公燕王慕容曦皓宅　1978年9月甘肃省武威县城南约15千米南营乡喇嘛湾出土《大唐故武氏墓志之铭》。志载：慕容公故妻太原郡夫人，即则天大圣皇后之侄孙，武延寿之女。开元二十三年十月二日，薨于京兆长安延福里第，开元二十四年十月三日，窆于凉城南三十里神乌县阳晖谷之西原。按慕容曦皓是吐谷浑王族。（《甘肃武威南营发现大唐武氏墓志》，载《考古与文物》1981年第2期）扶风郡雍县尉皇甫悦宅　皇甫悦字同人，安定人。雅好《诗》《易》，以大夫门子补太平郎，无何转雍县尉。娶于陇西李氏。夫人以开元二十五年七月十九日，卒于安定之廨第，春秋二十有三。皇甫悦以天宝九载九月三日，卒于镐京延福里之私第，春秋四十有三，天宝十载十月二十日，合祔于长安城南高阳原。庶子铁。（《长安高阳原新出土隋唐墓志》）云麾将军右武卫大将军东京副留守濮阳郡开国公杜府君宅　长安县文物管理处藏杜府君墓志载：夫人韦氏，尚书右丞赠礼部尚书行诠之季女。建中三年十月十七日，终于上都延福里第。以其年十二月二十四日，权厝于濮阳公茔之北隅。长子台贤，朝散大夫尚舍奉御。有女六人，长适李叔瑰，次适李鷁，次为越国王妃，次适李项，次适李利器，次适裴鄗。该墓志出土时地不详。平卢军节度推官监察御史里行吴降宅　吴降夫人李绍仁字寿之，其先陇西人。曾祖鍊，宗正卿。祖义，尚辇奉御。父辟强，鸿胪少卿。夫人年十八，归濮阳吴降。开成元年六月十四日，终于长安延福里之私第，享年三十有二。以明年二月二十日，卜葬于长安县福阳乡任村之北原。男二人，长曰王十，次曰贡郎。(《长安新出墓志》) 岭南节度使右常侍杨发宅　杨发第七女杨芸字子书，隋越国公杨素之裔。乾符五岁六月七日，终于延福里，十月二十八日，葬于长安县南原姜允村。(《陶斋》)

次南永安坊。

永寿寺《寺塔记》：寺三门东吴道子画。佛殿名会仙，本是内中梳洗殿。右卫将军淄川县公李孝同宅。《李孝同碑》：薨于京师永安之里第。右羽林大将军高仙芝宅。浙江西道都团练观察使薛苹家庙。水亭。白居易有《和杨尚书罢相后夏日游永安水亭》诗。

增订：

《唐两京城坊考》载永安坊有永寿寺，误。永寿寺在永乐坊，据唐韦述《两京新记》卷三，永安坊中无永寿寺。另据《丛考》永安坊之永寿寺条所据为《寺塔记》，而《寺塔记》所记则本以朱雀街东为限。永乐坊在朱雀街东，永安坊则在朱雀街西。所谓永安坊者，当为永乐坊之误。薛苹家庙　《权载之文集》卷十二《大唐浙江西道都团练观察等使润州刺史兼御史大夫河南郡公薛公先庙碑铭》载，薛苹建先庙于长安县永安里，其祠三室。朝散大夫守昭陵令护军姬温宅　1956年西安市东郊郭家滩出土姬温墓志。志载：姬温字思忠，河南洛阳人。上元二年七月五日，终于永安之里第，上元三年正月二十二日与夫人窦氏合葬白鹿原故茔。(《考释》)

次南敦义坊。

东北隅，废福田寺。本隋灵觉寺。开皇六年，亲王杨雄所立。武德初废。乾封二年，武后为其姊贺兰氏复立为崇福寺。仪凤二年，改福田寺。开元二年废。东南隅，废法觉尼寺。隋置。开元二年，并入资善寺。太尉中书令临淮郡王李光弼宅。山南西道节度使郑余庆家庙。

次南大通坊。

东南隅，左羽林将军窦连山宅。尚父汾阳郡王郭子仪园。后为岐阳公主别馆。

增订：

郭子仪园 《全唐文》卷七五六杜牧《唐故岐阳公主墓志铭》："请愿以尚父汾阳王大通里亭沼为主别馆。"（又见《樊川文集》卷八）

次南大安坊。坊南街抵京城之南面。〔按稿本，原在大安坊下有乙速狐行俨宅，后删去。徐松夹一签条云："乙速狐行俨宅与朱雀门街东第四街第二坊下复出，俱引碑文，彼作大宁，此作大安，"安"字当是"宁"字，有所避而改之者，宜去此存彼〕

大安亭。《通鉴》：吐蕃劫盟。李晟大安园多竹，有为飞语者云：晟伏兵大安亭，谋因仓猝为变，晟遂伐其竹。按晟盖有园在此坊。吕温有《春日游郭驸马大安亭子》诗。按汾阳王园在大通坊，两坊相连，故园地得至大安。诗有"借赏彩船轻"之句，盖引永安渠水为池。**南康郡王韦皋家庙**。权德舆《南康郡王韦公先庙碑》：作新庙于京师大安里。

右皇城西第一街，十三坊。

朱雀门西第四街，即皇城西之第二街。**街西从北第一安定坊。**

东南隅，千福寺。本章怀太子宅。咸亨四年舍宅立为寺。大中六年改兴元寺。按《唐画断》：千福寺西塔院有王维掩障，一画枫树，一图辋川。《名画记》：千福寺额，上官昭容书。东塔院额，高力士书。又有杨惠之、僧怀素书，杨廷光、卢稜伽、韩幹、吴道玄、李纶、尹琳画。又置太宗《圣教序碑》《楚金和尚碑》，颜鲁公、张芬、吴通微、韩择木所书诸碑。鲁公所书即《多宝塔碑》也，塔在寺中，造塔人木匠李伏横、石作张爱儿。塔院有石井阑，上有李阳冰篆书。**西南隅，福林寺**。其地本隋律藏寺。武德元年，置太原寺于永兴坊，以义师初起太原，因以名寺，后移于此。咸亨三年，改为福林寺。**东北隅，五通观**。隋开皇八年，为道士焦子顺所立。子顺能驱役鬼神，传诸符箓，预告隋文膺命之应。及即位，拜为开府、永安公，立观以五通为名，旌其神术。**右神策军护军中尉第五守进宅。**

增订：

中国社会科学院考古研究所西安唐城工作队1987年对唐长安城安定坊进行考古发掘。发掘面积1780余平方米，发现十字街及井遗址。小十字街位于安定坊大十字街西北隅一方的正中部，小十字街的东西街保存比较好。还发现两眼井。遗址出土遗物主要是砖瓦残片及"开元通宝"铜钱。安定坊的考古发掘对了解长安城各坊的布局形制是很有意义的。在安定坊发掘出保存完整的小十字街，这说明小十字街在长安城各坊内已不是孤例了。特别是皇城左右的三排（南北各十三坊）四面开有坊门的各坊内都应有小十字街，即每坊除有一个大十字街之外，还各有四个小十字街。这些小街将一个坊划分为十六个方块，其中的居民出入可以四通八达。（《唐长安城安定坊发掘记》，载《考古》1989年第4期）千

福寺　《宋高僧传》卷六《唐京师千福寺怀感传》："唯不信念佛，少时径生安养，疑冰未泮，遂谒善导，用决犹豫。导曰：子若信之，至心念佛，当有正验。"按善导即为实际寺高僧，中国佛教净土宗的二代祖，今洛阳龙门卢舍那大佛像的监造者。《宋高僧传》二十九《唐京兆千福寺云邃传》："累朝召入内道场。顺宗以来，掌领译务。宪宗初，勾当右街诸寺观释道二教事，别敕充西明、千福两寺上座。"五通观　五通观道士焦子顺事迹见《隋书》卷七十八《来和传》。《大唐五通观威仪兼观主冯仙师墓志铭》：仙师法号得一，长乐冯氏赠工部尚书昭泰之孙，鸿胪卿绍烈之季女，元和四年五月二十二日，终于五通之玄寺，其年十二月二十五日，法葬于小杨原。(《补遗六辑》)特进观国公杨温宅　杨温字恭仁，弘农华阴人。显考，隋雍州牧司徒观德王。隋开皇十年，杨温破杨玄感于洛城之北，十一年授辽东道行军总管，破高丽军三万人。贞观十三年十二月一日，薨于京城安定里第，十四年三月十二日，陪葬昭陵，安厝真宅。(《补遗一辑》)《大唐故凤州刺史杨府君墓志铭并序》：杨思汭字慎言，弘农华阴人，父恭仁，皇朝侍中吏部尚书雍州牧特进开府仪同三司上柱国观国公。龙朔元年六月五日，杨思汭终于安定里第，龙朔三年十月合葬于咸阳洪庆旧茔。(《补遗七辑》)左领军丰润府左果毅永县男若干志定宅　若干志定，泾州安定人。其先阴山北人。祖麟，周使持节车骑大将军开府仪同三司大都督永寿县开国公。父达，隋行军总管清江公府掾使持节仪同三司大将军永寿县开国公卫州诸军事卫州刺史。起家隋左亲卫，唐授散骑侍郎、真兴副监，除授佐领军丰润府左果毅都尉。

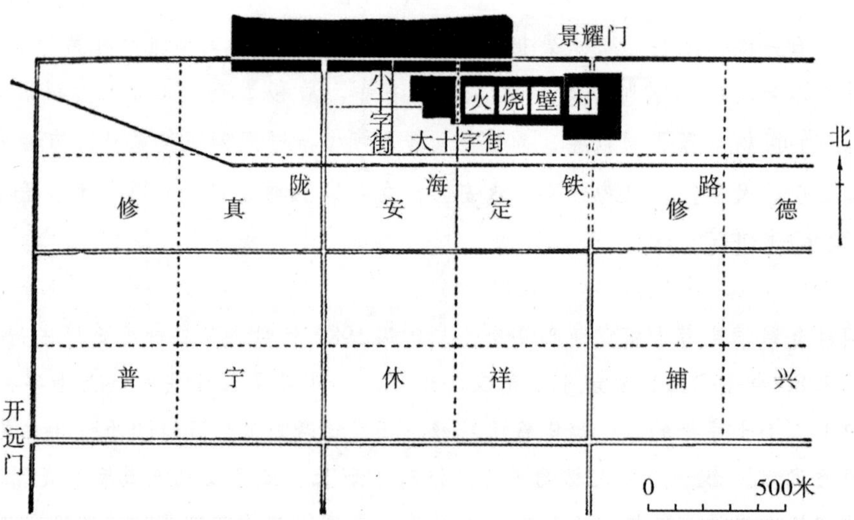

唐长安城安定坊内小十字街位置图

(《唐长安安定坊发掘记》　附图一)

诏追令检校旧宅大监。贞观十五年遘疾于安定里，春秋六十有四，以其年四月三十日，窆于长安城南韦曲。若干志定鲜卑人。（张安兴《唐〈若干志定墓志〉考释》，载《碑林集刊》第十五辑2009年）安定里长者焦君夫人杨媛宅　杨媛，其先弘农华阴人。六十有六，麟德二年六月二十八日，奄从殂落。以其年七月辛未朔三日癸酉，葬于长安城南之原。（《长安新出墓志》）陪戎副尉刘师宅　刘师字德玮，彭城人。在宦继年，不遂于本志，专行一乘。伍辛酒肉，绝之三十余年。圣历元年七月二十八日，卒于雍州万年县常乐里，春秋九十有一。圣历元年八月十五日，与夫人房氏合葬于雍州明堂县义善乡凤栖原。有子胡、仁等。（《西市藏志》）刘师在安定坊另有宅第。云麾将军右领军卫将军上柱国北平县开国公鲜于庭诲宅　1957年2月西安市南何村北偏西，出土鲜于庭诲墓志及其他殉葬品。志载：开元十一年六月一日，鲜于庭诲薨于京兆安定里，开元十一年八月九日，葬于长安城之西郊。（《西安郊区三个唐墓的发掘报告》，载《考古通讯》1958年第1期）检校冯翊郡沙苑监三马坊使索思礼宅　索思礼天宝三年二月十二日，恒化于长安安定里之私第，八月十二日，殡于京兆龙门乡。（《陶斋》）左神武军使奉天定难功臣右卫大将军梁州元从骠骑大将军弘农郡开国公梁升卿宅　贞元元年岁次乙丑（785）十一月癸巳十七日己酉，梁升卿终于长安县安定私第，十一月十七日，安厝于长安县龙首原。（《补遗三辑》）按志文所载葬期为十一月十七日但无年份，是否当日即葬？右神策军散兵马兼押衙银青光禄大夫行沔王友兼监察御史上柱国乔师锡宅　乔师锡字德一，其先梁国人。“（乔）玄为汉名臣，（乔）琳为唐辅相。”师锡祖居岩。考萱，银青光禄大夫检校太子宾客充右神策军征马使追赠洪州都督。乔师锡投笔戎旅，守圣人之五常，备武经之七德。大中二年三月八日，终于安定里之私第，以其年八月十五日，殡于京兆府万年县洪固乡胄贵里北韦村先茔。乔师锡墓志撰者为邠宁庆等州馆驿巡官登仕郎守涪州宾化县令裴况。（《长安新出墓志》）右神策军正将李万林宅　李万林字玄之，陇西狄道人。祖李济，父李令芝。开成二年四月六日，李万林终于安定里之私第，其年五月二十八日与已故夫人宋氏葬于长安县龙首原。（《补遗二辑》）按李万林墓志撰者为通直郎试左卫兵曹参军。朝请郎行内侍省掖庭局宫教博士上柱国张叔遵宅　1956年西安市西郊枣园村西张叔遵墓出土墓志载：咸通十二年七月十五日，张叔遵终于安定里之寝室。咸通十二年十一月十日，葬于京兆府长安县龙首乡田门村。（《考释》）按张叔遵之父张元振亦为宦官，为登仕郎行内侍省内府局丞员外置同正员。长庆四年（824）在宫内染坊工匠张韶等发动的一场叛乱中，张元振“亲手煞逆贼张韶及苏玄明”。此可补唐史。

次南休祥坊。大和二年，休祥坊百姓三百接宰相诉，当坊右龙武军地，赐百姓，经四十余年不纳税，今被辟仗使田全操并却征索。时全操令角觝者五十人分捕所诉者，遂斗于通衢，久之方散。文宗以地为百姓业久矣，不欲收夺，因赐左右三军钱各一千五百贯，其休祥地尽归百姓。

坊内有汉顾成庙余阯。庙北，汉奉明园。宣帝父悼皇考墓园也。园北，汉奉明县。东北隅，崇福寺。本侍中观国公杨恭仁宅。咸亨元年，以武后外氏故宅立为太原寺。垂拱三年，改为魏国寺。载初元年，又改为崇福寺。寺额武太后飞白书。《名画记》：崇福寺有吴道玄、刘整、牛昭、王陀子画。裴休《玄秘塔碑铭》：大达法师十岁依崇福寺道悟禅师为沙弥。又曰：禀持犯于崇福寺升律师。东南隅，万善尼寺。本在故城中，周宣帝大象二年置。开皇三年，〔《两京新记》作“二年”〕移于此，尽度周氏皇后嫔御以下千余人为尼以处之。寺西，昭成尼寺。隋大业元年，元德太子为尼善惠、元懿立为慈和寺。永徽元年，废崇德坊之道德寺，乃移额及尼于此寺。先天二年，又为昭成皇后追福，改为昭成寺。南门之西，武三思宅。本驸马都尉周道务宅。神龙中，三思以子崇训尚安乐公主，大加雕饰，三思诛后，主移于金城坊。开元中，道务子励言复居之。延唐观。京苑总监、上柱国茹守福宅。《茹守福墓志》：卒于长安休祥里第。

增订：

崇福寺　《册府元龟》卷三〇三：“（武）皇后请休祥坊宅置僧寺，追福。”《宋高僧传》卷十四《唐京兆崇福寺满意传》：“武德末，所遇邺都法砺律师，作疏解《昙无德律》。遂往抠衣，明其授受。如是讲导三十许年，乃传付观音寺大亮律师。”又同上书卷五《唐京兆西崇福寺智升传》：“于开元十八年岁次庚午，撰《开元释教录》二十卷。麟德中，道宣出《内典录》十卷，靖迈出《图纪》四卷，升各续一卷。经法之谱，无出升之右矣。”《大唐崇福寺故僧录灵晏墓志并序》：右街故赐紫僧录讳灵晏，姓氏南阳。祖曜，父铁。和尚童年入道，遂为旧崇福寺翻经五部持念。贞元十四年圆大戒品于崇福寺灵坛矣。……其年法门寺佛中指节骨出见，辅翼迎送，人望所推。开成五祀，护军中尉擢才奏闻，录右街僧务，兼纪纲寺宇，条而不紊。大中十年岁次丙子庚子之月二十九日，奄然而逝，即以明年春二月二十二日，迁葬于京兆府长安县龙首乡祁村之原。（《补遗二辑》）按崇福寺在休祥坊，曾改名为太原寺、魏国寺。大中六年改义宁坊之化度寺为崇福寺。灵晏逝于大中十年，因此灵晏志所说“童年入道，遂为旧崇福寺翻经五部”即指休祥坊之崇福寺。此外灵晏志还为法门寺佛中指节骨于贞元十四年出现提供了史料。万善尼寺　《唐两京城坊考》万善尼寺条照录《长安志》。《两京新记》原文：“（休祥坊）东南隅，万善尼寺，周宣帝大象二年立。开皇二年，度周氏皇后嫔御已下千余人为尼，以处之也。”万善尼寺于唐武宗会昌六年（846）五月改为延唐寺。（《资治通鉴》卷二四八，会昌六年）唐懿宗咸通三年（862）“壬午岁四月一日，敕两街僧尼四寺，各置方等戒坛。右街千福、延唐二寺，度人各三七”。（《僧史略》卷下临坛法）1957年西安城西1000米潘家村附近发掘隋李静训石棺墓，出土墓志载：李静训，大业四年六月一日终于汾源之宫，时年九岁。以其年十二月二十二日瘗于京兆府长安县休祥里万善道场。(《西安西郊隋李静训墓发掘简报》，载《考古》1959 年第 9 期）从李静训墓志和历史记载得知：李静训字小孩，父李敏，母亲是北周宣帝的女儿宇文俄英。他的外祖母是隋文帝杨坚的长女、北周宣帝的皇后杨丽华。李静训在隋文帝时养于宫中，死后葬于万善道场内。一个年仅九岁的小孩子死后葬于京城之内，这在隋唐时是绝无仅有的。除了他与隋文帝有血缘关系外，可能还在于他与居住在这万善尼寺的北周皇后之间有更亲的血缘关系。据《周书·皇后传》记载：北周宣帝宇文赟死于大象二年（580），当时五个皇后之中的三个皇后陈皇后月仪、元皇后乐尚、尉迟皇后炽繁均“出俗为尼”，并分别改名华光、华胜、华首，为周宣帝追福。隋文帝开皇元年（581）北周宣帝的朱皇后产后满月也出俗为尼，名法净。同年北周武帝的李皇后娥姿、也就是北周宣帝的生母也出俗为尼，改名常悲。隋和唐初在世的北周皇后还有周闵帝元皇后胡摩，武帝的阿史那皇后，即突厥木扞可汗俟斤之女，及李静训的外祖母杨丽华。这些出家的北周皇后最初可能都在长安故城中的万善道场为宣帝追福。隋开皇二年（582）移万善道场于大兴城休祥坊东南隅，这里距汉长安城很近，又靠近隋宫城，便于管理，让这些前朝的“佳丽”和“粉黛”集体“转业”入尼寺，将她们的余生和虔诚都奉献给慈悲的“我佛”，并从中得到安抚与平静。1994 年咸阳底张镇陈马村东南约 1000 米北周武帝孝陵被盗掘，出土一枚“天元皇太后玺”金印和一方“武德皇后”墓志。1994 年 9 月至 1995 年 1 月，陕西省考古研究所和咸阳市考古研究所进行发掘，又出土“大周高祖武皇帝孝陵”志石。这个合葬于北周武帝孝陵的天元皇后，就是阿史那皇后，突厥木扞可汗俟斤之女。她于隋开皇二年（582）殂，年三十二，隋文帝诏有司备礼册，祔葬于孝陵。武德皇后（《北史》与《周书》称武成皇后）志铭：“大隋开皇二年岁次壬寅四月甲戌朔二十三日乙（改甲）未，周武帝皇后阿史那氏徂谥曰武德皇后，其月二十九日壬寅，合葬于孝陵。”这些北周的皇后在隋文帝杨坚代周建隋后，就可能被妥善安置在万善尼寺，这是她们生活和居住的地方。直到隋代和唐初才在亡故之后，被安葬于帝陵或京城。宣帝元皇后乐尚、陈皇后月仪与静帝司马皇后令姬，直到唐初撰《周书》时“于今尚存”。《周书》完成于唐太宗贞观十年（636）。(陕西省考古研究所、咸阳市考古研究所《北周武帝孝陵发掘简报》，载《考古与文物》1997 年第 2 期）“京万善寺故大德比丘尼坚固胜神道咒石”于 1983 年在高陵县建材厂施工中发现，正文为“佛顶尊胜陀罗尼咒”共十六行，满行十九字，正文之后落款为：“弟子辨才罄舍衣钵，奉为故和尚敬崇灵塔，虔勒咒文，用明远载。天宝二年十月二十四日清勒记。”(《高陵碑石》，三秦出版社，1993 年；呼林贵《唐万善寺尼神道咒石及相关的史地问题》，载《碑林集刊》［六］2000 年）《楚金禅师碑》　唐贞元二十一年（805）沙门飞锡撰，吴通微书，在颜真卿所书《多宝塔感应碑》碑阴。碑文曰：“法华弟子，当院比丘慧空、法岸、洪然等，表妹万善寺上座契元，万善寺建多宝塔比丘尼正觉，资圣寺建法华塔比丘尼奔吒利等，真白凡数万人，悲化城之不住，痛宝所而长往。”（《楚金禅师碑》今藏西安碑林）处士董僧利宅　董僧利墓志1989年9月出土于西安西郊陕棉十厂家属区。董僧利，雍州长安人。隋代文人，推崇蒋翊、陶渊明。大业四年六月三日，终于休祥之第。妻王氏，永徽三年九月八日卒，其年十月一日合葬于龙首原。（西安市文管处《唐董僧利墓清理简报》，载《考古与文物》1991年第4期）奉府行参军上骑都尉许孝义宅　许孝义字敬方，高阳新城人。曾祖景深。祖智远。父建升。武德年中授秦府行参军，麟德元年岁次甲子二月二日寝疾，卒于休祥之里第，春秋八十有二。夫人太原王氏，隋蜀王府长史修礼之女，以其年十一月乙巳朔二十八日壬申，合葬于高阳之原。许孝义墓志2005年12月出土于陕西师范大学长安校区。（《长安高阳原新出土隋唐墓志》）昭成尼寺　道德寺　道德寺大禅师大法师之碑1950年在西安玉祥门外梁家庄发现，为唐高宗显庆三年刻，是十善律师为尼姑善慧禅师和玄懿法师所立。按道德寺原为隋大业元年元德太子为尼善惠、元懿所立之慈和寺。永徽元年，废崇德坊之道德寺，乃移额及尼于此寺。先天二年又为昭成皇后追福，改为昭成寺。（《西安历史述略》选刊连载之七，《西北大学学报》社会科学版1979年第1期）《陶斋》载昭成寺尼姜氏，高陵人姜执珪女，李昕妻。元和元年归寂于义宁里之私第，元和二年二月八日，窆于城南高阳原。武三思宅　《旧唐书·武延秀传》：“（神龙初）时武崇训为安乐公主婿，即延秀从父兄，数引至主第。延秀久在蕃中，解突厥语，常于主第，延秀唱突厥歌，作胡旋舞，有姿媚，主甚喜之。及崇训死，延秀得幸，遂尚公主。主，韦后所生男女中最小……所营第宅并造安乐佛寺，拟于宫掖，巧妙过之……出降之时，以皇后仗发于宫中，中宗与韦后御安福门观之，灯烛供拟，彻明如昼。延秀拜席日，授太常卿，兼右卫将军、驸马都尉，改封恒国公，实封五百户。废休祥宅，于金城坊造宅。穷极壮丽，帑藏为之空竭。”吉州卢陵县丞皇甫弘敬宅　弘敬字文钦，京兆杜陵人。显庆四年十月十五日，终于休祥坊之第，其月三十日，葬于龙首原隆安之里。（《续修陕西通志稿》）银青光禄大夫行右庶子上柱国南皮县开国男韦维宅　韦维字文纪，京兆杜陵人。高祖景略，周骠骑将军右光禄。曾祖瓒，隋仓部侍郎尚书右丞司农卿。大父叔谦，吏部员外郎考功郎中。父知人，库部员外郎判司戎大夫。韦维文若春花，思同泉涌，举乡贡进士，历任陵州贵平尉、盐州五原主簿、资州内江县令、加银青光禄大夫封南皮县男。开元四年十二月二十九日，遘疾薨于休祥里之私第，春秋六十有七。开元六年七月十日，葬于长安之高阳原。韦维弱岁而孤，诸弟绲、缙、绪、纵、缜、绍等，年在幼童，敬敬教导，咸著名节。易箦之日，谓诸子曰：“……古人不封不树，汝等宜薄葬，袝先茔宅不毛之地，吾愿毕矣！”韦维夫人清源郡君王氏，久视元年六月，终于内江县之官舍，时年四十有一。韦维墓志是其婿崔日用撰，墓志2004年1月出土于西北大学长安校区，同时出土的还有韦维子虚心及夫人崔氏墓志、韦虚心子韦有邻墓志。《大唐故工部尚书东都留守上柱国南皮县开国子赠扬州大都督韦公（韦虚心）墓志铭并序》：高祖瓒，曾祖叔谦，祖知人，先考维。韦虚心，开元二十九年闰四月丁酉遘疾，五月五日甲寅罢归河南县宁仁里之私第，其日薨，享年六十六岁。天宝元年正月十五日，归祔于高阳原旧茔。韦虚心撰《户部郎中韦氏妻崔氏墓志铭并序》：夫人崔氏，父元静，宋州司马。崔氏以开元七年五月二十七日，终于休祥里之私第，春秋二十有九，其年七月十五日葬于京兆长安县之高阳原。《大唐故左千中韦君墓志铭并序》：韦有邻祖维，银青光禄大夫右庶子。父虚心，历尚书左右丞，今为潞府。韦有邻年十七，开元二十年十二月二十八日，卒于行修里之第，以今岁归祔于高阳原。（《长安高阳原新出土隋唐墓志》）右金吾卫翊卫宋运宅　宋运夫人王氏，开元十二年二月十一日，卒于京第休祥之里，五月十四日，葬于京城之西南高阳原三会寺舍利塔南之所。（《陶斋》）包宝寿宅　1989年西安市西郊远东公司基建工地出土一方《大唐故念弥陀佛诵弥陀经行者包府君（宝寿）墓志铭》载：包宝寿字楚璧，进（晋）陵吴郡人。“寻诗讲读，游诣秦川，慕恋长安，便居京兆。年登三十，忽悟身如石火，命似电光，即于善道禅师处发心皈依三宝，念佛诵经，持□持斋，愿生净土。”开元十二年三月十九日，终于长安县休祥坊私第，十二年七月二十五日与夫人黄氏合葬于京城西龙首乡岐村界。（张蕴《唐包宝寿墓志考释》，载《考古与文物》1999年第4期）按包宝寿有子思恭、思忠。思恭冠军大将军行右威卫将军，封谷城县开国侯。辅国大将军行左龙武军将军知军事兼光禄卿扶风县开国伯上柱国冯朝光宅　冯朝光，京兆长安人。祖藏。父思礼，自左武卫中郎赠右威卫将军。冯朝光任内经历安史之乱及吐蕃入长安。朝光立有战功，封为二品武散官辅国大将军。兴元元年二月六日薨于王所。有司扶护丧事，以其年十月二十二日归于休祥里私第，以贞元元年五月二日，葬于马祖原。冯朝光墓志于1999年在西安市山门口乡响堂村出土。（李雪芳《新出土唐冯朝光墓志考释》，载《考古与文物》2002年增刊）按山门口乡应为三门口乡。三门是唐长安城安化门，有三个门洞。王氏宅　太原郡夫人王氏，其父王滢。王氏适千牛陇西郡李府君。元和九年十有二月七日，遂□□长安县休祥坊之□第。元和十年十二月二十有三日，葬长安县龙首乡祁村里。王氏嗣子五人。长曰万昌，累阶朝议官，守太子左赞善大夫。次万和，职守护军中尉副使押衙，阶守银青光禄大夫检校太子詹事上柱国。（《补遗三辑》）

次南金城坊。本汉博望苑之地。初移都，百姓分地版筑，土中见金聚，欲取便没。隋文帝曰：此朕〔原作“收”，依《两京新记》改〕金城之兆，因以金城为坊名。隋有释梵、法众二寺，大业七年废。《大唐新语》：贞观中，金城坊有人家为胡所劫，司法参军尹伊请追禁西市胡，俄果获贼。盖金城近于西市也。

西南隅，匡道府，即汉思后园。汉武帝卫皇后墓园也，宣帝追谥，改葬于此。地本长安故城之杜门外大道东也。按：匡道府见《地理志》。**北门有汉戾园**。戾太子史良娣墓，宣帝改葬于此，其地本白亭。〔原作“曰亭”，据《太平寰宇记》卷二五改〕**园东南，汉博望苑**。本杜门〔“杜”原误“在”，据《两京新记》改〕外道之东。**东南隅，开善尼寺**。隋开皇中，宫人陈宣华、蔡容华二人所立。**寺北，废太清观**。本悖逆庶人宅。初封安乐公主，出降武三思子崇训，崇训诛后，自休祥坊移宅于此，改适武承嗣之子延秀，及诛后，敕太清观道士史崇玄居焉。崇玄以先天二年谋逆，复诛，观遂废。**西南隅，会昌寺**。本隋海陵公贺若谊宅。义宁元年，义师入关，太宗顿兵于此。武德元年立为寺。**十字街南之东，乐善尼寺**。本名舍卫寺。隋开皇六年，尉迟迥孙太师为其祖所立。景龙元年，改为温国寺。二年，又改为乐善寺。**瑞圣寺**。《旧图》。**冠军大将军代州都督上柱国许洛仁宅**。许洛仁妻《襄邑县君宋氏墓志》：夫人讳善主，字令仪，定州安喜人，薨于金城坊里第。**云麾将军刘元尚宅**。《刘元尚墓志》：薨于金城里之私第。**昭武校尉、守左骁卫将军、上柱国陈义宅**。侯铦《陈公墓版文》：卒于上都金城里之私第。**华州参军柳生宅**。《乾䐁子》：华州柳参军于长安间游，上巳日曲江见一车子，后帘徐褰，女子容色绝代，柳生鞭马从之，即见车子入永崇里。柳生知其大姓崔氏，女有母，有青衣字轻红。柳生多方赂轻红，竟不之受。他日，崔氏女有疾，其舅执金吾王请为子纳焉。崔氏女不允。其母乃命轻红于荐福寺僧道省院，达意柳生，令两三日就礼。柳生自备财礼，期内结婚。后五日，柳挈妻与轻红于金城里居。无何，王氏殂，柳生挈妻与轻红赴丧。金吾之子告父擒柳生，王氏既殁，无所明，遂讼于官，公断王家先下财礼，合归王氏。经数年，金吾又亡，移其宅于崇义里。崔氏不乐事外兄，时柳生尚居金城里，崔氏乃与轻红同诣柳生，柳生惊喜，又不出城，只迁群贤里。后本夫终寻崔氏女，知群贤里住，兴讼夺之，柳生长流江陵。**邢縡宅**。《通鉴》：王鉷弟户部郎中銲所善邢縡谋作乱，鉷命贾季邻捕縡，縡居金城坊，季邻等至门，縡帅其党突出，斗且走，至皇城西南隅，会高力士引飞龙禁军至，击斩縡。**空宅**。《朝野佥载》：中书舍人郭正一失一高丽婢，于金城坊中空宅搜得之。

增订：

在同一个坊内，不应当前后出现两个相同的区域。金城坊前后就有两个“西南隅”，这在《唐两京城坊考》一书中是绝无仅有的。那么，金城坊西南隅究竟是“汉思后园”还是“会昌寺”？二者必存其一。按《两京新记》残存第三卷金城坊西南隅是会昌寺。《长安志》卷第十金城坊第一个西南隅是“匡道府即汉思后园”，第二个西南隅是“会昌寺”。《唐两京城坊考》移录《长安志》原文并有增加，汉思后园是汉孝武帝卫皇后的陵园。卫皇后字子夫，是卫青的姐姐，曾是平阳公主的歌女，汉武帝纳入宫，不久立为皇后，生三女一子，子即戾太子刘据。刘据遭“巫蛊之祸”，卫皇后被武帝没收其皇后玺绶，无奈自杀，葬于长安城南桐柏亭附近。汉宣帝刘询即皇帝位后，将其曾祖母卫皇后改葬于长安城南覆盎门外南北大道之东。覆盎门南对杜城，所以又称杜门，覆盎门外大道东又称杜门外大道东。追卫皇后为“思后”，其陵墓称“思后园”，又“置园邑三百家，长丞周卫奉守”。也许由于卫子夫年轻时为歌女，所以徙“倡优杂伎千人”于陵园，其意谓“隐王母之非命，纵声乐以娱神”（潘安仁《西征赋》）。又因思后园迁千人，故又称“千人聚”（《汉书·外戚传》）。唐初颜师古注《汉书》称汉宣帝改葬思后于“杜门外大道东，以倡优杂技千人乐其园，故号千人聚。其地在今长安城内金城坊西北隅是”。由此可以认定《长安志》将思后园置于金城坊西南隅是错误的，应为金城坊西北隅。思后园既在金城坊西北隅，而韦述的《两京新记》与宋敏求的《长安志》均记载金城坊西南隅为会昌寺，该是无误。其实唐武德元年（618）于金城坊建造的会昌寺原本为隋海陵王贺若谊的宅第，并不在金城坊的西南隅，而在金城坊南门大道西。据唐道世《法苑珠林》卷四六记载：“唐雍州长安县高法眼，是隋代仆射高颎之玄孙。至龙朔三年正月二十五日，向中台参选，日午还家。舍在义宁坊东南隅，向街开门。化度寺东即是高家。欲出子城西顺义门，城内逢两骑马逐后。既出城已，渐近逼之。出城门外，道北是普光寺。一人语骑马人云：汝走捉昔光寺门，勿令此人入寺，恐难捉得。此人依语，驰走守门。法眼怕不得入寺，便向西走，复至西街金城坊南门，道西有会昌寺。复加四马，骑吏语前二乘马人云：急守会昌寺门。此人依语，走捉寺门。法眼怕急，便语乘马人云：汝是何人？敢逼于我。乘马人云：王遣我来取。法眼语云：何王遣来？乘马人云：阎罗王遣来。法眼既闻阎罗王使来，审知是鬼。”唐道宣在《集神州塔寺感通录》中所记载的一则高表仁之孙乘马从顺义门出遇鬼追赶与此大体相同。从高法眼与追赶他的骑者行经路线来看，所经城门、坊里、道路、寺院，与唐长安城坊里、街衢的布局的实际情况完全吻合。西出顺义门（明清西安城西门）西，道北是颁政坊，颁政坊南门之东是唐贞观五年（631）太子承乾所立的普光寺，后改为中兴寺、龙兴寺。再向西道北是金城坊，金城坊南门道西是唐武德元年（618）所立的会昌寺。会昌寺不在金城坊西南隅，因此，韦述《两京新记》所载会昌寺在金城坊西南隅亦误。唐代传奇小说如《霍小玉传》《李娃传》《东城老父传》《宣室志》等，以及一些佛道文集中记述了许多仙鬼灵怪的奇异故事，杂有宗教迷信神鬼妖怪的成分，但所记长安城中坊市、街道、寺观、达官贵人府第的位置大多与实际情况相符，这是研究长安风貌弥足珍贵的史料，其中不仅保存了许多历史异闻和民间传说，而且故事大多有头有尾，结构完整，情节委婉曲折，语言明快，充分反映了社会生活的方方面面。会昌寺　《高僧传二集》卷三十九《释德美传》：“武德之始，创立会昌，又延而住，乃于西院造忏悔堂。像设严华，堂宇宏丽，周廊四柱，复殿重蔽。”乐善尼寺　乐善尼寺今为西安空军通讯学院。曾四次出土石刻造像，这些造像当是乐善尼寺遗物。（《西安晚报》1981 年 8 月 20

日)《乐善寺处道和尚塔铭》唐元和八年(813)归登撰并行书。(宋陈思《宝刻丛编》卷七)**邢縡宅** 高力士墓志记述邢縡之乱可补史缺。志载:"王鉷之乱,辇毂震惊,禁军一举,玉石同碎。公亲执桴鼓令于颜行曰:'斩级者无战功,擒生者受上赏。俶扰之际,人无横酷者,由公一言也。'"此记王鉷之乱,平叛之具体战斗过程细节详细。**利州刺史钟山县开国公万俟府君妻新城郡君独孤大惠宅** 夫人独孤大惠,洛阳人。曾祖信,周赵国景公。祖善,周河内郡开国公。父览,隋北海郡卫。夫人年二十归于万俟氏。夫人"讬好诗书。摇笔则字婉银钩,沥思则辞纷玉藻。春椒起颂,体尽优游,秋菊为铭,文穷温润",是一位书法与文才兼备的女性。显庆二年十二月二十三日,薨于长安金城里第,春秋六十四。以三年三月二十四日,葬于咸阳县洪渎川使君之旧茔。独孤大惠之曾祖信,是三朝国丈。长女,周明敬后;四女为唐元贞皇后;七女为隋文献后。信有八子:罗、善、穆、藏、顺、陁、宗、整。独孤大惠即善之孙女。万俟氏是初唐时期的世家,利州刺史钟山县开国公名失载。独孤大惠墓志出土于咸阳。(陈财经、杨芝昉《咸阳新出土独孤大惠与独孤挺墓志考略》,载《碑林集刊》第十五辑2009年)**陆(六)胡州大首领定远将军安菩宅** 1981年4月在洛阳龙门东山北麓出土《大唐定远将军安君志》载:安菩字萨,其先安国大首领。麟德元年十一月七日,卒于长安金城坊之私第,以其年十二月十一日,旋窆于龙首之原南平郊。子安金藏《新唐书》卷一九一有传。**中书直省振威副尉李整宅** 1956年西安市近郊出土李整砖墓志。显庆四年三月三十日,李整卒于金城坊之第。其年十二月十日,葬于龙首原。(《考释》)**左威卫录事参军事孟府君妻刘氏宅** 咸亨四年闰五月三日,刘氏殁于长安金城之里第,先天元年十一月七日,迁祔于洛阳邙山之北原。(《辑绳》)**内供奉王守信宅** 王守信,太原人。曾祖礼,蒲州刺史。祖瓘刺史。考洽,鄚州别驾。唐元初王守信特授云麾将军岐州雍北府折冲都尉,转右骁卫中郎,右骁卫大将军汾西郡开国公。开元二十六年四月二十七日,薨于金城里之私第,春秋四十九,其年闰八月六日,葬于城西原。嗣子邠王杨怀忠等。(《洛阳新获墓志》二〇一五)**右龙武军翊府中郎将雍智云宅** 1956年西安市西郊土门村出土雍智云墓志,开元二十八年正月二十九日,雍智云卒于金城里之私第,其年二月二十七日,葬于龙首原。(《考释》)**冠军大将军行左龙武军大将军员外置同正员上柱国薛义宅** 薛义字成,河东汾阴人。天宝八载闰六月十日,薨于长安金城里私第,七月二十八日,葬于国门之西龙首原。(《陶斋》)**定远将军守左龙武卫将军员外置同正员内长人供奉张毗罗宅** 《续修陕西通志稿》张毗罗墓志载:天宝十四载八月二十七日,薨于金城里之私第,十一月十七日,葬于承平乡原。**大中大夫光州别驾侯良佐宅** 侯良佐,上谷人。曾祖贞,王父璟,烈考琰。良佐即琰的第一子。解褐左骁卫执戟。寻转绛州正平府折冲都尉,特迁大中大夫光州别驾。贞元十六年八月九日,终于金城坊私第,春秋六十有一。夫人李氏，贞元六年五月二十四日，先公而殁。嗣子士经等，以所终之年十一月十五日，祔葬于京兆府长安县积德乡胡赵村高阳原。侯良佐及妻李氏墓志2003年12月出土于西安紫薇田园都市住宅小区。（《长安高阳原新出土隋唐墓志》）左金吾卫大将军王先奉宅　王先奉，其先太原人。贞元十三年七月四日，终于京兆府长安县金城里之私第，享年七十有一，其年冬十月二十一日，殡葬于长安县高阳原居安乡。（《洛阳新获墓志》二〇一五）元从奉天定难功臣云麾将军行右监门率府副率上柱国左神武军宿卫朱庭玘宅　1955年西安市西郊土门村出土朱庭玘墓志载：元和三年八月二十一日，朱庭玘殁于金城里之私第，以其年十月二十八日，窆于京兆府长安县龙首原龙首里。（《考释》）朝请郎行扬州海陵县丞刘溢宅　1955年西安市东郊韩森寨东北出土刘溢墓志载：元和五年十一月十九日，刘溢终于金城里私第，即以其年十二月二十四日，宅兆龙首创茔之所。（《考释》）左清道率府兵曹参军胡府君宅　胡府君夫人晋陵郡君荥阳雍氏，其子胡蔓参与平定朱泚之乱，屡建勋劳。夫人以训导之德，恩泽宜加，进封晋陵郡君。元和十一年二月二十八日，殁于金城里第，十二年正月二十二日，葬于长安县龙门乡。（《补遗五辑》）吴弘简妻李氏宅　夫人李氏，父贤，汴州陈留县尉。长庆元年五月二十日，夫人终于本家，归柩于金城里第，其年十月二十二日，葬于长安县高阳原南姜村。（《补遗八辑》）文林郎试左金吾卫长史张液宅　张液字仲环，京兆人。会昌四年九月十有七日，终于金城里之私第，其年十月有六日，与先殁夫人段氏合祔于龙首原张杜村。（《补遗二辑》）右街使押衙试金吾卫长史翟庆全宅　1956年西安市西郊土门村南出土翟庆全墓志。志载：咸通六年正月二十四日，翟庆全终于金城里之私第，其年四月二十日，窆于长安县龙首乡祁村。（《考释》）洮州临潭县丞张冲识宅　张冲识墓志称：张冲识，春秋五十三，终于金城坊宅私第。无卒葬年月。祖康。父儿，朝散夫夫行□州司马。右神策军散兵马使押衙兼浙东三将判官银青光禄大夫检校国子祭酒刘昭宅　刘昭字德明，其先彭城人。父刘江，右神策军兵马使。刘昭历事十余政，五十四年皆以清廉见用，前后授官七政，内两任常州别驾。乾符六年六月二十三日，终于上都金城里之私第。夫人太原郭氏，西平郡王孙，封太原县君。刘昭临终之时嘱夫人，丧事从简，二婢尽放从良。其年十二月二十四日，葬于长安县祔先茔。（《西市藏志》）

次南醴泉坊。本名承明坊。开皇二年〔《两京新记》作“开皇初”〕缮筑此坊，忽闻金石之声，因掘得甘泉浪井七所，饮者疾愈，因以名坊。隋有光宝、救度二寺，大业、武德中废。

西南隅，三洞女冠观。本灵应道士观，隋开皇七年立，贞观二十二年自永崇坊换所居于此。观北，妙胜尼寺。开皇二年〔《两京新记》作“三年”〕周静帝皇后平原公主所立。**十字街北之西，醴泉寺**。隋文帝于此置醴泉监，取甘泉水供御厨。开皇十二年，〔《两京新记》作“十三年”〕，废监立寺。**十字街南之东，旧波斯胡寺**。仪凤二年，波斯王毕路斯奏请于此置波斯寺。景龙中，宗楚客筑此〔“此”字疑为“宅”之误〕，寺地入其宅，遂移寺于布政坊之西南隅祆祠之西。**西门之南**，〔《两京新记》作“西北隅”，《长安志》作“西门之南”〕**祆祠**。**东南隅，太平公主宅**。公主死后没官，为陕王府。宅北有异僧方回宅，太平公主为造之。**南门之东，中书令宗楚客宅**。楚客诛死，其宅后赐申王㧑。**烈士台**。世传安金藏之居。**辅国大将军右卫大将军扬州都督褒国公段志玄宅**。《段志玄碑》：薨于京师之醴泉里第。**王安仁宅**。《文林郎王君夫人墓志》：上元元年，终于醴泉里第。安仁其子也。**孝子郭思训宅**。《郭思训墓志》：终于长安醴泉里之私第。**游击将军张希古宅**。《张府君墓志》：公字希古，终醴泉里之私第。

增订：

妙胜尼寺　按《唐两京城坊考》关于妙胜尼寺的论述是移录自《长安志》。而《两京新记》残第三卷妙胜尼寺的原文是：“隋开皇三年，周平原公主所立。”《周书》卷三十《于翼传》：“于翼，字文若，太师燕公谨之子。美风仪，有识度。年十一，尚太祖女平原公主，拜员外散骑常侍。封平安县公……（开皇）三年五月薨。”据此可知当隋开皇三年于翼死后，平原公主为其立寺追福。平原公主是太祖宇文泰的女儿，宇文泰的元皇后是魏孝武帝之妹，初封平原公主，后改封冯翊公主，以配太祖。《长安志》与《唐两京城坊考》所云妙胜尼寺是隋开皇二年周静帝皇后平原公主所立，《周书》卷九《皇后》：“静帝司马皇后名令姬，柱国，荥国公消难之女。大象元年二月，宣帝传位于帝，七月，为帝纳为皇后……二年九月，隋文帝以后父拥众奔陈，废后为庶人。后嫁为隋司隶刺史李丹妻，于今尚存。”《北史》卷十四《后妃》下静帝司马皇后与《周书》所记大致相同，说明“贞观初犹存”。周静帝不到七岁登上皇帝位，当年即纳司马消难女为皇后，周静帝死时也才只有九岁，而平原公主是周静帝的姑奶奶，其驸马于翼南征北战为北周立下汗马功劳。从辈分、从年龄来看，平原公主绝不可能是周静帝这个七八岁小皇帝的皇后。而静帝司马皇后在大象二年因其父奔陈，废为庶人后，又嫁为隋司隶刺史李丹妻，如果说他做皇后时大致与周静帝年纪相当，唐贞观年间也不过四十多岁。波斯胡寺　《册府元龟》卷五十一《帝王部·崇释氏》一：“天宝四载九月，诏曰，波斯经教，出自大秦，传习而来，久行中国。爰初建寺，因以为名。将欲示人，必修其本。其两京波斯寺宜改为大秦寺。天下诸府郡者，亦宜准此。”太平公主宅　《新唐书·五行志》：“长安初，醴泉坊太平公主第，井水溢流。”隋太尉晋王府录事参军任轨宅　任轨字洪则，西河隰城人。隋炀帝营建东都洛阳，任轨为将作少监，职位仅次于宇文恺。于大业三年六月二日，卒于长安之醴泉里。四年二月九日，厝于洛阳县常平乡游仙里。（汴博）隋殄寇将军奋武尉右屯卫步兵校尉解方保宅　解方保字阿保，雁门人。出身行伍，终生司职军旅。隋任殄寇将军，奋武尉、右屯卫步兵校尉。大业六年十一月十四日，卒于醴泉里，春秋六十二。即以其月二十七日葬于京兆郡长安县福阳乡修福里之原。解方保墓志于1999年出土于西安市长安区。(周晓薇《两方新出土隋代墓志铭解读》，载《碑林集刊》第九辑2003年）左监门将军衡智玚宅　（衡）琳字智玚，淄州邹平人。拜为左监门将军，又令后门供奉。贞观十八年四月九日，薨于醴泉里，春秋五十四。其年十月九日，窆葬于雍州城南小(少）陵原洪固里。(《长安新出墓志》）荆州松资县令汤君妻伤大妃氏宅　《续修陕西通志稿》：汤君妻伤氏。永徽二年正月四日，卒于醴泉里第，二年五月十五日，葬于长安县严村之左。按《新唐书·地理志》，荆州江陵府有松滋县，此松资之“资”字当系误写。此石原藏渭南赵乾生家。(《关中金石文字存逸考》卷二）文林郎王夫人柏氏宅　柏氏，上邽县令柏义通第三女。上元元年八月二十二日，终于醴泉里第，其年八月二十九日，殡于长安城西一十五里高阳原。(《北图石汇》）公士安令节宅　《陶斋》安令节墓志载：安令节，武威姑臧人。出自安息国王子，入侍于汉，因而家焉。历后魏周隋，仕于京洛，今为豳州宜禄人。长安四年十一月二十三日，终于醴泉里之私第。神龙元年三月五日，葬于长安县之龙首原。朝散大夫行定王府掾独孤思敬宅　1956年在西安市东郊洪庆村南，出土独孤思敬及夫人元氏、继室杨氏三块墓志。独孤思敬墓志云：景龙三年八月十五日，终于京师之醴泉里第。十二月二十六日，与夫人元氏，合葬于雍州万年县铜人乡之旧茔。(《西安郊区三个唐墓的发掘报告》，载《考古通讯》1958年第1期）左万骑使薛莫宅　1954年在西安市东郊韩森寨出土薛莫墓志。薛莫夫人史氏，景云十二年六月，薨于醴泉里之寝室，权葬于万年县长乐乡界龙首之原。薛莫于景云十五年十二月十六日，薨于醴泉里之私第，开元十六年四月三十日，合葬于夫人旧茔之旁。(《西安东郊唐墓清理记》，载《考古通讯》1956年第6期）翊府右郎同正员上柱国康景云宅　《咸宁长安两县续志》载：康夫人男景云书写墓志云：康夫人乾元元年二月二十五日终于醴泉坊里之私第。乾元三年二月二十二日葬于长安县城西龙首原。冠军大将军行右威卫将军上柱国金城郡开国公李仁德宅　《续修陕西通志稿》：李仁德开元二十一年正月二十一日，薨于醴泉里之私第，四月十三日，葬于高阳原。特进右卫大将军雁门郡开国公俾失十囊宅　俾失十囊，突厥人。1983年7月西安市西郊枣园村，陕西省钢铁研究所内，出土俾失十囊墓志。志载：开元二十六年十二月十三日，俾失十囊薨于醴泉里之私第，明年十月二十六日，窆于京兆府长安县龙首原。（《西安西郊唐俾失十囊墓清理简报》，载《文博》1985年第6期）明威将军左龙武军中郎将徐承嗣宅　1958年西安市东邓韩森寨西出土徐承嗣墓志。天宝三载六月二十五日，徐承嗣终于西京醴泉里私第，其载八月十二日，窆于龙首之原。(《考释》《补遗三辑》) 王玼宅 西安碑林二展屋内壁镶嵌王玼墓志。志载：王玼，天宝十四载十二月四日终于京兆府长安县醴泉里之私第，以圣武（安禄山大燕年号）二年（至德二载）八月二十六日，厝于国城之西、中坛之南龙首之原。昭武校尉守右金吾卫绛州周阳府折冲都尉右羽林军上下赏紫金鱼袋上柱国冯和璧宅 冯和璧曾祖元贞。大父邦俊。父颉。和璧尝入太学，教兴业就，一任别将，再署果毅，统戎典校。泉献岁黄钟月旬有七日，瞑于京城醴泉坊里私第，春秋五十五。逾年困敦夏五月十三日壬寅，葬于高阳原之阳，子进昇嗣。据陈垣《二十史朔闰表》，冯和璧卒于乾元二年十一月十七日，葬于乾元三年五月十三日。2002 年 11 月，冯和璧墓志出土于西安紫薇田园都市住宅小区。(《长安高阳原新出土隋唐墓志》) 徐夫人宅 徐氏，濮阳人。祖钦道，武德中拜右监门卫将军。父，吏部常选爽之第五女。笄年，归于刘氏。建中四年十二月十一日，终于上都醴泉里私第，春秋七十有四，贞元元年五月二日，葬于高阳原旧茔之侧。长子希逸，大历五祀拜龙州长史，次加朝散大夫次光禄寺丞。次子希文，任遂州遂宁县令。(《集萃》) 右神策军马军大将军押衙银青光禄大夫检校太子宾客上柱国罗叔玠宅 罗叔玠，字鲁珪，京兆人。祖升灵，太原竹马府折冲。考万宁，官汉川司马。咸通三年二月五日，罗叔玠终于醴泉里私第，寿三十四。少妻夫人董氏生一男，方十三，一女八岁。尊夫人米氏（叔玠母亲）早居孀疚，哭抱幼孙，赋伤寡妇，人世之苦，莫甚于斯，一室嗷嗷，深感闾巷。以当年二月二十二日，迁于长安龙门□□村。(《陕博墓志萃编》) 左神策军散副将游击将军守武卫大将军米继芬宅 1956 年西安市西郊土门村西出土米继芬墓志。米继芬，其先西域米国人。代为君长，家不乏贤。祖伊□，任本国长史，父突骑施，远慕皇化，来于王庭，遐质京师，永通国好。历任辅国大将军，行左领军卫大将军。公承袭质子，身外禁军，孝以敬亲，忠以奉国。永贞元年九月二十一日，终于醴泉里之私第，永贞九年十二月十九日，厝于长安县龙门乡龙首原。(《西安历史述略》1959 年) 灵台司辰官高公宅 高公妻颍川陈氏，乾符六年四月二十日，终于京兆醴泉里从夫人之私第，八月二十七日，葬于京兆府长安县龙首乡祁村。(《补遗二辑》) 按：灵台司辰官高公缺名，有子四人，长曰宗古，五坊外巡使……兼监察御史。次曰宗播，五坊使押衙，兼监察御史。次曰宗晦，东上阁门使押衙。次曰宗敏，桂州卢龙军散兵马使，充讨击使。救度寺 隋初醴泉坊曾设有光宝、救度二寺。《续高僧传》卷第二十七："释洪满，姓梁，安定人……开皇初变俗，从道住救度寺。大业融并入居法海，贞观十三年卒，春秋八十三。"1986 年西北民航管理局进行基建时在醴泉寺遗址内发现醴泉遗址，平面呈"甲"字形，为南北向，地面共发现七个泉眼。附近还出土大量石刻造像。(程林泉、王自力《近年来西安市配合基建考古发掘的重大收获》，载《中国文物通讯》2000 年第 1 期）该寺在中唐时曾住锡中外佛教名僧，如西域僧利言，罽宾国僧般若，北印度僧牟尼室利，以及唐僧超悟、道岸、辩空、思维、慧澄、从贺、文苑、惠果、宗颖。唐德宗贞元二十一年（805），日本空海和尚曾在醴泉寺从般若、牟尼室利及南天竺波罗门学法，并学习梵文。此后日僧灵仙、圆仁亦曾来醴泉寺。

次南西市。隋曰利人市。《旧书·杨贵妃传》：天宝十载正月望夜，杨家五宅夜游，与广宁公主骑从争西市门，杨氏怒，挥鞭及公主衣，公主坠马。

南北尽两坊之地，市内有西市局。隶太府寺。市内店肆如东市之制。长安县所领四万余户，比万年为多，浮寄流寓，不可胜计。市署。署前有市令载敏碑，蒲州司兵徐彦伯为其文也。平准局。衣肆。沈既济《任氏传》：郑子游入西市衣肆，见任氏。按韦述《记》云：市署前有大衣行，当即此衣肆也。鞦辔行。《逸史》载江陵副使李君事，有西市鞦辔行。秤行。窦家店。《乾𦠆子》：窦乂西市买油靛数石，雇庖人执爨，佣人剉破麻鞋，制为法烛鬻之，获无穷之利，先是西市秤行之南，有十余亩坳下潜污之地，目曰小海池，为旗亭之内众秽所聚。窦乂遂求买之，其主不测，乂酬钱三万，既获之，于其中立标，悬幡子，绕池设六七铺，制造煎饼及团子。召小儿掷瓦砾击其幡标，中者以煎饼团啗，不逾月，两街小儿竞往，计万万，所掷瓦砾已满池矣。遂经度造店二十间，当其要害，日收利数千，甚获其要。店今存焉，号为窦家店。张家楼。《会昌解颐录》：西市有食店张家楼。景先宅。《霍小玉传》：小玉往往私令侍婢潜卖箧中服玩之物，多托于西市寄附铺侯景先家货卖。〔今汪绍楹校本《太平广记》卷四八七作“侯景先”，疑是，大字亦当作“侯景先宅”〕放生池。市西北有沟池〔《两京新记》作“海池”〕，长安中沙门法成所穿，支分永安渠以注之，以为放生池。池侧有佛堂，沙门法成所造。独柳。刑人之所。按西市刑人，唐初即然。贞观二十年，斩张亮、程公颖于西市。《旧书·肃宗纪》《王涯传》又言子城西南隅独柳树。盖西市在宫城之西南，子城谓宫城。

《校补记》：西市　市署　补注：《朝野佥载》：魏伶为西市丞。鞦辔行　补注：行有酒楼。补七条并注：麸行，注：《续玄怪录》：张高有驴，其子和牵入西市麸行，王胡子与缗半易之。绢行，注：《乾𦠆子》：功曹王愬在西市绢行，举钱共人长行。卖饮子家，注：《玉堂闲话》：长安西市一家卖饮子药，百文一服，千种之疾，入口而愈，盖福医也。酒肆，注：《国史异纂》及《纪闻》，并云李淳风奏，北斗七星化人，至西市饮酒。太宗使人往候，有七人自金光门至西市酒肆，登楼取酒饮。使者宣敕，请至宫。笑曰：李淳风小儿言我也。波斯邸，注：见《续玄怪录》卜者李老居，注：《原化记》：开元中，西市有李老善卜。西市北坊新宅。注：《逸史》：齐映行至西市北，入一静坊新宅，门曲严洁。

增订：

西市遗址，中国社会科学院考古研究所唐代长安城考古工作队曾经部分发掘。据《考古》1963年第11期《唐长安城考古纪略》所载："西市平面呈长方形，南北长1031米，东西广927米。市的北、东两面尚有夯筑的围墙基址，墙基宽（墙的厚度）皆4米许。市内有南北向的和东西向的平行街道各两条，宽皆16米，四街交叉呈'井'字形。南北向的两街相距309米，东西向二街相距327米……街两侧并有水沟。市的四面门址都已破坏……东街宽117米，南街宽120米，北街（金光门大街）宽120米……将整个市界内画成九个长方形，每方的四面都临街。当时的铺店即可设在各方的周围。……房屋遗迹，在街的南边（水沟南侧）发掘了一部分房

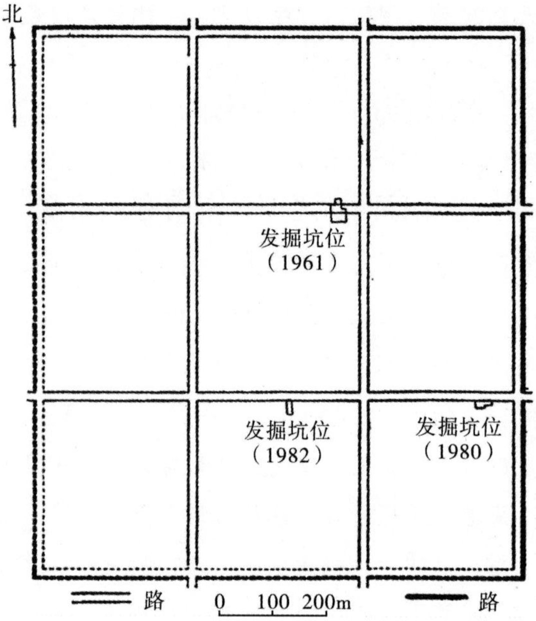

西市遗址平面图

《唐代长安城考古纪略》图四

址的遗迹。……（房址）最长的也不到10米，合三间左右。……出土遗物……有大量骨制的装饰品（梳、钗、笄及刻花的骨饰等）料珠、珍珠和玛瑙、水晶等制的装饰品。此外，还出土了少许金饰品……两件骨制的标识书籍的'牙签'及大量的骰子与制作骨器的骨料等。……从这次所出的大量骨饰、珍珠，部分玛瑙与金饰品来看，尽是珠宝商的遗址所在。大衣行也许距此不远，亦未可知。"据《唐六典》卷二〇太府寺条载："太府卿之职……总京都四市、平准、左右藏、常平八署之官属。"是则西京东西两市和东都南北两市应各置有"市署"而无"市局"。残《两京新记》卷三西市条下载："市署前有大衣行""市署前有市令载敏碑"，此所谓"市署"，当即太府寺京都四市署之一的西京"西市署"。(《丛考》) 衣肆　沈既济《任氏传》："（郑与任氏均住于西市衣肆之东）大树出于栋间者，门巷幽静，可税以居。……后岁余，郑子武调授槐里府果毅。"绢行　《玄怪录》吴全素条："乃相引入西市绢行，南人人家。"按当是"南入人家"。《太平广记》卷三六三《王愬》："在（长安）西市绢行举钱。"锦行里　《咸宁长安两县续志》载鲁谦墓志云：大中十一年六月二十一日，终于西市锦行里之私第，即以其月二十八日，葬于长

安县胡赵村德义里先茔。按鲁谦，字盖之，其父鲁璠，京中医人中最得其上。鲁谦年七岁，好读诗书，未逾十五，《孝经》《论语》《尚书》《尔雅》《周易》皆长。学钟、王、欧、褚之书并得其妙。秤行　《太平广记》卷二四三《窦义》：“先是西市秤行南有十余亩坳下潜汗之地，目曰小海池。”《新唐书·梁崇义传》：“梁崇义，京兆长安人，以概量业于市。”《全唐文》卷六九二白行简《纪梦》：“长安西市帛肆有贩粥求利而为之平者……”“概量”和“平”可能表示标准斗、称作量器。西市北店　《太平广记》卷一百三十四《报应类·王会师》：“唐京都西市北店，有王会师者，母亡，服制已毕，其家乃产一青黄牝狗……（会师）乃于市北己店大墙后作小舍安置。”肉行　《太平广记》卷二一二《吴道玄》：“景公寺老僧玄纵云：吴生画此地狱变成之后，都人咸观，皆惧罪修善，两京屠沽鱼肉不售。”说明长安东西市及东都洛阳都有肉行。鱼肆　《太平广记》卷十八《神仙类·杨伯丑》：“（杨伯丑）隋开皇初文帝搜访遗隐，闻其有道，征至京师。……亦开肆卖卜，卦无不中。有人失马，诣伯丑卜之，伯丑方为太子所召，在途遇之，立为作卦，曰：可于西市东壁南第三店，为我买鱼作鲙。如其言，诣所指店中，果有人牵所失马而至，遂擒之。”食店　《太平广记》卷三百四十八《牛生》：“牛生自河东赴举，行至华州，去三十里，宿一村店（遇一冥使，赠书三封）……及至京……复开第二封书，题云：西市食店张家楼上座。牛生如言，诣张氏，独止于一室，下帘而坐。”后来有数少年上楼来。于此可知张家食店楼上有单间，还设有门帘。饭铺　金泽文库本《两京新记》卷三，怀德坊下：“东门之北惠日寺。开皇六年立，本富商张通宅，舍而立寺。通妻陶氏常于西市鬻饭，精而价贱，时人呼为陶寺。”柜坊　《太平广记》卷第二百四十三窦义条引《乾膙子》：“有胡人米亮因饥寒，（窦）义见，辄与钱帛，凡七年。……亮且至，谓义曰：崇贤里有小宅出卖，直二百千文，大郎速买之。又西市柜坊，锁钱盈余，即依直出钱市之。”柜坊是专为商人存放钱币的，有类乎今之钱庄和银行，但柜坊使存钱人不得利息，并得付出存放费。寄附铺　《太平广记》卷四八七《霍小玉传》：“往往私令侍婢潜卖箧中服玩之物，多托于西市寄附铺侯景先家货卖。”其寄附铺应是代客售货的店铺，即“寄卖所”。帛肆　白行简《三梦记》：“长安西市帛肆，有贩粥求利而为之平者，姓张，不得名，家富于财，居光德里。”卖药者　《国史补》卷中：“宋清卖药于长安西市，贫道请药，常多折券。人有急难，倾财救之……长安言：人有义声，卖药宋清。”凶肆　《李娃传》：长安东、西市各有凶肆。西域胡商　《酉阳杂俎续集》五《寺塔记》上菩萨寺：“遂携至西市，示于商胡。商胡见之，惊曰：上人安得此物？必货此不违价。……加至五百千，胡人曰：此值一千万。遂与之，僧访其名，曰：此骨宝也。”《太平广记》卷四百二十一引《酉阳杂俎续集》：“……曰：此罽宾国碗……得钱十万，即货之，其下匆鬻。……及岁余，西市店忽有胡客周视之，大喜……曰：物以所值何止二百缗，但非中国之宝，有之何益。……客曰：此乃罽宾国镇国碗也。”（刘贯词条）**波斯邸** 《太平广记》卷十六《杜子春》：“杜子春者，盖周隋间人……方冬，衣破腹空……饥寒之色可掬，仰天长吁。有一老人策杖于前，问曰：君子何叹？春言其心……（老人）曰：明日午时，候子于西市波斯邸。”波斯邸，是波斯人经营的邸店，当时称波斯人也为胡人。又据《太平广记》卷二四九《尹君》：“及雍州司法时，有胡盗金城坊者，（长史）杨纂判京城诸胡尽禁问，尹君不同之曰：……请西市胡禁，余请不问。”于此可知胡人在长安者甚夥，西市尤为集中，其波斯邸当不止一二，这里还有胡商、胡客、胡姬、胡肆，等等。**放生池** 《宋高僧传》周京师《法成传》：“长安中，于京兆西市疏凿大坎，号曰海池焉。支分永安渠以注之，以为放生之所。池上佛屋经楼，皆成所造。穿池之际，获古石铭云：百年为市，而后为池。自隋朝置都立市，至于时正一百年矣！”《永安渠石铭》（《全唐诗》卷八百七十五）：“武后时，监察御史王守慎乞出家为僧，名法成。于京兆西市疏凿池，支分永安渠水注之，以为放生之所。穿池之际，获古石铭云云。”唐刘𫗧《隋唐嘉话》卷下：“太平公主于京西市掘池，赎水族之生者置其中，谓之放生池。墓铭云：龟言水，蓍言市。”（《全唐文》卷八百七十五《京西市放生池墓铭》一文记载与此稍异，末句为“龟言市，蓍言水”。）**禁夜市与不得于铺前造偏铺** 《册府元龟》卷五百四《邦计部·关市》：“中宗景龙元年十一月……又敕两京市诸行，自有正铺者，不得于铺前更造偏铺。”“武宗以开成五年正月即位，十二月敕，京夜市宜令禁断。”**独柳** 独柳误，不在西市内，在皇城西南隅（内）。《长安志》卷十“西市”条：“南北尽两坊之地，市内有西市局，放生地，平准署，独柳（刑人之所）。”徐松《唐两京城坊考》亦认为西市独柳为刑人之所。但徐松所引《旧唐书·肃宗纪》《王涯传》又言于城西南隅独柳树是正确的，但他所说“子城谓宫城”是错误的，“子城”应为“皇城”（详见赵望秦《独柳树地点考实》，载《中国历史地理论丛》1999年第1期）

次南怀远坊。隋有法宝寺，大业七年废。刘禹锡《伤秦姝行序》：河南房开士得善筝人于长安怀远里。

东南隅，大云经寺，本名光明寺，隋开皇四年，文帝为沙门法经所立。时有延兴寺僧昙延，因隋文赐以蜡烛，自然发焰，隋文奇之，将改所住寺为光明寺，昙延更请立寺，以广其教，时此寺未制名，因以名焉。武太后初，此寺沙门宣政进《大云经》，经中有女主之符，因改为大云经寺。遂令天下每州置一大云经寺。此寺当中宝阁崇百尺，时人谓之七宝台。**寺内有浮图，东西相值**。东浮图之北佛塔，名三绝塔，隋文帝所立。塔内有郑法轮、田僧亮、杨契丹画迹，又巧工韩伯通塑作佛像，故以三绝为名。按《名画记》：隋田、杨与郑法士同于光明寺画小塔，郑图东壁、北壁，田图西壁，〔原衍“南图”

二字，今据《历代名画记》删〕杨画外边四面。又有冯提伽画瘦马。十字街东之北，功德尼寺。本在安定坊，开皇五年，〔《两京新记》作“七年”〕周宣帝女细腰公主所立，武德中移于此。左监门大将军襄城郡公樊兴宅。按碑：终于雍州长安县怀远里第。戴夫人宅。冉元一《薛府君墓志》：公讳刚，终于龙首里第，夫人戴氏终于怀远里第。卢氏宅。《前定录》：李揆寓宿于怀远坊卢氏姑之舍。

《校补记》：怀远坊　寺内有浮图，注：田图西壁南图　校：南图之图，依《名画记》改南壁。

增订：

大云经寺，应为大云寺。《旧唐书》卷六《则天本纪》：载初元年沙门上《大云经》，武后“令诸州各置大云寺”。《资治通鉴》卷二〇四则天后天授元年七月至十月条：载初元年七月，“东魏国寺僧法明等撰《大云经》四卷，表上之，言太后乃弥勒佛下生，当代唐为阎浮提主，制颁于天下。”九月，武后以唐为周，改元天授。十月“敕两京诸州各置大云寺一区，藏《大云经》，使僧升高座讲解，其撰疏僧云宣等九人皆赐爵县公，仍赐紫袈裟、银龟袋”。《唐会要》卷四八：“天授元年十月二十九日，两京及天下诸州，各置大云寺一所。至开元二十六年六月一日，并改为开元寺。”《历代名画记》曾提到怀远坊大云寺。饶宗颐先生根据山西猗氏县仁寿寺的《大云寺弥勒重阁碑》和河南河内的《大云集皇帝圣祚之碑》考订“经”字误衍。朱丽双先生也在《金石录》中检到三通与大云寺有关的碑：景云二年《唐大云寺石灯台颂》，开元十一年四月的《唐大云寺禅院碑》，开元十七年九月的《唐大云寺丈八佛像碑》。（朱丽双《大云经寺还是大云寺》，载《唐研究》第九卷）2000年陕西省眉县常兴镇砖厂出土《唐故鸿胪寺丞李府君夫人琅琊王氏墓志铭并序》，又为大云经寺正名为大云寺增添了新证据。志称：王氏祖孝杰，兵部尚书。父默，袭琅琊公。“天宝初，有大云寺新罗和上者，崇启道门。夫人礼谒至诚，回向便为上足……天宝九载九月九日，迁化于李氏岐山南之别业……以十三载五月二十五日，权厝于郿城北三畤原下。”（刘连芳《唐李训夫人王氏墓志考释》，载《碑林集刊》第十辑2004年）按：王氏志称其适陇西李公，公讳训，□圣皇帝十叶孙。开元廿二载，李公无忧卒于鸿胪丞之官舍。王氏祖孝杰，官至兵部尚书，曾参与武则天时对吐蕃、契丹的战争。李训有子三人。长子李侹，右羽林长上果毅。志称“从仕西京，徙居东洛”。至于志称“天宝初，有大云寺新罗和上者”，不知此大云寺是西京，还是如《唐会要》所载，天授年间各州所置？但《唐会要》已载开元二十六年，大云寺已改为开元寺，何以天宝初仍有大云寺呢？如果王氏墓志所载之大云寺是岐州的，则关中西部当时亦有新罗和上？待考。光明寺　《大唐光明寺故真行法师塔铭》：“师以唐永徽元年岁次庚戌正月辛丑朔七日丁未酉时薨于本寺。时年七十有七，即以其年二月庚午朔二十六日乙未，建塔树铭于此。”真行法师塔铭，今存百塔寺。《高僧传二集》卷十一《昙延传》："移都龙首，有敕于广恩坊给地，立延法师众。开皇四年下敕，改延众可谓延兴寺。面对通衢，京城之东西二门，亦可取延名，以为延兴延平也。然其名为世所重，道为帝师，而钦承若此，终古罕类。……改本住云居以为栖岩寺（在今山西省中条山），敕太乐令齐树提造中朝山（即中条山）佛曲，见传供养。延安其寺结众成业，敕赉蜡烛，未及将爇而自发焰，延奇之，以事闻帝，因改住寺可谓光明也（意即栖岩寺为光明寺）。延曰宏化须广，未可自专以额，重奏别立一所，帝然之，今光明寺是也。"段成式《寺塔记》卷上"长乐坊安国寺"条："（安国）寺当阳弥勒像，法空自光明寺移来。未建都时，此像在村兰若中，往往放光，因号光明寺。寺在怀远坊。"说明怀远坊之光明寺在隋以前即存在。道宣所指光明寺当不在怀远坊。《历代名画记》卷八《叙历代能画人品隋杨契丹》："光明寺后为大云寺，今长安怀远坊是也。""李云：田、杨声侔董、展，昔田杨与郑法士同于京师光明寺画小塔，郑图东壁北壁，田图西壁南壁，杨画外边四面，是称三绝。"据此改正《唐两京城坊考》大云经寺郑法轮为郑法士。所谓三绝指田、杨、郑三人所作壁画，韩伯通所塑像不在三绝之列。（《丛考》）《新修往生传》：唐善导念佛口放光明，高宗皇帝于善导死后赐光明之寺额，自此尊师为光明大师、光明和尚等。此光明寺并不是怀远坊之光明寺，是否为开明坊之光明寺，待考。大云寺　《唐会要》卷四十八："天授元年十月二十九日，两京及天下诸州，各置大云寺一所，至开元二十六年六月一日，并改为开元寺。"由此可知，怀远坊隋光明寺至唐武则天天授元年（690）改为大云寺，唐玄宗开元二十六年（738）改大云寺为开元寺。此后至唐末皆称开元寺。《旧唐书》卷九："（天宝三载）夏四月，敕两京、天下诸州郡，取官物铸金铜天尊及佛各一躯，送开元观、开元寺。"《佛祖统纪》卷四十："（开元）二十六年，敕天下诸郡，立龙兴、开元二寺。""（开元）二十七年，敕天下僧道，遇国忌就龙兴寺，行道散斋。千秋节祝寿就开元寺。"（见《大正大藏经》第四十九函）有关开元寺经幢及修塔铭，还分别见《关中金石文字存逸考》及《宝刻丛编》等。《长安志》载大云经寺本名光明寺，武则天时改名。《金石续编》卷五《光明寺慧了塔铭》载：法师讳慧了，俗姓宋氏，显庆元年八月五日寝疾，迁神于光明寺禅房，二年二月十五日，于终南山楩梓谷禅师□□□骨起塔。功德尼寺　《唐东都安国寺故临坛大德（澄空）塔下铭并序》："律德号澄空，长安功德寺尼德净因之子弟，姓皇甫氏，世乃予之郡人也。赠扬州都督讳瓘之爱女。"澄空之元兄浙东观察使，兼御史大夫赠太子太师郇国公皇甫温。（《补遗四辑》）樊兴宅　《大唐故左监门大将军襄城郡开国公樊府君碑铭并序》：永徽元年四月二十三日，终于雍州长安县怀远里第，其年七月九日，陪葬献陵。清陆增祥曾评论樊兴碑："文甚详赡，楷法秀劲，颇有欧、虞、褚、薛风度。盖书、撰皆出朝廷翰苑明公手也。"（李慧、曹发展《咸阳碑刻》）万回宅　《宋高僧传》卷十八《万回传》："太平公主为造宅于怀远坊中，与主宅前后尔。”任公谨宅　《道藏·洞玄部·记传类》杜光庭《神仙感遇传》：“任公谨者，长安怀远里人也。赵处士，不知何许人也，寓止于其邻，孑然独处。”吕金纲宅　吕金纲字铁头，东海营丘人。显庆五年四月二十一日，卒于怀远里第，其年五月二十日，窆于长安县细柳□。(《西市藏志》）胡君夫人王氏宅　夫人太原王氏，京兆府醴泉人。左金吾卫郎将士和之长女。醴泉县瑶台府左果毅韩志忠之女孙。王氏寻师问道于蓝田福禅师等。圣武元年（756）四月十一日，终于洛阳集贤里私第。五月一日与先亡胡君同迁奉于河南县龙门乡原。子英、秀、深等。王氏墓志即孤子秀述。(《拾零》）乡长田涛宅　田涛字菩提，临淄郡东郊县人。祖祖显，隋天水郡丞、蓝田县令。父和，丹稜县丞、沙苑副监。隋敕召六品以下子二十人令仕越王入辽。乃以田涛应调，及还仍授越王府国尉，又为乡长。咸亨二年七月十八日，遘疾卒于醴泉坊之私第，年八十。以三年十二月二十五日，迁厝于高阳原。(《西市藏志》）上柱国卫蔼宅　卫蔼字俨，京兆长安人。祖荣，秦州刺史。父政，游击将军。永淳元年十月二十一日，终于怀远里第，春秋六十有四。以其年十一月十三日，葬于高阳之原。(《长安高阳原新出土隋唐墓志》）武骑尉赵文雅宅　赵文雅妻万岁乡君边氏，仪凤二年三月二十五日，卒于怀远私第，二年四月六日，葬于高阳之原。“地乃左连冯翊，右接扶风；南据碧岩，北临清渭。八川资其沃壤，三辅名曰神皋”。(《补遗六辑》）右威卫将军上柱国安元寿宅　安元寿夫人新息郡夫人，下邳翟六娘，隋开府仪同公之第六女。圣历元年十月十六日，薨于京怀远里第之小寝，陪葬昭陵。按安元寿及夫人翟氏墓志1972年出土于礼泉县赵镇新寨村东南约1千米处，北距昭陵九嵕山主峰约8千米。安元寿为中亚安国人后裔安修仁之子。永淳二年八月四日，薨于东都河南里之私第。(《文物》1988年第12期）右卫翊卫兵部常选孙承嗣宅　孙承嗣字元则，富阳人。祖感仁，右金吾卫翊府左郎将上柱国。皇考荆山，左豹韬卫伊川府左果毅游击将军上柱国。孙承嗣以门荫成为兵部常选。夫人渤海高氏，开元五年岁次丁巳正月十日，殁逝于京兆怀远里之私第。以其年二月一日，卜宅长安县义阳乡高阳原。孙承嗣开元二十一年秋八月旬十有八日，终于别业，开元二十四年五月二十二日，祔葬于长安县义阳乡高阳原。元子英俊，前宜春府别将。次子英友，前长川府别将。子英秀、英彦、英奇等。可谓戎马世家。孙承嗣夫妇墓位于西安市长安区郭杜镇茅坡村南，陕西师范大学新校区北邻韦曲郭杜镇公路。2002年4月，陕西省考古研究所、西安市文物保护考古所进行发掘。该墓出土的十二时俑，是目前所知两京地区唐墓中最早的一例。出土的百戏俑中的胡俑，高鼻、凸眼、龇牙、络腮胡，头戴尖顶胡帽，身著圆领窄袖袍，下露袴，腰束带。(《唐孙承嗣夫妇墓发掘简报》，载《考古与文物》2005年第2期）中散大夫涪州刺史李延光宅　李延光字珪，陇西成纪人。曾祖李威，隋黎国公。大父李士廉。考李元谨，太子左千牛尚舍直长。开元七年十二月十九日，李延光终于京兆府长安县怀远里之私第。夫人荥阳郑氏，（开元）八年二月十三日，合葬京兆府万年县义丰乡铜人原。（《补遗五辑》）沂州司马柱国萧茂本宅　萧茂本字义廉，兰陵人。梁尚书令安平王岩之曾孙。开府宁海侯瑊之孙。鸡泽府君嗣宗之子。太极元年四月终于郑州，元和年十月归厝于洛阳邙山。夫人琅琊县君王氏，曾祖北齐太常卿缉。祖北齐正员郎吕州别驾令思。考唐户部郎中司列大夫。王氏开元十六年十月七日，奄终于长安怀远里，春秋七十有七。即十七年二月二十四日，迁祔于邙山先茔，嗣子愉等。（《拾零》。按：萧茂本墓志载"太极元年四月考终于郑州京城里，和元年十月归厝于洛阳邙山"，据唐玄宗年号应为"延和元年"）右卫郎将秦公夫人刘第十宅　刘氏第十，彭城人。祖行敏，夔州都督。父守节，鄯州都督府长史。第十年十有五，有行于秦。开元十一年十一月二十五日，终于长安怀远里之第。以其冬十二月三十日，厝于高阳原。（《长安新出墓志》）朝散大夫行太子洗马萧继江宅　萧继江墓志出土时地不详。志载萧继江于贞元十祀秋七月二日，终于京师怀远里之私第，以其年八月十二日，迁窆于万年县毕原。（《补遗三辑》）银青光禄大夫检校户部尚书兼光禄卿上谷郡开国公赠陕州大都督张茂宣宅　张茂宣曾祖逊，乙失活部落刺史。祖谧，平州刺史北平郡王赠太子太傅。烈考孝忠，义武军节度使检校司空同中书门下平章事赠太师。茂宣即贞武第八子，授太子通事舍人转太常□主簿。建中末，妖竖构乱，德宗西幸奉天。贞武公乃俾公朝于行在。及銮舆返正，茂宣复来朝，寻迁海州刺史。宪宗即位，特加御史大夫，屡上表章论边事，拜左金吾卫将军转鸿胪卿。元和七年春，入回鹘使，曾未累月达单于庭，回鹘遣使纳贡。元和九年三月二十七日，薨于怀远里之私第，春秋四十有六，九月二十三日，诏赠陕州大都督，冬十月乙酉，葬于京兆之少陵原。子弘矩、弘规、弘简等。（《洛阳新获墓志》二〇一五）泗州涟水县丞郑侑宅　郑侑字宽诚，荥阳人。曾王父颜，王父维，父回。父丧后遂家于河南府福昌县，曾出任郴州郴县尉、泗州涟水县丞。元和十五年冬十月十一日，暴遘风疾，终于长安县怀远里，享年五十五，窆于长安县积德乡高阳原。夫人王氏，婺州别驾王曾之女，宝历元年四年八日，殁于长安县怀远里第，春秋五十，有子七人，嗣子网。（《长安高阳原新出土隋唐墓志》）国子祭酒鲁郡太守嗣韩王李讷宅　李讷父韩王元嘉，太尉公。李讷妃京兆杜氏，京兆公杜思温之少女。天宝六载十二月十一日，薨于长安县怀远里之私第，明载十□□二十四日，迁祔于三原孟侯原。（《补遗三辑》）按李讷有四男一女。长子叔璩，太子谕德，嗣韩王传玺小山之桂，长奉西园之月。次子叔琄，太子仆寺丞。次子叔玙，左领军卫长史。次子叔瑰，棣王府主簿。左金吾卫长史裴利物宅　《大唐故左金吾卫长史故妻窦夫人墓志铭并序》：窦夫人扶风郡人，河南郡太守窦怀亮之孙，驸马都尉窦延祚之女。乾元二年九月九日，终于怀远里。其年十月十日，归祔于三桥龙尾原，皇姑迁合于裴公礼也。（志藏陕西省考古所）按窦延祚《新唐书·宰相世系表》有载，但与墓志记叙有异。疑怀恪即为怀亮。（桑绍华《西安三桥车辆厂工地发现唐裴利物夫妇墓》，载《考古与文物》1991年6期）公主宅　《太平广记》卷第三百零二华岳神女引《广异记》："明日，相与还京，公主宅在怀远里，内外奴婢数百人。"南门道东北壁青裙女子　《隋书·杨伯丑传》："伯丑亦开市卖卜。有人尝失子，就伯丑筮之，卦成，伯丑曰：'汝子在怀远坊南门道东北壁，有青裙女子抱之，可往取也。'如言果得。"《太平御览》卷七二八亦记载此事。

次南长寿坊。隋曰广恩坊，避炀帝讳改。有愿力寺，大业七年废。

西南隅，长安县廨。去府六里。按县治隋开皇三年所立，见《长安志》。南门之东，永泰寺。本梁太尉、吴王萧岑宅，隋开皇四年，帝为沙门昙延立为延兴寺，寺东院莒公萧琮宅，当隋亡，舍入寺。神龙中，中宗为永泰公主追福，改为永泰寺，寺内东精舍有隋中大夫〔《历代名画记》卷九作"中散大夫"〕郑法士画释迦灭度之变，左右〔原脱"右"字，据《两京新记》补〕廊有滕王库直李雅画圣僧之迹，又有杨契丹画。北门之东，大法寺。本弘法寺，武德中，光禄大夫李安远〔原误作"李远"，据《两京新记》补。李安远见《旧唐书》卷四八、《新唐书》卷八八〕所立，神龙元年改。十字街西之北，崇义寺。本隋延陵公于铨宅。武德二年〔《唐会要》卷四八作"三年"〕，桂阳公主为驸马都尉赵慈景所立。十字街北之西，鄘国公杨温宅。开府仪同三司尉迟敬德宅。朝议郎行泽王府主簿梁寺宅。详怀德坊下。中书令阎立本宅。按阎令宅在延康坊，《太平御览》引作延寿，误。《长安志》载在此，恐又因延寿而误也。前中书侍郎同中书门下平章事元载家庙。大历四年，有虎止于载之私庙，命将军薛岌、周皓发弩手射杀之。

增订：

崇义寺　清光绪初年西安出土《大唐崇义寺思言禅师塔铭》：思言俗姓衡氏，京兆栎阳人。开元二年闰二月十二日，收舍利于终南楩梓谷。（《北图石汇》）永泰寺　"兴元十二年，敕永泰寺置戒坛度僧。"（《宋高僧传·欢喜传》）云骑尉郑君宅　郑君妻王妃子字至德，本太原人。显庆四年十月二十六日，终于长寿里之第，以其年十一月十九日，葬于高阳之原。（《西市藏志》）处士挚行基宅　挚行基，雍州鄠县灌钟乡人。乾封二年五月二十四日，终于长寿里之私第，春秋五十有三。以其年六月八日，殡于高阳原。（《长安新出墓志》）处士郑师宅　郑师字铁杖，同州蒲城人。生卒年月不详，殁于长寿之第，年七十二，上元二年十一月二十八日，与王氏合葬于高阳原。（《西市藏志》）太子洗马杨上宅　杨上字善，其先弘农华阴人。解褐除弘文馆学士，又除沛府文学。累迁左威卫长史、太子文学及洗马等。永隆二年八月十三日，终于里第。夫人南阳宗氏，永淳元年九月三十日，终于长寿里第。垂拱元年八月十七日，迁窆于长安县承平乡龙首原。（西安阿房宫附近农家藏石，张懋镕教授录文）达承宗宅　达承宗，河南洛阳人，后为长安人，曾祖濬，周大宗伯郑国公。祖濬，唐巴州别驾。父怀义，刑部郎中、大理、司农二寺卿，承宗即司农府君之仲子。开元二年十月四日，卒于长寿里第，其月一十九日，归葬于韦曲北原之旧茔。遗命薄葬，敛以时服，木偶涂车，示不忘古。（《长安新出墓志》）贾昌宅　“贞元中，长子至信，依并州甲，随大司徒燧入觐，省（贾）昌于长寿里。”（陈鸿撰《东城老父传》，载《太平广记》卷第四百八十五）京兆府法曹参军吕翁归宅　吕翁归字弘美，东平人。曾祖崇训，文学是用，济王府长史。父吕回，京兆栎阳令。吕翁归以父荫补三卫出身，释褐授宿州参军、太原文水令等。会昌五年十月十一日，终于长安长寿里，有四子二女。其年十一月三十日，归葬于京兆万年县义丰乡更始里。（《西市藏志》）吕翁归墓志纂并书者朝议郎行尚书虞部员外郎敬熙，在吕翁归墓志中，称与翁归“居尝里人”亦应有宅长寿里。银青光禄大夫行袁王府长史兼御史中丞魏季衡宅　魏季字楚规。曾祖希彦。祖克勤，钜鹿郡王，累赠太子少保。父仲卿，守太子少保。季衡在官四任。大中七年十二月二日，终于长寿坊之私第，行年五十有五。夫人赵氏。以其年十二月十四日葬。有二子，归厚、归仁。（《洛阳新获墓志》二〇一五）兴州刺史郭镠宅　郭镠字刚美，太原郡人。大王父郭敬之，王父幼儒，父戫。镠实汾阳王郭子仪之裔孙。乾符三年十月二十三日，终于长寿里之私第，享年八十。明年正月二十二日，郭镠归葬于万年县义善乡凤栖原，祔先茔。夫人京兆杜陵韦钰，有子二人，长子珽，次子知礼。韦氏乾符四年二月七日，奄终于长寿里第，享年六十五，其年四月二日，归葬于万年县凤栖原合祔使君之茔。郭镠祖父郭幼儒，叔父郭暄均居住长安城亲仁坊，与郭子仪宅同。而郭子仪之父郭敬之居于长安常乐坊。郭子仪妻王氏终于长安平康坊，郭子仪之子郭暧及妻升平公主居宣阳坊，郭子仪幼弟郭幼冲居长安永崇坊，郭子仪子孙均葬于万年县义善乡凤栖原。（强跃、景亚鹂《新见唐郭子仪侄孙郭镠夫妇墓志考释》，载《文博》2014 年第 4 期）

次南嘉会坊。

西南隅，褒义寺。本隋太保吴武公尉迟刚宅。〔“尉迟刚”应作“尉迟纲”，《周书》卷二〇有传，天和四年卒，未入隋，应作“周太保吴武公”〕初，刚兄迥置妙象寺于故都城中，移都后，刚舍宅立寺，名褒义，材木皆旧寺者。《名画记》：褒义寺有卢棱迦、杜景祥、王元之画。十字街西之北，灵安寺。武德三年，高祖为卫怀王元霸立，盱眙尉顾非熊宅。顾非熊有《关试嘉会里闻蝉感怀呈主司》诗。起居舍人韦庄宅。按韦庄有《嘉会里间居》诗。郑国庄穆公主庙。《礼阁新仪》曰：德宗女曰义章公主，追册，贞元十七年祔庙。窦氏家庙。《乾𦠆子》：扶风窦乂诸姑，累朝国戚，其伯检校工部尚书交，闲厩使、宫苑使，于嘉会坊有庙院。五月初，长安盛飞榆荚，乂扫聚得斛余，往诣伯所，借庙院习业。乂夜则潜寄褒义寺法安上人院止，昼则往庙中，以二锸开隙地，广五寸，深五寸，幂布四十五条，皆长二十余步，汲水渍之，布榆于其中。比及秋，森然已及尺余，千万余株矣。

《校补记》：嘉会坊　窦氏家庙　附注：《乾𦠆子》又云：窦乂京城和会里有邸，弟侄宗亲居焉。检图考无和会坊，附记于此。

增订：

褒义寺　《两京新记》褒义寺："本隋太保吴武公尉迟刚宅。初刚兄迥置妙象寺于故都城中，移都后，刚舍宅，复立此寺，改名褒义寺。其殿堂□宇，并故都旧寺之林木。"《长安志》褒义寺："本隋太保、吴武公尉迟刚宅，初刚兄迥置妙象寺于故都城中，移都后，刚舍宅，立寺名褒义，林木皆旧寺者。"《唐两京城坊考》移录自《长安志》。1983年中华书局点校本《唐两京城坊考》于嘉会坊褒义寺下云："'尉迟刚'应作'尉迟纲'，《周书》卷二十有传，天和四年卒，未入隋，应作'周太保吴武公'。"是完全正确的。但褒义寺在新都大兴城嘉会坊，尉迟纲卒于北周武帝天和四年（569），而隋文帝移新都是开皇二年（582），这时在嘉会坊有尉迟家族或者尉迟纲的子孙宅第，不应称尉迟纲舍宅立寺。起居舍人韦庄宅　不确。应为韦庄借居之第，非私人宅第。韦庄《嘉会里闲居》诗："岂知城阙内，有地出红尘。草占一方绿，树藏千古春。马嘶游寺客，犬吠探花人。寂寂无钟鼓，槐行接紫宸。"此应指寺院。（耿占军、马蘐《〈唐两京城坊考〉校误五则》，载《中国历史地理论丛》1998年第2期）窦希寂宅　窦希寂字澄远，扶风人。祖琮，即穆皇太后之再从弟。考孝剋，工于篆、隶，雅妙篇章，行泾州司马。希寂即孝剋之中子，永隆□年十二月二十四日，□于嘉会里之私第。夫人韩氏，咸亨元年十一月九日□□倾逝。辛巳正月十五日，窆于龙首之原。（《补遗三辑》）按辛巳年即开耀元年（681）。永隆年号只有1年，希寂应卒于永隆元年（680）。左清道率谯国公窦宣礼宅　窦宣礼，其先扶风人。祖琮，封谯国公。父孝谦，兴、丹、泾、贝、恒、洺六州刺史，袭谯国公。窦宣礼解褐益府参军，迁右卫郎将。因与近臣姜皎昵狎，贬巴州长史，遇恩宥罪，移永州长史，又移剑州司马、陇州司马、改左武卫郎将，转右威卫中郎将，拜左清道率。春秋八十七，遘疾终于嘉会里第。二子，慎徽、察。改葬于京兆府万年县杜陵原。（《西市藏志》）按窦宣礼无卒葬时间，与窦希同为祖堂兄弟。宁远将军越王府典军侯师仁宅　侯师仁字范僟。祖敬，周任□州刺史。父奴□，贞观二十年师仁蒙授游击将军守右卫遂城府果毅。显庆元年迁授右武卫大同府折冲。显庆五年，授游击将军越王府典军。总章元年五月六日，终于嘉会里之私第，春秋六十九，以其年七月三日，窆长安县务道乡马祖原。(《陕博墓志萃编》) **大中大夫行神都总监王绪宅** 夫人郭五，京兆郡长安县人。以大周天授二年遘疾，终于雍州乾封县嘉会坊之私第。(罗福颐《满州金石志别录》卷下贾膺福《王绪太夫人郭氏墓志》) **赠太子少保管国公武嗣宗宅** 武嗣宗，太原文水人。行台左丞，追赠太保士逸之孙。仓部郎中追赠河内郡王志元之第三子，则天大圣皇后从父昆弟之子。神龙三年正月十三日，管国公薨于长安嘉会之里第，其年五月五日葬于京城南原旧茔。子尚衣奉御琇。墓志为尚书考功员外郎武功苏颋撰。(《补遗七辑》) **左卫高思府果毅都督长上谯国公夫人武本宅** 武夫人之祖武至元，则天皇太后昆弟，赠蜀王。父武嗣宗，管国公豳州刺史。夫人即管国公之长女。先天二年九月七日，终于嘉会里之第，开元三年二月二十一日，归葬于咸阳北原。(《补遗五辑》) 按武本终于嘉会里之第，可能是其父管国公武嗣宗宅。**朝议郎通事舍人崔季梁宅** 《奉义郎行洪州高安县令护军崔府君夫人独孤氏墓志》：夫人独孤氏，天宝二年十月十七日，见背于长安县嘉会里之私第。十一月二日，权安厝长安县义阳乡义阳原。独孤氏墓志为长子朝议郎通事舍人季梁撰并书。(《陶斋》) 按《新唐书·宰相世系表》博陵安平崔氏第二房有大方海州刺史，墓志云先舅大方，海州刺史，与《唐书》合。**长安县尉韦讽宅** 韦讽，京兆人。上元元年十月八日，卒于长安县嘉会坊私第，其年十一月三日，葬于长安城南洪固乡毕原。1989 年韦讽墓志于长安县南里王村出土。(张蕴《西安南郊毕原出土的韦氏墓志初考》，载《文博》1999 年第 6 期) 按北里王村出土唐代韦氏墓志数量很多，1989 年在该地即出土 8 方韦氏墓志，分别为韦氏阆公房、逍遥公房、郧公房和平齐公房。

次南永平坊。本名永隆，明皇即位改。

东门之北，宣化尼寺。隋开皇五年，周昌乐公主及驸马都尉尉迟安舍宅所立。寺门金刚上人雍法雅所制，颇有灵迹，有一尼常倾心供养。**东南隅，宣城公主宅**。公主薨后，太子太师窦希球居之。**高安长公主宅**。高宗女，降颍州刺史王勖。苏颋《高安长公主碑》：薨于长安永平里第。**日者寇鄘宅**。《乾𦠆子》：元和十二年，上都永平里西南隅有一小宅，悬榜云：但有人敢居，即传元契奉赠，及奉其初价。大历年，安太清始用二百千买得，后卖与王姁，传受凡十七主，皆丧长。布施与罗汉寺，寺家赁之，悉无人敢入。有日者寇鄘诣寺求买，因送四十千与寺家，寺家乃传契付之。有堂屋三间，甚庳，东西厢共五间，地约三亩，榆楮数百株。门有崇屏，高八尺，基厚一尺，皆炭灰泥焉。鄘又与崇贤里法明寺僧普照为徒，其夜扫堂独止，至四更，闻一人哭声。至曙遂绝。鄘乃命照公与作道场，满七日，崇屏之下四尺开，土忽颓圮，中有一女人。鄘送葬渭水之沙洲，自后更无恐惧。郭汾阳有堂妹出家永平里宣化寺，汾阳王夫人之顶谒其姑〔“顶”据《广记》卷三四四补]，从人颇多，从买此宅〔《广记》“从”作“后”]，往来安置。或闻有青衣不谨，遂诛青衣，夫人令高筑崇屏，此宅或因是焉。亦云青衣不谨，泄漏游处，由是生葬此地焉。**崔氏宅。**　《纪闻》：鄜城尉范季辅未娶，有美人崔氏，宅在永平里，常依之。开元二十八年二月，崔氏晨起下堂，有物死在阶下，身如狗，项九头，皆如人面，面状不一，有怒者、喜者、妍者、丑者、老者、少者、蛮者、夷者，皆大如拳，尾甚长，五色。崔氏恐，以告季辅。问诸巫，巫言焚之五道，灾则消矣。乃于四达路，积薪焚之。后数日，崔氏母殂。又数日，崔氏死。又数日，季辅亡。**天平军节度使殷侑家庙。**按碑，庙在永平里之东北隅。

增订：

元和四年，长安县令郑易，以擅于永平坊开渠，贬汴州刺史。京兆尹杨凭，以不奏闻罚一月俸料，左巡使、殿中侍御史李建不觉察，罚一月俸料。（《册府元龟》卷一五三）

宣化尼寺　《两京新记》宣化尼寺：“隋开皇五年，周昌乐公主及附马都尉王安舍宅所立。”《辩证论》卷四：“周太保、柱国大将军吴武公尉迟（及其父长乐公并纲夫人昌乐大长穆公主）造褒义寺及宣化尼寺。”从《两京新记》与《辩证论》的记载可知，褒义寺与宣化尼寺均为尉迟纲及其子尉迟安和昌乐公主舍宅所立。从《周书》《北史》有关尉迟纲兄弟父子的传记，结合考古发现尉迟纲子尉迟运夫妻墓志列下表：

尉迟俟兜　周太傅、柱国、长乐定公 昌乐大长公主（周文帝宇文泰姊）	迥　（周蜀国公）（514—580） 金明公主　（西魏文帝元宝炬女）	谊　开府资中郡公 宽　大将军长乐郡公 顺　上柱国、胙国公。（女）炽繁（周宣帝宇文混皇后） 惇　军正下大夫，魏安郡公 祐　西都郡公
	纲　（周太保吴武公）（515—569）	运　赠大后丞、七州诸军事、秦州刺史 } 靖 （妻）贺拔毗沙 勤 安　周柱国、隋鸿胪卿左卫大将军 敬 （妻）河南公主（周明帝宇文毓女）

说明：此表参考小野胜年著《中国隋唐长安·寺院史料集成》法藏馆，平成元年二月二十日初版，其中《解说篇》189页附表。据《北史》卷六十二《尉迟迥传》“迥年七岁，纲六岁”及《周书》卷二十《尉迟纲传》，尉迟纲卒于天和四年（569），卒年“年五十三”可以推算并补尉迟迥生年。此外参考《中国北周珍贵文物——北周墓葬发掘报告》

（陕西省考古研究所负安志编著，陕西人民美术出版社，1992 年）中尉迟运和贺拔氏墓志附表。据《周书》《北史》《尉迟运传》均为“子靖嗣”，尉迟运及夫人贺拔氏墓志分别为“世子靖等”“嗣子靖等”，去掉该表中的子端。

从上表可以看出，尉迟纲卒于天和四年（569），时距杨坚代周建隋还有十一年，因此嘉会坊褒义寺址的尉迟纲宅第可能是尉迟纲某一个儿子的宅第，而不是尉迟纲宅。昌乐公主是周文帝宇文泰的姐姐，《周书》《北史》《尉迟迥传》《尉迟纲传》都有明确的记载。咸阳国际机场出土的尉迟运墓志也记载“祖俟兜，赠赐持节太傅柱国大将军长乐定公……尚太祖文皇帝姊昌乐长穆公主……”，宇文泰生于 507 年，其姊昌乐公主至少应大于宇文泰一岁，假如昌乐公主生于 506 年，到隋文帝开皇五年（585）也该是八十岁的老太婆了。而尉迟安是昌乐公主的二儿子尉迟纲的三儿子（《北史》称二儿子），即昌乐公主的孙子，他怎可能是驸马呢？哪个公主的驸马？因此《辩证论》所说“周太保柱国大将军吴武公尉迟（及其父长乐公并纲夫人昌乐大长穆公主）造褒义寺及宣化尼寺”应当是“周太保柱国大将军吴武公（纲及父长乐公并夫人昌乐大长穆公主）造褒义寺及宣化尼寺”。还需要补充说明的是，立褒义寺和宣化尼寺时尉迟纲早已死去。《北史》卷六十二《尉迟纲传》：“第二子安以嫡嗣，大象末位柱国。入隋历鸿胪卿、左卫大将军。”应是隋文帝移新都大兴城，鸿胪卿、左卫大将军尉迟安在大兴城永平坊东门之北拥有宅第，到隋文帝开皇五年，这位年已八十多岁的昌乐公主与孙子尉迟安舍宅立宣化尼寺。而《长安志》所记宣化尼寺为“周昌乐公主及驸马王安舍宅所立”是不正确的。因此《唐两京城坊考》移录《长安志》仅改“王安”为“尉迟安”其舍宅立寺的人物关系也是错误的。1951 年长安县贾里村出土宣化寺尼法琬墓志。志载：法琬于垂拱四年九月一日，终于宣化寺。墓志无葬期。据碑得知神龙三年岁次已酉敕起塔于雍州长安县之神禾原。墓志存西安市文管会，碑藏西安碑林。（《考释》）按法琬碑载：俗姓李，唐太祖李虎五世孙，中宗李显三堂姑。十三岁时为祖父李神符祈冥福，出家入宣化寺为尼。垂拱四年卒，时隔二十一年即景龙三年（709），其侄女比丘尼仙悟迦毗为其建塔立碑。《大唐宣化寺故比丘尼坚行禅师塔铭》：“禅师俗姓鲁氏，京兆栎阳人也。以开元十二年十月二十一日，迁化于本院。”**隆州司法独孤仁同宅**　独孤仁同，河南洛阳人。曾祖信，周大司马雍州牧上柱国赵景公。祖罗，隋左武卫大将军凉州总管上柱国、赵国恭公。父开彻，银青光禄大夫太子左中郎武陵县开国公。独孤仁同年二十四利用宾王，观光上国，射策甲科，起家授坊州司法，特除隆州司法。春秋四十有五，上元元年十月十日，遇疾终于雍州永隆（平）里第，其年十一月二十七日，迁神窆于长安县高阳原。嗣子谆等。（《长安新出墓志》）**高安长公主宅**　唐高宗长女义阳公主和第二女宣城公主、许王李素节均为萧淑妃所生。萧淑妃为唐高宗嫔妃，史书未载名字，为南朝士族兰陵萧氏。在参与高宗王皇后和武则天的争宠中，武则天成功后，萧淑妃惨遭杀害，许王李素节被缢死，素节子瑛、琬等九人，并为武则天所杀。义阳公主及驸马权毅同时被杀。宣城公主下嫁王遂古（王勖），天授二年（691）王遂古遭酷吏杀害，宣城公主被迫再次入宫。唐中宗复位，宣阳公主晋封为长公主，唐睿宗李旦即位后，改封宣阳长公主为高安长公主。开元二年五月，高安公主逝世于长安永平里私第。（张萌《从碑志看萧淑妃女儿的命运》，载《碑林集刊》第二十一辑2015年）永平坊，东南隅的宣城公主宅，就是高安公主宅，宣阳公主是初封，唐睿宗复位后，改封宣阳公主为高安长公主。宣城郡司兵参军事杨惠宅　杨惠字直，弘农人。祖守质，隋正议大夫汧阳郡太守。父希远，皇朝散大夫郰郡司马。杨惠“幼而志学，长而敦礼，言必忠信，行无诡随。弱冠自太庙斋郎补赵郡参军，转宣城郡司兵参军。在卑能安，伫遐可陟，贞干己任，洁白自然。秩满，养志闲居，精研释教，深悟生灭，忘怀宠荣”。天宝五载正月十二日寿终于永平里私第，春秋八十有四。五载岁次景戌孟夏癸未朔二十七日乙酉，葬于京兆府万年县永寿乡之原。嗣子前左卫翊卫兵部常选浊、昕等。2002年3月，杨惠墓志于西安市南郊长安区三爻村附近被发现。（潘萍《长安区出土唐杨惠墓志铭述略》，载《碑林集刊》第九辑2003年）按杨惠墓志为万年县尉严迥撰。宣化寺经幢　唐永泰元年（765）沙门覃素述并书。尼元真，俗姓李，“□月十一日示灭于宣化寺之精舍，春秋六十二，僧夏四十二”。（《金石萃编》卷六十六）云麾将军左龙武将军张源宅　《八琼室》张源墓志云：张源，九原人。大和十二年二月二十一日，薨于永平里之第，大和十二年十月朔日，葬于万年县龙首原。

次南通轨坊。

鄮公庙。文敬太子庙。《礼阁新仪》曰：贞元十七年置，在长安坊，后徙于此。

《校补记》：通轨坊补一条并注：三卫刘公信宅，注：《法苑珠林》：唐龙朔三年，长安城内通轨坊三卫刘公信妻陈死复苏。

增订：

新城公主宅　新城公主为唐太宗之女，高宗之同母妹，与晋阳公主（太宗第十九女）均为文德皇后所生。贞观十六年封衡□公主，永徽三年改封新城郡长公主。先嫁长孙铨，后嫁韦正矩。龙朔三年二□□□□□□□薨于长安县通轨坊南园。1994—1995年，陕西省考古所等于礼泉县烟霞乡东坪村北，西北距昭陵山陵——九嵕山主峰约1.5千米处发掘其墓葬。（陕西省考古所、陕西历史博物馆、昭陵博物馆，《唐昭陵新城长公主墓发掘简报》载《考古与文物》1997年第3期）按新城长公主是唐太宗二十一位女儿中最小的一个，生于贞观七年（633），比他的同母哥哥高宗李治小五岁。贞观二十三年嫁长孙铨，显庆二年长孙铨死，不久嫁韦正矩，龙朔三年三十岁时卒于长安县通轨坊南园。郑州荥阳县令张楚贤宅　1980年西安市南郊三爻村新安建材厂，出土张楚贤及妻王氏墓志各一。志载张楚贤妻琅琊王氏，麟德元年五月二日，薨于京师通轨里第，其年十一月二十八日，迁厝于京师城南万年县洪固乡凤栖原。(《西安南郊三爻村发现四座唐墓》，载《考古与文物》1983 年第 3 期)

次南归义坊。

全一坊隋蜀王秀宅。隋文帝以京城南面阔远，恐竟虚耗，乃使诸子并于南郭立第。时秀有宠，封土殷富，起第最华。秀死后没官，为家令寺园。

次南昭行坊。本名显行，犯中宗讳，长安中改。坊南街抵京城之南面。

十字街之南，汝州刺史王昕园。引永安渠为池，弥亘顷亩，竹木环布，荷荇丛秀。

右皇城西第二街，十一坊及西市。

朱雀门街西第五街，即皇城西之第三街。街西从北第一修真坊。韦述曰：今坊之南门门扉，即周之太庙门板也。隋有积善寺，武德中徙义宁坊。

坊有汉灵台余址。崇五尺，周一百二十步。《述征记》曰：长安宫南灵台上有相风铜乌，或曰此乌遇千里风乃动。郎将葛威德宅。张说《葛威德墓志》：夫人郭氏，薨于京兆之修真里。

增订：

郎将葛威德宅，应为其子葛福顺宅。《全唐文》二百三十一卷《赠郎将葛君墓志铭》："（夫人）薨于京兆之修真里。"而葛威德则在"神功二年，某月日，终于东都私第"。其夫人于开元八年所薨之修真里，是其子左羽林大将军葛福顺宅。(寒石《〈唐两京城坊考〉增补质疑》，载《书品》2000 年第 6 期)

次南普宁坊。南街西出，通开远门。

坊西街有汉太学余址。其地本长安故城南安门之外。次东，汉辟雍。汉元始四年所立。次东，汉明堂。二所并磨灭，无复余址。十字街东之北，灵化寺。隋开皇二年沙门善吉〔《两京新记》作"善告"〕所立，其地本吉之宅。讲堂北〔原脱"北"字，据《两京新记》补〕有古冢，崇五丈，不详姓名。东南隅，东明观。显庆元年，孝敬升储后所立。规度仿西明之制，长廊广殿，图画雕刻，道家馆舍，无以为比。观内有道士冯黄庭碑，又有道士巴西李荣碑，永乐李正己为其文也。《唐语林》：明皇所幸美人，忽中夜梦见人召去，纵酒密会，醉厌而归，觉来流汗倦怠，因言于上，上曰：此术人所为也，汝若复往，但随时以物记之。其夕熟寐，飘然又往，美人半醉，见石砚在前席，密以手文印于曲房屏风上，寤而具启上。乃潜令人诣官观求之，果于东明观中得其屏风手文，所居道流已潜遁矣。张因为道士，居东明观，柳宗元有《东明张先生墓志》。西南隅，太尉、英国公李勣宅。北门之西，司农卿韦机宅。西北隅，祆祠。

《校补记》：普宁坊　李勣宅　补注：勣宅后为弩营，《独异志》云：唐乐悬独无徵音，天后末，李嗣真闻砧声在今弩营，当时英公宅，无由得之。后敬业败，潴其宫，乃于东南隅掘得石一段，裁补乐缺。

增订：

灵化寺　“开皇二年沙门善吉所立”：《两京新记》吉作告。“讲堂有古冢”：《两京新记》堂下有“北”字，暂存疑。《大唐灵化寺故大德智该法师之碑》，弘福寺明濬法师撰文。贞观十三年六月八日，奉旨送往终南山閤维乎楩梓谷。此碑原立于长安县百塔寺，后移入西安碑林。东明观　《大唐故东明观孙法师墓志铭并序》：“法师讳思，字文隽，乐安人也，徙居鄠焉……法师深器局，伟容仪倜傥不凡，滑稽多智，论苻秋水，思若春泉。姬公孔父之书，众妙真如之说，常耳目所接，固终身不忘矣。尤善老庄，兼综文史……年甫十六，以乾封二年奉敕入道，住东明观焉。……万岁通天元年四月，奉敕观明堂对□□□御开讲文。又以景龙二年四月，奉敕于甘露殿激扬法教。法师清词骏发，雄辩霜飞，寨林上士，自然从听，柰苑名僧，于兹杜口。景龙三年二月，奉敕于太白山及昆明池等投放金龙玉璧。景云元年八月奉敕于嵩岳及北邙山老君庙等建金箓宝斋。……以先天二年十月九日子时迁化，其月二十二日瘗杖舄于长安马祖原。（贾梅《唐〈东明观孙思墓志〉考释》，载《碑林集刊》第十辑2004年）安万通宅　1956年西安市西郊枣园村西出土《安万通砖志铭》，叙述其先人“先祖本生西域安息国”“君字副二”（即安西二号人物），安万通于“大唐初建，君受□先□蒙授五品”之官职。“永徽五年十二月一日，长安县安国乡普宁坊”应为死于普宁坊，葬于安国乡。安万通之高祖安但，于大魏初奉使入朝，位至摩呵萨宝，即祆教教官。普宁坊之西北隅有祆祠，安万通家应与祆教有关。壮武将军征□龙武军翊府中郎将周思忠宅　周思忠，京兆奉天（今陕西乾县）人。天宝三载冬十一月十一日，坐薨于西京普宁里之私第，其载十二月七日，迁兆于长安西承平乡。（李雪芳《西安碑林藏〈周思忠墓志〉小考》，载《碑林集刊》第二辑1994年）云麾将军左龙武军将军朱宝宅　朱宝，会稽人。曾参与平定韦后之乱。天宝六载冬十一月，薨于西京普宁之里第，七载正月二十五，葬国之所城西北龙首原。（《补遗五辑》）刘将军宅　《道藏·洞玄部·记传类》杜光庭《道教灵验记》卷二，《刘将军取东明观土验》：刘将军“居近东明观大修第宅，于观内取土筑基，脱墼计数千车”。

次南义宁坊。本名熙光坊，义宁元年改。《冥报记》：苏州别驾沈裕，于贞观八年八月，梦其身行于京师义宁坊西南街。

南门之东，化度寺。本真寂寺，隋尚书左仆射、齐国公高颎宅。开皇三年颎舍宅，奏立为寺。武德二年改化度寺。寺中有无尽藏院，敬宗赐化度经院金字额，御楼以观之。大中六年改为崇福寺。《名画记》：化度寺额，殷仲容题。寺有杨廷光、杨仙乔画。按武后移此寺无尽藏于东都福先寺，日久渐耗，寻移归本院。至开元九年，以所余散京师诸寺，遂绝焉。西北隅，积善尼寺。隋开皇十二年，高颎妻贺跋氏所立，其地本贺跋氏之别第。十字街东之北，波斯胡寺。贞观十二年，太宗为大秦国胡僧阿罗斯立。东南隅，尚书右仆射戴至德宅。青城县令达奚思敬宅。员半千《达奚思敬碑》：终于长安义宁坊之私第。右龙武军宿卫闾庭萼宅。《清河张夫人墓志》：夫人号威德，清河之族，嫱于闾氏，终于京长安县义宁里之私第。又云：嗣子庭萼，右龙武军宿卫。次子庭珍，右羽林军宿卫。

《校补记》：义宁坊　化度寺　补注：《报应记》：龙朔二年，高纸出长安顺义门，欲往化度寺。按顺义是皇城西面南门，历颁政、金城两坊，便至义宁也。

波斯胡寺，注：贞观十二年，太宗为大秦国胡僧阿罗斯立　补注：《槐西杂志》：西洋艾儒略作《西学凡》一卷，末附唐碑，称贞观十二年，大秦国阿罗本将经卷来献，即于义宁坊敕建大秦寺，度僧二十一人。《癸巳类稿》：唐建中二年，大秦国僧景净立《景教流行中国碑》，言大秦寺始贞观十二年七月。按《通典·职官》二十二，视流内有萨宝府祆正，视流外有萨宝府祆祝、萨宝府率、萨宝府史。注云武德四年置，群胡奉事，取火祝诅。贞观二年，改波斯寺。开元二十年，禁民习末摩尼法。天宝四年，改波斯寺为大秦寺。其言不相应。碑称三一妙身无元真主阿罗诃，又称其母为三一分身景尊施诃，云室女也，诞圣于大秦。

补一条并注：五娘宿处，注：《酉阳杂俎》：上都义宁坊有妇人疯狂，俗呼五娘，尝止宿永穆墙下。

增订：

化度寺　《续高僧传》卷第十六《隋京师真寂寺释信行传》：“释信行，姓王氏，魏郡人。……开皇之初被召入京，仆射高颎邀延住真寂寺立院处之。乃撰《对根起行三阶集录》及《山东所制众事诸法》合四十卷，援引文据类叙显然。前后望风，翕成其聚。又于京师置寺五所，即化度、光明、慈门、慧日、宏善寺是也。自尔余寺，赞承其度焉……”又同书卷第十九《唐京师化度寺释僧邕传》：“释僧邕，郭氏，太原人……开皇九年，（信）行被召入京，乃与邕同来至帝城，道俗莫匪遵奉。及（信）行亡殁世，纲领徒众，甚有主持之功。以贞观五年十一月十六日，终于化度寺院。”《两京新记》：“次南曰义宁坊，南门之东化度寺（注：隋左仆射齐国公高颎宅，开皇三年颎舍宅奏立为寺）。时有沙门信行自山东来，颎立院以处之。乃撰《三阶集》三十余卷，大率以精苦忍辱为宗。言人有三等，贤、愚、中庸，今并教之，故以三阶为名，其化颇行，故为化度寺。寺内有无尽藏院，即信行所立。京城施舍，后渐崇盛。贞观之后，钱帛金绣积聚不可胜计，常使名僧监藏，供天下伽蓝修理。藏内所供天下伽蓝修理燕凉蜀赵，咸来取给……武太后移此藏于东都福先寺，天下物资，遂不复集，乃还移旧所。”（金泽文库本卷三）《太平广记》卷第四百九十三《裴玄智》：“武德中，有沙门信义习禅，以三阶为业，于化度寺置无尽藏。贞观之后，舍施钱帛金玉，积聚不可胜计。常使此僧（指裴玄智）监当。分为三分，一分供养天下伽蓝增修之备，一分以施天下饥馁悲田之苦，一分以充供养无碍（斋僧）。士女礼忏阗咽，施舍争次不得，更有连车载钱绢，舍而弃去，不知姓名……”（出《辨疑志》）按化度寺是三阶教的创始人信行禅师所居寺院。三阶教又称三阶宗、第三阶宗、三阶佛法或简称三阶，是隋代僧人信义所创立的一个教团组织。此教兴起于六世纪末，经过七、八世纪的发展，前后约三百年间屡受朝廷的禁止和各宗派的攻击。到唐末以后更被认为是异端邪说，乃日趋衰微，终于湮灭不传。该教以苦行忍辱为宗旨，每天只吃一顿饭，在路上行走，见人不论男女，一概礼拜，竭力提倡布施，死后置尸体于森林，供鸟兽食，称为以身布施，亦所谓集体林葬（舍血肉身，收骨起塔）。信行寂后，即依此葬法，起塔于长安南山鸮鸣埠（即楩梓谷，今长安区天子峪口）。其后信义弟子也都依林葬法陪葬于终南山信义塔侧，因陪葬墓塔渐多，到唐代中期，遂建百塔寺，成为三阶教徒的圣地，即今百塔寺。化度寺僧海禅师，绥州上县人。永徽五年十一月八日，卒于禅众。显庆二年四月八日，起坟于信义禅师所。（《北图石汇》）**积善尼寺**　《文物参考资料》1957年第2期《西安西郊清理出一批唐代造像》一文载：1956年8月14日，在西安土门村南清理了一处遗址，出土有泥塑的佛、菩萨像。塌坍之壁画残堆中能看出壁画中多为佛像，还有石雕佛、菩萨、武士像三百八十多个。其中还有“大唐善业泥”等字样。按土门村即唐代的开远门，开远门内南即义宁坊，据《两京新记》所载，义宁坊西北隅为积善尼寺。上述出土唐代寺庙遗物应为积善尼寺所有。**波斯胡寺**　据《唐会要》卷四十九《大秦寺》：“贞观十二年七月诏曰……波斯僧阿罗本……于义宁坊建寺一所，度僧二十一人。”《城坊考》阿罗斯应为阿罗本，《校补记》阿罗木，亦应为阿罗本。**护军奉医大夫陆敬道宅**　陆敬道，吴郡吴人。祖椿，梁武陵王长史开远将军平昌县开国侯。父俭，魏王府田曹参军骑都尉。陆敬道以明经授洛州参军。医重王珣，声华孙楚。转郊社署令。以能寻迁为太医令。“枕藉采饵之书，沉研救疗之术。声脉色气之候，药石砭艾之方……从太医令，特降恩旨，起服拜奉医直长，阁内供奉，妙简帝心。以性识沉敏，博通方剂，诏授朝散大夫守奉医大夫，护军如故。”龙朔三年岁次癸亥正月十九日卒于义宁里第，其年二月乙酉朔十八日壬寅，与夫人琅琊王氏合葬于城西务道乡马祖原。子太医丞元瞻等七人。

（《补遗九辑》）将仕郎氾义协宅　氾义协字思宝，敦煌人。祖买，临江县令。父伏养，皇初起义，授通议大夫仪同三司。长安三年十一月十六日，氾义协终于义宁里第，享年八十有六。夫人王氏，临沂县君，神龙元年十月十四日，同合祔茔兆于长安县高阳原。长子从彦，次子玄祚。（《长安高阳原新出土隋唐墓志》）处士何祎宅　何祎字元庆，楚国庐江人。祖父何无畏，滕王府咨议参军事。父懋，文林郎。何祎四十七岁，咸亨三年七月十八日，终于长安义宁里之私第，八月十四日，迁厝于雍州明堂县毕原。（《续修陕西通志稿》）苏州别驾沈裕宅　《太平广记》卷第二百七十七戴胄条，“苏州”应为“舒州”。太子右千牛卫率井陉县开国公刘府君夫人李娘宅　李娘字五，唐景皇帝之玄孙，天皇大帝之从姊。曾祖贞，祖慧，父世文，赠会稽郡王。长寿二年八月二十五日，□于雍州长安县义宁里之私第，证圣元年正月二十九日，迁祔于鼎州泾阳县杜原乡之旧茔，孤子玄暕。（《补遗三辑》）李娘即王之第五女。夫人夙持善行，临终提出“薰修之有福助，薄葬足以光亲”，是封建社会中非常有见识的妇女。银青光禄大夫守太子詹事赠幽州大都督上柱国嗣道王李微宅　李微字逸少，陇西狄道人。李微是高祖神尧皇帝之曾孙，玄宗李隆基再从叔父。李微祖元庆，封道国王。父询，东安郡公。“高宗晏驾，天后临朝，大泯宗枝，以革皇运，流窜我子弟，芟事我父兄。”神龙二年，拜光禄少卿兼润州别驾。开元十一年，入为太子少詹事，十七年迁太子詹事。太岁作号十二月十五日，薨于京义宁里之正寝，春秋五十有一。开元二十二年四月二十九日，窆于长安县之高阳原。（《长安新出墓志》）冠军大将军行右武卫大将军啜禄夫人郑氏宅　大唐故冠军大将军行右武卫大将军啜禄夫人实活，本涅加部落鲜卑人，“夫人去开元十八年□，林胡不宁，酋首背叛，夫人霜操不易，忠志不移，乃赞谋用奇，与男洹礼等出死入生，率众投汉”。制受夫人荥阳郡太夫人郑氏。制受男洹礼，袭父冠军大将军右武卫将军左羽林军，又制充河东道军前讨击副使，仍充云州十将使，特赐姓李，名佝忠。母因子宠，子袭父荣。郑氏开元二十八年十一月二十一日，暴卒于京师义宁里之私第，二十九年二月二十一日，迁于京师龙首乡。（《续修陕西通志稿》）按啜禄夫人及其子为契丹人。云麾将军左龙武军将军郭文喜宅　郭文喜太原人。祖表，追赠延安郡司马。考藏，追赠普安郡司马。郭文喜以翊麾副尉解褐，授庆州吏水府左果毅，其后再任果毅，三任折冲，历郎将、中郎。天宝九载春正月乙巳，遇疾终于西京义宁里之正寝，夏五月壬寅，葬于龙首原。郭文喜有子崇献等五人。（黄小芸《西安新出土唐〈郭文喜墓志〉》，《碑林集刊》第九辑2003年）按郭文喜墓志2000年于西安近郊征集。奉天定难功臣云麾将军守左金吾卫大将军兼试太常卿上柱国开国伯右神策军副将专知苑内都巡张宠宅　《八琼室》载，南阳张公故太原郡太夫人王氏，贞元八年二月二十九日，终于京长安县义宁里私第，贞元八年三月二十二日，葬于长安城西龙首原。游击将军右武卫中郎将炽俟辿宅　炽俟辿字伏护，阴山人。曾祖步失，右骁卫将军兼大漠州都督天山郡开国公。外绾穹庐之长，内参禁膂之任。祖力，云麾将军左武卫中郎将兼本郡太守。昭考弘福，云麾将军左威卫大将军兼知天兵军副大使招慰葛禄使。勋绩之大，国史存焉。炽俟辿是炽俟福之子。万岁通天中，特授游击将军、左威卫右府中郎将。开元中，迁左骁卫中郎，无何，换右武卫中郎将。天宝十一载四月十七日，寝疾，终于京义宁里之私第，春秋六十有九，即以天宝十三载五月二十五日，祔葬于长安高阳原。夫人康氏，子炽俟凤。炽俟辿墓志是京兆进士米士炎撰。炽俟辿系隋唐时期的突厥族属之一。《新唐书·葛逻禄传》："葛逻禄本突厥诸族，在北庭西北，金山之西，跨仆固振水，包多怛岭，与车鼻部接。有三族，一谋落，或为谋刺；二炽俟，或为婆匐；三踏实力。"据葛逻禄传可知炽俟辿为葛逻禄中的炽俟部。炽俟辿文武双全，他虽在南衙任武职，但他曾诏许在成均读书，炽俟辿在长安的义宁里之宅第，应为其曾祖炽俟步失入朝后朝廷所赐，而在洛阳的宅第，可能是其父在武则天时所购置。在长安义宁坊的宅第与义宁坊周边诸坊，围绕长安西市的突厥、粟特胡人聚居区。应与丝绸之路开通后西域西方诸民族就近聚居。(《长安新出墓志》) 左金吾大将军杜江宅　兴元元年（784）七月二十二日，英武军大将军守左金吾卫大将军兼试光禄卿上柱国杜江字江，薨于上都义宁里之私第，享年六十有一。以贞观元年十月八日，窆于长安城南七里毕原。夫人汝南翟氏，贞元九年八月十五日，终于长安县义宁里之私第，以十月九日，迁葬于京兆长安县永寿乡毕原。2012年9月至11月，西安市文物保护考古研究院配合清凉山森林公园，于上塔坡村北发掘杜江夫妇墓，墓位于杜江墓南侧偏西、东西相距仅1米，为夫妻同茔异穴合葬。杜江曾祖及父，正史皆无载，任职多为中、高级地方官吏。杜江子嗣一人，曰正己。唐长安县永寿乡毕原，即唐长安城明德门南七里。(西安市文物保护考古研究院《唐代杜江及夫人翟氏墓发掘简报》，载《文博》2016年第4期) 昭陵令赠通州刺史李昕宅　《陶斋》载，昭成尼寺尼姜氏，中散大夫高陵姜执珪女，李昕妻。元和元年三月十四日，昭成寺尼大德三乘归寂于义宁里之私第，元和二年二月八日，窆于城西高阳原。永穆墙下狂妇五娘止宿处　《太平广记》卷八四《义宁坊狂人》引《酉阳杂俎》："元和初，上都有妇人疯狂，俗呼为五娘，常止宿于义宁坊永穆墙下……一夕而死，其坊率钱葬之。"按"永穆墙"不知何意。银青光禄大夫检校工部尚书守右领军卫上将军兼御史大夫上柱国庐江郡开国公何文哲宅　何文哲字子洪。本何国王丕之五代孙，前祖承永徽初款塞来质，附于王庭。大和四年四月一日，薨于长安县义宁里之私第，夫人康氏，奉天定难功臣试光禄卿普金之女，贞元十三年六月十九日，终于延寿里之私第。其年复就亲迎，即前夫人之第三妹。大和四年十月八日，启二夫人而祔葬于长安县布政乡大郭村龙首原。何文哲墓志1966年出土于西安市西郊西安钢厂。(魏光《何文哲墓志考略》，载《西北史地》1984年第3期) 朝议郎行慈州长史李霸宅　李霸，字寿。

出自陇西，累代簪组。长庆三年十一月二十八日，终于义宁里之私第。夫人张氏，先公而殁。长庆四年二月十日，葬于长安县龙首原承平乡张杜村。李霸墓志1990年出土于西安市西郊简家村南，东距唐长安城金光门约3千米。（西安市文管处《西安西郊热电厂基建工地隋唐墓葬清理简报》，载《考古与文物》1991年第4期）高颎宅 道宣撰《集神州塔寺三宝感通录》："龙朔三年正月二十七日，有京师高表仁孙子者，尝读法华经，乘马从顺义门出，有两骑追之曰：'今捉获矣。'其人问曰：'卿是何人?'答曰：'我是阎王使者，故来追卿。'其人慌忙走马，西出欲投普光寺，使人曰：'疾捉寺门勿令入，入即得脱。'及至寺门，乃见一骑捉门，又西走欲投开善寺，又令骑捉门，遂尔相从西欲还本宅，宅在化度寺东，恐道远，乃欲入醴泉坊。一骑在前，其人以拳击之，鬼遂落马。"按这篇佛教著作，原本是京城道俗共知的传说。但所记城门、坊里、寺庙方位均与长安坊里、街巷布局实际相符。另据释道世《法苑珠林》卷五九《高法眼》："唐雍州长安县高法眼，是隋代仆射高颎之玄孙……化度寺东即是高家。"所述事迹与高表仁孙子者略同，高颎舍宅立化度寺后，"宅在化度寺东""化度寺东即是高家"，据此可知长安人家舍宅立寺，至少是舍去宅院的一部分地基为寺庙，而主人仍在原地居住。（朱玉麒《化度寺与高颎宅》，载《唐研究》第九卷）

次南居德坊。南街西出，通金光门。坊内隋有依法、宝岸、凝观三寺，并大业废。

汉圆丘余阯。东南隅，先天寺。隋开皇三年，敕大兴、长安两县各置一寺，因立宝昌、禅林二寺，东西相对，时人谓之县寺。其地本汉之圆丘。先天元年，改为先天寺。西北隅，普集寺。隋开皇七年，突厥开府仪同三司鲜于遵义舍宅所立。南门之西，奉恩寺。本将军尉迟乐宅，神龙二年立为寺，大中六年改兴福寺。南门之东，司礼太常伯刘祥道宅。宅接先天寺，兼据汉圆丘旧阯，因基高筑亭焉。房州刺史杜元徽宅。刘太真《杜元徽碑》：终于长安居德里私第。左骁卫将军折氏宅。《曹夫人墓志》：夫人曹氏，讳明照，年十有八，适左骁卫将军折府君为命妇，终于居德里之私第。

增订：

《唐两京城坊考》先天寺条系引自毕刻《长安志》，其文前后有"宝国""宝昌"之异。《四库全书》文渊阁本《长安志》前后俱作"宝昌"，是知先天寺本名宝昌寺，作"宝国"误。（《丛考》）杨士贵宅 杨士贵砖刻墓记："仁寿元年正月二十六日，长安县礼成乡洽恩里住居德坊民故杨士贵铭记。"（武伯纶《古城集》，三秦出版社，1987年）洗马苏君宅 《续修陕西通志稿》欧阳询撰并书《女子苏玉华墓志》：洗马苏君之季女，武德二年五月九日，终于居德里。阿史那思摩宅 1992年10月《大唐故右武卫将军赠兵部尚书谥曰顺李君墓志铭并序》出土于礼泉县昭陵（庄河村西北）。李思摩，本姓阿史那氏，阴山人。曾祖伊力可汗，祖达拔可汗，父咄陆设。贞观二十一年三月十六日，李思摩卒于居德里第，其年四月二十八日，窆于昭陵。在李思摩墓中出土的还有夫人统毗伽可贺敦延陁墓志和李思摩碑。（《昭陵碑石》；岳绍辉《唐〈李思摩墓志〉考释》，载《碑林集刊》第三辑1995年）**隋朝散大夫挚开绪宅** 挚开绪妻陈氏，雍州长安人，行年七十有六，显庆三年五月十日，卒于居德之第，至二十一日，葬在积德之乡。陈氏墓志为砖质墨书正书，2003年11月出土于紫薇田园都市住宅小区。（《长安高阳原新出土隋唐墓志》）**闻喜县主宅** 《大唐刘应道妻故闻喜县主墓志》：主婉顺，高祖武皇帝之孙、隐太子第二女。龙朔元年六月六日，薨于长安居德里第，其年十一月六日，窆于雍州万年县洪原乡之少陵原。（《补遗三辑》）《长安新出土墓志》记述闻喜县主墓在大北乡东曹村出土。**文林郎桓表宅** 1956年西安市西郊土门村出土桓表墓志。桓表字林宗，乾封二年四月二十五日，卒于长安居德里，其年五月十日，葬于京兆龙首之原。（《考释》）**奉恩寺** 按尉迟乐即为智严。《续高僧传》卷三《智严传》："释智严，姓于迟氏，本于阗国质子也，名乐。……神龙二年五月乞奏以所居宅为寺，敕允，题榜曰奉恩是也。"故《历代名画记》载奉恩寺为于迟乐宅，而《两京新记》与《续高僧传》载为智严宅。于迟乙僧，于阗国质子，画家。神龙二年奏乞以所居宅为寺，敕允，题榜曰奉恩寺。（《续高僧传》）《历代名画记》："奉恩寺……本是乙僧宅。"**右金吾卫将军常山县开国公史氏夫人契苾氏宅** 夫人本阴山贵族，后为凉州姑臧人。父（契苾）何力，镇军大将军凉国公。夫人即公之第六女。开元八年五月二十二日，终于居德里私第，九年二月二十五日，归厝陪于昭陵之旧茔。（《补遗二辑》）**安北都护格承恩宅** 格承恩，字思复，冯翊澄城人。祖遐，云麾将军，左卫中郎将。父信，凉州姑臧县丞。格承恩因功，判安北都护、转赤水军节度副大使、兼新泉军营田大使。开元二十七年四月辛卯殁于长安居德里之私舍，春秋六十有六，以其年十月甲申葬于城西任阳原。夫人王氏：安西郡护永康公主中妃。格承恩墓志出土于西安市三桥镇简家村。（《陕历博藏墓志萃编》）**云麾将军右龙武军将军何德宅** 1956年西安市西郊土门村出土何德墓志云：天宝十三载七月二十三日，终于金光里之私第，其载十月二十三日，入兆龙门原。（《考释》）按长安城无金光里，有金光门，疑金光里即金光门内之居德里，抑或群贤里，存以待考。

次南群贤坊。隋有监门大将军黄城公元瓒、上柱国郿城公梁轨二宅。又有法身、宝王二寺，大业七年废。

东门之南，真心尼寺。隋开皇八年，宦者仪同三司宋祥舍宅所立。**十字街东之北，真化尼寺**。开皇十年，冀州刺史冯腊舍宅所立。武太后改为光化寺，神龙元年复旧。**东南隅，中宗昭容上官氏宅**。后为南阳县主所居。**处士程元景宅**。《程处士墓志》：先生讳元景，字师朗，京兆长安人。遘疾，终于群贤里。内供奉强琼宅。《故琅琊王氏夫人墓志》：夫人即故玉册官内供奉赐绯鱼袋强琼之妻。乾符元年，终群贤里第。

《校补记》：群贤坊 补：华州参军柳生宅。并注：自金城坊迁此，详金城坊。

增订：

真心尼寺 长安县百塔寺《佛顶尊胜陀罗尼经幢》，大和六年四月立。僧叡川撰文，白阁僧无可正书（无可，贾岛从弟子，字法学柳公权）。其文曰："于戏，行佛比丘尼愿□三阶教大禅祖荼毗林畔先大师荼毗所，哀恸树此铭幢……师姓耿氏，讳总静，大和五年正月二十六日，长安县群贤里真心寺□灭灰……"（《金石萃编》卷六十六，《全唐文》卷九一九《佛顶尊圣陁罗尼经幢铭序》）真化寺 《尼那提墓志》1952年在陕西省长安县韦曲出土，现藏西安碑林博物馆。志载：尼那提，俗姓丁，"笄年悟道乃弃俗而归缁"，"仁寿四年五月二十一日，春秋五十二，终于真化道场。以大业九年岁次癸酉十月辛未朔十五日乙酉归窆于京兆大兴县高平乡之杜原"。（樊波《碑刻所见唐长安城尼寺资料辑述》，载《碑林集刊》第六辑2000年）《真化寺寺主临坛大德尼如愿律师墓志铭》载：大历十年五月二十九日，薨于长安真化寺之本院，其年葬于长安南毕原。《长安县志》称此志石在城南二十里塔坡。按尼如愿俗姓李，唐代宗时深受皇室及贵妃独孤氏的尊崇，"受道紫宸，登坛黄屋，因赐律师紫袈裟一副，前后所赐绵绮缯帛凡数千疋……"如愿薨后"弟子长乐公主与当院嗣法门人登坛十大德尼常真，敕赐弟子证道、政定……等凡数千人则懿戚相门，爱道花色，而为上首"。秦养祖夫人陶氏宅 陶氏，海内名家，因官迁土，今居雍州长安县神泉乡。贞观十七年，薨于群贤里私第，春秋七十有九，以其年四月三日，迁窆于高阳之原。（《长安新出墓志》）上仪同胡仵宅 胡仵字方，泾州安定人。曾祖广，永宁公。祖祐。父謩，利州刺史。武德元年，胡仵以方功授上仪同，龙朔三年二月五日疾甚，终于京群贤里第，其年二月十八日归柩于雍州长安县积德乡高阳原。胡仵墓志2005年12月采集。（《长安高阳原新出土隋唐墓志》）洋州刺史独孤思行宅 独孤思行洛阳郡人。曾任"试尚乘奉御，兼陇右西使，又迁洮叠原三州上佐，再任奉御兼知北使。朝廷以五原牧圉，龙种攸依。八月边秋，胡尘屡挠，不敢南牧，实寄贤良"。先天二年六月二十六日，终于长安县群贤里之私第。夫人扶阳郡君杜氏。开元十四年七月二十六日，迁祔于万年县之铜人原。嗣子易。（《补遗二辑》）瀚海都督右领军卫大将军经略军使回纥琼宅 1987年12月1日在西安西郊新西北火车站东的陕西省第三印染厂家属区出土回纥琼墓志一方。志载其姓回纥，字琼，阴山人。"门承瀚海之后，地雄虏塞，家有可汗之贵。"曾祖卑栗，右卫大将军。祖支，左卫大将军。父右金吾将军。回纥琼于乾元三年三月二十九日，终于群贤里之私第，四月十九日迁厝于龙首乡。按唐太宗贞观四年以回纥部置瀚海都督府。贞观二十一年封回纥首领吐迷度为怀化大将军兼瀚海都督，后子比粟嗣位。墓志中的卑粟可能为比粟。所以回纥琼墓志称有“可汗之贵”。（《西安出土回纥琼李忠义墓志》，载《文博》1990年第1期）**沈智果宅**　《咸宁长安两县续志》载：沈智果字元贞，其先吴兴人。天授二年九月二十五日，卒于群贤之里第，元载元年七月二十日，合葬于长安城西南高阳原。**处士程玄景宅**　长寿三年正月九日，终于群贤里，葬于龙首原。（《北图石汇》）**石崇俊宅**　石崇俊字孝德，以□门（曾祖）奉使，至自西域，寄家于秦，今为张掖郡人。祖宁芬，本国大首领散将军。贞元十三年二月二十二日，石崇俊终于群贤里之私第。夫人洛阳罗氏，是岁八月十九日，葬于长安承平原。（《北图石汇》）按石崇俊中亚石国人后裔。**安乡县主宅**　安乡县主曾祖睿宗皇帝，祖玄宗皇帝，颍王璬之第四女。元和三年三月二十五日，薨于京兆府长安县群贤里之私第，其年十一月二十四日，权窆于长安县高阳原。（《补遗七辑》按：安乡县主之丈夫是永州长史王公）**柳参军宅**　《太平广记》卷三四二《华州参军》引《乾𦠆子》：崔氏女逃婚后归柳参军，柳偕崔迁至群贤里居住。见金城坊华州参军柳生宅。

次南怀德坊。

西南隅，罗汉寺。隋开皇六年雍州牧、楚公豆卢勣所立。**十字街西之北，辨才寺**。本郑孝王亮隋代旧宅，亮子司空、淮安王神通，以开皇十年为沙门智凝立此寺于群贤坊，以智凝辨才不滞，因名寺焉。武德二年徙于此。**东门之北，慧日寺**。开皇六年所立，本富商张通宅，舍而立寺。通妻陶氏常于西市鬻饭，精而价贱。时人呼为陶寺。寺内有九层浮图一百五十尺，贞观三年沙门道□〔《两京新记》作“道说”〕所立。李俨《道因法师碑》：法师终于长安慧日之寺。**弘光寺**。**天官侍郎李至远宅**。毕氏曰：《唐书》本传：至远为天官郎中。**朝议郎行泽王府主簿梁寺宅**。《梁府君并夫人唐氏墓志》：梁君讳寺，字师暕，雍州蓝田人，终于长安怀德里第。按梁君之卒在垂拱四年七月五日。又云：其夫人唐氏以垂拱四年九月二十七日终于长寿里第。盖梁君卒后又徙居长寿里也。**韩宝才宅**。《韩君墓志》：君讳宝才，长安人也，卒于京城怀德之第。**右贤王墨特勒宅**。《贤力毗伽公主阿那氏墓志》：三十姓可汗爱女建册贤力毗伽公主，家婿犯法，身入宫闱，特许归亲兄右贤王墨特勒私第。开元十一年六月十一日，薨于右贤王京师怀德坊之第。**楚州兵曹参军刘崟宅**。《刘崟墓志》：逝怀德私第。**邹凤炽宅**。坊南门之东，有富商邹凤炽，肩高背曲，有似骆驼，时人号为邹骆驼，其家巨富，金宝不可胜计。

增订：

慧日寺　九层浮屠，为沙门道说所立。（朱玉麒《沙门道埦即道说》，载《唐研究》

第九卷）银青光禄大夫汴州刺史胡演宅　胡演，字子忠，安定人。父恭，才高位卑，任县丞、令。胡演隋开皇中调补门下省录事，大业中迁武功县令、北地郡丞。归唐拜北地郡太守。武德中累任宁州刺史、大理少卿、吏部侍郎，贞观元年行大理少卿，转刑部侍郎。后任申州刺史、汴州刺史，贞观十五年加银青光禄大夫，禄赐同京官。贞观二十年七月一日，遘疾薨于怀德里第，春秋六十有一，以其年十一月十四日，合葬于雍州长安县同乐乡仁智里之细柳原。长子树礼。（《西市藏志》）李神通旧宅　怀德县主为淮安靖王李寿（字神通）之女。李神通于贞观四年薨于京延福里第。他生前曾在怀德坊西南隅舍宅立辩才寺。则怀德坊本县主祖上旧宅，盖因县主之德行可尚，故赐以为封邑焉。县主于咸亨四年八月五日，薨于私第之禅院，上元三年十月十五日迁厝于华阴太平原司马缄同穴。（吴敏霞《唐怀德县主墓志考释》，载《考古与文物》2002 年增刊）都督桂州等卅二州诸军事桂州刺史胡叔良宅　胡叔良于总章二年七月十六日，终于廨舍。前夫人李氏，贞观二年八月二十四日，因避贼入城，终于司农寺。后夫人李氏，以永徽六年十一月一日，终于怀德里第。仪凤元年十一月十八日，合葬于雍州长安县同乐乡细柳之原。子智积等。（《陕博墓志萃编》）邓有意宅　邓有意，雍州京兆人。永隆元年十二月二十九日，卒于怀德里第，春秋五十有七，即以二月二十日迁厝于高阳原。（《长安高阳原新出土隋唐墓志》）陈氏夫人王氏宅　永徽六年三月十九日，王氏终于怀德里之私第，其年四月二十一日，葬于北邙山之旧茔。（《北图石汇》）骠骑大将军益州大都督上柱国卢国公程知节宅　程知节，字义贞，东平人，新旧《唐书》有传，是初唐时期著名大将。“（贞观）二十三年，自翠微宫奉敕统飞骑，从今上（高宗）先还，即于左延明门外宿卫”。左延明门在太极宫太极殿之东庑。墓志记载唐太宗逝世于终南山翠微宫后，程知节率飞骑从唐高宗李治先还长安，然后发丧。麟德二年二月七日，程知节薨于怀德里第，春秋七十有七，陪葬昭陵。前夫人孙氏，县令陆儿第三女，封宿国夫人。贞观二年六月二十一，薨于怀德里第。后夫人清河崔氏，齐郡公逊之孙，父隋任齐州别驾信之长女。显庆三年十二月二十一日终于怀德里，以麟德二年十月二十二日，合葬于昭陵南十三里。（《昭陵碑石》）优婆姨张常求宅　优婆姨，俗姓张，字常求，南阳人。开元十年二月二十五日，逝化于怀德之私第，迁柩于禅师林北。（《北图石汇》）江士汪宅　济阳江士汪妻南阳张氏，贞元五年秋八月八日，卒于上都怀德里第，其年冬十月二十九日丁酉，卜葬于长安县龙首原。（《补遗三辑》）汧阳郡华亭县令李悌宅　李悌字茂林，陇西人。祖行匡，舒州治中，饶、琰二州司马。父思泰，幽州范阳县丞。李悌弱冠，侍尉出身，解褐授剑州黄安主簿，次任袁州司功参军。天宝四载十二月十七日，寝疾终于怀德里之私第，春秋八十七，夫人南阳来氏，先李悌而逝，天宝七载正月二十五日，合祔于夫人先茔万年毕原。嗣子齐峰。（《西市藏志》）游击将军贾利休宅　《陶斋》卷二八载《清河郡夫人张氏墓志铭》：夫人贞元十五年十一月十二日，终于长安县怀德里之私第。贞元十六年葬。按墓志内容张为夫姓，夫人姓李。忠武将军守左金吾卫大将军员外置同正员兼试光禄卿御赐紫金鱼袋上柱国扶风县开国男右龙武军宿卫冯希悦宅　冯希悦，曾祖待徵，祖贞。希悦年在壮冠，入右龙武军宿卫，禁卫警卫二十余年。大历十四年五月二十六日，奄终于长安怀德坊之私第。建中元年二月十四日，权窆于积德乡高阳原。夫人梁氏，嗣子玭等。（《长安高阳原新出土隋唐墓志》）李潮宅　元和八年夏六月三日，李潮殁于长安县怀德里之第。元和九年正月十三日，葬于长安县高阳原胡赵村先茔之侧。（《补遗三辑》）

次南崇化坊。本名弘化，避孝敬皇帝讳改。

东门之北，经行寺。本隋长安令屈突盖宅，开皇十年，邑人张绪市之，立为寺。大中六年改龙兴寺。西南隅，静乐尼寺。隋皇六年所立。东南隅，龙兴观。本名西华观，贞观五年，太子承乾有疾，敕道士秦英祈祷获愈，遂立此观。垂拱三年，以犯武太后祖讳，改为金台观。其时道士成玄英住此观内。神龙元年，又改为中兴观。三年，改为龙兴观。《名画记》：观有吴道玄、董谔画。朝议郎行长安县丞萧思亮宅。《萧思亮墓志》：终于京崇化里第。河阳节度使乌重胤庙。韩愈《乌氏庙碑》：营庙于京师崇化里。

《校补记》：崇化坊　补：祆寺，并注：《西溪丛语》：贞观五年，有传法穆护何禄将祆教诣阙奏闻。敕令长安崇化坊立祆寺，号大秦寺，又名波斯寺。天宝四年七月敕：波斯经教，出自大秦，传习而来，久行中国。爰初建寺，因以为名，将以示人，必循其本。其两京波斯寺，并宜改为大秦寺，天下诸州县有者准此。祆音天地之天。

增订：

经行寺　《旧唐书·五行志》："大和八年六月癸未，暴风雷雨，坏长安县廨经行寺塔。"由此可知经行寺有塔。1993年西安带钢厂新建大楼时出土一件石灰岩质"开元经幢"。在经幢的佛龛间隔处刻有6行33字"故幢主社正郭庆集，奉为开元神武皇帝、太子、诸王公主、文武百官及法界苍生建立"，经幢出土地点据史籍记载和考古发掘应为唐经行寺。1996年西北大学文博学院师生对西北大学桃园新校区的东北部进行考古发掘，发现瓦筑踏步、莲花纹瓦当，开元通宝以及唐三彩器物碎片，这极可能是唐经行寺的一部分。（西北大学文化遗产与考古研究中心《唐长安崇化坊遗址发掘简报》，载《文物》2006年第9期）"开元经幢"及唐经行寺遗址出土文物藏西北大学文博学院。静乐尼寺

《唐故静乐寺尼惠因墓志铭并序》：惠因，俗姓周，“十一出家，具大小戒一十七夏，法华八轴，昼夜诵持。为法忘躯，因兹成疾，以贞元十八年，岁次壬午四月一日丁亥，注意归依十方诸佛，枕臂垒足，奄然尽终……以其月廿九日乙卯，葬于万年县凤栖原”。惠因墓志为其父开府仪同三司、检校左散骑常侍兼御史大夫太仆卿上柱国蔡国公周晧撰。（《补遗三辑》惠因墓志藏长安区博物馆）兴龙观　“开元二十四年八月庚午，都城道士于兴龙观设斋发扬御书《道德经》，上表请降中夜亲王、宰相及中官行香，并献蔬食，许之。”（《册府元龟》卷五十三《崇黄志》）祆寺　《北平图书馆馆刊》六卷二号载《米萨宝墓志》：天宝元载二月十一日，卒长安崇化里，天宝三载正月二十六日，葬高陵原。米为姓，萨宝为祆教教长。米萨宝既为祆教之教长，又卒于崇化坊，此证明《西溪丛语》所载崇化坊有祆寺不诬。利州总管府司马李数宅　李数，陇西狄道人。李数曾祖欢、祖义、父诠三代为刺史、太守、袭爵永康公。隋开皇十八年，李数迁晋王杨广扬州总管府士曹参军，仁寿四年为越国公杨素并州道行军元帅府骑曹参军事，参与平汉王杨谅起兵，大业元年授河南郡兴泰县令。唐武德四年授利州总管府司马。武德六年四月十七日，卒于京师弘化里舍，贞观二年正月十九日，葬于雍州长安县之高阳原。（《西市藏志》）按李数在隋初平陈的战争中，先后参加越国公杨素及晋王杨广的幕府中任职。李数与李药王、李靖为兄弟。李药王在隋大业九年正月十九日，终于东都之尚善里舍。（《西市藏志》）均州司户参军事柳冲宅　柳冲曾祖庆，魏尚书左右仆射，周司仓平齐县公。（《周书》有传）祖柳勃。父柳嶷，唐鄜州洛交县令。柳冲释褐贝州参军，迁开州司马、均州司户。仪凤三年四月二十六日，终于长安县弘化里之私第，春秋五十一，以其年五月十七日，厝于乾封县福阳乡高阳原。（《西市藏志》）按柳冲夫人长孙氏墓志，称长孙氏为河南洛阳人，上元元年（674）十一月十二日，终于开州之廨舍，永淳元年（682）十一月十三日，合葬于高阳原。（《西市藏志》）柳冲与柳子阳为族兄弟。柳子阳宅在崇义里。史君妻李药玉宅　李药玉，陇西郡人，今为长安人。祖良，周任豫州偃城县令。父士，隋任冀州南宫县丞。去显庆元年□右不幸去代，自孀居恤爱，历践遐年，以开耀二年正月二十二日，终于弘化里之私第，其年二月八日，迁窆于长安城西高阳原。嫡孙玄嶷等。（《长安高阳原新出土隋唐墓志》）上骑都尉方府君宅　方府君夫人张氏，永隆元年十二月三日，奄于长安弘化里，二年二月九日，窆于终南山阴。（《补遗三辑》）兴教府左果毅都尉元大亮宅　1940 年岐山县枣林乡郑家村出土元大亮墓志。志载：景龙元年十一月二十日，元大亮卒于京崇化里第。以二年八月二十四日，葬岐州三畤原。兴教府在泾州保定县。（《考释》）1982 年 5 月元大亮父元师奖墓被盗，出土墓志一方，在元大亮墓西南 50 米。（《读元师奖墓志》，载《文博》1993 年第 5 期）房怀亮宅　《陶斋》卷二十《大周故房府君墓志铭》载：房怀亮字智玄，京兆人。七十三岁，卒于弘化之第，延载元年十月二十三日，窆于龙门原。按若以葬年为卒年，怀亮当生于贞观元年。怀亮之子惠琳，为苑西面副监。开元二十年五月十六日，卒于崇化里第。二十一年三月十二日，祔葬龙门原。曾祖营缮监甄官署令。祖丰，都台主事。（《续修陕西通志稿》）左威卫京兆府临泉府左果毅都尉杨承恩宅　杨承恩，虢州弘农人。祖杨秀，父杨知三。杨承恩好文尚武，西戎犯我军镇，弃笔砚、赴边疆。陇右节度大使左羽林卫大将军张守珪共议帷幄，斩级数千。解褐授左金吾长上，转左领军卫京兆府甘泉府别将、京兆府临泉府左果毅都尉。开元二十八年二月八日，殒于京师崇化里私第，其年二月二十七日，迁于京师城南。嗣子擢用、日用、见用。（《西市藏志》）大内皇城判官右卫率大明长史杨忠宅　《大唐故大内皇城判官右卫率大明长史弘农郡杨公始平郡冯夫人墓志铭》载：杨忠，天宝元载六月六日，卒于崇化里。始平郡冯夫人，天宝九载五月□□□于崇贤之里，天宝十载八月二十二日，合葬于长安龙首乡龙首原。赵嗣宗宅　赵嗣宗，京兆长安人。弱冠，授右司御率府执戟，卅悛右威卫司戈，遂退静闲居，终右骁卫中候。乃时逢国难，身碎霜刀，以其年六月二十日，终于崇化里私第，其年七月十五日，殡于城南高阳原。（呼啸《新发现大燕〈赵府君墓志铭〉浅析》，载《碑林集刊》第十七辑2011年）司农寺主簿姚承珇宅　姚承珇，吴兴人。曾祖炽，隋青相魏三州刺史、金明郡开国公。祖幹冲，唐杭州刺史上柱国。父行慈，兰州录事参军，承珇即行慈的第二子，年二十三，以门荫宿卫出身，未几，调补定州义丰县尉，又授陕州硖石县尉。“两京帝宅，万乘巡游，公陕开仓，泛舟漕引。”又授京兆府同官县尉，又授司农寺主簿。享年七十三，奄以圣武二年四月十八日遘疾。终于崇化里私第。夫人王氏，天宝十一年九月四日，先公而谢，其年八月十四日（至德二载，757），祔于长安县高阳原旧茔。嗣子前岐州山泉府折冲褰。（《集萃》）嗣申王李楹嘉宅　鸿胪卿清河张让曾孙，太仆卿去逸元孙，殿中省尚舍奉御浑爱女，故嗣申王楹嘉偶，系以贞元十年三月五日，终于长安崇化里第，享年五十有五，合祔犹阻，以其年七月二十六日权厝于城南高阳原。爱子仪、息，女王氏。按志主张氏嗣申王李楹嘉偶，系尚书奉御张浑女，张浑夫妇墓志于咸阳国际机场发掘出土。张氏曾祖母窦氏是玄宗姨母，玄宗幼年丧母，为姨母窦氏鞠养。张氏外祖父是玄宗第四弟岐王李范，张氏姑母肃宗张皇后，张氏婶母（张清妻）是肃宗女郯国公主。张氏墓志2002年10月出土于紫薇田园都市住宅小区。（《长安高阳原新出土隋唐墓志》）陇西李协律宅　李协律妻东平郡吕夫人。曾祖敏，鄜州洛交县令。祖冲，逸王府谘议。父俛，光禄寺丞。吕氏嫁于陇西李协律未交三载，大和元年六月十日卒于夫之家崇化里之私第，其年七月二十二日，将葬于长安县南姜村寡姑之茔后。（《补遗二辑》）银青光禄大夫检校太子宾客行金吾卫翊府左郎将兼御史中丞齐志英宅　齐志英字弘敷，其先鲁国光城里人。曾祖栩，监察御史浙西观察判官知本州军事。祖演，朝散大夫定州司马。父荣，成德军节度押衙兼博野镇遏兵马使赠忠州刺史。志英是齐荣长子，授博野军防遏使，历任义昌军都教练使，后院都虞候，隶属奉天、拜马岭镇都知兵马使兼庆州副兵马使。拜御史中丞兼授左金吾卫翊府左郎将。大中二年（848）二月二十九日奄终于长安县崇化里之私第。其年五月八日，窆于当县高阳原。有子四人：克信、克谏、克让、克侗。齐志英、其弟齐志萼及齐志英次子齐克谏墓志均在长安区郭杜镇同地出土。齐志萼墓志称咸通二年卒于奉天宫舍，明年正月窆于京兆府长安县福杨乡邓村里。齐克谏阵亡于庆州，后祔于先茔之侧。（陈财经、王建中《新出三方唐代齐氏墓志铭考释》，载《碑林集刊》［十六］2010年）韦夫人崔氏宅　京兆府仓曹参军韦君夫人崔氏，博陵安平人。祖朝用，庐州巢县令。大中六年二月二十七日，崔氏捐舍于长安崇化里，享寿壬午之历。是年（大中六年）五月四日，祔于万年县洪原乡洪济里少陵原之西，神禾原之北。（《洛阳新获墓志》二〇一五）京兆府士曹韦谏宅　韦谏字正夫，京兆人。曾祖缜。祖幼卿。考羽，户部员外郎，西川南道运粮使。韦谏弱冠明经擢第。释褐宣州当涂尉。历官七任，两为西府掾。外族崔氏。大中十年五月二十七日，捐馆崇化里，享年六十六，其年七月二十日，启夫人之兆合葬。韦谏生男名勖。（《洛阳新获墓志》二〇一五）

次南丰邑坊。南街西出，通延平门。此坊多假赁方相、辒车、送丧之具。按《李娃传》：凶肆有东肆、西肆。传言各阅所佣之器于天门街，则西肆在街西，东肆在街东，西肆当即丰邑，未知东肆是何坊，俟考。

东北隅，清虚观。隋开皇七年〔《长安志》作“十年”，《两京新记》作“七年”〕，文帝为道士吕师玄〔《两京新记》《唐会要》卷五〇皆无“玄”字〕所立。师玄辟谷錬气，故以清虚名之。司徒兼中书令李晟林园。《旧书·李晟传》：赐永崇里第及泾阳上田、延平门之林园。

《校补记》：丰邑坊　下补注：《启颜录》：上都丰邑坊出方相。又《纪闻》：京中方相编竹，太原无竹，用荆。

增订：

景云观　“进士王璘，大中己卯岁游边回京师。既至之日，属宣皇升遐，人心震扰，才入金光门，投诸逆旅，皆已扃鐍。遂入丰邑坊，诣景云观，僦一独院。”（《道藏·洞玄部·记传类·神仙感遇传》卷四）按长安务本坊有先天观，景云元年改景云观。不知丰邑坊是否亦有一景云观，待考。承义郎行秦州成纪县令韦昊宅　韦昊字崇先，京兆杜陵人。四代祖孝宽，封郧国公。曾祖琨，大父展，皇考默。开元二十九年十二月二十四日，终于丰邑里之私第。夫人河东柳氏（父洺州司马柳识盈），先韦昊于开元十八年二月十八日，终于泾州之官舍。天宝元年正月十五日，合葬于万年县白鹿原。韦氏家族是汉唐时期显贵的大族，至唐分为九房，韦昊即属郧公房。韦昊及夫人柳氏墓志1998年出土于西安市东郊西北国棉五厂东马家湾村。（王育龙、程蕊苹《陕西西安新出唐代墓志铭五则》，载《唐研究》第七卷2001年）旅舍　1998年陕西省考古研究所于高陵县泾渭镇（原马家湾乡）梁村北原上（渭河三级台地，属于咸阳原的东端）发掘出土范孟容墓志。范孟容，左监门卫胄曹参军，字宽夫，高平人。王父名彦，颍川司武。烈考少直，银青光禄大夫太子左谕德颍川长史。范孟容早补恭王府参军，再补左领军骑曹。夫人即平卢元帅侯希逸之嫡孙，琼王府司马幼颖之季女。大和辛亥之岁（五年）孟秋十八日，殁于长安丰邑里之旅舍，大和六年二月二十七日归祔于高陵北原先茔。从志文“泛湖之遗芳”的记述，可知其为春秋越国名臣范蠡之后。夫人侯氏之祖侯希逸，中唐名臣，在平定“安史之乱”中颇有建树。大历末，封淮阳郡王。（《唐范孟容墓发掘简报》，载《考古与文物》2005年第2期）

次南待贤坊。此坊隋初立天下诸州朝集使邸，故以待贤为名。隋又有左镇军大将军史万岁宅。按《两京记》：史万岁宅初常有鬼怪，居者辄死，万岁不信，因即居之。夜见人衣冠甚伟，来就万岁，万岁问其由。鬼曰：我汉将军樊哙，墓近君厕，幸移他所，必当厚报。万岁许诺，掘得骸柩，因为改葬。后万岁为隋将，每遇贼，便觉鬼兵助己，战必大捷。

东北隅，天长观。本名会圣观〔《长安志》作“会昌观”〕，隋开皇七年，文帝为秦孝王俊所立。开元二十八年改千秋观，天宝七载又改天长观。节愍太子庙。

增订：

秦王俊为隋文帝之第三子，字阿祇，开皇元年立为秦王。见《隋书》卷四十五《秦孝王俊传》。节愍太子为唐中宗李显之子李重俊，神龙三年因诛韦后与安乐公主败被害。见《新唐书》卷八十一《节愍太子传》。贺拔定妃宅　《大隋使持节开府仪同三司洞城公妻昌城郡君贺拔夫人之墓志铭》：贺拔定妃，朔州人。伯父贺拔岳，西魏太师，西北道大行台，关陇军事贵族集团首脑。父颍，顿丘县开国公。定妃年始韶龀，降嫔适于使持节开府仪同三司洞城公是云侃为妻，诏封昌城郡君。开皇六年六月二十七日，薨于待贤里之私第，春秋五十有二。越以八年三月十五日，合葬于旧茔。是云侃字宝国。父宝，凉州刺史洞城郡开国公。是云侃起家抚军将军，陈军攻取九江时，云侃统楼船之师败陈师。保定初，袭洞城郡公，出为洛州刺史。天和二年十月二日，薨于淅州刺史任上。（《西市藏志》）隋郧县公元夫人宅　元氏，洛阳人。曾祖澄，魏任城王，谥文宣王。祖顺，魏谥文简公。父迪，周济北郡开国公。元氏归崔门，春秋六十七，以武德二年三月二十日，终于待贤里之私第，永徽六年岁次乙卯十月丁酉朔二十五日辛酉，合葬于先君旧茔。（《集萃》）朝大夫吕文达宅　吕文达咸亨元年七月三日，迁神于待贤坊之本宅，其年八月六日，与夫人同葬于长安城西南高阳之原。夫人边氏。（《长安新出墓志》）正议大夫李才仁宅　《续修陕西通志稿》卷一四三，李才仁墓志载：李才仁字闻礼。永淳元年六月二十六日，终于乾封县待贤坊之私第，七月十八日葬于高阳原。兴元府户曹参军韦君宅　韦君夫人陇西李氏，曾祖李道广，殿中监同凤阁鸾台平章事。祖元绎，都水使者。父李滑，枹罕县令。李氏三子，游荡异土。贞元年间隋婿欧阳级，就养蜀中。李氏要求归秦，元和四年，达京师长安，夫人彭氏妹有子充符，以母礼待夫人。因充符湘南觐姊，讬其友京兆于方供养。元和十年五月二十二日，李氏遘疾终于京师待贤里第，享年七十六，其月三十日，欧阳氏九女，以士之丧礼归葬于长安县神禾原，次户曹府君茔。（《西市藏志》）

次南永和坊。本名淳和，元和初避宪宗名改。

东北隅，〔《两京新记》作“东南隅”〕隐太子庙。

增订：

隐太子即李世民兄李建成，见《新唐书》卷七十九《隐太子传》。同州司马夫人张慈宅　张慈，南阳西鄂人。春秋五十八，乾封二年正月十五日景子，卒于淳和之里，即以其月二十四日己酉，窆于高阳原之野。张慈墓志2002年出土于紫薇田园都市工地。（《长安高阳原新出土隋唐墓志》）宁远将军庆王府左典军尹大简宅　尹大简，开元二十三年闰十一月五日，终于淳和里之私第，二十四年秋七月十九日，葬于长安高阳原。志石出于长安西南三十里某村。（《续修陕西通志稿》）

次南常安坊。

东北〔按《两京记》作东南〕隅，章怀太子庙。神龙中立。

增订：

章怀太子李贤，为唐高宗李治子，武后所生弘、贤、中宗皇帝、睿宗皇帝，见《新唐书》卷八十一《三宗诸子》传。文敬太子庙　《唐会要》卷十九：“贞元十五年，置文敬太子庙于常安坊。”按文敬太子谅，顺宗之子，贞元十五年十月薨，赠文敬太子，见《旧唐书》卷一百五十《德宗顺宗诸子传》。

次南和平坊。

坊内南北街之东，筑入庄严寺。街之西，筑入总持寺。

次南永阳坊。坊之西南即京城之西南隅。

半以东，大庄严寺。隋初置宇文㢸别馆于此坊。仁寿三年，文帝为献后立为禅定寺。宇文恺以京城之西有昆明池，池势微下，乃奏于此寺建木浮图，崇三百三十尺，周回一百二十步，大业七年成。武德元年，改为庄严寺，天下伽蓝之盛，莫与于此。寺内有佛牙，长三寸，沙门法献从乌踵国取以归，豫章王暕自扬州持入京，隋文帝改置此寺。大中六年改圣寿寺。《名画记》：寺有卢楞伽、尹琳画。西，大总持寺。隋大业三年〔《两京新记》作“元年”〕，炀帝为文帝所立，初名大禅定，寺内制度与庄严寺正同，亦有木浮图，高下与西浮图不异。武德元年改为总持寺。庄严、总持即隋文献后宫中之号也。二寺门额，并少詹事殷令名所书。寺中常贡梨花蜜。《景龙文馆记》曰：隋主自立法号，称总持，呼萧后为庄严，因以名寺。《名画记》：寺有孙尚子、吴道玄、尹琳、李昌画。恭僖、贞献二太后庙。

《校补记》：永阳坊　大庄严寺，注：隋仁寿三年，立禅定寺。武德元年，改为庄严寺。大中六年，改圣寿寺。按《异苑》记大庄严寺释智兴鸣钟感应事，在隋大业五年，犹称禅定寺也。

增订：

禅定寺建于仁寿三年，“及献后云崩，于京邑西南置禅定寺，架塔七层，骇临云际，殿堂高竦，房宇崇深，周闾等宫阙、林圃如天苑，举国崇盛，莫有高者”。（《续高僧传》卷第十八《昙迁传》）于此可知禅定寺七层之塔在当时是全国最高的。唐大中七年，宣宗幸庄严寺，帝望寺西北废总持寺，乃下敕曰：“朕以政闲赏景，幸于庄严，其寺复殿崇廊连甍比栋，幽房秘宇，窈窕疏通，密竹翠松，垂荫擢秀，行而迷道，天下梵宫，高明寡匹。当建之时，以京城西昆明池势微下，乃建木浮图，高三百尺。藩邸之时，游此伽蓝，睹斯胜事。其总持寺，大业中立，规制与庄严寺正同，今容像则毁，忍草随荒香径芜侵，尚存基址。其寺宜许重建，以副予心。”（《宋高僧传》卷十六《唐京兆圣寿寺慧灵传》）

右皇城西第三街，十三坊。

龙　首　渠

龙首渠一名浐水渠，隋开皇三年开。自东南龙首堰下，支分浐水，北流至长乐坡坡在通化门东七里，临浐水，自坡之北可望汉长乐宫，故名长乐坡。西北，分为二渠。东渠北流，经通化门外至京城东北隅，折而西流，入东内苑为龙首池，余水经大明宫前下马桥下。西渠曲而西南流，经通化门南，西流入城，经永嘉坊南，又西南入兴庆宫垣，注龙池，又出而西流，经胜业坊、崇仁坊景龙观，又西入皇城，经少府监南，屈而北流，又经都水监、东宫仆寺、《长安志》作太仆寺，误。内坊之西，又北流入宫城长乐门，又北注为山水池，又北注为东海。贞元十三年，又自永嘉之西北，分支至大宁坊太清宫前。

《校补记》：龙首渠　浐水北流至长乐坡　补注：《纪闻》：开元二十二年，京城东长乐村有人家斋僧，一僧云：适到浐水，见老僧坐水滨，洗坐具。按此长乐坡下有村近浐水之证。余详禁苑光泰门及外城通化门下。又项斯有《和李中丞期王征君同游浐水旧居》诗。又《北梦琐言》：卢渥于浐水遇宣宗微行，帝揖与相见，请诗卷，袖之，乘驴去，令主司擢第。

增订：

据西安碑林藏宋刻兴庆宫平面图碑，龙首渠由兴庆宫东墙流入，经新射殿、仙云门；南薰殿、瀛洲门；兴庆殿、大同殿之间，在翰林院之北西流出宫墙。龙首渠在宫内瀛洲门东分水注入兴庆池。据吕大防《唐西内太极宫图》，龙首渠由广运门东入宫，经宫城东垣北流至日华门东，北折而西流……清明渠正流折而东，至延嘉殿与龙首渠会而北流。《探测》所载：1954 年 3 月，唐东郭城南距春明门 2100 米处，火电公司修建大楼，发现渠水道及涵洞。该渠由东向西，有砖石合砌宽度为 1 米的涵洞两个，高 0.75 米，洞身长 5.5 米，顶部距今地表 1 米，底部 2.5 米。据其位置及渠旁出土的其他遗物看，此二洞当为龙首渠南支，即通通化门、兴庆宫，由皇城入太极宫。据《纪要》，东市放生池的东北角处，龙首渠宽 6 米许，在入口处渠之两壁及底部均有砌砖，渠有大池斜向东北长 230 米，折向北行，将近东市的北墙处即断缺无存，其方向与兴庆宫“龙池的西南部相对，从已探得的部分渠道所去的方向来看，放生池的水倒很可能是由兴庆宫龙池中引来的”。大明宫的龙首渠遗迹，据《唐长安大明宫》一书记载，在东内苑东墙内 50 多米处探得有东南、西北向的渠道一条，渠上口距现在地表深 1.5 米多，渠宽 1.1 米，深 1.4 米。渠上盖有石板，两壁砌石条，渠底亦铺石。钻探这段渠道 50 余米长，均砌有石壁。由北端向北 30 米，有大片淤土。从文献记载看，淤土可能是龙首池，渠道是龙首渠。《类编长安志》载：“（龙首渠）北流经长乐坡西北，灌凝碧、积翠，西北入大明宫后，灌太液池。”清王文森的《汉唐都城图》亦画龙首渠西北流经龙首池再北经凝碧池西北流入太液池。所以考古工作者在大明宫发现的龙首渠正是龙首池东南的一段。至于龙首渠能否注入太液池，因太液池南有东西向的龙首原，故尚有待于考察。王文森的图上还有从龙首渠分出一支向西经大明宫望仙、建福两下马桥西去，再西至太极宫西北与龙首西渠会。《长安志》亦有记载。

黄　渠

黄渠自义谷口涧，分水入此渠，北流十里，分两渠，一渠西流，经樊川，合丈八沟。一渠东北流，经少陵原而北流，入自京城之东南隅，注为曲江。

增订：

黄渠是唐长安曲江的主要水源，引秦岭大峪谷（唐称义谷）水，流经鲍陂，再北入曲江，全长20余千米。今经流遗迹，尚断续可见，所经地名大多可考。宋张礼《游城南记》："黄渠水出义谷，北上少陵原，西北流经三像寺、鲍陂之东北，今有亭子头，故巡渠亭子也。北流入鲍陂。鲍陂，隋改曰杜陂，以其近杜陵也。自鲍陂西北流，穿蓬莱山，注曲江，由西北岸直西，流经慈恩寺而西。"义谷即今大峪，黄渠水出义谷后，沿少陵原畔西北流。《长安志》卷十一《万年县》记载，黄渠"自义谷口涧分水入此渠，北流一十里，分为两渠，一东北流入库谷（今库峪河），一西流入樊川"。今两渠故道依稀可辨。黄渠由曲江直西流至慈恩寺西。《长安志》卷八："晋昌坊，半以东大慈恩寺。寺南邻黄渠，水竹森邃，为京师之最。"慈恩寺南门外有小桥，桥即黄渠之桥，二十世纪三十年代前渠道遗迹明显，后改修为排水渠道。（曹尔琴《长安黄渠考》，载《中国历史地理论丛》1990年第1期）

永　安　渠

永安渠，隋开皇三年开，亦谓之交渠。《唐会要》：元和八年，修城南交渠。引交水西北流，入京城之南，经大安坊之西街，又北流经大通、敦义、永安、延福、崇贤、延康六坊之西，又经西市之东，又北流经布政、颁政、辅兴、修德四坊，及兴福寺之西，又北流入芳林园，又北流入苑，又北注于渭。明皇自蜀还京，肃宗至开远门外望贤宫迎明皇，帝亲笼马行数十步，执鞭引道，过渠入宫，即过此永安渠。王建《早春五门西望》诗云：宫松叶叶墙头出，渠柳条条水面齐。盖渠水皆在城西。

《校补记》：永安渠　又北流经大通、敦义、永安、延福、崇贤、延康六坊之西　补注：《乾膜子》云：窦乂日佣人于崇贤西门水涧洗破麻鞋、碎瓦子。即此渠也。

增订：

《探测》载：永安渠位置在今之北三门口村以西。就现今地形看，系从南三门口村东南角以30度斜度流入城内而直向北流的。在钻探西市及怀远坊时，发现永安渠往北流经怀远坊和西市的东部，且沿西市南大街北侧向西又伸出一段长约140米、宽3.4米、深6米的支渠，这是供应西市一般用水的来源。（中国科学院考古研究所《唐长安城西市遗址发掘》，载《考古》1961年第5期）西北民航管理局1999年在唐醴泉坊址开挖建筑基槽时发现大量窖坑和水井、渗井以及两座残窑遗迹，在两口井中出土有450余件唐代骨刻画残片，颇为罕见。这次发掘中，在清理范围东侧发现了一条水渠，宽5米左右，渠底淤沙厚0.5米左右，淤沙层上部夹杂有唐代砖、瓦和陶器残片。该渠呈南北走向，或许是引水永安渠入坊为池亦未可知。（姜捷《唐长安醴泉坊的变迁与三彩窑址》，载《考古与文物》2005年第1期）按三彩窑址在醴泉坊十字街东之北。水渠在窑址以东直线距离50米左右。明皇还京，肃宗至开远门外迎明皇所过之渠，不是永安渠。永安渠在唐长安城内自南向北流，并未在城西流。《冥报记》中之尚书都官令史，家居隆政坊，买白纸作钱并酒食，自于隆政坊西渠水上烧之。隆政坊西渠水即永安渠。（《太平广记》卷第三百八十）

清　明　渠

清明渠在永安渠东，亦隋开皇初开。引沉水自丈八沟分支，经杜城之北，屈而东北流，入京城之南，经大安坊之东街，又屈而东，经安乐坊之西南隅，屈而北流，经安乐、昌明、丰安、宣义、怀贞、崇德、兴化、通义、太平九坊之西，又北经布政坊之东，右金吾卫之东南，屈而东南，流入皇城。经大社北，又东至含光门西，又屈而北流，经尚舍局东，又北经将作监、内侍省东，又北入宫城广运门，注为南海，又北注为西海，又北注为北海。

增订：

《唐两京城坊考》所述清明渠，据《长安志》卷十《大安坊》下《东街清明渠》载："隋开皇初引沉水西北流，又屈而东北流入城，当此坊南街……"沉水即潏河。《长安志》卷一二《长安县》："清明渠东南自万年县注入，西北流，又屈而东北流入京城。"宋张礼《游城南记》仿佛沿清明渠城外故道过韦曲（今韦曲镇），至渠北村，西北入京城。《唐两京城坊考》：清明渠"引沉水自丈八沟分支，经杜城之北，屈而东北流，入京城之南，经大安坊之东街，又屈而东……"丈八沟即今西安市丈八沟，在唐长安城西南隅之外，杜城又在丈八沟之东南。如果清明渠自丈八沟引水，怎能东南流经杜城北再屈而东北入城呢？又清明渠在大安坊东街，何以又得清明渠入城在大安坊南街呢？清明渠由皇城入宫城的门是永安门，不是广运门。(辛德勇《隋唐两京丛考》) 清明渠又北注入宫城南海、西海和北海不见《长安志》记述，所据或为《永乐大典》中图？(参照史念海先生《龙首原和隋唐长安城》，载《中国历史地理论丛》1999 年第 4 辑；《唐长安城的池沼与林园》，载《中国历史地理论丛》1999 年增刊《汉唐长安与关中平原》) 清明渠入城遗迹《探测》其位置在今之北三门口村以东 200 米处，安化门紧西侧，北流入城。其地形形状比较明显，且在安化门南农民挖取细砂剖出之断面，有水浸土、淤泥等痕迹。据《唐长安城兴化坊遗址钻探简报》(载《文物》1972 年第 1 期) 所载，清明渠在兴化坊内现存遗迹，在何家村西南北向小路的东侧沟渠和土崖面上，不断发现有水渠遗迹暴露出来。何家村北 60 米处，渠道遗迹现在宽 9.6 米，距耕地面 0.15—0.35 米发现有厚约 0.4 米的一层纯细砂。距耕地面 0.6—0.75 米见渠底，渠底有厚 0.1 米的一层土很坚硬，经过长期渗水，土全变鲜红色。在很硬的这一层土下有厚约 0.75—0.95 米的水浸土，土内有红色斑点，类似铁锈的颜色。附近唐代路面都距现在地面深约 1 米，原来渠底可能高出路面。兴化坊内东西街以北，未探出清明渠遗迹，有可能已被挖掉。清明渠由兴化坊北流入太平坊，遗迹出露明显。2001 年 12 月西北大学校园内在唐太平坊西南隅唐实际寺西建造花园，在开挖东西 130 米、南北 22.5 米，深 3 米的地基上，暴露出清明渠两个剖面。该地海拔 408 米，两剖面相距 21 米。经水准仪测量，北剖面低于南剖面 0.053 米，即高差为 0.053 米。说明清明渠由南向北流经太平坊坊墙之内 (东)。另外，在西北大学校园西部，1993 年曾发掘过清明渠部分渠址。(李健超《隋唐长安城清明渠》，载《中国历史地理论丛》2004 年第 2 期) 据吕大防《唐西内太极宫图》，清明渠自安仁门西入宫城，至月华门西，北支流北入山池院，其正流折而东，至延嘉殿与龙首渠会而北流，以下图缺。

漕　渠

漕渠，天宝元年开。京兆尹韩朝宗分潏水，按渠盖潏、交之水。《旧书》作分渭水，非是。入自金光门，置潭于西市之街，以贮材木。永泰二年，京兆尹黎幹以京城薪炭不给，又自西市引渠，经光德坊京兆府东，至开化坊荐福寺东街，北至务本坊国子监东，由子城东街，逾景风、延喜门入苑。渠阔八尺，深一丈。《旧记》：渠成，上御安福门观之。

增订：

韩朝宗所开漕渠是分渭水，而不是潏水。黎幹于永泰二年“又凿运木渠，自京兆府直东至开化坊荐福寺东街”。并不是“又自西市引渠经光德坊京兆府东，至开化坊荐福寺东街”。南京博物馆藏《唐故济阳江君墓志铭并叙》载：江公俭，楚州宜安人。元和七年七月二十四日，卒于京兆布政里，于死之十一日，窆于长安县昆明乡龙首原之严村。其里人富春孙师浪书石为志，云："金光门出六里余，北折一里江君墟，西三百尺邻漕渠……"（《唐代墓志汇编续集》八二八页）据考古发掘得知，金光门在今西安市唐长安西城墙自北向南3300米李家村西北300米处，其西北六里余为江公俭墓地，其西三百尺为漕渠。漕渠这一段遗址应在今西安钢铁厂附近。漕渠引渭水应横过潏水，东西流向，江公俭墓"西三百尺邻漕渠"，漕渠似为南北向，待考。

唐两京城坊考卷之五

东　京

东京一名东都，始筑于隋大业元年，周武王克殷，定鼎郏鄏。《书》云：我乃卜涧水东，瀍水西，惟洛食。所谓王城，即郏鄏也。又云：我又卜瀍水东，亦惟洛食，所谓成周也。王城为朝会之所，周公留后治之。成周则谓之下都，以处殷顽民。两城相去四十里。平王东迁，居王城。敬王避王子朝之乱，乃迁成周，城小不能受王都，故晋合诸侯以城之。战国时之东周，后汉、魏、晋、元魏之都城，皆成周也。隋炀帝始于旧成周之西十八里，旧王城之东五里，筑京城。谓之新都。唐武德四年废。贞观六年号洛阳宫。显庆二年曰东都，光宅元年曰神都，神龙元年复曰东都，天宝元年曰东京，上元二年罢京，次年，复为东都。

增订：

洛阳旧有“九朝古都”之称。这九朝指的是东周、东汉、曹魏、西晋、北魏、隋、唐(包括武则天)、五代后梁、后唐九个朝代。随着历史研究的不断深入和考古的新发现，实际上洛阳已有十三个朝代在这里建都。位于洛阳市西郊的王湾遗址和南郊的矬李遗址，新石器时代文化遗存都非常丰富。还有数十处新石器文化遗址，出土的器物有仰韶文化的彩陶，也有龙山文化的黑陶。这说明远在五六千年以前，我们的祖先就在这块土地上生息繁衍。洛阳市偃师二里头夏代宫殿遗址和偃师县西尸乡沟商都“西亳”遗址的发现，说明洛阳在我国七大古都中，不仅建都时间最早，而且建都的时间最长。

历史文献记载和考古发现证明，夏朝的都城就在伊洛河流域一带。相传禹都阳城，在今洛阳市东南登封市告成镇附近。太康时居斟鄩，在洛阳市东巩义市西南，后来又屡屡迁徙。《汲冢周书・度邑解》：“自洛汭延于伊汭，居阳无固。”(《史记・周本纪》作“居易毋固，其有夏之居”)《国语・周语》：“昔伊洛竭而夏亡。”《史记・孙子吴起列传》记述吴起说：“夏桀之居，左河济，右泰华，伊阙在其南。”这些史籍记载说明夏代后期的都城在洛阳附近。1960 年考古工作者在偃师县西南 8 千米、洛阳市老城东南约 18 千米的二里头（原属洛阳县与偃师县交界处）发现大型宫殿建筑遗址，规模宏大，结构复杂，并出土大量珍贵历史文物，直至二十世纪末在该遗址内仍有重大发现。从宫殿遗址的规模、结构结合历史文献看，这里应为夏代的都城遗址。

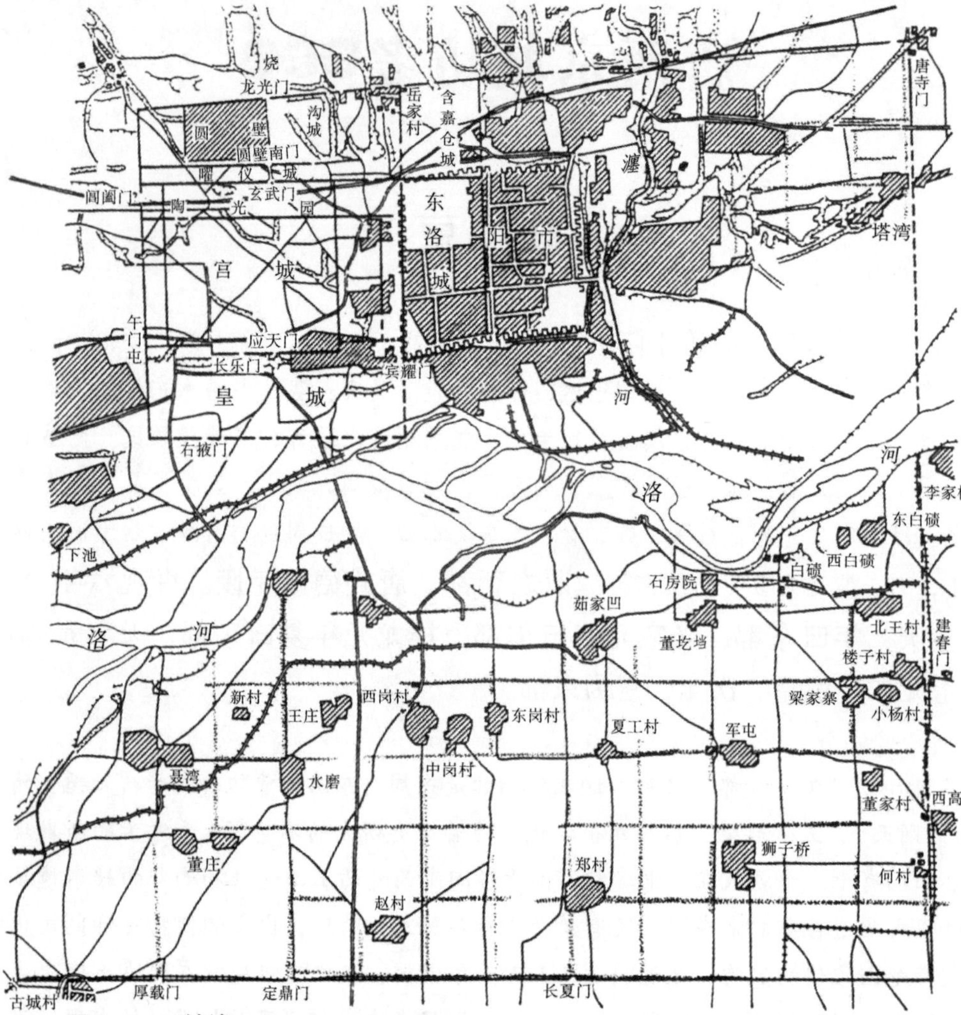

隋唐洛阳城平面图

商王朝在商汤时都亳，在今河南省商丘附近。灭夏以后，迁都西亳。据《汉书·地理志》的记载，河南郡偃师县下注“尸乡，殷汤所都”。1984 年夏，中国社会科学院考古所在偃师县城西发现早期商都遗址，尸乡沟从北向南穿过其中。城址在汉魏洛阳故城东十余千米。呈长方形，南北长 1710 米，东西宽，北部为 1215 米，中部为 1120 米，南部为 740

米，总面积为190万平方米。现已探出东、北、西三面城墙和东北、西北两城角。城内发现大型建筑基址3处。其中最大的一处位于城址的中部偏南，长宽各200米，可能是宫城，呈正方形，四周还有厚约2米的围墙。考古工作者认为这正是汤都西亳。自汤至仲丁，共6代11王居此，200多年。仲丁后都城又不断迁徙，至商盘庚，迁都于殷，即今河南安阳市西北。

周本是兴起于渭水流域的方国。公元前11世纪灭商，建立起周王朝，都镐京。周王朝为了加强对东方诸侯的控制，于成王五年大规模兴建成周城。据《尚书》中《召诰》与《洛诰》的记述：成王为了营建成周，在这年的二月二十一日，由镐京来到丰京（今西安市长安区沣河西客省庄附近）向宗庙告祭，后派太保召公去洛邑勘察。召公于三月初五到达洛邑，察看地形，初七召公指使殷民在洛水北岸相度地形，规划城郭，到十一日规划完成。次日，周公也到洛邑，巡视了新邑的规划，并且绘制了地图。《尚书·洛诰序》云："召公既相宅，周公往营成周。使来告卜，作洛诰。"《洛诰》："周公拜手稽首曰：……予维乙卯，朝至于洛师……我乃卜涧水东瀍水西，惟洛食。我又卜瀍水东，亦惟洛食。伻来以图及献卜。""伻来以图"的"图"就是为选建洛阳城址而特别绘制的地图，于是周公将营筑洛邑的地图和卜兆呈送成王，得到成王的认可，成周正式开始营建。二十世纪六十年代陕西宝鸡出土何尊，在122字的铭文中不仅提到武王营建洛邑的设想，还记述成王时营造成周是"惟王五祀"，即成王五年。

成周城在今洛阳市什么地方？据《洛诰》所载，应在洛阳市老城区及其以西地区。1954年考古工作者发现东周时期的王城旧址，城墙有部分残段遗存，但这是否为西周时的成周，还不能肯定。西周都镐京，成周为周王朝的经济、军事中心。西周末年至幽王时，诸侯拥立宜臼为平王，东迁洛邑，史称东周。其时王城为国都，为了区别王城，瀍东之下都便取代成周之名。到周景王时，王子朝与王子猛争夺王位，王子猛在晋国的扶植下即王位，是为敬王。王子朝入居王城，敬王避居王城东北之翟泉，后入下都（成周），因下都狭小，晋国曾联合其他诸侯进行扩建，并将城东北之翟泉也圈进城里。后来到周赧王时又迁回王城。《史记·周本纪》："敬王元年，晋人入敬王，子朝自立，敬王不得入，居泽。四年，晋率诸侯入敬王于周，子朝为臣，诸侯城周。"

东汉都城，即今洛阳市东15千米之汉魏洛阳故城。这里在西周时原为成周之一部分，所以后来就称成周。秦时成周城里已有南北宫。汉高帝五年（前202）春，刘邦曾置酒"雒阳南宫"。东汉光武帝正式建都洛阳，至汉献帝，董卓毁洛阳。曹魏仍都洛阳。《三国志·魏书·文帝纪》：（黄初元年）十二月，初营洛阳宫，戊午幸洛阳。"晋司马氏统一宇内，仍都洛阳。《晋书·地理志》："洛阳置尉。五部、三市，东西七里，南北九里。东有建春、东阳、清明三门，南有开阳、平昌、宣阳、建阳四门，西有广阳、西明、阊阖三门，北有大夏、广莫二门。司隶校尉、河南尹及百官列城内也。"晋永嘉之乱以后，洛阳又遭受重大破坏。北魏孝文帝又迁都洛阳。

北魏洛阳是在汉魏故城的基础上扩建的。不仅宫殿苑囿较魏晋时有所扩展，市区面积也有较大的开拓。据《续汉书·郡国志》注引《帝王世纪》所说，汉魏故城“城东西六里十一步，南北九里一百步”。又引《晋元康地道记》：“城内南北九里七十步，东西六里十步。”俗称“九六城”。经实测，汉魏洛阳故城周长 14 千米。然据《洛阳伽蓝记》的记载，“京师（洛阳）东西二十里，南北十五里”，这指的是北魏洛阳城城区和四郊（因四郊内有许多里）。北魏末洛阳城又遭受毁灭性的破坏，北魏灭亡后，汉魏洛阳故城就废弃了。

隋唐洛阳城在汉魏洛阳城之西十八里。《隋书·炀帝纪》：仁寿“四年……诏……洛邑自古之都，王畿之内，天地之所合，阴阳之所和。控以三河，固以四塞，水陆通，贡赋等。……但成周（汉魏洛阳城）墟塉，弗堪葺宇。今可于伊、洛营建东京，便即设官分职，以为民极也。”大业元年“三月丁未，诏尚书令杨素、纳言杨达、将作大匠宇文恺营建东京，徙豫州郭下居人以实之。……采海内奇禽异兽草木之类，以实园苑。徙天下富商大贾数万家于东京”。“大业二年春正月辛酉，东京成……夏四月庚戌，上自伊阙，陈法驾，备千乘万骑，入于东京。”隋代之洛阳城为唐所继承，贞观六年改为洛阳宫，显庆元年复置为东都，永昌中改为神都。据韦述《两京新记》所载，东都城“东面十五里二百一十步，南面十五里七十步，西面十二里一百二十步，北面七里二十步，周回六十九里二百十步”。据探测，隋唐东都外郭城的范围：“东墙长 7312 米，南墙长 7290 米，北墙长 6138 米，西墙长 6776 米。……西墙从苗家沟东南角起，往南经午门屯，穿过中州路，再南并无墙垣与大仙庙断崖相接。据此推测，这段长度，实为 2532 米，旧说 2808 米，恐系推测与大仙庙以东夯土相连之误。实测大仙庙以东暴露在窑洞上的夯土遗存与西垣并无联系，很可能为另一夯基遗存。从以上概述的城郭形制来看，东都外郭城是以洛水为界，南宽北窄，与《唐六典》记载的‘郛郭南广北狭’完全相符。”（中国科学院考古研究所洛阳发掘队《隋唐东都城址的勘查和发掘》，载《考古》1961 年第 3 期，以下简称《发掘》）按东都城周长为 27400 余米，折合六十余里，与《唐六典》和新旧《唐书》所载大体相近。

宫　城

宫城在皇城北，因隋名曰紫微城。贞观六年，号为洛阳宫。武后光宅元年，号太初宫。东西四里一百八十八步，南北二里八十五步，《新书·地理志》：长千六百二十步，广八百有五步。周一十三里二百四十一步，《新书·地理志》：周四千九百二十一步。其崇四丈八尺，以象北辰藩卫。城中隔城二，在东南隅者太子居之，在西北隅者皇子、公主居之。城北隔城二，最北者圆璧城，次南曜仪城。南面四门，《河南志》作六门，盖于应天、明德、长乐之外，增重光门、太和门、雒城南门为六也。然《志》言明德之东为重光，又东为太和，太和门内为左藏库。《志》又于庄敬殿条下云：庄敬殿东有鹿官院，次东即隔城，之东接左藏库。按重光为东宫正门，东宫已极城之东南隅，不容其东尚有隙地置左藏库与太和门，疑太和门与武成门、崇贤门同在乾元殿之傍，故《六典》不之载也。重光属东宫，亦从《六典》删。中应天门，门上飞观相夹，门外即朝堂。武德四年，以其太奢，令行台仆射屈突通焚之。显庆初，司农少卿田仁汪随事修葺，后又命司农少卿韦机更加营造。初因隋之名曰则天门。神龙元年避武后尊号，改应天门，又避中宗尊号，改神龙门，寻复为应天。东明德门，初名兴教，后改明德。东城屈向北五十步，有门东启，曰宣政门，即隋之永康门。西长乐门，初名光政，后改长乐。按《六典》作兴教、光政，则明德、长乐之改，在开元后也。昭宗迁东都，复名长乐为光政。《通鉴》：车驾入宫，御正殿，受朝贺，御光政，赦天下。西城屈向北五十步，有门西启，曰隆庆，避明皇名改崇庆。西南隅雒城南门。乾封中开。《旧书·杨炯传》：如意元年七月望日，宫中出盂兰盆，分送佛寺，则天御雒南门，与百寮观之。即雒城南门。东面一门，重光北门。隋名。门内即东宫。西面二门，北嘉豫门，隋曰宝城门。南雒城西门。《通鉴》：秦王世民移军青城宫，王世充自方诸门出，临谷水，以拒唐兵。胡身之注：方诸门，盖自都城出禁苑之门。松按：王世充时据宫城，则方诸门当是宫城西面之门，不知即雒城西门否也。北面二门，中玄武门，隋名。南当应天门。《通鉴》：中宗改玄武门为神武门，楼为制胜楼。按唐两京大内，皆有玄武门。中宗之所改，则此处之玄武门，盖以诛张易之等兵从此门入耳。《禁扁》属之兴庆宫，非也。东安宁门。玄武门北则曜仪城，城二门，东面曰曜仪东门，西面曰曜仪西门。并显庆中开。按曜仪城亦隋时旧城。《通鉴》：王世充使鲁王道徇守曜仪城是也。盖东西二门则显庆中开耳。曜仪城北则圆璧城，城三门，南面曰圆璧南门，隋曰曜仪门，显庆中改。北面曰龙光门，东面曰圆璧门。门外即外郭之外。

《校补记》宫城：长乐门补注：按此即光政门改名。《朝野佥载》：娄师德于光政门外横木上坐。即此门也。

增订：

宫城　在今洛阳老城以西，已全部被压入新建市区内，只有北墙西段一部分还能稍见其隆起之迹，然已无法窥见城址轮廓。经中国社会科学院考古研究所洛阳发掘队钻探了解：宫城在外郭城西北隅，平面近方形，南北较短，东西稍宽，缺东北、东南、西南等角，整个城址套入皇城北部。西城墙长约1270米，北墙长约1400米，南墙正中向南凸出，长约1710米。东墙全长1275米。城墙内外砌砖，其中板筑夯土墙一般均在15—16米。南墙西段北曲一段宽约20米。（《发掘》）**东隔城**　《唐两京城坊考》卷五在宫城庄敬殿下注："殿东有鹿宫院，次东即隔城。"《河南志》卷四亦有记载。据考古所洛阳发掘队钻探：在宫城东北角有东隔城，南北275米，东西520米，因压在今建筑区内，四面城垣均有所破坏，但还能衔接成形，唯四门遗址已无从寻觅。（中国社会科学院考古研究所洛阳工作队《隋唐东都城址的勘查和发掘续记》，载《考古》1978年6期，以下简称《续记》）**西隔城**　《唐两京城坊考》卷五："望景台西则达于隔城。隔城者阊阖在其上，荫殿在其下。"《两京新记》也提到西隔城。但据钻探宫城内西北角，由于有大面积的九洲池遗址，西宫墙与九洲池中间再无适当面积筑纳小城。因此东西隔城筑于宫城之外的东北、西北两角。西隔城南北275米，东西180米，仅在西墙正中稍偏北距西北角120米处，发现门址一座，单门道，宽约10米。（《续记》）**圆壁城**　圆壁城在郭城西北隅，南为曜仪城。平面呈矩形，东西长2110米，东端广500米，西端广460米，城垣宽15—16米。圆壁城北之龙光门位于城墙中部，距城西北角1050米，今烧沟大路西侧，单门道，门址宽6.5米，厚15米（与城垣宽度相同），距地表深1.2米，有保存较好的路土贯穿门址。门址距邙岭山麓，尚有三百余米的开阔地带。东面圆壁门的遗址确切位置不明。（《续记》）**曜仪城**　《大业杂记》载："出含嘉西有圆壁门，西有圆壁城，城正南有曜仪门，南即曜仪城，城南玄武门，门内即宫。"《河南志》："玄武门北曰曜仪城，城有三门，北面一门曰圆壁南门，隋曰曜仪门，显庆中改……曜仪城北曰圆壁城，城有二门，北面龙光门，东曰圆壁门，门外即外郭之外。"圆壁城呈矩形，长2110米，东端广590米，西端广460米。曜仪城在宫城之北、圆壁城之南，呈狭长形，东西长2100米，南北宽120米。曜仪城北之圆壁南门距城西北角1050米，南对玄武门，北对龙光门，门址保存极坏，但贯穿门址的南北向路土尚存，以路土宽度观察，亦为一个门道之建筑。**应天门**　为宫城南面正门，距宫城墙东南角和西南角均为855米。门址在今周公庙西墙外侧，定鼎南路东侧还有暴露残存的门道基石，呈南北向三排，每排相距3.5—4米，基石残存不全，大小不等，基石下压有夯土，当为门基部分。由于门址破坏严重，门基范围及形状已无从了解。（《发掘》）1990年对应天门东阙门（在今周公庙西南角）进行了发掘。（《光明日报》1991年2月5日）**明德门**　钻探未找到确切的门址位置。据文献记载，明德门应在应天门东300米处，该处居民住宅区内有长50米、宽约20米范围的瓦片堆积，门址或许就在此附近。（《发掘》）**长乐门**　在应天门西300米，被现代楼房所压，门道两旁破坏亦较严重，门道内有烧土填塞，门道西北两面距今地表1.2米，其中有宽14米许的路土贯通门址。门基范围及门道宽度不详从楼房占压的面积和路土宽度观察，可能为单门道建筑。

（《发掘》）嘉豫门　距宫城西北角670米。1959年春曾挖出大批基石和础石。础石柱槽有圆形及长方形两种，并曾发现嵌镶细腰之基石。（《发掘》）玄武门　为宫城北面正门，门址在北墙中央，距城西北角860米。南当应天门，北对圆壁南门，正处于宫城的南北中轴线上。钻探了解门址宽约6米，厚约16米，门址两端距地表3米，为单门道建筑。（《发掘》）

宫之正牙曰含元殿。隋曰乾阳殿。《通鉴》：秦王破王世充，焚乾阳殿是也。麟德二年，命司农少卿田仁汪因旧址造乾元殿，高一百二十尺，东西三百四十五尺，南北一百七十六尺。武后长寿三年，改造明堂，上圆下方，八窗四闼，高三丈，号万象神宫，去都百余里外，遥望见之。其北造天堂，以贮佛像。证圣元年，明堂、天堂同焚，更造明堂，侔前制，其上初置宝凤，后以金珠代之，号通天宫。其中号端扆殿。不复造天堂，于其所为佛光寺。明皇开元五年幸东都，改为乾元殿。十年复为明堂。二十七年毁明堂之上层，改修下层为新殿。二十八年佛光寺火，延烧廊舍，改新殿为含元殿。殿下有九州鼎，武后所铸。按隋之乾阳殿，有东西上阁门。《通鉴》：王世充执越王君度等，引入东上阁门是也。唐制当亦同之。殿四门，南曰乾元，隋曰永泰门。武后改通天门，开元五年改乾元门。门南直应天门。《唐诗纪事》：东京乾元门，旧章武军鼓角楼也，节度使王彦威有诗刻石在其上。北曰烛龙，东曰春晖，西曰秋景。《六典》作秋澄，今从《河南志》。乾元门外有横街，街东日华门，西月华门。隋曰东华、西华。唐初改左右延福，后改日华、月华。按《旧纪》：天宝二年六月，应天门观灾，延烧至左右延福门。是天宝时犹名延福。《通鉴》注云：大明宫朝堂外有侧门，洛阳宫亦有侧门。疑在乾元门内之左右。乾元门左右有万春门、千秋门。万春左，千秋右。含元殿北曰贞观殿。隋炀帝造。以下殿阁皆唐永淳年制名。又北徽猷殿。殿前有石池，东西五十步，南北四十步，池中有金花草，紫茎碧叶，丹花绿实，味酸可食。《通鉴》：帝宴朱全忠及百官于崇勋殿。胡注：时以洛阳宫前殿为贞观殿，内朝为崇勋殿。则贞观殿北当有崇勋殿。又北陶光园。园在徽猷、弘徽之北，东西数里，南面有长廊，即宫殿之北面也。园中有东西渠，西通于苑。园北则玄武门。其天子常朝之所曰宣政殿，在含元殿西，初名武成，后改宣政。殿门曰光范门。《河南志》云：宣政殿南有武成门，又南千福门，又南敷政门，千福后改乾化，敷政后改光范。殿之东门曰东明门。按宣政疑当如含元，有四门，今惟有东门、南门名也。宣政之北曰仁寿殿。《河南志》作长寿，今从《六典》。又北观文殿。又北同心阁。又北丽日台。又北临波阁。阁北临池，池有二洲，东洲有登春阁，其下为澄华殿。西洲有丽绮阁，其下为凝华殿。池北曰安福门。北院雕饰最华，隋炀帝寝御焉。当明德门内为会昌门。隋名。又北章善门，门内门下省、弘文馆在焉。章善之东为太和门，《玉海》引《河南志》“太”作“泰”。门内左藏库在焉。自此而西，有文思殿，在旧东华门之东北。其北庄敬殿，殿东有鹿官院，次东即隔城。又北飞香殿，又北袭芳院，又北上清观，则达安宁门。门在观东。庄敬之西为大仪殿，其北丽春台，又北流杯殿，殿上漆渠九曲，从陶光园引水注庄敬院，隋炀帝与宫人为曲水之饮。又北弘徽殿，则达陶光园。当长乐门内为广运门，隋名。《大唐新语》：神龙初，桓彦范与张柬之等发北军入玄武门，斩张易之等，迁则天于上阳宫。柬之勒兵景运门。《旧书·玄宗纪》：新造铜仪成，置于景运门内。景运疑即广运门。又《河南志》以广运为隋名。按炀帝时断无以“广”为门名者，疑隋曰景运，唐则改为广运耳。又北明福门，本名显福，避中宗名改。《通鉴》：王世充使其党张绩、董濬守章善、显福二门。门内中书省、史馆、在中书省西。内医局、史馆南。尚食厨、史馆北。命妇院、中书省北。修书院命妇院北，本太平公主内宅。在焉。明福之西为集贤门，门内集贤殿在焉。《旧书》：开元十三年四月丁巳，改集仙殿为集贤殿，丽正殿书院改集贤殿书院。胡交《修洛阳宫记》云：开元之隆，即明福门外置集贤书院，置学士员，校雠其间。按开元五年，于东都乾元殿东廊写四部书，因号乾元院。六年改为丽正修书院。十二年移置明福门外，名丽正殿书院。十三年改集贤殿书院。张说《恩制赐食于丽正殿书院宴赋》诗：东壁图书府，西垣翰墨林。俗本作西园，误。《旧书·马怀素传论》亦以西垣东壁言丽正殿。见《潜邱劄记》。〔按稿本，徐松在引《潜邱劄记》后批云：“补集贤殿条下。应考此诗作于何年，当在开元十二年。按集贤殿既在集贤门内，而在明福门外，则集贤门当在明福门之西南，但言西，似未确。”〕自此而北，有仙居殿，在集贤殿北。其东有亿岁殿、在仙居殿东。《旧书·崔义玄传》：神庆则天时入朝，待制亿岁殿。集仙殿、在宣政殿西北，武后造。前有迎仙门，亦谓之迎仙宫。《旧书·桓彦范传》：太子至玄武门，斩关而入，时则天在迎仙宫之集仙殿，斩易之、昌宗于廊下。迎仙宫《张易之传》作迎仙院。按五王诛二张，进至太后所寝长生殿。阎氏若璩曰：唐寝殿皆谓之长生殿，《通鉴》二百七有长生院。胡注：院即长生殿。同明殿。在亿岁殿东。《旧书·薛讷传》：则天以讷将门，使摄左武威卫将军、安东道经略，临行，于同明殿召见。其北则达九洲池，在仁智殿南、归义门西，其池屈曲，象东海之九洲，居地十顷，水深丈余，鸟鱼翔泳，花卉罗植。池之洲，殿曰瑶光，隋造。武后杀僧怀义于瑶光殿前树下。亭曰琉璃，隋造，在瑶光殿南。观曰一柱，隋造，在琉璃亭南。环池者曰花光院、曰山斋院、在池东。《河南志图》云二院并在仙居院北。按北为南之误。曰翔龙院、在花光院北。曰神居院、在翔龙院北。曰仙居院、在安福殿西。曰仁智院、在仙居院西。殿西有千步阁，隋炀帝造。南有归义门。曰望景台，在池北，高四十尺，方二十五步，大帝造。**西则达于隔城。隔城者，闾阖在其上，荫殿在其下。**隔城中南有三堂，北有三堂，旧皆皇子、公主所居。隔城之上有闾阖阁，阁南北皆有观象台，女使仰观之所，下有荫殿，东西二百五十尺，南北二百尺，壁前后三丈。**隔城之西曰映日台，又南百戏堂，**又有五明殿。**又南仪鸾殿，**刘轲《陈玄奘塔铭》：法师谒文武圣皇帝于洛阳宫，二月己亥，对于仪鸾殿，殿有射堋，殿东即雒城西门，门外有给使坊及内教坊、御马坊。**又南五殿，**殿在隔城西映日台南，下有五殿，上合为一，亦荫殿也。壁厚五丈，高九十尺，东西房廊皆五十间。西院有厨，东院有教场、内库，大帝常御此殿。**又南德昌殿，**在雒城西门内，殿南曰延庆门，又南曰韶晖门。《河南志图》作延庆殿、昭晖殿，据《禁扁》改正。**又南饮羽殿，又南雒城殿，则达雒城南门。**雒城南门之西有丽景门，夹城自此潜通上阳宫。

《校补记》宫城：观文殿补注：《大业拾遗》：武德四年，东都平后，观文殿宝厨新书八千许卷，欲载往京师，于河值风覆没，一卷无遗。又陆龟蒙《和皮日休诗》云："近有隋后主，搜罗势骈阗。〔"搜罗势"三字原墨钉，今据《全唐诗》卷六一七补〕宝函映玉局，彩翠明霞鲜。伊唐受命初，载史声连延。砥柱不我助，惊波涌沦涟。遂令往古书，半在余浮泉。"即咏此事也。集仙殿补注：《困学纪闻》：武后在洛阳，不归长安，张柬之等举兵至后所寝长生殿，又迁后于上阳宫，皆在洛阳。程泰之《雍录》误为长安宫殿，长安别自有长生殿。

增订：

明堂、天堂　《隋唐嘉话》卷下："武后初为明堂，明堂后又为天堂五级，则俯视明堂矣。未就，并为天火所焚。今明堂制度卑狭于前，犹三百余尺。""武后为天堂以安大像，铸大仪以配之。天堂既焚，钟复鼻绝。至中宗欲成武后志，乃斫像令短，建圣善寺阁以居之。今明堂始微于西南倾，工人以木于中荐之。武后不欲人见，因加为九龙盘纠之状。其圆盖上本施一金凤，至是改凤为珠，群龙捧之。"中国社会科学院考古研究所洛阳唐城工作队于1986年10—12月配合洛阳市公交公司基建工程中，在中州路与定鼎路相交的东北角发现武则天时期的明堂遗址。明堂遗址为深浅厚度不同的夯土殿基，中心有一圆形大柱坑，殿基上堆积三层地表土，黄褐色土、黄色土，殿基为红褐色夯土。殿基东西长约54.7米，南北宽约45.7米，推测整个殿基为八角形。夯土殿基中心位置有一圆形大柱坑，柱坑底部有砖砌短墙，呈八角形。这一殿址方位、形制、建筑特点与有关文献记载的明堂（唐玄宗开元二十八年改称含元殿）颇相符合，其位置与已经发掘出的应天门距离405米。与文献记载比较接近。基址中心大柱坑底部铺有巨大石柱，应是明堂中心柱的位置。从发掘的夯土基址呈八角形推测，新殿形制可能为八角楼。（《唐东都武则天明堂遗址发掘报告》，载《考古》，1988年第3期）明堂建置沿革参见《通典》卷四十四《大享明堂条》、《唐会要》卷十一《明堂制度》、《通鉴》卷二百四《唐纪》二十。乾元门　中国社会科学院考古研究所洛阳唐城队为配合洛阳市建筑公司的基建工程，于1998年10—11月，对乾元门遗址进行了发掘。遗址南距宫城应天门约234米，位于今中州路与定鼎路相交的东南角洛阳市建筑公司院内。遗址东西长约160米，且两边均不到头。《唐六典》卷七乾元门："若西京之太极门，东廊有左延福门，西廊有右延福门。"说明乾元门（包括左右二小门及墙或廊）的两端很可能还会与东西两廊相接。（中国社会科学院考古研究所洛阳唐城队《唐东都乾元门遗址发掘简报》，载《考古》1994年第1期）徽猷殿　宫城北部距北墙275米地方有一道宽约14米的横贯东西的长垣，将宫城最北部分隔为宽275米、东西长1400米的一个独立的长方形范围。墙垣中部以南约143米，有由北向南延续不断的大片夯土基础遗存，正位于今定鼎北路以东地区，现已被压入新建市区。从总布局观察这些遗存，前与应天门、端门、定鼎门相对应，后与玄武门、圆璧南门、龙光门相对列，正在中轴线上。这条中轴线正选择了北背邙岭、南对伊阙的地理形势，因而较能肯定为中央各殿的殿址。最北端的遗存残迹应为徽猷殿的位置。陶光园　根据历史文献记载，徽猷殿之北为陶光园，东西数里，园内有东西渠，西通于苑。但徽猷殿北至长垣仅143米，殿与长垣间似乎容纳不下陶光园，同时在这一带亦未发现任何足以说明陶光园的迹象。但在长垣以北发现了东西向的渠道遗迹，因此推断陶光园很可能就在长垣以北所属的长方形范围内。（《发掘》）按陶光园应在今洛阳车站东、道南路与定鼎路丁字交口的东西各约600米距离内。九洲池　宫城西北角有大面积的淤土堆积，西距西墙5米，北距陶光园南墙148米，淤土东西长280米，南北最宽260米，总面积约为55600平方米。淤土有赤褐色和白色两种。淤土正南边有缺口向南伸出，宽约9米。根据《两京新记》宫城条所载，这大面积淤土正是九洲池。（《发掘》）

延祥殿、延寿殿、六合殿、北殿、武后宴于北殿。崇福殿、弘福殿避孝敬皇帝讳改。含章殿、宜春院、迎祥院、六合院、观礼门、收成门、光庆门、璎珞门、刘弘基从太宗经略东都，战于璎珞门外。左右银台门、金銮门、广达楼、开元二十四年，明皇在东都，千秋节御广达楼宴群臣，武宗时雷震广达楼。《旧书·王君㚟传》：上宴君㚟及妻夏氏于广达楼。以上皆见《河南志》注。紫宸殿、《通鉴》：则天常御紫宸殿。胡身之注云：《六典》洛阳宫不载紫宸殿，以西京大明宫准之，紫宸殿内朝也，其位置当在乾元殿后。积善宫，《通鉴》：朱全忠害何太后于积善宫。不知其处。《旧书·地理志》：太初宫内别殿、台、馆三十五所。

东宫，在宫城东南隅，正门曰重光门，东西各有小门，东曰宾善，西曰延义。一曰含清门，见《禁扁》。宫中有马坊。《通鉴》：天后使薛元超等鞫太子贤于东宫马坊，搜得皂甲数百领。

增订：

东宫为太子居住之所。新旧《唐书》《章怀太子传》均记载章怀太子居住在东宫。

东宫　附于宫城之东南角，自为一城。它利用宫城东墙北端的曲折及南墙东端一段作为东南北三面的城垣。整个城址呈长方形，东西330米，南北1000米，东北角尚能在坛角村东北见到残迹。东宫南面之重光门以及东西两侧的宾善、延义两小门，已无从探寻。（《发掘》）

关于隋唐东都宫城及诸小城形制的文献记载，《大业杂记》曰："宫城东西五百二十步，南北七里。城南东西各两重，北三重。"《旧唐书·地理志》曰："宫城有隔城四重。"《河南志》曰："城中隔城四重，最北曰圆壁，次曰曜仪，次曰玄武，最南曰洛城。"《永乐大典》卷9561引《河南志》的《隋都城图》《唐东都城图》和《唐两京城坊考》的《东都宫城皇城图》都有许多不同。中国社会科学院考古研究所洛阳唐城队经过考古发掘，并结合40余年来的发掘和铲探资料，有关隋唐洛阳城宫城及诸小城的城垣建筑遗迹，形成了以下认识："其一，隋唐洛阳城宫城原是由若干座小城组成的，居中为洛城；洛城西侧由东向西依次有西隔城和西夹城，洛城东侧由西向东依次有东隔城和东夹城；宫城东侧另有东城。洛城居中，平面呈长方形，东西宽1030米；西隔城与东隔城位于洛城东西两侧，东西宽约330米；西夹城和东夹城位于两个隔城的两侧，东西宽约180米；东城位于东夹城东侧，东西宽660米。其二，隋唐洛阳城宫城城垣（比如宫城南垣和玄武城南垣）宽约11米，内外两面皆包砖；西隔城西垣早期城垣宽约11米，晚期城垣宽达8米，东壁包砖，规模仅次于宫城城垣。东城东垣宽达14米以上，规模超过了宫城城垣。宫城内的其余隔城城垣宽皆3—5米，都是普通的隔墙。其三，隋唐洛阳城宫城许多城墙基槽内的夯土间皆夹铺有河卵石，上部的河卵石较小，下部的较大。上述城垣皆系隋末唐初始筑，下限不晚于盛唐前期。这种现象较为重要，为了解隋末唐初至盛唐时期城垣的建筑风格提供了重要的实物资料。其四，依据现有的发掘资料，隋唐洛阳城迄今为止发现的城垣（无论宫城城垣还是隔城城垣）皆可分为早晚两期。如西隔城东垣原为早晚两期，宫城南墙原为早晚两期，东隔城东垣分为大墙和小墙两期等。说明隋唐洛阳城的兴建至少可以分为前后两期。这一发现为日后研究洛阳城前后两期的平面布局及其变化提供了理论依据。"（中国社会科学院考古研究所洛阳唐城队《隋唐洛阳城城垣1995—1997年发掘简报》，载《考古》2003年第3期）

皇　城

皇城，傅宫城南，因隋名曰太微城，亦曰南城，又曰宝城。《通鉴》：大业十

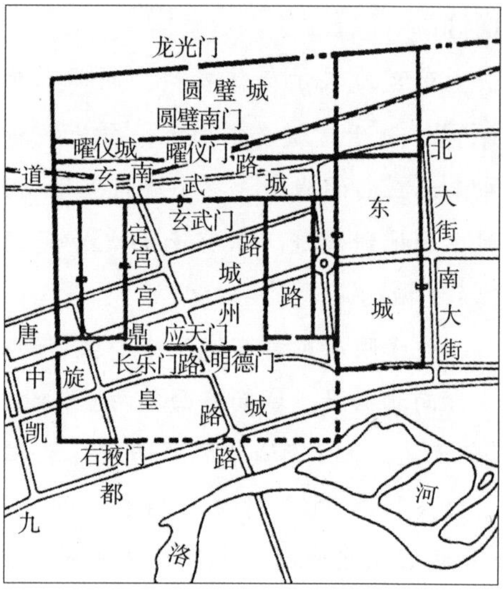

隋唐洛阳城垣发掘位置示意图

（采自《隋唐洛阳城垣1995—1997年发掘简报》图一）

一年，有孔雀自西苑集宝城朝堂。胡身之注：即皇城，王世充命楚王世伟守宝城。按《河南志》：宣辉门次北，旧有宝城门，盖即皇城之西门，因城为名也。**东西五里一十七步，南北三里二百九十八步，**《新书·地理志》：长千八百一十七步，广千三百七十八步。**周一十三里二百五十步，**《新书·地理志》周四千九百三十步。**高三丈七尺。**《玉海》引《河南志》作二丈七尺，“二”字误。**其城曲折，以象南宫垣。**按城形正方，而东西微长，其西连上阳宫，则缺西北隅，东接东城，则缺东南隅，有似曲折也。**南面三门，正南曰端门，**北当应天门，南当定鼎门。**东曰左掖门，**《通鉴》：隋皇泰主戮于洪建于左掖门外。**西曰右掖门。**两掖门各去端门一里。《通鉴》：王世充出右门，即右掖门。**东面一门曰宾耀门，**隋曰东太阳门，武德中改东明门，显庆五年又改宾耀。按隋东太阳门，出则天门横街直东七百步。李庚《东都赋》：翼太和而耸观，侧宾耀而疏轩。太和与宾耀对举，则太和之近宾耀可知矣。**西面二门，南曰丽景门，**西入苑。《河南志图》作丽正门，误。隋亦曰丽景门。《通鉴》：武后置狱于丽景门，入是狱者非死不出，王弘义戏呼曰“例竟门”。**北曰宣辉门。**隋曰西太阳门，武德中改西明门，显庆五年改宣辉。按隋西太阳门，出则天门横街直西七百步。“宣辉”，《河南志》作“宣耀”，图作“宣辉”。按《文苑英华》有《驾幸宣辉门观试举人赋》，则作耀者误。宣辉次北，旧有宝城门，门外苑又有二门，南曰由仪门，北曰咸安门，见《河南志》。**城中南北四街，**旧五街。**东西四街。**

应天门外第一横街之南，第二横街之北。

东曰东朝堂，《通鉴》：王世充令西朝堂纳冤，抑东朝堂纳直谏。当即此东、西朝堂。**次东，门下外省。次东，殿中省。**隋曰殿内省。**次东，左监门卫。**开元初，分左卫地造内省。**次东，左卫。**隋曰左翊卫。**次东，左卫率府。**开元初，分左卫地造。**次东，尚辇局。**与左卫率府隔左掖门街。隋少府监作坊之地。

东朝堂之南，第三横街之北。〔原脱“第”字，据前后文例补〕

从西第一，右春坊。分左骁卫地造。**次东，左骁卫。次东，左千牛卫。**隋曰左备身府。**次东，家令寺。**分左千牛卫造。初东都百司不备，武后时犹权寓他所。开元初，明皇幸洛阳，分地营建，乃备矣。次东，左武卫。次东，左威卫。次东，左监门率府。《河南志》作左监门卫，误，今改正。次东，左领军卫。隋曰左御卫府。按此街应补左司御率府，次东隔左掖门街，应补左春坊。

东朝堂之南，第四横街之北。

从西第一，曰鸿胪寺。隋司隶台及光禄寺之地。次东，卫尉寺。据《河南志图》补。次东，大府寺。次东，太庙。在左掖门街之东。隋少府监之地。武后造。初以置武氏七庙，中宗因而正焉。安禄山陷雒阳，以太庙为马厩，弃其神主。收东京后，寄主于太微宫。宣宗时以废弘敬寺为太庙，由太微宫迎主祔焉。次北，中宗庙。隋东宫率府之地。

应天门外第一横街之南，第二横街之北。

西曰西朝堂。次西，中书外省。隋曰内史省。次西，四方馆。隋曰谒者台。次西，右卫率府。分右卫地造。次西，右卫。次西旧有仓院，院西抵城之南北街，后并入太社。按此则隔右掖门之西，应补太社。又按右卫率府之次，当补右监门卫。

西朝堂之南，第三横街之北。

从东第一，右司御率府。分右骁卫地造。次西，右骁卫。次西，右千牛卫，次西，右武卫。次西，右监门率府。分右武卫地造。次西，知匦使。分右威卫地造。次西，右威卫。次西，内侍省。本右威卫地，武后移造于此，便以园地充卫。次西，右领军卫。次西，内坊。分右领军地造。

西朝堂之南，第四横街之北。

从东第一，御史台。次西，秘书省。省内有蔡邕石经数十段，后魏末自洛阳徙长安，周武帝时徙置邺。隋炀帝为太子，掇残缺者徙至东宫，又移将作内坊。贞观四年，秘书监魏徵奏于京秘书内省置，武后复徙于此。次西，尚舍局。次西，太仆寺。隋长秋监之地。武德初改名内侍省，武后曰司宫台，寻徙于此街，于此置右肃政御史台。景云中台废。开元八年，王毛仲为太仆卿，奏自安业坊移寺于此。寺西即右掖门，门内道西旧有良酝署，后为泻口硙坊。

宾耀门内道北。

詹事府。大帝末营于此。

《校补记》：皇城丽景门　补注：《旧书·来俊臣传》：丽景门亦号新开门。

增订：

皇城　皇城在郭城西北隅，围绕着宫城的东西南三面，夯筑城墙，内外砌砖。西墙保存较好，长1670米。东墙从今洛阳城西北角往南270米起直至西南角即行断灭。洛河逼近南墙，城址西南部分被洛水冲刷。四周城垣宽14—16米，皇城东西两墙与宫城之间的180米地带，形成类似夹城的形状。（《发掘》）**右掖门** 右掖门为皇城南面西门，位于大仙庙之东北角，唐皇城南墙西部，西距城墙西南转角455米，南距洛河约1520米。城门全部埋于地下，现仅存城基部分，其建造形式是一门三道。城门宽42米，门道隔墙宽2.5—3米，门道宽6米，城门残高2.15米，门道进深17.5米，门道内及附近出土的遗物有砖、瓦、瓦当、残鸱尾、铁钉、陶碗、瓷盘、铜钱等。在门道砖壁的石灰墙皮上涂有“使兼左衔……皇城使”等字。从发掘出来的地层堆积来看，右掖门一直沿用到宋代。（《发掘》）

东　城

东城亦隋时所筑，唐因之。以在宫城、皇城之东，故曰东城。《通鉴》：王世充使太子元应守东城。东面四里一百九十七步，南北面各一里二百三十步，西属宫城，其南屈一百九十八步，属宫城之东北隅。南面屈曲，逐雒水之势，北即含嘉仓城。高三丈五尺。正南门曰承福门，东面一门曰宣仁门，直东与外郭之上东门相直。《通鉴》：元文都等为李密饰宾馆于宣仁门东。安禄山之陷东京，封常清退守宣仁门，又败，乃自苑西坏墙西走。北面一门曰含嘉门。南当承福门，含嘉门北即含嘉仓。仓北曰德猷门。门出外郭。城中南北街二，东西街三。旧四街，后并曹司，废街。

承福门内南北街之东，从南第一横街之北。

从东第一，司农寺。旧鸿胪寺之地，乾封中徙。次东，光禄寺。旧司农寺之地，乾封中徙。次东，太常寺。

承福门内南北街之东，从南第二横街之北。

东当宣仁门街北，尚书省。长寿中，左丞李昭德奏加修缮，甚为壮丽。《通鉴》：王世充杀元文都等，自含嘉城移居尚书省。

承福门内南北街之西，从南第一横街之北。

从西第一，少府监。次西，军器监。本修甲弩坊，开元初立为监。次西，大理寺。隋氏此街之北，从东第一卫尉寺，第二都水监，第三大理寺。更北又开东西一街，街北从东第一宗正寺，第二太仆寺，第三将作监。乾封之后，修缮东都，始移并焉。

增订：

东城 据《河南志》卷四《宋城阙古迹》所载：东城，“宫东之外城也，隋筑，唐与宋皆仍旧……金初仍宋制，正大初，以河南为中京，改河南为金昌府。筑城，东据瀍水，南接东城之南郭，西亦因东城之西郭，北缩于旧，仅一里”。金时所筑之金昌府城一直沿用至二十世纪五十年代，即洛阳旧城。城之西部当为唐之东城。经勘察证明，东城西北角即今洛阳旧城西北角，洛阳旧城西墙及北墙西端90米一段就是利用东城西北两墙旧基修建起来的。从现在暴露在地面上的城垣（洛阳第三十中学操场内）还能清楚地看到新旧夯土重叠关系。高出地面3.5米的一段城垣（属东城西墙），今夯土叠压在唐代夯土上的现象尤为明显。东城东墙，全部为街道房舍所占压，城垣横穿今高明街、同化街、吴家街、亨通街直接洛阳旧城南墙处，实测全长为1270米。北墙实测长度为620米，钻探证明这条城垣并无东折现象。东城南墙尚未发现遗存。东城的南、北、东三门或因压入今市街或因未发现城垣而无法探寻。从已探出的东城形制来看，为长方形，既与《河南志》不同，也与《唐两京城坊考》图不同，而与《永乐大典》所载洛阳城图相似。（《续记》）1999年5—6月，中国社会科学院考古研究所洛阳唐城队于洛阳市老城区西北隅办事处北大街住宅小区院内，东距北大街32米、南距中州路200米、北距丁家街25米处，发现唐代东城东垣，基槽呈南北走向，东西残宽10.25米，残厚1—2.75米，系用红褐色夯土夯筑而成。夯层平整、坚硬、较厚。夯层厚6—18厘米，一般厚10厘米。夯土较纯净，仅含少量素面布纹瓦片、绳纹瓦片，以及极少炭灰和碎骨。（《北宋西京洛阳监护城壕的发掘》，载《考古》2004年第1期）按东城之门，《太平御览》卷一八三《居处部·门》条：“东都东城，东面一门宣仁门，南面一门永福门，北面一门含嘉门。”南门永福门与《城坊考》所记之承福门不同。另，东城东门宣仁门为一重要之城门。隋时曾于此门东设宾馆以待李密，唐时封常清与安禄山军曾战于宣仁门。宣仁门遗址位于洛阳市老城区西大街上，东距十字街口40米左右。1996年10月至1997年1月，为配合洛阳市老城区政协南大街市场工程，中国社会科学院考古研究所洛阳唐城队对宣仁门遗址进行发掘。该门址坐西朝东，共三个门道，中门道大部分压在西大街下，北门道则压在一座五层楼下，仅挖掘南门道和中门道的西南角。南门道底部进深18.32米（以门道南侧东西两端撞石外壁为准），宽5.36米（以门道南北两排地报石壁为准）。发掘出土的门构遗迹有土衬石、地袱石、车道、踏道、门砧、曲频、石门限、将军石柱、撞石、止扉石、鹅台、散水和城墙西侧包砖一段。南门道踏道铺砖分为两种，一种明显带有修补痕迹，另一种显然是原铺。隋末唐初两京建筑诸城门，未见踏道上铺砖和车道上铺石的情况。石铺道路之门址面上多处发现火焚痕迹，很可能是宋代遭火焚后才废弃的。宋代夯土层仅见于宣仁门南道内，东西皮皆见宋代包墙砖，就是宋代封堵宣仁门的见证。文献记载宣仁门东通上东门，横穿洛北里坊区，西通东城里十多个衙署。宣仁门遗址的考古发现，对寻找洛阳郭城东垣之上东门，解决洛北里坊的分布以及了解东城内的街道和衙署的分布都有着十分重要的意义。（《河南洛阳隋唐城宣仁门遗址的发掘》，载《考古》2000年第11期）霍宏伟《洛阳老城十字街与隋唐城街道遗址》一文中指出：“城门与街道相连，宣仁门位置的确定，宣仁门街即今洛阳老城西大街东大街，为复原隋唐洛阳东城衙署布局提供了基本依据。”上东门街，即今洛阳老城东西大街向东延伸；徽安门街即今洛阳老城南北大街。这两条街的发现，为寻找上东门遗址和徽安门遗址具体位置提供了坐标。宣仁门街，上东门街徽安门街位置的确定，对于复原隋唐洛阳外郭城里坊布局提供了更多更为准确的坐标点。(《考古》2012 年第 8 期) **含嘉仓城** 含嘉仓城位于东城之北。据探，城址呈长方形，南北两墙分别利用郭城北墙一段（长 615 米）及东城北墙为之。两墙全长 725 米，东墙北端紧接郭城北墙，向南 765 米与东城东墙相接。1971 年，洛阳市博物馆在含嘉仓城内发现数以百计的仓窖，并有刻字铭砖出土，记载着该窖在仓城中的位置，储粮数量，入窖年月及管理人的职称和姓名。(《洛阳隋唐含嘉仓城的发掘》，载《文物》1972 年 3 期）含嘉仓城北面的德猷门门址尚未找到，可能在距西北角以东 220 米之驾鸡沟之内。据当地人传说，此沟俗称土城门，几十年前还能看到大沟两侧之夯土包，似应为昔日德猷门遗址。(《续记》)“含嘉仓之储粮，主要为当时华北地区之租粟与江南地区的糙米。计有江南之苏州、江北之楚州、滁州以及华北之冀、邢、德、濮、沧、魏等州之糙米及粟等。从十九窖到五十窖计算起，可以找出仓中门东西大街之街道位置，又可从该窖铭文中记载之窖数，觅到南北竖街之街道。又仓砖铭年代之记载，如长寿二年和圣历二年砖铭，亦反映一些含嘉仓管理情况。”(《洛阳隋唐含嘉仓城的发掘》)

上　阳　宫

上阳宫在禁苑之东，《通鉴·隋纪》注云：苑距上阳宫七里。**东接皇城之西南隅，南临雒水，**《旧纪》：开元二十九年七月，雒水泛涨，毁天津桥及上阳宫仗舍。**西距谷水，东面即皇城右掖门之南，北连禁苑，上元中置。**上元中，司农卿韦机造。大帝末年常居此宫听政。初大帝登雒水高岸，有临眺之美，诏机于其所营上阳宫，宫成移御之。尚书左仆射刘仁轨谓侍御史狄仁杰曰：古天子陂池台榭，皆深宫复禁，不欲百姓见之，恐伤其心。而今列岸謻廊，亘王城外，岂爱君哉。**东面二门，南曰提**《禁扁》作“禔”**象门，**即宫之正衙门，司农卿韦机测造。《大典》引《洛阳志》作司农少卿樊则造。宫南门通苑内。《封常清传》：禄山渡河，贼大军继至，常清退入上东门，战不利，贼鼓噪于四城门入，杀掠人吏。常清又战于都亭驿，不胜，退守宣仁门，又败。乃从提象门入，倒树以碍之。**北曰星躔门。**门外有政事院。**南面二门，东曰仙雒门，**《通鉴》：开元二十年，宴百官于上阳东洲。胡注云：上阳宫南临雒水，引雒水为中洲于宫之东。**西曰通仙门。**并在苑内。按《旧书·玄宗纪》：开元十三年五月，妖贼刘定高夜犯通雒门。疑通仙原作通雒，涉上仙雒误耳。**北面一门芬芳门，西面二门。**《六典》不言西面有门。《河南志·旧图》有二门而无名，《永乐大典》引《洛阳志》：乾元元年，郭子仪于上阳西金华门外仗下获信宝。按金华当是上阳西门。

宫之正殿曰观风，殿东向。武后还朝政后居此殿。其内有丽春台、耀掌亭、九州亭。《河南志》作九洲亭，云亭院内竹木森翠。前曰观风门，东直提象门。夹门者，南曰浴日楼，东临雒水。北曰七宝阁。观风殿之北曰化城院，开元十年，御雒城门试文章及第人，命苏晋、陈希烈于化城院考。次曰仙居殿。武后崩于此。化城院之西南曰甘露殿，殿东双曜亭，"双"，《禁扁》作"集"，亭西麟趾殿，殿之前东曰神和亭，西曰洞玄堂。观风殿之西曰本枝院，又西丽春殿，《河南志》以丽春殿与丽春台合为一，疑误，今从《六典》。殿东含莲亭，西芙蓉亭，又西宜男亭，又西则上阳宫芬芳门，内曰芬芳殿。又有露菊亭，宜春、妃嫔、仙妤、冰井等院。《六典》"妤"作"杼"。通仙门内曰甘汤院。

西上阳宫在上阳宫之西南，两宫夹水驾虹桥，以通往来。

玉京门、金阙门、泰初门、《六典》：通仙门次北，东上曰玉京门，门内北曰金阙门，南曰泰初门。含露门、《六典》：上阳宫西曰含露门。《禁扁》作"含桃"。仙桃门、寿昌门、《六典》：玉京西北出曰仙桃门，又西曰寿昌门。玄武门、《六典》：玉京北出曰玄武门。客省院、荫殿、翰林院、《六典》：皆在玉京之西。飞龙厩、《六典》：在玄武门内之东。上清观，《河南志》：观在宫西北，内女道士所处。不知其处。《河南志·上阳宫图》核以《六典》所载，玉京以西门名皆不合。《禁扁》以玉京以西诸门皆属西上阳宫，未知所据，今阙疑俟考。

《校补记》：上阳宫　宫之正殿曰观风，注：武后还朝政后居此。补注：张柬之等迁后于上阳宫，即此。麟趾殿　补注：《逸史》：麟趾殿廷有大方梁，长数丈，径六七尺。

增订：

上阳宫　唐上阳宫遗址的范围在今洛河以北，凯旋路以南，涧河以东，玻璃厂路以西。由于这一地区被现代建筑所压，上阳宫的宫门、殿、台、楼、阁、观、堂、亭等尚不能确指其位置。在今支建街发现上阳宫的园林遗址。上阳宫是唐代洛阳的一处重要宫苑。《唐两京城坊考》一书中对上阳宫的地望记述有误。既称上阳宫"东接皇城之西南隅"，又说上阳宫"东面即皇城右掖门之南""东接皇城之西南隅"与"东面即皇城右掖门之南"是两个不同的地域。根据历史文献记载与考古发掘，上阳宫在洛阳皇城南墙以南、洛河以北、右掖门以西、谷水以东的台地上，而不是"东接皇城之西南隅"。因此徐松在《唐两京城坊考》中关于上阳宫地望的记述"东接皇城之西南隅"，与该书中所附的《东都外郭城图》《东都苑图》《东都宫城皇城图》等三幅图中上阳宫的位置均误。（姜波《唐东都上阳宫考》，载《考古》1998 年第 2 期）《太平御览》卷一七三：“《东京记》曰：上阳宫在皇城西南，东苑前，苑东垂，南临洛水、西亘谷水。上元中韦机充使所造。”《河南志》卷四《唐城阙古迹》：“上阳宫在皇城西南隅，上元中置，南临洛水，西距谷水，东面即皇城右掖门之南。上元中司农卿韦机造。”《唐六典》卷七《尚书工部》：“上阳宫在皇城之西南。苑之东垂也。南临洛水，西拒谷水，东面即皇城右掖门之南。”（《唐六典》的记载与韦述的《两京新记》的记载相同。《唐六典》上阳宫的记载也可能出自韦述之手，参见《新唐书》卷一三二《韦述传》。）此外，《新唐书·韦弘机传》《资治通鉴》及《唐会要》均有唐高宗选址造上阳宫较为详细的记述，与上述文献中关于上阳宫地望的记载基本上是一致的，即上阳宫位于皇城之西南，西拒谷水，南临洛水，东面即皇城右掖门之南。洛阳市支建街考古发现并发掘的唐代园林遗址正处于唐皇城南墙以南、洛河以北、右掖门以西、涧河（谷水）以东的范围内，与上所引诸文献记载上阳宫位置正相吻合。（中国社会科学院考古研究所洛阳唐城队《洛阳唐东都上阳宫园林遗址发掘简报》，载《考古》1998 年第 2 期）徐松在《唐两京城坊考》中将历史文献记载上阳宫位于皇城之西南或皇城之西南隅误为上阳宫“东接皇城之西南隅”。唐洛阳皇城右掖门为皇城南面三门之中的西门，西距皇城西南角还有 455 米，而上阳宫就在右掖门之西、洛河以北、谷水以东的台地上。如若上阳宫位于如徐松在东都有关图上所示的皇城西南隅，即皇城西墙之西，则与历史文献记载相抵牾。如《河南志》卷四皇城：“西面二门。南曰丽景门，西入苑，北曰宣耀门……次北旧有宝城门，门外苑。”这里明明白白记载皇城之西南隅之西为东都苑，而不是上阳宫。又如《河南志》卷三《隋城阙古迹》皇城右掖门：“门南过黄道桥南，道西有右候卫府，渠西南有石泻口。”同书卷四：“洛水之北有分谷渠，自苑内分谷水东流，至城之西南隅入洛水，渠南隋有石泻，后入上阳宫。”这已清楚表明皇城右掖门以西、南墙以南为上阳宫之所在。再结合唐代有关吟咏上阳宫的诗句，也可以确定上阳宫的位置在皇城南墙以南，而皇城西垣之西则是东都苑之所在。上阳宫初建于唐高宗上元二年（675），极尽豪华，建造者韦弘机曾因此遭弹劾而被免职。关于上阳宫之华丽，王建《上阳宫》诗云：“上阳花木不曾秋，洛水穿宫处处流。画阁红楼宫女笑，玉箫金管路人愁。幔城入涧橙花发，玉辇登山桂叶稠。曾读列仙王母传，九天未胜此中游。”武则天曾长期在上阳宫听政并最后终老于此，唐玄宗李隆基也留连上阳宫。安史之乱中，东都洛阳“宫室焚烧，十不存一”（《旧唐书·郭子仪传》），上阳宫也应有较大的破坏。上阳宫最终废弃在唐德宗贞元年间（785—805），见白居易《白发上阳人》诗序及元稹《上阳白发人》诗。（姜波《唐东都上阳宫考》，载《考古》1998 年第 2 期）

神都苑

唐之东都苑，隋之会通苑也。又曰上林苑，武德初改芳华苑，武后曰神都苑。东抵宫城，按在宫城之西，故亦曰西苑。李希烈围郑州，东都留守郑叔则入保西苑是也。西至孝水，北背邙阜，南拒非山，按《水经注》：甘水与非山水会。谷、雒二水会于其间。周一百二十六里，东面十七里，南面三十九里，一作二十九里，西面五十里，北面二十四里。一作二十里。隋旧苑方二百二十九里一百三十八步。太宗嫌其广，毁之以赐居人。按苑缺东北隅，盖属于周之王城也。据《周书·作雒解》：王城郛方七十二里。当每面十八里。垣高一丈九尺。东面四门，从北第一曰嘉豫门，门上有观，隋曰翔凤观。次南曰上阳门，次南曰新开门，最南曰望春门。南面三门，从东第一曰兴善门，隋曰清夏门。次西曰兴安门，次西曰灵光门。隋曰昭仁门。西面五门，从南第一曰迎秋门，次北曰游义门，次北曰笼烟门，次北曰灵溪门，次北曰风和门。北面五门，从西第一曰朝阳门，次东曰灵囿门，次东曰玄圃门，次东曰御冬门，最东曰膺福门。显庆三年修建东都，始废洛阳宫总监，改青城宫监为东都苑北面监，明德宫监为东都苑南面监，洛阳宫农圃监为东都苑东面监，食货监为东都苑西面监，凡四监，知苑中杂事。按《通鉴》：王世充自方诸门出，凭故马坊垣堑，临谷水，以拒唐兵。胡注：方诸盖自都城出禁苑之门，今未知所在。

苑内最西者合璧宫，显庆五年，命田仁汪、徐感造八关凉宫，改名合璧宫，当中殿曰连璧殿。又有齐圣殿，北据山阜，甚为宏壮，孝敬皇帝薨此宫之绮云殿。最东者凝碧池，东西五里，南北三里。《六典》有凝碧亭。禄山入东都，宴其群臣于凝碧池。《通鉴》：大业元年，筑西苑，周二百里，其内为海，周十余里，为蓬莱、方丈、瀛洲诸山，高出水百余尺，台观殿阁，罗络山上，盖唐改海为凝碧池。隋炀帝之积翠池盖即凝碧池，水随地易名耳。当中央者龙鳞宫。大帝所造。《通鉴》：海北有龙鳞渠，萦纡注海内，缘渠作十六院，门皆临渠。则唐之龙鳞宫，仍以龙鳞渠名之也。十六院皆当在海之北。合璧之东南，隔水者为明德宫。隋曰显仁宫，南逼南山，北临雒水，宫北有射堂、官马坊。按《唐书·魏徵传》：太宗幸洛，次昭仁宫。《贞观政要》及《魏郑公谏录》皆作显仁宫，是昭仁宫即明德宫矣。合璧之东为黄女宫。宫三面临雒水，水深潭处，号黄女湾，因以为名。按《太平寰宇记》云：后魏移平阴县理于皇女台侧，疑黄女即皇女而讹。其正南而隔水者，芳榭亭也。在黄女宫南，大帝造。苑之西北隅为高山宫。司农卿韦机造。按贞观十一年，以谷、雒溢，废飞仙宫之玄圃院，赐遭水家。疑高山宫即飞仙宫也。东北隅为宿羽宫。韦机造。南临大池，池流水磐屈。按宫中有宿羽台。《通鉴》：武后宴突厥使于宿羽台。注云：高宗调露元年所起。《旧书·突厥传》作宿羽亭。东南隅为望春宫。又有冷泉宫、隋造。有泉极冷，因以为名。积翠宫、隋造。《六典》作翠微宫。按隋炀帝集四方散乐于东京，阅之于芳华苑积翠池，则宫以池得名。《通鉴》：贞观十一年，上宴洛阳宫西苑，泛积翠池。注云：洛阳西苑，谷、雒二水会于其间，开元二十四年，虑其泛溢，为三陂以御之，一曰积翠，二曰月陂，三曰上阳。显庆二年，驾幸洛阳，馆玄奘法师于积翠宫。青城宫、隋造。在宿羽宫西。《通鉴》：王世充陈于青城宫。胡三省注：青城宫在洛城西北。金谷亭、大帝造。凌波宫。隋造。《六典》：谷、雒二水会于苑中，中有十一宫。

隋及唐初苑内，又有朝阳宫、栖云宫、景华宫、成务殿、大顺殿、文华殿、春林殿、和春殿、华渚堂、翠阜堂、流芳堂、清风堂、《永乐大典》引《洛阳志》：清风堂下有光风堂。〔按稿本，此注为张穆补〕崇兰堂、丽景堂、鲜云堂、迴流亭、流风亭、露华亭、飞香亭、芝田亭、长塘亭、《永乐大典》引《洛阳志》作草塘亭。〔按稿本，此注为张穆补〕芳洲亭、翠阜亭、芳林亭、《永乐大典》引《洛阳志》：芳林亭下有流芳亭。〔按稿本，此注为张穆补〕飞华亭、留春亭、澂秋亭、洛浦亭，皆隋炀帝所造。武德、贞观之后多渐移毁，显庆后，田仁汪、韦机等改拆营造，或取旧名，或因余所，规制与此异矣。

《校补记》：神都苑黄女宫　补注：《西晋洛阳图》有皇女台，在外郭广阳门内流杯池畔。凌波宫　补注：《逸史》：玄宗在东都，梦凌波池中龙女，上为鼓《凌波曲》。及觉，遂宴从官于凌波宫，临池奏新曲，有神女出于波心，良久乃没，因遣置庙于池上，岁祀之。

增订：

神都苑。《旧唐书》卷三十八，河南道东都："禁苑，在都城之西。东抵宫城，西临九曲，北背邙阜，南距飞仙。苑城东面十七里，南面三十九里，西面五十里，北面二十里。苑内离宫、亭、观一十四所。"《河南志》记述神都苑（即禁苑）的范围是："东抵宫城，西至孝水，北背邙阜，南距非山。谷洛二水会于其间，周一百二十六里。"按唐代非山在伊阙之西南，以禁苑东面长度向南似不应达于非山。洛阳河流水系记载见《水经注》"洛水又东九迳曲南，其地十里有坂九曲。……洛水又东与豪水会，水出新安县密山，南流历九曲东而南流于洛"九曲应在今新安县和宜阳县境之东部。孝水即指今新安县磁涧西倒北流入涧的河水。东都苑始建于隋炀帝大业元年（605），据《大业杂记》（《丛书集成初编》）二七二号"（大业）元年夏五月，筑西苑，周二百里，其内造十六院，屈曲绕龙麟沟。……每院开东、西、南三门，门并临龙麟渠，渠面阔二十步，上跨飞桥。”另据《资治通鉴》卷一百八十隋纪炀帝：“（大业元年）五月筑西苑，周二百里，其内为海；周十余里，为蓬莱、方丈、瀛洲诸山，高出水百余尺，台、观、阁、殿，罗络山上，向背如神。海北有龙麟渠，萦纡注海内。缘渠作十六院，门皆临渠，每院以四品夫人主之。堂、殿、楼、观，穷极华丽。宫树秋冬凋落，则剪彩为花（华）叶，缀于枝条，色渝则易以新者，常如阳春。……十六院竞以肴羞精丽相高，求布恩宠。上好以月夜从宫女数千，骑游西苑。”2016 年，洛阳市文物考古研究院对东都隋唐洛阳城西苑水系遗址和部分隋唐渠道遗址，西起宜阳县寻村镇夏街村北，东至洛阳市涧西区涧河西岸，东西全长 20 余千米，进行考古调查与发掘发现，渠岸一为堆土夯筑，一为生土掏挖。西苑水系遗迹的出世宛然隋唐龙麟渠的身影再现，为昔日西苑富丽堂皇的堂、殿、楼、观位置的确定提供了勿容争辩的证据。更重要的是为研究洛阳的城址选择、水利开发、生态环境改善，投射出新的光芒。（《隋唐洛阳城西苑水系遗址 2016 年度考古调查与发掘简报》，载《华夏考古》2018 年第 4 期）西苑中最大的宫殿为合璧宫。《唐两京城坊考》及《河南志》载“孝敬皇帝薨于宫（合璧）之绮云殿”，孝敬皇帝即唐高宗子李弘，谥为“孝敬皇帝”，葬缑氏（今河南偃师），墓号“恭陵”。绮云殿待考。凝碧池即隋时之积翠池。安禄山陷两都，王维为安所得，安曾宴其徒于凝碧池。王维潜为诗云：“万户伤心生野烟，百僚何日再朝天。秋槐落叶空宫里，凝碧池头奏管弦。”（见《旧唐书·王维传》）此外，黄女宫与皇女台非一地，皇女台在洛阳城东北，黄女宫在洛阳城西西苑。隋之会通苑，即唐之东都苑。苑中有景华宫。《隋故宫人内司监元氏墓志铭并序》：“宫人元氏，魏郡人。大业三年十一月十二日，卒于景华宫，其年十一月十九日，葬于河南府河南县千金乡北芒之山。”（《洛阳新获墓志》）按此志出土时地不详。

外　郭　城

东京城，隋大业元年筑，曰罗郭城。唐长寿二年，李昭德增筑，按隋时外城仅有短垣，昭德始筑之。改曰金城。按《会要》：天宝二年正月二十八日筑神都罗城，号曰金城。则金城之名非始于武后矣。前直伊阙，后倚邙山，东出瀍水之东，西出涧水之西，雒水贯都，有河汉之象焉。按《三辅黄图》云：始皇筑咸阳宫，端门四达，以象紫宫。引渭水贯都，以象天汉。则炀帝盖仿秦之为也。周五十二里。韦述《记》曰：东面十五里二百一十步，南面十五里七十步，西面十二里一百二十步，北面七里二十步，周回六十九里二百十步。《新书·地理志》曰：东西五千六百十步，南北五千四百七十步，西连苑，北自东城而东二千五百四十步，周二万五千五十步，其崇丈有八尺。《六典》注作西面连苑，距上阳宫七里，北面距徽安门七里。张鷟《判》：有大匠吴淳，掌造东都罗城，墙高九仞，隍深五丈。**南面三门，正南曰定鼎门**，南通伊阙，北对端门。隋曰建国，唐武德年平王世充改。《大唐新语》：长寿三年，则天征天下铜五十万余斤，铁三百三十余万，钱二万七千贯，于定鼎门内铸八棱铜柱，高九十尺，径一丈二尺，题曰大周万国述德天枢。**东曰长夏门**，在定鼎门东五里。广明庚子，汝州招募军李巡光等一千五百人，自雁门回，掠东都南市，焚长夏门而去。盖南市与长夏门惟隔四坊也。**西曰厚载门**。在定鼎门西二里。隋曰白虎门，唐初避庙讳改。**东面三门，北曰上东门**，西对东城之宣仁门。隋曰上春，唐初改。**中曰建春门**，隋曰建阳，唐初改。薛怀义于建春门内敬爱寺别造殿宇，改名佛授记寺。见《旧书·外戚传》。**南曰永通门**。《河南志》作"中曰罗门，南曰建春门"，而无永通之名，惟于注中引韦述《记》曰：建春南曰永通。盖永通后废，作志时已无此门也。今从《六典》、韦述《记》。《续定命录》：樊阳源有表兄任密县令，使人招之，遂出永通门宿。许浑有《出永通门经李氏庄》诗，是唐时有此门也。**北面二门，东曰安喜门**，隋曰喜宁，唐初改。按"喜"或作"善"，非。**西曰徽安门**。《南部新书》：徽安门楼上元多雀鸽，后绝无。清泰中，帝上此楼自焚，俗谓之"火烧门"。《杜鹏举传》：鹏举在洛城暴卒而苏，云见两人持符来召，相引徽安门出，直北上邙山。盖此门外即邙山。**城内纵横各十街**，《河南志》引韦述《记》曰：定鼎门街广百步，上东、建春二横街七十五步，长夏、厚载、永通、徽安、安喜及当左掖门等街，各广六十二步，余小街各广三十一步。**凡坊一百十三，市三**。隋曰里一百三，市三。唐改曰坊。《河南志》引韦述《记》曰：每坊东西南北各广三百步，开十字街，四出趋门。《通鉴》：魏景明二年，司州牧广阳王嘉请筑洛阳三百二十三坊，各方三百步，诏发畿内夫五万人筑之，四旬而罢。按唐时坊一百十三，则魏时坊或兼城外数之，或字误也。又按唐之三市，皆非隋三市之旧，隋无西市，唐无东市。**当皇城端门之南，渡天津桥，至定鼎门，南北大街曰定鼎街**。亦曰天门街，又曰天津街，或曰天街。《河南志》引韦述《记》曰：自端门至定鼎门七里一百三十七步，隋时种樱桃、石榴、榆、柳，中为御道，通泉流渠，今杂植槐、柳等树两行。褚载《定鼎门》诗：郏鄏城高门倚天，九重踪迹尚依然。须知道德无关锁，一闭乾坤一万年。

《校补记》外郭城：长夏门　补注：皇甫枚《三水小牍》：出长夏门，由阙塞渡伊水而东南，践万安山之阴麓。上东门　补注：上东门外有郭仁钧别墅，见《戎幕闲谈》。又《集异记》：裴珙家洛阳，自郑西归，至石桥，有少年以后乘借之，疾驰至上东门而别。珙居水南，促步而进，徘徊通衢，复出上东门，投白马寺西窦温之墅。按水南在归德坊，去上东门甚远。建春门　补注：

《唐阙史》：洛城建春门外有信安卢尚书庄，竹树亭台，芰荷洲岛，实为胜境。又补原注敬爱寺一条之后：《尚书故实》：敬爱寺东廊有雉尾病龙，绘素奇巧入神。《三水小牍》云：东都敬爱寺北禅院从谏，姓张。武宗时毁塔庙，谏潜于皇甫枚之温泉别业。又按，李颀有《敬爱寺古藤歌》。徽安门　注：此门外即北邙山。补注：《录异记》：李义范住邙山玄元观，每入洛，徽安门必歇辔马。又《剧谈录》：北邙山有玄元观，观南有老君庙，庙有吴道子画。杜甫“配极元都閟”诗，即此庙。又《乾馔子》：老君庙东北二百余步，有大邱三四，时号后汉诸陵。有贵戚车出徽安门，抵榆林店，一老翁歌曰：我家在何处？北邙松柏邻。又《纪闻》：婆罗门执幡花出城门北去，至北邙墟墓间。又《朝野佥载》：北邙有白司马坂。

增订：

《唐六典》卷七《工部》：“东都城左成皋，右函谷，前伊阙，后邙山。南面三门，中曰定鼎，左曰长夏，右曰厚载。东面三门，中曰建春，南曰永通，北曰上东。北面二门，东曰安喜，西曰徽安。（注）都城，隋炀帝大业元年，诏左仆射杨素、右庶子宇文恺移故

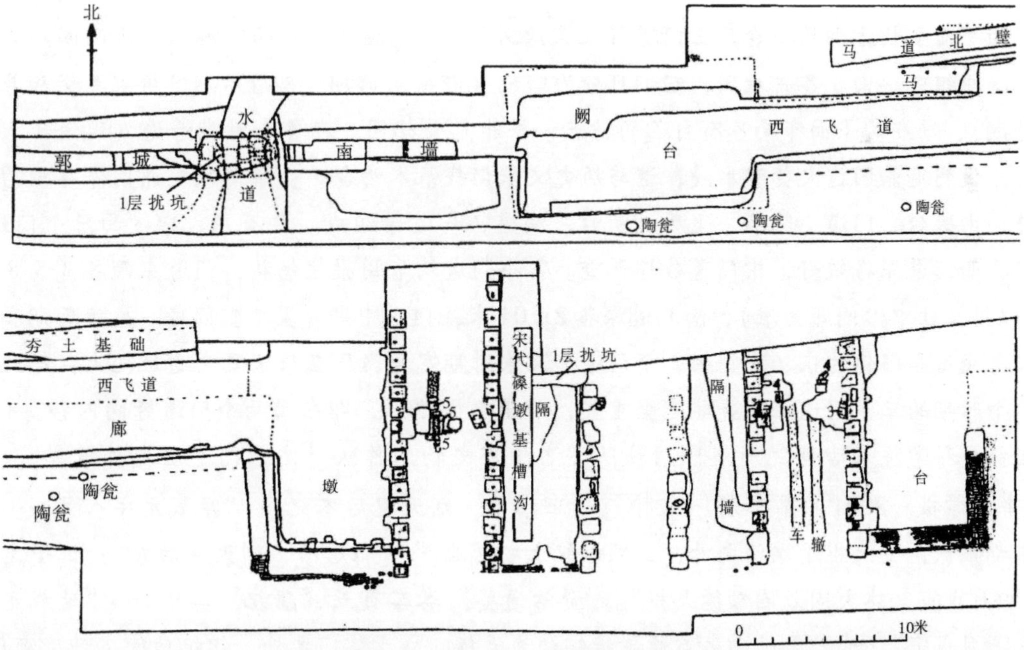

盛唐后期定鼎门遗址平面图

1. 撞石　2. 地栿石　3. 门砧石　4. 曲颊石　5. 车道石

（采自《定鼎门遗址发掘报告》图一一）

都创造也。南直洛水之口，北依邙山之塞，东出瀍水之东，西出涧水之西，雒水贯都，有河汉之象焉。东去故都十八里。……大业末丧乱，为王世充所据。武德四年平充，乃诏焚乾阳殿及建国门，废东都，以为洛州总管府。……贞观六年，改为洛阳宫。十一年，车驾始幸洛阳。显庆二年，复置为东都。……后又命司农少卿韦机更加营造。光宅中，遂改为神都，渐加营构，宫室、百司、市里、郛郭，于是备矣。”**定鼎门** 1954年调查洛阳唐城时，在定鼎门遗址进行发掘，“沿古洛渠调查，在曹家屯东北，发现一高3.15米的土堆。有夯土层，南对伊阙，北值天津桥，叫作城里圪塔。据老乡说：几十年前，土堆西边的道路，还是由洛阳城去龙门的大路。土圪塔南3米处有疙瘩庙，庙基有两块大石，石中心被凿凹下，据说是从当地挖出的……在附近开丁字探沟一条（探沟戊），在深1.9米的土层中出了三块基石”。“从探沟戊发掘情况，可以知道：（1）隋建国门、唐定鼎门的地面，在今地面1.9米下。（2）由第一石两旁俱系夯土的情况看，知系在门洞中。（3）由这三块石的正中俱有圆凹，以及第二、三石圆凹中的红烧土及灰烬和第三石南边的木炭等来看，知此三石均是柱础，并在东都废弃时遭火焚烧。”（阎文儒、阎万钧《两京城坊考补》第706—707页）据考古研究所1959—1965年考察发掘，端门至定鼎门（端门系复原后之位置）之间的距离为4180米，宽度一般在90余米。中国社会科学院考古研究所于1975年和1997年先后两次对定鼎门遗址进行细探，基本上确定了定鼎门遗址的范围。遗址由平面呈长方形的墩台、三门道（北宋除外）、两道隔墙、东西飞廊、东西两阙和左右马道所组成。由于各种原因，它们可分为四期（即盛唐前期、盛唐后期、唐宋之交和北宋时期），每期的平面布局各有自己的特点，并非完全相同。在各个时期普遍发现淤土、炭灰，说明定鼎门遭火焚和水浸，这与历史文献记载基本吻合。盛唐前期定鼎门保存较为完整，由墩台、门道、隔墙、飞廊、阙台、涵道、马道等组成。共有东、中、西三个门道。东、西门道保存较好，中门道破坏严重。三个门道均采用梁架结构，门道东西各宽5.8米（以排叉柱中心间距为准），南北进深各21.04米，门道中部皆置单重门扉。盛唐后期和唐宋之交定鼎门仍为东、中、西三个门道。北宋时期定鼎门压在唐宋之交遗址之上，与此前三个时期的三个门道上下并非完全重叠，而是略微错位，即东西两个门道皆向内移。（中国社会科学院考古研究所洛阳唐城队、洛阳市文物工作队《定鼎门遗址发掘报告》，载《考古学报》2004年第1期）**天枢** 《旧唐书·则天皇后本纪》：“延载元年八月……敛东都铜铁，造天枢于端门之外，立颂以纪上之功业。”《新唐书·则天皇后纪》：证圣元年“四月戊寅，建大周万国颂德天枢”。《资治通鉴》卷二百五《唐纪》二十一：“延载元年秋七月戊寅”，武三思帅四夷酋长请铸铜铁为天枢，立于端门之外，铭纪功德，黜唐颂周；以姚琫为督作使。诸胡聚钱百万亿，买铜铁不能足，赋民间农器以足之。”“证圣元年夏四月，天枢成，高一百五尺，径十二尺，八面，各径五尺。下为铁山，周百七十尺，以铜为蟠龙、麒麟萦绕之，上为腾云承露盘，径三丈，四龙人立捧火珠，高一丈。工人毛婆罗造模，武三思为文，刻百官及四夷酋长名，太后自书其榜曰：大周万国颂德天枢。”天枢矗立在皇城端门之外。**长夏门** 《资治通鉴》卷二百五十三，广明元年九月，“东都奏汝州所募军李光庭等五百人自代州还，过东都，烧安喜门，焚掠市肆，由长夏门去”。而《唐两京城坊考》则云李巡光等率一千五百人，焚长夏门而去，徐松所依据史籍待查。《旧唐书·僖宗纪》：“广明元年四月甲申朔，大雨雹，大风拔两京街树十二三。东都长夏门内古槐，十拔七八，宫殿鸱尾皆落。”长夏门遗址，据1954年阎文儒先生调查：“定鼎门遗址，即在疙瘩庙。……由疙瘩庙向东2231.7米，到潘村东南的水磨厂，那么潘村就应是中午桥。中午桥以北，应是长夏门了。”又据唐杜宝《大业杂记》（续谈助摘录本）记述隋洛阳城南面三门说：“建国门即罗城南正门也……建国门西二里，有白虎门……建

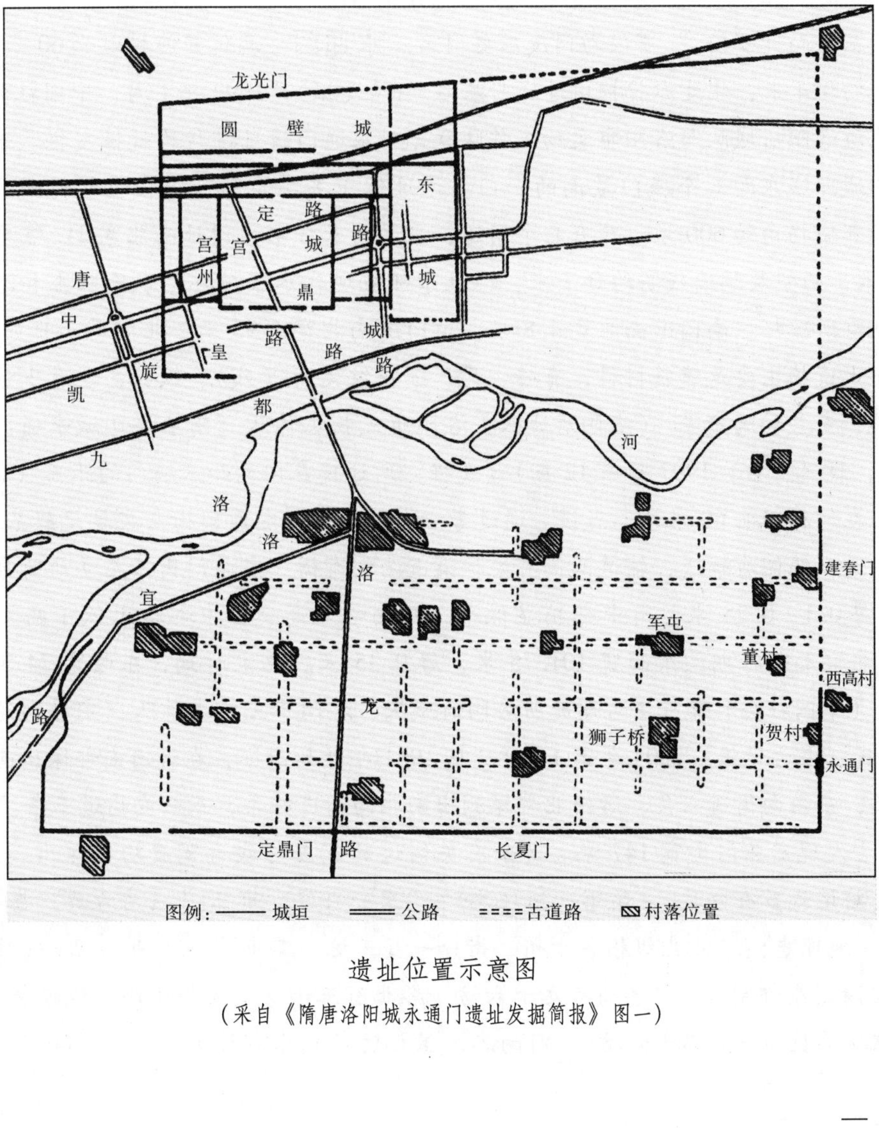

遗址位置示意图

（采自《隋唐洛阳城永通门遗址发掘简报》图一）

国门东五里，有长夏门。”经考古发掘，隋唐东都洛阳的坊近一里方形，因此“建国门东五里，有长夏门”，则长夏门应在建国门东，明教、乐和、尚贤、归德、民和（仁和）五坊之东。《河南志》与《唐两京城坊考》所叙长夏门位置当误。（《丛考》）厚载门　位置在定鼎门西1060米处，被古洛渠水闸破坏，门址全部曾挖出残余基石两排，其间距为5.45米……亦应为三门道之建筑。则两门之间的距离与文献记载完全符合。（《发掘》）上东门　门址由于被洛水冲刷，1954年调查时已无踪迹可寻。按文献记载的位置应在洛阳外郭城东北角以南约1310米的地方，即今塔湾村南附近。（《发掘》）建春门　其位置在今楼子村东侧，南距永通门1456米。门址东部悉被古洛渠破坏，中部为今寨墙占压，经钻探证明亦系三个门道之建筑，宽21米（厚度不详），门道各宽5米，其间隔墙各为3米。（《发掘》）建春门唐末直至五代时仍存，大约毁于元代。《河南志》：“周广顺中犹存，疑国初废寨，而开罗门。”罗门乃门废后之门名。永通门　其位置何村以北60米的地方，距东南角约924米，此处亦曾挖出过城门基石。（《发掘》）1997年1月，中国社会科学院考古研究所洛阳唐城队与洛阳市文物工作队联合对永通门遗址进行抢救性发掘。永通门是隋唐洛阳城郭城东面三个城门最南的一门。遗址位于洛阳市郊区李楼乡贺村南约200米处，南距郭城拐角约600米。共有三个门道，平面为长方形，门址南北宽21.75米，东西残长13米，两壁及隔墙残高约0.7米，门址东部被现代水渠破坏，农民取土和深耕对门址西部也有所破坏。南门道南北宽4.8米，中门道南北宽4.95米，北门道南北宽4.8米。永通门出土遗物主要是建筑材料，有砖、瓦、莲花纹瓦当（残）、铁钉，还有少量生活用品如瓷碗、瓷盏和陶盆等。（洛阳唐城队，洛阳市文物工作队《隋唐洛阳城永通门遗址发掘简报》，载《考古》1997年第12期）《发掘》所述建春门南距永通门的距离（1456米）及永通门在何村以北60米处，当误。通过考古发掘得知，定鼎门街与文献记载基本相同。正中为御道，两侧有辅道，辅道两侧有渠，渠道两侧有树。定鼎门街隋至盛唐时期东西宽116米，厚0.1—0.25米，街中部稍显低平，两侧略显高突，中部路上低于两侧路土约0.4米。唐宋之交时期，东西宽101.75米，厚0.35米。北宋时期，东西宽74.3米，厚0.35米。（中国社会科学院考古研究所洛阳唐城队、洛阳市文物工作队《定鼎门遗址发掘报告》，载《考古学报》2004年第1期）“从1961年开始勘察，在洛河南部探出南北向街道十二条，东西向街道六条；洛河北部探测出南北向街道四条，东西向街道三条。”（《续记》）考古发现定鼎门街宽147米。其余有关街道的宽度与残存宽度均已探出。东都坊、市数，史籍记载多有分歧。《隋书·地理志》：“里一百三，市三。”《唐六典》卷七同上。《旧唐书·地理志》：“都内纵横各十街，街分一百三坊，二市。”《大业杂记》（续谈助摘录本）记隋创东都制度：“洛南有九十六坊，洛北有三十坊，大街小陌，纵横相对。”洛河南北诸坊总数为一百二十六坊。《河南志》虽记述唐代东都坊里名称、位置，但未载总数。徐松据以作《唐两京城坊考》，文图自相牴牾，竟有一百一十坊、一百一十一坊与一百一十三坊之记。若据《旧唐书·地理志》“都内纵横各十街”，除去东郭顺城街、厚载门街及城西南隅数坊，东西有十条南北街。同理，不计南、北郭顺城街及洛河南岸两列小坊，南北也有十条东西向的横街，这纵横十街平面布局使得洛河南共六行十一列坊里，为六十六坊（丰都市居四坊），洛河北岸共五行六列坊里，居三十坊（通远市居二坊），共计九十六坊。其中除去隋初之丰都市四坊、大同市一坊、通远市二坊共七坊地，余为八十九坊，再合计洛南后增之十四小坊，恰为一百零三坊，实如《隋书·地理志》所指。《唐六典》所载循隋初之制。《旧唐书·地理志》所记“一百三坊，二市”既是因循旧说，再加上唐代西市设置时间较短，故有“一百三坊，二市”之说。但唐贞观之后，东都坊、市变动较多，如贞观九年于南市之地增设永泰、临圜、通利三坊，而南市较贞观九年前的四坊仅保留一坊半。后期屡有变迁，故坊（里）数目有不同记述。韦述《两京新记》“自端门至定鼎门七里一百三十步”折合今3905.79米，今实测端门至定鼎门间距为4180米，尚有274.21米之差距。“关于里坊的形制，各文献记载多言‘东西南北各广三百米’，是为正方形，折合今尺每坊的长宽尺度均为441米，但《两京新记》在慈惠坊条下有‘此坊半已北，即雒水之横堤’的记载，《河南志》卷一，在南市条下也有‘贞观九年促半坊，其下通利坊居半坊’的记载，这就与各坊均为三百见方之说不符。《河南志》图与《两京城坊考》图所绘的坊里，也大小不同，形状各异，把洛阳城的里坊称‘东西南北各广三百米’，也许这是当时规划时一种设计数字而已。我们探出来的街道与街道之间的坊里范围，就洛南的一部分而言，除定鼎门街西第二列坊东西尺度显得较小一些外（460米），其余各坊的尺度均在500—580米，南北尺度在530—560米，虽说不是原来的实际尺度，但大体形状还算规整。偌大一座城市，真正做到‘闾巷皆中绳墨’也不太实际，但就其平面布局来看，的确也谈得上‘畦分棋布’了。倘若我们把探出的街道，按文献的宽度复原，里坊范围就能缩小到东西470—520米，南北480—530米。”（《续记》）按唐代洛阳各里坊的面积，《续记》有附表详细记录。

定鼎门街东第一街，从南第一曰明教坊。

龙兴观。西南隅，尚书右丞宋璟宅。《太平御览》：璟造宅悉东西相对，不为斜曲，以避恶名。颜鲁公《宋璟碑》：薨于东都明教里第。南门之东，清河县子国子司业崔融宅。《太平御览》：融为则天哀册，用思精苦，下直，马过其门不觉，文就而卒。

增订：

明教坊　位于今赵村西、曹屯东北，洛（阳）龙（门）公路正穿过该坊的东部。该坊的坊墙墙基还保存了西面及北面一部分。墙系夯筑。北墙距坊北横街路土约15米、残宽1.4米、残长240米，其中破坏中断了五六米。保存最高的地方为0.6米。西墙距定鼎门街路土约25—28米，这段探得的宽度为2米，残长114米。保存最高处为0.8米。但在坊的南半部相对的位置也探出一段夯墙宽4米，长24米。看来也是西墙残迹。该坊中部发现东西向和南北向街道各一条，相交成十字形。两街宽度、厚度基本相同，均宽14米、厚0.2米。街面距今地表1.3米。东西街保存完好，东接坊东大街路上，西接定鼎门大街路土。南北街南端及北端均被破坏，残存中间340米一段。街道两旁有些砖瓦残块。在坊内西北部距西墙约20米、距北墙约80米处、长约25米的一段范围内，有大量的砖瓦、木炭及灰土堆积。靠近坊的西北角，距西墙4米、北墙5米处，在地表深1米的地方也见石灰渣，其下为碎砖瓦块，砖瓦堆积厚约0.5米，钻探时还带出一件残黄釉瓷壶耳。坊内东西街直接坊外两侧大街，说明东西坊门的位置即在此处。西北部的大量砖瓦堆积，应该是破坏后的坊内建筑。洛阳东都城由于洛水贯都的原因，沿河两岸里坊常常被洪水冲毁，经常造成漂流庐舍、溺死居民的景况。（《续记》）龙兴观　《全唐文》卷二三一张说《和丽妃神道碑铭奉敕撰》："开元十四年七月十四日薨于春华殿，殡于龙兴观之精屋，示以出家，从道例也。"银青光禄大夫礼部尚书成公崔翘宅　崔翘字明微，清河东武城人。曾祖君实，大父悬解，考文融。崔翘为融第二子。翘元兄贞公禹锡为礼部郎，从父兄尚为右史，翘迁中书舍人，时人谓为三张兄弟，荣耀当时。翘历水部、虞部、考功、吏部四郎中，擢礼部尚书。天宝九载冬十二月三日，薨于洛师明教里之私第，越若来十月庚午，葬洛南万安山之阳，陪父公（父融）旧茔。有子五人：秀、陟、同、异、或。（《补遗九辑》）按崔翘新旧《唐书》有传。崔翘墓志可补《新唐书》卷七十二下《宰相世系》记载之缺遗。常州江阴县主簿崔岐宅　崔岐妻荥阳郑氏，宜州广德县主簿迥之次女，及笄归于崔门。开成二年夏五月二十有四日，终于河南府河南县明教里之私第，即以其年秋八月二十三日，祔于河南府颍阳县颍原乡高董村之西原先茔之右。伊人前后诞育四子。（《西市藏志》）河南府士曹参军崔同宅　《唐故卢夫人墓志铭并序》：崔同夫人卢氏，讳谈，字德宗，范阳人。右监门卫将军赠兖州都

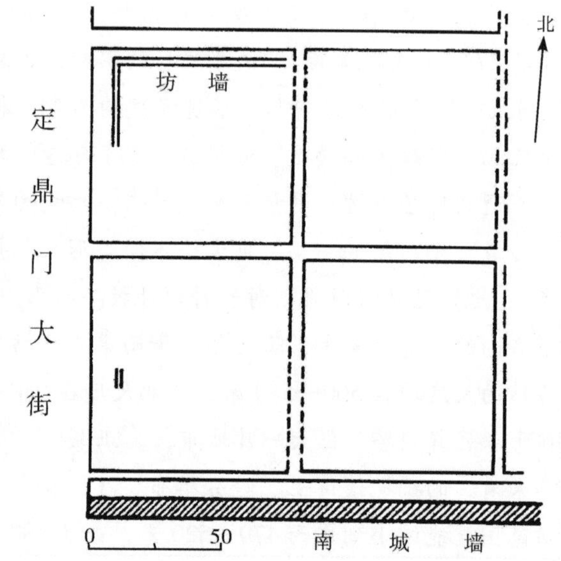

明教坊钻探示意图

（采自《考古》1987年第6期）

督正言之孙，朝散大夫深州司马胱之女，礼部尚书赠江陵郡大都督成公崔讳翘之子妇，河南府士曹参军同之妻。天宝十载六月十七日，终于河南府明教里之私第，越冬十月二十一日，葬于洛阳万安山之阳。崔同，《新唐书·表》《唐郎官石柱题名考》均记载。卢谈墓志2002年，河南洛阳出土。(《释录》) 按墓志记述葬于洛阳南万安山之阳，当在今伊川县境。(《碑林集刊》[十二] 2006年) 据《新唐书》卷七十二下《宰相世系》载有两崔同。一谓南祖崔氏崔翘（礼部尚书清河成公）之子，大理少卿崔同，即卢谈之夫君，有子峰、廞、平仲。另一崔同是清河大房崔同，博州刺史，父求言，祖子聿（后魏东莞太守）。山东桓台县拿云博物馆馆长刘建先生奉献《唐故朝议郎行冀州枣强县令上柱国崔府君墓志铭并序》(《补遗九辑》) 载崔同字立忠，博陵安平人。曾祖辉琳，齐奉朝请中坚将军济州别驾。祖义谦，隋检校邢州刺史。父玄宪。崔同以太学明经高第，历定王府参军，左监门卫兵曹参军事、定州无极令，策勋上柱国，迁冀州枣强令。开元十三年正月二十日，终于河南府之私第，春秋六十五，开元二十七年十月二十六日，葬于万安山之南原。夫人，太原王氏，王仁表之孙，王冲之女。嗣子易知等。此又一崔同。按河南府士曹军夫人卢谈与枣强县令崔同，均葬于万安山之阳或南原，应在一地。其中关系待考。

次北宜人坊。本曰宜民，避唐太宗讳改，或作“仁”者，非。

半坊太常寺药园。本隋齐王暕宅。西南隅，荷泽寺。

增订：

宜人坊　韦述《两京记》：“东京宜人坊，其半本隋齐王暕宅。炀帝爱子，初欲尽坊为宅，帝问宇文恺曰：‘里名为何?’恺曰：‘里名宜人’。帝曰：‘既号宜人，奈何无人，可以半为王宅。’”(《太平御览》卷一百八十) 半坊太常寺药园　齐东方《魏晋隋唐城市里坊制度——考古学的印证》：“疑‘药’为‘乐’之误。因繁体‘藥’‘樂’字体相近所误。太常寺掌邦国礼乐、郊庙、社稷之事，与药物无关，《唐六典》卷一四《太常寺》云：‘凡备大享之器物又四院，各以其物而分贮焉。’或为放置礼乐用具之地。”(《唐研究》第九卷) 荷泽寺　《唐会要》卷四十八《菏泽寺》宜人坊。太极元年二月十七日，睿宗在藩，为武太后追福所立。初名慈泽寺，神龙二年，改为菏泽寺，其时于西京亦立菏泽寺。《洛阳出土历代墓志辑绳》载有永泰元年十一月十五日所立之《大唐东都荷泽寺殁故第七祖国师大德于龙门宝应寺龙岗腹建身塔铭并序》。左率府翊卫吏部常选辅思让宅　辅思让先天二年一十一月一日，终于宜仁里之私第，其年十一月二十二日，葬于洛阳县清风乡邙之原。1989年辅思让墓志出土于孟津县送庄乡。(《洛阳新获墓志》) 左豹韬卫兵曹参军柳府君夫人长孙氏宅　长孙氏，河南洛阳人。高祖曜，隋太中大夫。父官至州刺史。长孙氏夫君无嗣早殒，有二女。开元二十二年七月二十四日，厝于洛阳县宜仁里第，春秋六十有七，临终遗言，可为孤坟。(《西市藏志》)

次北淳化坊。

祁国公赠太尉益州大都督王仁皎宅。

增订：

洛州济源县尉李晏宅　李晏字景宁，陇西成纪人。父云将，大中大夫洛州司马上柱国。李晏二十三补国子学生，寻以进士擢第，释褐相州滏阳县尉，秩终，授鸿州栎阳县主簿、洛州济源县尉。长安四年七月八日遇疾，卒于洛州合宫县之淳化里，春秋四十八，即以其月十四日，权殡于合宫县龙门乡。嗣子归明等。(《拾零》) 银青光禄大夫行内侍省内侍杨玄福宅　杨玄福，弘农人。长寿二年入仕，直于司宫台，于内侍省任职三十年。开元二十二年加银青光禄大夫，二十九年十月二十四日，暴奄于东京淳化里之私第。天宝元年正月二十七日，葬于国南圆丘坛之前原。(《补遗千唐志斋新藏专辑》) 暂居《唐故大中大夫邵阳郡太守杨府君墓志铭并序》：杨忠梗，弘农华阴人。曾祖都水使者续。祖雍州司兵祯。父陈州刺史正言。天宝二年建丑旬有五日庚辰，杨忠梗卒于河南淳化里之暂居，乃窆于河南平乐乡之原。(《补遗八辑》) 河州刺史冉府君宅　冉府君长子冉祖求亡于洛州之淳化里，永淳二年八月十一日，葬于合宫县之龙门原，天册万岁元年正月二十八日，迁祔于定鼎原之大茔。(《辑绳》)

次北安业坊。隋有薛道衡宅。《广异记》：开元末，东京安宜坊有书生，夜中理书，鬼邀之，出坊至寺门铺，俄至定鼎门内。安宜当即安业之讹。

太仆寺。典厩署。霍王元轨宅。李怀远宅。

增订：

殿中少监唐府君夫人秀容县君阎氏宅　阎氏是唐初著名建筑与工艺家阎立德之女，载初元年一月八日，终于神都安业里，以其年腊月二十五日，殡于合宫县之龙门乡。(邢富华、高金照、李德方《唐府君夫人秀容县君阎氏墓志考略》，载《考古与文物》1998 年第 4 期) 按殿中少监唐府君姓名，墓志缺载，其子为唐从。据《北史·阎庆传》《隋书·阎毗传》《旧唐书·阎立德传》可知阎立德、阎立本兄弟之世系如下：

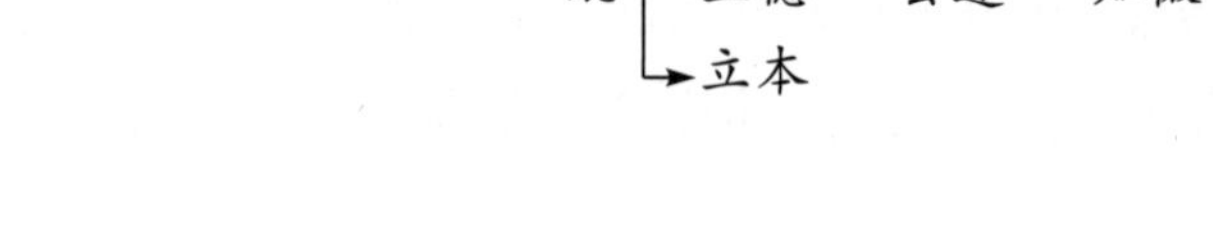

姚氏王夫人宅　夫人号清净观，太原人。天宝十一载十二月一日，终于东京安业里私第，十二载正月七日，窆于河南县龙门乡西原。（《补遗八辑》）张毖宅　张毖字慎交，清河人。天宝十三载三月辛亥，终于河南安业里之私第，其载五月壬寅，迁窆于邙山之阳。（汴博）河南府密县丞薛迅宅　薛迅，河东汾阴人。贞元十七年七月二十二日，终于东都安业里之私第，其年十一月十二日，权窆于河南县平乐乡北邙山之原。（《千唐志》）河中府户曹元府君夫人李真宅　李真父恽，河南府温县尉。李真既笄归于元公，元公北魏帝王之裔。祖怀景，尚书右丞。父元彦冲，河南道采访使。元公早以门荫入仕，终河中府户曹。元和五年十二月八日，李真终于东都安业里之私第，享年六十五，以明年十月十二日，合祔于先公之茔。（《西市藏志》）正议大夫守殿中监王翼宅　王翼字鹏轩，太原人。大和七年四月二十八日，终于东都安业坊安业里之私第，明年正月二十日，祔于北邙新阙。（《千唐志》）

次北修文坊。隋立国子学于此，因曰修文。有麦铁杖宅。

弘道观。显庆二年，尽并一坊之地为雍王宅。王升储，立为弘道观，因改坊名曰弘道。按《会要》：章怀太子于咸亨三年徙封雍王，则显庆时不得有雍王宅也。《河南志》原注误。《名画记》：弘道观《东封图》是吴道玄画。《两京记》乃云非名手，误也。

增订：

弘道观　弘道观主三洞法师侯敬忠，郑州管城人。“永昌之岁，有逆僧怀义恃宠作威抑尊师为僧，经四载，怏怏不得其志，登封年遂抗表愿复其道人”，举为弘道观主，开元四年迁化于弘道之别院，葬邙山老君庙西北原。（《北图石汇》）常存法师墓志铭：法师常存字元嵩。开元四年擢授本（弘道）观监斋兼任法师。开元十五年二月二十日终于精思之本院。（《北图石汇》）《大唐故东京大弘道观三洞先生张尊师玄宫志铭》：“先生讳来运，南阳人。以天宝首岁九月十一日，修然返真，春秋七十二。”朝散大夫滁州别驾萧谦夫人彭城刘氏（洛阳主簿刘延续之女），开元二十二年七月八日，终于东都弘道观，二十三年九月八日与别驾府君合于河南县平乐乡北邙之平原旧茔。（《辑绳》）尚辇直长崔公夫人郑敏宅　郑敏以开元二十八年七月二十五日，怛化于修文里私第。以其年八月十八日归厝于杜郭原，与尚辇直长府君同茔而异穴。（《千唐志》）

次北尚善坊。

太史监。本崇贤馆。宗正寺。内仆局。右骁卫大将军阿史那忠宅。《阿史那忠碑》：薨于洛阳尚善里之私第。岐王范宅。本武三思宅，宅有薛稷画鹤。《旧书·外戚传》：武崇训尚安乐郡主，时三思用事于朝，欲宠其礼，中宗为太子在东宫，三思宅在天津桥南，自重光门内行亲迎礼，归于其宅。薛王业宅。本太平公主宅。坊北，天津桥。《元和郡县志》：天津桥在河南县北四里，隋炀帝大业元年初造。此桥以架雒水，用大船维舟，皆以铁锁钩连之，南北两路，对起四楼，其楼为日月表胜之象，然洛水溢，浮桥辄坏。贞观十四年，更令石工〔原误为上，今据《元和郡县图志》改正〕累方石为脚。《尔雅》：斗牛之间为天汉之津，故名取焉。按唐人由西京至东都，皆由天津桥。高宗还东都，百官见于天津桥南是也。白居易诗："津桥东北斗亭西，到此令人诗思迷。"

《校补记》：尚善坊 坊北天津桥，注：贞观十四年，更令石上，校：《元和郡县志》作"石工"。补一条并注：天津桥天宫寺，注：《续玄怪录》：李愬登天津桥，因入憩天宫寺。《原化记》：华严和尚在洛都天宫寺，弟子三百余人。《两京记》：洛都天宫寺秀师，玄鉴默识，中若符契。《独异志》：天宫寺有吴道玄画。

增订：

天宫寺 《续高僧传》卷二十三下《释明导传》："（龙朔二年）奉敕别住东都天宫寺。"同书同卷《释昙光传》："敕召住天宫寺。"《新唐书·五行志》："长寿中，东都天宫寺泥像皆流汗霢霂。"洛阳龙门藏《大唐东都弘圣寺故临坛大德释真坚经幢铭》："初准敕住天宫寺，后奉敕移住弘圣寺。大历中，充会善寺临坛十大德……后学莫不遵崇，宗旨远近，流行乃至新罗异域，（兴元元年）终于弘圣寺本院，期十五日，于东都龙门西天竺寺南凹面阳安厝……"（张乃翥《龙门藏幢读跋两题》，载《敦煌研究》1989 年第 2 期）按张乃翥谓"天宫寺在东都劝善坊，高祖龙潜旧宅所改置。其时释林大师明略、清扩、惠秀、宝思维、神秀等初唐高僧多于该寺挂锡知任。龙朔元年（661）高宗又亲奉此寺并别度僧二十人（《旧唐书·高宗纪》），铭文之中会善寺在中岳嵩山太室西麓"。天宫寺，据《唐会要》卷四八"观（劝）善坊，高祖龙潜旧宅，贞观六年立为寺"，似应在劝善坊。如按《续玄怪录》所记"李愬登天津桥，因入憩天宫寺"来看，天宫寺近天津桥，而天津桥在皇城端门南，南对定鼎门。又《元和郡县志》载天津桥在河南县北四里，河南县在宽政坊，县北四里则应是积善坊和尚善坊两坊之间的北部，因此，天宫寺应在尚善坊，而不在劝善坊。弘圣寺在龙门伊阙北侧寺沟西端。按真坚于佛学造诣很高，宗旨远近，流行乃至新罗异城。其时新罗沙门明朗、慈藏、惠通、明晓、惠超等入唐求法，而中国僧人义林远涉新罗传述密宗。龙门石窟新罗像龛的存在，正是这一历史现实的反映。天津桥 "天宝末，术士钱知微尝至洛，遂榜天津桥表柱卖卜，一卦帛十疋。历旬，人皆不诣之。一日，有贵公子意其必异，命帛如数卜焉……"（《酉阳杂俎》）隋故大将军永康公李药王宅 李药王，陇西狄道人。曾祖欢。大父义。考诠，隋赵郡太守。隋开皇九年，授李药王上开府仪同三司袭爵永康公。开皇十四年授南宁道行军总管，开皇二十年又授朔州道行军总管。“深入虏庭，长驱漠北，亟摧骨都之阵，屡挫射雕之锋。既而单于畏威，左贤震慑，悉穹庐之长，倾引弓之民……”于时仆射杨素忌公（李药王）雄烈，因而免除，屏迹私庭。隋大业九年正月十九日，终于东都尚善里舍，春秋四十有七，其月十九日，迁厝于雍州长安县之高阳原。李药王三弟刑部尚书、检校中书令，永乐公药师（李靖）。(聂微萌《唐初元勋的家族历程——以〈李药王墓志〉与李靖家族为中心》，载《唐研究》第十七卷2011年；《西市藏志》）**益州大都督府司马上骑都尉崔承福宅** 乾封元年十一月三日，卢承福薨于益府公馆，二年十月二十二日，迁祔于东都洛阳县清风乡之平原，去上春门（上东门）东北七里。夫人彭城刘氏，刑部尚书彭城公之长女，曰平寿县主。麟德元年十二月十七日，薨于河南县尚善里之私第。卢承福及曾孙卢嵩墓志出土于洛阳市白马寺镇杨坟（杨文）村，距唐上东门遗址里程与墓志所记符合。（宋云涛、李献奇《唐卢承福卢嵩卢元衡墓志考略》，载《中原文物》1998年第3期）**右骁卫大将军赠荆州大都督上柱国薛国公阿史那忠宅** 阿史那忠字义节，突厥人。上元二年五月二十四日，薨于洛阳尚善里之私第，上元二年十月十五日迁葬昭陵。忠妻，定襄县主，与唐太宗子纪王慎、第十女临川公主是同母所生。阿史那忠墓志1972年出土于礼泉县西周村西。(《唐阿史那忠墓发掘简报》载，《考古》1977年第2期）洛阳龙门石窟宾阳南洞至敬善寺的栈道旁的崖面上有“右骁卫大将军薛国公阿史那忠造”的造像。今造像已不存，题记仍在。在阿史那忠之后，自他儿子起，其姓氏已改为史氏。龙门石窟火烧洞以南壁上有“左玉钤将军薛国公史□，夫人李氏，垂拱二年十二月八日敬造”的造像题记。结合《旧唐书》阿史那忠传记载说明“史□”，即为“史暕”，阿史那忠子元暕。2003年出土于洛阳的阿那忠曾孙史瓘墓志，称曾祖忠，祖元暕。史瓘迁化于兴敬里之私第。此外《旧唐书·突厥传》载史大奈，本阿史那氏，唐初被赐姓史。《史继先墓志》称为突厥墨特勤子，开元四年归唐，唐肃宗赐为史氏。**右金吾卫胄曹参军沈齐文宅** 沈齐文字正人，吴兴武康人。乾封元年以国子明经擢第，补秘书省校书郎。垂拱四年五月三日，卒于神都尚善里第。即以其年十月十七日，葬于北邙山之茔。(《千唐志》）**朝散大夫行司宫台奚官局令莫义宅** 莫义字承符，京兆万年人。于长寿二年正月十七日，卒于尚善里之私第，以其年腊月十三日，葬于合宫县界邙山曲。（汴博）**南充郡司马高琛宅** 高琛，渤海蓨人。天宝八载七月十六日，终于东京尚善里所。以其载八月二十二日，窆于洛阳县平阴原。(《千唐志》）**赵若丘宅** 赵若丘宅在京兆崇贤坊。夫人杜陵史氏，春秋三十有六，久视元年十月九日，卒于河南尚善里之私第。**东都留守都防御都押衙兼都虞侯正议大夫检校太子宾客张君夫人巩内范宅** 夫人巩内范字守规。享年七十，殁于上善里之私第，咸通二年十一月二日，归葬于河南县平洛乡杜郭村祔先府君之墓。(《千唐志》）**乡贡进士张晔宅** 张晔字日章，其先南阳人。咸通十一年七月二十二日，薨于上善里第，是岁十一月十二日与夫人赵氏小君合葬于洛北平乐乡杜翟村东原先茔之左。（《千唐志》）按：张晔不见唐史记述，其墓志云："学广如江海之渺弥，文华并天星之焕烂，高谈则龙飞豹变，下笔则烟霏雾凝。……公应进士举天下知名，著古律诗千余篇，风雅其来，莫之能上。览者靡不师服。"鄂州观察判官卢端公庳顷为河南府掾充考试官，谓诸寮友曰："张子之文，自梁宋以来，未之有也。"其诗亦佳，如《寄征衣》："开箱整霞绮，欲制万里衣。愁剪鸳鸯破，恐为相背飞。"《北梦琐言》卷九第164条中云："江淮间有徐月英，名娼也，其送人诗云：'惆怅人间事久违，两人同去一人归。生憎平望亭前水，忍照鸳鸯相背飞。'"载以备览。

右定鼎门街东第一街，六坊。

定鼎门街东第二街，北隔雒水，当皇城之左掖门。从南第一曰乐和坊。

国子学。本韩王元嘉宅。同凤阁鸾台平章事建昌郡王武攸宁宅。齐景胄宅。工部侍郎李适宅。吏部尚书李景让宅。《新书·李景让传》：景让宅东都乐和里，世称清德者，号乐和李公云。

增订：

齐武阳县令张冏妻苏恒宅　夫人苏恒，大业八年十二月二十四日，卒于河南郡乐和里之第。大业九年二月十七日，合葬于河南北邙山。（《汉魏南北朝墓志集释》图版406，以下简称《集释》）朝散郎行洛州洛阳县尉薛矩宅　薛矩字尚信，河东汾阴人。考玄祐，隋弘农县长，唐邢州司马。调露元年十二月三日，薛矩奄终于洛州河南县乐和里之私第，其年十二月二十六日，祔于伊阙县慈归乡信义里之旧茔。（《补遗八辑》）左金吾卫大将军王公夫人陈宁宅　陈宁，河南府陆浑县人。年十七，归于左羽林卫将军河东郡开国侯太原王公之门。妻以夫贵，封颍川郡夫人。开元元年八月十日，陈宁终于河南府乐和坊之私第，开元三年八月二十三日，合葬于河东侯旧茔。（《补遗八辑》）右监门率府兵曹李绪宅　李绪妻崔自蕙，清河东武城人。开元二十八年十月二十八日，遘疾于乐和私第，没于龙兴寺舍。翌月八日，殡于国门之西南龙门原。（《拾零》）汾州司户参军复州竟陵县尉刘永宅　刘永，开元初尚书左仆射徐国公之子。刘永夫人陇西李氏，大历十年十二月二十五日，终于东都乐和里，大历十一年正月七日，厝于龙门山西□之东。（《洛阳新获墓志》）

次北正平坊。正或作政，非。

孔子庙。国子监。开元初，秘书监吴道师撰碑立庙前。《旧书·儒学传》：尹知章卒，门人孙季良等立碑于东都国子监之门外，以颂其德。安国女道士观。本太平公主宅。安庆绪囚甄济于安国观，见《旧书·忠义传》。李商隐为马懿公郡夫人王氏黄箓斋文：妾某住河南府河南县正平坊安国观内。**常州刺史平贞昚宅**。张说《平贞昚碑》：薨于河南之正平里第。**兵部尚书李迥秀宅** 《旧书·本传》：所居宅中生芝草数茎，又有猫为犬所乳，中宗以为孝感所致，使旌其门闾。**左散骑常侍襄阳郡王路应宅**。韩愈《路应碑》：薨于东都正平里第。

增订：

安国女道士观 《朝野佥载》卷一："开元二年，安国观道士李若虚不告姓名，暗使推之云：此人（指张鷟）今年身在天牢，负大辟之罪，乃可以免。不然，病当死，无救法。"刘禹锡《经东都安国观九仙公主旧院作》："仙院御沟东，今来事不同。……武皇宫驻跸，亲问主人翁。"东都安国观大洞王虚明炼师，是河南府陆浑县丞王埼之季女。大中十二年十二月九日，迁化于安国观精思殿之西院。外甥崔格撰墓志。（《洛阳新获墓志续编》）《唐语林》卷七："政平坊安国观，明皇时玉真公主所建。门楼高九十尺，而柱端无斜。殿南有精思院，琢玉为天尊、老君之像。叶法善、罗公远、张果先生，并图形于壁。院南池引御池渠水注之，叠石像蓬莱、方丈、瀛洲三山。女冠多上阳宫人。其东与国学相接。咸通有书生云：尝闻山池内步虚笙磬之音。卢尚书有诗云："夕照纱窗起暗尘，青松绕殿不知春。闲房白首诵经者，半是客中歌舞人。"**安国观** 《唐故博陵崔夫人墓志铭并序》：崔夫人，博陵人，号上元真。祖俨，卫州录事参军。烈考绰，太原府清源县令。皇妣河东裴氏。早岁归于侍御史北平阳君，"既孀之后，心归至教，愿披冠褐，投躯道门，冥符至诚"。元和十三年九月十八日遘疾，终于东都安国观院，享年七十一，以其年十月二十三日，理命葬于偃师县土楼西原，即阳君茔之右。嗣子促宪。崔夫人墓志2001年于偃师出土。（《释录》）按崔夫人墓志为文林郎前守郑州参军侯造述。侯造，《唐朝名画录》（唐朱景云撰）列为画家"能"品，花竹画家，并善画牛。**右领军卫将军上柱国新城县开国伯薛璇宅** 开元二十年七月辛丑朔，薛璇卒于东都正平里第，其年八月辛未朔二十日庚寅，安葬于河南之北原。（《千唐志》）**中大夫使持节原州诸军事检校原州都督群牧都副使赐紫金鱼袋赠太仆卿上柱国修武县开国男韦衡宅** 韦衡字南岳，京兆杜陵人。祖产方，苏州长史。父徽，棣州蒲台县令。母和顺县主。韦衡与中宗韦皇后同族，长期任职于牧监，为唐代陇右牧业做出重要贡献。如墓志所载："贞观中，海内平定，偃革休兵，归马于汧陇以西，其数仅三千余疋，而太仆张万岁修其职焉。自后又有特进王毛仲，太仆少卿张景顺，分彼正倅，更承渥恩。岁月其除，颠复厥德。主上复文武之旧业。惩张王之失官，知臣在君，慎择为务……"韦衡以代景顺之后，能"帑盈其财，庾积其谷，蕃息且倍"。韦衡薨后，皇帝下诏："（韦衡）才明干时，坚直为用。典五原之群，司六牧之坰。惠泱氓谣，功宣授职。宜追正仆，以备饰终，可赠太仆卿……”韦衡另有墓志《唐故中大夫平凉郡都督陇右群牧使赐紫金鱼袋上柱国修武县开国男赠太仆卿韦公墓志铭并序》载《补遗八辑》，其述韦衡卒葬时地与前志同，又载：“夫人谯郡夏侯氏，皇秘书监端之孙女也。……天宝十有二载五月二十四日，终于武德县之廨宇。有仲子交云，嗣修武县开国男，季子寂，任武德县丞。”天宝十三载正月十日，窆于清风乡原。按此韦衡墓志为中书舍人张渐纂。前志为左领军卫仓曹参军赵骅述。开元二十年十月九日，终于东京政平里之私第。先葬于北邙山平阴之原。天宝元载十月二日，改窆于洛阳县清风乡之原。韦衡墓志2000年10月出土于洛阳市孟津县白鹿庄村南，东山头村北墓中。（赵振华《〈韦衡墓志〉与盛唐马政》，《碑林集刊》［八］2002年）河南尹裴迥私第　《有唐李殇子墓志之铭》载：殇子姓李氏，名洪钧，字家奴。我巨唐孝景皇帝之裔，晋城君翼之长子。年五岁以天宝十四载六月二十二日，夭于洛阳政平里外祖父河南尹裴迥之私第，以其秋七月九日，归祔于太行山南原。1987年7月，沁阳市王庄乡张庄村农民在砖瓦窑起土时发现李洪钧墓志。（《新中国出土墓志》河南［壹］，文物出版社，1994年）李氏宾馆　陆浑县令裴行著，字长裕，河东闻喜人。大中四年二月二十九日，终于东京正平里李氏之宾馆，其年四月十二日，归葬于京兆府东县浐川郑村先户曹府君之茔侧。（《补遗三辑》）路家宅　守河南府陆浑县令李胤之为女第娘撰墓志称：第娘于大中十一年十一月十一日，终于东都政平坊路家宅中院，其年十二月二十七日，祔葬于河南县龙门乡孙村亲妹之茔。（《辑绳》）按李胤之第二女国娘（十八娘子）大中三年殁于东京彰善坊，先于第娘（十七娘）九年而殁。

次北修行坊。

奉国寺。本张易之宅。白居易有《东都奉国寺禅德大师照公塔铭》。豆卢钦望宅。银青光禄大夫致仕李义琰宅。《旧书》本传：义琰宅无正寝，弟义琎市堂材送焉，义琰竟不营构。及将归东都田里，公卿已下相饯于通化门外，时人以比汉之二疏。刘轲宅。刘轲《陈玄奘塔铭》：岁丁巳，开成纪年之明年，有具寿沙门曰令检，自上京抵洛，师以缥囊盛三藏遗文传记，访余柴门于行修里。行修即修行之讹。太常少卿杜氏宅。温庭筠有《和太常杜少卿东都修行里嘉莲》诗。

增订：

按《唐两京城坊考》于修行坊刘轲宅下改“行修”为“修行”，误。应正名“行修坊”。

奉国寺　《□□□京大奉国寺故上座龛茔记》：□□□□忠，俗姓高氏，平阳郡人。神龙初置奉国寺。（《芒洛补遗》）狮子园　《洛阳县志》卷二十三《名园记》：狮子园，修行坊。亦名东御园。**兰台□书郎大节宅** 大节之女，龙朔三年六月十一日，卒于行修坊之里第。十四日窆于北邙之旧茔。(《千唐志》) 按《北图石汇》第十四册题为漫仢，应为兰台校书郎，琅琊临沂人，姓王。另据陈久恒先生《唐东都洛阳坊里宅第补》(《中国考古学研究》[二]，科学出版社，1986年。以下简称《宅第补》)。**汤某宅** 唐女汤圀墓志铭：女曰汤圀，琅琊临沂人，龙朔三年六月二十一日，卒于行修坊之里第，春秋一十有一。**徵士樊赤松宅** 樊赤松字贞白，南阳人。上元元年十二月二十八日，终于洛州行修里第。二年正月殡于邙山旧茔之后。(洛古馆) **连州同户参军郑弘劼宅** 郑弘劼，字固，荥阳开封人。曾祖道邕，后魏中书令周司空谥贞公，隋赠六州刺史谥文公。祖诠，唐蜀郡太守，许昌县伯。父元睿，□书郎范阳令。郑弘劼擢第授阆州新井县丞，贬授连州同户参军。龙朔元年四月六日，终于舒州司马之官舍。夫人京兆韦氏，父叔衡，司勋郎中。天授三年十二月二日，夫人终于河南行修里，春秋八十有一。开元二年五月十日，合葬于洛阳县平阴乡河阴里。(《拾零》) **太子太保上柱国魏王武承嗣宅** 武承嗣夫人弓昭字淑婉，太原阳曲人。曾祖弓逸，隋南阳太守。祖弓之义，唐德州总管离石郡开国公。父弓志弘，商、陈、金三州刺史，袭离石郡开国公。弓昭年十七，归于武承嗣，即武则天皇后之元侄。景龙二年闰九月十三日，薨于京延福里之私第，春秋五十三，景龙三年正月十五日，归葬于咸阳洪渎顺陵。(《西市藏志》) 按武承嗣墓志已出土，志载：圣历元年七月内迁太子太保，其年八月十日，薨于神都行修里之私第，圣历三年一月十一日，陪葬顺陵。(曹建强《唐魏王武承嗣墓志考略》，载《中国国家博物馆馆刊》2012年第6期) **朝议郎行润州司户参军事卢正容宅** 1999年前后，继卢正道、卢正勤墓志出土之后，卢正容墓志也出土于伊川县彭婆乡。志载：卢正容字休昭，范阳涿人。曾王父昌衡，隋金州刺史。大父宝素，隋晋州别驾。父安志，皇朝相州邺县、郑州荥泽二县令、雍州万年县丞。昆弟四人元昆，仲兄正义，三兄卢正言自太子家令迁监门将军。卢正容以长安四年正月十一日奄捐馆舍于河南行修里第。夫人陇西李氏，太子庶子上义之长女，开元十九年七月十七日，即化于府君之旧寝。以其年十一月二十七日，合葬于河南万安山南址。(朱亮、乔栋《唐卢正容墓志与石刻》，载洛阳古代艺术馆编、赵振华主编《洛阳出土墓志研究文集》朝华出版社，2002年)《大唐故洺州邯郸县令范阳卢正勤夫人陇西李氏墓志铭并序》载：景龙三年三月十六日，终于行修坊之私第，其年其月二十八日，合葬于万安山阳旧茔。(《补遗八辑》) 按卢正勤是卢安寿次子，卢正道之兄。《大唐故正议大夫曹州别驾上柱国范阳卢公墓志文并序》：卢正权字正权。祖宝素。父安寿，锦州长史。卢正权解褐许州鄢陵县丞，转相王府掾、恭陵令改授曹州别驾，以年发隤侵，退居河南行修里之私第。开元六年十月九日，遘疾而终。其年十二月一日，迁葬于伊汭乡万安山之南原接先人之旧茔。(《补遗千唐志斋新藏专辑》)《唐故曹州别驾卢府君妻平安郡夫人李氏合祔墓志》：夫人顿丘人，扬州司马文礼之子。开元十祀三月壬寅朔，终于河南行修里第。(《补遗千唐志斋新藏专辑》) 按《新唐书·宰相世系》：安寿子正纪、正勤、同休、正道，无正权。《大唐故右监门卫将军上柱国赠银青光禄大夫兖州都督谥曰光范阳卢府君墓志铭并序》：卢正言字履贞，范阳人。祖宝素，父安志，协律郎，万年县丞。卢正言是安志之第五子。由于卢正言"政术尤异，特降玺书，迁都水使者、家令□、右内率、左威右监门二将军、摄左金吾卫将军东都留守。皇上重测圭之邑，楚委君陈，寄调鼎之司……"。开元八年，薨于西京道政里之第。夫人陇西李氏，司农、鸿胪二卿玄挺之长女，开元十八年岁次庚午，薨于东周行修里之第，其年十月壬午朔十三日甲午，合葬于河南府河南县万安山之原。(《补遗千唐志斋新藏专辑》)《唐东都留守推官试大理评事卢君故夫人荥阳郑氏墓志铭并序》：卢士琼撰夫人墓志称，夫人父璆之，易州涞水县令。元和七年五月二十七日，郑氏终于行修里之私第，其年七月二十八日，宁神于河南县伊汭乡万安山南原。(《补遗千唐志斋新藏专辑》) 按《新唐书》卷七十三上《宰相世系》载，卢士琼为卢正言孙，卢眺子。中大夫使持节鄂州诸军事鄂州刺史上柱国卢正道宅　1998 年 11 月，洛阳古代艺术馆征集到唐朝卢正道墓志。据说出土于河南省伊川县彭婆乡许营村西北田间，唐鄂州刺史卢府君神道碑北侧约 20 米处。志称："皇唐开元十四年十月二十六日，中大夫使持节鄂州诸军事守鄂州刺史上柱国范阳卢君，卒于东都行修里第。其明岁二月十八日，安神于河南万安山之阳原。"卢正道曾祖金州刺史上柱国昌衡，生晋州别驾宝素。宝素生绵州长史安寿。安寿生鄂州刺史正道。卢正道弥久外职，拜鄂州诸军事，入朝会计，逾岁而终。夫人郑，广州长史玄度之女。按范阳卢氏为唐代名门望族之一，卢正道墓志所述曾祖以下名讳与《新唐书·宰相世系表》三上相同，官职亦多吻合。可知与卢正容是一个祖父的堂兄弟。卢正道神道碑为李邕撰文并书丹，至今仍屹立于万安山卢正道墓前。(赵振华、张胜钢《卢正道墓志与有关碑刻研究》，载《洛阳出土墓志研究文集》) 韦有虚宅　韦虚心子韦有邻，开元二十年蹴于修里之第春秋十七。朝请大夫饶阳郡司马上柱国卢朓宅　卢朓祖志安。父正言，右监门卫将军。卢朓历奉常太祝、左金吾卫骑曹、河南尉、开封令、祁县令、秘书郎、邓州司马、饶阳司马。开元二十一载，终于饶阳之官舍。凡历八官，文集行于代。夫人清河县君崔氏，开元二十载，寝疾终于东周行修里之私第，以天宝十载十月二十四日，合祔于河南县伊汭乡万安山之原。令子五人，浚、涚、溉、灡、清。按卢朓是卢正言之子，行修坊有卢正言兄弟宅第。李氏妻崔娇娇宅　崔娇娇，唐国子司业赠卫州刺史清河文公融之孙给事中翘之女，李氏妻，开元二十年七月既望越翌日景辰，卒于河南行修里，八月二十日，葬于伊阙山，春秋二十有二。(《西市藏志》) 按长安城万年县平康坊有国子司业崔融旧第，后为太子宾客分司东都张弘靖宅。东都定鼎门街东从南第一明教坊南门之东有清河县子国子司业崔融宅，即崔娇娇祖父宅。崔娇娇卒于行修里，当为李氏宅。《唐故太原府交城县令卢府君墓志铭并序》：卢竦字不忒，范阳人。考正道，是卢正道第五子。弱冠，征孝廉，拜弘文馆校书郎，迁太子通事舍人，寻迁交城令。天宝七载九月七日，捐馆于东京行修里第。夫人陇西李氏，其载十一月十八日，合祔于万安山南先茔。（《补遗八辑》）按卢竦墓志可补《新唐书》卷七十三上《宰相世系》三上卢正道条。右领军卫执戟崔绚宅　崔绚夫人赵郡李氏，曾祖君球，杨府长史。祖全璞。父鼎。天宝七载十一月七日，李氏终于河南府行修坊之私第，其月十八日，葬于洛城北原。1994年李氏墓志于洛阳市郊区红山乡姜沟村出土。（《洛阳新获墓志》）汴宋观察支使朝请郎殿中侍御史内供奉赐绯鱼袋崔備宅　崔備，字茂宣，博陵人。曾祖悦，赠太子少保。祖光迪，赠太子左赞善大夫。皇考振，濮州司法参军。崔備"始年六七岁，善属五字篇，时为文者大异之。年十四五，闻江淮间善诗者钱起、韩翃之伦，口服其奇，与之属和"。以永贞元年正月二十七日，终于河南府河南县行修里之私第，年五十二。元和二年八月十七日，葬于巩县合洛乡东原祔先茔。子崔约。崔備墓志2003年于河南巩义市出土。（《释录》）崔備之曾祖、祖《新唐书》表有记载。崔備墓志可补有关唐藩镇割据时代之史实。汝州司仓参军豆卢愿宅　豆卢愿，河南人。在北为慕容氏，后魏改为豆卢。有唐相国公钦望，生宣州牧灵昭，灵昭生豆卢愿。愿四为县簿，一为郡掾。乾元中，寇陷国都，潜身畏逼，竟以幽愤而卒。棺柩在堂不及葬者于今十年。"自兵乱东周，连甍受爇，公之巨宅，岿然独存"。以大历四年十月二十六日，发引于行修里之私第，归窆于龙门东之古原。长子岑，少子协。（《补遗八辑》）荥阳县令刘从乂宅　刘从乂，其先广平人。父正心，赵州平棘县令。从乂为正心第三子，解褐以泰陵挽郎授右司御率府录事参军，次授郑州管城县尉，累授临川及荥阳县令。贞元二十一年五月五日，刘从乂归全于河南府行修里之私第，归窆于北邙平阴之原从先茔。（《补遗八辑》）韦顼宅　夫人南阳张氏，年十六适京兆韦顼。大中二年十月十四日，终于东都行修里之私第。以其年十一月十六日，归葬于河南府洛阳县平阴乡邙山之原。（《千唐志》）按：韦顼墓志今藏西安碑林。志云开元六年七月二十九日，合葬魏国夫人裴觉之旧茔，未述及张氏。剑南东川节度副使朝议郎检校尚书屯田员外郎兼侍御史支诉宅　支诉妻荥阳郑氏，辛卯二月（乾符三年二月）六日，捐生世于行修之里第。其年十二月二十九日，卜兆于邙山杜翟村先仆射茔之东北隅。（《千唐志》）按：郑氏墓志为支诉仲兄太府少卿支谟撰。西川少尹支纳宅　乾符五年七月十三日，支纳俄殁于洛宅行修里，六年五月二十五日，祔于先司空茔之侧。（洛古馆）

次北崇业坊。

福唐观。李邕有《东京福唐观邓天师碣》。申王捎抝宅。守司徒同平章事充东都留守裴度宅。

增订：

裴度宅　刘禹锡《奉和裴令公新成绿野堂即书》："蔼蔼鼎门外，澄澄洛水湾。堂皇临绿野，坐卧看青山。"盖因裴度宅近通济渠，渠通洛水之故。刘禹锡诗中的绿野堂非崇业坊裴度宅，而是唐洛阳城南午桥之绿野堂，在今洛阳市洛龙区潘村。隋故内承奉刘则宅　刘则开皇十六年诏授兼内给事，其年奉敕送光化公主适于西域，二十年又敕送义成公主达于启民可汗。大业六年九月二十二日，薨于浚仪县治。十月十五日归于河南郡河南县崇业里，权厝于私第。即以七年四月六日，葬于雒阳县常平乡仙游里北邙山下。（《集释》）中书侍郎同中书门下三品昭文馆学士临淮县开国男赠中书令刘祎之宅　刘祎之字希美，临淮阳乐人。曾祖保，陈始兴王谘议参军。祖兴宗，鄱阳王谘议参军。考子翼，皇朝朝散大夫著作郎昭文馆学士。刘祎之四岁通骚雅，六岁属文章。年甫十五。燕公于志宁、河南公褚遂良，特加表荐，寻授宋州参军，转左率领府仓曹参军、昭文馆直学士。授雍州万年县主簿等。又迁中书郎，寻同中书门下三品，封临淮男。"至于朝廷诰命，吉凶制则，挥翰立成，文不加点。……久掌丝纶，遂迫奸臣之忌，奄罹冤酷，上诉无因，以垂拱二年八月十二日，薨于河南崇业里之私第，春秋五十七。"夫人河东郡君裴氏，户部尚书安邑公裴矩之孙，始州临津令恭道之女。《新唐书·艺文志》录有裴矩《西域图记》三卷，炀帝时裴矩在张掖主管西域互市，并导使诸首领入朝。景云二年九月二十五日，葬刘祎之于洛阳县金鄘乡之原。2011年秋，洛阳出土刘祎之墓志。刘祎之是武则天时期宰相，因对武则天临朝称制持有"微词"被杀。刘祎之新旧《唐书》有传，刘祎之撰写有英国公李勣墓志、刘应道墓志。《新唐诗》有刘祎之诗五首。（柳金福《唐刘祎之墓志疏证》，载《河洛春秋》2012年第1期）卫州共城县令李义瑛宅　李义瑛字叔琬，陇西成纪人。曾祖蒨之。祖元俭。父勖。调露二年四月十七日，薨于东都河南县崇业里之私第，神龙二年七月二十日与夫人崔氏合葬于洛州河南县伊汭乡万安山之南原。有子曰巢、乔、绮、规、颎、咸、沼。巢，殿中侍御史。（《补遗千唐志斋新藏专辑》）《□左台殿中侍御史李巢太夫人韩氏墓志铭并序》太夫人韩氏上元二年九月六日，终于河南府崇业坊之私第，哀子绮。开元二年五月十日，迁兆于河南界万安山之原。（《补遗千唐志斋新藏专辑》）按李义琰《新唐书·宰相世系》二上记载祖元俭，无父勖之名，义瑛子弼；颍（颎），兵部郎中；咸，工部郎中；巢。无乔、绮、规、沼之名。义瑛传载：乔，润州江宁县主簿；规，绛州龙门县丞；颎，太子率更令；咸，中大夫行安国相王府掾；沼，宣州绥安县主簿。可补唐史。又蒨之子武卿；武卿子玄德；玄德子义琰，相高宗，新旧《唐书》有传。中大夫守延州刺史上柱国东海郡开国公夫人胡贞范宅　胡贞范，安定人。曾祖胡国珍，后魏司徒公。祖偘。父倪。夫人年十九适于于门。显庆五年封江陵县君，垂拱二年，改封安定郡君。垂拱三年八月十四日，薨于神都崇业坊之私第，四年十二月一日，葬于河南县之北邙山。(《补遗八辑》) 周朝散大夫行洛州陆浑县令韦愔宅 韦愔字志廉，京兆杜陵人。神功元年授洛州陆浑县令，未之任遘疾，圣历元年一月十日，终于神都崇业里，其年三月二十五日，归祔于雍州明堂县洪固乡之毕原。(《补遗三辑》) 通直郎行杭州司士参军事上骑都尉赵越宝宅 赵越宝字连城，其先天水人。长安二年六月一日，终于洛州合宫县崇业里私第。即以其月二十五日，安厝于合宫县北邙山梓泽原。(洛古馆) 泾原节度掌书记试太常寺协律郎皇甫弘宅 皇甫弘撰妻崔氏志载：大和元年二月十七日，终于洛阳崇业里之私第。《唐故河南县丞安定皇甫君墓志铭并序》：皇甫弘字启之，安定人。祖瓘。考液，任太子中舍兼殿中侍御史，充京畿木炭使。皇甫弘，长庆元年，方登上第，历秘省校书、充营田判官等职。太和六年五月四日，殁于东都崇业坊私第。夫人先公六年亡，葬洛阳县清风乡诸葛里，皇甫弘祔焉。(《补遗千唐志斋新藏专辑》)

次北修业坊。

景云女道士观。郧国公主宅。本许敬宗宅。张说《郧国长公主碑》：薨于河南县之修业里。按公主为睿宗第八女，降薛敬，后降郑孝义。代国公主宅。本陆颂宅。郑万钧《代国长公主碑》：薨于河南修业里第。按公主为睿宗第五女，降郑万钧。

增订：

周国夫人姬总持宅 姬总持，河南人。曾祖肇。祖威，隋右卫率汾源良公。父权，隋尚舍直长朝请大夫。总持年十四，嫁给李义馀。公公李孝常深受唐高祖的宠幸，以异姓的身份受封为王。贞观元年，李孝常家族因谋叛，总持随之没入宫掖，以罪人臣隶的身份保育李治，待李治登基，永徽年间，武则天入宫，总持在应对复杂诡谲的宫闱斗争中，始终小心谨慎，因而得以保全荣禄，封周国夫人。晚年笃信佛教，“自永徽、显庆十年，释经咸读一遍”。春秋五十六，以麟德二年六月三十日，薨于东都修业里第。“皇太子、沛王、荣国夫人、城阳公主、纪国太妃等，咸皆祭赠。”因总持常为诫约，“亡可别树茔兆，无烦合葬，庶同上古，敛以时服，不饰珠玑……其葬务从节俭”。其年十一月二十八日，迁窆于长安县之高阳原，西望姑舅之坟。(仇鹿鸣《新见〈姬总持墓志〉考释》，载《唐研究》第十七卷 2011 年) 银青光禄大夫定州刺史上柱国尔朱义琛宅 上元三年正月二十三日，尔朱义琛，薨于东都修业坊之私第。即以其年十月十五日，葬于洛阳□□北原。(《千唐志》) 按尔朱氏自北魏以来，世多显贵，尔朱义琛祖尔朱敞墓志亦出土于洛阳。(见《集释》) 尔朱义琛子尔朱旻墓志见《千唐志》，记载义琛为“唐同州长史太仆少卿工部侍郎大理正卿定州刺史”。致果校尉左千牛备身戴希晋宅 圣历二年五月二十八日，戴希晋终于神都修业里之私第，于三年二月二日，迁厝于雍州乾封县神禾原。(《北图石汇》）鄎国公主宅　《大唐故鄎国长公主神道碑》在蒲城县西6千米三合乡东贾村村东，张说撰文，唐玄宗隶书。公主为睿宗第七女，母曰崔贵妃。开元十三年二月庚午，薨于河南县之修业里，春秋三十有七。夏四月，恩旨陪葬桥陵。代国公主宅　代国公主是睿宗第四女，享年四十八，以开元二十二年六月二十九日，薨于河南修业里第。

次北旌善坊。北至雒水。

崇化寺。特进尚书右仆射上柱国温彦博宅。《虞恭公碑》：薨于旌善里第。宁王宪宅。本安乐公主宅。明威将军梁待宾宅。杨炯《梁待宾碑》：终于东都旌善里私第。李翱宅。李翱《来南录》：元和四年正月，自旌善第以妻子上船于漕，乙未去东都。

《校补记》：旌善坊李翱宅，注：正月　下校增“己丑”。

增订：

亭山县令萧汾宅　萧汾字守德，兰陵郡兰陵县人。曾祖詧，梁宣皇帝。祖岑，梁太尉吴王。父瑾，梁散骑常侍中书侍郎永修侯。萧汾在隋先后任左千牛、转谒者台、宣德郎。唐授燕王府田曹参军事，转贺州富川县令、齐州亭山县令。贞观二十年六月四日，卒于旌善里舍。其年十月十二日与夫人陈郡袁氏合葬于洛州洛阳县清风乡崇德里芒山之阳。（《补遗八辑》）梁待宾宅　据《盈川集》卷六《大周明威将军梁公神道碑》：“长寿二年正月六日，终于神都旌善里。”按光宅元年（684）九月改东都为神都，神龙元年（705）二月又改神都为东都，故应为神都旌善里。卫州共城县尔朱氏夫人董氏宅　董氏舒州望江人。其先在陈朝有声望，“暨乎陈氏沦丧，国破家亡，蓬转萍浮，流离巩洛。夫人姿容秀异，似玉润于荆山；妙质研华，类兰芬于桂苑。声芳十步来适尔朱之门”。龙朔二年五月二十三日，卒于河南旌善里之私第，即以其年六月二日，窆于洛阳北邙之山原。（汴博）刑部郎中崔元弈宅　崔元弈曾祖茂。祖士完，兵部尚书普安公。父仁贵，右千牛。元弈解褐右千牛备身蒲州司户。出守汾州司马，寻转赵州长史，入拜刑部郎中。天授二年十二月四日，终于河南府旌善里第，春秋五十有一。夫人范阳卢氏，开元十年十二月二十日，终于京兆府安乐里第，以十一年十月五日，合葬于万年县少陵原洪原乡庞刘村。嗣子彝等。（《洛阳新获墓志》）按：洪原乡庞刘村，疑即今少陵原庞留村，唐玄宗贞顺武皇后陵所在地。银青光禄大夫行内侍上柱国赠左监门将军王文睿宅　1987年2月25日西安市东郊半坡饭店出土太原王文睿墓志。王文睿，字景冲。历任武骑尉，补文林郎，累迁至朝请郎行内坊典直，秩满授内侍省宫闱丞，屡迁朝议郎上轻车都尉等。神龙二年四月十三日，薨于洛州河南旌善里私第。以其年十二月三日窆于浐川原。嗣子王守慎。（墓志载《隋唐五代墓志汇编》陕西卷第三册）左戎卫右郎将古君夫人匹娄焕德宅　匹娄焕德，春秋六十有六，终于洛阳旌善里第。以证圣元年正月十八日，窆于邙山之原。（《千唐志》）匹娄氏其先代人。曾祖睿，北齐封异姓八王，位历三仕，读齐史者详焉。父武彻，朝散大夫秦府库真骠骑将军右卫中郎将，檀云朔等州刺史，安西都护使持节上柱国济源县开国公。游骑将军守左金吾卫大将军员外置同正员试殿中监上柱国赐紫金鱼袋仇仙期宅　仇仙期字云举，其先渤海人。曾祖细。祖遂，试太常卿。仙期“少修儒学，长有心气，礼乐仁孝，禀于生知。秉孙吴之韬略，为军旅之眉目。不享五福，早终百龄”。夫人河间郡玄氏，会昌二年八月五日，终于东都旌善里之私第，三年二月二十五日，与先府君合祔于河南县龙门乡午桥村先茔之原。有子三人，次子淑迁。（《补遗千唐志斋新藏专辑》）广福官舍　东畿汝防御使都押衙兼都虞候正议大夫检校太子宾客上柱国张季戎字定远，其先南阳人。大中五年六月十五曰，捐馆于河南县旌善坊广福官舍。是岁冬十月十一日，窆于洛北平乐乡杜翟村之东原。（《千唐志》）旌善里官舍　东都防御巡官独孤君夫人韦缓字绅之。王父正卿，尚书都官郎中。考瓘，终秘书监赠工部尚书，韦缓即瓘之第六女。大中九年二月十二日，卒于旌善里官舍，年二十七，三月甲申（五日）葬于建春门之东南七里任权道也。（《洛阳新获墓志》二〇一五）按：《新唐书》卷一百六十二，正卿子瓘与李德裕善，累迁楚州刺史，终桂管观察使。

右定鼎门街东第二街。六坊。

定鼎门街东第三街，北当雒水之中桥，又当东城之承福门。从南第一曰尚贤坊。

天官侍郎张锡宅。父子五人列戟，时号万石张家。建安王武攸宜宅。检校纳言兼肃政台御史大夫狄仁杰宅。大理卿裴谈宅。崔明旮宅。河东节度使韦凑宅。左卫将军、范阳郡公张知謇宅。

增订：

信安县主宅　信安县主李氏，开元四年十月二十三日，薨于河南之尚贤里第。即以五年八月五日合葬于河南县金谷乡石城里之原。（《千唐志》）按：信安县主为李世民孙女，吴王恪第四女。李治即位后，以房遗爱、李恪谋反为由，将其杀害。县主李氏之夫元思忠为北魏宗室后裔，大足元年四月十一日，卒于洛阳之惠和里私第。中散大夫楚邓陇魏四州刺史鸾台侍郎清平县开国男皇甫文亮宅　皇甫文亮字孔章，其先安定人。高祖亮，曾祖明，祖仲延，考珍义。文亮弱冠以太学生射策高第。起家纪王府典签、岳州司法、大理评事。后历任高官，迁邓州刺史。以垂拱三年八月将之邓城，途经洛邑，薨于尚贤里之私第，春秋六十有四。嗣子知常。（《拾零》）豫州敬参军夫人封延宅　夫人封延，渤海蓨人。祖子都，魏州馆陶令。父全桢，并州录事参军事。夫人年甫二十，归于敬氏。长安二年五月六日遘疾，卒于神都之尚贤里舍，春秋二十有一。以其月十八日葬于邙山。《元和姓纂》卷一：“子都生全福、全桢。全桢刑部侍郎。”封延墓志2003年于河南洛阳出土。（《释录》）怀州获嘉县令房府君夫人李静容宅　李静容字孟姜，赞皇人。“天册年，长子晋自通事舍人加朝散大夫，制授陇西县太君。神龙年，晋自右卫郎将加壮武将军，制加常山郡太君。”景云三年二月三日，终于东都尚贤里第，其年十月八日，安厝于河南县伊汭乡万安山南段堡村北原。（《补遗八辑》）朝散大夫少府监高慈宅　高慈，渤海蓨人。夫人范阳卢氏，开元七载七月二十□日，终于尚贤里之私第。十载十一月五日与高慈合葬于河南府河南县□□乡之原。（《补遗六辑》）明琰及夫人刘氏宅　《明琰及夫人刘氏墓志》：朝散大夫行申州义阳县令上护军平原明琰夫人刘氏（668—723），临淮人，以开元十一年二月十七日，终于都尚贤里第，享年五十六。以开元廿七年岁次己卯八月辛酉朔十二日，合葬于缑氏县景山原。（《西市藏志》）其夫明琰（659—694）字琰，平原人。以长寿三年三月廿二日，遘疾终于都道化里第，享年卌六。按：明琰曾任河南府济源县丞。其显考为崇嗣，崇嗣有兄弟曰崇俨，《旧唐书》有传。另据墓志载，夫人曾祖隋鄱阳王咨议讳兴宗（即刘祎之祖父，见《新唐书·刘祎之传》）；大父唐朝散大夫著作郎弘文馆学士修国史讳子翼，名在皇朝《实录》及《词林文人传》；显考唐朝散大夫给事中太子中允讳懿之，名在唐《姓氏录》。客舍　宋州下邑县尉郑兟，字济，荥阳人。曾祖弘干。王父思静。考珍，襄州司户参军。郑兟是郑珎长子，年十八举孝廉射策甲科，二十四调补宋州下邑县尉。开元十二年遘疾，终于河南尚贤里之客舍，春秋二十九。权厝于上东门外。夫人范阳卢氏，天宝十二载三月十七日，终于河南县金谷乡私第，天宝十三载正月十三日，合祔于河南县金谷乡邙山之原。（《拾零》）宣义郎行河东郡永乐县主簿裴志宅　裴志，字景略，河东闻喜人。中书令裴炎之侄孙。工部尚书伷先之孙。父穆先。裴志年二十四，秀才擢第，调授郑州荥阳县尉，次授永乐主簿，终于尚贤私第。天宝八载三月八日，葬于龙门乡之北原。（《补遗千唐志斋新藏专辑》）按裴伷先宅在永宁坊。中散大夫庆王府司马李夷吾宅　李夷吾，高祖德林。曾祖百药。祖安期。考宗墨。李夷吾宗墨季子，弱冠以门胄补弘文馆生，应明经高第。解褐□亳州军事，历官家令寺丞、光禄寺丞、青州司马、汝南郡别驾，旋领会宁郡太守，入为庆王府司马。天宝八载薨于河南府尚贤里私第，天宝九载葬于龙门乡之原。夫人太原王氏，相州刺史王绣之女。李夷吾墓志为族侄李挺撰。（《拾零》）处士赵应宅　赵应，字士元，其先天水人。崇文馆大学士宝符之曾孙。户部郎中不器之孙，太常少卿颐□之第四子。天宝十三载六月二十九日，卒于尚贤里之私第，其载七月十二日，归葬于缑氏县休水北原。（《补遗千唐志新藏专辑》）按《旧唐书》卷一五一《赵昌传》：“赵昌，字洪祚，天水人。祖不器，父居贞，皆有名于时。”赵昌曾两任安南都护。陕虢等州都防御判官文林郎试大理司直兼殿中侍御史吴筹宅　吴筹，字戬之。其父袁毕，乃寓居鄂州汉阳县构庐于凤栖山，聚图书数千卷，日与知道之士讲议。后官至大理司直。咸通五年六月二十三日，终于河南县尚贤里之私第，春秋六十一。先娶丞相许昌公女，卒；又娶浙东从事卢公女卢有德，卢氏终于尚贤里第，年三十，男总、纮。以其年七月二十五日，葬于河南府巩县巩川乡义塘店西二里卢夫人之坟左。（《洛阳新获墓志》二〇一五）银青光禄大夫行光禄少卿上柱国渤海郡开国公高愻宅　高愻，字志肃，渤海蓨人。曾任尚书职方员外、太常殿中丞，迁都水使者，兼判大理、卫尉两卿。开元十七年岁在荒落，遘疾薨于河南之尚贤里，以明年龙集庚午，葬于北邙先茔之南原。（《千唐志》）河南府河清县丞曲元缜宅　曲元缜字知柔，陕府安邑人。会昌元年十二月八日，殁于东都尚贤里之私第，会昌二年八月二十三日，权葬于河南府河南县平乐乡瀍涧里东北一十里。元缜妻陇西郡夫人李氏，自胎发及嫁为人妇，未尝瞬息不为歌舞娱。大中五年七月十八日，终于尚贤里。冬十月二十三日，合祔于北邙原。（汴博）

次北敦行坊。

司农寺。司竹园。本周思茂宅。吏部尚书裴漼宅。邺郡太守长垣县子恒王傅吴兢宅。沧州刺史郑孝本宅。以致仕终于此里，见孙逖所作墓志。里肆。《杜牧集》：川守大夫刘公早岁寓居敦行里肆，有题壁十韵。

增订：

川守大夫刘公宅　杜牧《川守大夫刘公早岁寓居敦行里肆，有题壁十韵。今之置第，乃获旧居。洛下僚因有和唱，叹咏不足，辄献此诗》：“旅馆当年葺，公才此日论。……龙卧池犹在，莺迁谷尚存。昔为扬子宅，今是李膺门。……莫教垂露迹，岁晚杂苔痕。”（《全唐诗》［增订本］卷五二六，中华书局，1999年，第6076页）郭达宅　郭达夫人侯氏，大业七年七月七日，亡于河南县敦行里，大业八年正月五日，与夫同窆于东都东北八里邙山之阳。（《芒洛三编》）纪王宅　纪王李慎，唐太宗子。令狐德棻《大唐太宗文皇帝故贵妃纪国太妃韦氏墓志铭并序》载：太妃韦珪，字泽，京兆杜陵人。曾祖韦孝宽，祖总。父圆成，郧国公。麟德二年九月二十八日，韦珪薨于河南敦行里第，乾封元年十二月二十九日，陪葬昭陵。（《昭陵碑石》《补遗二辑》）按唐太宗韦贵妃是纪王李慎、临川郡公主、定襄县主的生母。韦贵妃入宫前嫁渤海望族李友珉，生女即定襄县主，后嫁与阿史那忠。韦贵妃薨于敦行坊纪王宅。怀州刺史卢府君夫人金城郡君李优钵宅　李优钵，陇西狄道人。祖行师，邛州刺史。父玄约，雒县令。开元八年三月十三日，李优钵春秋七十有一，终于东都敦行里之第，开元九年十月十一日，迁祔于缑氏县西原合葬怀州使君之墓。子皎、晾、晖等。（《洛阳新获墓志》二〇一五）卫州刺史韦奂宅　韦奂，隋民部尚书津之曾孙。祖全辟，潞州别驾。父志仁，兵部郎中。开元九年八月十一日，韦奂终于河南府敦行里之私第，春秋六十一。夫人宋州录事参军利贞第二女，开元十八年正月二十四日，终于河南府尚贤里私第，春秋五十。以其年二月十七日，权窆于河南县之南原，与韦府君旧茔邻接。嗣子谅。（《洛阳新获墓志》二〇一五）**邠王府功曹参军孙守谦宅**　孙守谦字进忠。祖处约，中书侍郎平章事弘文修国史。父俭，鄂、睦二州刺史，太常少卿，右卫右金吾将军，冠军大将军兼幽州大都督，节度诸军大使，会稽郡开国公。孙守谦“以清庙台斋郎，解褐授虢州参军事，克勤小政而参大藩。惟其有声，以永终誉。邠王，名王也。精选淑妃，纳我归妹，贻光彤管。无何，除邠王府功曹”。开元二十三年九月二十四日，终于敦行里第，其年十二月二十一日，葬于洛阳县清风乡邙山之原陪先茔。夫人弘农杨氏。子珣。（柳金福、张宏道《一字之差，谬误千年》，《河洛春秋》2006 年第 3 期）。按孙守谦以五品参军之职而“参大藩”。且其妹为邠王妃，故官虽小，而权不小。新旧《唐书》将守谦父孙俭的“俭”字讹为佺，以守谦墓志可证，应为“孙俭”。孙守谦祖孙处约在东京宽政坊有宅第。又据《唐故中书侍郎弘文馆学士同中书门下三品乐安孙公夫人陆氏平原郡君墓志铭并序》所载，孙处约夫人陆氏薨于河南显教里之私第。（《曲石志》）**寿春郡霍丘县令郑琇宅**　郑琇，字适，荥阳开封人。曾祖德慎。祖修松，莘县令。父言思，临淮郡太守。琇是言思次子。开元二十三年十二月二十二日，终于敦行里之私第，卜宅上东门土楼之北原。夫人卢氏，天宝九载十一月二十一日，祔于琇同穴。长子乌江县令蕙。次子庆王府骑曹参军荃。（《补遗八辑》）按《新唐书》卷七十五上《宰相世系》五上亦有记载，但与郑璓墓志所载有所不同。如曾祖德慎是固安令，次子荃是颍王府胄曹参军。《大唐故范阳卢夫人墓志铭并序》：“皇唐前宋州砀山县丞荥阳郑璓故妻范阳卢氏，后汉侍中植十五代孙。”父重明，亳州刺史。开元十有七载八月二十九日，奄息终于河南敦行里，即以其年十月三日，权殡于定鼎门外西南原。有七子：蕙、荃、桥、植、相、若、葶。（《补遗八辑》）按郑璓妻卢氏墓志所载与《宰相世系》亦有差别，世系璓子六，有华，而无相、葶。桥，通川令。植，壁州刺史。若，代州参军。华，南陵令。**睢阳砀山县尉崔氏宅**　崔系孩字伊奴，砀山县尉之冢子。天宝八载九月十七日夭折于河南敦行里之私第，越四日殡于邙山之原。（《千唐志》）**秘书郎席府君宅**　席府君夫人弘农县君杨云，曾祖纶，祖思景，父正名。大历九年五月十七日，终于河南县敦行里之私第，八月二十七日，葬于毕圭乡望春原。1987 年 6 月杨云墓志于洛阳市郊区古城乡西杨屯出土，地在隋唐东都城外西南。（《洛阳新获墓志》）**左金吾卫录事参军崔慎经宅**　夫人李平，陇西成纪人，试大理评事李璋女，大和七年二月六日，捐馆于敦行里第，葬颍阳县万安山南原。开成三年十月十三日移葬洛阳。（《北图石汇》）**太仆少卿崔础宅**　崔础字承之，博陵安平人。年十四，以国子明经登高第，调授右内率府胄曹参军。历官至太仆少卿，名未符实，用不遇时，尚屈宏才。大中十一年正月十一日，薨于东都敦行里之旧宅，享年六十九，以来年二月二十一，归祔于河南府河南县金谷乡尹村。夫人范阳卢氏先终。

(《洛阳新获墓志》)河中府户曹参军元子长宅　元子长字衍，后魏昭成皇帝十三代孙。曾祖仁惠，祖怀景，父彦冲。元子长释褐以门子授虢州弘农县尉，以功迁陕州安邑尉，后改授河中府户曹。贞元二年三月二十六日，终于东都敦行里之私第，享年五十有二，以六月三日迁窆于河南龙门乡。夫人陇西李真，终于东都安业里移第。有子昭敏等。(《西市藏志》)承奉郎汝州临汝县令崔纾宅　崔纾字子纶，博陵安平人。咸通十三年十月二十五日，终于洛阳敦行里，明岁二月十九日，归葬于先茔之东北。(《千唐志》)

次北崇政坊。

秋官尚书杜景佺宅。刑部尚书王志愔宅。李伯潜宅。按李伯潜未知何人，常衮有《赞善大夫李君墓志铭》云：君讳某，天宝十四载终于东京崇政里之私第。载此俟考。太子宾客赠礼部尚书崔沔宅。颜鲁公《崔孝公宅陋室铭记》：公既留司东都，遂鬻所乘马，就故人监察御史张汯子深，河南府崇政坊买宅以制居，建宗庙于西南。维先太夫人安平郡夫人堂在宅之中，俭而不陋，净而不华，六十余年，榱栋如故。堂东嫂卢夫人所居，堂之东北郑氏、李氏姊归宁所居，堂之北五步之外，建瓦堂三间以居之。

增订：

银青光禄大夫定州刺史尔朱公夫人李氏宅　夫人赵州人。永隆元年十月□日，终于洛州河南县崇政坊之私第，垂拱元年十月十三日，合葬邙山旧茔。(《补遗千唐志斋新藏专辑》)使持节怀州诸军事怀州刺史上柱国临都县开国男韦泰真宅　韦泰真，京兆杜陵人。徐懋功平辽东，擒泉男建、泉男生，泰真于文武官员数千人前宣读圣旨。后又营建乾陵。垂拱三年正月三十日，薨于神都崇政坊私第。垂拱四年正月十三日，葬于洛州河南县平乐乡安善里。(洛古馆)周纳言博昌县开国男韦仁约夫人琅琊郡君王婉宅　王婉字贞徽，复州司户参军、博州堂邑县令王元慎女。万岁通天元年八月十二日，终于神都崇政里第，万岁通天二年一月二十四日，归祔于雍州万年县铜人原之旧茔。孤子前凤阁舍人承庆、前来庭县令嗣立、前左羽林军卫兵曹参军淑等。《补遗二辑》)赵元智宅　赵元智于武周时授武骑之勋。万岁通天二年六月二十七日，卒于崇政里之私第，于二年八月二十一日，葬于北邙山之阜荣村之北。(《北图石汇》)朝议大夫婺州武义县令元玄庆宅　元玄庆，河南洛阳人。大足元年四月七日，薨于崇政里第。以其月二十九日，权殡于合宫县界北邙山平乐乡。(《千唐志》)王罐仵夫人宅　王罐夫人仵氏，长安三年十月五日终于崇政里之私第，其月十五日，祔窆于北邙之高原。(《千唐志》)宣德郎□州阳翟县尉卢仲璠宅　卢仲璠，范阳涿人，景龙二年十月二日，终于东京河南县崇政里之私第，天宝十载八月二十二日与夫人郑氏合祔于河南县金谷乡原。（《补遗六辑》）河南府偃师县令王季隋宅　夫人郑氏，天宝四载六月二十二日，终于东京崇政里之私第。季随刑部尚书王志愔之少子，故此宅应是王志愔之旧宅。（《北图石汇》）中大夫楚州刺史邓森宅　邓森，字茂林，南阳新野人。夫人王氏，年八十，薨于河南府崇政坊之私第，以开元十三年五月二十七日，迁葬于洛阳县界邙山之北原。（《千唐志》）朝请大夫上柱国检校尚书屯田郎中乔梦松宅　乔梦松，梁郡人，开元十六年，“将册立于阗、疏勒君长，……以君（梦松）摄鸿胪少卿，出车于安西。流沙大荒，积石千里”。国威遐宣，“到今（开元二十年）而白羽不起，玉关无风者，是君有大贶于西人矣!”拜朝散大夫，后迁尚书屯田郎中。开元二十年正月十日，终于河南崇政之里第，其年二月二十三日，与夫人冯氏、郑氏合葬北邙原。（《补遗七辑》）《补遗七辑》按：原志墓主名沕，据志文及《新唐书·西域传》内容补。嗣子淮、泌、演等。太子宾客赠礼部尚书崔沔宅　崔沔夫人王方大，太原晋阳人。开元二十二年六月二十六日，暴终于东都崇政里第。大历十三年四月八日，祔于尚书左仆射孝公。崔沔墓志及王方大墓志均藏开封市博物馆。崔皑夫人王瑗墓志，民国十八年（1929）出土于洛阳张羊村北、瓦店村西北陈庄庙。志载：王瑗，字正一，开元九年四月二十一日，终于东都崇政里第。大历十三年四月八日，嫡孙妇陇西县君李氏、介孙中书舍人祐甫，奉安平郡夫人之榇祔于安平公。安平公崔皑于神龙元年七月八日，终于东都履道里。（洛古馆）宣德郎守□州大都督府参军事裴肃宅　裴肃，字子敬，河东人。开元二十二年三月八日，终于河南崇政里之私第。以其月二十四日，葬于河南城之北山。《唐故潞府参军裴府君夫人北平县阳氏合祔志铭并序》载：天宝六载十一月六日，阳氏终于广陵郡来凤里，天宝十载十月二十四日，迁祔于平乐原先茔。（汴博）廨舍　《相州林虑县尉邢公墓志文》载：邢超，河间束城人。开元二十九年九月十八日，终于崇政坊之廨舍。十月八日与故妻辛氏合葬于邙山杜郭村之岗原。（《千唐志》）公宅

《全唐文》卷三六〇杜甫《唐故德仪赠淑妃皇甫氏神道碑》：“父日休，皇朝左监门卫副率，妃则副率府君之元女也。……以开元二十三年岁次乙亥十月癸未朔，薨于东京某宫院。……厥初权殡于崇政里之公宅，后诏以某月二十七日乙酉，卜葬于河南县龙门之西北原。”公舍　《河南府洛阳县录事乐安蒋敏故妻清河张氏墓志铭》载：开元二十九年十一月十八日，张氏卒于崇政里之公舍，以十一月二十六日葬于北邙原。张氏墓志盖题“故妓人清河张氏墓志”。（《千唐志》）张从师宅　1992年龙门西山出土《唐故吴兴沈氏张从师妻之墓》载：“天宝四载五月二日，终于洛阳崇政里，五月十五日葬于龙门西山。”（《洛阳新获墓志》）礼部尚书成公崔翘宅　《唐故范阳郡夫人卢氏墓志铭并序》载：“夫人姓卢氏，号西华，范阳人也。……故礼部尚书赠江陵郡大都督太子太傅崔成公翘之妻也。”后成公二岁，以天宝十一载九月朔，薨于河南崇政里，冬十月庚申，殡夫人于公

茔之西。(《补遗千唐志斋新藏专辑》)按崔翘，新旧《唐书》有传。崔翘父崔融，谥曰成。《旧唐书》卷一百七十七《崔慎由传》：“崔慎由，字敬之，清河武成人。高祖融，位终国子司业，谥曰文，自有传。曾祖翘，位终礼部尚书、东都留守。”但《新唐书·宰相世系二下》与《旧唐书·崔翘传》记载有异。崔融有旧宅在长安平康里，洛阳明教坊亦有宅第。崔慎由宅在履道坊。崔氏之馆　登仕郎行魏郡冠氏县尉云骑尉卢招，字子思，涿郡范阳人。天宝十三载十月一日，终于东京崇政里崔氏之馆，所著诗赋杂文等五卷。其载十一月十□日，窆于洛阳县平阴乡之原。(《北图石汇》)试大理正兼河南府告城县令裴适宅　裴适字通玄，河东闻喜人。大历十三年十一月八日，终于东都崇政坊之里第，十四年四月二十日，窆于河南县梓泽乡宣武陵之北原。(《北图石汇》)朝散大夫行著作郎崔君夫人李金宅　李金字如地，陇西成纪人。贞元十年八月十日，终于东都崇政里第，明年三月十一日祔于著作府君茔。(《北图石汇》)颜永宅　颜永其先琅琊人。长庆四年二月丁亥，殁于洛阳县崇政里之私第。(《北图石汇》)左卫泾州泾阳府折冲都尉任莵宅　任莵字延芳，其先西河人。父杲字彦博，游击将军泽州沁水府右果毅。任莵“性好马与王济同癖，鉴其蹇骏，有伯乐之能。每养疲□駹，皆成逸足”。大和五年八月二日，终于河南县崇政里之私第，享年六十。公先娶燕郡平氏，前任莵而殁，至于终年，竟无子息。任莵仁兄孝慈“哀念痛弟之绝胤，遂令第六子郜与其继承，缞麻杖经，终丧三年永为后嗣”。以其年十一月二日，合祔平氏旧茔。(《拾零》)河南府河南县丞刘干宅　刘干撰《唐故太原王夫人墓铭》：“有庆州刺史王公讳悦，军旅有谋，政事能治。元和中天子将以公为复河湟帅，会公薨而罢，则其人可知也。夫人即公之季女，年二十而嫔于我。我以五经第，为华州参军事，俸少家贫，夫人以强能勤俭助于余治，故干克承其家焉，今为河南丞。”夫人“于大中十一年夏四月九日，终于河南之崇政坊我之第也，行年四十一，以其年十一月二十日，葬于河南府伊汭乡中梁村之北山，龙门之南，伊水之西”。刘干从侄乡贡进士彦若撰《唐故太子司议郎刘府君墓志铭并序》：刘干，字知退，其先彭城人。曾祖灵州司马。祖锽，齐州章丘丞。父湜，贝州武城令。刘干即湜之季子，撰《浑议》五篇。以五经登科，起家华州参军，选授金吾录事，恩除四门博士。撰《进声录》一十七卷，恩除万年尉。重修《进切韵》一十二卷，《通纂通例》共一十卷，恩除河南丞。“宣宗文皇帝以所进可为楷模，诏扃之于秘阁。魏博节度使中书令何弘敬延向令望其表，上闻果允其荐，恩除河南府户曹参军，选除左春坊太子司议郎。历任一十九。考，縻禄二十九年，位以清居，德膺天纵。”咸通三年夏四月二十二日，终于东都崇政里第，享年五十八。有孤五人，长曰朴，次曰枢、曰横、曰楷、曰杠。以其年十一月八日，窆于河南县伊汭乡中梁村之北山，龙门之南，伊水之西，祔夫人王氏之原。(《拾零》)寿州司马崔植宅　崔植字固本，清河东武城人。大中十二年（858）六月九日，终于洛阳崇政

里，乾符五年四月二十六日，葬于河南府洛阳县清风乡郭村北原祔先茔。（《千唐志》）

次北宣范坊。

半坊为河南府廨。西北去宫城七里。古监洛城，即古之甘城也。隋置都，平之。按《禹贡》：豫州之域，秦始立三川郡，三川者，伊、洛、河也。汉改河南郡。曹魏时，以司隶校尉所掌置司州，领河南等五郡。晋穆帝时，桓温入雒阳，复置河南郡。宋武帝复置司州。后魏都雒阳，为河南尹。隋文帝置河南道行台省，炀帝建新都，改雒州为豫州，大业三年，罢州为河南郡，十四年复置雒州。王世充又为司州。武德四年复为雒州，开元元年改雒州为河南府。太子宾客元行冲宅。

增订：

苑建达宅　苑建达，字元礼。族望朝歌，从官郑国，混俗浴城。隐居朝市，怡然养性。六十八岁终于洛州合宫县宣范里私第，久视元年九月二十日，葬于邙山瀍涧北。（《千唐志》）按原志无题。客舍　朝议大夫，护军、郓州司马皇甫无言，安定人。曾祖允则，祖正觉，父思仁。无言弱冠举孝廉，官历太山督邮，补须昌县令，舒州长史、郓州司马。享年六十八，开元二十二年四月四日，终于宣范里之客舍。（《洛阳新获墓志》二〇一五）河南县主簿郑直宅　郑氏女，党五。祖宠，尚书□部郎中。烈考直河南县主簿。党五于大和九年二月二十八日，夭于河南府宣范里。以其年四月十日，归祔于邙山先茔。（《千唐志》）邢州刺史李肱宅　李肱母陈太仪，咸通四年四月十二日，终于东都宣范里私第。以其年六月五日，葬于河南县界平乐乡王□原。（《千唐志》）金紫光禄大夫检校司空右骁卫大将军兼御史大夫张继达宅　张继达字正臣。入仕之始，后梁季帝赐名昌远。后唐李存勖即皇帝位，因昌运与庙讳同，遂改名。曾祖琏，累赠太保。王父诚，累赠尚书令。烈考敬儒博州刺史，累赠太尉。继达是敬儒第二子。继达从二十岁补充军职，总领衙内亲军。三十四岁转授右骁卫大将军。长兴四年（933）三月三日遇暴疾，启手足于河南府墙西南之私第，春秋三十有七，以其年秋八月二十八日，归窆于河南府河南县平乐乡徐楼里官庄村先代之茔。（《补遗九辑》）

次北恭安坊。隋有冯慈明宅。

太子仆寺。右散骑常侍舒国公褚无量宅。礼部侍郎贾曾宅。魏奉古宅。王怡宅。

增订：

洛阳市文物工作队与中国社会科学院考古研究所洛阳唐城队对位于今洛阳师范学院东

校区内的隋唐恭安坊遗址进行了考古发掘。恭安坊遗址平面呈方形，总面积32万平方米。在遗址中发现两条分别呈东西走向和南北走向的街道，各长约500米，宽8米。两条街道在遗址中部呈十字交叉，应为坊内十字大街。在遗址南部发现了当时的建春门大街，一段10米长的夯土坊墙和一处建筑遗址，可能是当时的一座坊门。在遗址西侧发现一处院落遗址，形制布局比较清楚，内有围墙、堂屋、东厢房、道路等。在两座院落的北围墙外，还发现一条蜿蜒曲折的水渠。这些遗迹、遗物的发现，对研究隋唐都城遗址、里坊的布局、建筑形制及民居结构以及当时人们的生活习惯等都有重要意义。（新华网河南频道2004年9月19日）明威将军守太子左司御卫率护军井陉县开国公刘孝节宅　刘孝节隋仁寿二年二月二十三日生于长安普宁里第。麟德二年六月二十三日，薨于东都恭安里第，乾封元年七月九日，迁祔于雍州泾阳县之旧原。（《补遗三辑》）怀州修武县令卢普德宅　卢普德字宝王，范阳涿人。大父彪。考慈龙，徐州滕县令。贞观九年，卢普德调补高祖神尧皇帝挽郎，起家郑王府参军事。先后任县丞、县令。永隆元年八月二十一日，终于洛州河南县恭安里第。夫人清河崔氏，先逝，其年十一月二十五日，同窆于洛州伊阙县万安山之南原。长子勤国，次子雍州盩厔县尉勤业。（《补遗八辑》）荆府兵曹参军刘崇嗣宅　刘崇嗣夫人，京兆杜氏。长寿三年六月十五日，终于河南县恭安之里第，以太极元年四月二十二日，与崇嗣合葬于北邙之原。（洛古馆）太庙斋郎吏部常选郭怿宅　郭怿字如诚。父謩，朝议大夫将作少匠。郭怿年二十，开元二十年四月十六日，终于东都恭安里第。以其年五月十九日，殡于洛阳县平阴乡之原。（洛古馆）居士李知宅　李知字慎，陇西成纪人。开元二十五年十月十六日，终于河南府恭安里之私第。以二十六年正月二十七日，迁窆于平阴乡北原。（《千唐志》）右威卫兵曹参军王冷然宅　王冷然字仲清，太原人。"学为儒宗，文为词伯。七岁见称于乡党，廿则宾于王庭。以秀才擢第，授东宫校书郎。满秩移右威卫兵曹参军。……所著篇什，到今称之，洛阳犹为之纸贵"。《新唐书·王丘传》（王丘为王同皎从子）中称王冷然为"一时茂秀"。开元十二年十二月十八日，不禄于位，年仅三十三岁。夫人河东裴溥，天宝元年正月十九日，终于都恭安里之私第。以其月之晦合葬于邙山平乐之原。（《千唐志》）按王冷然，《全唐文》卷二九四及《全唐诗》卷一一五有诗文，此志可补唐史之缺。京兆府武功县令蔡郑客宅　蔡郑客，济阳人。曾祖延寿，隋开府仪同三司秘书监成州刺史。祖遵训，简州阳安县令。父德让，使持节□广越三州都督，郑客为德让之中子。曾宿卫赤墀，历靖陵丞，制授深州饶阳县令，调补京兆府武功县令。开元二十九年三月十二日，卒于官舍，年六十一。旋殡于都恭安旧里，以天宝元年正月十五日，葬于河南府河南县龙门乡之原。夫人京兆韦氏。监察御史里行李贡撰《唐故京兆府武功县令蔡府君韦夫人墓志铭并序》：韦夫人仓部郎中韦珽第七女，曾祖澄，国子祭酒彭城县开国公。祖庆植，魏王府长史。天宝元年四月一日，韦氏终于河南府恭安里之私第，享年五十九。以其年四月十七日，窆于洛阳城南。嗣子直诚，故汀州刺史；次子直言，前封州长史；次子直筠，前卫尉主簿。以大历十三年十一月十八日，合祔于大茔。（《拾零》）幽州范阳里县丞严立德宅　严立德，其先冯翊人。祖昂，父玄，原州平凉县令。严立德以调补范阳县丞，卒于恭安里之私第，天宝元年七月三十日，葬于洛阳城南龙门乡之原。（《补遗千唐志斋新藏专辑》）魏郡昌乐县尉李无谲宅　夫人宇文氏，黄门侍郎同中书门下平章事宇文融之十九女，适陇西李无谲。天宝龙集壬辰（天宝十一载）六月七日，怛化于东京恭安里之私第，其载十月六日，假葬于河南县龙门乡之南原。（《补遗八辑》）清河郡宗城县尉李迪宅　李迪，年六十有五，卒于恭安私第，天宝六载十一月二十五日，葬于北邙山东京城东北十四里。（汴博）家令丞张献节宅　张献节之父为御史大夫。母南阳樊氏，天宝六载八月十日，归全于东京恭安之里第。其载十月三十日，葬于先府君之茔。（《辑绳》）吏部侍郎慕容询宅　慕容询女神护师，天宝十载四月十一日，终于恭安里私第，安厝北芒祔公茔。（汴博）虢州司兵参军李仲舒宅　李仲舒字益之。曾祖澹，祖貂。父元辅，华州同仓参军。咸通十年七月十日，李仲舒弃世于东都恭安里，其年十一月十六日窆于洛阳县清风乡郭村。（《补遗八辑》）尚书省比部主事索道疜宅　索道疜，少以文笔入仕，解褐河南府录事、转比部主事。大历十二年三月十三日，终于恭安里之私第。夫人刘氏终于公之旧寝。建中二年三月十四日，故敦煌索公自龙门山之阳，改葬龙门山之阴。（《西市藏志》）河南府福昌县丞李孔明宅　李孔明夫人刘媛，元和戊戌（818）四月一日，终于河南县恭安里之私第。是岁八月十五日，卜幽宅于洛阳县平阴乡北邙原。（《千唐志》）朝散大夫河南府户曹参军陈诸宅　夫人贞懿皇后从父之妹独孤氏，元和四年八月十四日，卒于恭安之里，以十月二十四日祔于邙山东原。（《北图石汇》）光禄大夫太子太保赐司徒杨元卿宅　杨元卿字正臣，弘农人，大和七年七月二十八日，薨于河南恭安里第。以明年甲寅岁二月三日，葬于伊阙县归善乡浥涧之阳祔大茔。杨元卿墓志2001年4月在伊川县城关镇浥涧村西出土。杨元卿曾参与平定淮西之战，墓志为裴度撰文。（赵振华《杨元卿墓志与唐平定淮西》，载《考古与文物》2002年第4期）兴元府参军杨行立宅　杨行立，字子道，其先弘农人。开成元年五月三日，终于东都恭安里之私第，开成三年七月二十七日，祔葬于伊阙县尚官乡先茔之原。（《洛阳新获墓志》）光禄卿致仕赠工部尚书苗询宅　苗询子苗素字绘臣，河中府猗氏县尉。秩满东归，唯以读书著文为事，德优运促，才高位卑。年三十三，咸通七年十二月十九日，终于东都恭安里之私第，明年二月二十日，归葬于洛阳县清风乡西郭原祔于先茔。（《曲石志》）《千唐志》载《故光禄苗卿家人吴孝恭墓志》（原志无题，据志文内容拟定）：吴孝恭，大中五年四月二十六日，亡于东都恭安坊宅内，明日殡于东都城北清风乡郭村。按吴孝恭是苗素家奴。苗素之亡，其父尚在（慈亲羸老，抚棺哀恸）。志称吴孝恭十余岁到苗家，侍奉主人达五十余年。主人为家奴刊书著志，实属稀见。河南府河南县尉李瑄宅　李瑄别室张氏，号留客。咸通十二年十二月二十四日，殁于恭安里，明年正月十四日葬于河南县平乐乡杜泽村。（《北图石汇》）宁远将军左卫郎将刘某宅　夫人邓氏，顺天□年终于河南县恭安里之第。（《北图藏拓片》）按顺天为史思明大燕纪年。

次北劝善坊。隋有李圆通宅。

东北隅，太子太师郑公魏徵宅。《太平御览》：魏徵宅山池院有进士郑光乂画山水，为时所重。后王方庆居之。开府仪同三司毕国公窦希瓘宅。户部尚书毕构宅。

增订：

何智宅　何智，字远。延载元年八月十八日，终于劝善里私第，春秋七十有五。范夫人天授二年七月十三日终，开元九年十月十日，殡合于洛阳县威德乡之原。有三子，忠、悔、遂。（《洛阳新获墓志》二〇一五）忠州司马娄德臣宅　《唐故忠州司马娄君夫人墓志铭并序》载：夫人周氏，其先汝南人。大周久视元年闰七月十六日，卒于洛阳劝善里之私第，以长安二年七月二十日，归葬于邙山旧茔。（《芒洛三编》）按娄德臣是北齐十贵匹娄睿之六代孙，娄睿《北齐书》卷四八有传，是齐武明皇后兄子也。娄氏即匹娄氏，见《元和姓纂》卷十《匹娄氏条》。周氏祖法明，两《唐书》均无传。《元和姓纂》卷五载梁褒城侯周灵超生法明，法明万州总管（世系表作黄州）。娄君夫人周氏墓志载："唐太祖奄兴晋野，先入秦关，三分天下，未有其一。于时王充（王世充）据洛，萧铣在荆，窦建德握两河之兵，有四州之地。法明屯劲楚，连大吴，得专生煞者有三十六郡。……唐之擒建德，掳王充因我势也。高祖以法明功兴军始，特追入朝，太尉以下，至灞桥迎劳，子弟卅有七，莫不小者侯，大者公。"此可补唐史。朝议郎行将作监中校署丞上柱国赵怀悊宅　赵怀悊，京兆府华原县人。开元十年正月三十日，终于河南府河南县劝善坊之私第。其年二月十日，殡于河南县北邙山。（《千唐志》）成王李仁宅　《唐成王妃慕容氏墓志铭》：成王妃慕容氏，讳真如海，字淑，赵郡象城人。开元十三年二月二十六日，寝疾于洛阳劝善里私第。开元十四年十一月二十八日，与成王合葬于京兆同人原。成王李仁与慕容氏墓志1956—1957年出土于西安东郊洪庆村。（《西安郊区隋唐墓》）按李仁，字千里，是太宗子吴王恪之子，两《唐书》均有传。吴王恪第四女信安县主在洛阳尚贤里、惠和里均有宅第。游骑将军守庆王府左帐内副典军上护军李承范宅　李承范墓志："公讳承范，字演，陇西成纪人也。汉有前将军，与卫、霍同事，功略盖代。其子敢，亦著义烈。敢子陵，以步卒五千，直度胡漠，矢尽救绝，陷于匈奴。汉收其家，单于妻女，故陵之胤嗣，在于北方。公之祖宗，则其后也。逮至元魏，始归中华，会丙殿前，因以赐姓。及大唐定本，复为李氏焉。”李承范曾祖粲应国公，太宗甚重，以兄礼敬之。祖宽，陇西郡开国公。父孝廉，周王府掾。李承范起家授右监门卫长上，改左监门卫中候，转当卫左司阶，宿卫三十年。迁伊阳府折冲都尉、摄郎将、东受降城副使，除庆王府典军，加游击将军。开元十五年正月十日，终河南县劝善里之私第，春秋六十七，其年二月十七日，权葬于河南县龙门乡之原。嗣子温玉等。（《西市藏志》）韦彬宅　韦彬，京兆人。大父元清，父熘。外父皇四从弟南宾太守李云卿，特加钟爱，命以为子，从其惠也。天宝七载六月二十八日，薨于洛阳劝善里之私第，春秋一十有一，以其年七月二十三日，窆于首阳原南宾茔西北。2002年韦彬墓志于河南洛阳偃师出土。（《释录》）按李云卿，天宝四载终于位，与夫人萧氏权攒于东京道德坊之私第。殿中侍御史李苕宅　李苕字季茂，赵郡赞皇人。曾祖太冲，尚书祠部郎中。大父嗣业，同州司户。父虚己，安邑令。苕即虚己之幼子。“自授至于捐馆，凡八命焉，盖佐理二县，司隶壹州，壹宰通邑，壹掾天府，践宪台者二，膺使檄者三。”唐建中二祀龙集辛酉冬十有壹月乙卯，终于洛师之劝善里。十有二月景申，窆于龙门之北原。夫人范阳卢氏，子曰俭。（《四川文物》2004年第3期）。按李苕及其父、祖、曾祖，《新唐书》卷七十二上《宰相世系表》有载。曾祖太冲，雍王友。祖嗣业，同州司功参军。李苕为越州录事参军。

次北惠训访。北至雒水，隋有翻经馆。

长宁公主宅。按公主为中宗第四女，降杨慎交，后降苏彦伯。《新书·长宁公主传》：东都废永昌县，主丐其治为府，以地〔原误作“池”，据《新唐书》改〕濒洛，筑鄣之。又曰：魏王泰故第，东西尽一坊，潴沼三百亩。泰薨，以与民，至是主丐得之。按永昌县廨在道德坊，道德与惠训相接，故两坊皆有长宁公主宅，而魏王池在旌善、尚善之间，东与两坊相属，长宁因丐得之也。岐王山亭院。密亳二州刺史郑仁恺宅。崔融《郑仁恺碑》：薨于东都惠训里第。坊北旧中桥。隋大业初造，名立德桥，唐上元中韦机徙于东街。

《校补记》：惠训坊长宁公主宅　补注：宅仓库为将作大匠杨务廉所造，见《朝野佥载》。

增订：

翻经馆　《元河南志》卷一：“次北惠训坊，北至洛水，隋有翻经馆。”《太平御览》卷九六〇，杜宝《大业拾遗录》曰：“洛阳翊津桥，通翻经道场东街，其道场有婆罗门僧及身毒僧十余人，新翻诸经。其所翻经本从外国来，用贝多树叶书，书即今胡书体。”按翻经馆即翻经道场，惠训坊北至洛水，洛水有翊津桥，实则翻经道场北有道术坊。“道场北有道术坊，并是阴阳梵咒有道术人居之，向有百余家。”（《大业杂记》《续谈助》）据此则知隋道术坊在惠训坊之北。岐王山亭院。岐王李范。《全唐诗》卷四五一白居易《题岐王旧山池石壁》诗云：“黄绮更归何处去，洛阳城内有商山。”中散大夫行晋州司马上柱国崔回宅　崔回，字崇庆，博陵安平人。祖贤首。父仲丘，凤阁舍人亳州刺史。开元七年六月四日，崔回殁于河南府惠训里第，其年七月十六日，殡于河南县平乐乡之原。子同震、同续等。（《补遗千唐志斋新藏专辑》）朝议郎德州司仓郑元璲宅　郑元璲，荥阳开封人。开元十三年九月四日，终于河南惠训里之私第，其月既望，藁窆于洛阳县北部乡之原。（《千唐志》）

半已西道术坊。隋炀帝多忌恶，五行、占候、卜筮、医药者皆追集东都，置此坊，遣使检察，不许出入。时改诸坊为里，以此偏居里外，既技艺所聚，谓之道术坊。唐贞观中并坊地以赐魏王泰，泰为池，弥广数顷，号魏王池。泰死后立为道术坊，分给居人。神龙中并入惠训坊，尽为长宁公主第。开元初复旧。《通鉴》：大业三年敕河南诸郡送一艺户陪东都三千余家，置十二坊于洛水南以处之。按此则道术坊即十二坊之一也。

《校补记》：道术坊校注：则道衔坊，“衔”是“术”字。补注：《传奇》：广德中，孙恪游洛，至魏王池畔，有一大第，土木皆新，路人云此袁氏第。魏王池在此坊。

增订：

半已西道术坊　据通例，“半以西道术坊”应为“次北道术坊”。忠武将军行左武卫郎将阿史那伽那宅　阿史那伽那是突厥颉利可汗之嫡孙。咸亨二年八月十八日终于洛阳道术里第，以其年十一月二十七日，葬于长安城西昆明池北马祖原。20 世纪 90 年代，阿史那伽那墓志出土于长安区纪阳乡周村北砖场，志藏长安区博物馆。按阿史那伽那之子阿史那德感墓志，2000 年 6 月出土于洛阳市关林镇西。志载：天授二年正月十八日，阿史那德感薨于洛阳从政里。于此可知洛阳城道术坊和从政坊有突厥可汗颉利的子孙居地。新旧《唐书》记载，突厥颉利可汗卒后火化葬于灞东，树碑。其嫡孙伽那葬于长安，曾孙德感葬于洛阳，均从唐俗。

右定鼎门街东第三街，八坊。

定鼎门街东第四街，北隔雒水，当外郭之徽安门。即长夏门之西街，从南第一曰归德坊。

黄门侍郎扶阳县子韦承庆宅。尚书左丞相徐国公刘幽求宅。左散骑常侍刘子玄宅。中书令韦嗣立宅。张说《逍遥公墓志》：薨于归德里。卢言宅。《唐语林》：卢言旧宅在东都归德坊南街，厅屋是杏木梁，西壁有韦冕郎中散马七匹，东壁有张旭草真迹数行。宅之东果园，《两京新记》云是马周旧宅。旅舍。《补录纪传》：李固言初未第时，寓归德里。长夏亭。门内客亭。水南仓。制度甚雄敞，仓南有土冢，俗传是蔡邕墓。水南草场。

《校补记》：归德坊卢言宅 补注：此注所引《语林》与《卢氏杂记》文同，《杂记》即卢言撰。

增订：

闽州都督傅公夫人金城郡君李氏宅 夫人即姑臧公五代孙。灵昌府君义玄之孙、元城府君嘉胤之次女。开元二十二年季春三月十日，终于河南县归德里之私第，即以其年五月二十四日，与傅公合葬与邙山之原。(《补遗九辑》)蒲州猗氏县令李景由宅 李景由字逸客，陇西成纪人，朝散大夫元城令嘉胤之子。开元五年四月十二日，终于东都归德里第。开元二十六年十一月十五日，祔于偃师首阳原先茔之东。(《河南偃师杏园村的六座纪年唐墓》，载《考古》1986年第5期）鼎州三原县令卢行宜宅 行宜字子明，范阳人。开元五年六月，行宜夫人辛氏，终于河南之归德里。开元十六年十月二十三日，迁祔于府君之故茔。(《千唐志》）棣王属李韬宅 李韬，寿王记室。天宝七载四月亡于陕县官舍。以六月二十一日，永迁于洛阳北原。夫人崔氏，卒于河南归德之私第，天宝八载十二月一日，迁祔于棣王属府君之茔。(《芒洛补遗》）朝请大夫盛王府司马诸王侍书上护军张怀瓌宅 张怀瓌，字恪，世族范阳。天宝十四载六月六日，终于东京归德里之私第，其载七月十五日，殡于北邙山之平乐原。(《补遗千唐志斋新藏专辑》）按张怀瓌“兼该众艺，尤工于书……开元中诏公自高邑丞待制翰林之院，改授崇王府功曹”。历永王掾、信王咨议、迁盛王府司马，加朝散大夫，分曹洛阳。有子四，洌、涉等。中散大夫博州长史赠太仆卿陶公宅 陶公夫人河东郡君裴氏，河东闻喜人。大历十载正月十四日，薨于东都归德里第，春秋七十有五。其年冬十月十日，祔于洛阳清风乡汉陵之西。(《河洛》）馆舍 监察御史李项撰《唐故章四娘墓志》载：章四娘号柔和，浙右会稽人。元和中流寓京邑，洎来我家绵历年祀。大和七年八月二十七日，殁于河南府河南县归德里之馆舍，年三十四。其月二十八日，窆于当府洛阳县平阴乡北邙原。(《辑绳》）按李项是宪宗时宰相李绛之子。

次北康俗坊。俗或作裕，非。

左丞相燕国公张说宅。张说《先府君张骘碑》：夫人长乐县太君冯氏，倾背于东都康俗里第。按骘即燕公父，冯氏即燕公母。张九龄《张燕公墓志》：薨于东都康俗里第。又张说《李氏张夫人墓志》：临淄李伯鱼妻范阳张氏女，伯鱼卒，夫人寡居无子，以归宗焉，倾逝于康俗里。按张夫人即燕公之姊。**太子詹事陆余庆宅。尚书右丞工部尚书东都留守刘知柔宅。前亳州刺史卢瑗宅。**《通幽记》：贞元九年，前亳州刺史卢瑗家于东都康俗坊，瑗父正病卒，后两日正昼，忽有大鸟色苍，飞于庭，巡翔空间，飞入西南隅井中，久而飞出，人往视之，井水已竭，中获二卵，大如斗，将出破之，血流数斗，至明，忽闻堂西奥有一女人哭，出就东间，却往西间，拽其尸，如糜散之，出门而灭。**成都功曹萧公宅。**穆员《萧公墓志》：终于康俗里第。

增订：

婺州永康县令乐平县开国男窦知节宅　窦知节，扶风平陵人。祖彦，父德远。窦知节弱冠，以弘文生擢第，授华州参军，转蓝田县丞，出宰陇州汧源县令，袭封乐平县男。长安二年，终于河南府康俗里第，时年七十二。夫人河南元氏，祖文都，隋留守洛都，以忠贞为王（世）充所害。元氏以载初中年终永康官第，开元十一年十一月十日，合葬于京兆府万年县凤栖原之阳，子思贞。（《西市藏志》）河南府寿安县主簿郑翰宅　郑翰字子骞。祖毅。父歆。“属鸾驾巡游，肆觐东后。河尹崔君以公器识英楚，实畿僚之秀，乃命统率戎车，扈从泰岳，勤劳往复，伤夷魂神，春秋四十六。”郑翰遘疾于洛阳，卒于康俗里第。开元十四年正月三十日，祔葬于张阳北原。（《补遗千唐志斋新藏专辑》）左丞相燕国公张说宅　1999年秋，洛阳市伊川县吕店乡万安山南麓袁庄村西北出土张说墓志，为工部侍郎集贤院学士族孙张九龄撰，与《全唐文》卷二九二所载张九龄撰张说墓志有出入。如志载张说于开元十有八载十二月戊申（二十八日）薨于位，即薨于长安，后迁葬于洛阳万安山。志载夫人元氏“开元十九年三月壬戌，薨于东都康俗里第”。据墓志可知元氏晚张说七个月去世。（李献奇《唐张说墓志考释》，载《文物》2000年第10期）大中大夫行定州长史李谦宅　李谦字虚己，赵郡赞皇人。景云二年九月二十六日，终于河南府康俗之里第，开元十有八年四月十六日，与夫人刘氏合葬于北邙之原。（《千唐志》）郑州刺史源光俗宅　夫人郑氏，荥阳人。开元二十年五月五日，终于河南县康俗里君子之故居，开元二十年九月二日，与源府君同窆一茔。（《千唐志》）忠王傅范阳公张光宅　开元二十三年岁在乙亥九月癸丑朔二十四景子，陇西郡夫人薨于河南康俗里，明年十月三日己酉迁厝于方安山南原。志称：“夫人其先狄道人，王父许州长史玄则，皇考蓝田主簿思俭。以华年二十，归我世父忠王傅范阳公。”志末署名兵部侍郎张均述铭并序，张均为张说长子，忠王即后来的唐肃宗。忠王傅范阳公是张说之兄张光，张光之名见《新唐书·宰相世系表》。李夫人墓志1980年3月2日，出土于伊川县彭婆乡许营村北。（《洛阳新获墓志》）梓州司户参军彭绍宅　彭绍，彭城人。祖裕，舒州望江县令。父复仁，左司御率府中郎蔚州刺史。彭绍于开元二十二年正月十八日，终于柘城之官舍，寻而归榇洛阳。夫人东海徐氏，春秋六十七，寝疾东京康俗私第，处顺而往，乃举公先柩，以天宝元年十月十四日，合葬于龙门西陵毕圭乡原。1998 年 9 月，彭绍墓志出土于洛阳市龙门石窟西山张沟村东地。（张乃翥、余扶危《洛阳龙门出土彭绍墓志考略》，载《洛阳出土墓志研究文集》）陈留郡陈留县尉薛襄宅　薛襄夫人王晋，太原祁人。谏议大夫王寿之女，天宝三载三月庚辰，终于东京康俗里之私第，夏四月丁酉，殡于河南县伊汭乡原。（《补遗千唐志斋新藏专辑》）桂州刺史兼御史中丞孙成宅　孙成夫人卢氏，永贞元年九月八日，倾背于洛阳之康俗里。以其冬十有一月五日，与孙府君合祔于邙山，志云："嗣子金吾胄曹惟肖，进士保衔右羽林录事微仲，修武县主簿审象。"《新唐书·宰相世系》三下所载孙成四子之名及长幼次序与墓志相同。（《千唐志》）衡王府长史石解宅　石解，字通叔。祖元魏石祖兴，《魏书·节义传》有载："太守田文彪、县令和真等丧亡，祖兴自出家绢二百余匹，营护丧事。"石解由进士及第，授中牟尉。"初吴房令郑丹，为当时闻人，假贾畜家钱百万，没其身业，不能以偿。辩于官司，治之遭迫，移禁中牟狱。行贾视公善马，曰：'郑囚得马，吾当代输五十万。'丹先不知公，或言公乃效马。贾者义之，焚券免责。"这是石解任中牟尉时发生在当地的两位义商救助一位县令的故事。石解后任太常寺协律郎，贞元七年任册回鹘公主副使，历官监察御史里行、殿中侍御史、国子博士。治第于东都康俗里西隅，始依竺乾教，改衡王府长史。元和三年六月六日殁。石解与郑氏世为婚姻。长子宗攸，先石解丧。次子恭次，合葬父母于偃师县亳邑乡武林里石桥东二里。石解墓志藏于西安西市博物馆。（龚静《反映唐代义商与唐人财富观的三方墓志》，载《考古与文物》2010 年第 2 期）太常寺奉礼郎卢赡宅　卢赡夫人崔氏，贞元十五祀十月二十三日，殁于东都康俗里第。十六年二月五日，窆祔于先姑茔。（《曲石志》）秦州上邽县令豆卢氏宅　夫人魏氏，曲阳人。贞元十七年（801）七月二十九日，终于东京康俗里第。其年十一月十四日，权窆龙门山西原。（汴博）按豆卢氏失名，魏氏祖魏知古，先府君魏喆《新唐书》传、表均有记载。许州长葛县尉郑炼宅　夫人孙氏，元和二年六月□日，殁于东都康俗里第。以其年八月十一日，安厝于邙山西原□□茔北一里。（《千唐志》）太常寺太祝卢直宅　卢直，卢珣之次子。长庆三年七月八日，卒于东都康俗里。以其年十月二十二日，葬于邙山北原祔先茔。夫人清河崔氏，太和五年十月己巳，捐馆于河南康俗里第。太和六年正月二十六日，合祔于洛阳县平阴乡陶村之南原。《试太常寺太祝范阳卢君妻崔夫人墓志》从官职名称与卢直墓志钧载长女适荥阳郑秉彝，可知崔氏为卢直妻。（《千唐志》）按卢直墓志不题卢直名。卢瑗子朝议郎行大理评事上柱国卢方宅　从《新唐书》卷七十三上《宰相世系》三上，可知卢瑗、卢珣为检校郎中卢政之子，但无卢直、卢方之名。又据朝议郎前行金吾卫胄曹参军卢方所述之《唐故陇西李夫人墓志铭并序》："乡贡进士卢元裳妻陇西李氏。父夷简，金紫光禄大夫守左仆射荣国郡公。长庆二年正月二十六日，李氏卒于康俗里，四月十二日，葬于洛阳县清风乡南陶村之北原。(《补遗千唐志斋新藏专辑》) 卢方大和四年正月七日终于康俗里之私第。以其年二月二十八日，归葬河南府洛阳县平阴乡南陶村之先茔。(洛古馆) 卢方是卢直堂兄。卢方之孙女卢乐娘墓志载："大父讳方，皇任大理评事兼东都留守推官。"乾符五年五月七日，乐娘终于东都康俗里第。以其月十九日，葬于洛阳县平阴乡北陶村祔先祖茔。(《千唐志》) 按乐娘墓志所载卢瑗、卢方、卢陟(秘书省著作郎)的职官可补唐史，亦可知卢氏家族从卢瑗之父直至乾符五年在东都康俗里均保存有其宅。兖海沂密等州观察推官文林郎试大理事杨牢宅　杨牢为其妻撰《荥阳郑夫人墓志》载：郑琼，荥阳人，生于长安南杜陵。会昌元年五月，殁于东都康俗里，葬河南县北邙山平乐乡之杜翟里。(《千唐志》) 崔氏夫人徐玉京宅　东海徐氏号玉京。咸通十一年五月十一日，终于东都康俗里之私第，其月二十七日窆于河南府河南县平乐乡朱阳村北邙之原。(《北图石汇》) 刘知柔宅　《文苑英华》卷九〇〇《唐赠太子少保刘知柔神道碑》："开元十一年六月十五日，(刘知柔) 遇疾薨于东都康俗里之私第。"

次北敦化坊。本名基化坊，景云初避明皇名改，隋有永昌公主宅。

麟迹女道士观。《剧谈录》：东都敦化坊有麟迹见于兴庆观，殿宇悉皆颓毁。咸通中毕諴相国别令营造，建基址间，得巨瓮，皆贮白银。雒州刺史贾敦颐宅。后为郑王府。突厥阿史那斛瑟罗宅。尚书左丞相兼侍中源乾曜宅。户部尚书陆象先宅。嗣许王瓘宅。桂州观察使李勃宅。《酉阳杂俎》：东都敦化坊百姓家，大和中有木兰一树，色深红，后桂州观察使李勃看宅人以五千买之，宅在水北，经年花紫色。河南府法曹参军卢贻宅。韩愈《卢府君夫人苗氏墓志》：卒于东都敦化里。按贻与苗氏即昌黎之妻父母。鄠县尉刘刺夫宅。《三水小牍》：彭城刘刺夫，大中年授鄠县尉，卒，妻王氏归其家，居雒阳敦化里第。汝州鲁山县令皇甫枚宅。按枚撰《三水小牍》云：余在雒敦化里第，渤海徐公谠为余言王知古事。是枚宅在此坊矣。

《校补记》：敦化坊麟趾观，注：《剧谈录》：东都敦化坊有麟迹见于兴庆观　校：《广记》百七十一引作"有麟德废观"。

补一条并注：邕管经略使张同宅，注：《五代史·唐六臣传》：张策父同为邕管经略使，居洛阳敦化里。浚井得古鼎，铭曰"魏黄初元年春二月匠吉千"十一字，策曰："建安二十五年改延康，十月又改黄初。"是黄初元年无二月。

增订：

《河南志》卷一："敦化坊，本名基化，唐景云初避明皇名改。"《唐两京城坊考》同。按基化误。检索唐代墓志从未有基化之名。唐中宗神龙元年以前有隆化而无敦化，唐玄宗开元、天宝之后有敦化而无隆化。程存洁博士《唐代城市史研究初编》（中华书局，2002年）认为敦化坊是一个从初唐到唐末始终存在的里坊，与隆化坊实为两个不同的坊里。并举杨华夫人焦氏于贞观十九年十一月十三日终于敦化里私第为例，说明在有隆化坊的时期也发现有敦化坊的存在，但是隆化坊之名从开元年间以后确实不见了。那么它避讳之后改成了什么坊名，仍然需要进一步研究。附《大唐杨君墓志铭并序》：杨华，弘农人，“隋任荆州录事参军。遂逢四方鼎沸，八表竞腾，流播于斯，卒于洛邑，权殡河南县千金乡，今乃幸遇昌运，得会太平，方迁窆。夫人焦氏，陇西人也。……大唐贞观十九岁次乙巳十一月乙丑朔十三日丁丑终于敦化里私第，则以其年十二月乙未朔十二日景午合葬于邙山之阜”。（台湾研究院历史语言研究所拓片登记号17470、23778号，转引《唐代墓志铭汇编附考》载《史语所集刊》之八十一，毛汉光撰，卢建荣助理，1984年，第443页）增订暂将隆化坊归敦化坊。麟趾观　《唐两京城坊考校补记》：敦化坊有麟趾观。《北图石汇》载：麟趾观三洞大德张法师墓志：法师名法真，字素娥。二十二岁，天恩出家，召入上清观供奉，甲寅岁，敕隶此（麟趾）观，后卜居（葬）邙山老君庙西北老神里。宝迁宅　宝迁，墓志失盖，姓不详。大业二年四月二十二日，卒于都郭之隆化里第。夫人南阳张氏，大业五年五月一日，遘疾而殒，九年孟冬十月二日，合葬于东都郭北八里。（汴博）洛州录事参军崔志德宅　夫人祖李君绩。父义臣，卫州司马。调露元年八月三十日，李夫人终于东都河南县之隆化里第，开耀二年三月三日，葬于洛州洛阳县北邙山之旧茔。（《补遗千唐志斋新藏专辑》）按《新唐书》卷七十二下《宰相世系表》，崔志德为崔道猷子，崔玄弼孙。与志崔志德墓志所载“清河崔府君，钟鼎高门，簪褐望族”相符。幽州渔阳县令邹大方宅　邹大方，其先南阳西鄂人。祖朗，隋晋王府库真、晋王府法曹参军事。父孝隐，凤、合二州司户，陈州太康、永州唐兴二县令。邹大方解褐任右翊卫韩王府法曹参军事，转鄯州都督府录事参军事，除幽州渔阳县令。垂拱元年十一月十三日，卒于隆化里第，垂拱三年二月二日，迁窆于伊阙县内川乡万安原。（《补遗八辑》）隋谒者台员外郗瑞达宅　郗瑞达，字休征，高平金乡人。上元三年十月十三日，终于东都隆化里第，其年十一月十八日，窆于河南县龙门乡之原。嗣子洛州陆浑县尉彦之等。（《补遗千唐志斋新藏专辑》）萧滨宅　《隋金紫光禄大夫萧岑孙内宫堂侄故萧滨之铭》载：大业十一年，萧滨卒于河南县隆化里第。滨为后梁宣帝之曾孙，吴王岑之孙，永修侯瑾第十一子。瑾与炀帝萧后为从父姊妹，滨为后之从侄，故志称内宫皇姨。（《集释》）天官文林郎周君夫人公孙平宅　夫人名平，字德齐，河南洛阳人。垂拱二年十二月二十七日，终于神都隆化里第，垂拱三年闰正月十九日，殡于邙山之阳。（《千唐志》）正议大夫行太子左谕德裴咸宅　裴咸，字思容，河东闻喜人，圣历元年戊戌八月景辰，卒于隆化里。以其年十月己酉，安厝于北邙山之茔。（汴博）处士卢调宅　卢调，字子通，范阳涿人。神龙元年七月一十三日，终于东都隆化坊之私第。开元三年十月十三日，与夫人王氏合葬于河南县平乐乡其村西二里邙山之南趾。（《千唐志》）按卢调祖赤松、父承思。《新唐书》卷七十三上《宰相世系表》三上，思道子赤松，太子率更令范阳郡公。次子承思、三子承悌。承思子休期。承悌子纲，城门郎。墓志与表记载有出入，表中无卢调名。密州司马韦府君夫人成纪县主李淑宅　李淑是大司空吴王恪之孙女，金吾大将军成王李千里之女。开元七年中，府君遇疾不救，终于归义里。开元二十一年四月二十五日，李淑终于洛阳之敦化里，春秋若五十。五月二十日，葬于万安之原，不祔于韦氏，从其志也。（《拾零》）张氏私馆　太子赞善大夫裴教，河东人。祖燕王祭酒，父历南台恒州幽潞等二十郡守。开元二十三年四月二十三日，裴教殁于河南敦化里张氏之私馆。夫人李氏，嗣子佋，吏部常选。次子序，豫州司马。裴教墓志出土于洛阳市伊川县彭婆乡许营村北。（《新获洛阳墓志续编》）左威卫仓曹参军何简宅　何简，字弘操，庐江人，天宝元年六月十九日，卒于河南县敦化坊之里第，其年七月三十日，权殡于城北。（《芒洛卷中》）永王府录事参军卢自省宅　卢自省，字子慎，范阳涿人。天宝十三载四月十一日，终于敦化里之私第。以其年闰月十一日，权窆于洛阳北原。（《千唐志》）按卢自省及其父卫南不见于史籍。祖元规见《新唐书·宰相世系》三上：宝胤，博州刺史，子元规，元规子逖、逸。逖子固然，逸给事中荆府长史，子奥。卢自省墓志可补唐史之缺。郑謇撰《唐故文林郎前郑州中牟县尉范阳卢君墓志铭》：卢宗和，字让世，范阳涿人。曾祖政，祖瑗，父方。卢宗元即卢方元子。大和六年九月十九日，殁于东都康俗里第，享年四十四，以其年十一月十四日，祔葬于邙山南陶村先茔。夫人陇西李氏，父行约。《唐故范阳卢君故夫人李氏墓志铭并序》：夫人姓李氏，父行约，河南府司录，夫人即李行约第四女。咸通十年十月十日，奄终于东都康俗里之第，享年五十八。夫人所终之明年二月二日，合祔于府君（宗和）之茔。（《拾零》）陆浑县令崔巇及夫人李氏宅　崔府君乃故宣越观察等使兼御史大夫右散骑常侍郧国肃公昭之第三子。夫人赵郡李氏。祖华，范阳郡士曹赠礼部尚书。父元素，自给事中历右丞、义成军节度等使，又迁户部尚书、度支使。李氏以大和癸丑岁（大和七年）十一月甲子十一日癸亥，奄终于东都康俗里，享年四十有一。长子谅，以大和甲寅岁（八年）二月丁卯三日甲申，归葬于陆浑县崔氏先茔。（《西市藏志》）崔巇之名，参照吴丹撰《唐故朝议郎河南府陆浑县令上柱国博陵崔府君墓志铭并序》补上。韦君妻天水郡赵真源宅　赵真源子韦宪自叙其母墓志：大中己卯（大中十三）年七月二十三日，倾背于康俗里之第，九月甲寅，迁座于洛阳县平阴乡南陶村宁神。（《补遗千唐志斋新藏专辑》）朝散大夫守左散骑常侍赠工部尚书裴夷直宅　裴夷直于大中十三岁七月二十日薨于长安安邑里故友之室。九月初，夫人李氏与其孤虔余等五子护丧归于洛邑，殡康俗里第。长子虔余，次虔裕。夷直夫人陇西郡夫人李弘，咸通八年十二月十四日，启手足于靖安里第，咸通九年，祔仆射府君之茔于河南府偃师县界。《唐故孝廉河东裴君墓志铭》："君讳恭孙，河东人。……祖夷直，皇左散骑常侍，赠司空。父虔裕，见任东都防御判官，赐绯鱼袋。"乾符六年十一月二十三日，终于河南县康俗里第。□七年正月七日，归葬于偃师县亳邑乡之南原。（《补遗千唐志新藏专辑》）赵玉子宅　赵玉子，邺郡安阳人。初笄，归陆氏。天宝十四载三月十日，寝疾卒于东京敦化私第，享年三十三。有三子，并在幼冲，其月十三日，葬于河南龙门里。（《西市藏志》）乡贡进士卢项宅　卢项撰《唐前乡贡进士范阳卢项故妻陇西李氏墓志铭并序》：李初，陇西成纪人。贞元六年八月十八日，终于洛阳敦化里第，十一月十日，归葬于清风之北原。（《拾零》）屈贲宅　屈贲亡妻任氏，以贞元十四年八月二十日终于敦化里，殡于永通门五里堆东北祔先茔。程章灿按《唐代刻石官署及所辖刻工考》载："隶属于将作监的刻工还有马瞻、屈贲、范及等。"《嗣曹王墓志》署名屈贲、马瞻。（《拾零》）太子左赞善大夫王府君夫人郑嫧宅　郑嫧，荥阳开封人。父厚，祖镇。元和九年七月二日，郑嫧弃背于河南县敦化里之私舍，其年八月十一日，祔葬于洛阳县清风乡郭村邙山之原。（《补遗千唐志斋新藏专辑》）河南府参军孙澥宅　孙澥长女，年十六岁，咸通十五年五月二十六日，殁于东都敦化里第。其年十月十八日葬于河南县杜郭村邙山之旧茔。（《千唐志》）按墓志所载孙澥之父景商、祖孙起。对照《新唐书·宰相世系表》三下，孙起，白马令。次子景商，天平节度使，检校礼部尚书，谥曰康。景商子备、储、伾、俭、偓、伉、佾。侄子溥，字熙化。溥辈有浇、洽，未有澥者。墓志撰者孙偓，《新唐书》卷一八三《朱朴传》附：孙偓字龙光。父景商。偓第进士，历显官，封乐安县侯。试大理评事兼监察御史孙惟肖宅　孙惟肖之妻李氏于唐宣宗大中九年六月十六日，终于东都敦化里之私第。其年七月二十五日，归窆于河南县平乐乡祔于先茔。（《千唐志》）按李氏墓志撰者再从侄孙前凤翔节度掌书记试秘书省校书郎纾。书者为再从侄孙乡贡进士书并篆。李氏墓志未载孙公名字。据《新唐书·宰相世系》三下：简，东都留守、太子太保，子纾、球。纾，工部员外郎。球字子书，河中支使。据新表孙氏世系中官监察御史者共二人，其一孙范，为孙简之弟，应为纾、球之伯叔辈；另一为孙惟肖，为孙公器之从弟，孙简之从叔，纾、球为其再从侄孙。

次北道化坊。道化一作遵化，隋有王邵宅、赵才宅。

定安公主宅。公主为中宗第三女，降王同皎，后降韦濯，三降崔铣。益州大都督府长史赠礼部尚书皇甫无逸宅。本隋萧琮所居，后为唐临宅。右领军府大将军房仁裕宅。本隋郡学。中书令崔湜宅。张说《荥阳夫人郑氏墓志》：终于雒阳之遵化里。按郑氏即湜之母。

增订：

《河南志》卷一："道化，一作遵化。"道化、遵化二坊名同时并存（见出土唐墓志及《全唐文》），在时间上没有相互承替的关系。道化属河南县，遵化属洛阳县。故《河南志》及《唐两京城坊考》云"道化一作遵化"，误。（《丛考》）又据张说《荥阳夫人郑氏墓志》，郑氏即崔湜之母，终于洛阳遵化里，故崔湜宅应在遵化坊，列于道化坊误。此外，遵化坊的皇甫志玄（见《千唐志》）与《河南志》载道化坊之皇甫无逸很可能也是本家，如果确系如此，皇甫无逸也有可能与皇甫玄志聚族共居于遵化坊，而不是在道化坊。（《丛考》）永穆寺　《大唐皇再从祖姑故宁刹寺比丘尼志弘墓志铭并序》：比丘尼法号志弘，高宗则天皇大帝之曾孙，许贞王讳素节之孙，褒信郡王讳谬之季女。笄年归王谅，封陇郡夫人。数年后，于宁刹寺辩音律师下受具戒，遂于东都圣善寺，诣山门澄治禅师问道。建中三年四月七日，终于东都道化旧宅永穆寺，其年十一月二十四日，迁神于河南县毕圭乡龙门里。（赵振华《洛阳新出比丘尼墓志与唐代东都圣善寺》，载《洛阳史志》2005年第3期）按志弘墓志的撰写者即夫银青光禄大夫前光禄卿上柱国袭琅琊郡开国公王谅。志弘终于东都道化坊永穆寺，即王谅之旧宅。志弘之祖素节为唐高宗之萧淑妃所生，亦为武则天迫害致死，唐中宗复位后，为之昭雪。志弘墓志为李素节后代以及东都宁刹寺、圣善寺提供了新史料，同时也增补了东都道化坊之永穆寺。刘宾妻王氏宅　刘宾，字元宾，彭城人。齐天统五年七月十六日，终于邺城西孝义里之宅。夫人王氏，河东人。大业七年十月十五日，亡于东都道化里，其年五月三十日，与刘宾合葬于洛阳县东常平乡永安里，即今洛阳东汉魏故城。（沈淑玲、唐俊玲《刘宾与妻王氏墓志考释》，载《中原文物》1997年第2期）刑部郎中定州司马辛骥宅　辛骥，陇西狄道人。显庆四年十一月二十九日，卒于道化里之第。（《千唐志》）右卫翊二府卫陈宾宅　陈宾，字令古，颍川人。祖之。父相，游击将军。显庆二年，诏授陈宾浐川府左果毅。咸亨二年五月二十七日，卒于河南县道化坊之私第，其年七月二十六日，葬于邙山洛阳县平阴乡之界。（《补遗千唐志斋新藏专辑》）左卫郎将检校左武卫将军上骑都尉于谦宅　于谦，字敬同，河南洛阳人。祖象贤，周驸马都尉，尚义阳公主。父德威，梓州盐亭县令，上骑都尉。咸亨二年九月十六日，于谦终于东都河南县道化里第。妻李氏永乐县君，祖淮安王李神通，父李孝同。咸亨四年正月十八日，殁于西京宣平里馆。咸亨四年二月五日，合葬于明堂县毕原。1979年春，于谦墓志出土于长安县韦曲北原。（戴应新《唐于谦墓志铭跋》，载台湾《故宫学术季刊》第十卷第一期1992年10月）赵德含宅　赵德含妻杜氏，咸亨元年七月十八日，卒于道化坊之第，以其年十月十五日与夫合葬河南县平乐乡邙山之阳。（《北图石汇》）按《鸳鸯七志斋》称赵德合。明崇览宅　夫子，崇览字思聪，平高人。养德丘园，不求闻达，春秋四十一，终于道化坊之第。娶润州长史李怀言之第五女，调露元年十月二十三日，合葬于缑氏。冥婚。明崇览墓志2005年秋出土于河南偃师缑氏镇。（《拾零》）朝散大夫行洛州偃师县令高安期宅　高安期，字嗣宗，渤海人，隋尚书左仆射上柱国齐国公高颎之曾孙。文明元年四月二十日，卒于道化里。妻元妃娘，千乘县君。垂拱二年正月二十九日，终于道化里之私第，其年二月十四日，殡于洛州洛阳县平阴乡北邙山。（《北图石汇》）高安期妻墓志存洛古馆。太子中允孙行宅　孙行字元一，太原中都人。曾祖融，祖孝冰，父思邈。（《旧唐书》卷一九一有传）调露中，孙行应岳牧举，对策甲科，敕授鄜州洛交县尉，寻丁父忧，去职。服阕，补洛州渑池县尉，敕授右拾遗。俄丁母艰去职。有制权夺，仍复旧位。历凤阁舍人，内供奉，守太子公允，摄凤阁，鸾台、夏官三司侍郎，左台御史大夫，司礼卿。久视元年十一月七日，遘疾终于道化里之私第，春秋六十。以其年腊月十六日，迁窆于合宫县之北邙山。（《西市藏志》）按孙行为医学家孙思邈之子，宅在东都道化里，而孙思邈仅在京兆长安县光德坊鄱阳公主邑司有常居。邛州火井县令宋氏宅　宋夫人淳于氏，圣历三年一月二日，终于洛阳道化里之私第。圣历三年四月三日，葬于洛阳县西北所十里之平原。（洛古馆）濮州同法参军事姚处贤宅　姚处贤，长安四年十一月二十八日，终于道化里，权窆于洛阳北原。（洛古馆）大中大夫易州刺史汾川公吉哲宅　吉哲夫人狄道郡董氏，陇西人。年二十归汾川公，长安四年十二月十日，终于合宫县道化之私，其月九日，殡于合宫县龙门乡之平原。子琚。（《补遗千唐志斋新藏专辑》）按吉哲之名据《周故灵武军副使吉公（琯）志文》补。宣城县主李华宅　县主李华，陇西狄道人。祖太宗文武圣皇帝，父故大吴王（李恪），县主即其第五女。开元三年三月二十六日，遘疾，遂奄于道化之宅，春秋六十有六。即以其四月十日，迁窆于龙门之原，东俯伊滨，南临明岳。（《西市藏志》）按吴王恪第四女信安县主在洛阳尚贤里、惠和里均有宅第。朝散大夫起居舍人冯复宅　冯复，字万石，河南颍阳人。祖孟迁。父玄义，天水郡率道县令。冯复郡举秀才及第，射策登甲科，又应怀疾恶之诚举，射策独高第……一擢乡举，四登制科。开元十一载终于河南道化里。夫人太原县君太原王氏。天宝五载七月某日，终于东京仁风里之私第，天宝六载四月丙寅合葬于龙门西岗袝先茔。嗣子沚，右羽林长上折冲。（《补遗千唐志斋新藏专辑》）冯复父玄义，“天水郡率道县令”。查隋襄阳郡率道县，唐襄州率道县，均在今湖北省襄樊市南。隋天水郡无率道县。朝散大夫行申州义阳县令上护军明琰宅　明琰祖恪，唐隰、豫二州刺史。父崇嗣，河南、洛阳二县丞，饶州鄱阳县令。明琰，国子进士及第历官太常寺奉礼郎、河南府济源县丞、润州司功参军、申州义阳县令。长寿三年三月二十二日，遘疾终于都道化里第，享年四十六。夫人刘氏，临淮人。祖刘子翼，著作郎、弘文馆学士、修国史。父刘懿之，乾封中北门学士、给事中、太子中允。开元十一年二月十七日，刘氏终于都尚贤里第，享年五十六。长子虚己，少子虚心。以开元二十七年八月十二日，明琰与刘氏合葬于缑氏县景山原。(《西市藏志》)**司农寺丞卢悦宅** 卢悦，字子儒，范阳人。曾祖彦。祖昭谅，武德丞。卢悦年十八，太学明经擢第，解褐拜密州司户，先后历鲁山令、司农寺丞等。开元二十一年五月二十九日，终于官舍，春秋五十六。夫人荥郑，开元二十三年四月二十四日，寿终于河南府道化里私第。二十四年十二月二十八日，权祔于凤皇山南崇义乡中原。嗣子仙胄、仙宗。(《拾零》)**河南府新安县主簿张涓宅** 张涓字载之。曾祖怀道，祖晓。父伯尝，朝散大夫殿中省尚书奉御。张涓是伯尝次子。弱冠以门荫释褐授右清道率府兵曹参军，秩满再调补陕州安邑县尉，吏换新安县主簿。长庆二年正月二十日，殁于东都道化里之私第。张涓夫人江夏李氏。张琪撰《唐故河南府新安县主簿南阳张府君夫人江夏李氏墓志铭并序》：李氏大王父常，赠礼部尚书。王父暄，起居舍人。父郓，监察御史里行。大中五年十月六日，李氏弃背于东都正俗里，享年六十有三。明年二月三日，归葬于河南府河南县金谷乡无上原。(《拾零》)**仙州别驾张仁方宅** 张仁方，清河人。解褐授太常协律，后转仙州别驾。开元二十四年四月十八日，终于河南县道化里之私第。某年某日与夫人姚氏同窆于某原。(《千唐志》)**钜鹿魏仲俛宅** 宝历元年四月三日魏仲俛终于道化里私第，其年五月六日，葬于河南县平乐乡先茔。(《辑绳》)**泗州司仓参军诸道盐铁转运等使巡覆官刘茂贞宅** 刘茂贞，字子松，彭城人。曾任东都院巡官，又以漕运事俛入迁知集津分巡院，后转河阴院巡官。大和四年六月十一日，启手足于河阴院官舍，护归道化旧宅，其年十月二十日窆于河南府河南县金谷乡尹村之西原。(《北图石汇》)**通议大夫守夔王傅分司东都姚勖宅** 姚勖，字斯勤，唐中书令梁国公姚崇四代孙。曾王父彝，邓、海二州刺史，光禄少卿。王父姚辟，河南府河南县丞赠太常少卿。烈考姚偁，泾阳主簿。姚勖“长庆元年进士出身。后选授右司御率府仓曹参军事。忠武军辟为掌书记，授试太常寺协律郎，改试大理评事充武宁军节度判官，又守本官，充忠武军节度判官。罢，累月，授监察御史里行充浙江西道观察支使，入台为监察御史，转殿中侍御史。改检校礼部员外郎，赐绯鱼袋，充盐铁转运推官。迁尚书职方员外郎，又改检校礼部郎中，充盐铁转运判官，迁尚书水部郎中。又迁尚书都官郎中御史中丞，赐紫金鱼袋，知盐铁江淮留后，摄盐铁副使。入迁尚书右司郎中，加朝散大夫。改守湖州刺史，加朝议大夫，迁尚书吏部郎中。又迁右谏议大夫，改常州刺史，加通议大夫。大中四年受替，遂权居润州别业”。大中七年三月改夔王傅分司东都，其年八月二十三日辛巳，启手足于道化里。嗣子环等号奉遗旨，于是年十月十六日，与夫人王氏合窆于洛阳伊川万安山姚崇家族墓地。姚勖为官清选，曾接济过诗人温庭筠，见唐人笔记小说《玉泉子》。李德裕被贬潮州司马，再贬崖州司户，自洛阳乘船沿水路赴贬地时，“资储荡尽，家事一空，百口嗷然，往往绝食”，也曾得到姚勖派人送来的财物及药剂。见《全唐文》卷七百七《李德裕十二》，李德裕回复给姚勖的三封书信。(姚学谋《唐姚勖墓志考释》，载《河洛春秋》2010

年第3期）乡贡进士姚僭宅　姚僭夫人马琬，字德卿，其先扶风人。曾王父马恬，著作郎赠少府少监。王父宇，秘书少监，史馆修撰。考文郎，秘书省校书郎。马琬生而孤，随鞠于外祖。及徙居于洛，姚僭中丙科，而夫人钟家祸，殆至毁灭。大中十二年三月二十一日，殁于东都道化里之私第。其年五月十六，窆于河南府河南县伊汭乡尹樊里万安山南原。马琬天然慧悟，善丝桐曲，多古雅声。幼受道箓，法字少真。马琬墓志为夫乡贡进士姚僭撰。（《补遗八辑》）

次北温柔坊。

李晦宅。太平公主婿豆卢光祚居焉，后为秦国公主宅。按《会要》无秦国公主。睿宗第七女曰蔡国，或形近而讹。琼山县主宅。阁门使薛贻简园。号薛氏奉亲园，园内流杯石，传自平泉徙致。

《校补记》：温柔坊　补：王将军宅。注：详思恭坊。

增订：

隋荥阳郡新郑县令萧瑾宅　萧瑾，兰陵郡兰陵县人。大业九年十一月二十四日，薨于东都温柔里第。其年十二月二十八日，葬于河南县灵渊乡安川里北邙山之阳。（汴博）按萧瑾是梁宣帝詧之孙，吴郡王岑之第三子。洛阳出土之萧氏墓志有萧慎、萧滨（瑾子）、萧瑾女弟媞媄（嫔于柳氏）等。博州刺史韦师宅　韦师，京兆杜陵人。曾祖昶，魏秦州刺史。父峻，周任千牛通事舍人。韦师，隋大业年起家齐王府典签。武德三年授益州新都县令，后历任度支郎中、仓部郎中、洛州都督司马兼知留守帝城、除魏王府司马兼虢州别驾、汉王府长史兼检校梁州都督府长史、洋州刺史、博州刺史。贞观十五年三月十五日，薨于洛州温柔坊之私第，春秋七十有六。其年殡于午桥之南。长男崇礼，洛州录事参军，上元年卒。第二男知道，户部侍郎、雍洛二州长史、怀州刺史，垂拱三年薨。第三男崇□，通事舍人，仪凤三年奉使吐蕃未还。垂拱四年正月十一日，韦师与夫人□氏合葬于河南县崇邙之山。（《拾零》）按：韦师长子崇礼墓志载，乾封三年终于温柔里第，非上元年卒。承奉郎吴续宅　续，字光绍，其先濮阳人，显庆四年六月十一日，奄终于温柔坊里第，其年殡邙山。（《北图石汇》）河东任君妻王师宅　夫人王师，并州太原人。麟德二年五月四日，终于温柔之第，其月十三日，葬于龙门敬善寺西元祚之山。（汴博）豫州郾城县令王硕度宅　王硕度，字符节，琅琊临沂人。曾祖景贤，梁征北将军江州刺史。祖昙选，梁散骑常侍太子左卫率，陈扬州刺史建安郡公。父修陁，陈给事中羽林监，隋左武候大将军鄱阳郡公。王硕度隋开皇中解褐为永州湘源令，大业中检校廓州司马，隋末从薛举，束手伪庭，在于求全。贞观中调豫州郾城令。伯父王远知是茅山高士。王硕度深崇妙道，永绝膏粱，遂甘蔬菲。龙朔二年十月一日，终于东都温柔里之第，春秋八十八。十一月二十三日，迁窆于河南龙门乡之原。夫人谯国曹氏，春秋九十八，仪凤三年七月七日，终于东都之温柔里第，调露元年十月二十三日，合葬于先茔。子绍基、绍业等。(《西市藏志》) **洛州录事参军韦崇礼宅** 乾封三年正月十日，韦崇礼终于洛州温柔里第，其月十八日，窆于伊水乡。(《辑绳》) **王夫人宅** 王夫人，并州太原人，祖父为汝益二州司马。父珍。夫人"幼习美于长洲，长驰风于史氏"。咸亨四年三月二十二日，薨于洛州温柔坊之第。其年四月五日，奉宁于北芒之原。(汴博) **陪戎尉乐弘懿宅** 弘懿，字彦之，洛阳人。仪凤四年正月十五日，终于温柔里之私第。(《千唐志》) **相王府主簿许景妻郝默宅** 郝默字静思，安陆人。曾祖贵，涤、复二州刺史。祖处俊，见任侍中。父北叟，任符玺郎、典设郎。调露元年六月十六日，郝默终于温柔里第，春秋一十有七。即以其月二十五日，葬于鼎门外之南原。许景是故中书令特进高阳公敬宗第七子。(《补遗九辑》) **云麾将军禄赞宅** 禄赞，字萨逻，西戎人也。往以慕化□居于㫺阳□名焉。祖，蒲海英雄，葱山□杰。父钦陵，西戎赞府之亲舅。禄赞"秩惟三品，亲统一军，转骑黄河，列营青海。宿怀仇怨，恨起于边亭。远涉山川，喜投于中夏，一辞戎寇，万里征途。望尧日于长安，背羌尘于绝塞，丹诚未显，朱绂遂加。制授公游击将军，守左威卫洛构府果毅长上"，"又下制书加公品秩，除授公云麾将军、行右领军卫翊府中郎将、黄水县开国子"。垂拱四年正月五日，卒于永昌县温柔里私第。恩敕赐物一百二十段，丧葬所司量供。(《补遗七辑》) **朝散郎检校潞州司户参军王绍文宅** 王绍文，字义藻，琅琊临沂人。曾祖昙选，仕梁、陈。祖修，陈长沙王国侍郎、隋鄱阳郡公。父守节，唐凉州总管上柱国吴兴郡开国公。绍文弱冠以贞观中应辟射策高第，授朝散郎检校潞州司户参军。天授二年正月十八日，终于温柔里之私第。夫人汝南袁氏，延载二年八月二十三日，终于温柔里，圣历二年十月三日，合葬于洛阳县平阴乡之原。嗣子嶷、钦、嶽、宗、玄等。(《拾零》) **蒲州猗氏县令高隆基宅** 高隆基，字继，渤海蓨人。妻范阳卢静，大周圣历元年九月二十三日，终于洛州温柔里之私第。长子合宫县尉懿等，以大周长安三年十月三日，迁窆于洛州合宫县平乐乡邙山。(《千唐志》) **左监门校尉游击将军陈玄运宅** 陈玄运，字弘让，河南陆浑人。祖义，右卫围谷府左果毅。神龙二年五月二十九日，陈玄运终于温柔里之第。夫人天水赵氏，久视元年闰七月十七日，终于大同里之宅，开元十八年十一月十日，迁葬于河南郡河南县龙门乡义济里之川原。(《补遗千唐志斋新藏专辑》) **通义大夫宗正少卿李辿宅** 李辿，字季珍，陇西成纪人。祖玄成，济北太守。考义琛，工部侍郎、雍州长史。李辿以明经登科，授怀州参军。"及神龙复辟之际，潜有安刘之策。"拜朝散大夫、鸿胪丞。入为薛王李业府司马，次授申王李㧑府长史。制授宗正少卿。开元十四年七月十一日，终于东京温柔里第，其年十一月八日，迁神于河南万安山之原。夫人崔氏。长子睿，次子裕。(《补遗千唐志斋新藏专辑》) **张璬宅** 张璬，字承宗，清河东武城人。神龙二年十一月十一日，卒于东京温柔里。天宝十二载二月十二日，葬于金城县（今陕西兴平市三陂乡）旧茔东北三十二步。夫人开元十七年七月二十五日卒于东京寿安县之别业。（《续修陕西通志稿》）通议大夫鄂州刺史上柱国卢翊府宅　夫人房氏，字丽娘。开元二十六年二月八日，终于河南府温柔里第。开元二十七年八月十二日，合祔于河南府邙山之南原。（《千唐志》）右威卫翊府左郎将康庭兰宅　康庭兰，康国人。开元二十八年九月□日，终于东都温柔里之私第，即以其年十月十七日，迁厝于河南之杜郭原。（汴博）绛郡太守宋君宅　宋府君夫人荥阳郡君郑氏，饶州乐平县令崇敬之季女，年十四，归于宋。天宝四载正月二十二日，薨于东京温柔里第，其年四月二十二日，权厝于寿安县甘泉乡之原。有子六人，长曰幼良，汝南郡司仓参军；次曰幼宽，余杭郡于潜县尉；幼成；幼美；幼言；幼畅。（《补遗千唐志斋新藏专辑》）游击将军横海军副使李全礼宅　李全礼夫人，荥阳县君郑氏，天宝十三载四月十四日，卒于温柔里之私第，其年八月二十七日，与李全礼合祔于偃师县首阳之旧茔。（《补遗八辑》）又李全礼墓志载：全礼授郿邑府折冲，京兆府骊山府折冲，敕简充横海军副使。年六十，薨于陆浑县北荆里私第。天宝九载十一月二十四，葬于偃师县首阳乡西李村。（《补遗八辑》）处士叔孙万顷宅　叔孙万顷字千寻。天宝九载四月七日，卒于温柔里第，以其载七月二十二日，葬于龙门张村。（《拾零》）河南府颍阳县尉张汶宅　张汶，字清德，京兆长安人。王父希均。考晔，太府寺丞。张汶历官有四。建中三年，擢第孝廉。贞元五年，释褐受申州钟山县主簿。贞元二十一年，任汴州浚义县尉。“初领赋曹，后迁邮务。水陆兼济，曾无阙遗。……（元和）十二年差摄伊阙县主簿，兼知彭婆邮转。”元和十三年二十三日，暴终于温柔里之第，其年三月二十六日，归祔芒山先茔。（《补遗八辑》）知度支东都分巡院事检校尚书工部郎中兼御史中丞崔锜宅　崔锜夫人郑徽，中和二祀岁次壬寅正月甲寅，终于东都温柔里第，以其月丁卯，祔于河南府河南县伊汭乡尹樊原崔氏先茔之侧。（《补遗千唐志斋新藏专辑》）殿中侍御史内供奉李公夫人张氏宅　张氏，范阳人。大和三年三月四日，殁于东都温柔里私舍，年六十二。六男二女，四子为县尉，一子赐绯鱼袋，一子赠国子博士。长子审，朝议郎前行河南府洛阳县尉。试太常寺协律郎、赠国子博士（次子）寰“长庆中沧州兵乱，协律不以所守院财劫于贼，率人吏战死，有诏追赠（国子博士）”。（《补遗千唐志斋新藏专辑》）儒林郎试左千牛卫长史飞骑尉杭季棱宅　杭季棱，大和六年正月十七日卒。夫人陈氏，大和元年五月七日，终于温柔里之私第。大和六年十月二十六日，合祔河南县平乐乡□翟村东原。（《千唐志》）孙伯达宅　夫人刘氏，先夫张闰，有子一人。父兄夺志，再适乐安孙伯达。会昌四年七月二十一日，捐馆于洛阳温柔里。是岁九月四日，得吉兆河南县平乐乡□□村。（《千唐志》）王将军

宅　《广异记》："东都思恭坊朱七娘者，倡妪也。有王将军素与交通。开元中，王遘疾卒，已半岁，朱不知也。……王忽来朱处，久之，日暮，曰：能随至温柔坊宅否？……以后骑载去，入院欢洽如故。

次北择善坊。

率更寺。太尉英国公李勣宅。左卫大将军同中书门下三品韩国公张仁愿宅。本隋来护儿宅。宣城公主宅。宣城公主为宪宗第五女。按雒阳第宅，多是武后、中宗时居东都所立，中叶以后，不得有公主宅。考中宗第二女曰宜城公主，降裴巽，"宣"盖"宜"之误也。同凤阁鸾台平章事谯县子娄师德宅。

《校补记》：择善坊娄师德宅　补：袁德师楼，并注：《嘉话录》：故给事汝南袁高之子德师于东都买得娄师德故园，起书楼。洛人语曰：昔日娄师德园，今日乃袁德师楼。

增订：

晋州霍邑县令杨纯宅　杨纯，弘农人。神功元年四月五日，终于河南县择善里之私第，开元九年十月十一日，与夫人张氏合葬于河南县河阴乡之原。（《千唐志》）银青光禄大夫尚方监阳俭宅　阳俭字守节，本北平无终人，近贯洛州永昌县惟新乡苑洛之里。解褐任扬州大都督府参军事，又授豫王府法曹参军事、洛州渑池县令、雍州渭南县令、洛州永昌县令。迁荆州大都督府长史。久视元年八月十三日，薨于择善里之私第，十月十七日与前夫人元氏、后夫人弓氏，合葬于洛州合宫县龙门东伊汭乡万安山之原。（《补遗千唐志斋新藏专辑》）赠银青光禄大夫使持节相州诸军事相州刺史萧元礼宅　萧元礼，梁长□王五代孙。父憬，朝散大夫朔州司马。元礼遇祸，春秋五十有一。夫人敦煌张氏，即鄯州都督□昉之孙，春秋六十有一，终于择善里之私第。即以开元六年十月二十二日，葬于河南县龙门南山西原。（《拾零》）左兵曹参军张阐宅　张阐，字镜微，中山人。曾祖万，祖信，父则。张阐八岁能文，有声河洛，弱冠名动天下，入太学，见众群公。太极中，秀才登科，补桃林县尉，秩满转金吾兵曹，安命乐天。开元十四年正月十日，终于择善里第，时年四十有三。其月十五日，殡于建春门外感德乡之原。（《陕博墓志萃编》）左卫大将军同中书门下三品韩国公张仁愿宅　《新唐书》卷一一一《张仁愿传》载："子之辅，至赵州刺史。"2000年春洛阳出土张之辅墓志载：公讳之辅，南阳白水人。曾祖德言。祖荣，寿昌公。考仁愿，兵部尚书同中书门下三品韩国公赠特进，谥成烈公。张之辅弱冠以门荫授相府参军、尚舍直长符玺郎、尚舍奉御，历郢王府谘议、陕王府司马、拜赵州刺史。"升将作少将，百姓思德，九县建碑，仍立生祠。"转司农少卿，擢左卫将军、西京副留守，历河南少尹，迁太子少詹事、上柱国、袭韩国公。开元十九年正月二十三日，奄化于河南择善里之私第，春秋五十有一。以开元二十一年三月五日，卜远于龙门西山之原。胤子同州参军同徽等。（《拾零》）潞州乡县尉潘智宅　潘智，广宗郡人。济州司马潘行之子。潘智“有捍城之材，怀经邦之略。弱冠，以明法高第，调补郓州钜野主簿”。无何，转潞州乡县尉。万岁登封元年十二月十七日，终于潞。夫人雁门侯氏，迁化于东都择善里之私馆。开元二十四年五月五日，合祔于洛阳平阴原。长子守谦，次守直、守一等。（《补遗八辑》）河南府新安县丞崔谌宅　崔谌，字质本，清河人。开元二十五年四月三日，殁于东都择善里之私第。是月二十三日窆于河南县金谷之原。（《北图石汇》）太常寺兴宁陵令马待宾宅　马待宾字昊，河东宝鼎人。父智，任中书主书。待宾弱冠自太庙斋郎拜申王府典签，授宁王府功曹参军事。“开元中，我天子有事于太山，奉常藏仪宗伯主礼斋郎之位，徵公（待宾）摄焉。承恩转太常寺兴宁陵令。”开元二十五年十月十九日，终于河南择善里第，以其年十一月十四日，权殡于龙门乡之北原。（《拾零》）朝议大夫行殿中侍御史张公夫人崔柔则宅　崔柔则，博陵安平人。曾祖司农寺丞仁睿。祖玄祏，刑部侍郎。父钦奭，蒲州录事参军。柔则年十三归于张氏。天宝十三载三月二十一日，终于东京择善里之私第。以四月八日，权□于河南伊汭乡之龙门西原。（《拾零》）河南府法曹参军崔廞宅　《大唐河南府法曹参军崔公夫人太原王氏墓志铭并序》：夫人名淑，字田七，太原人。贞元十六年正月四日，终于河南县择善里之旅舍。其年二月二十二日，窆于颍阳县万安山之南原，从舅姑之兆。（《补遗千唐志斋新藏专辑》）按崔公名为崔廞，从王淑墓志撰者崔從所撰崔廞墓志得知。崔廞元和五年十二月十七日，终于奉先县仙台观之别院，明年四月二十一日，归祔于河南府万安山南之先茔，合窆于夫人故兆。河南府渑池县丞慕容瑾宅　慕容瑾，其先昌黎棘城人。开元二十年七月四日，卒于东都择善里。八月十四日，迁窆于北邙山旧茔之侧。（《曲石志》）旅舍　《唐故苏州吴县尉余府君洪氏夫人墓志铭》载，夫人是太常寺协律郎洪如云次女。有子二人，长曰从周，授郭县尉，“遂乞假乎东归，还养以就禄……爰憩于宣教里。忽遘疾，卜就吉地，乃还于择善里”。会昌元年七月十日，卒于旅舍。（《辑绳》）

次北道德坊。本曰道训坊，北至雒水。隋有秦王浩宅。

东南隅，永昌县廨。永昌中析河南、雒阳二县立永昌县，治此坊。神龙元年省。按《纪闻》云：唐卫州司马杜某为雒阳尉时，有贼在雒阳城南午桥人家杀人，将财至城，舍于道德里，欲出外，不能去，乃出道德坊南行，忽空中有火，遮其前，不得南出，因北走入县门。盖是未省县时也。武成王庙。景龙女道士观。南北居半坊之地，金仙公主处焉。按公主为睿宗第九女。长宁公主宅。内史史务滋宅。

《校补记》：道德坊补：书生宅，并注：《纪闻》：东都〔原误作“郡”，今据

《太平广记》卷三三一引《纪闻》改〕道德里书生行至中桥，遇贵人与语，因南去长夏门，遂至龙门，入一甲第。

增订：

按《唐会要》卷五十：道德坊有太真观与都元观。《太真观》：“道德坊。本隋秦王浩宅。”《都元观》：“道德坊，本秦王浩宅。天后朝置永昌县。神龙元年，县废，遂为长宁公主宅。景云元年，置道士观。开元五年，金仙公主居之，改为女冠观，十年七月，改为都元观。”《唐会要》没有说明太真观与都元观是在长安道德坊，还是在洛阳道德坊。但据秦王浩宅置永昌县，当是洛阳道德坊。又从金仙公主墓志看，唐玄宗开元二十四年仍称洛阳开元观为开元观，不知改开元观为都元观何据？至于太真观，疑为开元观或在原秦王浩宅上之又一观。（《补遗一辑》）《故上都至德观主女道士元尊师墓志文》：尊师法名淳一，河南人。系□后魏，郁为令族。天宝初，度为女道士，补至德观主，三纪于兹。大历中，竭来河洛，以□□年七月三日，返真于东都开元观。（《辑绳》）按上都至德现在长安兴道坊的西南隅，东都开元现在道德坊。《唐两京城坊考》缺载。马忠宅　马忠，京兆扶风人，贞观七年二月三日，卒于洛阳道德里。夫人张氏，永徽二年十一月二十二日，卒于洛阳道德里。以其年十二月三十日，葬邙山之阳。（洛古馆）宣州司法参军事夫人杜氏宅　夫人名丑，字婆，京兆杜陵人。麟德二年七月三日，卒于道德之里第，七月二十四日，迁窆于洛阳之界破陵东。（洛古馆）贝州临清县令仲□宅　仲□，祖庆，隋秘书少监赠洛州刺史。仲□起家应制射策甲科，授洛州河南县尉。又应制举，改授济州亭山县令，迁秘书郎。以疾出补贝州临清县令。麟德三年正月十八日，终于洛州道德里第。圣历三年一月十一日与夫人何氏合葬于河南县平乐乡之北原。子，海州涟水县丞玄顾。（《补遗千唐志斋新藏专辑》）户部侍郎赠怀州刺史临都公韦泰真宅　韦太真夫人裴首儿，河东闻喜人。神龙三年三月六日，终于合宫道德里之私第，其年四月六日，权窆于洛州平乐乡之原。（洛古馆）韦泰真之名，据张忱石《〈隋唐五代墓志汇编〉举正》补。韦泰真薨于神都崇政坊私第。延州敦化府兵曹参军事张士龙宅　张士龙，字天养，蒲州虞乡县人。春秋七十三，终于洛州道训坊之私第，遂葬于北邙山南，去神都城一十八里。长安三年二月二十八日，夫人程氏合葬旧坟。（《千唐志》）刘夫人宅　韦公妻刘夫人，天授三年二月十四日，终于东都道德私第，开元十四年五月十九日，葬于河南府河南县平乐乡安善里北邙山之原。（《千唐志》）颍上县尉朱归浦宅　开元八年十一月二十一日，朱归浦卒于□福里第。夫人刘氏，开元二十七岁六月七日，终于道德里私第，即以其年十月二十六日，合葬于河南□平乐□□茔。（《补遗四辑》）朝议大夫守绥州刺史姚爱同宅　姚爱同，其先吴兴人。曾祖祥，阶、怀州长史。祖□义，银青光禄大夫持节嶲峡州刺史长沙公赠吏部尚书，追谥曰文献。父德，潭廓二州司马。爱同为左卫执戟、左骁卫司戈、金谷府左果毅都尉，寻加游击将军、左率府左郎将，守绥州刺史等职。开元九年九月二十六日，终于东都道德里之私第。前夫人江夏黄氏，先终于河清县之别业。开元十年二月十日，合祔于邙山之阳。嗣子宣义郎沯。（《拾零》）朝请大夫上柱国南宾郡太守李云卿宅　李云卿，字献，唐玄宗四从弟，秩二千石。曾祖汉阳公礼部尚书怀。祖少府监，蒲、陕等九州刺史冲寂。父阆州新井县令半。云卿历政有九，“故左相李适之，搴帷觏止，特达相知，城彼朔方。信安王委板筑之役，谕于西蜀。章仇使举，沂康之功”。以天宝四载六月十八日终于位。夫人兰陵郡萧氏，以其年十一月十四日，终于襄阳郡之逆旅。比同权攒于东京道德坊之私第。嗣子阶等。李云卿墓志2000年于河南洛阳偃师出土。李云卿曾祖李怀，《新唐书》志第十二上《宰相世系》二上有载。祖李冲寂，两《唐书》有传。（《释录》）彭城郡蕲县令卫冯宅　卫冯，河东安邑人。以癸巳岁（天宝十二载，753）八月十一日，终于道德里之私第。夫人薛氏，天宝十三载正月二十五日，葬于亡舅与亡姑之神茔。（《千唐志》）按墓志有损，“道”字字迹不清。郭崇韬进过园　《河南志》卷一，道德坊：“后唐枢密使郭崇韬园，后入官，俗名‘进过园’，园有十二斗角亭子，制作甚精。”

右定鼎门街东第四街，长夏门之西街，七坊。

长夏门之东第一街，定鼎门街东之第五街也，南出长夏门。从南第一曰仁和坊。坊本名民和，避唐太宗讳改，当作“人和”。而《太平御览》《白居易集》及《河南志》所引韦述《记》皆作仁和。《河南志》引韦述《记》云：此坊北侧数坊，去朝市远，居止稀少，惟园林滋茂耳。

兵部侍郎许钦明宅。钦明，户部尚书圉师犹子，与中书令郝处俊乡党亲旅，两家子弟类多丑陋，而盛饰车马，以游里巷，京雒为之语曰：衣裳好，仪观恶，不姓许，即姓郝。礼部尚书裴宽宅。子孙最众盛。柳玭《戒子孙文》云：“东都仁和里裴尚书宽，天后时宰相魏玄同选尚书之先为婿，未成婚而魏陷罗织狱，家徙岭表。及北还，女已逾笄，其家议无以为衣食资，愿下发为尼，有一尼自外至，曰女福厚丰，必有令匹，子孙将遍天下，宜北归。家人遂不敢议。及荆门，则裴赍装以迎矣。兵部侍郎裴邻宅。按白居易《裴常侍蔷薇架》诗注：裴君所居名仁和里。盖亦裴氏之族也。诸城刘氏云：大和题名有裴潾，则“邻”当作“潾”。益州长史、南阳公杜行敏宅。杜牧六代祖，赐宅在仁和里。按《宰相世系表》：行敏为牧之六代祖。

《校补记》：仁和坊　许钦明宅　补注：《西京杂记》：唐东都仁和坊许钦明宅，院内有竹林。

增订：

益府士曹李延祐宅　延祐夫人崔嘤，字惠，望清河。父神基，太常卿同中书门下平章事。开元二十九年八月七日，崔嘤终于河南县仁和里第，其年十一月二日，权安厝于北邙山平阴乡之原。长男回，次韬，小求等。(《补遗八辑》）按崔神基，新旧《唐书》有传。神基父义玄，御史大夫清丘贞公。神基相武后。李延祐，仁纬子，《新唐书》卷七十二上《宰相世系》二上：延祐，益州司士参军。子輈，赵州刺史。子韬，寿王记室。与崔嘤墓志记载有别。大理司直兼监察御史裴曼宅　裴曼，河东闻喜人。卫州新乡尉杲之子，唐州泚阳县令逊之孙，纪王府典军文立之曾孙。贞元十二年正月二十二日，终于东都仁和里，其年十月二十七日，迁窆于河南县伊洛乡万安山之北趾。(《补遗九辑》）按东都仁和里有记载礼部尚书裴宽宅，兵部侍郎裴潾宅。裴曼之曾祖裴文立，《新唐书》卷七十一上《宰相世系表》："文立，纪王府谘议参军。"文立子元简，元简子旷，旷子鷗。无逊、杲之名。大中大夫守泽州刺史李鷾宅　李鷾夫人元氏，濮州临濮县令有邻之女，河南人。元和三年十一月二十二日，终于东都之仁和里，明年八月十七日窆于河南县伊汭乡万安山之南原。有子五人。(《补遗千唐志斋新藏专辑》）监察御史李后素宅　夫人字照乘，太原晋阳人。王父赠司徒王翃。烈考王鼐，侍御史。大中十年三月三日，王照乘捐馆于东都仁和里之私第，五月合祔李府君之坟于河南府河南县伊汭乡万安山之南。长子荆玉，官河中府解县尉。(《补遗八辑》）侯俭宅　上谷侯俭所亲王氏，号玄真，春秋三十有七，开成四年五月十二日，殁于东都仁和里侯氏之第，其年五月二十日庚子，葬于河南府河南县龙门乡午桥原。王氏墓志为侯俭撰并书。(《洛阳新获墓志》二〇一五）□监察御史李谌宅　李谌，夫人博陵崔氏。天宝十载正月十二日，终于东京仁和里之私第，其载十二月十一日，葬于寿安之北原。(《北图石汇》）按寿安县即今河南省宜阳县。清光绪七年《宜阳县志》记载，崔氏墓志在县东十五里洛河北岸寻村太山庙东壁间，无立石年月及撰书人姓字。

次北正俗坊。按《宣室志》：长庆初，雒阳利俗坊有民行车数辆，将出长夏门，有一人负布囊，求寄囊于车中，因返入利俗坊。疑利俗即此正俗也。

玄元观。李从远宅。太子太傅分司东都李固言宅。卢氏宅。窦从直《卢公夫人崔氏墓志》：元和甲午，终于东都正俗里之私第。

增订：

古州思原县令孙公夫人卫华宅　卫华，河东安邑人。右卫长史、雍州武功县令公志之第七女。仪凤三年三月九日，终于洛阳正俗里之私第。长安三年四月十日，葬于龙门山之原。嗣子怀质。(《拾零》）古州，唐置，改为乐古郡，寻废。位于越南谅山东北。相州邺县尉王望之宅　王望之，字光旦，太原晋阳人。夫人崔氏，万岁登封元年一月九日，终于合宫县正俗坊之私第。圣历二年二月十二日，祔葬于洛北邙山。(《千唐志》）

崔家私第　右卫兵曹参军裴亮妻，博陵崔十九娘。以开元六年五月九日，终于政俗坊崔家之私第，其月二十一日，殡于北邙山河南府河南县平乐乡之原。(《北图石汇》)朝议郎前行魏州司法参军事上柱国元素宅　元素，河南洛阳人。开元七年三月二十二日，终于东都正俗里，其年闰七月二十八日，永葬于梓泽乡之北原。(《千唐志》)太原府太原县丞萧令臣宅　萧令臣，兰陵人。夫人南阳张氏，开元八年六月十三日，终于河南县政俗里之私第。开元二十三年二月十日，迁祔于清风乡安乐里之旧茔。(《芒洛遗文》)银青光禄大夫博州刺史李尚贞宅　李尚贞，字宗道，赵郡房子人。曾为麟台校书郎，靖陵令。开元十年冬，薨于河南正俗里之私第。(《北图石汇》)左卫翊吏部常选李让宅　李让字恽，陇西狄道人。开元十二年六月二十二日，终于河南府正俗里之私第，其年十二月十七日，葬于洛阳城东北平阴乡之原。(《补遗八辑》)段廉宅　段廉，京兆渭川人。曾祖感，祖怀信，父文思，并世袭艺能，官联寺署。段廉春秋六十七，终于河南县正俗里之私第，开元二十五年九月一日，归葬于平乐原。(《西市藏志》)通议大夫国子司业常□馆学士太清宫使判官赠济阴郡太守杨休烈宅　杨休烈，弘农华阴人。为太尉杨震之二十一世嫡孙。王父务恭，光州司马赠太子少保。考庭，岚州司马。杨休烈"起家应制登甲科，解褐太常寺奉礼、授告成尉，转长水丞，充河东采访判官。授大理司直、京兆府仓曹。迁奉天令。时玄宗方弘至道，创立玄宫，诏公宫博士。寻充大学士、加宫使判官，拜主客郎中，转国子业"。天宝九载八月十三日，薨于东都正俗里私第。贞元七年九月十五，与夫人河东郡君柳氏合祔于洛阳南万安山。(《补遗千唐志斋新藏专辑》)按休烈墓志记载，自东汉杨震至休烈父杨庭，皆归葬阌乡。由于"财力单竭，世故艰虞，将复先域，则所不及。家于洛阳，遂葬于斯"。即因财力单竭等，只能就地葬于洛阳南万安山。金明县令张惠则宅　张惠则，清河人。年九十二，终于河南县正俗里之私第，开元二十四年十月九日，与夫人同窆于北邙山金谷乡之原。(《千唐志》)左金吾卫河南府千秋府别将刘浑宅　彭城刘府君，夫人号光赞，太原人，天宝十一载七月十四日，终于正俗里之私第。以其年十一月二十七日，迁厝于洛阳平阴乡北原刘府君旧茔之左。孤子刘浑，河南府千秋府别将。(《芒洛四编》)卢君妻李夫人宅　夫人李氏，成纪人。天宝十二载六月四日，终于河南府正俗里之私第，其载七月十日，窆于河南府河南县龙门之原。(《补遗千唐志斋新藏专辑》)太府寺主簿卢从雅宅　大和甲寅岁（八年）七月二十五日甲戌，太府寺主簿范阳卢君殁于东都正俗里之旧第，是月二十四日壬申，祔先大夫于河南县之伊汭乡。卢从雅字子法。曾祖正言，祖先之，烈考潘。从雅有三子，长曰周史，嗣曰颉，幼曰颢。(《补遗千唐志斋新藏专辑》)。按卢从雅之曾祖卢正言宅在行修坊。《唐故儒林郎守太府寺主簿卢府君夫人陇西李氏墓志铭并序》：夫人李真，号洞景，陇西姑臧人。

年十三归于卢氏，“卢君宦止黄绶，蹇连位卑。家室困贫，几将不振。夫人食贫乐道，以禅诵自安。”开成四年正月十八日，殁于东都正俗里第，后卢君六稔。长子瑶，嗣子前乡贡明经颁，幼曰颢。开成五年二月二日，子瑶等奉夫人之榇，合葬于河南府河南县伊汭乡尹樊村万安山南，祔先大夫之茔。（《补遗千唐志斋新藏专辑》）朝议郎守太子宾客分司东都上柱国赐紫金鱼袋卢载宅　卢载自撰墓志称：载字子蒙，“为旧相今宾客李公所知，引拔成孰，自使府至谏议大夫。事文宗尽忠。尝恨边备不修，戎狄堪虑，风俗奢侈，黎庶饥寒，每因事必上表，极言皆发于至忧，亲厚者感之。累迁同州刺史，擢拜兵部侍郎”。卢载开成五年为太子宾客，分司东都，后迁礼部尚书。致仕。至大中二年五月十七日，弃养于东都正俗里，七月二十七日，诏赠右仆射。孤子佩方等以其年十月二十三日，与先夫人荥阳郑氏合祔于河南府河南县伊汭乡尹段村万安山南原，从先大夫茔。（《补遗千唐志斋新藏专辑》）按卢载自撰墓志及四从侄从度附于志后的卢载卒葬事迹，均无卢载先祖名字。查《新唐书》卷七十三上《宰相世系》三上：卢载，陕虢观察使卢岳子，闻喜令卢伉之孙，汝州司马卢正纪之曾孙。鄂州中丞郑鸾宅　郑鸾之第二女未有名，小字张八。乾符四年二月六日，终于政俗之里第，年十有七。即于其年闰二月七日，归葬于万安山南，克祔先茔。（《补遗八辑》）按张八墓志撰者为母兄乡贡进士郑綅。墓志载张八抱病，又遭季兄之祸。季兄为谁？《新唐书》卷七十五上《宰相世系》五上：郑綅兄郑絪，文宗大和中已卒。又郑綅之父为郑羡，池州刺史，也不是郑鸾。《宰相世系》五上：郑元简，闻喜主簿，有子鸿、鸾。不知孰是。

次北永丰坊。

尚书右仆射杨再思宅。户部尚书崔泰之宅。吴师道宅。邠王府长史阴公宅。张均《阴府君碑》：寝疾东都，终于永丰第。按阴君夫人即燕公之妹。太子宾客杜氏宅。《唐诗纪事》：蒋防有《杜宾客永丰里新居》诗。西南隅，柳树。卢贞《和白尚书赋永丰柳》诗序：永丰坊西南角有垂柳一株，柔条极茂。

《校补记》：永丰坊西南隅柳树　注：卢贞《和白尚书赋永丰柳》诗序：永丰西南角有柳树一株，柔条极茂。补注：事详《云溪友议》，引白诗“永丰坊里东南角”，白集作“永丰西角荒园里”。按“西南”是也。又宣宗取入禁中乃两株。

增订：

邠王府长史阴公夫人即燕公之妹。按燕公即张说。据《旧唐书》卷一八七下《李憕传》：“说乃以女妻岩，妹婿阴行真女妻于憕。”《元和姓纂》卷五“武威阴”：“行光，国子司业，即燕公妹婿也。”又《张说之文集》卷九，《唐诗纪事》卷十七载有阴行先《九日陪燕公登高》诗，《全唐诗》卷八七有张说《幽州别阴长河行先》诗，可知此阴府君当即阴行先，先字作光或真系笔误。（寒石《〈唐两京城坊考〉增补质疑》，载《书品》2000年第6期）柳树　《太平广记》卷第一百九十八《白居易》（引《云溪友议》）："唐白居易有妓樊素善歌，小蛮善舞。尝为诗曰：'樱桃樊素口，杨柳小蛮腰。'年既高迈，而小蛮方丰艳，因杨柳词以托意曰：'一树春风千万枝，嫩于金色软于丝。'及宣宗朝，国乐唱是词，上问谁词，永丰在何处？左右具以对。遂因东使，命取永丰柳两枝，植于禁中。白感上知其名，且好尚风雅，又为诗一章，其末句云：'定知此后天文里，柳宿光中添两星。'"昌黎王府长史王逊宅　王逊，字孝让，琅琊临沂人。大业六年五月二日，卒于永丰里第。即以其月十三日，厝于王城之北九里。（洛古馆）桃林县令王衮宅　王府君夫人萧氏，大业十年四月薨于河南永丰里舍。于大业十一年二月二十一日，窆于河南县芒山茔。（《集释》《鸳鸯七志斋藏石》）临清县令王宏宅　王宏夫人徐氏，高平人。显庆二年七月三十日，终于河南县永丰坊，即以其年十一月十八日，窆于北邙山金谷乡。（《千唐志》）按王宏夫人徐氏，皇运之初，以门著功烈，赐姓李氏，名总持。其父为散骑常侍潭州都督舒国节公。常州无锡县令杨府君夫人王俱夷宅　夫人王俱夷，并州太原人。光宅元年九月八日卒于洛阳永丰里之第，即以其年九月二十二日，权殡于北邙平乐之原。（《千唐志》）泽王府户曹参军裴自强宅　裴自强，河东闻喜人。垂拱元年二月十三日，卒于永丰之里第。即以其年十月十三日，安厝于邙山平乐乡之原。（《曲石志》）太子左卫率府中郎将贺兰府君夫人杨氏宅　夫人杨氏，弘农人。祖杨雄，隋封观王。父师道，驸马都尉。长广大长公主是夫人之先妣，即唐高宗之表姊。垂拱四年五月十八日，夫人终于合宫县永丰里第。天授三年二月二十四日，葬于合宫县平乐乡之北邙山。子元琰，太子内直丞。（《补遗八辑》）淮阳公主李花山宅　公主讳花山，字令则。太宗之曾孙，高宗之孙，唐睿宗之第三女。天后时封为淮阳县主。年十七降于王氏，驸马都尉银青光禄大夫行司农少卿琅琊王承庆。长安四年十月十六日，薨于洛阳永丰里之私第，春秋一十有九。景云二年七月十六日，有制追封淮阳公主。敕太府卿李从远与驸马都尉王承庆驰传洛阳，往迎神柩，以景云二年九月十三日，次于镐京，安置于左金吾卫。景云二年十月八日，窆于万年县少陵原。（《碑林新藏墓志》）按淮阳公主，《新唐书·诸帝公主传》有载，但仅言"下嫁王承庆"五字。缺名及字。驸马王承庆《新唐书》卷七十二《宰相世系》二中有记载：承庆，驸马都尉，父撝，右卫将军。祖德本，西台舍人，曾祖续，吏部郎中。淮阳公主墓志为右散骑常侍昭文馆学士上柱国高平县开国侯徐彦伯奉敕撰。2006年4月入藏西安碑林博物馆。使持节嶲州都督上柱国东平县开国男河南陆仁俭宅　陆公之名，据张忱石《〈隋唐五代墓志汇编〉举正》补上。夫人崔氏，武城郡君。万岁通天二年四月二十九日，薨于河南永丰里之私第。圣历二年正月二十八日，与陆公合葬于洛州洛阳县清风乡邙山之原。（洛古馆）**果州西充县令张希会宅** 张希会字晋客，赵国中山人。夫人荥阳郑氏。神龙元年九月十日寝疾，终于洛州永丰里私第，景龙三年岁次己酉十月甲子朔二十六日己酉，权合葬洛州伊阙县伊川北原。张希会墓志2001年8月于洛阳市伊川鸣皋村南岳庙西北约500米处出土。张希会曾出使吐蕃，他是张易之、张昌宗之堂伯父。（洛阳市第二文物工作队《唐张希会墓志的发现及其价值》，载《中原文物》2002年第4期）**中书令赠荆州大都督崔知温宅** 《唐故中书令赠荆州大都督清河崔府君妻齐国太夫人杜氏墓志铭并序》载：夫人杜德，京兆杜陵人。年十七归于崔知温。以长子崔泰之之功封清河郡太夫人。又以第三子赵国公谔之之诛韦氏功封齐国太夫人。开元六年十二月十五日薨于河南府永丰里第，开元七年二月二十五日窆于河南府洛阳县平阴乡迁善里北邙山之原先茔之侧。（《北图石汇》）崔□之残志载：崔□之是黄门侍郎、中书令、赠荆州大都督知温之季子，今黄门侍郎清河郡开国公泰之之母弟。此应为谔之。崔谔之于开元七年八月三日，薨于东都永丰里私第，其年十月二十二日，权葬于洛阳城北□□□邙山之原□先茔之侧。（《补遗六辑》）《唐故正议大夫行太子右赞善大夫判太子率更令上柱国清河崔府君墓志铭并序》：崔孝昌，字庆之，清河东武城人。父崔知温，英王府司马兼尚书右丞黄门侍郎同中书门下三品监修国史中书令赠使持节荆州大都督，谥曰良。孝昌解褐为洛州参军转率更寺丞、太子通事舍人、城门郎、太子舍人。以景云二年八月三十日，终于洛州永丰私第。以太极元年二月二十一日，葬于洛州城北十二里邙山平乐乡之原。（《芒洛四编》）按《唐两京城坊考》永丰坊下有崔泰之宅。《新唐书·宰相世系》二下：泰之父知温。知温子有泰之、谔之，而无孝昌之名。泰之、谔之兄弟以平二张及韦后有功。据此可补史籍之缺。**朝议郎润州司功李魏相宅** 李魏相，字齐舒，行名楚琼，魏雍州牧姑臧公承七代孙。祖德基，雍州同官县丞。父思文，高尚不仕。开元二年九月十一日，李魏相终于东都永丰里之私第，以其年九月二十四日，厝于偃师县姑臧文恭公先茔之□。李魏相墓志是其从兄亳州城父县令允光撰，堂兄郑州阳武县丞瑜书，2002年河南洛阳偃师出土。（《释录》）**陪戎副尉赵敬玄宅** 赵敬玄，天水人。开元五年十月十九日，迁化于永丰坊家第，即以其年十一月六日，殡于城北邙山原。（汴博）**陆大亨宅** 陆大亨字利贞。开元六年正月十九日，暴终于永丰里第。以其年二月七日，葬于洛阳北。（《芒洛四编》）**客舍** 淄州淄川县主簿汲奉一，西郡人。“居家以理理，事亲以孝闻。廉于财，勇于义，守于信，执于礼。”开元二十八载，冬十一月一日，卒于河南永丰坊客舍，十九日迁祔于北邙南原。（《补遗四辑》）**润州司功参军李氏夫人张氏宅** 鲁山令李昉（李魏相弟）撰《大唐故润州司功参军李府君夫人张氏墓志铭并序》：夫人吴郡人。父义方，邢州刺史。开元十年七月二十四日，张氏终于永丰里私第，迁葬于偃师县首阳之原，归于李府君之茔。子凛年。（《拾零》）**忠王府录事参军李元雄宅** 李元雄，渤海蓨人。高祖纲，袭新昌郡开国公。曾祖少植，祖安仁，父勤道。李元雄解褐拜郑王府参军，转左武卫兵曹参军、桥陵丞、忠王府录事参军。开元十五年，寝疾终于都永丰里之私第，春秋五十一。夫人河南元氏，醴泉尉元好古女，先君而终。开元十八年十月二十八日，合祔于少陵原之先茔。嗣子况、洌、凖。（《西市藏志》）**中大夫行都水使者上柱国李元绎宅**　李元绎，陇西成纪人。曾祖粲，左屯卫大将军。祖宽，奉常正卿。父道广，殿中监同中书门下平章事。开元十五年六月二十六日，李元绎终于永丰里第，其年七月十二日，权窆于城南龙门原。（《补遗千唐志斋新藏专辑》）按《新唐书·宰相世系》二上所载李元绎父祖与墓志同。父道广，相武后。弟元纮，相玄宗。**宣议郎行邵州司法参军薛府君夫人周严顺宅**　周严顺字内则，汝南人。曾祖崇敏，大父履直，父德亮。严顺年十九归薛氏，即冀州司马之息，懿德太子挽郎、邵州司法参军。夫人以开元十六年二月二日，终于河南府永丰里。开元十六年二月十五日，葬于河南府河南县龙门乡平原。嗣子浩然。（《拾零》）**朝议大夫泉州刺史鄱阳县开国男云遂宅**　云遂字勖，河南人。大父徐州彭城县令师泰。父少府监右金吾大将军陇西公昌衮。圣历初，云遂年甫弱冠，诏书宿卫授左卫长上，俄转洛州轘辕府别将，授洛州永嘉府果毅、温王府右帐典军。景龙初有制："以父执金吾，子难同卫，除太子洗马，俄转洛州长史，封鄱阳县开国男。"开元二十六年正月五日，终于东京永丰里私第，其年八月厝于万安山南原。夫人陇西李氏，天宝十二载八月四日，合葬于旧茔。（《拾零》）**朝散郎守太子典设郎郑阐宅**　郑阐，字好问，荥阳开封人。开元二十九年十月五日，终于永丰里之私第，十一月十三日，窆于定鼎门西南八里龙门乡之原。（《补遗千唐志斋新藏专辑》）按郑阐祖义弘，父祥。与《新唐书·宰相世系表》五上郑阐非一人。**鹤台府果毅马延徽宅**　马延徽，冯翊郡扶风人。解褐授右武卫翊府队正长上，迁右金吾卫左司戈，又转河东郡奉信府左果毅都尉右羽林军长上，又迁东京鹤台府右果毅都尉右羽林军长上，天宝三载四月十五日，终于东京永丰里之私第。殡于北邙山之原。（《千唐志》）按马延徽历任府兵武职。**魏州临黄县尉卢之翰宅**　1995年卢之翰与夫人韦氏墓志出土于长安县韦曲镇北原上。卢之翰为夫人韦氏撰墓志称：夫人韦氏，京兆人。父韦渐，见任京兆府金城县令。韦氏年十五，卜妻于之翰，结姻五稔，生子一人。于天宝四载三月二十四日，终于永丰里第，春秋一十九。其载八月五日，迁葬于万年县洪固乡之毕原。（《补遗七辑》）韦氏墓志清楚地记载："天宝之四载三月，发彼魏邑，次于洛阳。遘疾弥留，征医不愈，以其月廿日，终于永丰里第"。而卢纶为其父卢之翰所撰之《玄堂记》中称：之翰于至德二载三月十三日，捐背于告成县。夫人京兆韦氏，博州刺史渐长女，先之翰终于郑州荥泽县之私第，享年一十九。与卢之翰所撰韦氏墓志卒于永丰里有异。卢纶为唐代诗人，号称"大历十才子"之首。为其父撰《玄堂记》时为朔方河中副元帅判官文林郎、检校尚书刑部员外郎兼侍御史赠绯鱼袋。

（戴应新《唐卢之翰夫妇墓志铭考》，《远望集》，陕西人民美术出版社，1998年）舒州司法李谧宅　《左监门卫直长长上荥阳郑沼故妻陇西李氏墓志铭并序》载：夫人李鸭字鸭儿，陇西狄道人。祖昭，太庙令。父谧，舒州司法。“长上以受职铃衡，趁程仳别。夫人乃归宁父党，寝疾弥留……春秋三十三，以天宝五载十一月二十日，卒于永丰里本家私第也。”其载十二月十三日，殡于河南县龙门乡平原。（《补遗千唐志斋新藏专辑》）扶风窦氏袁夫人宅　袁氏，汝南人。东莱郡太守建康之女。天宝十一载七月十一日，终于洛阳永丰里之私第。天宝十二载五月二日，权厝于龙门西原。（《拾零》）登仕郎河南府福昌县尉云骑尉李综宅　李综，陇西成纪人。祖元古，潞州司士参军。父恬，河南府永宁县尉。李综以经艺吏事，历邓州南阳、陕州安邑、汝州襄城、河南府福昌县尉。贞元九年七月十五日，遘疾不起，享年五十有五。夫人范阳卢氏，号富仁寿。曾祖正言，祖眺，父浣。卢氏年十四归李综，长庆元年夏五月二日，终于洛阳永丰里之私第，享年七十。秋八月二十一日合祔于河南府河南县伊汭乡伊樊村万安山之南原。（《西市藏志》）淮安郡参卿崔宠宅　夫人王氏，琅琊人。嫔于崔氏，则淮安郡参卿宠之妻。天宝七载四月十七日，终于河南永丰里之私舍。五月三日，葬于洛阳平阴乡。（洛古馆）太子左赞善大夫裴遘宅　夫人陇西县君李氏，西州蒲昌县令仁宗之孙，洺州司户令同之长女，适河东裴遘。以天宝十三载正月四日，怛化于永丰里之私第，以其年二月十八日，迁厝于河南县梓泽乡北邙原。（《千唐志》）原城府别将裴铣宅　裴铣，河东闻喜人。天宝十三载六月五日，殁于永丰里之私第，天宝十三载闰十一月十一日，窆于河南县宣武陵之北原。（《千唐志》）按裴铣祖仲将，贝州刺史。父迅，荆州大都督府法曹参军。此裴铣与《新唐书·宰相世系表》中的裴铣不是一人。将仕郎守尚书都官员外郎王高宅　王高为夫人蒋倩所撰《唐故乐安蒋夫人墓志铭并序》称：蒋倩，曾祖吏部侍郎赠礼部尚书钦绪。祖京兆府长安县丞溢。父陕州大都督府左司马郕。长庆二年孟夏四日甲子，夫人丧于东都永丰里之私室。粤明月，卜宅于河南县平乐乡安善里之西原。（《补遗八辑》）按王高撰《唐故沙弥僧蒋氏子墓志》，蒋氏子，曾祖钦绪，祖溢。（《芒洛冢墓遗文补遗》）王高与永丰坊之王汶关系待考。大中大夫殿中少监致仕骑都尉王汶宅　夫人安乐郡太君蒋氏，于宝历二年十一月三日（卒于）东都永丰宅之东寝。明年正月改元大和，□月二十八日，且封于先公之兆东北四十步，河南县平乐乡杜翟村之九原。（洛古馆）按乐安郡太君蒋氏《玄堂志》关于葬期改元大和，无月。子王衮桃林县令，但此王衮与大业年间桃林县令王衮不是一人。王汶另有宅在上都开化里。另见王汶墓志所载，长庆四年十二月十三日，弃养于上都开化里之宅。天平军节度随军将仕郎试左内率府兵曹参军李惟一宅　李惟一，陇西狄道人。大中四年五月一日，终于东都永丰坊之私第。其年八月二十日，归祔雒阳北原先茔。（《千唐志》）张瑗夫人杨氏宅　夫人弘农杨氏。大中三年二月四日，终于洛阳永丰里之私第，以其年秋八月二十一日迁于龙门乡南王村祔于先茔。（《补遗八辑》）杨公甫宅　杨公甫字宫余，虢州弘农人。父景光，骠骑左金吾卫大将军。公甫应乡举明经，授六军卫佐。“自大历年生于绛州垣县，萍寄洛都七十五年矣。大中七年癸酉岁季冬十二日，终于河南县永丰坊里之私第。以明年建卯月二十九日，权窆于河南县龙门乡南王村之原。夫人姚氏，子师睦。”（《拾零》）王弘礼宅　王弘礼，世居洛阳。曾祖彝，祖泌，父叙。大中十二年十一月七日，王弘礼终于东都永丰里之私第，享年六十三。子曰会郎。（《拾零》）朝散大夫河南县令柱国李烛宅　2003年河南偃师出土《唐故范阳卢君亡妻陇西李氏合祔墓志铭并序》一方。志载：乾符六年四月二十六日，卢氏妹以疾终于东都永丰里，享年四十有六，翌日遂陈衣于序东，旋殡于西阶。越八月二十七日，将祔于河南府洛阳县石桥村夫族之先茔，合卢君之故兆，李氏墓志述者李烛记述：“咸通之末，以疾就医，来于洛师。日望有瘳，冀其寿考，今则已矣。”李氏之先敦煌人。烈考李景让，太子太保赠太师，谥孝公，《旧唐书》有传：“景让有大志，事亲以孝闻，正色立朝，言无避忌。景让复为吏部尚书卒，谥曰孝。”《书史会要》《全唐文》等文献均有记载。（《释录》）按李烛为卢氏亡妻李氏的第十五兄。“不幸卢君早世，旧居寓于华城”。“咸通之末，以疾就医，来于洛师”。此永丰里似为李烛宅第。李烛与二弟李燛、李燠，“十数年来各系微宦。北走南之，未尝一日得遂同处”。

次北修善坊。　隋有蔡王智积宅。《河南志》引韦述《记》云：坊内多车坊、酒肆。

波斯胡寺。太子宾客卢正己宅。常衮《卢正己墓志》：薨于东都循善里之私第。按循、修双声，古多通用。

增订：

参军严元贵宅　严元贵，冯翊郡人。大业十一年二月二十四终于河南郡修善里。三月五日窆于芒山。（《集释》）隰州西道县令刘揽宅　刘揽，祖刘忠，周大司马。父刘提，隋大都督。刘揽于永徽四年七月十六日，终于修善里第。以其年八月三日与夫人合葬邙山之阳。（《北图石汇》）麴安宅　麴安，字都护，金城人。曾祖昶，楚州别驾。祖琮，银青光禄大夫。父□，上骑都尉。显庆五年八月十三日，卒于私第。夫人陇西董氏，己卯十一月戊寅朔十六日癸巳，卒于修善坊之私第。（《补遗八辑》）按己卯年应为调露元年(679)，显庆五年(660)麴安五十五，调露元年董氏六十五。陪尉安君夫人康胜宅　康胜字法因，河南伊阙人。父讳洛，隋通远府鹰□郎将。麟德二年闰三月二十五日，康胜薨于修善之里第，春秋六十有九。其年四月八日，殡于城南之野，嗣子玄膺。（《洛阳新获墓志》二〇一五）按：关于康胜与安君研究，见毛阳光、余扶危《洛阳流散唐代墓志汇编》，国家图书馆出版社，2013年，第24—25页。又开封市博物馆藏有一方上骑都尉康达墓志称：河南伊阙人，父洛，与康胜为同父之兄妹（姊弟）。安氏、康氏均为粟特民族入居洛阳者。处士王延宅　王延，太原祁人。乾封元年正月十日，卒于修善里第，夫人爨氏先卒斯第，以其年二月五日，合葬邙山平乐乡瀍左里河东村北八十步。(《千唐志》)段俭宅　段俭妻李弟，乾封二年十月十三日，终于修善之里第，以其月二十八日，葬于芒山之阳。(汴博)淄州高苑县丞赵义宅　赵义字怀敬，天水人。调露二年八月十二日，终于东都修善里之私第。永淳元年十一月二十五日，葬于王城北邙之原。(汴博)李仁廓宅　李仁廓，字仲开，先弘农陕人。永淳二年八月二十八日，终于修善里，其年九月十八日，葬于河南县龙门乡下费里。《唐故李君夫人王氏墓志》：夫人王媛，夫仁廓。载初元年五月二十一日，合葬于龙门乡下费里北原。嗣子孝恭、孝俨。(《补遗千唐志斋藏志专辑》)王君妻刘氏宅　长寿二年十月十五日，刘氏终于修善里。以其年十月二十九日，葬于合宫县之北邙山原平乐乡界。(《千唐志》)□叔坚宅　□叔坚，其先天水人，后为洛阳县人。大周万□□□元年八月十五日，终于修善□之第，以其□□岁九月七日，窆于合宫县平□□邙山之阳。(《补遗五辑》)按□叔坚墓志称"岁次景申玖月庚子朔柒日"应为万岁通天元年。处士王则宅　王则，太原人。圣历三年六月一日，卒于修善里之私第。夫人梁氏，开元五年十月九日迁化。以开元八年二月一日，合葬于河南县平乐乡之北原。(《千唐志》)纪府君宅　纪温馨，詹事府君之子，十岁卒于修善里之私第。开元二年正月二十三日，葬詹事府君之大茔，山近北邙，水回温洛。(《拾零》)海州司马李君会宅　开元九年十二月二十四日，李君会终于河南县修善里之私第。开元二十四年十一月十五日与夫人王氏、南氏合葬河南县龙门乡龙门北洛水南之野。(《辑绳》)尚辇直长崔公宅　崔公夫人荥阳郑敏，开元二十八年七月二十五日，怛化于修善里私第。其年八月十八日，厝于杜郭原，与尚辇直长府君同茔而异穴。(《北图石汇》)按崔嘉祉为尚辇直长，开元二十二年二月二十日终于尊贤里私第，其年四月六日，安厝河南县平乐乡邙山之原。尚辇直长崔公与崔嘉祉当系两人。李元儆宅　1983年2月洛阳地区文物处于偃师县变电所工地出土李元儆墓志。志载李元儆，河南府修善里人，卒于开元二十九年三月壬辰。夫人郑氏卒于开元二十八年十一月。开元二十九年四月十二日，合葬于河南府偃师县首阳乡先茔之西二百步之原。(《中国考古学年鉴》，1984年)钜鹿郡青山令杨奉荣宅　杨奉荣，祖昉，工部尚书。父行贞，右卫郎将。夫人河东裴氏，祖奉礼，阆中郡太守。父尹，咸宁郡司马。天宝元年五月二日，夫人奄终于东京修善里之私第。五月十七日，归引于伊川原。(《补遗千唐志斋新藏专辑》)陈太丘宅　陈太丘，无禄早世。夫人李氏，大历二年十一月十九日，殒逝于修善里之私第，春秋六十一。明年□月二十六日，权厝于洛阳县清风乡东袁村之原。(《西市藏志》) 右龙武军宿卫官大将军于庭秀宅　于庭秀，字卢玖，河内郡人。祖晖，父凤鸾。建中二年三月五日，特赐于庭秀金章紫绶、改游击将军、守左金吾卫大将军、上柱国勋。乙亥岁（贞元十一年，795）建辰月旬有六日，奄然而终于修善里之私第，其年八月二十日，归葬龙门西原，从先茔。(《补遗千唐志斋新藏专辑》) 吏部常选张颜宅　张颜，字云卿，其先赵中山人，太常卿张敬忠第四子。以元年建卯月九日终于都修善里之私第，权厝城隅。大历八年十一月十九日，窆于先茔之东。(《千唐志》) 太原王公妻侯僧娘宅　侯僧娘上谷人。贞元十三年十一月二十六日，终于河南府修善里，以其月二十九日，卜厝邙山之阳。(《千唐志》) 朝议郎行大理评事上柱国宋顺宅　宋顺西河人。贞元十六年五月十七日，终于河南府河南县修善里。贞元十七年二月四日，窆于河南县毕圭乡西原。(《辑绳》) 左武卫翊卫中郎将赐紫金鱼袋上柱国兼试殿中监李君夫人荣修宅　夫人荣修，玉田人。父升谊，开府仪同三司检校太子宾客玉田郡开国公。贞元二十年九月十五日，荣氏终于东都修善里之私第。其年十一月二十五日，归葬于洛阳东北平乐乡之南原祔于皇姑之侧。夫人有子五人，友直、昭直、暄直、珣直、一子僧。(《千唐志》) 李弘宅　李弘，字博雅，高平武乡人。元和十一年九月二十六日，终于东都河南县修善里之私第，后月二十三日，卜葬于定鼎南龙门甫天竺寺东南乾巽相望三百余步茔。李弘"奉释氏福门，遵孝道仁义，累岁散财，施设无遮，启天人之路也"。(《补遗千唐志斋新藏专辑》) 乡贡进士朝散大夫光禄卿致仕上柱国赐紫金鱼袋崔廷宅　廷，字彦实，博陵人。长庆三年七月二十八日，薨于修善里第。四年二月十六日，葬河南县梓泽乡杜村原。(《北图石汇》) 按崔廷墓志记载，新罗王死，廷充吊使。参见《新唐书》卷二百二十《东夷·新罗传》。乡贡进士左武卫兵曹参军上骑都尉花献宅　花献，字献，灵武郡人。祖移恕，考苏邻。花献不顾艰险，迎孀姊于砂塞之外，侍之中堂，聚食欢笑。花献志载其"内修八景，外备三常，将证无元，永袛万虑"。从花献祖、父名及夫人安氏的姓氏和信仰看，花献与夫人安氏应是移居洛阳的粟特人信仰景教的景教徒。宝历三年正月八日，花献终于河南县修善里之私第，享年七十一。夫人安定郡安氏，长庆元年夏四月五日，终于旧第。子三人，应元，满师。大和二年二月十六日，归葬于洛阳县感德乡柏仁村。(《洛阳新获墓志》二〇一五) 王勋宅　王勋字重，其先京兆人。"大父佰伦，天宝三载举进士，登制科。佐安西，倅渭北。……皇考绛，以大父没王事勋，与将作房同制，授太子通事舍人，四任居洛阳县尉"。王勋"少而精专，长而明敏。六经子史，无不通博。少从事剑外，专于篇咏。刀笔恃其雅性，多不集录，今所存者，十无一焉"。大和元年六月五日，终于河南县修善里之私第，其年十一月十四日，权厝于偃师县亳邑乡刘村东南七里。(《补遗千唐志斋新藏专辑》) 登仕郎前守左金吾卫兵曹参军胡泰宅　《宣义郎前行亳州永城县丞胡宗约尊夫人弘农杨氏墓志》载：尊夫人杨氏，会昌三年三月十七日，终于东都修善里私第，明年闰七月十日，归厝于河南县金谷乡张村之原。(《千唐志》) 按胡泰宝应元年正月二日，奄于河南府绥福里之私第。(《千唐志》) 内庄宅使押衙试集王府司马上柱国朱君夫人冉氏宅　夫人冉氏，其先鲁郡曲阜人。会昌六年仲夏月五日，捐于修善里之私第。其年八月二十七日，葬河南县平乐乡杜翟村。(《北图石汇》) 按长子朱敬之，朝散大夫试楚州长史充功德使押衙兼知客。《东都留守宴设使朝散大夫检校太子中允上柱国朱敬之亡妻范阳卢夫人墓志铭并序》：朱敬之，夫人范阳卢子玉。大中六年十一月八日，终于修善里之私第。以明年四月十三日，葬于河南县平乐乡杜翟村。(汴博) 按朱敬之与其母冉氏应为同一宅第。臧子真宅　处士吴郡朱府君臧氏夫人子真，大中元年五月二十有六日，终于修善里之私第，冬十月有五日，葬于河南县平乐乡杜翟村。(《洛阳新获墓志》) 主客员外郎张谂宅　《历代名画记》卷一《叙画之兴废》："李兵部又于江南得萧子云壁书飞白萧字，匣之以归洛阳，授予叔祖（主客员外郎）致之修善里，构一亭，号曰'萧斋'。"（后周）尚书库部郎中刘彦融宅　显德元年二月二十六日，启手足于洛阳修善坊之私第，其年四月二十九日，葬于河南府河南县平洛乡□泽村。(《补遗一辑》)

次北思顺坊。隋有诸葛颖宅。洛阳县龙门三龛有贞观二十一年思顺坊老幼等造弥勒像，即此坊也。

户部尚书、长平公杨纂宅。中书令张嘉贞宅。嘉贞子延赏，延赏子弘靖，皆为相，其居第亭馆之丽，甲于雒城，子孙五代，无所加工，时号三相张家。

增订：

龙门三龛有贞观二十一年思顺坊老幼等造弥勒像的时间，据《唐文续拾》卷十三《洛州河南县思顺坊老幼等普为法界敬造弥勒像》为"贞观二十二年四月八日"，而不是贞观二十一年。吕胡宅　吕胡及夫人李氏墓志载：吕胡，司州临漳人。大业五年七月十九日，薨于思顺里。其年十一月十日，即以夫人之柩（夫人先卒）合葬于邙山之阳。(《集释》) 隋礼部侍郎通议大夫陈叔明宅　陈叔明，吴兴长城人。前陈武皇帝之孙，孝宣帝之第六子。太建十年策封宜都郡王，祯明元年拜司空公。入隋，大业六年守礼部侍郎，九年检校左屯卫鹰扬郎将。大业七年十二月二十七日，终于河南县思顺里之宅。以十一年正月二十八日，卜兆于雒阳县安山里凤台原。(《集释》) 按陈叔明是陈后主的异母弟。墓志 1936 年在洛阳杨凹北出土。1923 年洛阳城北吕家庙村北出土陈叔荣墓志，陈叔荣亦为陈后主与陈叔明之异母弟。1948 年前在杨凹出土陈察墓志，陈察之父为江夏王伯义，为陈叔宝之堂兄弟。可知洛阳杨凹及附近有陈氏茔地。平州录事参军张育宅　张育，字永珍，魏郡邺人，大业十一年七月十六日，终于瀍涧里。夫人赵氏，贞观二十二年二月二日，终于思顺里，以其月二十一日，同窆葬于北邙山平乐乡之原。（汴博）武骑尉范雅宅　贞观二十二年七月七日，范雅卒于思顺坊之第。（洛古馆）邓州司仓张舒宅　张舒，清河武城人。贞观二十三年八月五日，终于思顺里第，以其年八月二十二日，窆于邙山之阳。（《千唐志》）王士才宅　王士才，洛阳人。“深睹生死无恒，岸谷犹变。无非常无，有非常有。遂乃玩沉默而尚无为，贱富贵而轻轩冕。所以摄心归道，不营世利。”贞观二十三年王士才卒于第。夫人侯氏，永徽三年十二月四日，卒于河南思顺里第，十二月十四日，合葬于河南县千金乡邙山之阳。（《补遗千唐志斋新藏专辑》）陪戎副尉李纲宅　李纲字修罗，赵郡人。祖贵。父仁，隋秦州上邽令。乾封元年六月十四日，李纲终于河南县思顺坊之私第。夫人孟氏，显庆元年十月二日，卒于私第。乾封元年八月二十七日，合葬于邙山之阳。（《补遗千唐志斋新藏专辑》）郭行满宅　郭行满母张氏，其先贝州清河人，显庆元年八月二十三日，终于思顺里第。以其年九月二十一日，窆于北邙之阜。（《芒洛四编》）汴州封丘县令张才宅　张才，字弘述，南阳白水人。显庆二年岁次丁巳□月庚申朔□月二十二日，卒于河南思顺之里。以其年闰正月庚寅朔二十日乙酉，葬于邙山之阳千金乡之地。（《千唐志》）寿州霍丘县尉曹师宅　曹师之母名丽字仙娥，相州邺县人。显庆二年七月十六日，卒于思顺里第。显庆三年正月二十三日，窆于邙山之阳平乐之界。（《芒洛四编》）隋黄梅县尉韩政宅　韩政，昌黎人。显庆二年九月五日，终于思顺里私第。夫人清河张谔第二女，永徽五年五月二十七日，终于景行里私第。显庆二年十月二十九日，合葬北邙之阳。（《千唐志》）韩承宅　韩承，字行慈，宜阳人。显庆三年七月二十八日，卒于思顺之私第，其年八月二十二日，窆于北邙之阳。（《千唐志》）郭君妻丁贵娘宅　丁贵娘，河南洛阳人。显庆三年正月三日终于思顺里之第。（《北图石汇》）王约宅　王约，字伏仁，太原人。显庆四年六月二十日，卒于河南县思顺坊之第。（《北图石汇》）郭君妻杨媛宅　杨媛，字淑姬，河南洛阳人。显庆四年八月七日，终于思顺里第。（《北图石汇》）王孝义宅　王孝义，太原人。龙朔元年十一月十三日，卒于思顺里。即以其年十一月三十日，葬于邙山之阳。（《千唐志》）王夫人冯氏宅　王君夫人冯氏，龙朔二年四月七日，卒于思顺里第。以其年五月二十六日，合葬于洛州河南县北邙平乐乡之原。（汴博）张君夫人梁氏宅　夫人梁氏，河南洛阳人。乾封元年八月六日，薨于思顺里第。“夫人少习诗礼，长闲音律，既阅道书，尤精释典。”其年九月十日，窆于河南县平乐乡之原。息惠达。（《千唐志》）上骑都尉康达宅　康达，字文则，河南伊阙人。十六代祖西华国君，东汉永平中遣子仰入侍，求为属国。□以□为并州刺史，因家河□焉。祖逵，父洛。总章二年六月二十一日，康达终于河南思顺里之第，以其年七月八日葬于北邙之坂。（汴博）按康达为昭武九姓之康国人。相州汤阴县令王君

德宅　王君德，太原晋阳人。咸亨元年八月二十六日歿于思顺坊之第。以其年十月四日，合葬于邙山之阳。嗣子上柱国明感。(《千唐志》)洛汭府队正董轴宅　董轴，陇西狄道人，咸亨二年三月五日，终于思顺里之私第。夫人刘氏，上元元年迁神于思顺之里，上元元年十月十四日，合葬于河南县平乐乡邙山之阳。(《千唐志》)尚才宅　仪凤三年十二月十八日，尚才终于思顺里。四年正月四日，窆于河南县平乐乡之原。尚才墓志1993年于洛阳市郊区邙山乡徐家沟出土。(《洛阳新获墓志》)凉国公府长史上骑都尉张达宅　张达，字文通，洛阳人。任凉国公契苾何力府长史。永淳元年十月一日，卒于思顺里。以其年月二十六日，葬于北邙平乐乡界。(《千唐志》)常州无锡县令杨陶宅　杨陶，字安师，弘农郡人。载初元年五月二十九日，卒于思顺坊之里第。以天授二年二月二十八日，葬于北邙之原。(《千唐志》)按杨陶祖处乐为隋林虑郡王，父赟为陈州司马。陪戎副尉安怀宅　安府君夫人史氏合葬墓志载：安怀，字道，河西张掖人。永淳二年八月十二日，殁于思顺坊之私第。夫人史氏，长寿二年一月二日，终于履信坊之第。以其年八月三日，合葬于北邙山合宫县平乐乡界王晏村西。(《千唐志》)按安怀，张掖人，为昭武九姓安国人后裔，夫人史氏亦可能是昭武九姓史国人。康智宅　康智字感。长寿二年二月二十三日，终于神都日用里思顺坊之私第。夫人支氏，怛化于咸亨年，以长寿三年四月七日合葬于洛州城北一十三里平乐乡北邙山原。(《千唐志》)按康智为康国人后裔，夫人支氏疑为月支人。果如此，则为中亚人居住洛阳并相互通婚之一例。西域昭武诸国人多信仰祆教，思顺坊之南修善坊有波斯胡寺，即祆教寺。文林郎孟昭宅　孟昭妻尹徽。万岁通天元年七月六日，终于永昌思顺里第，即以其年八月三日，葬于邙山之平阴原。(洛古馆)正议大夫使持节许州诸军事许州刺史武康县开国男沈伯仪宅　沈伯仪，字崇善。曾祖乔，祖恭，父弘爽。伯仪为弘爽次子。“弱龄卓尔，强学专对。俄从岁举于州县，应星台之扬历。首出四科，品加一等，调补曹王府参军事，迁记室。……岁满将去，王抗表请焉。遽降别旨召见，赏极前席，任司汗简。迁兰台校书郎兼周王侍读。俄授国子助教，侍读如故。弘风国胄，传书帝子。师逸功倍，恩加不次。超授朝散大夫、英王友。及正位储宫，制除太子洗马兼崇文馆直学士。转中允，为率令，迁右谕德，封武康县开国男。”年八十三，以长寿元年十月十三日，薨于洛阳思顺里第。夫人姚氏，万岁通天元年正月十五日，终于洛阳毓德里，久视元年十一月十六日，合葬于崇邙之原。子畅文等。(《补遗千唐志斋新藏专辑》)按沈伯仪《新唐书》卷一百九十九有传，墓志内容可补《唐书》。沈伯仪当生于隋大业五年，曾任成均祭酒。唐高宗改国子监为成均监，故后人称国子监为成均。上骑都尉姚思玄宅　姚思玄，河东蒲坂人。万岁通天二年三月某日，化于洛城思顺里之私第，以其年四月某日，葬于某原。(《千唐志》)贺元瓘宅　贺元瓘之母贾待，其先河东人。开元七年四月五日，终于河南郡思顺里之私第。其年四月二十六日，葬于河南县平乐乡之北原。嗣子昭武校尉前行右金吾卫左中侯上柱国元瓘。(《曲石志》) 景城郡录事参军李景献宅　李景献，陇西人。五代祖思穆，后魏华州刺史。高祖晃，后魏吏部郎中、营州刺史。曾祖继英，亳州司马。祖大隐，宁州长史。父承泰，涪州司法参军。景献历官凡三，初任吴兴郡参卿，中任成安公主府骑掾，终任景城郡录事。开元七年闰七月二十五日，终于河南思顺里。夫人范阳卢氏，扬州功曹元衡之女，天宝五载三月遘疾于洛阳修义里，十六日既乃殂落，后景献二十八岁而逝。其后年龙集戊子正月朔一日，合祔于北邙清风原。嗣子昂。(《补遗九辑》) 左金吾卫翊卫潘承嗣宅　潘承嗣，字承祚。开元十五年六月十六日，奄化于思顺里，其年七月十五日，葬于河南府河南县平乐乡翟村之原。(《补遗八辑》) 梓州刺史吴嘉宾宅　吴嘉宾，渤海人。"如意年中，以五臣举擢第，拜右卫执戟，累迁右卫郎将。开元中，属皇上急于字人，拜公为忠州牧。以清白著，除蕲邛梓等三州刺史。"开元二十五年正月二十五日，终梓州之公馆，灵柩寻复于都思顺之里第。开元二十六年五月十七日，葬于北邙所。子茂才、茂先、震。(《补遗千唐志斋新藏专辑》) 柏虔玉宅　柏虔玉，河南陆浑人。开元十八年六月六日，终于通利里之私第。夫人陇西李氏，以神龙二年六月二十二日，终于思顺里之私第。以开元十八年十月十六日，合葬于河南县平乐乡北邙之原。(《千唐志》) 将帅举文武及第前振威副尉守右武卫蒲州永安府左果毅都尉崔泽宅　崔泽夫人张端，清河东武城人。御史大夫吏部尚书嘉福之季女。开元二十二年(734)十二月二十九日，逝于河南思顺里。逾年正月二十八日，蒿殡于邙山伯乐原。(《千唐志》) 朝议郎前行括苍令崔恕宅　崔恕，清河东武城人。开元二十八年十二月二十六日，终于东都思顺里第。以其年十二月二十六日，殡于河南县平乐乡之原。(《千唐志》) 扶风窦氏李夫人宅　龙门出土李氏碑铭称：李氏本陇西人。舍归释门，洗心禅宗，数载通于《楞伽》。天宝三载闰二月三日，寝疾终于思顺里之私第，葬于龙门之原。(张乃翥、余扶危《洛阳龙门出土唐彭绍墓志考略》，载《洛阳出土墓志研究文集》) 银青光禄大夫上柱国上邽县开国子郓州别驾吏部常选李睚宅　李睚字伯明，陇西成纪人。曾祖远道，恒州司兵参军。祖杨休，云麾将军、右卫将军。父祖德，朝散大夫河南府渑池县令。李睚为祖德元子，年十一，以荫补太庙斋郎。天宝元年九月二十三日，终于东京思顺里之私第。以其年十月二十六日，权殡于河南县龙门乡原。(《拾零》) 大理正陈府君夫人韩氏宅　夫人韩氏，邓州南阳人。父清，杭州钱塘县尉。乾元二年，夫人终于思顺里之私第，其年二月十七日，归葬于清风乡原大理正之茔侧。嗣子阅等。(《补遗千唐志斋新藏专辑》) 朝议郎行右武卫长史萧忎宅　萧忎，兰陵人。"天宝中，郡守毕公炕帝命廉按江表，请以公为江南东道采访支使。上曰：俞。夫荆扬之东，瓯闽之北，郡列二十，地方立(三)千。吏多聚缗，俗好击剑。公轺车所指，则贪者变廉，暴者知禁。闻其风而豪猾衰落，岂不伟欤！无何，禄山作逆，至德中，战复平原之地，郡人故相公张公知君之贤，难蓨之治，乃奏公超拜德州蓨县令。”大历三年三月乙巳，终于洛之思顺里，其年三月二十有二日，窆于河南龙门之北原。（《补遗千唐志斋新藏专辑》）《唐故右武卫长史萧府君南阳张夫人合祔志铭并序》：“兰陵萧府君者，讳怂，历官至右武卫长史，以大历三年，终于洛思顺里，年五十六。夫人南阳张氏，以元和二年七月二十二日，终于前里，年七十七。”（《补遗千唐志斋新藏专辑》）**何夫人宅** 夫人庐江人。临终，命女曹大娘、三娘曰：“人居一世，有生必灭。吾以汝志在释宗，同修净业。吾死之后，可以吾柩于城南信行禅师林。所愿不离善知识，仍立一陀罗尼幢……”大历七年八月五日，□于思顺坊第。至九日，迁柩于城南林中，立坟，兼建此幢，永为标记。（《补遗八辑》）此幢为僧惠激述《□□□□□□□□□□□陀罗尼幢铭并序》。**右街使河南府岩邑府折冲都尉高望琮宅** 高望琮，洛阳人。父嘉福，晋州阳邑府折冲。大历十年三月十四日，高望琮卒于洛阳思顺里之私第，享年五十三。四月三日，葬于万安乡西李村先府君之茔。（《拾零》）**段府君夫人孔氏宅** 大历六年四月段府君即世，其年八月十九日，权窆于龙门护法寺之西原。夫人鲁郡孔氏“志投释教，誓求本心。戒行因修，定慧顿入。建中二年遇疾，久而不瘳，铸佛转经，舍财施食”。以三年二月十一日，终于东都思顺里之私第，其年四月三日，归葬于府君之茔内。（《补遗千唐志斋新藏专辑》）**银青光禄大夫上柱国上邽县开国子郓州别驾李余宅** 李余，陇西成纪人。大历十四年正月十日，薨于东都思顺里之私第，其年二月二十五日，葬于邙山南原。李余墓志1993年出土于洛阳市郊区红山乡中沟村。（《洛阳新获墓志》）按李余志载：李余罢归东都，单车素餐，无积财丰屋，训养二子，长曰岱，次曰基。岱始十龄，能诵甲子，方名里中，仁人悦而师宗。及启乎殒命，无亲族讣告，夫人鬻居宇以奉丧，其斋祭无所□，移居乐成里设灵席几杖。**登仕郎试太子通事舍人骑都尉郭威制宅** 夫人高氏，渤海人。会昌八年八月二十五日，终于洛邑思顺里之私第，其年十一月十八日，归殡于河南县龙门乡张村山原，祔夫先茔之侧。（《补遗千唐志斋新藏专辑》）**内园使权洛京大内□武德等使金紫光禄大夫检校尚书右仆射兼御史大夫王延福宅** 杨明升撰《晋故陇西郡夫人关氏墓志铭并序》载：关氏，同州冯翊人。周徙陇西乃郡焉。洎及笄年，适于前镇国军节度使致仕司徒王公，郡夫人一女，唐明宗皇帝妃。一男即王延福，后晋某年六月二十一日，终于洛京思顺坊私第，选八月二十二日，葬于河南县平乐乡朱阳村北□之□原。（《补遗一辑》）**宋职方郎中刘公夫人窦氏宅** 夫人窦氏，其先同州白水人。庆历七年秋，刘公弃代，后二年夫人终于思顺里第。皇祐二年十一月十九日，与职方安祔于洛阳县平洛乡杜泽里先茔之西南隅。长子元瑾，次元瑜，殿中侍御史。（《补遗千唐志斋藏志专辑》）

次北福善坊。此坊有坡，坡势隆起，名福善坡。《河南志》云：韦述《记》不著此坡，疑张全义保南州时所筑垒垣，其后未尝平荡，因以得名。《画墁录》云：唐家二百八十余年，河决二谷，雒城岁为患，坏天津，浸城阙，垫城郭不已。宋时自祥符至熙宁，福善坡以北率被昏垫，城下惟福善坡不及，城外惟长夏门不及。雒中有语云：长夏门外有庄，福善坡头有宅。乃知水谶不苟云。

增订：

隋朝散大夫田仕宅　田仕，字世通，济阴人。贞观十七年二月二十一日，终于河南福善里之私第，其年三月二日，窆于洛阳邙山之阳王村东南二百步。夫人张妃字磨子，南阳西鄂人。永徽二年十月十九日，卒于福善里。其年十二月二十一日，迁窆于先君之旧茔。（《补遗八辑》）朝散大夫郭善积宅　郭善积，字宝，太原人。麟德二年十月一日，卒于私第。夫人袁氏，汝南人。贞观二十二年十二月二十一日，卒于福善里，春秋四十有一。乾封元年二月二十三日，与郭善积合葬于洛州洛阳县清风乡之原。（《西市藏志》）解才宅　解才，字文才，河南偃师人。夫人焦宝，洛阳人。贞观十七年七月四日，终于景行坊私第。麟德元年十一月四日，解才终于福善坊私第，麟德元年十一月二十八日，合葬邙山。（《补遗八辑》）隋朝散大夫牛君宅　牛君夫人申好，怀州修武人。永徽三年正月十二日，卒于福善里第，以其年二月十日，殡于洛阳县平乐乡邙山之侧。（《千唐志》）李君妻孟评宅　孟评，字大娘，武威人。显庆元年六月六日，卒于福善里私第。（《北图石汇》）周师宅　周师，字法祖，永徽二年五月二十五日，终于河南县福善里第。夫人张氏，龙朔二年十二月十五日，终于延福里第。龙朔三年正月二十日与周师合葬于平乐乡之原。（《千唐志》）右监门直长张达宅　右监门直长张达之第二子张武哲，显庆二年六月三日终于福善里私第。（《辑绳》）王进宅　王进，太原晋阳人。显庆四年十一月二十七日，卒于福善坊之第，五年二月二日，合葬于邙山之阳。（《千唐志》）按福善坊毗邻南市，经商者多居此坊。志载：王进"虽复绛纱之业，或亏白圭之谋。是务若卜商之鬻鲁，犹猗顿阖陶，所以资拟蜀中，讵适汶山之地，声侔关右，宁惭兰草之家，非有爵邑之荣，方斯駈食之贵"。王楷宅　王楷，洛阳人。龙朔三年六月七日，殁于福善坊私第。夫人张氏，显庆二年七月二十日，殁于私第。龙朔三年八月三日，窆于北邙之阳，（《千唐志》）隋奉诚尉邢晉宅　麟德元年十二月十八日，邢晉终于福善里私第。二年正月三日，迁窆于北邙山之阳。（洛古馆）冀州南宫县尉武骑尉邢弼宅　邢弼，字辅元，其先瀛州河间人。远祖从官，因家于洛，故为洛人。永隆二年正月二十六日，邢弼终于河南福善里之私第，以其年二月九日，葬于北邙山平乐乡。嗣子昭武校尉行妫州代川镇将上柱国智满，次子登仕郎智勳。（《千唐志》）《忠武将军行右领军卫泾州纯德府折冲都尉上柱国邢君墓志铭并序》：邢思贤，曾祖君卿。祖德弼，冀州南宫县尉。父智满。嗣子倩、将、仙等。

盛唐文士邢巨墓志2005年于洛阳市伊川县出土（一说2006年春于龙门西山南麓出土）。邢巨河间人。祖矩，太学博士。父行谌，越州永兴县丞。邢巨弱岁进士擢第，拔萃，授秘书校书郎。后应文辞雅丽科，授大理评事，历官一十政，爵未逾三公，位才沾于八品，蹭蹬流年，开元二十六年十一月三日，卒于都福善里，年五十七，其月二十日，葬于关塞南原。邢巨当时虽有名望，然传世只有两篇诗文。据《旧唐书》卷一九〇《贺知章传》："先是神龙中，知章与越州贺朝、万齐融，扬州张若虚、邢巨，湖州包融，具以吴越之士，文辞俊秀，名扬于上京。"（高慎涛《洛阳新出盛唐文士邢巨墓志》，载《碑林集刊》第二十辑2014）按唐东都洛阳福善里，有邢贰宅、邢弼宅，与邢巨之关系待考。史信宅　史信字安期，华阴人。麟德二年六月二十五日，卒于福善坊之第。以其年七月十二日，窆于邙山之阳。（汴博）马弘基宅　弘基，字广趾，扶风人。麟德二年九月十七日，卒于私第福善里。（《北图石汇》）处士张海宅　张海，字玄德，清河人。乾封二年七月二十七日，终于福善里之私第。以其年八月十四日，殡于河南县平乐乡邙山之原。（《千唐志》）处士张伯陇宅　张伯陇，南阳西鄂人。卒于福善坊之私第。乾封二年八月二十六日，权殡于北邙平乐乡界之原。（《千唐志》）飞骑尉田博宅　田博夫人桑氏墓志载：桑氏于龙朔三年八月十八日，卒于福善里之私第，后与田博合葬洛阳县清风乡邙之原。（《北图石汇》）郭君夫人刘贤宅　刘贤，偃师县人。咸亨元年四月二十四日，卒于福善坊私第，其年五月二十日，窆于北邙山平原之阳。（《补遗七辑》）路昭宅　路昭，字惠姬。咸亨三年二月十日，终于福善里。以其年二月二十八日，窆于北邙原。（《千唐志》）左卫亲卫史敬博宅　史敬博母赵氏，上元二年十二月五日，卒于洛州河南县福善里私第。以上元三年正月二十二日，合葬于邙山北平阴乡界府君之旧茔。（汴博）上轻车都尉马怀宅　马怀，字亮，河南洛阳人。上元三年九日（无月）卒于福善里之私第。以其年二月二十二日，殡于北邙山平阴乡。（汴博）抚州司法参军□赏宅　仪凤四年四月六日，□赏卒于福善里之私第，是月二十九日，窆于邙□□□□。（《北图石汇》）处士王韬宅　王韬，其先太原人，因官家于洛阳。仪凤四年四月二十二日，终于福善里之私第，以其年五月五日，窆于河南邙山之原。（《千唐志》）处士王君宅　王君，其先太原人。祖国意，父怀智，并荣望当时。永隆二年四月五日，君卒于福善坊之私第，以其年四月二十一日，迁葬于北邙山，嗣子阿师。（《千唐志》）瀛州束城县令郑赡宅　郑赡字行该，荥阳荥泽人。永昌元年三月十八日，卒于永昌县福善里之私第，以其年四月十五日，葬于洛阳县平阴乡北邙之原。（《北图石汇》）上骑都尉施氏宅　夫人唐氏，北海人。年十三，适上骑都尉沛郡施氏。长寿二年正月十九日，终于永昌县福善坊私第，即以其年腊月十日，迁厝于北邙山平阴乡之原。（《千唐志》）崔锐宅　崔锐夫人高漆娘，渤海人。万岁通天元年六月十四，薨于洛州福善坊之私第。以其年七月六日，葬于洛阳县北芒山。（汴博）上骑都尉赵阿文宅　赵阿文，河南郏城人。万岁通天二年七月一日，终于福善坊之第，迁窆北邙之原。（《千唐志》）河间邢君夫人刘达宅　邢君夫人刘达，徐州彭城人。神龙三年四月十二日，卒于福善坊里第。其年十月七日，葬于合宫县界邙山之曲。（《千唐志》）少府监织染署令王君妻张法式宅　王君妻张法式，清河人，景云二年十月十二日，终于河南县福善坊里之私第。其月二十九日，归祔于旧茔。嗣子集州参军王思惠。（《千唐志》）游击将军上柱国萧贞亮宅　萧贞亮，兰陵郡人。延和元年七月七日，终于洛州河南县福善坊之私第，七月十八日，殡于河南县都会乡王赵村原。子左卫翊一府翊卫、安东道立殊功第一等、兵部别敕选、上柱国元珪。（汴博）按贞亮墓志载："祖琰，本郡守，隋任将作监少匠。父善，唐任汾州司马。公凡所历任，咸居要剧。或游三辅，时践二京。休声载于歌谣，美迹光于朝野。"吏部常选李敬固宅　李君夫人吴兴朱氏。开元二十六年七月二十四日，终于福善私第。开元二十七年正月四日，合葬于北邙山原。（汴博）朝议郎行扬州大都督府仓曹参军豆卢液宅　豆卢液夫人韦氏，开元二十六年闰八月三日，终于河南福善里之私第，春秋五十六，明年祔葬洛阳东门十里感德乡之原豆卢液之茔。子铨。（《洛阳新获墓志》）上柱国司马元礼宅　司马元礼，河内人。天宝二年四月二十三日，终于东京福善里之第，以其年五月二十二日，永厝于龙门山天竺寺之东谷。嗣子升。（《芒洛遗文》）按司马元礼墓志载：父玄藏，雅州铜山镇将。奋身不顾，挥刀莫当，勇贯于熊罴，名高于鹅鹳。公即镇将府君之嗣子。企慕交游，好治资产。尝顾谓子升曰："总四方令，据一国冲，致天下人，聚域中货者，曷若旗亭乎？赞宾主礼，取谈啖资，成骨肉亲，结金兰分者，曷若玉礼乎？既而乃议卜筑，不避谊湫。得齐人攫金之所，石家贩铁之地，列其广布，誓将老焉。观其闬闳已高，栏槛增饰，志不狭也？然后五齐式均，三事用节，秋酿冬启，春酝夏成，待价而沽，多享厥利……"福善里邻南市，司马元礼经商获利颇多。绛州龙门县尉严仁宅　严仁，字明，余杭郡人。天宝元年十月十七日，终于河南福善里第，十二月一日，迁厝于上堘东五里。1992 年严仁墓志于偃师县磷肥厂出土。（《洛阳新获墓志》）按严仁墓志为书法家张旭书。酋长康国大首领因使入朝检校折冲都尉康公宅　康公夫人汝南上蔡郡翟氏，天宝八载六月九日，终于福善坊之宅，以其载八月十日，葬于河南县平乐乡之原。（汴博）按康公西域康国人，嗣子从远。路江宅　路江，清河人。贞元十一年六月八日，寿终于福善私第。其年十月十日，权殡于河南县平乐乡之原。（《补遗八辑》）于光明宅　《唐故清河路府君夫人于氏墓志铭并序》：夫人于光明，河南人。年十八，始归于府君江。元和九年闰八月四日，殁于福善坊私第。其年九月十一日，祔于府君之先茔。一男曰远。（《补遗八辑》）李夫人王氏宅　王氏，太原人。夫人有二男，长曰殷甫，次曰禅奴。元和元年二月二十四日，夫人终于福善里之私第，享年四十有七。以其年七月二十九日，殡于洛阳县感德乡伊川村之原。(《洛阳新获墓志》二〇一五) 郭渭宅　郭渭，字哥子。祖幼明，父奉仙。渭是奉仙第二子。夫人彭城刘氏。元和十四年十二月二十二日，终于河南县福善坊之私第，时年四十有五。其年四月二日，卜葬于河南县平乐乡朱杨树村白塔先茔之内，建立坟阙。(《洛阳新获墓志》二〇一五) 河南府文学权易容宅　夫人丁氏，祖绪。父公著，浙江西道都团练观察处置等使、检校户部尚书、兼润州刺史、御史大夫。夫人年十九，归于权氏，从夫仕于雒阳。大和三年六月二十日，终于福善里舍，其年十月八日，卜窆于河南府洛阳县清风乡平乐原。(《补遗千唐志斋新藏专辑》) 处士蒋建宅　蒋建，北海人。"洎因大历之初，从祖故刑部尚书讳焕，任东都留守，薨位于洛师，其子孙遂为洛阳人焉。"大和三年八月二十九日，薨背于福善之里第，于□年正月二十日，安厝于河南龙门乡先祖之茔。夫人李氏，大中九年四月一日，殁于通利里之私第宅。嗣子景余。(《补遗千唐志斋新藏专辑》) 朝散大夫试光禄寺丞能政宅　能政，谯郡人。长庆三年四月二十七日，终于河南县福善里私第。其年十二月十日，窆于河南县平乐乡安善里北邙之原。长子弘质、次子弘赏，均为前郊社斋郎。(《千唐志》) 留守右厢都押衙都虞候黄州长史兼监察御史银青光禄大夫检校太子宾客上柱国魏顼宅　魏府君志铭载：魏氏望先钜鹿人。咸通十一年七月二十四日，薨于福善里之私第。以其年十一月二十二日，于河南县平乐乡杜郭村祔于先茔。(《千唐志》) 罗绍威宅　《旧五代史》卷九一《晋书·罗周敬传》："唐天祐中，罗绍威尝建第于洛阳福善里。及庄宗入洛，以梁租庸使赵岩宅赐明宗。同光中，明宗在洛，以趋内稍远，乃召周敬议易其第，周敬诺之……" 罗林军□银青光禄大夫行尚书兵部侍郎知制诰上柱国范阳县开国□食邑三百户卢文度宅　卢文度，范阳涿人。曾祖卢汾，父知犹，累赠太师。文度即太师第二子，后唐庄宗同光二年(924)正月十六日，薨于福善里私第，葬河南县梓泽乡宣武□。(《辑绳》) 安重遇宅　后周广顺元年(951)九月四日，安重遇终于福善坊私第。(《北图石汇》) 周幽州卢龙军右教练閧钦裕宅　閧钦裕，字贵德，幽州归义县人。广顺二年五月二十六日，启手足于福善里之公署，其年十月二十日，归葬于河南县伊洛乡干村。(《拾零》)

次北惠和坊。隋大业四年，坊内道东南醴泉涌出水面阔五尺，暖而甘，泉上常有气如雾，疾病者取饮之，多效，时人谓曰神泉。至九年枯竭。

安修仁宅。官舍。王绍宗兄元宗口授铭序：垂拱之岁，吾六兄见疾大渐，委化于伊、雒之间，侨居惠和里之官舍。

增订：

宋仲宅　宋仲，广平人。春秋七十有四，卒于东都惠和里第。隋大业九年十二月十六日，葬宋仲及夫人于东都洛阳县北邙之山。（汴博）六胡州大首领安菩宅　安菩，其先安国大首领。麟德元年十一月七日，卒于长安金城坊之私第。夫人何氏，其先何大将军之长女，封金山郡太夫人。长安四年正月二十日，卒于惠和坊之私第。以其年二月一日，殡于洛城南敬善寺东。景龙三年九月十四日，安菩与何氏合葬于龙门山东北麓。1981 年 4 月，安菩墓志出土于洛阳龙门东山北麓。（赵振华、朱亮《安菩墓志初探》，载《中原文物》1982 年 3 期）按安菩子安金藏《唐书》有传，据志可知安菩死后，何夫人随子金藏居住洛阳惠和坊。另惠和坊有安修仁宅。修仁，安国人，《唐书》有传，安修仁子安元寿陪葬昭陵。1972 年出土墓志称：永淳二年，薨于东都河南里之私第。安元寿夫人瞿氏薨于京怀远里。处士朱通宅　朱通，吴郡人。贞观二十三年五月庚子，卒于惠和里第。夫人冯氏，年六十有三，卒于嘉猷里第，咸亨元年十月二十五日，合葬于东都之北邙山。（《千唐志》）桂州始安县丞云骑尉颜万石宅　颜万石，琅琊人。调露元年十一月二十日，卒于东都惠和里之私第。以其年十二月八日，窆于河南县河阴乡北邙山。（《千唐志》）崔子偘宅　崔子偘，字金毗罗，博陵安平人。祖大方，唐海州刺史。妣隆山县主。父思古，唐朝永州司士。母宝安县主。子偘年十八，任高宗挈郎。山陵事毕，加一阶，赐勋一转，蒙授朝散郎、武骑（原志此处疑脱“尉”字）、行德州参军。载初元年腊月二十六日，薨于洛州永昌县界惠和里私第。上代坟茔，累在雍州咸阳县界鸿渡川。祖海州刺史权，葬雍州明堂县界少陵原。以天授二年一月十三日，权窆于洛州合宫县界北芒山王晏村北原。（《补遗八辑》）按王大方《新唐书·宰相世系》二下有载。崔子偘墓志可补崔大方子孙名字。崔子偘父崔思古宅，见本书怀仁坊。（《补遗八辑》）信安县主宅　信安县主，陇西狄道人，吴王恪第四女，玄宗之堂姑。永昌元年，降归元思忠。思忠，后魏景穆帝之八代孙。拜虢州卢氏县令，寻迁滑州灵昌县令。大足元年四月十一日，卒于洛阳之惠和里私第，时年五十四。信安县主开元四年十月二十三日，薨于河南之尚贤里第，春秋六十九。以五年八月五日，合葬于河南县金谷乡石城里之原。长子永康陵丞守一，次子河南府新安县尉瓘，少子郊王府掾瑰。（《千唐志》）朝散郎行扬州江都县尉李君妻卫夫人宅　夫人河东虞乡人。祖瑗，隋徐州萧县令。父志静，饶州余干县令。景云元年十月五日，夫人终于洛城惠和私第，其年权厝于洛阳县城东北五里平阴乡之原。卫夫人墓志 2003 年于河南洛阳出土。（《释录》）按墓志原文中“权措”应为“权厝”。岚州赵长史夫人杨丽宅　杨丽，字娥英，其先弘农人，徙家猗氏，四代五公。杨丽初以葳诚诗礼在心，后以释教檀那为行。开元二十年十二月十八日，终于河南惠和里之私第，春秋六十有七，开元二十一年正月七日，迁窆于河南县平原。嗣子休。（《洛阳新获墓志》二〇一五）朝散大夫

光州长史屈突琁宅　屈突琁为屈突通之孙。屈突通“隋蒲州刺史、皇工刑兵部等尚书左仆射、左光禄大夫、洛州都督、上柱国、蒋国公、赠司空、谥曰忠、配享图画于太宗文武圣帝庙，功臣第一等”。琁之父屈突诠“银青光禄大夫、瀛州刺史、安东都护、上柱国、燕郡开国公”。辛巳岁（开元二十九年）己卯月丙戌日，屈突琁终于河南惠和之第，葬于北邙之原。（《补遗千唐志斋新藏专辑》）按屈突通长安昌乐坊有宅第。《千唐志斋》藏屈突伯起墓志，称父铨，应为屈突琁之兄弟。河南府兵曹何最宅　何最，蜀郡人。开元二十六年春，终于洛阳惠和里私第，四月十一日，安厝北邙之原。（《千唐志》）按何最墓志称：“从容翰墨，雅赡词藻，言成响应，纸落云飞，亦谓一时之风流，千载之芳誉者也。”中郎将献陵使张府君夫人郭班宅　夫人郭班，太原人。天宝十载八月九日，终于河南惠和之私第。即以其月二十二日，殡于洛阳县平乐乡之原，嗣子张伋。（汴博）陇西郡太夫人李氏宅　陇西郡太夫人李氏墓志载：元和二年七月十四日，李氏终于河南府河南县惠和里私第。其年十月十三日，启夫人之殡，合祔于河南县北二十五里先茔桐庐府君之墓。（洛古馆）墓志撰者第三孤子瓒，是桐庐府君先娶河间张氏所生的第三子，为前成德军节度副使、银青光禄大夫、检校右散骑常侍、兼御史大夫知恒州大都督府事。其父大理司直兼睦州桐庐县令。宣威将军守左金吾卫大将军员外置同正员兼试殿中监苏恩宅　苏恩夫人范阳卢氏，长庆元年四月七日，捐馆于惠和里之私第。以其年十一月九日，合祔于先府君河南县龙门乡南王村龙门之原。会昌元年十月七日，改葬于同县金谷乡张村界北邙之原。（《千唐志》）特进太子少保致仕赠太傅戴思远宅　戴思远历五代后梁后唐两代，《旧五代史》有传。清泰二年八月十七日，薨于洛京惠和坊之私第，清泰三年二月七日，葬于河南府伊阙县归善乡府下里之原。1990 年戴思远墓志出土于伊川县鸦岭乡高沟村西。（《洛阳新获墓志》）青州刺史杨千宅　杨千，原名敬千，字表忠，因与晋高祖石敬瑭连敬字，遂单称“千”，薨于开运元年。千娶李氏，丁未岁七月二十四日，薨于洛阳惠和坊，丁未年十月二十一日，自梁苑（开封）扶护至洛阳，于徽安门外权且安厝。（《补遗二辑》）

次北安众坊。北至雒水。

工部尚书尹思贞宅。尚书右仆射、燕国公于志宁宅。令狐德棻《于志宁碑》：薨于东都安众里之第。窦庭芝宅　《唐语林》：李邺侯居忧于河清县，骑驴入雒，至中桥南遇大尹，避道，驴惊逸而走，径入分司窦庭芝员外宅。邺侯与仆者共造其门，庭芝出，降阶而拜，延接信宿，赠送甚厚，但云贵达之日，愿以一家为托。及朱泚之乱，庭芝降贼，德宗首命诛之，邺侯累白以旧事，乃原其罪。按言中桥之南，即安众坊也。坊北中桥。此新中桥也。《旧书·李昭德传》：初都城雒水天津之东，立德坊西南隅有中桥及利涉桥。上元中，司农卿韦机始移中桥，置于安众坊之左街，当长夏门，都人甚以为便，因废利涉桥，所省万计。然岁为雒水冲注，常劳治葺。昭德创意积石为脚，锐其前以分水势，自是竟无漂损。

《校补记》：安众坊坊北中桥 此注后补二条并注：卜筮胡芦生居，注：《逸史》：中桥胡芦生善卜，闻人声即知贵贱。《原化记》：宰相李蕃尝寓东洛时，胡芦生在中桥，李往候之，生曰："郎君两纱宠中贵人也。"《感定录》：中桥有筮者胡芦生，神之久矣。席氏旅舍。注：《集异记》：王琚侄四郎停中桥逆旅席氏家。

增订：

中散大夫行泽州长史杨正本宅 杨正本夫人归义县君韩令德字光容，京兆人。圣历二年六月十□日，终于安众里第。其年六月十九日，权殡于合宫县平乐之北原。（《千唐志》）右威卫长上果毅张君宅 夫人博陵崔氏，天宝九载五月二十八日，终于东京安众坊之私第，其载七月二十三日，迁殡于城北平乐乡之原。（《千唐志》）给事郎试詹事府丞上护军充东都留守衙前判官夏侯济宅 夏侯济，高祖、曾祖、祖并习老氏道德之经，得墨子秘之术，隐居岩薮，冲和养神。父胜，左武卫兵曹参军。长庆三年八月十九日，夏侯济寝疾终于河南县安众里之私第，春秋七十有二。长庆四年二月十日，卜兆于洛阳县平阴乡成村之原。夫人刘氏。夏侯济有儿女各四人。（《西市藏志》）

右长夏门之东第一街，八坊。

长夏门之东第二街，从南第一曰兴教坊。

秘书少监赵云卿宅。《河南志》引《萧颖士集》：兴敬里有赵云卿宅。按"敬"即"教"之讹。李师道留后院。《通鉴》：李师道置留后院于东都，本道人杂沓往来，吏不敢诘。《考异》引《河南记》曰：贼帅訾嘉珍于东都留后院潜召募二百余人，造置兵仗。会门子健儿有小过被笞，遂使兄弟一人告河南府，当时饬两县驱丁壮悉持弓矢刀棒，围兴道坊院数重，因纵火焚其院。按兴道即兴教，《通鉴》言贼出长夏门望山而遁，兴教正在长夏门内也。或原作"兴道"，《河南志》因下宣教而讹。留后院，《旧书·吕元膺传》作"邸院"。

增订：

《唐两京城坊考》一书，改兴敬坊为兴教坊，误。今正名为"兴敬坊"。朝议郎相州成安县令京兆史瓘宅 史瓘，其先阴山之系，今京兆人。曾祖忠，怀德郡王、镇军大将军、赠荆州大都督。祖元暕，太仆卿上柱国薛国公。考思贞，通事舍人。史瓘"解褐任亳州成父主簿，无何转青州寿光县丞，次授绛州垣县令，又转相州成安县令。通才不器，美政有闻”。天宝六载九月二日，寝疾迁化于兴敬里之私第。夫人河东薛氏，天宝七载十二月二十四日，合葬于伊汭乡之西原。史瓘墓志2003年出土于洛阳，志藏洛阳师范学院图书馆。（毛阳光《两方唐代史氏墓志考略》，载《文博》2006年第2期）按史瓘即阿史那忠之曾孙，阿史那忠宅在洛阳尚善里。左卫率府兵曹参军李府君妻郑氏宅　郑氏之父荥阳郡开国子少府监。舅张均，宪部尚书嗣燕国公张说长子。天宝十三载闰十一月二十八日，郑氏寝疾卒于东京兴敬里之私第，春秋二十八，以明载二月六日，葬于河南府偃师县首阳乡北原，祔李氏之先茔。（《西市藏志》）正议大夫龙州刺史许观宅　许观字玄观，汝南平舆人，开元七年七月二十二日，殁于河南县兴敬里私第。以其年闰七月十六日，殡于北邙山之阳平原。（洛古馆）夫人张氏宅　夫人张氏，清河人。终于东都兴敬里之私第，以开元十二年十一月二十八日，合葬邙山之顶。（《千唐志》）河南府伊阙县丞崔遐宅　李华撰崔遐墓志：“唐天宝九载之季月，伊阙丞博陵崔君遘疾于官，就医于河南兴敬里，不幸逝于家，卒年五十五。”崔遐，字公远，绵州使君慎先之长子，故相韦承庆外甥，幼能为文，善音律。（《补遗七辑》）侍御史内供奉知盐铁埇桥赵纂宅　赵纂，曾祖思谦。祖珽。考惠伯，河中晋、绛、慈、隰等州观察处置使，兼御史中丞。赵纂即惠伯第四子，出河东郡夫人裴氏。以明经补太常寺郊社丞。大和五年十月十二日。□□□□□兴道里第，无子。大和六年正月十二日，葬于万年县洪原乡延信里。（《洛阳新获墓志》二〇一五）

次北宣教坊。本名弘教，神龙初避孝敬皇帝讳改。

怀音府。见《地理志》。全真观。齐州司马陆孝斌宅。张说《陆孝斌碑》：夫人卢氏，终于雒阳之宣教里。安乡郡长史黄执宅。刘庭玲撰《故安乡郡长史黄府君夫人彭城刘氏龛铭》云：夫人归江夏黄执。寝疾，终于东京宣教里之私第。太子少师皇甫镛宅。白居易《皇甫镛墓志》：薨于东都宣教里第。少师，《墓志》作“少保”。淮南节度使赵国公李绅宅。李绅廉察东雒，初到雒阳，寓居宣教里。

《校补记》：宣教坊李绅宅　补注：绅有《初到雒阳寓居宣教里时已春暮而四老已洛中分司》诗。

增订：

怀音府　《大唐故忠武将军河南府怀音府长上折冲上柱国河间郡刘府君（庭训）墓志铭并序》：刘庭训，沛国丰人。开元十六年八月十六日，终于杨府之旅亭，十八年十月十六日，葬于邙山上东里。（《辑绳》）安国寺　《唐会要》卷四十八宣教坊有安国寺，本节愍太子宅。神龙二年立为崇恩寺，后改为卫国寺，景云元年十二月六日改为安国寺。

龙门文物保管所藏《大唐东都弘圣寺故临坛大德真坚尊胜经幢》铭文中有:“出家姊安国寺主真心、俗弟卢州长史栈、弟子弘圣寺僧嗣兴等敬造尊胜陀罗尼善幢。”真坚幢载:真心此时出为该寺一届法主。可知德宗时安国寺为东都一座比丘尼寺院。龙门南口皇觉寺故址有德宗建中三年(782)尊胜经幢,其铭文为“东都安国寺比丘尼唐十六师法号超意”所建立。又唐幢旧拓片有贞元三年(787)九月尊胜经幢,其铭文为“东都安国寺比丘尼真思为之妹同院比丘尼真惠”所建立。(张乃翥《龙门藏幢读跋两题》,载《敦煌研究》1989年第2期)按真坚行状《唐文续拾》卷四曾予以收录。隋朝散大夫蔺二洛妻张弘宅 张弘字悲,南阳白水人。隋相州长史张释之长女,年十五适蔺二洛。显庆二年十二月八日寝疾,终于弘教里第,春秋八十有三。显庆三年岁次戊午正月甲申朔十四丁酉,及先亡夫、息等合葬于高阳原之墟。张弘墓志2002年11月出土于西安市长安区鸿华通讯公司工地。(《长安高阳原新出土隋唐墓志》)杜丽宅 夫人名丽字仙姬,京兆人。总章二年九月五日,卒于弘教坊之第。以其月二十六日,葬邙山之阳。(《北图石汇》)沧州东光县令许行本宅 许行本字奉先,河间高阳郡人,后为河阳县人。上元二年二月,终于洛阳弘教里第,即以其年二月二十八日,窆于邙山杜郭村之故茔。其妻崔氏另有墓志。(《千唐志》)董文宅 董文,陇西成纪人。仪凤元年十一月二十六日,卒于洛州弘教里之斯第,即以其年十二月十三日,葬于邙山平乐之原。(《芒洛四编》)襄州长史司马实宅 司马实字仁最,河内温人。晋烈宗武皇帝之七世孙。垂拱二年四月十二日,终于□都弘教里第。三年三月二十一日,永窆于邙山之河阴乡瀍阳里。(《芒洛遗文》)按墓志载司马实“贞观中,□以门调,事于齐府。府王纵狼成暴……乃与燕□作逆,擅相招聚……”齐王指元吉。宣德郎行忠州参军事飞骑尉陆磬秀宅 陆磬秀,字元恂,河南洛阳人。七代祖丽,后魏简王,六代祖睿,后魏平原王。曾祖、祖及父均为宦官。垂拱三年四月十九日,陆磬秀终于合宫县弘教里私第,冥婚与安乐孙氏女,以延载元年十月十日合葬于洛州洛阳县清风乡邙山原。(《补遗五辑》)通议大夫使持节宁州诸军事宁州刺史裴挥宅 裴挥字思敬,河东闻喜人。太极元年三月二十六日,薨于东都宣教里之私第,开元九年十月二十九日,与夫人权氏合葬于河南县平乐乡北邙山之南原。(《千唐志》)按裴挥墓志记载:裴挥曾祖尼、祖爽、父希壮。《北史》《周书》裴宽传记载其弟裴汉、裴尼。宽、汉、尼之父为裴静虑,北魏金紫光禄大夫。又据天宝四载葬于河南县都城北金谷乡泉原店的裴琨墓志载,裴琨四代祖裴汉,即裴宽之弟,裴尼之兄。裴琨卒于从善里,则裴挥与裴琨均为裴静虑之后代子孙,而琨晚于挥一辈。冀州武强县主簿赵保隆宅 宅于洛阳之弘教坊。(《北图石汇》)忠王府文学王固己宅 王固己,琅琊临沂人。开元二十六年六月八日,终于河南府河南县宣教里之私第,以其年闰八月六日,葬于河南府河南县平乐乡之原。夫人范阳卢氏祔焉。(汴博)颍王府士曹参军崔杰宅 崔杰字伯雄,清河人。

天宝八载□□二十日卒于洛阳宣教里之私第，十载五月二日葬北邙。(《北图石汇》) 左清道率府录事参军于公宅　于公夫人裴氏，天宝十有二载夏六月二十九日，卒于东京宣教里，天宝十二载十一月五日，厝于洛阳北山之原。(《千唐志》) 寿安县主簿郑君宅　夫人清河崔氏，天宝十二载六月十六日，终于宣教里之私第。十一月二十九日葬于洛阳县河阴乡伯乐原，祔于寿安府君之茔。(《北图石汇》) 王平宅　王平，太原人。贞元五年五月六日，卒于宣教坊私第，贞元十六年十月十九日，永瘗于国城北安喜门外邙山之阳。(《千唐志》) 朝散大夫河南府户曹参军陈诸宅　陈诸，颍川人。曾祖瑾，赠工部尚书。祖希烈，左相许国公。父汭，太仆少卿兼少府少监（陈希烈第二子)。陈诸于贞元十年九月二十二日，终于宣教里第。明年夏四月十二日，葬于北邙山之原。(《芒洛续编》) 按陈诸的祖父陈希烈与陈希烈第十子陈洳墓志同时出土于洛阳。陈洳为通议大夫试秘书少监兼汉州别驾，大历九载终于锦州客舍，兴元元年迁葬洛阳北邙原大茔。据陈希烈、陈洳和陈诸墓志得知：陈希烈曾祖名冲用，唐陈州刺史。祖名迪，唐许州刺史，赠颍川太守。父名瑾，唐朝赠工部尚书，此皆史书所不载，可补史缺。陈希烈唐玄宗时以精通《老》《易》而登上宰相宝座，并兼崇玄馆大学士。安史乱时曾任伪职，六等定罪，希烈当斩，唐肃宗以上皇素遇，赐死于家，陈希烈墓志隐讳。张冏宅　张冏字世明，陇西敦煌人。曾祖嘉宾，太子通事舍人。父琯，河南府偃师县主簿。张冏治诗书，善属文，□二举进士。以大中九年五月二十三日，终于东都宣教里之私第，享龄三十二。小弟□年，及弱冠遘疾数旬，其年九月八日，亦终于宣教里。大中九年十月九日，同归祔于河南府偃师县亳邑乡□阳里，祔先茔之次。(《拾零》) 李保寿宅　赵郡李氏女第十七，字保寿。开成二年五月五日，卒于河南府宣教里，以其年六月二十二日，殡于洛阳县平阴乡上东里积润村。(《北图石汇》) 东都留守检校尚书左仆射赠司空崔弘礼宅　崔弘礼子崔彦温字德昌，博陵人。大中十一年六月八日，终于东都宣教里之第。明年十月二十六日，葬于洛阳县清风乡之北原祔先茔。(《千唐志》) 按崔彦温父弘礼，东都留守检校尚书左仆射赠司空，彦温即司空第四子。银青光禄大夫检校户部尚书使持节郓州诸军事守郓州刺史充天平军节度郓曹濮等州观察处置等使御史大夫上柱国弘农郡开国公杨汉公宅　咸通二年七月十日，杨汉公薨于宣教坊之私第，其年十一月二十日，归葬于河南县金谷乡尹村北邙山之南麓，列于累代旧卜之域。(《辑绳》) 按杨氏家族在西京长安靖恭坊有宅第，祖茔在河南县金谷乡。杨汉公为杨宁第三子。杨宁，国子祭酒，赠太尉。据《世系表》，杨汉公长兄汝士，次兄虞卿，弟鲁士。杨汉公及妻郑本柔、继室韦媛墓志均系1948年前盗掘出土，无出土时地记录。据汉公志归葬金谷乡尹村北邙山之南麓，结合以往在尹村出土之《张浚及夫人墓志》《卢氏夫人墓志》(《隋唐五代墓志汇编》洛阳卷第十三卷)，分别出土于孟津县李家凹和水泉，则杨汉公等三方墓志亦当在这一带出土。(李献奇、周铮《唐杨汉公及妻郑本柔继室韦媛墓志综考》，载《碑林集刊》第九辑2003年）杨汉公等三方墓志涉及中唐、晚唐许多人物和事件，有极丰富的史料价值。汝州司兵参军新授幽州大都督府士曹参军李潜宅　李潜，字晏，陇西成纪人。皇帝籍田之年，日中星鸟，望之先二日癸亥，殁于宣教里。李潜“解褐同州参卿，次□滑州司功参军。又换汝州司兵参军。今年调选，为冢宰裴公清□之赏，擢授幽府士曹参军事。都未即事而遘斯祸矣”。（《补遗千唐志斋新藏专辑》）

次北陶化坊。隋有修行寺、史祥宅。元稹《赠吕二校书》诗注：与吕校书同年科第，后为别七年，元和己丑岁八月，偶于陶化坊会宿。

侍中谯郡公桓彦范宅。礼部尚书苏颋宅。太仆卿华容县男王希隽宅。张九龄《王府君墓志》：薨于雒阳之陶化里第。楚材按：希隽之名见苏颋《授王希隽太仆卿制》。希隽又有宅在西京朱雀门街东第三街亲仁坊。〔按稿本，楚材按语为张穆补〕河南府参军张轸宅。吕岩说《张轸墓志》：开元廿年六月五日，因调遘疾，终于洛阳陶化里之私第。按轸，柬之之孙，柬之作其父《元弼墓志》，亦言终于洛阳，是洛阳世有张氏宅矣。穆案：星伯先生卒于道光二十八年三月初一日，此条则将属纩之前四五日手书示穆，令补入书中，时穆新遭妻丧，儿孝兰疾亦垂殆，仓皇摧割之际，宝持手迹，幸未遗失，附注于此，以志痛也。工部尚书东都留守卢从愿宅。王光辅宅。光辅名暾，以字行，石泉公方庆长子，官至潞州刺史。楚材按：石泉公居魏郑公宅，在定鼎门第三街劝善坊。〔按稿本，楚材按语为张穆补〕太子宾客高重宅。空宅。《宣室志》：东都陶化里有空宅，大和中，张秀才借得肄业。夜深攲枕，乃见道士与僧徒各十五人，从堂中出，排作六行，别有二物展转于地，秀才以枕掷之，皆不见。明日于壁角中得一败囊，中有长行子三十个并骰子一双。

增订：

张轸宅　张轸墓志出土于湖北襄阳，藏襄阳育婴堂。墓志拓片藏北京图书馆。张轸为张柬之之孙。张柬之之曾孙张曛墓志亦藏北京图书馆。《唐故谷城县令张曛墓志铭》：“公讳曛，字继明，范阳方城人也。曾祖柬之。……起家以门荫，解褐补太常寺奉礼郎。……贞元中，皇帝追先帝旧臣子孙，以答功绩，遂补右神武军录事参军……特授襄州谷城县令。元和八年六月十九日，殁于私第。”隋修行寺　修行寺至宋代犹存，《洛京右街修行寺故资教大师卵塔记》载：俗姓马氏，即故棣州史君之妹，开宝四年（971）十月十七日，终于本寺。（《芒洛遗文》）《大宋洛京河南府河南县右街修行寺大悲院赐紫尼审定卵塔记》载：审定，俗姓李氏，景德元年（1004）十二月十七日无疾而终。有同学妹□□明化大师等于龙门山口地建于卵塔，以藏灵骨。（《芒洛补遗》）张泉宅　张泉，洛阳人。

显庆五年六月十七日，卒于陶化里之私第。夫人王氏，永徽六年八月二十九日卒，即以其年七月十日，窆于邙山。(《千唐志》) 右戎卫翊卫徐买宅 徐买，齐郡历城人，后为洛州河南人。总章二年正月十二日，终于陶化之里第。即以其月二十日，葬于邙山之阳。(《千唐志》) 处士刘德师宅 总章二年五月二十六日，刘德师卒于陶化里。夫人武阳范氏，早岁沉魂，以咸亨元年五月二十四日，合葬于东都洛阳县之北原。(洛古馆) 使持节亳州诸军事亳州刺史李遜宅 李遜字纳言，赵郡元氏人。曾祖阳平郡守仲通，通生洛州司兵孝端，端生晋阳府君知本。遜即晋阳府君第三子。夫人范阳卢氏，总章三年，终于陶化里第。子处厚、处实、处直、处恭、处虚。(《千唐志》)《大唐故中散大夫守少府监上柱国赵郡李府君墓志铭并序》：君讳述，字处直，赵郡元氏人。高祖仲通，曾祖孝端，祖知本，父遜。开元十年二月十日，终于东都陶化里之私第，开元十八年十一月十日，迁厝于河南洛阳县邙山。子南荣。(《缉绳》) 使持节沂州诸军事沂州刺史李志宅 李志字固业，赵郡元氏人。曾祖仲通，祖孝端，父知隐。久视元年九月十一日，终于彭城之北馆。夫人渔阳县君卢氏，永昌元年七月八日，终于洛州陶化里之私第。景龙二年十一月二日，合葬于北邙山。嗣子全璧等。(《补遗八辑》) 按李志志载当他任沂州刺史"时从父弟遜，亦为泗州"。即李遜当时为泗州刺史，实际李遜曾为泗、贝、亳三州刺史。李志、李遜之祖为孝端，其宅第应为孝端子孙之宅第。李志、李遜、李述均见《新唐书》卷七十二上《宰相世系》二上，志与《新唐书》记载名字均相符。李遜之父为知隐，李遜与李志确系从父兄弟。夫人范阳卢氏，总章三年终于陶化里第。(《千唐志》) 杨汤宅 杨汤夫人曹氏，咸亨元年五月二十一日，卒于陶化里。杨汤显庆四年十二月二日，卒于立行里。(洛古馆) 处士康元敬宅 康元敬，相州安阳人。原夫吹律命氏。其先肇自康居，毕万之后，因从孝文，遂居于邺。父仟，相齐九州摩诃大萨宝，寻改授龙骧将军。元敬卒于私第陶化里。以咸亨四年五月二十九日，迁厝于河南北邙平乐乡。按康元敬是移入洛阳的康国人之后裔，其父九州摩诃大萨宝，即祆教教官。(洛古馆) 翟瓒宅 翟瓒夫人刘氏，上元三年七月二十三日，卒于洛州洛阳县陶化里。其年十月二十日，与翟瓒合葬河南县平乐乡北原。(洛古馆) 按翟瓒在敦厚里亦有宅第。刘弘宅 刘弘字师仁，徐州彭城人。永淳二年十一月二十四日，卒于陶化里第，弘道元年十二月二十日，葬于北邙山之阳。(《曲石志》) 上柱国吏部常选王晵宅 王晵，太原祁人。唐永淳二年七月三日，终于洛州合宫县陶化坊之里第，以长安三年十月十二日，迁瘗于神都之北原。(《千唐志》) 庞君夫人任氏宅 天授二年四月四日，终于陶化里之第，其月二十四日，殡于神都城北芒山。(《北图石汇》) 戎州郁鄢县尉高元宅 高元字德道，渤海蓨人。曾祖甑，北齐戎昭将军。祖才，周并州榆次县令。父端。高元起家应孝廉擢第，历任舒州望江县主簿、戎州郁鄢县尉。长寿二年六月十日，终于河南陶化里之私第，春秋六十有七。夫人清河张氏，其年八月二十七日。合葬于定鼎门外五（午）桥之南平原。（《西市藏志》）朝议郎行秘书省太史丞左敬节宅　洛阳古代艺术馆藏左敬节墓志载：“大唐洛州合宫县翟泉乡章善里故朝议郎行秘书省太史丞左敬节，春秋六十有七，以神龙三年三月十八日，卒于陶化坊私第。以其年四月六日，殡于合宫县平乐乡之原，礼也。”张冬至妻赵氏宅　咸亨二年七月二十日，赵氏终于陶化之里。景云二年五月四日，合葬于河南县平乐乡界杨宝村东一百步内北邙山平原。（汴博）魏州参军事裴回宅　裴回夫人李氏，陇西狄道人。祖光嗣，安东都护府功曹参军。父谔，长宁公主府仓曹。开元七年四月八日，夫人终于陶化里之私第。以其年四月二十七日，权窆于河南县梓泽乡。（《千唐志》）朝议郎前行婺州义乌县令窦公夫人高态宅　高态，字淑，渤海蓨人。年十九，归于窦氏。开元二十二年六月八日，终于河南陶化里之私第，二十三年二月二十三日，迁厝于洛阳北邙之原。子前苏州参军元巨。（《补遗千唐志斋新藏专辑》）京兆府云阳县尉李滔宅　李滔为“殿中监、同凤阁鸾台平章事道广之孙，都水使者元缧之子。……弱冠，以崇文生擢第，调补华州参军。寻迁京兆府云阳县尉，摄长安主簿”。开元二十有三年正月三日，卒于河南府陶化之私第，其年二月十日，权殡于河南龙门之原。（《补遗千唐志斋新藏专辑》）按李滔之祖李道广新旧《唐书》有传。《新唐书》卷七十二上《宰相世系》二上，道广相武后，子元综、元译、元纮、元绒、元译，都水使者，与李滔墓志所载元缧不同。京兆府仓曹参军孟晓宅　孟晓，平昌人。父温，礼部尚书。孟晓为孟温第二子。“以高荫南郊斋郎出身，非公志；解褐受秘书省校书郎，君子履；转右卫兵曹，小人视；兼丽正殿学士，贤良畏；改太子通事舍人，臣无二；移长安县尉，奸回忌；拜左仆阙，直如矢；除京兆府仓曹，廉而毅。”去年九月二日，灭性于陶化里，天宝元年十月二日祔于先茔。（《补遗千唐志斋新藏专辑》）荆府户曹参军段府君夫人房氏宅　夫人，清河人。天宝四载四月十三日，终于河南府陶化里之私第，七月二十六日，权厝于北邙山密迩前人之旧茔。嗣子齐秀。（《补遗千唐志斋新藏专辑》）李浮丘宅　李浮丘字仙胄，东郡顿丘人。祖仁弘，泽州司法。父景真，雍州万年主簿、崇文馆学士。浮丘为景真长子。解褐沧州弓高县尉，迁冀州枣强县丞。开元二十九年正月三十日，终于河南陶化里第，春秋六十六，其年十一月十九日，葬于河阳县北原。嗣子子俊、子昌等。（《洛阳新获墓志》二〇一五）荥阳郡夫人郑德曜宅　开元二十八年九月戊戌，薨于洛师陶化里第，其冬十一月壬寅，权葬于河南县伊川乡龙门山西灵塔之右。有子四人，长曰缵，王屋令；次曰谕，比部郎。（《辑绳》）按郑德曜，隋中书侍郎道念之五代孙，唐祠部郎中从简之仲子。1987 年 12 月在龙门西山南麓发现该墓志。（张乃翥《跋龙门地区新发现的三件唐代石刻》，载《文献》1991 年第 2 期）文登县主簿陈晃宅　陈晃，字庚，颍川人。曾祖隋肃州别驾鄞。祖瓒。父崇基，延州金城县令。陈晃于天宝八载二月二十四日奄终于河南陶化里之私第，春秋五十有二，以其载三月八日，迁窆于洛阳县感德乡齐村之北。陈晃墓志2005年2月出土于洛阳隋唐故城建春门遗址东南1千米之齐村。（张乃翥《洛阳景教经幢与唐东都“感德乡”的胡人聚落》，载《中原文物》2009年第2期）元岸之女意宅　元岸之女，名意。小年好自弦管，志习奇能，举弄绕梁，盈曲有阳春之美。贞元十二年四月二十八日，终于陶化里之私第，享年二十有四，其年五月十二日，殡于邙山，近先茔次也。（《西市藏志》）元意墓志为兄元稹撰。（《拾零》）陇西李君宅　李君考昭，秩宦不录。李君子俨、辩。贞元十二祀六月十二日，奄归逝河南陶化里，即年十月四日殡于龙门天竺寺石阙南二百步。李君墓志2004年出土于龙门西山寺沟村西岭广化寺一带。（张乃翥《洛阳新辑石刻所见唐代中原之佛教》，载《中原文物》2008年第5期）刑部郎中兼侍御史知杂事夫人荥阳郑氏宅　“余生十八年，而亲迎夫人于洛阳之陶化里，夫人年始十三。”“刑部府君（李胄）即世遗令以合葬非古，祔姑为礼，嗣子袭、重、群等，以十月辛酉启自龙门山之西岭，迁于中梁原之大墓，刑部高坟之右，同兆异穴，从理命也。”贞元十二年十月四日。（《拾零》）按：郑氏夫人改葬志2004年秋出土于河南省洛阳市伊川县郭寨村。左金吾卫大将军曹乾琳宅　曹乾琳，字宝鼎，雍州高陵人。贞元十三年三月九日，享年六十九，终于东都河南县私第，其年八月十三日，迁葬于龙门乡南王村天竺寺石门北之岗阜。曹乾琳夫人怀州济源县处事刘公令女那罗延，寿八十一，元和八年正月一日，因疾而终于河南县陶化坊私第其年二月十三日，合祔于龙门天竺寺前元夫之茔。（《洛阳新获墓志》二〇一五）按：曹惠琳在通化里，大历十一年卒。吕秀宅　东平吕府君夫人霍氏墓志载：公讳秀，字思玄，贞元十四年八月二十一日，捐馆于河南府陶化里私第。前夫人霍氏，大历九年终于陕府，以贞元十四年十二月十五日合祔于邙山阳先茔。（《千唐志》）洛阳县尉崔可准宅　崔可准，字允中，其先齐之大族。贞元十七年（801）岁六月二日，终于陶化里私第，其年七月二十二日，葬于偃师西大茔。1991年崔可准墓志在偃师出土。（《洛阳新获墓志》）右千牛卫长史王公宅　王公夫人薄氏，雁门郡人。元和六年十一月二十日，卒于东都陶化里之私第，以其年十一月十二日，葬于洛阳县平阴乡积润村之原。（汴博）太常寺奉礼郎颜季康宅　颜季康字茂安，琅琊人。祖父元敬，祖曜。父烹，通王府参军。季康解褐授右监门卫兵曹参军，转授太常寺奉礼。长庆元年十一月十四日，终于洛阳陶化里之私第，享年五十。夫人顺阳范氏。长庆二年二月十一日，窆于河南县杜郭里北邙原。（《拾零》）怀州武陟县丞唐师贞宅　唐师贞长女幼字张五。会昌四年二月七日，殁于其家，即东都陶化里，春秋一十有六。二月十九日，窆洛阳县平阴乡□凰里北陶村先茔。（《千唐志》）银青光禄大夫工部尚书致仕上柱国乐安县开国男食邑五百户孙公乂宅　孙公乂，乐安人。大中五年四月二十五日，薨于陶化里之私第。大中五年七月三日，窆于河南府平乐乡杜翟村之原。长子项，前任东都留守推官检校尚书屯田员外郎。（《千唐志》）按河南府当为河南县之误。怀州获嘉县尉樊士安宅　樊士安，字处休，其先南阳人。授获嘉县尉，以大中八年七月二十六日，终于陶化里之私第，大中乙亥岁三月五日合祔其父茔。次子佶。仲弟，怀州武陟县主簿文举。季弟，太庙斋郎季方。（《补遗千唐志斋新藏专辑》）李颙宅　陇西李颙，寄迹辕门，职居藩府，萍寄东周。夫人张氏，晋司空张华之苗裔。祖张义，父张著，不仕。"曾祖乃居于东都陶化里。"乾符二年冬十一月，夫人适李颙，享年三十有五，乾符四年三月九日，临月（临产）之时，卒于陶化里，营葬卜于东洛城南禹门之北天竺之岗。（《西市藏志》）按夫人张氏墓志为夫李颙撰并书，从墓志记述张氏夫人，也许卒于其曾祖宅。江南西道都团练副使朝议郎检校尚书礼部郎中兼侍御史赐绯鱼袋高彬宅　乾符四年七月二十四日，高彬终于东都陶化里私第，其年十月十七日，与夫人荥阳郑氏合葬于河南府河南县平乐乡伯乐村祔于先茔。（洛古馆）奉议郎行河南府永宁县尉李陲宅　崔滂夫人李般字道广，赵郡赞皇人。祖父李绛，大人前宣歙观察使兼御史大夫李璋。咸通九年适清河崔滂（字德涯，前国子监主簿），乾符四年七月十四日，李般终于东都陶化里陲之居第，享年二十有九。以其年八月二十八日，卜于河南府洛阳县平阴乡北陶村。（《千唐志》）按李夫人祖父，两《唐书》有传。《新唐书·宰相世系二》：璋字重礼，生谠儿、慎微、德邻、少微、德林。无李陲。李般墓志为第二弟奉义郎行河南府永宁县尉陲撰并书及篆盖。

次北嘉善坊。隋有元文都宅、韦津宅。

荷泽寺经坊。郑果宅。嗣虢王邕宅。秘书监苏践言宅。《五行记》：苏践言左相，温国公长子，居于嘉善里。永昌年六月，与其弟崇光府录事参军践义退朝还第，弘道观东猝遇暴雨，震电光来绕践言等马，回旋甚急，有顷方散。

《校补记》：嘉善坊秘书监苏践言宅，注：《五行记》：苏践言，左相温国公长子　校：据《广记》引，"苏"上增"司礼寺"三字，下增"良嗣"二字。

增订：

长寿寺　《唐会要》卷四十八："嘉善坊有长寿寺。长寿元年武后称齿生发变，大赦改元，乃置长寿寺。"按《唐两京城坊考》卷五，南市下有长寿寺。所引为《朝野佥载》："东都丰都市在长寿寺之东北……"恰证嘉善坊内有长寿寺。荷泽寺　《宋高僧传》卷八《唐洛京荷泽寺神会传》："先是两京之间皆宗神秀……郭子仪收复两京，会之济用颇有力焉。肃宗皇帝诏入内供奉，敕将作大匠并功齐力，为造禅寺于荷泽寺中是也。会之敷演，显发能祖之宗风，使秀之门寂寞矣。"按神会墓志出土于龙门。崔上师妻封夫人宅　夫人封氏字依德。大业十年三月二十五日，终于东都雒阳县嘉善里，其年四月六日，权瘗于城西北八里河南县千金乡。（《集释》）按封氏墓志1930年于洛阳前李村之南陵出土。张波宅 张波，并州武城人。大业十一年三月十一日，卒于雒阳县嘉善里。其月二十二日，窆于北邙山。（汴博）张波墓志清末出土于洛阳南陈庄。端氏县令程谐宅 程谐，清河广平人。夫人石氏，卒于嘉善里之第。以大业十一年十月二十六日，同迁窆于邙山。（《集释》）夫人薄氏宅 薄氏，雁门代人。贞观十五年五月七日，薨于洛阳县嘉善里私第，以其月二十五日，葬于邙山。（汴博）处士张运才宅 张运才，麟德二年六月三十日，终于嘉善里第。夫人晋阳范氏，贞观十九年十二月五日，终于延福里。麟德二年七月十五日，合葬于邙山之阳。1989 年张运才墓志出土于偃师县城关镇北窑村东砖厂。（《洛阳新获墓志》）万年县尉孔长宁宅 孔长宁，鲁国邹人。贞观二十年正月十七日，卒于嘉善里第。夫人翟氏，下邽人，贞观二十一年八月八日，卒于第。其年八月二十八日，合葬于邙山之平原里。（汴博）左翊卫斛斯师德宅 斛斯师德，河南洛阳人。贞观二十四年十一月二十三日，终于嘉善里第。龙朔元年八月二十七日，与夫人韩氏合祔于北邙之岭。（《芒洛遗文》）游击将军吴孝宅 吴孝字政，其先渤海人。永徽三年二月六日，终于河南洛阳嘉善里。夫人贾氏，贞观十六年十二月二十四日，终于嘉善里。永徽三年三月三日合葬清风山北邙之阳。（《千唐志》）斛斯夫人索相儿宅 夫人索相儿，河南洛阳人。永徽三年十一月十八日，终于嘉善第，以其年十一月二十九日，葬于北邙之原。（《芒洛遗文》）路基宅 路基妻解氏，河东闻喜人。永徽六年七月五日，卒于嘉善第，即以是月十四日，迁柩于邙山之阳。（《千唐志》）田玉宅 田玉显庆元年七月十一日，终于嘉善坊私第，其年八月五日葬于邙山之阳。（《辑绳》）吴素宅 吴素字贞白，冀州渤海人。显庆二年三月戊戌，终于嘉善里第。以四月癸酉，葬于河南洛阳县清风乡崇德里邙山之阳。（《千唐志》）台登县令李君姚夫人宅 姚香，河东人。祖业。父祥，涪州涪陵县令。姚香五十九，显庆三年三月二十四日，卒于洛阳县嘉善里之私第。五年正月十八日，迁厝于缑氏山之南原。子渝州巴县尉孝世、贝州宗城县尉敬世等。（《拾零》）按：唐代台登县在今四川凉山彝族自治州喜德县。处士王行宅 显庆三年五月二日，王行终于嘉善里私第。夫人双氏，显庆五年二月一日，合葬北邙山之阳。（洛古馆）司户桓锐宅 桓锐字仁毅，洛阳人。显庆五年七月一日，终于嘉善里第。即以其月十日，殡于邙山之阳。（《芒洛续补》）徐师宅 徐师，彭城人。龙朔元年十二月二十八日，卒于嘉善之私第，龙朔二年正月十六日，葬北邙平乐原。（《北图石汇》）将仕郎王积善宅 王积善字余庆，京兆长安人。龙朔二年三月八日，终于东都嘉善坊私第。以其月二十五日，葬于芒山北原。（《芒洛四编》）□□□□□州□城令张君宅 张君父信，隋魏州贵乡县丞。张君龙朔二年六月十九日终于洛阳嘉善里第，即以其年□□□日，窆于河南平乐乡□村北一里。（《补遗七辑》）郑公典签潘德行宅 潘德行，字道先，清河广宗人。龙朔二年七月十六日，终于嘉善里第。夫人清河张氏，小年俄谢。麟德元年五月二十五日，合葬于洛阳邙山之原。有子元一。（《补遗千唐志斋新藏专辑》）蜀王府队正安师宅　安师，字文则，河南洛阳人。十六代祖西华国君，东汉永平中遣子仰入侍，求为属国，乃以仰为并州刺史，因家洛阳。显庆二年正月十日，安师终于洛阳之嘉善里第。夫人康氏，隋三川郡鹰扬邢州都督康府君之女，龙朔三年八月二十一日，终于洛阳之嘉善里第，即以其年九月二十日，合葬于北芒之坂。（《芒洛四编》）按安师为西域昭武九姓安国人后裔，夫人康氏为西域康国人后裔。彭城刘夫人宅　夫人以龙朔三年十二月四日，卒于嘉善里。十二月十八日，葬于邙山之阳。（《千唐志》）隋幽州先贤府车骑王昭仁宅　王昭仁，琅琊临沂人。贞观二十年六月二十五日，奄于私第。夫人杜氏，京兆人。麟德元年十一月十八日，卒于嘉善里第。即以其年十二月十一日，合祔于北邙之原。（《千唐志》）左领军翊府亲卫刘朗宅　刘朗，字保。咸亨元年五月二十日，卒于嘉善坊私第，以其年六月一日，葬于邙（山）（平）乐乡。（《芒洛遗文》）隋车骑将军吕道宅　吕道，字安，河南伊阙人。咸亨元年九月二十日，终于嘉善私第，以其年十月十六日，与夫人王氏同窆于洛阳邙山。（《千唐志》）夫人史氏宅　夫人史氏，郿人。咸亨五年正月二十五日，终于嘉善之里，哀子敬忠等以其年二月二十九日，葬于邙山之阳。（汴博）安神俨宅　安神俨，河南新安人。调露二年正月二十六日，卒于嘉善里之私弟。夫人史氏，咸亨五年正月二十五日逝，调露二年二月二十八日合祔于北邙山。（汴博）按安神俨与史氏，均为西域安国与史国人后裔。何摩诃宅　何摩诃，字迦，东海郯人，因官遂居姑臧。调露二年二月十六日，卒于洛阳界嘉善之私第，以其年二月二十八日，窆于北邙山平乐。（《千唐志》）按何摩诃，为西域昭武九姓何国人后裔。详见向达《唐代长安与西域文明》。司卫正卿田府君夫人窦琰宅　窦琰曾祖窦荣定，隋驸马都尉陈国公。大父抗，唐将作大匠陈国公。父平陵县开国公。垂拱二年九月十日，窦琰薨于洛州嘉善里第，长寿三年一月二十五日，合葬于西京南杜陵之原。（《补遗三辑》）赤水军大使兼知河巳西营田兵马事左玉钤卫将军上柱国固安县开国男孙仁贵宅　孙仁贵，字士稜，范阳涿人。总章初元，以门荫补弘文生。敕授洺州参军事，便充辽东道行军判官。先后任岐州洛邑府左果毅、同州相原府折冲都尉、右豹韬卫遵德府长上折冲、右豹韬卫左郎将、左鹰扬卫右郎将。圣历三年三月十二日，终于凉州赤水军之官舍。夫人河南斛律氏，北齐中书令、义宁郡王、隋户部尚书、山南道行台尚书右仆射孝师之曾孙。长寿二年十月二十九日，薨于洛州嘉善之里第，久视元年七月二十六日，合祔于洛州合宫县龙门乡之平原。嗣子希庄等。（《补遗千唐志斋新藏专辑》）上柱国陈玄宅　陈玄，字懿，其先颍州人。万岁通天二年二月十九日，终于永昌县嘉善里之私第。（《千唐志》）云骑尉牛阿师宅　牛阿师，字处仁，陇西郡狄道永昌人，因官居于洛，为河南郡人。圣历二年正月十六日，终于合宫县之嘉善里。以腊月二十日窆于上东邙山之南原。(《芒洛四编》) 朝散大夫行常州晋陵县令李全节宅 李全节，赵郡平棘人。曾祖敦，祖述。父汪，隋延安县令、唐监察御史、毛州司马、汴州总管府长史、仁州刺史、长江县开国男。全节先后任汝州司户参军、鄜州司仓参军、唐州司马。仪凤中，应八科举，擢高第。改魏州昌乐县令、苏州常熟县令。神龙元年十一月二十一日，卒于河南嘉善里之私第。夫人，安定皇甫氏，开元六年十二月一日，合葬于龙门南万安山。嗣子朝议郎、邢州平乡县令、上护军奉先。(《补遗千唐志斋新藏专辑》) 按《新唐书》卷七十二上《宰相世系》二上载："敦，散骑常侍。述，瀛州铠曹。善庆，汴州总管府长史。全节，唐州司马。"全节子奉兑，非奉先。应以墓志为准。汝州司马萧安亲宅 萧安亲，兰陵人。齐州长史汾之曾孙，括州刺史令思之孙，唐州别驾浮丘之子。"弱冠举明经上第。初尉于温江，历句容、尉氏二主簿，迁密尉。对策高第，拜廷尉评，乾元中宰邑于温。"大历初，佐郡于汝，粤四年，终于郡之官舍，假殡于兹山之侧。夫人太原王氏，汾州府君之第二女，国相齐公之妹。大历七年九月辛卯，终于东都嘉善里第。明年二月己未合葬于此原。嗣子敷等(《补遗八辑》)。按《千唐志斋藏志》有《唐故唐州别驾萧君墓志铭并序》载：萧府君浮丘，字子真。曾祖瑾，祖□，并公侯子孙，陈隋冠冕。父令思。开元十九年浮丘卒于私第，二十一年安厝于平乐乡北邙之原。嗣子益州温江县尉□□。嗣虢王李邕宅 2004年初，在陕西富平县北吕村西北农田中，发现古墓葬盗洞一，洞内出土嗣虢王李邕及夫人扶余氏墓志。李邕，陇西成纪人。太武皇帝之曾孙，赠司徒扬州大都督虢庄王凤之孙，曹州刺史、定襄郡公宏之嗣子。李邕幼年因李、武皇权之争，饱受家破人亡、颠沛流离之苦。中年娶韦庶人之妹崇国夫人为妻，特承宠异，但又遭玄宗平韦巨变，导致贬官削封。开元十五年七月八日，薨于东都嘉善里之私第，以其年十二月二十九日，祔富平县直成原。有子巨、昭等。(张蕴《唐嗣虢王李邕墓志考》，载《唐研究》第十二卷2006年) 朝散大夫卢州司马刘公夫人崔尚德宅 崔尚德，博陵郡人，博陵县君。祖文珪。父仁表，太原府阳曲、东京温县二县令。尚德即仁表第四女。开元二十七年四月八日，终于东京河南县嘉善里之私第。天宝元祀秋七月七日，合祔于洛阳县清风乡原。嗣子刑部司仓参军应期，次子青州参军应明。(《拾零》) 处士李端宅 李端，字行端，陇西城纪人。以贞元二年五月十四日，卒于嘉善坊。夫人乐安任氏，大和八年正月四日，殁于私第。以其月二十五日，合葬于北芒平乐乡郝里。(《汇编》) 按《汇编》认为"魏"字似添刻，"正始"二字乃改刻。"太和"乃"贞元"二字改，尚隐约可见。刘秀璋宅 夫人屈氏，贞元七年四月十八日，终于东都嘉善里之私第。(《北图石汇》) 仇通宅 仇通，汝州梁县南安郡人。贞元十四年四月二十日，终于河南府河南县嘉善里之私第，七月十四日，权窆于龙门乡南王村。长子惟忠、次子惟珍。(《补遗千唐志斋新藏专辑》）袁惟承宅　袁惟承，彭城人。元和九年三月三日，殁于东都私第。夫人，陇西人。长庆三年六月二十三日，终于河南嘉善坊之私第。夫人三子，孟曰公史，仲曰公素，季曰公亮。以其年八月二十日，启惟承之旧坟，窆夫人之同穴。（《补遗千唐志斋藏志专辑》）周广与夫人戎氏宅　周广，会昌四年三月二十七日，终于河南县嘉善里之私第，七十三。夫人戎氏，大和四年八月三日先公而亡。以会昌四年十一月六日，合祔于三川乡杨魏原。（《洛阳新获墓志》二〇一五）银青光禄大夫检校太子宾客兼监察御史上柱国杨铤宅　杨铤，弘农郡人。夫人南阳张婧，字德清，长安万年人。父张思齐，左武卫中郎将。张婧年渐初笄，适聘于杨铤。咸通七年八月二十八日身亡，享龄四十二。有子五人，韩十、道道等。咸通八年二月二十日，“从嘉善坊发引，葬于河南县伊涧乡中梁村”。（《西市藏志》）张氏宅　张氏以贞元十七年九月四日，终于河南县嘉善坊之私第，壬午（十八）年四月十一日，扃于洛阳县平阴（荫）乡吕乐村。（《北图石汇》）按张氏夫名缺载，嗣子李延昌。左龙武军大将军曹仁宅　曹仁，字仁，谯国人。祖建，父匿。曹仁即匿之长子。自唐中宗时步入仕途，为官四十年，凡三为果毅，两任折冲郎将，再登将军，一授八官，四进封侯。于天宝十二载十一月十七日薨于东京嘉善里之私第，十三载正月十三日，葬于河南县伊汭乡万安山之阳。夫人河东郡君夫人薛氏。子四，钦望、建忠、询古、钦光。志文撰者为书法家、画家李渐。（《历代名画记》）志之书者为胡霈然。候莹者为安康郡长公主孙独孤济。曹仁墓志，撰书俱佳，一志双铭，刻字、候莹俱全，为以前所出墓志所仅见。该志2002年秋出土于河南洛阳伊川县吕店乡。（赵君平《唐曹仁墓志释略》，载《河洛春秋》2003年第2期）大燕游击将军守左威卫翊府左郎将员外置同正员内供奉上柱国赐紫金鱼袋曹公宅　《曹公故太夫人康氏墓志铭并序》载：康氏于圣武二年（唐肃宗至德二载）七月十四日，终于嘉善里之赐第，闰八月九日卜宅于洛阳之邙原。（洛古馆）按圣武为安禄山年号，圣武二年，实为安庆绪之载初元年。嗣子彦瑰“宿昔龙潜，早预纪纲之仆；今承凤诏，忽如环列之尹”。曹氏和康氏疑为西域昭武九姓曹国、康国人之后裔。郑滑节度十将孟维宅　孟维，其先平昌人。元和十二年闰五月二十八日，终于嘉善里。以其年十月五日，与张氏、安氏夫人合祔于北邙平阴乡先茔。（《千唐志》）按十将之名，新旧《唐书》均未载。但唐墓志，尤以中晚期墓志中不乏记述，是低级武职。（赵超《十将与铁券》，载《考古与文物》1987年第1期）通议大夫检校国子祭酒行蔚州司马兼侍御史上柱国崔璘宅　乾符二年五月十四日，蔚州司马博陵崔璘，无恙告终于河南府河南县嘉善里之私第。明年二月十八日，归葬于汝州梁县新丰乡赵村里，行合祔。崔璘之父崔立，太常寺协律郎。洛阳嘉善坊，至北宋时尚有不少人居住。周金紫光禄大夫检校尚书左仆射卫尉少卿姜知述，显德五年十月九日，终于西京嘉善坊私第。（《辑绳》）范传正撰文、司马光书之王尚恭墓志载：元丰七年八月九日，

王公终于西都嘉善里之第。文夫人元丰七年九月十八日，终于嘉善坊之第。（以上二墓志藏开封市博物馆）

次北南市。隋曰丰都市。东西南北居二坊之地，其内一百二十行，三千余肆，四壁有四百余店，货贿山积。贞观九年促半坊。《通鉴》：李密以孟让为总管，让夜帅步骑三千入东都外郭，烧掠丰都市。又曰：越王侗运回洛仓米入城，遣兵五千屯丰都市，五千屯上春门，五千屯北邙山。按丰都市，隋之东市，唐以其在雒水南，故曰南市。

长寿寺。《朝野佥载》：东都丰都市在长寿寺之东北，初筑市垣，掘得古冢，土藏无砖甓，棺木陈朽，触之便散，尸上著平上帻、朱衣，得铭云：筮道居朝，龟言近市，五百年间，于斯见矣。当时达者参验，是魏黄初二年所葬也。书肆。吕温《上官昭容书楼歌》：君不见洛阳南市卖书肆，有人买得《研神记》。纸上香多蠹不成，昭容题处犹分明。诗注云：贞元十四年，友人崔仁亮于东都买得《研神记》一卷，有昭容列名书缝处。

《校补记》：南市　补注：《续玄怪录》：南阳张茂实，唐大中初游洛中，假仆于南市，得王夐。补一条并注：麸行，注：《酉阳杂俎》：开成初，东市百姓骑驴，驴语："南市卖麸家欠我钱。"其人惊异，牵往麸行卖之。

增订：

南市隋曰丰都市，东西南北居二坊之地，即东西两坊，南北两坊，共四坊之地。《大业杂记》（《续谈助》摘录本）："丰都市，周八里，通门十二，其内一百二十行，三千余肆……"《太平御览》卷一九一引《两京新记》曰："东京丰都市东西南北居二坊之地。"洛阳坊里近正方，只有四坊之地才能方八里，如果是二坊之地只能方六里，如《大业杂记》所说的隋大同市只占一坊之地，故"周四里"。唐贞观九年，南市东半筑为临阛、永泰二坊，西部北侧半坊地筑为通利坊，所以唐贞观九年以后南市实际上只剩下南北一坊半之地。（《丛考》）《太平御览》卷一九一《市》引《两京记》云："东京丰都市东西南北居二坊之地，四面各开三门，邸凡三百十二区，资货一百行。"又曰："大业六年，诸夷来朝，请入市交易，炀帝许之。于是修饰诸行，葺理邸店，皆使甍宇齐正，卑高如一，瑰宝充积，人物华盛。时诸行铺，竞崇侈丽，至卖菜者亦以龙须席藉之。夷人有就店饮啖，皆令不取直。"《道藏要籍选刊》卷三五《历代真仙体道通鉴》："唐代宗大历中偶游洛中，假仆于南市。"《唐两京城坊考》载长寿寺于南市，误。应移至嘉善坊。胡祆祠　《太平广记》卷二百八十五《河南祆主》："唐河南府立德坊及南市西坊，皆有胡祆神庙。每岁，胡商祈福，烹猪杀羊，琵琶、鼓、笛，酣歌醉舞。酹神之后，募一胡为祆主，看者施钱并与之。其祆主取一横刀，利同霜雪，吹毛不过。以刀刺腹，刃出于背，仍乱扰肠肚流血。食顷，喷水咒之，平复如故。此盖西域之幻法也。"齐朗宅　齐朗，字明，河间人。咸亨二年八月二十五日，终于南市，即以其年九月十七日，殡于北邙山原。夫人王氏大周证圣元年腊月二十一日，终于南市之第，即以其年一月十七日，合葬于北邙山原。（《芒洛四编》）旗亭里武骑尉张大酺宅　夫人段氏墓志记载：垂拱二年七月十二日，段氏卒于旗亭里之私第，久视元年十月二十六日与张大酺合葬北邙山王晏村北原。（《北图石汇》）处士陈泰在南市旗亭里亦有宅第，夫人房氏神龙二年十二月七日，终于南市旗亭里第。（《千唐志》）太府寺南市署官第　南市署丞朱玄哲妻，南阳荆智广之长女。开元二年三月一日，卒于南市官第。其月九日，迁厝河南府西北十五里平原乡郭穆村西八十步之平原。（《宅第补》《唐代墓志汇编续集》）河中安保府折冲赐紫金鱼袋王珍宅　王珍，贞元二十年三月八日亡，寿六十九，有一男，名端。王珍夫人何氏，元和二年九月十六日，终于洛阳南市西店里之私第，享年六十有五。以其年十一月十九日，合祔于感德乡伊川村侧。（《西市藏志》）将仕郎试恒王府兵曹参军兼充大内上阳宫医博士成璘宅　成璘，蒲州人。大和四年九月二十二日，殒于洛州河南县南市面行之第宅。次夫人李氏生一男，曰文会，见习上代之业，充大内上阳宫医博士。按：成璘为医世家，其父成万善“扁鹊之艺，人无比焉，佐东都留守兼关东道节度副元帅郭令公之随军”。（《辑绳》）

次北通利坊。

太尉英国公李勣宅。按择善坊亦有李勣宅。尚舍直长薛氏宅。《薛府君夫人裴氏墓志》：夫人裴氏，河东闻喜人，考终于通利之里第。玉沙滩。在坊之北，亦曰玉沙碛。

《校补记》：通利坊　补：静曲，并注：《河东记》：韦丹、胡芦生至通利坊静曲幽巷一小门入，数十步复一板门，又十余步乃见大门，有人称元濬之，流连竟日。

增订：

沈士公宅　沈士公字崇正，吴兴郡人。永徽六年正月十二日，终于通利之第，六月九日，归窆于邙山之岗。（《千唐志》）东宫郎将王力士宅　王力士，太原江东人。贞观八年五月十九日，卒于思恭坊之第，即以其年七月二十七日，殡于河南县平乐乡之原。夫人姓逯，显庆五年六月二十七日，舍寿通利坊之第，即以其年七月七日，与王君合葬于平乐乡北邙山李村东北一里。（《千唐志》）吴志宅　吴志字范志，河南洛阳人。龙朔元年十二月十二日，卒于通利里。（《北图石汇》）处士张仁宅　张仁，南阳人，侨居洛阳。麟德元年四月二十八日，卒于通利坊私第，以其年五月二十五日，殡于邙山之阳。（《千唐志》）处士陈才宅　乾封元年九月一日，陈才终于洛阳县通利坊私第。夫人永徽六年三月九日终，乾封二年正月二十日，与陈才合葬于北邙山之原。（洛古馆）**陪戎副尉赵大行宅** 赵大行，陇西天水人。曾祖绰，祖庆，父行。垂拱二年一月八日，卒于永昌县通利里。夫人王氏，天授二年十月，合葬于北邙山信义乡之原。子端义等。（《补遗千唐志斋新藏专辑》）**程义宅** 总章三年二月二十七日，程义卒于通利之第。咸亨元年三月十二日，殡于邙山。（汴博）**雍州美原县扈小冲宅** 扈小冲，字大亮，京兆杜陵人。任太平公主左右。出入将相之门，来去王侯之第。以天授二年七月二日，于洛州永昌县通利坊终于私第，以其年八月四日，窆葬于洛阳县平乐乡界邙山。（《千唐志》）**莱州掖县令赵进宅** 赵进，字义玄，天水人。解褐任家令寺司直，秩满徙尚方右尚署丞，寻改营缮左校署令，又改司府平准署令。秩满调为莱州掖县令。大足元年四月四日，终于洛阳通利里第。以其月二十三日，殡北邙山原。（《芒洛四补》）**尚舍直长薛氏宅** 薛氏宅《唐两京城坊考》已录。今据《芒洛遗文》补裴氏卒葬时地。薛府君夫人裴氏，河东闻喜人。开元十三年五月二十三日，终于通利之里第，以明年二月二十三日，葬于河南龙门山菩提寺之后岗。**柏虔玉宅** 柏虔玉，河南陆浑人。开元十八年六月六日，终于通利里之私第。夫人陇西李氏，于神龙二年六月二十二日，终于思顺里之私第。开元十八年十月十六日，合葬于河南县平乐乡北邙之原。（《千唐志》）**卫州参军李士芳宅** 卫州参军李士芳夫人崔媛，万年县令崔光邈之女，贞元十四年三月三日，终于通利里之私第，来年冬十二月二十一日，卜宅于河南县平乐乡之原。（《辑绳》）**宋氏第** “大唐皇三从弟虢王府属博□陵公故母张夫人，龙朔三年十二月二十九日，薨于东都乐城坊宋氏第，即以麟德元年正月十三日，权殡于东都城东北隅九里。”（《拾零》）**太原府折冲向信宅** 向信长子向公允撰写其父墓志云：“大门讳晋，任金州司马，家门讳信，任太原府折冲。……生二男一女，长子公允，次子公着，女世娘。夫人（广平郡宋氏夫人）去元和十四年九月二十三日，终于洛城通利坊里也……府君享龄七十有四，大和元年五月十九日，终于京兆府靖恭坊私第。”（《补遗一辑》）大圣善寺沙门齐诸撰《广平郡宋氏夫人墓志》：“……是称向家之妇，向氏荣望出于河内郡，贯属襄州襄阳县。大门讳晋，父名信……卜居河南府河南县通利坊，择邻而处。夫人享龄六旬甲子余一纪焉……元和大渊献岁无射律中旬三日，终于私第……以明年无射律下旬首二日，安厝于邙山之阳，皇都之阴。……男公允，小名洪子，女彩娘等。”（《补遗一辑》）按向信墓志原载于《千唐志斋藏唐墓志》，无墓主名，据《千唐志编目》而定为向清，误。通利坊至宋代尚有名人居住。游安民，娶寇氏，相国莱公（寇准）之曾孙。父正议公六十告老，治第于通利坊作知止堂。（《芒洛四编》游安民墓志）**夏侯颜宅** 夏侯颜，京兆府云阳人。元和二年六月十七日，终于伊阳县之私第。夫人太原王氏，太和六年十一月三十日，殁于河南府河南县通利之私第，享年八十有九，育子三人，曰寃、蕽、宁。次子蕽，儒林郎、试太子通事舍人、上柱国。大和九年正月二十七日，归葬于河南府河南县龙门乡之原。（《拾零》）按夏侯颜子夏夔，开成三祀，终于长安县布政里私第。（《补遗千唐志斋新藏专辑》）蒋建宅　蒋建夫人陇西李氏，大中九年四月一日，殁于通利里之私第宅，其年八月十四日合祔。嗣子景余。（《补遗千唐志斋新藏专辑》）按蒋建另有宅在福善坊。

增订：

次北乐城坊　《唐两京城坊考》遗漏此坊。今据《河南志》及出土唐代墓志补上。《河南志》：“（乐城坊）即唐南市与通利坊之地。”刘延寿宅　延寿，字长年，河间人。显庆四年八月三十日终于乐城里私第，五年四月十五日，窆于北邙山。（《北图石汇》）陇西王府侯司马妻窦夫人宅　夫人窦氏，洛州洛阳县人，逾笄之年，归于侯氏。龙朔二年五月十二日，卒于乐城之里，即以其年五月二十六日，葬于北邙之岭。（汴博）周君妻刘氏宅　夫人刘氏，麟德二年十月十五日，终于乐城之里。即以其年十一月二日，葬于邙山之原。（《千唐志》）处士穆硕宅　穆硕，字大范，广平人。夫人陇西车氏，总章二年八月十三日，卒于乐城里之第。咸亨元年十月四日，合窆于河南县平乐乡邙山之阳。（《千唐志》，《北图石汇》第十五册谓程硕）朝议郎行并州大都督府太原县令李冲宅　李冲，赵郡人。父弘节。李冲春秋六十五，卒于洛阳乐城里第，以永昌元年五月十日，葬于平乐乡之原。（《北图石汇》）朝散大夫郑州录事参军李璋宅　李璋字仲京，赵郡人。曾祖蒋，祖弘节，考道谦。李璋以万岁通天元年七月三日，卒于神都乐城坊之私第。（《汴博》）冠军大将军上柱国褒信郡开国公马神威宅　马神威，扶风人。“迁丰州长史，又除叠州刺史，兼充露谷军副使。地连金满（金满即今新疆吉木萨尔），境枕沙场。”其后仍充露谷军大使，寻授三品，除左豹韬卫将军，充河源军大使。久视元年九月十五日，薨于乐城里之私第，其年十月二十八日，葬于北邙山。（偃师县商城博物馆藏志，志文载入《补遗五辑》）朝散大夫东都苑总□元氏宅　夫人河南独孤氏，景龙二年八月二十六日，终于合宫县乐城坊里第。（《北图石汇》）南郊斋郎朝散大夫吏部散官马惟逊宅　马惟逊字晓，扶风人。祖威。父琮，忻州刺史，褒信郡开国公。“长安二年十一月二十五日，天子有事南郊，大备类典，既而清资是择，时望用允，君（惟逊）摄斋奉章，登坛行事，礼毕，授朝散郎、吏部散官。”开元七年二月二十五日，马惟逊遘疾终于河南县乐城里第，春秋二十有九，开元七年岁次己未五月己丑朔十四日，迁葬于北邙之原。（《补遗九辑》）朝议郎行河南府陆浑县令李瑱宅　李瑱，字良玉。祖弘节。开元十年二月二十九日，李瑱终于洛阳县乐城里之私第。以其年三月十三日，权厝北邙旧茔南原。（洛古馆）朱氏女宅　兄朱皛撰《大唐吴郡朱氏女墓志铭并序》：“朱女郎者，家君之仲女也。”春秋十四。开元十九年十二月十七日，夭于鸿都乐城之私第，以开元二十载正月二十八日，从皇妣同窆于邙山平乐之茔。(《拾零》) 静塞军司马杜孚宅 杜孚，字若虚，京兆杜陵人。年五十一，启手足于河南乐城里之私第。以开元二十年十一月十日，迁窆于邙山之后原。(《千唐志》) 陇西李宾宅 按李冲与李道素为李辱孙，李弘节子。李璋之祖弘节，考道谦，而李瑱之祖弘节，弘节生道谦，可知李璋与李瑱为兄弟。而李冲、李道素、李道谦均为弘节子。则乐城坊之李氏宅第应为李辱或李弘节在唐初太宗、高宗时期的宅第。李道素墓志载《芒洛冢墓遗文四编》卷二。李宾，字郎子，陇西成纪人。天宝元年八月八日，终于河南府河南县乐城里之第。以其月二十四日，迁窆于洛阳县平阴乡之原。(《千唐志》) 卢君夫人崔氏宅 夫人博陵崔氏，崔承嗣之女，适范阳卢氏金□。天宝十载七月二十二日，卒于乐城，其载九月十七日，葬河南府北邙。(《北图石汇》) 按墓志不清，"□于□乐城"存疑。朝议郎行冯翊郡司兵参军徐浚宅 徐浚，字孟姜。父银青光禄大夫洺州刺史峤之。徐浚童稚善属词，十七明经高第。一命宣州参军，再迁陈州司法。处理太康县小盗事件，余活者盈庭，颂叹者织路。选授绛郡录事参军。"夏县有巨猾，颇为时蠹。讪上则郡守不能制，附下则邑吏莫敢言。恶已养成，罪以贯稔。府君密察劾问，明刑剿绝，人到于今称之。""公德量惇大，体气闲和。巨海纳于众流，庆云被于群物。脱落细故，深怀永图。济义不以利回，周仁不以刑放。故室有好事，家无仗物。……常与太子宾客贺公、中书侍郎族兄安贞、吴郡张谔、会稽贺朝、万齐融、余杭何謇为文章之游。凡所唱和，动盈卷轴。前后调选，必超等夷。吏部侍郎席公、苗公、达奚公，皆县衡激扬，膝席礼接，良有以也"。天宝十载四月十一日，终于冯翊官舍，八月己未，厥柩于乐城里第，庚申，归窆于偃师首阳原祔先大夫之茔。嗣子项、琯、玚等。(《补遗八辑》) 按墓志撰者为季弟浩，新旧《唐书》有传。父峤之，玄宗、肃宗时天下事殷，诏令多出于浩。《新唐书·徐浩传》称"浩父峤之善书，以法授浩，益工"。徐浚墓志证明，徐浚、徐浩之父为"峤之"。《旧唐书·徐浩传》"父峤，官至洛州刺史"误，应为"父峤之，官至洺州刺史"。金仙公主墓志奉敕撰者"中大夫守大理少卿集贤院学士上柱国慈源县开国公徐峤"为另一人，非峤之。朝议郎广州南海县令张玉宅 张玉，字伯雅，其先南阳人。曾王父从质，王父诜，先考列。释褐参循王府军事，累迁广州南海县令。大历四年正月二十八日，归全于东洛，权殡于永宁县。夫人清河县太君河南关氏，元和六年七月九日，终于河南县乐城里之私第。嗣子溶。仲子淯。季子淑，官至试太子通事舍人。幼子泽，依止空门。是年十二月十一日，合祔于北邙之原。(《补遗千唐志斋新藏专辑》) 朝请郎河南府河南县尉刘栖梧宅 刘栖梧，字彦保。大和二年三月二十三日，暴终于河南府洛阳县乐城里之私舍。栖梧祖瑜，列考博。沧景节度李全略"表请授右金吾卫兵曹参军，充横海军节度巡官。后改参谋，转左金吾卫参军。全略知公智能莅职，委以重务，又改观察判官。累转节度判官。全略欲固境自安，尝公之意，谓曰：'某欲结邻好，训卒伍，保富贵，托心腹，共成吾志，其在公乎？公正色厉气，独抗凶威曰：‘欲保全富贵，熟若于保全家族？某见负恩背德，未或不亡，岂能守富贵耶！’”栖梧离彼不数月，值全略卒，其子同捷果擅兵自立，乃益彰先见之明。栖梧临大节而不顾，蹈危机而弥厉。大和二年五月十二日，葬河南府河南县平乐乡杜翟村邙原。（《补遗千唐志斋新藏专辑》）清河张俊宅　张俊字缙，其先绛州曲沃县人。曾祖植，考定远将军、试太常卿。元和七年九月五日，张俊终于绛州翼城县。夫人陇西李氏，开成三年八月一日，终于东都河南县乐城里之私第，其年十一月七日，合祔于东周河南县金谷乡尹村贯古里村泉源里□茔。有男二人，长曰从古，次曰元庆。（《千唐志》）处士张从古宅　《唐故处士张公墓志铭》：张从古，南阳人。“公性沉净，好药术，乐山水，于天坛学道……隐于都市，托药肆粥术，非为酒直，实缘供侍，亦假此而救人济世。”当其张从古慈亲奄背，“与弟庆议曰：吾汝非物外之情，岂可不从于鲁风，遂令季从翼城县启护先君于邙山之阳，依礼合葬”。会昌二祀十一月二十八日，张从古终于乐城里之第，明年二月十三日，归葬于河南县金谷乡邙山西先茔之左。（《千唐志》）朝散大夫检校太子宾客上护军臧协宅　夫人向氏，淮阳人。元和十年九月十五日，终于河南县乐城里之私第。以其年十月十二日，厝于龙门天阙之南伊汭乡中梁之原。（《芒洛补遗》）试汝州龙兴县尉王式宅　王公夫人曹氏，谯郡人。长庆四年十月十四日，终于乐城里。以十一月二十五日，殡于王氏先茔。（《千唐志》）窦君夫人李氏宅　夫人于会昌六年十月六日，殁于河南府河南县岳城（乐城）里第，明年十四日窆所居之北二十里金谷乡尹村北原。（《北图石汇》）内庄宅使都勾官张汶宅　张汶字乾夫，清河人。大中四年正月二十一日，告谢东都乐城里之私第，其年十月五日，葬于洛阳县平阴乡成村。（《千唐志》）清河府君夫人成氏墓志载：会昌元年十二月十九日，殁于乐城里之私第。大中元年七月二十七日，合殡清河公平阴原成村祔大茔。按：从张汶墓志和成氏墓志可知，张汶为成氏之第四子，张汶之父张璋。

次北慈惠坊。《河南志》引韦述《记》曰：此坊半已北即雒水之横堤。《异闻录》：京兆韦安道，大足年中于雒阳早出，至慈惠里西门，由里门循墙而南行百余步，有朱扉西向，〔“向”原误“间”，据《太平广记》卷二九九引改〕扣之，有朱衣官乘安道以大马，与之联辔出慈惠西门，由正街西南自通利街东行，出建春门。

紫微令姚崇宅。胡晧《姚文献公碑》：公后娶刘氏，累封彭城郡夫人，今紫微令崇，故宗正少卿景之母，终于洛阳慈惠坊之私第。又见张说《姚文贞公碑》、崔沔《光禄少卿姚府君碑》。银沙滩。亦曰银沙碛。

增订：

慈惠坊　从《异闻录》记述得知韦道安问一宫监，宫监但指慈惠里之西门曰：“公但自此去，由里门循墙南，行百余步，有朱扉西向者”。说明唐代洛阳慈惠坊和其他坊，坊墙内侧还有街道，否则，地处四隅之家将如何出入？**荆州大都督郯襄公张某宅** 郯襄公孙女，张无量，敦煌酒泉人。咸亨二年岁次辛未□月朔日，终于洛州慈惠坊第。(《千唐志》) **右千牛府铠曹参军□旦宅** □旦，字元义，河南人。调露元年七月三十日，终于洛阳县慈惠坊宅所。即以其岁八月二十二日，窆于洛州河南县城北邙山。(《千唐志》) **巂州都督赠幽州都督吏部尚书姚懿宅** 《大唐故幽州都督姚府君墓志铭并序》：姚懿，字善意，其先吴郡人，因官北徙，为河南洛阳人。曾祖宣业，祖安仁。父祥，隋怀州长史。“以二崤之地，当两京之冲，遂兼检校函谷关都尉。”姚懿年十八，授陕州崤县令。居无何，擢拜骠骑都尉，水陆行军副总管。龙朔二年，拜巂州都督，三年十二月一日，薨于馆舍。妻彭城郡夫人刘氏，景龙二年正月八日，薨于洛阳慈惠里舍，其年九月安祔于兹室。长子银青光禄大夫守越州都督元之，次子朝散大夫行洛州汜水县令元景。(《补遗千唐志斋新藏专辑》) 按姚懿长子姚崇字元之。始名元崇，以与突厥叱剌可汗同名，武后时以字行，开元时避帝号，更为姚崇。(《新唐书》卷一百二十《姚崇传》) 姚懿墓志可改《新唐书》卷七十四下《宰相世系》四下元之、元景之长子、次子次序。(《北图石汇》) 按姚懿墓碑在河南陕县西15千米刘秀峰上。又姚懿之孙姚彝正议大夫光禄少卿虢县开国子神道碑载：开元四年八月二十六日，姚彝终于东都慈惠里第，其年十一月十八日，葬于东都万安山之南原。碑在伊川县彭婆乡许营村北万安山之南麓，北宋范仲淹坟之东约150米。(《洛阳新获墓志》)《大唐故魏郡贵乡县令姚府君墓志铭并序》近年发现于洛阳。姚闳字闳，吴兴人。曾祖善意。祖崇，皇开府仪同三司、中书令、梁国公贞公，赠太子太保。父彝，皇光禄少卿。姚闳即姚彝第二子，弱冠，弘文生高第，发迹左卫率府兵曹参军，转宋州宋城丞，秩满调补高平郡高干县令。诏除绛郡夏县令，骤迁正平令，授魏郡贵乡县令。未之官，遇疾终于东京慈惠里之私第，春秋四十有四。天宝十二载四月二十六日窆于万安山之南原。嗣子伾、侑，犹在龆年。《吴兴姚氏长殇墓志铭并序》2007年7月于伊川县彭婆乡许营村北出土。闳长男伾，卒于圣武二年□月二十日，陪葬先茔之西北二百步，春秋一十有六。《唐故朝散郎前试詹事府司正兼蕲州黄梅县令姚公墓铭并序》2000年2月于伊川县彭婆乡万安山南原出土。姚侑，字百华。曾祖元崇，皇朝开府仪同三司、中书令、梁父贞公。祖彝。父闳，魏州贵乡县令。姚侑于宝应年，授河南转运使穆中郎宁荐授亳州临涣县尉。大历初邠宁节度使马璘奏授陈州宛丘县丞，俄迁四镇。建中年受李抱真荐姚侑才干，朝廷委以京官。贞元十八年五月二十二日，姚侑启手足于东都慈惠里之私第，享年五十有六。“初文贞公置第慈惠里，命诸孙皆以门字加之，良有以也。意百年之后，俾长戟不迁，繁枝附本。尔来或游或仕，居者阒然。高门崇墉，鞠为茂草。公（姚侑）乃溟垣支坏，肯构于斯。”当初姚崇在慈惠里购置私宅，命诸孙辈取名都带“门”字框，但此后家居者无几，姚侑承祖父家业整修房舍。晚年居住和亡故于慈惠里的有姚崇母刘氏、姚崇、姚彝、姚闿和姚侑等。（赵振华《唐代姚闿及其子姚伛、姚侑墓志的学术价值》，载《碑林集刊》第十六辑2010年）定州安喜县令周三宅　周三字才，汝南平舆人。解褐任右卫率府兵曹参军，又授右监门府铠胄参军。诏授济州平阴县令，又授定州安喜县令。咸亨五年六月八日亡。夫人晋氏，景龙三年七月二十四日亡于慈惠宅，开元三年三月十四日，合葬于河南府洛阳县平阴乡之原。（《拾零》）

右长夏门之东第二街，六坊及南市。

长夏门之东第三街，北隔雒水，当北郭之安喜门。从南第一曰嘉庆坊。《演繁露》引韦述《两京记》：东都嘉庆坊内有李树，其实甘鲜，为京城之美，故称嘉庆李。

增订：

文林郎田待宅　田待，字诏，雁门人。圣历元年七月八日，终于嘉庆里私第。夫人清河张氏，景云二年五月二十八日，终于嘉庆里私第。其年十一月十一日，窆于邙山之阳。（《北图石汇》）文林郎张君妻宋氏宅　夫人其先广平郡人。圣历元年六月二十日，终于嘉庆里之私第。以其年七月十五日，权殡于北邙之原。（《芒洛四补》）国子监明经拟徐州沛县主簿李嗣先宅　李嗣先是幽州刺史、镇军大将军、丹阳郡开国公客师曾孙，大中大夫、衢州司马、上柱国、成纪侯处廉第四子。开元五年五月三日，不禄于东都嘉庆里。开元六年建寅月二十六日，与夫人河东裴氏合葬于河南县伊汭乡，即成纪侯茔西南五里万安山阳。（《补遗八辑》）按李客师，新旧《唐书》有传，《新唐书》卷七十二上《宰相世系》二上："客师，左领军大将军，幽州都督、丹阳公。"银青光禄大夫贝州刺史上柱国闻喜县开国公裴仲将宅　裴仲将，字亘，河东闻喜人。太宗文武圣皇帝特敕尚纪王第三女东光县主。开元七年二月二十二日，裴仲将薨于洛阳县嘉庆里之私第，春秋七十有四。开元九年四月九日，迁合于邙山之阳县主旧坟。（洛古馆）裴仲将之子翁庆以及仲将之孙朝议郎左金吾卫长史□□墓志均出土。翁庆志载：父仲将，母即闻喜□□□纪国夫人之外孙。仲将孙墓志称：大父仲将，烈考进，纪国王之外孙。仲将墓志载：有子十人，长曰翁庆。翁庆墓志载：嗣子和义、忠义、遵义、尚义、崇义、知义。未有"进"之名。国子监丞李济宅　李济，陇西成纪人，唐玄宗李隆基之四从叔，广平郡太守昭贵之曾孙，博陵郡太守文德之孙。天宝八载闰六月十日，终于东京嘉庆里之私第。以其载十一月十八日，权窆于河南府洛阳县平阴乡陶村之原。（《千唐志》）殿中侍御史内供奉李敬彝宅　大和八年五月一日，陇西申公房李氏室女字小休，殁于嘉庆坊之寓居。十六日葬于城北河南县平乐乡朱阳村。李小休，祖宣，吉州刺史。父前殿中侍御史内供奉李敬彝。（《辑绳》）按：据李小休父李敬彝墓记所载，小休墓的具体方位在圣善寺塔院东南百余步。秘书监分司东都韦澳宅　杜陵韦澳侧室李越客，父仲元，神策大校，官至兼侍御史。咸通六年十二月十四日，李越客卒于东都嘉庆坊之第。其年十二月二十五日，葬于

万年县洪固乡李尹村南。(《补遗二辑》)

次北集贤坊。

刑部尚书魏国公杨玄琰宅。泉献诚宅。中书舍人孙逖宅。孙逖《宋州司马先府君墓志》:弃背于东都集贤里之私第。中书令裴度宅。《旧书》本传:东都立第于集贤里,筑山穿池,竹木丛萃,有风亭水榭,梯桥架阁,岛屿回环,极都城之胜概。太师致仕卢钧宅。

增订:

万州司马马贞宅　马贞,字思正,京兆扶风人。祖侍。父逸,隋洛阳宫总监。马贞起家国子学生,永徽三年释褐授遂州司仓,累迁贝州清河县令,齐州山庄县令,行济、万二州司马。垂拱二年病于万州官舍,时年七十一。沿江而下,归于洛都。夫人王氏,久视元年闰七月,寝疾殁于集贤坊之私第,以其年十一月十日,合葬于洛城东北张村之原。有子希道等。(《西市藏志》)杨仲膺宅　杨仲膺,字叔大,弘农华阴人。祖怀方。父邓州新野令元珪。仲膺于长安四年九月十四日,疾亟于寿安县王白里。夫人河东裴氏,永康令居素长女。开元元年十二月十六日,终于东都集贤里私第。开元己巳岁(十七年)八月二十六日,合祔于虢州阌乡县牧马原之东岗。子锐、轼等。(《拾零》中书令裴度宅　白居易《过裴令公宅》二绝句,其一云:"风吹杨柳出墙枝,忆得同欢共醉时。每到集贤坊地过,不曾一度不低眉。"(《白居易集》卷三十五)。裴度宅园池　《河南志》卷一《集贤坊》:"中书令裴度宅,园池尚存,今号'胡园',属民家。"宣州宣城县令燕绍宅　燕绍,字承祐,涿郡平昌人。拜宣州宣城县令,"地惟牛斗,邑带长江,控吴楚之遐壤,有轻沙之遗俗。公闲门卧理,鸣琴自闲,威如雷震,化若风霏。溉舄卤以开畎,凿山铜以兴利。吴人以业,于今赖之"。春秋七十五,终于洛阳集贤里第。夫人弘农刘氏先殁,以开元六年五月三日,同祔于河南龙门乡之原。(《芒洛续补》)朝散郎行潞州长子县尉王怡宅　王怡,字友睦,太原人。夫人薨于长安宣阳里。开元二十年七月七日,王怡终于集贤里之私第。以其年九月二日,迁殡于河南府河南县平乐乡张阳里之北原。(汴博)上党郡涉县令卢首宾宅　卢首宾曾祖彦卿,隋殿内侍御史、东宫学士。祖行,嘉王府咨议、详正学士。父知远。天宝六载四月十七日,卢首宾终于东京集贤里之私第,七月二十八日,合祔前夫人李氏之茔,万安之阳,伊川之傍。孩伋。(《补遗千唐志斋新藏专辑》)按卢首宾之曾祖彦卿,见《旧唐书》卷一百八十九下《卢粲传》:"祖彦卿,撰《后魏纪》二十卷,行于时,官至合肥令。叔父行嘉,亦有学涉,高宗时为雍王记室。粲博览经史,弱冠举进士,景龙二年,累迁给事中。"《大唐故雍王赠章怀太子墓志铭》即卢粲所撰。(《唐代墓志汇编》)卢首宾曾祖、祖、父辈均有名于世。其祖行,嘉王府谘议，详正学士，未见诸记载。车谔宅　车谔妻上谷郡侯氏，天宝十二载四月壬申（一日），卜葬于洛阳北邙伯乐□原茔。立夏而殁，是日也，于懿亲东阁集贤里。(《千唐志》)墓志车谔撰文。据“懿亲东阁”，侯氏可能终于集贤里侯氏之父侯无礼宅。胡君夫人王氏宅　夫人太原王氏，京兆府醴泉人。左金吾卫郎将士和之长女。醴泉县瑶台府左果毅韩志忠之女孙。王氏寻师问道于蓝田福禅师等。圣武元年（756）四月十一日，终于洛阳集贤里私第。五月一日与先亡胡君同迁奉于河南县龙门乡原。子英、秀、深等。王氏墓志即孤子秀述。(《拾零》) 长孙夫人杜氏宅　杜氏京兆人。曾祖之亮，隋黄州刺史。祖延昌，皇朝邛州长史。父灵麒，皇朝盛王文学。夫人年四十七，终于集贤私第，圣武二年二月十七日，未及归京师，权安厝于大茔北十五步之原。　(《汇编》) 客舍《□□□□□□□县尉狄府君墓志铭并序》：狄林，字意新，天水人。“曾祖仁杰，唐作纳言，迹齐夔龙，功格天地。祖光远，赠谏议大夫，家之宝，国元桢。父宗，故杭州钱唐令，时方卓鲁。公即钱唐次子，弈世载德，史不绝书。公少负俊迈，急将元荆，故不仕。中以国步艰难，遁迹江介，晚始遇知己，以干蛊称，莅事惟能。”兴元初秋中遘疾逾旬，九月一日终于洛阳集贤客舍。长子眺，次子舒。以其月十一日，卜兆于邙山平阴乡清风里迩先茔。狄林墓志为姨弟宋公霸撰并书，2002年于河南洛阳出土。(《释录》) 按狄林之曾祖狄仁杰，为唐代名相，两《唐书》等史籍均有记载。邙山平阴乡清风里有狄氏祖茔。宣议郎京兆府蓝田县尉孙婴宅　孙婴，乐安人。贞元十七年八月十六日，倾背于集贤里之私第。以十八年二月九日，迁厝于邙山西原先茔东北。(《千唐志》)《唐故蓝田县尉孙府君幼女墓志铭并序》载：孝女孙氏孙婴之次女。贞元十七年八月二十三日，夭殁于集贤里之私第。以明年二月九日，祔葬于邙山之西原。(《千唐志》) 按孙婴及殇女墓志均为孙婴第二十侄乡贡进士孙保衡撰，孙保衡为孙逖之孙，孙成之子。孙逖、孙遹、孙遘、孙造为孙嘉之子。而孙婴则为孙造之子，故孙婴墓志称保衡为二十侄。右卫仓曹参军崔君夫人郑氏宅　夫人荥阳郑氏。大和五年四月二日，终于东都集贤里之私第。以其年五月十七日，殡于洛阳县清风乡之原。(《千唐志》) 东都留守检校尚书左仆射赠司空崔弘礼宅　崔弘礼小女崔迁，大中元年八月五日，殁于河南洛阳县集贤坊之私舍。以其年九月十日，殡于洛阳县清风乡之北原祔于先茔。(《千唐志》) 弘礼两《唐书》有传，但记载少于墓志。弘礼墓志云：大和四载十二月十七日，以疾薨于位。大和五年四月二十八日葬于东都洛阳县郭村北邙原。滑州匡城县尉崔君夫人刘琬宅　崔君夫人刘琬，字茂贞，彭城人。大中元年五月五日，终于东都集贤里之私第。以其年十月二十八日，葬于洛阳县清风乡诸葛村之北原。(《千唐志》) 按崔君刘夫人葬地与崔弘礼小女葬地均为洛阳县清风乡，但崔君刘夫人指明诸葛村北原，崔君与崔弘礼之关系待考。太子司议郎分司东都卢约宅　《卢夫人崔氏墓志》载：夫人清河人。咸通六年十二月六日，奄终易箦之叹于东都集贤里第。(《金石续编》)按卢约另有宅在依仁里。

次北尊贤坊。

杨玄琰宅。泉献诚宅。按二宅已见前坊，或跨有两坊之地也。崔玄童宅。东都留守郑叔明宅。宋开府善羯鼓，叔明祖母即开府之女，尊贤第中有小楼，宋夫人习羯鼓之所。按穆员有《雒阳县主簿郑约墓志》，言卒于东都尊贤里第，疑是叔明之族，附此俟考。成德军节度使兼侍中田弘正宅。《酉阳杂俎》云：宅中门外有紫牡丹成树，发花千余朵。

增订：

田弘正宅　《资治通鉴》卷二四二，穆宗长庆元年（821）记载："（田）弘正厚于骨肉，兄弟子侄在两都者数十人，竞为侈靡，日费约二十万，弘正辇魏镇之货以供之，相属于道。"说明地方节度使在方镇敛聚财富向两京输送。东都留守郑叔明宅，应为郑叔则宅。据《全唐文》卷七八四穆员《福建观察使郑公墓志铭》，《唐代墓志汇编》之《唐故试秘书省秘书郎兼河中府宝鼎县令赵郡李府君（方乂）墓志铭并序》：李方乂字安道，赵郡赞皇人。"夫人荥阳郑氏，御史大夫、东都留守叔则之孙，洛阳县主簿约之女。"陈常宅　陈常字子恒，许昌人。北齐大宁二年（562）除安东将军，天统元年（565）除清河郡太守骠骑大将军中大散大夫。入隋后终于雒阳县尊贤里。大业九年十二月十三日葬于邙山之阳。(《集释》)隋平原郡将陵县令明质宅　明质，南阳白水人。大业十二年九月九日，终于家尊贤里。即以其年十月十九日，窆于邙山之上。(《集释》)朱宝宅　朱宝字伏宝，洛阳人。祖朱彦，齐仪同三司会稽太守。父朱□，隋齐州司马迁荆州别驾。龙朔三年七月二日，朱宝终于立行里。夫人吴氏，文明元年七月七日，终于尊贤里之第。其年十月二十四日，合葬北邙山之原。(《补遗五辑》)怀音府队正飞骑尉侯僧达宅　侯僧达，麟德二年闰三月二十八日，卒于尊贤里第。以其年殡于洛阳界清风乡之原。(《汴博》)赵义宅　赵义，洛阳人。乾封二年二月六日，卒于尊贤坊之第。以总章二年九月二十六日，葬于邙山。(《千唐志》)洛州陆浑县飞骑尉毛君宅　毛君夫人李无等，陇西成纪人。祖通，奉议郎巂州和集县令。咸亨二年九月九日，李无等卒于尊贤里之第，其年月二十一日，厝于邙山之阳。(《补遗二辑》)王宝宅　王宝，字行敏，琅琊临沂人。仪凤二年九月二十二日，卒于尊贤里。其年十月十一日，迁窆于翟村西北一里。(《北图石汇》)仁勇校尉飞骑尉张贞夫人宅　《唐故仁勇校尉飞骑尉张君墓志铭并序》载：夫人太原王氏。咸亨五年七月二十日，迁神于尊贤之里。张贞终于时邕里。(《芒洛四编》)颍州颍上县令独孤守义宅　独孤守义，河南人。垂拱元年七月二十一日，终于神都尊贤里，即以其年十月十三日，窆于河南县平乐北原。（《千唐志》）敷城公豪鄂二州别驾赠徐州刺史李诞宅　李诞，字大方，玄宗叔祖。父道王元庆。垂拱中，太后称制，皇纲中微。垂拱四年十有一月一日，薨于尊贤里之私第，春秋二十有九。夫人王氏，太原郡人，开元十一年十一月六日，薨于京师安邑里，春秋六十。开元十二年五月七日，女公子萧氏之妇，以夫人之丧至自京师。以开元十二年十一月二十八日，葬公于河南府洛阳县平阴乡北邙之里。（《芒洛遗文》）按李诞之父道王元庆为唐高祖李渊子，《旧唐书》卷六十四《高祖二十二子》载，王元庆，高祖第十六子。麟德元年薨，陪葬献陵。子临淮王诱。次子询，询子微，封嗣道王。微子错袭嗣道王。未有诞名。左豹韬卫宿卫陪戎副尉张氏宅　张君夫人邢氏，先河间郡人。永昌元年八月十九日，终于神都尊贤里之私第。以其年九月二十四日，迁柩于邙山平乐乡之原杜郭村北。（《千唐志》）杨将军府参军事云骑尉朱行宅　朱行，吴郡人。天授三年三月二十八日，终于尊贤里之私第。夫人清河张氏，如意元年四月二十日，同窆于北邙之山原。嗣子怀詧。（《千唐志》）按朱行墓志称朱行仕杨将军府参军事云骑尉。"鸣笳出塞，侍帷幄于长榆；仗节归营，参鼓鞶于细柳。"尚明宅　尚明，字仁昉，河南偃师人。长寿二年五月二十七日，终于尊贤里之私第，其年七月二十二日，迁厝于合宫县平乐乡北邙山之原。（《北图石汇》）蒋王府参军朱感宅　朱感，字怀奖，会稽人。父表□，杭州钱塘县丞。圣历元年□月十日，朱感卒于尊贤里之私第，景龙二年七月十七日，与夫人合葬邙山之新茔。（《补遗五辑》）上柱国周胡仁宅　周胡仁，字玄亮，河南洛阳人。永淳二年二月遘疾于洛邑尊贤之里第。夫人杨氏，长安四年八月三十日，终于尊贤里第。嗣子左金吾卫翊卫兵部常选思忠，以开元二十一年十月四日，合葬父母于河南北邙之平原。（《补遗八辑》）按：周胡仁之子周思忠与普宁坊之周思忠非一人。文林郎朱怀智宅　朱怀智字卿，其先，会稽人。以景龙四年三月二十五日，终于尊贤里之私第，即以其年四月十六日，葬于北邙山。（《千唐志》）按朱怀智之父满与朱行当为兄弟，朱怀智与朱行嗣子怀詧应为从兄弟。游击将军行虢州永丰镇副张淑子宅　张淑子，字嗣元，河南人。解褐授雍州沉水戍主，后拜游击将军行永丰镇副。神龙二年七月十七日，卒于尊贤坊之私第。夫人田氏，开元二年三月十三日终，即以其年四月十四日，合葬于北邙山原。（《千唐志》）国子博士亳州诸军事亳州刺史吴杨吾宅　吴杨吾，字顾明，渤海安陵人。曾祖贞白，北齐中书博士。祖子徽，隋河南郡博士。父苏，孝庸及第。杨吾解褐明经擢第，授司经局校书郎，迁雍州富平县主簿，又迁蒲州河东县丞、雍州云阳县丞。应两馆学士举，策士高第，制授太子文学直崇文馆兼国子博士。以博士者入于尚书出部刺史，俄迁亳州诸军事、亳州刺史。景龙三年十月一日，薨于洛阳尊贤里之私第，春秋八十九。夫人桓氏，神龙三年七月二十七日，终于里第，春秋八十二。景云二年十一月十九日，葬于洛阳清风乡邙山北原。孝子绰。(《洛阳新获墓志》二〇一五）按：吴杨吾之父吴素，字贞白，显庆二年终于洛阳嘉善里，见《千唐志》。客舍　裴氏墓志载：河南府渑池县令吴郡陆彦恭故夫人裴氏，讳淑，字令仪。开元四年五月二十九日，终于尊贤里之客舍。其年六月十七日，窆于河南长夏门西龙门乡宋村之原。(《补遗五辑》）朱贞宅　朱贞字怀古，其先吴郡人。开元五年二月一日，暴亡洛阳尊贤里私第。(《千唐志》）荣州长史薛府君夫人河东郡君柳氏宅　开元六年四月二十三日，柳氏终于洛阳县尊贤里之私第。其年八月二十九日，葬于龙门西山之岩龛。(《芒洛遗文》）滕王府记室参军田嵩宅　田嵩，雁门郡人。弱冠乡贡明经擢第，授滕王府记室参军事。“朱荷冒水，赋陈国之文章；翠竹临池，接梁园之宾友。”春秋八十有六，终于尊贤里之私第。夫人清河张氏早殒，开元十一年正月二十八日，迁祔于洛都北邙之东原。(《芒洛续编》）尚辇直长崔嘉祉宅　崔嘉祉，博陵人。开元二十二年二月二十日，终于洛阳尊贤里私第。以其年四月六日，权安厝于河南县平乐乡邙山之原。(《千唐志》）吏部常选段贞宅　段贞，字处默，京兆长安人。开元二十二年六月十四日，终于尊贤里，以八月十四日，祔葬于北邙山平乐乡之原。(汴博）监察御史赵陵阳宅　赵陵阳，天水上邽人。开元二十五年四月九日，终于洛阳尊贤里之私第，以□年十一月十五日窆于河阳县河阴乡之原。(《补遗七辑》）右骁卫仓曹参军郑齐闵宅　郑齐闵，字藏诸，荥阳开封人。解褐宁王府参军，秩满补右骁卫仓曹参军。以开元二十七年十月十日，终于洛阳县尊贤里之私第。夫人赵郡李氏，先公五年终于尊贤里第。即以其月二十五日，祔合于洛阳县清风乡之原。(《曲石志》）朝议郎行通事舍人杜元颖宅　杜元颖夫人临清县君崔氏，博陵安平人。开元二十七年七月十二日，终于洛阳尊贤里之私第，以其年十月十四日，窆于河南县平澄乡川之原。(《千唐志》）汴州尉氏县尉杨琎宅　杨琎夫人河南源内则，开元二十九年五月四日，终于尊贤里之私第，以其月二十三日，归葬邙山。(《芒洛四编》）城门郎李韶宅　李韶妻安平崔氏，号门徒师，涿郡人。天宝三载十二月二十日，终于洛阳尊贤里私第。四载正月十五日，葬于河南徐村龙门山西北原。有三女，长适崔涉，次郑咸，次王端。一男，始登秀才甲科，又擢宏词举首，命不与，拟华阴尉而殁。崔氏墓志撰者为前吴县主簿侄崔卓，“华阴与卓，幼而相欢”。崔氏墓志书者崔英。2003年冬初，崔氏墓志出土于洛阳市龙门镇徐屯村。(《拾零》）济阳郡卢县令辛同福宅　辛同福，天宝七载十月二十五日，殁于洛阳县尊贤里私第。夫人裴雍熙，河东闻喜人。是月十八日，殁于洛阳县依仁坊私第，于其载十一月二十日，合葬于东京洛阳县清风原。(汴博）果州西充县尉郑偓佺宅　郑偓佺妻陈氏，河南人。天宝十三载五月十三日，终于尊贤里之私第，十四年正月十三日，迁厝于邙山平乐之原。(《曲石志》）吏部常选淳于

子珣宅　《大唐故吏部常选淳于府君墓志》："世考讳子珣，字珍先，济南人。大父避地，家于洛阳。尝谓所亲曰，我父被服儒术，所命不与，三叶无成。今西戎猖狂，侵轶疆场。奋发义勇，勋高冠军，论功不争，但放出身文选而已。属两胡作逆，东都频陷，竟全名节，不授□协。晚岁尚玄，洗心归道，脱落名位，萧洒山尘。"六月二十九日，卒于尊贤里之私第，八月一日，殡龙门北原祔于先茔。嗣子业。淳于子珣墓志2002年于洛阳出土。志文中"两胡作逆"指安禄山、史思明；"竟全名节"指不受安史伪职。(《释录》)常州别驾刘玘宅　刘玘之子刘楷妻源氏，河南洛阳人。贞元元年五月十五日，卒于洛阳尊贤里之私第，以贞元四年五月十九日，窆于邙山常州府君旧茔之东南侧。(《千唐志》)著作佐郎卢克乂宅　卢克乂，范阳人。曾祖师亶，邓州司户参军。祖孝孙，将作监丞。父沼，左骁卫兵曹参军。夫人河东裴氏。祖宽，礼部尚书。父谞，河南尹。卢克乂弱冠，道举及第，选授汴州封丘主簿。贞元初宣武节度使刘公辟为亳州军事，表授试大理司直及著作佐郎。贞元十有三祀十月景子，卢克乂终于东都尊贤之里第，享年六十。以其年十二月庚申，窆于洛阳之清风乡平乐园，迩先茔。男公公贽、公赞、公赏。(《西市藏志》)李三十三娘子宅　三十三娘子小，字汧国，景皇帝之后，大郑王亮之孙（大郑王以别于宗闵，夷简为小郑王后），祖翼，父卨。元和三年五月十六日，终于尊贤里之家室，其月十九日，葬于伊水之西。(《北图石汇》)按郑王李亮《唐书》有传。乡贡进士卢雄宅　卢君夫人博陵崔卨。年二十六，终于尊贤里之私第。以元和丁酉岁（十二年，817）七月十六日，归葬于河南县平乐乡之原祔先舅茔。(《芒洛四编》)按墓志为其夫范阳卢雄撰。平州石城县令郑府君宅　《唐故朝请郎守平州石城县令郑府君故夫人陈氏墓志》：大和五年五月二十八日，夫人殁于东都尊贤坊之客舍。(《补遗千唐志斋新藏专辑》)检校太子詹事兼殿中侍御史张公夫人苏礼文宅　苏礼文，武功人。祖安彦。父晖，鄂州江夏县令。苏氏嫁清河张公二十六祀，有子立政、立行、立仪。大和九年八月一日寝疾，终于尊贤私第，享年五十一，其年十月二十二日，将葬于河南县龙门山□□古原。(《西市藏志》)文林郎守左金吾卫兵曹参军杨宇宅　夫人京兆杜氏，丞相黄裳之孙，竟陵太守宝符之长女，名细。会昌三年二月二十四日，终于洛阳尊贤里。是岁仲秋月，葬于洛阳之北原。(《千唐志》)按《新唐书》卷七十二上：黄裳字遵素，相宪宗。有子胜、载。胜字斌卿，天平节度使。未有宝符之名。《旧唐书》卷一四七《杜黄裳传》载：子载，太子仆，载弟胜。表与《旧书》有异。乡贡进士张审文宅　张审文，字子远，敦煌人。大中十三年十月十八日，不禄于尊贤里私第，其年十一月二十一日，葬于河南县平乐乡朱阳里大茔之左。(《千唐志》)陕州灵宝县尉韦思道宅　一娘子，姓李氏，京兆鄠县人。从于陕州士曹韦公。三子，长曰思道，明经及第，初任汝州参军，再任陕州灵宝县尉。次崇，次思谦。咸通初，以崇守官获俸，故自灵宝迁居洛中。至三年十一月二十三日，一娘子以微疾告谢于东都尊贤里之私第，以其年十二月二十六日，祔葬于大茔河南府洛阳县清风乡郭村。(《千唐志》)北宋司马光在尊贤里筑“独乐园”，编纂《资治通鉴》。

次北章善坊。

太子少傅豳国公窦希瑊宅。昭成太后之弟，赐第。洛州录事参军殷子恩宅。颜鲁公《康希铣碑》云：夫人陈郡殷氏，太子中舍人闻礼之曾孙，右清道率令德之孙，洛州录事参军子恩之第五女，公薨之年，殁于东都章善坊私第。按康公为会稽人，是年卒于会稽，夫人盖依母家也。

增订：

窦希瑊宅　《文苑英华》卷九〇一李堪然《太子少傅窦希瑊神道碑》：“开元五年岁在丁巳冬十月丁巳朔十六日甲戌，暴薨于东都章善里之私第。”圣善寺　《唐会要》卷四十八《寺》：“圣善寺章善坊。神龙元年二月，立为中兴，二年，中宗为武太后追福，改为圣善寺。寺内报慈阁，中宗为武后所立。景龙四年正月二十八日制：东都所造圣善寺，更开拓五十余步，以广僧房计破百姓数十家”。《资治通鉴》卷二〇九，中宗神龙三年正月条：“制广东都圣善寺。”与《唐会要》所记广圣善寺的时间有异。中宗时僧慧范、法藏、慧珍等九人以修寺殿有功，进阶赐爵。后玄宗至文宗诸朝，香火不辍。天竺僧善无畏及沙门智如、如信等均于此寺弘扬佛法。(见《文苑英华》)开成元年白居易与该寺如满大师旧有“斋戒之因”，故以自撰文集六十五卷纳于此寺律院库楼。(《白氏长庆集》卷七十)《东都十律大德长圣善寺钵塔院主智如和尚茶毗幢记》(载《白氏长庆集》卷六十九)记述智如大师“累补昭成、敬爱等五寺开法临坛大德，由是行沼寖高，名寖重，僧尼辈请以圣善寺敕置法宝严持院处之”。《白居易集》卷三十九《八渐偈》：“唐贞元十九年秋八月，有大师曰凝公，迁化于东都圣善寺（钵）塔院。”《辑绳》图版二六五《唐故陇西郡太夫人李氏墓志铭》：“夫人之慈爱至矣。晚崇释氏，发心于圣善寺山门道懋大师，始受菩萨戒。”圣善寺在唐末尝遭兵火。“初回纥至东京，放兵攘剽，人皆遁保圣善、白马二祠浮屠避之。回纥怒，火浮屠，杀万余人。”(《新唐书·回鹘传》)“乾符四年十月，东都圣善寺火。”(《新唐书·五行志》)隋荆州刺史姚太宅　姚太，河南人。开皇三年授荆州刺史，开皇十五年七月十三日终于河南玄洒里舍。夫人袁氏终于雒阳章善里舍。大业十年八月十九日，合墓于邙山之阳。(《集释》)陪戎副尉康武通宅　武通，字宏志，太原祁人。贞观二十三年五月十九日，殁于章善坊私第。(《北图石汇》)按康武通，为康国人后裔。隰州永和县令韩才宅　韩才，昌黎人。永徽二年正月八日，卒于章善里第。(北图拓片)韩才之子武骑尉韩节，咸亨四年七月六日，卒于章善里第。夫人乐氏，咸亨二年正月二十七，终于章善里第。以咸亨四年六月二日合葬于芒山之阳。（汴博）**颜瑰宅** 颜瑰，鲁国琅琊人。永徽三年九月二十三日，卒于洛州洛阳县章善里私第，以其年十月十九日，葬于河南县平乐乡故仓西百步。（《千唐志》）**将仕郎刘裕宅** 将仕郎刘裕，永徽四年二月十四日，卒于洛阳县章善里私第。以其月二十日，葬于北邙。（汴博）**张肃宅** 夫人张肃，南阳人。显庆元年七月一日，终于洛阳彰善坊私第，以其月二十日，葬邙山之阳。（《千唐志》）**并州祁县令成徵宅** 成徵，字文义，滑州人。显庆元年十二月三日，终于章善里第。十二月十九日，窆于邙山之阳。（《芒洛四编》）**徐氏路夫人宅** 夫人路氏，洛州河南人。年甫十八，适于同县徐氏。显庆四年闰十月六日，终于章善里，以其月十七日，葬于洛阳城北原。（《芒洛四编》）**韩端宅** 夫人段金，乐陵人。父达，光州光山县丞。显庆四年十一月一日，夫人终于章善里私第。以其年十二月二十四日，殡于邙山之阳。长子端，次子云蓦。（《千唐志》）□□□，字寿，昌黎人。父端，隰州永和县令。上元二年十一月四日，卒于章善里。上元二年十一月二十一日殡。（汴博）按志残缺，殡年有误，上元二年十一月四日卒，不当殡于上元二年十月二十一日。**尚书都事颜某宅** 颜某子襄子，字智周。年一十有六，以显庆五年四月二十七日，卒于雒阳县章善里私第，其年五月二日，殡于平乐乡界。文林郎刘毅故第二女□为冥婚。（汴博）**文林郎桓万基宅** 万基，河南人。龙朔二年九月六日，卒于章善坊之里第，其月十一日葬于北邙之原。（《北图石汇》）**将士郎张懿宅** 张懿，字长，南阳白水人。祖陀，父德。龙朔三年二月二十四日，卒于神都章善里之私第。夫人王氏，永昌元年正月三日，卒于私第，天授二年一月十三日，合葬于北邙山平乐乡。嗣子宣德郎元珪，嫡孙崇嗣。（《补遗八辑》）**焦宝宅** 焦宝，南安谯郡人。当年智苞三略之工，气冠百夫之勇。由是丰功既著，远绩弥融，遂授陪戎校尉。麟德元年正月三日，卒于章善坊私第。夫人穆氏，以其年正月二十四日，合葬于邙山。（《芒洛遗文》）**护军李远宅** 李远，洛阳人。贞观十六年正月二十二日，卒于景行里私第。夫人叶氏，洛阳人。麟德元年十二月十八日，终于章善坊私第。以二年正月十八日，与君合葬于邙山之阳。（《千唐志》）**勋官飞骑尉兰德宅** 总章二年十一月二十四日，兰德终于洛阳县章善坊私第，以其年十二月一日，葬于河南平乐乡邙山之阳。（汴博）**瀛州河间县令乐达宅** 乐达，字智通，南阳宛人。咸亨元年六月二日，终于章善坊私第，以其岁七月十四日，与夫人吴氏同窆于河南县郏鄏乡，葬于邙山之阳平乐乡界内。（《芒洛遗文》）**康敬本宅** 康敬本，字延宗，康居人。元封内迁，家张掖郡。酋率望众，播美河西，因地命氏，派流不绝。曾祖默，周甘州大中正。祖仁，隋上柱国左骁卫三川府鹰扬郎将。父凤，隋起家右亲卫。贞观年中，乡贡光国，射策高第，授文林郎，寻除忠州清水县尉，改授豳州三水县尉。康敬本春秋四十有八，卒于章善里第。咸亨元年□

月十四日，迁厝□□北上翟村西原。(《补遗二辑》) **韩昱宅** 韩昱字云，昌黎人。咸亨二年二月二十二日，终于东都章善里之私第。以其年三月九日，迁窆于芒山之阳。(《芒洛四编》) **中牟县令封玄朗宅** 封泰字安寿，渤海蓨人。中大夫使持节湖州诸军事湖州刺史。咸亨二年九月十三日舡次汴都薨于旅馆。嗣子中牟县令封玄朗，奉灵归洛，权窆章善之里第。(《洛阳新获墓志》) **王师宅** 王师，洛州人，咸亨三年正月十日，卒于章善里。以其月二十二日，窆于平乐乡之原。(汴博) **仪同三司董仁宅** 咸亨四年十月七日，终于洛州洛阳县章善里。其年十一月二十一日，与夫人合葬洛阳县平洛乡北芒山。(《北图石汇》) **曹夫人何氏宅** 夫人太原人。父乐，上柱国朝散大夫游骑将军酂川府果毅。夫人年甫十七，归于曹氏。咸亨五年三月二十五日，殁于章善里之第，四月六日，厝于河南县平乐乡邙山之阳，子曹感。(《芒洛续编》) **陪戎副尉罗甑生宅** 罗甑生，阴山人。祖日光，□任秦州都督，谥曰盘和公。父季乐，隋鹰扬郎将。显庆四年十二月十三日，罗甑生卒于私第。夫人康氏，仪凤二年二月，终于章善里宅。以调露元年十月二十三日，合葬于河南界北邙。子神符等。(《千唐志》) 按中亚昭武九姓诸国人居住洛阳者为数众多，而吐火罗人则不多，据罗甑生氏族、籍贯、祖父的仕宦及本人出身、夫人氏族及儿子名字等考察，其人应为吐火罗人。隋唐时代移居中原的中亚、波斯等国人，初则以国为氏，继则采其国名的单字为姓，吐火罗也不例外。有以吐火罗姓者，也有以罗为姓者。如唐《代宗朝赠司空大辩正广智三藏和上表制集》所载大历三年（768）十月十三日降诞日度僧人中有“罗文成，年三十，贯吐火罗国……法名惠弘，请住西明寺”。又如唐幽州大都督府宝刹寺禅和尚碑（建于唐元和七年［812］五月)，碑文载：“禅和尚西方吐火罗人，姓罗氏，讳普照。”由以上两例均可佐证罗甑生出自吐火罗。罗甑生子神符之名，亦见于唐太常乐工疏勒人裴神符。此外在洛阳龙门东山有原编号为3—168窟吐火罗僧宝隆景云元年（710）造像题记。见诸历史记载的还有吐火罗人释弥陀山，华言寂友，自幼出家，游诸印度，来臻诸夏。天授中，与沙门法藏等译《无垢净光陀罗尼经》一卷，译毕进内，寻辞帝归乡，天后以厚礼饯之。(《宋高僧传》卷二《周洛京寂友传》；温玉成《龙门所见中外交通史料初探》，载《西北史地》1993年第1期；刘铭恕《洛阳出土的西域人墓志》，《洛阳——丝绸之路的起点》，中州古籍出版社，1992年) **武骑尉李慎宅** 李慎，字汉子，洛州河南人。永隆二年二月七日，卒于洛阳县章善里。其月二十日，葬于邙山平乐乡之原。(洛古馆) **左威卫洛汭府队副上柱国韩德信宅** 夫人程氏，永淳元年七月十二日终于章善里。以其月二十四日，葬于河南县平乐乡邙山之原。(《千唐志》) **李威宅** 李威，陇西金城人。垂拱四年四月十日，疾卒于章善里私第。夫人施氏，垂拱三年六月九日，卒于章善里第。垂拱四年四月十日祔葬于北邙诸葛村之北原。(《北图石汇》) **马君妻石二娘宅**

石二娘，扶风始平（今陕西兴平市）人。万岁登封元年一月四日，终于神都章善里。其月九日，葬于芒山之北。（汴博）文林郎上护军韩仁惠宅　韩仁惠，南阳人。万岁通天二年六月二十三日，卒于章善里之私第。夫人京兆（京兆指洛阳）密县丞皇甫晦之女，以其年八月二十一日，同祔窆于洛阳县北邙之高原。（汴博）舒州司法杨行褒宅　杨行褒夫人贾通，证圣元年三月十二日，卒于章善里之私第，以其月二十六日，殡于北邙之阜翟村东南平乐里。（《芒洛续编》）又《唐中兴成王府参□杨府君墓志》载：杨承胤，洛州□县人，杨行褒之子，神龙二年为成王府参军事，神龙三年六月七日，奄于永昌县章善坊私第。其年七月一日，葬于北邙山平乐乡之原。（《芒洛四编》）左金吾卫函谷府左果毅都尉上柱国杜宝宅　杜宝，永州长史昌之裔孙，随州司马卿之长子，先任左金吾卫函谷府左果毅都尉、上柱国。"智谋超众，武略拔群，衔命宣威，安西镇守。得使葱山烟静，瀚海尘清。志定蕃戎，意摧凶虏。轻身重国，殡节边庭。硗碓碛徒，茔魂莫返。"夫人王氏，本望太原。开元三年十二月七日，迁化于洛阳县章善坊私第，四年三月八日，藏殡于河南府河南县平乐乡。长子元规左骁卫中侯。第二息素，任居京苑，职临长乐监。（《补遗千唐志斋新藏专辑》）银青光禄大夫行薛王府长史柳儒宅　柳儒，字昭道，河东人。祖祢，父幹。柳儒以门荫补勋卫，选授泾州鹑觚县丞，改授宁州彭原县令，所历任皆以清白公勤著称。改授清庙台丞，又转司农寺丞，除户部郎中。改授冀州刺史"是岁，天降淫雨，河流为灾。爰降丝纶，是忧垫溺。公躬自相视，大为隄防。庶人以宁，官政用乂。特降玺书慰问，曰：'卿国之才臣，职是方牧。属河流漾溢，天雨霖霪，而率彼吏人，具兹舟檝，拯救非一，式遏多方。夫家以宁，糇粮用济。其事甚美，雅副朕怀。'"寻除薛王府长史。以开元十九年七月三十日，终于东都章善里之私第，开元二十年十一月二十一日，迁窆于河南府河南县龙门乡之西山。有子含德。（《补遗千唐志斋新藏专辑》）宣议郎行尚书省主事郭巻宅　郭巻，字孝忠，太原人。祖岑，考慎。"开（元）十七，拟西京东市丞。剖九臺皆肃，一任黄阁，特异貂蝉……开二十五，改金部主事兼东京留守孔目判官，八载独断铦锋。天宝四载，转都省主事，留司东京摄都事，仍判户部行。"天宝五载四月七日，终于章善里，五月二十一日，葬于天竺寺东龙门山北南王村北原。郭巻曾"宦游三省，侍从两京"。（《补遗千唐志斋新藏专辑》）赵庄宅　赵庄，天水人。天宝八载夏四月三日，怛化于河南府洛阳县章善坊之私第，其月二十有一日，卜其宅兆于口邙山。（《补遗千唐志斋新藏专辑》）太常寺主簿孙视宅　孙视父逖，为中书舍人兼刑部侍郎。视调补律郎，转太常寺主簿。显圣（燕史朝义年号）二年（即唐代宗宝应元年）七月十三日，终于章善里之私室。以其年七月十三日，葬于河南县□乡之原。（《千唐志》）孙视之名，据张忱石《〈隋唐五代墓志汇编〉举正》补。汴宋亳等州观察判官监察御史里行李胤之宅　李胤之第二女十八娘，字国娘，大中三年正月七日，没于东京彰善坊，其月二十四日，殡于河南县龙门乡孙村。（《辑绳》）张义方宅　张义方墓志残缺，卒于章善里私第。(《补遗七辑》)章善坊至五代仍有人居。出土墓志记载王播于后唐同光二年，张涤夫人高氏于清泰二年七月十九日均终于洛京彰善坊之私第。至于神龙以后至安史之乱期间，未见章善里名，是因其改名，还是因这一时期尚未发现唐墓志，待考。

次北永泰坊。贞观九年析南市置。

鸿胪少卿张敬诜宅。薛长孺《张敬诜墓志》：卒于洛阳永泰里之私第。按《云麾将军河南府押衙张府君夫人上党樊氏墓志》云：公讳铣，终于洛阳永泰里之私第。疑是敬诜之族，俟考。率府郎、上柱国某氏宅。徐珙《某夫人墓志》：□君寿邱夫人疾终于雒阳永泰里之私第。

增订：

张敬诜宅　张敬诜墓志与樊氏墓志所载实系一人。某氏宅，某氏应为邱夫人宅。“□君寿邱夫人”为“上柱国□君妻邱夫人”。(《古志石华》)徐珙《唐故使持节上柱国□君夫人邱氏（教）墓志铭》：“故率府郎上柱国□君妻邱夫人疾终于洛阳永泰里之私第。”张君夫人乔娥宅　乔娥，字留女，沛国谯人。初笄之年，降嫔张氏。龙朔元年十月二十日，终于永泰里第。其年十一月十一日，殡于北芒山北四里。(《千唐志》)侯子妻郭氏宅　郭氏于龙朔三年四月七日，卒于永泰里，以其月十七日殡于平乐乡。(《北图石汇》)魏氏夫人田信宅　夫人田信，平陵人。麟德二年九月二十九日，卒于永泰里。以其年十月十八日，窆于芒山之阳。(汴博)李表宅　李表，字玄景，陇西狄道人。乾封二年三月二十八日，薨于私第永泰里。以其年四月七日，窆于邙山之阳。(汴博)上柱国刘善寂宅　刘善寂，字承庆，彭城人。“处穷能通，既富而教。性狎江海，摈朱公于后尘；议薄云天，置白圭于散地。属四郊多垒，七萃开营，凉风惊而羌笛凄，秋月亮而胡笳动。将军深入候太白之□高，士卒前驱奋中黄之气烈。”如意元年八月十一日，卒于永泰坊之私第，以长寿元年九月十五日，葬于平阴乡之原。(《千唐志》)朝请郎行戎州南溪县丞上护军王恩惠宅　夫人孟氏，证圣元年四月十七日，卒于来庭县永泰坊里第。其年五月十四日，葬于北邙山原。(《千唐志》)按唐戎州南溪县即今四川宜宾。处士李本宅　李本，其先陇西狄道人。父才，寿州霍山县令。景龙二年九月十七日，李本终于永泰里之私第，其年十月九日，葬于北邙山。(《补遗六辑》)房有非宅　房有非，河南郡河南县都会乡人。忠孝含才，高道不仕。天宝十载七月十一日，卒于洛阳永泰里。以其载八月二十二日，葬于邙山。(《千唐志》)按房有非夫人尚氏墓志载《全唐文补遗》第二辑。云麾将军河南府押衙张诜夫人樊氏宅　张诜，陇右天水人。于贞元十年八月二十日，终于洛阳永泰里之私第。夫人上党樊氏，贞元二十年四月十日终于家，永贞元年十月二十日，葬于平乐乡朱阳原。(《辑绳》) 按《唐故云麾将军河南府押衙张府君夫人上党樊氏墓志铭》是大圣善寺沙门□□撰。乡贡进士卢子鸷宅　长庆四年五月十八日，卢子鸷卒于东都永泰里私第。夫人崔氏，先君即世。以宝历元年八月二日，合祔于芒山南原从先茔。(《芒洛遗文》) 试太子通事舍人赵君宅　开成四年孟春之二日，夫人南阳张氏隐化于洛阳县永泰里私第。开成六年首春中旬有九日，安葬于河南县平乐乡杜翟村之邙原。(《千唐志》) 按墓志为犹子赵元戣述，赵府君为其伯父，元和末岁倾背，权厝于洛阳三川乡。南阳邓夫人宅　邓氏族本南阳。父邓瑰，以韬钤之艺，征于武幕。咸通六年八月五日，邓夫人终于洛阳永泰里之第宅，享年三十八。卜其年十月七日，葬于洛阳三川乡杨魏村平原，祔先茔之隅。(《西市藏志》) 按邓氏墓志为安定张彤述，武功苏恪书。邓夫人葬地三川乡杨魏村与赵盈墓志相同，亦与赵元戣述元和末倾背的赵君同葬三川乡。试太常寺奉礼郎右金吾卫郎将同押衙赵盈宅　赵盈，系望天水郡，别业河中府，卜居洛阳，重起甲第。大和二年二十日，赵盈殁于河南府洛阳县永泰里之私第，春秋五十一。妻弘农杨氏，有男三人。卜以其年十一月二日，合葬于三川乡杨魏村之墅。(《西市藏志》) 鸿胪卿致仕支竦宅　支公小娘子，字子璋，小号复娘。大中七年九月十二日，殁于东都永泰里。(《北图石汇》) 朝议郎河南府王屋县令裴珙宅　裴珙字比德，闻喜东眷人。"魏晋轩冕寖盛，隋唐蝉联不绝。" 王父昱。先考埴，越州大都督府参军。裴珙释褐授河中府参军，又授、再授河南县尉、县丞，王屋县令。大中十三年七月二十日，卒于东都永泰里，享年六十五。有男子六人，女子四人。其年八月二十五日，归于河南县平乐乡杜翟村崔夫人之墓。墓志出土于洛阳。其先考不是"三载相位"的裴埴。(牛来颖《虚实之间——墓志与传奇中的裴珙》，载《唐研究》第十七卷 2011) 尚书左仆射吴府君宅　吴公父毗，江南西道观察推官、将仕郎试大理事累赠户部郎中。吴公夫人曹氏，谯郡人。后唐庄宗同光二年四月十六日，终于洛都洛阳县永泰坊之私第。同光三年正月二十二日，葬于河南县平乐乡朱阳村。(《芒洛四编》) (后唐) 金紫光禄大夫检校户部尚书前守左威卫大将军兼御史大夫上柱国清河县开国男张季澄宅　后唐清泰二年七月二十日，张季澄终于洛都永泰里之私第，三年二月十三日，葬于河南府河南县金谷乡徐娄里。1991 年张季澄与其父张继业墓志同出土于孟津县朝阳乡崔沟村东南约 100 米处。(《洛阳新获墓志》) 按张季澄祖张全义。金紫光禄大夫检校尚书右仆射守柳州刺史兼御史大夫上柱国丹阳郡公左环宅　左环字表仁，丹阳郡人。父师，守亳州团练副使。乾宁四年十二月三日，左环薨于汴州安业里私第。夫人巨鹿郡魏氏，壬午年(后唐末帝龙德二年，即 922 年) 殁于洛阳永泰里，同光二年十一月二十六日，自汴州迁于洛阳祔于金谷乡尹村。(《拾零》) 宋朝散郎致仕上轻车都尉张崧宅　张崧，字微之，河南人。绍圣三年六月二十五日，终于永泰坊私第之正寝，其年十月初五日，葬于河南府洛阳县平乐乡上

店村。(《补遗千唐志斋新藏专辑》)

次北临阛坊。

增订:

歙州歙县令郑崇道宅　郑崇道，字惠连，荥阳开封人。曾祖诠，祖元叡，考弘勖。崇道弱冠，乡以明经贡，对策高第。永淳中，调补汾州参军，授谭府户曹，迁歙州歙县令。景龙三年十二月三日，终于临阛里，夫人魏氏。嗣子宣城县尉章等，以开元二年五月十日，树封于洛阳县平阴乡原。(《补遗千唐志斋新藏专辑》)郭晧宅　郭晧字善寂，其先太原人。曾祖世静。祖钦仁。父敦一，河南府渑池县令。郭晧以门荫补相王府执杖，竟弃而不仕。天宝十二载八月六日，终于洛阳临阛坊之私第。天宝十二载八月二十二日，归窆于邙山杜郭之原。嗣子绾。(《拾零》)袁州参军李和宅　李和字孝忠，陇西成纪人。李和起家调补袁州行参军事，以开元十五年五月二十六日，终于临阛之里第。其年六月十三日，窆于北邙山之原。(《芒洛四编》)渭州司马梁公夫人翟氏宅　翟氏，成州长史楷之女。夫渭州司马梁公。大历九年七月二十八日，翟氏终于洛阳之临阛里第。长子光辅、光朝、光进，以十年春二月九日，葬于平阴乡积闰之原。(《西市藏志》)河中卫叔良宅　卫叔良，祖思立，父崇宪。贞元十七年五月六日，卫叔良殁于临坊私第，享年三十三。其年权殡于吕乐村。弟叔贞、叔达以元和十二年丁酉七月十五日，改葬于洛阳县感德乡伊川村。卫叔良墓志2006年于龙门东山北麓出土。(张乃翥《洛阳景教经幢与唐东都“感德乡”的胡人聚落》，载《中原文物》2009年第2期)银青光禄大夫检校太子宾客翼王府司马兼侍御史上柱国阳武县开国侯分司东都郑鐐宅　郑鐐，京兆人。大中二年四月二十二日，薨于洛阳县临阛里之私第。公先娶清河张氏，再娶天水赵氏，以大中三年二月十七日，卜洛阳县平阴乡北淘村与天水郡夫人合葬。(《曲石志》)朝议郎守冀州武邑县令缪玄礼宅　玄礼之母谯郡姜夫人。咸通六年十一月十一日，易箦于洛阳县临阛里之私第。明年二月二十日，窆于洛阳县清风乡高村里之高平。(《千唐志》)按姜氏次子玄初，将仕郎前行泾州临泾县主簿。(宋)朝议大夫行河南府伊阙县令杨龟从宅　杨龟从字元吉，弘农人。丁巳年八月五日，启手足于临阛坊之私第，乾德三年(965)迁于河南县朱阳村北邙原。(《辑绳》)

次北延福坊。

福先寺。有水硙，四轮齐转。《名画记》：福先寺吴道玄画地狱变，有病龙最妙。《旧书·德王裕传》：昭宗至雒下，一日幸福先寺。

增订：

福先寺　《元河南志》卷一载唐东都延福坊有福先寺，《唐两京城坊考》承之，误。《唐会要》卷四八载福先寺于游艺坊。《河南志》卷一教义坊有太原寺，即太原寺改为福先寺并徙于积德坊。（《丛考》）处士张运才宅　张运才夫人范氏，贞观十九年十二月五日，终于延福里。（《北图石汇》）（墓志今藏于偃师商城博物馆）陇州吴山县丞王立宅　王立，字懋苑，北海太原人。贞观中，除陇州吴山县丞。“君以直道当官，明同水镜。岁终考绩，恒居称首。□秩满言归，遂挂冠养德，优游故里，散诞郊园。”显庆二年五月十三日，终于延福里之舍。夫人成氏，贞观十三年五月四日，迁神于吴山县之官邸。显庆二年六月三日，招魂合葬于邙山之阳翟村西二里。（汴博）王夫人宅　夫人王氏，太原人。祖明，父佇。夫人以显庆三年九月二十七日，卒于延福里。以其年十月二十四日，殡于邙山之阳。（《千唐志》）处士李英宅　李英，陇西敦煌人。龙朔元年十月七日，殁于延福坊之里第。夫人周氏，贞观十五年□月二十七日，卒于家。以其年（龙朔元年）十□月五日，合葬北邙。（汴博）周师宅　周师，字法祖，平舆人，寓居洛阳。永徽二年五月二十五日，终于河南县福善里私第。夫人张氏，范阳人。龙朔二年十二月十五日，终于延福里私第，以龙朔三年正月二十日，与君合葬于邙山平乐乡之原。（《千唐志》）张珪宅　张珪夫人李氏，陇西人。乾封二年十月八日，终于延福坊私第，十二月五日与张珪合葬于平乐乡邙山之阳。（《辑绳》）周氏成夫人宅　夫人成氏，其先上谷东平人。父庄，泾州阴盘县尉。夫人嫔于周氏，咸亨四年六月十四日，卒于延福里第，以其月二十三日，殡于邙山之阳。（《千唐志》）并州晋阳县令李羡宅　夫人刘氏，彭城人。上元二年十一月十九日，卒于洛州洛阳县延福里私第。葬于邙山。（汴博）韩洪贵宅　夫人南阳张氏，仪凤二年十二月，终于洛阳延福里第，调露元年十月二十三日，瘗于河南北芒平乐乡之杜郭村东一里。（《补遗千唐志斋新藏专辑》）东宫左勋卫骑都尉宣义郎吉怀恽宅　吉怀恽字崇柬，冯翊人。垂拱三年闰正月十日，卒于延福里第。以其年闰正月二十五日，窆于邙山之阳。（《芒洛四编》）上骑都尉李琮宅　李琮，字文泰，赵郡高邑人。六代祖因官从居于汴州陈留县，故为陈留人。以功授上骑都尉，如意元年五月二十九日，终于延福坊私第。以其年六月四日，迁窆于洛阳县清风乡之原。（《千唐志》）郑州中牟县令孙知节宅　孙知节字忠孝。本太原中都人。曾祖贵，祖和。父通，绵州司马。孙知节弱冠明经擢第，授梓州郪县尉，后选授邓州穰县尉，迁河西主簿、安定县丞，迁中牟县令，辞疾告归。神功元年八月二十九日，终洛阳延福里第，春秋六十有七。夫人刘氏，岐州普润县令之女，长安二年十一月十九日，合葬于雍州高陵县乐安乡平原。（《西市藏志》）衢州龙丘县尉张行德宅　张夫人翟氏，景龙三年十月二十一日，终于洛州延福里之私第，嗣子行德，行衢州龙丘县尉。（汴博）颍州颍上县尉朱归浦宅　朱归浦，因官家于洛城逮以五世矣。开元八年十一月二十一日，卒于延福里私第。孀妻刘氏，茕居十九载，开元二十七岁六月七日，终于道德里私第，合葬于河南县平乐乡先茔。（汴博）潞州黎城县令孔珪宅　孔珪，字敬宗，其先鲁国邹人。开元十一年六月十二日，终于延福坊之私第。（《北图石汇》）左威卫丹州通化府折冲都尉袁秀岩宅　袁秀岩，陈州陈人，迁左威卫丹州通化府折冲上柱国赐紫金鱼袋。元和四祀孟夏月十有四日，殁于延福之私第，以来岁二月二日，迁窆合祔于平洛（乐）乡先茔。（汴博）朝散郎守珍王府录事参军飞骑尉乘著宅　乘著字太质，魏郡人。元和十四年十一月十二日，终于河南府延福之私第，元和玄枵之岁（十五年）七月九日，葬洛阳县清风乡高马原。（《北图石汇》）秀士史乔如宅　史乔如年二十岁，卒于洛阳县延福里，开成二年二月二十日，葬于洛阳感德乡孙村原。（《辑绳》）（后梁）静难功臣金紫光禄大夫检校司空前守右金吾卫大将军□街使兼御史大夫上柱国武威县开国男石彦辞宅　开平四年七月四日，石彦辞薨于延福里之第，其年九月四日，葬于河南府洛阳县平乐乡朱扬村。（《鸳鸯七志斋》）萧符宅　后梁龙德三年（923）萧符终于延福里第。（《北图石汇》）礼部尚书致仕赠太子少保李德休宅　李德休，赵郡赞皇人，曾祖元善，祖绛，父璋。长兴二年（931）八月二十四日，薨于延福里之第，以明年正月三日，葬于河南府洛阳县清风乡积润里先茔。（《辑绳》）

次北富教坊。

增订：

许州鄢陵县令张盛宅　张盛字世隆，南阳白水人。显庆元年十月十一日，终于富教里私第。以其年十一月十二日，葬于邙山之阳。（《千唐志》）左卫刘僧宅　刘僧字彦达，本河间人，后为长安县人。夫人晋阳赵氏，天授二年腊月十三日，终于洛阳县富教里，长寿二年二月二十二日，与刘僧合葬长安城东霸陵原。（王翰章、尹夏清《新出唐刘僧墓志考释》，载《碑林集刊》第四辑1996年）按刘僧贞观二十一年终于长安城真安里第。唐长安真安里，武后时改贞安里为修德里。上柱国长上校尉徐迪宅　徐迪字元道，高平人。贞观十八年七月□日，终于私第，春秋三十有五。夫人杨氏，弘农望族，上元二年十一月九日，迁神于富教之里，上元三年十一月八日，合葬于河南县龙门山之阴，子应机。（《西市藏志》）宋州刺史驸马都尉上柱国蓨县开国子封言道宅　淮南公主宅　封言道，字让，渤海蓨人。为唐中书侍郎中书令尚书右仆射司空密明公封德彝之子。十岁袭密国公，贞观四年，授左千牛备身，十四年授驸马都尉通事舍人，十五年授尚书司门郎中，尚唐高祖第十二女淮南公主李澄霞。此后官职不断上调，载初元年一月十八日淮南公主薨于淄州之城刺史宅馆。春秋六十九，天授二年正月十二日，陪葬于献陵。封言道，武周圣历二年六月二十九日，因中暑而薨于洛州富教里之私第，时年八十有四。己亥（圣历二年，699）十月二十八，祔于献陵之北富平县之东原淮南大长公主之旧茔。嗣子思敏。淮南大长公主李澄霞墓志铭并盖，1978 年出土于富平县东上官乡上官村焦堡南郊，存富平县文物局。封言道墓志亦于 1978 年 5 月出土于淮南大长公主墓，藏于富平县文物局。（《富平碑刻》，三秦出版社，2013 年）按封德彝宅在长安兴化坊西南隅空观寺东。朝请郎直司礼寺太医署朱玄俨宅　朱玄俨，字望之，吴郡吴人。神龙元年正月十五日，祔于神都富教里私第，其月二十五日，葬于洛州合宫县邙山。（《北图石汇》）大理评事崔倚宅　崔倚，博陵安平人。元和元年三月十五日，终于洛都洛阳县富教里之私第。卜元和二年十二月十三日，权窆于洛阳县平阴乡北邙山之原。（《曲石志》）太庙斋郎李玄庆宅　李玄庆，母渤海高夫人。长庆三年七月二十八日，高氏殁于东都富教里，即以是岁十一月四日，祔于北邙原陶村先茔。（《曲石志》）按：李玄庆为高夫人长子，承祖荫前太庙斋郎。高夫人墓志撰者为宣义郎前行河南府洛阳县尉程勉。河南府巩洛府折冲骑都尉张昱宅　张昱，饶州余干县人。大中十三年八月二日，卒于河南县富教里之私第。以其年冬十月三日，葬于河南县平洛乡杜郭村之原。（《千唐志》）

次北询善坊。北至雒水。

郭广敬宅。后为姚崇山池院，崇薨，为金仙公主所市。

增订：

姚崇山池院　孟浩然《姚开府山池》：“主人新邸第，相国旧池台。馆是招贤辟，楼因教舞开。轩车人已散，箫管凤初来。今日龙门下，谁知文举才。”（《全唐诗》卷一六〇）姚开府即姚崇，姚崇薨后，山池院归金仙公主。韶州乐昌县令上柱国王师协宅　师协字景和，琅琊临沂人。春秋六十七，终于洛阳县审教里之私第。夫人兰陵萧氏，梁武帝五代孙，父泽，金州长史。显庆二年十月七日，萧氏终于合宫县询善里之私第，垂拱元年二月八日，窆于北芒原之平阴乡。（《辑绳》）洛州告城县骑都尉某某宅　夫人翟氏墓志：遘疾于永昌县询善里第。（《宅第补》）

右长夏门之东第三街，九坊。

长夏门之东第四街，从南第一曰崇让坊。

礼部尚书苏颋竹园。《河南志》引韦述《记》曰：此坊出大竹及桃，诸坊即细小。兵部尚书顾少连宅。杜黄裳《顾少连碑》：薨于雒阳崇让里之私第。河阳节度使王茂元宅。李商隐即茂元婿，有崇让里诗数篇。太仆卿分司东都韦瓘宅。瓘自州观察使除分司，大中二年十二月七日过浯溪，题云：分司优间，诚为忝幸，宦途蹇薄，分亦可知。因吟：作官不了却归来，还是杜陵一男子。余洛川弊庐在崇让里，有竹千竿，有池一亩，罢郡之日，携猿一只，越鸟一双，叠石数片，将归洛中，方与猿鸟为伍，得丧之际，岂足介怀。舒州刺史郑甫宅　穆员《郑甫墓志》：卒子东都崇让里第。李氏宅。《宣室志》：东都崇让里有李氏宅，里传云其宅非吉，固不可居，李生既卒，其家尽徙居陆浑别墅。开元中，有王长史者，质李氏宅以居焉。

《校补记》：崇让坊　河阳节度使王茂元宅　补注：《西溪丛话》：〔按“话”当作“语”〕洛阳崇让坊有河阳节度使王茂元宅，宅有东亭，见李商隐诗。

增订：

陕州司马郭迁宅　郭迁，太原人。咸亨三年十一月十四日，终于崇让之第。（北图藏拓片）使持节隋州诸军事隋州刺史源杲宅　源杲，字玄明，河南洛阳人。开元十年二月九日，薨于东都崇让里，春秋八十一。以其年三月一日，迁厝于河南县平乐乡邙山之北原。（洛古馆）朝散大夫淮阴郡太守李休伯宅　李休伯，赵郡柏仁人。祖公敏，父怀度。休伯“初以长父金紫光禄大夫、鸾台侍郎平章事、赵郡公怀远”赐一子官，休伯于诸父犹子也，遂解巾授一子长上，满岁，调洛州参军、后授国子监主簿、陆浑县令、晋州长史。“前年，以天锡元祉，获宝符于桃林之墟。帝美厥臧，大新其物。改元为天宝，废州为列郡。则晋，昔尧所都，平阳之地，遂建平阳郡焉”。天宝二年十月二十七日，休伯终于洛阳崇让里之私第。夫人荥阳郑氏，先君而殁，以天宝二年十二月二十五日，合葬于邙山温泉乡之原。（《补遗千唐志斋新藏专辑》）按李怀远，新旧《唐书》有传。《新唐书》《宰相世系表》二上：“怀远，相武后”，父公敏，无怀度、休伯。洛阳崇让里之宅第可能是李公敏子孙旧宅。如据《宣室志》所载，崇让里李氏宅，开元中王长使者质李氏宅以居，如果是李公敏子孙旧宅，则天宝时尚有李公敏孙所居。尚书右丞卢藏用宅　卢藏用，“历职中书舍人、兵吏工户黄门五侍郎、尚书右丞、修文馆学士”。夫人郑冲，荥阳开封人。曾祖仲达，大父钦言，考无遗。景云年，进号仙源县君，再加华阳郡君，又加华阳郡夫人。开元中，受秘旨于大照宗师，天宝际，证微言于弘正法主，通《楞伽》《思益》《法华》《维摩》等经密义。天宝九载九月十日，终于洛阳崇让里之私第，以十年正月二十五日，窆于阙塞北岗。（《补遗千唐志斋新藏专辑》）按“卢藏用，字子潜，度支尚书承庆之侄孙也。父璥，有名于时。官至魏州司马。藏用少以辞学著称。初举进士选，不调，乃著《芳草赋》以见意。寻隐居终南山，学辟谷、练气之术”。（《旧唐书·卢藏用传》）《新唐书·宰相世系表》三上：“藏用，字子潜，黔州长史。”右卫仓曹参军何杲宅　何杲夫人京兆韦氏，号般若林。前夫人萧氏，有二子：长曰伯逑，河南府户曹、太子舍人。幼曰伯遇，洛阳县尉、大理司直。韦氏以贞元三年十二月九日，暴疾终于东都崇让里之私第，贞元四年正月三日，迁厝于河南县龙门山西原。（《补遗千唐志斋新藏专辑》）《唐故太子舍人兼虢州阌乡县令何府君墓志铭并序》：公讳伯逑，字叔良，庐江潜人也。……邓州刺史府君敬之元孙，罗山县令杲长子。大历六年五月二十六日，暴终于洛阳县崇让里之私第，其年十一月二十日，迁窆于河南县伊汭乡梁村北原先府君之茔侧。嗣子抠。（《补遗千唐志斋新藏专辑》）扬州大都督府录事参军裴宜宅　裴宜，字子通，世为河东著姓。“君即给事中惓之孙，冀州武强县尉遵裕之子，相国、尚书右仆射遵庆之侄。”大历十年岁在乙卯建辰月甲午朔五日戊戌，终于洛阳崇让里私第，其年四月十一日，窆于万安山南隅先茔之左。（《补遗八辑》）按裴遵庆新旧《唐书》有传，葬于东都万安山，今洛阳伊川县彭婆乡许营村北万安山南麓有裴遵庆碑。《新唐书》卷七十一上《宰相世系》一上：裴宜父遵裕。“遵庆字少良，相代宗”。

次北履道坊。隋有乐平长公主宅，即文帝长女、周宣帝后也。又有宇文恺宅。

长寿寺果园。源匡赞宅。高力牧宅。西门内，刑部尚书白居易宅。《旧书》本传：居易罢杭州，归雒阳，于履道里得故散骑常侍杨凭宅，竹木池馆，有林泉之致，为《池上篇》曰：都城风土水木之胜在东南偏，东南之胜在履道里，里之胜在西北隅，西闬北垣第一第，即白氏叟乐天退老之地。地方十七亩，屋室三之一，水五之一，竹九之一，而岛树桥道间之。按居易宅在履道西门，宅西墙下临伊水渠，渠又周其宅之北，宅去集贤裴度宅最近，故居易《和刘汝州》诗注云：履道、集贤两宅相去一百三十步。《新书》本传：后履道第卒为佛寺，东都江州人为立祠焉。穆按：《元史·塔里赤传》：也里里白奉旨南征，至洛阳，得唐白乐天故址，遂家焉。是其时犹有遗迹。宅南，吏部尚书崔群宅。按白居易《与刘梦得偶到敦诗宅感而题壁》诗云：履道凄凉新第宅。盖其宅在白宅之南，故居易《闻乐感邻诗》注云：东邻王大理去冬云亡，南邻崔尚书今秋薨逝。又《祭崔尚书文》云：雒城东隅，履道西偏，修篁回合，流水潺湲，与公居第，门巷相连。旅舍。杜牧《上刘大夫》诗注：某六代祖，国初赐宅在仁和里，寻已属官舍，今于履道坊赁宅居止。

《校补记》：履道坊　白居易宅，注：《新书》本传　下增：东都所居履道里，疏沼种树，构石楼香山，凿八节滩，自号醉吟先生。又补注：居易《咏兴诗序》：七年四月，予罢河南府，归履道第。《洛下卜居》诗云“且脱双骖”，易自注：买履道宅，价不足，以两马偿之。又有《履道池上作》诗。又《泛春池》诗注：此池始杨常侍开凿，中间田氏为主，予今有之，蒲浦、桃岛，皆池上所有。《咏兴》诗云：百吏放尔散，双鹤随我归。归来履道宅，下马入柴扉。刘禹锡《鹤叹》诗序云：乐天罢吴郡，挈双鹤雏归，今为秘书监，不以鹤随，置之洛阳第。又补：宅东王大理宅，注：白居易《闻乐感邻》诗注。又刘禹锡《鹤叹》诗：邻舍夜吹笙，注：东邻即王家。

增订：

白居易宅　《云仙杂记》卷七《藏盘筵于水底》："白氏履道里宅有池水，可泛舟。乐天每命宾客，绕船以百十油囊，悬酒炙沉水中，随船而行，一物尽则左右又进之，藏盘筵于水底也。"（《穷幽记》）中国社会科学院考古研究所洛阳唐城队 1992 年 10 月至 1993 年 5 月，对唐白居易东都履道坊故居进行了考古发掘。这是自唐末以来一千多年间对唐两京的名人宅第第一次进行有计划地考古发掘。白居易故居位于今洛阳市郊区狮子桥村东北约 150 米处，遗址及其周围是农田，附近地势西部略高，一条现代水渠绕其西侧、北侧流过，文化层一般距地表 1.5—2.5 米，保存情况良好。发掘地区在履道坊遗址的西部出土遗物两千余件，还有灰坑、渠道、道路、住宅遗址、圆形砖砌遗址等。白氏故居位于坊的北部，从墙基散水观察，可看出有一中厅，东西长 5.5 米，南北宽 5.8 米，东西两端有回廊与两面对称的东西厢房相连。从残存建筑基址看，其布局南有厢房，北有上房，是一座有前后庭院的两进院落式庭院。在居住区之南，唐代渠道之东，经钻探与局部发掘，证明有大片淤土，并有一条小渠与唐代渠道相通，这可能是南园中的池沼。在发掘区内出土的文物中有一件残高 31 厘米六角形的石经幢，有 230 余字的楷书陀罗尼经文，其上刻有"开国男白居易造此佛顶尊胜大悲"等内容，另有一残片经幢，有 26 字，其中有"唐大和九年……心陀罗尼"等字，这些都是白居易晚年信佛的有力佐证。发掘及勘探证明，履道坊西侧自南而北有条唐代水渠，且在西北隅转向东流，这与《唐两京城坊考》中所绘伊水渠的走向相一致。五代时社会大动乱，履道宅年久失修。后唐庄宗同光二年（924）改履道宅为普明禅院，北宋时称大字寺园。《元史·塔里赤传》："塔里赤，康里人。

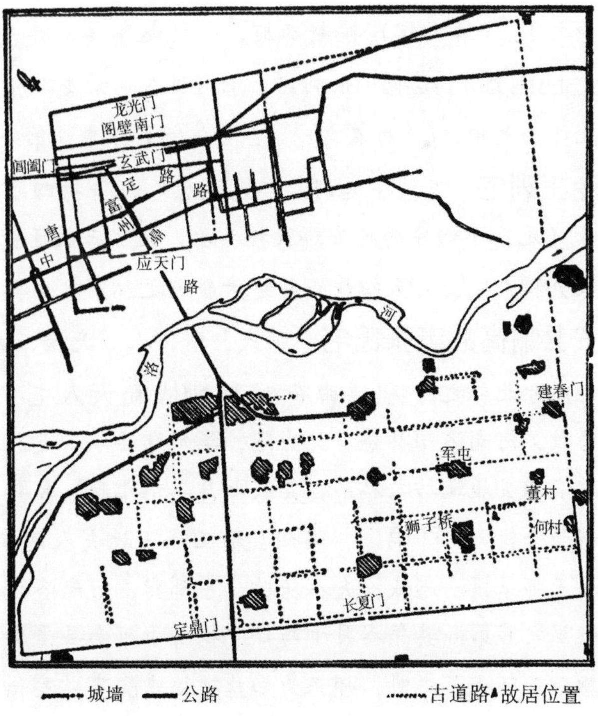

白居易故居位置示意图

其父也里里白，太祖时以武功授帐前总校，奉旨南征至洛阳，得唐白乐天故址，遂居焉。”元末明初，履道坊一带沦为农田。（中国社会科学院考古研究所洛阳唐城队《洛阳唐东都履道坊白居易故居发掘简报》，载《考古》1994 年第 8 期）**中散大夫上柱国行成州长史张安宅** 张安，清河人。解褐朝议郎申州罗山令，后又加中散大夫行本任知莫门等五军支度兼检校陇右诸州营田，复领军马救援诸军事。长安四年七月二十四日，卒于履道里之私馆。以其年十一月二十日，与夫人梁氏合葬于邙山之阳。（《芒洛四编》）**朝散大夫守汝州长史上柱国安平县开国男赠卫尉少卿崔皑宅** 神龙元年七月八日，崔皑终于东都履道里之私第。大历十三年四月八日，嫡孙妇陇西县君李氏，介孙中书舍人祐甫奉安王公之榇，迁窆于邙山之平乐原，从安平郡夫人王氏附焉。（洛古博）按安平郡夫人王嫒与崔皑墓志民国十八年（1929）出土于洛阳张羊村北、瓦店村西、北陈庄南。崔祐甫，两《唐书》均有传。《新唐书》卷七二下《宰相世系》二下：祐甫，相德宗。父沔，沔父皓，安平公。今据墓志皓应为皑。崔沔及崔祐甫等墓志藏开封市博物馆。《唐两京城坊考》载履道里有崔群宅。崔群，字敦诗，相宪宗。祖朝，父积。为清河小房崔氏。崔祐甫为博陵安平崔氏第二房。**泗州刺史赵本质宅** 赵本质，字崇文，其先陇西天水人。天授二年五月三日，寝疾殁于履道坊之私第。天授二年十月二十四日，与夫人葬窆于北邙山平乐原之下。（洛古馆）按赵本质，一说赵本箕，其先陇西狄道人。**□□大夫行苏州司马上柱国张利宾宅** 张利宾，清河贝人。景龙二年五月二十五日，卒于河南城履道。葬于北邙山之阳。（《曲石志》）按《全唐文补遗》第一辑载张利宾为张利肩。**桂阳郡临武县令王训宅** 王训字庭训，其先太原人。垂拱四年以神童擢第，先天二载拜和义郡参军，开（元）十四年转延安郡肤施县丞，天宝三载迁桂阳郡临武县令。七月终于桂阳官舍。夫人会稽朱氏，天宝四载正月终于履道之私第。合葬于邙山之麓。（《芒洛四编》）**邺郡成安县尉高故妻张氏宅** 张氏，清河人。天宝三载五月十日，终于履道里之第，逾月二日厝于北邙之阿。（《曲石志》）**柳氏高夫人宅** 夫人渤海人。曾祖政表，户部郎中。伯力牧，河南洛阳县令。父力范，华州郑县令。夫人适河东柳氏，天宝十载三月三十日，终于洛阳县履道坊之私第，其载七月二十九日，合葬于河南县龙门乡之原。（《补遗千唐志斋新藏专辑》）**官第** 《洛阳县尉王师正故夫人河南房氏墓志》为宣德郎行河南府洛阳县尉王师正撰。志载：夫人房敬，字都宾，河南洛阳人。长庆二年五月二日，奄终于神都履道里之官第。其年八月十四日，权厝于河南县平乐乡杜翟村邙山前趾。（《千唐志》）按李躔撰王师正墓志时，师正为知盐铁福建院事监察御史里行。**银青光禄大夫检校尚书右仆射判东都尚书省事兼御史大夫□东都留守东都畿汝州都防御史上柱国汝南县开国侯食邑一千户赠司空□□狄兼谟宅** 狄兼谟，天水人。曾叔□□□□辅梁，文惠公狄仁杰。曾祖仁续，潞州长子县令。祖光友，洺州长史，赠怀州刺史。显考□迈（《旧唐书》卷八十九《兼谟传》称“祖郊，父迈”），累赠至左仆射。兼谟及长“李宰相程，司取士柄，选公于众，擢登上第。既而言曰：‘某拔狄某，□□□朝廷择他日名卿侯耳，非止一区区科第也。’由是为京师闻人。”郑相国余庆，将行躬聘，后又从孟尚书于襄阳。文宗皇帝以纲宪为朝政之急，受兼谟御史中丞。武宗钟爱益王，求正人以训导，以兼谟兼益王傅，仍权总选部事。后又加检校右仆射，再处守东周。圣敬文思和武光孝皇帝嗣立之第□□□□□□□□二建丑月之五日，薨于洛师履道里之私第，享年七十三。粤以明年五月□□□奉公之裳帷，葬于河南府洛阳县金庸乡双洛村境梁公先茔。夫人扶风郡夫人，京兆韦氏。有子二人，长曰咸中，次曰桢前。（《补遗九辑》转载《洛阳师范学院学报》2005 年第 1 期）按狄兼谟两《唐书》有传，是狄仁杰族曾孙，会昌年间卒。《新唐书》卷七十四下《宰相世家》，仁杰兄弟辈无仁续名。京兆府鄠县令李钧宅　李招儿为李钧小女。咸通二年三月二日，终于河南府洛阳县履道坊之私第。以其年四月二日，葬于河南县金谷乡北邙之原从先茔。（《千唐志》）按李招儿为唐郇王祎八代孙。曾祖文通，祖业。《新唐书》卷七八：郇王祎为隋上仪同三司，生子叔良、德良、幼良。《新唐书》卷七十上《宗室世系》有文通，文通子业，业下已无记载。吏部尚书崔群宅　泗州下邳县尉郑君夫人崔琦字润之，其先清河东武城人。季弟乡贡进士崔环撰墓志称：夫人，我先府君之长女，开成中先府君弃养于故相国伯父履道之里第。故相国即吏部尚书崔群。太子太保分司东都赠太尉崔慎由宅　崔慎由自撰墓志。志载：慎由，字敬止，代为清河武城人，崔从第二子。咸通九年六月二十九日，终于河南府洛阳县履道里，是岁八月二十九日，归祔河南府寿安县甘泉乡连理村南原先君太师贞公茔东北七十步。（《补遗五辑》）按太师贞公为崔从。

次北履信坊。本恭俭坊，避武太后曾祖改名。

郐王守礼宅。本霍王元祥宅。馆陶公主宅。公主为高祖第十七女，降崔宣庆。太子少保韦夏卿宅。宅有大隐洞。元稹有《陪韦尚书丈归履信宅》诗。吕温《韦夏卿碑》：薨于东都履信里之私第。武昌军节度使元稹宅。白居易诗注：微之履信新居多水竹。太子宾客李仍淑宅。宅有樱桃池，仍淑尝与白居易、刘禹锡会其上。白集有《履信池樱桃岛上醉后走笔》诗。陕虢观察使卢岳宅。穆员《卢岳墓志》：贞元四年，范阳卢公寿六十，中疾于位，优诏得谢，家东都履信里。左千牛韦珮宅。元稹《韦珮母段氏墓志》：终于履信里第。将军柳当宅。《卢氏杂说》：柳当将军者，在履信东街有楼台水木之盛。韦氏宅。《定命录》：崔元综事，侍郎韦陟堂妹，宅在东京履信坊十字街西道北，崔元综就婚其家。按“元综”一作“元谅”。

《校补记》：履信坊　补：北墙，注：《玄怪录》：洛州刺史卢顼姨蓄一猧子，骸在履信坊街北墙委粪中。

增订：

元稹池馆　白居易《自问》（《全唐诗》卷四五四）：“依仁台废悲风晚，履信池荒宿草春。”原注：“晦叔亭台在依仁，微之池馆在履信。”白居易《过元家履信宅》（《全唐诗》卷四五〇）：“鸡犬丧家分散后，林园失主寂寥时。落花不语空辞树，流水无情自入池。”慕容君妻张顺宅　夫人张顺，南阳白水人。垂拱三年终于履信里之私第。以圣历二年八月九日，与府君合葬于先茔。第二子琬，卫州汲县丞。（《曲石志》）项城令邢郭宅　邢郭，字买，瀛州河间人。游洛修道，卒于履信坊私第，夫人吕氏。（《北图石汇》）陪戎副尉安怀宅　夫人史氏，长寿二年一月二日，终于履信坊之第。嗣子长龄等以其年八月二日，合葬于北邙山同原合宫县平乐乡界王晏村西。（《千唐志》）按安怀另有宅在思顺坊。右卫翊卫吏部常选宁思真宅　宁思真，字子仙，汝南人。神龙元年十月七日，终于洛阳县履信之私第，十月二十四日，殡于北邙山王赵村十里高原。（《北图石汇》）汾州隰城县令丞裴兰宅　裴兰夫人京兆韦氏，银青光禄大夫济州刺史弼之第二女。开元十七年六月二十四日，奄终于履信里之第，其年十月十二日，合祔于万安山之南原。（《补遗千唐志斋新藏专辑》）资州丹丘县主簿杨君宅　夫人田氏，雁门郡人。开元二十六年摄提岁春季月十五日，暴终于履信里之私第，其年四月四日，迁厝于河南府河南县平乐乡杜郭村北邙山之原。嗣子昭祚、昭成、翼、芬、烈、兢。（《补遗千唐志斋新藏专辑》）临汝郡司兵参军冯忻宅　冯忻，长乐人。祖灵童，七岁神童及第，杭州监官主簿。烈考膺，通议大夫邠王府司马。冯忻“始因睿宗皇帝挽郎出身，解褐拜隐太子庙令、摄太常太祝、历常山郡司法参军，移临汝郡司兵参军”。天宝六载正月二十日，卒于履信之私第，夏五月二十一日，葬于河南县伊汭乡万安山南之原。嗣子左弼、次子右辅。（《补遗八辑》）丰王府户曹李复宅　李复夫人王氏，天宝七载十月十一日，终于河南府洛阳县履信里私第，其载十一月二十四日，葬于河南府偃师县晋陵里首阳之原。（《洛阳新获墓志》）朝议郎试和州司马飞骑尉崔超宅　崔超以丙午岁（大历元年，766）七月十二日弃背于履信里，寿享七十八。夫人陇西李夫人，郎陵郡王玮之曾孙，杭州临安县令荣宗之季女。元和三祀（808）四月二日因暴疾即世。其年冬十月三日，归葬于龙门山先茔。长男恭伯。其墓志为前乡贡进士楚州刺史郭行余撰，和州刺史刘禹锡书。洛阳龙门西山近年出土。（张乃翥《洛阳新辑石刻所见唐代中原之佛教》，载《中原文物》2008年第5期）宣义郎守唐州慈丘县令邵公宅　《宣义郎唐守唐州慈丘县令邵公故夫人高氏墓志铭并序》载：夫人姓高氏，渤海人。齐之诸裔也。曾祖皇朝鲜王，祖连，皇封朝鲜郡王。父震，定州别驾。大历七年二月二十八日，高氏终于洛阳履信里之私第，其年三月二十一日，权窆于伊阙县吴村土门之东南原新茔。1990年高氏墓志于伊川县白元乡土门村出土。(《洛阳新获墓志》)按高氏之曾祖即高丽王高藏。高氏父高震在洛阳教业里有宅第。**亳州真源县令李君夫人云氏宅** 夫人姓云，河南人。祖昌。父遂，朝议大夫金州刺史。夫人能读史书，尤善丝竹。及李君殁，心入佛乘，意开禅惠。夫人将终，"命其子珣曰：吾闻合祔非古，不可从也。吾早履空门，怀归净土，身殁之后，俯精舍以塔吾。使旦暮得闻钟梵之音，死有归矣"。大历十二年十二月十五日，云氏终于东周履信里私第，十三年十二月二十四日，葬于河南县龙门之原。"珣等恭承遗命，不敢颠越，乃建塔于龙门之原，东北去广化寺五十步，西北去护法寺二百步，南去元究寺二百步，西去宝应寺百步。"嗣子珣，次子璪。(《补遗千唐志斋新藏专辑》)按云氏墓志可以反映盛唐时龙门佛教寺院之盛况。**永州司马卢峤宅** 卢峤，少补斋郎，历陈州参军，衡州司法，邵、永二州司马，赐绯鱼袋。辛未岁（贞元七年）疾殁澧阳。夫人崔氏，清河武城人。护丧事携幼孙远涉江汉，归葬河南县万岁山阳之大茔。贞元九年六月二十六日，夫人终于洛阳履信里之私第。以斯年十月三日，迁祔于府君之茔。(《芒洛续编》)**王士真宅** 《唐故成德军节度使金紫光禄大夫检校尚书左仆射兼御史大夫赠侍中王公先齐国太夫人濮阳吴氏墓志铭并序》载：齐国太夫人享年六十一，长庆四年二月十四日，薨于东都履信里之私第，其年五月□日，葬于河南府伊阙县□（归）善乡。1991年3月，伊川县城西北10千米的鸦岭乡杜沟村发现唐齐国太夫人墓。吴氏是唐成德军节度使王承宗之母，王士真妻。生前曾两次被诰命为太夫人。王承宗祖父王武俊。王承宗弟王承元，两《唐书》有传。王氏家族在晚唐地位极为显赫。(洛阳市第二文物工作队《伊川鸦岭乡唐齐国太夫人墓》，载《文物》1995年第11期)**中散大夫守卫尉卿上柱国赐紫金鱼袋赠左散骑常侍柏元封寓居** 大和六年六月二十一日，柏元封终于河南县履信里，是年十一月，归葬万年县洪固乡毕陌原，从先司空之茔。墓志1988年出土于长安县韦曲北原上。(《考古与文物》，1992年第2期)**河南府济源县尉陆岌宅** 陆岌夫人张氏，吴郡人。大和八年七月六日，终于东都履信坊之私第，其年八月二十二日，葬于河南县伊汭乡尹樊村先夫人侯氏茔西北。嗣子普贤。(《补遗千唐志斋新藏专辑》)**魏处厚宅** 魏处厚字匡时，祖先钜鹿阳曲人。父坚，郑州新郑县令。魏处厚幼年好学，博通经史，为文颇著，儒彦尽占。大和八年九月十七日，□于履信□第，其年十一月二十日，归祔于偃师县亳邑乡首阳原大父茔之右。(《补遗千唐志斋新藏专辑》)**苏州昆山县令孙嗣初宅** 妻京兆韦夫人。大中十三年十二月二十一日，终于东都履信坊私第。大中十四年二月二十七日，权厝于河南府河南县平乐乡杜翟村。(汴博)苏州昆山县令乐安孙嗣初墓志：嗣初，字必复，咸通七年四月二十八日，薨于宋州雁池驿。以其年七月三十日，卜择于河南府河南县平乐乡杜郭村善圣里。公先娶京兆韦氏，故南康王皋之侄孙，先公八年（大中十三年）谢世于东都履信里，安葬于公之茔东三里。（《芒洛四编》）按《元和姓纂》卷二，太常卿景林生咸，工部郎中。咸生覃，楚州刺史。朝议郎权知光王傅上柱国赐绯鱼袋分司东都田聿宅　大和六年八月二十三日，北平田氏第二女享年十八，卒于河南府洛阳县履信坊里之私第。以其年十一月十一日，葬祖茔之侧。父聿，母博陵崔氏，权葬□山。所生即渤海严也。（《千唐志》）《渤海严氏墓志》：前光王傅赐绯鱼袋上柱国田聿撰并书。志载：大和七年七月二十八日，卒于河南府洛阳县履信坊里之第。以八年夏五月四日，葬于河南府河南县平乐乡张阳村之里。其人即渤海严也。此女生妓肆，□时家于魏，女君少以乐艺方进余门，育二男，长曰名广，次曰名庠。已生女一人，长成而亡，即前年之祸，墓在于东，亲其茔（亡女在侧）。（《千唐志》）按已生长女成而亡，即田氏第二女，年十八卒。朝散郎行大理评事李谟宅　夫人裴箱字蕴玉，其先河东闻喜人。五代祖义弘，高祖惓，曾祖遵庆，大父向，考宬。咸通七年八月二十八日，夫人终于洛阳履信里第，其年十月二十五日，葬于河南府河南县平乐乡杜翟村北邙山之大茔。（《补遗八辑》《唐故河东郡裴夫人墓志铭并序》）按裴箱墓志记述其父宬的事迹颇详，但《新唐书》卷七十一上《宰相世系》一上载：裴遵庆子会、向。向子寅。寅子格、枢。无宬之名。裴箱世族大家，"适代北水陆运巡官监察御史里行赵郡李公克绍之长男朝散郎行大理评事谟"。有男一人迅，才及初学。李德裕兄子李从质宅　潞州涉县主簿李从质子李同，年二十一，咸通八年七月二十一日，殁于履信之私第，其年八月二十四日，葬于河南之金谷乡张村。（《北图石汇》）按李从质父德修，祖李吉甫。李从质，度支两池榷盐使兼御吏中丞。女名小娘子，生身于清河张氏。以咸通十二年十二月二日，遘疾于洛阳履信里第。以其年十二月十九日，归葬于北邙山西金谷乡张村里祔大茔。（《北图石汇》）张三英宅　张氏者，号三英，许人。家为乐工，系许乐籍，伯姊季妹及英悉歌舞。河间刘异自凤翔节度使移镇于许，始面张氏。咸通八年纳而贮于别馆。咸通十四年十月十七日，殁于东都履信里，享年二十四。其年十一月七日，归葬许州颍阳乡北冯村。张三英墓志出土于许昌县张三桥村。刘异在墓志中记叙张氏"明眸巧笑，知音声。所喜者，从余学佛于上都兴善阿阇梨"。（《新中国出土墓志》河南壹）唐志极少反映乐工，此志弥足珍贵。

次北会节坊。

祆祠。左散骑常侍徐坚宅。《河南志》云：韦述《记》不载。赵怀正宅。《酉阳杂俎》：百姓赵怀正住雒会节坊，段成式家人雇其妻贺氏纫针。按《杂俎》作"惠节"，今正。

《校补记》：会节坊赵怀正宅，注：《酉阳杂俎》：赵怀正住雒会节坊，段成式家雇其妻贺氏纫针　校：据《杂俎》本文，汴州百姓赵怀正住光德坊，病死，妻贺氏住洛惠节坊。

增订：

归仁亭　《元河南志》卷一会节坊："后唐齐王张全义入梁名宗奭。梁太祖乾化元年七月辛丑幸宗奭私第，宰臣视事于归仁亭，至甲申归内，今失所在。"按《元河南志》卷一归仁坊下亦记载归仁亭。会节坊与归仁坊东西毗连，其亭或跨两坊间？上林署丞伊阙县户曹卞鉴宅　卞鉴，济阴定陶人。以功积日新转授河南郡伊阙县户曹。"神都之阳，天关之下，地乃膏育（腴），县连京洛"。大业十二年八月三日，终于家会节里。夫人刘氏，相随亡殁，以其年十月二日，合葬邙山之上。（《集释》）白州龙豪县令呼延章宅　呼延章，字文绚。起家东宫翊卫，又转永州零陵县令。"湘水灵妃，畏其夏日，零陵耆旧，咏其春风，以邑有奸吏，左贬白州龙豪县令。"以唐上元三年七月五日，终于洛阳会节里第。夫人马氏，如意元年四月二十四日，终于硖州远安县之官舍。以神功元年十月二十二日，合窆于合宫县梓泽原。子通议大夫行左玉钤卫兵曹参军直麟台纂。（《千唐志》）按麟台，即唐秘书省，武后垂拱元年改，见《通典》二六《职官》八、《旧唐志》卷四十三《职官》二。白州龙豪县在今广西陆川县南。处士陈泰宅　陈泰，显庆五年十月十一日，终于会节里私第。夫人房氏，神龙二年十二月七日，终于南市旗亭里。以其年十二月二十七日，合窆于邙山之阳。（《千唐志》）游击将军上柱国赵智侃宅　赵智侃，南阳人。圣历二年卒于神都来庭县会节坊私第。夫人于长安二年七月二十九日，卒长安延康坊私第。长安三年二月二十八日，合葬于长安县神禾原。（墓志藏西安碑林）中大夫行定州鼓城县令王玄起宅　王玄起字子升，太原祁人。万岁通天元年四月十九日，薨于会节里第。以开元十一年十月十日，移就河南县河阴乡北邙山南原合葬。（汴博）王玄起为歙州府君王大礼长子。鼓城县在今山西省晋城县境。雍州美原县丞王景之宅　王景之，字崇业，太原祁人。永徽四年乡贡进士及第，改任洛州缑氏、雍州美原二县丞。永淳二年八月二十三日，终于洛州洛阳县会节里第。夫人清河崔氏，垂拱元年三月五日，终于会节里第。景龙三年十月二十六日，合祔于北邙山。（《千唐志》）大中大夫行沂州司马上柱国萧茂本宅　萧茂本，字义廉，兰陵人。太极元年四月二十六日，终于郑州荥阳县界京城里之宾馆，享年七十有七。即以其岁先天元年十月二十五日，自河南会节坊迁宅厝于洛阳北山。《大唐故沂州司马柱国萧府君故夫人琅琊县君王氏墓志铭并序》：王夫人于开元十六年十月七日，奄终于长安怀远里。开元十七年二月二十四日，迁祔于邙山先茔。嗣子愉、澄等。（《拾零》）正议大夫行郑州别驾李问政宅　《大唐雍州司兵李氏妻王氏墓志并序》：夫人王姜嫄，字大愿成，叔父天官郎中、合宫令友方，皇朝受封寿阳县，更为寿阳人。左武卫兵曹、邢州司户参军有道之女。长安四年四月六日，卒于来庭县会节坊之私第，其月十五日，权殡于长夏门西南合宫县界孙村西北一里。生三子，长曰温温，次曰英英，季曰桀桀。英，天官常选，桀，春宫陛郎。（《补遗千唐志斋新藏专辑》）《大唐正议大夫行郑州别驾李公墓志铭并序》："公讳问政，字就列，陇西成纪人。高祖穆，隋太师、申国公。曾祖辩，仪同三司。祖琮，井陉令。父敬止，卫州司马。"李问政年十有九，乡贡进士对策上第，二十三，解褐扶沟尉、历任长水尉、永昌主簿，擢拜雍州司兵参军事，寻迁奉天令，除和州刺史。以所部县令犯赃，贬授郑州别驾。以疾取急还于东都，开元八年八月二十四日，终于新安县之官舍。夫人北海王氏，皇朝洛州司仓参军有道之女，以长安四年四月六日，先终于东都会节里第，开元八年十一月十一日，合葬于邙山之北原。有子五人，长新安主簿韶，次龙兴尉符彩，次大鸿、咸若、奉若。（《补遗千唐志斋新藏专辑》）东宫家令寺丞李君宅　李君之妻张君，南阳白水人。永隆二年三月十一日，终于会节之里第，其月二十八日，权殡于邙山之阳平阴乡之里。子文简。（《补遗千唐志斋新藏专辑》）银青光禄大夫饶州刺史来景晖宅　来景晖，字日新，南阳新野人。曾祖法敏。祖护。父恒，赠润州刺史，谥懿公。景晖国子明经擢第，起家调补岐州参军，绛州司仓参军。又历任州长史、州刺史等职。开元五年七月十日，薨于河南会节里之私第。长子翁宠、次子瑶等，以开元六年正月十一日，葬于缑氏公路涧之西原。《大唐故银青光禄大夫饶州刺史来府君妻兰陵郡夫人萧氏墓志铭并序》：夫人萧大通。高祖引，曾祖德言，祖沉，父安，相王府兵曹参军。夫人开元七年五月二十日，薨于洛阳会节里，以开元十二年十二月五日，迁窆于旧茔缑氏县公路涧之西原。（《拾零》）冀州堂阳县尉杨琼宅　杨琼，字亮，弘农湖人。开元十年四月十七日，终于洛阳会节里之私第。开元十一年十月十七日，迁葬于河南县河阴乡界邙山伯乐嫣之北原。（《千唐志》）朝散大夫扬州江阳县令上柱国杜拯宅　杜拯，字兼拯，京兆杜陵人。高祖亮，后魏龙骧将军、濮阳太守。曾祖伽，隋雁门郡守。祖义宽，朝散大夫守饶州别驾。父无忝，朝散大夫行梓州盐亭县令。兼拯即无忝第二子。解褐蜀州新津县尉，转太原府榆次县尉，河南府温县尉。除苏州常熟县令，转扬州江阳县令。开元十四年八月六日，终于会节里第，以其年十一月十日，迁葬于洛阳县金墉乡北原。兼拯"五代共居，百口同火"，次弟兼济，怀州武陟令，加朱绂焉。堂弟暹，黄门侍郎，加金紫焉。（《补遗九辑》）按杜兼拯《新唐书》卷七十二上《宰相世系》记载其高祖亮、曾祖伽、祖义宽、父无忝等。事迹与兼拯墓志有异。次弟兼济世系未载，可补。楚州司马张义琛宅　张义琛，吴郡吴人。祖后胤，"金紫光禄大夫国子祭酒散骑常侍赠礼部尚书新野县开国公。自经史百家之言及阴阳象纬，无不综览。太宗尝宠以师资之礼。即世之后，陪葬昭陵"。父律师。开元十八年八月□日，义琛终于楚州官舍。夫人吴兴孙氏，开元十六年四月二十日，终于会节里之私第。圣武二年十月十六日，合葬于河南县河阴之北原。嗣子燕右胄曹澄。（《补遗八辑》）右庶子郑州刺史赠兵部侍郎

柳泽宅 柳泽，河东人。开元二十二载秋八月，终于洛阳会节里私第，追赠兵部侍郎。以开元二十四年正月十七日，迁窆于河南府河南县龙门。柳泽墓志2002年出土于洛阳市龙门镇。（《拾零》）**朝散大夫上柱国行河内郡武德县令慕容相宅** 慕容相，字嵩高，其先河南人也。“十二代祖涉晋初拜大单于。始迁邑于辽东，敦崇华风，式遏慓俗。自言慕二仪之道，继三光之容，因而氏焉”。开元十九年七月二十七日，慕容相终于洛阳会节里私第。二十一年闰三月十八日，葬于邙山北原。夫人晋昌县君唐氏，开元二十九年九月四日，终于从善里第，天宝元年十月十三日，祔于先公从初兆也。（洛古馆）**饶阳郡安平主簿王氏宅** 王夫人萧博，兰陵人。配饶阳郡安平主簿太原王君，天宝十一载四月二十六日，终于东都之会节里第。以其载五月八日，安厝于北邙山平乐乡之原。（《千唐志》）**侍御史成翟** 成翟之子成士和，年十九殁于会节私第，建中四年九月二十八日，迁祔龙门北原先茔。（《辑绳》）按成士和为秘书著作郎瑰之孙，侍御史翟之子。代习经术，家传儒行。士和年十五时已三冬学富，乡党荐称。**京兆府云阳县令卢巽宅** 卢巽，范阳涿人。卢浞之子。贞元七年九月二十六日，卒于会节之私第，享年七十有一。夫人太原王氏。贞元九年正月二十三日，合祔于河南县北邙之山。四子，长曰称，次曰稹，次曰利。（《洛阳新获墓志》二〇一五）**河南府伊阙县丞卢甫宅** 贞元十七年九月十七日，卢甫终于会节之私第，其年十一月二日，与夫人李氏合祔于洛阳县三川乡郭村。（《辑绳》）**沔州刺史何抚宅** 何抚，字庶安，庐江潜人。高祖彦先，仕于高宗、天后朝，历鸾台凤阁舍人、太州刺史、冬官侍郎。曾祖凤，与兄鸾齐名当世。何抚自释褐五历从事，再更台宪，一为郡守。长庆三年十二月庚寅，无疾而卒于东都会节里之私第，明年二月甲申，归窆于河南府偃师县首阳山之南原。（《补遗八辑》）**崔周辅夫人何氏宅** 何氏，庐江灊人。曾祖昌构，江都尉赠秘书监。祖士幹，谏议大夫御史中丞，累赠太子太保。父授，京兆府法曹参军。大和初，何氏适崔周辅，未庙见，便于其年十二月十一日，卒于会节里之私第，享年二十□□，以其月二十七日，权厝于□□原。（《西市藏志》）**湖州司仓吕宁宅** 吕宁夫人韩统，字仪家，南阳人。八世祖仲良，兵部尚书谥定公。考憕，汴州封丘令。大中元年正月乙丑，寝疾薨于东都会节里之私第，其年七月癸酉，就安于河南府河南县平乐乡杜翟村。（《补遗千唐志斋新藏专辑》）**朝议郎守恭陵台令王逢宅** 王逢，字大略，瑯琊人。弱冠积所学为文为诗，筮仕为袁王府参军，次右武卫胄曹、次左卫仓曹。又从有司选，为好畤、云阳二尉。是冬赴调为越州剡县令，秩满归京师，拜恭陵台令。大中八年二月一日，寝疾终于东都会节里之私第，享年五十七。以其年八月二十日，归葬于万年义善乡少陵原先府君所封东南。夫人河东薛氏，先夫而殁。子逵。（《西市藏志》）**京兆府法曹参军何公宅** 大和四年八月一日，何公夫人崔氏，卒于东都会节里之私第，春秋三十有八。九月一日，厝偃师县北邙原。崔氏年二十一，归于何公第五弟何拱之长兄京兆府法曹参军。(《拾零》)邕管经略招讨等使累赠司空孙公器宅　孙公器子孙苢，字秘典，左武卫兵曹。大中十四年春东都闲居抱恙，以其年三月二十日，终于会节里之私第。以其年五月十一日，犹子景蒙、景章等，护奉归窆于河南府河南县杜郭村祔于大茔。(《芒洛遗文》)《朝议郎前守蓬州刺史乐安孙府君墓志》，第十九弟朝议郎守左补阙内供奉柱国孙徽撰。志载孙府君高祖府君逖，曾祖府君宿，大父府君公器，烈考府君简。公讳说，以其年五月五日终于东都会节里之私第。以其年七月三十日，迁窆于河南县北邙山杜原村祔大茔。(《芒洛四编》)按孙说卒年，据岑仲勉《续贞石证史》考证为咸通九年较近。(参阅岑仲勉《金石论丛》，上海古籍出版社，1981年)《宣德郎守孟州司马乐安孙府君墓志》：第二弟朝议郎前守尚书刑部员外郎柱国孙徽撰。志载：烈考府君简。皇太子少师检校司空累赠太师。太师府君前娶沛国武夫人。司马府君即太师第四子，武夫人之出也。据《新唐书·宰相世系》三下：利、简有八子，孟景蒙，左善赞大夫。绎，本名景章，永州刺史。说，蓬州刺史。景裕，孟州刺史。纾，工部员外郎。徽，常州刺史。绿字子韦，河中支使。继景裕，为孙简第四子，任孟州司马。咸通十一年六月八日，奄然于会节私舍。八月二十二日，归窆河南县平乐乡杜翟原祔先茔。(《千唐志》)孙苢为公器子，但《新表》公器子有华清、正、简、范、綮、晏(初名节)，而无苢名。晋左谏议大夫杜光乂宅　杜光乂字启之。后唐再立，迁工部郎中，俄拜左谏议大夫。天成二年(927)六月九日，终于洛京会节坊之故第，天福二年(937)十一月二十三日，归祔于京兆府万年县洪原乡庞村李夫人之旧寝。(《集萃》)按，文德元年(888)李绰葬长安东南弘原乡庞流村，后晋天福二年归祔于京兆府万年县弘原乡庞村，今少陵原庞留村西北的大冢即唐玄宗贞顺武皇后的敬陵。张全义宅　《旧五代史》卷四十《唐书》十六：从璨因游会节园。会节原本作"曾�"，考《通鉴注》：会节园在洛阳城中，张全义镇洛岁久，私第在会节坊，室宇园池，为一时巨丽，输之官，以为会节园。今改正。

次北绥福坊。

道冲女道士观。河南兵曹元盛宅。穆员《元盛墓志》：卒于东都绥福里第。

增订：

唐该及妻苏洪姿宅　《隋州都督唐君苏夫人墓志铭》载：大业十年八月九日，唐该卒东都绥(福)里。夫人苏洪姿其年十月三十日，卒于家。大业十一年二月二十一日，合葬于东都城北十里。(《集释》)扬州江都县令元道宅　元道，字玄敬，河南洛阳人。祖挺，父道。元道起家隋丞奉郎、左千牛，后转任扬州江都县令。贞观十八年十月十八日，卒于洛阳绥福之第，乾封元年八月二十七日，与夫人南阳张氏合葬于河南平乐乡。(《补遗千唐志斋新藏专辑》)翟惠隐宅　翟惠隐，洛阳人。显庆四年五月二十二日，卒于绥福里第。以其年二月二日，殡于芒山清风乡之原。（汴博）定州司马蔡君长宅　蔡君长字义首，陈留济阳人。仪凤二年二月一日，卒于绥福里。仪凤二年二月十六日，葬于河南县平乐乡邙山之阳。（洛古馆）深州晏城县丞宋璋宅　宋璋，字德琏，广平人。永徽四年十月廿□日，卒于殖业坊之私第。夫人杨氏，弘农人。麟德元年六月二十日，卒于绥福里第。其年七月二十七日，合葬于洛阳之阳。（《北图石汇》）处士杨约宅　杨约字君素，洛州永昌人。咸亨三年三月十八日，卒于绥福里第。夫人乔氏，同乡邑人。万岁通天二年二月十七日，同窆于邙山。（《千唐志》）封抱宅　封抱，字义，河南洛阳人。证圣元年五月七日，卒于绥福里第。天册万岁元年十月二十八日，窆于龙门山之悬岩。（《芒洛四编》）李辩宅　李辩，字琮，陇西人。永淳元年四月二十九日，卒于绥福之私第。（《北图石汇》）柏善德夫人仵氏宅　仵氏，其先楚国人。久视元年腊月二十三日，终于来庭县绥福里。大足元年五月十二日，葬于北邙之原。（《千唐志》）吏部常选夏侯昣宅　夏侯昣，其先沛郡谯人。神龙二年四月二十三日，卒于绥福里之私第。开元二十三年三月四日，与夫人刘氏合葬于河南府河南县金谷乡之原。（《千唐志》）越州剡县令赵慈劼宅　赵慈劼，字冬日，陇西天水人。祖收。父处仁，大理评事、水衡监丞、寿州录事参军。慈劼“以门家子列侍皇宫，入奉门戟。遂拜秦州上邽县主簿，迁始州阴平县丞。别敕充岭南道推覆使。……先天元年南海武溪蛮作梗，广州都督周利用，以君虽闻俎豆之事，更加军旅之能，召为节度总管讨之。智者必成，凿鬼关而中断；仁者必勇，扫瘴海而横通。逼林邑以铸铜，斩蛮王而裂衾。事毕，归至大庾岭半亭驿，以先天二年五月十九日，染疾而终”。夫人河南宇文氏，开元三年四月二十四日，终于洛阳绥福里第，以其年十二月二十八日，同葬于北邙山平乐原旧茔。嗣子全恕等。（《补遗千唐志斋新藏专辑》）汴州司马崔公夫人房氏宅　夫人清河人。齐侍中文惠公谟之玄孙，彦云之孙，玄基之女。开元八年二月五日，终于绥福里之私第，其月十九日，迁祔于河南县万安山之旧茔。有子曰兼之，嗣子有邻。（《补遗八辑》）睢阳郡谷熟县丞郑炅宅　郑炅，字休光，荥阳开封人。开元九年七月十三日，见背于东京绥福里之私第。夫人崔氏，开元十年六月五日倾背于绥福里。天宝十三载十一月二十九日迁厝于偃师县首阳乡之原。（《河南偃师县唐墓发掘报告》，载《华夏考古》1995年1期）朝请郎行杭州紫溪县令崔府君夫人裴氏宅　夫人河东人。父中庸，密州司马。裴氏早丧所天，齐心释典，涤虚禅门。开元二十九年十二月二十八日，寝疾终于洛阳绥福之里私第，年六十。以天宝元年正月二十六日，宅于府君之坟侧。（《西市藏志》）骑都尉刘禄宅　刘禄，本彭城郡人，后为富平人。开元十九年三月二日，奄捐馆舍，春秋八十有五，卒于绥福之第。以其年四月十九日，殡于河南府北邙山原。（《曲石志》）吴真宅　妻席夫人。开元二十八载六月，终于绥福里之私第。

（《北图石汇》）右卫勋卫刘元亨宅　刘元亨，弱冠授右卫勋卫。祖冀、汴二州司马。父大阴监、将作丞、造明堂功身亡，诏赠朝散大夫。天宝三载八月十一日，刘元亨寝疾终于东京绥福里之私第，春秋五十八，嗣子怒己。其载十一月十三日，与夫人裴氏合祔于洛阳县平阴乡积润北原。（《西市藏志》）夏州衙前兵马使银青光禄大夫检校太子宾客上柱国兼监察御史李郇宅　李郇，字子宣，其先陇西人。李郇长攻武艺，声震伊洛，长材不群，果致八座擢用，军前效节。大中十一年丁丑岁二月十六日，终于东都绥福里之私第，春秋三十三。以其年四月二十七日，葬于洛阳县三川乡杨魏村，祔先人之茔侧。夫人天水赵氏。（《西市藏志》）明威将军高府君夫人李氏宅　夫人李氏，顿屯人。建中二年九月二十五日，终于东京绥福里，建中二年十月十二日，合祔于明威府君旧茔。（《曲石志》）宣武军节度参谋试太常寺协律郎郑当宅　夫人王缓，大和七年十二月十六日，殁于洛阳县绥福里私第之寝。明年二月十五日，窆于河南县平乐乡杜翟村之原。（洛古馆）试太常寺协律郎向群宅　向群，祖晋，金州司马。考信，太原府折冲都尉。会昌六年摄提之岁仲夏之月，律应蕤宾四日甲辰，向群启手足于东都绥福里之私第。婚丹阳甘氏。男元度，吏部常选。以大中元年九月二十三日，卜窆于河南府河南县平乐乡杜郭村北邙原。（《补遗八辑》）《大唐河内向府君丹阳甘氏夫人合祔墓志铭并序》："府君讳群，字希言。夫人甘氏，其先望出丹阳，居于雒邑。以大中十三年十一月十四日，终于绥福里之私第，咸通二年二月十六日，窆于河南县平乐乡杜翟村，合祔先夫人之茔，（《补遗八辑》）按甘氏合祔先夫之茔，应是杜郭村北邙原，而不是杜翟村。向群之父向信有宅在通利坊。登仕郎前守左金吾卫兵曹参军胡泰宅　胡泰，字宽时，其先安定人。宝历元年正月二日，奄于河南府洛阳县绥福里之私第，即以其年二月二十八日，窆于河南县伊洛乡司马里择高原之厚地。（《千唐志》）乡贡进士刘宣宅　刘宣墓志："乡贡进士刘宣，大中四年五月十五日，因疾受终绥福里。卜宅兆于洛阳县平阴乡成村，祔大茔。大中四年七月一日墓志铭."（《千唐志》）按原墓志共48字，"受"应为"寿"。盐铁河阴院巡官试左武卫兵曹参军刘思友宅　刘思友，字益夫，其先彭城丛亭里人。咸通十年六月二十七日，易箦于绥福里之第。明年二月十四日，窆于河南府洛阳县平阴乡北邙原祔先茔。（《芒洛四编》）《文林郎试左武卫兵曹参军彭城刘府君夫人太原王氏志》载：夫人太原王氏，试左武卫兵曹参军彭城刘公思友夫人，乾符五年六月二十三日，终于东都绥福里宅之正寝。明年二月二十四日，迁神河南府洛阳县平阴乡凤台里祔于兵曹。（《芒洛四编》）按刘思友及王夫人墓志均为乡贡进士杨去甚撰，王夫人志加"堂外甥"三字。濮州司马成瑶宅　成瑶，字照玉。父会，试大理评事，婚广平郡程氏。有唐二百七年太岁行乙巳生成瑶，幼而老智，少有长谋。婚太原郡王氏，有九子。乾符五年十一月十七日，殁于绥福里第，甲子终于五十五岁，乾符六年十一月五日，窆于河南府洛阳县三川乡杨魏里。（《洛阳新获墓志》二〇一五）中书舍人崔詹宅　崔詹，字顺之，其先清河东武城人。释褐授秘校转河清尉直上馆副，后转户部郎中知制诰。天祐四年六月二十八日，奄然于绥福里之私第。以其年十一月七日，归祔于洛阳县陶村里之先茔。（《芒洛四编》）按崔詹父崔承弼，河南府士曹参军赠尚书户部郎中。绥福里至五代后晋以及宋时，均有人居住。天福七年十二月十五日银青光禄大夫太子左庶子致仕上柱国蔡□□薨于东都绥福里第，明年正月十一日，葬于新安县龙润乡王村里。(《补遗六辑》)《故荥阳毛氏郡夫人墓志》：乾德元年闰十二月一日，启手足终于洛阳县绥福坊私第。乾德二年四月二十日，归葬于洛阳县贤相乡勋德村。(洛古馆)

次北从善坊。坊有梁袁象先宅。

来庭县廨。长寿中以蕃胡慕义，请立天枢，武太后析雒阳、永昌二县，置来庭县廨于此坊，以领四方蕃客，后蕃客隶鸿胪寺，神龙元年省。孝敬皇帝庙。《礼阁新仪》曰：开元七年建庙于东都从善里，天宝之后祠飨遂绝。按《旧书·玄宗纪》：于东都来庭县廨置义宗庙，盖其时县已省，故即废廨以立庙。左散骑常侍刘子玄宅。刘子玄宅在归德坊，而《权德舆集·奏孝子刘敦儒状》云：孝子刘敦儒年四十九，曾祖子玄，祖况，父浃，住东都从善坊，其时旌表门闾，即在从善坊，雒中谓之刘孝子，盖其徙居也。孝子郭思谟宅。孙翌《郭思谟墓志》：无几何，忆新笋，后园丛篁，忽苞而出。所居从善里，其竹树存焉。刘太白宅。元稹《送刘太白诗》：雒阳大底居人少，从善坊西最寂寥。想得刘君独骑马，古堤秋树隔中桥。注云：太白居从善坊。

增订：

张通宅　张通，字进达，清河人。贞观二十二年六月二十一日，卒于从善里。夫人会稽薄氏，贞观十五年五月七日卒，权殡清风里。贞观二十二年七月二十七日，合葬于邙山之阳。(汴博）泾阳县令梁秀宅　梁秀，河南缑氏人。显庆四年闰十月五日，终于从善里，春秋九十有二。夫人曹氏，麟德元年五月二十日，终于私第，以麟德元年十一月五日，与君合葬于邙山之阳。（汴博）鄜州直罗县丞张德操宅　张德操，范阳方城人。显庆五年二月□日，终于洛阳县之从善里第。即以其年三月八日，窆于邙山之原。(《千唐志》）孙君夫人宋氏宅　夫人广平人。龙朔三年正月二十八日，终于从善里私第，其年二月十二日，殡于邙山之阳。(汴博）冯达宅　冯达，字贵达。龙朔三年五月二日，终于从善里私第。以其年五月十二日，葬于北邙之阳。（洛古馆）右威卫丹川府校尉上柱国邢政宅　邢政，河间鄚人。如意元年终于神都从善里。夫人清河张氏，麟德元年正月一日，终于东都从善里。以长寿元年十月九日，合葬于邙山之阴。孤子褒。（《芒洛续补》）邢政长子彦褒，吏部尚书裴行知其材用，深相礼接，遂引为典佥。及乎末岁，尤好内典，读诵无倦。长安四年七月二十四日，终于从善里之私第，以其年八月七日，殡于北邙之阜合宫县平乐乡王晏村西北。（《芒洛续补》）董师宅　董师，字长者，陇西狄道人。麟德二年九月二十三日，终于洛阳从善里之私第。夫人太原王氏，贞观之初奄从风烛，以乾封元年正月二十九日，改迁与董师合葬于邙山之阳。（《千唐志》）处士李子如宅　李子如，字仁静，陇西狄道人。咸亨三年十一月十八日，卒于从善里私第。夫人韩氏，永徽二年十一月卒，以咸亨三年十二月三日，合祔于邙山之阳。（《芒洛续补》）处士乐岿宅　乐岿，燕国蓟人。上元三年夏五月一日，卒于从善里第。以其月十八日，与夫人胡氏同窆于河南县邙山破陵北三里之平原。（《芒洛四编》）周右豹韬卫仓曹参军裴公宅　载初元年七月二十一日，裴公夫人王氏终于洛阳县之从善坊私第，以天授元年十月六日，葬于北邙山之原。（《千唐志》）右肃政台主簿路庭礼宅　路庭礼，字寰中，魏郡阳平人。以孝廉擢第，历赵州房子主簿、怀州武陟县尉，迁右羽林军卫兵曹参军、来庭县尉、尚方监主簿、制授右肃政台主簿。久视元年十二月六日，终于从善里。其月十七日，殡北邙山。（《千唐志》）右金吾卫守翊府中郎将上柱国黑齿俊宅　黑齿俊，即唐左领军卫大将军燕国公黑齿常之之子。神龙二年五月二十三日，终于洛阳县从善之里。神龙二年八月十三日，葬于北邙山原。（《曲石志》）按：黑齿常之，《唐书》有传。本百济人，归唐后封燕国公，为周兴构死。其子俊，《唐书》未载。并州□□府果毅罗承先宅　夫人李柔，字体和，赵郡赞皇人。景龙四年五月十四日，亡于从善里之私第，其年六月四日，殡于合宫县平乐乡北原。（《北图石汇》）京兆神鼎府折冲于琎宅　于琎，字计然，河南人。历任京兆云泉、神鼎二府折冲都尉、游击将军、上柱国。开元十年十二月十四日，卒于河南府从善里第，十一年二月二十四日，葬于京兆府之城南杜原。（《补遗五辑》）太原王氏祖母陈夫人宅　开元十六年六月，委化于从善里第，其年十月二十二日，殡于北邙桑村之东北。（《补遗千唐志斋新藏专辑》）朝议郎歙州北野县尉上骑都尉程逸宅　程逸，字思亮，京兆咸阳人。开元十九年正月十八日，终于从善里之私第。以其年三月十三日，殡于北邙之原。（洛古馆）朝请大夫行晋州洪洞县令敬守德宅　敬守德，河东人。开元二十八年正月十二日，终于河南之从善里。（《北图石汇》）史庭宅　史庭字南山，河南伊阙人。夫人尹氏，开元二十七年，卒于从善里。天宝七载十一月，合葬于芒山之野。（《千唐志》）汝阴郡汝阴县令裴琨宅　天宝三载夏六月二十日，终于洛水南从善私第。（《千唐志》）按裴琨墓志载：裴琨是后魏光禄大夫、骠骑将军、弘农太守、晋州刺史、开府仪同三司裴汉之四代孙，是密州司马中庸的第五子，哀皇后之再从弟。裴汉《北史》《周书》皆有传，为裴静虑之子，裴宽之弟。《北史·裴汉传》载其子镜人；

《周书·裴汉传》载其子镜民。镜人乃避唐太宗讳改镜民为镜人。《新唐书·宰相世系表》镜民有二子：熙载，唐兵部尚书；熙勣，唐洛州刺史。熙勣即琨之祖，中庸乃熙勣次子，琨之父。裴琨与居于宣教里之裴挥是同宗，即均为裴静虑之后代子孙。裴琨与裴挥之子琬、玠、玚、玓、璘等为同辈。（焦南峰、张蕴《浅谈河南出土的三盒裴氏墓志铭》，载《碑林集刊》第六辑2000年）**王思福宅** 王思福，太原人。祖曾，父洪嗣。天宝十四载二月十六日，王思福终于洛阳从善里之私第，其载四月二十五日，归葬于北邙山西原。孤子昌期。（《补遗千唐志斋新藏专辑》）**宋斌宅** 宋斌，京兆人。曾祖、祖、父均乐道不仕。宋斌以贞元十三年岁次丁丑春仲月中旬之一日，即代于洛阳从善里之私第，春秋五十三。夫人陇西李氏，有子文弁，即以其年四月十八日，窆于河南县龙门乡南王村之平原。（《西市藏志》）**度支巡官亳州酂县尉汤师儒宅** 汤师儒，字行质。父贲，宋州刺史。师儒即贲之第四子。元和中，用试太常礼官，授亳州酂县尉，太和五年正月四日。殁于东郡从善里私第，享年五十。其年四月五日，葬于偃师县亳乡刘村。男曰珙，已为吏。2008年8月，汤师儒墓志出土于偃师市首阳镇六和饲料公司工地。（刘叔敏、刘俊卿、王丽红《唐〈汤师儒墓志〉浅释》，载《河南春秋》2010年第2期）**虢州录事参军李道周宅** 李道周，字依蒙。婚兰陵萧氏。大中十三年五月十七日，终于东都从善里之私第，以其年七月八日，归葬于河南府偃师县亳邑乡祔妻茔。李道周墓志为其外甥将仕郎前守宋州宁陵县尉卢瓘书。（《拾零》）**光禄卿致仕崔廷宅** 夫人荥阳县君郑氏。大中四年十月十三日，终于东都从善里第。大中六年闰七月二十日归祔于河南县梓泽乡杜村。（《北图石汇》）**河南府河南县丞裴让宅** 裴让是贞孝公裴遵庆之曾孙。祖会。父宝，汝州龙兴令。裴让弱冠，用门荫调授陈州宛丘县尉。次授汴州封丘尉、河南府永宁尉，复授河南县丞。乾符六年九月二十五日，终于东都从善里，其年闰十月十六日，归葬于河南县万安乡尹樊村。有子三人，凝、卿、那。（《补遗八辑》）按让之祖会、曾祖遵庆，《新唐书·宰相世系》一上有记载，无其父宝之名。裴让为中眷裴氏三虎之后。同坊之裴琨为裴静虑之后。**度支榷盐使安邑池分云场官将仕郎试太常寺协律郎李钊宅** 李钊，陇西人。“洎伊洛虫旱数载，业废耕桑，食贫居洛下。”乾符六年十月二十八，终于解梁旅次，其年十一月五日，葬于东都龙门山北世茔西南隅。夫人咸通五年九月二十五日，终于东都从善里第。子曰嵩。（《补遗千唐志斋新藏专辑》）**检校黄池郡司户参军赵漼宅** 赵漼，其先河南府温县，望天水人。父前和义郡威远县主簿。赵漼束发求官，干禄有闻，有沈谋之术，怀秘略之能，检校剑南道黄池郡司户参军，处理多方。六月二十三日，薨于洛阳县界从善坊之私第，以四月八日，葬于河南府洛阳县平阴乡王赵村之原。嗣子阐等。（《西市藏志》）按赵漼墓志，生卒年月不详。

次北睦仁坊。“仁”字避太宗讳改，当作“人”，而韦述《记》与世所传皆作“仁”。坊内出柿实，俗称睦仁之柿，嘉庆之李。坊有梁袁象先园，园有松岛。

增订：

施州参军梁表宅　仪凤五年九月二十二日，梁表终于睦仁里私第，其年闰十月二日，葬于平乐乡之原。(《辑绳》) 朝散大夫行遂州司马董务忠宅　董务忠，字基孝，冯翊频阳人……又为宜州美原县（今陕西富平县）人。垂拱四年五月一日，卒于洛州洛阳县睦仁里第。夫人赵氏，圣历元年七月二十二日，卒于雍州万年县宣阳坊之私第。天授二年十月十二日，葬于鸿州庆山县仪凤之凤凰原。董务忠夫妇合葬墓位于临潼区斜口乡以西窑村东侧的西（安）临（潼）高速公路上，该地唐属仪凤乡。(程学华、程蕊萍《唐遂州司马董务忠墓清理简报》，载《文博》1996 年第 2 期) 楚州盐城县令王惠忠宅　王惠忠，字子廉。开元二十七年献春二日，终于睦仁里私第。以其年二月二十一日，葬于都城北原。(洛古馆) 陈懿宅　陈懿夫人宁氏，渔阳人。天宝元年岁在午月建酉日庚子，终于洛阳睦仁里私第。以其年十月丁酉，归于洛阳邙山清风乡阳□陈公之故茔。(洛古馆) 陈懿为南朝陈叔达之孙，天宝八载八月十日，遇疾终于洛阳睦仁第，粤十月九日藁葬于清风乡新城原。陈懿之孙陈希望。据《唐故河南府河阳县丞陈府君墓志铭》所载，陈希望系南朝陈孝宣皇帝之五代孙，天宝八载八月十日，终于洛阳睦仁里第，十月九日，葬于清风乡新城原。陈懿墓志为太子司仪郎徐浩撰。(《辑绳》) 按陈亡后，皇室人员入隋，多授以官职，见长安永嘉坊陈敬玄宅及洛阳德懋里陈玄度宅。庐氏夫人杨氏宅　夫人弘农华阴人。曾祖简，祖冲寂，父志。天宝十一载九月二十三日，终于睦仁里第，天宝十一载十一月十七日，迁祔于邙山之北庐氏先茔。(《补遗八辑》) 信都郡武强县尉朱佐日宅　朱佐日，会稽人。简州安阳县令嘉晖之次子，三十岁中进士，署信都郡武强县尉。天宝十三载七月，终于睦仁里之私第。夫人陇西李氏，先公而终，以其载闰十一月十一日，同祔先茔。(《千唐志》) 按志载：朱佐日“解印于归，家无私积，卜筑伊洛，琴书自娱。蓬室诵先王之言，席门多行者之辙，不改其乐”。

次北嘉猷坊。北至雒水。

增订：

靖彻宅　贞观十六年九月二十二日，靖彻卒于立行里私第。夫人太原王氏，乾封二年十二月二十六日，卒于嘉猷里私第。乾封三年二月十六日，合葬于平乐乡之壤。(汴博) 处士朱通宅　贞观二十三年五月庚子，朱通卒于惠和里第（见惠和里）。夫人冯氏卒于嘉猷里。咸亨元年十月二十五日，合葬于东都之北邙山。(《千唐志》) 左卫翊卫天官常选梁瞰宅　梁瞰，字重光，河南温人。万岁通天元年五月二日，卒于嘉猷里之私第。以其月二十日，葬于邙山之原。（汴博）博陵郡北平县主簿高亘宅　高亘夫人李娟，陇西成纪人，李穆之玄孙。天宝五年闰十月五日，终于东都洛阳县之嘉猷里。以其月二十四日，窆于邙山。（洛古馆）按：博陵郡北平县，即今河北省完县。

右长夏门之东第四街，八坊。

长夏门之东第五街，从南第一曰里仁坊。

增订：

彭州唐兴府左果毅上柱国程璥宅　程璥字平瑰，广平人。开元二十八年三月十八日，终于洛阳里仁里之私第，以其年四月二十九日，迁厝于邙山。（洛古馆）河间郡录事参军许肃之宅　许肃之，高阳人。曾祖圉师，金紫光禄大夫左相兼户部尚书同中书门下三品上柱国平恩县开国公。祖自然，尚辇直长、常州司仓。考止栖，朝议郎襄阳郡安养县令。肃之即安养府君次子。少褐以门阴补崇文生。解褐授婺州参军，转河间郡录事参军。天宝七载三月二日，终于河南府洛阳县里仁里之私第，春秋五十有六，以其月二十日，归葬于伊阙县大慈乡北原之先茔。许肃之墓志拓片《河洛墓刻拾零》影印刊布，称“2003年春，河南省洛阳市伊川县出土”。许肃之是许圉师之曾孙，东都洛阳也有许圉师的宅第，《旧唐书·高宗纪》与《册府元龟》均记载高宗与皇后（武则天）均至许圉师第。洛阳仁和坊有许钦明宅。“钦明，户部尚书圉师犹子。”《太平广记》引《两京新记》唐东都仁和坊有许钦明宅。仁和坊有“益州长史、南阳公杜行敏宅”。注云：“杜牧六代祖，赐宅在仁和里。据传为杜牧诗歌的《分司东都寓居履道坊叨承川尹刘侍郎大夫恩知上四十韵》，注“某六代祖，国初赐宅在仁和里，寻已属官舍，今于履道坊赁宅居止”，实为许浑诗。《新唐书·艺文志》记许浑为许圉师后人，从许绍开始洛阳仁和里是许氏宗族的重要栖居地。（朱玉麒《许圉师家族的洛阳聚居与李白安陆见招》，载《唐研究》第十七卷2011年）文部常选柳氏李夫人宅　《唐文部常选柳氏字岳故陇西李夫人墓志铭并序》载，夫人是汝南郡司马惟之孙，汝阴郡司仓参军洪之次女。夫人夫之祖儒，仓部员外、户部郎中、北海等六郡太守、银青光禄大夫、河东县开国男。夫之考含德，中散大夫、东阳等三郡别驾。天宝十二载七月十四日，夫人终于本家里仁之第。（《补遗八辑》）兵部选上柱国周敬本宅　周敬本，其先汝南人，远祖因官家于京兆。天宝十一载二月一日，终于东京洛阳县里仁里之私第，其载二月二十四日，权殡于北邙原。周敬本墓志1960年左右在郑州市附近出土。（《新中国出土墓志》河南壹）卢仝宅　《全唐诗》卢仝《冬行》三首其一：“长年爱伊洛，决计卜长久。赊买里仁宅，水竹且小有。”

次北永通坊。本曰依仁。《河南志》引韦述《记》云：此坊东出外城之永通门，其后门塞，又改坊名。按《河南志》于外郭城条下言：永通门废于宋初，则言韦述《记》误。

虢州刺史崔玄亮宅。《白氏长庆集》有《闻崔十八宿予新昌敝宅时予亦宿崔家依仁新亭》诗，其诗有曰：依仁万茎竹。又有《崔十八新池》诗，盖宅有水竹之胜。

《校补记》：永通坊　补：西北有井。注：李商隐《井泥》诗云：皇都依仁里，西北有高斋。昨日主人氏，治井堂西郎。按此斋不知何人所宅。永通本名依仁。

增订：

白居易《自问》："依仁台废悲风晚。"原注："晦叔亭台在依仁。"（《全唐诗》卷四四五）崔十八为崔玄亮，字晦叔。云麾将军行右领军卫中郎将右羽林军上下赠本卫将军李神德宅　李神德，字贞。曾祖敏。祖邕，隋朝散大夫散骑常侍锦州刺史。父尚客，朝请大夫通州刺史。往因谏迕朝权，谪适安东长史。神德弱冠登仕，曾拜易州长乐府折冲都尉等职。长安四载十一月十二日，薨于洛伊仁坊私第，夫人南阳郡夫人张氏，开元二十六年七月二十三日，薨于幽府私第，其年十月二十六日，启殡合葬于幽府城西南三十里福禄乡泸沟河西鹿村西北百步平原。嗣子勖、清朝、清尧。（《补遗八辑》）兖州金乡县丞薛钊宅　薛钊，河东汾阴郡人。曾祖弘敏。祖述。父务道，杭州余杭县令。薛钊解褐授鼎州云阳主簿，又授汝州梁县丞，又转兖州金乡县丞。开元九年五月十七日，终于东都洛阳永通坊之里第，其年六月十四日，葬于河南龙门之北原。（《拾零》）郭文宅　《大唐郭徵君墓志铭并序》："君讳文。字文兴，太原人也。"祖钦达。郭文为徵君之第六子。开元二十二年七月六日，终于依仁里之私第，开元二十三年二月二十八日，权殡于邙山北原。嗣子谈江等。（《拾零》）左率府翊卫吏部常选辅思让宅　辅思让，其先南阳人，后为洛阳人。父简，魏州武圣县丞。先天二年十一月一日，辅思让终于依仁里之私第，其年十一月二十二日，葬于洛阳县清风乡邙之原。（《补遗六辑》）处士王智言宅　王智言夫人张氏，开元二十六年五月九日，薨于洛城依仁里。开元二十七年十月二十五日，合葬于邙山清风之原。（《千唐志》）济阳郡卢县令辛同福宅　夫人裴雍熙，河东闻喜人。天宝七载十月十八日，终于洛阳县依仁坊私第。十月二十五日，辛同福终于洛阳县尊贤里。天宝七载十一月二十日，合葬于东京洛阳县清风原。（汴博）太府寺丞孟遂宅　孟遂夫人荥阳郑氏。贞元十七年正月七日，终于洛阳县永通坊庄。其年二月二十九日，开拭孟遂旧茔合祔。（《洛阳新获墓志》）尚书仓部郎中郑鲂宅　郑鲂字嘉鱼，荥阳人。祖守广，升州司户。父早，富平尉。长庆初，汝州防御使君述古虚右职，请郑鲂改授司直，郑鲂"孤幼满家无宅居，至是得间（闲）田于汝水之阴，躬稼穑。又于都依仁里卜数亩之地，种竹果，凿渠水，立堂室宾舍。园疏翦翦，宜为高人居也”。大和八年八月二十四日，郑鲂终于旅次。大和九年葬于先茔河南县伊汭乡之万安山。郑鲂夫人卢氏，卢慎修之女。2005 年郑鲂墓志出土于伊川县彭婆乡许营村。（赵君平、赵文成《河洛墓刻拾零》，北京图书馆出版社，2007 年）按郑鲂墓志，郑鲂及妻卢氏合祔墓志所载，郑鲂为中唐时期著名才子，曾与孟郊、李贺为酬唱伴侣。进士及第后，又有相国崔群，著名诗人元稹、刘述古提携。谚曰：“不识郑嘉鱼，不名为进士。”有诗七百篇及陈许行营功状等，今不传。由于历史文献缺载，致使郑鲂生平业绩湮没。郑鲂及妻合祔墓志，既填补了中唐文化史上的缺失，也提供了郑鲂家世及姻亲门阀的史实。又依仁里有水竹之胜，郑鲂所凿之渠为伊水，由履信坊经依仁坊之北。卢氏所终子婿崔行规故里第，见本书东都立行坊。**泗州临淮县尉郑长诲宅** 郑长诲，字子遵，荥阳人。祖早。考鲂，仓部正郎。大中十一年七月二十六日，长诲永逝于洛阳县伊仁旧里，其年八月二十六日，归祔于河南县伊汭乡尹烦（樊）村正郎先茔之次。夫人崔氏。有男一人，名曰恪郎。（《补遗千唐志斋新藏专辑》）**邢州钜鹿县丞马耻宅** 马耻，字知足，扶风人。“世居关右，称望族焉。融为大儒，即声驰绛帐之下，授为上将，功宣翠酎之乡。”父密，青州千乘县丞。马耻授原州百泉县尉，又授紫桂宫农圃监丞，俄迁邢州钜鹿县丞。长寿二年八月六日，终于来庭县利仁坊之私第，长寿三年一月二日与夫人弘农杨氏合葬于平阴之原。（《补遗八辑》）**蜀州晋原县令韦府君夫人崔氏宅** 夫人博陵安平人。殿中侍御史元辅之孙，陵州仁寿县丞思正之女。开元六年十二月二十三日，终于洛阳利仁里第，七年二月二日，权殡于河南龙门山北之原。（《补遗八辑》）**黄州司马左适宅** 左适，曾祖威，隋朝散大夫。父嶷，大理寺评事、大理寺主簿、司农寺丞、右台侍御史。左适明经擢第，任国子直讲，四门助教，太学助教，黄州司马。开元十八年三月三十日，卒于馆舍，春秋六十三。有子四人，俊之、佺之、倩之、偘之。夫人博陵崔氏，开元二十六年十二月四日，终于洛阳利仁里第，春秋五十二。开元二十七年四月十二日，合葬于缑氏县公路乡之原。（《洛阳新获墓志》）**太子司仪郎分司东都卢约宅** 大中景子岁建巳月二十一日，太子司仪郎分司东都范阳卢约，归全于东都依仁里之私第。其年十月十五日，窆于河南府河南县伊洛乡解贾村先茔之侧。夫人清河人，咸通六年十二月六日，奄终易箦之叹于东都集贤里第。至丁亥岁二月二日，龟筮告叶，遂遵于方之礼。（《金石续编》）

次北利仁坊。

慕容询宅。和州刺史张择宅。白居易《张择碑》：终于东都利仁里私第。居易《利仁北街》诗云：草色斑斑春雨晴，利仁坊北面西行。踟蹰立马缘何事，认得张家歌吹声。按所谓张家者，疑即择之后人。择终于天宝十三载，不与白傅同时。

增订：

陪戎副尉康武通宅　康武通，贞观二十三年五月十九日，殁于章善坊之第。夫人唐氏咸亨三年正月二十二日，终于利仁坊私第，以其年二月二十三日，合葬于洛州洛阳县诸葛村。（《千唐志》）按：康武通为昭武九姓康国人，后入唐为将官。邢州任县主簿王君夫人宋尼子宅　夫人宋尼子，广平人。天授二年闰五月廿一日，卒于利仁坊之私第。大周长寿二年二月十二日，葬于洛阳之北邙，去夫茔五十步。（《千唐志》）临淄郡丰齐县李夫人张氏　夫人张氏，法号常精进，南阳西鄂人。天宝十一载十月十日，终于东京利仁里第。其载十二月十八日迁神于龙首山南趾。张氏墓志出土于偃师首阳山南。（《洛阳新获墓志》）裴珣妻祖氏宅　夫人祖氏，其先范阳人。为渠州司马祖义臣之少女。天宝七载四月十日，北首于洛阳县利仁里之私第。其载十月二十三日，殡于河南府河南县平乐乡杜郭村之西北原。（《北图石汇》）斛斯翘宅　翘，字淳风，其先太原人。天宝七载十月二日，终于利仁里之私第。（《北图石汇》）苏州司法参军崔谮宅　崔谮为博陵二房。祖绍，终于冀州武邑令。父顶，终莱州白水尉。建中二年十有二月甲寅，崔谮终于洛阳利仁里之私馆，月正逾闰卜葬于龙门之伊汭。墓志出土于洛阳市郊区龙门镇北沟村。（李献奇《唐崔氏墓志续识》，《洛阳博物馆建馆四十周年纪念文集》，科学出版社，1999 年）彭城桂休源宅　桂休源妻崔霞，字幼云，其先清河著族。十岁通论古诗，工为裁制之事。大和三年夏四月归于桂休源。开成二年十二月乙卯，殁于洛阳利仁之里第。来年夏四月丁酉，安宅兆于邙原杜翟里。（汴博）客舍（故潞州节度使刘从谏宅）《唐故京兆韦氏权厝墓记》："公讳铼，字柔明，任亳州鹿邑县尉。后周逍遥公敻九代孙、文昌左丞相待价六世孙，东都留守刑部尚书弘景孙，河阳兖海节度使检校户部尚书兼御史大夫处仁第二男，义丰公主之所出也，穆宗皇帝外孙……"韦铼年二十三，"大中十二年二月六日，殁于客舍东都利仁坊故潞州节度使刘从谏宅。刘公之亡，其宅以子稹悖乱没官，今税居于底。以年月不便，未归西京旧里祔大茔，权卜吉日，安于洛州北安喜门河南县平乐乡杜翟里"。（《补遗千唐志斋新藏专辑》）按《新唐书》卷八十三《诸帝公主》穆宗八女"义丰公主，武贵妃所生。下嫁韦处仁，薨咸通时"。韦铼之祖弘景及曾祖待价，《新唐书》卷七十四上《宰相世系》四上有记载。崔崇素宅　崔公夫人李珩，后梁贞明四年十二月十四日，终于东京利仁坊私第。崔崇素于梁贞明六年二月十日，卒于东京利仁里之官舍。（《北图石汇》）

次北归仁坊。

泰山庙。乾宁元年建。太子太傅、留守东都牛僧孺宅。《旧书》本传：雒都筑第于归仁里，任淮南时，嘉木怪石，置之阶廷，馆宇清华，竹木幽邃，常与诗人白居易吟咏其间。按《白集》有《牛相公归仁里新成小滩》诗。

《校补记》：归仁坊牛僧孺宅。注：《旧书》本传雒都　校：雒都上依本传增“留守”二字。

增订：

归仁园　李格非《洛阳名园记》：“归仁园，归仁其坊名也。园盖尽此一坊，广轮皆里许，北有牡丹芍药千株，中有竹百亩，南有桃李弥望。唐丞相牛僧孺园其故木也。今属中书李侍郎，方创亭其中。”《河南志》卷一《归仁坊》：“观文殿学士丁度园，本唐相牛僧孺归仁园，池石仅存，此才得其半。”赵夫人宅　夫人洛阳人。咸亨元年闰九月十三日，卒于归仁坊私第。以其年十月一日，窆于北邙山河南县平乐乡之阳。（汴博）朝请郎行黄州司法参军奉敕检校上阳宫作判官房孚宅　房孚，字修凝，清河人。开元九年八月二十二日，终于河南府洛阳县归仁里之私第。以其年十月十日，迁厝于邙山之平乐原。（洛古馆）朝散大夫汉州长史上柱国崔安俨宅　崔安俨，字安俨，博陵安平人。祖元平，父行轨。安俨即行轨之嫡子，曾任监察御史，历殿中侍御史、朝散大夫、上柱国、尚书主客员外郎。“石室生风，云台应宿；登东慑埋轮之望，题柱当赐笔之荣。出为襄州、灵府二司马，迁大理正、汉州长史。”开元二十六年正月十八日，遇疾终于东都归仁里之私第。其年三月五日，迁奉于洛阳城北梓泽之原祔先茔，嗣子藏用。1996年崔安俨墓志出土于洛阳北邙山。洛阳古代艺术馆藏《崔泰墓志》记其“字元平，博陵安平人也”。安俨与其祖泰墓志所记官秩大同。（《释录》）郴州司士参军王公度宅　王公度，字仙期，琅琊临沂人。天宝二年仲冬次旬之九日，终于洛阳归仁里之私第。逾月壬申，葬于河南之北□。（《千唐志》）王书吏素宅　王素，洪州人。年二十八，元和十年正月二十日，卒于东都归仁里，翌日窆于城东七里伊川乡杨魏村。（《西市藏志》）周献宅　天宝十一载正月十五日，周献终归仁里。其年三月六日，葬北邙原。（《辑绳》）河南府士曹刘胜孙宅　刘胜孙，字尚嗣，彭城丛亭里人。大王父子玄，仕于中宗、玄宗朝，有大名，为左散骑常侍，在太史三十年，以劳封居巢伯，卒赠工部尚书，谥曰文。刘胜孙用名家子入弘文馆为诸生。李说为河东节度，表为推官，拜左武卫胄曹。胜孙在河东凡十年，府三变而君辄留。礼部尚书播为盐铁转运使，请胜孙知宣歙池三州院事。元和十三年六月十二日，终于归仁里之私第，其年八月二十一日，权窆于龙门。长男曰仁靖。（《补遗千唐志斋新藏专辑》）按刘胜孙墓志为李宗闵撰，因宗闵与胜孙从祖兄敦质友善之故。《新唐书》卷七十一上《宰相世系》一上，刘胜孙及曾祖子玄均有记载。试太常寺奉礼部柳崇宅　柳崇，河东人。年七十，大中十二年六月十六日，终于东都归仁里之私第，以其年八月八日，安厝于洛阳县平阴乡积闰村，祔大夫之茔。嗣子幼曰严等。（《拾零》）中散大夫秘书监致仕上柱国赐紫金鱼袋赠左散骑常侍吕让宅　吕让，东平人。大中九年十月二十四日，弃养于归仁里第。十年四月十三日祔于洛阳邙山清风原。（《北图石汇》）

次北怀仁坊。南街东出外城之建春门。

右散骑常侍、太子宾客徐彦伯宅。张嘉福宅。郑夫人宅。孙逖《郑孝本墓志》：孝本终于东都敦行里，夫人王氏终于东都怀仁里。

增订：

敬爱寺　《唐会要》卷四十八，《寺》：怀仁坊有敬爱寺。显庆二年孝敬在春宫，为高宗武太后立之。《旧唐书》卷一八三《薛怀义传》："垂拱初……于建春门内敬爱寺别造殿宇，改名佛授记寺。"《唐语林》卷八"教爱寺山亭院，有画雉尾若丹砂子。上有进士房增题名处。后有人题曰：'姚家新婿是房郎，未解芳颜意欲狂。见说正调穿泪箭，莫教射破寺家墙。'"张乃翥《跋龙门地区新发现的三件唐代石刻》中云：敬爱寺前都维智明撰《佛顶尊胜陀罗尼幢赞文》："（开成元年八月八日）有敬爱寺上座□满，幼怀悉达，早悟佛门。"（载《文献》1991年第2期）。彭家胜《四川安岳卧佛院调查》（载《文物》1988年第8期）中云：46号窟左壁刻经目序：《大唐东京大敬爱寺一切经论目序》，释静泰撰。（北周）仪同大将军府参军事段模宅　模，字神光，其先出自西凉，后居雁门，今为河南洛阳人。北周时为仪同大将军府参军事，大业六年八月十五日，终于洛阳县之怀仁里宅。以其年十二月五日，窆于北邙之上。（《芒洛四编》）使持节青州诸军事行青州刺史上柱国赠司徒扬州大都督虢庄王李凤宅　上元元年十二月二十九日，李凤薨于东都怀仁里。以上元二年十二月三日，陪葬于献陵之北原。1973年墓志出土于陕西富平县北吕村西250米献陵陪葬墓区。（《唐李凤墓发掘简报》，载《考古》1977年第5期）按：《新唐书》卷七九《虢庄王李凤传》载，李凤是唐高祖李渊第十五子。墓志还记载王妃刘氏，是刘德威第二女，上元二年五月十四日，薨于西京之邸第，其年十二月三日陪葬献陵。隽州阳山县主簿皇甫福善宅　皇甫福善即鹰扬郎将嶷之嫡孙，游击将军贵之长子。永淳元年六月四日，卒于怀仁里之第，其年十月十四日，与夫人范氏合葬于北邙山之阳。（《补遗二辑》）溱州司户崔思古宅　崔思古，字官奴，博陵人。"因官雍州家焉。祖唐芮州刺史散骑常侍弈之孙，唐海州刺史阳信县□大方之嫡子，母曰隆山县主。公鼎门演庆，贵胄逸群。唐益州都督蜀王愔领赏异才，奏聘长女宝安县主，以咸亨元年五月十一日袭封阳信县开国子。"思古历任冀州司兵加云骑尉、承议郎行太仆寺主簿、永州司士加朝议郎、寻加溱州司户。天授二年二月九日，卒于怀仁坊私第。以二月二十四日，殡于洛州合宫县平乐乡瀍阳里。（《千唐志》）按博陵崔氏，山东大族，而崔思古又与李唐王朝联姻。然而由于唐初抑制山东门阀的政策，以及蜀王的暴戾，所以崔思古一直官运不佳，年仅四十六岁，并未执任溱州司户就“遂梦奠楹”。蜀王愔，太宗第六子，“常非理殴击所部县令，又略猎无度，数为非法”。张君夫人徐明宅　徐明，洛阳人，“容仪婉婉，似杨柳之临池；神色辉辉，若芙蓉之出水”。万岁通天元年六月一日，终于怀仁里。以其年六月十五日，葬于北邙山。(《芒洛四编》)锦州参军上柱国王庭芝宅　王庭芝，字特秀，其先太原人。开元七年十月二十日，终于怀仁里之私第。即以其年十一月六日，窆于河南县平乐乡之原。(《曲石志》)汾州崇儒府折冲郑仁颖宅　郑仁颖，荥阳开封人。解褐授左金吾长上转□涧府别将加上柱国期城、上党二府果毅，拜崇儒府折冲都尉。开元十五年六月二十四日，终于洛阳怀仁里之私第，以其年七月二十七日，葬于洛阳县平阴乡邙山南趾。(《千唐志》)简夫人蔡善善宅　扬州江平府别将之女，年十九归于简氏，开元十九年八月二十八日，终于怀仁坊私第，春秋二十有六，九月十四日，葬于洛阳建春门东感德乡高村东南之原。(《洛阳新获墓志》二〇一五)括州遂昌县令张先宅　张先字普贤，范阳人。补括州遂昌县令。“于时东吴阻饥，人越兹蠢，先是从政，率多旷官，淫纵豪强，暴蔑鳏寡，以故编户流冗，十四五焉。”张先“教之诲之，饮之食之”。己年九月，终于怀仁坊之私第。开元二十年如月（二月）壬寅（二十九日）合葬于平乐乡之原。(《千唐志》)李珪宅　李珪，字善正，京兆人。开元二十九年三月九日，终于怀仁之里第。其月二十五日，殡于洛阳县北邙山。(《芒洛三编》)中散大夫荥阳郡长史崔府君夫人王京宅　王京，太原人。天宝十一载十月丙申，弃背于怀仁里之私第。明年春二月十二日，迁祔于先府君之茔。(《千唐志》)泾州四门府折冲都尉成藏宅　成藏，其先博陵人。父善，潞州从善府折冲。建中二年五月十五日，成藏殁于洛阳怀仁里之第，三年二月七日，奉迁玄寝。嗣子嘉俊，试太子家令。(《补遗千唐志斋新藏专辑》)李夫人宅　《故陇西李夫人墓记》载：“夫人，陇西人。曾祖讳坚。祖讳鹞。考讳评，皇嘉州刺史。夫人即使君第二女也。皇东都留守石，见任许州节度福之堂侄女。夫人咸通二年春得疾，药饵无征，至五月五日，卒洛之怀仁里，享年三十有三。择用三年正月四日，葬于河南县平乐乡河内村东一里。”(《补遗千唐志斋新藏专辑》)邠宁节度推官兼监察御史卢戎宅　卢戎女，咸通癸未（四年）正月二十八日，夭于东都怀仁里，二十六岁。越月二十七日，将葬于洛阳县平阴乡北陶村之原。(《补遗七辑》)

次北仁风坊。“风”或作“丰”，非。

尚书右仆射兼中书令齐国公魏元忠宅。济王府录事参军裴荣期宅。杜甫《故万年县君京兆杜氏墓碑》：终堂于东京仁风里。即河东裴荣期之夫人也。坊南运渠。

《校补记》：仁风坊　补：李著作园。并注：元稹《仁风李著作园醉后寄李十》诗：朦胧春月照花枝，花下音声是管儿。却笑西京李员外，五更骑马趁朝时。又《琵琶歌寄管儿兼诲铁山》诗云：段师弟子数十人，李家管儿是上足。管儿不作供奉儿，抛在东都双鬓丝。著作曾邀连夜宿，尽日听弹无限曲。……自兹听后六七年，管儿在洛我朝天。……去年御史留东台，……今年制狱正撩乱。……暂辍归时寻著作，著作南园花坼萼。

增订：

刘举宅　刘举，彭城人。神龙元年八月□日，殁于洛阳县仁风里之私第。（托活洛氏藏石）朝散大夫起居舍人冯复宅　冯复开元十一载终于河南道化里。夫人太原县君太原王氏。天宝五载七月某日，终于东京仁风里之私第，天宝六载四月丙寅，合葬于龙门西岗祔先茔。嗣子沚，右羽林长上折冲。（《补遗千唐志斋新藏专辑》）北海处士孙玠宅　孙玠字行宝。北海乐安人。开元十三年十一月九日，终于洛阴仁风里私第。夫人南阳张氏，合祔于龙门北原。嗣子献等。孙玠墓志2005年春出土于洛阳市龙门镇龙门山北原。（《拾零》）按洛阴，应为洛河之南，仁风里在洛河南延春门内之北第二坊。杨柔宅　杨柔，弘农人。开元二十六载八月十五日，终于洛阳仁风里之私第。夫人陇西李氏，天宝十载五月十三日，终于逆旅，以其载十一月五日，迁窆于龙门乡之原。（《补遗八辑》）苏州参军元子上宅　夫人郑八娘，荥阳开封人。开元二十六年二月六日，终于仁风里之私第。二月十六日，殡于洛阳县乡里北邙原。（《千唐志》）朝散大夫谯郡司马王秦客宅　王秦客，字元宾，与太原同宗分枝琅琊。以门荫补太庙斋郎，解褐授左清道率府胄曹参军。后曾“官仕三郡，宰四邑”。任泸州郡（今四川泸州市一带）司马时，“土无耕稼，利在渔盐。郡有盐井两所，久而若废，公乃图复兴之道，得可久之，宜计阶之，时具以闻奏，上乃许之”。王秦客不仅恢复了两口停废的盐井，还打击了一些奸豪之徒和奸吏。天宝二年四月，归真于洛阳仁风里私第。以其年十月二十日，窆于洛阳县清风乡北邙南原。（《千唐志》）榆林郡都督府长史王承裕宅　王承裕，字文通，太原祁人。安定郡安定县丞王素之子。文穷三代之风，剑得万人之敌。弱冠以军功授扶风郡文城府别将。时朔方军节度使信安郡王，奏充本道节度支度判官，俄转会宁郡司马，仍充营田使，又转安北都□府司马兼知军事。无何转榆林郡都督府长史，兼充朔方道水陆运使关内道营田副使。公始自筮仕至于宦达，前后迁拜皆在边陲，统摄职务，莫匪军政。其在朔方也，尽变通之要，得节制之宜，俗且知方，人尽贾勇，裹粮坐甲，秣马厉兵，塞垣无虞，公之力也。信安王以贞固荐，故左相牛仙客以优异称，岂徒然也。以开元二十六载十一月十五日，终于连山郡之官舍。夫人高氏，天宝九载三月十三日，终于东京仁风里。以明年五月二日，合葬于北邙山之平乐原。（《千唐志》）陈商夫人南氏宅　元和六年九月陈氏姊，终于东都仁风里第。乃以十一月六日，卜宅于邙山北原，弟卓骞。(《千唐志》) 杨府节度巡官王汭宅 《唐故太原王氏孤女墓记》:“有唐元和十一年二月二十三日，孤女王氏不胜丧，寝疾终于仁风里第，享年二十二。即以其年逾月，权窆于洛阳县清风乡之北原。……孤女讳刹，太原祁人。唐故郑州刺史讳铝府君之幼孙，杨府节度巡官讳汭府君之长女。”(《补遗八辑》) 按王铝，《新唐书》卷一百一十一《王方翼传》附。铝，天宝中历右补阙，殿侍御史。试太常寺太祝齐同宅 齐同母彭城刘和，长庆元年三月十二日，殁于仁风里，其年五月二十五日，迁兆于洛阳县平阴乡南陶村。(汴博) 乡贡进士韦行素外族宅 乡贡进士韦行素，京兆人。河南汜水县尉韦廙之子，少孤，依于外家。善属文，尤攻词赋，其体丽而壮，调清而远。文学俱成，垂誉于世，皆叔舅卫尉少卿齐公照之致。夫人高阳齐氏，即卫尉少卿长女。大和元年十月二日，卒于外族仁风里之私第。是月八日，葬洛阳县北部乡北原村。(《千唐志》) 崔勖宅 崔勖，字宝，其先博陵人。薨于洛阳县仁风里私第。夫人梁氏，大和八年仲冬月有十四晷运吉日，合祔邙山河南县白塔之前，陪先茔之左。(《千唐志》) 永州刺史张浑宅 张浑，字万流。会昌六年八月二十三日，薨于河南府洛阳县仁风里。大中元年二月十八日，祔于榆林大茔。(《辑绳》) 陇西李约宅 张彦远《书法要录》卷三《唐高平公萧斋记》:陇西李君约于江南得萧子云壁书飞白“萧”字，以笔势惊绝，遂匣而宝之。……君与字俱载舟还洛阳仁风里第。《全唐文》卷六九五主客员外郎张谂《萧斋记》:“‘萧’字俱载舟还洛阳仁风里第，思所以尽其瞻玩。藏置之宜，谓箱柜临视不时，又有缄启动摇之变。遂建精室，陷列于垣。复本书之意，得遥睹之美。寂对虚镛，势若飞惊，虽烟露交飞，龙鸾萦动，轻旆翻扬，微云卷舒，不能状也。李君以至行雅操，著名当时，逍遥道枢，脱落荣利，识洞物表，神交古人。而风致之余，特精楷隶。所得魏晋已降名书秘迹多矣，亦不越于尺素之间，未为殊情也。盖壁字奇踪，乃为希宝，意象所得，非常域也。故异而室之，文而志之。夫萧之为言也，切然而清，于文也，蔚然而整。宜乎铭壁，宜乎命斋。萧斋之名，与此字传矣!”按《唐文拾遗》卷二五为张宏靖撰《萧斋记》，文与张谂有异，指明:“陇西李君约于江南得萧子云壁书飞白‘萧’字，以笔势惊绝，遂匣而宝之。”李约携带“萧”书俱载舟还洛阳仁风第。按张彦远为宏靖孙、文规子，谂则为彦远伯叔行。

次北静仁坊。

官药园。

增订:

隋左骁卫虎贲郎将正议大夫高紧(士雄)宅 高紧，冯翊朝邑人。大业八年四月十八日，薨于河南郡洛阳县静仁里。以其年八月二十五日，葬于河南县灵渊乡。1928

年高紧墓志于洛阳城南出土。(《北图石汇》)

次北延庆坊。北至雒水。

右长夏门之东第五街，八坊。

定鼎门街西，从南第一曰宁人坊。本曰宁民，避太宗讳改。其后多曰宁仁。

龙兴寺。《名画记》：寺有展子虔画八国王〔原误作“三”，今据《历代名画记》改正〕分舍利。穆员有《东都龙兴寺均上人功德记》。并州大都督府长史赠吏部尚书荆州大都督崔日用宅。工部尚书东都留守韦虚心宅。孙逖《韦虚心碑》：薨于东都宁仁里私第。

增订：

中国社会科学院考古研究所洛阳唐城队等，在对隋唐东都和五代至宋西京郭城南垣正中的定鼎门遗址进行考古发掘时，也对宁仁坊东侧坊墙进行了发掘。坊墙系由含沙量较大的黄褐色夯土一次性夯筑而成，坊墙东距定鼎门街约 70.5 米，东距定鼎门街西侧水渠西沿 1 米。宁仁坊东面坊墙西侧建筑基址内的地面上清理出佛造像 6 件，多已残破。据文献记载，宁仁坊中有龙兴寺，这个基址与佛教遗像是否与龙兴寺有关，待考。(中国社会科学院考古研究所洛阳唐城队、洛阳市文物工作队《定鼎门遗址发掘报告》，载《考古学报》2004 年第 1 期) 工部尚书东都留守南皮县国子赠扬州大都督韦虚心宅 韦虚心，开元二十九年五月五日，罢归河南县宁仁里之私第，其日薨。天宝元年五月十五日，归祔高阳原旧茔。韦虚心墓志 2004 年 3 月出土于西安西北大学长安校区。河东郡桑泉县尉崔府君夫人柳瑗宅 柳瑷，字德元。曾祖子阳，安东长史。王父试言，冀州司马。父涣，晋州刺史。柳瑷“七岁诗书皆讽诵矣，十年好词赋能比兴矣，十三学图画穷墨妙矣，十四善音律中琴心矣，其余镂刻针缕之巧，药物巾箱之事，所向则适”。开元七年，时方初笄，归崔氏，四十三岁，以天宝四载十月二日，终于河南宁仁里之私第，即以十一月二日，权葬于龙门乡刘村南原 (《拾零》) 新定郡遂安县尉李府君夫人崔氏宅 崔夫人为崔朝俭之孙女。天宝八载正月四日，终于东京宁仁里第，其载正月十一日，权窆于洛阳县北部乡之原。(《辑绳》) 邺郡临漳县令唐氏夫人薛氏宅 薛氏幼阶女德，长践母仪，夙归唐氏。天宝十二载遘疾，十三载终于宁仁里，凡寿三十甲子。其岁春季，卜兆于河南府洛阳县界平阴乡之原。冢子象愿。(《西市藏志》)

次北宽政坊。隋有于仲文宅。坊有《兴禅师碑》，唐中书侍郎严挺之撰，胡霈然书。

河南县廨。河南县本汉旧县，后魏静帝改为宜迁县，周宣帝复为河南，隋仁寿四年迁都，移县治于此坊。驸马都尉裴巽宅。本舒王元名宅。驸马都尉郑万钧别宅。太常卿潞州大都督府长史崔日知宅。榆柳园。俗传隋炀帝置，垣墙内外多植榆柳，亦曰西御园，与师子园隔街相对。

增订：

宽政坊本名政化坊　《河南志》卷一，定鼎门街之西第一街从南第二坊宽政坊："隋唐河南县治于此坊。"《元和郡县图志》卷五《河南府河南县》："隋仁寿四年，迁都，移县于东都城内宽政坊，即今县是也。"唐杜宝《大业杂记》（续谈助摘录本）则云：隋"河南县在政化里。"其位置是："去宫城八里，在天津街（即定鼎门街）西。"又载隋"大同市周四里，在河南县西一里"。《河南志》卷一，载定鼎门街西第二街（即宽政坊西面一坊）为大同坊。"本曰植业，隋大业六年徙大同市于此，凡周四里"。可见宽政、政化为一坊。（《丛考》）司成孙处约宅　孙处约，字茂道，□垂乐安人。奉命充修梁、陈、周、齐、隋等五代史学士，修撰《周史》，续《贞观实录》。咸亨二年五月四日，薨于河南县宽政坊之私第，咸亨三年十一月二十二日，迁厝于洛州洛阳县清风乡邙山。（洛古馆；另见《唐故司成孙处约墓志铭浅释》，《考古与文物》1983 年第 1 期）按：孙处约两《唐书》有传，为唐代名儒，学识渊博，有文集三十卷，行于当代。其传略而志甚详，可正史补史。孙处约第四子孙俊碑 1991 年 9 月 11 日出土于孟津县送庄乡西山头村南约 400 米处。孙俊为荆州大都督府长史上柱国安乐县开国伯，薨于河南宽政里之私第，官供迁卜于洛阳邙山之原，开元二十九年正月立碑。（《洛阳新获墓志》）杨令晖宅　杨令晖解褐任将作监左校署□。春秋七十有□，终于宽政里，天宝三载十二月十三日，迁厝于金谷乡景业□北原。（《千唐志》）朝议郎行国子监主簿上柱国柳庭诰宅　柳庭诰，字茂庄，河东解人。祖公矩，右卫长史。父元贞，少府监丞。柳庭诰解褐益州犀浦尉、同州冯翊主簿、岐州郿县丞、检校国子监主簿、摄阆州司户、正授国子主簿。开元六年九月十日，终河南宽政里之私第，春秋五十有六。夫人同郡薛氏，天宝元年四月三十日，终于陈留郡尉氏县之馆舍，春秋五十有八。即以其年十一月八日，合葬于河南县龙门乡北原。（《西市藏志》）

次北淳风坊。隋有圆行寺。

同东西台三品赠汴州刺史杨弘武宅。驸马都尉王守一宅。本武嗣宗宅。

增订：

岐州雍县尉王庆祚宅　曾祖邰，祖简，父子奇。咸亨四年九月二十五日，王庆祚终于洛州淳风里第。圣历二年二月十二日，改葬于洛州北邙山河阴乡之高原。（《千唐志》）《大唐故朝议郎行罗州司户参军上骑都尉太原王府君墓志铭并序》："君讳庆诜，字嘉盛，太原晋阳人也。"曾祖郃，祖简，父子奇。圣历二年二月二十六日，庆诜终于任所。夫人陇西李氏，祖玄成，父义琛。永淳中三月九日，终于东都洛州河南县淳风里故第，开元三年十月二十五日，同穴于东都河南府伊阙县龙门乡万安山南原。(《补遗千唐志斋新藏专辑》）按王庆诜是王庆祚之兄。《新唐书》七十二中《宰相世系》二中，王子奇有子庆贤、庆祚、庆符、庆诜、庆玄。王子奇祖郃，父孝景。王庆祚为太原王氏大房与淳风坊之王守一（王仁皎子，与唐玄宗王皇后为孪生）为乌丸王氏。王守一与父仁皎均见《宰相世系》二中。雍州乾封县丞崔汲宅　崔汲夫人赵郡李氏，右司郎中渭州刺史公淹之女，大周久视二年卒于洛州淳风里第。(《辑绳》）昭武校尉守左领军卫同州怀仁府折冲都尉刘令问宅　刘令问，彭城人。太君夫人李氏陇西人。开元十三年九月二十四日，终于淳风之里，开元十四年正月十七日葬于龙门之原。(《补遗千唐志斋新藏专辑》）

次北宣风坊。隋有卫文升宅。

安国寺。寺旧在水南宣风坊，本隋杨文思宅，后赐樊子盖。唐为宗楚客宅。楚客流岭南，为节愍太子宅。太子升储，神龙三年建为崇因尼寺，复改卫国寺，景云元年改安国寺。会昌中废。后复葺之，改为僧居。诸院牡丹特盛。检校文昌左丞东都留守李峤宅。北街之西，中书令苏味道宅。有三十六柱亭子，时称巧绝。

增订：

安国寺　《大安国寺故大德惠隐禅师塔铭》载：禅师俗姓荣，京兆人。开元二十二年七月十一日，寿终于安国道场。(《芒洛补遗》）《东都安国寺故上座韦和上墓志》载：上座俗姓韦氏，讳圆净，京兆南人。兴元元年十二月十四日，归西方之净域，兴元二年正月十日，安神于龙门天竺寺西南原。(《芒洛补遗》）《东都安国寺比丘尼刘大德墓志》载：唐元和十年五月六日，东都安国寺尼大德奄化于伊阙县马回山居。大德俗姓刘，法讳性忠。元和十年七月十三日，归窆于龙门望仙乡护保村先师姑塔右。(《芒洛遗文》）另《北图石汇》载澄空塔铭《唐东都安国寺故临坛大德塔下铭并序》：律德号澄空，长安功德寺尼德静之子弟，姓皇甫，皇甫瓘之女，元兄浙东观察使兼御史大夫赠太子太师郇国公温。贞元九年夏四月二十六日，委顺于本寺所居院，秋八月癸酉，就窆于龙门西南所置之若兰，居大智和尚塔之右，金刚三藏塔之左。若隐香山、乾元等寺。（录文亦见《补遗四辑》）阎立德子阎庄宅　1995 年在西安长安县郭杜镇西约七里东祝村西南里许发现《大唐故太子家令轻车都尉阎君墓志铭》：上元二年九月二十一日，阎庄终于河南县宣风里第。夫人刘氏，刘德威之女，刘审理之妹。显庆元年二月二日，卒于京兴化里第。上元三年岁次景子十一月乙丑朔八日壬寅，合葬于雍州乾封县福阳乡阳原里高阳原。（臧振《西安新出阎立德之子阎庄墓志铭》，载《唐研究》第二卷 1996 年）按阎庄为唐太宗时大建筑师阎立德之子，但与新旧《唐书》记载有所不同。东都安业坊有阎立德女唐府君夫人宅第。**周使持节瀛州诸军事瀛州刺史莘国公窦孝慈宅** 窦孝慈是汉丞相窦婴之系孙，唐太穆神皇后之从侄，驸马都尉工部尚书莘国公诞之嗣子。永徽元年窦孝慈袭封莘国公，夫人豆卢氏随命册拜莘国夫人。豆卢氏曾祖永恩，周骠骑大将军。祖通，隋恒相等五州刺史驸马都督南陈郡开国公。父宽，礼部尚书芮国公。永淳元年窦氏增号莘国太夫人，载初元年二月二十八日遘疾，薨于洛阳宣风之里第，春秋六十有六，天授二年一月四日，迁神还于京第。粤以天授二年三月一日，且权祔于祖妣魏氏旧域长安龙首原。（《集萃》）按窦孝慈之父窦诞墓志 1985 年出土于咸阳市唐顺陵内阙门外西南角，墓志载，贞观二十年二月，窦诞薨于长安辅兴里第，其年八月合葬于襄阳公主（唐高祖第二女）之茔。《旧唐书》卷六十一《窦威传》：威从兄子抗，抗第三子诞，诞子孝慈，"子孝慈嗣"官至左卫将军。**大理评事郑日康宅** 《大唐故太子洗马郑府君故妻赵郡李夫人墓志铭并序》："夫人李氏，赵郡河内人。曾祖守素，皇朝天策府仓曹、秦府十八学士。"考仲翔，朝散大夫杭州司马。永泰元年八月十九日，夫人终于东都宣风里第，胤子大理评事日康。以其年闰十月二十一日，祔葬于偃师县首阳乡先府君之茔。（《补遗千唐志斋新藏专辑》）按李夫人墓志撰者为其侄朝议郎行大理司直日就，称郑府君为伯父。**岐州普润县丞崔府君夫人王琦宅** 王琦，太原人。开元十七年十一月四日，终于宣风里第，其月十六日，权窆于龙门北原。王琦"内无主享之胤，外无跋踵之女"。（《补遗千唐志斋新藏专辑》）**正议大夫使持节相州诸军事相州刺史上柱国赞皇县开国子李畅宅** 李畅，字完美。开元十八年六月八日，薨于东都宣风里第，朝廷震悼。以其年七月九日，葬于邙山之原。（洛古馆）按《新唐书》卷七二上《宰相世系表》二上，赵郡李氏畅，相州刺史。父峤，字臣山，相武后。畅子惟和，大理司直。惟和子琰，合肥令，生长倩。《唐故安国寺比丘尼性无相墓志铭》："比丘尼性无相，族秦氏，京兆云阳人也。"父纯孝。年十六归于吏部侍郎郑齐婴，有子曰华。"尽有漏之余因，得无相证性，故以性无相为出家之号。"大历八年七月二十六日，殁于河南县宣风里之私第，其年八月六日，葬于龙门毕圭之原。（《补遗八辑》）按郑齐婴，《唐郎官石柱题名考》《唐御史台精舍题名考》均有载。另见本书宣风坊安国寺。**永宁县尉崔佚宅** 夫人王娉，万年县令太原王圆之女，永宁县尉博陵崔佚之妻。大历十年四月癸亥朔，终于河南宣风里，时年二十有二。五月景申，窆于偃师之土楼邙阜之阳。（《补遗八辑》）按王娉墓志撰者为其夫崔佚。

次北观德坊。隋于此坊置百官射堋，取射以观德之义，因以名坊。又有国子监。唐初唯内臣所居，长寿中敕不许他人居止。

景福寺。本千金公主宅，垂拱中，自教业坊徙景福尼寺于此，会昌中废。

增订：

景福寺　《都景福寺威仪和上龛塔铭》：和上讳灵觉，俗姓威氏，则天（下缺）之次女也，无常于景福伽蓝，时春秋五十二，遂于龙门西岩选龛即其月（缺）礼也。（《芒洛补遗》）处士赵端宅　赵端字端正，缑氏人。麟德二年正月十五日，终于观德坊私第。夫人徐氏。（汴博）周司宫台内给事苏永宅　苏永字正长，雍州云阳人。唐太宗文武圣皇帝命公北衙供奉，高宗授公将仕郎直内侍省。龙朔中奉使岭南。春秋六十有三，卒于合宫县观德坊之第。长寿二年十月十七日，卜宅于邙山。（《千唐志》）按：苏永卒年因字迹不清，可能为长寿二年六月十四日。中大夫太子内坊典内陈范宅　陈范，陈郡寿春人。祖思，父化。长寿三年三月十一日，陈范卒于观德私第，其年四月八日葬于洛州洛阳县界北邙山之阜。（《补遗八辑》）右金吾卫长上桓思贞宅　桓思贞，字药树。曾祖贵和，祖士立，父德相。武周初乡人举为首望，天后知其父武不坠，即擢授右金吾卫长上。景云元年八月五日，卒于观德里之私第，以其年十月二十四日，与夫人兰陵萧氏合葬于□□偃师县西原。嗣子晖、绍等。（《拾零》）通议大夫行内侍省内给事上柱国来义晖宅　来义晖，京兆长安人。曾祖梅。祖乾。父广，任正义大夫行内给事。来义晖“开元二十一年扈驾东洛，亲侍龙威，立身六十，供奉四十余年。至二十四载，帝思西顾，遂择强能擢为东京大内留后兼上阳宫等使”。天宝八载九月十八日，终于河南府观德里之私第，以十一月十八日葬于帝城之南，龙门之北。（《拾零》）彭城郡蕲县令卫凭宅　卫凭，河东安邑人。天宝十二载八月十一日，终于观德坊之私第。（《北图石汇》）夫人河东薛氏。朝议郎守楚州长史赐绯鱼袋源博宅　源博，字至道，后魏之裔。建中三年十二月十四日，终于东都观德里之私第。明年二月二日，祔于祖茔东九十步河南县张阳村西二里之旧茔。（《千唐志》）源博墓志为蒋琬之兄弟蒋铢撰。另见《唐故楚州长史源公夫人安乐蒋氏墓志铭》，蒋琬墓志为其子晋述。按墓志载源博曾祖翁归，祖修业，父光誉。《新唐书》卷七五上《宰相世系表》五上：源翁归，比部郎中。子修业，泾州刺史，子光誉、光俗、光乘、光时。光誉，户部侍郎。光誉有子休，无博之名。《新表》光乘、光誉、光时低光俗一格，疑有误。源光乘墓志载《千唐志》，光乘在长安宣阳里有宅，卒于天宝五载二月，六载二月，迁厝于洛阳邙山宣武原。湖州参军王滕宅　王滕亡妻，唐丞相第五琦之孙，蜀州刺史申之次女。既笄，大和八年嫔于湖州参军王滕之室，太夫人始居洛，滕携挈而归。大和九年三月十日，妻第五氏终于河南府河南县观德里之私第，享年二十，开成元年二月二十日，权窆于河南县龙门乡王村。（《西市藏志》）

次北积善坊。北至雒水。隋有周法尚宅。《文昌杂录》曰：后唐同光三年，雒京蕃汉马步使朱守殷，于积善坊役所得古钱，四百五十六文曰得一元宝。四百四十文曰顺天元宝。〔两“曰”字原脱，据《文昌杂录》卷三补〕

太微宫。天宝元年正月，置玄元皇帝庙于此坊，九月改庙为太上玄元皇帝宫，二年改太微宫。杜光庭《历代崇道纪》云：衢州为建观宇，穿地得鱼一头，长三尺，其状似铁，微微带紫碧之色，又如青石，光莹雕镌，殆非人功所成也，扣之甚响，遣使来献。帝呼为瑞鱼磬，命悬于太微宫。**明皇旧宅**。本高士廉宅，圣历初玄宗兄弟出阁，五人分院同居此坊，号五王子宅。明皇八分书院额。**右金吾卫韦机宅**。后为丘神勣宅，神勣诛，以赐张易之。易之诛，为将作监。**河内县尉陈该宅**。陈子昂《陈该石人铭》：遇疾，于神都积善坊考终厥命。**司礼卿赠幽州都督崔神庆宅**。**李及宅**。《广异记》：李及性好饮酒，所居在京积善坊。**坊北月陂**。《河南图经》曰：雒水自苑内上阳宫南，弥漫东注。隋宇文恺版筑之，时因筑斜堤，束令东北流，当水冲捺堰，作九折，形如偃月，谓之月陂。其西有上阳、积翠、月坡三堤。明皇开元末作三堤，命李适之撰记，永王璘书。其记云：及泉而下巨木，飞轮而出伏水，然后积石，增卑而培薄，方下而锐上。余皆残阙不可辨，记之背列明皇诸子及当时公卿名位。世传安禄山陷雒阳，观之云：此多有贤士之名。蕃音讹为盐豉，遂号盐豉碑。

《校补记》：积善坊　李及宅　下补：南曲。并注《广异记》文，下补：及云往南曲妇家将息。

增订：

明皇旧宅　《册府元龟·崇黄老》云：“于藩邸置玄元皇帝庙。”据此可知，太微宫与明皇旧宅为同一地。《新唐书》卷八十一《三宗诸子》让皇帝：“初，帝五子列第东都积善坊，号五王子宅。”五代时在积善坊内发现大量唐时钱币。据《旧五代史》卷三十二《唐书·庄宗纪六》载：“（同光三年三月）甲午，振武军节度使洛京内外蕃汉马步使朱守殷奏：昨修月陂堤，至德宫南获玉玺一纽（至德宫南，《册府元龟》卷二十五、《会要》卷五并作‘至立德坊南古岸’）献之。诏示百官，验其文曰‘皇帝行宝’四字，方圆八寸，厚二寸，背纽交龙，光莹精妙。守殷又于役所得古文钱四百六十六，内二十六文曰‘得一元宝’，四百四十曰‘顺天元宝’，上之。”案庞元英《文昌杂录》云：“同光三年，洛京积善坊得古文钱曰‘得一元宝’‘顺天元宝’，史不载何代铸钱，近见钱氏《钱谱》云：史思明再陷洛阳铸‘得一钱’，贼党认为‘得一’非佳号，乃改‘顺天’，盖史思明所铸钱也。”《册府元龟》卷二十五《帝王部》符瑞四：“（同光）三年三月振武节度使雒京内外蕃汉马步使朱守殷奏：臣修洛阳月陂堤至立德坊南古岸，得玉玺一面上进……守殷又于积善坊役所得古文钱四百五十六，一十六文‘得一元宝’，四百四十文‘顺天元宝’。”《太平御览》卷八三六《资产部》十六，《钱》下：“《后唐书》曰：朱守殷奏，于积善坊役所得古文钱四百五十六，文曰‘得一元宝’，四百四十文‘顺天元宝’，守殷进纳……”月陂　1998年10月至1999年1月，在市区南部洛河牡丹桥东侧主河道南北两侧河床上发现石堤堤石300余块。主河道南侧暴露于地面，沙坑中的堤石140余块，自洛河南岸大堤北约20米处，断断续续由西南向东北延伸，直至洛河主河道南侧附近，大致呈带状分布，长约350米。洛河主河道北侧，河滩上堤石有172块，仍为西南至东北方向，与南侧河床上堤石方向一致。据《元和郡县图志》卷五《河南道一·洛阳县》：“洛水，在县西南三里，西自苑内上阳之南弥漫东流，宇文恺筑斜堤束令东北流。当水冲，捺堰九折，形如偃月，谓之月陂，今虽渐坏，尚有存者。”《唐六典》卷七：“开元二十四年，上以为谷，洛二水或泛溢，疲费人工，遂敕河南尹李适之出内库和雇，修三陂以御之，一曰积翠，二曰月陂，三曰上阳。尔后二水无力役之患。”洛河牡丹桥东侧发现之堤石可能是隋唐月陂遗址。（霍宏伟《洛阳发现洛水石堤遗存》，载《中国文物报》1999年4月11日）清道率内阳公薛君宅　薛君夫人博陵崔氏。曾祖华，祖治文，父嗣基。垂拱二年，内阳公职迁，授崔氏安平县君。万岁通天元年，升博陵郡君。有子自勖等。长安三年闰四月二十五日，终于积善里之私第，神龙元年正月二十八日，权殡于合宫县龙门乡原。（《拾零》）太子家令寺丞柳彦初宅　柳彦初，河东解人。祖寔，父惇。彦初弱冠，补国子监太学生。无何，明经策拜上第，解褐授陕州参军，秩满，转左司御兵曹参军。寻以宫臣除太子家令丞。开元二年九月十一日，终于河南府河南县积善里之私第，其月十七日，葬于河南县龙门山之南岗。夫人清河房氏。嗣子光辉。（《补遗千唐志斋新藏专辑》）太平公主园　《天下郡国利病书》卷五十一《河南二·故园》：“太平公主园在积善坊。”崔日用宅　《洛阳县志》卷三十八《第宅志》：“唐崔日用宅，旧志在积善坊。”朝散大夫苏州别驾知东都将作监事赵益宅　赵益，天水人。大历十四年七月二十六日，委顺于积善里。至其年十一月十六日，卜宅于洛阳县平阴乡与夫人弘农杨氏合祔。（《曲石志》）博陵崔夫人宅　崔夫人于后晋天福六年九月二十八日，薨于洛京积善坊私第，其年十一月十六日，葬于河南县金谷乡焦谷村。（《补遗一辑》）

右定鼎门街西第一街，六坊。

定鼎门街之西第二街，北隔雒水，当皇城之右掖门。从南第一曰从政坊。

扬州大都督府长史赠户部尚书李杰宅。

增订：

冠军大将军行右鹰扬卫将军归义可汗阿史那德感宅　2000年6月，洛阳市关林镇西洛阳卷烟厂附近出土阿史那德感墓志。阿史那德感是突厥颉利可汗之曾孙。祖特勤为突厥叶护，父伽那入唐后任行左武卫郎将。唐王朝据突厥世袭官爵之习惯，于垂拱三年首制封德感为归义可汗，嗣守藩叶。永昌元年九月，授右卫豹韬卫将军。天授元年制封为冠军大将军行右鹰扬卫大将军。天授二年正月十八日，阿史那德感薨于从政里之私第，春秋二十有七。制令七品官一人，监护坟域，所需并令官给。坟如马鬃，路似羊肠，归厝于神都城南毕圭乡。（赵振华《阿史那德感墓志与颉利可汗归唐》，载《河洛史志》2002 年第 2 期）按阿史那德感之父阿史那伽那，即颉利可汗之嫡孙，于咸亨二年终于洛阳道术里第，其年葬于长安城西昆明池北马祖原。有关历史文献记载突厥阿史那氏居住在唐东都的有阿史那忠在尚善坊，阿史那斛瑟罗在敦化坊。阿史那忠陪葬昭陵，有墓志出土。其他突厥阿史那氏墓志多出土于西安附近，如出土于西安城东南之阿史那自政，字哲，是单于处罗可汗之曾孙，开元十年于河南府当上宿卫终卒，在洛阳亦应有居所，但不知其地。临济府左果毅姚公夫人明婉宅　夫人婉，平原人。开元十六年七月十六日，终于河南县从政里第，八月二十日，窆河南万安之南原。嗣子洽、濯、汲。（《补遗千唐志斋新藏专辑》）御史大夫张守珪宅　《唐御史大夫故夫人陈氏墓志》2003 年春出土于河南洛阳红山乡。夫人陈尚先，字上元，累叶家于颍川。大父惠，银州录事参军。列考言，沙州龙勒府折冲都尉。夫人则都尉之长女。开元二十四年二月四日，遘疾，终于从政里之私第，享年三十有九。即以其年二月二十二日，权殡于邙山金谷乡之原。嗣子太子通事舍人献诚，次子尚舍直长献心等。其时张守珪正于渔阳为防契丹、奚的边防要员。夫人陈氏墓志为诗人、朝议郎行尚书司门员外郎张鼎撰，书法名家右拾遗徐浩书。（赵君平《新出土徐浩书〈陈尚仙墓志〉探微》，载《中国书法》2004 年第 3 期）崔君妻郑夫人宅　郑夫人为蜀郡令清河崔府君之第三子夫人。夫人高祖郑善果，刑、户、礼部三尚书。祖崇式。父埕。天宝十四载六月六日，终于东京从政里郑氏之私第，其载八月十五日，权殡于河南府偃师县首阳乡之南原。（《补遗千唐志斋新藏专辑》）

次北大同坊。本曰植业坊，隋大业六年徙大同市于此，凡周四里，市开四门，邸一百四十一区，资货六十六行，因乱废。唐显庆中，因旧市以名坊。

洛汭府。见《地理志》。

增订：

左监门校尉游击将军陈玄运宅　陈玄运夫人赵氏，久视元年闰七月十七日，终于大同里之宅，权殡于河南县龙门乡游仙里。陈玄运另有宅在温柔里。（《补遗千唐志斋新藏专辑》）洛州合宫县丞魏承休宅　夫人萧贝娘，兰陵人。梁明帝五代孙。祖仪，太子仆。景龙二年三月十五日，夫人薨于合宫县大同里，其月二十七日，葬于永昌县平阴乡。（《补遗八辑》）正议大夫行光禄寺少卿王子麟宅　王子麟，字楚子，太原祁人。开元五年十二月十二日，薨于大同里第。夫人冯氏，六年正月十四日，合葬于金谷乡原。（汴博）赠工部尚书张庭珪宅　开元二十二载秋八月十九日，金紫光禄□夫太子詹事致仕上柱国范阳县开国子张庭珪，薨于河南大同里第，春秋七十有七。粤十一月权窆于寿安县纺山。天宝十载岁次辛卯十月癸酉，葬庭珪于纺山旧原先茔，夫人祔。张庭珪墓志是伊川县陆浑灌区西干渠在坡头村东修建涵洞时发现的。(《河南省伊川县出土徐浩书张庭珪墓志》，载《文物》1980年第3期) 按张庭珪，两《唐书》有传，墓志记载张庭珪的生平事迹可补充史书记载之不足。

次北承义坊。“承”或作“永”，非。

申王㧑宅。后为王毛仲宅。刑部尚书韦抗宅。苏颋《韦抗碑》：薨于雒之承义里第。

增订：

纳言上轻车都尉博昌县开国男韦仁约宅　韦仁约字思谦，京兆杜陵人。曾祖亮，祖瑗，考德伦。永昌元年九月二十八日，韦仁约薨于神都承义里第。孤子承庆、嗣立、淑等。以载初元年一月七日，迁窆于雍州万年县铜人原旧茔之后。(《补遗二辑》) 按韦仁约夫人王婉，万岁通天元年终于神都崇政里第，万岁通天二年归真于雍州万年县铜人原博昌公大坟下之傍穴。司农寺主簿崔日新宅　崔日新，字子升，安平博陵人。景龙二年七月五日，卒于河南承义里之私第，其年十月十六日，葬于北邙山旧茔，祔亡妻荥阳郑氏夫人之圹内。1987年洛阳市郊区邙山乡井沟村出土崔日新墓志。(《洛阳新获墓志》) 左龙武大将军刘公宅　夫人王氏，襄平人。左豹韬卫郎将德徽其祖。处士谌其父。夫人既笄，适于刘公，公拜云麾将军，右骁卫中郎。夫人邑封太原郡。刘公寻加本卫将军，兼掌环列，改封晋阳郡夫人。天宝七载七月十六日，薨于东京承义坊宅之小寝，其载十二月三十日，合葬于洛阳县平阴乡奇溪北平原旧茔。有子曰承休、承光、承福、承嗣等。(《补遗千唐志斋新藏专辑》)

次北明义坊。本曰显义，避中宗讳改。隋有蜀王秀宅。

左右教坊。崔令钦《教坊记》云：东京两教坊，俱在明义坊，而右在南，左在北也。坊南西门外即苑之东也，其间有顷余水泊，俗谓之月陂，形似偃月，故以名之。尚书左仆射、郇国公韦安石宅。

增订：

辅国大将军荆州都督虢国公张士贵宅　张士贵，弘农卢氏人。显庆二年六月三日，薨于河南县之显义里（明义坊）。陪葬昭陵。墓位于礼泉县马寨村西南约300米，1972年清理出土。(《陕西礼泉唐张士贵墓》，载《考古》1978年第3期) 吏部尚书姜遐宅　姜遐，字柔远，秦州上邽人。父姜行本，贞观时有战功，赠左卫大将军，封郕国公，陪葬昭陵。姜遐于天授二年八月十四日，薨于东都明义里。夫人窦氏，为驸马都尉窦怀哲之女，母为兰陵公主。(《唐姜遐碑》，载《考古与文物》1980创刊号) 贺季宅《大唐前杭州临安县郑明府妻贺夫人墓志铭并序》："夫人讳季字季，会稽山阴之人也。"大父绲，为陈秘书省学士、隋齐王文学。父敳，皇朝著作郎、孝敬皇帝侍读、修文馆学士、太子中舍人、率更令、赠使持节杭州诸军事。贺季年五十一，终于河南县明义里第，先天二年四月四日，窆于河南县龙门北原。子忱。(《补遗千唐志斋新藏专辑》) 按贺敳，新旧《唐书》有传。

次北教义坊。

武后母荣国夫人宅。后立太原寺。武后登上阳宫，遥见之，辄凄感，乃徙于积德坊。此坊与禁苑连接。

次北洛滨坊。北至雒水，垂拱中筑入苑。

增订：

隋贾珉宅　贾珉，解褐强弩将军。大业六年闰十一月二十六日，终于东都之洛滨里舍。以十二月十四日，永窆邙山之北原。(《芒洛续补》) 纪国公世子段偃宅　段偃夫人独孤氏，高祖独孤信，《北史》《周书》有传。其七子皆仕于北魏、北周。长女、四女、七女分别为周明帝宇文毓、唐元太皇帝李昞、隋文帝杨坚皇后。曾祖善，祖澄，父瑛。独孤氏以贞观十二年正月七日，薨于洛州洛滨里，以其年二月二十二日，窆于雍州咸阳县洪渡（渎）原，夫孝爽。孝爽为段伦世子段偃。1993年收缴独孤氏墓志，墓在咸阳市渭城区底张镇西郭村东北1.5千米。(马先登、李朝阳《唐独孤夫人墓志考释》，载《文博》1996年第6期)《千唐志斋藏志》三〇二载：《大唐殇子王烈墓志铭并叙》云：王烈，名宝德，东京伊阙人。仪凤二年夏四月二十二日，忽尔私行，慈亲慞惶求觅，获柩洛滨。此洛滨似为河旁，不应为洛滨里。刘禹锡宅　《刘禹锡集》卷三十六："洛滨病卧，户部李侍郎见惠药物，谑以文星之句，斐然仰酬。"

右定鼎门街西第二街，六坊。

定鼎门街之西第三街，即厚载门第一街，从南第一曰西市。《河南志》引韦述《记》曰：厚载门第一街，街西本固本坊，又改西市。隋有姚辨宅、甲弩坊，天经宫乃文帝寝庙。《朝野佥载》：则天礫阎知微于西市。按唐以隋之东市为南市，故不置东市，而于隋南市之西置西市。

望仙桥。南对厚载门，北对右掖门。

次北广利坊。《河南志》引韦述《记》曰：广利坊其北抵苑，即隋富义坊。隋有陈叔宝宅。

右定鼎门街西第三街，一坊及西市。

定鼎门街之西第四街，即厚载门第二街，从南第一曰通济坊。《河南志》引韦述《记》：通济坊即隋怀义坊。

次北淳和坊。

其西南里。《河南志》引韦述《记》：南里、北里在淳和之西。

次北北里。

吴少微宅。吴少微《哭富嘉谟诗序》：河南富嘉谟卒，予时寝疾于雒阳北里。

右定鼎门街西第四街，三坊。

雒水之北，东城之南，承福门之东，从西第一曰承福坊。坊南新中桥，南当长夏门。

次东玉鸡坊。按《水经注》：含始受玉鸡之瑞于雒水，故坊以为名。李庾《东都赋》：左掖通东，右掖洞西，笼故地之铜驼，抱旧里之玉鸡。

次东铜驼坊。《通鉴》：晋怀帝步出西掖门，至铜驼街。《水经注》：雒阳城中太尉、司徒两坊间谓之铜驼街。按此坊盖取铜驼为名，而非即魏晋之铜驼街也。

《校补记》：铜驼坊补注：洛阳铜驼街在洛阳城东，汉置铜驼二于宫之南街四会道头，两铜驼夹东西，夹路相对。谚云铜驼陌上集少年，言人物盛也。又《异闻集》：垂拱中，驾在上阳宫，太学进士郑生晨发铜驼里，乘晓月度洛桥。补一条并注：隐士薛弘机宅，注：《乾膘子》：东都渭桥铜驼坊有隐士薛弘机，营蜗舍渭河之隈。

增订：

铜驼陌　《刘禹锡集》卷二十五《为郎分司寄上都同舍》：“籍通金马门，家在铜驼陌。”赠泉州司马李隐之宅　李隐之字大取。祖敬。父直。隐之厌海壖之风，慕洛汭之化，重译纳贡，随牒受官。以神龙元年正月二十五日，终于上林里之私第，春秋五十有一，赠泉州司马，以成送终之义。迁殡于河南府河南县平乐乡之原。夫人河间县君刘氏，开元二十七年四月五日，终于道政里之私第，春秋八十有六。其年五月壬辰朔五日，合葬公之旧茔西南一里半。嗣子初有、仲子怀德、季子怀敏。李隐之、子李怀墓志已于1928年出土于洛阳城北十六里南陈庄村，志石藏于千唐志斋博物馆。李怀墓志载：祖李敬至长安，未贵而没，“其子曰直，直生隐之，赠清源郡司马，公（李怀）则清源郡司马之冢子也”。李怀在唐玄宗平定韦氏之乱建立奇功。天宝四载李怀病逝于道政里。李隐之墓志藏洛阳瀍河区马坡洛阳九朝刻石文字博物馆。（拜根兴、宋丽《新见高句丽百济移民墓志的新探索》，载《陕西历史博物馆馆刊》2015年）左威卫左中侯内厩长上上骑都尉陈

牟少宅　陈牟少，颍州许昌人。解褐授右威卫右执戟，天宝元年五月十六日，舍兹永业，□月十三日葬于邙山平洛乡之原。夫人李氏，天宝十四载十一月八日，终于东京铜驼里第。(《千唐志》) 按陈牟少墓志载：“燕朝革命，天宝十五载□月一日，改为圣武元年。”李夫人于兹年五月十三日迁窆。中散大夫试恒王府司马张进宅　张进，洛阳人。父午，试左武卫兵曹参军。张进贞元二十一年四月二十七日，薨于河南县上林里之私第。夫人成氏，不幸先逝于贞元十九年五月十七日，其年十一月权厝于平阴乡先茔。之后有子兴、抚、庆、岌，皆夫人董氏所出。元和三年五月二十七日，薨于私第，其年十一月二十四日，合祔同穴于平阴乡之原。(《拾零》) 东都留守李大使士素宅　夫人曲丽卿，善音律，妙歌舞。大中十三年十月十八日，殁于东都铜驼里之私第。(《北图石汇》)

次东上林坊。

增订：

崔少尹新居　白居易《题崔少尹上林坊新居》诗云：“坊静居新深且幽，忽疑缩地到沧洲。宅东篱缺高（一作嵩）峰出，堂后池开洛水流。高下三层盘野径，沿洄十里泛渔舟。若能为客烹鸡黍，愿伴田苏日日游。”正议大夫行内侍省上柱国□保定宅　□保定，安定人。父思庄。开元十七年终于河南府□（上）林里第。……月十七日，迁窆□长安城西龙首之原。(《补遗五辑》) 王端宅　王端字奚子，琅琊人。慈母八旬有二，幼子早世，长男曰端，天赐风疾于上林之里，医救数周，药无一效，以长庆四祀十二月八日，奄然名灭。宝历元祀二月二十八日，厝于河南平乐之原。(《千唐志》)

次东温雒坊。

增订：

朝请郎行司农寺大仓丞骑都尉刘慎宅　刘慎，字进宪，其先彭城人。“起家补将作监甄官丞，隶彼冬卿，掌斯陶匠，器用必善，崇尺在规。秩满拜司农寺大仓丞”。开元十三年太岁甲子，享年六十，终于东都之温洛里。越六月七日，迁神于北邙山之南麓。(《千唐志》) 试左卫兵参军裴孝仙宅　裴孝仙，贞元十九□甲申岁（贞元十九年为癸未岁，803 年，甲申为贞元二十年，804 年）殁于洛阳县温洛之私第，时年六十有三。夫人诸葛氏，丙戌岁四月（元和六年）终于城居温洛坊里之私第，时年六十有五。元和元年八月十二日，与夫人合葬洛阳城北十里之茔。(《千唐志》) 崔宜之宅　崔淯之孙，崔日用之子，义丰县开国男崔宜之（四郎）墓志铭文有“终还温洛”。疑温洛坊有崔宜之宅。(《北图石汇》)

右雒北、漕南二水之间，五坊。

雒水之北，东城之东，第一南北街，北当徽安门西街，承福坊之北，从南第一曰立德坊。在宣仁门外街南。

胡祆祠。《四库提要》《西学》下云〔“云”字当衍〕引宋敏求《东京记》载，宁远坊有祆神庙。注曰：《四夷朝贡图》云：康国有神名祆，毕国有火祆祠，或曰石勒时立此。按东京无宁远坊，而《会要》与此皆有祆祠，未识所引《东京记》见于何书，俟考。王本立宅。后为都水监，吏部选院。监察御史裴氏宅。穆员《裴府君墓志》：终于立德里之第。水陆转运判官孟郊宅。孟郊有《立德新居》诗。写口渠。《通鉴》：陈怀文引槊刺世充，世充衷甲不能入，怀文走趣唐军，至写口追获，杀之。

《校补记》：立德坊　胡祆祠　补注：《朝野佥载》：河南府立德坊及南市西坊皆有胡祆神庙，每岁商胡酬神祈福，募一胡为祆主，有幻术法。补：陈仲躬宅　并注：《博异记》：陈仲躬于雒阳清化里假居，移居立德坊。

增订：

新潭　《旧唐书·食货志》：“大足元年六月，于东都立德坊南穿新潭，安置诸州租船。”关于新潭的地理位置，学者依据《河南志》的记载，结合唐东城东门宣仁门遗址考古发掘的位置，认为唐代立德坊应在今洛阳老城南大街以东，东大街以南地区，而新潭位置应在今洛阳市老城区东南隅一带，即东大街鼓楼以南，瀍河以西至南关地区。（方莉、程沛岩、方孝廉《唐东都洛阳城“新潭”踏查记》）中桥　《旧唐书·韦机传》：“上元中迁司农卿，检校园苑，造上阳宫，并移中桥从立德坊曲徙于长夏门街，时人称其省功便事。”《册府元龟》卷十四：“时尝机为司农少卿，受诏检校东都营田园苑之事。帝谓之曰：‘两都是朕东西二宅也……’于是机始造宿羽、高山等宫，并移洛水之中桥自立德之西街，徙于长夏之通衢，遂废利涉桥，公私以为便。”按“时尝机为司农少卿”，“尝”字，应为“韦”字。“检校”原文误为“简较”，已改。《旧唐书·高宗纪》：永淳元年五月，“自丙午连日澍雨，洛水溢，坏天津及中桥，立德弘教景行诸坊，溺居民千余家。”《旧唐书·五行志》：“（永淳元年）洛水大涨，漂损河南立德弘教洛阳景行等坊二百余家，坏天津桥及中桥。”《全唐文》卷八三九朱守殷《上玉玺表》：“臣修洛阳月陂堤，至立德坊南古岸，得玉玺一面，上进。”朱守殷于后唐天成初拜同中书门下平章事，授河南尹，上玉玺表应在此时。同时也说明，在天成时亦曾修月陂。胡祆祠　《太平广记》二八五《河南祆主》：“唐河南府立德坊及南市西坊，皆有胡妖神庙。每岁，商胡祈福，烹猪杀羊，琵琶鼓笛，酣歌醉舞。酹神之后，募一胡为祆主，看者施钱并与之。其妖主取一横刀，利同霜雪，吹毛不过，以刀刺腹，刃出于背，仍乱扰肠肚流血，食顷。喷水咒之，平复如故，此盖西域之幻法也。”（《朝野佥载》）杨秀宅　杨秀，字景文，弘农华阴人。在北齐授任城王皇子国治书，会周武入齐，吊民伐罪，王以公神略不群，才堪主将，奏授仪同三司，与领军尉水贵捉冀州城。公乃宣威冀邑，运策漳滨。冀城战败，任城王谐俱被擒，杨秀亦不复出任。所谓“夷齐放任，巢许纵神”。大业五年九月十日，掩于立德之馆。以大业六年十月八日，窆于北邙之上。（《集释》）洛阳县淳俗乡君效姬宅　效姬，河南洛阳人。父君恪，隋渤海令。素染徽猷，旧敦风教，贞明白雪，质炫秋霜。诏授洛阳县敦俗乡君。以永徽六年正月十九日，终于立德里，春秋九十二。以其年二月六日，殡于邙山。（《千唐志》）处士成朗宅　成朗字宽，东平人。显庆四年二月二日，卒于立德坊之第。即以其月二十五日，葬于河南县平乐乡之原。（《千唐志》）处士刘宽宅　刘宽字慈裕，洛阳人。显庆四年龙□己未四日丁未朔，终于立德里。即以其月二十六日，葬于邙岭之南原。（洛古馆）会稽县丞李府君夫人韩氏宅　显庆五年七月二十五日，韩氏终于河南县立德坊私第。以其年八月十六日，殡于邙山之阳。（汴博）吴君张夫人宅　夫人张妹子，河南人。龙朔二年八月十八日，终于立德坊私第，其年九月十六日，殡于邙山之阳。（《补遗八辑》）昭武校尉秦义宅　秦义字仁，河南人。贞观六年六月二十七日，殁于第。夫人张氏，龙朔二年十二月二十四日，终于立德坊私第，以龙朔三年正月二十八日，共君合葬于邙山之阳。（《千唐志》）寿安县博士秦宝宅　麟德元年□月三十日，秦宝□于立德里。以其年三月二十五日，殡于邙山之阳。（汴博）隋金谷府鹰扬权豹宅　权豹字善开，陇西上邽人。麟德二年二月三日，卒于立德之里第。以其月三十日，葬于北邙千金乡之界。（《千唐志》）陪戎尉袁志合宅　袁志合字彦和，汝南人。乾封元年正月二十日，卒于立德坊之第，其年二月二十四日，迁窆于洛阳县郏鄏乡邙山之麓阳。（《补遗千唐志斋新藏专辑》）晁氏夫人崔氏宅　夫人贝州武城人。总章元年十二月九日，卒于立德里私第，二年正月六日，殡于洛州河南县邙山之阳平乐乡之原。（《补遗千唐志斋新藏专辑》）襄州襄阳县令刘宾宅　刘宾字公迥，彭城人。祖德，父政。龙朔二年九月二十九日，刘宾终于玉仙里之私第。夫人南阳白水张氏，垂拱四年八月三十日，终于立德里之私第，其年十一月十七日，合葬于北邙之原。嗣子令梓。（《补遗千唐志斋新藏专辑》）将作大匠杨思及宅　陕西省考古研究院于2012年12月于西安南郊金浮沱村（唐长安城东南郊北邻唐长安城约2.2千米）考古发掘唐州方城县丞杨贵墓。杨贵，仪凤二年十二月九日，终于京师宁化里之私第，权殡于毕原之崇址。夫人太原王氏，证圣元年十二月十日，卒于洛州立德里，权殡北郊之阴。开元九年岁次辛酉十月乙亥十一日乙酉，嗣子杨思及将其父母合葬于京兆万年毕原。杨贵夫人王氏卒于洛州立德坊里，可能是其子银青光禄大夫将作大匠上柱国华阴县开国男杨思及在神都为官时所居。（《西安南郊唐代杨贵夫妇墓发掘简报》，载《文物》2016年第11期）案唐代京师长安城无宁化里（坊），待考。文林郎张君夫人朱氏宅　朱氏，会稽余杭人。总章二年六月十□日，终于弘毅里之第，其月二十六日，□□□□山之瀍涧里。(《补遗三辑》) 钩盾署令苑君宅　苑君妻梁氏。祖达，隋郫县令。父基，唐将仕郎。天授二年八月二十八日，梁氏终于立德里之私第，其年九月二十九日，殡于邙山之原。(《补遗五辑》) 壮武将军行右鹰扬卫翊府右郎将王敏宅　王敏字元敏，其先太原晋阳人，因官为洛州永昌县人。长安四年八月六日，薨于合宫县立德坊之私第。以其年九月二十三日，葬于合宫县北之十里王晏村之原。(汴博) 果毅都尉裴坦宅　裴坦字光胤，河东正平郡人。开元二十八年十二月十二日，卒于立德里之私第。夫人陇西李氏，玉颜早凋，开元二十九年二月二十日，合葬于邙山北王晏村平原。长子项之。(汴博) 按《唐两京城坊考》卷五立德坊下有监察御史裴氏宅。裴氏曾祖冀州都督府长史，祖温州乐城县令，父蔡州司田参军。公闻于洛阳，不幸遇疾，贞元六年秋八月庚申，终于立德里之第，明年辛卯葬于首阳山之阳。《全唐文》卷七八四有《监察御史裴府君墓志铭》。太府寺平准署侯明俊宅　明俊，字仁俊，其先陕郡芮城人。天宝二年八月八日，终于立德里之私第，殡于北邙山。(《北图石汇》) 按：明俊调补殿中省尚辇局掌辇属。曾以库帛十万两支送安西府。唐玄宗曾向殿中监王公说："彼安西者近经汧陇，远出流沙，若不妙选使臣，曷能利有攸往。卿其虑之。"王殿中以明俊明识独断，㧑谦众推，状自伦比，授此嘉命。既而一历山川，再罹寒暑，统部有则，委输无私。迁卫威寺武器令、太府寺左藏令，又授平准令。既拜，以疾辞。摄福昌县令蒋伦宅　蒋伦，常州义兴人。父岑，正议大夫司农少卿赠汾州刺史。当玄宗之盛德，显于朝右。蒋伦以大夫门子，解褐左监门卫胄曹参军，三迁至封丘令，又宰摄福昌县。至德二年十月甲子，终于东都立德里之私第，大历四年十月二十七日，弟昱、晁等迁厝于河南龙门山之西岗。(《补遗唐志斋新藏专辑》) 洪州武宁县令于君夫人李氏宅　夫人李氏，六世祖襄邑王神符。滁州刺史赠司空鹔之孙，太子洗马赠金部郎僐之长女。肇归于于氏。于君殁世，会昌三年冬十月十七日，李氏终于立德里私第。(《曲石志》) 按李氏墓志撰者再从弟荆南节度推官将仕郎试太常寺协律郎李庚。其事迹见岑仲勉《续贞石补史》(载《历史语言研究所集刊》第十五本)。《新唐书》卷七十上《宗室世系》上，襄邑恭王神符。曾孙滁州刺史鹔，鹔子倨、程、石、福等，无僐之名。庚为长水令台之子，字子虔，湖南观察使兼御史大夫。李氏子于志衡为安州云梦县令。李俊宅　李俊，河东太原府人。唐明宗皇帝之孙，晋故□□太师之子，后晋开运三年（946）九月二十六日，终于洛京立德坊私第，当年十二月，殡于伊阙县。(《辑绳》)

次北清化坊。隋有郇王杨庆宅、许道进宅。《河南志》引《河洛记》曰：越王侗即位，李密遣李俭送降款，以清化里纪洪政宅为宾馆，以处俭。《通鉴》：罗士信帅勇士，夜入雒阳外郭，纵火焚清化里。

左金吾卫。按《朝野佥载》：天后永昌中，有宿卫十余人于清化坊饮。当即金吾卫士也。弘道观。有老君像，明皇、肃宗二像侍立。恒州刺史建昌公王义童宅。杨炯《王义童碑》：薨于雒阳之清化里。废宅。《博异志》：天宝中，金陵陈仲躬携数千金，于雒阳清化里假居一宅，其井甚大，常溺人，仲躬命匠淘之，得一古铜镜。次日移居立德坊。后三日，清化宅井无故自崩，兼延及堂隅东厢，一时陷地。旅舍。《定命录》：袁天纲初至雒阳，在清化坊安置，朝野归凑，人物常满。都亭驿。

《校补记》：清化坊补：旅舍，并注：《乾𦠆子》：阎济美到洛，投清化旅店。

增订：

宫人司玺元氏　归义乡君元氏，河南洛阳人。拜为司玺。大业五年七月六日，卒于河南郡河南县清化里。以其年十月二十七日葬于河南县千金乡北芒之山。（《集释》）宫人典玺李氏　典玺李氏，陇西成纪人。以大业五年八月二十九日，卒于河南郡河南县清化里，以其年十月二十七日，葬于千金乡邙山。（《集释》）宫人司仗程氏　五品司仗程氏，大业六年八月二十九日，终于清化里之别第。其年九月二十四日，窆于河南郡河南县千金乡芒山之北原。（《集释》）宫人司仗冯氏　大业六年八月十三日，五品司仗冯氏，卒于河南县清化里之别第。其年九月二十六日，窆于千金乡芒山之北原。（《集释》）宫人司膳贾氏　司膳六品贾氏，大业六年闰十一月十日，卒于清化里之别房。其月十九日，窆于河南郡河南县千金乡芒山之北原。（《集释》）此志与典玺李氏志1925年出土于洛阳后洞村。宫人典彩朱氏　隋宫人典彩六品朱氏，沛国人。大业六年十二月十一日，卒于清化里之别房。其月二十日，葬于河南郡河南县千金乡芒山之北岭。（《集释》）宫人司仗郭氏　隋宫人司仗六品郭氏，大业七年正月十二日，卒于清化里之别房。其月二十三日，葬于河南郡河南县千金乡北芒山之下。（《集释》）宫人陈氏　隋宫人□□六品陈氏，大业七年四月十七日，卒于清化里之别房。其月二十九日，葬于千金乡芒山之北原。（《集释》）按隋宫人墓志在洛阳出土数十件。隋大业五年至七年四月以前，多载明卒于清化里。自大业七年五月后，宫人墓志多载卒于外坊。宫人司灯李氏，大业七年五月十四日卒于外坊。宫人尚寝衣魏氏，大业七年十二月二日卒于外坊。宫人何氏，大业八年二月十四日，卒于金谷屯。宫人陈氏，大业八年二月二十一日，卒于内坊。宫人沈氏，大业八年六月二十三日卒于金谷屯。宫人萧氏，大业八年七月十九日卒于别院。宫人陈氏，大业八年十二月二十九日卒于外坊。宫人何氏，大业十年二月十四日卒于金谷屯。宫人陈氏，大业八年二月二十二日卒于内坊。宫人元氏，大业十年二月十四日卒于掖庭宫。大业十年六月以后去世的宫人，绝大多数仅记“云亡”，即有卒年、月、日和年龄，而无卒于何地的记载。隋正议大夫左御卫将军伍道进宅　伍道进，大业十一年三月十四日，薨于东都清化里宅。其年三月十四日窆于河南郡雒阳县零渊乡里山，谥曰恭公。1925年志石出土于洛阳，曾归三原于右任。（《北图石汇》）杨艺宅　杨艺，字德明，弘农华阴人。春秋七十，卒于清化里之私第。夫人张氏大业十二年八月十九日奄归殡于洛城北。以永徽二年九月十六日，迁窆于北邙山。（《芒洛四编》）文林郎贾师宅　贾师，字善德，河南洛阳人。祖灵，父宝宜。唐贞观二十一年三月十四日，贾师殁于清化里之私第。以其年四月十七日，殡于邙山平乐乡之原。夫人弘农杨氏，长寿二年八月四日，殁于审教里之私第，其年十月十七日，祔葬于府君之旧茔。（《拾零》）郑满才宅　郑满才，郑州荥阳人。妻石氏，贞观三年三月六日，卒于清化里。（《北图石汇》）张温宅　张温，字长仁，南阳人。贞观六年十二月十三日，终于清化里私第，麟德元年九月二十七日，与夫人刘氏合殡于河南县平乐乡界北邙山之阳。（《补遗六辑》）张朗宅　张朗，字宝贵，河内修武人，今贯居河南县。贞观九年四月十六日，终于清化里私第。夫人樊氏，乾封二年闰十二月二日，终于清化里私第。以其月二十七日，与君合葬于河南县平乐乡芒山之阳。（汴博）瀛州河间县丞段秀宅　段秀，字森，洛州河南人。起家郡功曹，迁瀛州河间县丞，秩满去职，偃泳丘园。贞观十二年二月十二日，薨于清化里。显庆二年三月二十一日，启窆旧茔。（汴博）处士霍恭宅　霍恭，字弘肃，行唐人。贞观十八年六月二十六日，终于河南县清化里私第。以其年七月十一日，葬于邙山之阳。（汴博）宋君妻班夫人宅　夫人雁门人。贞观二十年二月三日，卒于清化里第。以其年二月二十七日，卜窆于河南县平乐里邙山之阳。（汴博）武骑尉张实宅　贞观二十二年正月二十二日，武骑尉张实卒于清化里第。以其月二十八日，窆于芒山之□平乐里。（《千唐志》）荆州公安县主簿严遵德宅　（太）夫人郑金。永徽三年三月十八日，卒于洛州清化里。以其年四月七日，葬于邙山之阜。哀子荆州公安县主簿遵德。（洛古馆）曹州冤句县令杨逸宅　杨逸，字君则，弘农华阴人。于永徽四年六月九日，终于清化里第，其月二十六日，权殡于邙山之阳。（《北图石汇》）荀肃宅　荀肃，字孝威，河南洛阳人。“君珪璋挺质，表异弄璋之年；松竹疏神，昭贞驭竹之岁。既而仁孝斯立，学业已优，内阙花萼之亲，外无葭莩之戚。所以息心于禄，泳南陔以固怀。”以永徽五年闰五月八日，终于清化里第。其月二十八日，迁厝于邙山。（《芒洛四编》）杨夫人宅　夫人杨氏，河南洛阳人。永徽四年八月二十八日，卒于清化坊私第。其年九月五日，葬于邙山平乐乡。（《千唐志》）处士赵通宅　赵通，洛阳人。显庆元年五月二十三日，终清化里私第，以其年六月四日，葬于邙山之原。（汴博）尹奴子宅　尹奴子，洛阳新安人。祖景和，父胡儿，并术兼六艺，勇冠三军。尹奴子于显庆三年二月十日薨于清化里第，其月二十日，窆于邙山。（《补遗八辑》）舒州同安县丞爨君宅　爨君，雁门人，今寓居洛阳。龙朔元年九月五日，终于清化里之私第，春秋六十二。夫人张氏，显庆三年十一月六日终于清化里之私第，春秋五十。龙朔元年十月八日，与君合葬邙山之阳。嗣子文林郎仁轨。（汴博）夫人张端，南阳人。父珍，隋太常丞。显庆三年九月六日，张氏终于清化里私第，春秋六十有四。其月二十三日，殡于北邙山之阳平乐乡。长子务本，次子知□。（汴博）贾元睿宅　贾元睿，显庆五年正月二十二日，卒于清化里第，年十七。未有伉俪，冥婚卫氏，合祔于北邙之□。（汴博）李护宅　李护，陇西狄道人。龙朔元年十月四日，卒于洛州河南清化里第。夫人吴氏，贞观十三年终于私第，以其年十一月二十九日，葬邙山之阳。（汴博）都督王罗宅　王罗，父义，隋任蜀王府长史。王罗夫人段氏，陇西人，龙朔二年闰七月十六日，终于清化坊之私第。以其年八月四日，合葬于邙山之阳。（洛古馆）沙州鸣沙县令索达宅　索达，字君通，敦煌龙勒（今敦煌市南湖）人，鸣沙（今敦煌县）县令。麟德二年七月十六日，卒于清化里第。以其年八月三日，窆于河南县平乐乡之邙山。（汴博）柳尚远宅　柳尚远妻宇文夫人，河南洛阳人。麟德二年八月六日，卒于洛阳清化坊之私第。以其年八月十五日，葬于邙山金谷里。（汴博）赵元粲宅　赵元粲，麟德二年八月三十日，卒于清化坊私第。（《北图石汇》）同州白水县令杨元宅　杨元，字长才，河南洛阳人。乾封二年二月十六日，卒于清化里之私第。以其年二月二十九日，权窆于平乐乡芒山之阳。（洛古馆）车骑王端宅　王端，字直，河南洛阳人。乾封二年六月八日，薨于清化之私第。其年九月三日，与夫人苏氏迁窆于北邙山之阳。（《北图石汇》）上柱国杨大隐宅　杨大隐，字朝，河南人。“贞观之日，有事辽阳，选百胜之威雄，占三河之劲勇。君乃弃文士之笔，挺壮夫之剑。舞戟交前，方验一身之胆；扬桴直指，仍慑九夷之气。勒勋上柱国，赏物九百段，是日战场，实彰忠果。”咸亨三年十月十日，终于清化里之第。以其月二十八日，迁窆于城北平乐里之原。（《芒洛四编》）许州长葛县丞李辩宅　李辩，陇西狄道人。贞观十五年起家为豫州偃城县尉，寻转许州长葛县丞。龙朔三年十二月五日，终于清化之私第。以咸亨五年五月十七日，与夫人张氏同葬北邙平乐乡。夫人咸亨五年四月十七日，卒于东都立行之私第。（《千唐志》）潞州礼会府果毅王客宅　王郎，字客，太原晋阳人。咸亨五年七月十二日，终于清化里之私第，以其年十月八日，葬于邙山之阳。（《千唐志》）王令德宅　王令德，琅琊人。父畅，隋上柱国□部员外郎，兼监军长史。曾仗剑三韩。令德年二十，□事费氏。上元二年，岁次乙亥□□壬申朔十七日戊子，卒于清化里之私第，其年十月三日，迁窆于邙山之阳。（《补遗千唐志斋新藏专辑》）将仕郎王庆宅　王庆，字君膺，其先太原人。仪凤四年六月二日，没于清化里第。调露元年八月十二日，长子前将作监左校署监作游艺、次子游道等，权葬于北原。（汴博）周朝议郎行邢州钜鹿县丞王义宅　王义，字怀彦，太原人。长寿二年七月二十五日，终于清化里家第。（历史语言所藏拓片）文林郎刘胡宅　刘胡，字素，彭城人。以乡举擢文林郎，寻而称疾不仕，圣历二年七月九日，终于清化里第。夫人扶风马氏，圣历三年正月二十一日，与刘胡合葬于北邙山旧茔。（《千唐志》）王瓘宅　王瓘，字威德，太原郡人。咸亨三年三月十四日，终于清化之私第。夫人许氏，长安三年十月五日，（终于）崇政里之私第。其月十五日，权窆于北邙山之高原。（《千唐志》）汉州金堂县主簿上骑都尉桓师鲁宅　桓师鲁，润州曲阿县人。弘文馆学士法嗣之孙，襄州襄阳县令思敬第三子。万岁通天二年五月三日，终于神都合宫县清化坊私第。其月七日，葬于合宫县平乐乡北原王宴村东北。有子凤儿、鸾儿、麟子、豹子等五人。（洛阳市文物工作队藏拓片）朝散郎行薛王府国令张嘉福宅　张嘉福，陕州桃林县人。长安四年五月五日，擢授澧州慈利县尉。开元七年四月五日，又拜薛王府国令。开元十二年五月十一日，卒于河南府清化坊之里第，以其年迁窆于北邙山之平原。（《千唐志》）毛凤敬宅　毛凤敬，字爱，三原人，因事居河清县。开元十六年七月二十五日，终于清化坊之私第，十月八日，迁奉河南县平乐乡之原。（《千唐志》）武骑尉王羊仁宅　妻陈氏，开元二十三年五月一日，终于清化里之第。（《北图石汇》）按：王羊仁神龙三年八月十八日，终于时邕里之私第。皇甫宾宅　夫人杨丽字娥英，弘农望族。"归依释教，契龙女之能经营财产，会陶公之法，固得水旱无惧，吉凶有资。"开元二十四年六月十七日，终于河南县清化里之私第，以其年八月二十六日，迁窆于洛阳县北邙山南麓。（《千唐志》）冯翊郡兴德府别将左龙武军宿卫李献宅　李献，字景献。天宝十载三月十七日，卒于清化里之第，以四月九日，葬于邙山从先茔之次。（洛古馆）万俟氏宅　《唐故遂州刺史侍御史钱府君夫人万俟氏墓志铭》载，夫人河南郡人，安西都护洛川郡王应元之曾孙，楚州盱眙县令奔之孙，谄之第二女，"夫人遘疾之初而斋诫子曰：吾殁已后，可殓以时服，棺以凡材。然珠玉而瘗之，是暴骸于中原也"。贞元七年四月二十九日，终于清化里之私第，其年十一月五日，将窆于邙山之南原。（《补遗八辑》）左屯营进奏判官游击将军守左武卫中郎将赐紫金鱼袋龙武军宿卫杨择文宅　杨择文，弘农人。"年才芳春，已列名于凤阙。天宝之载，拜别将于龙台。六十年间，累朝联事，几经六任，不离禁司，龙额虎牙，恒充后骑，画轮朱绂，交映行轩。"以元和元年六月十二日，终于清化里之私第。故夫人陈氏，先葬于河南县朱阳里之原，以其年七月二十九日，合葬于故夫人旧茔。（《千唐志》）朝散郎试左青道率府兵曹参军高秀峰宅　高秀峰，渤海人。元和十四年四月十九日，终于河南县清化里之私第。夫人陇西李氏，大和三年十月二十六日，合祔共茔洛阳县平阴乡成村之原。高秀峰墓葬2000年被洛阳市文物工作队发掘，墓地在洛阳市东郊十里铺村。（洛阳市文物工作队《洛阳市东明小区 C5M1542 唐墓》，载《文物》2004 年第 7 期）上官政宅　上官政，字中容，望祖天水，即高平郡人。曾祖爱，祖敬诜，父挥。大和三祀季秋月二十六日，上官政殁于清化里之私第。夫人天水赵氏，以府君之前，即其年七月六日，终之同室。子长曰玘，次曰武，季曰球。（《补遗八辑》）按上官政墓志称“门传将相，世袭簪缨，冠冕播扬，列职朝野”。似与上官仪为一门。但与已出土的上官仪墓志所称祖寿，父昌，嗣子政不同。张贲宅　张贲，其先蒲州河东县人。祖格，父烈。元和中，长贲常縻职于转运使。大和七年四月三日，终于东都河南县清化里之私第。大和九年四月三日，迁神座于洛阳县平阴乡成村。夫人石氏，咸通二年六月十三日，告终于上都长安县布政里。（《补遗八辑》）东都留守北衙右屯营军押衙宣节副尉守右威卫沁州□俊府折冲都尉员外置同正员上柱国赐紫金鱼袋魏叔元宅　魏叔元，字赵六，洛阳人。“奉公职事东都三十余载，每于军府上下通流，或在肆行，人皆瞻望。”大和八年七月十八日，终于河南县清化里之私第。“（叔元）在日性好崇善，割舍资财，布施供养，设斋悬幡，写经铸像，竖立灯台，添修石柱，在城诸寺及嵩山、龙门、白马、□急林、龙兴所有伽蓝释境，处处安石。”大和九年七月三十日，归于洛阳城北河南县界杜翟村中祔先茔。（《千唐志》）陪戎副尉守右威卫沁州退俊府别将员外置同正员上护军右龙武军宿卫守右屯营军押衙魏仲连宅　魏仲连，河北人。大中二年九月十八日，倾殁于清化里之私第。大中三年二月十一日，兆原壤踞河南府洛阳县平荫乡积润村祔先茔。（《千唐志》）《魏仲俛墓志》：魏仲俛，钜鹿人。宝历元年四月三日奄终于清化私第。以其年五月六日，葬河南县平乐乡。长兄仲连以资窀穸。（《北图石汇》）《东都北衙右羽林军副使魏府君墓志》载：魏俦，钜鹿人。祖仲连，皇右屯营军押衙。父文诚，东都同防御副使银青光禄大夫检校太子宾客上柱国。咸通六年七月十九日，魏俦殁于清化里之私第。以当年十月二十二日，葬于□□县平乐乡杜翟村通旧宗□之茔之左。（《千唐志》）《正议大夫检校太子詹事上柱国魏府君中山张氏夫人墓志》载：夫人父仁复，皇太常寺奉礼郎。咸通七年九月十日，终于河南县清化里之私第。九年七月十八日，合祔于邙原。（《千唐志》）按魏府君失名，应为钜鹿魏氏一家。东都留守从事员公夫人李氏宅　员公故细君陇西郡李氏，开成五年九月二十六日，终于东都清化里之私第，以其年十一月十日，殡于洛阳县感德乡高村夫之先茔。员公夫人李氏墓志于 2005 年秋在河南省洛阳市洛龙区关林镇出土（《拾零》）假居　租屋而居，暂借居住。“天宝中，有陈仲躬家居金陵，多金帛。仲躬好学，修词未成，乃携数千金，于洛阳清化里假居一宅。”有云望君子移出此宅。仲躬曰：“某以用钱僦居，今移出，可以取措足之所。”“宅主来谒仲躬，便请仲躬移居，夫役并足，到斋时，便到立德坊一宅中。其大价数，一如清化者。”于此可知清化坊、立德坊均有僦居之房。（唐谷神子《博异志·敬元颖》）都亭驿　《太平广记》卷一百二十一《江融》：

“唐左史江融，耿介正直。扬州徐敬业反，被罗织。酷吏周兴等枉奏杀之，斩于东都都亭驿前。”（出《朝野佥载》）《太平广记》卷一五三《崔朴》：“张宿遭遇，除谏议大夫，宣慰山东。宪宗面许，回日与相。至东洛都亭驿暴卒。”（出《续定命录》）《旧唐书》卷一百五十四《张宿传》：“十三年正月，充淄青宣慰使，东都，暴病卒。”《旧唐书》卷八十七《裴炎传》：“光宅元年十月，斩炎于都亭驿之前街。”《旧唐书》卷一二四《李师道传》：李师道在东都“潜以兵数十百人内其邸，谋焚宫阙而肆杀掠……留守御将二人，都亭驿卒五人，甘水驿卒三人，皆潜受其职署，而为之耳目”。《旧唐书》卷一百五十四《吕元膺传》：“初，师道于东都置邸院，兵谍杂以往来……师道伏甲百余于邸院，将焚宫室，而肆杀掠……留守防御将二人，都亭驿卒五人，甘水驿卒三人，皆潜受其职而为之耳目”。《新唐书》卷一百九十一《王同皎传》：“斩同皎于都亭驿……睿宗立，诏复官爵，谥曰忠壮。”《旧唐书》卷一百四《封常清传》：“十二月，禄山渡河，陷陈留……贼大军继至，常清退入上东门，又战不利。贼鼓噪于四城门入，杀掠人吏。常清又战于都亭驿，不胜，退守宣仁门，又败。乃从提象门入（据《新唐书·封常清传》‘入’当为‘出’），倒树以碍之。至谷水，西奔至陕郡。”《旧五代史》卷一百四十三《礼志》下：天成四年“八月戊申，明宗服衮冕，御文明殿，追册昭宣光烈孝皇帝。礼毕，册使兵部尚书卢质押册出应天门登车，卤簿鼓吹前导，入都亭驿，翌日，登车赴曹州”。据《元河南志》与《唐两京城坊考》，清化坊与景行坊下均置都亭驿。现改于清化坊下。太微宫《册府元龟》卷五十四《帝王部·尚黄老第二黄老》：“（哀帝）天祐三年六月辛卯，太微宫使柳璨奏：‘伏以今年十月九日，陛下亲事郊祀……若车驾出城，礼非便稳……请折入都城，于清化坊内建置太微宫，则车驾行事得礼。’从之。”酒肆　《朝野佥载》卷一：“龙朔年以来，百姓饮酒作令云：‘子母相去离，连台拗倒。’……及天后永昌中，罗织事起，有宿卫十余人于清化坊饮，为此令，以席人进状告之，十人皆弃市。”屠儿刘宅　《全唐文》卷一百七十三：“张鷟判右金吾郎将韦谦，于清化坊屠儿刘急索肉，不得。决四十，禁经一月。”

次北道光坊。隋有元寿寺。

昭成寺。《名画记》：寺有张遵礼、程逊画，西廊障日《西域记图》，杨廷光所画。《朝野佥载》：雒州昭成佛寺有安乐公主造百宝香炉，高三尺，用钱三万。韩氏宅。《逸史》：太学博士郑还古向东洛，再娶李氏，于昭成寺后假宅拜席，宅主姓韩。

《校补记》：道光坊补：安乐寺。并注：《朝野佥载》：景龙年，安乐公主洛州道光坊造安乐寺，用钱数百万。

增订：

青州千乘县丞马密宅　马密，字道山，扶风人。祖瑶，齐使持节安西将军扶风太守。父常，豫州上蔡县令。贞观二十一年十一月二十九日，马密卒于私第。夫人广平左氏，永徽元年二月十二日，终于道光里，长寿三年一月二十二日，合窆于平阴之原。嗣孙承业。《补遗千唐志斋新藏专辑》）**绵州魏成县丞杨秀宅** 杨秀，字挺，华阴人。曾祖敬，祖海，父政。杨秀弱冠“辟尚书左仆射梁国公记室。翔徽翰菀，驿思文闺。钟会之佐，腹心教于亨鲜；散箕之墟，仍弼化于驯翟。又迁尚书水部主事。策名上省，委质中台”。秩满，又任绵州魏成县丞。咸亨五年正月九日，终于道光坊私第，其年正月二十二日，迁窆于河南县平乐乡邙山之阳齐陵后。孤子大辩等。（《补遗千唐志斋新藏专辑》）按齐陵后的地望是：“傍临金谷，前瞰石林。北望夷齐，有符先哲，南观河洛。”**左金吾卫引驾番头刘仁宅** 刘仁，字神裔。曾祖翼，祖纲，父才。刘仁年登弱冠，省司以其淑貌殊妍，家配左卫翊府，寻补左金吾引驾，又蒙授左领军队正、兼检校引驾番头，授上柱国、袭封广阳县开国公。仪凤四年三月十日，卒于道光之私第，其年其月二十九日，窆于北邙之阳。长子元钊等。（《补遗千唐志斋新藏专辑》）**房州竹山县主簿杨君夫人杜芬宅** 杜芬，京兆杜陵人。永淳二年正月十五日，殁于道光之私第。其年二月十四日，归于邙山之旧茔。（汴博）**周检校左金吾郎将杨顺宅** 杨顺，河南洛阳人。历任左卫翊卫帖仗。应举及第，除蔚州开阳镇将，后迁降（疑为绛字）州武城府果毅。恩制加游击将军、蒲州永安府果毅。又奉制委检校左金吾卫郎将。长寿二年四月十五日，终于道光里第。以其年八月二十七日，迁窆于邙山。（《芒洛续补》）**朱简宅** 朱简，字略，河南人。证圣元年腊月十二日，卒于道光里第。（《北图石汇》）**凌烟阁功臣功拜左武卫大将军上柱国翼国公秦琼孙秦佾、秦利见宅** 秦琼孙潞州司法秦佾墓志载：祖叔宝，佐命功臣左武卫大将军上柱国翼国公。父怀（道），太宗文皇帝左千牛。秦佾解褐大行皇帝千牛，后转潞州司法参军。圣历二年六月二十日，卒于洛阳道光之里第。圣历三年二月二日，迁厝于北邙山。（《千唐志》）按秦佾志字迹不清。祖叔宝，两《唐书》有传。《新唐书》卷八九《秦琼传》载：秦琼字叔宝，齐州历城人。后拜上柱国，进封翼国公，功拜左武卫大将军。卒，陪葬昭陵。贞观十三年改封胡国公，图形凌烟阁。唯秦琼传不载子及孙等，志可补《唐书》之缺。许州鄢陵县丞秦利见墓志载：利见为胡国公嫡孙，外祖父卫尉卿尉迟琳，父□道右卫左郎将。神龙三年八月二十五日，秦利见薨于合宫县道光坊宅，其年十月六日，茔于东都城北梁村。（《北图石汇》）**通直郎行曹州济阴县尉郑俭宅** 郑俭，字元礼，荥阳人。大足元年正月二十九日，遘疾于道光之私第，开元二年正月二十三日，与夫人李氏合葬北邙平阴乡之原。（《北图石汇》）**朝议郎前行徐州沛县令李忒宅** 李忒，字玄辩，其先陇西人。曾祖，隋左骁卫大将军光禄大夫郕国公，皇赠上柱国，中国公金才。祖大中大夫尚舍奉御上柱国师闰。开元七年五月四日，李忒卒于河南府河南县道光之私第。季子将仕郎嘉礼等。（《补遗千唐志斋新藏专辑》）**朝议郎行左校署令**

上柱国刘行师宅　刘行师，字延祖，彭城人。祖康。父寿，麟游县令。开元八年二月二十九日，刘行师终于道光坊之里第。夫人郭氏，开元三年十一月七日，卒于东都道光里之第，开元八年五月八日，合葬于洛阳县清风乡邙山。长子承泰，右校监作，第三子元惠，直将作监。（《拾零》）宁远将军守右骁卫翊府左郎将上柱国赠左清道率府宋知感宅　开元十年正月二日，宋知感薨于道光里之私第。夫人清河张氏，开元二十四年景子月建亥二旬有五日，终于河南府道光里私第。以其年建子月二十七日，合窆于河南府洛阳县河阴乡伯乐鄙之原。（洛古馆）宣义郎行邢州柏仁县丞郭承亨宅　郭承亨字涣，太原榆次人。开元十年七月十六日，终于河南府道光里，其年八月三日，权殡于洛阳县东北十里平阴乡之原。（洛古馆）朝散大夫申州长史上柱国刘如璋宅　刘如璋，字子玉，弘农人。开元十八载冬十月，薨于河南府道光之私第，以其年十一月十日，与夫人姜氏合葬于河南府河南县河阴乡之北邙山。（洛古馆）大中大夫邕府都督陆思本宅　陆思本，“文才优赡，武艺揉能。作牧南征，效智谋于马援”。夫人元氏，宗祧帝王之家（指元魏），外戚公侯之胤。元氏于今载（?）五月二十二日，殁于河南县界道光里之私第，天宝三载八月十二日，葬于河南县平洛乡之北原。（《千唐志》）按元氏墓志载外祖父郝处俊，两《唐书》有传，为官清正，武后虽忌之，以其操履无玷，不能害。处俊与舅许圉师同里，俱宦达。乡人田氏、彭氏以高赀显。故江淮间为语曰：“贵如郝许，富如田彭。”左龙武军将军刘玄豹宅　刘玄豹，彭城人。以首倡诛韦氏之功，历任右屯卫洛州伊川府果毅、左骁卫京兆府丰安府果毅、右卫华州丰原府折冲、右卫河南府严邑府折冲、左领军卫翊府右郎将赐紫金鱼袋等职。天宝十三载正月六日，薨于东京道光里之私第，年八十六。夫人高氏，小公九二甲子。即于其载七月之望，祔于洛阳县界平阴乡邙山之阳。（《千唐志》）按刘玄豹墓志提供了李隆基诛韦后的一些史实。志载：“中宗登遐，韦氏构逆，潜图神器，密发天机。皇家同戴石之忧，臣下若涉冰之惧。今上（指唐玄宗）起自藩邸，达乎咸京。不谋同辞，其会如绂。公始首唱，实在其中。子半除枭镜之徒，迟明辩龙池之位。乾坤再辟，日月重光。方酬四七之功，更复千年之运。……”枭镜同枭獍，旧说枭为恶鸟，生而食母。獍乃恶兽，生而食父。因而喻不孝与忘恩负义之人。唐姜行本碑、张琮碑均作枭獍。尚辇奉御任金宅　《大燕故尚辇奉御乐安任府君墓志铭并序》载：任金，字子金，华阴人。圣武二年四月二十日，终于河南县洛水之汭道光里之私第。夫人太原王氏、夫人天水赵氏。圣武二年五月十九日，葬于邙山临瀍里。（洛古馆）吕思礼宅　乾元二年十一月二十一日，吕思礼薨于河南县道光坊。夫人李氏，上元二年九月十二日，薨于道政坊私第。贞元九年十二月二十七日，葬于河南县平乐乡朱阳村西。其子为奉天定难功臣特进试殿中监上柱国天水县开国子扶风县镇遏使吕翊。（《辑绳》）昭成精舍　梁州城固县令封揆，渤海蓨人。贞元丙寅（二年）七月六日，终于洛阳道光里昭成精舍，以其月二十二日，厝于邙山南原。（《千唐志》）按封揆任官期间，“三河旱蝗，路多馁莩，而輂□运馈饷”。据《唐会要》卷四十八记载：“景龙元年，韦庶人立为安乐寺，韦氏诛，改为景云寺，寻又为昭成皇后追福，改为昭成寺。”汴州雍丘县尉崔枞宅　崔枞，字茂卿，清河东武城人。大和元年三月二十五日，终于道光里之私第，享年五十五，权即宫于城北惠林寺之北垣，明年二月二十八日，奉迁于洛阳县平阴乡陶村之北原。（《千唐志》）太子司仪郎卢寂宅　卢寂，字子静，范阳涿人。自太庙斋郎历济、泗、台三州录事参军，转嘉兴、常山二县令，次授城门郎司农寺丞太子司仪郎。贞元九年五月八日，终于河南道光里。以其年十月二十六日，与夫人河东裴氏葬于河南县侯村南原。（《芒洛四编》）洛阳仓吏张思义宅　《宋高僧传》卷五《唐越州礼宗传》：“景龙二年，有御史大夫冯思忽尔暴终，入一处，有二童子持簿领冯庭对判官厅……判官身傍旧识者张思义，招手呼冯曰：‘吾是汝舅，曾为洛阳仓吏，被长官越格诬杀……嘱之曰：汝去洛城道光坊内十字街第三宅是吾家。家有池亭竹树，为问妻儿安否？’”歙州都督府户曹赵德含宅　赵德含，天水上邽人。显庆元年八月十九日，终于私第。夫人于咸亨元年七月十八日，卒于道光坊之第。（《两京城坊考补》）

次北道政坊。本曰元吉坊，永徽中改。隋有杨义臣宅。

千金堨。《水经注》：《河南十二县境簿》曰：河南县城东十五里有千金堨，《雒阳记》曰：千金堨，旧堰谷水，魏时更修此堰，谓之千金堨，积石为堨，而开沟渠五所，谓之五龙渠，后张方入洛破之，大和中修复故堨。

增订：

按《水经注》千金堨此条所记是北魏事，不当入城坊考。另大和中修复，应为太和中修复。朝请大夫行司礼寺主簿赵睿宅　赵睿字玄俊，酒泉郡人。证圣元年四月二十九日，终于洛州道政坊之私第，万岁通天二年四月二十日，与夫人南阳宗氏，同祔于合宫县金谷乡之原。（《千唐志》）兖州曲阜县令盖畅宅　盖畅，字仲舒，新都人。贞观二十二年，授麟台正字，显庆四年奉敕待制弘文馆随仗入内供奉。龙朔元年授雍州栎阳县尉，又授雍州富平丞，咸亨四年授兖州曲阜令。神功元年十月十五日，卒于神都道政里私第。以二年正月十七日，葬于北芒山北月城中之先茔。（《千唐志》）国子监大学生武骑尉崔韶宅　崔韶，清河东武城人。唐秦王府库真大将军崔善福之孙。上元元年二月二十六日，卒于京师道政里第，圣历二年正月二十八日，合祔于合宫县金谷乡之昭觉原。（《千唐志》）柱国朱静方宅　朱静方，洛州陆浑人。祖胥，郲令。导俗训人，迹超门豹。父通，儒林郎。静方及壮年，“时属北伐猃狁，东平句丽。屡从元戎，不过柱国”。平生弥崇释教，临殁之际，抱疾于太平寺僧讲下，敬受菩萨戒。神龙二年六月四日，卒于道政第。嗣子右监门直长光乘。(《补遗千唐志斋新藏专辑》) 正议大夫使持节润州诸军事守润州诸军事守润州刺史上柱国王美畅宅　王美畅，字通理，其先太原祁人。曾祖颙梁侍中，北齐银青光禄大夫平东将军除太尉。祖珌，乡党秀才。父思泰，唐比部郎中、国子司业、守郑州刺史。王美畅显庆元年起家太子左千牛，历任始州司法参军事、太子内直郎、扈从拜洛、行司封郎中，守鄂、陈、饶、润州刺史。圣历元年正月八日，遘疾薨于洛阳道政坊之里第，春秋五十五。圣历二年一月二十八日，归葬于雍州明堂县界高平乡，永窆少陵原之旧茔。(《西市藏志》) 右卫左中候上柱国任明宅　任明，字尚客，乐安郡博昌人。隋右武卫将军黔府都督庆之孙。开元六年七月二十九日，终于河南县道政里之私第，以其年八月十一日，权殡于洛阳县□东乡原。(《千唐志》) 鄂州永兴县令陈玄度宅　陈玄度夫人蒋氏，开元七年二月十日，终于道政里，三月一日，葬于河南府洛阳县上古乡平原。(洛古馆) 按陈玄度在德懋里另有宅第。右领军长史李禹宅　《大唐洛阳童子李珣墓志铭并序》：李禹第三子珣，年十五，以开元八年二月二十一日，卒于道政坊私第，其月二十九日，葬于北邙之原。兄玢、滔等。(《补遗千唐志斋新藏专辑》) 同州华池府别将李琦宅　李琦，平棘人。开元十一年十一月二十一日，卒于道政里之私第，以开元十二年正月二十一日，卜宅于邙山原。(《千唐志》) 朝散大夫守武州别驾上柱国李寂宅　李寂，字萧然，渤海蓨人，久以因官为洛阳人。父彦，朝议大夫甘州长史。开元十二年七月十六日，李寂终东都道政里之私第，以其年十月二十三日，葬于北邙之山。(洛古馆) 朝散大夫绥州别驾刘□宅　夫人范阳县君张十一娘，开元十年四月二十九日，终于河南道政里之私第，五月二十六日，殡于北邙山之南阜。(《北图石汇》) □□翊卫陈思宅　陈思字知言，其先颍川人。开元十五年十二月二十七日，卒于道政里第，以其年十二月十七日，与夫人傅氏合葬于北邙山。(《千唐志》) 按陈思墓志记载："开元十五年十二月廿七日，卒于河南道政里。""夫人扶风傅氏，安州参军□昌之女。苕华早落，以先君子之终蓍草□□乃祔先人之域，以其年十二月十七日合葬于北邙山。"卒葬期似有误。左武卫大将军上柱国开阳县开国公王元楷宅　王元楷，太原人。开元二十四年正月十五薨于道政里之私第，开元二十四年三月四日，乃筑茔于金谷乡邙山。(《补遗六辑》) 吏部常选杨侃宅　杨侃，字光果，弘农华阴人，汉太尉杨震之二十九代孙。起家授右金吾引驾，后调吏部。开元二十五年七月二十八日，卒于河南县道政坊私第，开元二十五年八月十日，归殡于邙山。(《千唐志》) 右龙武军翊府中郎高德宅　高德，其先渤海人。唐元之初，曾因平定韦后有功，授平州白杨镇将，转鄜州之龙交、岐州之杜阳两府果毅，俄迁陕州之万岁、绛州之长平、正平，怀州之怀仁，同州之洪泉等五府折冲，超授定远将军右龙武军翊府中郎赐紫金鱼袋长上上柱国内带弓箭。天宝元年二月□九日，终于东京道政里之私第，以其年四月二十三日，迁窆于河南梓泽乡之原。(《千唐志》) 司农主簿卢友度宅　卢友度，范阳人。天宝三载闰二月，终于道政里之私第，其年三月九日，殡于东京城东北原。(汴博) 云麾将军行左龙武军翊府中郎将李怀宅　李怀，其先赵郡赞皇人。中宗弃世，韦氏擅权，钓陈夜惊，秦城汹汹，公告难皇邸，剪除无遗，国祚中兴，实赖先觉。拜游击将军行右卫扶风郡积善府左果毅，仍留长上，后加忠武将军授左龙武军翊府中郎将，仍留东京左屯营检校。天宝四载二月二十九日，薨于东京道政坊私第。夫人太原县君王氏，开元十八载七月四日，终于思恭坊。天宝四载四月二十二日，合葬于洛阳县平乐乡之原。(《千唐志》) 按李怀与居住于道政里之高德，以及道光里之刘玄豹，均参与平定韦后之乱有功受职。顺义郡录事参军侯智元宅　侯智元夫人鲁氏，扶风郡人。天宝十一载十月七日，终于河南县道政里之私第，以其载十一月三日，葬于先茔谷水之岗。(洛古馆) 定远将军守左司御率府副率姚知宅　姚知，字章，河东人。曾任左骁卫郎将□东京皇城副留守，衣冠赫奕，出入禁闱。又迁左司御率府副率兼判五率府事。年七十一，终于东京道政之私第，天宝七载十一月十六日，与夫人任氏合葬于北邙。(《北图石汇》) 奉天定难功臣特进试殿中监上柱国天水县开国子扶风县镇遏使吕翊宅　吕翊，东海人。乾元二年十一月二十一日，薨于道光坊。夫人李氏，上元二年九月十二日，薨于道政坊私第，贞元九年十二月二十七日，葬河南县平乐乡朱阳村西。(《北图石汇》) 曹义宅　曹义，字元意。卒于道政之私第，元和二年十月十九日，窆于洛阳城东北邙山之原。(《北图石汇》) 幽州节度衙前兵马使王某宅　夫人李元素，其先陇西人。大和六年二月二十九日，终于道政里之私第。(《北图藏拓片》)

右徽安门西街，四坊。

东城之东，第二南北街，北当徽安门东街，从南第一曰归义坊。坊南即玉鸡坊，瀍水自北来，东南合洛河。

太平寺。垂拱二年太平公主建。秘书监致仕穆宁宅。按宁与夫人裴氏皆终于此宅，见穆员所撰《元堂志》。福建观察使李贻孙宅。大中时人。

增订：

上开府上大将军安延宅　安延，河西武威人。祖父真健，后周大都督。父比失，隋上仪同平南将军。贞观十六年七月二十日，终于私第。夫人刘氏，于永徽四年四月七日，终于弘敬里私第，以其月二十八日，合葬北邙之阳。(《芒洛四编》) 按：从姓氏、籍贯和父名比失看，安延应为中亚安国人后裔。文林郎张氏宅　张君妻朱氏，于总章二年六月十□日，终于弘敬里之第。(《北图石汇》) 王□宅　王□，河南人。总章三年正月二日，卒于弘敬里□第。（《北图石汇》）周游击将军左武威卫永嘉府左果毅都尉长上直营缮监上柱国孙阿贵宅　孙阿贵夫人成都县君竹氏须摩提，于大足元年卒于神都弘敬里之私第。（《千唐志》）杨奉宅　杨奉，字建，弘农华阴人。大业年中终于私第。夫人诰授慈归乡君王氏，永徽四年十月十五日，终于弘敬里，以十一月一日，合窆于南原之阴。（《拾零》）赠游击将军董嘉斤宅　董嘉斤，其先陇西狄道人。神龙元年八月二十六日，终于河南归义里。其年九月十九日，卜邙山营宅兆。（《千唐志》）太仆寺丞王楚宾宅　夫人李善明，于开元十一年四月十七日，终于河南府洛阳县归义里，其月二十六日，迁□于城北徽安门外河南县平乐乡河东里西南三里原。（《北图石汇》）徐州录事参军王庭玉宅　夫人崔金刚，博陵安平人。笄岁归于王君，开元十二年仲春壬子，终于洛阳归义里之私第，以其年夏壬寅，权厝于邙山南麓。（《千唐志》）右监门卫大将军李仪凤宅　天册万岁二年四月十七日，李仪凤父李怀亡于归义里之私第。太夫人庐江人，开元五年六月十四日，卒于归义里之私第，开元十四年六月十五日，合葬于北邙山。（《北图石汇》）按李怀与夫人合葬时，其长子李仪凤已薨，赠右监门卫大将军，故其父母之墓志称《大唐故右监门卫大将军父李公吴兴郡太夫人□氏墓志铭》。宣义郎行曹州乘氏县尉薛懋宅　薛懋，河东汾阴人。开元二十七年六月十日，终于洛阳归义里之私第，贞元六年十月二十八日，与夫人荥阳郑氏合祔葬于河南县平洛里之原。（《北图藏拓片》）李夫人严氏真如海宅　李府君夫人，因受大照和上摩顶授记号真如海。开元二十九年五月十五日，终于归义里之私第，以其年七月一日，权窆于北邙。（《芒洛三编》）按嗣子李倩等七人，倩仕至吉州参军，早殁于世。太子文学王太贞宅　王太贞，字大正，阳平人。“属新册储宫，盛择□士，署太子文学。”终于归义里，五月十七日归殡相州安阳县。（《北图石汇》）秘书监崔望之宅　崔望之，博陵人。父大钧，岐州雍县主簿。大历十二年十月二日，崔望之薨于东京归义里。夫人京兆王氏，先公而卒，明年四月十四日，合祔于龙门之西原。崔望之墓在洛阳龙门西山，距唐睿宗豆卢贵妃墓约2千米。（洛阳市文物工作队《唐睿宗贵妃豆卢氏墓发掘简报》，载《文物》1995年第8期）

次北思恭坊。《河南志》引韦述《记》：思恭在归义之北。

张大安宅。右羽林军大将军辽阳郡王李多祚宅。驸马都尉王守一山亭院。歙州刺史邢群宅。杜牧《邢群墓志》：卒于东都思恭里。唐参军宅。《广异记》：雒阳思恭里有唐参军者，立性修整，简于接对。王广宅。杜牧《故平卢军节度巡官李戡墓志》：卒于雒阳友人王广思恭里第。朱七娘宅。《广异记》：东都思恭坊朱七娘者，倡姬也。有王将军素与交通。开元中，王遇疾卒，已半岁，朱不知也。其年七月，王忽来朱处，久之日暮，曰：能随至温柔坊宅否？不获已，以后骑载去入院，欢洽如故。明旦，王氏使婢收灵床被，见一妇人在被中，问其故，送还家焉。

增订：

东宫郎将王力士宅　王力士，太原江东人。贞观八年五月十九日，卒于思恭坊之第，七月二十七日，殡于河南县平乐乡之原。夫人逯氏，显庆五年六月二十一日，舍寿于通利坊之第，其年七月七日，合葬平乐乡北邙山李村东北一里。（汴博）张骚宅　张骚，南阳白水人。敕授建节尉。贞观十三年十月十三日，薨于河南县思恭之里，以其年十一月四日，窆于北邙之千金乡泽西村三里。（《千唐志》）处士余当宅　余当字难当，东海郯人。贞观二十年八月十一日，卒于思恭里，以其年八月二十三日，窆于北邙山之里。（《千唐志》）杨昭宅　杨昭，字宣政，洛阳人。梁公初建府僚，杨昭授登仕郎兼府长史。贞观二十三年二月十五日，终于思恭之里，以其年三月十七日，葬北邙平乐之南原。（《汴博》）骠骑将军孙迁宅　孙迁夫人太原王氏，于永徽二年七月十九日，终于思恭之里第。孙迁以八月九日卒于第，以其年九月六日合葬于邙山之阳。（汴博）汴州中牟县丞乐玄宅　乐玄，字通才，南阳育阳人。永徽三年三月十七日终于思恭里第。夫人赵氏，总章三年二月三日终于时邕里。咸亨元年十月二十八日合葬于邙山之阳。（汴博）竺夫人盖氏宅　盖氏，河南洛阳人。父伦，隋齐州录事参军。盖氏于永徽三年八月二十一日，终于思恭里第，其年九月十七日，权□于邙山之阳。（《千唐志》）隋隰州中川县令闫直宅　《唐故闫君墓志铭并序》：闫幹，字文直，河南洛阳人。祖玄，父直。显庆三年十月八日，闫幹卒于思恭里，其年十一月九日，殡于邙山平乐乡。（《补遗千唐志斋新藏专辑》）赵闻宅　赵闻，字师子，南阳西鄂人。祖雄，父某。周隋并号文雄。贞观十六年正月十日，赵闻终于思恭坊里第。夫人王幽贞，字高行，太原人。龙朔元年六月二十九日，卒于思恭里第。其年七月十三日，合葬于北邙平乐乡，去城七里。（《补遗千唐志斋新藏专辑》）御侮副尉武骑尉杨植宅　杨植，字运昌，弘农华阴人。祖乾。龙朔二年七月十四日，杨植终于思恭坊私第。夫人萧釜，显庆五年五月十一日，终于第。以龙朔二年闰七月二十七日，与杨植合窆于邙山。（《拾零》）洛州录事杨达宅　杨达夫人张氏墓志载：永徽五年七月二十五日，杨达终于思恭里私第。张氏于麟德二年十二月二十四日，终于私第。乾封元年二月十二日，合窆于北邙之阳。（洛古馆）骁骑尉冯贞宅　麟德二年十一月八日，冯贞卒于河南县思恭坊私第，其月二十四日，殡于北邙之阳。（《北图石汇》）姚义宅　姚义，字师仁，河东蒲坂人。永徽六年八月九日，卒于思恭坊之第，其年八月二十三日，葬于邙山。（《北图石汇》）张夫人宅　夫人河南伊阙人。父定景，汝州鲁山令。显庆二年七月二十五日，张夫人卒于思恭里第，八月十四日迁殡于清风乡之界。（洛古馆）

左骠骑左一车骑将军上柱国王道智宅　王道智，才经文武，墓志载："杨子云之执戟，未展奇谋。东方朔之诙词，绰有游刃。既而天子按剑，亲视辽阳。三韩方梗，六军不振。君中权制胜，后拒无前，气压三属之师，剑出万人之敌，亲经八十余战，身被七十二疮，殿而不奔，繄君是赖。以功加上柱国。"显庆三年十月七日，卒于思恭里第。夫人刘氏终于乾封元年，乾封二年二月十八日，合葬于北芒山之原。(《千唐志》) 成愿寿宅　夫人李氏，显庆四年三月八日，卒于思恭里第，其月二十五日，合葬清风乡。(《北图石汇》) 文林□光襄宅　《八琼室金石补正》卷三一《文林□光襄记》："龙朔元年十一月二十三日，洛阳县文林□光襄，为亡妻娄氏敬造优填□像一龛。其妻显庆五年十二月，寝疾于思恭之第。"骁骑尉皇甫璧宅　皇甫璧，字君才，安定朝那人，今贯居河南瀍涧。"既遇明社，先应义旗，绩著声华，优授朝散，久之改授骁骑尉任本县洛邑乡乡长。"麟德元年五月十九日，终于思恭坊之私第，其年八月九日，殡于平乐乡邙山之阳。(《千唐志》) 贾信宅　河南洛阳人贾信，麟德二年六月二十七日，卒于思恭之第，其年八月三日，权殡于芒山之阳。(《千唐志》) 李文宅　李文夫人宋氏，西河人。总章元年五月十三日，卒于思恭坊私第，其年六月十日，权殡于洛阳县清风乡芒山之阳。(《北图石汇》) 按宋氏墓志，据李文墓志补充。武骑尉王万通宅　王万通，琅琊临沂人。总章元年九月二十□日，终于思恭坊私第，其年十月葬于邙山之阳。(《补遗七辑》) 处士申恭宅　申恭，字思德，荥阳申国人。咸亨元年五月□日，卒于思恭里第。夫人弘农杨氏，永徽六年终，以咸亨元年六月二十日，合葬于邙山清风之甸。(《芒洛续补》) 河南□□安邑关君夫人王氏宅　王氏，其先太原祁人。咸亨四年□月□日，卒于思恭里之私寝，其年二月十六日，葬于芒山之阜。(《千唐志》) 刘嶷宅　刘嶷，字开明，彭城人。咸亨五年八月三日，卒于思恭里第，其年八月二十五日，葬于洛州洛阳县邙山之南。(洛古馆) 施州司马张君王夫人宅　仪凤二年十一月二十九日，王夫人终于思恭里私第，其年十二月十八日，窆于邙山之阳。(汴博) 处士王睿宅　仪凤三年六月二十五日，王睿暴亡于洛州河南思恭里，其年七月十九日，葬河南县平乐乡。(《辑绳》) 上柱国张素宅　张素，其先南阳白水人，"去龙朔年中，属三韩作梗，凭凌鳀海之隅；九种孤恩，旅拒狼河之外。君乃负霜戈而报国，直下朝鲜；带月羽以从军，先摧玄菟。遂以谦自牧……"永隆元年十月二十八日，终于思恭里之私第。夫人赵氏，万岁通天二年四月二十四日，终于积德里之私第。以神功元年十月二十二日，合葬北邙平乐乡之原。(汴博) 登仕郎丁范宅　丁范，字师则，河南人。上元二年五月十五日，终于思恭里舍，垂拱元年十月十二日，葬于邙山之高原。(《千唐志》) 张贞宅　张贞，字无丑，南阳白水人。垂拱元年二月二十五日，终于思恭里舍，乙酉三月十六日，窆于河阴乡邙山之左。(汴博) 左□□□监察御史张

夐宅　张夐，待诏弘文馆，准学士，例供食，随仗入内供奉。历任县尉等职。垂拱四年七月四日，终于思恭里之私第。夫人丹阳纪氏，其年七月十七日，合葬北邙山原。（《千唐志》）朝散大夫行凤阁主书皇甫君妻张夫人宅　张夫人，南阳白水人。天授二年八月二十五日，终于思恭里之私第，其年九月二十八日，窆于北邙山之原。（《千唐志》）朝散大夫行右千牛卫长史上骑都尉高阳郡公许琮宅　夫人李氏，赵郡赞皇县君，如意元年七月十八日，终于神都思恭坊里第。长寿二年正月二十九日，窆于合宫县北邙山。（汴博）客舍　朝议郎行睦州建德县令王君，以开元六年十月二十八日，卒于洛阳县思恭坊客舍。（《北图石汇》）严贞宅　严贞，字罗贞，冯翊人。圣历元年四月十二日，卒于思恭里第。夫人傅氏，开元十一年九月五日，卒于京兆府万年县胜业里之私第。开元十二年正月二十一日，合葬于洛阳之邙山。（《宅第补》《补遗六辑》）文昌台比部主事张君夫人来氏宅　长安三年四月十八日，来氏卒于思恭坊之里第，春秋二十二，其年其月二十一日，殡于城北原。（《补遗八辑》）左金吾卫翊卫兵部常选张孝节宅　张孝节，南阳白水人。开元十五载三月十一日，终于思恭里之第。夫人安乐孙氏，天宝八载正月十三日倾背，其载三月八日，合葬于洛阳县平阴乡北陶村之原。（《洛古馆》）原州右玖监牧□王德伦宅　王德伦，河东太原人。开元十九年十一月二十三日，终于洛阳县思恭第。二十三年二月二十三日，与夫人吴氏合葬于都城东北邙山。（《补遗七辑》）云麾将军行左龙武军翊府中郎将李怀宅　天宝四载李怀薨于东京道政坊私第。夫人太原县君王氏，开元十八载七月四日，终于思恭坊正寝。（《千唐志》）右龙武军将军张德宅　张德，字武德，河南洛阳人。天宝十载七月十九日薨于洛阳思恭里之私第，十一载二月二十四日，殡葬于北邙山之高原。（《补遗七辑》）宣议郎行左卫骑曹参军摄监察御史赐绯鱼袋四镇节度判官崔夐宅　崔夐墓志载：崔夐，字光远，清河人。“明经擢第，调补泽州晋城县尉，转晋州洪洞县尉，充常平铸钱判官。”乾元二年七月八日，终于东京思恭里之私第，其月十八日，窆于河南县朱阳乡之朱阳村原。（《千唐志》）辛府君宅　辛君夫人郭氏，贞元十八年八月十九日，终于洛阳思恭坊，其年仲冬月，瘗于平乐乡邙山之原。（洛古馆）按据墓志内容及铭文，此志是其夫人郭氏墓志，而不是《唐故陇西辛府君墓志》。馆舍　《唐故将仕郎试太常寺奉礼郎袁府君墓志铭并序》：袁公和，其先陈郡人。曾祖仁敬，尚书左丞、赠越府都督。祖复。父倬，相州安阳县令。元和八年十二月二十日，公和终于东都思恭里之馆舍。子伯通，年始弱冠。（《补遗八辑》）试左内率府胄曹参军裴简宅　裴简夫人崔氏，元和九年五月二十七日，夭于东都思恭里。（《千唐志》）曹侍御妻陈氏宅　陈氏颍川人。长庆元年五月十七日，终于思恭里私第，大和二年七月十八日，葬于河南县平乐乡景业村北原。（《洛阳新获墓志》）乡贡进士崔元立宅　崔元立，字善长，博陵人。膳部员外郎藏之之孙，郴使君侠之子。宝历二祀夏六月庚子日，殇于洛阳思恭之第，春秋二十一，逾月孟秋之上旬八日，祔于先茔之左。(《补遗千唐志斋新藏专辑》)《唐故大理评事崔府君墓志铭并序》："府君讳元夫，字大端，其先博陵安平人也。"王父藏之，尚书膳部员外郎。皇考侠，郴州刺史，元夫为侠之次子。膳部府君以雄词富学登上第，未释褐，待制集仙殿，帝命详定老子《道德经》旧注，为时儒者之所推伏。以家本东周，言旋故国，道路遘疾，途次巩县，不幸而殁。后三日，殡敛于思恭里之私第。其年十月十四日，归祔于河南县万安山之先茔。夫人平阳敬氏。有子二人，长曰肇五，次曰僧伽。元夫墓志为再从侄崔钧于会昌三年二月撰。(《补遗八辑》) 按崔元立与崔元夫为兄弟。孙恪夫人程氏宅　夫人广平郡人。开成元年七月七日，薨于洛阳县思恭里之私第，其年十一月一日，启府君合祔邙山之阳洛阳县北部乡。(《千唐志》) 王顼宅　王顼，太原人，会昌二年十月三日，暴薨于东都思恭里之私第。夫人李氏，其年三月六日薨。是岁十月三十日，同祔于洛阳县清风乡高村先茔东南一里。(《千唐志》) 汴州尉氏县尉刘博宅　刘博妻鲁国孔氏，大中二年十一月一日，卒于东都思恭里之私舍，明年二月十一日，窆于河南邙山之杜翟原刘世之茔。(《曲石志》) 吴兴沈子柔宅　沈子柔，幼字小娇，洛阳青楼之美丽也。居留府官籍，名冠于辈流间，为从事柱史源匡秀所瞩殊厚。"凡洛阳风流贵人，博雅名士，每千金就聘，必问达辛勤，品流高卑，议不降志。""善晓音律，妙攻弦歌，敏惠自天，孝慈成性。"卜居思恭里，奄忽长逝。咸通十一年五月三日，匡秀撰沈氏墓志。(《辑绳》)

次北履顺坊。隋有牛弘宅。

沙苑监。杜康祠。

增订：

九龙池　《太平寰宇记》卷三洛阳县："九龙池在履顺坊。按《东都记》：后魏孝文迁都洛阳，于此修千金堨，渠成而水不流，常见有龙扼之，水不得下。于是而祭之，龙退而水行。"隋内史舍人牛方大宅　牛方大，安定人。大业十一年五月终于东都履顺里第。大业十二年十一月二十日，瘗于河南郡河南县之零渊里。(《鸳鸯七志斋藏石》，志石今藏西安碑林) 张珪宅　张珪，字宝仁，清河人。贞观十一年十月二十七日，殁于履顺坊私第。夫人陇西人李氏，乾封二年十月八日，终于延福坊私第。十一月五日，合葬平乐乡邙山之阳。(辑绳) 许士端宅　士端，字公直，河南颍川人。永徽二年二月九日，卒于履顺里舍，其年□月十三日，窆之洛阳之北原。(《千唐志》) 按《全唐文补遗》录文与此有异。张守道宅　张守道，南阳人。永徽四年十二月二十六日，卒于履顺里第，五年正月二十五日与夫人赵氏合葬于邙山。(《补遗七辑》) 王玄宅　王玄，字昙仙，琅琊临沂人。显庆二年八月十五日，殁于履顺□□，其年九月十七日，殡于博□□□。(《芒洛四编》) 按墓主姓氏泐，据罗振玉考证补上。宣州参军事许坚宅　许坚，字惟贞，高阳新城人。年二十五，本州明经举对策高第，授儒林郎，后以选补授宣州参军事。调露元年六月二十五日，终于私馆。夫人陇西李氏，调露元年四月二十九日，终履顺里第，垂拱三年二月十五日，合葬于邙山之平原。(《千唐志》) 商州商洛县尉许君故夫人王洛浦宅　王洛浦，字密妃，太原人。祖智。父观，左司卫长史、太子举、敕授华州郑县令、特敕又授洛州缑氏令。调露元年八月二十三日，王洛浦终于履顺之第，其年九月五日，殡于邙山。嗣子庆。(《补遗千唐志斋新藏专辑》) 朝散大夫守文昌台司门郎中检校房州刺史姚元庆宅　姚元庆，字威合，河东芮城人。祖崧，父运。天授元年十月六日，姚元庆暴终于履顺私第。二年一月十日，归葬芮城县方山乡之茔。(《补遗七辑》) 南海县主福昌县令长孙府君夫人李弥勒宅　南海县主法号弥勒，是唐高祖神尧皇帝之孙女，韩王李元嘉之女。墓志记载：早封南海县主，“缘王坐事，随母处于人间。清神保真，绝俗去欲。远夫子如脱履，遗形骸如释负”。景云元年八月十五日，终于洛州履顺里。其年九月十二日，葬于平乐乡北原。(《千唐志》) 按县主有子盼容，幼女八娘。韩王李元嘉，两《唐书》有传，是李渊第十一子，母为宇文昭仪，是宇文述之女，早有宠于高祖。元嘉好学，聚书至万卷，又采碑文古迹，多得异本。垂拱中元嘉与子禩及越王子冲纠合宗室同举兵，事败。武后逼令自杀。南海县主墓志称“缘王坐事”即指此事。另《夫人长孙氏墓志铭并序》记载，长孙氏，祖敏，唐职方员外。父希古，洛州福昌县令。先天元年九月二十八日，终于履顺坊之私第，十月十三日葬于北邙之原。(《千唐志》) 此长孙夫人之父希古，应为南海县主之夫，福昌县令。疑长孙氏即南海县主之幼女八娘。左羽林军长上果毅都尉董虔运宅　董虔运，陇西狄道人。解褐授泽州沁水府左果毅，无何迁汝州龙兴府右果毅，恩敕又加左羽林军长上果毅，又改授京兆府义丰府右果毅，依旧长上。开元十年八月二日，卒于河南履顺里之私第，其年九月二十九日，葬北邙之原。(《芒洛四编》) 孝廉李泉宅　李泉，字弘广，陇西人。开元十七年七月十二日，终于洛阳履顺里之私第，开元二十七年十二月二十七日，与夫人张氏合葬于洛阳城东北邙山之阿。(《北图石汇》) 邓国公汝州刺史李行休宅　夫人邓国夫人韦氏，名小孩。天宝九载六月二十八日，终于洛阳县履顺里之私第，其载十二月十二日，合祔于汝州府君之旧茔。(《北图石汇》) 银青光禄大夫检校太子宾客李涚宅　李涚，陇西人。元和十二年闰五月二十四日，终于河南府洛阳县履顺坊之私第，其年十二月五日，葬于洛阳县平阴乡王赵村安喜门外一十里岗原。(《洛阳新获墓志》) 李涚墓志于孟津县出土。程旭宅　程旭，子昭晋，广平人。幼好学，举进士第十上，两败策试。大中四年及第，陇西公贻孙荐于寿春浑侃之宾幕，守职三祀。后浑公罢任，复归于洛。殆至京而遇陇西公出牧闽越，遇敕旨厘革，失意。旋复京国，还家寝疾。大中七年九月二十日，殁于履顺里之私第，享年四十有八。十年正月二十九日，权葬于河南府河南县平乐乡杜翟村新茔。娶吴兴沈氏，有子一人佛与。(《西市藏志》)

次北进德坊。北抵城。隋有辛公义宅。

郑鄘府见《地理志》。

增订：

正议大夫使持节都督嶲州诸军事守嶲州刺史上柱国高阳县开国男许枢宅 许枢，字思言，高阳新城人。久视元年五月二十五日，薨于神都进德里。其年闰七月六日，迁葬于邙山之原。(《千唐志》) 许枢妻王氏墓志亦见《千唐志》。汝州鲁阳府别将胡明期宅 胡明期母曹氏墓志载：开元十九年二月二十六日，曹氏终于进德坊，粤四月七日，殡于洛城东北隅王寇村。(汴博) 绛州龙门县尉崔温宅 崔温夫人荥阳郑意意。开元二十三年终于洛阳进德里第。(《辑绳》) 朝请郎行河南府河清县主簿左光胤宅 左光胤，字子明，其先鲁人。初以国子进士擢第，制授濮州鄄城主簿，无何调补曹州济阴尉。秩满拜河南府河清县主簿。天宝二年六月遇疾，见岁十有一月壬寅，终于洛阳进德里之私第，天宝二年十二月七日，葬于河南杜郭之原。(《千唐志》) 王奇宅 王奇，字君君，太原人。大父逖，隋江州刺史。考□，益府仓曹。天宝十一载十月二十二日，王奇终于东京进德里，明月十七日，窆于洛师邙原。嗣子就。(《拾零》)

右徽安门东街，四坊。

东城之东，第三南北街，北当安喜门西街，从南第一曰景行坊。

拜洛坛。华严寺。江州刺史郑善果宅。在拜洛坛北。都亭驿。前临瀍水。唐制，驾在京有马九十匹，在都一百五匹。按京谓西京，都谓东都。

增订：

据《丛考》东都洛阳都亭驿在清化坊，景行坊都亭驿是唐以后设置。宋景行坊之西思恭坊有“都亭西驿”，所以都亭西驿之外，必有一普通的“都亭驿”与其相应，这就是其东景行坊内的“都亭驿”。景行坊的“都亭驿”实为宋驿。刘士昂宅 刘士昂，彭城人。贞观二年二月二十五日，卒于景行之里。夫人窦氏，乾封二年三月卒于私第，其年四月三十一日，合葬于北邙。(《补遗千唐志斋新藏专辑》) 乐文义宅 乐文义，字思礼，洛阳人。夫人太原郡太守王氏之女。贞观五年十月二十日，终于景仁里。乐文义卒于显庆元年九月十二日，十一月二十四日同窆于邙山之阳。(《芒洛遗文》) 袁业宅 袁业，河南宜阳人。祖鹏。父仁，隋任襄州襄阳令丞。贞观十四年十月二十二日，袁业终于景行里私第。夫人常氏，显庆二年三月九日，终于思顺里第，其年四月四日，合葬于清风乡梁惠村东北一里余。嗣子善会。（《补遗千唐志斋新藏专辑》）**王君及妻杨摩耶宅** 王君父王云，隋为右武卫鹰扬武威镇将。王君于贞观十五年五月十八日，终景行坊积善里私第。夫人杨摩耶，永徽六年五月十二日终于第。其年十月十三日，合葬于邙山之阳。（《北图石汇》）**处士梁凝达宅** 梁凝达，洛州河南人。贞观十五年八月十二日，终于景行里第，即以其年九月十五日，窆于北邙山千金里。（汴博）**骁骑尉宋义宅** 宋义，字文。贞观十六年九月五日，终于景行里私第。夫人赵氏，显庆元年十二月二十九日，终于景行里私第，显庆三年十一月十七日，同窆邙山。（洛古馆）**解才宅** 解才，字文才，河南偃师人。夫人焦宝，洛阳人。贞观十七年七月四日，终于景行坊私第。麟德元年十一月四日，解才终于福善坊私第，麟德元年十一月二十八日，合葬邙山。（《补遗八辑》）**虞信宅** 虞信，字师言，河内修武人。贞观十八年正月二十日，卒于洛阳景行之闾乡之私第，其年二月十六日，葬于北邙之南原千金之里。（汴博）虞信墓志缺损，无姓，按墓志载十四世祖延推算为虞延（见《后汉书·虞延传》），但《蒿里遗文目录》补姓为冯。**董敦礼宅** 其母任氏，西河汾州人。父为隋屯卫司仓参军渭州成纪县令任玄。贞观十九年六月三十日，任氏终于景仁里私第，其年七月十八日，葬于邙山之北。（芒洛四编）**黎州澶水县丞宋文矩宅** 宋文矩，字善集，广平人，寄贯洛阳。贞观二十二年十一月□日，终于景行坊私第。夫人张氏，龙朔三年六月九日终于静恭里第。麟德□年十一月二十八日，窆于邙山之阳。（《补遗五辑》）**处士李清宅** 李清，字克明，陇西狄道人。永徽三年正月十五日，卒于景行之里第，其岁六月三日，迁窆于邙山之阳。（《千唐志》）按李清在义宁之际，州曾辟他为功曹。**归州兴山县丞皇甫德相宅** 皇甫德相，安定朝那人。永徽元年罢兴山县令归庐里，三年五月六日，卒于景仁里之第。其年（永徽三年）六月四日，迁窆北邙之山平乐乡。（《芒洛四编》）**王宽宅** 王宽，字士远，太原人。永徽五年闰五月十六日，卒于私第。夫人常氏，永徽五年八月一日，卒于景行里，永徽六年二月九日，合葬于芒（下阙）。（汴博）**朝散大夫元勇宅** 元勇，字世武，洛阳人。永徽六年正月二十一日，终于景行里第。其年二月二十日，葬于邙山之阳。（《千唐志》）**处士金才仁宅** 金魏，字才仁。永徽五年十一月九日，终于景仁里。夫人王氏先卒，以其月二十四日，合葬于邙山。（洛古馆）按景仁即景行。《河南志》卷四《唐城阙古迹》漕渠流经路线是：立德坊之南，归义坊之西南，景仁坊之东南，又东经时邕、毓财与积德坊之南，景仁即景行。**云骑尉王朗宅** 王朗，字玄明，太原晋阳人。永徽六年十二月十日，终于景行里第。夫人魏氏，龙朔元年四月四日，终于景行里第，以其年四月二十一日，合葬于邙山翟村之西一里。（汴博）**王瑗达宅** 王瑗达，字君明，洛阳人。曾任陪戎尉，永徽元年正月十一日，终于景行里之私第。夫人韩氏，永徽六年八月十八日，终于私室。其年九月三日，合葬于邙山。(《千唐志》) **黄君夫人孙智宅** 孙智，富春人。乾封二年九月十九日，卒于洛阳县景行里第，其年十月二十七日，葬于北芒河南县平乐乡。(《北图石汇》) **上轻车都尉张君夫人可那氏宅** 可那氏，洛阳人。显庆元年六月十四日，终于景行私第。府君贞观十□年入辽身没，以显庆元年十月十八日，招魂与夫人合窆于邙山之阳。(《芒洛遗文》) **赵肃宅** 赵肃，字威，陇西天水人。显庆元年九月七日，终于洛阳景行里第。其年十月五日，归窆于邙山之阳。(《芒洛四编》) **隋晋王祭酒车诜宅** 车诜，字孝诜，河南人。显庆元年八月十七日，终于景行里私第，其年九月十一日，权葬于邙山之阳。(《千唐志》) **戎州都督银青光禄大夫上柱国常平县开国男刘辟恶宅** 刘辟恶，曾祖康，祖安若头，父舒。刘辟恶于大唐义宁元年之末，取父荫授左卫，后从秦府（秦王李世民）经略东都。武德四年又从秦府于介州破刘武周，五年内又破窦德、王充（王世充）勋授上柱国，封常平县开国男。大唐膺运，东征西伐，声绩类于卫青。贞观九年，授右勋卫校尉，十七年特授明威将军、守左卫率翊府中郎将。永徽元年，迁通议大夫，历守眉州刺史、戎州刺史。显庆二年十二月二十一日，薨于河南县之景行里第。夫人达奚氏，显庆三年七月二十九日，合葬于万年县细柳乡之原。(《西市藏志》) 按万年县细柳乡，在今西安市灞桥区之东，临潼区西泉乡一带，今称“铜人原”。**隋黄梅县尉韩政宅** 韩政夫人张氏，永徽五年五月二十七日，终于景行里私第，显庆二年十月二十九日，与韩政合葬于北邙之阳。韩政显庆二年九月五日终于思顺里私第。(《千唐志》) **张达宅** 张达妻李氏，陇西成纪人。显庆三年十二月己酉，卒于景行坊之私第。四年二月二日，与张君合葬于洛州北邙之阳。(《芒洛三编》) **赵君妻张英宅** 显庆四年十一月二十七日，张英终于景行里私第。其年十二月十二日，殡于邙山。（汴博）**轻东都尉王耀宅** 王耀，字光，太原人。祖贤。父宣，隋襄阳县长。王耀解褐隋汲县丞，唐授轻车都尉。春秋八十三，终于景行之里。夫人扶风马氏早逝，龙朔二年二月六日，同葬邙山。孤子珉等。(《补遗八辑》) 按王耀之父王宣与卒于敦厚里之王宣非一人。**郑州新郑县令唐沙宅** 唐沙，河南洛阳人。龙朔三年四月二十九日，终于景行坊私第。夫人杨氏，弘农华阴人，贞观十六年卒。龙朔三年五月二十日，合葬于邙山之阳。(《芒洛四编》) **德州参军桓琮宅** 桓琮夫人张氏，南阳白水人。龙朔□年十三日（无月），卒于景行坊里第，其年十月二十九日，合葬于河南县平乐乡之界邙山之岭。(《芒洛四编》) **护军李远宅** 李远，字文远，洛阳人。贞观十六年正月二十二日，终于景行邑私第。夫人叶氏，麟德元年十二月十八日，终于章善坊私第。二年正月十八日，合葬于邙山之阳。(《千唐志》) **王达宅** 王达，字文德，太原人。麟德元年十一月二十一日，终于景行坊私第。其月二十八日，殡于北邙之阳。（汴博）**国子明经吏部常选赠赵州长史李元确宅** 李元确，字居贞，赵郡平棘人。麟德二年六月二十六日，终于景行里之私第。夫人河南元氏，延和元年十月六日，终于私第。开元五年五月八日，合葬于洛阳县清风乡之原。（洛古馆）游击将军刘盛宅

刘盛，弘农人，弱冠入仕，任昭武副尉行左卫率亲卫，又擢授游击将军。总章元年卒。夫人逯氏，河南怀人，咸亨二年十一月二十八日，卒于景行里第，三年正月三日，合葬于北邙。（《千唐志》）黄素宅　黄素，字方，其先江夏安陆人。咸亨五年四月三日，终于洛阳县景行坊私第，其年四月三十日，葬于河南县平乐乡芒山之阴陶村北狼谷之原。（汴博）陪戎校尉赵臣宅　赵臣，洛阳人。仪凤二年九月一日，殁于景行里之第，其年九月二十三日，葬于北邙山。（《千唐志》）高士王行淹宅　王行淹，字通理，太原人。乾封二年，明经高第，授文林郎。垂拱二年三月十日，终于景行里之第，其年四月四日，窆于河南县平乐乡之原。（《芒洛续补》）管基宅　管基，字阿嵬。垂拱二年五月九日，卒于景行坊本第，其年六月四日，葬于洛城北平乐乡界。（汴博）王尚恭宅　王尚恭，字知礼，洛州河南人。祖峝，父琰。王尚恭弱冠，明经及第。神功元年十月六日，卒于洛州景行坊之私第。夫人支氏、左氏。神功二年正月十日，合葬于北邙山之西南原。南据铜街，西临金谷，潘安仁别业，耶连松柏之墟；王武子深沟，直枕坟茔之兆。嗣子，前昭武校尉、行润州谁（疑为谯）山戎主，上柱国思慎等。（《补遗千唐志斋新藏专辑》）按王尚恭之夫人支氏，应是月氏之后裔。定襄郡公食官长王文殊宅　王文殊，字敬本。天册万岁元年九月十七日，终于景行里之私第。其年十月十一日，殡于北邙之原。1990 年墓志出土于孟津县朝阳乡朝阳村西。（《洛阳新获墓志》）黄府君宅　黄某初任同文寺常客，又转任祠部主事。□定襄道检校果毅，授护军□□书主事。文明□年四月□日，卒于景行私第。嗣子思忠。（《补遗七辑》）□扬州大都督府江阳县尉邵处珣宅　邵处珣夫人魏天启，钜鹿郡人。将作匠魏至伦之孙，豫州新蔡县令齐之女。邵处珣二子，升、炅，并从薄宦。炅既上应列宿，子由母仪，母以子贵，神龙三年封钜鹿郡君。开元五年五月二十三日，终于景行里之私第，开元十五年正月十二日，迁葬于河南府河南县万安山之阳段里。（《补遗千唐志斋新藏专辑》）按邵处珣之名，据子邵炅墓志补。邵炅早于其母于开元四年五月二十二日，终于京兆万年县道政里之私第。武□□□清道率□□李公夫人高阳郡君宅　高阳郡君许懿，开元六年九月十八日，终于景行里之私第，其年十一月十二日，茔于洛阳县清风乡升平里之原。长子李谔，河南府登封县尉。次子李诠，左监门率府兵曹参军。季子李讷，亳州真源县主簿。（《补遗五辑》）朝散大夫行郢州司马卢思庄宅

卢思庄，范阳人。解褐通直郎□州司仓参军，历朔州司法，梁州□督府兵曹，后加朝散大夫郢州司马。开元十三年十二月二十二日，卒于洛阳景行里之私第。夫人博陵崔氏，开元十五年九月三日，迁窆于邙山原。（《千唐志》）洛京故陈留县君何氏宅　守均州刺史安万金妻何氏，天福四年六月二十五日，殁于洛京水北景行坊斯室，葬于河南县平洛乡张

杨村。(《辑绳》)

次北北市。本临德坊，显庆中立为北市。《广异记》：张仁亶幼时贫乏，恒在东都北市寓居。

《校补记》：北市　本临德坊　补注：《云仙杂记》：洛阳振德坊皆贫民，贺知章目为糠市。按振德坊不见所在，《广异记》：张仁亶贫，居北市。与贺糠市言相应。又本临德坊地，疑振德是临德或名。

增订：

《唐两京城坊考》载：北市“本临德坊，显庆中立为北市”。《河南志》卷一：“东城之东第三南北街，北当安喜门西街凡六坊，按六坊之内比唐多北市、邻德二坊。”“次北北市坊，本临德坊，唐显庆中立为北市，后市废，因以名坊。”“次北邻德坊，亦北市之地。”隋朝散大夫历阳太守元祎宅　元祎，字伯礼，河南雒阳人。大业三年正月十二日，薨于雒阳县邻德里，其年八月八日，权葬于河南县露泉乡之原。(《千唐志》)裴逸宅　大业七年二月十八日，裴逸终于洛阳之邻德里。大业八年八月二十五日，窆于瀍水之阳邙山之阜。(《集释》)按裴逸墓志1928年出土于洛阳城北前海资村。高嗣宅　大业八年九月十六日，高嗣终于邻德里之第，大业十年八月十九日，迁厝于灵渊乡安川里。1928年高嗣墓志出土于洛阳城北前海资村。(《集释》)继祖宅　继祖，渤海蓨人。大业八年九月十六日，终于邻德里之第，大业十年八月十九日，迁厝于灵渊乡安川里。(汴博)王赞宅　王赞字相，并州太原人。永徽三年四月二日，终于邻德里。夫人姬氏，总章元年九月五日，终于里第。其年九月二十八日，合祔于芒山平乐乡之原。(《芒洛遗文》)王孙宅　王孙，字君顺，偃师人。龙朔元年六月十八日，卒于邻德里之私第，其年七月十六日，与夫人侯氏合葬于北邙之阳。(《千唐志》)王孙墓志说明，《河南志》云唐显庆中改临德坊为北市不确，或者当王孙死时已改临德为北市，但仍用旧名？曹琳宅　曹琳，其先高平人。元和十五年正月二十四日，殁于洛阳县北市里之私第，其年七月九日，葬于河南县平乐乡杜翟村之原。(《北图石汇》)田少直宅　田少直，其先雁门人。大和七年六月九日，终于洛阳北市之里，八年十一月二十日，葬于河南县平乐乡王寇村之原。(《千唐志》)曹义宅　曹义夫人荥阳郑氏。大中十二年五月六日，殒于北市之私第。其年十一月九日，葬于河南县平乐乡杜翟村祔先茔。(《宅第补》《补遗六辑》)卫义宅　卫义夫人渤海高氏，开成三年六月十七日，终于洛阳北市里之私第，其年十月十九日，殡于洛阳县平阴乡成村之原。(《千唐志》)北市彩帛行　洛阳龙门西山南部一中型石窟刻有“北市彩帛行净土堂”字样。北市香行　同上窟，窟龛题记旁刻有“北市香行”。古阳洞北一小龛《窟龛题记》刻有“北市香行社社官安僧道，录事□□□、史立策、□□□、康惠澄……右件社人等一心供奉。永昌元年三月八日起手”。北市丝行　龙门石窟奉先寺，王祥洞门上题记：“北市丝行琢龛。”

次北敦厚坊。隋有观王杨雄宅。

试大理评事裴君宅。柳宗元《裴君墓志》：终于河南敦厚里。

增订：

营东都土木工副临男孟孝敏宅　孟孝敏妻刘氏，大业三年十月一日卒于敦厚里，权殡城东。八年二月二十二日，葬于洛阳县常平乡邙山北原。(《集释》) 按孟孝敏及妻刘氏、继室陆氏墓志，分藏于《鸳鸯七志斋藏石》《曲石精庐藏唐墓志》及《千唐志斋藏志》。孟孝敏之父孟豹“营东都土工副监，制绵烹鲜之术，有著嘉声；瞻星揆景之能，无亏令典”。为营建东都城做出过贡献。孟孝敏入唐后终于广州南海县，后归葬洛阳。刘氏墓志，1925年出土于洛阳东北马沟村。隋毗陵郡无锡县令姚孝宽宅　姚孝宽字德博，南安人。贞观十二年九月十日，卒于洛阳敦厚之里第，十七年十月二十七日，葬于邙山之阜。(汴博) 翟瓒宅　翟瓒，字元宗。贞观十四年三月三十日，卒于洛州洛阳县敦厚里。夫人刘氏，上元三年七月二十三日，卒于洛州洛阳县陶化里。其年十月二十日，合葬于河南县平乐乡之北原。(洛古馆) 游击将军潞城府果毅都尉魏府君宅　潞城府果毅都尉之父魏府君，先卒。母雷氏，同州白水人，贞观十四年闰十月十五日，终于敦厚里之第，其年十一月三日，合葬洛阳宫城东北五里邙山。(汴博) 杨华宅　贞观十九年十一月十三日，杨华终于敦厚里私第。其年十二月十二日，与夫人合葬于邙山之阜。(洛古馆) 张宝宅　张宝字彦珍，河南伊阙人。永徽元年七月十二日，卒于敦厚坊之第，其年八月七日，厝于邙山之阳。(《千唐志》) 睦州桐庐县主簿李桀宅　李桀，字陵汉，赵郡人。夫人杨氏，永宁县令祚之女。贞观二十年十一月十一日，卒于洛阳敦厚之里第，其年十二月二十四日，与李桀合葬于邙山之阳。(《北图石汇》) 朝散大夫晋阳府鹰扬王孝瑜宅　王孝瑜，晋阳太原人。隋时任骁果校尉，加朝散大夫晋阳府鹰扬。“皇基草昧，发迹汾阳，后例加陪戎副尉。”永徽六年三月十二日，卒于敦厚坊之第。夫人孙弘之女。贞观九年倾背，永徽六年四月十日，合葬于邙山之原。(《千唐志》) 兵部主事王敬宾宅　夫人张惠，南阳人，及长嫔于王氏。显庆二年闰正月二十日，终于洛阳县敦厚里第，其年二月二十六日，权殡于邙山之阳。长子兵部主事敬宾。(《千唐志》) 处士范信宅　范信，字进达，汝南人。显庆四年九月十五日，终于洛阳敦厚里私第，其年十月三十日，权殡邙山阳。(《芒洛四编》) 陪戎副尉安度宅　安度字善通，长沙人。显庆四年闰十月四日，卒于敦厚之第。其年十一月七日，葬于洛阳城北邙山之阳。(《千唐志》) 按安度墓志载，其祖名陁，齐任滁州青林府鹰击郎将。父定，隋任河阳郡镇将。“既而神香遥远，空传西域之名；琼草难求，惟闻萼倩之说。”安度为西域安国人。昭武校尉任德宅 贞观十七年十一月二十七日，任德终于毓财里私第。夫人乐氏，显庆五年七月十四日，终于敦厚坊私第，其月二十七日，与君合葬于邙山安乐公之域。(汴博) 王敏宅 王敏，字宝达，太原人。释竭永嘉府队正，东征西伐，后授轻车都尉。夫人元氏殁于洛阳敦厚里第，以显庆六年二月十九日，葬于邙岭之阳。(汴博) 魏郎仁宅 魏郎仁于龙朔三年四月二十七日，卒于敦厚舍。夫人荥阳郑氏，奄辞兰宇，以其年五月八日，祔窆于洛阳县清风乡之邙山阳。(洛古馆) 处士兰达宅 兰达，字义通，洛阳人。永徽元年八月六日，终于敦厚坊私第。夫人阴氏于龙朔三年六月二十五日，终于私第，其年八月三日，合葬邙山。(《千唐志》) 文林郎行洛阳宫青城监监事武骑尉王德宅 麟德元年七月七日，王德终于私第。夫人刘氏于总章元年十二月一日，卒于敦厚里。粤以二年二月十一日，合葬于邙山之茔。(《汴博》) 隋上仪同三司朝散大夫右监门校尉王宣宅 王宣，字文义，太原祁人。麟德二年二月十二日，终于敦厚里私第，其年十月十一日，与夫张氏合葬河南县平乐乡邙山之阳。(《千唐志》) 按王宣墓志载：入唐后未仕。“属隋历失序，歌咏娱情，蔬圃河隈，种果伊汭。植杖青渠之上，散发垂柳之下，结游置驿，遂有终焉。”张爽宅 张爽，字伯和，清河郡人。其父张贵为隋德州司马。张爽十四岁即乾封二年正月十四日，卒于洛阳县敦厚里第，其年二月十日，葬于河南县平乐乡邙山之阳。(《曲石志》) 秦府参军南和县令张彦宅 张彦，字德明，河内修武人。武德六年终于私第。夫人郭氏，乾封二年十二月十三日，殁于洛阳县敦厚坊私第，其三年正月二十五日，合葬于河南县平乐乡邙山之阳。张彦三子，长子内府监右尚署令君谅，二子蓼国公府丞君楷，三子将仕郎君表。(《千唐志》) 按张彦墓志有损，张彦的“张”据罗振玉《墓志征存》补。袁相宅 袁相，汝南人。乾封二年九月二十四日，终于敦厚里私第，其年十月九日，葬于洛阳县清风乡邙山之阳。(《北图石汇》) 骁骑尉张愿宅 张愿，字善愿，南阳人，后寄贯洛阳县淳俗乡上春里。授骁骑尉。墓志载：“志乐闲居，卜宅瀍隈，激流家院，花明春谷。”总章元年三月二十九日，终于敦厚坊私第。其年七月二十日，葬于邙山之阳。(《曲石志》) 李波若宅 《唐故刘君夫人李氏墓志铭并序》：李波若，洛阳人。总章元年九月二十二日，卒于敦厚里私第，其年十月四日，权殡于北邙清风乡界平原。哀子方博等。(《补遗八辑》) 泗州涟水县主簿武骑尉范褒宅 范褒，字彦褒，河南郡人。总章二年正月十六日，终于洛阳县敦厚坊私第，其年二月二十四日，葬于河南平乐乡邙山之阳。(《芒洛三编》) 又范褒夫人墓志载，范褒会稽人，今为河南郡人。夫人柳氏，为梁并州司马徽之孙。上元二年六月二十五日，殁于敦厚里，其年七月七日，祔范褒旧茔。(《芒洛三编》) 都水监河渠署令张谅宅　张谅，南阳宛人。子冲儿，字守忠。上元二年五月一日，卒于敦厚里之私第，其年十一月九日，迁窆于邙山之阳。（汴博）将仕郎宋州虞城县尉张君表宅　张君表，字君彦，河南洛阳人。仪凤二年十月□日，终于洛阳敦厚里第，其年十一月二十六日，葬于北邙山合宫县平乐乡原。夫人索氏，久视元年终于亡夫之寝，长安三年八月十二日，迁合夫墓。（《千唐志》）按南和县令张彦第三子张君表，与此张君表不是一人。虞城县尉张君表之父为张明。泸州都督府泸川县丞许怀敬宅　许怀敬，字知礼，颍川高阳人。祖胤基，父弘政。许怀敬解褐升泸州都督府泸川县丞。垂拱三年八月二十三日，卒于洛阳敦厚里，享年五十四，夫人济阴郜氏，开元九年卒，开元十一年正月三十日，合葬于伊阙县西南高原。子待徵。（《西市藏志》）丽山府果毅都尉梁君妻李淑宅　李淑，字贞，陇西人。祖宽，兖州刺史。父瑗，泗州下邳县令。长安四年九月七日，李淑终于洛阳敦厚里之私第，其月十三日，殡于北邙山，嗣子谦。（《补遗七辑》）朝议郎行中书主书上柱国段万顷宅　段万顷，字礼，其先西河人。自兵吏部主事迁中书主书。开元十四年十二月二十三日，寝疾而终，权窆于敦厚里舍，十五年二月六日，与夫人太原王氏，合葬于洛阳城西北李村之原。（《千唐志》）冀州衡水县令王膺宅　王膺，字元礼，琅琊人。开元十六年六月八日，终于敦厚里私第，开元二十一年十月二十七日，葬于国门东二十里金镛原。（《辑绳》）银青光禄大夫行太子右谕德钟绍京宅　夫人许氏，早义合于关氏，关侯早逝，后适越国钟绍京。开元十七年五月八日，终于洛阳敦厚里第，十八年九月九日，窆于城北邙原。长子关氏子覃府兵曹瑗。（《千唐志》）按许氏祖许叔牙，两《唐书·儒学列传》有载。钟绍京，两《唐书》亦有传，以工书知凤阁。则天时明堂门额，九鼎之铭及诸宫殿门榜，皆绍京所题。因平韦后有功，封越国公。绍京既当朝用事，恣情赏罚，甚为时人所恶，屡次贬官。绍京雅好书画古迹，聚二王及褚遂良书至数十百卷。翊麾副尉泽州太行镇将骑都尉安孝臣宅　安孝臣，太原郡人。终于敦厚里之私第，三十六岁。开元二十二年四月九日，殡于河南县平乐乡邙山之原母大茔内安厝。（《千唐志》）杜希玉宅　杜希玉母李氏，天宝四载八月二十八日，终于洛阳县敦厚里之私第，其载十月二十五日，迁窆于河南府河南县平乐乡景业村东北一里。东迩国苑，西连大岗，据邙山之阳。（《千唐志》）李岸宅　元和四年九月甲辰，太原王夫人奄于洛阳敦厚里之私第，六年八月二十八日，葬于河南府洛阳县平阴乡王赵□东原。（《芒洛遗文》）赵诚宅　赵诚妻宗氏，京兆人。元和十二年八月三日，殁于敦厚里之私第，其年九月二十九日，卜葬北邙原杜翟村。（《北图石汇》）太常寺奉礼郎董犴宅　董犴，字澄之，长庆三年十一月二十八日，终于洛阳县敦厚里之私第，其年十二月二十九日，祔于河南县平乐乡杜翟村北邙之原。（《北图石汇》）银青光禄大夫检校太子詹事陈州长史兼侍御史食邑三百户谯郡开国男夏侯昇宅　夏侯昇，谯郡人，夏侯氏子孙从宦洛京，则为河南洛阳人。曾祖思顺。祖舍光。父秀。贞元中，夏侯昇单车诣彭城，谒工部尚书南阳公，即署爪牙之任。“时水旱作沴，连帅以军食不足为忧，询诸府寮，口有对者。公曰：欲实仓箱，莫先植，请为君决汴河，灌蕲泽，壅陂水涨障湖口薙芜莳植秔稻，……是岁口地三千余顷，当秋获稻二十万余斛。又募市人善贾者，置以显职，俾之贸迁贿货交易有无……二纪之间，约获利五百万余贯，十万全师无衣食之虞。”右仆射王公临戎，以昇有馈饷之勤，表昇为银青光禄大夫泗州司马。寻后少保李公节度徐州，奏迁宿州长史，兼充甬口镇遏副使兼管内营田都知兵马使，并茶酒涡六口及馆驿等兼中军兵马使。相国李公节制魏郡，奏请，诰诏迁澶州长史。时幽镇阻兵，卫州当贼之要冲，籍昇镇抚。后从相国入觐，授右神策军先锋兵马使兼押光禄大夫等职。“元和末郓人不率，皇帝震怒，诏天下兵讨除。我军首出，全师深入贼界，支度供军，转输未给，公凿空供应，变化如神，奔千轮，走万蹄，踰出渡水，晦明不息，千金日费不乏，斯需赏设既丰，每战辄胜，贼徒歼殄，寰宇肃清，公之功也。”长庆四年七月二日，终于河南府洛阳县敦厚坊之私第。有子五人：楚、雅、应、纷廙、廌。以其年十一月二十五日，权窆于清风乡崇德里大茔东北一里。（《拾零》）贾政宅　贾政，字自政。会昌二年九月七日，终于洛阳县敦厚里之私第。夫人广平程氏，先公终一十六年。会昌三年八月二十八日合祔，其岗邙山，县河南，乡平乐，村杜翟。（汴博）又《唐故平阳贾君墓铭》载：贾从贽，父贾政。大中十年二月十五日，贾从贽终于洛阳县敦厚里第，其年七月一日，北芒原河南县平乐乡杜翟村葬先府君兆次。（汴博）乡贡进士卢厚德宅　卢厚德，北祖第二房。祖广。考蕃，进士登第，扬州司马。厚德为卢蕃幼子。会昌四载正月二十七日，长丧于敦厚坊敦厚里之私第，二月二十日，祔先茔河南府河南县毕圭乡望春村东原。（《补遗八辑》）东都留守左衙飞骑尉上轻车都尉兼守上柱国曹庆宅　曹庆，字宗礼，河南人。会昌六年十二月十五日，启手足于洛阳敦厚坊私第。夫人樊氏先公而亡，大中元年七月二十一日，于河南县平乐乡杜翟原启樊氏、李氏合祔。（《千唐志》）

次北修义坊。北抵城。坊有晋司空裴楷墓。

增订：

杨贵宅　杨贵，弘农华阴人。贞观元年十月十五日，终于私第。夫人武氏，永徽五年九月三日，终于修义里私第。其月二十五日，同葬于邙山。（汴博）程逸宅　程逸，河南人。贞观二十二年九月二十四日，终于修义里。夫人严氏，咸亨五年八月九日，卒于修义里。上元元年八月二十九日，合葬邙山之原。（《补遗六辑》）邓威宅　邓威，平阳人。夫人施氏，河南洛阳人。龙朔□年三月十一日，卒于修义之里。其年四月□日，合葬北邙。(《芒洛四编》) 隋立信尉袁相宅 袁相，汝南人。龙朔□年十月五日，终于修义坊之私第。其年十□月十□日，窆于邙山之阳父茔域。(汴博) 韩甚宅 韩甚，字藉甚，颍川人。麟德二年七月二日，终于修义坊私第。夫人任氏。麟德二年八月七日，合葬邙山之阳。(《补遗八辑》) 苏州嘉兴县令燕秀宅 燕秀，字文绪，其先上谷人，寓居偃师。释褐蒋王府参军，后转太府寺北市署令。永淳元年十月十五日，终于修义坊之私第。其年十一月十三日，迁窆于邙山安善里。(汴博) 中大夫夏官郎中逯贞宅 逯贞，字仁杰，河内河阳人。夫人赵郡李氏，文明元年二月十一日，终于修义里第。神功元年十月二十二日，合葬于河南北邙之山。(《北图石汇》) 濮州刺史郭敬宗宅 文明元年七月二十三日，郭敬宗薨于洛阳修义里第。其年八月十一日，权窆于东都之平乐原。(洛古馆) 殿中省尚乘局奉乘上柱国刘洪预宅 刘洪预，彭城人。万岁通天二年四月十四日，终于神都修义坊之里第，以其年五月二日，权殡于北邙山上。(汴博) 贾楚宅 贾楚，字玄德，河南洛阳人。圣历元年六月二十三日，终于洛阳修义里之私第，二年十月四日，迁窆于邙山先茔。夫人京兆金氏，大足元年三月二十一日，终于私第。长安三年仲春二月十七日，归祔于君。(《千唐志》) 通直郎行鸿胪掌客王感宅 王感，合宫人。神龙元年六月二日，终于修义坊之私第，景龙三年十月二十六日，与夫人吕氏合葬于北邙山之原。(《千唐志》) 朝散大夫泽州晋城县令上柱国于思□宅 于思□，字惟敬。太极元年四月三日，终于洛阳县修义里私第，其年四月十日，权窆于洛阳县北邙原。(洛古馆) 上柱国李景祥宅 李景祥，字休徵，其先陇西人。开元九年十一月十二日，终于修义里之私第，以其年十二月十七日，迁窆于北原。(《千唐志》) 范崇礼宅 范崇礼，敦煌人。其先有功于晋，世为晋卿，因而食采于范，遂以命氏。“其始好也，郑庄田文之事；其晚慕也，金仙真谛之意。春秋七十九，终于修义里，返其真也。”开元十六年七月三日，归窆于北邙。(《千唐志》) 按范崇礼之祖父褒及祖母有宅在敦厚里，祖孙三墓志中人名有异。登仕郎行河南府洛阳县录事吕君宅 吕君夫人李氏，陇西敦煌人。开元十九年正月二十七日，终于洛城修义坊第，其年二月五日，权殡于河南府河南县金谷乡界邙山之西南，泥沟之东北，别业之东坎。(《千唐志》) 朝议郎前行薛王府兵曹参军上柱国王令宅 王令，字简，临汝人。开元十九年十一月二十七日，终于洛阳修义里之私第。夫人陇西李氏，先公而亡。开元二十年二月十一日，合葬于河南北山。王令墓志铭后刻有：“祖妣李氏以景龙元年十一月十三日，殡于老君庙之西宣武陵之北。”(《千唐志》) 左卫伊川府长史王希俊宅 王希俊，太原晋阳人。故于洛阳县修义里之私第。开元二十年七月二十一日，卜兆于河南府洛阳县清风乡之北原。(《北图石汇》) 朝议郎行幽州会昌县令贾元恭宅 贾元恭，长乐人。开元二十年七月二十四日，终于洛阳修义里之私第。其年九月二日，权窆于河南县平乐乡北邙山之崇原。(《千唐志》) 樊玄亮宅 太夫人太原郭氏，开元二十年三月二十五日，卒于修义里之私第，其年四月十三日，葬于洛城北邙山南原。(洛古馆) 深州司户参军武幼范宅 武幼范，其先沛人。曾祖文谦，陵、宋二州别驾。祖大本，周赠汾州长史。父大冲，北海郡开国公，蜀、德、湖三州刺史。“(幼范) 仁慈惠和，忠肃恭懿。”解褐冀州参军转深州司户参军事，袭北海公。“才高位下，有志无年。”开元二十五年四月十六日，终于河南修义里之私第。其年五月十二日，与亡妻谢氏同窆于洛阳清风乡之原。有子四人，震、豫、济、升。(《千唐志》) 崔公宅 《故尚辇直长崔公故夫人荥阳郑氏 (敏) 墓志铭并序》：以开元二十八年七月二十五日，怛化于修义里私第。(《千唐志》) 吏部常选王爽宅 王爽，字文昌，其先太原人。曾祖戬，隋临河郡司马。祖就，皇朝河内郡参军。考烈，圣朝信安郡太守。爽即信安郡太守之第八子。“夫积善之家，必有余庆；深山大泽，实生灵蛇。公幼而不弄，长而秀杰，负不羁之志，以陪常调，为吏部选。虽未鹏搏于空，而无蠖屈之叹。惟安排顺命，晦迹丘园。拨樊笼，尊佛理，念念勿舍，六时修行，信而接朋，虔而后已，遇盗泉之水，渴而非饮；对恶木之阴，热不息憩。”天宝四载八月三日遘疾，终于东京修义里之私第，冬十月二旬有五日，不封不树，礼也。夫人东平吕氏，兵部常选璟芝某女。“谅以仙娥降魄，宝婺凝星。受教于清闺，好仇乎君子。椒花发颂，柳絮称诗，匪能偕彼柏舟，不幸掩先风烛。”嗣子祐(《芒洛四编》)

右安喜门西街，三坊及北市。隋北市曰通远，见《通鉴》注，盖亦自通远移于此也。

东城之东，第四南北街，北当安喜门东街，从南第一曰时泰坊。隋有通远桥，跨漕渠，桥南通远市，周六里，市南临雒水，有临寰桥。

放生池。其南即上林坊之地。

其东时邕坊。隋有苏威宅。

郑王宅。本郑贵妃宅。其南即上林坊官园之地。户部尚书致仕崔俊宅。按元稹有《赠太子少保崔倰墓志铭》云：薨于雒阳时邕里。疑“倰”即“俊”之误。旅舍。张说《故瀛州河间县丞崔漪碑》：奉使上都，遘疾，终于时邕里之旅馆。

增订：

东城之东，第四南北街，北当安喜门东街，从南第一曰时邕坊，无时泰坊，时泰坊是宋代置坊。隋纳言开府仪同三司光禄大夫苏威宅 苏威妻宇文氏，大业十二年七月三十日，薨于东都时邕里私第。其年十月十三日，于东都城东北九里闲居乡权殡。志石1915年于洛阳出土，藏西安碑林。(《鸳鸯七志斋藏石》) 王玉儿宅 王玉儿，太原晋阳人。为太原主簿齐景陵王记室参军仁则之女。贞观十年十月二十一日，终于时邕里私第，其年十一月四日，窆于千金乡邙山之南故仓东北一里。(《北图石汇》) 飞骑尉王则宅 王则，字孝才，太原人。贞观十五年四月二十日，卒于时邕坊私第。嗣子玄亮。(《千唐志》) 苏州吴县丞杜荣宅 杜荣，字世璋，京兆杜陵人。释褐补慈润府司马，改选任苏州吴县丞。贞观十五年十二月三日，卒于时邕里之私第，其年十二月十五日，启畤于邙山之阳。(汴博) 孔业宅 孔业，字仲茂，本鲁国曲阜人。先圣太师孔宣父三十六代孙□，隋为河南郡守，因而家焉，为洛阳人。贞观十九年二月五日，孔业卒于时邕里私第。夫人太原郭氏，贞观二十一年七月十三日，卒于私第。以天授二年八月二十二日，合葬于邙山平乐之原。(洛古馆) 牛通宅 永徽二年正月十四日，牛通卒于洛阳时邕里第，以其月二十五日，殡于邙山之阳。(《辑绳》) 处士张义宅 张义，字依仁，南阳西鄂人。永徽二年五月二十四日，卒于时邕之里第。夫人车氏，贞观十八年正月三十日卒，以永徽二年八月二十三日，合葬于北邙之山。(《千唐志》) 谷水乡君张伯宅 夫人张伯，南阳西鄂人，诏授谷水乡君。永徽四年十月二十五日，终于时邕里私第，其年十一月十二日，殡于邙山之阳。(《千唐志》) 处士赵嘉宅 赵嘉，字善通。永徽四年十二月十四日，卒于洛阳时邕坊私第。永徽五年二月二十一日，与夫人郭氏合葬河南县平乐乡邙山之阳。(汴博) 张伽宅 张伽字弘训，南阳白水人。显庆二年闰正月十六日，终于洛州洛阳县时邕里私第。其月二十日，窆于芒山之北翟村之西原。(洛古馆) 仁勇校尉飞骑尉张贞宅 张贞字舍利，南阳人。显庆四年十月二十三日，终于时邕里之第。夫人太原王氏，咸亨五年七月二十日，迁神于尊贤之里。其年八月七日，合葬于河南县瀍涧乡邙山之阳。(《芒洛四编》) 蒲津关令云骑尉张仁宅 张仁，字才立，清河人。释褐蒲台县主簿，又授文林郎龙门县丞，秩满转蒲津关令。显庆五年七月十七日，终于时邕坊私第。夫人宋氏，乾封二年五月十四日终于私第。其年十月二十二日，与张仁合葬于平乐乡北邙之阳。(《芒洛四编》) 开府索玄宅 索玄，字德伟，敦煌人。贞观十六年八月七日，终于私第。夫人左氏，龙朔二年六月十二日，终于时邕里私第。以其年七月二十二日，合窆于河南平乐乡芒山之阳翟村西南一百步。(汴博) 按索玄于隋大业年间曾参与对高丽、百济的战争。墓志载："大业间问罪辰韩，陈兵辽碣。君素怀文武，检校司兵。" 右监门直长罗伯宅 罗伯，字康信，河南洛阳人。祖思，父达。时伪郑拥据东都（指隋末王世充），诏公为车骑将军，委斯百谷。识天命之归一，革豹文而莫二，遂除右翊卫右监门直长。龙朔三年二月十六日，卒于时邕里，二月八日，窆北邙山。孤子合志。(《补遗八辑》) 宗夫人宅 夫人南阳人。龙朔三年五月十三日，终于时邕坊私第，以其年六月□日，殡于邙山之阳。(《芒洛三编》) 按宗夫人为郭某妻。文林郎支敬伦宅 支敬伦，陈留人。祖彦，赞锦保城。父珉，鸣琴新蔡。敬伦"雅好篇籍，精玩典坟。蒙宾贡于王庭，受文林于上第"。支敬伦"蒙宾贡于王庭"，按唐代宾贡进士，应为有周边少数民族政权和外国入唐参加进士科考试的留学生。支敬伦祖支彦，字法柱，酒泉人。祖训，齐安乐王记室。父义，匿迹丘园。支彦任豫州保城县令，曾受郑王王世充（月支胡人）镇南府车骑将军。永徽二年二月二十四日，葬于北邙之阳。支彦墓志称其为酒泉人。昭武九姓胡人，多聚族居于此。又据《史记·大宛列传》记载："始月氏居敦煌祁连间。"西汉初，月氏西迁，小月氏留居河西与羌人融合。支彦一家可能为小月氏人，在南北朝时期入居河洛。支彦墓志载《芒洛冢墓遗文五编》。洛阳行修访的支䜣、复支纳，永泰坊的支竦以及安喜里的支万彻，均为居于洛阳的月氏人后裔。麟德二年九月八日，支敬伦卒于时邕里。其月二十一日，葬于邙山之上。(《千唐志》) **游击将军信义府果毅都尉韩逻宅** 夫人苑陵县君靳肥，其先西河安定人。乾封二年六月九日，卒于时邕里。其年七月十四日，合葬于邙山之阳。(《千唐志》) **汴州中牟县丞乐玄宅** 永徽三年三月十七日，乐玄终于思恭里第。夫人赵氏，总章三年二月三日，终于时邕里。(汴博) **处士索行宅** 《大唐故嘉州龙游县尉索君墓志铭并序》：索行字威，洛阳人。咸亨元年九月十六日，终于时邕坊私第。其年闰九月二十日，权殡于金谷乡芒山之阳。(《千唐志》) 按索行，父索昭，祖索忠。而索玄，父索沙，祖索彦。故知索行与索玄非兄弟辈。索行子义弘，为嘉州龙游县尉，永隆元年十一月九日，卒于时邕里第，以其年其月二十三日，窆于北邙之阳。(汴博) **朝散大夫尹达宅** 尹达，字博通，瀛州乐寿人。夫人孙氏，咸亨三年五月一日，终于时邕里第。其年六月一日，与尹达合葬。(《北图石汇》) **文林郎柱国张贵宽宅** 张贵宽，字恕之，南阳白水人。永淳元年十月六日，终于洛阳县时邕里之私第，以其月二十六日，窆于邙山原。(《千唐志》) **上柱国成伦宅** 成伦，字贞固，本上谷郡人，因官徙河南缑氏。文明元年五月二十一日，卒于时邕里之私第，其年六月五日，权殡于洛阳平阴乡之北原。(《千唐志》) 按《全唐文补遗》第二辑谓成俭。**朝散大夫行大学博士贾玄赞宅** 贾玄赞，字冲思。以明经擢第，初任洛州博士，寻除太学国子等助教，又迁太学博士及详正学士。嗣圣初授朝散大夫行太学博士，仍于弘文馆教王子读书。□□□年六月七日，终于神都时邕里之私第，以其年六月二十二日，殡于河南县王寇村之西北原。(《芒洛四编》) 按贾玄赞墓志被凿改，原文应为垂拱元年六月七日终于神都，因嗣圣元年九月改东都为神都，垂拱前并无神都之称。(岑仲勉《贞石证史》，《金石论丛》，上海古籍出版社，1981 年) **周左豹韬卫将军高牟宅** 高牟字仇，安东人。授云麾将军、行左领军卫翊府中郎将，转冠军将军、行左豹韬卫大将军。延载元年腊月二十日，薨于时邕之第。"三韩流涕，十部分哀"，圣历二年八月四日，窆于洛阳合宫县界北邙山。2012 年在洛阳发现高牟墓志拓片，墓志出土时地不详，志石不知去向。高牟墓志中提到"三韩""十部""东海""外荒"等故乡高句丽的名讳，他在唐的官职由正四品下升为正三品。(拜根兴、宋丽《新见高句丽百济移民墓志的新探索》，载《陕西历史博物馆馆刊》2015 年) **瓜州常乐县尉登仕郎胡义**

宅　胡义夫人弘农杨氏，久视元年五月十日，卒于洛阳时邕坊之私第，开元六年十一月十二日，葬于河南县平乐乡之原。胡义于垂拱三年卒于长安胜业坊之私第。（《补遗千唐志斋新藏专辑》）亳州山桑县令王府主簿乐鉴虚宅　乐鉴虚，南阳人。祖殊，父德。鉴虚年二十三，州郡察孝廉，以明经举。显庆元年对策高第。乾封二年，授润州丹徒县尉，又转沧州盐山县主簿、亳州山桑县令、王府主簿等职。武骑尉王羊仁宅　羊仁，字元瑜，今为河南洛阳人。神龙三年八月十八日，终于时邕里之私第。妻陈氏，开元二十三年五月一日，终于清化里之第。开元二十三年八月十九日，同窆于河南县之平乐原。（《北图石汇》）景龙元年九月二十三日，终于洛阳时邕坊之私第，夫人代郡燕氏。景龙三年十月十四日，合葬于洛北之邙山。嗣子琎等。（《补遗八辑》）朝议郎行卫尉寺丞柳顺宅　柳顺字娘奴，河东解人。景龙四年五月二日，暴终于时邕里第。其月二十二日，窆于邙山之南。（《千唐志》）朝请郎行定王府国尉李明远宅　李明远，字高光，陇西狄道人。开元八年七月七日，卒于时邕里私第。其年八月十六日，葬于北邙之原，窆于河南府洛阳县平阴乡。（《曲石志》）朝散郎行苏州嘉兴尉谈昕宅　谈昕，字先儒，洛阳人。开元十七年三月二十日，终于时邕里第。四月十三日，迁窆于河南县平乐之原。（《千唐志》）扬州海陵县令李贞宅　李贞妻郭氏，开元二十一年九月八日，终于时邕之宅。开元二十一年十一月二十七日，合葬河南县梓泽之原。（《千唐志》）上柱国段亮宅　段亮，字子廉，其先雁门人。曾祖志玄，银青光禄大夫、左卫大将军、上柱国、褒国公。祖晖，游击将军。考慎，苏州吴县尉、汴州尉氏丞。段亮少遭凶闵，名宦未边。晚好骁雄，豪侠是尚，遂投效出塞，奋戟巨戎，以军功授上柱国。龙集戊寅闰八月二十二日，终于洛阳时邕里。夫人河南石氏，石季伦十四代孙女，“得金谷之秀气，有玉色之华姿”。先君而卒。越翼月七日，合葬于北邙山平阴原。（《补遗八辑》）按戊寅年是开元二十六年。段亮曾祖段志玄宅在长安醴泉坊。元府君夫人来氏宅　夫人来香儿，南阳人。父贞，卫州卫县丞。来氏晚崇释教。天宝五载四月二十八日，终于洛阳时邕里。六载四月四日，迁窆于邙山南原。（洛古馆）宣节校尉守左卫河南府泂梁府左果毅都尉胡肃宅　胡肃，字元进，其先安定人。起家陪戎副尉，宋王府执事，历中书直省，授右领军卫长上，后制书增秩拜河南府泂梁府左果毅都尉。天宝五载五月七日，终于时邕里之私第，其载六月二十一日，葬于洛城东北一十三里邙山之阳。（《曲石志》）宁元将军守武威郡洪池府折冲右羽林军宿卫东京北衙右屯营副使上柱国借鱼袋程承寂宅　程承寂，字冲，其先广平郡人。祖弘，清源郡南安县令。父钦，伊吾郡长史。程承寂性好弓矢，少习孙吴，才艺多方，临敌机变，赳赳见用。出身三十年，历官六政。天宝五载六月二十七日，终于时邕坊私第，八月二十二日，权厝于洛阳县清风乡平乐里之北原。“南睹嵩丘，见峻峰之特秀；西临帝城，望丹阙而凌霞。”嗣子瑶等。（《补遗千唐志斋新藏专辑》）安定郡参军陆丰

妻胡夫人宅　夫人胡氏，安定临泾人。天宝八载八月八日，终于洛阳县时邕坊之私第。以其月十四日，旋窆于邙山之新茔。（《千唐志》）张遨宅　张遨，字侃先。天宝九载八月十五日，卒于东都时邕里之私第，葬于城北之原。天宝九载八月二十八日殡记。（洛古馆）杭州余杭县令李士式宅　李士式，祖尚古，尚衣奉御。父頠，彭州刺史兼太子仆。士式弱冠参郊州军事，“州将李齐之尝曰：‘公为吾家千里驹。’若乃度量，恢弘激昂，许与设馆，而座客恒满”。大历十一年十一月十四日，终于洛阳县时邕里之私第，明年正月十四日，迁窆于平阴乡北原。嗣子前蕲州蕲春县尉少游。（《补遗千唐志斋新藏专辑》）张锽宅　张锽，字张八，清河人。考仲甫。沧州司法参军。长庆二年秋七月一日，张锽终于时邕里之私室。其年十一月四日，葬于河南府洛阳县平阴乡成村之原。（《补遗八辑》）河南府汜水县丞邢倨宅　邢倨夫人景氏，丹扬（阳）人。贞元三年六月十一日，终于时邕里之私第，其年七月二十一日，殡于北邙之原。（《千唐志》）朝议郎前行曹州司法参军上柱国李宏宅　李宏，字文秀，赵郡人。大历中恩制特加阶朝议郎行曹州司法参军事，勋上柱国。贞元八年十月十七日，逝于时邕里。夫人京兆杜氏，太府寺右藏署丞海潮之女。其年十二月十五日，迁厝于北邙山之阳原。（《千唐志》）旅舍　侍御史江西道都团练副使郑高，字履中，荥阳开封人。贞元二十一年正月四日，终于洛阳县时邕里之旅舍。以其月二十一日，葬于缑氏县芝田乡祔先茔。夫人清河崔氏，金部郎中坊亳二州刺史愿之孙，大理评事宝之长女。1990年12月，距偃师县城西南约15千米的高龙逯村，村民在家中打井时发现三合墓志。郑高死后有志，崔氏死于江陵，因“贞于阳卜，视兆未叶……不克合祔”，先葬缑氏张曲村，也有志。后来崔氏母弟崔群建议，由郑高出于李氏子元余主持合祔有志，所以共三志。（郭洪涛、王万杰《河南偃师市高龙逯寨出土唐墓志》，载《考古》1997年第2期）王翱宅　王翱，字遐举，太原晋阳人。会昌六年十一月十二日，终于东都时邕里之私第。以大中元年二月七日，葬于邙阜之阳清风乡郭村。（《千唐志》）崔缊宅　《唐故龙岗县令王府君继夫人墓志铭并序》载，夫人崔缊，其先博陵安平人。王父礼部郎中鼎。考岭南节度使赠礼部尚书咏。大中六年二月二十三日，崔缊捐背于东都时邕里之私第，其年闰七月二十日，窆于北原清风乡郭村。（《补遗千唐志斋新藏专辑》）登仕郎守河南府颍阳县丞摄洛阳县尉李君夏宅　大中七年四月二十九日，李君夏妻荥阳郑夫人捐馆于东都时邕（雍）里。其年七月十七日，权厝于洛城东北十八里清风乡高村管之兆。（洛古馆）盐铁东都分巡给纳官兼勾押将仕郎试左金吾卫兵曹参军赵余宅　赵余，字承业，天水人。曾祖晞，祖祐，考度。咸通八年六月七日，赵余殁于时邕里之私第。有弟三人，诚、准、礼。子六，项、玘、珪、珂、大柔、降郎。以其年十一月十九日，葬于洛阳县平阴乡之原。（《拾零》）光少州刺史李潘宅　李潘夫人博陵崔氏。咸通十一年六月十九日，违代于东都时邕里第，其年冬十有二月五日，合祔

于洛阳县平阴乡成村光州君之玄堂。(《千唐志》)

次北立行坊。隋有宇文述宅。

大圣真观。上东门草场。其东北有土台，俗传云晋石崇宠姬绿珠墓。《河南志》言韦述《记》不载，疑非是。

增订：

大圣真观　《千唐志》载《大圣真观杨法师（曜）生墓志并序》：杨曜于开元十五年龙集壬戌粤五月既望，卜兆于河南县平乐乡之山原。其时杨曜任大圣真观法师。洛阳古代艺术馆藏《睿宗大圣真观施食台记》石幢，为洛阳县尉朱温文。文中云："玉晨甫照，金市傍邻，往来憧憧，佥所荣瞻。"正反映出大圣真观所处立行坊之地理环境。（刘莲香《〈睿宗大圣真观施食台记〉石幢考》，载《华夏考古》2000年第1期）《王屋山上清大洞三景女道士柳尊师默然真宫志》载：监察御史里行天水赵君夫人柳默然，开成五年六月二十九日，迁解于东都圣真观之道院。(《北图石汇》）圣真观观主郑过真，字元一，河南县京兆里人。会昌元年十二月二十九日升化。(《北图石汇》)《唐圣真观故三洞郭尊师墓志》载：郭元德，洛阳人。春秋五十八，咸通十年三月十九日，解化于洛阳县圣真观东院。其年四月十六日，迁葬于杜泽村祔先师茔。（洛古馆）处士王俭宅　王俭，字甑生，太原人。贞观十一年五月十九日，终于洛阳立行坊之里第。夫人刘氏，咸亨四年八月五日，卒于洛阳私第，以其年十月四日，合葬于北邙山之平原。（汴博）靖彻宅　靖彻，洺州清漳人。贞观十六年九月二十二日，卒于立行里私第。夫人太原王氏，乾封二年十二月二十六日，卒于嘉猷里私第。乾封三年二月十六日，合葬于平乐乡之壤。（汴博）李胡宅　李胡，字景，陇西狄道人。祖穆，周白涧府鹰扬。父宝，隋唐县令。李胡起家博州司功，俄迁上仪同三司、通议大夫。贞观十八年六月二十八日，迁神于立行之第。夫人太原王氏，上元元年十二月十日，终于立行之里。子道明等以上元二年正月四日，合葬于河南县平阴乡邙山之阳。(《补遗八辑》）李护宅　李护，字道周，陇西成纪人。贞观二十年五月十二日，终于洛阳之立行里。以其年六月一日，迁神于北邙之南原。（汴博）李敬宅　李敬，字如愿，陇西成纪人。永徽二年五月十九日，终于立行坊私第，其年六月四日，殡于洛阳县清风乡芒山之左。(《千唐志》）隋左龙骧骠骑王协宅　王协，琅琊临沂人。永徽四年二月二十一日，卒于洛阳县立行里之私第。以其年三月九日，窆邙山之阳。(《千唐志》姚思忠宅　姚思忠，南安人。永徽四年五月十一日，终于立行坊私第，以其月二十二日，葬于邙山之阳。(《千唐志》）颜相宅　颜相，河南洛阳人。永徽五年四月六日，终于立行之里。以其月二十七日，葬于北邙山。(《芒洛四编》）李严宅　严，字如愿，陇西成纪人。永徽六年终于立行坊私第。(《宅第补》）按李严与李敬字、籍贯均同，待考。张方宅 张方夫人吕氏，显庆元年十二月三日，终于立行里之私第。以其月十二日，迁厝于邙山之阳。（洛古馆）隋邵州录事参军杨道纲宅 杨道纲，弘农华阴人。释褐直兵曹品子左勋侍，秩满授邵州录事参军事。显庆三年九月十二日，终于立行里私第。以其年十月二十三日，殡于邙山之阳。（《芒洛遗文》）田通宅 田通，字仁舍，洛阳人。显庆四年五月二十六日，终于立行里私第。夫人韩氏，卒于永徽五年。显庆四年七月十日，与君合葬邙山。（《芒洛遗文》）隋并州司兵张义宅 张义，字弘义，河内修武人。显庆四年七月十日，终于立行坊私第。其月二十七日，殡于平乐乡。（《千唐志》）杜庆宅 杜庆，京兆人，今寄贯洛阳县余庆乡。乾封二年闰十二月九日，终于立行坊私第。其月十七日，殡于邙山之阳。（《北图石汇》）杨汤宅 显庆四年十二月二日，杨汤卒于东京立行里第。夫人曹氏，咸亨元年五月二十一日，卒于陶化里。以其年七月十四日，祔于芒山之平原。（洛古馆）田惠宅 田惠，字师举，蓟郡雁门人。龙朔二年六月五日，终于洛□之公馆，其日迁灵于立行坊私第，以其月十四日，殡于邙山之阳河南县平乐乡之原。（《千唐志》）成夫人刘尚宅 麟德元年十二月二十八日，刘尚卒于立行里。二年正月三日，窆于邙山。（汴博）张宽宅 张宽，字士裕，南阳白水人。麟德二年十一月二十七日，卒于立行里。三年正月十八日，窆于河南县平乐乡□□之上。（《千唐志》）许州长葛县丞李辩宅 龙朔三年十二月五日，李辩终于清化之私第。夫人张氏，咸亨五年四月十七日，卒于东都立行之私第。其年五月十七日，同葬于北邙平乐乡。（《千唐志》）上柱国孙通宅 孙通，字德宝，吴郡富阳人，后徙居洛阳。咸亨元年五月二十九日，卒于私第。夫人韩氏，文明元年六月十四日，卒于立行私第。以其年七月十二日，合葬于邙山平阴乡之原。（汴博）朱宝宅 朱宝，字伏宝。龙朔三年七月二日，终于立行里。夫人吴氏，文明元年七月七日，终于尊贤之里第。其年十月二十四日，合葬北邙山之原。（《补遗五辑》）处士房僧宅 房僧，字处元，齐郡人。曾祖敏。祖祭，隋黔州石城县令。祖□皇朝诏授并州平乐县令。上元二年八月二十五日，房僧卒于立行坊之私第，其年九月十四日，窆于河南县平乐乡北邙山之阳。哀子久礼。（《补遗千唐志斋新藏专辑》）陪戎慰王言宅 王言，字思忠，河南洛阳人。祖彦龙，隋曹州录事参军。父珍，唐相州邺县尉。王言起家任周王府亲事。秩满，授陪戎尉。既而安贫乐道，守素忘荣，甘养志于丘园，绝机情于轩冕。仪凤三年闰十月二十九日，终于立行之里第，以其年十一月二十日，迁窆于北邙之阳。（《补遗千唐志斋新藏专辑》）杨岳宅 杨岳，字云盖，弘农缑氏（应为卢氏）人。证圣元年闰二月二十二日，卒于立行里私第。以其年三月十三日，殡于河南合宫县北邙山。（《芒洛四编》）周左监门长上杨升宅 杨升，字文陟，弘农仙掌人。曾祖杨仲达为鲁国公。万岁登封元年一月四日，杨升终于立行坊之私第，以其月二十七日，葬于北邙山平乐乡。(《千唐志》)朝请大夫行邓州穰县令上护军南玄暕宅　南玄暕，其先固安人。释褐授文林郎守司卫寺武器署丞，又迁司府寺平准丞，授营缮监中校署令，俄而又迁司膳寺太官令。授朝议郎行邓州穰县令。终于洛阳立行里之私第，圣历二年十月二十八日，窆于北邙山。(《千唐志》)宣德郎李符宅　李符妻挚氏，长安四年二月二十五日，终于洛州洛阳县立行里第，其年三月五日，窆于北芒山之阳。(汴博)恒州司功参军萧君妻李氏宅　李氏，陇西狄道人。父元恭，正议大夫大理寺少卿判东都吏部侍郎。太极元年二月一日，李氏终于洛阳县立行坊之私第，春秋四十三，其月十五日瘗于河南县平乐乡北邙山。(《洛阳新获墓志》二〇一五)毛处士夫人贾三胜宅　夫人雍州咸阳人。景云二年闰六月九日，终于洛阳立行里之私第，其年七月二十九日，与毛处士同葬于河南平乐乡之原。(《辑绳》)大仆寺典牧署令袁仁宅　袁仁，字仁爱。释褐太平公主府邑丞，寻迁大仆寺典牧署令。开元四年五月十四日，终于立行里私第。二十七日，殡于北邙山之高原。(洛古馆)怀州司户参军陈利见宅　夫人贾氏，开元十九年五月八日，暴疾终于立行里之私第。其月十四日，假窆于邙山之南。(《北图石汇》)朝议郎行司农寺导官署令上柱国任楚璇宅　任楚璇，字待璧，西河人。夫人始平冯氏，开元二十年七月二十五日，终立行里。楚璇曾补将作监右校署丞，擢授司农寺导官令，补充本运使孔目判官，仍差充运使入京，遇疾终于西京崇仁里之私第，天宝十三载五月十三日，嗣子文部常选昱、昙、晟、晏、昆等。(《补遗千唐志斋新藏专辑》)河南府政教府左果毅都尉右羽林军长上上柱国刘元适宅　刘元适，字金刚，弘农人。曾祖绍，隋文帝千牛备身，建节左都尉、上柱国、袭封阴盘公。祖达，秦州都督府司马。父慎，河州司仓。刘元适转镮辕府别将，迁致教府左果毅。天宝三载闰二月二十七日，终于东京立行里，其年四月十六日，葬于洛阳平阴乡北邙之原。嗣子颖，任左羽林军长上。(《补遗千唐志斋新藏专辑》)太仆丞杨雩本宅　杨雩本先任太原、上党防务，又迁太仆丞。大历九年二月三日，不禄于洛阳立行里。八月五日旋窆于万安山之茔。胤子三人。(《西市藏志》)东都畿汝州都防御使押衙中散大夫试太常卿兼监察御史宫自劝宅　宫自劝，字有媚，其先周幽王宫湟之后，为太原人。高祖斌，隋左金吾卫大将军，贬强山镇将，子孙因家河南。曾祖令节，祖思敬，父佺。宫自劝先后任晋州岳阳府别将、泽州安平府左果毅都尉、怀州河内府右果毅都尉等职。元和二年八月一日，终于洛阳县立行里之私第，以即月十七日，窆于河南县平乐乡永宁里西原北邙山先府君茔之西南一里赤水经略等使府君茔次南隅。三子，浰、汎、洪。(《补遗千唐志斋新藏专辑》)濮阳郡临濮县令元有邻宅　开元二十七年，元有邻夫人韩氏终于洛阳立行里之私第。天宝元年七月四日，葬于平阴之原。(洛古馆)明州刺史御史中丞韦埙宅　韦埙字导和，京兆人。会昌元年五月五日，卒于明州郡署。夫人温瑗，为礼部尚书赠司空之第二女，会昌六年正月十六日，殁于洛阳立行里第。其年六月二日，归祔于河南府河南县平乐乡杜泽村中丞公茔。(《芒洛四编》)**河南府阳翟县尉崔行规宅** 仓部郎中郑鲂与夫人卢氏墓志记载，卢氏六十四岁，于咸通九年九月二十三日，终于子婿崔行规东都立行坊之故里第。2005年秋，《郑鲂及妻卢氏合祔墓志》与郑鲂墓志同时出土于伊州县彭婆乡许营村一墓中。(赵君平、赵文成编《河洛墓刻拾零》，北京图书馆出版社，2007年) 按崔行规有宅在毓德里是世第，而立行坊是崔行规之故第。郑鲂与卢氏合祔墓志称"郎中(指郑鲂)家素有村墅，有名第，夫人终于子婿里第"。其中所指应包括郑鲂墓志所说在"伊水之阴，躬稼穑""又于都依仁里卜数亩之地……立堂室宾舍"之宅第。卢氏之终于子婿崔行规立行坊之故里第，可能与一年前崔行规亡故，三年前行规妻郑娟亡故有关。**申州刺史崔揆宅** 崔揆侧室樊氏，上党人。咸通十年六月二十三日，殁于河南府洛阳县立行里第。越月二十八日，葬于河南县平乐乡杜郭里。(《千唐志》) **盐铁东都分巡院仓库官将仕郎试武卫曹参军崔侮宅** 崔侮家族，十数代皆茔于齐。自唐居因先人职迁于洛。崔侮三婚，始婚太原郡王氏，儿女二人，儿□盐铁守职；二婚乐安郡孙氏，无子；三婚始平郡冯氏夫人，儿女四人，儿长曰知绾，前利国盐□使官，次曰环，东都内作使守职。咸通十二年二月九日，崔侮薨于立行里私第，享年七十七，其年十月十日，迁祔于洛阳县平阴乡成村之原。(《拾零》)

次北殖业坊。坊有晋司空王戎墓。封演《闻见录》曰：王戎墓，隋代酿家穿其傍作窖，得铭曰晋司徒尚书令安丰元君王公之铭，〔今封演书《石志》条作"晋司徒、尚书令安丰侯王君铭"〕俗传为朱买臣墓，非是。〔按稿本，此坊内原有银青光禄大夫、行内侍员外置同正员、上柱国张元忠宅，注云："按元忠夫人令狐氏墓志云：夫人卒于京兆府殖业里之私第。西京无殖业坊，故载于此。"后为张穆删去，移于卷四之首西京光禄坊后缺名之坊下〕

卫国寺。神龙二年，节愍太子建，以本封为名。会昌中废，光化中复建，有小院十一。**赵仁奖宅**。《御史台记》：唐赵仁奖，河南人也。得贩于殖业坊王戎墓北，善歌《黄獐》，与宫官有旧，因所附托，景龙中负薪诣阙，遂得召见，云负薪助国家调鼎，即日台拜焉。睿宗朝左授上蔡丞，时崔宣一使于都，仁奖附书于家，题云：西京赵御史书，附到雒州殖业坊王戎墓北第一铺，付妻一娘。宣一以书示朝士。**客舍**。陈子昂《孙虔墓志》：遇暴疾，卒于雒阳殖业里之客舍。**酒家**。《朝野佥载》：兵部郎中朱前疑貌丑，其妻有美色。天后时，雒中殖业坊西门酒家有婢，蓬头垢面，伛肩皤腹，寝恶之状，举世所无，而前疑大悦之。

增订：

牛谅宅　牛谅，字君信，陇西人。祖遵，魏宁朔将军。考璨，齐梁州别驾。牛谅春秋二十有八，卒于殖业里之第，夫人乔氏卒于牛氏之第，大业九年十一月九日，同窆邙山。牛谅墓志出土于孟津县朝阳镇。（《洛阳新获墓志续编》）客舍　据《陈拾遗集》卷六《康府录事孙君墓志铭》，中孙君应为孙虔礼。薛朗宅　薛朗，字玄明，河东汾阴人。贞观二十三年三月十日，卒于殖业坊之私第。夫人王玉，贞观十五年九月二十九日卒于东第，以其年（贞观二十三年）月二十六日（即三月二十六日），合葬于邙山之阳。（《千唐志》）将仕郎霍达宅　贞观二十三年四月二十九日，霍达终于殖业坊私第。麟德元年十一月二十八日，与夫人徐氏，窆于平乐乡邙山之阳。（《北图石汇》）仇道宅　仇道，武都人。贞观五年七月二十五日，终于洛阳张方之里。夫人汝南袁氏，永徽元年十一月二十七日，终于殖业坊第。二年四月十日，祔于北邙之南原。（《千唐志》）左翊卫队正甘朗宅　永徽四年六月三日，甘朗终于洛阳殖业坊私第，以其年六月十六日，安兆于河南县平乐乡邙山之原。（洛古馆）深州晏城县丞宋璋宅　宋璋，广平人。永徽四年十月二十六日，卒于殖业坊之私第。夫人弘农杨氏，麟德元年六月二十日，卒于绥福里第。以其年七月二十七日，合葬于洛阳之□。（《芒洛三编》）祖氏夫人张陇宅　张陇，字叔德，南阳人。永徽五年四月十五日，终于殖业之第。以其年五月九日，安神于北邙之清风里。嗣子□川威远县令君信。（《千唐志》）隋门下坊录事张相宅　显庆二年三月二十九日，张相卒于殖业里之私第。以其年四月十六日，葬于邙山之原。（汴博）淄州淄川县令祖忠宅　祖忠，范阳人。夫人邹氏，显庆五年十一月十九日，卒于殖业之里第，后与祖忠合葬北邙平乐乡之原。（洛古馆）杨客僧宅　杨客僧，弘农人。麟德二年九月五日，卒于殖业里第，以其月二十五日，窆于芒山之上。（汴博）游骑将军隰州隰川府左果毅都尉陈智宅　陈智字满，南阳颍川人。夫人南阳白水郡太君张氏，景云二年五月十日，终于洛阳县殖业坊之私第。以其年十二月二十一日，殡于洛阳县平阴之乡。"次子右屯卫翊府左郎将频光授律，未及凯归，风树之感倍深，寒泉之痛逾切。"（洛古馆）并州司兵张君夫人王智宅　王智，字梵行，太原人。咸亨二年七月十一日，卒于殖业里第。其年八月八日，窆于北邙平乐原。（《千唐志》）按立行坊有隋并州司兵张义宅，王智是否为张义夫人待考。通州宣浣县尉严朗宅　朗字玄宗，夫人燕氏。咸亨三年十月二日，薨于植（殖）业里。其年十月十六日，合葬邙山王赵村北。（《北图石汇》）宣议郎行虢州弘农县丞张仁燮宅　张仁燮年四十六，终于洛阳殖业里之私第，以上元三年正月十日，安厝于北邙之安善里。（洛古馆）处士封德宅　上元三年九月十一日，封德终于殖业坊之私第。以其年十一月二日，与夫人王氏合葬于洛阳县平阴乡邙阜之原。（洛古馆）秘书省

校书郎李元轨宅　永淳元年七月十一日，李元轨卒于洛阳县之殖业里，其年其月二十九日，葬于邙山之阳。（汴博）将仕郎上骑都尉赵勤宅　赵勤，字仁恭，陇西天水人。永淳二年五月十九日，终于殖业坊私第。（《北图石汇》）文林郎上柱国董本宅　董本，字行恭，陇西成纪人，因官播迁，遂居洛州洛阳县。年二十一，明经及第，授文林郎。年三十五，授勋官上柱国。天授三年正月八日，卒于洛阳县殖业坊之私第，以其月二十九日，葬于邙山之阳合宫县平乐乡之原。（《千唐志》）旅舍　《大周故右翊卫清庙台斋郎天官常选王豫墓志铭》载：王豫，字安舒，琅琊临沂人。延载元年八月二十七日，卒于洛阳殖业里之旅舍，春秋二十有八，冥婚梁吴郡王孙邢州司兵萧府君之第四女。神功元年十月二十二日，合葬于邙山之原。（《千唐志》）《唐故处士李君墓志铭并序》载：李强友，字刚克，陇西成纪人。开元七年五月十七日，奄归真于洛阳殖业里之旅舍，其月二十一日，□□于洛城东北六里平阴乡邙山之阳。（《千唐志》）《前京兆府蓝田县丞窦公夫人弘农杨氏墓志铭》载：杨莹，字谛听。大历十二年三月，终于洛阳殖业里之旅舍，以其载十一月二十二日，厝于北邙之南原。（《芒洛三编》）处士董义宅　董义，陇西人，因官遂居洛州洛阳县。咸亨三年十一月十四日，卒于洛阳县殖业坊之私第。夫人太原王氏，永淳二年五月十一日，寝疾而卒，长安三年十一月二十二日，合葬于合宫县之北二十三里北邙山之北原。（《千唐志》）散骑常侍华容县开国公绵州刺史孙何思则宅　洛州河南县尤望乡怀惠里孙何思则，以景云二年十二月二十二日，卒于洛阳县殖业坊之第，景云三年正月六日，葬于洛阳城北去城十五里幸村北三里。（《千唐志》）沁州安乐府别将上骑都尉张诠宅　张诠，字敬仙，南阳人。开元十四年九月二十三日，终于殖业里。以其年十一月十日，葬北邙山平乐乡之原。张诠善于经商。志载其“有武豹之略，作龙蛇之蟠。志尚谦冲，退归闾里，善营陶产，家至籯金”。（《汴博》）江王息澧州刺史广平公夫人杨无量寿宅　杨无量寿，弘农人。则天武后之外氏，右屯卫将军知庆之女，故节愍太子妃之姊。夫人“德奉君子，操行逾申。属唐祚中缺，宗族迁播。公谪南陬，敕降西掖，爰及外氏，命离夫人。夫人赴镬道亡，从义守节。父恭荷造，旋乃迫离，胁夺志怀，改醮胡氏。君父之命难以固违”。因兹遘疾，以开元十九年六月六日，薨于鼎邑殖业里私第。以其年月十九日，葬于洛阳县清风乡北邙山之原。（《北图石汇》）按杨无量寿为唐肃宗之姨。江王为李钦。（《旧唐书》卷六十四《高祖二十二子·江王元祥传》）广平公史书未见。国子司业贝曾庆王傅侯君宅　侯君夫人王氏，开元二十三年四月二十一日，终于周京殖业里，其年八月十九日，窆于河南平乐乡之平原。（洛古馆）中散大夫守秘书监致仕上柱国慕容珣宅　开元二十四年六月二十四日，慕容珣终于东都殖业里第。夫人博陵崔氏，开元十二年六月二十三日，先终于京亲仁里第。开元二十四年十月二十六日，葬于东都北邙之原，夫人迁祔焉。（《补遗六辑》）左领军卫仓曹参军李霞宅　李霞，字子徵，其先顿丘人。开元二十六年正月十九日，卒东都殖业里中。（《北图石汇》）卢曾参宅　夫人曾参，号贤和，密州司法行表之孙，邢州司功若水之女。年甫既笄，归程氏。开元二十八年九月十五日，终于东都殖业里之私第，以壬寅（九月十八日）殡于洛阳县周村北原。（《拾零》）右监门卫兵曹参军张景阳宅　张景阳，字再，清河人。开元二十九年十月二十九日，终于洛阳殖业里之私第，以其年十一月二十九日，葬于邙山陶原。（汴博）张景阳父为盐州白池县令张烈。吏部选彭城刘君妻高娩宅　高娩，字温，渤海蓨人。天宝五载丁酉月朔七日，殁于殖业里之私第，以其八载六月九日，殡于邙山凤凰台之南原。（洛古馆）银青光禄大夫行内侍员外置同正员上柱国张元忠宅　张元忠夫人，雁门郡令狐氏。天宝十二载十一月四日，卒于京兆府殖业里之私第。（《北图石汇》）按京兆府长安城无殖业坊，该墓志曾称"去天宝九载五月十三日，卒于河南府里之第"，当为洛阳殖业坊。《唐两京城坊考》载殖业坊于长安，误。陇州防御判官殿中侍御史内供奉崔撲宅　崔撲，清河人。母林氏，开成五年八月十四日，终于洛阳县殖业里第，其年十一月十二日，葬于河南县平乐乡杜翟村，洛北距都十五里。（《千唐志》）试太子通事舍人殷涛宅　殷涛夫人，吴郡朱氏。大中二岁五月二十六日，奄于东都殖业里之私第。（《千唐志》）邕管幕吏廷尉评崔洧宅　崔洧侧室，清河张紫虚。咸通十四年十月四日，终于东都殖业里，其月二十四日，葬于邙山之平乐乡杜翟村。（《千唐志》）按"廷尉评"，汉官名，隋以后称大理寺评事。但诗文中仍常称评事为"廷评"，如唐姚合《送独孤焕评事赴丰州》诗等。张紫虚墓志中几处称崔洧为"廷评"。河南府洛阳县丞韦某宅　咸通十四年十一月十七日，夫人李氏终于洛阳县殖业里之私第，以甲午年（咸通十五年）二月七日，葬于北邙北杜翟村。嗣子秉谊。（《千唐志》）按韦氏及亲属之中韦蟾、李锐等，皆知名人士。

次北丰财坊。北抵城。

中书令汾阴公薛元超宅。杨炯《薛振行状》：振字元超，薨于雒阳丰财里之私第。

增订：

薛元超宅　薛元超墓志，1971年出土于乾陵东南，崔融撰。志载：薛公名震，字元超，河东汾阴人。祖道衡，是隋代文坛著名作家，在文学史上据有重要地位，唐赠上开府临河公。父收，天策上将府记室、文学馆学士。薛元超八岁善属文，时房玄龄、虞世南试其咏竹，元超援毫立就。十九岁尚和静县主。二十一岁为学士，修《晋史》。"太宗尝夜宴王公于玄武内殿，诏公咏烛，赏彩三十段。他日，赋公泛鷁金塘诗成，谓高宗曰：'元超父事我，雅杖名节，我令元超事汝，汝宜重之。'……寻迁中书舍人，弘文馆学士，兼修国史，仍与上官仪同入阁供奉。从容制诏，肃穆图书。清晨入龙凤之池，薄暮下麒麟之阁。东京辞赋，孟坚共武仲齐名；西国文儒，刘向与王褒并进。”后因元超与上官仪词翰往复，上官仪伏法，放元超于越嶲之邛都，后敕还。“此后独知国政者五年，诏敕日占数百”，“时吐蕃作梗河源，诏英王为元率，公赋出征诗一首，帝览而嘉之，亲纡圣笔，代王为和”。光宅元年十一月二日，薨于洛阳之丰财里，垂拱元年四月二十二日，陪葬乾陵。（《补遗一辑》）陪戎副尉刘珪宅　刘珪，字小胡。显庆三年八月十四日，卒于丰财坊之私第，以其年八月二十二日，合葬于芒山。（洛古馆）处士王长宅　王长，上谷人。龙朔元年三月十日，终于洛阳县丰财里之私第，其年四月九日，权殡于邙山之阳。（《千唐志》）扬州大都督府户曹孟氏宅　《大唐扬州大都督府户曹太夫人墓志》载：太夫人，天水人。清河郡司户书佐赵士政之第七女，初笄归于孟氏，孀居守志。龙朔三年十一月七日，薨于洛阳县丰财里之私第，以其月二十三日，葬于同县清风里。（《千唐志》）承务郎林虑县丞奇玄表宅　奇玄表，字护，其先燕人，后为洛阳人。咸亨二年五月二日，终于丰财坊私第，以其年五月十四日，殡于河南县平乐乡邙山之原。（汴博）庐州司马南阳公夫人杨芷宅　夫人杨芷，字孟芳，弘农华阴人。年十七，归于张氏。仪凤三年二月八日，终于洛阳丰财里第。调露元年十月十四日，迁窆于明堂县洪原乡丰仁里之茔。（《西市藏志》）上柱国张和宅　张和，其先南阳白水人。永淳元年三月八日，终丰财里，其年三月十六日，窆于□之茔。（《千唐志》）官舍　《大唐上故冠军大将军左威卫大将军李府君墓志》载：府君阿葛罗，赐姓李氏，蓟北人。北鄙之雄伯，投礼义之邦，乃拜冠军大将军、左威卫大将军员外置同正员、左羽林军上下。出入丹墀，趍翔紫阁。“居部落即蕃人之领袖，践周行即台阶之羽翼，善骑射，倖无不中。”开元十四年九月二十二日，终于洛阳丰财里官舍，以其年十月十七日，权窆于河南北山。男洹礼。（《补遗千唐志斋新藏专辑》）洪州都督府兵曹参军黄承绪宅　黄承绪，字安喜，其先江夏人，北迁家于滑。解褐调补曹州参军事，再迁洪州都督府兵曹。开元八年九月九日，终于丰财之第，以其年十月六日，窆于河南县梓泽乡之北原。（《千唐志》）曹州冤句县令李敬瑜宅　李敬瑜，赵郡元氏人。开元九年十二月十五日，终于洛阳丰财之私□，以此月二十九日，迁窆于北邙南原。（《千唐志》）郑州管城县令上柱国杨某宅　杨某妻李氏，赵郡人。开元十年五月十五日，终于丰财里之私第，以开元十一年二月六日，合葬于邙山平乐乡之原。嗣子蒲州安邑县尉岌。（《千唐志》）齐州临邑县尉赵仙舟妻李婉宅　李婉，字惠贞，燕郡辽西人。高祖怀仁与侄谨行历事隋唐，建大勋业，咸位公侯。李婉即左武卫将军如敬之季女。辛未之年季夏七日（开元十九年六月七日）终于东都丰财里本第。其月十九日，迁窆于徽安门外三里北邙之阳平原。嗣子词尚。（《拾零》）陶君夫人朱氏宅朱氏出自吴地会稽。开元十九年六月十五日，终于北市丰财坊之第，六月二十日，殡于城东王赵村平乐乡。（洛古馆）大中大夫使持节冀州诸军事守冀州刺史姚峸宅　姚峸，吴兴郡人。祖义节，秘书丞。父仁，太子洗马。姚峸早岁进士登科，解褐秘书正字，擢授华州下邽县尉，进万年县尉，拜洛阳令，复陟京兆少尹，出典潞、冀二牧。开元十九年十二月十一日，薨于洛阳县丰财里私第。开元二十年二月二十四日，卜宅于邙山北原。嗣子黯等。（《补遗千唐志斋新藏专辑》）《唐故冀州刺史姚府君夫人弘农郡君杨氏墓志铭并序》："夫人讳字万五千，其先弘农华阴人也。"高祖仲达，曾祖行规，祖少谥，父瑊。开元二十年九月十五日，遘疾于洛阳之丰财里，即于开元二十一年二月二十八日，合葬于邙山之北原先茔。有子前太祝黯。（《补遗千唐志斋新藏专辑》）定州唐县丞柳正确宅　柳正确，字隐之，河东解人。开元二十二年二月二十六日，终于洛阳县丰财里。（《北图石汇》）官舍　《朝议郎行洪府法曹参军荥阳郑府君夫人河南万俟氏墓志》载：万俟氏于天宝三载四月二日，终于东京洛阳县丰财里之官舍，明载七月五日，葬于洛阳县平阴乡之原。子郑锣、郑铣。（《千唐志》）宣德郎通事舍人高備宅　高備，渤海人。解褐任右司御执戟，又转左羽林司戈，又迁通事舍人。天宝三载六月四日，终于东京丰财之第。（《辑绳》）使持节沂州诸军事沂州刺史李志宅　李志，字固业，赵郡元氏人。曾祖仲通，祖孝端，父知隐。久视元年九月十一日，终于彭城之北馆。夫人渔阳县君卢氏，永昌元年七月八日，终于洛州陶化里之私第。景龙二年十一月二日，合葬于北邙山。嗣子全璧等。（《补遗八辑》）按李志志载，当他任沂州刺史时"时从父弟憼，亦为泗州"。即李憼当时为泗州刺史，实际上李憼为泗、贝、亳三州刺史。李志、李憼之祖为孝端，其宅第应为孝端子孙之宅第。李志、李憼、李述，均见《新唐书》卷七十二上《宰相世系》二上，《志》与《新唐书》记载名字均相符。李憼之父为知隐，李憼与李志确系从父兄弟。夫人范阳卢氏，先公而殁，以天宝四载十月十三日，合葬于河南县梓泽乡之原。（《千唐志》）上柱国处士段仲垣宅　段仲垣，东京河南县人。天宝六载十二月十七日，终于东京洛阳县丰财里私第，七载正月二日，窆于河南县平乐乡北邙山。（《千唐志》）邺郡司仓参军张贞慎宅　张贞慎，清河武城人。天宝九载八月九日，终于丰财里之私第，其载十一月十七日，卜兆于首阳山之南原。（《千唐志》）齐州禹城县令李庭训宅　夫人清河崔上真。天宝十载八月九日，终于丰财里。燕顺天二年（760）十一月吉日，迁于洛阳城北平阴乡陶村。（《北图石汇》）文部选刘公妻独孤夫人独孤氏私第。"河南独孤夫人者，今大理寺丞之次女。"天宝十二载二月十二日，因产而殁于丰财里独孤氏私第，葬洛阳县平阴乡之东北原。（王书钦《从唐独孤昱墓志看北朝隋唐独孤部史事》，载《碑林集刊》第十四辑2008年）检校秘书少监兼苏州别驾杨铁宅　杨铁字倬。陈留郡太守本之孙，工部尚书玄珪之第十子。尊夫人京兆王氏。杨铁十五以明经擢第，授润州丹阳县丞。历官华州刺史、振国军使，检校尚书祠部员外郎等职。贞元十四年八月八日，捐馆于东都丰财里之私第，春秋七十五。以其年十一月四日，归祔先茔京兆府万年县义善乡凤栖原。夫人河东裴氏，父修己，赞善大夫。祖安期，汾州司马。贞元十七年六月二十一日，裴氏终于延康里之私第，春秋六十五。其年七月三十日合祔。嗣子晊。(《洛阳新获墓志》二〇一五) 苗让宅　苗让父为吏部郎中迁河南少尹，归葬长安。母弘农杨氏，元和二年八月十四日，奄于洛阳县丰财里之私第，元和四年八月十七日，安厝河南县□陈村南原。(《千唐志》) 苗玄素，上党壶关人。曾祖礼部尚书殆庶。祖晋卿，侍中太保赠太师。父丕，银青光禄大夫河南少尹。玄素早年悟空门之理，削发从缁。中年忽为五贼所制，翻然改途。元和三年十有四日，卒于丰财里之私第，春秋二十有七，改葬河南县平乐乡南陈村之南原。(《洛阳新获墓志》) 按《新唐书》卷七十五上《宰相世系》五上有殆庶、晋卿、丕。丕河南少尹，玄素及玄素次兄俭，苗让，可补。安州都督府法曹参军郭文应宅　郭文应，大父纳，给事中，陈留郡太守河南道采访处置使。考模，汝州梁县令。夫人范阳卢氏。祖镐，父峘。元和十三年九月二十八日，夫人终于河南府洛阳县丰财里之私第，十四年二月二十五日，迁厝于洛阳县平阴乡王才里北邙之原。嗣子何。(《补遗千唐志斋新藏专辑》)《安州司法参军郭公墓志并序》："公讳文应字瑞之，先世太原人也。"祖纳，父摸。宝历二年五月十六日，郭文应终于洛阳县丰财里之私第，其年十二月二十七日，归祔先茔于邙山平阴乡王才村高原。夫人范阳氏，先公十年而卒。男曰何。(《补遗千唐志斋新藏专辑》) 按卢氏墓志为其夫郭文应撰。郭文应墓志为其从弟泽州参军郭德元撰。

右安喜门东街，五坊。

东城之东，第五南北街，从南第一曰毓材坊。隋雒阳县廨在此坊。西去宫城八里，又有李雄宅。

大云寺。本后魏净土寺。隋大业四年，自故城徙建阳门内。贞观三年，复徙此坊。天寿二年改大云，会昌中废。秘书监常山县公马怀素宅。《马怀素墓志》：终于河南之毓材里第。郎中李敬彝宅。《北梦琐言》：彭城刘山甫，自云外祖李敬彝为郎中，宅在东都毓材坊，土地最灵，家人张行周事之有应。未大水前，预梦告张求饮食。至其日，率其类遏水头，并不冲圮李宅。郭大娘宅。《广异记》：雒阳郭大娘者，居毓材里，以当垆为业。某氏宅。白居易有《重到毓材宅有感》诗云：轩窗帘幕皆依旧，只是堂前欠一人。未知谁氏之宅，俟考。

增订：

毓材坊的坊名，据出土唐墓志有"毓材坊"，也有"毓炼坊"，所指均一地。大云寺　《新唐书·则天皇后本纪》："天授元年九月壬午，国号周，大赦改元……十月辛未，置大云寺。"《历代名画记》："大云寺门东西两壁，鬼神佛教菩萨六躯，净土经变阁上婆叟仙，并尉迟画。”《唐故驾部郎中柳公墓志铭并序》：柳保隆，河东解人。解褐为秦府典佥，除同州司户参军事、通事舍人、驾部郎中。贞观十五年，从驾巡游，以其年十月六日，终于洛阳之净土寺，春秋四十有六。夫人京兆韦氏，长寿三年五月十九日，合葬于雍州明堂县高平乡凤栖原之大茔。（《西市藏志》）按净土寺在洛阳毓财坊，本后魏净土寺，隋大业四年自故城徙建阳门内，贞观三年复徙此坊。天寿二年改大云，会昌中废。昭武校尉任德宅　任德，乐安人。贞观十七年十一月二十七日，终于毓财里私第。夫人乐氏，显庆五年七月十四日，终于敦厚坊私第，以其月二十七日，合葬邙山。（汴博）苏师宅　□□陪戎副尉苏师，谯郡人。永徽二年二月二十一日，卒于毓财里第，其年三月七日，殡于邙山之阳。（《补遗五辑》）新安县令赵仲子宅　赵仲子，河南洛阳人。永徽六年三月六日，终于毓财里第，以其月二十七日，葬于邙山。（洛古馆）边师宅　边师，洛阳人。龙朔三年□月二十四日，终于毓财坊私第，麟德元年十月二十四日，殡于邙山之阳（《千唐志》）魏王府厩牧丞路御宅　路御，字文御，河南洛阳人。龙朔三年三月十七日，终于毓财坊私第。（《北图石汇》）左威卫洛汭府队正飞骑尉程买宅　程君周夫人，吴郡人。麟德二年九月十五日，终于洛阳县毓财坊私第。以其年十月十一日，葬于河南县平乐乡界北邙山之阳。子左威卫洛构府队正飞骑尉程买。（汴博）处士许国宅　许国，字进国，颍川人，现贯洛阳县上东乡。乾封二年十二月十二日，终毓财坊私第，以其岁闰十二月朔五日，葬于洛阳县清风乡北邙之阳。（《曲石志》）曹德宅　曹德，谯人，现贯河南洛汭乡兴化里。贞观二十三年三月十三日，终于私第。夫人淳于氏，亳邑人。总章二年六月十七日，终于毓财坊私第，以其年八月二十六日，合窆邙山平乐乡尚书谷北一里。（汴博）王宝宅　王宝，字奇珍，汝州梁县人。嗣圣元年正月二十一日，终于洛阳县上东乡毓财里私第，其年二月九日，葬邙山。（《北图石汇》）按此毓财里可能为上东乡之一里名。孟夫人李娘宅　李娘，陇西人。光宅元年十月二十五日，终于洛阳县毓财坊之私第，以其年十一月二十五日，殡于邙山之阳平乐乡。（汴博）朝散大夫行著作佐郎余令妻李道真宅　李道真，真定令李辩女。垂拱三年三月二十七日，终于毓财里第，以其年四月一日，窆于河南县北邙山破陵东北。（《北图石汇》）明威将军守右卫龙亭府折冲都尉陈法子宅　陈法子，字士平，熊津西部人。远祖汉末避地熊津为家。曾祖陈香，本邦太学正、恩率。祖德至，麻连大郡将、达率。父微之，马徒郡参司军、德率。皆麾管一方，抚绥五部。陈法子，解褐除既母郡佐官，历禀达郡将，俄转司军、恩率。唐军以显庆五年吊入辽浿，法子因机一变，隶以神州，为洛阳人。六年二月十六日，制授游击将军、左骁卫政教府右果毅都尉，又除右卫太平府右果毅都尉，改授宁远将军。文明元年又加明威将军。载初元年二月十三日，终于洛阳县毓财里之私第，春秋七十有六。天授二年三月二十六日，卜宅于邙山之原。嗣子神山府果毅龙英。（《西市藏志》）按陈法子，唐代百济国人，显庆五年入唐为洛阳人。晋王府执仗赵本道宅　赵本道，陇西天水人。祖士亮。父方海，职方郎中太仆少卿申州刺史。本道是申州府君第二子，以门籍起家晋王府执仗。春秋四十一，薨于洛阳毓财里第。夫人河南于氏，春秋二十一，终于毓财里第，同殡于河南县邙山之阳。世子思谦，世孙琳等以圣历二年八月九日，合祔于京兆少陵原旧茔。（《洛阳新获墓志》二〇一五）按洛阳古墓博物馆藏赵本质墓志，赵本质亦陇西天水人，天授二年殁于履道里第。左卫勋一府勋尉上柱国元瑛宅　元瑛，字思亮，先雁门人。长安三年五月三十日，薨于毓财里之私第，其年八月二十四日，葬北邙山合宫县平乐乡之原。（《千唐志》）申州罗山县令王素臣宅　王素臣，中山人。长安五年七月二十九日，终于庄。妻河间刘氏，神龙元年十一月十一日，卒于毓财里第，景龙二年二月二十四日，合祔于合宫县平乐乡北邙山。（汴博）左监门校尉上柱国康远宅　康远，字仙迪。长寿元年十二月八日，归殁于云阳县界之私第。夫人陇西县太君曹氏，神龙三年四月二十五日，卒于洛阳县毓财里私第。嗣子贞固，正议大夫上柱国行易州遂城县令。开元九年十月十一日，"开凿茔域，迁召魂骸。西□三秦，东还九洛"。（《补遗千唐志斋新藏专辑》）梓州铜山县尉杨承福宅　杨承福，弘农华阴人。垂拱中册拜文林郎，调选授灵州回乐县主簿，又迁儒林郎骁骑尉行梓州铜山县尉。景龙三年十一月三十日，终于洛阳毓财里。夫人北平田氏，神龙三年九月四日，捐于荆州大都督府馆舍。景龙四年二月二十八日，合葬洛州合宫县平乐乡西邙山。（《千唐志》）朝散大夫左御史台御史王觌宅《大唐琅琊王氏女墓志铭并序》："七女名小婢，家本琅琊临沂人。"祖思齐。父觌，朝散大夫、见任左御史台侍御史。景龙四年四月七日，小婢夭于洛阳毓财里第，春秋一十有七。（《补遗千唐志斋新藏专辑》）朝议郎行左监门卫兵曹参军姬宴宅　姬宴妻阎氏，景云二年二月十九日，终于毓财坊第。（《补遗五辑》）中大夫行太子内直监白羡言宅

白羡言，先天二年正月二十七日，终于京兆里第。夫人河南贺若氏，海陵公怀武之孙。龙集戊戌八月十有五日，遘疾毓财里，考终厥命。开元二十三年八月十有九日，安厝于平乐原。（《千唐志》）益州成都县尉朱守臣宅　夫人高嫔，渤海人。开元十一年六月二十一日，终于洛阳县界毓财里之私第，以其年十月二十五日，葬于河南县河阴乡界邙山百乐堝之北原。（《千唐志》）豫州郾城县尉萧重萼宅　萧重萼，字元亨，兰陵中都人。齐太祖高皇帝五代孙，祖太子洗马俊，父唐昌县丞绍远。萧重萼年三十，以门子为郎，年四十岁登文学。开元十九年夏六月辛丑，遘疾终于洛阳县毓财里之私第，七月景寅葬于河南县万安山之北原。（《西市藏志》）殿中尚药奉御钟离英倩宅　钟离英倩，字秀之。族望会稽，徙居淮海。祖则，父才。英倩"有超尘驾鹤之志，故研精扁鹊之能。初以奉制直太常，后以负谴贬戍主。医药之妙，要籍供奉。爰沐恩诏，特授朝散大夫、行殿中尚药

直长。无何，改侍御医，加中散大夫、轻车都尉，迁尚药奉御”。开元二十年三月二十八日，终于洛阳毓财里之私第，其年五月十九日，迁窆于洛阳县平阴乡之原。（《补遗八辑》）**朝议郎行相州临河县令贾令琬宅** 贾令琬，河南洛阳人。释褐金城公主府典签，将命异域，匪躬之故，临事专对行人，奉辞使回，改试右威卫仓曹，无可（何）转左威卫仓曹。开元二十九年十一月二十五日，终于洛阳毓财里之私第，以天宝元年三月二十八日，葬于北邙平阴乡之原。贾令琬还有墓志文称：“初以门子授金城公主府典签。国家以德绥远人，恩降季女，爰修子婿之礼，以成舅甥□国。及公主归蕃，大君有命，以公谋能专对，策可抚和，异有莘之媵臣，且非负鼎，为我唐之使者……”夫人扶风马氏，朝散大夫行陈州司马元礼之女。天宝四载四月二十二日，终于东京审教里之私第，以其载十月二十五日，同葬于河南府洛阳县平阴乡北邙之原。（《曲石志》）按贾令琬墓志和志文为金城公主远适吐蕃增加了新资料。**魏郡顿丘县尉李日就宅** 李日就夫人河南窦氏。祖申莱二州刺史赠将作大匠诚盈，父银青光禄大夫北海郡太守庭芝。夫人窦氏即庭芝第十九女。天宝十一载闰三月十二日，终于东京毓财里，其月二十三日，窆于龙门原。（《拾零》）**睦州建德县尉蔡浩宅** 夫人段氏，贞元十九年六月十二日，终于毓财之里，其年八月二十四日安厝于洛阳平阴之原。（《千唐志》）**何凑夫人边氏宅** 夫人边氏，晋陵人。元和七年八月一日，奄终洛阳县毓财里之私第，其月二十八日，祔葬于当县平陆乡积闰村何氏之墓次。（《千唐志》）按《唐故边氏夫人墓记》为大圣善寺沙门文皎述并书。**郓州寿张县尉李珪宅** 李珪，字三复，陇西人。曾祖并，祖宣，考敬彝。大中七年春调补寿张县尉，未及之官，以其年五月十五日，卒于东都毓财里之私第。其年七月二十日，窆河南县平乐乡朱阳里。李珪所居是父李敬彝宅。敬彝另在嘉庆有宅。（《千唐志》）**朝请大夫慈州刺史柱国赐绯鱼袋谢观宅** 谢观，字梦锡，陈郡阳夏人。咸通六年十一月十九日，去世于洛阳县毓财里。按谢观之父谢登，试太常寺协律郎充泾原节度使掌书记。谢观七岁好学就傅，能文，及长，著述凡四十卷，尤攻律赋，似得楷模。前辈作者，往往见许。开成二年举进士中第，释褐曹州冤句县尉，历左神武兵曹参军、大理评事、黔中招讨判官，累迁检校尚书驾部郎中充职。咸通五年罢印绶，归闲洛京。咸通八年八月二十四日，窆于洛阳县清风乡郭村邙山之南原。夫人李纯，太尉兼中书令西平王（李）晟之曾孙，咸通五年殁于文城之公署。（《千唐志》）按谢观有《招李夫人魂赋》（《全唐文》卷七五八），另有赋二十三首。《新唐书·艺文志》：谢观有赋八卷。**秘书省正字欧阳琳宅** 欧阳琳夫人谢迢，字升之，谢观之长女。咸通七年三月十日，殁于河南府洛阳县毓财里之私第即所天上第。咸通九年七月十二日，窆于河南府河南县平乐乡杜泽村邙山之南原。（《千唐志》）按所天，在封建时代常指帝王、父或夫。《文选》晋潘安仁《寡夫赋序》“少丧父母，适人，而所天又殒”中之“所天”即指丈夫。谢迢墓志之“所天”亦指丈夫，即欧阳琳。欧阳琳于夫人逝世之年升任，果符夫人预言。

次北德懋坊。

增订：

佛寺　《大唐故乡贡秀才裴咸墓志铭》云：裴咸，字迩思。开成元年二月二十一日，殁于河南府洛阳县德懋里之佛寺。其年四月三日，葬于偃师县亳邑乡北原，从昭穆之序。（《洛阳新获墓志》）颍州下蔡县令李信宅　李信，字君谅，陇西成纪人。永徽五年三月八日，终于德懋里之私第。其月二十七日，葬于邙山之阳。（汴博）户部郎中泉州长史张涉宅　张涉，字响彦，姑苏人。显庆三年九月十七日，薨于德懋里私第。其年十月二十四日，与夫人徐氏祔邙山平乐之原。（《辑绳》）陈寿宅　陈寿，颍州昌邑人。乾封二年六月七日，卒于洛阳县德懋里之私第。其年七月二日，葬于清风乡。（汴博）处士李弘裕宅　李弘裕，字大师，陇西成纪人。调露元年七月六日，终于德懋坊之里第。其年七月十九日，葬于北邙山之所。（汴博）上柱国王玄裕宅　王玄裕，太原祁人。咸亨二年十一月二十九日，终于德懋里之私第。夫人南阳张氏，天授二年九月二十日，卒于神都德懋里之私第。以其年十月二十三日，葬于北邙山合宫县平乐乡之杜郭村东北原。（《芒洛四编》）银青光禄大夫尚书左丞卢承业宅　夫人李灌顶，陇西成纪人。永淳二年八月二十四日，薨于神都德懋里之第。光宅元年十一月十三日，祔于邙山平乐乡之先茔。（《芒洛四编》）蒋王府参军张览宅　张览，字智周，清河人。贞观十□年，任东宫右卫翊卫。文兰及第，随牒蒋王府参军。垂拱二年二月三十日，卒于德懋里之私第，其年三月二十日，窆于邙山平乐原。（汴博）朝散大夫行蜀州司法参军于隐宅　于隐，字希荣，河南洛阳人。曾祖象贤，周驸马都尉。祖德基。父素，唐太子舍人。永昌元年闰九月二十九日，于隐卒于神都德懋里之私第。天授元年二十九日（无月），安厝于雍州万年县见子原。夫人金乡县主。开元十年八月二十六日，薨于京安业里第。开元十二年正月十一日，合葬于见子陵。于隐墓志1991年出土于西安灞桥区新筑乡于家砖厂。（西安市文管会《西安唐金乡县主墓清理简报》，载《文物》1997年第1期）武骑尉徐澄宅　徐澄，字巨源，东海人。载初元年四月一日，卒于德懋里，五月九日窆。（《补遗七辑》）朝议大夫行兖州龚丘县令程思义宅　程思义，东平人。年十八幽州贡明经及第，历怀州河内县丞等，迁司刑评事。其时“王侯将相，连□下狱，伤痍诛斩，不可胜数。周兴荣贯廷尉，叶擅生杀……来俊臣密树朋党，远加组织，令君推问，冀陷殊死”。思义请尚方之剑，断佞臣之头。惜乎凶而未窜，信而见疑，出为兖州龚丘县令。长安三年正月二十四日，卒于洛阳县德懋里私第，以其年二月二十八日，迁窆于合宫县平乐乡之原。（《千唐志》）朝议郎行左武威卫长史李弘静宅　李弘静父李玄福随长男禄仕属于洛阳，遘疾终于德懋里第，以长安三年十二月十日，殡于邙山南平原。（《千唐志》）按李弘静与李弘裕非兄弟。李弘裕曾祖进，祖子徽，父善智。而李弘静之父李玄福，玄福之曾祖宁，祖元礼，父泉。右豹韬卫大将军独孤公宅　《张燕公集》卷二四《右豹韬卫大将军赠益州大都督汝阳公独孤公燕郡夫人李氏墓志铭》："神龙元年十二月二日，寝疾终于洛阳之德懋里。"（又见《文苑英华》）卷九六五，"二日"作"二十二日"）陈守素宅　《洛州合宫县千金乡麟德里陈守素故妻李夫人墓志》载：景龙四年四月二十一日，殁于德懋私第，以其年五月十日，殡于北邙山玟茔。（汴博）少府监中尚丞李君夫人赵秀宅　赵秀，字顺，河东人。终于德懋里之私第。景云元年十一月十九日，殡于邙山之南平原。（《千唐志》）□卫勋卫上护军杨越宅　杨越，恒农人。曾祖仲达鲁国公。夫人颍川陈氏，开元二年十二月八日，丧于德懋坊私第，开元三年八月二十三日，合葬于平乐乡北邙山。子景昭，郑州管城县令。（《千唐志》）鄂州永兴县令陈玄度宅　陈玄度，颍川人。高祖霸先，陈武皇帝。曾祖顼，陈孝宣皇帝。祖叔武。开元五年十月十九日，陈玄度终于洛阳县德懋里。夫人蒋氏，开元七年二月十日，终于道政里。开元七年三月一日，葬于河南府洛阳县上东乡平原。（洛古馆）按南朝陈亡后，其宗室成员多被授以官职，并在两京多有宅第，殁后多葬于洛阳北邙山。如河阳县丞陈希望，其五代祖陈孝宣皇帝，高祖叔达，曾祖弼，祖懿，父乾盛。洛阳睦仁里有宅第。永嘉令陈敬玄，曾祖陈孝宣皇帝，祖长沙王叔坚，及青盖入隋拜侍中，特秉枢密。陈玄敬虽薨于永嘉之廨宇，仍迁葬于洛阳平阴乡之西原。其宗室女性，也多与望族婚配。如颍川郡夫人三原县令卢全寿夫人陈照，就是陈后主叔宝之玄孙，卒于江阳，也归葬洛阳邙山卢氏茔地。崇文生吏部常选蒋楚宾宅　夫人于氏，东海郯人。开元六年七月一日，暴终于洛阳德懋里之家第。其月十日，迁窆于芒山北原。（《芒洛三编》）高士通直郎贾隐宅　贾隐，字思敬，平阳人。开元十年秋九月二十八日，化迁于德懋里之私第，权窆于洛阳县吕村北芒山南面。天宝十二载二月二十四日，与夫人合葬于新安县谷川里之北原。（汴博）王待征宅　王待征，幼而聪敏，长而惠和，亦尝有栖闲之志矣。属上迫权势不容其高，遂解褐拜邵州邵阳县丞。岁乙丑（开元十三年）十月，终于洛阳德懋坊里第，其年十月二十三日，殡于洛阳之北原。（《千唐志》）太子舍人敬昭道宅　敬昭道，河南缑氏人。曾因西戎叛乱，命凉州都督薛纳为前锋，公料其贼形无庸必毙，贼果败亡。开元十三年九月十四日，终于德懋里私第，其年十一月二十二日，归葬于河南河阴乡百乐里北原。（《千唐志》）兖州瑕丘县主簿马君夫人董氏宅　夫人董氏，天水人。开元二十三年三月二十一日，终于德懋里之私第，其月二十九日，殡于洛城东北隅邙山之阳。（《千唐志》）窦怀宅　窦怀，河南人。大父端，中父孝。父□，金州别驾。开元十九年六月十七日窦怀卒，十一月二十七日迁神于邙原。夫人清河张氏，开元二十三年十二月二十五日，终于德懋里，二十四年正月二十九日，迁举公之旧坟。(《补遗千唐志斋新藏专辑》) 吏部常选内供奉竹敬敬宅　竹敬敬，字思敬，安喜郡河南人。开元二十五年九月十二日，大渐于德懋里之私第。其年十二月三日，窆于洛阳县平阴北邙之原。(《千唐志》) 德州长河县令范阳卢全贞宅　卢公夫人赵郡李氏，开元二十九年重光十二月五日，卒于东都洛阳德懋里。明年献月三日，葬于长乐原祔先茔西北。《长河宰卢公李夫人墓志文》为大福先寺沙门湛然撰兼书。卢全贞天宝五载十月五日，终于临漳县别舍。天宝十载十月二十四日，合葬旧茔。(《补遗六辑》) 游骑将军济王府典军李袆宅　李袆夫人东平县君吕氏。天宝三载二月九日，终于洛阳德懋里私第。闰二月三日，殡于邙山西北原。(汴博) 谯郡城父县令牟知损宅　牟知损夫人，赵郡人。天宝八载二月十四日，终于德懋坊私第，其月二十五日，殡于洛阳县清风乡平原。(洛古馆) 右司御率府执戟王阒宅　王阒夫人河东裴氏，天宝八载六月十三日，卒于洛阳县德懋里之私第，其载七月十日，迁窆于北芒山之平原。(《补遗六辑》) 贝绛二州刺史卢玢宅　《唐故孝廉范阳卢公墓志》载：卢憕，涿郡范阳人，卢玢之孙，以明经擢第。天宝十载十月二十九日，终于东京德懋里第，二十三岁，其载十一月十一日，厝于邙山平乐乡平原陪先茔。(《千唐志》)《范阳卢氏女子殁后记》载：卢氏女子，曾祖承业，祖玢。圣武元年三月二日，卢氏女子终于洛阳县德懋里之私第，其月六日，厝于先茔直北四十五步。(《千唐志》) 按卢憕与卢氏女子皆为卢玢之孙。《新唐书》卷七十三上《宰相世系》三上：玢，贝、绛二州刺史，父承福，考功郎中。玢有子五人，但与上述二墓志记载有异。润州司马独孤季膺宅　贞元三年二月四日，独孤季膺终于河南德懋里之私第，以其年六月二十八日，安厝于上东门外平阴乡之岗。(《辑绳》) 按独孤季膺以儒道致身，服事四朝，历官八政。僕州司法参军崔振宅　崔振，字仲举。曾祖敬。祖悦，赠太子少保。考光迪，赠太子左赞善。贞元九年五月十九日，终于东都德懋里之私第，享年七十，以其月二十九日，窆于平阴乡吕乐里。(《洛阳新获墓志》) 左卫率府兵曹参军李进荣宅　李进荣，字德昌，陇西人。贞元十七年十月二十八日，终于德懋里之私第，以十一月二十六日，迁于都城北邙山南原。(《千唐志》) 按李进荣次子出家同德寺，编号僧籍，曰如国。李进荣墓志为魏国寺沙门灵沼撰。乡贡进士关郑堡宅　郑堡，字子固，荥阳人。大中十四年九月二十七日，终于东都德懋里之私第，其年十月二十一日，窆于河南府洛阳县平阴乡成村。(汴博) 信州永丰县尉骆暹子珙宅　骆暹，杭州盐城县人。贞元元年八月十一日，终于扬州扬子县崇仁里之私第。夫人乐安孙氏，以元和四年四月二十七日终于洛阳□懋里。夫人有一子曰珙，昔因从仕迁于洛都，伏奉妣遗命，宅兆于邙山之下，以元和四年五月二十七日，安厝于洛阳县东北十里清风终郭村之北原。(《补遗千唐志斋新藏专辑》) 侯赡宅　侯赡，字道蔚，其先上谷人。咸通九年四月十三日，终于德懋里之私第，五月四日，归宅兆于河南府洛阳县平阴乡月城里。（《补遗千唐志斋新藏专辑》）朝清大夫京兆少尹上柱国孟璲宅　孟璲夫人兰陵郡君萧氏，兰陵人。年二十四，归于孟氏，“京兆府君由进士第佐大藩府，再领郡印，三转南宫，自尚书职方郎中迁京兆少尹，未尝忧问家事”。京兆府君先夫人十五年即世。乾符二年三月二十三日，夫人殁于洛阳德懋里之私第，其年十月十二日，祔于京兆府君之兆域。夫人生五子，长微表，明经擢第，方举进士。（《补遗八辑》）

次北毓德坊。

洛阳县廨。《元和郡县志》：洛阳本秦旧县。贞观六年，自金墉城移入郭内毓德坊。斗富台。洛人相传石崇、王恺筑会之所。《河南志》言韦述《记》不著，疑妄。陆浑尉崔泳宅。穆员《崔泳墓志》：卒于洛阳毓德里之私第。又有《崔少尹夫人卢氏墓志》：终于洛阳毓德里之私第。按卢氏即泳之母。

增订：

景城县令独孤澄宅　独孤澄，先代居河西。释褐为渝州录事参军，俄迁沧州景城县令。龙朔三年六月十日，薨于毓德坊私第，其年七月十日，窆于洛州洛阳县邙山之阳。（《曲石志》）朝议郎行周王西阁祭酒上柱国程务忠宅　程务忠夫人郑氏，郑州荥阳人。咸亨二年四月二十六日，卒于毓德里第，以其年五月十四日，葬于北邙原。（《千唐志》）正议大夫使持节许州诸军事许州刺史武康县开国男沈伯仪宅　夫人吴兴郡君姚氏，梁武陵王咨议、青州刺史僧直之曾孙，陈桂阳郡守安道之孙，隋婺州金山令旷达之女。万岁通天元年正月十五日，终于洛阳毓德里，久视元年十一月十六日，合葬于崇邙之原。子畅文等。（《补遗千唐志斋新藏专辑》）按沈伯仪有宅在洛阳思顺里，长寿元年十月十三日，沈伯仪薨。中大夫行并州盂县令崔哲宅　崔哲字能仁，清河东武城人。久视元年七月二十五日，终于毓德里之私第，其年十月二十八日，窆于洛阳城北邙山。（《北图石汇》）右金吾胄曹参军沈君夫人朱武姜宅　朱武姜字十忍，谏议大夫国子司业朱子奢之孙。夫氏调官，历右金吾胄曹参军，即成均祭酒武康公之长子。武姜于长安四年三月十四日，终于洛阳毓德里之私第，以神龙二年四月二十三日，改祔于□邙之旧茔。（《千唐志》）按沈成均武康公待考。成均为古之大学，即为官设学校之泛称。朱子奢，两《唐书》均有传，《全唐诗》《全唐文》均有诗文存世，曾奉诏与孔颖达等撰《礼记正义》。今陕西长武县昭仁寺《昭仁寺碑》即为朱子奢撰。并州祁县令韦处义宅　《唐故天女寺尼韦氏墓志铭并序》：“比丘尼法讳爱道字法多，俗姓韦氏，京兆杜陵人也。”曾祖子粲，右卫大将军。祖孝謇，凤林郡守。父处义，并州祁县令。比丘年甫三十，归于弘农杨氏，雄剑先沉，金夫中天。遂乃精习四禅，专求二谛。景龙三年十月二十八日，终于洛州永昌县毓德里第，其年十一月八日，权厝于合宫县北邙原。（《补遗八辑》）天女尼寺 《唐故天女尼寺韦氏墓志铭并序》：“比丘尼法讳爱道，字法多，俗姓韦氏，京兆杜陵人也。”祖孝謇，父处乂。景龙三年爱道薨于洛州永昌县毓德里第。（《补遗八辑》）朝议郎行岐王府西阁祭酒崔祖宅 崔祖字同颖，其先清河东武城人。祖思约，太常寺丞、祠部郎中、曹王府长史，使持节壁、复、和三州刺史。父言道。崔祖于开元七年七月十二日，终于洛阳毓德里之私第，开元七年闰七月五日，殡于河南县平乐原。嗣子日用等。（《补遗六辑》）中书侍郎赠卫尉卿司马锽宅 司马锽夫人，范阳郡君卢氏。开元十一年正月十一日，终于毓德里私第，其年二月十三日，窆河南府洛阳县河阴乡邙山之原。（《千唐志》）志云：“子长曰苍，至□之邑丞。次曰垂，益□郡之从事。季曰望，游于国庠。”按《元和姓纂》卷二司马河内温县：“明堂尉（司马希奭）生锽、铨、铁。锽，吏部、黄门、中书三侍郎，京兆尹，生苍、锤、益。”《新唐书》卷二百二《刘宪传》：“锽，河南人，神龙初以中书侍郎卒。”《旧唐书》一九〇：“司马锽，洛州温人也。神龙中卒于黄门侍郎。”因卢氏墓志未载司马锽名，从司马锽第四子司马望墓志得知：大燕故朝议郎前行大理寺丞，父锽，兵、吏、中书三侍郎赠卫尉卿补卢氏墓志。司马望于显圣元年五月二十九日终于洛阳县毓德里之私第，以其月十九日，葬于河南县平乐乡之原。（《千唐志》）正议大夫使持节仙州诸军事守仙州刺史上柱国司马公夫人卢氏宅 夫人范阳人。开元十一年十二月十八日，终于毓德里私第，十二年三月十日，窆于河南之邙山伯乐原。（洛古馆）按卢夫人为虞部员外郎卢贞庆之女。《新唐书·宰相世系表》有卢贞楷、卢贞谅，而无卢贞庆名。窦府君及夫人王内则宅 《王内则墓志》：司空窦公夫人邠国夫人内则（578—630）字内则。其先太原郡人。祖大礼，唐驸马都尉，尚遂安长公主，金紫光禄大夫修武县开国公，上柱国使持节绥歙二州刺史。父玄纪，太中大夫定州鼓城县令。夫人年甫及笄，归于元舅司空公之室，得邠国夫人。司空公以开元五年十月奄捐馆舍。夫人以开元十五年岁次丁卯二月廿三日景奄终于东都毓德里之私第，春秋四十有九。以其年三月廿九日壬奄，仙殡京兆。至九月三日壬申，合葬于咸阳县洪渎川亡夫司空府君之旧茔。（《西市藏志》）按王大礼遂安公主驸马，“以总章二年二月廿六日卒于歙州之官第，春秋五十有七”，陪葬昭陵。（周晓薇、王其祎《唐史论丛》第7辑1998年，第318—327页）按王内则墓志为右庶子集贤学士皇子侍读贺知章撰。薛王傅上柱国司马铨宅 司马铨字元衡，河内温人，是雍州万年、明堂、长安三县尉司马希奭的第二子，垂拱四年以成均生明经擢第，解褐授湖州安吉县尉，后历任户部郎中转太子家令迁光禄卿等。开元十九年六月二十二日，终于洛阳毓德里之私第，以其年十一月二十七日，厝于北邙原故夫人范阳郡君卢之茔左。（《千唐志》）按司马铨有子绛、宽、繇、宁。司马铨墓志可补《元和姓纂》及两《唐书》。中大夫福州刺史管元惠宅 管元惠于开元十七年除使持节福州诸军事福州刺史。二十六年来朝京师，夏六月丁未至洛阳，遇疾薨于毓德里第。管元惠碑1980年7月出土于洛阳市东花坛南，东距上东门、北距安喜门均约1千米，正当唐洛阳城毓德坊内。（《洛阳出土唐管元惠神道碑》，载《文物》1983年第3期）客舍　《河南府温县尉房君故夫人崔氏墓志》载：夫人崔顺。开元二十一年后三月十五日，终于洛阳毓德里之客舍，其年四月十三日，窆于北邙山平阴之原。（汴博）侍御史歙州司马许（高阳）公宅　许公夫人李肃邕字演，赵郡人。开元二十一年八月十五日，终于洛阳县毓德里之私第，其年十月二十八日，殡于洛阳县平阴乡北邙之原。（《北图石汇》）中散大夫行汾州长史沈浩丰宅　沈浩丰，吴兴武康人。终于东都毓德里。夫人吴郡□氏，会稽县君，天授四年先夫而终。开元二十九年十一月十四日，葬北山。（《千唐志》）河南府洛阳县尉李琚宅　李琚，字公佩。天宝戊子（七载）二月乙巳反素复始于东京毓德里私第，七月丁酉，与夫人河东薛氏合葬于洛阳东北原。（《曲石志》）岐王府祭酒崔汲宅

《唐故岐王府祭酒崔公豆卢夫人墓志铭并序》载：夫人豆卢娀，天宝四载三月二十四日，卒于洛阳县毓德里之私第，以其载五月二十七日，葬于河南县平乐乡陶村之原。（洛古馆）崔汲之名，据张忱石《隋唐五代墓志汇编举正》一文补。豆卢夫人嗣子日知，两《唐书》有传。登仕郎常州司士参军袭武城县开国伯崔千里宅　崔千里，清河东武城人。年十六以国子监明经备身，未几因逆胡之乱，流散江淮。贞元十二年八月十五日，薨于伊川先祖之别业。夫人李氏，贞元十九年五月十三日，薨于洛阳毓德里之私第，其年十月二十日，合祔于邙山北原从先茔。（《千唐志》）按崔千里墓志为子崔恕撰，《新唐书》卷七十二下郑州崔氏有载，但父与子均不同。清河大房，曾祖、祖、父名均合，但无崔千里之名。疑《新唐书》记载有误。登仕郎前守河南府阳翟县尉崔行规宅　崔行规，字寡悔，太子宾客赠工部尚书崔耿之长子。咸通八年三月二十七日，终于洛阳毓德里之世第。夫人荥阳郑氏，咸通六年七月四日，终于洛阳毓德里之世第。以戊子（九年）岁建亥月十三日，归祔于邙原大墓。（《千唐志》）按崔行规及夫人墓志均载《千唐志》。夫人墓志云：安兆于河南县平乐乡杜翟村祔于皇姑。崔行规之墓志载：高王父隐甫，父耿。而《新唐书》卷七二下《宰相世系》二下未载崔耿及崔行规。崔耿曾撰过墓志。（见《千唐志》）其身份是检校尚书屯田员外郎兼殿中侍御史，与崔行规墓志记述有异。又《朝散大夫守陕州大都督府左司马上柱国寇章墓志铭》即为崔耿所撰。志中云："命侄孙贡曰：尔将葬我，必乞崔耿文……追念与公世属金谷侧，邻居审教、毓德南北里。"寇章住审教里，则崔耿必在毓德里。《唐两京城坊考》已录穆员《崔泳墓志》，又有崔泳之母《崔少尹夫人卢氏墓志》。而《隋唐五代墓志汇编》洛阳卷第十三另载《崔公及夫人郑正合葬墓志》云："夫人讳正，荥阳人也。年十有一，归于崔公。崔公刑部尚书赠太保隐甫之孙，河南少君微之子。"《新唐书·宰相世系》二下"清河大房"下载有："隐甫刑部尚书、忠公"，

"次子微，河南少尹"，微有二子："溉，太常少卿。泳，字君易，陆浑尉。"则太常少卿即崔溉，崔泳之母为郑正。崔氏墓志，与《新唐书·宰相世系》及《文苑英华》所载崔氏诸墓志所述世系人名均相符合，说明毓德里有崔氏家族世居门第。

次北审教坊。北抵城。

户部尚书朔方军节度使王晙宅。御史大夫赠右丞相程行谋宅。苏颋《程行谋碑》：薨于洛阳审政里第。按政即"教"之讹。陈宪宅。《陈宪墓志》：薨于东都审教里第。

增订：

刘僧宅　刘僧，字彦达，长安县人。贞观二十一年正月二十三日，终于本县真安里第。夫人晋阳赵氏，天授二年腊月十三日，终于洛阳县审教里第，长寿二年二月二十二日，合葬于长安城东灞陵原。（《补遗五辑》）文林郎贾师宅　贾师夫人，弘农杨氏。长寿二年八月四日，终于审教里之私第，其年十月十七日，祔葬于府君旧茔。贾师，字善德，河南洛阳人。贞观二十一年三月十四日，终于清化里之私第，其年四月十七日，殡于邙山平乐乡之原。（《补遗八辑》）王师协宅　王师协字景和，琅琊临沂人。春秋六十有七，终于洛阳县审教里之私第。夫人兰陵萧氏，梁□王之孙，金州长史泽之女。显庆二年十月七日，终于合宫县询善里之私第。神功元年十月二十日，合祔于北邙山之原。（《补遗四辑》）朝请郎直司礼寺太医署朱玄俨宅　朱玄俨字望之，吴郡吴人。神龙元年正月二十五日，暴终于神都审教里私第，以其月二十五日，葬于洛州合宫县邙山之西。（《补遗五辑》）周朝议郎行文昌郡事轻车都尉陈思廉宅　陈思廉，居岐州郿县丰邑乡竹林里。历职方、司封、天官都台主事鸾台录事。久视元年十月七日，终于神都审教里第。（《辑绳》）真隐先生柴郎宅　柴郎，字昭彻，平阳临汾人。祖腾，父远，隋上大将军、唐乐昌令。柴郎雅好游名山，尤好《庄》《易》。咸亨三年正月十七日疾革，不进药饵，殁焉，春秋六十有二。执友等考行易名，谥曰"真隐先生"。夫人弘农杨氏，明威将军金城公师仁之女。神龙元年四月二十六日，卒于洛阳审教里第，春秋八十有五。二年四月壬午，合迁于偃师之北原，子令将、无晦、元杲等。（《西市藏志》）朝议大夫给事中上柱国戴令言宅　戴令言，字应之，谯郡谯人。十七岁历览群籍，尤好异书，至于算历卜筮，无所不晓。后转为三原令。郊野之富，郑白之沃，人安物阜，劫尤王畿。迁起居郎，俄迁库部郎，用为水陆运使，"萧何之饷关中，邓禹之发河内。既简在帝念，遥受给事中，而身居洛阳，未拜"。开元二年正月二十日，终于洛阳审教里之私第，其年十二月七日，与夫人吴郡张氏合葬于洛阳清风乡之原。（《芒洛四补》）戴令言墓志为太常博士贺知章撰。乡贡明经寇钊宅　寇钊，上谷昌平人。年十八，郡举孝廉，射策甲科。于时同岁数

□人，君为其首，京师□□，是以有神童之目。开元十一年十月二十七日，终于洛阳审教里之私第，年二十三岁。(《千唐志》) 都总监丞张公夫人吉檀波罗宅 吉檀波罗，东京洛阳人。开元十三年六月二十六日，终于洛阳审教里之私第。以其年七月二十一日，窆于邙山西平原。(《千唐志》) 京兆府长安县尉柴少仪宅 柴少仪妻范阳卢氏。开元十四年正月五日，终于洛阳审教里第，以其月十二日，厝于洛城东北邙山之南。(洛古馆) 朝散大夫颍州汝阴县令史待宾宅 史待宾，河间鄚人。前后作宰，并树丰碑。八十二岁，终于审教里之私第。夫人邵氏前亡，合葬于洛阳县平阴乡邙山之原。(《千唐志》) 太子右庶子迁太子宾客陈宪宅 陈宪，字令将，平阳□□人。开元十三年九月二十五日，薨于东都审教里第，十四年十一月十六日，葬于偃师县龙池乡之北原。(《北图石汇》) 益州都督府户曹参军姚迁宅 姚迁，吴兴郡人。开元二十年八月五日，终于河南府洛阳县审教里之私第，其年九月二十日，窆于河南县邙山之茔。(《千唐志》) 庆王府典军江璀宅 江璀，字思庄，济阳金乡人。开元二十年七月二十一日，终于洛阳审教里之私第，以其年十一月二十二日，葬于河南之梓泽乡金谷原。(汴博) 大中大夫使持节青州诸军事青州刺史郑谌宅 郑谌，荥阳开封人。弱冠国子明经高第，授润州参军，历任宰职。开元二十二年十一月十五日，薨于河南洛阳审教里之第。夫人杨氏，先公而终。开元二十三年二月二十三日，窆于洛阳县平阴乡之原。(汴博) 又郑谌弟郑䜣，为通议大夫持节开州诸军事开州刺史。开元二十三年四月七日，终于故任之公第，嗣子从一等扶负灵轜远归于洛。开元二十四年十一月七日，窆于洛阳平阴里□原。(《千唐志》) 按郑䜣墓志记载，郑䜣与兄银青光禄大夫治州刺史谓、正议大夫豫州刺史諲、通议大夫青州刺史谌、银青光禄大夫婺州刺史谔，咸以清公直道，俱践通秩，时人荣之。郑䜣夫人清河张氏，终于洛阳审教里之私第。郑谌、郑䜣兄弟与其父郑敞，史籍无记载。王氏私第 许州刺史姚君夫人王氏，金紫光禄大夫兵、吏、户部尚书御史大夫同中书门下三品中山公王晙之女，适大理评事李延祚，有女一人。又归许州刺史姚府君，有男一人。开元二十二年正月七日，终于审教里王氏之私第，二十三日葬于邙山。(《宅第补》《补遗六辑》) 王氏所终之第当为王晙私第。中大夫使持节都督兖州诸军事兖州刺史上柱国王英宅

王英，字人杰，大原祁人。祖才，邛州临邛令。考玄策，瀛州鄚县丞，赠晋州别驾。王英“应制高第，授左拾遗，迁宫尹府司直，转左补阙。祇恭二圣，出入两宫……再迁补阙，式奖朝廷，始鸣舞于凤池，遽翻飞于鹑野。历坊、淄二州司马，入为太子司议郎，出拜恒州司马，迁瀛、幽、洺三州长史……历盐、蓬、均、剑、果、褒、冀七州刺史……褒谷梁郊，俗称趫悍；西蜀中冀，人尚浮华。自君下车，翕然一变，虽古良牧，无出其右”。开元二十六年遘疾，八月九日薨于洛阳审教里之私第，二十七年一月十日，迁窆于邙山北原。官给卤部。班剑鼓吹。嗣子仲达。王英墓志2003年于河南洛阳出土。(《释录》) 朝

请大夫遂州长史张光祐宅　开元二十八年正月二十五日，张光祐迁神于洛阳审教里之私第，其年十月二十日，窆于河南金谷乡西平原。（洛古馆）左中郎将郭府君宅　开元二十九年秋八月，中郎将郭公夫人赞皇郡君李氏，卒于东京审教里之私第，明年冬十月，葬于河南县清风里北原。（《补遗六辑》）河南府告城县主簿上谷县开国子寇镐宅　寇镐，字子关，上谷人。弱寇孝廉及第，明年授崇文馆校书郎。编简不遗，图书载削，方子云孟坚宜矣。后官至告城主簿。天宝二年二月二十七日，终于洛阳审教里。夫人范阳卢氏，以季春之六日，合祔金谷原。（洛古馆）朝议郎行相州临河县令贾令琬宅　贾令琬夫人，扶风马氏。天宝四载四月二十二日，终于东京审教里之私第，以其载十月二十五日，葬于河南府洛阳县平阴乡北邙之原。（《曲石志》）按：贾令琬另有宅在毓财里。汉中郡都督府仓曹参军赵憬宅　赵憬，天水人。开元十二年十二月十日，即世于审教里之私第。天宝十载十一月五日，与夫人安定梁氏合祔于河南北山之岭。（《千唐志》）朝散大夫行太子内直郎苗嗣宗宅　苗嗣宗，字承家，上党壶关人。祖君浚，隋上党郡中正。父臻，乡贡明经。嗣宗以门荫宿卫出身，解褐卫州卫县主簿，宋州砀山县丞、亳州录事参军、宋州拓城县令、试蔚州长史、兼知机野仓库出纳使、太子内直郎、朝散大夫、上柱国。天宝四载五月十四日，终于洛阳审教里之私第，天宝七载五月二十七日，葬于北邙山。子岩，前左司御卫率府执戟。（《补遗千唐志斋新藏专辑》）按苗嗣宗墓志撰者为犹子中大夫河东郡太守兼河东道采访处置使苗晋卿。苗晋卿，《新唐书》卷七十五上《宰相世系表》五上记载："晋卿字元辅，相肃宗、代宗"。晋卿有叔名延嗣。嗣宗墓志文"公七岁而孤，终鲜兄弟，又无姊妹"，则嗣宗应为晋卿本族之从伯叔。河南府洛阳县尉窦寓宅　窦寓，扶风平陵人。弱冠明经擢第，调补秘书省正字，历华原县尉、鄱阳县令。大历十四年七月二十九日，终于洛阳审教里，以其年八月二十三日，厝于洛阳县之平乐原。（《千唐志》）朝散大夫守汝州长史上柱国崔公夫人李贞宅　李贞，陇西县君，福昌县令李仅第廿女。大和元年十月二十三日，终于审教里之私第，明年二月十六日，祔葬于北邙山。（《千唐志》）按李贞墓志撰者为崔耿，见毓德坊崔行规宅。湖南观察推官监察御史里行寇章宅　寇章妻荥阳郑氏。殁于潭州，护灵榇舟行北归，达东都审教里私第。以大和八年八月六日，葬河南县金谷乡。（《北图石汇》）按寇章墓志为崔耿撰，志文中云："命侄贡曰，尔将葬我，必乞崔耿文……邻居审教、毓德南北里。"（《千唐志》）寓居　乡贡进士陈宣鲁字子周，其先颍川人。开成五年四月一日，终于河南洛阳审教里之寓居，是月二十一日，买地葬于河南县平乐乡杜翟之原。（汴博）按陈宣鲁"在长安疾困，肩舆来洛阳投孀姊韦氏家"。他曾三举进士，无所成。其父陈谏为"八司马"之一。

右东城之东，第五南北街，四坊。

东城之东，第六南北街，从南第一曰积德坊。隋曰游艺坊，尽一坊为杨素宅，宅有沈香堂。坊南即温洛之地。

太原寺。自教义坊徙于此。崔融《代皇太子贺天后芝草表》云：伏承芝草生于东都太原寺舍利塔屋下。司农寺输场。长松营。太平公主园。

增订：

福先寺　《唐会要》卷四八《寺》："福先寺。游艺坊。武太后母杨氏宅。上元二年立，为太原寺。垂拱三年二月，改为魏国寺。天授二年，改为福先寺。"《河南志》卷一教义坊："教义坊，唐有武后母荣国夫人宅，后立太原寺。武后登上阳宫，遥见之，辄凄感，乃徙于积德坊。"积德坊即游艺坊所更名。更名后的魏国寺或福先寺，一直是在积德（游艺）坊。（《丛考》）《全唐文》卷九十八有武后《大福先寺碑》。《宋高僧传》卷二《唐洛京圣善寺善无畏传》：善无畏，本中印度人也。梵名戍婆揭罗僧诃，华言净狮子，义翻为善无畏。开元十二年，随驾入洛，后奉诏于福先寺译《大毗卢遮那经》。河南府河南县主簿崔程，字孝式，清河东武城人。贞元十四年秋九月辛酉，卒于东都福先之佛寺。明年秋八月甲申，葬于洛阳县平阴乡陶村先茔之东南一百八十步。（《芒洛遗文》）东都福先寺临坛大德广宣律师墓志：大师成志譻，大和元年七月二十四日，迁化于院居，八月五日窆于洛阳县平乐园。（《北图石汇》）《唐故常州义兴县令陆君墓记》：君讳士伦，字德彝，河南洛阳人。曾祖泰，司农寺丞。祖景祥，父据。江淮转运使、吏部尚书刘晏荐士伦"清足以检人，干足以成务"，诏授义兴县令。以贞元四年正月四日，终于阳县福先伽蓝。享年六十二，夫人逍遥韦氏。（曹新波《唐义兴县令陆士伦墓记初探》，载《河洛春秋》2012年第1期）隋内史令金紫光禄大夫杨约宅　杨约，字惠伯，弘农华阴人。起家为本州主簿，周大象之初，封安成县开国公。隋初陈与隋争衡，杨约兄太尉景武公，都督荆门，志吞江浒。杨约功效居多，封修武县开国公。大业五年，与天下郡国朝集洛阳。以十月二十五日，薨于东京之游艺里第。以九年四月二十九日，归葬于华阴县潼关乡招远里旧山。（《补遗千唐志斋新藏专辑》）按杨约为隋景武公杨素之弟。杨素、杨约兄弟，《新唐书》卷七十一下《宰相世系》一下杨氏越公房载，"素，字处道，隋尚书令司徒楚景武公"，素弟约"隋万年令修武公"。《河南志》载积德坊"隋曰游艺坊，尽一坊为杨素宅"。杨约薨于游艺坊，此坊在隋初应为杨素家族之宅第。仓部郎中朱府君夫人柳氏宅　柳氏，河东解人。曾祖仲礼。祖彧。父道玉，唐梓州射洪县令。柳氏笄年归朱府君。总章二年七月八日，终于洛阳积德坊之第，春秋五十二。天授二年八月二十二日，合葬于缑氏原旧茔。嗣子景阳、景文、景山。（《西市藏志》）隰州大宁县令王纂宅　王纂，太原祁人。夫人吉氏，贞观十三年六月十五日，终于积德坊，乾封二年十月二十二日，招魂与王纂合葬于邙山之阳。（汴博）齐王府司直杨晟宅　杨晟，字世雄，其先弘农人，后为洛阳人。武德二年召充齐王府司直，显庆四年正月十三日，卒于东都积德里之私第。咸亨四年十月三日，合葬于北邙洛城之原。（汴博）上柱国张素宅　张素，其先南阳白水人。永隆元年十月二十八日，终于思恭里私第。夫人赵氏，万岁通天二年四月二十四日，终于积德里之私第，神功元年十月二十二日，合葬北邙平乐乡之原。（《芒洛四编》）朝请大夫袁弘仁宅　袁弘仁夫人弘农杨氏。上元二年三月二十八日，终于洛阳积德里第。（《北图石汇》）检校营总管姬隐宅　姬隐源出于高中氏，今仍为洛阳积德里。（汴博）

次北教业坊。隋有长孙炽宅。

天女尼寺。贞观九年建景福寺，武后改天女，会昌中废。金吾将军裴休贞宅。《记闻》：休贞微时与弟元休居教业里。〔“元休”原误为“元素”，今改正〕

《校补记》：教业坊裴休贞宅，注：与弟元素居启业里　校：《纪闻》本云：弟休元，素多力。“素”字属下句，“休元”乃弟名，此注误。

增订：

礼部尚书固安公崔仲方宅　崔仲方，字不齐，博陵安平人。曾祖挺，祖孝芬，父宣猷。北周天和元年，诏授仲方为安国公世子大都督，四年授司玉大夫。“从军伐齐，平服龙等五城，以功授平东将军、银青光禄、石城县开国男，邑三百户。国家将经营东夏，敕公密与王轨、王谊于后苑营造楼船水攻之具。遂发兵东讨。周高祖自将陆军，令隋文帝为水军总管，诏授公为水军总管府司录。将楼船战舰三千余艘自渭入河，于砥柱而下，从隋文帝率募，仍泛火船于上流，烧河阴中墠二桥，应时即克。五年，授六军总管府司录。其年从周高祖东讨，敕公节度陈王纯等八总管，东下平高显郫壁二城……蒙赏田宅、奴婢、卤帛各有差。仍授赵王总管府长史，□驱入邺。又授郑国公总管司录，下河南城地。其后，陈将吴明彻于吕梁立堰，以灌彭城。敕公驰传于徐州，率诸军救援。于是生擒明彻以下伪将三百余人，俘馘五万，并公之策也。……随文作相，令公巡行长城五千余里，废置城镇。开皇初，授司农少卿，寻改授鸿胪少卿，于尚书省修撰律令。”后又平西南远夷，任代州刺史，使“胡人畏威，漠南绝叛”。大业元年，加大将军、除民部尚书、徙礼部尚书。大业十年七月二十九日，薨于东都教业里之第，春秋七十六。夫人陇西李氏，上柱国太保公耀之女。后夫人范阳卢氏。贞观十一年十一月五日，合葬于灵寿县之临山旧茔。长子民焘，二子民涤，三子民令。嫡孙敦礼、孙场、孙余庆、孙承休、孙承福。（《补遗八辑》）按《新唐书》卷七十二下《宰相世系》二下，崔仲方及其子焘、孙敦礼等有载，但孙辈有绩、辅，无承休。崔仲方墓志可补史。教业坊之崔涫宅、崔沔宅，虽均系崔氏，但崔涫为清河大房，崔沔为第二房崔氏。崔仲方为后魏濮阳太守郁，生挺，挺之曾孙。岐州司户参军事杨茂道宅　杨□哲，字茂道，华州华阴人。上元二年十月二十日，终于洛阳教业里，其年十一月三日，窆北邙之阜。（汴博）按茂道为字，名□哲。上骑都尉王式宅　王式，琅琊临沂人。贞观二十三年八月三日，卒于私第。夫人孟氏，仪凤三年二月二十日，卒于教业里，以其年三月二十七日，合葬于河南县平乐乡邙山之阳。（《千唐志》）德州平原县丞毕粹宅　毕粹，字思温。咸亨三年八月十八日，终于教业坊私第，逾年正月二十二日，与夫人宋氏连坟合葬于洛阳平阴乡之原。（《北图石汇》）郢州司马上轻车郭肃宗宅　郭肃宗，字守烈。垂拱三年正月二十一日，终于洛阳县教业里之私第，以其年闰正月七日，殡于洛阳县平阴乡。（洛古馆）朝请郎行岐州参军萧憖宅　萧憖，字元将，南兰陵人，梁孝明皇帝之曾孙。祖萧瑀，梁新安王，唐中书令尚书左右仆射宋国公赠司空。父鉽，给事中，利、渝二州刺史。萧憖“雅好老庄及释氏之教”。弱冠，入弘文明经，对策高第。丁内忧，布衣蔬食，志不婚娶。证圣元年闰二月二十三日，终于东都教业里，春秋三十，景龙三年十月十四日，归葬于雍州万年县之少陵原。弟太子通事舍人恕等。（《长安新出墓志》）朝议大夫上柱国行隆州西水县宰董希令宅　董希令，字淑，陇西狄道人。万岁登封元年八月一日，终于洛阳县教业里第。夫人天水赵氏先化，万岁通天二年十月二十二日合葬于北邙山。（《千唐志》）滑州韦城县主簿梁鍌宅　久视元年七月四日，梁鍌终于洛阳教业里之私第，十月五日，迁窆于洛阳北原，从祔先茔。（洛古馆）沈夫人宅　沈氏，吴兴人。景云元年十二月十七日，终于教业里第，以二年三月七日，葬于邙山之阳。（洛古馆）按沈夫人墓志云：曾祖君严，陈黄门郎、太子中庶子、秘书监、扬州大中正、金紫光禄大夫、赠太常卿，谥安。祖善，陈中书郎，驸马都尉，皇朝员外散骑侍郎，朝散大夫，仁州司马。父弘祚，海州司仓参军。沈氏一门应是隋灭陈后移往洛阳的。朝散大夫行宋州虞城县令李昕宅　李昕夫人荥阳郑氏。开元十三年八月六日，卒于教业里第。以十四年十一月八日，葬于洛阳县清风乡邙山之原。（洛古馆）按昭陵令赠通州刺史李昕妻姜氏，为昭成寺尼，见长安义宁坊。吏部常选郑公夫人宋练宅　开元十九年九月二十二日，宋练终于教业里第。十月二十二日，窆于洛阳县清风乡原。（《千唐志》）万州司法参军王韶宅　王韶，太原人。开元二十年三月十二日，终于洛阳县教业之里第。（《千唐志》）程冬笋宅　开元二十五年四月五日，程冬笋终于东都教业里之私第，其月十六日藁葬洛阳北部乡之原。（《千唐志》）卫尉寺主簿赵庭宅　赵庭，字壁，天水人。解褐怀州参军，秩满稍迁卫尉寺主簿。开元二十七年四月三十日，怛化于河南洛阳教业里之私第，以其年八月二十四日，窆徽安北原。（《芒洛续补》）元氏夫人渤海李娍宅　李娍，字少容，渤海蓨人。祖敬，父居心。夫人年十八归于元氏。开元二十九年十月九日，终于东都教业里第，其月十七日，权窆于首阳原。（《补遗八辑》）朝议郎行城门郎崔公夫人郑氏宅　夫人郑氏，荥阳人。父方崇。兄虚心。郑氏年十七适于崔氏，圣武元年三月七日，终于子婿宋氏教业里之私第，以其年三月二十九日，殡于河南府洛阳县平阴乡之原。嗣子润。（《拾零》）安东都护郯国公高震宅　高震是高丽王高藏之孙，“扶余贵种，辰韩令族”。大历八年夏五月二十有七日，薨于洛阳教业里之私第，十三年十二月二十四日，与郯国夫人安定侯氏祔葬于洛之北邙之阳新茔。子朝请大夫深泽令叔秀。高震之女有宅在履信里。（《唐代墓志汇编》）邕管招讨判官试左清道率府兵曹参军崔洧宅　洧，字利物，太保忠公之孙，南和府君之子。开成元年正月十二日，终于东都教业坊之私第，仲春甲申，祔葬于邙山。有女三人。（《千唐志》）按崔洧墓志撰写者为堂侄朝散大夫前守建州刺史崔耿，书者是堂侄前秘书省著作佐郎崔倬。崔倬见《新唐书·宰相世系》。父为崔溉，祖为崔微。崔微即刑部尚书忠公隐甫之子。可知崔洧与崔溉为兄弟辈。崔洧之父南和县令崔焕。崔焕的第五子崔艺字浚源，将仕郎守江陵县尉，大中五年□月□日，终于东都教业里，明年二月十七日，窆于河南县平乐乡杜泽村祔郑夫人之茔。（《千唐志》）崔艺墓志为堂侄通议大夫前守宋州刺史崔倬撰。崔洧和崔艺是否同一宅第，俟考。明威将军右金吾卫大将军上柱国崔沔宅　《（上阙）崔府君（宝庆）夫人雁门郡太夫人太原王氏墓志铭》：王氏于乾元二年九月甲子朔，属纩于洛阳教业里，其月二十一日，□□北邙山之原。（《补遗六辑》）按原志右上角与左上角残，从志文得知崔府君名宝庆，大父义斌，父沔。

次北兴艺坊。

金谷府。见《地理志》。麟趾尼寺。

增订：

兴艺坊，本名弘艺坊　唐孝敬皇帝讳弘。东京有弘教坊，西京有弘业、弘德、弘化三坊，于神龙中避讳分别改为宣教、大业、崇德、崇化。臆测兴艺亦当为弘艺所改。《千唐志斋藏志》收集的几方东都或洛阳兴艺里的墓志均在神龙以后。（《丛考》）金谷府　《唐故舒州长史房君墓志铭》云：“房众再授金谷府折冲。”大历十三年六月二十七日，殁于建春坊私舍。（辑绳）麟趾寺　麟趾寺法华院律大师墓志：大师幻觉，姓寇氏，上谷人。贞元十八年七月十日归终，其月二十二日，葬于邙山瀍水西原先师塔次。（《北图石汇》）隋左校署监王成宅　王成，小好鸠车之乐，幼怀竹马之欢。开皇四年释褐任木工监，俄迁左校署监。终于河南郡雒阳县弘艺里，窆于邙山之阳。（《集释》）王成任木工监，敦厚里有孟孝敏宅，其父为营东都土工副监。又洛阳出土任轨墓志（存开封市博物馆）云：“作洛伊始，思模大状，度堂考室，实俟得人，迁将作少监。”任轨在《隋书》中无传，其职位仅次于宇文恺。《隋书·炀帝纪》：“大业元年三月诏尚书令杨素、纳言杨达、将作大匠宇文恺营东都。”《隋书·宇文恺传》：“炀帝即位，迁都洛阳，以恺为营东都副监。”又《隋书·元弘嗣传》：“仁寿末授木工监，修营东都。”《隋书·阴寿传》：“子世师，炀帝嗣位，领东都瓦工监。”据《隋书》所记与出土志石所载，得知隋之将作监属官有木工、瓦工、土工等项目，可补《隋书·百官志》。幽州都督寿阳县男王方宅　王方，长安元年二月三日，终于兴艺里第。夫人樊氏，开元二十七年二月十日，合葬河南县北邙原河内村东北五里。（洛古馆）绛州正平县主簿郑京良宅　夫人河东薛氏，汾阴人。开元四年五月十八日，终于河南府洛阳县兴艺里之私第。即以其月二十一日，殡于河南府东北一里半，乐村北二百步。（《宅第补》）银青光禄大夫和州刺史上柱国颜谋道宅　颜谋道，字宗玄，琅琊临沂人。优诏转和州刺史改封琅琊县开国伯，加银青光禄大夫。公以皂□紫绂开国承家，位笼（宠）若惊，累求自退，渥恩见许，告老丘园。春秋八十，以开元九年七月二十九日，薨于东都之兴艺坊之私第。夫人会稽郡夫人会稽虞氏，隋内史侍郎虞世基之孙。以其年十月十日，合葬于河南县界之北邙山。（《千唐志》）河南府河阳县丞庞夷远宅　庞夷远夫人李氏，陇西成纪人。高祖神通，封淮安王，历右仆射赠司空公。夫人于开元九年十月三日，卒于东京洛阳县兴艺里之私第，开元十年十月五日，殡于河南府河南县邙山之原。（《千唐志》）华州司马李府君夫人段氏宅　夫人父孝义，左千牛。开元十七年二月，夫人终于洛阳县兴艺里私第，以二月二十二日，殡于洛城东北十二里邙山之南。嗣子濮阳刺史弁。（《补遗八辑》）中散大夫行博州长史上柱国陶贡宅　陶贡，字玄英，丹阳人，因官徙居河南伊阙。瓒、大举为陶贡之曾祖、祖父。陶贡授常州参军、虢州司功，授蒲州司法、同州司仓，入为太府寺丞转延州司马、迁博州长史。陶贡“言必无点，行不苟容，正也；先人后己，忘私循公，忠也；不由权门，力政是取，节也；荣贵不慕，清素自持，俭也。此四者，公之性焉。在家无陶朱公之资，居官有齐威王之宝。”开元二十一年五月二十七日，终于洛阳兴艺里之私第。以其年十月四日，祔于邙山之原先茔之次。（《拾零》）左监门卫大将军白知礼宅　白知礼，太原晋阳人。因平韦后之乱，拜游击将军。后曾至边疆作战，授左监门卫大将军。开元二十二载十月十九日，薨于洛阳兴艺里之私第。夫人彭城刘氏。继夫人张氏，龙集辛巳正月十日，终于白公之旧庐，孟夏月末旬有三日（开元二十九年四月二十三日），合祔于邙山之原。（《千唐志》）按白知礼另有墓志是与夫人刘氏合葬，见《千唐志》。二志记载事迹略同。白知礼父义宝墓志亦见于《千唐志》。秦州上邽县令王令珣宅　王令珣夫人朱元轸，其先吴郡人，棣州蒲台县丞之女。开元二十九年七月十八日，寝疾终于洛阳兴艺里，其年十一月十三日，窆于北邙山之原。（《西市藏志》）邺郡安阳县宰赵佺宅　赵佺，字小奴，其先天水人。天宝十载正月一日，权窆于洛阳兴艺里。夫人河东裴氏。（《补遗一辑》）

次北通远坊。北抵城，“远”或作“达”。

乐工李龟年宅。《明皇杂录》曰：开元中，乐工李龟年能歌，特承顾遇，于东都通远坊大起第宅，僭侈踰于公侯，中堂制度，甲于都下。其后裴晋公度购得之，移于定鼎门别庐，号绿野堂。

《校补记》：通远坊李龟年宅，注：移于定鼎门　校：“门”字下依本书增“南”字，《广记》引同。

增订：

忠武将军左卫翊一府郎将傅节宅　傅节，字恩谏。圣历元年九月十七日，卒于通远坊私第，年十八岁。以其月二十八日，殡于洛阳县平阴乡之北原。（《千唐志》）银青光禄大夫使持节利州诸军事利州刺史上柱国清河县开国子崔玄藉宅　崔玄藉，字嗣宗，清河东武城人。父善福，唐秦王府库真、上大将军。折冲良将，莫府元勋。圣历元年三月十四日，玄藉薨于通远坊之私第。夫人屈突氏，河南人。唐尚书右仆射屈突通之女。咸亨二年五月十七日，卒于蔚州之官舍。圣历二年正月二十八日，合葬于洛州合宫县之昭觉原。（《千唐志》）按：此为崔玄藉与前妻屈突氏合葬。玄藉后妻李氏、长子韶、次子歆（二子前妻生），墓志均见《千唐志》。《新唐书》卷七十二下《宰相世系》二下，郑州崔氏，玄藉曾祖彦升，无祖及父名。玄藉子恪为申州刺史憬。恂为杭州刺史清河男，与玄藉墓志所载有异。志载恪为怀州司法，恂为益州参军。处士成恽宅　成恽，洛阳人。长安三年正月八日，终于通远里舍，择殡于邙山。（《千唐志》）楚州司马桓归秦宅　桓归秦开元九年五月二十一日，终于洛阳通远里之私第。是岁七月十六日，归窆于河南府洛阳县清风乡之原。（汴博）庄州都督李敬宅　李敬，字守礼，陇西成纪人。雁门郡守弼之曾孙，东阁祭酒威之元子。十八应制，解褐鄜州洛川尉，次迁司仆丞，又徙城父令，寻改洪州司马，后除庄州都督。开元十年七月三十日，不禄于洛阳县通远坊私第。十二年十二月十一日，葬河南府河阴乡原。夫人柳氏。（《千唐志》）银青光禄大夫恒州刺史上柱国湖城县开国公仇克义宅　仇克义，字忠烈，本弘农人。曾祖仕诠，祖孝松。考大恩，太仆天池监、淄州邹平县令。克义“年甫十八郡赋乡贡进士。遂投笔从戎，西征绝域。……解褐授胜州金河府左果毅都尉。顷之，授游击将军。又应武举高第。累迁左武卫永宁府折冲都尉长上、左威尉翊府左郎将、甘兰州刺史。又充朔方军副大总管，副韩国公张仁愿”。后又授沧州刺史，转左卫将军，又除恒州刺史，加湖城县开国公。凡七典州郡，十司戎旅。开元十年十一月三日，遇暴疾薨于洛阳县通远坊之私第。夫人汝南郡君周氏，其年十二月二十九日，薨于内寝。开元十一年四月三日，同窆于洛阳邙山之阳。嗣子日新等。（《补遗九辑》）按仇克义《元和姓纂》卷五有记载。崔守约宅　崔守约，其先清河人，后迁于卫。开元十五年闰九月二十八日，终于通远之里私第。十月二十八日，权窆洛阳北山之原。（《千唐志》）右监门卫中郎将高嵘宅　高嵘，渤海人。崇文生明经擢第，授荆州参军，特敕试通事舍人，迁右监门卫中郎将。开元十七年五月二十七日，薨于河南府洛阳县通远坊之私第。其年十月十六日，迁厝于河南县平乐乡中原。（《芒洛续编》）按高嵘祖士廉，开府仪同三司、尚书右仆射、申国公、图形麟阁。父审行，尚书右丞、雍州长史、户部侍郎、渝州刺史。高士廉陪葬昭陵，其孙葬洛阳北邙，通远坊有高氏宅第。银青光禄大夫左庶子河内郡开国公苏晋宅　《唐同州河西主簿李君故夫人苏氏墓志铭并序》载：夫人字究，京兆武功人。银青光禄大夫左庶子河内郡开国公晋之第五女。年十八适陇西李全慎。开元二十二年三日二日，卒于洛阳县通远里苏氏之私第，春秋二十三。以其年四月六日，归祔于河南县邙山之北麓。（《千唐志》）按苏珦、苏晋，两《唐书》有传，雍州蓝田人。晋数岁能属文，被誉为“后来之王粲”。玄宗监国，所下制命，多晋及贾曾定稿。晋有诗文存世，见《全唐诗》《全唐文》。丁韶宅　丁韶，鲁郡济阳人。弱冠明经擢第，解褐授隐太子庙丞，次授节愍陵令，转延王府户曹。天宝七载八月十七日，卒于河南府洛阳县通远里之私第，以其载十月二十三日，窆于洛阳北邙山。（《千唐志》）壮武将军判左威卫将军上柱国平陵县开国男留守苏君宅　苏君夫人韦顺仪，岐州刺史鲁国公韦漼第四女。祖玄俨，赠户部尚书鲁国公。开元二十二载十月，授夫人金乡郡君。天宝九载□月五日，终于通远里之私第，天宝十一载闰三月与苏府君□茔合祔。嗣子峤。（《千唐志》）按《新唐书》卷七十四上《宰相世系》四上，驸马房，韦玄俨，邢州刺史，博城县公。父弘表，曹王府典军。与韦顺仪墓志所记韦氏世系不同，存以待考。

右东城之东，第六南北街，四坊。

雒　渠

雒水在雒阳县西南三里，河南县北四里。西自苑内上阳宫之南，流入外郭城。东流经积善坊之北，分三道，当端门之南立桥。南枝曰星津桥，中枝曰天津桥，北枝曰黄道桥。《玄宗纪》：开元二十年四月，改造天津桥，毁星津桥，合为一桥。过桥，又合而东流。经尚善、旌善二坊之北，南溢为魏王池。与雒水隔堤，初建都筑堤，壅水北流，余水停成此池，下与雒水潜通，深处至数顷，水鸟翔泳，荷芰翻覆，为都城之胜也。贞观中以赐魏王泰，故号魏王池。泰黜后，赐东宫，属家令寺。又东北流，经惠训坊之西，分为漕渠。分流处置斗门，上有桥，桥上有屋。水势峻急，激湍百余步。

穆员有《新修漕河石斗门》及《新修漕河石斗门亭》二记。斗门之西旧中桥，隋名立德桥，北当徽安门，因水溢坏，显庆中建都后置。中桥，上元中司农卿韦机移入东街。过斗门又东，流经新中桥。南当长夏门，北通西漕。桥南北三百步，武德初置浮桥，寻废，韦机乃徙中桥于此。后漕水复坏，永昌中，敕将作监少匠刘仁景修缮，李昭德统其事，殊为坚壮，号永昌桥，寻废其名。又东经安众、慈惠二坊之北，有浮桥。隋造，名利涉桥，北抵通远市南壁之西偏门。王世充平，桥市俱废。显庆中复置，南当南市之北壁东偏门，北当北郭之安喜门。乾封中又废，后乃私造，以舟为梁。又东流经询善、嘉猷、延庆三坊之北，出郭城。

《校补记》：雒渠　补注：《伽蓝记》：洛水桥南道东，后魏时有白象坊。

增订：

雒渠　《唐两京城坊考》载："雒水贯都，有河汉之象。""雒水西自苑内上阳宫之南，流入外郭城。东流经积善坊……出郭城。"雒水贯都给隋唐洛阳城带来经济繁荣，也带来极大的灾难。特别是洛水暴涨使南北两岸的坊里甚至宫殿都遭到灭顶之灾或者毁坏殆尽。《旧唐书·五行志》记载，仅唐玄宗开元年间，东都洛阳城的洛河就暴涨几次。如开元五年"六月二十一日夜，暴雨，东都谷洛溢，西入上阳宫，宫人死者十七八"，"十八年六月壬午，东都洛水泛涨，坏天津、永济二桥及漕渠斗门，漂没提象门外助铺及仗舍，又损居人庐舍千余家"，"二十九年，暴水，伊、洛及支川皆溢，损居人庐舍、秋稼无遗，坏东都天津桥及东西漕"。《旧唐书》卷七《文宗纪》下："十一年秋七月癸未，大霪雨……洛水溢漂六百家。"洛河经常泛滥，损坏天津等桥，河岸也南北游弋，据《大业杂记》载："出端门百步有黄道渠，阔二十步（29.4 米），上有黄道桥三道。过渠二百步（294 米）至洛水有天津浮桥，跨水长一百三十步（191 米）……过洛二百步又疏洛水为重津渠，阔四十步（58.8 米），上有浮桥……重津南百余步有大堤，南有民坊。"这段记载说明洛河在端门南主河道仅 191 米，从端门至河南岸民坊也只有 1161 米。《旧唐书》卷八《玄宗本纪》上载：开元二十年夏四月"癸巳，改造天津桥，毁皇津桥，合为一桥"。洛河的最宽处应在端门南。《旧唐书·李昭德传》："初，都城洛水天津之东，立德坊西南隅，有中桥及利涉桥以通行李。上元中，司农卿韦机始移中桥置于安众坊之左街，当长夏门……因废利涉桥。"新造之中桥宽度，《河南志》谓南北三百步。这样看安众坊北、天津桥以东的洛河宽为 441 米。《唐会要》卷八十六："天宝八载二月，先是东京商人李秀贞，于南市北洛水架石桥，南北二百步，募人施财巨万计，自五年创其始，至是而毕。"这样则南市北之洛河宽只有 294 米。实际上南市北之石桥西距新桥并不远，大约在 300 米至 500 米。从唐代末年至今一千余年，洛河南北摆动，不仅北岸两排坊已无从寻觅，就是南岸也已将南市以北崩塌无遗。（参阅《续记》）天宝年间曾作三大防。据《白孔六贴》

卷七所载《洛》条作三大防。（李适之：玄宗患谷、洛岁暴耗徭力，诏适之以禁城作三大防，曰“上阳、积翠、月陂。自是，水不能患”。）

通济渠

通济渠，自苑内支分谷、雒水，流经都城通济坊之南，故以名渠焉。过通济坊，又东北流经西市，东折而东流至河南县之西，又北流至宽政坊之西北隅，东流过天门街，经宜人、正平坊，北流至崇政坊西，过河南府、宣范、恭安坊西北，又东北抵择善坊西北，东流经道德、惠和、通利、按渠至通利、慈惠之北，有浮桥。《通鉴》云：洛水径端门、左右掖门前，有天津、永济、中桥三桥。按桥无名永济者，疑即通济之浮桥，“通”误作“永”耳。富教、睦仁、静仁六坊之南，屈而北流，过官药园、延庆坊之东，入雒水。天宝中，雍蔽不通，渠遂涸绝。

通津渠

通津渠。按通津之名，盖以通天津桥也。

通津渠，隋大业元年开。于午桥庄在长夏门南五里。西南二十里分雒堰分雒堰北十里有重津桥。见《宋会要》。引雒水，又于正南十八里龙门堰引伊水，伊水在河南县东南十八里。以大石为杠，互受二水。雒水一支西北流，名千步碛渠。又东北距河南县三里，名通津渠。由厚载门入都城，经天街北、天津桥南入于雒。伊水分二支，西支正北人城，经归德之西，折而东流，又北经正俗、永丰之西，又折而东南流，经修善、嘉善南，合于东支。东支东南入城，经兴教坊西，又折而东流，经宣教、集贤之南，又折而北，经履道之西，以周其北，又东经永通之北，又折而北经利仁、归仁、怀仁之东，以入于运渠。

增订：

通津渠　《唐两京城坊考》记载的通津渠有错误和混乱。《元和郡县图志》河南府条载：“通津渠，河南县南三里。隋大业元年分洛水西北名千步碛渠，东北流入洛水，谓之洛口。”《河南志》卷四：“分洛堰，在厚载门外十八里，令每葺堰，分洛水以入洛城。”《邵氏见闻前录》卷十：“……午桥西南二十里，分洛堰引洛水，正南十八里龙门堰引伊水……以大石为杠，互受二水。洛水一支自厚载门入城，分诸园，复合一渠，由天门街北天津、引龙二桥之南，东至罗门。伊水一支正北入城，又一支东南入城，皆北行，分诸园，复合一渠，由长夏门以东以北入罗门，二水皆入于漕河。”徐松根据不同时期的记载，简单合并凑合而成“通津渠”。隋唐时代的通津渠起迄地点与流经坊里待考。（高敏《〈唐两京城坊考〉东都部分质疑》，载《中华文史论丛》1980 年第 3 辑）

运 渠

运渠，自都城之东，西北流至外郭之东南隅，屈而北流，经永通、建春门外，又屈而西流入城。经仁风坊南，又西经从善坊南，分为二流，屈曲至临阛坊南而合，至南市北，有福先寺水硙，又北流经延福、富教、询善坊西入雒。

漕 渠

漕渠，本名通远渠。隋开。自斗门下枝分雒水当雒水中流立堰，令水北流入此渠，有余水然始东下。时令官奴捺此堰，亦号蜀子堰。初隋炀帝以为水滩泄多石碛，不通舟航，乃开此渠。下六十余里至偃师之西，复与雒合。东北流，至立德坊之南，西溢为新潭。长安中司农卿宗晋卿开，以通诸州租船。四面植柳，中有租场，积石其下，于上布土。潭立石柱，马吉甫为其文，钟绍京书。后潭中水浅，租船不能至。又东流至归义坊之西南，有西槽桥。南当中桥，乾封中造。又东流至景行坊之东南，有漕渠桥。大业初造，初曰通济桥，南抵通远市之北西偏门。自此桥之东，皆天下之舟船所集，常万余艘，填满河路，商旅贸易，车马填塞，若西京之崇仁坊。又东流经时邕、毓财、积德三坊之南，出郭城之西南。

增订：

漕渠　《旧唐书·五行志》：“开元十四年七月十四日，瀍水暴涨，流入洛漕，漂没诸州租船数百艘，溺死者甚众，漂失扬、寿、光、和、卢、杭、瀛、棣租米一十七万二千八百九十六石，并钱绢杂物等。因开斗门决堰，引水南入洛，漕水燥竭，以搜漉官物，十收四五焉。”“（开元）十八年六月乙丑，东都瀍水暴涨，漂损扬、楚、淄、德等州租船。壬午，东都洛水泛涨，坏天津、永济二桥及漕渠斗门，漂损提象门外助铺及仗舍，又损居人庐舍千余家。”“二十九年，暴水，伊、洛及支川皆溢……坏东都天津桥及东西漕。”《新唐书·地理志》：河南“有漕渠新潭，大足元年开，以置租船”。其新潭开营时间有二说。

谷 渠

渠在雒水之北，自苑内分谷水东流，至城之西南隅入雒水。渠南隋有石泻，后入上阳宫。《玉海》载《宋会要》云：政和四年宋昇奏：西京端门前，考《唐洛阳图》，旧有四桥，曰谷水、曰黄道，在天津桥之北。则上阳宫、皇城之间，渠上当有桥也。

瀍 渠

瀍水《元和郡县图志》：瀍水在河南县西北六十里。按"西北"疑当作"东北"。自修义坊西南流入外郭城，南流经进德、履顺二坊之东，又东南流，穿思恭坊，通宣仁门南流，经归义坊入漕渠。开成五年七月，避武宗讳，改瀍水为吉水。

泄 城 渠

渠自含嘉仓城出，循城南流至宣仁门南，屈而东流，经立德坊之北，至东北隅绕其坊，屈而南流入漕渠。

增订：

20世纪80年代中期，中国社会科学院考古研究所洛阳唐城队勘探出隋唐洛阳城东城东垣外侧原有一条南北向水渠，其宽约25米，深约10米。该渠从含嘉仓城流出，沿含嘉仓城东垣而下，经东城东垣外侧南流至宣仁门前，略向东弯折，而后向东南流入位于洛阳北里坊区的新潭内。这与文献记载基本吻合，文献称其为泄城渠。同时文献记载，盛唐时期，新潭至漕渠间的水道可泊漕船万艘（见漕渠），由此可知新潭原为江南、山东诸地漕米运往含嘉仓的重要中转码头，而泄城渠则为新潭至含嘉仓城的重要粮运通道。1999年5—6月间，唐城队在洛阳市老城区西北隅办事处北大街住宅小区院内，东距北大街32米、南距中州路200米、北距丁家街25米处，发掘出北宋西京洛阳监护城壕遗迹，东西宽约24.5米，底距地表9.9—10.25米，宽约12米，壕沟残深6米。然而，此次发掘并未发现唐代水渠遗迹，仅发现护城壕遗迹。由此推测，泄城渠宋时已经干涸，宋人将干涸河床改作护城壕。宋代曾用隋唐东都东城故址建洛阳监。（中国社会科学院考古研究所洛阳唐城队《北宋西京洛阳监护城壕的发掘》，载《考古》2004年第1期）

写口渠

渠自宣仁门南，枝分泄城渠，南流与皇城中渠合，循城南流，至立德坊之西南隅，绕其坊，屈而东流入漕渠之西，有司农官硙。

附录一：唐两京待考坊名

一、西京待考坊名

华原　见于1956年西安东郊沙坡村东南出土的《阿史那勿施砖墓志铭》(《考释》)。

金光　1956年西安市西郊土门村出土云麾将军右龙武军将军同正员卢江县开国伯上柱何德墓志。志云：天宝十三载七月二十三日，何德终于金光里之私第，其载十月二十三日，卜兆龙门原。(《考释》)

宗仁　1956年西安韩森寨东北出土唐故右龙武军折冲扶风郡马千墓志。志云：贞元十六年五月三十日，马千终于京兆府万年县宗仁坊私第，其年七月五日，葬于龙首原。(《考释》)

长安　1956年西安市东郊韩森寨东南出土唐故司农丞独孤府君夫人宇文氏墓氏。志云：建中三年八月二十八日，宇文氏薨于长安里济度之佛刹，九月一日，窆于龙首原。按《长安志》卷九安业坊东南隅有“济度尼寺”，则长安里可能是安业坊之别名。(《考释》)

皇城　1956年西安市东郊韩森寨东南出土唐故集州衙推狄玄诉墓志。志云：咸通三年七月二十三日，狄玄诉终于皇城里之私第，其年八月十日，葬于古城村白鹿原。(《考释》)

延平　《长安志》卷十所载别见的四坊，疑改名。其中修仁坊和正平坊是东都的修文坊和正平坊，昌化坊是西京的安兴坊。延平坊尚未考出地望。元和五年斩成德军逆将十五人于延平坊街。朝请大夫济州长史上柱国独孤昱宅　独孤昱，字景阳，河南人。六代祖信。“周明帝敬皇后、隋文帝献皇后、大唐元皇帝元真皇后并梁王之女，公（独孤昱）之五代祖姑，三代后族。”独孤昱是驸马都尉郢淄岚三州刺史谌之孙，奉冕直长恒之子。永昌中授汉州洛县主簿，历京兆鄠县尉。“属韦氏稔恶，节憨罹祸，公□法收葬，天下称之，改长安簿。”以开元十六年十一月六日，终于京兆延平里之私第，十七年二月十二日，安窆于万年县神禾原附先茔。独孤昱墓志系私人所藏，出土实地不详。（王书钦《从唐独孤昱墓志看北朝隋唐独孤部史事》，载《碑林集刊》第十四辑2009年）

龙首里　右卫中郎将郑玄果夫人元氏，永淳元年二月十四日，终于京师龙首里之第，开元二年十二月二十九日，与公合葬承平里之原。(《北图石汇》)

旗亭里　右神策军护军何少直宅　何少直故太夫人，河南兰氏，故通王府长史有俊之女。开成二年七月七日，终于旗亭里之私第，以其年十月二十五日，葬于万年县龙首乡袁蔺村净福里先茔之东。（《千唐志》）张大酺宅　夫人段氏卒旗亭里。（《补遗二辑》）

二、东都待考坊名

河南里

右威卫将军安元寿宅　《大唐故右威卫将军上柱国安府君墓志铭》：安元寿，凉州姑臧人。永淳二年八月四日，遇疾薨于东都河南里之私第。（昭陵博物馆《安元寿夫妇墓发掘简报》，载《文物》1988 年第 12 期）

三市之里

李氏宅　夫人彭城刘氏，贞元十八年九月二十七日，终于河南三市之里。以其年十二月七日，安厝□□阴之原。（《千唐志》）《有唐故李氏故陈留解夫人墓志》载：以贞元十八年□月二十五日，终于三市之第，以其年十二月七日，权厝于平阴之原。（《千唐志》）以上两志均为乡贡进士赵南华撰，刘氏与解氏均为李某之夫人。

“三市”之称，在隋时即有，《汉魏南北朝墓志集释》图版 400 马樨及夫人张氏墓志称：“隋开皇二十年，合葬于洛阳三市之西南八里。地多形胜，宅兆惟宜。”其时洛阳指汉魏故城。

徽安里

宁远将军行左威卫左司阶王元泰宅　王元泰，字清，太原人。天宝七载夏四月，薨于徽安里之私第，以其载十月十一日，殡于河南邙山平乐原。（《千唐志》）将作监左校丞吴福将宅　吴福将，洛阳人。开元二十三年以功优调选，解褐授将作监、左校丞。后归故里，以天宝八载十月十七日，终于东京徽安里之私第，以其载十一月十一日，安兆于平阴原。（《千唐志》）云麾将军齐子宅　齐子，字胡。初任晋州羊邑府左果毅赐绯鱼袋，无何，又迁华州定城府左果毅都尉，又迁陕州忠孝府折冲，又迁游骑将军陕郡上阳府折冲赐紫鱼袋，又迁右骁卫郎将，又迁明威军右龙武军翊府中郎将，特授云麾将军右龙武军将军。出入清禁，宿卫紫宫。天宝十一载正月二十七日，薨于河南徽安里之私第，以其载五月十五日，厝葬河南县北邙山平乐乡之高原。有子五人，多为别将之职。（《千唐志》）

建春里

朝散大夫行洪州都督府丰城县令房诞宅　房诞，魏郡清河人，神龙三年八月十五日，卒于建春里第，葬邙山原。（《北图石汇》）唐丰城县，属于洪州。右领军卫仓曹

参军杜钑宅　天宝二年五月八日，杜钑怛化于东都建春之私第，大历四年十月二十七日，奉迁旧茔龙门西原塔次。1988 年 4 月杜钑墓志于龙门西山出土。(《洛阳新获墓志》) 舒州长史房众宅　房众，大历十三年六月二十七日殁于建春坊私舍。以其年十一月七日，祔于北邙山先坟之近也。(洛古馆) 汝州鲁山县丞司马斋卿宅　夫人太原王氏，贞元二年十二月十二日，终于建春坊私第机筵之傍。(《北图石汇》) 杨知玄宅　《故荥阳郡夫人墓志铭》载：荥阳毛公，不知何许人也，有志无位，贺氏生女四人，夫人即季女，出适□武军衙门大将兼御史大夫吴公讳仲甫。有女一人，归弘农杨氏，生三人知玄等。其子以幼遭先夫人丧，追思罔极之恩，以夫人无归，亲迎侍养。开成五年十二月二十七日，终于东京建春里，其外孙以来年正月十日，归葬于濮阳郡先夫人之茔侧。(《千唐志》) 宿州蕲县令李损宅　李损长女，大中岁在乙亥（九年）五月三十日，夭于洛京建春里之别墅，逾月十三日，葬于河南县金谷乡之原从先茔。曾祖暄，起居舍人赠刑部尚书。祖郓，殿中侍御史东都留守判官。父损。(《千唐志》)《新唐书》卷七二上《宰相世系表》二上，江夏李氏载，暄，起居郎，子郓，郓弟鄘，鄘子拭。但无郓子损之名。李氏室女墓志可补《新表》之缺。韦府君夫人齐孝明宅　大中十四年八月十八日，韦公夫人高阳齐氏，终于洛都建春里私第，其年孟冬二十一日，合葬于平阴乡润村之原。父煚，朝议大夫卫尉少卿。(《千唐志》《唐代墓志汇编》下第 2379 页) 按《新唐书》卷七五下瀛州齐氏载，玘子照，池州刺史。煚即照。《新唐书·宰相世系表》《元和姓纂》《唐郎官石柱题名考》中，煚并作照。岑仲勉《元和姓纂四校记》云：唐人著作中，齐照有写作齐煚者。《唐郎官石柱题名考》卷十八仓外之齐煚即其人。

上东门里

蒲州霍山府左果毅都尉上柱国庞贤宅　庞贤，字恭靖，东滑口城人。年四十七，从郭振击讨西夷，建以殊绩，蒙酬勋上柱国，仍放参常调，明年授昭武校尉、□州北楼镇将，秩满选，又授蒲州霍山府左果毅都尉。开元二十二年四月七日，终于都上东门里之私第。夫人扶风马氏。以其年四月二十九日，迁祔于东都北原。(《拾零》) 朝议郎行尚书水部员外郎分司东都上柱国赐绯鱼袋杨鲁士宅　杨鲁士妻，濮阳郡夫人吴氏。长庆四年闰七月七日，终于东都上东门里。开成五年二月二日，改卜于河南县平乐乡杜翟村瀍涧里。(《补遗四辑》) 吴氏父吴仲甫，宣武军衙门大将。吴氏生子三人，知玄、知晦、知章。

遵教里

瀛州文安县令王德表宅　夫人薛氏，河东龙门人。曾祖朗，隋颍川郡太守，父卿，朝议大夫眉州长史。万岁登封元年一月二十二日，薛氏终于洛阳遵教里之私第，春秋七十。万岁通天二年二月十七日，迁厝于合宫县河阴乡之平原。(《千唐志》) 按《新唐书》卷七十三下《宰相世系表》有两薛朗，一为贻谋子，一为同子。同为湖州长史，同子朗有曾孙寿弘。贻谋子朗下无载。《瀛州文安县令王府君墓志》载：德表，字文甫，太原晋阳人。贞观十四年明经对策高第。左仆射梁国公房玄龄奏公学业□敏，特□令徐王读书。寻迁蜀王府参军。麟德岁伐辽阳，公监河北一十五州，转不绝粮。后孙万斩等“作梗燕垂”，公被俘，遁后导官军廓清。圣历二年三月二日，终于遵教里私第。以其年三月二十九日，权厝于合宫县伯乐原。嫡孙之豫。次子前左台监察御史洛客、前怀州河内县主簿景、前洛州洛阳县尉昌。王德表墓志为凤阁舍人兼控鹤内供奉河东薛稷撰，志末署外孙弘农杨伋书。薛稷，官至礼部尚书，以辞章、书法名于时，两《唐书》有传。(《千唐志》)按志称王德表曾有著述，有集五卷，并行于世，均未见其传本。骑都尉李通宅　李通，字庶几，其先赵郡人，后为河南告城人。弱冠侍卫天阙，考终调补滑州酸枣县丞。未到官，父丧，乃无宦志。甲第陪于京室，得安仁于洛之闲。年七十六，终于洛阳遵教里第。夫人渤海高氏，神龙二年十一月二十日，合葬于北邙山平阴之原。(《千唐志》)陈州司马马师宅　马师，字元礼，关辅右扶风，家世扶风人。曾祖隋舒州司马。祖皇朝商州上洛县令。父泾州录事参军。马师即泾州录事参军之第二子，历任左威兵曹、洛州录事、尚书都事、陈州司马等。春秋六十，遘疾终于洛阳遵教里之私第。延和元年七月十五日，迁窆于河南北山之东岗。嗣子钦等。(《西市藏志》)参阅马贞志。

遵化里

朱琳宅　朱琳，河南洛阳人。显庆六年正月二十三日，卒于洛阳县遵化里私第。即以其年二月，迁窆于邙山。(汴博)另据饶宗颐编著《唐宋墓志：远东学院藏拓片图录》(《中文大学中国文化研究所史料丛刊二》，香港中文大学出版社，1981年)图版87，《大唐故□□朱君墓志》称系显庆元年正月二十三日。齐州历城县令库狄通宅　库狄通，天水人，后家河南县永泰乡。咸亨元年闰九月二十一日，终于遵化坊私第，其月二十一日，权窆于北邙平□乡。(《千唐志》)儒林郎行魏州馆陶县主簿皇甫玄志宅　皇甫玄志字正平，安定朝那人。“贞观十九年，明经及第，学富三□，兼闲六艺。朝廷延首，人物倾心。”载初元年一月五日，终于洛阳县遵化里，天授二年二月七日，迁窆于合宫县平乐乡之原。(《千唐志》)

寿善里

孟氏麻夫人宅　夫人姓麻，洛阳人。父君师，上轻车都尉。夫人年五十二，以永淳二年十月二十一日，卒于寿善里，其年十一月十七日，迁厝于北邙。(汴博)

循善坊

太子宾客卢子宽宅　常衮《太子宾客卢君（子宽）墓志铭》：大历五年二月二十一日，薨于东部循善里之私第。(《全唐文》)卷四百二十，《文苑英华》卷九四二)

扬善坊

昭义节度使相国毛公夫人李氏宅　长兴三年七月十七日，李氏薨于洛京扬善坊之正寝。以长兴四年八月十日，归葬于河南县平乐乡杜泽原祔于公之玄堂。（《芒洛四编》）

感德里

颍王府录事参军部崇烈宅　部崇烈，济阴郡人。解褐以诸亲拜太州参军，转司礼太祝、秦府功曹、苏州司法、颍王录事。无何以内忧免官。“荏苒五莅事，蹉跎一掾曹。不以位卑而荒厥政，不为禄薄以怨其时。”春秋六十四，以开元二十八祀五月八日，终于洛阳感德里之私室，以其年七月二十二日，迁于北邙山之南原。（《曲石志》）豫章郡录事参军娄某宅　《豫章郡录事参军娄府君季女墓志铭》云：季女二十四，开元二十九年九月十七日，终于洛阳县感德里之私第。（北图藏拓片）朱氏新妇娄氏宅　夫人娄四德，字娇爱。开元九年九月十七日，终于洛阳县感德里之私第。以天宝六载正月三十日，陪葬于朱氏邙山之新茔。（《曲石志》）

显教里

中书侍郎弘文馆学士同中书门下三品孙处约宅　夫人陆氏，河南洛阳人。天授二年腊月二十五日，薨于河南显教里之私第。元载元年七月二十日，合葬于邙山清风乡之原。嗣子朝议大夫前行绛州正平县令上柱国富春县开国男侹等。（《曲石志》）按孙处约墓志今藏洛阳古代艺术馆。咸亨二年五月四日，孙处约薨于河南县宽政坊之私第。孙处约两《唐书》均有传。《新唐书》卷七十三下《宰相世系表》载：孙茂道初名处约，字历道，相高宗。子侹，延州刺史富春男。处约子除侹外，尚有侑、俊、儆、佺等。按“佺”当为“俭”。

敦俗里

杨德宅　贞观二十年四月十二日，杨德卒于洛阳敦俗里私第，以其月二十四日，殡于邙山。（汴博）

淳俗里

刘粲宅　贞观十六年六月九日，刘粲卒于洛阳县淳俗里私第，以其月二十五日，葬于邙山。长子元裕。（汴博）

修仁里

正道宅　开皇三年十月十九日，正道薨于洛阳修仁里，以其年十月二十五日，合葬于邙山之阳。（洛古馆）按此志无志盖，不知姓氏，按此时隋唐东都洛阳尚未建，该里应为洛阳故城之里，或为乡里之里。

安喜里

正义大夫夔州都督府长史上柱国支万彻宅　支万彻，字升。其先南阳，厥后迁居，今为河南洛阳人。万彻祖支道，隋任左卫中郎将，“承官守正，名闻于虏庭；苏武怀忠，志存于汉节。”父支威，唐初从义军于并州，特敕授朝散大夫、岐州岐山县令。支万彻宿卫出身，别敕授朝议郎，试京苑副监，兼知中尚内供奉使，寻授朝散大夫，祥麟苑监，兼知诸监事，又转都苑总监。“董司坰牧，控引淮河；绾舟楫于水官，护园池于禁园。”后又迁夔州都督府长史。开元七年七月二十六日感疾，薨于安喜坊私第。夫人谯郡曹氏，开元七年正月十四日，终于安喜坊私第。开元十二年十一月二十六日，合葬于洛阳东北十三里成村，北邙山之平原。嗣子支自冰，宁王（唐睿宗长子李成器）府参军。支万彻墓志2000年10月出土于洛阳市白马寺镇小潘村。（《释录》）按支万彻应为汉唐时中亚月氏（即月支）人来中国的后代。以支为姓，如汉有支谶。监察御史韩公夫人张氏宅　《故监察御史韩公夫人中山张氏墓志铭》：开元十九年六月廿九日，终于安喜里私第，八月廿六日权窆于杜郭原。《辑绳》

居贤里

张思忠宅　长寿二年五月二十四日，张思忠卒于居贤里之第。夫人赵氏，长安二年终于私第，长安三年二月十七日，合葬于邙山之南原。该墓志1985年出土于偃师县城东北侧窑头村砖厂。（《河南偃师县隋唐墓发掘简报》，载《考古》1986年第11期）

金谷里

《沈下贤集》卷五《歌者叶记》：“贞元元年，洛阳金谷里有女子叶，学歌于柳恭下，初与其曹十余人居，独叶歌无等，后为成都率家妓。”《全唐文》卷七三六，“柳恭下”作“柳巷之下”。

测景里

金花府司马张达宅　张达，字文远，南阳白水人。圣历元年十一月三日，卒于洛州测景里之私第，夫人鲁国邹氏，以圣历二年十月二十八日，同祔于河南洛阳北邙山原。（汴博）

重光城

段夫人张女羡宅　夫人张女美，南阳白水人。贞观□年四月一日，终于重光城私第，以其冬十一月七日，合葬于洛阳县清风乡张方里邙山之阳。子森仁等。（汴博）

万岁里

左威卫和州香林府折冲都尉朝议大夫兼试大理评事上柱国陶英宅　陶英，贞元十七年三月十有八日，终于东都河南县万岁里之私第。夫人张氏，贞元十有九年十月十有七日，终于前里之私第。（《北图石汇》《唐代墓志汇编》）

附录二：唐两京待考寺观

魏国东寺

《宋高僧传》卷第二《周洛京魏国东寺天智传》："释提云般若，或云提云陀若那，华言天智，于阗国人也。……永昌元年，来届于此。谒天后于洛阳，敕令就魏国东寺（后改为大周东寺）翻译。《咸阳平城乡张白龙村唐佛顶尊胜陀罗尼经幢铭记并序》："至垂拱三年定觉寺主僧志静，因停在神都魏国东寺，亲见日照三藏法师。"（《补遗一辑》）《华严经传记》卷一："中天竺国三藏法师地婆诃罗，唐言日照，婆罗门种……以垂拱三年十二月二十七日……无疾而终于神都魏国东寺，会葬者数千万人。"

凌空观

《旧唐书》卷一九一《方伎传》叶法善："（高宗时）叶法善又尝于东都凌空寺设坛醮祭，城中士女竞往观之。"《旧唐书》卷三七《五行志》："景龙中，东都凌空观灾，火自东北来，其金铜诸像，销铄并尽。"《新唐书》卷三四："景龙四年二月，东都凌空观灾。"《历世真仙体道通鉴》："（叶法善）尝在东都凌空祠为坛以祭，都人悉往观。"（《道藏要籍选刊》卷三九）

报恩寺

《旧唐书》卷一九一《方伎传》："（神秀）又于相王旧宅置报恩寺。"

宁刹尼寺

洛阳龙门万佛洞有长寿三年一月一日"都宁刹寺尼□□奉为报上敬造弥勒像题记"。1986年3月龙门村北端出土《唐宁刹寺故临坛大德尼澄璨尊胜陀罗幢记并序》，圣善寺沙门惟忠述，葬护法寺西原。（张乃翥《跋龙门地区新发现的三件唐代石刻》，载《文献》1991年第2期）奉先寺前崖开元二十三年之尼惠灯座铭云：惠灯于长安末年出居于宁刹寺。（王去非《关于龙门石窟的几种新发现及其有关问题》，载《文物参考资料》1955年第2期）《唐宁刹寺故大德惠空和尚墓志铭并序》云："今王城宁刹寺律有比丘尼惠空……俗姓马，扶风人也。曾祖遇，皇妫檀二州刺史。祖子夏，皇邢州长史……父令藻，皇河南府永宁县尉……大历二年五月十六日委化，十月二十日，葬龙门缁俗之会……"（《辑绳》）《唐故云麾将军河南府押衙张府君夫人上党樊氏墓志铭》："长女出家宁刹寺大德，法号□性，戒律贞明，操行高□。"（《辑绳》）

索引

五画

〔一〕

〔丿〕

六画

〔一〕

七画

〔一一〕

〔一丨〕

九画

十画

十一画

十三画

十四画

后　记

《最新增订唐两京城坊考》即将付梓，内心既感轻松而又颇多感慨。我原籍洛阳，从1953年考入西北大学算起，已经在古城西安学习、生活并从事历史地理教学、科研长达60多年。伴随着国家发展的步伐，能在有生之年为隋唐两京研究做些贡献，提供一些参考材料，我深感欣慰和荣幸。我为清代徐松《唐两京城坊考》做增补这项工作，开始于20世纪80年代，最早的成果《增订唐两京城坊考》于1996年出版，2006年出版修订增补本；这部《最新增订唐两京城坊考》算是第三次"增订"了，字数比2006版增加了30万字，达到90万字。这项工作之所以能够持续进行并公之于众，首先要感谢西北大学历届领导，他们为我开展工作提供了多方面的宝贵支持。还要感谢校内外历史地理、考古文博界诸多师友，他们的鼓励和帮助给了我莫大的精神动力。该书能够面世并得以修订出版，三门峡职业技术学院李久昌副院长和三秦出版社赵建黎总编辑付出了很多心血，起到关键作用，令我铭感至深。刘继、周丹、魏军以及我的长子李恭、次子李源、三子李琳在资料录排整理过程中付出了辛勤劳动；该书责任编辑刘芳编审尽心尽力，精益求精，保证了出版工作的顺利进行。谨此一并致谢！

随着城市建设的飞速发展，有关隋唐两京的考古发掘新资料不断面世，只要身体允许，我会继续竭尽所能搜集资料，将"增订"工作坚持做下去，以回报前贤后学及广大读者的厚爱。衷心希望该书能为人们了解隋唐长安和洛阳提供些许帮助，衷心祝愿学界对古长安和洛阳城的研究不断深入、取得更多新成就。

李健超

2019年8月